Evangelische Schriftauslegung

Evangelische Schriftauslegung

Ein Quellen- und Arbeitsbuch für Studium und Gemeinde

Herausgegeben von

Joachim Cochlovius und Peter Zimmerling

Geistliches Rüstzentrum Krelingen
R. Brockhaus Verlag Wuppertal

Die THEOLOGISCHE VERLAGSGEMEINSCHAFT (TVG)
ist eine Arbeitsgemeinschaft
der Verlage R. Brockhaus Wuppertal und Brunnen Gießen.
Sie hat das Ziel, schriftgemäße theologische Arbeiten zu veröffentlichen.

CIP-Kurztitelaufnahme der Deutschen Bibliothek

Evangelische Schriftauslegung: e. Quellen- u. Arbeitsbuch für Studium
u. Gemeinde / Geistl. Rüstzentrum Krelingen.
Hrsg. von Joachim Cochlovius u. Peter Zimmerling. –
Wuppertal: Brockhaus, 1987.
(Monographien und Studienbücher)
NE: Cochlovius, Joachim (Hrsg.);
Geistliches Rüstzentrum Krelingen

© 1987 Dr. Joachim Cochlovius
Umschlaggestaltung: Carsten Buschke, Leichlingen 2
Gesamtherstellung: Druckhaus Benatzky, Hannover
ISBN 3-417-29329-4

INHALTSVERZEICHNIS

I. Ausgewählte Texte zur Geschichte der Schriftauslegung im deutschen Protestantismus

1. MARTIN LUTHER (1483 – 1546)

2. JOHANNES CALVIN (1509 – 1564)

3. PHILIPP JAKOB SPENER (1635 – 1705)

4. AUGUST HERMANN FRANCKE (1663 – 1727)

5. JOHANN ALBRECHT BENGEL (1687 – 1752)

II. Die Diskussion um die historisch-kritische Schriftauslegung

II. 1. Historisch-kritische Schriftauslegung

II. 2. Gegenkonzeptionen zur historisch-kritischen Schriftauslegung

III. Philosophie und Hermeneutik

VI. Arbeitshilfen für exegetische Proseminararbeiten

VII. Schriftauslegung im Dienst der Gemeinde

»Verstehst du, was du liest?« Diese Frage des Philippus (Ap 8,30) hat in unserer Zeit eine neue Aktualität gewonnen. Einerseits verliert das Christentum zunehmend seinen traditionellen gesellschaftsprägenden Einfluß. Andererseits bricht immer stärker ein Suchen nach dem Jenseits und nach transzendenter Wirklichkeit auf. Die zukünftige Gestalt der Gemeinde wird wesentlich davon abhängen, welche Antworten sie auf diese doppelte Herausforderung findet. Im Protestantismus, der seine Existenzgrundlage allein in der Bibel sieht, entscheiden sich die Antworten am Schriftverständnis.

Der Titel des vorliegenden Buchs ist programmatisch gemeint. Wir sind überzeugt, daß Gemeinde und Theologie durch eine Neubesinnung auf die Grundlagen evangelischer Schriftauslegung sowohl eigene Kraft und Identität gewinnen als auch glaubwürdiger nach außen werden können. Auch der Untertitel drückt ein Programm aus. Nirgendwo sonst sind der Abstand und die Entfremdung zwischen der Gemeinde und der akademischen Theologie so groß wie bei uns, im Heimatland der Reformation. Das Buch soll ein Brückenschlag zwischen Gemeinde und theologischer Arbeit sein. Es soll helfen, daß Theologiestudenten gemeinde- und praxisnäher an und mit der Bibel arbeiten. Es soll in gleicher Weise Christen ohne fachtheologische Ausbildung an die geschichtlichen und aktuellen hermeneutischen Positionen heranführen und ihnen ein differenziertes Urteil ermöglichen. Wir stellen uns also im Benutzerkreis sowohl Pastoren, Studenten und Bibelschüler als auch Gemeindevorsteher, Mitarbeiter, Hauskreisleiter und andere am Thema interessierte Gemeindeglieder vor. Die Kommentare und viele der aufgenommenen Beiträge sind auch für Nichttheologen verständlich.

Die Idee, in einem hermeneutischen Arbeitsbuch eine umfassende Auswahl von Quellentexten aus Geschichte und Gegenwart, praxisnahe Arbeitshilfen und theologische Reflexionen aus dem Raum der Gemeinde zusammenzustellen, entstand in Seminaren und auf Tagungen im Geistlichen Rüstzentrum Krelingen. Sie wurde von uns bereitwillig aufgegriffen, denn seit ihrer Gründung 1972 ist ein vorrangiges Ziel der Krelinger Studienarbeit die Einübung in evangelische Schriftauslegung. Die erste Verwirklichung der Idee war ein »Arbeitsbuch Hermeneutik«, das im November 1983 zum Krelinger Kongreß »Theologie und Erweckung« erschien. Es war ein halbes Jahr später vergriffen. Mit den Vorarbeiten für eine zweite Auflage wurde 1985 begonnen. Dank mancher hilfreicher Kritik, einer Reihe neuer Quellentexte und Originalbeiträge und anderer Mitarbeiter ist aus der zweiten Auflage ein eigenständiges Buch geworden, das u. E. nun auch einen neuen Titel verdient. War das »Arbeitsbuch Hermeneutik« noch im Selbstverlag erschienen und konnte demzufolge nur einen begrenzten Leserkreis ansprechen, so hoffen wir nun für das vorliegende Buch dank der Bereitschaft des R. Brockhaus Verlags, es in die TVG-Reihe aufzunehmen, auf einen erweiterten Interessentenkreis.

Das Buch »Evangelische Schriftauslegung« hat sieben Kapitel. Im ersten Kapitel wird ein umfassender Querschnitt einflußreicher hermeneutischer Entwürfe aus der Geschichte des Protestantismus geboten. Die Kommentare leiten zur theologiegeschichtlichen Einordnung und zur theologischen Würdigung an. Besonders erwähnenswert in diesem Kapitel ist der erstmals in deutscher Übersetzung vorliegende Vorrede zu einer der wichtigsten reformatorischen Grundschriften Martin Luthers, der »Assertio omnium articulorum« von 1520. Das zweite Kapitel gibt eine Orientierung in der bis heute heftig geführten Diskussion um die historisch-kritische Schriftauslegung. Die Auswahl der Beiträge läßt Befürworter und Bestreiter ausführlich zu Wort kommen. Der Exkurs, die Kommentare und Arbeitsanleitungen sollen zur eigenen Urteilsbildung helfen. Im dritten und vierten Kapitel lassen sich viele Anregungen für das hermeneutische Gespräch aus der philosophischen Hermeneutik, der klassischen Altertums-, Literatur- und Sprachwissenschaft finden. Auch hier helfen z. T. Kommentare und ein Exkurs zur ersten Orientierung. »Wege zu evangelischer Schriftauslegung« möchte das fünfte Kapitel aufzeigen. Mit dieser Überschrift wollen wir ein Doppeltes ausdrücken; und zwar zunächst die Überzeugung, daß eine Neubesinnung auf evangelische, d. h. evangeliumsgemäße Schriftauslegung heute erst am Anfang steht, dann aber auch die Gewißheit, daß sie zu einer umfassenden Erneuerung von Gemeinde und Theologie führen kann, wenn sie sich konsequent am Evangelium und an Jesus Christus orientiert, der selbst der Weg ist. Das sechste Kapitel enthält speziell für Theologiestudenten angefertigte Arbeitshilfen, die zu einer fruchtbaren und ertragreichen Teilnahme an exegetischen Seminaren anleiten sollen. Im siebenten Kapitel kommen schließlich Theologen zu Wort, die ihre theologische Arbeit und Schriftforschung bewußt in den Dienst der Gemeinde gestellt haben und stellen.

Nun möchten wir unseren Dank äußern. Vor allem danken wir Gott, der uns neben unserer beruflichen Arbeit in der Krelinger Studienleitung und im Vikariat die Kraft zum zweiten Anlauf für dieses Arbeitsbuch gegeben hat. Originalbeiträge und Exkurse sowie Kommentare haben freundlicherweise zur Verfügung gestellt Dr. Th. Bearth, Vikar A. Drung, H. Hempelmann M. A, Pfr. D. Hühnlein, stud. theol. B.-H. Janssen, Pfr. Dr. H. Lindner, Pfr. K.-H. Michel, Prof. Dr. O. Michel, Dr. W. Neuer, stud. theol. G. Reese, Dr. R. Riesner und Pfarrvikarin A.-D. Schäfer. Die Übersetzung der Assertio-Vorrede hat Frau Dr. E. Werner angefertigt. Bei der Korrektur haben mitgeholfen die Theologiestudenten M. Depka, D. Grundmann, B.-H. Janssen, B. Johannigmann, T. Morstein sowie stud. theol. Marina Rauh, Studienassistent G. Diekmeyer, Vikar I. Zwinkau, Vikar A. Drung, Frau E. Graeger, Frau A. Ludwig und Herr M. Wittich. Herr Prof. Dr. R. Slenczka gab für die Konzeption und die Auswahlkriterien gute Hinweise. Herr Dr. U. Brockhaus hat die Aufnahme des Buchs in die TVG-Reihe »Monographien und Studienbücher« bereitwillig angeboten. Die im Quellennachweis angegebenen Verlage und Autoren haben uns freundlicherweise den Abdruck der betreffenden Texte erlaubt. Ihnen allen, ohne deren Mitarbeit wir das Buch nicht hätten herausgeben können, danken wir herzlich.

Wir sind uns bewußt, daß auch diese Auflage noch manchen berechtigten Wunsch offenlassen wird. Die Auswahl sowohl der Theologen als auch ihrer Texte ist notwendigerweise subjektiv, noch mehr sind es die Kommentare. Mancher Leser wird sich andere Schwerpunkte wünschen. Außer der in den Kommentaren erwähnten weiterführenden Literatur ist dem Buch keine Literaturliste beigegeben. Auch dies kann als Mangel empfunden werden. Ferner ist die einschlägige englischsprachige Literatur kaum erwähnt. Wer sich hier einen ersten Überblick verschaffen will, sei auf das folgende Standardwerk hingewiesen: I. Howard Marshall (Hrsg.), New Testament Interpretation. Essays in Principles and Methods. Exeter 1977. Wir bitten die Leser freundlich um Verständnis, daß wir, um ein Erscheinen des Buchs nicht noch länger zu verzögern, die erwähnten Desiderata in Kauf genommen haben. Wir würden uns freuen, wenn Leser uns ihre Erfahrungen mit dem Gebrauch des Buchs mitteilten.

Zur redaktionellen Gestaltung ist noch anzumerken, daß in den meisten alten Texten die ursprüngliche Schreibweise belassen wurde, sofern sie nicht sinnstörend wirkte. In Texten mit längeren Auslassungen wurden meistens die Seitenzahlen des Originals mit übernommen, um ein schnelleres Auffinden der jeweiligen Stelle zu ermöglichen. Die Jahreszahlen, die im Inhaltsverzeichnis den Texten beigegeben sind, bezeichnen das Jahr der Erstveröffentlichung.

Wir schließen mit demselben Wunsch, den wir schon im Vorwort zur 1. Auflage ausgesprochen haben. Möge das Buch dazu helfen, daß der Leser in der Bibel »Worte ewigen Lebens« (Joh. 6,68) und damit Freude findet »wie einer, der große Beute macht« (Ps 119,162).

Sollte das Buch nicht über die örtliche Buchhandlung zu beziehen sein, kann man sich an das Buchcenter im Geistlichen Rüstzentrum Krelingen wenden. Gerne senden wir auch Informationen über die Studienarbeit sowie die anderen Arbeitsbereiche des Geistlichen Rüstzentrums zu. Die Anschrift lautet: Geistliches Rüstzentrum Krelingen, 3030 Walsrode.

Krelingen, 20. 1. 1987   Die Herausgeber

I.
Ausgewählte Texte
zur Geschichte
der Schriftauslegung
im deutschen
Protestantismus

MARTIN LUTHER,
Vorrede zur Wartburgpostille (1522), WA 10,1,8 f.

Zum Verständnis des Begriffs »Evangelium«

T 1 Darum soll man wissen, daß nur ein Evangelium ist, aber von vielen Aposteln beschrieben. Eine jegliche Epistel von Paulus und Petrus, dazu Actuum Luce, ist ein Evangelium, obgleich sie nicht alle Werke und Worte Christi erzählen, sondern das eine kürzer und weniger als das andere ist. Ist doch auch unter den großen vier Evangelien keines, das alle Worte und Werke Christi erzählt und ist auch nicht nötig. Evangelium ist und soll nichts anderes sein als eine Rede oder Geschichte von Christus, so wie es unter den Menschen geschieht, daß man ein Buch schreibt von einem König oder Fürsten, was er in seinen Tagen getan und geredet und erlitten hat, welches man auch auf mancherlei Weise beschreiben mag, der eine länger und der andere kürzer. Also soll und ist das Evangelium nichts anderes als eine Chronik, Geschichte, Legende von Christus, wer er sei, was er getan, geredet und erlitten hat, welches einer kurz, der andere lang, einer so und der andere so beschrieben hat. Denn aufs kürzeste ist das Evangelium eine Rede von Christus, daß er Gottes Sohn und Mensch sei für uns geworden, gestorben und auferstanden, ein Herr über alle Dinge gesetzt. So viel nimmt Paulus für sich in seinen Episteln und streicht das aus, läßt anstehen alle die Wunder und Wandel, die in den vier Evangelien geschrieben sind, und begreift doch genugsam und reichlich das ganze volle Evangelium, wie das im Gruß an die Römer klar und fein zu sehen ist, da er sagt, was das Evangelium sei und spricht: Paulus ein Knecht Jesu Christi, berufener Apostel und Verordneter zum Evangelium Gottes, welches er zuvor hat versprochen durch seine Propheten in der Heiligen Schrift von seinem Sohn, der ihm geboren ist aus dem Samen Davids nach dem Fleisch, der da verkläret ist ein Sohn Gottes in der Kraft nach dem Geist der Heiligung aus der Auferstehung von den Toten, der darum ist Jesus Christus, unser Herr.

Da siehest du, daß das Evangelium eine Geschichte ist von Christus, Gottes und Davids Sohn, gestorben und auferstanden und zum Herrn gesetzt, welches da ist summa summarum des Evangeliums. Weil nun nicht mehr denn ein Christus ist, so ist und mag nicht mehr denn ein Evangelium sein. Weil auch Paulus und Petrus nichts anderes als Christum lehren auf vorgesagte Weise, so mögen ihre Epistel nichts anderes als das Evangelium sein. Ja, auch die Propheten, dieweil sie das Evangelium verkündigt und von Christus gesagt haben, als hier Paulus meldet und jedermann wohl weiß, so ist ihre Lehre an demselben Ort, da sie von Christus reden, nichts anderes als das wahre, lautere rechte Evangelium, als hätte es Lukas oder Matthäus beschrieben, als da Jesajas 53 sagt, wie er für uns sterben und unsere Sünde tragen sollt, hat er das lautere Evangelium geschrieben. Und ich sage fürwahr, so nicht jemand diese Vorstellung vom Evangelium fasset, der wird nimmer mögen in der Schrift erleuchtet werden noch den rechten Grund überkommen . . .

Wenn du nun das Evangelienbuch auftust, liest oder hörst, wie Christus hier oder dahin kommt oder jemand zu ihm gebracht wird, sollst du dadurch die Predigt vernehmen oder das Evangelium, durch welches er zu dir kommt oder du zu ihm gebracht wirst. Denn Evangelium predigen ist nichts anderes, denn Christus zu uns kommen oder uns zu ihm bringen. Wenn du aber siehst, wie er wirkt und hilft jedermann, zu dem er kommt und die zu ihm gebracht werden, sollst du wissen, daß solches der Glaube in dir wirkt und er deiner Seele eben dieselbe Hilfe und Güte anbietet durchs Evangelium. Hältst du hier still und läßt dir gut tun, das ist, so du es glaubest, daß er dir wohltue und helfe, so hast du es gewiß, so ist Christus dein und dir zur Gabe geschenkt; danach ist es not, daß du ein Exempel daraus machst und deinem Nächsten auch also helfest und tuest, seiest auch ihm zur Gabe und Exempel gegeben . . .

Wiewohl es Sünd und Schande ist, daß es mit uns Christen dahin gekommen ist und wir so unfleißig im Evangelium gewesen sind, daß wir es allein nicht verstehen, sondern auch allererst bedürfen, daß man uns mit andern Büchern und Auslegung zeige, was darinnen zu suchen und zu erwarten sei. Sintemal die Evangelien und Epistel der Apostel darum geschrieben sind, daß sie selber solche Zeiger sein wollen und uns in die Schrift der Propheten und Moses des Alten Testaments weisen, daß wir allda selbst lesen und sehen sollen, wie Christus in die Windeltücher gewickelt und in die Krippe gelegt sei, das ist, wie er in der Schrift der Propheten vorausgesagt sei. Da sollt unser Studieren und Lesen sich üben und sehen, was Christus sei, wozu er gegeben sei, wie er versprochen sei, und wie sich alle Schrift auf ihn ziehe, wie er selbst sagt Joh. 5: Wenn ihr Moses glaubtet, so glaubtet ihr auch mir, denn von mir hat er geschrieben. Item: Forschet und suchet die Schrift, denn dieselbige ist's, die von mir Zeugnis gibt. Das meinet Paulus Rö. 1, wo er im Anfang im Gruß spricht, das Evangelium sei von Gott versprochen durch die Propheten in der Heiligen Schrift. Daher geschieht's, daß die Evangelisten und Apostel immerdar uns in die Schrift weisen und sprechen: Also ist's geschrieben. Item: das ist geschehen, daß die Schrift der Propheten erfüllet wurde. Und Act. 17, da die Thessalonier das Evangelium mit aller Lust hörten, spricht Lukas, daß sie haben in der Schrift studiert und geforscht Tag und Nacht, ob's also wahr wäre. Also da Petrus seine Epistel schreibt mitten im Anfang, spricht er: Von diesem eurem Heil haben die Propheten nachgeforscht, die da von dieser Gnade in euch geweissagt haben und ersucht, auf welche oder welcherlei Zeit der Geist Christi zeigte, der in ihnen war, und voraussagt durch sie die Leiden, so da sind in Christus, und die nachfolgende Klarheit, welchen es auch ist offenbart, denn nicht von selbst, sondern uns haben sie solche Dinge dargetan, welche jetzt sind gepredigt unter euch durch den Heiligen Geist, der vom Himmel gesandt ist, welche Dinge auch die Engel begehren zu schauen. Was will hiermit Petrus uns in die Schrift führen? Als sollt er sagen: Wir predigen und eröffnen euch die Schrift durch den Heiligen Geist, daß ihr selbst mögt lesen und sehen, was drinnen ist, und von welcher Zeit die Propheten geschrieben haben, wie er auch sagt Act. 4: Von diesen Tagen haben alle Propheten geredet, von Samuel an, die da je geweissagt haben. Drum spricht auch Lucas Luc. ult., daß Christus habe den Aposteln den Verstand aufgetan, daß sie die Schrift verstanden. Und Christus Johan. 10 sagt: Er sei die Tür, durch ihn muß man eingehen, und wer durch ihn eingeht, dem tut der Türwärter (der Heilige Geist) auf, damit er Weide und Seligkeit findet. Also, daß endlich wahr ist, wie das Evangelium selbst Zeiger und Unterrichter ist in der Schrift, gleich wie ich mit dieser Vorrede gerne das Evangelium zeigen und Unterricht geben wollte.

MARTIN LUTHER,
Predigt zu 1. Korinther 15,1—11 (1532), WA 36, 500 ff.

Zum Verhältnis von Wort und Geist

T 2 Und siehe, wie er abermals die Schrift und des äußerlichen Wortes Zeugnis rühmt und hebt damit, daß er dies Wort »nach der Schrift« so treibet und wiederholt, freilich nicht ohne Ursache. Als nämlich zum ersten darum, daß er den tollen Geistern wehre, so die Schrift und äußerliche Predigt verachten und dafür andere heimliche Offenbarung suchen, wie es jetzt allenthalben schwärmet von solchen Geistern, durch den Teufel zerrüttet, so die Schrift also ansehen als einen toten Buchstaben und eitel Geist rühmen, und doch weder Wort noch Geist behalten. Aber hier hörst du, wie St. Paulus die Schrift für sein stärkstes Zeugnis anführt und zeigt, daß kein Beistand ist, unser Lehre und Glauben zu erhalten, denn das leibliche oder schriftliche Wort, in Buchstaben gefaßt und durch ihn oder andere mündlich gepredigt. Denn es steht hier klar: Schrift, Schrift. Schrift aber ist nicht eitel Geist, davon sie geifern, der Geist müsse es allein tun, die Schrift sei ein toter Buchstabe und könne nicht das Leben geben. Es heißt aber also: Obwohl der Buchstabe an sich selbst nicht das Leben gibt, doch muß es dabei sein und gehört oder empfangen werden und der Heilige Geist durch dasselbe im Herzen wirken und das Herz sich durch das Wort und in dem Wort im Glauben erhalten wider Teufel und alle Anfechtung, oder wo er das lässet fahren, bald Christus und den Geist gar verlieren muß. Darum rühme nur nicht viel vom Geist, wenn du nicht das offenbarliche, äußerliche Wort hast. Denn es wird gewißlich nicht ein guter Geist sein, sondern der leidige Teufel aus der Hölle. Denn der Heilige Geist hat ja seine Weisheit und Rat und alle Geheimnisse in das Wort gefaßt und in der Schrift offenbart, daß sich niemand zu entschuldigen noch etwas anderes zu suchen noch zu forschen habe, und ja nichts Höheres und Besseres zu lernen noch zu erlangen ist, denn das die Schrift lehrt von Jesus Christus, Gottes Sohn, unserem Heiland, für uns gestorben und auferstanden.

Zum anderen tut er es darum, daß er auf der anderen Seite auch wehre, (wie ich oben gesagt habe), daß man in diesem und anderen Artikeln nicht die Vernunft soll zu Rate nehmen noch hören, was die Welt mit ihrer Weisheit davon klügelt und scharf spekulieren will. Denn wenn man sie darum fragt und läßt hierin meistern, so wird der Glaube nicht mehr Raum haben, sondern für eine törichte Predigt gehalten und ein lauter Gespötte daraus werden, wie es bei den Korinthern gegangen ist, wie wir dann noch weiter hören werden. Wir aber, die da wollen Christen und des Glaubens sein, sollen nicht danach sehen noch fragen, was Menschenweisheit hier sagt, oder wie es sich mit der Vernunft reimt, sondern was uns die Schrift lehrt, wodurch solches zuvor verkündigt und nun auch durch öffentliches Zeugnis und Erfahrung bestätigt ist. Wer demselben nicht glauben will, den lassen wir immerhin fahren, denn er wird sicherlich nichts überall von Christus noch vom Evangelium haben noch glauben.

Denn solch Evangelium wird kein Rottengeist noch lang nicht aufbringen, er sei so klug und gelehrt wie er wolle, daß er sein Ding könnte so unwidersprechlich beweisen, beide, aus der Schrift oder Gottes Wort, danach auch mit Leuten, die solches gesehen und erfahren haben, und magst ihm fröhlich Trotz bieten, daß sie auftreten und deren eines hervorbringen, denn das tun gewißlich alle Rotten, daß sie erst ankommen mit ihren eigenen Gedanken, aus der Vernunft gedrechselt, und obwohl sie Schrift für sich nehmen, so haben sie doch erst ihre eigenen Gedanken geschöpft und hineingetragen und -gebraut, daß sie sich darauf muß reimen und danach deuten und dehnen lassen . . .

Das sage ich zum Exempel, daran man sehe, wie sie nicht die Schrift recht lehren noch selbst verstehen, wie St. Paulus seine Lehre rühmt, durch die Schrift gewaltig bezeugt, und auch zur Warnung, daß man sich hüte und nicht viel frage, was die Vernunft dazu sagt, noch den Schwärmern und Rotten zuhöre, sondern allein auf die Schrift sehe. Denn wo man sich nicht an dieselbige hängt, so haben dich beide, Rotten und deine eigene Vernunft, bald verführt. Ich bin selbst auch ein Doktor und habe die Schrift gelesen, doch widerfährt es mir wohl täglich, wenn ich nicht recht in meiner Rüstung stehe und damit wohl geharnischt bin, daß mir solche Gedanken einfallen, daß ich sollte Christus und das Evangelium verlieren, und muß mich doch immerdar an die Schrift halten, daß ich bestehen bleibe. Wie will denn ein Mensch tun, der gar ohne Schrift und nach lauter Vernunft fährt? Denn was soll ich von diesem Artikel glauben, daß ein anderes Leben nach diesem folgen solle, wenn ich derselben folgen will? Wenn sie nur daherschwärmen mit ihren Gedanken: Wo kommt der hin, den die Raben auffressen oder im Wasser bleibt und auch von Fischen gefressen und also unendlich verzehrt wird? Wo bleiben die, so zu eitel Asche und

Pulver verbrannt über die ganze Welt zu stieben und zu fliegen? Ja, ein jeglicher Mensch, der zu Erde und von Würmern verzehrt wird? Solche Gedanken kann ich ja in allen anderen Artikeln finden, wenn ich nach meinem Verstand gehe, auch die am geringsten scheinen, so von der Jungfrau Maria, wie sie habe mögen schwanger werden ohne einen Mann usw. Aber es heißt also: Wir predigen solche Artikel, die nicht auf Menschenvernunft oder -verstand, sondern auf der Schrift stehen, darum soll man sie auch nirgend suchen denn in der Schrift . . .

Das ist nun ein Stück, womit er die Rottengeister widerlegt, daß sie ihr eigenes Dunkel ohne Schrift aufwerfen und desselben keinen Grund können anzeigen. Das andere ist, daß auch hier keiner vermag, des seinen Zeugen aufzubringen, die es könnten aus eigener Erfahrung beweisen, wie er auch Kol. 2 solche fein malet, da er von ihnen sagt, daß sie »einhergehen nach eigener Wahl, in Demut und Geistlichkeit der Engel, des sie nie keines gesehen haben, und ohne Ursache aufgeblasen in ihrem fleischlichen Sinn« usw. Als sollte er sagen: Das ist gewißlich aller Rotten Art, daß alles, was sie vorbringen, das hat ihrer keiner gesehen noch erfahren, sondern gleichwie sie der Schrift und Zeugnis des Wortes mangeln, also haben sie kein Zeugnis der Erfahrung. Wir aber (spricht Christus) reden, was wir wissen, und bezeugen, was wir gesehen haben. Und St. Johannes 1. Joh. 1: »Was wir gehört haben, was wir gesehen haben mit unseren Augen, was wir beschaut und unsere Hände betastet haben, vom Wort des Lebens, das verkündigen wir euch«. Also predigen wir hier auch in diesem Artikel (spricht St. Paulus), daß ich und alle Apostel samt fünfhundert Brüdern gesehen haben und mit mir einhellig zeugen . . .

Deshalb sollen wir solche Worte des Paulus annehmen als eine Vermahnung, daß wir fest bei derselben Lehre und Predigt bleiben, von der wir beides, gewisse Schrift und Erfahrung, haben. Das sollen zwei Zeugnisse und zugleich zwei Prüfsteine sein der rechten Lehre. Wer nun diesen beiden nicht will glauben und darüber hinaus anderes sucht oder sich an andere hängt, da er solches nicht findet, der wird billig verführt. Noch hat es nicht geholfen und hilft auch noch nichts bei dem großen Haufen derer, die da wollen betrogen und verführt sein und nur danach sehen, wo man etwas Neues bringt und dieses mit einem hübschen Schein kann vorlegen. Wer sich aber will lassen weisen und nicht irren, der sehe nach diesen zwei Stücken, wer seiner Lehre Zeugnis aus der Schrift und gewisse Erfahrung zeigen kann. Wie wir unsere Lehre und Predigt beweisen können. Denn ich kann auch Gottlob predigen aus der Erfahrung, daß mir keine Werke helfen noch mich trösten können gegen die Sünde und Gottes Gericht, sondern Christus allein das Herz und Gewissen stillt und tröstet, und habe des alle Schrift zu Zeugen und viel frommer Leute Exempel, die es auch sagen und erfahren haben, dagegen alle Rotten nichts können, weder aus ihrer eigenen noch anderer Leute Erfahrung, beweisen noch zeugen.

Zuletzt ist auch hier zu beachten, wie Paulus sein Evangelium beschreibt und definiert, nämlich daß es sei eine solche Predigt, worin man lernt, daß Christus gestorben ist für unsere Sünde und auferstanden, und dieses durch die Schrift bezeugt. Da hast du es aufs allerkürzeste und doch rein gefaßt, daß du danach urteilen kannst über alle Lehre und Leben, daß der, der etwas anderes für des Evangeliums Lehre aufbringt oder daneben lehrt und hinzufügt von unserem Tun und eigener Heiligkeit, der verführt gewißlich die Leute. Denn hier hörst du ja gar kein Werk gepredigt und nichts gesagt, was ich tun oder lassen soll, die Sünde zu büßen oder wegzunehmen und für Gott gerecht zu werden usw., sondern was Christus dafür getan hat, nämlich daß er gestorben und auferstanden ist. Das sind ja nicht meine Werke noch eines Heiligen und aller Menschen auf Erden; wie krieg ich es aber, daß es mir nutze und helfe? Nicht anders als durch den Glauben, wie er gesagt hat, daß sie es durch den Glauben angenommen haben und darin stehen und selig werden, und bald danach abermals sagen wird: Also haben wir gepredigt, und also habt ihr geglaubt.

Also treibt er allenthalben die zwei Stücke als den Hauptartikel und Summe des Evangeliums, wodurch wir Christen und selig werden, wo man es anders behält und fest dabei bleibt und nicht vergeblich läßt gepredigt sein, wie ich davon oft und viel weitergesagt habe.

MARTIN LUTHER,
Daß der freie Wille nichts sei (1525). Deutsche Übersetzung in M. Luther, Ausgewählte Werke, hrsg. von H. H. Borcherdt und G. Merz. Ergänzungsreihe 1. Bd., München[3] 1962, S. 15 ff.

T 3 ... Daß in Gott viele Dinge verborgen sind, die wir nicht zu erkennen vermögen, das bezweifelt niemand. ... Daß indessen in der Schrift etwas verschlossen und nicht alles zugänglich sei, das ist zwar durch die gottlosen Sophisten, durch deren Mund auch du hier sprichst, Erasmus, unter die Leute gebracht worden, aber sie haben niemals einen einzigen Artikel hervorgebracht noch hervorbringen können, mit dem sie ihren Unsinn beweisen würden. Aber mit solchem fratzenhaften Gaukelspiel hat der Satan vom Lesen der Heiligen Schrift abgeschreckt und die Heilige Schrift verächtlich gemacht, um so seine Pest aus der Philosophie in der Kirche zur Herrschaft zu bringen.

Freilich gestehe ich, daß viele Stellen in der Schrift dunkel und verschlossen sind, nicht wegen der Erhabenheit der Dinge, sondern wegen der Unkenntnis der Worte und der Grammatik, die jedoch in nichts das Verständnis aller Dinge in der Schrift aufhalten kann. Denn was kann an Erhabenem in der Schrift verborgen bleiben, nachdem die Siegel gebrochen, der Stein von des Grabes Tür gewälzt und damit jenes höchste Geheimnis preisgegeben ist: Christus, der Sohn Gottes, sei Mensch geworden, Gott sei dreifaltig und einer, Christus habe für uns gelitten und werde herrschen ewiglich? Wird das nicht sogar in Elementarschulen bekannt gemacht und dort auch gesungen? Nimm Christus aus der Heiligen Schrift, was wirst du außerdem noch darin finden? Die Dinge also, die in der Schrift geltend gemacht sind, sind alle zur öffentlichen Kenntnis gebracht, wenn auch einige Stellen bisher aus Unkenntnis der Worte dunkel sind ...

Es ist also nichts damit, was du von der koryzischen Höhle anführst. So verhält sich die Sache in der Schrift nicht. Und was die höchste Erhabenheit und die verschlossensten Geheimnisse betrifft, so befinden sie sich nicht an einem abgeschiedenen Ort, sondern sind in aller Öffentlichkeit und vor aller Augen vorgeführt und ausgestellt. Christus nämlich hat uns den Sinn aufgetan, daß wir die Schrift verstehen. Und »das Evangelium ist aller Kreatur gepredigt«. »Ihr Schall ist ausgegangen in alle Lande.« Und »alles, was geschrieben ist, das ist uns zur Lehre geschrieben«. Weiter: »Alle Schrift, von Gott eingegeben, ist nütze zur Lehre.« Du und alle Sophisten macht euch darum heran und führt irgendein einziges Geheimnis vor, das bisher in der Schrift verschlossen sei! Wenn jedoch vielen vieles verschlossen ist, so liegt das nicht an der Dunkelheit der Schrift, sondern an der Blindheit oder Beschränktheit jener, die sich nicht bemühen, die allerklarste Wahrheit zu sehen, so wie Paulus von den Juden sagt, 2. Kor. 4,3 f.: »Die Decke bleibt auf ihren Herzen.« Und wiederum: »Ist nun unser Evangelium verdeckt, so ist's in denen, die verloren gehen, verdeckt; deren Herzen der Gott dieser Welt verblendet hat.« Mit derselben Verwegenheit könnte die Sonne und einen dunklen Tag derjenige schelten, welcher sich die Augen verhüllte oder vom Licht in das Dunkel ginge und sich verbürge. Es sollen also die elenden Menschen aufhören, die Finsternis und Dunkelheit ihres Herzens der völlig klaren Schrift Gottes in gotteslästerlicher Verkehrtheit zuzuschreiben.

Wenn du also das Wort des Paulus anführst: »Wie gar unbegreiflich sind seine Gerichte«, so scheinst du das Pronomen »seine« auf die Schrift bezogen zu haben. Aber Paulus sagt nicht: »Unbegreiflich sind die Gerichte der Schrift«, sondern: »Gottes.« So sagt Jes. 40,13 nicht: »Wer hat den Sinn der Schrift erkannt«, sondern »des Herrn Sinn«, wenn auch Paulus noch so sehr versichert, den Christen sei der Sinn des Herrn bekannt, freilich in dem, was uns gegeben ist, wie er ebenda sagt 1. Kor. 2,12. Du siehst also, wie teilnahmslos du diese Stelle betrachtet und so geschickt zitiert hast, wie du fast alles geschickt für den freien Willen zitierst. So tragen auch deine Beispiele, die du nicht ohne Schein und nicht ohne Schärfe anfügst, nichts zur Sache bei, . . .

Und, um es kurz zu sagen: Es gibt eine zwiefache Klarheit der Schrift, so wie auch eine zwiefache Dunkelheit, eine äußerliche im Dienst des Wortes gesetzte und eine andere, in der Erkenntnis des Herzens gelegene. Wenn du von der inneren Klarheit sprichst, nimmt kein Mensch auch nur ein Jota in der Schrift wahr, wenn er nicht den Geist Gottes hat. Alle haben ein verfinstertes Herz, so daß sie, mögen sie auch alles, was in der Schrift steht, sagen und vorzubringen wissen, trotzdem nichts davon wahrnähmen oder wahrhaft erkennten. Weder glauben sie an Gott, noch daß sie Gottes Geschöpfe sind, noch irgendetwas anderes, wie es heißt Ps. 14,1: »Es spricht der Tor in seinem Herzen: es ist kein Gott.« Der Geist nämlich ist zum Verstehen der ganzen Schrift und auch nur irgendeines Teiles derselben erforderlich. Wenn du aber von der äußeren Klarheit sprichst, so bleibt ganz und gar nichts Dunkles und Zweideutiges übrig, sondern alles, was auch immer in der Schrift steht, ist durch das Wort ins gewisseste Licht gerückt und aller Welt öffentlich verkündigt . . .

S. 73:

Es liegt nämlich nicht an der Schwäche des Geistes, wie du vorgibst, daß die Worte Gottes nicht verstanden werden; im Gegenteil, nichts ist geeigneter für das Verstehen der Worte Gottes als die Schwäche des Geistes; denn um der Schwachen willen und zu den Schwachen ist Christus gekommen und sendet sein Wort. Sondern es ist die Schalkheit Satans, der in unserer Schwachheit sitzt, herrscht und dem Worte Gottes widersteht. Täte Satan das nicht, so würde die ganze Menschenwelt durch eine einzige Predigt Gottes, die ein einziges Mal gehört würde, bekehrt werden und es wäre nichts mehr nötig . . .

S. 128 ff:

So sind wir eher der Meinung, daß weder eine Folgerung noch ein bildlicher Ausdruck an irgendeiner Stelle der Schrift zuzulassen sei, wenn nicht der augenscheinliche Zusammenhang der Worte und der Widersinn der am Tage liegenden Sache, die sich gegen irgendeinen Glaubensartikel vergeht, das erzwingt, sondern überall muß man an der einfachen reinen und natürlichen Bezeichnung der Worte haften, wie es die Grammatik und der Sprachgebrauch hält, den Gott unter den Menschen geschaffen hat. Denn wenn es jedem beliebigen gestattet ist, je nach der eigenen Willkür Folgerungen und Bildreden in der Schrift zu erdichten, was wird dann die ganze Schrift anders sein, als ein Rohr, das vom Winde hin- und hergetrieben wird, oder irgendein Vertumnus? Dann wird tatsächlich nichts Gewisses in irgendeinem Glaubensartikel weder aufgestellt noch bewiesen werden, womit man nicht auf Grund irgendeiner Bildrede Winkelzüge machen könnte. Es muß vielmehr jeder bildliche Ausdruck, den nicht die Schrift selbst erzwingt, wie das wirksamste Gift gemieden werden. Siehe, wie ist es jenem Origenes, der die Bildrede angewandt hat, beim Auslegen der Schrift ergangen? Wie passende günstige Gelegenheiten, einen Handstreich gegen ihn auszuführen, bietet er dem Verleumder Porphyrius, so daß auch dem Hieronymus die nicht genug zu tun scheinen, die den Origenes in Schutz nehmen. Wie ist es den Arianern mit jener Bildrede ergangen, mit der sie aus Christus einen uneigentlichen Gott machten? . . .

Ich habe dieses beobachtet, daß alle Haeresien und Irrtümer in der Schrift nicht aus der Einfachheit der Worte gekommen sind, wie man fast auf dem ganzen Erdkreis verbreitet, sondern aus der Nichtbeachtung der Einfachheit der Worte und aus den Bildreden oder Folgerungen, die man aus dem eigenen Gehirn zu gewinnen sucht ...

Uns, sage ich, genügt es nicht, wenn du sagst: hier kann ein bildlicher Ausdruck vorliegen, – sondern es wird danach gefragt, ob es erforderlich und nötig ist, daß hier ein bildlicher Ausdruck vorliegt, weil, wenn du nicht erwiesen hast, daß notwendigerweise ein bildlicher Ausdruck vorliegt, du überhaupt nichts zuwege gebracht hast. Es steht dort das Wort Gottes: »Ich will das Herz des Pharao verstocken.« Wenn du sagst, es müsse oder könne so verstanden werden: »Ich will zulassen, daß du verstockt wirst,« so höre ich wohl, daß es so verstanden werden kann.

Ich höre diese in der populären Redeweise allgemein bekannte Bildrede, wie: »Ich habe dich zugrunde gerichtet, weil ich den Irrenden nicht sofort zurechtgewiesen habe.« Aber das ist für jene Beweisführung nicht am Platze. Es wird nicht danach gefragt, ob jene Bildrede gebräuchlich ist, nicht wird danach gefragt, ob jemand sie für diese Paulus-Stelle verwenden kann, sondern danach wird gefragt, ob es sicher und gewiß ist, sie für die Stelle rechtmäßig verwenden zu können, und ob Paulus sich seiner bedienen will. Nicht nach dem fremdartigen Gebrauch des Lesers wird gefragt, sondern nach dem Gebrauch des Verfassers selbst, nämlich des Paulus ...

Nicht hilft daher der Diatribe diese elende Ausflucht der Bildreden, vielmehr ist hier unser Proteus energisch festzuhalten, daß er uns völlige Gewißheit über den bildlichen Ausdruck dieser Stelle verschafft und das entweder durch völlig klare Schriften oder durch ganz unverkennbare Wundertaten. Ihr selbst, die solcher Meinung ist, glauben wir nichts, auch bei Übereinstimmung mit der Emsigkeit aller Jahrhunderte, sondern wir fahren fort und treiben sie in die Enge, daß hier keine Bildrede vorliegen kann, sondern einfach, wie die Worte lauten, das Wort Gottes verstanden werden muß. Denn es steht nicht in unserm freien Willen, wie die Diatribe sich einredet, Worte Gottes zu schaffen und von neuem zu schaffen nach unserm Belieben, was bleibt sonst in der ganzen Schrift übrig, was nicht auf die Philosophie des Anaxagoras zurückgeht, daß jedes beliebige aus jedem beliebigen entsteht ...

Wenn die Diatribe nicht beweisen kann, daß in diesen unseren Stellen, die sie widerlegt hat, eine Bildrede sich vorfinde, wird sie von uns zu dem Eingeständnis gezwungen, daß die Worte, wie sie lauten, gelten zu lassen sind, auch wenn sie beweisen würde, daß sonst derselbe Tropus an allen Stellen der Schrift und ganz allgemein im Gebrauch aller ist. Und dadurch ist ein für allemal alles, was wir gesagt haben, verteidigt, was die Diatribe widerlegen wollte, und es hat sich erwiesen, daß ihre Widerlegung überhaupt nichts erreicht, nichts vermag und nichts ist.

MARTIN LUTHER,
Assertio omnium articulorum, Vorrede (1520), WA 7,95–101
(Übersetzung: Dr. E. Werner)

T 4 Obwohl ich in meinen früheren Schriften [»Adversus execrabilem Antichristi bullam« und »Wider die Bulle des Endchrists«, d. Hrsg.] reichlich Rechenschaft abgelegt habe über die Artikel, die durch die jüngste Bulle Leos X (wie teils erdichtet, teils überliefert wird) verurteilt sind, und obwohl die Autoren der Bulle – wer auch immer sie gewesen sind – durchaus keinen einzigen Grund für ihre Verurteilung angegeben haben – sie haben nicht einmal ein Jota aus der Heiligen Schrift angeführt –, so sehe ich dennoch, daß von vielen eine weitere und unmittelbare Darlegung über die Artikel insgesamt und über jeden einzelnen verlangt wird, vielleicht, weil es nötig ist, daß jener äußere Glanz der Bulle entzogen werde, durch den sie, mit dem Titel des römischen Papstes und den Namen einiger Gelehrter ausgestattet, ein beträchtliches Maß an Autorität bei der Menge finden kann, die, durch völlig haltlose Überredungskunst getäuscht, alsbald glaubt, daß das, was im Namen des Papstes hinausgeht, von Gott ausgehe, völlig grundlos, da doch so viele Beispiele für das Gegenteil und so viele tägliche Ungeheuerlichkeiten offensichtlich die Menge beunruhigen müßten. Einigen scheint es auch, ich hätte mehr meinem eigenen Selbstbewußtsein Rechnung getragen als der doch allgemein bekannten Unwissenheit der Menge, wenn ich, ohne darauf zu achten, daß die Bulle unbekannt ist, jüngst nur einige wenige Artikel verteidigt habe; und es könnte der Menge scheinen, dies sei geschehen in dem Bewußtsein einer erschöpften oder ohnmächtigen Gelehrsamkeit.

Ich gehe also daran, aufs neue Erklärungen zu verfassen, in der Absicht, den Wünschen jener Leute zu willfahren und nicht darauf zu schauen, was mir, sondern was jenen gefällig ist; und das geschieht vielleicht nicht unnützerweise, da hierin die höchsten Geheimnisse unseres Glaubens und unserer Religion abgehandelt werden müssen, die nicht zu kennen gottlos, sie aber so zu kennen, daß man sie nicht nur bekennen, sondern auch verteidigen kann, recht christlich ist; dazu beizutragen, daß das geschehen kann, will ich mir, wenn Christus mir beisteht, fleißig in dieser Schrift Mühe geben, da zum gegenwärtigen Zeitpunkt, in dem die jüngste und die allerschädlichste Verfolgung durch sophistische Tyrannei wütet, es nicht genügt, Christus zu kennen, man vielmehr Ranzen und Leibrock verkaufen muß, um ein Schwert zu kaufen, und mit zur Schlacht aufgestellten Bewaffneten Christus verteidigen muß. Damit ich dieses freier und erfolgreicher tun kann, hielt ich es für richtig, meinen Gegnern zuvorzukommen und vorher warnend zu sagen, auf welchem Feld, mit welchen Waffen und Feldzeichen sie nach meinem Willen mit mir kämpfen sollen.

Zuerst will ich, daß sie wissen und daß sie eindringlich ermahnt sind, daß ich ganz und gar durch keines Kirchenvaters Autorität – mag er noch so heilig sein – mich zwingen lassen will, sofern seine Meinung nicht durch ein Urteil der göttlichen Schrift bestätigt worden ist; und das werden, wie ich weiß, jene mit äußerstem Widerwillen hinnehmen. Sie werden nämlich wissen, daß sie bei diesen Bedingungen sofort bei dem ersten Zusammentreffen stürzen werden, sind sie sich doch dessen bewußt, daß ihre Studien nur an menschlichen Autoren, unter Vernachlässigung der Heiligen Schrift, ausgerichtet sind. Und sie werden jenen Satz zitieren, der in aller Munde ist und von aller Griffeln häufig geschrieben, jedoch von wenigen nur verstanden worden ist, der in den Kanones der Päpste gelehrt wird: man dürfe die Heilige Schrift nicht durch den eigenen Geist auslegen. Durch ein völlig verkehrtes Verständnis dieses Ausspruchs sind sie soweit gekommen, daß sie selbst, in Widerspruch zu ihrem eigenen Leitsatz, die Heilige Schrift nur noch nach ihrem eigenen Geist auslegen. Denn sie haben die Heilige Schrift beiseite geschoben und sich allein in die Kommentare der Menschen versenkt, haben dabei nicht gefragt, was die Heilige Schrift meine, sondern was jene in der Heiligen Schrift wahrnehmen, bis sie einem einzigen, nämlich dem römischen Bischof, der nur von völlig ungelehrten Sophisten wie von einer Mauer umgeben ist, das Recht zusprachen, die Heilige Schrift auszulegen, der nun, bar aller Einsicht und Gelehrsamkeit, für sich die alleinige überragende Würde an Macht und Erhabenheit vorweg beansprucht; sie aber schwatzen dabei, die Kirche (d. h. der Papst) könne nicht irren im Glauben. Deswegen dürfte es nützlich sein, darüber einiges Wenige zusammenzutragen.

Als erstes: Wenn es niemandem erlaubt ist, die Heilige Schrift mit eigenem Geist auszulegen, warum beachten sie dann nicht, daß dergleichen folglich auch nicht Augustinus noch irgendeinem anderen der Kirchenväter erlaubt gewesen ist? Wer aber die Heilige Schrift gemäß Augustinus und nicht vielmehr Augustinus gemäß der Heiligen Schrift versteht, der versteht sie ohne Zweifel nach menschlichem Maßstab und nach dem des eigenen Geistes. Wenn es aber nicht erlaubt ist, die Heilige Schrift dem eigenen Geist gemäß zu verstehen, so wird es noch viel weniger erlaubt sein, Augustinus dem eigenen Geist gemäß zu verstehen: Wer nämlich wird uns Gewißheit geben, ob wir Augustinus richtig verstehen? Also muß auch für Augustinus noch ein weiterer Interpret gegeben werden, damit nicht unser eigener Geist uns in seinen Büchern täuscht. Wenn aber so verfahren werden muß, muß dem dritten noch ein vierter, und dem vierten noch ein fünfter Interpret beigegeben werden, und so immer fort; die Gefährdung durch unseren eigenen Geist aber wird uns zwingen, niemals etwas zu lernen oder zu lesen, was sicher erreicht wurde, insofern als zuerst die Heilige Schrift beiseite geschoben worden ist, und man sich nur um Augustinus bemüht hat, hernach auch diesen nicht verstanden und daher links hat liegen lassen; und dann hat Thomas v. Aquino sich durchgesetzt; und diesem sind ohne Ende weitere Interpreten gefolgt.

Es ist also ein offenkundiger Irrtum, daß auch durch das Wort „Es ist nicht erlaubt, die Heilige Schrift mit dem eigenen Geist auszulegen" uns aufgegeben werde, wir sollten die Heilige Schrift beiseite legen und unsere Aufmerksamkeit richten auf die Kommentare der Menschen und ihnen glauben. Dieses Verständnis, so sage ich, hat ohne Zweifel der Satan selbst eingeschleppt, damit er uns dadurch von unserer – d. h. der Heiligen – Schrift, weitgehendst abbringe und uns die Hoffnung nehme, die Heilige Schrift kennenzulernen, weil so eher einzusehen ist, daß die Heilige Schrift nur mit dem Geist erfaßt werden kann, mit dem sie geschrieben ist, einem Geist, der nirgends lebendiger und gegenwärtiger gefunden werden kann als in seiner Heiligen Schrift selbst, die er geschrieben hat. Also mußten wir uns Mühe geben, nicht so, daß wir unter Beiseiteschieben der Heiligen Schrift unsere Aufmerksamkeit nur den menschlichen Schriften der Väter zuwandten, sondern im Gegenteil: Zuerst mußten wir aller Menschen Schriften beiseite schieben und uns umso eifriger und hartnäckiger allein um die Heilige Schrift mühen, je gegenwärtiger die Gefahr ist, daß irgendjemand sie nach seinem eigenen Geist auslegt, damit uns endlich, nachdem eine derartige Gefahr überwunden ist, die Praxis beständigen Bemühens den Geist der Schrift gewisser mache, der nur in der Heiligen Schrift ganz und gar gefunden werden kann. Hier hat er nämlich sein Versteck errichtet und im Himmel (d. h. bei den Aposteln) sein Zelt aufgeschlagen. Im Psalm 1 wird einer als glückseliger Mann gepriesen, weil er Tag und Nacht nicht über andere Bücher sinnt, sondern über das Gesetz des Herrn. Von hier aus nämlich wird sich jeder, nachdem er den Geist ausgeschöpft hat, sein eigenes Urteil bilden, und zwar nicht nur über alle Schriften der Völker, sondern auch über die der heiligen Väter. Es steht nämlich geschrieben, daß das Antlitz des Mose erstrahlt war infolge der Gesprächsgemeinschaft mit dem Herrn, jedenfalls nicht infolge des gemeinsamen Gespräches mit Menschen, auch nicht mit den heiligsten, die damals lebten.

Außerdem, da wir glauben, die heilige katholische Kirche habe noch den gleichen Geist des Glaubens, den sie einmal an ihrem Anfang empfangen hat: warum sollte es dann nicht auch heute erlaubt sein, entweder allein oder zuerst die Heilige Schrift zu studieren, wie es der Urkirche erlaubt war? Denn jene Urchristen haben nicht Augustinus oder Thomas gelesen. Oder sage mir, wenn du kannst, unter welchem Richter die Untersuchung abgeschlossen wird, wenn Aussprüche der Väter sich widersprechen? Hier muß nämlich mit der Schrift als Richter das Urteil gefällt werden, was aber nicht geschehen kann, wenn wir nicht der Heiligen Schrift den ersten Platz geben bei allem, was die Väter betrifft, d. h., daß sie selbst in sich und von sich aus völlig gewiß, sehr leicht verständlich, gänzlich unverhüllt, Interpret ihrer selbst ist, alles und jedes prüfend, beurteilend und erhellend, wie es geschrieben steht in Ps. 118 [nach heutiger Zählung Ps. 119, 130, d. Hrsg.], „die Kundgebung" oder, wie es der hebräische Text sagt, das Offenliegende oder das Tor „deiner Worte erleuchtet und gibt den Unmündigen Einsicht". Hier schenkt, klar erkennbar, der Geist Erleuchtung und lehrt, daß Erkenntnis gegeben werde allein durch die Worte Gottes, gleichsam durch ein geöffnetes Tor oder von dem ersten Ursprung [principium primum] (wie sie sagen) ausgehend, bei dem begonnen werden muß, um vorzudringen zu Licht und Einsicht. Andererseits: „Anfang oder Ursprung deiner Worte ist die Wahrheit". Du siehst: auch hier wird Wahrheit nur dem Ursprung der Worte Gottes zugesprochen, d. h., wenn du an erster Stelle die Worte Gottes gelernt hast und sie gleichsam als den ersten Urgrund [principio primo], als Maßstab für alle Worte gebrauchst. Und was macht jener Oktonar [Ps. 119, d. Hrsg.] in seiner Gesamtheit anderes, als daß er die Verkehrtheit unserer Bemühung verurteilt, uns zurückruft zu der Quelle und uns lehrt, daß wir als erstes und einziges uns an die Worte Gottes zu halten haben, der Geist aber von sich aus kommen werde und unseren eigenen Geist austreiben werde, damit wir ohne Gefahr Gottesgelehrte sein können? Es ist sicher wahr, daß für Hochmütige und Gottlose die Heilige Schrift immer Anlaß zu größerer Verblendung bietet; aber welche Schriften der Menschen sind für Hochmütige nicht Anlaß für noch größere Blindheit? Oder welche noch so gute Sache wirkt bei Hochmütigen und Unreinen nicht zum Verderben? Daß diese bei Beschäftigung mit der Heiligen Schrift zu Ketzern werden, ist keineswegs verwunderlich; daß sie bei der Beschäftigung mit menschlichen Schriften schlimmer aber als wilde Tiere werden, ist nichts Neues.

Es sollen also die ersten Grundsätze der Christen nur die göttlichen Worte sein, die Worte der Menschen aber Schlußfolgerungen, die von jenen abgeleitet und wieder auf sie zurückgeführt werden und an ihnen geprüft werden müssen. Jene müssen zuallererst jedem völlig bekannt sein, nicht aber dürfen sie durch Menschen kritisch untersucht werden, sondern es müssen die Menschen durch sie beurteilt werden. Wenn das nicht so wäre, warum greifen dann Augustinus und die heiligen Väter, sooft sie diskutieren oder lehren, auf die Heilige Schrift wie auf die Anfänge der Wahrheit zurück und beleuchten und bekräftigen ihre eigenen dunklen oder ungewissen Vorstellungen durch das Licht und die Festigkeit der Heiligen Schrift? Durch dieses Beispiel lehren sie schlechterdings, daß die göttlichen Worte unverschlüsselter und gewisser sind als die aller Menschen, auch als ihre eigenen Worte, wie denn eben die Worte Gottes nicht durch der Menschen Worte, sondern der Menschen Worte durch jene gelehrt, geprüft, erschlossen und bekräftigt werden. Wenn die Kirchenväter sie nämlich nicht für offenkundiger und gewisser hielten, dann würden sie sich auf lächerliche Weise erdreisten, ihre eigenen dunklen Vorstellungen durch noch dunklere von Gott zu beweisen, wo sogar ihr hochgeschätzter Aristoteles und aller natürlicher Verstand darauf hinweisen, daß das Unbekannte durch Bekannteres und Dunkles durch Offenkundiges bewiesen werden muß.

Was also bedeutet unsere so gottlose Verkehrtheit, daß wir die Heilige Schrift nicht durch sich selbst und ihren eigenen Geist, sondern durch Erklärungen der Menschen kennenlernen wollen, im Gegensatz zu dem Beispiel aller Väter, und daß wir uns noch dieser Verkehrtheit rühmen wie einer zutiefst religiösen Ehrfurcht? Wenn wir das nämlich wollen, werden wir bestätigen, daß die Heilige Schrift dunkler und unbekannter ist als die Schriften der Väter. Wenn das aber zugegeben ist, werden wir noch etwas darüber hinaus zugeben, nämlich daß die heiligen Väter in ihren Kommentaren nichts anderes getan haben, als daß sie, indem sie ihre Vorstellungen durch die Heilige Schrift bestätigten, Bekannteres durch Unbekannteres bestätigt und so sich selbst, wie uns, erstaunlich hintergangen und ihre Kräfte nur zu Lug und Trug eingesetzt haben; und es wird sich ergeben, daß wir mehr den Auslegenden als der sprechenden Schrift glauben. Wer könnte so töricht sein?

Wieviele Irrtümer sind schon in den Schriften aller Väter gefunden worden! Wie oft widersprechen sie sich selbst! Wie oft sind sie untereinander verschiedener Meinung! Wer hat nicht häufiger die Heilige Schrift verdreht? Wie oft disputiert Augustinus nur, entscheidet aber nichts genau! Hieronymus stellt in seinen Kommentaren fast keine sicheren Behauptungen auf. Mit welcher Sorglosigkeit können wir uns auf irgend jemanden verlassen, von dem feststeht, daß er des öfteren geirrt, sich und anderen widersprochen, der Schrift Gewalt angetan hat, nichts als sicher behauptet hat, wenn wir nicht alles von ihnen [den Schriften der Kirchenväter, d. Hrsg.] aufgrund der Autorität der Heiligen Schrift kritisch beurteilt haben? Keiner hat der Heiligen Schrift Vergleichbares erreicht – wie es ja auch nicht nötig war –, wiewohl jene Alten ziemlich nahe herangekommen sind, weil sie im Umgang mit der Heiligen Schrift sorgfältiger waren. Niemand soll also mir die Autorität des Papstes oder irgendeines Heiligen entgegenhalten, wenn sie nicht durch die Heilige Schrift untermauert ist, und niemand soll sofort laut schreien, ich wolle als einziger gelehrter als alle scheinen und die Schrift mit meinem eigenen Geist auslegen. Dies sind nämlich nicht die Notschreie derer, die die Wahrheit Gottes suchen, sondern derer, die die eigene Eitelkeit treibt. Oder man möge mir den Autoren bringen, von dem feststeht, daß er niemals geirrt hat, niemals die Heilige Schrift verdreht, niemals sich und anderen widersprochen, niemals gezweifelt hat. Ich will mich nicht rühmen, ich sei gelehrter als alle, aber ich will, daß allein die Heilige Schrift herrsche; ich will nicht, daß sie durch meinen Geist oder durch den Geist irgendwelcher anderer Menschen ausgelegt werde, sondern daß sie durch sich selbst und durch ihren eigenen Geist verstanden werde.

Damit es nicht scheinen kann, als schrieen die Schreier in dieser Sache zu Recht, ziehe ich als hervorragendstes Beispiel Augustinus heran, den ich schon öfter angeführt habe, und da sie ihn mit tauben Ohren übergehen, muß man öfters einschärfen, was er in einem Brief an Hieronymus schreibt: Ich habe gelernt, nur den Büchern, die als kanonisch bezeichnet werden, die Ehre zu erweisen, daß ich fest glaube, keiner ihrer Autoren habe geirrt; die übrigen aber, durch wie große Heiligkeit und Gelehrsamkeit sie sich auch auszeichnen, lese ich so, daß ich nicht etwas für wahr halte, weil sie selbst es so gemeint haben, sondern, wenn sie durch kanonische Schriften oder eine glaubwürdige Beweisführung mich haben überzeugen können. Warum beschuldigen sie dann nicht auch Augustinus der Anmaßung, der es wagt, ohne Ausnahme alle, die Abhandlungen über die Heilige Schrift schreiben, gering zu schätzen, soweit sie nicht durch die Heilige Schrift und durch Begründungen zu überzeugen wissen, und der uns lehrt, dasselbe zu tun, wenn er in seinem 3. Buch über die Trinität sagt: Richtet euch nicht sklavisch nach meinen Worten, als wären sie kanonisch ... Und Hilarius, der wohl unter den ersten der Väter ist, sagt in seinem 1. Buch über die Trinität: Der beste Interpret ist derjenige, der den Sinn der Schrift eher entnommen als dazugetragen hat und der nicht zwingt, daß man das in den Worten enthalten sieht, was er sich vorgenommen hatte zu lehren, bevor er zu wirklicher Einsicht gelangte. Siehe, dieser ausgezeichnete Autor will, daß Erkenntnis aus der Schrift gezogen werde und nicht in die Schrift hineingetragen werde. Nicht dies heißt also, Weisheit leuchten zu lassen, deretwegen sie sich rühmen, viele Äußerungen der Väter zusammenzutragen und aus ihnen das Verständnis der Schrift zu ermitteln, sondern deren Äußerungen zu beurteilen, nachdem die Erkenntnis aus der Schrift gezogen und durch interne Vergleiche mit der Heiligen Schrift erhellt wurde. So bewegte auch die glückselige Jungfrau alle Worte in ihrem Herzen.

Wenn nun Augustinus, Hilarius u. a. uns nicht gelehrt hätten, daß dies zu wagen und auch zu tun ist, haben wir dann nicht Paulus, der den Thessalonichern [1. Thess. 5,21, d. Hrsg.] schreibt: „Prüft alles, und was gut ist, behaltet!", und Gal. 1: „Wenn jemand etwas anderes als Botschaft verkündet als das, was ihr vernommen habt, so sei er verflucht!", und 1. Joh. 4: „Prüft die Geister, ob sie aus Gott sind!" Es wäre gewiß notwendig, diese apostolischen Ermahnungen allesamt geringzuschätzen, wenn es sich geziemte, jede beliebige Äußerung der Väter ohne Urteil zuzulassen, ohne Urteil des Geistes, sag ich, weil er nur in der Heiligen Schrift enthalten sein wollte.

Und damit ich weiter ausführe, worüber sie sich wundern werden, wir lesen in Apg. 17, daß diejenigen, die sehr begierig das Wort des Paulus gehört hatten, täglich die Schrift durchforschten, ob es sich so verhalte. Wenn also die Botschaft des Paulus oder das Neue Testament durch das Alte Testament bestätigt werden mußte, ob es sich so verhielte, obwohl Paulus doch die ihm von Gott gegebene Autorität hatte wie ein Apostel, damit seinem Wort geglaubt wurde: Was tun dann wir, die wir nicht wollen, daß die Aussagen der Väter, deren keiner die Autorität besaß, Neues zu lehren, sondern nur soviel zu bewahren, wie durch die Apostel empfangen worden war, zur Beurteilung der Schrift herangezogen werden? Schließlich beweist nicht nur Paulus selbst alle seine Worte durch das Alte Testament, wie wir das in seinen Briefen reichlich sehen, bis zu dem Punkte, daß er in der Einleitung zu seinem Brief an die Römer bezeugt, seine Botschaft sei in der Heiligen Schrift durch die Propheten vorhergesagt. Aber auch Petrus und alle Apostel, auch die im Konzil zusammengekommenen, Apg. 15, beweisen ihre Aussagen durch die Schrift. Ja, sogar Christus, unser aller Herr, wollte durch das Zeugnis des Johannes anerkannt und durch die Stimme seines Vaters vom Himmel herab bestärkt werden; außerdem bezeugt er doch sehr häufig seine Worte durch Zeugnisse der Heiligen Schrift, wobei er sogar den Juden befiehlt, sie sollten die Schriften durchforschen, die von ihm Zeugnis ablegen [Joh. 5,39, d. Hrsg.].

Wunderlich ist also unsere Verkehrtheit, daß wir durch andere Zeugnisse als die der Schrift unsere Aussagen beweisen wollen, wenn doch Christus und alle Apostel ihre Aussagen in der Schrift bezeugen wollen. Ja, damit die Tollheit noch unerträglicher wird: wir wollen die Schrift, in der Zeugnisse für uns gesucht werden müssen, durch die Zeugnisse von Menschen prüfen und verteidigen. Ist das etwas anderes, als aus Menschlichem Göttliches zu bilden und in helles Licht zu setzen? Heißt das nicht, das Schwert des Geistes, durch das wir verteidigt sein sollten, dadurch zu verteidigen, daß wir unsere ungeschützten Arme entgegenstrecken? Dennoch will ich nicht, daß durch dieses Schreiben den heiligen Vätern ihr Ansehen entzogen werde und ihre heiligen Mühen mit Undank entgolten werden, sondern ich will, daß die Freiheit des Geistes und die Erhabenheit des Wortes Gottes Vorrang vor ihnen haben. Mögen sie heilige Männer und Kirchenväter sein, aber sie sind Menschen, nicht mit den Aposteln und Propheten vergleichbar und ihrer Autorität weder vorangestellt noch gleichgestellt, sondern unterworfen, weil sie selbst jene nicht ausgebildet oder erleuchtet haben, sondern ausgebildet und erleuchtet worden sind. Nur so weit sollen sie für uns Beispiel sein, daß, so wie sie selbst sich um Gottes Wort ihrer Zeit entsprechend gemüht haben, so auch wir unserem Jahrhundert entsprechend um dasselbe ringen wollen. Es ist ein einziger Weinberg, aber verschiedene Arbeiter arbeiten in ihm zu verschiedenen Stunden; alle jedoch arbeiten im Weinberg, nicht an den Hacken oder Messern der Arbeiter. Es ist genug, von den Kirchenvätern Eifer und Sorgfalt, in der Schrift zu arbeiten, gelernt zu haben: Nicht jedes ihrer Werke darf gebilligt werden, weil ja nun einmal Sorgfalt nicht immer mehreren das gibt, was sogar einem einzigen der günstige Zeitpunkt und irgendein unbegreiflicher Anstoß des Geistes gibt.

Daher wollen wir, wenn wir das können, dem Beispiel des St. Bernhard folgend, lieber aus der Quelle selbst als aus den Bächlein trinken: so nämlich bekennt er es von sich selbst, und nicht selten hat er deswegen gewagt, sich den heiligen Vätern zu widersetzen. Übrigens, wenn man allein den Päpsten oder Gelehrten trauen soll und diese nicht vor ein Gericht der Heiligen Schrift gerufen werden dürfen, warum verwerfen wir dann nicht die Heilige Schrift als überflüssig und zu dunkel, als daß wir sie erfassen könnten? Laßt uns dann auch dementsprechend die heiligen Väter verwerfen, nachdem wir an ihre Stelle die, wie sie sich rühmen, offeneren scholastischen Theologen aufgenommen haben, bis wir auch diese fallen lassen und dann Aristoteles und jeden, der weiter von der Heiligen Schrift und den Kirchenvätern entfernt ist, als Führer haben, so wie wir es wirklich gehabt haben und noch haben. Dann wird es tatsächlich so sein, daß wir nicht nur die Heilige Schrift mit unserem Geist interpretieren, sondern wir werden nichts als den eigenen Geist übrigbehalten, wenn dann die gesamte Heilige Schrift unbekannt ist, und wir werden von weiter nichts als den Wirbeln und Stürmen unserer Meinungen ohne Ende umhergetrieben, wie es auch heute schon ist.

Dies wollte ich in diesem Schreiben bezeugen, damit nicht die, die vollbepackt irgendwo mit den Worten der heiligen Väter für sich schon den Sieg erwarten, glauben können, sie hätten irgendetwas bewirkt, wenn sie zeigen, daß ich einem einzigen Wort eines einzigen Kirchenvaters entgegengetreten bin, weil ich bislang immer gegen scholastische Gelehrte an die Kirchenväter appelliert habe. Ich habe nämlich nicht in dem Sinn an sie appelliert, daß ich alles von ihnen Geäußerte für wahr hielt, sondern damit wir, weil sie sie mit ihren Meinungen der Wahrheit näher sind als die Scholastiker, die fast nichts von der Wahrheit übriggelassen haben, allmählich zur Quelle kommen, wenn wir uns von den Bächlein führen lassen. Es verbietet nämlich Augustinus, den ich immer herangezogen habe, die Schriften eines noch so frommen Verfassers von Traktaten den Schriften der Apostel und Propheten gleichzustellen, was ja auch die allgemeine natürliche Denkart verbietet.

MARTIN LUTHER,
Adventspostille (1521), WA 7,483,4 ff (Übersetzung: W², XII, 1079f)

T 5 Zu Röm 15,4

Denn was zuvor geschrieben ist, das ist uns zur Lehre geschrieben.

8. Dieweil er hatte angeführt die Schrift, von Christo redend, auf daß nicht etwa jemand heimlich dawider murren möchte und sprechen, es reimte sich nicht zur Sache: so gibt er bei Gelegenheit dieses einigen Spruchs eine allgemeine Lehre vom Gebrauch der Schrift, und lehrt, warum nicht allein dieses Stück, sondern die ganze heilige Schrift geschrieben und wie sie zu gebrauchen sei. Denn alles, was geschrieben ist, ist nicht um Christi willen geschrieben (der es nicht bedurft hat), sondern um unsertwillen, daß wir dadurch gelehrt und unterrichtet werden. Um der Menschen Lehre willen, sage ich, ist alles geschrieben, was geschrieben ist. Desgleichen sagt er auch 1 Cor. 9,9.10.: »Sorget Gott für die Ochsen? oder sagt ers nicht allerdinge um unsertwillen? Denn es ist ja um unsertwillen geschrieben.« Als wollte er sagen: Gott sorgt nicht für die Ochsen, sondern für uns; nicht, als wenn er gar keine Sorge trüge für die Ochsen, da er doch für alle Dinge sorgt (wie sich etliche hier im Text martern); sondern daß ers nicht um der Ochsen willen redet und schreibt. Denn was sollte er zu den Ochsen reden und schreiben? Das Wort Gottes in Jakob und Israel wird allein zu den Menschen gesandt. Also auch hier, das Wort, das von Christo geschrieben ist, ist nicht Christo, sondern uns geschrieben, gleichwie auch alles andere. Denn was sollte Gott um Christi willen schreiben lassen, der alle Dinge weiß und hat? Darum ist die Ursache ganz und gar, warum die Schrift geschrieben ist, die Menschen zu unterrichten.

9. Mit diesem allgemeinen Spruch drückt er aus den Nutzen und die Frucht der Schrift, wenn er sagt:

Auf daß wir durch Geduld und Trost der Schrift Hoffnung haben.

10. Denn ein Mensch, der durch die Schrift unterwiesen wird, lernt darin nichts anderes, denn Kreuz und Geduld; denn die ganze Schrift ist nichts anderes, denn ein Wort des Kreuzes, und eine Ermahnung, das Kreuz zu tragen; und diese Ermahnung hat der Mensch vonnöthen, auf daß seine Geduld nicht aufhöre, sondern gestärkt werde durch Hoffnung der künftigen Erlösung. Darum ist beides vonnöthen, die Geduld und die Schrift. Denn Gottes Wort hebt nicht auf das Kreuz und Geduld, sondern legt das Kreuz auf und lehrt Geduld haben in Hoffnung. Was lehrt die Schrift anderes, als das Sterben des alten Menschen und die Hoffnung der Auferweckung des neuen Menschen? Der Tod aber des alten Menschen fordert Geduld, und die Auferweckung des neuen Menschen kann man nicht sehen, sondern man muß ihrer erwarten in der Hoffnung, durchs Wort und Ermahnung der Schrift.

11. Nun ist das nicht das kleinste Theil des Kreuzes, daß du die Schwachen duldest und mit unfreundlichen Leuten umgehest; denn es ist dem alten Menschen sehr verdrießlich, der allezeit einen Gefallen an sich selbst hat und ein Mißfallen an seinem Nächsten. Darum muß der alte Mensch in diesem Stück durch Geduld getödtet, und durch die Schrift ermahnt werden, daß er auf Gott allein hoffe und nicht Gefallen an sich selber habe. Und also hat St. Paulus den gemeinen Nutzen der Schrift auf ein Theil dieses Kreuzes gezogen. So nun Gott sein Wort hat lassen aufschreiben uns zur Lehre, warum liest und studirt man denn alles lieber, denn die heilige Schrift? Denn so unsere Lehre hier wird geschrieben, warum sucht man sie denn anderswo?

MARTIN LUTHER,
Auslegung des 51. Psalms (1538), WA 40, II, 325,31 – 328,29 (Übersetzung: W², V, 482 – 485)

T 6   Das ist also unsere Sünde, daß wir in Sünden empfangen und geboren sind. Dies hat David aus eigener Erfahrung gelernt, daher beschreibt er sie so, daß er anzeigt, die Sünde sei eine Verderbniß aller Kräfte, der inneren und der äußeren, in solchem Maße, daß jetzt kein Glied seinen Dienst so leistet wie im Paradiese vor der Sünde; sondern wir sind von Gott abgewichen, haben ein gar böses Gewissen, sind den Krankheiten und dem Tode unterworfen, wie die Worte der Strafe anzeigen [1 Mos. 2,17.]: »Welches Tages du von diesem Baume issest, wirst du des Todes sterben.« Wir lernen dies aber allein aus dem Worte. Die Heiden aber, die das Wort nicht haben, haben diese Dinge doch nicht recht erkannt, wiewohl sie mitten in diesen Uebeln lagen. Denn sie urtheilten, daß der Tod eine natürliche Nothwendigkeit sei, nicht aber eine Strafe der Sünde. So können sie nicht urtheilen von der ganzen Natur des Menschen, weil sie die Quelle nicht kennen, aus der dieses Unglück über das menschliche Geschlecht hergekommen ist. Von dieser Erkenntnis der Sünde und der ganzen Natur lehrt der Psalm, und behandelt nicht bloß das Exempel (wofür wir dennoch den Schulen danken, daß sie uns das noch gelassen haben), sondern begreift in sich die ganze Lehre von der geistlichen Gottesverehrung, von der Erkenntniß Gottes, desgleichen von der Erkenntniß unserer Natur, der Sünde, der Gnade ec. Deshalb sollen wir dafürhalten, dieser Psalm sei eine allgemeine Lehre für das ganze Volk Gottes, von Anfang an, da er gemacht ist, bis auf diesen Tag, durch welche David oder vielmehr der heilige Geist in David uns unterweist zur Erkenntniß Gottes und unser selbst. Herrlich lehrt er aber beides, denn er zeigt in trefflicher Weise erstlich die Sünde, darnach auch die Erkenntniß der Gnade, ohne welche Verzweiflung eintritt.

Ferner ist diese Erkenntniß der Sünde nicht ein Spiel mit Gedanken (speculatio) oder ein Gedanke, den der Geist sich erdichtet, sondern ein wirkliches Fühlen, eine wirkliche Erfahrung und ein sehr schwerer Kampf des Herzens, wie er bezeugt, da er sagt [V. 5.]: »Denn ich erkenne meine Missethat«, das heißt, ich fühle sie, ich erfahre sie. Denn das bedeutet eigentlich das hebräische Wort; es bedeutet nicht, wie der Pabst gelehrt hat, sich darauf besinnen, was man gethan, was man unterlassen habe, sondern die Last des Zornes Gottes fühlen und erfahren, und die Erkenntniß der Sünde ist eben das Fühlen der Sünde, und ein sündiger Mensch ist der Sünder, welcher von seinem Gewissen bedrängt wird, und ängstlich hin und her schwankt (haeret) und nicht weiß, wohin er sich wenden solle. Denn wir handeln hier nicht von der philosophischen Erkenntniß des Menschen, welche den Menschen so beschreibt, daß er ein mit Vernunft begabtes lebendes Wesen sei ec. Denn dies gehört der Naturlehre an und nicht der Theologie. So redet ein Rechtsgelehrter von dem Menschen, sofern er ein Besitzer und Herr seiner Güter ist; der Arzt redet von dem gesunden und kranken Menschen, der Theologe aber handelt von dem Menschen, der ein Sünder ist. Dies ist in der Theologie das Wesen (substantia) des Menschen, und damit geht der Theologe um, daß der Mensch dieser seiner von Sünden verderbten Natur inne werde. Wenn dies geschieht, so folgt Verzweiflung, welche ihn in die Hölle stößt. Denn was soll der Mensch vor dem Angesichte des gerechten Gottes thun, der da weiß, daß die ganze Natur von der Sünde unterdrückt ist, und nichts übrig ist, worauf er sich verlassen könnte, sondern einfach dahin gekommen ist, daß er nichts von Gerechtigkeit hat? Wenn dies im Herzen so empfunden wird, dann muß der andere Theil der Erkenntniß folgen, der auch nicht in Gedanken (non speculativa), sondern ganz und gar in der Ausübung und in der Empfindung stehen muß, so daß der Mensch lerne und höre, was Gnade sei, was Rechtfertigung, daß dies Gottes Rath über den so zur Hölle gefallenen Menschen sei, daß er beschlossen habe, den Menschen durch Christum wieder herauszuführen ec. Hier wird das niedergebeugte Herz wiederum aufgerichtet, und hält gemäß dieser Lehre der Gnade mit Freuden festiglich dafür: Wenn ich, so viel mich anbetrifft, ein Sünder bin, so bin ich doch in Christo kein Sünder, der uns gemacht ist zur Gerechtigkeit, sondern ich bin gerecht und gerechtfertigt durch den gerechten und rechtfertigenden Christum, der um deswillen ein Rechtfertiger ist und genannt wird, weil er den Sündern angehört und den Sündern gesandt ist ec.

Dies ist die zweifache theologische Erkenntniß, welche David in diesem Psalm lehrt, so daß der Inhalt dieses Psalms ist: von der theologischen Erkenntnis des Menschen, und von der Erkenntniß Gottes, die auch eine theologische ist, damit niemand sich über die Majestät [Gottes] Gedanken mache, was Gott gethan habe und wie mächtig er sei; desgleichen, damit man nicht denke an den Menschen als den Herrn über seine Güter, wie ein Jurist thut, oder an den kranken Menschen, wie ein Arzt, sondern an den Menschen, der ein Sünder ist. Denn der eigentliche Gegenstand (subjectum), mit dem die Theologie zu thun hat, ist der Mensch, welcher der Sünde schuldig und verloren ist, und Gott, der da gerecht macht und der Heiland des sündigen Menschen ist. Alles was außer diesem Gegenstande (subjectum) in der Theologie gesucht oder disputirt wird, ist Irrthum und Gift. Denn darauf hat die ganze Schrift ihr Absehen, daß sie uns Gottes Gütigkeit anpreise, der das durch seinen Sohn ausrichtet, daß er die in Sünde und Verdammniß gefallene Natur wieder zur Gerechtigkeit und zum Leben zurückbringe. Hier wird nichts gehandelt von diesem leiblichen Leben, welche Nahrung man zu sich nehmen, was für Werke man thun, wie man seine Familie regieren, wie man das Land bebauen solle ec.; dies alles ist vor dem Menschen im Paradiese geschaffen, und in die Hand der Menschen gegeben, da Gott sprach [1 Mos. 1,28.]: »Herrschet über die Fische im Meer und über die Vögel unter dem Himmel«, sondern hier wird gehandelt von dem künftigen und ewigen Leben, von Gotte, der da gerecht macht, wieder zurecht bringt und lebendig macht, und von dem Menschen, der aus der Gerechtigkeit und dem Leben in die Sünde und den ewigen Tod gefallen ist. Wer diesem Gesichtspunkte (scopum) folgt beim Lesen der heiligen Schrift, der wird die heiligen Dinge mit Nutzen lesen.

MARTIN LUTHER,
Auslegung vieler schöner Sprüche aus göttlicher Schrift (Bibel- und Bucheinzeichnungen Luthers), WA 48, 99ff (Übersetzung: W², IX, 1799–1801)

T 7 *Jes. 30,15.*

Wenn ihr stille bliebet, so würde euch geholfen; durch stille sein und hoffen würdet ihr stark sein.

Das ist, Gott hilft den Geduldigen, welche von ihm Trost und Hülfe erwarten, nicht ergrimmen oder murren wider Gott, nicht Lärmen anrichten aus Ungeduld, nicht verbotene Hülfe suchen, oder auf menschlichen Trost eilen ec. Summa, leiden und hoffen ist der Christen Sieg.

Jes. 40,8.

Das Wort unsers Gottes bleibet ewiglich.

Das ist, es hält fest, ist gewiß, weicht nicht, zuckt nicht, sinkt nicht, fehlt nicht, läßt nicht fehlen. Wo nun dieses Wort ins Herz kommt mit rechtem Glauben, da macht's das Herz ihm gleich auch fest, gewiß und sicher, daß es so steif, aufrecht und hart wird wider alle Anfechtung, Teufel, Tod, und wie es heißen mag, daß es trotziglich und hochmüthiglich alles verachtet und spottet, was zweifeln, zagen, böse und zornig sein will; denn es weiß, daß ihm Gottes Wort nicht lügen kann.

Gottes Wort bleibt ewiglich.

Wer das glauben soll, daß es wahr sei, der muß das auch glauben, das daselbst dabei steht, V. 6.: Omnis caro foenum, alles Fleisch ist wie Gras, welches verdorret, und bleibt nicht bis morgen. Wie Matth. 6,30. geschrieben steht: »So Gott das Gras auf dem Felde also kleidet, das heute stehet, und morgen in Ofen geworfen wird« ec. Solches erfahren wir auch täglich, wie wir dahin sterben und verdorren, gleich dem Gras, und noch geringlicher: noch wollen wir des Worts nicht, das ewig bleibt, und uns mit sich ewig bleiben hilft, sondern hangen an dem, das nicht ewig, ja, nicht einen Augenblick uns sicher machen kann. Fahren so dahin mit dem nichtigen Mammon, Bauch, und was der schönen Blumen des verderbten Fleisches mehr sind, in das ewige Verderben.

Jes. 55,11.

Mein Wort, so aus meinem Munde gehet, soll nicht wieder zu mir leer kommen, sondern thun, was mir gefällt, und soll ihm gelingen, dazu ich's sende.

Das ist doch ja ein tröstlicher Spruch, wo wir glauben könnten, daß Gott mit uns redete, und Gottes Wort wäre, was wir in der Bibel lesen oder hören. Da würden wir finden und fühlen, daß es nicht ohne Furcht noch umsonst gelesen oder gehört würde. Aber der verfluchte Unglaube und das leidige Fleisch läßt uns nicht sehen noch achten, daß Gott mit uns redet in der Schrift, oder, daß es Gottes Wort sei, sondern gedenken, es sei Jesaias, Paulus, oder sonst ein schlechter Mensch, der nicht habe Himmel und Erde geschaffen. Darum ist's auch uns nicht Gottes Wort, und wirkt nicht seine Frucht, bis es Gottes Wort in uns werde erkannt.

Jes. 59,21.

Mein Geist, der bei dir ist, und meine Worte, die ich in deinen Mund gelegt habe, sollen von deinem Munde nicht weichen, noch von dem Munde deines Samens und Kindeskind (spricht der Herr), von nun an bis in Ewigkeit.

Das ist, ich bin Gott und will Gott bleiben, das sollst du, Teufel, nicht wehren, und wirst mich lassen einen ewigen Prediger bleiben, daß dennoch mein Wort immer für und für und allzeit den armen Sündern helfe zum ewigen Leben. Mache es so kraus du willst, so soll des Weibes Same dich auf den Kopf treten, und reden, wenn du schweigen mußt.

Aus dem Propheten Habakuk.
Cap. 2,4.

Der Gerechte lebet seines Glaubens.

Eine wunderbarliche Rede ist das, der Glaube soll das Leben sein. Warum? Darum, daß er hangt an dem Wort, dadurch alles geschaffen ist, lebt und bleibt, welches ist Jesus Christus, Joh. 1,1.14.: »Im Anfang war das Wort, und das Wort ward Fleisch.«

MARTIN LUTHER,
Auslegung vieler schöner Sprüche aus göttlicher Schrift (Bibel- und Bucheinzeichnungen Luthers), WA 48, 138ff (Übersetzung: W², IX, 1818–1821)

T 8   Joh. 5,39.

Suchet (oder forschet) in der Schrift, denn ihr meinet, ihr habt das ewige Leben darinnen. Und sie ist's, die von mir zeuget.

Das ist, weil wir selbst halten, daß die heilige Schrift sei Gottes heilsames Wort, welches uns ewiglich kann selig machen, so sollen wir also drinnen lesen und studiren, daß wir Christum drinnen finden bezeugt. Wie St. Paulus auch sagt Röm. 10,4.: »Christus ist des Gesetzes Ende.« Und Ps. 40,8.: »Im Buch stehet geschrieben von mir«, daß Ich, Gott, soll deinen Willen thun.

Wer nun nicht studirt in der Schrift, wie uns hier Christus heißt, der kann nichts wissen vom ewigen Leben. Denn er lebt ohne Gottes Wort, ohne welches die Vernunft nichts kann vom ewigen Leben recht denken noch reden. Wer aber also in der Schrift studirt, daß er Christum nicht drinnen findet, der kann das ewige Leben nicht erlangen, ob er gleich viel davon lernt, redet, oder auch hofft, wie die Juden thun, als St. Paulus sagt Apost. 24,14., desgleichen die Mönche, und alle die, so durch Werke wollen selig werden. Denn die Schrift zeuget von Christo, daß allein der, so an ihn glaubt, selig wird. Jes. 53,6.: »Gott hat unser aller Sünde auf ihn gelegt.« Item, V. 11.: »Durch sein Erkenntniß wird er, mein Knecht, der Gerechte, viel gerecht machen« ec.

Suchet in der Schrift ec.

Die Juden hatten darin recht, daß sie in der Schrift das ewige Leben zu haben meinten; denn dasselbige ist wahr, es ist das Wort des Lebens. Aber daß Christus sollte sein solches Leben, und die Schrift von ihm zu verstehen wäre, das wollten sie nicht, und wollen's noch heutiges Tages nicht, suchen ein anderes drinnen, das sie soll lebendig und selig machen; da wird nichts aus. Es heißt, »sie (die Schrift) ist's, die von Mir zeuget«; Ich bin dasselbige ewige Leben, das man in der Schrift hat und findet; außer mir findet man das Leben nicht drinnen, sondern den ewigen Tod.

Suchet in der Schrift ec.

Gott hat die heilige Schrift gegeben uns armen sündigen Menschen, daß wir sie sollen nicht allein lesen, sondern auch (wie der Herr hier sagt) forschen, oder nachdenken und betrachten, so wird man drinnen finden das ewige Leben. Wer sie aber obenhin liest, und nicht immerfort und tiefer nachdenkt, der wird ihrer überdrüssig, und läßt sie fahren, als verstehe er sie zu Grunde, und findet nichts drinnen; oder wird ein Ketzer draus, der, wie eine Spinne, aus der schönen lieblichen Rose Gift saugt, da doch das Bienlein eitel süßen Honig aus saugt.

Suchet in der Schrift ec.

Da hast du das Argument, was du in der Schrift suchen und finden sollst: Mich, spricht der Herr, sollst du drinnen lernen. Denn auch die Gebote, Historien, leibliche Verheißungen, sehen endlich auf Christum; weil man nichts thun, bitten, noch haben kann, denn allein in dem geglaubten Christo. Das ist gewißlich wahr, und wirst's also finden, so du recht suchst.

Suchet in der Schrift ec.

Man muß »suchen«, spricht er, nicht richten; nicht Meister, sondern Schüler sein; nicht unsern Dünkel hinein tragen, sondern »Christi Zeugniß« darinnen holen. Und so lange Christus nicht recht drinnen gefunden wird, so lange wird sie auch nicht recht gesucht.

Suchet in der Schrift ec.

Man muß auch nicht mehr, denn »Zeugniß von Christo« in der Schrift suchen, das ist, eine Lehre des Glaubens. Denn Christus ist so eine wunderbarliche Person, zugleich Gott und Mensch, daß, wer es nicht aus Zeugniß der Schrift durch den Glauben faßt, der muß sich an ihm ärgern. Denn auch die Engel sich deß ewiglich nicht satt wundern können. Darum heißt »Zeugniß« eine Rede, der man glauben muß, so man sonst nicht sieht, greift, noch versteht.

Suchet in der Schrift ec.

»Von mir«, spricht Christus, das ist, wahrlich, also. Denn wer die Schrift liest also, daß er den Sohn Mariä, Jesum von Nazareth, Gottes Sohn und Messias, nicht drinnen sucht noch findet, dem ist's nichts nütze, daß er das andere alles liest und weiß. Si Christum bene scis, satis est, si caetera nescis.

Suchet in der Schrift ec.

»Das ewige Leben« ist in der Schrift bezeugt, und solch Zeugniß ist »von mir«, Marien Sohn. So muß es gewiß sein, daß Ich sei dasselbige ewige Leben, das ist, wahrhaftiger Mensch und Gott, euch durch die Schrift verheißen. Hier laßt uns suchen, hier werden wir alles finden.

Suchet in der Schrift ec.

Kein Buch lehrt vom ewigen Leben, das ist, von Christo, Gottes Sohn, ohne allein die heilige Schrift. Alle anderen Bücher lehren sterblich Wesen, auch da sie am besten sind.

Suchet in der Schrift ec.

Wer Gott erkennen, und das ewige Leben haben will, der soll dies Buch (die Bibel) mit Fleiß lesen, und von Christo, Gottes Sohn, Zeugniß drinnen suchen.

Joh. 8,25.

Wer bist du denn? Und Jesus sprach zu ihnen: Erstlich der, der ich mit euch rede.

Sie wollen erstlich wissen, wer er sei, und nicht achten, was er rede; so will Er, sie sollen erstlich hören, so werden sie wissen, wer er sei. Es heißt, höre und laß das Wort den Anfang sein, so wird das Wissen wohl folgen. Hörst du aber nicht, so wirst du nimmermehr nichts wissen. Denn es ist beschlossen, Gott will ungesehen, unerkannt, unbegriffen sein, ohne allein durch sein Wort. Darum ist's umsonst, was man vornimmt zur Seligkeit, außer seinem Wort. Er will's nicht thun, er will's nicht haben, er will's nicht anders leiden. Darum laß dir sein Buch, darin er mit dir redet, befohlen sein. Denn er hat's nicht umsonst lassen schreiben, daß man's da soll lassen liegen, als redete er mit den Mäusen unter der Bank, oder mit den Fliegen auf dem Pulpet. Man soll es lesen, denken, reden und treiben, und gewiß sein, daß er selbst (nicht Engel noch Creatur) mit uns darinnen rede.

Joh. 8,31.

So ihr bleiben werdet an meiner Rede (oder Lehre), so seid ihr meine rechten Jünger, und werdet die Wahrheit erkennen, und die Wahrheit wird euch frei machen.

Das ist die Freiheit der Schüler oder Jünger Christi, so die Wahrheit erkennen und dabei bleiben, daß sie sollen frei und sicher sein vor dem Teufel, vor dem Tode, vor der Hölle und vor allem Uebel. Das mag eine Freiheit sein und heißen, sicher und gewiß sein der ewigen Seligkeit, hier und dort ein gut fröhlich Gewissen haben; das mag ein edler, hochgeborner, reicher und großer Herr heißen und sein.

MARTIN LUTHER,
Auslegung vieler schöner Sprüche aus göttlicher Schrift (Bibel- und Bucheinzeichnungen Luthers), WA 48,218 ff (Übersetzung: W², IX, 1852 f)

T 9 *2. Tim, 3,16 und 17*

Alle Schrift, von Gott eingegeben, ist nütze zur Lehre, zur Strafe, zur Besserung, zur Züchtigung in der Gerechtigkeit, daß ein Mensch Gottes sei vollkommen, zu allem guten Werke geschickt.

Wiewohl viel Bücher sind, die sehr nütze sind, und feine, geschickte, gelehrte Leute machen können, so ist's doch alles allein zu diesem vergänglichen Leben gerichtet, und weltliche Weisheit oder Gerechtigkeit; kann keinen Gottes Menschen machen, noch denselben lehren, strafen, bessern, züchtigen zur Gerechtigkeit, und zu allem guten Werk geschickt oder vollkommen machen. Welches muß allein die heilige Schrift thun, von Gott selbst eingegeben und gelehrt. Erunt omnes docibiles Dei [sie werden alle von Gott gelehrt sein]. Joh. 6,45. 1545.

Martinus Luther d. Haec Biblia dono dedit Johanni Wilhelmo Reiffenstein.

Alle Schrift, von Gott ec.

Wenn wir glauben könnten, daß Gott selbst mit uns in der Schrift redete, so würden wir mit allem Fleiß darin lesen, und sie für unsere selige Werkstatt halten.

Aus der ersten Epistel St. Petri.
Cap. 1,25.

Des Herrn Wort bleibet in Ewigkeit. Das ist aber das Wort, welches unter euch verkündiget ist.

Hieraus folgt, daß wir auch bleiben, und mit Gott in Ewigkeit leben werden, so wir an dasselbige Wort glauben, und dabei bleiben. Darum muß solch Wort gewißlich von uns nehmen Sünde, Tod, Hölle und alles Unglück, so uns hier zeitlich und dort ewiglich drückt, wehe thut, und ängstet. Derhalben sollen wir billig die heilige Schrift (die da Gottes Wort ist) gerne und fleißig lesen, Lust und Liebe dazu haben, und Trost wider alle List und Anfechtungen des Teufels und der Welt drinnen suchen.

MARTIN LUTHER,
Auslegung des 9. Kapitels Jesajas (1543/44), WA 40, III, 599,32 – 600,28 (Übersetzung: W², VI, 96)

T 10 Deshalb müssen wir uns bemühen, daß wir den reinen und einfältigen Verstand haben, und alle Stacheln, Dornen und Disteln wegwerfen, durch welche verhindert wird, daß wir gewiß dafürhalten, ohne alles Wanken, und ohne allen Zweifel, daß diese Stelle von keinem anderen könne verstanden werden, als von dem Sohne Gottes, der von der Jungfrau geboren ist. Wo dieser Verstand nicht vor allen Dingen gewiß ist und feststeht, so bringt es keine wahre Freude, es folgt kein Nutzen, sondern es bleibt Zweifel; so lange dieser da ist, kann das menschliche Gemüth keine wahre Freude, keinen gründlichen Frieden haben. Denn das Gewissen will so unterrichtet und befestigt sein, daß es von dem Werke seiner Seligkeit etwas Gewisses festhalten könne, und sagen möge: Die Sache verhält sich allerdings so, und nicht anders. Wenn der Glaube bei sich selbst gewiß sein, und nicht wanken und unterliegen soll, so muß das Herz diesen Sinn und diese Glaubensfreudigkeit haben und darin befestigt sein. Wenn ein anderer und wieder ein anderer Sinn und Nase dem Texte angedichtet wird, dann wird aller Trost und selbst der Grund der Freude aufgehoben. Deshalb müssen wir uns aus allen Kräften bemühen, daß wir den reinen, einfältigen, echten und einigen Sinn der heiligen Schrift haben mögen, wo man ihn haben kann, wie man ihn denn gewiß hier haben kann.

MARTIN LUTHER,
Vorlesung über Jesaja (1527 – 1529), WA 25, 344,1 – 14 (Übersetzung: W², VI, 742)

T 11 *Zu Jes. 55,1.*

Wohlan, alle, die ihr durstig seid, kommet her zum Wasser.

1. Der Prophet hat bisher in vielen Capiteln gelehrt, was Christus, desgleichen, was die Kirche sei, nämlich eine Versammlung derjenigen, die sich an das Wort, nicht an sichtbare Dinge halten. Diese hat er mit mancherlei Verheißungen wider das Aergerniß des Kreuzes getröstet. Nun vermahnt er sie auch, daß sie fleißig sei im Worte, damit sie nicht in Verachtung gegen das Wort oder Ekel an demselben verfalle, welche Anfechtung unter allen die schädlichste und gemeinste ist, daher alle Ketzereien entstanden sind.

2. Deshalb ist es vonnöthen, daß wir im steten Gebrauch des Worts erhalten werden, und uns vor der allerschädlichsten Einbildung hüten, als ob wir das Wort genugsam verständen und satt hätten, wie sich heutzutage viele einbilden. Gottselige Herzen aber glauben, daß es Gottes Wort sei, und von Gott durch den Heiligen Geist eingegeben sei. Deswegen haben sie Ehrerbietung gegen dessen Majestät, und wünschen, stets Schüler zu sein; sie werden durch stetes Lesen nicht müde. Daher kommt es, daß sie

sowohl vom Ueberdruß gegen dasselbe weit entfernt sind, als auch, daß sie täglich
eine neue brünstige Begierde zum Worte mitbringen, vor welchem andere, als volle
Wänste, einen Ekel haben.

MARTIN LUTHER,
Vorrede zum 1. Band der Wittenberger Ausgabe (1539), WA 50, 658,13 – 660,16

T 12 5. Wohlan, so laß gehen in Gottes Namen, ohne daß ich freundlich bitte, wer meine
Bücher zu dieser Zeit ja haben will, der lasse sie ihm beileibe nicht sein ein Hinder-
niß, die Schrift selbst zu studiren, sondern lege sie, wie ich des Pabsts Drecket und
Drecketal und der Sophisten Bücher lege, das ist, ob ich zu Zeiten sehen, was sie
gemacht, oder auch die Geschicht der Zeit rechnen wolle, nicht daß ich darinne studiren, oder so eben darnach thun müßte, was sie gedäucht hat. Nicht viel anders thue
ich mit der Väter und Concilien Büchern auch, und folge hierin dem Exempel St.
Augustins, der unter andern der erste und fast allein ist, der von aller Väter und Heiligen Bücher will ungefangen, allein der heiligen Schrift unterworfen sein, und darüber kam in einen harten Strauß mit St. Hieronymo, der ihm vorwarf seiner Vorfah-
ren Bücher; aber daran er sich nichts kehrte. Und hätte man solchem Exempel St.
Augustini gefolgt, der Pabst wäre kein Antichrist worden, und wäre das unzählige
Unziefer, Gewürm und Geschwürm der Bücher nicht in die Kirche kommen, und
die Biblia wohl auf der Kanzel blieben.

6. Ueber das will ich dir anzeigen eine rechte Weise in der Theologia zu studiren, der
ich mich geübt habe; wo du dieselbige hältst, sollst du also gelehrt werden, daß du
selbst könnest (wo es noth wäre) ja so gute Bücher machen, als die Väter und Conci-
lia. Wie ich mich (in Gott) auch vermessen und ohn Hochmuth und Lügen rühmen
darf, daß ich etlichen der Väter wollte nicht viel zuvor geben, wenn es sollt Bücher-
machens gelten; des Lebens kann ich mich weit nicht gleich rühmen. Und ist das die
Weise, die der heilige König David (ohn Zweifel auch alle Patriarchen und Propheten gehalten) lehrt im 119. Psalm; da wirst du drei Regeln innen finden, durch den
ganzen Psalm reichlich vorgestellt, und heißen also: Oratio, Meditatio, Tentatio.

7. Erstlich sollst du wissen, daß die heilige Schrift ein solch Buch ist, das aller anderen Bücher Weisheit zur Narrheit macht, weil keines vom ewigen Leben lehrt, ohne
dies allein. Darum sollst du an deinem Sinn und Verstand stracks verzagen, denn
damit wirst du es nicht erlangen, sondern mit solcher Vermessenheit dich selbst und
andere mit dir stürzen vom Himmel (wie Lucifer geschah) in Abgrund der Hölle.
Sondern kniee nieder in deinem Kämmerlein und bitte mit rechter Demuth und
Ernst zu Gott, daß er dir durch seinen lieben Sohn wolle seinen Heiligen Geist
geben, der dich erleuchte, leite und Verstand gebe.

8. Wie du siehest, daß David in obgenanntem Psalm immer bittet: Lehre mich, Herr,
unterweise mich, führe mich, zeige mir, und der Worte viel mehr, so er doch den Text
Mosis und andere mehr Bücher wohl konnte, auch täglich hörte und las, noch will er
den rechten Meister der Schrift selbst dazu haben, auf daß er ja nicht mit der Vernunft drein falle, und sein selbst Meister werde. Denn da werden Rottengeister aus,
die sich lassen dünken, die Schrift sei ihnen unterworfen, und leichtlich mit ihrer
Vernunft zu erlangen, als wäre es Marcolfus, oder Aesopi Fabeln, da sie keines Heiligen Geistes noch Betens zu dürfen.

9. Zum andern sollst du meditiren, das ist, nicht allein im Herzen, sondern auch
äußerlich die mündliche Rede und buchstabische Worte im Buch immer treiben und
treiben, lesen und wiederlesen, mit fleißigem Aufmerken und Nachdenken, was der
Heilige Geist damit meint. Und hüte dich, daß du nicht überdrüssig werdest, oder

denkest, du habest es einmal oder zwei genug gelesen, gehört, gesagt, und verstehest es alles zu Grund; denn da wird kein sonderlicher Theologus nimmermehr aus, und sind wie das unzeitige Obst, das abfällt, ehe es halb reif wird.

10. Darum siehst du in demselbigen Psalm, wie David immerdar rühmt, er wolle reden, dichten, sagen, singen, hören, lesen, Tag und Nacht und immerdar, doch nichts denn allein von Gottes Wort und Geboten. Denn Gott will dir seinen Geist nicht geben ohne das äußerliche Wort, da richte dich nach; denn er hat's nicht vergeblich befohlen, äußerlich zu schreiben, predigen, lesen, hören, singen, sagen ec.

11. Zum dritten ist da Tentatio, Anfechtung, die ist der Prüfestein, die lehrt dich nicht allein wissen und verstehen, sondern auch erfahren, wie recht, wie wahrhaftig, wie süße, wie lieblich, wie mächtig, wie tröstlich Gottes Wort sei, Weisheit über alle Weisheit.

12. Darum siehst du, wie David in dem genannten Psalm so oft klagt über allerlei Feinde, frevele Fürsten oder Tyrannen, über falsche Geister und Rotten, die er leiden muß, darum, daß er meditirt, das ist, mit Gottes Wort umgeht (wie gesagt) allerlei Weise. Denn so bald Gottes Wort aufgeht durch dich, so wird dich der Teufel heimsuchen, dich zum rechten Doctor machen und durch seine Anfechtung lehren Gottes Wort zu suchen und zu lieben. Denn ich selber (daß ich Mäusedreck auch mich unter den Pfeffer menge) habe sehr viel meinen Papisten zu danken, daß sie mich durch des Teufels Toben so zerschlagen, zerdränget und zerängstet, das ist, einen ziemlich guten Theologen gemacht haben, dahin ich sonst nicht kommen wäre. Und was sie dagegen an mir gewonnen haben, da gönn ich ihnen der Ehren, Sieg und Triumph herzlich wohl, denn so wollten sie es haben.

Kommentar

Die vorstehende knappe Auswahl aus den zahlreichen Äußerungen M. Luthers zur Heiligen Schrift stellt zwölf z. T. oft zitierte (wie T 3 und T 12), aber auch einige weniger bekannte Texte zusammen. T 4 erscheint zum erstenmal vollständig in deutscher Übersetzung (nachdem schon E. Hirsch in seinem »Hilfsbuch zum Studium der Dogmatik«, [4]1964 wichtige Abschnitte veröffentlicht hatte). Zusammen mit den Luthertexten, die von H. Hempelmann in seinem Arbeitsbuch »Grundfragen der Schriftauslegung«, Wuppertal 1983, und von Hirsch (s. o.) abgedruckt wurden, liegen damit ausreichende Belege für die hermeneutische Position des Reformators vor.

Luthers reformatorischer Durchbruch zur Erkenntnis der Gnade Gottes in Christus hatte für sein Schriftverständnis umwälzende Folgen. Christus war ihm zur Quelle, zum Ziel und Inbegriff seines Lebens und Denkens geworden. Diese umfassende Lebensänderung muß man verstehen, wenn man Zugang zu Luthers konsequent christologischer Hermeneutik finden will. Luther sucht und findet in der Schrift letztlich nur Christus, die Gabe aller Gaben Gottes. Diese Glaubensleidenschaft bestimmt seine Schrifthaltung und seinen Schriftumgang. Luthers wegweisend gewordene hermeneutischen Einsichten sind aus der Glaubensgewißheit erwachsen und erarbeitet, daß der Mensch nichts so dringend braucht wie die Begegnung mit Christus und daß Gott diese Begegnung im Wort der Bibel schenkt.

Der Prozeß der hermeneutischen Umsetzung seiner Glaubenserkenntnis beginnt mit der Verwerfung des scholastischen vierfachen Auslegungsschlüssels (der sog. »Quadriga«) und der Hinwendung zum wörtlichen, zum Literalsinn. Allegorische und bildhafte Anwendungen von Schriftworten läßt Luther nur noch gelten, wenn die Bibel selbst dazu nötigt (T 3). Gegenüber der scholastisch-humanistischen Tradition der Auslegungsbedürftigkeit der Schrift verweist Luther auf ihre doppelte Klarheit und Selbstauslegung (T 3, T 4). Das Hauptargument für die Klarheit ist der Hinweis auf Gottes eigenes Offenbarungshandeln in Raum und Zeit. Wenn Gott selbst sich in Christus offenbart und damit das größte Geheimnis publik macht, dann sind von dieser Tat her alle Dunkelheiten der Schrift zu erhellen. Die Selbstauslegung der Schrift ist letztlich in Gottes Gnade begründet. Gott will durch das biblische Wort Menschen zu Christus ziehen. Deswegen hat er seinen Geist an dieses Wort gebunden und schenkt ihn durch dieses Wort. Dadurch kommt es, wenn Gott Gnade gibt, zur Selbsterschließung der Schrift für den Menschen. Alle Instanzen, die sich vor die Bibel stellen, werden durch diesen hermeneutischen Grundsatz in ihre Schranken verwiesen (damals die kirchliche Auslegungstradition, das kirchliche Lehramt auf der einen Seite und die von den Schwärmern geforderte Geisterleuchtung auf der anderen Seite, heute z. B. der Absolutheitsanspruch historisch-kritischer oder politisch motivierter Auslegungsmethoden). Zur weiteren Beschäftigung mit Luthers Auffassung von der Schriftklarheit sei hingewiesen auf F. Beisser, Claritas scripturae bei Martin Luther, Göttingen 1966.

Gegenüber einem damals wie heute aktuellen Enthusiasmus, der unmittelbare Gottes- und Geisterfahrungen sucht, verweist Luther auf die Bindung des Heiligen Geistes an das äußerliche Wort (T 2).

Einziger Inhalt der ganzen Schrift Alten und Neuen Testaments ist Christus (T 1, T 5, T 6, T 10, T 11). Dazu ist auch der wichtige Text T 9 in Hempelmanns Arbeitsbuch zu vergleichen (Luthers Vorrede zum Jakobus- und Judasbrief). Gott zieht den Menschen zu Christus in doppelter Weise, indem er ihm in seinem Wort richtend, d. h. als Gesetz, und begnadigend, d. h. als Evangelium, begegnet. Die Rede durch das Evangelium nennt Luther Gottes eigentliches Handeln, die Rede durchs Gesetz sein »fremdes« Handeln. Wenn Luther als Auslegungsschlüssel empfiehlt, in der Schrift zu suchen »was Christum treibet«, dann will er keine Auslegungskünste, die die Stellen krampfhaft auf den irdischen Jesus hin deuten, sondern er führt damit in die allein richtige Verständnisdimension. Es geht der Bibel immer nur um eins, den Menschen in die Verzweiflung an sich selbst und in das Vertrauen zu Jesus Christus zu führen. In dieser Erwartung muß sie gelesen und gehört werden, sonst bleibt sie ein verschlossenes Buch. Mitunter wird dieser Auslegungsschlüssel »Bibelkritik« bzw. »Kanon im Kanon« genannt, doch zu Unrecht, denn Luther legt damit nicht einen bibelfremden Maßstab an die Schrift, sondern er erschließt ihre eigentliche und einzige Absicht.   C

Luthers gesamtes Lebenswerk ist als eine umfassende, in verschiedenste Formen gekleidete Auslegung der Bibel zu verstehen. Seine Vorlesungen, Predigten, Postillen und Stellungnahmen zu den die Menschen seiner Zeit bedrängenden Fragen, sei es im kirchlichen, politischen und wirtschaftlichen Bereich, suchen vom biblischen Zeugnis her begründete Urteile und Antworten zu geben. Daß Martin Luther, seitdem er 1512 zum Doktor der Theologie promoviert war, die »Lectura Bibliae« zu seinem Lebensberuf gemacht hat und dabei zu einer neuen Methode der Schriftauslegung und zu neuen Entdeckungen am Text der Bibel gekommen ist, ist nicht Ergebnis eines am Schreibtisch in völliger Ruhe und Ungestörtheit Denkenden, sondern es bestehen jeweils enge Bezüge zwischen Luthers persönlicher Situation und seinem Umgang mit der Hl. Schrift[1]. Seit dem Eintritt Luthers (1505) in das angesehene »Schwarze Kloster« der Augustiner-Eremiten steuert er, durch tiefe Existenznot angetrieben, von Anfang an direkt auf die Frage zu: »Was heißt es, Gott zum Vater haben?«, oder: »Wie bekomme ich einen gnädigen Gott?«

Wer oder was Luther darauf gebracht hat, sich in seinen Anfechtungen der Bibel zuzuwenden, ist nicht mehr erkennbar. Sicher ist, daß Luther in den ersten Monaten seines Klosterlebens mit ihr in Kontakt kam, denn zum einen war sie neben der Ordensregel die einzige für die Novizen vorgesehene Lektüre, zugleich war er mit Texten der Schrift in den gottesdienstlichen Handlungen konfrontiert. Bald aber mußte sich Luther vornehmlich mit der scholastischen Theologie beschäftigen, und seit 1508 hatte er fast keine Gelegenheit mehr, seine Bibelstudien fortzusetzen. Als Lektor für Philosophie und Student der (scholastischen) Theologie war er zu sehr in den damaligen Wissenschaftsbetrieb eingebunden. 1509 klagt Luther leidenschaftlich über die mühevolle Beschäftigung mit der Philosophie. Viel lieber würde er sich mit der Theologie beschäftigen, die den Kern der Nuß und das Mark des Weizens und der Knochen erforscht[2]. Für seine Predigten und die Lehrtätigkeit möchte er nicht bei Aristoteles und den Scholastikern lernen, sondern allein durch das Hören auf die Schrift[3]. Luther meditierte und reflektierte immer wieder das Gelesene und Gehörte. Oft beklagte er sich darüber, daß er selbst und andere nicht vermögen, ihm das Wort der Schrift so aufzuschließen, daß er darin Trost finden konnte. »Denn es hätte mein hertz, ja mein Leib und Leben erhalten.«[4] Seine Anfechtungen verschärften sich aufs äußerste, besonders wenn von Gottes Gerechtigkeit und Gericht die Rede war, aber dennoch machte er auch die beglückende Erfahrung, daß mit beginnendem Verstehen einzelner Psalmverse der Anfechtung begegnet werden konnte. Voraussetzung dafür war das demütige Herangehen an die Schrift, das Luther sich als Bedingung auferlegt hatte. Seine Abneigung gegen eine Theologie, die in bloß rationalem, »eiskaltem« Reden vornehmlich auf theoretische Erkenntnis abzielte, verstärkte sich bei seiner Heilsungewißheit mehr und mehr. Schon in den Randbemerkungen zu Augustin und Petrus Lombardus (1509/10) hatte Luther die Funktion der »ratio« eingegrenzt. Zwar sei die ratio ausgezeichnet dadurch, daß sie das Vermögen habe, Urteile zu fällen und Unterscheidungen treffen zu können[5], und diese Möglichkeit der Vernunft des Menschen gibt ihm seine Würde vor dem Tier[6], aber dennoch sind ihr enge Grenzen gesetzt: »Was die Natur nicht verstehen kann, kann die Wahrheit der Schrift und des Glaubens erreichen.«[7] Zugleich bemerkt er, daß die ratio durchaus nicht neutral operieren kann[8]. Gegen philosophisches Erkennen wendet er ein, daß durch fehlgerichtete Liebe im Sinne des falschen Begehrens auch der Erkenntnisvorgang negativ beeinflußt werden kann, so daß es zu nicht wirklichkeitsgetreuen Aussagen kommen kann[9].

Während seiner Psalmenvorlesung 1513/14 verschärft Luther seine Bedenken gegenüber der ratio. Betont wird nun, daß die ratio den Glauben und damit das erste

Gebot nicht fassen kann. Auch rechte Erkenntnis Gottes ist der ratio unmöglich, weil grundsätzlich bestritten werden muß, daß der Wille des Menschen, der sich der ratio bedient, auf das höchste Gut gerichtet ist[10]. Vernunft und Wille des Menschen sind völlig verkehrt. Alle Menschenweisheit ist Torheit vor Gott[11]. »Weise« kann der Mensch nur in Christus werden, was ihm im Glauben zuteil wird[12]. Gott kann und will nicht in den Schöpfungswerken erkannt werden, sondern allein in Jesus Christus. Zwar war Luthers Auslegung immer noch von traditionellen Grundsätzen bestimmt; so legte er die Psalmen noch nach dem vierfachen Schriftsinn aus. (Der Buchstabe lehrt, was geschehen ist; was du glauben sollst, lehrt die Allegoria; der moralische Sinn, was du tun sollst; und die Anagogie, wohin du strebst[13].) Luther versucht aber, nun alles auf das Christusgeschehen hin zu zentrieren. Dabei redet die Schrift dem Buchstaben nach in prophetischer Weise von seinem Leben, Sterben und Leiden; die Allegorie redet von der ihm gleichförmigen Gemeinde; beim moralischen Sinn geht es ihm um den »inneren geistlichen Menschen«; und der letzte, der anagogische Sinn, redet von der Vollendung im ewigen Reich Christi[14].

Es gelingt Luther hier noch nicht wie dann in der 2. Psalmenvorlesung 1518/19, die eine Christuswirklichkeit auf nur einen Bezug zu konzentrieren und der Heiligen Schrift nur einen »einzigen«, »buchstäblichen«, »rechtmäßigen«, »eigentlichen«, »echten«, »reinen«, »gleichbleibenden« Sinn zuzuordnen, der geistlich ist und immer auf »Glaube, Liebe, Hoffnung« abzielt[15].

Auch in seiner Römerbriefvorlesung von 1516/17 vermag Luther seine reformatorische Neuentdeckung des Evangeliums als der frohen Botschaft von der Rechtfertigung des Sünders allein durch den Glauben an Jesus Christus zunächst einmal nur für das theologische Erkennen zu radikalisieren. Auch jetzt noch ist die ratio das, was den Menschen gegenüber den Tieren auszeichnet. Aber sie besitzt nur eine Kenntnis von Gott[16], zu einer rechten Gotteserkenntnis ist der Mensch gänzlich untauglich. Wille und Vernunft sind durch die Sünde gänzlich verdorbt.[17] Wohl weiß die Vernunft, daß ein Gott ist, aber daß Gott, wie er später sagt, nichts anderes ist als ein »Backofen glühender Liebe«[18], vermag sie nicht zu erkennen.

Dieses Unvermögen der ratio und des Willens hatten ihn in die Verzweiflung getrieben. Rückblickend über die Beschäftigung mit der Römerstelle 1,17 schreibt er 1546: »Ich hasste dieses Wort Gerechtigkeit Gottes, denn durch den Brauch und die Übung der Doktoren war ich gelehrt, es philosophisch zu verstehen, von der sogenannten ›formalen‹ oder ›aktiven‹ Gerechtigkeit, durch die Gott gerecht ist und den Sünder bestraft ..., bis ich ... auf die Verknüpfung der Worte achten lernte, daß durch das Evangelium die passive Gerechtigkeit Gottes offenbart werde, mit der der barmherzige Gott gerecht macht durch den Glauben an Jesum Christum.«[19] Luther hat dieses Neuverstehenkönnen des Evangeliums immer als freien Akt göttlicher Gnade bezeichnet. Dazu gehörte der qualvolle Weg, der dieser Einsicht vorauslief. Kein Mensch kann Gott lieben, der ihn nicht zuvor gehaßt hat. Es muß dazu kommen, daß Gott alles ist und wir nichts sind. Alle Eigenweisheit und Gerechtigkeit, Vernunft und Willen müssen zerschlagen werden. Gott will und kann nur im Glauben erkannt werden als einer, der uns erkannt hat[20].

Dennoch gelingt es Luther noch nicht, die Erkenntnisse über den Zweifel an allem »Eigenen«, an Vernunft und Willen, auch für Fragen, die die Hermeneutik betreffen, umzusetzen. Es fällt auf: um in die Bewegung des Glaubens einzutreten, bleibt für ihn nach Röm. 3,17 f geradezu bedingend eine besondere Demutsleistung des Menschen. Dort heißt es: »Die Furcht Gottes nämlich demütigt alles, die Demut aber macht fähig zum Empfang aller Güter.« Zu 3,22 lautet es: »Darum sagt der Herr: Der Mensch lebt nicht vom Brot allein, sondern von einem jeglichen Wort, das aus dem Munde Gottes gehet ... warum heißt es von einem jeglichen Wort? Weil du, wenn du nur ein einziges Wort nicht glaubst, schon nicht mehr im Worte Gottes lebst; denn in jedem Wort ist Christus ganz und ganz in den einzelnen Worten. Wird er in einem geleugnet, dann wird er ganz geleugnet, er, der in allen ist ... Weil es sich so verhält, müssen wir uns unermäßlich tief demütigen. Da wir nicht wissen können, ob wir in einem jeglichen Worte Gottes leben oder keines leugnen ..., können wir ja niemals wissen, ob wir gerechtfertigt sind, ob wir im Glauben stehen ... Darum sollen wir unsere Werke so ansehen, als wären sie Gesetzeswerke, sollen demütig nur Sünder sein, die danach verlangen, allein durch sein Erbarmen gerechtfertigt zu werden. Denn obgleich wir dessen gewiß sind, daß wir an Christus glauben, so sind wir doch nicht dessen gewiß, ob wir an alle Worte glauben, die sein sind. Darum ist auch dies ‚an ihn glauben' ungewiß.«[21]

So weist Luther auch noch in der zweiten Psalmenvorlesung immer wieder darauf hin, daß es darum gehen muß, recht demütig zu werden und an allem Eigenen zu verzagen. Aber viel deutlicher ist hier der Akzent darauf gelegt, daß es das Wort der Schrift selbst ist[22], das diese Aufgabe vollzieht, indem es als Wort des Gesetzes den Menschen in seinem Gewissen trifft und in die Verzweiflung führt.« ... Dieses Zagen ... macht die Hoffärtigen zu Schanden und erschreckt sie, stößt sie ins Nichts zurück.«[23]

Zugleich stellt Luther nun deutlich heraus, daß gerade die durch das Wort Gottes hervorgerufene Anfechtungssituation nur zu überwinden ist, wenn sich der Mensch wiederum an das Wort Gottes wendet[24]. In diesem Zusammenhang verweist Luther zwar noch darauf, daß Glaubenszuversicht nur durch große Mühe zuwege gebracht werden könne[25], aber gerade von der Erfahrung der äußersten Heils- und Existenznot her realisiert er nun auch für die Hermeneutik die in der Vernunftkritik gewonnenen Erkenntnisse. Für den Angefochtenen gilt es, in die Bewegung des rechten Glaubens an Jesus Christus einzutreten. Das kann geschehen, wenn der nach der Barmherzigkeit Gottes Trachtende sich nur noch im modus des demütigen Hörens auf das Wort Gottes befindet. »Denn alleine die Anfechtung lehrt aufs Wort merken«, d. h., wird das Wort Gottes den Unverständigen verständlich[26]. So meint er mit Mühe nicht mehr eine dem Verstehen des Wortes Gottes vorauslaufende Demutshaltung, sondern gemeint ist die Not, die dem Menschen durch die Anfechtung wird, gegen Gott als dem Zürnenden und Strafenden, Gott als den Liebenden und dem Sünder Wohlwollenden zu glauben[27]. Das aber wird nur zuwege gebracht durch den Glauben an Jesus Christus, es wird hervorgerufen im Zustand des »nur noch Hörens« auf das Wort der Schrift[28]. Dieses »Hören« ist dann ein »Hören und Merken« aufs Wort, und zwar auf jedes einzelne, weil der in höchster Existenznot nach der Barmherzigkeit Gottes Suchende zum Verzicht auf jegliches Eigene bewegt ist. Er hört sowohl in der Schrift als ganzer, dann aber auch in jedem Wort der Bibel ein und dieselbe Sache des Glaubens, nämlich Gottes Barmherzigkeit in Jesus Christus[29].

Dieses Element des rechten Hörens auf die Schrift bleibt für die Folgezeit das wesentliche Element der gesamten Theologie Luthers. Durch alle seine Schriften hindurch ergeht der Aufruf, aufs Wort zu hören: »Gott hat sonst kein ander Mittel gegeben one sein Göttlichs wort, darinne man alleine Christum hören solle.«[30] » ... bey Christen gilt nicht disputirens, forschens, klügelns und meisterns aus unser Vernunfft, sondern Gottes Wort hören und gleuben, und da bey bleiben, durch welches wir allein haben und erlangen, was wir von Gott und Göttlichen sachen wissen.«[31] Immer wieder mahnt er die Vernunft, Ungereimtes stehen zu lassen, auch wenn Gottes Wort uns Dinge vorlegt, die unseren Verstand übersteigen[32]. Die Vernunft reicht an die Autorität der Schrift nicht heran, weil sie das Wort Geist enthält. Wo sie die Schrift nicht versteht, hat sie sich ihr zu beugen. Zugleich aber gilt, daß das, was die Schrift sagt, bei allen Schwierigkeiten des Verständnisses letztlich doch eindeutig ist: »Darumb ists unrecht, das man sagt von zweyerley mainung oder verstand der schrifft: Der hylig Geyst und die Wahrheit ist einfeldig und ungeteylet«;

weil das so ist, ist erforderlich, daß der Mensch Gottes Geist enthält, um es zu verstehen[33]. Das Wort ist geisthaltig und geht hinaus über den Bereich der Vernunft und fordert, daß der Mensch Geist wird, um es zu verstehen. »Man muß höher gehen, dann die Vernunft weiß... Die Wort, die ich höre, sind Geist, soll ich sie verstehen, so geschiehts durch den heyligen Geist, der macht mich geystlich.«[34] Wenn Luther in seiner Vorrede zu den operationes in psalmos feststellt, daß er nicht daran zweifle, daß das Verständnis, das er lehrt, das richtige sei, er aber Schwierigkeiten mit dem Verständnis aller Worte habe, dann ist der Grund dafür in folgendem zu suchen: »Das Verständnis aller Worte hat allein der Heilige Geist und dieser will uns immer als Schüler haben. Darum ist es unmöglich, auch nur ein Buch der Schrift in allen Stücken zu verstehen, denn unser Leben ist ein Anfang und Fortschritt; wir bleiben Lernende der Schrift, nur der ist der beste Ausleger, der am nächsten an den Geist hinangekommen ist.«[35]

Von daher folgt der Konzentration auf den einen Schriftsinn in den operationes in psalmos auch eine Konzentration auf den begrifflichen Inhalt jedes einzelnen Wortes. Gelingen kann das aber nur, wenn das Philologische, die »Grammatik« als zugleich auch die Theologie betreffend verhandelt wird[36]. »Denn dem, der die Schrift handelt, ist beides, die Sprachen und der prophetische Geist vonnöthen, doch der Geist mehr als die Sprachen.«[37] Im genauen Hören und Beschäftigen mit der Schrift wird dann immer etwas »hervorglänzen«, was uns zuvor verborgen war[38]. »Ist ein tunckel Spruch yn der Schrift, Szo zweyffelt nur nit, es ist gewiszlich dieselbe wahrheit dahinden, die am andern Ort klar ist,...«[39] Von dieser Gewißheit her versucht Luther den begrifflichen Inhalt bestimmter hebräischer Vokabeln in ihren jeweiligen Zusammenhängen festzustellen. Dabei spielt der Vergleich mehrerer Belegstellen eine entscheidende Rolle, ebenso die Bemühung um die genauen historischen und geographischen und politischen Verhältnisse der biblischen Zeit. Die Anweisung, besonders auch die Historie zu beachten, hat Luther in einem Brief an Spalatin gegeben, der zwischen Römerbriefvorlesung und 2. Psalmenauslegung 1518 geschrieben ist. Interessant ist dabei, daß sie zu der Zeit geschieht, wo der Demütigungsprozeß passivisch formuliert wird: »Darnach lies, nachdem eine demütige Verzweiflung Raum gewonnen hat, die Bibel nach der Ordnung von Anfang bis Ende, damit du nur erst die einfache Geschichte ins Gedächtnis fassest.«[40] Luther versteht nun auch nicht mehr alle Psalmen als Weissagung auf Christus hin, sondern betrachtet sie z.B. als Klagepsalm eines Einzelnen in seiner ganz persönlichen geschichtlichen Situation, deutet sie aber im Glauben an Christus in dem Sinn, daß ein und derselbe Glaube bzw. Unglaube durch alle Zeiten gegangen ist: »Denn wenn sich auch im Laufe der Zeiten die Sitten, Personen, Orte, Riten ändern, so geht dennoch dieselbe Frömmigkeit oder Gottlosigkeit durch alle Zeitalter hindurch.«[41]

Wie auch der letzte Abschnitt zeigt, ist es bei Luthers Vernunftkritik keineswegs so, als ob die Vernunft grundsätzlich abzulehnen sei. Luther kann sogar sagen: »Die Vernunft ist eine sehr große und unschätzbare Gabe Gottes, und was dieselbe in menschlichen Dingen weislich ordnet und erfindet, ist nicht zu verachten.«[42] Aber die Vernunft muß sich ihrer Grenzen bewußt werden und bleiben[43]. Geschehen kann das aber nur in der Haltung, die Paulus 2. Kor. 10,5 fordert, wenn er sagt: »Wir nehmen alle Vernunft unter den Gehorsam Christi gefangen«. So kann die im Glauben erleuchtete ratio auch der Theologie gute Dienste leisten[44], indem sie ihrer vornehmsten Aufgabe des Zuordnens und Trennens der Dinge nachgehen kann[45]. Insoweit die Vernunft von dem sie knechtenden Eigenwillen des sich selbst setzenden und sichern wollenden Menschen im Glauben befreit ist, vermag sie auch bei der Klärung einzelner dunkler Sprüche der Schrift zur Klärung beizutragen, z.B. im Erforschen der philologischen Gegebenheiten, der Historie des politischen Umfeldes usw., da sie nun im »Hören« auf die Schrift wirklich ihre jeweiligen Situationen zu beachten sucht und darauf verzichtet, etwas hineinzutragen oder herauszunehmen. Dabei warnt Luther immer wieder davor, daß sich die gewonnenen Erkenntnisse erneut verselbständigen[46]. Die ratio darf nicht wieder selbstherrlich werden und sich auf das Erkannte stützen[47]. Verhindert werden kann das nur, wenn sich der Mensch immer wieder neu unter den Gehorsam Christi stellt und demütig aufs Wort hört. Dahin gehört auch Luthers Wort: »Alle Menschen wollen wissen, aber keiner will ein Lernender bleiben.«[48] Es gilt, wie schon in der Vorrede zu den operationes in psalmos gesagt, im Wachstum des Glaubens fortzufahren. In diesem Wachstum vollzieht sich die Tötung des »Eigenen« der Vernunft. So wird letztlich für Luther zum eigentlichen Amt der Vernunft das Bedenken des Zeugnisses des Geistes, daß der verlorene Sünder sich der Barmherzigkeit Gottes gewiß sein darf. Mit der daraus entstehenden Liebe zu Gott gewinnt die Vernunft im Gebrauch des Christen eine dienende Funktion. Wenn Luther später seine endgültige Anweisung gibt, daß das Wort der Schrift in Gesetz und Evangelium recht zu trennen ist und er nahezu in jedem Wort der Schrift zugleich Gesetz und Evangelium findet, dann ist das ein Ergebnis geistgeleiteter Vernunftarbeit, die gerade, indem sie wachsende Erkenntnis im Glauben gewann, danach trachtete, für möglichst alle Lebensbereiche Gottes Anspruch und Güte herauszustellen, damit sich viele zum Glauben an Christus bewegen lassen.

Anmerkungen:
Zitiert ist nach der Weimarer Lutherausgabe, wo aber der Luthertext in lateinischer Sprache steht, ist, wenn nicht anders angegeben, die Übersetzung der Zitate aus Georg Walch, Dr. Martin Luthers sämmtliche Schriften, St. Louis 1880 ff. entnommen.

[1] M. Brecht, Beobachtungen über die Anfänge von Luthers Verhältnis zur Bibel, in: M. Brecht, Text-Wort-Glaube, Arbeiten zur Kirchengeschichte, Berlin 1980, S. 235

[2] WA Br 1,17,43 f

[3] WA 34,2,148,7 ff; WATr 4 Nr. 4691

[4] WA 22,305,17 ff; 307,16 ff

[5] WA 9,13,29 f

[6] WA 9,23,35 ff

[7] WA 9,45,6 f

[8] WA 9,65,15 ff

[9] WA 3,39,1

[10] WA 3,30,19 ff

[11] WA 4,564,8 ff

[12] WA 3,217,5 f

[13] WA 5,644,37 f

[14] Siegfried Raeder: Luther als Ausleger und Übersetzer der Heiligen Schrift, in: H. Junghans, Leben und Werk Martin Luthers von 1526 bis 1546, Göttingen 1983, S. 259

[15] Siehe Belegstellen bei S. Raeder: Grammatica Theologia, Studien zu Luthers Operationes in Psalmos, 1977, 28 f

[16] WA 56,176,29 ff

[17] WA 18,676,38; 688,29; 37,46,5.14

[18] WA 36,425,2 ff

[19] WA 54,185 f; Übersetzung: Bernt Möller, Geschichte des Christentums in Grundzügen, Göttingen 1979, S. 224 f

[20] WA 57,90,2 ff

[21] Martin Luther, Vorlesung über den Römerbrief 1516/17, Lateinisch-deutsche Ausgabe, I. Band 1960, S. 207 ff

[22] WA 5,550,21 ff

[23] WA 5,216,32 ff

[24] WA 5,216,2

[25] WA 5,216,1 f

[26] WA 5,216,38 ff

[27] WA 5,204,8 ff

[28] WA 5,550,21 ff

[29] WA 5,643,28 ff

[30] WA 28,609,15 f

[31] WA 41,92,8 ff

[32] WA 25,163,23

[33] WA 31,I,229,3 f; 9,632,32 ff; 21,469,7 ff

[34] WA 33.276.31

[35] WA 5,22,29 ff; WA 5,23,26 ff

[36] WA 5,27,8

[37] WA 5,597,25 f

[38] WA 40,III,11,28 f

[39] WA 5,600,33 ff; Zitat: WA 8,239,19 f

[40] WABr 1,133,39 ff

[41] WA 5,29,28 ff

[42] WA 40,III,612,31 f

[43] WA 33,127 E,5 – 38

[44] WATr 3 Nr. 2938 a

[45] WA 40 III, 221,6,14

[46] WA 26,321,3 f; WA 44,377,7 ff

[47] WA 40,I,204,11 ff

[48] WA 18,657,35 ff

JOHANNES CALVIN,
Unterricht in der christlichen Religion (Institutio religionis christianae), übers. von
E. F. K. Müller, Neukirchen ²1928, S. 22-36.

Erstes Buch

Kapitel 6.

Wer zu Gott dem Schöpfer gelangen will, muß sich durch die Schrift leiten und lehren lassen.

. . . 2. *Die Bibel der Inbegriff der Offenbarung.* Mag sich nun Gott den Vätern durch Offenbarungssprüche und Visionen kundgegeben haben, mag er ihnen durch die Vermittlung und den Dienst von Menschen mitgeteilt haben, was sie dann ihren Nachkommen weitergeben sollten, so läßt sich doch in keinem Falle bezweifeln, daß ihren Herzen eine unerschütterliche Gewißheit bezüglich ihrer Glaubensüberzeugungen eingeprägt war, sodaß sie mit voller Bestimmtheit dieselben auf Gott zurückführten. Denn Gott hat zu allen Zeiten durch sein Wort dem Glauben eine Gewißheit verliehen, die aller bloßen Meinung weit überlegen ist. Damit dann weiter die Wahrheit der Glaubenslehre in ununterbrochenem Fortgang für alle Jahrhunderte bewahrt bliebe, hat er dafür gesorgt, daß die Offenbarungssprüche, die er bei den Vätern niederlegte, gleichsam in beglaubigter Aufzeichnung festgelegt würden. Mit dieser Absicht wurde das Gesetz gegeben, zu dem dann später die Propheten als Ausleger gefügt wurden . . . Man darf sich nicht wundern, daß die Menschen, die in Finsternis geboren wurden, sich mehr und mehr in Unempfänglichkeit verhärten, weil die wenigsten sich in den gebührenden Schranken halten und sich von Gottes Wort belehren lassen wollen, sondern hochmütig in ihren eitlen Einbildungen dahingehen. Soll uns aber das Licht der wahren Religion aufgehen, so müssen wir den Anfang mit der von Gott geschenkten Belehrung machen. Niemand wird auch nur einen Schimmer von rechter und gesunder Glaubensüberzeugung bekommen, wenn er nicht bei der Bibel in die Schule geht. Der Anfang wahrer Erkenntnis ist, daß man ehrfürchtig aufnimmt, was Gott darin über sein eigenes Wesen bezeugt wissen wollte. Nicht bloß ein vollkommener und reifer Glaube, sondern alle wahre Erkenntnis Gottes ruht auf dem Grunde des Gehorsams. Und in diesem Stück hat Gottes unvergleichliche Vorsehung für die Menschen aller Jahrhunderte gesorgt.

3. *Wirkliche Erkenntnis ist nur aus der Bibel zu schöpfen.* Denn wenn wir bedenken, wie stark der menschliche Geist dazu neigt, Gott zu vergessen, wie nahe ihm allerlei Irrtümer liegen, wie gern er sich neue Religionsgebilde ausdenkt, wird man begreifen, wie notwendig eine solche verbürgte Aufzeichnung der himmlischen Lehre war, wenn dieselbe nicht der Vergessenheit anheimfallen oder in eitlen Irrtum verkehrt oder durch menschliche Frechheit ganz und gar verderbt werden sollte. Es läßt sich auch nicht verkennen, daß Gott bei allen, die er mit Erfolg unterweisen wollte, sein Wort als Hilfsmittel gebrauchte, da er ja wußte, wie wenig Eindruck sein in die Schönheit der Welt hineingeprägtes Bild machen würde. Darum müssen wir auf diesem geraden Wege vorwärtsschreiten, wenn anders wir uns mit Ernst nach einer zuverlässigen Betrachtung Gottes ausstrecken. An das Wort, sage ich, müssen wir uns halten, wo uns Gott nach seinen Werken richtig und lebendig geschildert wird: denn dort werden seine Werke nicht nach unserm verkehrten Urteil, sondern nach der Regel der ewigen Wahrheit eingeschätzt. Wenn wir von der Bibel uns entfernen, so mögen wir immerhin mit Schnelligkeit voranstreben: wir werden aber niemals zum Ziele gelangen, weil wir außerhalb des rechten Weges laufen. Wir wollen bedenken, daß der Glanz des göttlichen Angesichts, von dem auch der Apostel sagt (1. Tim. 6,16), daß Gott in einem Lichte wohnt, da niemand zukommen kann, uns so lange ein undurchdringliches Labyrinth bleibt, als wir uns nicht durch die

Richtlinien des Wortes zu ihm leiten lassen. Auf diesem Wege zu hinken, ist besser, als neben demselben mit größter Schnelligkeit zu laufen . . .

4. *Gott ohne Wort nicht wirklich zu finden.* Derselbe heilige Sänger stellt im 19. Psalm zusammen, daß die Himmel Gottes Ehre verkündigen, und daß sein vollkommenes Gesetz die Seele erquickt. Denn die Unterweisung, welche Gott allen Völkern durch Himmel und Erde zuteil werden läßt, um sie zu sich zu locken, erreicht ihr Ziel nicht; darum bedürfen die Kinder Gottes eines besonderen Unterrichts. In dieselbe Richtung weist auch der 29. Psalm: zuerst ist von Gottes erschrecklicher Stimme die Rede, die durch Donner, Wind, Unwetter und Sturm die Erde erzittern macht, die Berge erschüttert und Zedern zerbricht; dann aber wird hinzugefügt (V. 9), daß man dem Herrn in seinem Tempel Ehre darbringt, – denn für alle Stimmen Gottes, die in der Luft erschallen, sind die Ungläubigen taub . . . Auf demselben Grund ruht, was Christus der Samariterin sagte (Joh. 4,22), daß ihr Volk und alle anderen Völker unbekannte Götter anbeteten, während allein die Juden den wahren Gott verehrten. Denn wenn der Menschengeist um seiner Schwachheit willen auf keine andere Weise zu Gott kommen kann, als unter Hilfe und Anleitung seines heiligen Wortes, so mußten mit Ausnahme der Juden damals alle Sterblichen in Eitelkeit und Irrtum einhergehen, weil sie Gott ohne sein Wort suchten.

Kapitel 7.

Allein durch das Zeugnis des Geistes gewinnt die Schrift beglaubigte Autorität. Es ist lästerliche Menschenlehre, sie dem Urteil der Kirche zu unterstellen.

1. *Das Urteil der Kirche gibt keine Gewißheit* . . . Wenn es ohne weiteres klar wäre, daß es sich um ein Wort aus Gottes Munde handelt, so würde kein Mensch von gesunden Sinnen die verzweifelte Frechheit aufbringen, den Glauben zu verweigern. Da nun aber nicht täglich Offenbarungssprüche vom Himmel ergehen, und wir allein die Bibel haben, welcher Gott seine Wahrheit zu bleibendem Gedächtnis anvertrauen wollte, so wird dieselbe ihre volle Autorität bei den Gläubigen nur dann gewinnen können, wenn in ihnen die Ueberzeugung erwächst, daß sie vom Himmel stammt, und man in ihr lebendige Zusprachen Gottes vernimmt. Es hat sich aber der überaus verderbliche Irrtum eingenistet, daß die Schrift nur diejenige Bedeutung habe, welche das Urteil der Kirche ihr zuerkennt. Als ob die ewige und unantastbare Gotteswahrheit auf Menschenmeinung gegründet werden könnte! Denn man spottet doch des heiligen Geistes, wenn man die Fragen aufwirft: Wer verbürgt uns, daß diese Schriften von Gott stammen? Wer kann beweisen, daß sie uns richtig und unverändert überliefert wurden? Wer will uns deutlich machen, daß man das eine Buch mit gebührender Ehrfurcht annehmen, ein anderes nicht in die Bibel aufnehmen soll, – wenn nicht eben die Kirche über das alles eine feste Regel aufgestellt hätte? Es ergibt sich also, sagt man, lediglich aus den Festsetzungen der Kirche, welche Autorität die Bibel zu beanspruchen hat, und welche Bücher in sie hineingehören. Die so reden, rauben dem Herrn seine Ehre, und indem sie unter mißbräuchlicher Berufung auf die Kirche die zügelloseste Tyrannei einführen wollen, bedenken sie gar nicht, in welche unmöglichen Konsequenzen sie sich verwickeln. Denn wenn es so ist, wie sie sagen, was soll dann mit den armen Gewissen werden, die nach unerschütterlicher Gewißheit des ewigen Lebens fragen? Sollten wirklich die uns dafür gegebenen Gottesverheißungen nur feststehen, wenn wir ihnen die Stützen menschlichen Urteils leihen? Würde dabei das Gewissen jemals zur Ruhe kommen? Anderseits: würden wir nicht unseren Glauben dem Gespött und dem berechtigten Mißtrauen aller Ungläubigen aussetzen, wenn wir ihn in den Ruf brächten, daß er seine Autorität von Menschen leihen müsse?

2. *Die Kirche ist selbst auf die Bibel gegründet.* Doch genügt ein einziges Apostelwort zur Widerlegung aller dieser Spitzfindigkeiten. Paulus bezeugt (Eph. 2,20), daß

die Kirche auf dem Grund der Propheten und Apostel erbaut ist. Ist nun die Lehre der Propheten und Apostel die Grundlage der Kirche, so muß ihre Gewißheit feststehen, bevor es eine Kirche gibt. Freilich bringt man vor, daß die Kirche in ihren ersten Anfängen zwar aus dieser Lehre entstanden sei, daß aber ohne ihr Urteil trotzdem zweifelhaft bleiben müsse, welche Schriften von den Propheten und Aposteln herrühren. Aber wenn die christliche Kirche in ihrem Anfang auf die Schriften der Propheten und die Predigt der Apostel gegründet ward, so besitzt diese Lehre überall, wo sie sich befindet, eine Gewißheit und Autorität, welche derjenigen der Kirche zeitlich und sachlich vorangeht: denn ohne sie hätte es niemals eine Kirche gegeben. Darum ist es ein ganz hohles Gerede, daß die Kirche Vollmacht besitze, über die Schrift zu urteilen. Als ob von deren Belieben die Gewißheit abhängen könnte! Wenn die Kirche die Bibel als von Gott gegeben annimmt und durch ihre Zustimmung besiegelt, so kann dies nicht bedeuten, daß erst dadurch die bis dahin fragwürdige und umstrittene Bibel ihre Autorität empfinge. Vielmehr erkennt die Kirche hier die Wahrheit ihres Gottes und bringt ihr, wie dies die Pflicht der Frömmigkeit ist, ungesäumt die schuldige Verehrung entgegen. Wenn man aber fragt, woher wir denn ohne den Beschluß der Kirche überhaupt wissen könnten, daß die biblischen Schriften aus Gott stammen, so ist dies um nichts vernünftiger als die Frage, woran wir den Unterschied zwischen Licht und Finsternis, weiß und schwarz, süß und bitter feststellen könnten. Denn wie man eben sieht, ob Gegenstände weiß oder schwarz sind, und schmeckt, ob sie bitter oder süß sind, so erweckt auch die Schrift ganz von selbst einen unverkennbaren Eindruck von ihrer Wahrheit.

3. *Die Kirche kann nur die erste Anleitung geben.* Freilich zitiert man gern das Wort Augustins: »Ohne die Autorität der Kirche würde ich dem Evangelium nicht glauben.« Dies Wort erklärt sich jedoch aus der besonderen Lage, in welcher der Kirchenlehrer seinen Kampf gegen Schwarmgeister zu führen hatte. Jedenfalls ist seine Meinung nur, daß, als er dem Glauben noch fern stand, die Autorität der Kirche ihn bestimmte und anleitete, das Evangelium als gewisse göttliche Wahrheit anzunehmen. Und darüber kann man sich nicht wundern, daß jemand, der Christum noch nicht kennt, auf menschliche Autorität etwas gibt. Augustin will also keineswegs den Glauben der Frommen und die Gewißheit des Evangeliums auf das Ansehen der Kirche gründen, sondern einfach sagen, daß die Ungläubigen niemals zu einer gewissen Ueberzeugung von der Wahrheit des Evangeliums und damit in Christi Gemeinschaft kommen würden, wenn nicht das zusammenstimmende Urteil der Kirche sie in diese Richtung wiese. Auch wir werden nicht leugnen können, daß Leute, die noch nicht die persönliche Erleuchtung durch den Geist Gottes erfahren haben, durch eine gewisse Ehrfurcht vor der Kirche sich bestimmen lassen, den Glauben an Christus aus dem Evangelium zu lernen. Die Autorität der Kirche bedeutet eine Vorbereitung auf den Glauben an das Evangelium. Die eigentliche Gewißheit der Frommen aber ruht auf einem viel tieferen Grunde: sie kann sich nicht bei menschlichen Meinungen beruhigen, sondern will sich auf gewisse und unwandelbare Wahrheit gründen.

4. *Geisteszeugnis stärker als menschliche Gründe.* Es gilt festzuhalten, was ich schon sagte, daß wir eine Gewißheit von der biblischen Lehre nur gewinnen können, wenn wir uns überzeugen, daß dieselbe von Gott stammt. Als entscheidender Grund für die Autorität der Schrift wirkt darum immer wieder der Hinweis darauf, daß es Gott ist, der da redet. Die Propheten und Apostel rühmen sich nicht ihres Scharfsinns oder einer sonstwie begründeten Glaubwürdigkeit, noch gehen sie viel mit Gründen um: sie halten uns Gottes heiligen Namen vor, um die ganze Welt zum Gehorsam zu zwingen. So müssen wir denn sehen, wie man nicht mit einer gewissen Wahrscheinlichkeit, sondern mit der klarsten Gewißheit der Wahrheit sich davon überzeugen kann, daß ihre Berufung auf Gottes Namen weder Einbil-

dung noch Betrug ist. Wollen wir dabei dem Gewissen geben, was es braucht, damit es nicht in ewig fließendem Zweifel umgetrieben werde oder an jedem geringsten Anstoß hängen bleibe, so müssen wir diese Ueberzeugung tiefer gründen, als auf menschliche Beweise, Schlußfolgerungen oder Vermutungen, nämlich auf das verborgene Zeugnis des Geistes. Wollte man auf eine Beweisführung sich einlassen, so ließe sich allerdings vieles dafür sagen, daß Gesetz, Propheten und Evangelium ihren Ursprung aus Gott haben müssen, wenn es überhaupt einen Gott im Himmel gibt. Mögen die gelehrtesten und urteilsfähigsten Männer auftreten und alle Geisteskraft für die Untersuchung aufwenden, sie werden, wenn sie nicht in hoffnungsloser Unverschämtheit sich selbst verstockt haben, notgedrungen zugeben müssen, daß handgreifliche Zeichen in der Bibel darauf deuten: hier redet Gott, und diese Lehre stammt vom Himmel. Wir werden auch alsbald sehen, daß die sämtlichen Bücher der heiligen Schrift weit vorzüglicher sind, als alle anderen Bücher. Ja, wenn wir nur reine Augen und unverfälschte Sinne mitbringen, wird uns alsbald darin Gottes Majestät entgegentreten, die allen hochmütigen Widerspruch niederschlägt und uns zur Unterwerfung zwingt. Und doch wäre es ein verkehrtes Beginnen, durch Disputieren die gewisse Glaubwürdigkeit der Bibel jemandem einreden zu wollen. Obgleich ich nicht übermäßig geschickt und redegewandt bin, würde ich mich doch anheischig machen, den Widerspruch selbst der verschlagensten Gottesverächter zum Schweigen zu bringen, die besonders geschickte Gründe wider die Bibel vorzubringen glauben. Aber auch wenn es gelingt, Gottes heiliges Wort gegen menschliche Lästerungen in Schutz zu nehmen, so wird man damit keineswegs diejenige Gewißheit in die Herzen prägen, welcher die Frömmigkeit bedarf. Man erweckt bei ungläubigen Menschen nur den Eindruck, als gründe sich der Glaube auf menschliche Meinung: und weil sie nichts törichterweise und leichthin glauben wollen, fordern sie Vernunftgründe dafür, daß Mose und die Propheten in Gottes Namen geredet haben. Ich aber sage, daß das Zeugnis des Geistes besser ist, als alle Beweise. Denn Gott in seinem Wort allein ist der vollgültige Zeuge über sich selbst: darum wird auch sein Wort in den Menschenherzen erst vollen Glauben finden, wenn er es durch das innere Zeugnis seines Geistes besiegelt. Es muß also derselbe Geist, der durch den Mund der Propheten redete, in unsere Herzen eindringen und uns dessen gewiß machen, daß sie treulich und richtig vortrugen, was ihnen Gott aufgetragen hatte. Diese Verbindung findet in den Worten des Jesaja (59,21) einen trefflichen Ausdruck: »Mein Geist, der bei dir ist, und meine Worte, die ich in deinen Mund gelegt habe, sollen von deinem Munde nicht weichen, noch von dem Munde deines Samens.« Viele gutgesinnte Leute lassen sich dadurch quälen, daß sie nicht klare Beweise aufbringen können, wenn die Gottlosen ungestraft wider Gottes Wort reden. Als ob der Geist nicht eben darum als das Siegel und Unterpfand für den Glauben der Frommen bezeichnet würde (Eph. 1,13 f.; 2. Kor. 1,22; 5,5), weil der Umtrieb unter allerlei Zweifeln erst weichen kann, wenn er die Herzen erleuchtet!

5. Geisteszeugnis gibt volle Gewißheit. Halten wir den Grundsatz ganz fest, daß nur Leute, welche der heilige Geist innerlich unterwiesen hat, sich klar und sicher auf die Bibel stellen! Die heilige Schrift trägt ihre Beglaubigung in sich selbst, und ihre Autorität darf nicht auf vernünftige Schlußfolgerungen gegründet werden, sondern setzt sich selbst kraft des Zeugnisses des heiligen Geistes durch. Gewiß zwingt uns schon der majestätische Eindruck der Bibel zu einer gewissen Ehrfurcht; aber zu voller Ueberzeugung kommen wir erst, wenn der heilige Geist sein Siegel in unsere Herzen drückt. Wenn dessen Kraft uns erleuchtet, gründen wir den Glauben an den göttlichen Ursprung der Bibel nicht mehr auf unser oder anderer Menschen Urteil, sondern wir bewegen uns auf einer Höhe, die alles Menschenurteil weit überragt. So stellen wir mit vollster Gewißheit fest, daß die heilige Schrift, wenn auch durch den Dienst der Menschen, so doch aus Gottes eigenstem Munde zu uns gekommen ist, und wir sehen in ihr Gott selbst gegenwärtig vor uns stehen. Nicht Beweise oder

Wahrscheinlichkeiten suchen wir, auf die wir unser Urteil stützen könnten, sondern wir unterwerfen unser Urteil und unser Denken einer unwidersprechlich gewissen Tatsache. Dieser Vorgang steht in keinem Vergleich mit der Leichtfertigkeit, mit welcher man vielleicht ohne genauere Untersuchung einer Sache zufällt, die man nach gründlicher Prüfung schließlich doch verwerfen muß: vielmehr haben wir die lautere Gewissensüberzeugung, daß wir die unerschütterliche Wahrheit besitzen. Es handelt sich nicht um einen Aberglauben, wie er den elenden Menschenverstand gefangen zu nehmen pflegt: vielmehr machen wir die Erfahrung, daß in der Bibel die Kraft des göttlichen Wesens unwidersprechlich webt und waltet. So werden wir zwar mit klarem Wissen und Wollen, aber doch lebendiger und wirksamer als es jemals menschlicher Wille oder Verstand uns abgewinnen könnte, zum Gehorsam gezogen und entzündet. So entsteht eine Gewißheit, die keiner Gründe bedarf, eine Ueberzeugung, die ihren Grund in sich selbst trägt, und bei welcher unser Verstand sich gewisser beruhigt, als bei irgendwelchen Beweisen. So entsteht eine Erfahrung, die nur aus himmlischer Offenbarung entsprungen sein kann. Mit alledem sage ich nichts anderes, als was jeder Gläubige bei sich selbst erfährt; freilich reicht mein Wort bei weitem nicht zu, um die Sache würdig zu beschreiben . . . Nur dies will ich noch sagen, daß erst ein Glaube, den Gottes Geist in unsern Herzen besiegelt hat, seinen Namen verdient. Darum verheißt Jesaja (54,13), daß alle Kinder des neuen Bundes vom Herrn gelehrt sein sollen. Damit gibt Gott seinen Auserwählten einen Vorzug vor dem ganzen Menschengeschlecht. Und wenn er nur seinen Kindern diesen sonst verborgenen Schatz erschließen wollte, so dürfen wir uns nicht wundern, wenn die große Masse stumpf und unempfänglich bleibt. Sagt doch Jesaja wiederum (53,1): »Wer glaubt unserer Predigt? Und wem wird der Arm des Herrn offenbaret?« So oft uns also der Blick auf die geringe Zahl der Gläubigen wankend machen will, wollen wir uns im Gegenteil vorstellen, daß niemand die Geheimnisse Gottes begreift, dem es nicht gegeben ward.

Kapitel 8.

Auch nach menschlicher Erwägung läßt sich die Glaubwürdigkeit der Schrift wahrscheinlich machen.

1. *Göttliche Selbstgewißheit der biblischen Schriftsteller.* Wo diese Gewißheit fehlt, die erhabener und kräftiger ist, als menschliche Ueberzeugung, wird man vergeblich versuchen, die Autorität der Schrift auf Beweise zu stützen oder auf das Urteil der Kirche zu gründen. Was nicht auf diesen einen festen Grund gebaut ward, muß immer schwankend bleiben. Umgekehrt: wo wir die göttliche Würde der Bibel im Glauben ergriffen haben, werden wir Beweise, die an sich nicht völlig zugkräftig wären, als brauchbare Stützen hinzufügen können. Wie kann es doch zur Bekräftigung unseres Glaubens dienen, wenn wir genauer erwägen, wie Gottes Weisheit den Inhalt der Bibel geordnet, wie ihre Lehre nicht irdischen, sondern himmlischen Ursprung verrät, wie harmonisch alle ihre Teile zusammenstimmen! Zu der Majestät des Inhalts kommt dann die passende Ausdrucksform, die unsre Herzen tief ergreift und zur Bewunderung stimmt. Denn auch dies geschah durch Gottes besondere Vorsehung, daß die erhabenen Geheimnisse des Himmelreichs zum guten Teil mit anspruchslosen Worten vorgetragen werden: ein höherer Glanz der Beredsamkeit hätte bei den Gottlosen vielleicht das Urteil hervorgerufen, daß alle Kraft nur in den Worten liege. Wenn aber die ungeschminkte Einfachheit des Stils uns mehr zur Ehrfurcht zwingt, als die gekünsteltste Rhetorik vermöchte, so zeigt sich, daß die biblischen Schriftsteller ihre stärkste Kraft durch die Wahrheit des Inhalts besitzen und geschraubter Worte nicht bedürfen. So erinnert der Apostel (1. Kor. 2,5) mit gutem Grunde, daß der Glaube der Korinther nicht auf Menschenweisheit, sondern auf Gottes Kraft stehen sollte, daß er darum in seinen Predigten nicht ausgeklügelte Menschenweisheit, sondern Geist und Kraft bewies. Die Wahrheit wird am ein-

drücklichsten, wenn sie sich selbst genug ist und sich nicht an geliehene Stützen klammern muß. So ist es die Art der Schrift. Gewiß wird die Lektüre eines Demosthenes oder Cicero, eines Plato oder Aristoteles uns fesseln, erfreuen, anregen und zur Bewunderung hinreißen: wenn wir aber von ihnen zur heiligen Schrift übergehen, wird der Eindruck noch viel überwältigender sein. Tief innerlich wird die unvergleichliche Kraft der Bibel uns packen, hinter der alle Kunst der Redner und Philosophen weit zurückbleibt. Man spürt hier einen göttlichen Hauch, an den Fleiß und Geschick der Menschen nicht entfernt heranreichen. Und wenn einige Propheten, wie z. B. David und Jesaja, einen glänzenderen Stil schreiben, welcher den Vergleich mit menschlicher Schriftstellerei sehr wohl aushält, so will der heilige Geist, der sonst etwa einen Rinderhirten wie Amos oder auch Jeremia und Sacharja in minder glatter Weise schreiben ließ, nur beweisen, daß ihm auch solche Töne zur Verfügung stehen. Mag der Vorwitz manches in der Schrift kritisieren, so ist doch kein Zweifel, daß sie eine Ueberfülle von Sätzen enthält, die aus menschlichem Verstand nie entsprungen wären. Jeder einzelne unter den Propheten geht in seinen Reden weit über menschliches Maß hinaus. Leuten, die ihre Lehre für fade halten, muß jeder Geschmack abgehen . . .

(S. 36:) Alle diese Gründe würden gewiß unserm Glauben keine ausreichenden Stützen bieten, wenn nicht der himmlische Vater selbst durch die Offenbarung seiner gegenwärtigen Gotteskraft allen Zweifel beseitigte. So ruht für uns die Autorität der Bibel auf der inneren Ueberführung durch den heiligen Geist: erst so wird sie uns zum hinreichenden Mittel heilsamer Gotteserkenntnis. Und nun gewinnen auch die menschlichen Zeugnisse ihren Wert, aber nur im Zusammenhange mit dieser Hauptüberzeugung. Mögen sie brauchbare Nebenstützen für unsere Schwachheit sein, so wäre es doch Torheit, den Ungläubigen einen Beweis dafür anzubieten, daß die Bibel Gottes Wort sei: dies läßt sich nur im Glauben erkennen.

Kommentar

Jean Calvin (1509-1564) muß neben Luther als die bedeutendste Gestalt der Reformation bezeichnet werden. Im Vergleich zu diesem zeichnet sich sein weites literarisches Werk durch große systematische Kraft aus. Beschäftigt sich Luther so gut wie nie direkt mit der Lehre von der Schrift und ihrem Verstehen, hat Calvin die Kapitel 6-9 des ersten Buches seiner »Institutio religionis christianae«, seines systematischen Hauptwerks, der Entwicklung einer Schriftlehre vorbehalten. Sie handeln im einzelnen vom Weg des Menschen zu Gott allein durch die Schrift (6), von der Autorität der Schrift durch den Heiligen Geist (7), von vernünftigen Beweisen ihrer Glaubwürdigkeit (8) und von der Klarheit der Schrift gegenüber den unmittelbaren Geisteinwirkungen der Schwärmer (9).

Ziel des Bibelstudiums ist für Calvin – genau wie für Luther – die Erkenntnis Jesu Christi. Er ist der Mittler, durch den sich Gott dem Menschen mitteilt. Dabei ist die Schrift die einzige Möglichkeit, um zur Erkenntnis dieses Mittlers zu kommen. Wie Gott durch den irdischen Jesus zu den Menschen Israels damals sprach, so spricht dieser heute durch das Wort der Schrift zu uns. Jedoch hat Calvin von hieraus keine Theorie darüber entwickelt, wie Gott den Propheten und Aposteln das eingegeben habe, was sie zu reden hatten. Er begnügt sich mit der Konstatierung des »Daß« der Indienstnahme von prophetischem und apostolischem Reden durch Christus.

Da der Skopus der Schrift in der Erkenntnis des lebendigen Christus besteht, nicht im Kennenlernen irgendwelcher biblischer Lehren, ist zum Ziel kommende Schrifterkenntnis eine Gabe des Heiligen Geistes. Hier ist auch der Ort von Calvins Rede vom testimonium spiritus sancti internum: Das Wort Gottes findet nicht eher im Herzen der Menschen Glauben, bis es durch das innerliche Zeugnis des Heiligen Geistes befestigt wird. Dabei stehen Wort und Geist in einem wechselseitigen Beziehungsgeflecht. Der Heilige Geist muß uns erst das Wort der Schrift lebendig machen, wenn es uns zum Wort Christi werden soll. Er bedient sich aber allein des Schriftwortes, um den Menschen zu Christus zu führen, da dieses das einzige Zeugnis vom fleischgewordenen und damit in die Geschichte getretenen Gottessohnes ist.

Neben einer schwärmerischen Bibelauffassung bekämpft Calvin auch die der katholischen Kirche; vor allem die Meinung, daß erst das Urteil der Kirche die Autorität der Schrift beglaubigt. Calvin sieht hierin eine große Gefahr für die Gewissen: Nicht Gott selbst, sondern Menschen verbürgten dann letztlich die Wahrheit der göttlichen Verheißungen. Die Autorität der Kirche kann höchstens vorbereitende Wirkung für den Glauben an das Evangelium haben, allein das Zeugnis des Geistes, d. h. Gottes eigenes Zeugnis, gibt dem Menschen volle Gewißheit, daß die Schrift, indem sie zu Christus führt, göttliche Autorität besitzt.

Wir hörten, daß Calvin keine Lehre von einer Schriftinspiration entwickelt hat. Er lehnt es sogar ab, die Schrift vor Angriffen in Schutz zu nehmen, da durch solche Apologetik der Eindruck erweckt würde, daß sich der Glaube auf menschliche Meinungen gründe. Trotzdem verzichtet Calvin nicht darauf, auch mit Hilfe menschlicher Erwägung die Glaubwürdigkeit der Schrift wahrscheinlich zu machen. Jedoch bleiben diese Argumente immer nur »Nebenstützen« für die menschliche Schwachheit.

Calvin hat sich Zeit seines Lebens als genuiner Luther-Schüler bezeichnet. Sicher ist die starke christologische Konzentration seiner Theologie von diesem mitgeprägt. Sie zeigt sich auch in seinem Schriftverständnis und verhindert, daß es bei ihm zur Entwicklung einer rationalen Inspirationslehre kommt. Wenn er – zwar nur an wenigen Stellen – von der Inspiration der Schrift spricht, nimmt sie doch nirgends Formen der späteren orthodoxen Auffassung an. Da die Bibel ganz christozentrisch verstanden ist, kann auch eine Lehre von der Schrift nie vom lebendigen Christus abstrahieren. Dabei sieht Calvin geradezu prophetisch die Gefahren voraus, die der reformatorischen Theologie durch eine allein rationale Vergewisserung ihres Fundaments drohen: die Intellektualisierung des Glaubens, der dann letztlich doch wieder – wie auf andere Weise in der katholischen Kirche – von Christus absehen zu können meint. Selbst eine Art von Kondeszenzvorstellung scheint Calvin im Hinblick auf die Schriftentstehung zu kennen: Durchaus registriert er die verschiedene Qualität von Sprache und Stilistik der biblischen Autoren, die jedoch allesamt gleichermaßen vom Heiligen Geist in den Dienst genommen worden sind. Z

PHILIPP JAKOB SPENER,
Das nötige und nützliche Lesen der heiligen Schrift (1694), aus: Hauptschriften Philipp
Jakob Speners, hrsg. von Paul Grünberg (= Bibliothek theologischer Klassiker, Bd. 21),
Gotha 1889, S. 240 ff.

Das nötige und nützliche Lesen der heiligen Schrift

Nun ist zu wissen, daß die heilige Schrift eigentlich aus zweierlei unsträflichen
Absichten gelesen werden kann, nämlich entweder zur eigenen Erbauung, oder um
die göttliche Wahrheit auch andern gründlich und schicklich beibringen zu können.
Die letztere Absicht hat vornehmlich Platz bei den Theologen, die sich dem Dienst
der Gemeinde gewidmet haben. Für diesmal wollen wir allein bei demjenigen Lesen
bleiben, welches allen Christen obliegt, und in welchem auch die Einfältigen ihrer
Seelen Notdurft und Heil suchen. Inbezug auf dasjenige aber, was zur gelehrten
Erforschung der Schrift erfordert wird, verweise ich den Leser an diejenigen Autoren, die bereits über die Auslegung der Schrift geschrieben haben. Indessen bleibt zu
bemerken, daß das, was bei diesem einfältigen und auf die bloße Erbauung gerichteten Lesen inacht zu nehmen ist, auch bei dem höher gehenden Lesen (soll es anders
mit wahrem Nutzen geschehen) erfordert wird.

Ehe wir aber die Regeln, die bei dem Lesen zu beobachten sind, vornehmen, fragen
wir, warum zu dem Lesen der heiligen Schrift so vieles, das beim Lesen anderer
Bücher nicht erfordert wird, nötig sein soll. Die eigentliche Ursache ist diese, weil die
heilige Schrift hauptsächlich solche Materien vorträgt, die zu dem Geistlichen und
zu dem gehören, was nicht aus der Natur erkannt werden kann, sondern aus göttlicher Offenbarung hat herkommen müssen, hingegen » der natürliche Mensch nichts
vom Geist Gottes vernimmt, sondern es ihm eine Thorheit ist, und er kann es nicht
erkennen« (1. Kor. 2,14). Daher können wir unmöglich ohne göttliche Wirkung und
neue Kräfte von oben die Schrift verstehen, sondern eben derjenige Geist, von dem
getrieben und aus dessen Offenbarung die Menschen Gottes geredet haben (2. Petr.
1,21), muß die Wahrheit den Seelen der Lesenden offenbaren. Es ist also nicht allein
nötig, daß die heilige Schrift uns zeugt von der Wahrheit, und uns dieselbe vorstellt,
sondern es muß auch aus derselben durch Wirkung des heiligen Geistes ein solches
Licht in unser Herz kommen, daß wir die vorgestellten Dinge erkennen und annehmen können. Sind wir nun in einer solchen Verfassung, oder behandeln wir die
Schrift so, daß wir nicht Werkstätten des heiligen Geistes sind, so ist es kein Wunder,
daß das Lesen der sonst mit solcher Kraft erfüllten Schrift vergebens ist und seinen
Zweck nicht erreicht. Dies vorausgesetzt, gehen wir nunmehr zu den *Mitteln des
rechten Bibellesens* über.

I. Das erste ist herzliches Gebet, wie unser lieber Luther spricht: » Die zwei Dinge
gehören zusammen, emsige Übung göttlichen Wortes und das Gebet.« Sonderlich
lehrt der teure Mann nachdrücklich davon in folgendem: » Erstlich sollst du wissen,
daß die heilige Schrift ein solches Buch ist, das aller andrer Bücher Weisheit zur
Narrheit macht, weil keins vom ewigen Leben lehrt, ohne dies allein. Darum sollst
du an deinem Sinn und Verstand straks verzagen, denn damit wirst du es nicht erlangen, sondern kniee nieder in deinem Kämmerlein und bitte mit rechter Demut und
Ernst zu Gott, daß er dir durch seinen lieben Sohn wolle seinen heiligen Geist geben,
der dich erleuchte, leite und Verstand gebe. Wie du siehst, daß David Psalm 119
immer bittet, lehre mich Herr, unterweise mich, führe mich, zeige mir, und der Worte
mehr, so er doch den Text Mosis und andre Bücher wohl kannte, auch täglich hörte
und las; dennoch will er den rechten Meister der Schrift selbst dazu haben, auf daß er
ja nicht mit der Vernunft darein falle, und sein Selbstmeister werde. Denn da werden
Rottengeister daraus, die sich lassen dünken, die Schrift sei ihnen unterworfen und

leicht mit ihrer Vernunft zu erlangen, als wäre es Marcolfus oder Äsopus Fabeln, da sie keines heiligen Geistes noch Betens zu bedürfen.« Wir sehen, daß unser wohlverdienter Lehrer, der mit der Schrift fleißig genug umgegangen, und was er andern rät, in der Praxis erfahren hat, das Gebet nötig achtet, weil die Schrift mit Dingen umgeht, die unser Verstand nicht begreift, und wir deswegen den heiligen Geist nötig haben. Man möchte zwar sagen, die Schrift sei ja selbst ein Licht und bedürfe dazu nicht erst des heiligen Geistes und dessen Licht. Freilich ist die Schrift ein Licht uns zu erleuchten, aber sie ist ein Wort des Geistes, wo wir daher den heiligen Geist von dem Wort absondern könnten (was nicht geschehen kann), würde es alsdann nichts mehr wirken. Von dieser Notwendigkeit des heiligen Geistes bei dem Wort der Schrift (damit solche Lehre nicht verdächtigt werden möchte) will ich noch einige Stellen unsers lieben Luther anführen:»Die Schrift«, sagt er,»ist ein solches Buch, dazu gehört nicht allein das Lesen, sondern auch der rechte Ausleger und Offenbarer, nämlich der heilige Geist. Wo der die Schrift nicht öffnet, da bleibt sie wohl unverstanden, ob sie schon gelesen wird.« Ferner:»Zum Verstand der Schrift gehört die Offenbarung, daß der heilige Geist, als der rechte Ausleger, das Wort auswendig durch die mündliche Predigt und inwendig durch Erleuchtung im Herzen erkläre.« Anderwärts:»Es sind die nicht so häufig, welche den heiligen Geist und rechten Verstand haben, als sich viele dünken lassen; sodaß man wohl sieht, ob man schon die Schrift hat und hört, daß dennoch auch die Offenbarung des heiligen Geistes dazu gehört, der das Licht gebe bei solchem Lesen und Hören, daß es verstanden werde; wiewohl es wahr ist, daß es der heilige Geist ohne Predigen und Lehren nicht giebt, er wollte denn sonderlich Wunder thun.« Endlich:»Die Schrift, oder auch das geringste in der Schrift, wird ohne den heiligen Geist freilich niemand auf Erden erkennen oder verstehen.« Wenn aber nun der heilige Geist in und bei dem Wort erfordert wird, so müssen wir auch den himmlischen Vater um denselbigen demütigst anflehen. Also will nötig sein, so oft wir uns zum Lesen verfügen, daß wir uns allezeit zuerst mit Gebet, Seufzen und Erhebung der Seelen zu dem Vater des Lichtes wenden,»von welchem alle gute Gaben und alle vollkommene Gaben von oben herab kommen« (Jak. 1,17), und für uns dasjenige erbeten, was die gesamte Kirche in der Litanei bittet:»Du wollest deinen Geist und Kraft zum Wort geben«, damit sein Geist unsre Herzen zur Erkenntnis der Wahrheit bereite und sie wie der Lydia aufthue (Apg. 16,14), damit er uns die Schrift und das Verständnis öffne (Luk. 24, 32.45), damit er uns reinige bei dem Lesen von allem Fürwitz, fleischlicher Weisheit und unrechter Absicht, auf daß also dieses Heiligtum mit heiligen Händen von uns behandelt werden möge. Wir sollen bitten während des Lesens und oft unsere Seele aufs neue deswegen zu Gott aufschwingen, daß derselbe uns sich und seinen Willen recht zu erkennen gebe, und uns gleichsam eine Thür nach der andern in seinem Wort öffne. Wir sollen auch das Lesen mit Gebet schließen, daß der heilige Geist auch das Gelesene in uns versiegle und heilige, damit wir nicht allein die Worte davon in dem Gedächtnis behalten, sondern deren Kraft in die Seele eindringe, auf daß wir»das Wort behalten in einem feinen guten Herzen und bringen Frucht in Geduld« (Luk. 8,15). Alles dieses Gebets bedürfen wir, und möchte uns der heilige Apostel Paulus dazu ein Muster vorgeschrieben haben, wenn er (Eph. 1,17 u.f.) für seine Ephesier bittet:»Der Gott unsers Herrn Jesu Christi, der Vater der Herrlichkeit, gebe euch den Geist der Weisheit und der Offenbarung zu seiner selbst Erkenntnis, und erleuchtete Augen eures Verständnisses, daß ihr erkennen möget, welches da sei die Hoffnung eures Berufs, und welches sei der Reichtum seines herrlichen Erbes an seinen Heiligen, und welches sei die überschwengliche Größe seiner Kraft an uns, die wir glauben, nach der Wirkung seiner mächtigen Stärke.« Wird nun dieses Gebet um den heiligen guten Geist herzlich gethan, so haben wir die teure Verheißung unsers lieben Heilandes (Luk. 11,13):»So ihr, die ihr arg seid, könnt euern Kindern gute Gaben geben, viel mehr wird der Vater im Himmel seinen heiligen Geist geben denen, die ihn bitten.«

II. Wie aber insgesamt das Gebet, soll es erhörlich sein, aus gottgefälligem Herzen herkommen muß, da »Gott die Sünder nicht hört, sondern so jemand gottesfürchtig ist und thut seinen Willen, denselbigen hört« (Joh. 9,31), also muß auch das Gebet bei dem Lesen aus einem solchen Herzen herkommen, welches in wahrer Buße steht, weil überhaupt »die Weisheit nicht kommt in eine boshafte Seele und wohnet nicht in einem Leibe, der Sünde unterworfen. Denn der heilige Geist, der recht lehrt, flieht die Abgöttischen und weichet von den Ruchlosen.« (Weish. 1,4.5). Daher soll das Gemüt dessen, der fruchtbarlich lesen will, in wahrer Buße stehen, also absonderlich ein herzliches Verlangen haben, göttlichen Willen wahrhaftig zu erkennen, und aus solchem Verlangen sein Lesen anstellen. Welche aber Fürwitz mit der Schrift treiben, oder ihre Kunst daran üben und ihre Ehre darin suchen wollen, die hat Luther an Homer, Ovid, Virgil u. dergl. Leute gewiesen; zwar ist es auch eine Sünde, an diesen die Zeit zu verderben und sie ohne redliche Absicht zu lesen, doch weniger Sünde, als Mißbrauch der geheiligten Worte. Und wenn alle eitle Ehre Christen nicht ansteht, ob sie auch in Dingen dieser Welt gesucht würde, so ist die Sünde am allerschwersten, wo man solche seine Lust an dem Heiligtum des Herrn büßen will, und also nur in der Schrift liest, daß man vieles daraus wisse, und sich danach bei andern damit brüsten und rühmen möge. Nur dazu ist sie uns gegeben, daß wir lernen Gott, seinen Willen und unsere Seligkeit daraus erkennen. Wer nun mit solchem Herzen zu der Schrift kommt, daß er alle Zeit bei sich selbst mit Samuel spricht: »Rede, Herr, denn dein Knecht höret« (1. Sam. 3,9.10), der kann recht beten, dessen Verlangen erfüllt auch der Herr und giebt ihm die nötige Gnade, aus seinem Lesen seligen Nutzen zu schöpfen.

III. Wie aber alle Erkenntnis Gottes und seines Willens, nach dem Gesetz und Evangelium, nicht bei einem bloßen Wissen bleiben, sondern zur Praxis und Übung kommen soll, so muß auch das jetzt angezeigte Verlangen nach der Erkenntnis Gottes also bewandt sein, daß stets auch ein heiliger Vorsatz da ist, dasjenige, was man bei dem Lesen als göttlichen Willen erkennt, nach der Gnade, die man haben werde, ins Werk zu setzen. Also sagt der Herr selbst (Joh. 7,17): »So jemand will dessen (des himmlischen Vaters, der mich gesandt hat) Willen thun, der wird inne werden (durch die innerliche Erleuchtung, Überzeugung und Versiegelung des heiligen Geistes), ob diese Lehre (die ich treibe) von Gott sei, oder ob ich von mir selbst rede.« Wer also mit diesem Vorsatz zu dem Lesen kommt und bei demselben verharrt, was er als dem himmlischen Vater wohlgefällig erkennen werde, gleich willig zu thun, der wird nicht allein in seiner Seele mehr und mehr überzeugt werden, daß, was er liest, göttliche Wahrheit sei, sondern solche Wahrheit wird ihm alsdann auch erst recht ins Herz hineinleuchten. Diejenigen hingegen, welche zwar lesen und den göttlichen Willen wissen wollen, ohne jedoch sich demselben anzubequemen, gehören, wenn sie auch bei dem Lesen beten, unter die, welche »beten, aber nichts kriegen, weil sie übel bitten, nämlich daß sie es mit ihren Wollüsten verzehren wollen« (Jak. 4,3). Denn warum sollte Gott demjenigen viel Licht geben, der es nicht zu seinen Ehren anwenden, sondern mißbrauchen will? – Hierzu mag auch gesetzt werden, daß es ein stattliches Mittel ist, die Schrift mit Frucht zu lesen, wenn man nicht allein gedachtermaßen mit heiligem Vorsatz zu solcher seligen Übung sich begiebt, sondern auch, nachdem man gelesen hat, alsobald sich vornimmt, was man bei dem Lesen von göttlichem Willen erkannt hat, ins Werk zu setzen. Solcher Gehorsam ist ein wirklicher Dank für die empfangene Wohlthat; und die göttliche Güte wird auf den Acker, der gleich Früchte trägt, desto reichern Samen weiter aussäen. Es bleibt die allgemeine Regel (Matth. 25,29): »Wer da hat (wer eine Erkenntnis göttlichen Worts erlangt und sie nach seinem Maß als ein treuer Knecht auf Wucher legt), dem wird (kraft weiterer Gnade Licht und Weisheit, mehr zu begreifen) gegeben werden, und wird die Fülle haben (daß er nämlich nicht nur so viel versteht, als ihm nötig, sondern noch mehr, womit er andern dienen kann); wer aber nicht hat (wer das Anvertraute nicht treulich anwendet, noch dem Herrn in Dankbarkeit damit wuchert, sondern es gleichsam müßig bei sich behält), dem wird auch was er hat (sein voriges Licht) genommen werden.« Damit stimmt auch überein, was der liebste Heiland sagt (Joh. 14,21): »Daß er sich sonderlich denjenigen (nämlich weiter) offenbaren wolle, die seine Gebote haben, aber auch halten.« Von denjenigen, die mit dem Empfangenen nicht treulich umgegangen sind, sondern wohl gar in herrschenden Sünden fortfahren, gilt hingegen die Regel (1. Joh. 3,6): »Wer da sündigt (das ist, mit Vorsatz und Willen der Sünde dient), der hat ihn, Gott, nicht gesehen noch erkannt (also ob er auch die Schrift liest, sieht er doch darin Gott nicht.)« Wie es nochmals heißt (3. Joh. 11): »Wer Böses thut, der siehet Gott nicht.« Es heißt auch (2. Kor. 4,4): »Bei welchen der Gott dieser Welt der Ungläubigen Sinne verblendet hat, daß sie nicht sehen das helle Licht des Evangelii von der Klarheit Christi« (also ob sie den Buchstaben lesen, sehen sie doch nicht in das Innere, noch empfinden sie irgendwelche Kraft des heiligen Geistes). Daher können wir mit Wahrheit sagen, daß ein gottseliges Leben auch ein nicht geringes Mittel zum heilsamen Lesen der Schrift sei.

IV. Wie nun die bisher vorgeschlagenen Mittel und Regeln sich alle vornehmlich darauf gründen, daß erinnertermaßen die heilige Schrift solche Dinge vorstellt, die nicht anders als in dem Licht des heiligen Geistes erkannt werden können, so ist gleichwohl auch ein und das andere bei dem Bibellesen inacht zu nehmen, das nicht weniger auch bei sonstigem Lesen, wenn es etwas nützen soll, sich finden muß. Dahin gehört nun fleißiges Achtgeben auf dasjenige, was man liest. Es muß allzeit heißen (Matth. 24,15): »Wer das liest, der merke drauf.« Wer auch das allerleichteste liest ohne achtzugeben, der hat gar keinen Nutzen davon; wer aber schwere Dinge auch in weltlichen Gegenständen ohne Aufmerksamkeit liest, wird vergebene Arbeit thun. Wenn nun die heilige Schrift uns die allerwichtigsten Wahrheiten vorstellt, die ihre großen Schwerigkeit haben, so ist leicht zu erachten, daß dann auch das Lesen der heiligen Schrift die allergrößte Sorgfalt erfordert. Um dieses uns einzuschärfen, dazu ist sehr dienlich, daß der Leser, so oft er solches teure Buch zur Hand nimmt, sich allzeit vorstelle, daß es die Worte des lebendigen Gottes in sich fasse, und also die höchste Majestät darin mit uns rede. Diese Betrachtung wirkt eine heilige Ehrerbietung in unseren Seelen und treibt uns an, desto genauer auf alles achtzugeben. Dieses Achtgeben auf die Schrift ist das »Suchen«, welches unser liebster Heiland fordert (Joh. 5,39). Es steht nämlich an dieser Stelle (im Griechischen) ein Wort, das von den Bergknappen gebraucht wird, welche in ihren Erzgruben unermüdlich geschäftig sind, um eine Ader zu finden, und wo sie eine gefunden, ihr nachgraben, so weit sie dieselbe führt. – Hierbei weiß ich wohl, daß nicht alle Leser mit gleichen Gaben, noch, so zu reden, mit gleichen Werkzeugen ausgerüstet sind; es will aber Gott auch mit den Einfältigen, wo sie nur nach ihrem Maß zu forschen nichts unterlassen haben, zufrieden sein und ihren Fleiß nicht ungesegnet lassen, obwohl von einem Gelehrten mit Recht mehr erfordert wird, weil er auch mehr Vermögen empfangen. Wie denn die Schrift nach Gregors Gleichnis ein Wasser ist, darin ein Lamm gründen und fußen kann, ein Elephant aber schwimmen muß. Dies können wir in dem Sinne verstehen, es könne ein Einfältiger seine Notdurft darin finden und durchkommen, obwohl er nur waten kann; hingegen, wer von größerem Verstand sei, der treffe so viel Schwierigkeiten darin an, daß er mit Mühe hindurch schwimmen, das heißt, alle Kräfte anwenden muß, um durchzukommen. – Worauf alles man beim Lesen der Schrift zu achten hat, läßt sich hier nicht ausführen. Die Hauptsache besteht darin, daß man allzeit in jedem Kapitel den Hauptinhalt desselben zuerst einzusehen trachte (nämlich, wie die Verse aneinander hängen, und immer eins auf das andere folgt), sodann auf jedes Wort achte, da kein einziges vergebens oder ohne sonderbaren Rat Gottes von dem heiligen Geist gesetzt ist. Auch ist es nützlich, wenn man sich entweder aus eigenem Gedächtnis erinnern kann, oder durch andere Hilfsmittel Anleitung sucht, wo an anderen Orten der Schrift der gleiche Gegenstand behandelt wird. Dergleichen Zusammenhaltung und Vergleichung der Schriftstellen, die von einerlei oder doch verwandten Gegenständen handeln, giebt beim Lesen großes Licht, indem immer eine Stelle die andere erklärt; also daß wir von nichts eine völlige Erkenntnis bekommen, bis wir alle Stellen, die davon reden, gleichsam zusammengesucht haben. – Einiges andere, was hierher gehört, will ich am liebsten mit den Worten unseres lieben Luther, der von Gott hierin vieles Licht empfangen hat, hierher setzen. Da ist eins der vornehmsten Stücke, die der liebe Mann getrieben, daß man bei eines jeden Wortes gewöhnlichem Verstand bleiben soll, wo uns nicht die Not davon abdringet. Also schreibt er: »Ein jeglich Wort soll man lassen stehen in seiner natürlichen Bedeutung, und nicht davon lassen, es zwinge denn der Glaube davon.« Und wiederum: »Ich habe oft gesagt, daß, wer in der heiligen Schrift studieren will, soll je darauf sehen, daß er bei den einfältigen Worten bleibe, wie er immer kann, und ja nicht davon weiche, es zwinge denn irgend ein Artikel des Glaubens, daß man es müsse anders verstehen, denn die Worte lauten. Darum ist mein Rat, daß man sich an den einfältigen und rechten Verstand halte, welchen die Art und Eigenschaft der Worte und die Umstände mit sich bringen, und ich sage also, man solle alle verdrehten und verblümten Worte meiden und fliehen wie Gift, und bei den dürren, klaren Worten bleiben, wo nicht die Schrift selbst zwingt (da sich der einfältige Verstand gar nicht reimt), etliche Sprüche als ein verblümt Wort zu verstehen.« Ferner warnt Luther auch oft und fleißig, daß man sich ja in den figürlichen und allegorischen Verstand nicht zu viel verlieben solle, als auf welchen man sich nicht mit genugsamer Sicherheit gründen könne. Weiter erinnert er auch, was man sonst der Umstände des Textes wegen zu thun habe, sonderlich daß man nicht immer etwas Beliebiges aus dem Text herausnehme, um sich denselben nach seinem Willen zurechtzulegen, wie diejenigen thun, die die Worte verstümmeln, etliche nach ihrem Gefallen herauszwakken, denen sie danach einen Verstand und Deutung andichten, wie sie gelüstet. Er gedenkt auch des nützlichen Fleißes, daß man um bessern Verständnisses willen immer Schrift mit Schrift zusammenhält. Hiervon sagt er: »Das ist der ganzen heiligen Schrift Eigenschaft, daß sie durch allenthalben zusammengehaltene Sprüche sich selbst auslegt, und das ist die sicherste Weise, den Sinn der Schrift zu erforschen, aus Gegeneinanderhaltung und Wahrnehmung vieler Sprüche zum Verstand derselben zu kommen. Allerdings sind etliche Sprüche der Schrift dunkel, aber in denselben ist nichts anderes, denn eben was an anderen Orten in den klaren offenen Sprüchen ist. Da kommen Ketzer her, daß sie die dunklen Sprüche fassen nach ihrem eigenen Verstand, und fechten damit wider die klaren Sprüche und den Grund des Glaubens. Da haben dann die Väter wider sie gestritten mit den klaren Sprüchen und bewiesen, daß in den dunklen dasselbe gesagt sei, wie in den lichten: das ist das rechte Studieren in der Schrift. Und seid nur dessen ganz gewiß, daß nichts helleres ist denn die Sonne, das ist die Schrift; ist aber eine Wolke davorgetreten, so ist doch nichts anderes dahinter denn dieselbe helle Sonne. Ist also ein dunkler Spruch in der Schrift, so zweifelt mir nicht, es ist gewißlich dieselbe Wahrheit dahinter, die am andern Ort klar ist, und wer das Dunkel nicht verstehen kann, der bleibe bei dem Licht.« Endlich warnt Luther sonderlich jeden vor seiner Vernunft, daß er dieselbe nicht herrschen lassen soll, wo der Glaube herrschen müsse. Er schreibt darüber also: »Es gehören zu der Schrift rechte Schüler, die sich gern lehren und weisen lassen. Denn Moses und die Propheten sind solche Lehrer, die die Weisen und Klugen zu Narren machen und der Vernunft die Augen ausstechen, wenn sie anders sollen verstanden und geglaubt werden. Wo das nicht geschieht, stößt und ärgert man sich daran. Darum will's nicht anders sein, wer die Schrift verstehen und fassen soll, der muß ein Narr werden.« (1. Kor. 3,18). – Ich hoffe, alle diese Erinnerungen werden um so angenehmer sein aus der Feder eines solchen Lehrers, der eine große Erfahrung in der Schrift gehabt hat. Sonderlich sollte die letzte Warnung fleissig inacht genommen werden, weil eines der vornehmsten Hindernisse des heilsamen Lesens dieses ist, daß man auf seine eigene Weisheit vertraut und mit derselben in die Schrift hineingeht, sich einbildend, man sei ja gelehrt und verständig genug, dieselbe von selbst zu verstehen. Wo aber diese eigene Weisheit sich findet, und der Mensch sich in diesen Götzen verliebt, entzieht Gott aus gerechtem Gericht einem solchen Menschen die zu fruchtbarem Lesen nötige Gnade, und bleibt's noch immer bei dem Ausspruch unseres Heilandes (Matth. 11,25): »Ich preise dich, Vater und Herr Himmels und der Erden, daß du solches den Weisen und Klugen verborgen hast, und hast es den Unmündigen offenbart. Ja, Vater, denn es ist also wohlgefällig gewesen vor dir.« . . .

V. Zu obigem ist nun ferner zu setzen, weil die heilige Schrift ein Buch ist, das nicht auf diese und jene Zeit, sondern auf alle Zeiten, nicht an diese und jene Person, sondern an alle Menschen gerichtet ist, daß man nicht anders in derselben lesen soll, als, so viel geschehen kann, mit einer steten Anwendung des Gelesenen auf sich selbst, und also darauf achte, wie Gott darin nicht nur insgemein, oder nur mit denjenigen, an welche die Worte unmittelbar gerichtet gewesen, rede, sondern mit einem jeglichen, der in derselben liest. Weil nämlich Gott ein unveränderlicher Gott ist, und sein Wille immer derselbe bleibt (wie er denn oft bezeugt, daß bei ihm kein Ansehen der Person gilt), so bleibt sein Wort, das seinen Willen ausdrückt, immer allen gemein, und hat sich also jeder danach zu richten. Lesen wir göttliche Befehle und Gesetze, so gehen sie, wo sie nicht ausdrücklich nur auf gewisse Leute gerichtet sind, uns alle noch mit gleichem Recht an, weil wir auch Gottes Unterthanen sind. Ja wenn es auch absonderliche Befehle sind an diesen und jenen (daß sie nicht eben dem Buchstaben nach uns verbinden), so werden wir doch, wo wir fleißig achtgeben, immer eine allgemeine Pflicht, worauf jene gegründet sind, finden, zu deren fleißiger Beobachtung jene Befehle uns anweisen. Lesen wir die evangelischen Gnadenverheißungen, so haben wir uns allezeit, weil sie aus einer allgemeinen und unparteiischen Liebe herkommen, (wo wir unserseits in der erforderten Ordnung stehen) dieselben so gewiß anzueignen, als ob sie unmittelbar und besonders zu uns geredet wären. Sogar was die Exempel anlangt, mangelt's einem fleißigen Leser nicht an der erbaulichen Anwendung. Lesen wir schreckliche Exempel göttlicher Gerichte, so sollen wir sie allezeit lesen mit Erinnerung dessen, was Paulus uns zuruft (1. Kor. 10,11): »Solches alles widerfuhr ihnen zum Vorbilde. Es ist aber geschrieben uns zur Warnung, auf welche das Ende der Welt gekommen ist«; und Christus selbst (Luk. 13,3): »So ihr euch nicht bessert, werdet ihr also umkommen.« Sind es aber Wohlthaten, die Gott einigen Gläubigen erzeigt hat, so werden wir versichert, obschon wir nicht allemal gerade dieselbe Wohlthat zu erwarten haben, daß es der Herr nicht an sich ermangeln lassen will, uns auch solche oder andere uns nötige Wohlthaten zu erteilen, weil er gnädig gegen uns gesinnt ist. Daher heißt es (Röm. 15,4): »Was zuvor geschrieben ist, das ist uns zur Lehre geschrieben, auf daß wir durch Geduld und Trost der Schrift Hoffnung haben.« Ja, was die eigentlich seligmachenden Güter anlangt, da läßt sich auch aus einem Exempel auf andere schließen, weil Gott alle auf einem Weg zum Himmel führen will. Aus diesem Grunde sagt Paulus, da er das Exempel Abrahams, wie er durch den Glauben allein gerechtfertigt worden sei, ausführt (Röm. 4,23.24): »Das ist aber nicht geschrieben allein um seinetwillen, daß es ihm zugerechnet ist, sondern auch um unsertwillen, welchen es soll zugerechnet werden.«

Diejenigen nun, welche tiefer einzudringen verstehen, wissen auch eine geistliche Anwendung zu finden, dergemäß dasjenige, was einmal geschehen, immer aufs neue an den Gläubigen geschieht. Dahin gehört die Anleitung des geistreichen Arnd im »wahren Christentum« (1. Bd. 6. K.): »Es hat Gott die heilige Schrift nicht darum offenbart, daß sie auswendig auf dem Papier als ein toter Buchstabe soll stehen bleiben, sondern sie soll in uns lebendig werden im Geist und Glauben, und soll ein ganz innerlicher neuer Mensch daraus werden, oder die Schrift ist uns nichts nütze. Es muß alles im Menschen geschehen durch Christum, im Geist und Glauben, was die Schrift äußerlich lehrt . . .«

Hierbei ist gleichwohl fleißig in acht zu nehmen, daß man nicht zu weit gehe und diesen geistlichen Verstand wider die oben angeführte Erinnerung Luthers nicht mißbrauche. Dieser liebe Lehrer eifert hin und wieder sehr gegen solchen Mißbrauch und zeigt, wie man mit den Allegorieen und Figuren umzugehen habe. Er teilt die Allegorieen in drei Arten und schreibt also: »Die allegorische Deutung mag auf dreierlei Weise geschehen. Zum ersten, wenn die Schrift selbst deutet, als da St. Petrus die Taufe deutet durch die Sintflut und Arche Noah, und St. Paulus durchs Rote Meer, und Christus sein Kreuz durch die Schlange. Solche Deutungen zwingen und sind Artikel des Glaubens. Die andere Weise ist, wenn die Schrift zwar nicht selbst deutet, sondern irgend eines Gläubigen Verstand die Figuren einführt, aber das Gleichnis sich gründet auf etliche klare Sprüche. Auf diese Weise mag ein jeglicher deuten ohne alle Fährlichkeit. Denn ob seine Deutung fehlt, so fehlt doch die Schrift nicht, darauf er die Deutung bezieht. Die dritte Weise ist eine bloße Deutung aus eigenem Gutdünken, da die Figur allein ist und sonst nichts davon in der Schrift steht. Diese Deutung ist Irrtum, des Teufels und Papstes eigen mit den Seinen.« Arnd und mir ist es nun hier zu thun um die zweite Art der Allegorieen. Es müssen aber, damit der Mißbrauch wegbleibe, noch einige Dinge davon bemerkt werden. a) Der buchstäbliche und historische Verstand muß allezeit zugrunde liegen, und wo man jenen fahren lassen und an dem geistlichen allein sich begnügen wollte, wäre es bereits ein schändlicher Mißbrauch. b) Der sogenannte geistliche Sinn ist nicht sowohl für den eigentlichen Sinn der betreffenden Schriftstellen, als vielmehr für deren Gebrauch oder Anwendung zu halten. c) Muß die Sache, darauf man die Figur deutet, ohnedies in der Schrift gegründet sein. d) Soll auch genau Achtung gegeben werden, daß die ganze Deutung dem Glauben ähnlich sei (nach Röm. 12,7). Hieraus, hoffe ich, wird jeder leicht sehen, wie mit den Allegorieen zu verfahren ist, und mag sich derjenige, der so weit eindringen kann, derselben zu seiner Erbauung bedienen; wer sich aber zu schwach dazu finden sollte, suche seine Erbauung allein in den klaren Worten und in dem, was augenscheinlich aus diesen zu entnehmen ist.

Noch ein Mißbrauch ist bei der Anwendung des Gelesenen zu meiden: daß man nämlich nicht in den groben Irrtum und in die Vermessenheit falle, zu meinen, ein Gläubiger habe alles, was in der Schrift diesem oder jenem Gläubigen geschehen, verheißen oder gegeben worden, in der Art auf sich anzuwenden, daß er glaubt, alles solches sei in gleichem Maß auch ihm verheißen und müsse ihm also in seinem Glauben widerfahren. Denn es giebt besondere Wundergaben, es giebt ein hohes Maß der Gaben, es hat der Herr zu Zeiten an seinen Gläubigen und zu deren Errettung Wunder gethan; da wäre es aber eine Vermessenheit, wo sich einer dergleichen anmaßen, und eine Versuchung Gottes, wo er dergleichen fordern wollte. »Sie sind nicht alle Wunderthäter; sie haben nicht alle Gaben, gesund zu machen; sie reden nicht alle mit mancherlei Sprachen.« (1. Kor. 12,29.30). Wem also dergleichen nicht gegeben, der eignet sich's nicht ohne Frevel zu; und wo er in falschem Vertrauen das, was ihm nicht zugesagt ist, unternehmen wollte, würde er darüber zuschanden werden. So viel aber können wir aus allen Wunderexempeln zu unserer Stärkung entnehmen, daß der Gott und Vater, der in andern Wunder gewirkt oder sie durch Wunder errettet hat, auch unser Gott und Vater sei, welcher noch alles thun kann, was seine Ehre und unser Heil erfordert, ja solches, wo es nicht anders geschehen könnte, selbst durch Wunder verrichten wird, wiewohl er auch hunderterlei Wege weiß, uns ohne dieselben zu helfen. – Wer nach dieser Regel in der Schrift liest und das Wort Gottes immer als ein auch an ihn geschehenes Wort ansieht, wird finden, daß dadurch der meiste Nutzen geschaffen wird, während dasjenige, was wir als etwas uns nicht Angehendes lesen, uns fremd und ohne Frucht bleibt.

VI. Wie in allen Dingen die Ordnung ein großes thut, so ist ferner zu merken, daß auch beim Lesen der Schrift an derselbigen nicht wenig gelegen sei . . .

Eine Erinnerung habe ich hierbei noch zu thun, daß man nämlich bei dem ersten Lesen gleichsam nur auf dasjenige achtgebe, was am allerdeutlichsten vor Augen liegt und ohne sonderbare Mühe verstanden werden kann, um solches recht zu fassen, ins Herz zu drücken und in die Übung zu bringen. Bemerken wir Stellen, die zu verstehen schwierig ist, so möchte ich bei dem ersten Lesen nicht raten, sich dabei aufzuhalten, sondern vielmehr bald fortzufahren und sich als ein Kind mit den Milchspeisen zu behelfen . . .

Diejenigen aber, welche alles, was leicht zu verstehen ist, gleichsam überschlagen, weil sie meinen, das verständen sie bereits genug, hingegen sich nur an die schweren Stellen machen und solche mit Gewalt verstehen wollen, machen sich erstens vergebliche Arbeit, zwingen oft anstatt des wahren einen falschen Verstand heraus, halten sich unnötig auf, versäumen damit, was sie aus den verständlichen Stellen fassen und ins Herz bringen sollten, und verraten eben damit ihren Hochmut, sowie, daß es ihnen nicht wahrhaftig um die Erbauung zu thun sei, sondern darum, sich selbst in der Wissenschaft schwerer Dinge wohlzugefallen und bei andern Ruhm zu erjagen. Solche sind der göttlichen Einwirkung und seines Lichts nicht fähig, als welches der »Vater den Weisen und Klugen (die sich weise dünken) verborgen, aber den Unmündigen (die sich in Demut auch des geringsten Maßes unwürdig schätzen und gern mit dem notwendigsten zufrieden sein wollen) offenbart« (Matth. 11,25). – Es bleibt also unsere Regel (Röm. 12,3) »ein jeglicher, nachdem Gott ausgeteilt hat das Maß des Glaubens«. Wer hierbei bleibt und in Anwendung seiner Gabe sich treu finden läßt, dem wird's nicht mangeln; nachdem er erst mit Milchspeise sich begnügt, wird er mehr und mehr tüchtig werden, starke Speise zu verdauen. Wer aber gleich sich an starke Speisen machen will und die Milch für kindisch hält, der wird sich den Magen überladen und sich Krankheiten auf den Hals ziehen, davor man sich ja vorzusehen hat.

VII. Nach diesen Regeln und Mitteln, deren sich ein fleißiger Leser zu erbaulichem Lesen bedienen soll, gedenken wir noch billig des letzten, daß er nächst göttlichem Beistand und eigenem Fleiß auch anderer Hilfe nicht verachten soll. Denn obwohl nicht Menschen, sondern der heilige Geist den Verstand der Worte uns geben muß, so müssen wir doch bedenken, daß eben der heilige Geist, dessen Erleuchtung wir verlangen, auch in andern christlichen Lehrern und Mitbrüdern gewesen sei und noch sei; daher haben sie in solchem Licht Unterschiedliches in der Schrift eingesehen, was wir selbst darin nicht wahrnehmen würden; und so können wir durch anderer Arbeit weitergeführt werden. In solcher Sache hat man nun zweierlei Extreme zu vermeiden, nämlich einesteils, daß man gedachtermaßen anderer Schriftausleger Fleiß, wo man ihre Bücher hat, nicht einfach verachte, welches fast ein Anzeichen von Hochmut wäre, als meinten wir so weit gekommen zu sein, daß wir niemandes Anweisung mehr bedürften; ja es wäre auch eine Undankbarkeit gegen Gott, der solchen lieben Leuten ihre Gaben auch nicht um ihret-, sondern ebenso wohl um anderer willen gegeben hat, daher dieselben auch nicht zu verwerfen sind . . . Auf der andern Seite aber muß man sich auch dahin gewöhnen, daß man weder um solcher Erklärungen willen den Text selbst fahren lasse (welcher gleichwohl immer noch vor andern Auslegungen gelesen werden soll, damit wir uns nicht von vornherein von diesen Auslegungen einnehmen lassen), noch auch sich knechtischerweise an die Kommentare oder Ausleger binde, in der Einbildung, man dürfe keine Stellen und Sprüche anders verstehen, als diese Ausleger, noch irgend über sie hinausgehen. Denn es muß allen Christen die Freiheit bleiben, den Text allein für die Richtschnur zu halten und andere Auslegungen anzunehmen oder fahren zu lassen, je nachdem man sich im Gewissen überzeugt findet, daß sie mit dem Text selbst übereinkommen oder nicht. Wer in solchen Schranken bleibt, wird sich den Gebrauch von dergleichen Büchern nicht dürfen gereuen lassen, sondern sie mit Nutzen gebrauchen . . .

Alles obige, hoffe ich, soll durch göttliche Gnade einer ihres Heils begierigen Seele dienlichen Unterricht geben, wie sie sich beim Lesen der heiligen Schrift zu verhalten habe. Nur liegt daran, daß man's auch ins Werk setze, sonderlich aber von dem Lesen selbst sich durch kein Hindernis, weder die Einbildung, daß dasselbe allein den Theologen und Predigern zukomme, noch die Sorge um irdische Geschäfte abhalten lasse . . .

Wo wir aber den Entschluß fest gefaßt haben, zu lesen, so lasset uns ferner zusehen, daß wir auch recht lesen, nämlich also, daß der Zweck, den wir vor Augen haben, von uns oder vielmehr von Gott an uns möge erreicht und wir der Kraft des Gelesenen teilhaftig und nicht vielmehr dadurch verhärtet werden. Ich erinnere mich, vor mehr als dreißig Jahren in des berühmten Dominikaners Hieronymus Savonarola (der gewiß ein stattlicher Zeuge der Wahrheit gegen die Greuel des päpstlichen Stuhls gewesen ist) Büchlein »de simplicitate vitae Christianae« gelesen zu haben, wie er in dessen Einleitung unter die Ursachen, daß der wahre christliche Glaube und lebendige Erkenntnis so sehr erloschen sei, setzt »die Gewohnheit, ohne Geschmack zu lesen«. Ich bekenne, daß ich bei dem ersten Anblick dieser Worte von deren Wahrheit so überzeugt worden bin und sie mir so tief ins Herz gedrungen sind, daß ich sie nimmermehr vergessen konnte, vielmehr dieselben bisher oft mündlich und schriftlich zu wiederholen mich gedrungen gefühlt habe. Gewiß fassen diese Worte eine unwidersprechliche und dabei wichtige Wahrheit in sich; ja es läßt sich vielleicht aus denselben die Ursache entnehmen, warum unzählige Menschen die Schrift ohne Frucht lesen. Es ist das göttliche Wort eine lebendige und in sich kräftige Seelenspeise, aber nicht so beschaffen, wie eine leibliche Speise, welche nur nötig hat genossen zu werden, da sie alsdann, wir sorgen ferner dafür oder nicht, ohne unsere Mitwirkung ihre nährende Kraft beweist. Der heilige Geist wirkt zwar durch diese Seelenspeise, doch wird erfordert, daß wir, wenn er zu wirken anfängt, darauf achtgeben und gleichsam aus den uns geschenkten Kräften mitwirken. Dazu gehört, daß sowohl der Verstand sich auf das zu Lesende richtet, als der Wille sich dazu neigt, des heiligen Geistes selige Wirkungen anzunehmen, damit die Kraft des Wortes in beide eindringe. Thun wir dieses nicht, sondern lassen wir es dabei bleiben, daß das Auge die Buchstaben überläuft, etwa auch die Zunge die Worte ausspricht und der Verstand obenhin die Meinung ansieht, so wird das wenigste von der Kraft des Wortes genossen werden . . . So geht's gewißlich auch mit solchem unandächtigen Lesen, daß nicht allein die Kraft des Worts nicht in das Innerste dringt, sondern durch die Gewohnheit des Lesens das Herz allmählich wie mit einer Kruste überzogen wird, so daß der Mensch glaubt, er wisse und verstehe die Sache wohl, und also je länger, je weniger es nötig zu haben meint, erst zur Erkenntnis zu kommen. Daher bin ich versichert, daß viele durch solches unordentliche Lesen, wobei es bei dem bloßen opus operatum bleibt, zu dem Göttlichen immer untüchtiger werden, und es besser sein würde, wenn sie nichts von der Schrift gesehen hätten. (Es würde dann, wenn sie einmal gelegentlich darüber kämen und nur mit mittelmäßigem Achtgeben lesen wollten, das Neue eher in ihre Herzen eindringen und sie seliglich entzünden.) Wie aber solches Lesen angestellt werden müsse, daß es nicht ohne Geschmack bleibt, dazu sind die oben angeführten Mittel wohl inacht zu nehmen, unter welchen das Gebet wie das erste also das vornehmste ist. Nur liegt daran, daß wir uns auch befleißigen, solche Mittel zu gebrauchen, indem kein Rat nutzen kann, wenn man ihn nicht befolgt.

Geschieht nun solches, so werden wir in der That erfahren, daß nichts, was man von der Kraft der Schrift und deren Nutzen hin und wieder gerühmt findet, falsch oder übertrieben ist; ja wir werden wahrhaftig finden, daß »der Tag in dem Herzen mehr und mehr anbricht und der Morgenstern aufgeht« (2. Petr. 1,19), »die Kraft Gottes uns selig zu machen« (Röm. 1,16) sich wirklich erweist, und unser neuer Mensch, der aus dem lebendigen Samen des Wortes geboren, durch dasselbige als eine himmlische Speise ernährt wird und wächst (1. Petr. 1,23; 2,2). Und ob wir auch meinen sollten, wir könnten, welchen Fleiß wir auch anwenden, das wenigste in dem Wort verstehen, so wird doch dasjenige, was wir fassen, uns zur Seligkeit genug sein. Weil der »Same Gottes in uns bleibt« (1. Joh. 3,9), wird derselbe zuwege bringen, »daß wir nicht Sünde tun«. »Christum lieb haben« (welche Liebe durch das Wort verwahrt wird) wird uns besser sein als alles Wissen (Eph. 3,19). Der Vater wird uns in seiner Wahrheit immer weiter heiligen, bis er die Decke, da wir ihn jetzt nur noch in der Schrift im Glauben sehen, wegthun wird und wir ihn dann ohne Schrift unendlich vollkommen und heller sehen werden, wie er ist von Angesicht zu Angesicht (1. Kor. 13,12. 1. Joh. 3,2).

Schließlich rufe ich den himmlischen Vater an, daß er uns sein heiliges Wort erhalte und nicht um unsers Undanks willen dessen Gebrauch durch des Satans Gewalt und List entzogen werden lasse, alle Seelen der Menschen mit einer Begierde, dasselbige zu lesen, erfülle, den Lesern seinen heiligen Geist gebe, ihre Herzen öffne, Augen verleihe, in die göttliche Wahrheit hineinzusehen, alle Hindernisse des fruchtbaren Lesens hinwegnehme, hingegen die Kraft des Gelesenen lebendig in die Seelen eindrücke, den Glauben und dessen Früchte in denselben reichlich wirke und das Werk der Heiligung in allen Stücken, nach eines jeden Maß und Gaben, vollführe, bis endlich dort alles vollkommen wird und er selbst uns alles in allem wird und bleibt, um Jesu Christi, des wesentlichen Worts, in dem er sich auch uns offenbart hat, unsers Seligmachers, willen. Amen.

Kommentar

Philipp Jakob Spener (1635-1705) gilt anerkanntermaßen als Vater des Pietismus und als der theologische Führer des lutherischen Pietismus. Sein Ansehen läßt sich zu seiner Zeit eigentlich nur mit dem Luthers vergleichen. Nacheinander bekleidete er höchste und einflußreichste Ämter im deutschen Luthertum. – Mit Emanuel Hirsch wird man ihn als genuinen Luther-Schüler bezeichnen können, der dabei allerdings durchaus verschiedenartigste andere theologische Einflüsse mit aufgenommen hat. Brennpunkte seiner Theologie sind sowohl Ethik als auch Eschatologie, wie sich unschwer bereits an den »Pia desideria« von 1675, dem sog. Reformprogramm des Pietismus, nachweisen läßt. In beiden Themenkreisen trat er in Gegensatz zur herrschenden lutherischen Orthodoxie, die zum einen die Gnade mehr naturhaft und nicht als zum Dienst verpflichtendes persönliches Geschenk ansah und zum anderen die biblische Eschatologie in einem nahen Jüngsten Tag zusammengefaßt sah. Von beiden genannten Brennpunkten Spenerscher Theologie erhält seine Hermeneutik ihre besondere Ausprägung.

Der Pietismus als eigenständige Bewegung ist ursprünglich aus der Hinwendung zur Schrift entstanden. So lautet der erste Vorschlag Speners zur Besserung der Kirche in seinen Pia desideria: »Das Wort Gottes ist reichlicher unter uns zu bringen.« Diese Forderung ist begründet durch die Neuentdeckung des Charakters der Bibel als Lebensbuch. Verbreitung des Wortes Gottes und Wachsen von Glaubensfrüchten stehen nämlich für Spener in unmittelbarem Zusammenhang. Seine Stellung zur Schrift ist somit ganz auf die praxis pietatis hin ausgerichtet. Gegenüber den Vätern will Spener der Bibel neu vorurteilsfreies Gehör verschaffen. Er rechnet mit einem Erkenntnisfortschritt in der Bibelauslegung, womit der zweite Brennpunkt Spenerscher Theologie angesprochen ist. So findet er in

Rö 11,25 f. die Bekehrung der Juden und in Apk 18 f. den Fall Babels (d. h. Roms) gegen die traditionelle Exegese vorausgesagt.

Obwohl er mit der lutherischen Orthodoxie an der wörtlichen Inspiration festhält, versteht er sie nicht in mechanischer Weise im Sinne eines Diktats. Der Heilige Geist hat sich z. B. verschiedener Stile bedient. Auch nimmt Spener eine heilsgeschichtliche Gliederung der Schrift vor, in der das NT eine höhere Stufe der Offenbarung darstellt.

Aus dem abgedruckten Text, der das Lesen der Bibel zur eigenen Erbauung zum Thema hat, lassen sich weitere Grundzüge von Speners Schriftverständnis erkennen. Er versucht in ihm die Verbindung von einer besonderen biblischen Hermeneutik und einer allgemeinen Hermeneutik im Vollzug des Bibellesens darzustellen. Da die Schrift vom Heiligen Geist gewirkt ist, kann nur der von diesem selbst geleitete Leser sie recht verstehen. Den Heiligen Geist erhält man auf der anderen Seite jedoch nur durch die Schrift (Luther!). In diesem Zirkel gelangt der einzlne allein durch das Gebet. Neben dem Gebet ist das Tun des jeweils Erkannten die weitere unabdingbare Voraussetzung des rechten Schriftverständnisses. Von den allgemeinen hermeneutischen Regeln, die auch für die Bibel gelten, seien folgende hervorgehoben: Spener führt das lutherische sola scriptura durch seine Anweisung, auf jedes Wort der Schrift zu achten, zum tota scriptura weiter. Mehrmals hebt er den altkirchlichen und reformatorischen Grundsatz hervor, dunkle Schriftstellen von hellen her auszulegen. Auch die Betonung des sensus literalis gegenüber dem allegorischen Schriftsinn und die der Gleichzeitigkeit der Schrift mit jedem Leser ist reformatorisches Erbe. Dabei übersieht er nicht die Gefahren dieses Vorgehens. Auch seine Warnung, die Kommentare nicht zu verachten, zeigen deutlich seine jedem Enthusiasmus entgegenwirkende Haltung.

Unbedingt positiv zu würdigen ist Speners Forderung einer biblischen Theologie, die die Schrift gegenüber einer immer wieder verkrusteten traditionellen Bibelexegese neu zu Gehör bringen soll. Die Entdeckung der Bibel als Lebensbuch stellte die Exegese in den Zusammenhang mit der praxis pietatis, was der Bibelauslegung wiederum neue lebendige Kräfte zuführte und sie aus lehrhafter Einseitigkeit befreite.

Hier war allerdings auch die Gefahr der Geringschätzung der »pura doctrina« gegenüber der »vita« angelegt. Mit alledem war der Grund für den Siegeszug gelegt, den die biblische Exegese in den folgenden Jahrhunderten antreten sollte.

Bei Spener selbst ist dies alles nur angedeutet, erst seine Schüler haben dann sein Programm in Theologie und Kirche zu verwirklichen versucht.

(Vgl. Martin Schmidt, Philipp Jakob Spener und die Bibel, in: Pietismus und Bibel, hrsg. von Kurt Aland, AGP 9, Witten 1970). Z

AUGUST HERMANN FRANCKE,
Einleitung zur Lesung der H. Schrifft, insonderheit des Neuen Testaments (1694), in:
August Hermann Francke, Werke in Auswahl, hrsg. von Erhard Peschke, Berlin 1969, S.
221 ff.

... Doch sollen sie allezeit bedencken, daß es mit solcher äußerlichen Wissenschafft
keines weges ausgemachet sey, als welche auch wohl ein unwiedergebohrner
Mensch in sein Gehirn fassen kan; sondern sie müssen dieses als ein Mittel ansehen,
wodurch Gott die heilsame Erkäntniß JEsu Christi in ihnen pflantzen und in ihr
Hertz und Sinn geben will, daß er GOTT diene im neuen Wesen des Geistes, und
nicht im alten Wesen des Buchstabens. Beydes würde unverständig gehandelt seyn,
wenn einer den Kern essen, aber die Nuß nicht auffbeissen wolte; und wenn einer die
Nuß aufbeissen, den Kern aber wegwerffen wolte. Das aber ist der rechte Weg, so
man ihm nicht verdriessen lässet, durch fleißige und emsige Betrachtung des äußerlichen zur Erkäntniß des innerlichen zu gelangen, und nicht in dem äußerlichen,
sondern in demselbigen, der selbst das Licht und Leben ist, nemlich in Christo JEsu
und dessen warhaffter Gemeinschafft und Theilhafftigkeit die Beruhigung seiner
Seelen zu suchen ...

Ist auch furnemlich mit diesem Tractätlein gesehen auff den Nutzen der Studioso-
rum Theologiae. Denn da ist in dem Studio Hermenevticae Sacrae nichts nöhtiger
und nützlicher, als daß man den Scopum oder End-Zweck einer jeglichen Rede
erkenne, und ist in der manuductione ad lectionem Scripturae s. erinnert worden,
daß der allerleichteste Weg zu solcher Erkäntniß sey, wenn einer der sich länger in
der Lesung der Heil. Schrifft geübet, den Zweck eines jeglichen Buchs mit deutlichen Worten für Augen legete ... Es ist Studiosis Theologiae diese Erkäntniß so
nöthig, daß sie ohne derselbigen nichts gewisses und gründliches in ihrem Studio
Theologico lernen können, und kan sich ein jeglicher versichern, so er sich fleißig
darinnen übet, daß er auch sein Lebenlang in der Betrachtung und Abhandelung der
Biblischen Texte dessen wird zu geniessen haben. GOTT gebe uns allen, daß wir
seine Erkäntniß nicht in hohen Worten Menschlicher Weißheit, sondern mit einfäl-
tigem Hertzen in dem Worte seiner Warheit suchen und durch Krafft und Beweisung
seines Geistes erlangen. Amen! ...

Zwar wird uns der Zweck der gantzen H. Schrifft in vielen Sprüchen deutlich genug
fürgestellet, z. E. Rom. XV, v. 4. Was zuvor geschrieben ist, das ist uns zur Lehre
geschrieben, auf daß wir durch Gedult und Trost der Schrifft Hoffnung haben. Und
2. Tim. III, v. 15, 16, 17. Weil du von Kind auf die H. Schrifft weissest, kan dich dieselbige unterweisen zur Seligkeit durch den Glauben an Christo JEsu. Denn alle
Schrifft von GOtt eingegeben, ist nütze zur Lehre, zur Straffe, zur Besserung zur
Züchtigung in der Gerechtigkeit, N. B. daß ein Mensch Gottes sey vollkommen, zu
allem guten Werck geschickt. Offenbar ist es, daß an diesen und dergleichen Orten
nicht allein von dem Nutzen sondern auch von dem Zweck der H. Schrifft gehandelt
werde, und erhellet daraus, daß solcher Haupt-Zweck sey: Unsere Seeligkeit; und
weil die Seligkeit allein durch den Glauben an JEsum Christum erhalten wird, daß
dahero hiernechst auch der Zweck der H. Schrifft sey: der Glaube an JEsum Christum; Weil aber auch ein wahrer seligmachender Glaube nicht seyn kan, ohne
Busse, und guten Früchten, so ist alle Schrifft zu dem Ende gegeben, daß sie nütz sey
1. zur Lehre, 2. zur Straffe, 3. zur Besserung, 4. zur Züchtigung in der Gerechtigkeit,
und 5. zum Trost Rom. XV, 4 und zwar daß ein Mensch Gottes sey vollkommen zu
allem guten Werck geschickt und damit wir unter allem Creutz und Trübsahl die
Hoffnung des ewigen Lebens feste behalten.

Es wird aber wiederum die gantze Heil. Schrifft ihrem Inhalt nach getheilet in zwey
Theil nemlich in Gesetz und Evangelium. Nicht ist das Alte Testament allein Gesetz,

noch das Neue Testament allein Evangelium; sondern beydes Gesetz und Evangelium findet sich im Alten und auch im N. Testament. Denn das Gesetz ist die Lehre Gottes von alle dem, was Gott von uns wil gethan und gelassen haben; das Evangelium aber ist die Lehre von der Gnade Gottes in Christo JEsu, deren wir durch den Glauben theilhafftig werden . . .

Sonst wird die Schrifft in zwey Theile getheilet, nemlich in die Bücher Altes und Neues Testaments. Beyde sind das theure Wort Gottes, und keines zu verachten. Weil aber die Schrifft des N. Testaments uns die Erkäntniß unsers HErrn JEsu Christi und die gantze Lehre von der Gottseligkeit am deutlichsten und kläresten für Augen leget; ja gleichsam der Schlüssel ist zu dem Alten Testament, thun Einfältige nicht unrecht, daß sie sich solches fürnemlich zu erst wol bekant machen, und so dann auch in der Schrifft des Alten Testaments fleißig forschen; wiewol auch dieses nicht ungereimt, sondern vielmehr wohlgethan ist, wenn man die Kinder und Einfältigen in der Zeit zur Lesung des Alten Testaments anführet, und ihnen den Inhalt desselbigen wol bekant machet, wie etwa Vitus Diete ricus in seinen Summarien, welche Lateinisch und Teutsch ediret, auch bey einige ältere editionen der Bibel beygedrucket sind, dergleichen Absicht mag gehabt haben. Denn weil das Alte Testament immer in dem Neuen Testament angeführet wird, und sich aller Orten darauff beziehet, kommet dergleichen vorhergehende Durchlesung des Alten Testaments dem Leser des Neuen gar wol zu statten.

Demnach ist in so weit ein End-Zweck und Absicht aller vier Evangelisten, nemlich zu beschreiben, was JEsus angefangen beyde zu thun und zu lehren, bis an den Tag da er auffgenommen worden Act. I, v. 1.2. damit wir dadurch an Christum gläuben und ewig selig werden möchten; . . .

Wenn solcher Zweck der Evangelisten nun recht beobachtet wird hat es grossen Nutzen, so offt man die Evangelisten lieset, oder einen besondern Text aus denselben betrachtet. 1. Daß man das Leben unsers HErrn JEsu Christi ihm destomehr bekant zu machen suche, weil GOtt der allerweiseste nöthig erachtet, zu dessen richtiger Beschreibung vier seiner getreuen Knechte mit seinem H. Geiste auszurüsten, damit uns ja solches allervollkommenste Muster mit lebendigen Farben für Augen gemahlet und tieff in unsere Hertzen gedrucket werde. 2. Daß man sich nicht begnügen lasse die blossen Historien ins Gedächtniß zu fassen, sondern daß man durch die Schrifften der Evangelisten seinen Glauben an den HErrn JEsum recht gründe und befestige, und also durch denselbigen Glauben die Hoffnung der ewigen Seligkeit fest bewahren. 3. Daß man auch solchen seinen Glauben desto eiffriger in der Nachfolge des HErrn JEsu beweise, wie nicht allein die Evangelisten selbst hin und wieder mit den Worten des HErrn JEsu melden, daß dieses der Zweck sey ihrer Erzehlungen, als Joh. XIII, v. 15. c. XV, v. 17, 18, 19, 20. & c. sondern auch die Apostel fleißig darauf weisen z. E. Rom. XV, 3. 2. Cor. VIII, v. 9. Phil. II, v. 5. Col. III, v. 13. 1. Petr. II, 21, 22, 23. c. IV. v. 1,2. 1. Joh. II, v. 6.4. Daß man auch die Harmonie oder Einstimmung der Evangelisten nicht verachte, so wohl in der Sache selbst, als in der Historischen Ordnung. 5. Daß man insonderheit sich in der Lehre von der Person und dem Amt unsers HErrn JEsu CHristi recht gründe, und befestige, welches dann desto besser geschiehet, wenn man gewahr wird, daß in allen Geschichten und Reden dieses der Zweck sey, daß die Herrlichkeit JEsu Christi offenbaret werde.

Von den Brieffen des Apostels Pauli ist insgemein zu behalten, das deren Zweck mit seinem Amte gar eigentlich übereinstimme, nemlich daß er das Geheimniß von Christo kund mache, wie er selbst solches andeutet Eph. III. Und weil sonderlich zu derselbigen Zeit unter Jüden und Heyden der Streit war von der Rechtfertigung, von den Wercken des Gesetzes, von dem Vorzuge des Jüdischen Volcks für denen Heyden, und was dahin gehöret, so gehet auch der Zweck und die Absicht des Apostels in seinen meisten Brieffen dahin, das er von diesen Dingen klaren Unterricht gebe, und kan dem Leser der Episteln Pauli fürnemlich dienen, daß er die Apostel-Geschichte, und in denenselben für allen das 15. Capitel fleißig lese, als in welchem der rechte Ursprung solches Streits enthalten ist. Hiernechst dienet auch nicht wenig, in allen Episteln den rechten Zweck des Apostels zu beobachten, wenn man an dem Apostel insonderheit drey Stücke wahr nimmt: Erstlich, daß Er den wahren seligmachenden Glauben und die Rechtfertigung eines armen Sünders für GOTT mit grossem Ernst treibt, und gar deutlich ausleget, also daß diese Gabe in ihm für allen andern Aposteln herfür leuchtet. Zum andern, daß er sehr hertzliche und recht Mütterliche Liebe gegen die Gemeinden getragen, und dahero auch in solchen Ubermaß der Liebe stets gegen sie ausfliesset, obwol nicht ohne heiligem Eyfer und Ernst, wenn das böse an ihnen zu bestraffen gewesen. Zum dritten, daß er allenthalben grosse Weißheit, Behutsamkeit u. Fürsichtigkeit gebrauchet, wo entweder etwas gutes zu erhalten, oder Friede und Einigkeit zu machen, oder die Mißbräuche bey den Gemeinden zu straffen fürgefallen; . . .

In der Epistel an die Römer ist der Zweck des Heil. Apostels, daß er denen jenigen, welche aus dem Jüden- und Heydenthumb zum Christenthumb bekehret waren, beweise und darthue, daß so wohl Jüden als Heyden, ehe sie zu Christo kommen, alle unter der Sünde und dem Zorn Gottes liegen, und gerecht werden, ohne des Gesetzes Werck, allein durch den Glauben; . . .

In der Epistel Jacobi ist der oben mit den Worten Chemnitii angezeigte Zweck fürnehmlich allenthalben offenbahr. Denn es ist dieses eine rechte Straff- und Ermahnungs-Epistel, darinnen der Zweck des Apostels ist, laue und kaltsinnige Christen, welche sich mit dem Munde des Glaubens rühmeten, und der Gnade unsers HErrn JEsu Christi trösteten, aber keine rechtschaffene Früchte des Geistes von sich spüren liessen, zu bestraffen, und zu einem ernstlichen und thätlichen Wesen des Christenthums, in Liebe, Sanfftmuth, Demuth, Verläugnung, Geduld, Gebeth und andern Christlichen Tugenden, nachdrücklich zu ermahnen und auffzumuntern. Wo nun dieser Zweck beobachtet wird, so dienet es darzu, daß man Jacobum mit Paulo desto leichter conciliiren und vergleichen könne. Denn Paulus hat es mit denen zu thun, welche durch die Wercke des Gesetzes wolten gerecht und selig werden; . . .

Also ist nun auch kürtzlich der Zweck eines jeden Buchs im Neuen Testament angezeiget worden. Weil aber daran so viel gelegen ist, daß ein jeder selbst überzeuget sey, welches da sey der warhafftige Zweck eines jeglichen Buches, und man gewiß in der Auslegung des gantzen Buches fehlet, wo man nicht den rechten und eigentlichen Zweck erkennet, so wird nützlich seyn, daß man auch dieses hinzu thue, auff was Art und Weise ein jeglicher darzu gelangen könne, daß er den rechten Zweck in einem jeglichen Buche erforsche und erkenne. Und zwar ist da (1) vonnöthen, daß man ein gantzes Buch mit allen Fleiß durchlese . . . (2) Es pflegen auch öffters die Männer GOttes selbst den Zweck ihres Buchs oder Epistel, oder auch nur eines gewissen Stücks derselbigen, mit ausdrücklichen Worten anzuzeigen . . . (3) Nechst diesem ist das allerfürnehmste, den rechten eigentlichen Zweck insonderheit in denen Episteln zu erkennen, so man fleißig achtung hat auff die conclusiones oder Schluß-Reden, welche pflegen durch einige Beschliessungs-Wörtlein: Derohalben, Nun, Darumb u.s.f. angezeigt zu werden . . . (4) Dienet sonderlich den Zweck eines jeden Buchs zu erkennen, so man die Historischen Umstände wahr nimmt, darinnen etwa die Gelegenheit zu schreiben oder der status controversiae, das ist, wovon eigentlich die Frage und Streit sey, angezeiget wird. Denn wer die Gelegenheit zu schreiben recht erkennet, der siehet auch leichtlich, welches der Zweck sey, warumb geschrieben worden. So dienen auch darzu (5) die Historischen Bücher in Alten und Neuen Testament, als in welchen sich viele Erzehlungen finden, aus welchen man nicht wenig Licht bekömt, den Zweck, so wohl gantzer Bücher, als besondere Stücke derselben zu erkennen.

Es ist aber keines weges zu gedencken, als ob es genung sey, nur den Zweck eines gantzen Buches insgemein zu erkennen; sondern es wird auch öffters erfodert, daß man in einem besonderen Texte einen näheren und eigentlichern Zweck erkenne . . . Es hat aber die Beobachtung des Zwecks eines gantzen Buches auch diesen grossen Nutzen, daß, wer diesen recht erkennet, auch den besondern Zweck eines jeglichen Textes viel leichter und gewisser erkennen kan, und giebet sich dieses letztere gleichsam für sich selbst, so man in der Forschung der Heil. Schrifft täglich und unermüdet fortfährt.

Wo man sich nun hierinnen in der Furcht Gottes fleißig übet, und sich gewehnet hat, von keinem Text frech und vermessen zu urtheilen, was der Verstand desselbigen sey, ehe man des Zwecks recht versichert ist, wozu es geredet oder geschrieben worden, da findet sich dann ein gar sonderbarer und grosser Nutzen, dessen man in seinem gantzen Leben zur klaren und gewissen Erkäntniß der Göttlichen Warheit sich gar wohl bedienen kan. Denn dieses ist das kräfftigste und leichteste Mittel, daß man die sedes materiarum, das ist, die jenigen Oerter, da eine jede materie gleichsam ihren Sitz hat, recht erkenne. Solche sedes materiarum aber, oder Haupt-Oerter einer jeden materie, mögen gar füglich in drey Classen abgetheilet werden, (1) wo in einem gantzen Buche von einer materie gehandelt wird. (2) Wo in einem gewissen Stück eines gantzen Buchs oder Brieffes von einer Sache gehandelt wird, und dieselbige Sache etwa zur gründlichen Ausführung der Haupt-Sache gehöret. (3) Wo es zwar nicht der Zweck ist, eigentlich von solcher Sache zu handeln, dieselbige aber dennoch zu einem klaren Beweiß einer andern Sache gebrauchet wird . . .

Es würde ihm ein Studiosus Theologiae, und insgemein ein jeglicher der einen gewissen Grund in der Göttlichen Lehre aus dem Worte Gottes zu erlernen begehret; sehr wohl rathen, so er nach diesen Classen die Haupt-Oerter einer jeglichen materie ordnete und ihm wohl bekant machete.

AUGUST HERMANN FRANCKE,

Einfältiger Unterricht, Wie man die H. Schrifft zu seiner wahren Erbauung lesen solle (1694), in: August Hermann Francke, Werke in Auswahl, hrsg. von Erhard Peschke, Berlin 1969, S. 216 ff.

WEnn ein Einfältiger, zu seiner Erbauung in GOtt, die Heilige Schrifft Altes und Neues Testaments lesen will, so muß Er

1. Sich mit allem Fleiß dafür hüten, daß er nicht etwa einen heimlichen falschen Grund in seinem Hertzen habe, oder irgend einen unrechten Zweck, warumb er die H. Schrifft lese . . . So bringe dann ein Einfältiger

2. Zur Lesung der H. Schrifft Ein recht einfältiges Hertz, das ist, ein auffrichtiges und ungeheucheltes Verlangen, daß er durch die H. Schrifft möge unterwiesen werden zu seiner Seligkeit, durch den Glauben an Christum Jesum . . .

3. Da muß nun das Gebet das erste seyn, und kan ein Einfältiger auff diese oder dergleichen Art und Weise, ehe er in der Bibel lieset, GOtt anreden, nicht mit dem Munde allein, sondern mit recht andächtigen Hertzen: O du ewiger und lebendiger GOtt, wie können wir dir gnugsam dancken, daß du uns deinen heiligen Willen in deinem Worte so gnädig geoffenbahret hast, daß wir daraus lernen können, wie wir gläubig, fromm und selig werden sollen! So gieb mir nun deinen H. Geist, daß er mir

meine Augen öffne, zu sehen die Wunder in deinem Gesetze; daß er durch dein Wort den Glauben in meinem Hertzen würcke und vermehre, und meinen Willen kräfftiglich lencke, daß ich mich freue über deine Zeugnisse, und von Hertzen an dich gläube, und dein Wort halte.

4. Billich ist es auch, daß das Lesen der H. Schrifft mit lauter Gebet und seufftzen, wie auch mit Lob und Danck GOttes verrichtet werde. Denn dieses ist die einfältigste Art, daß man allezeit seine gute Erbauung darbey habe. Z. E. im 1. B. Mos. I, 1. Im Anfang schuff GOTT Himmel und Erden. O du ewiger GOtt, ich dancke dir, daß du mich durch dein Wort lehrest, woher Himmel und Erden ihren Ursprung haben . . .

5. Dem Gebet muß die Betrachtung die Hand bieten, daß man bey einem ieglichen ein wenig stille stehe, und alles fein in seinem Hertzen erwege . . .

6. Wie nun die Lesung der H. Schrifft mit dem Gebet muß angefangen, und in stetigen Gebet verrichtet werden, also muß man sie auch damit beschliessen . . . Auch kan man sich gewehnen, dasjenige, was man gelesen, zum Beschluß in ein Gebet zu fassen, und es also GOtt dem HErrn fürzutragen.

7. GOtt, der getreu ist, wird dann einem solchen andächtigen Bibel-Leser es nicht fehlen lassen an innerlichen und äusserlichen Creutz und Leiden und allerley Anfechtungen, als welche ein theures Pfand sind seiner Liebe, dadurch wir seinem eingebohrnen Sohne alhier ähnlich werden. Und dieses, nehmlich das liebe Creutz, ist nun ein recht kräfftiges Mittel, die heilige Schrifft zu verstehen, ja vielmehr zu schmecken und zu empfinden. Das Gebet, die Betrachtung, und die Anfechtung sind die drey Stück, welche einen rechten Gottesgelehrten Mann machen . . .

AUGUST HERMANN FRANCKE,
Christus der Kern Heiliger Schrifft (1702) in: August Hermann Francke, Werke in Auswahl, hrsg. von Erhard Peschke, Berlin 1969, S. 234 ff.

. . . I. DAß CHristus der Kern sey der gantzen heiligen Schrifft, bekennet jedermann: Aber wenige verstehen, was die Rede bedeute; noch wenigere bemühen sich diesen Kern zufinden, noch wissen die Weise, wie sie ihn recht suchen sollen; die allerwenigste kommen dahin, daß sie diesen Kern wahrhafftig essen, und zur Nahrung und Erhaltung des inwendigen Menschen recht anwenden.

II. Weil nun hieran alles gelegen ist, so ist es billich, daß man den Leser heiliger Schrifft vor allen dingen darauff weise, wie er nicht in der Schaale der äussern Historie des Buchstabens und der Worte solle behangen bleiben; sondern wie er Christum selbst als den Kern der heiligen Schrifft also suchen solle, daß er ihn gewiß finden, und seine Seele damit sättigen möge.

III. Dieses ist die heimliche Weißheit, und die Wahrheit, die im verborgen lieget, (Ps. LI. 8.) die nicht durch blosse Uberhäuffung des Gedächtnisses mit mancherley Auslegungen und Meynungen der gelährten, noch durch scharffes und tieffes Nachsinnen des natürlichen Verstandes erlanget wird, noch in dem blossen Wissen bestehet: sondern vielmehr in hertzsehnlicher Begierde, und treuer sorgfaltigkeit seine Seele aus dem Verderben zu erretten, zu erst gegründet wird . . .

IV. Diese Weißheit übertrifft alle menschliche Weisheit, wie das Leben den Tod, wie das Liecht die Finsterniß, wie das Wesen den Schatten . . .

V. Diese Weisheit wird in der Schule des heiligen Geistes gelernet . . .

IX. So laß dir denn, der du gerne CHRISTUM, den Kern der Schrifft, recht treffen und seiner theilhafftig werden möchtest, vor allen dingen anbefohlen seyn, daß du bedenckest, warum liesest du die Heilige Schrifft? . . . In Lesung heiliger Schrifft muß Hertz und Sinn auff diesen und auff keinen andern End-Zweck gerichtet werden, daß man 1.) zu Christo, und 2.) durch Christum zur ewigen Seligkeit gelangen möge . . .

X. Diesen End-Zweck aber auff eine der Ordnung GOttes gemässe, und ihme wohlgefällige Weyse, wohl und selig zuerreichen, must du es keines weges auff deine eigene Krafft, Witz, und Verstand anfangen, noch meynen, daß du es durch fleißig lesen und studiren aus grübeln woltest . . .

XI. Doch hats nicht die Meynung, als wenn du die heilige Schrifft selbst nicht lesen, oder doch keine Betrachtung in Lesung der Schrifft anstellen soltest. Die meditation oder Betrachtung hat ihren grossen Nutzen, wenn sie ins Gebeth gleichsam eingetuncket, und durch die Leitung des heiligen Geistes getrieben wird. Nach und nach wirst du lernen, ob dirs gleich anfänglich schwer düncken wird, 1.) auff den rechten Zweck eines gantzen Textes zu sehen, 2.) das vorhergehende und nachfolgende recht zu erwegen 3.) die Umstände genau zu bedencken, nemlich das wer? was? wie? wo? wenn? zu welchem Ende? u.s.w. 4.) Einen Spruch mit dem andern, das Alte mit dem Neuen Testament, Mosen mit denen Propheten und Psalmen, u. s. f. zu vergleichen, und eines durch das andere, das Schwere durch das Leichtere, zu erklären, 5.) die Worte der Männer GOttes nach dem göttlichen Sinn, der in ihnen gewohnet, (welchen sie an einem Orte klärer und völliger, als an dem andern, ausgedrucket) und nicht nach dem äusserlichen Schall, noch in einem fleischlichen Sinn nach der Welt-Art anzunehmen, 6.) Eine Wahrheit aus der andern zuschlissen, und 7.) die liebliche harmonie und Verbindung aller Göttlichen Wahrheiten mit Lust zu beschauen; . . .

XII. Doch darffst du dir keine Marter daraus machen, solche Betrachtung in Lesung der heiligen Schrifft anzustellen. Wann anders dein Bibel-Lesen mit hertzlichem Gebeth, und mit heiliger Begierde, Christum recht zu erkennen, verknüpffet ist; so wird sichs unter der Hand immer besser geben, du wirst von GOtt selbst in eine erquickende und süsse Betrachtung seiner ewigen Wahrheit unvermercket eingeleitet werden . . .

XIII. Du darffst dich auch nicht wundern, wann dir zu erst in Lesung der Heil. Schrifft das allermeiste dunckel und undeutlich vorkommet . . .

XIV. Damit du aber die allersicherste und gewisseste Handleitung habest, von einer Stuffen zur andern fortzugehen, und also deiner Schwachheit und deinen im Worte GOttes ungeübten Sinnen, auffs bequemlichste und beste auffgeholffen werde, so ist es billig, wann du in der Schrifft Christum recht suchen und finden wilst, daß du von dem, was in solcher Sache das allerkläreste und leichteste ist, den Anfang machest . . .

XV. In dieser Lesung des Neuen Testaments muß dann dieses die vornehmste, ja einige Absicht allezeit seyn und bleiben, daß man zur heilsamen und lebendigen Erkäntniß JESU Christi gelangen möge. Hierzu aber zu kommen, will nicht allein nöthig seyn, daß du auff die Person, Worte und Wercke, wie auch auff das Leyden Christi dein Hertz und Sinn andächtiglich richtest, sondern daß du auch die Sprüche, welche im Neuen Testament aus dem Alten als Zeugnisse von Christo angezogen werden, erwegest, im Alten Testament selbst auffschlagest, das vorhergehende und nachfolgende in Mose, den Propheten und Psalmen an den Orten, da die angezogene Zeugnisse stehen, selbst nachlesest, und GOtt demüthig bittest und anflehest, daß er dir den Verstand öffnen wolle, zu mercken und zu verstehen, wie Christus und seine Apostel, das Alte Testament ausgelegt haben . . .

XVI. Wann du denn in diese Schule Christi und seiner Apostel eine zeitlang gegangen, von diesen Lehrern selbst in das Alte Testament, das ist, in Mosen, in die Propheten und Psalmen hinein gewiesen bist, und als ein fleißiger und auffmercksamer Schüler wohl gelernet hast, was vor Oerter von ihnen vornehmlich angeführet worden, die Menschen von der Person, von dem Amt und von den Wohltaten des Meßiä zu unterrichten, und sie zu überzeugen, daß JEsus derselbige sey, von welchem Moses und die Propheten geschrieben haben, nehmlich der Sohn GOTTES, und wahre Heyland der Welt; So hast du dieselbigen Oerter als das fundament anzunehmen, oder in demselbigen den Grund zu legen einer gewissen und heilsamen Erkäntniß Christi aus der Schrifft. Und wann dieser Grund in der Schule CHristi und seiner Apostel recht geleget ist, so wirst du gar bald auch ihre gantze Sprache besser verstehen lernen . . .

XVII. Darum ist hoch vonnöthen, daß man nicht allein jetzt gedachten Grund aus denen von Christo und seinen Aposteln angezogenen Orten des Alten Testaments mit allem fleiß lege; sondern daß man auch sich gewöhne, auff ein jedes Wort, welches Christus und seine Apostel geredet haben, acht zu haben, es zu erwegen, woher es genommen, und was es für einen Nachdruck in sich fasse, zu bedencken; ja daß man mit CHristo und seinen Aposteln, vermittelst der Schrifften Neues Testaments, als mit seinen besten Freunden ohne Unterlaß umgehe, und sich täglich mit ihnen gleichsam bespreche in der Betrachtung ihrer Worte und Reden . . .

XX. Wenn du so den Schlüssel des Alten Testaments recht hast kennen lernen, und von CHristo und seinen Aposteln selbst gelehret bist, wie du ihn recht gebrauchen sollest, so schreitest du in der rechten Ordnung fort zur Lesung, Betrachtung und tiefferen Erwegung des Alten Testaments; nimmest da gleichsam stets den Schlüssel mit, so offt du ins Alte Testament gehest, vergleichest andächtiglich das Alte mit dem Neuen, den Schatten mit dem Wesen, die Bilder mit dem Gegenbilde, die Weissagungen mit ihrer Erfüllung . . .

XXI. Je geübter du nun bist in der Betrachtung des Neuen Testaments, je leichter und hurtiger wirst du im Alten Testament fortkommen; Und wie du vorhin durch das Neue Testament in den Verstand des Alten bist eingeleitet worden, also werden dir nun Moses, die Propheten und Psalmen hinwiederum dienen müssen, das Neue Testament so viel gründlicher und tieffer zu verstehen; Und die beständige Harmonie und Ubereinstimmung des Alten und Neuen Testaments wird dir eine grosse plerophorie oder Gewißheit des Glaubens geben, oder doch die erlangte Gewißheit unbeschreiblich stärcken und vermehren . . .

Kommentar

Als Schüler Speners versuchte August Hermann Francke (1663 – 1727), dessen in den »Pia desideria« veröffentlichtes Reformprogramm in die Tat umzusetzen, u. a. dadurch, daß die Bibel in Gottesdienst und Katechismusunterricht das Schwergewicht erhält und sie in den Mittelpunkt kirchlichen Lebens rückt. Dem sollte außerdem eine intensive Bibelverbreitung, die Forderung nach Revision der Lutherübersetzung und die textkritische Arbeit am AT dienen.

Mit Johann Jakob Rambach und Johann Albrecht Bengel ist August Hermann Francke einer der wirksamsten Vertreter pietistischer Hermeneutik im 18. Jahrhundert. Grundlegend ist dabei für seine Bibelauslegung die Bemühung, diese auf die Frömmigkeit, d. h. die praxis pietatis hin auszurichten. Seine Vorlesungen sind geprägt von dem Versuch, dieses Interesse methodologisch umzusetzen. In den in Auszügen abgedruckten deutschen Schriften versucht er eine praktische Umsetzung seiner in den hermeneutischen Vorlesungen vorgetragenen Gedanken auch für den Nicht-Theologen.

Grundanliegen aller Exegese muß die Erhebung des Skopus der ganzen Bibel sein, den Francke mit der Reformation in Christus sieht, subjektiv zugespitzt in der Erlangung der Seligkeit durch den Glauben an ihn. Zu diesem Ziel gelangt man auf einem mehrstufigen exegetischen Weg. Er führt von der historisch-grammatikalischen Betrachtung zur inneren Erkenntnis der Schrift (vgl. bes. die »Manuductio ad lectionem Scripturae Sacrae« von 1693). Verbunden mit jedem Schritt ist jeweils eine Anwendung der gewonnenen Erkenntnisse in der praxis pietatis. Ziel aller wissenschaftlichen Arbeit ist also die Frömmigkeit, genauer das Heil für den Ausleger selbst und für seine Zuhörer.

Da der Heiligen Schrift in allen Fragen letzte Autorität zukommt, ist umfassende Bibelkenntnis unentbehrliche Grundlage des theologischen Studiums. Ein bloßes Wissen genügt allerdings noch nicht; erst der Wiedergeborene kann die Schrift auch geistlich in angemessener Weise deuten. Francke warnt in diesem Zusammenhang vor einer Überschätzung wissenschaftlicher Hilfsmittel. –

In den drei auszugsweise abgedruckten deutschen Schriften Franckes steht der Zweckgedanke als entscheidender Angelpunkt der Schriftauslegung im Vordergrund. Dabei wird sowohl die Frage nach dem objektiven Sinn der Schrift als auch nach der subjektiven Stellung des Lesers zu ihr behandelt. So erfolgt in der »Einleitung zur Lesung der Heiligen Schrift« der Ansatz für die Unterscheidung zwischen Schale und Kern von der Sache her, indem zunächst der Zweck der neutestamentlichen Schriftgruppen und Bücher dargestellt wird. Im »Einfältigen Unterricht« geht Francke dagegen vom Menschen aus und zeigt den Gegensatz zwischen dem subjektiven Zweck von Wiedergeborenen und Nichtwiedergeborenen bei der Schriftbetrachtung auf. Für die Schriftbetrachtung des Wiedergeborenen gilt Luthers alte Regel von der oratio, meditatio und tentatio. Entscheidend ist, daß beide Ansätze für Francke in seiner historisch-pneumatischen Exegese verbunden bleiben.

Francke ist durch die Ausrichtung seiner exegetisch-hermeneutischen Arbeit auf die Sprachen, die Zeitgeschichte und die Einleitungsfragen mit zum Wegbereiter der modernen historisch-kritischen Arbeit am Bibeltext geworden. Gleichermassen gilt er als einer der Väter pietistischer Hermeneutik, die seit Francke immer wieder imponierende Vertreter aufzuweisen hatte. Dabei ist festzuhalten, daß er sich noch nicht mit der einsetzenden Bibelkritik der Aufklärung auseinanderzusetzen hatte. Trotzdem wäre zu fragen, ob bei Francke Hilfen zur Überwindung der Trennung von sog. Gemeinde- und Universitätstheologie gegeben sind.

Hauptkritik an Francke war immer wieder seine Forderung nach einer hermeneutica sacra und einer damit verbundenen theologia regenitorum. Tatsächlich können beide Forderungen zu einer gesetzlichen Verengung führen, wenn nicht genau entfaltet werden kann, in welchem Verhältnis sie zu einer allgemeinen Hermeneutik und der Schriftauslegung durch einen Nichtwiedergeborenen stehen.

(Vgl. Peschke, Erhard, Studien zur Theologie August Hermann Franckes Bd. II, Berlin 1966.) Z

JOHANN ALBRECHT BENGEL,
Vorwort zum Gnomon des Neuen Testamentes, Tübingen, 3. Aufl. 1773, Nachdruck
Berlin 1860, S. VI ff., übersetzt von Horst Georg Pöhlmann und Gundula Bauschke

§ 1

Das Wort des lebendigen Gottes, das auch die jungen Patriarchen lenkte, ist im Zeitalter des Mose schriftlich niedergelegt worden. Auch die übrigen Propheten beziehen sich auf Mose. Was später der Sohn Gottes verkündigt hat, was der Paraklet durch die Apostel gesprochen hat, das haben die Apostel und die Evangelisten aufgeschrieben. Dies wird Heilige Schrift genannt; und wie sehr groß sie (auch) sein möge, mit diesem ihrem Titel ist das höchste Lob über sie ausgesagt. Denn deshalb wird sie Heilige Schrift genannt, weil sie Gottes Worte zusammenfaßt (dei effata complectitur) und das Buch des Herrn ist. Das Wort unseres Gottes bleibt in Ewigkeit (Jes. 40,8). Der Heiland selbst sagt: Wahrlich, ich sage euch, bis Himmel und Erde vergehen, soll nicht ein Jota oder ein Buchstabe vom Gesetz vergehen, bis alles geschehe; und wiederum, Himmel und Erde werden vergehen, aber meine Worte werden nicht vergehen. (Matth. 5,18; 24,35) Die Schrift Alten und Neuen Testaments ist also die vollständigste und wichtigste Zusammenfassung (systema) der göttlichen Zeugnisse, und nicht nur einzelne Teile (aus ihr) sind Gott würdig, sondern auch zusammen bilden sie ein integres und solides Korpus, frei von jedem Mangel und jeder Abweichung. Sie ist die Quelle der Weisheit: die, die sie gekostet haben, ziehen sie allen Lehren irgendwelcher anderer heiligen, fachkundigen, frommen und weisen Menschen vor.

§ 2

Hieraus folgt, daß die, denen ein so großes Gut anvertraut worden ist, es gut gebrauchen. Zumal die Schrift *den* Gebrauch lehrt, der im Handeln besteht. Um zu handeln, brauchen wir die Erkenntnis, (umgekehrt) kommt die Erkenntnis den Guten entgegen.

§ 3

Keine Myriaden von Glossen sind in der Gemeinde des Alten Testamentes geschrieben worden – freilich war damals die Länge des Tageslichtes allzu knapp bemessen. Die Lehrer meinten, daß auch die Gemeinde des Neuen Testamentes durch solche Hilfsmittel nicht ständig belastet werden soll. Jede Schrift damals, soweit sie ein Prophet oder Apostel herausgab, trug er als sein Licht bei sich, so wie es der gegenwärtigen Lage der Dinge entsprach. Der Text, der im Munde aller immer sein mußte und eifrig gelesen werden mußte, verschaffte sich selbst seine Klarheit in Unversehrtheit. Den Heiligen lag nicht daran, die Perlen auszuwählen, als ob das übrige Schalen wären, (auch) nicht die Last der Kommentare aufzuhäufen. Sie hatten die Schrift; für die weniger Gebildeten war das Wort der Lehrer im Alten und Neuen Testament gegenwärtig.

§ 4

Was durch Schriften und Kommentare dargelegt werden kann, ist sehr vortrefflich: damit die Unversehrtheit des Textes bewahrt, wiederhergestellt und geschützt werde: damit die eigentümliche Kraft der Sprache, die ein heiliger Schriftsteller gebrauchte, erklärt werde: damit die Umwelt, auf die ein Wort zurückgreift, erklärt werde: damit Irrtümer und Mißbräuche, später entstanden, wieder ausgetilgt werden. Nichts von dem vermißten die ersten Hörer: jetzt aber ist es Sache der Kommentare, dies auf irgendeine Weise nachzuholen und zur Wirkung zu bringen, daß der heutige Hörer, durch diese unterstützt, die gleiche Gestalt hat wie der alte Hörer, der ein solches Hilfsmittel in keiner Weise brauchte. Einen Punkt gibt es, in dem die Älteren von den Späteren besiegt werden, daß diese wiederholt die Weissagungen von der Erfüllung her klarer interpretieren konnten. In jeder Art, in der die einzelnen Leser aus der Schrift schöpfen, können sie sich alle untereinander verständigen und müssen es sogar, besonders mündlich, aber auch schriftlich; aber so, daß nicht der dauernde Umgang mit der Schrift selbst verringert oder verdunkelt wird.

§ 5

Die Schrift erhält die Kirche: die Kirche wacht über der Schrift. Wenn die Kirche stark ist, strahlt die Schrift. Wenn die Kirche krank ist, setzt die Schrift Moder an. Deshalb pflegt das Ansehen der Kirche und der Schrift zugleich entweder gesund oder kränklich zu erscheinen. Dem Zustand der Kirche entspricht von Fall zu Fall ihr Umgang mit der Schrift. Dieser Umgang von den ersten Jahrhunderten des Neuen Testamentes bis zum heutigen Tag hatte verschiedene Phasen. Die erste könnte man als die ursprüngliche bezeichnen; die zweite als die moralische; die dritte als die dürftige; die vierte als die wieder lebendige; die fünfte als die polemische, dogmatische und gemeinplätzige; die sechste als die kritische, vielzüngige, antiquarische und homiletische. Bis jetzt kam daher noch nicht die Erfahrung und der Verstand der Schrift in der Kirche zur Geltung, die in ihr selbst geboten wird. Die üppig wuchernden Meinungsverschiedenheiten besiegen sie, und unsere Augen sind dunkel bei den Propheten. Weit hinaus werden wir gerufen zu der Fähigkeit in den Schriften, die männlich und königlich ist und der Vollkommenheit der Schrift hinreichend nahe entspricht. Aber im Ausdenken des Bösen werden die Menschen dem voraus sein. Die Geschichte und die Beschreibung dieser Phasen würde ein rechtes und nützliches Traktat abgeben; aber anderes ist hier jedenfalls notwendig.

§ 6

Wer auch immer in der Interpretation der Schrift etwas erreichen will, muß sich selbst fragen, mit welchem Recht er das macht. Was mich anbelangt, wurde ich nicht durch schlaues Selbstvertrauen zum Kommentieren angetrieben, sondern ich wurde unversehens und allmählich durch göttliche Lenkung hierher geführt. Die Rücksicht auf das öffentliche Amt, das mir das griechische Neue Testament, um es der studierenden Jugend 27 Jahre auszulegen, aufbürdete, gab Gelegenheit, einige Beobachtungen zu machen. In wachsender Zahl begann ich, diese den Zetteln anzuvertrauen und auszufeilen mit einem Impuls von jenem verehrungswürdigen Hohenpriester . . .

§ 14

Für jegliche Interpretation ist es sehr wesentlich, daß die Bedeutung der Worte in einem Text ausreichend dargelegt wird, d. h., daß, was auch immer die Worte des Verfassers bedeuten, erfaßt wird; nicht aber ersonnen wird, was sie nicht bedeuten. Es gibt zwei Vorzüge einer Schrift: Tiefgründigkeit und Einfachheit. Diese sind bei Schriftstellern selten verbunden: wie jeder selbst schreibt, so scheinen ihm auch andere zu schreiben. Wer alle Worte abwägt, glaubt in einem fremden Schriftstück irgendetwas irgendwo zu entdecken, was nicht einmal in der Absicht des Autors lag. Wer mehr halbverständlich schreibt, vernimmt auch die Schriften von anderen undeutlicher. Aber in den göttlichen Schriften ist höchste Tiefgründigkeit mit höchster Einfachheit verbunden. Deshalb müssen wir uns davor hüten, daß wir jene nicht nach unserem Maßstab beim Interpretieren beurteilen und nicht deswegen, weil die heiligen Schreiber sich von ängstlicher Bemühung (anixia solicitudine) fernhielten, auch die Worte von jenen gleichsam als weniger bedächtig gesetzt behandeln. Die göttliche Schrift überragt bei weitem alle irdische sprachliche Feinheit im Stil der Kurie. Gott richtet die Worte nicht wie ein Mensch aus, sondern wie Gott, sich selbst würdig. Erhaben sind seine Gedanken: infolgedessen sind seine Worte von unerschöpflichster Trefflichkeit. Bei den Auslegern ist auch seine Rede sehr genau, obgleich sie in den Augen der Menschen nicht gebildete sind. Dem Eindruck der Dinge in ihren Herzen entspricht genau der Ausdruck der Worte, der gerade nicht unterhalb der Fassungskraft der Zuhörer ist, daß sie vielmehr seinen außerordentlichen Sinn begreifen . . .

JOHANN ALBRECHT BENGEL,
Vorrede zum Neuen Testament übersetzt und mit Anmerkungen versehen, Stuttgart 1753, Nachdruck Neuhausen-Stuttgart 1974, S. 9 ff.

I.

Für eine unschätzbare Wohltat des großen Gottes haben wir es zu erkennen, daß er von Mose und den ersten Zeiten Israels her, da dieses anfing, ein Volk, und zwar Gottes Volk, zu sein, seinen heiligen Willen nicht nur mündlich, wie vorher unter den Patriarchen, die gleichsam lebendige, dauerhafte Lagerbücher waren, bekanntgemacht, sondern auch das Zeugnis davon, den Nachkommen zugut, schriftlich hat verwahren lassen; und solches ist denn auch in dem Neuen Testament geschehen, als dessen Bücher zusammen eine einige hochwichtige Nachricht in sich halten von Jesu, daß derselbe Gottes Sohn und Christus sei; von der Seligkeit, der wir durch den Glauben an seinen Namen teilhaftig werden; von der Frucht der Heiligung bei den Gläubigen; von der Gemeinschaft der Heiligen in der Liebe, Geduld und Hoffnung; und von dem herrlichen Erbe in dem Himmel. Ohne die Schrift würden wir heutzutage schwerlich mehr wissen, daß Gott seinen Willen den Menschen kundgetan, und daß der Sohn Gottes einmal auf Erden gewandelt habe. Die Schrift aber ist es, die uns unterweisen kann zur Seligkeit durch den Glauben in Christo Jesu . . .

VIII.

Aber wie man im natürlichen Leben nicht nur die äußerste Notdurft, sondern auch die Bequemlichkeit, die Reinigkeit, die Zierde, die Anmut sucht; ja es in der Eitelkeit treibt, so hoch man immer kann; so soll es vielmehr im Geistlichen sein. In Übersetzung menschlicher Schriften kann ein Mensch des andern Sinn viel leichter erreichen und ausdrücken; und wenn er auch dessen verfehlt, so ist gemeiniglich nicht viel daran gelegen. Aber bei der Übersetzung der Worte Gottes, himmlische und ewige Dinge betreffend, soll man mit einem tiefen Respekt, mit Furcht und Zittern handeln, daß man nichts daran ändern, nichts unterschlagen, nichts verwechseln möge. In einer Rede oder einem Gedicht hält einer sich selber oder andern nicht gern eine unrichtige Silbe; an einem Gemälde oder musikalischen Stück einen unreinen Strich oder Ton; in dem Essen ein anbrüchiges Körnlein; an einem Degen oder Messer eine Scharte; im Zimmer eine gespaltene Fensterscheibe zugut. So kann denn bei den Worten Gottes keine verächtliche Kleinigkeit sein. Bei den heiligen Menschen Gottes hat der Eindruck der Sachen selbst in ihren Herzen und der Ausdruck der Worte gegen andere gar eigentlich zusammengestimmt. Und manchmal ist an dieser oder jener Redensart, die den meisten ganz gleichgültig vorkam, etwas gelegen, das endlich von irgendeinem wahrgenommen und andern erbaulich mitgeteilt werden kann. Es ist nicht die Meinung, daß ein jeder Leser der heiligen Schrift dergleichen Arbeit übernehmen müßte; sondern was in diesem Stück bisweilen Einer tut, damit ist vielen andern gedient . . .

X.

. . . Wegen des Stils in dem N. T. ist ein weitläufiger Streit unter den Gelehrten; in der Tat aber hält man sich nur zuviel dabei auf. Wenn ein ungläubiger Grieche das

Hebräisch-Griechisch im N. T. gelesen hat, so konnte er es gegen seine angeborene pur-griechische Mundart von Barbarismen und Soloecismis [1]) nicht freisprechen. Wer es aber für Gottes Wort erkennt, der soll sich unbescheidener Gedanken und Reden enthalten; in Betrachtung, daß so viel der Himmel höher ist als die Erde, so viel ist Gottes Sprache höher als der Menschen Sprachkünste, und bleibt es bei aller Condescendenz [2]) in Ansehung ihrer Werkzeuge. Bisweilen finden die Redensarten des N. T. auch in solchen Fällen, wo man sich's nicht versah, endlich durch den Fleiß derer, die alles durchsehen, ihresgleichen in heidnischen Schriften, welches nicht ganz zu verachten ist. Aber doch sind solche Redensarten bei den Heiden dünn gesät und hingegen in dem N. T. etwas Gewöhnliches; es müssen also diese vielmehr durch eine Vergleichung ihrer selbst untereinander und mit dem hebräischen A. T., samt dessen bei den Hebräern in griechischen Ländern sehr bekannt gewesener griechischen Übersetzung, erörtert werden. Was nun einzelne Wörter betrifft, da haben die Apostel keine große Wahl gehabt, . . . Und daher kommt so vieles, welches den Attizisten [3]) nicht gefällt, in dem N. T. vor; weil es nämlich dem Verstand nichts benommen, ja bei gemeinen Leuten demselben vielmehr förderlich war. Aber wo der Unterschied des Ausdrucks den Verstand selbst angeht, da ist ihre Pünktlichkeit, weil sie nach göttlicher Absicht einen deutlichen Ton geben mußten, ganz unvergleichlich; und keine philosophische oder politische Schärfe kommt diesen heiligen Laien bei . . .

XVI.

. . . Nun ist die heilige Schrift ein Licht, das an sich selbst zu einer Zeit wie zu der andern eine vollkommene Klarheit hat. Aber aus Schuld der Menschen wird solche Klarheit oft auf verschiedene Weise verhindert. Und wer solche Hindernisse wegtut, der erzeigt den Liebhabern der Schrift einen wichtigeren Dienst, als mancher von ihnen selbst schätzt . . . Wer aber lieber zur Vorrede ein *Informatorium Biblicum* oder eine Anleitung zur Lesung des N. T. und zum wahren Christentum selbst gehabt hätte, für den habe ich nichts Besseres machen können, als Arnd, Spener, Schade, Franke usw. Ja, das N. T. selbst gab jenen heiligen Männern und gibt ebensowohl auch uns die vollkommenste Anleitung, wie es gelesen sein wolle: nämlich mit Gebet (Matth. 13,36; 15,15); mit Aufmerksamkeit (Matth. 24,15); mit heilsamer Absicht (2. Tim. 3,15-17), und mit wirklichem Gehorsam (Joh. 7,17). Gehe denn mit einer so gefaßten Seele, du erbauungs-begieriger Leser, zu dem N. T. selbst, so wird dies den Mangel meiner Vorrede auf das reichlichste erstatten und dich an sich selbst durch den Glauben in Christo Jesu zur Seligkeit unterweisen. Das gebe der Gott aller Gnaden, zu seiner Ehre! . . .

---

[1]) grammatikalischen Ungenauigkeiten
[2]) sich herabneigenden Anpassung
[3]) Vertreter des klassischen Griechisch

JOHANN ALBRECHT BENGEL,
Von der rechten Weise, mit göttlichen Dingen umzugehen, in: ders., Das Neue Testament übersetzt und mit Anmerkungen versehen, Stuttgart 1753, zit. nach: ders., Du Wort des Vaters, rede du!, hrsg. von J. Roessle, Metzingen 1962, S. 23 ff.

Von der Überlieferung des Gottesworts

Es ist kein Zweifel, daß Gott den Menschen, als er ihn erschaffen, mit der Erkenntnis Gottes, des Menschen und aller Geschöpfe begabt und ihm das Vermögen verliehen hat, sich in dieser Erkenntnis aufs beste zu üben. Doch hat Gott dem Menschen auch schon damals sein Wort vorgelegt; und wie die Übertretung eigentlich mit dem Abweichen von Gottes Wort und mit dem Unglauben ihren Anfang genommen hat, so ist ihm der Weg des Glaubens an das Wort Gottes zu seiner Wiederkehr angewiesen worden. Die ewige Kraft und Göttlichkeit des Schöpfers ist aus seinen Werken unstreitig zu ersehen; und doch will er lieber durch den Glauben als durch das Wissen als der Schöpfer aller Dinge erkannt sein (Hebr. 11,3); daher hat er denn auch alle Dinge vorher und den Menschen zuletzt erschaffen (1. Mose 1,26; Hiob 38,4 ff).

Die Erzväter wurden von Gott seines unmittelbaren Umgangs gewürdigt, und was sie auf solche Weise erfaßten, das haben sie während ihres langen Lebens ihren Kindern mitgeteilt. Dabei kam es abermals auf das Wort Gottes und auf den Glauben an (Hebr. 11,4-29). Das gab dann einen solch dauerhaften Eindruck bei so vielen von ihnen entsprossenen Völkern, daß der Abfall, der später erfolgte, nicht in der Leugnung Gottes, sondern im Aberglauben und in der Abgötterei bestand.

Dem Glauben abzuhelfen hat Gott sein Wort durch Mose und die Propheten und dann durch die Apostel und Evangelisten schriftlich aufzeichnen lassen. Die Sammlung dieser Zeugnisse heißt die Heilige Schrift Alten und Neuen Testaments und wird mit einem einzigen üblichen Wort oder Namen die »Bibel« genannt, das heißt »das Buch«, nämlich das Buch Gottes, des Herrn; daher kommt alles, was dem Wort Gottes zu Lobe gesagt wird, auch der Bibel zu . . .

Als . . . der Sohn Gottes im Fleisch erschienen war, wurde das Zeugnis von ihm teils durch die Übereinstimmung mit allen Schriften des Alten Testaments, teils durch seine eigene hohe Aussage, teils durch unverdächtige Zeugen, die alles gesehen, gehört und beschrieben haben, teils durch die häufigen Wunderkräfte bestätigt und von einem Geschlecht auf das andere ununterbrochen fortgeführt (2. Petr. 1,16; . . .). Daher hat heute jeder Mensch, der in der Christenheit und besonders in der evangelischen Kirche geboren und erzogen ist, dieses Buch zur Hand. Wenn er ihm kein Gehör schenkt und also nicht zu Christus kommt, von dem es zeugt, so geht er aus eigener Schuld ewig verloren.

Von der Geltung und Wirkung des göttlichen Worts

Keinen zwingenderen Beweis für die Wahrheit und Gültigkeit der Heiligen Schrift und aller darin enthaltenen Erzählungen, Lehren, Verheißungen und Drohungen hat man als die Heilige Schrift selbst, wie die Sonne durch keinen anderen himmlischen Körper, viel weniger noch durch eine Fackel, sondern durch sich selbst gesehen wird, obwohl ein Blinder es nicht begreifen kann. Und zwar kann die Sonne keinen Blinden sehend machen; aber das Wort Gottes hat sogar die Kraft, daß es die Blinden sehend macht . . .

Die Wirkung des göttlichen Wortes ist übernatürlich. Manchmal kommt es einem Menschen, allermeist einem solchen, dem es etwas Neues ist, ganz unversehens zuvor, so daß es ihn gefangennimmt und in ihm den Glauben anzündet, ehe er daran denkt, was Glaube sei oder ob und warum er glauben solle und wolle . . .

Vom rechten Umgang mit Gottes Wort

Doch geziemt es sich, daß ein jeder Mensch, der mit dem Wort Gottes umgeht, sich dabei so verhält, wie es die Sache selbst erfordert. Dies geschieht, wenn er eine innige Ehrerbietung und Aufmerksamkeit beweist; wenn er seine nun geöffneten, wach gewordenen Augen zur Untersuchung und Prüfung alles dessen anwendet, was ihm von göttlichen Dingen unter die Hand kommt, und zum Forschen, ob es sich so verhalte; wenn er in der bei ihm entstehenden Erkenntnis seiner Blindheit und Verderbnis, seiner Sündenschuld, seines Unvermögens sich vor Gott in den Staub legt;

wenn er die Wahrheit als Wahrheit, die Gnade als Gnade, die Gerechtigkeit und Seligkeit als etwas Höchsterwünschtes annimmt; wenn er dem Willen Gottes, den er eben hiebei erkennen lernt, Gehorsam leistet ohne Ausnahme und Verzug; wenn er das alles, was er als gottgefällig erkennt, ins Gebet führt und den gütigen Gott anfleht um die Kraft zur Ausübung alles dessen, was ein solcher Wille mit sich bringt, und wenn er auch anderen diesen Weg bekannt und lieblich zu machen sucht; wenn er bei einem feinen Anfang nicht still steht, nicht satt und überdrüssig und also weder träge noch frech wird, sondern nach der vernünftigen lauteren Milch begierig bleibt, damit er in der Erkenntnis des Herrn Jesus Christus und im Schmecken seiner Freundlichkeit wachse . . .

Die zweite Aufgabe der Heiligen Schrift: den ganzen Plan Gottes mit der Welt zu erschließen

Außer dem Grund des Heils legt uns die Heilige Schrift noch viel andere köstliche Dinge vor. Die Bücher, aus der sie besteht, sind nicht von ungefähr vor andern auf uns gekommen, als ob die , die wir haben, hätten ebensogut untergehen und andere dafür erhalten werden mögen. Man hat sie auch nicht als bloße Spruch- und Beispielbüchlein anzusehen, sondern als eine unvergleichliche Nachricht von der göttlichen Ökonomie (Haushalt) bei allen Kreaturen, bei dem menschlichen Geschlecht, besonders aber bei dem Volk Israel und der Gemeinde Jesu Christi durch alle Weltzeiten vom Anfang bis zum Ende aller Dinge, wobei beschrieben wird, wie die göttlichen Geheimnisse nach und nach entdeckt wurden, weiter die Verheißungen, die Umwege und Versuchungen, die Erfüllungen, die Strafen und Rettungen an bösen und guten einzelnen Menschen oder an ganzen Geschlechtern und Völkern, vor allem aber beiderlei Zukunft Christi, sein Kommen im Fleisch und in der Herrlichkeit, samt dem Warten der Heiligen, und also alte und neue, vergangene und zukünftige Dinge . . .

Von der Macht und den Grenzen der menschlichen Vernunft

Die Vernunft ist eine edle, vortreffliche, unschätzbare Seelenkraft, womit der Mensch göttliche und natürliche Dinge in und außer sich »vernimmt«; sie ist aber mit jämmerlicher Verderbnis behaftet und durchdrungen und nicht nur sehr großer Unwissenheit, sondern auch manchem Zweifel und Irrtum unterworfen. Trotz solcher Verderbnis behält der Mensch dennoch einen großen Vorzug, und wegen der Vernunft ist er doch kein Roß oder Maultier, sondern ein Mensch, so daß ihm das, was ihm zu vernehmen zukommt, nicht unbekannt ist oder bleibt.

Die Dinge, welche die Vernunft vernimmt, sind viel und vielerlei. Es stellt sich ihr dar (und kann von ihr erkannt werden): . . . die Zeugnisse der Heiligen Schrift von der Heiligen Dreieinigkeit, von dem Mittler, von der Heilsordnung, von den Sakramenten, von den letzten Dingen, von vielen Geheimnissen, die den klügsten Heiden nicht bekannt sind.

Etliches hiervon vernimmt die Vernunft von selbst, wozu auch das gehört, was ein Heide aus der Heiligen Schrift nähme, wenn er sie nicht für ein göttliches, sondern für ein menschliches gutes Buch ansähe; etliches aber vernimmt sie aus der Heiligen Schrift durch den Glauben. Bei diesem zweiten ist die Vernunft nur das Werkzeug, bei jenem ersten aber der Grund, das heißt das zweite wird nur *durch* die Vernunft, das erste aber auch *aus* der Vernunft erkannt. Manches vernimmt sie einigermaßen von selbst, aber auch dieses viel mehr aus der Heiligen Schrift, und da ist sie viel mehr Werkzeug als Grund . . .

Glauben ist besser als Wissen

Wenn nun die Schrift etwas in deutlichen Worten bezeugt, dann kommt es der Vernunft nicht zu, darüber zu urteilen, ob es möglich sei oder nicht; denn die Vernunft hat einen so engen Begriff, daß sie zwar manchmal bestimmen kann, was möglich ist, aber selten, was unmöglich ist, schon nicht in natürlichen, geschweige denn in übernatürlichen Dingen.

Deswegen wird mit göttlichen Dingen nicht recht umgegangen, wenn man solche Sätze, die man nur aus der Schrift wissen kann, entlehnt und entweder ihre Möglichkeit oder ihre Wirklichkeit aus der Vernunft zu beweisen bemüht ist, damit man sich nur des Wissens mehr als des Glaubens rühmen könne. Ein Spötter kann das Gegenteil ebensogut aus der Vernunft beweisen ...

Die sich an das Wort Gottes im Glauben halten, die erst gehen mit göttlichen Dingen auch nach der Natur geschickt um zu ihrer eigenen heilsamen Übung und Förderung und anderen zugute; denn wo man dem Worte Gottes Gehör gibt, da wird des Menschen Verstand aufgeheitert, erweitert und erhöht, daß er sich in die natürliche Erkenntnis desto besser finden und bei dem Vortrag der Wahrheit diese Zugabe weislich anwenden kann. Welch eine mannigfaltige Nachricht von der Schöpfung selbst, von Dingen der Natur und der Kunst, von Krankheiten usw. findet sich bei Mose! Welch eine vortreffliche Lektion hat der Herr dem Hiob aus einem Wetter gehalten (Hiob 38 und folgende)! Wie lieblich besingt David die Werke der Schöpfung und Regierung (Ps. 8; 18; 19; 74; 104; 107; 139; 147)! Wie mächtig werden die Gedanken über Gott, die seiner Natur nicht gemäß sind, widerlegt (Jes. 40-46)! Wie kräftig bringt es Paulus den Heiden und über den Heiden auch den Juden bei, daß sie unter der Sünde sind (Röm. 1 und 2)! Wie weise hat er sich denen gegenüber, die an geistlichen Beweisen nicht genug hatten, auch auf die Natur berufen (1. Kor. 11,14)! Bei den Heiligen schmelzen die Naturgaben und die Gnadengaben zusammen, wie an Joseph, Bezaleel (2. Mose 31,2.3), Salomo, Daniel und seinen Gesellen zu sehen ist. Der Glaube macht alle die fähig und gelehrig, in denen er wohnt, und solches breitet sich dann auch auf andere aus, die mit ihnen umgehen. Die natürlichen Wissenschaften sind erst durch die Christen und bei ihnen so hoch gestiegen ...

JOHANN ALBRECHT BENGEL,

Von der Übereinstimmung des Alten und Neuen Testaments, in: ders., Das Neue Testament übersetzt und mit Anmerkungen versehen, Stuttgart 1753, zit. nach: ders., Du Wort des Vaters, rede du!, hrsg. von J. Roessle, Metzingen 1962, S. 43 ff.

Das göttliche Wort, wie es in Schriften verfaßt ist, ist die Heilige Schrift, und diese hat zwei Teile, das Alte und das Neue Testament. Diese zwei Teile hängen auf das innigste und unzertrennlichste zusammen und machen miteinander ein Ganzes aus, das von einem Ursprung herkommt, mit einerlei Inhalt umgeht und zu einem Ziel die durchbringt, die folgen.

Von Mose an bis auf Maleachi, ungefähr innerhalb von tausend Jahren, ist die Schrift Alten Testaments durch die Propheten verfaßt worden; ihre Summa ist die Verheißung von Christus und seiner Zukunft zuerst im Fleisch und dann in der Herrlichkeit ...

... daß Jesus der Christ sei, dessen Zukunft im Fleisch geschehen sei und in der Herrlichkeit geschehen solle, das hat er selbst zu verstehen gegeben, und die Apostel und übrigen Zeugen haben es gepredigt. Dieses Zeugnis ist während eines einzigen Menschenalters durch die Apostel und Evangelisten in der Schrift des Neuen Testaments vorgelegt worden mitsamt einem näheren Erwarten der herrlichen Zukunft.

Die heiligen Menschen, die in so langer Zeit die Heilige Schrift ausgefertigt haben, machen eine feine Anzahl aus und sind von großer Mannigfaltigkeit, stimmen aber doch auf eine wunderbare Weise zusammen. Die Bücher des Alten Testaments kommen miteinander überein. Die Bücher des Neuen Testaments kommen miteinander überein. Die Bücher von beiden Testamenten kommen miteinander überein.

Die Bücher des Alten Testaments sind von dreierlei Gattung: 1. die historischen, 2. die Lehrbücher, 3. die prophetischen Bücher. Die Bücher des Neuen Testaments sind gleichfalls 1. historische, 2. Lehrbücher, 3. das prophetische Buch.

Es ist nicht eben alles, was in der Heiligen Schrift enthalten ist, einem jeden Menschen, der selig werden soll, zu wissen nötig; doch aber können alle und jede aus der Heiligen Schrift gerade das schöpfen, was genugsam ist, und es ist bei denen, die es recht gebrauchen, gar nichts überflüssig. Hingegen leuchtet die ganze Schrift der ganzen Kirche vor und zeigt nicht nur den Weg des Heils, soviel einem jeden nützlich ist, sondern erweist auch den Ursprung und das Ziel aller Dinge, die Haushaltung Gottes mit der ganzen Welt, mit dem menschlichen Geschlecht, mit den ersten, mittleren und letzten Zeiten der Welt, die den Tag Christi zum Ziel haben.

Vornehmlich knüpft die Zeitenlinie, die durch die Schrift des Alten und Neuen Testaments hindurchläuft, im Alten Testament anfängt und erst im Neuen Testamenten entfaltet wird, beide Teile so zusammen, daß sie ein unwidersprechliches Kennzeichen an die Hand gibt, auf welche Weise durch die beiden Teile jenes einige Ganze zustandegebracht werde.

Die Schrift des Alten Testaments ist nun nicht genugsam; die Schrift des Neuen Testaments kann genugsam sein ... Trotzdem hat auch das Forschen im Alten Testament, wenn man das Neue damit vergleicht, ansehnliche Nutzbarkeiten, und wenn man die bewunderungswürdige Übereinstimmung von beiden Testamenten einsieht, so fördert dies einen fleißigen und begierigen Leser und Zuhörer vortrefflich (2. Petr. 1,19-21).

Das Eingeben Gottes war im Alten Testament mehr gebunden, wie man den Kindern diktiert; im Neuen Testament war es etwas freier. Das Zeugnis der Kirche war im Alten Testament mehr gebunden; im Neuen Testament ist es etwas freier.

Die Schrift des Alten Testaments ist ausführlich und weitläufig; die Schrift des Neuen Testaments ist etwas kürzer und geschmeidiger. Jene hatte es mit Lehrlingen zu tun, um sie anzuleiten; diese bringt solche Zuhörer zuwege, die lernbegieriger und gelehriger sind, und leistet ihnen dann alle Genüge. Die Schrift des Alten Testaments beschreibt Christus als den, der da kommen wird, und entwirft und malt vieles stückweise vor. Die Schrift des Neuen Testaments setzt viele Sachen voraus, die man aus dem Alten Testament entweder schon weiß oder noch lernen sollte, zum Beispiel selbst die Geschichte der Schöpfung, die Gebote, die Vorbilder usw. Die Schrift des Neuen Testaments zeigt Jesus Christus gleichsam mit den Fingern und spricht: »Dieser ist's!« Dieser ist es, von dem die ganze Schrift des Alten Testaments handelt. Dieses Zeigen ist mit wenigem geschehen ...

JOHANN ALBRECHT BENGEL,
Richtige Harmonie der vier Evangelisten, Tübingen, 2. Aufl. 1747, zit nach: ders., Du Wort des Vaters, rede du!, hrsg. von J. Roessle, Metzingen 1962, S. 47 f.

Matthäus und Markus beschreiben vor allem den Wandel des Herrn Jesu in Galiläa in der Zeit des gnädigen Jahres. Lukas faßt den Wandel zusammen und fügt in ausführlicher Weise die große Leidensreise hinzu. Johannes aber hat besonders das nachgeholt, was der Heiland im jüdischen Land und in Jerusalem während der Feste getan und gelehrt hat.

Dadurch entsteht zwischen Johannes und den drei anderen Evangelisten ein merklicher Unterschied, der doch niemand fremd vorkommen soll. Es kann oft ein einzelner Mensch einerlei Sache bei verschiedenen Gelegenheiten auf verschiedene Weise und doch jedesmal auf der Grundlage der Wahrheit erzählen. Man vergleiche in der Apostelgeschichte miteinander das 9. und 26. Kapitel und ebenso das 10. und 11. Kapitel, wo die Bekehrung des Paulus und des Kornelius zweimal erzählt wird. Wenn einer eine Stadt vom Osten her und ein anderer von Westen her malt, so müssen zwar beide die höchsten und wichtigsten Türme und Gebäude darstellen, im übrigen aber beider Zeichnungen sehr weit voneinander unterschieden sein, je nachdem der eine diese und der andere wieder andere Teile der Stadt vor Augen stellt, und doch haben es beide getroffen. Ein geschickter Optiker kann einzelne Gemälde, von denen jedes für sich schon etwas darstellt, mittels seiner Spiegel so zusammenfügen, daß das Ganze, das daraus entsteht, unerwartet ein ganz anderes Bild bietet. So hat ein jeder Evangelist für sich selbst schon einen sehr großen Wert; wenn man aber alle vier vereinigt und recht ineinander fügt, dann ergeben die zusammenfließenden Strahlen ein gewisses Licht, das man vorher nicht wahrgenommen hat. Wer noch in der anfänglichen und mühsamen Aufgabe steht, jeden Punkt besonders zu erfassen, der wird dies nicht so innewerden; wer aber geübte Sinne hat, dem geht immer etwas mehr im Herzen auf.

OSCAR WÄCHTER,
Johann Albrecht Bengel. Lebensabriß, Character, Briefe und Aussprüche, Stuttgart 1865, S. 180 f.

. . . »Es glauben wenige, daß die Bibel wahrhaftig Gottes Wort ist. Sie sehen das Buch an als einige alte Ueberbleibsel, die so ungefähr zusammengekommen, und wollen hingegen dasjenige, was aus der Vernunft deducirt wird, zu einem System machen. Umgekehrt! dieses, was so aus dem naturali lumine (natürlichen Licht) noch rückständig ist, sind rudera (Bruchstücke), hingegen jenes ist ein recht zusammenhangendes System.« – »Viele thun, als wenn wir kein geschriebenes Wort hätten. Man sieht es an als reliquias antiquitatis (Ueberbleibsel des Alterthums) und wandelt so seinem eigenen Belieben nach. Man kommt damit, durch eine gewisse Einkehr, so auf eine blinde und taube Devotion, in das vacuum naturae (den leeren Raum der Natur), da einem wohl ist: und darin können Juden, Türken und Heiden mit einander übereinstimmen. Das ist eine treffliche Gelegenheit für den falschen Propheten.« - . . .

»Es ist gewis bedenklich (wichtig), daß bei so grosser Menge der lectionum variantium (abweichenden Lesarten) doch nirgend nichts vorhanden ist, das in die Grundlage des Glaubens einschlüge. Im A. T. wurde bei geringerem Maas des Glaubens das Wort so pünktlich und genau vorgelegt: Nun aber im N. T. solle fides mascula (der Glaube männlich) sein, da soll man sich, ohne Schaden, schon eher in dergleichen Manchfaltigkeit schicken können.« – »Das ganze A. T. wird im Neuen Testament *vorausgesetzt* und beides ist unvergänglich. Matth. 5,18. Und je reicher die Christen in der *Salbung* werden, je tüchtiger werden sie erst zum rechten *Gebrauch der Schrift*.« – »*Die Eigenschaften der heil. Schrift* lassen sich am füglichsten also fassen: 1) denen, die sich danach richten wollen, ist alles darin klar und verständlich; 2) beweiset das Wort seine kräftige *Wirkung* an den Herzen. Und dadurch ist dann

3) dessen göttliches Ansehen *erwiesen* und ausgemacht: woraus 4) sogleich auch folgt, daß dieses Wort die Richtschnur ist, wonach alle *Strittigkeiten* in Glaubenssachen sollen abgethan werden; 5) ist eben selbiges Wort vollkommen, ist alles darin vorhanden, *was nöthig ist,* und vorhanden sein soll: es ist 6) *nützlich,* und so geschaffen, daß auch nichts darin enthalten, das nicht taugte; und endlich 7) hat die Vorsorge Gottes so darob gewacht, daß es noch seine ungestörte *Lauterkeit* hat, und noch so zu geniessen ist, als es anfänglich zu geniessen war.« – . . .

(nicht nachgewiesene Zitate J. A. Bengels zum Thema »Wort Gottes«)

Kommentar

Johann Albrecht Bengel (1687-1752) gehört zusammen mit Spener, Francke, Tersteegen und Zinzendorf zu den prägenden Gestalten des älteren Pietismus. Sein ganzes Leben und Werk ist geprägt von einer Prävalenz der Heiligen Schrift (Mälzer), was sich an der Tatsache zeigt, daß sein gesamtes literarisches Werk als philologische, exegetische und theologische Arbeit am Bibeltext vor uns liegt. Bengel ist ohne weiteres als der bedeutendste Exeget des Pietismus zu bezeichnen. Sein Hauptwerk »Gnomon Novi Testamenti« (1742), ein Wort-für-Wort-Kommentar, ist bis heute verbreitet. Der schwäbische Pietismus ist nicht zuletzt unter Bengels Einfluß zu einer ausgesprochenen Bibelbewegung geworden.

Die Bibel ist für Bengel Haupturkunde des Glaubens und aller Theologie: Daher fordert er gegenüber der Orthodoxie eine biblische Theologie. Bengel geht sogar noch weiter, wenn er sagt, daß die Schrift autoritative Quelle aller menschlichen Kenntnis und Erkenntnis sei. Damit ist er auch von der Aufklärung mit ihrer grundsätzlichen Kritik an allen Autoritäten geschieden. Für ihn setzt diese nur das Praeiudicium auctoritatis propriae anstelle des Praeiudicium auctoritatis alienae. Obwohl Fehler in der Bibel möglich sind, können diese die Wirksamkeit des Schriftwortes nicht hindern. Die übergeschichtliche Kraft der Bibel überlagert für ihn eventuelle Fehler der Schrift (Maier). Neben seiner modifizierten Inspirationslehre trennt ihn von der lutherischen Orthodoxie, bei Bejahung ihrer beiden Grundprinzipien sola fide und sola scriptura, sein heilsgeschichtlicher Ansatz, den er bei aller Bibelbetrachtung für allein angemessen hält. Sein heilsgeschichtlich-dynamisches Denken löst das mehr dogmatisch-statische der Orthodoxie ab und führt ihn zum Grundsatz der tota scriptura: Die Schrift als Ganzes ist ein wohlgeordnetes und zweckvolles System. Da Heilsgeschichte und allgemeine Geschichte untrennbar miteinander verknüpft sind, gehören für Bengel folgerichtig auch Gelehrtentum und Frömmigkeit zueinander. –

Als hermeneutische Voraussetzungen Bengels wären weiter zu nennen: Die Bibel ist letztlich eine, wenn auch unentbehrliche Hilfskonstruktion, da das Wort Gottes eigentlich unmittelbare Anrede Gottes an den Menschen ist. Die Bibel ist für ihn daher Brief Gottes an jeden Menschen. Dabei kennt er die spätere Semler'sche Unterscheidung zwischen Bibel und Wort Gottes nicht.

Bengels Inspirationslehre muß als Vertiefung gegenüber der orthodoxen Lehre bezeichnet werden. Die Inspiration ist als Teil der göttlichen Heilsgeschichte in ihren verschiedenen Ausprägungen in AT und NT und auch innerhalb des NT zu unterscheiden. Eine mechanische Inspiration nimmt Bengel nur für die Johannesoffenbarung an. Trotzdem ist die Bibel unbedingt zuverlässig, insbesondere aber im Hinblick auf ihren Hauptzweck, Menschen zu Christus zu führen.

Textkritik, »critica sacra«, und Übersetzungsarbeit dienen im Grunde dem Ziel, die Zuverlässigkeit des vorliegenden Schrifttextes zu erhöhen. Grundsätzlich ist die Schrift als Ganzheit, als System auszulegen. Im Kontext ihrer heilsgeschichtlichen Auslegung ist nichts in ihr überflüssig. Dabei bleibt der reformatorische Grundsatz scriptura sacra sui ipsius interpres Leitlinie. Bengel betreibt eine methodische Schriftauslegung; beinahe alle Schritte der historisch-kritischen Methode werden – wenn auch in von seinem hermeneutischen Ansatz her geprägter Weise – durchgeführt. Hervorzuheben ist außerdem Bengels biblischer Realismus, der ihn auch sämtliche Zahlen der Bibel wörtlich verstehen und zueinander in Beziehung setzen läßt.

Die Verbindung zwischen höchstem Gelehrtentum und Glauben in Bengels Schrifttheologie kann nur Respekt abnötigen. Der Versuch, Bibel, Geschichte und Natur zusammenzusehen und eine an der Schrift selbst orientierte Auslegungsmethode zu entwickeln, ist zu begrüßen, wenn auch für uns heute die Frage bestehen bleibt, wie dieser Versuch in unserer Zeit zu einem positiven Ergebnis geführt werden kann. Im Hinblick auf die Frage nach inhaltlichen Fehlern in der Schrift ist bei Bengel eine eigentümliche Aporie zu konstatieren: Auf der einen Seite spricht er davon, daß die Evangelisten »ohne Fehl und Irrtum« seien, auf der anderen Seite, daß sie »Fehler des Gedächtnisses« hätten begehen können. Bengels Lösung, daß sie trotzdem die Wirkmächtigkeit der Bibel nicht hindern können, erscheint heute aktueller als je; genauso seine Ablehnung, die Göttlichkeit der Schrift mit der Vernunft beweisen zu wollen. – Der heilsgeschichtliche Ansatz Bengels ist demjenigen Luthers insofern überlegen, weil er als streng theo-logischer (Maier) die Zukunft Gottes mit dieser Welt neu zum Thema der Theologie gemacht hat. Die Betonung der biblischen Chronologie führte ihn allerdings in seiner apokalyptischen Zeitrechnung in die Irre, weil er dabei eigene Grundsätze der Schriftauslegung außer acht ließ, was aber niemandem zur Diskreditierung seiner gesamten theologischen Arbeit Anrecht gibt.

(Vgl. Maier, Gerhard, Die Johannesoffenbarung und die Kirche, WUNT 25, Tübingen 1981, und Ludwig, Ernst, Schriftverständnis und Schriftauslegung bei Johann Albrecht Bengel, Stuttgart 1952.) Z

GERHARD TERSTEEGEN,
Anweisung zum rechten Verstand und nützlichen Gebrauch der heiligen Schrift, in:
ders., Weg der Wahrheit, Stuttgart, 4. Auflage 1968, S. 19 ff.

Das erste Kapitel.

. . . 1. In Ewigkeit können wir's Gott, dem unendlich gütigen Menschenfreund, nicht genugsam verdanken, daß er uns dieses unschätzbare Kleinod, sein geschriebenes Wort, durch seine auserwählte Werkzeuge aufzeichnen lassen, und bis dahin, über und wider das Dichten und Trachten des Reichs der Finsternis, durch seine wunderbare Vorsehung übrig behalten hat. Das erkennet nur derjenige, der den hohen und heiligen Endzweck Gottes in diesem teuren Gnadengeschenk und Heilsmittel in dessen Furcht betrachtet; nämlich, den gefallenen Menschen dadurch wieder zu locken, anzuweisen, und zu gängeln in ihm selbst, und zu seiner innigen und ewigen Vereinigung und Gemeinschaft in Christo Jesu.

2. Daß der Mensch in seiner jetzigen Unempfindlichkeit, tiefen Finsternis und Verwirrung ohne Anweisung und Hilfsmittel von seiten Gottes unmöglich dahin gelangen könne, wird niemand leugnen dürfen. Daß aber diese göttliche Anweisung nicht allein unmittelbar und innerlich, sondern auch zugleich äußerlich sein müsse, erfordert abermal der gegenwärtige Zustand des gefallenen Menschen, da derselbe nicht nur mit seinem Sinn, Gedanken, Andacht und Liebe, so jämmerlich von Gott und seinem Inwendigen ins Aeußere gekehrt und in Mannigfaltigkeit zerstreut stehet, sondern auch durch das unaufhörliche Treiben und Poltern der mancherlei Lüste, Begierden, Affekte, Eigenwillens, Selbstliebe etc. in einer so entsetzlichen Unruhe, Unordnung, Schwindel und Trunkenheit nach seinem Inwendigen lebet, daß es die pure Unmöglichkeit ist, so lang es dergestalt mit ihm bestellet, Gott selber (der ein einfältiges, geistliches Wesen ist), und die unmittelbare Stimme seines Geistes, die nur in der tiefsten Stille gehöret wird, zu vernehmen oder zu unterscheiden, ohne Beihilfe einer äußeren Anweisung.

3. Gott muß sich herunter lassen zu dem gefallenen Menschen, wo er anders je wieder aufgerichtet und zu dessen Gemeinschaft erhoben werden soll. Gott muß mit dem ausgekehrten Menschen so reden, daß er's höret und verstehet, das ist, auf eine äußerliche, bildliche, laute Weise, damit er durch ein solches Getön (daß ich so rede) aufgewecket, und zu mehrerer Stille und Aufmerkung gebracht werde, wahrzunehmen und zu unterscheiden die Regungen der göttlichen Gnade in seinem Herzen und Gewissen, wodurch er dann ferner an der Hand geleitet, und bei treuer Folgung zubereitet wird zur wesentlichen Erleuchtung und Gemeinschaft Gottes im Geiste, da denn erst die schöne Konkordanz des wesentlichen und ewigen Worts Gottes mit dem äußerlich geschriebenen nicht ohne innigste Bewunderung und Vergnügung erfahren und eingesehen wird.

4. Denken wir nun diesem ein wenig tiefer nach, so werden wir leichtlich die Richtschnur finden, wie dieses göttliche Buch anzusehen, zu verstehen und zu gebrauchen sei.

Die heilige Schrift ist 1. ein immerwährendes unverfälschtes Denkmal des wahren dreieinigen Gottes und seines Dienstes wider allen Unglauben und Aberglauben . . .

5. Die heilige Schrift ist 2. das ausgedrückte Gesetz Gottes, die einzige, unfehlbare Richtschnur und Spiegel unseres Lebens . . .

6. Die heilige Schrift ist 3. die Verkündigung des einigen Mittels und heilsamen Rats Gottes zu unserer Erlösung und Seligkeit. Darin höret der verlorene arme Sünder von dem Heilande Jesu und von der Vergebung der Sünden, die allein in seinem

Namen (Apg. 4,12) ist, woran er wohl sonst in *) Ewigkeit nicht hätte mögen denken. Darin wird ihm angeraten und angeboten der wahre Glaube (Apg. 17,31) an Jesum; wie er nämlich bußfertig zu demselben seine Zuflucht nehmen und in Verleugnung seiner selbst und aller Dinge den reinen Wirkungen seines Geistes sein Herz übergeben solle, dadurch gründlich beruhiget, geheiliget und mit Gott vereiniget zu werden, damit also Gottes Licht, Liebe, Friede, Freude und ewiges Leben hier und dort seine Seele erfüllen möge zur ewigen Verherrlichung Gottes. Ist das nicht ein herrliches Evangelium des seligen Gottes, ein teures Wort, das aller Annehmung (1. Tim. 1,15) wert ist? Wie wollen wir aber entfliehen, wenn wir eine so große Seligkeit aus der Acht (Hebr. 2,3) lassen und diesen Rat Gottes wider uns selbst (Luk. 7,30) verachten?

*) Das Gesetz vom Bösen und Guten liegt in etwa in aller Menschen Gewissen, nach Röm. 2. Aber das Evangelium oder die Erkenntnis des einigen Mittels zur Erlösung von Sünden und zur Seligkeit durch den wahren Glauben und Vereinigung mit Jesu, kommt allein aus göttlicher Offenbarung. Dieses teure Wort des Evangeliums hat Gott einmal geredet in der Schrift; wir müssen es aber, mit David (Psalm 62,12) zum andernmal hören in unseren Herzen, wenn wir's recht verstehen und schmecken wollen.

7. Die heilige Schrift ist 4. ein von Gott geheiligtes und gesegnetes Mittel *) zur Erweckung und Stärkung in der Gottseligkeit, eine Handleitung zu Gott selbst . . .

*) Die heilige Schrift ist das herrlichste und gewöhnlichste Mittel zur Bekehrung, Erweckung, Stärkung etc. des Menschen. Doch nicht also zu verstehen, als wenn Gott nicht wohl durch andere Mittel, ja gar ohne Mittel, wirken könne oder wolle. Gott hat sich in der ganzen Schrift nirgends dazu absolut verpflichtet; wird sich auch durch menschliche Sätze die Hände nicht binden lassen. Der Wind seines Geistes bläset wie und wo er will. Man kann nicht immer in der Kirche sitzen, oder die Bibel in der Hand haben: und wie mancher Fromme wird von Gott gelehret, getröstet, gestärket, ohne daß er eben zu der Zeit an die Worte der Schrift gedenkt, ob es gleich alles aufs genaueste mit derselben überein kommt, und überein kommen wird.

8. Die heilige Schrift ist 5. eine ordentliche Abhandlung, Abbildung und Vorbildung der Wege Gottes, die er gehalten hat, nun hält und bis zum Ende halten wird über seine Kirche insgemein, und über alle und jede Gläubige insbesondere . . .

9. Die heilige Schrift ist endlich 6. ein stetiges Zeugnis unserer inwendigen Erfahrung . . .

Das zweite Kapitel.

. . . 1. Von der Sache genau zu reden, so wird zum rechten Verstand der heiligen Schrift, (wie auch Gottes und aller göttlichen Wahrheit) nur ein zweifaches Mittel erfordert: nämlich von seiten Gottes dessen gnädige Erleuchtung, und von unserer Seite die erforderliche Beschaffenheit des Gemüts, dieser göttlichen Erleuchtung teilhaftig zu werden. Wir können nicht sehen ohne Licht, wir können auch nicht sehen ohne geöffnete und zum Licht gekehrte Augen. Beides fehlet uns allen von Natur: wir sind in der Finsternis und die (Eph. 5,8) Finsternis selbst; der Gott dieser Welt hat auch der Ungläubigen Sinne verblendet, daß sie nicht sehen das helle Licht des Evangeliums (2. Kor. 4,4). Gott muß einen hellen Schein in unsere Herzen geben (ebd. V. 6); er muß uns geben erleuchtete Augen unseres Verständnisses (Eph. 1,18), sonst können wir nicht sehen die Wunder in seinem Gesetze (Psalm 119,18) . . .

3. Und da kommen uns denn nun zu betrachten vor die Mittel, welche von unserer Seite zur wahren Erleuchtung und mithin zum rechten Verstand der heiligen Schrift nötig sind.

Wir setzen billig oben an das demütige Gebet: da nämlich die Seele diesem zuvorkommenden allgemeinen Licht und Eindruck der Gnade aufrichtig stille hält und demselben Platz lässet . . .

4. Mit diesem ersten Mittel zum rechten Verstand der heiligen Schrift ist genau verknüpfet ein zweites, nämlich die treue Ausübung dessen, was man schon verstehet

und wovon man schon überzeuget ist, nach den ausdrücklichen Worten unseres Heilandes: So jemand will des Willen tun, der mich gesandt hat, der wird inne werden, ob diese Lehre von Gott sei (Joh. 7,17) . . .

7. Ein drittes und mehr besonderes Mittel zum rechten Verstand der heiligen Schrift ist die stetige Uebung in der Verleugnung seiner selbst . . . Durch die gründliche Selbstverleugnung wird das Herz gereiniget und gestillet: gereiniget vom Unflat der Welt, der Sünden und unzähligen Verdorbenheiten und Eigenheiten, welche dem armen Gemüte wie Kot und Lehm vor den Augen sitzen, und die Einsicht in Gottes Geheimnisse durchaus verhindern . . .

9. Das vierte Mittel oder erforderte Gemütsgestalt, die Wahrheiten Gottes in heiliger Schrift recht zu verstehen, ist die besondere Zukehr zu Gott im Geiste durch eine innige Sammlung und Andacht des Herzens zu demselben, oder zu seiner Gegenwart in uns. Wenn wir uns so zum Herrn kehren, dann wird die Decke weggenommen von unseren Augen (2. Kor. 3,16). Und solches hat diese Ursachen: erstlich, weil Gottes Licht und Gnade nicht abhängt von einigen unserer Wirksamkeiten; auch ist sein Licht und Gnade mit keinem einigen äußern Mittel, so wir gebrauchen, unzertrennlich verknüpfet. Wir mögen uns darum hin und her wenden, wie wir wollen; wir mögen auch allerhand äußere, sogenannte Mittel zur Hand nehmen und unseren Kopf zerbrechen durch tausend Nachsinnungen und Betrachtungen unserer Vernunft: so können wir doch durch unser Wirken und Bemühen Gottes Licht weder in uns bringen noch vermehren, aber wohl verhindern und aufhalten . . .

10. Die andere Ursache ist, weil man kein Buch, viel weniger die heilige Schrift, recht verstehen kann, wenn man nicht wenigstens einigermaßen in die Gemütsbeschaffenheit und Sinn desjenigen eingehet, der es geschrieben hat. Nun können wir's nicht glauben, in welch einer abgeschiedenen, andächtigen, lautern und göttlichen Gemütsgestalt die heiligen Schreiber damals gestanden, wie sie die Bibel geschrieben haben: und in eben diesen Sinn, Affekt und Stand müssen darum auch alle Leser trachten einzugehen, wenn sie derselben, oder vielmehr des heiligen Geistes Worte, recht verstehen wollen.

11. Die dritte Ursache ist, weil auch die heilige Schrift handelt von geistlichen und göttlichen Wahrheiten, übernatürlichen Dingen, Dingen einer andern Welt, die wir nicht recht und gründlich verstehen können; oder wir müssen gleichsam (so viel an uns ist) ausgehen aus dieser Welt und eingehen in einen übernatürlichen geistlichen Stand. Ein eitler zerstreuter Sinn versteht nichts Rechtes, wenigstens nicht in geistlichen Dingen, aber Herzensandacht und Sammlung bringt Licht . . .

12. Ein fünftes und das letzte Hilfsmittel zum rechten Verstand der heiligen Schrift zu gelangen, ist das liebe Kreuz von außen und von innen. Anfechtung lehrt aufs Wort merken (Jes. 26,16; 28,19). So lange der Mensch in seinem unachtsamen, ungebrochenen Sinn so ruhig dahin gehet, hat er wohl wenig Lust, den Rat Gottes zu seiner Seligkeit aus seinem Wort zu vernehmen; was er auch noch darin tut, geschieht alles mit einer andern Absicht und ohne wahre Andacht. So bald ihn aber Gott angreift durch Widerwärtigkeit, Armut, Krankheit oder andere Trübsale: so gibt er's schon besser Kauf; er sucht die Bibel hervor, gehet fleißiger zur Kirche u.s.w. . . .

Das dritte Kapitel.

. . . 2. Auf die erste Frage läßt man's zuvörderst billig bei dem alten, daß nämlich die Schrift in denjenigen Dingen, die zur Seligkeit notwendig sind, einem jeden Leser klar und verständlich genug sei und werde. Daß sie aber sonst an so manchen Orten dunkel scheinet, ist fürs erste nicht der Schrift zuzuschreiben, sondern der Dunkelheit und Untüchtigkeit des menschlichen Gemüts, geistliche und göttliche Dinge zu begreifen: und dem ist durch keinerlei menschlichen Witz, Kunst, Mühe oder Wege zu helfen, als nur allein durch treue Wahrnehmung obiger Mittel, als wodurch man besagter Maßen göttlicher Erleuchtung fähig wird, daß uns die dunkelsten Sprüche zu seiner Zeit nach göttlichem Willen klar, angenehm und kräftig werden . . .

(Vom Autor in Fußnoten angegebene Bibelstellen wurden in Klammern an die entsprechenden Stellen gesetzt.)

Kommentar

Gerhard Tersteegen (1697-1769) ist der Hauptvertreter des reformierten deutschen Pietismus und gleichzeitig der bedeutendste evangelische Mystiker, wenn man unter Mystik eine bestimmte Ausprägung christlichen Glaubenslebens versteht. Kernpunkt und Hauptziel dieses Glaubens ist nach Tersteegen einzig und allein die »innige und ewige Vereinigung und Gemeinschaft in Christo Jesu«. Von diesem Ziel her wird auch sein Schriftverständnis bestimmt.

Tersteegen unterscheidet das ewige, wesentliche Wort, das alles geschaffen hat, von dem äußeren gesprochenen oder geschriebenen Wort. Das ewige Wort Gottes könnte eigentlich jeder Mensch in seinem Inneren vernehmen. Da aber die Menschen durch die Sünde gefallen sind, brauchen sie eine äußere Anweisung, um die Stimme Gottes in ihrem Herzen hören zu können. Diese Anweisung ist die Bibel. Sie wird von Tersteegen daher ganz als »Zweckbuch« verstanden: Die Bibel will zum lebendigen Christus selbst führen. Dabei ist sie jedoch conditio sine qua non zur Erreichung dieses Zweckes: Ohne Hilfe der Bibel kann es nicht zur »wesentlichen Erleuchtung und Gemeinschaft Gottes im Geiste« kommen. Die Schrift allein hat die Kraft, den Glauben zu erwecken und zu bewahren. Da die »wesentliche Gemeinschaft« das ureigene Ziel der Schrift selbst ist, erfährt ein Mensch in der Gemeinschaft mit Gott im Geist die völlige Übereinstimmung von ewigem Wort im Herzen und äußerem Schriftwort. Diese Übereinstimmung gibt allein letzte Gewißheit über die Wahrheit des inneren Wortes. Das äußere Wort ist damit auch die Prüfungsinstanz aller eigenen Erfahrung des Christen.

Um zur wahren Gemeinschaft mit Gott durch die Schrift zu kommen, muß neben die Öffnung der Schrift durch Gott selbst eine kongeniale Gemütsgestalt des Lesers treten. Dazu dienen fünf Mittel: Gebet, Umsetzung des bereits Erkannten in die Praxis, Selbstverleugnung, innere Sammlung, Anfechtungen. Gottes Wirken ist zwar nicht durch menschliches Bemühen herbeizuzwingen, aber es kann durch Fehlverhalten verhindert werden.

Gegen die Orthodoxie hat Tersteegen neu den Charakter der Schrift als lebendige Anrede Gottes an den Menschen hervorgehoben. Sie ist für ihn mehr Lebensbuch als Quelle dogmatischer Lehrsätze. Auch ist ihre Eigenart in rechter Weise nur von ihrer Zweckhaftigkeit her zu bestimmen. Nie ist sie bei ihm in Gefahr, zum »papierenen Papst« zu werden. Man hat Tersteegen oft vorgeworfen, daß er das äußere Wort gegenüber dem inneren unterschätze. Wohl haben seine Aussagen ein Gefälle in dieser Richtung, aber trotzdem kommt es bei ihm nie zu einer spiritualistischen Eigendynamik des inneren Wortes durch dessen konsequente Rückbindung an die Schrift. Wieweit diese Gefahr in seiner Nachfolge vermieden wurde, sei dahingestellt. Hervorzuheben bleibt, daß Tersteegen dem äußeren Schriftwort durch die Erkenntnis seiner Zweckhaftigkeit neu zu einer durchschlagenden Lebenskraft verholfen hat.

(Vgl. Zeller, Winfried, Die Bibel als Quelle der Frömmigkeit bei Gerhard Tersteegen, in: Bibel und Pietismus, hrsg. von Kurt Aland, AGP 9, Witten 1970.)   Z

NIKOLAUS LUDWIG VON ZINZENDORF,
Londoner Predigten, London und Barby 1756, Band I, S. 68*)

Wenn wir sicher gehen wollen, so müssen wir niemals aus anderen Büchern, sondern immer aus der Bibel reden. Wenn die anderen Bücher erläutern und nicht widersprechen, so ists gut. Wenn sie aber erläutern wollen und es nur dunkler machen, so ists unsere Schuld, wenn wir das klare Licht des Worts verfehlen.

NIKOLAUS LUDWIG VON ZINZENDORF,
Homilien über die Wundenlitanei, o. O. 1747, S. 144 ff.*)

Ich will mich jetzt bei dem Umstande nicht aufhalten, den ich mehrmals von der heiligen Schrift angeführt habe, daß das einzige Argumentum ad Hominem [eine Begründung, die den Menschen trifft], das einzige frappante und rhetorische, damit man so für die Schrift was beweisen kann, daß niemand eine Antwort darauf weiß, dieses ist: daß die Schrift so viele Fehler hat, wie kaum ein Buch, das heutigen Tages herauskommt; welches mir wenigstens ein unumstößlicher Beweis für ihre Göttlichkeit ist. Warum? Es ist dem Herrn so viel daran gelegen gewesen, daß nicht eine Silbe in der göttlichen Lehre der heiligen Schrift geändert werde; und daß die Menschen, die Verstand haben, nur drüber kommen und finden sollen, daß von der Bibelweisheit und Theosophie [Gottesweisheit] nicht ein Buchstabe verändert, nicht ein O für ein U gesetzt worden; daß er absolut keine Kritik zugelassen hat; daß, da ein jeder Autor, wenn er die andere Edition von seinem Buch herausgibt, wissentlich nichts drin stehen läßt, das man seiner Meinung nach tadeln könnte, so hat hingegen der Heilige Geist seinen Schreibern nicht erlaubt, daß sie in dem Kontext und Zusammenhang ihrer Worte, nachdem sie einmal da gestanden haben, das geringste änderten. Er hat in anderthalbtausend Jahren zur Zeit der allerschärfsten Kritik, der allertiefsten Blindheit und Finsternis, da die Gelehrten mit allen Büchern machen konnten, was sie wollten, nicht zugelassen, daß sie an der Bibel hätten bessern dürfen. Er hat's die paar Mal, da sich die Leute unterstanden haben zu probieren, ob sie etwas verbessern könnten, mißlingen und auf eine Prostitution [Bloßstellung] hinaus laufen lassen, und hat eine General-Revolte gegen die paar Verbesserungen und Veränderungen entstehen lassen, daß es nicht hat zustande kommen können.

Da liegt was andres drin. Das ist nicht bloß menschlich. Ein Mensch hat sich viel zu lieb, und hat zu viel Estimé [Stolz] für seine Productiones. Wenn einmal ein mathematischer oder astronomischer Irrtum drinnen stünde, der sich in zwanzig, dreißig Jahren bei gescheiten Leuten als ein Irrtum legitimierte, so würde er ihn herauslassen oder wenigstens mit einer Note einhelfen; dazu hat sich das menschliche Geschlecht viel zu lieb. Aber so lieb hat sich der heilige Geist nicht. Der läßt die Leute reden so gut sie können. Er macht ihnen nicht mehr Verstand und Gedächtnis als sie haben. Er ändert nichts in ihren natürlichen Qualitäten, sondern wie der Mensch gebaut ist in seinem Körper und Gemüt, so bleibt er, wenn er sich bekehrt, wenn er ein Knecht Gottes im höchsten Grade wird. Es kann ein anderer Knecht Gottes in gleichem Grade der Seligkeit und der Estimé im Herzen Gottes sein, da der eine einen schlechten, und der andere einen großen Verstand hat. Wenn die zwei Leute schreiben, so schreibt der eine mit einem großen, der andere mit einem schlichten Verstand. Wenn sie argumentieren, so argumentiert der eine nach der Schule, wo er herkommt, und der andere nach der seinigen. Da kehrt sich der heilige Geist nicht dran, da macht er keine Veränderung, keine Überstülpung der Natur und der Konjunkturen, sondern läßt das seinen Gang gehen.

Aber die Wahrheiten, die Harmonie der Ideen, sonderlich der Grund-Ideen, der göttlichen Grundlagen von Anbeginn, die müssen bei aller Varietät des Stili bei allem Unterschied der Argumente nach ihrer Schwäche oder Stärke, bei allen Differenzen im Raisonnement, immer eben dieselben sein, so daß ein Knecht des Herrn, der sich auf die Bibel beruft, muß sagen können: von diesem Jesus zeugen alle Propheten, daß in seinem Namen alle, die an ihn glauben, Vergebung der Sünden empfangen sollen. Aber eben das ist der klare Beweis, daß der Spiritus Scripturae sacrae, der Geist der heiligen Schrift, dieselbe einige Sache ist, darauf wir reflektieren müssen.

Wenn wir in unserer Wunden-Litanei, da wir uns des Heilands teures Exempel vorstellen, auf den Artikel der Schrift kommen, so sagen wir: dein richtiger Bibel-Grund mache uns alle bibelfest.

(S. 361 ff:) [Der Zentralpunkt] ist der Wundenpunkt. Das ist der Blick, den man nicht wendet von den durchgrabenen Händen. Das ist das Auge, das wir auf die Seitenspalte behalten, das einfältige Auge auf Jesu Wunden ... Wer in Jesu Wunden sein Heil gefunden, der wird so heilig als Jesu Wunden an Leib und Seel. Und das beweist sich, daß es so ist, das bewährt sich so, das Fazit kommt heraus. Wenn nun darnach die Worte, die man so liest, die die Propheten und Apostel geredet haben, mit den Wunden besprengt werden, wenn man die in dem Wundenlicht liest, so liest man eine ganz andere Bibel, ein anderes Neues Testament, andere Sprüche, als man vor diesem gelesen hat; und ein Mensch, der sein Lebtag kein Griechisch und Hebräisch gelernt hat, kann so in den wahren lautern Sinn hineinsehen, und kann hineinblicken, und kann ein solcher Exeget werden durch seine Wundenhermeneutik, daß, wenn er zwanzig Jahre über dem Grundtext geschwitzt hätte, so hätte er einen Haufen Wind, einen Haufen Vielleicht, einen Haufen Skrupel in den Kopf gekriegt und wäre ein halber Rabbine geworden, das wärs alles gewesen; aber er hätte Finsternis davon erbeutet, er hätte mehr Verwirrung als zuvor, mehr Ungewißheit als zuvor, er hätte gelernt, daß er nichts gewußt hätte, das wäre der ganze Effekt davon gewesen. So aber, den Augenblick, als er anfängt den Wundenblick zu kriegen und hinter das Geheimnis zu kommen, daß ein Lamm geschlachtet ist und daß das Lamm sein Schöpfer ist, darnach liegt ihm alles klar vor den Augen; darnach kann er die Natursprache der heiligen Schrift, den Herz-Idiotismum [die dem Herzen eigene Sprache] wissen; da weiß er, das kann so heißen, das kann nicht so heißen, das kann den Sinn haben, den Sinn kann es nicht haben; das weiß er mit Gewißheit, so daß er sich vor keiner Verführung und Verblendung fürchten und durch keinen Kommentar, er mag so künstlich sein wie er will, betrügen lassen darf. Er hat die Probe, er weiß, wie man das Wort probieren muß, woran man es kennen muß, in was für einem Lichte die Wahrheit erscheinen muß, wenn sie Wahrheit ist. Und wenn ihm ein Sprüchelchen, ein Text, ein altes Wort, ein biblisches Wort den Blick gibt, den er bei den Wunden hat, so sagt er: du bist Gottes Wort, du bist meines Herrn Wort, ich höre meinen lieben Herrn reden, ja das ist Wahrheit, es ist, als wenn ich Ihn reden hörte, ich fühle, daß das sein Sinn ist, es harmoniert mit seinen Ideen.

NIKOLAUS LUDWIG VON ZINZENDORF,
Theologische Bedenken, Büdingen 1742, S. 173*)

Es ist eine unverantwortliche Torheit, die Bibel so auszukünsteln, daß man wider allen Sinn und Verstand glauben soll, daß sie gelehrt, zusammenhängend, nach unserer Art methodisch geschrieben sei; da doch ihr göttlicher Geist und Leben in die Gestalt und Form eines miserablen Hirten-, Fischer- und Visitator-Stili, oder welches noch unangenehmer für die Ohren ist, in eine Classicalische Düsterheit und Schulterminologie der alten Rabbinen eingewickelt ist, daraus unsere Zeiten nimmermehr klug werden würden, wenn nicht der Geist, der die heiligen Zeugen schreiben machte, auch uns lesen und hören machte, und sein Wort selber erklärte. Und was soll man sagen von dem Grund- und Haupttext aller unserer Predigten, dem Blute des Lamms Gottes für die Sünder der Welt vergossen, welches zugleich alles zu Sündern macht, welches kein Plato noch Sokrates, kein Grotius noch Leibniz noch Newton, wenn sie gleich alle ihre Weisheit zusammen verbänden, in eine vernünftige Konnexion mit der Liebe und Gerechtigkeit Gottes bringen können, und doch eine ewige Weisheit, Wahrheit und Liebesrat ist, und der Grundpunkt und Plan aller geistlichen Konzepte.

*) Zitiert nach: Zinzendorf und die Herrnhuter Brüder, hrsg. v. H.-Chr. Hahn u. H. Reichel, Hamburg 1977, S. 187 ff.

Kommentar

Nikolaus Ludwig von Zinzendorf (1700-1760) ist wahrscheinlich der geistig regste Christ des 18. Jahrhunderts gewesen. In ihm kam es in dramatischer Weise zur Auseinandersetzung mit lutherischer Orthodoxie und machtvoll einsetzender Aufklärung, zwischen der Enge der alten europäischen Welt und der ungeheuren Weite der neuen Welt jenseits des Atlantiks. Zinzendorfs Schriftverständnis ist nur auf dem Hintergrund seiner Auseinandersetzung mit der Gefahr des »praktischen Atheismus« seiner Zeit und seiner selbst zu verstehen. Bereits in frühester Kindheit wurde er von Zweifeln an der Existenz Gottes geplagt. Er überwand sie durch kindliche Liebe zu seinem Heiland, seinem Bruder. Diese Bindung führte ihn dann zum Bekenntnis zu Jesus Christus als Schöpfer und Heiland, der bleibenden Mitte seiner Theologie, die er durch das Zeugnis der Schrift bestätigt fand. – »Denn ich habe das Unglück gehabt, daß ich nicht bei der Bibel angefangen habe, über diese Materie zu denken, sondern ich bin vielmehr in medio einer philosophischen Meditation nur angenehm sürpreniert und erfreut worden, als ich meine Gedanken mit der Bibel korrespondent und den Buchstaben replizieren fand...« (Otto Uttendörfer, Zinzendorfs religiöse Grundgedanken, Herrnhut 1935, S. 213). Zinzendorfs Weg zur Schrift ist dabei mit dem Luthers zu vergleichen. Er geht wie dieser vom einmal – nicht ohne Hilfe der Schrift – entdeckten Materialprinzip seines Glaubens aus, eben der Mittlerschaft Jesu Christi, und findet dieses in der ganzen Schrift bestätigt. Die Bibelauslegung des Grafen ist daher ganz christozentrisch, vom leidenden Christus her bestimmt. In ihm, dem »Generalgeist« der Schrift, liegt auch allein ihre Einheit begründet (Text 2).

Sieht Zinzendorf nun das Materialprinzip seines Glaubens durch bestimmte Schriftaussagen bedroht, kann es durchaus zu »dogmatischer Kritik« an einzelnen biblischen Aussagen kommen (vgl. etwa seine Kritik an 1. Kor. 15,28). Der Vernunft spricht Zinzendorf in geistlichen Dingen jede Kompetenz ab. Mit dieser Ansicht befindet er sich in einer doppelten Frontstellung. Er kämpft damit sowohl gegen den platten Vernunftglauben der Aufklärung als auch gegen den subtileren der lutherischen Orthodoxie. Wenn die letztere glaubt, durch ihre Verbalinspirationslehre die Göttlichkeit der Schrift beweisen zu können, ist dieser Versuch für Zinzendorf ein Kennzeichen der Vermessenheit der Ratio, die in geistlichen Dingen eben nicht zu urteilen vermag, da sie ja sonst über Gott urteilen, d. h. ihn schulmeistern könnte.

Hieraus wird erklärlich, wieso er Ungereimtheiten und Fehler in der Bibel geradezu als Erweis für den göttlichen Ursprung der Schrift werten kann: Der Heilige

Geist bedient sich der Worte der biblischen Autoren gerade unter Einschluß ihrer naturgegebenen Eigenarten und Begrenztheiten, um Menschen in die Christusnachfolge zu rufen (Text 2). Gottes Größe zeigt sich für ihn gerade in seiner Offenbarung in Niedrigkeit. Ein Befürworter der Kompetenz der Vernunft in Glaubensdingen würde an dieser Stelle scheitern (Text 3). Für Zinzendorf dagegen ergibt sich aus dem Erkennen von Widersprüchen und Fehlern in der Schrift gerade ein engeres Verhältnis auch zum Wortlaut der Schrift.

Zum Erschrecken und zur Kritik (J. A. Bengel!) vieler Zeitgenossen konstatiert der Graf diese biblischen Fehler in aller Öffentlichkeit – besonders aber vor der eigenen Gemeinde. Er spricht dabei von Fehlern in natürlichen, leiblichen und historischen Sachen (Pennsylvanische Reden I, S. 135f); in der Wundenlitanei (S. 144) kann er sogar sagen, daß die Schrift so viele Fehler habe, wie selten ein Buch, das herauskommt. Diese Kritik hat das Bibelvertrauen der Gemeinde jedoch keineswegs erschüttert. Denn bei allem Umgang mit der Bibel geht es Zinzendorf darum, die viva vox Christi (vgl. Luther) zu vernehmen. Jedes einzelne Wort der Bibel kann zum aktuellen Wort des Herrn für eine bestimmte Situation werden. Zinzendorf rechnet – genau wie die Reformation – mit der realen Wirklichkeit und dem Wirken des erhöhten Herrn durch seinen Geist im Wort der Bibel hic et nunc. (Vgl. hierzu die Entstehung der Losungen!) Zinzendorf knüpft inhaltlich an Luthers Schriftverständnis an und hilft so die falsche Alternative von orthodoxer Verbalinspirationslehre oder aufklärerischem Schriftverständnis überwinden. Mit Hilfe des Kondeszendenz-Gedankens gelingt es ihm, die Eigenarten und Mängel der biblischen Bücher zu deuten, ohne daß damit die Göttlichkeit der Schrift aufgegeben werden müßte. Gottes Geist, als Geist Christi in dieser Weltzeit ein Geist der Niedrigkeit, wirkt eben gerade durch menschliche Schwäche hindurch. Dieser Erkenntnis ist Zinzendorfs streng soteriologische Schriftauffassung kohärent.

Zu fragen bleibt, ob die freimütig und beinahe pauschale Konstatierung von Fehlern in der Schrift der Wirklichkeit entspricht und falls ja, ob das damit gegebene Problem mit Hilfe des Kondeszendenzgedankens wirklich gelöst ist.   Z

JOHANN SALOMO SEMLER,
Abhandlung von freier Untersuchung des Canon, 2. Aufl. 1776, hrsg. v. Heinz Scheible,
in: Texte zur Kirchen- und Theologiegeschichte, Heft 5, Gütersloh 1967, S. 13ff.

§ 1 So bekannt unter uns der Name *heilige Schrift* ist, die man nach dem *alten* und *neuen Testamente* oder doppelten *Bunde,* doppelter *Oeconomie* Gottes unter Juden und Christen zu unterscheiden pflegt, so wenig kann es doch geradehin überflüssig oder gar unerlaubt heißen, wenn man eine Untersuchung der einzelnen Bücher, welche unter diesem Namen bei uns Protestanten begriffen werden, unter uns fernerhin für nützlich oder nötig hält. Ebendieselben Grundsätze, wonach man im 16ten Jahrhundert manche Bücher für weniger erheblich ferner hielt, die bei der andern Partei, so die altcatholische hieß, für göttliche und allgemein notwendige Schriften eben sowohl als andere gehalten wurden, sind es auch jetzt noch, welche die Untersuchung und die Prüfung fortzusetzen erlauben oder mit sich bringen. Was sucht ein wahrheitliebender vernünftiger Mensch auch jetzt, nach seinem etwas hellerm und größerm Gesichtskreis, anders als eben diese innere Beruhigung und sanfte Überzeugung, daß jene allgemeinen unfehlbaren Wahrheiten und Begriffe von Gott, von seinen *reellen* großen Vollkommenheiten und Absichten über Menschen sich in einer unleugbaren leichten Verbindung mit dem besonderen Inhalt eines Buches, davon ein göttlicher Ursprung vorgegeben wurde, wirklich finden und entdecken lassen, um daraus die fruchtbaren Zusätze gern anzunehmen, welche die höchst nötige Ausbesserung und ganze Wohlfahrt des Menschen recht glücklich mit sich führen und bewerkstelligen! . . .

§ 2 Wenn jemand noch jetzt, nach seinen besondern Umständen, über die *heilige Schrift,* welche die sogenannten Christen zum Grunde und zur Quelle ihrer Religion, wie sie wenigstens alle sagen, zu machen pflegen, Untersuchungen anstellt, so setzt er es als eine bloß *historische* Sache voraus, daß sowohl schon vor der Zeit Christi unter den Juden gewisse Bücher von allen andern, den Juden mehr oder weniger bekannten, menschlichen Büchern unterschieden und als göttliche Schriften in großen Ehren gehalten worden, als auch nachher, nach Christi Tode, die sogenannten Christen wieder einige besondere neue Bücher noch angenommen haben, welche sie, um sich durch ihren Inhalt von dem vorigen Judentum von nun an zu unterscheiden, zum Grunde ihrer jetzigen, neuen, sehr verschiedenen Religion gelegt haben . . .

Wenn endlich auf den Endzweck und Gebrauch aller dieser Schriften gesehen wird, der wirklich stattfinden soll, so ist ebensowenig irgendein Grund zu erdenken, warum eine solche von Zeit zu Zeit wiederholte Prüfung sollte für unnötig oder gar für an sich unerlaubt gehalten werden. Ein jeder, der von einigen, viel oder wenigen, solchen Schriften diese Anzeige oder Nachricht erhielte, daß Gott dadurch andre Menschen habe in heilsamen und notwendigen Wahrheiten viel gewisser, leichter und nützlicher unterrichten lassen wollen, mußte nun den Inhalt dieser Schriften *mit diesem Endzweck* zusammenhalten, wenn anders es eine wirkliche Überzeugung und eine Verbindlichkeit *in Absicht seiner* werden sollte, daß auch er diese Bücher nun für sich in dieser großen Absicht annoch brauchen müsse. Wenn nun ferner Leser diese Bücher in die Hände nehmen, die zu einer eignen Einsicht und Prüfung fähig sind, weil sie einige Einsicht in ausgemachte christliche Wahrheiten haben, so ist nicht abzusehen, warum diese nicht ebenso wie jene ehedem jedes Buch, eins nach dem andern in Ansehung des Inhalts *gegen diese Absicht* eines Wachstums in solchen Einsichten, was diese jetzigen Leser nun betrifft, untersuchen und prüfen dürfen . . .

§ 4 Nach diesen ganz klaren Umständen ist es gewiß, daß die gemeine Vorstellung *von der steten Einförmigkeit und Gleichheit* des *Canons* oder des Verzeichnisses der öffentlichen heiligen Schriften der Christen ohne Grund und *historische* Richtigkeit seie, wenn sie anders verstanden wird, als daß es eine Verabredung für die *öffentliche* Gesellschaft und *öffentliche* gemeinschaftliche Übung der Religion gewesen seie, woran einzelne nachdenkende Christen sich nicht stets gebunden haben; wie die besondre Religionsübung freilich unter der öffentlichen zwar begriffen, aber davon in der Reihe der Vorstellungen und der eigenen Beschäftigung des Gemüts sehr verschieden sein kann. Die kirchlichen öffentlichen Gesellschaften hatten entweder hierin eine verschiedene Gewohnheit, wornach sie wirklich von andern Kirchen verschieden waren im Gebrauch solcher Schriften zum Vorlesen und zur Religionseinrichtung; oder sie hatten sich nach und nach mit vielen oder wenigen andern Kirchen oder ihren Vorstehern deswegen erst verabredet und vereiniget. Man muß hier auf beide Stücke sehen: auf das *Vorlesen* und auf die *Verschiedenheit* der dazu gebrauchten Bücher, bis nach und nach eine gemeinschaftliche Verabredung dazukam ...

§ 5 Es ist indessen wohl unstreitig, daß alle Menschen und besonders alle Christen in *moralischen* Erkenntnissen, Übungen und Erfahrungen wachsen dürfen und können; daß auch manche Menschen vor andern manche äußere Gelegenheiten und innere Fähigkeiten vor andern ihren Zeitgenossen voraus haben, wornach sie wirklich eher und mehr als andere in solchen Fertigkeiten zunehmen können. Der Gebrauch sogenannter natürlichen Wahrheiten ist also bei manchen Menschen sehr erleichtert und befördert worden, der bei andern in dem Maße noch nicht stattfande. Jene sind also wirklich weiter, was die *moralische* Beurteilung derselben betrifft, als der gemeinste Haufe der Juden und der ersten Christen, welchen Satz wohl niemand bestreiten wird, der sonst erweisliche historische Nachrichten gelten läßt. Es können dergleichen geübtere Menschen manche Vorbereitung und Anleitung entbehren, die dem unfähigen Haufen noch sehr nötig und nützlich bleibet. Die Rede ist von *moralischen Ideen* und Grundsätzen, welche im Verstande und Willen des Menschen Bewegungen mit sich führen und durch ihre Anwendung des Menschen Zustand wirklich besser und vollkommener machen, weil er selbst diese *Ideen* einsiehet und brauchet als Gründe seiner größern Wohlfahrt. Dieser *moralische* Erfolg von wirklicher Ausbesserung des Menschen ist auch von Gott, von dem allein alle gute Gaben und alle vollkommene Gaben ihren Ursprung und ihre Fortdauer haben, die wir unter den Menschen antreffen, oder von dem alle *Realität* herrühret ...

Nun bleibet also der Unterschied der Christen, wornach einige schon eine größere Erkenntnis haben, daß ihnen die Nachgebung und Herablassung nicht nötig ist, welche gegen andre Leser in andern Schriften mußte angewendet werden. Und noch viel mehr behalten diese fähigern Christen das Recht, ihre guten, ihnen selbst und andern schon wirklich nützlichen Erkenntnissen und Grundsätze nicht mit solchen erst zu vertauschen, die für sie ohne größern Vorteil und gemeinnützige Beschaffenheit sind. Gesetzt also, ein Leser hat schon die edle Denkungsart über äußerliche vorfallende Dinge, welche Paulus dem *Philemon* gegen den *Onesimus* beibringen will: wie soll dieser dafür halten, der Brief an den *Philemon* seie für ihn ein eigentlich göttlicher oder aus besonderer Eingebung Gottes geschriebener Brief, da er in sich stets diese menschenliebige Gemütsart schon hat und jetzt nichts weiter daraus für sich und andre lernen kann? Ist ein Leser mit den *moralischen* Wahrheiten und ihrem Wert an und für sich, was ihren Nutzen für ihn betrifft, schon bekannt; ist er in der Übung solcher Vorschriften schon begriffen; ist er schon so menschenfreundlich, allen Menschen gern eben zu der innerlichen Ordnung zu helfen, die er zu seinem wahren Glück zu erfahren angefangen hat; ist ihm also der Ton in jenen Poesien und Psalmen und in *Apocalypsi* unangenehm und widerlich, von Vertilgung der Heiden etc.: wie soll dieser in diesem Buch und in jenen hitzigen Drohungen und Wünschen lauter göttliche allgemeine Liebe und Wohltätigkeit zur Ausbesserung aller Menschen finden, ohne welche er es nicht dafür ansehen kann, daß solche ernstliche Flüche und Wünsche wider Menschen, die keine Juden sein sollten, den Gott, der lauter Liebe ist gegen die Menschen, zum besondern eigentlichen Urheber haben? Es muß also für manche Menschen, welche die heilsame Kraft der gemeinnützigen Wahrheiten zu erfahren angefangen haben, frei bleiben, sowohl von einzeln Büchern jener alten Sammlungen als von einzelen Teilen mancher Bücher nach ihrem moralischen gemeinnützigen Wert zu urteilen nach ihrer eigenen Erkenntnis und Erfahrung; wie es für andre Leser auch frei bleibet, nach ihrer wirklichen oder angemaßten Einsicht ohne solchen besondern Unterscheid des sehr ungleichen Inhalts alle Bücher des ganzen alten und neuen Testaments, wie sie zusammen geschrieben oder gedruckt worden, geradehin für göttliche anzunehmen und zu behaupten; es mag nun dieses Urteil, göttliche Bücher, ferner für andere auch stattfinden oder nach ihrem Gewissen unentschieden bleiben ...

§ 7 ... Wie ich diesen Zusammenhang des so behaupteten eingeführten *Canons* zur richtigen Annahme und Anwendung der wahren christlichen Religion, die in dem Verstand und Willen der Menschen ihren Sitz und in den Erkenntnissen und Wirkungen der göttlichen Wahrheiten ihren Grund hat und behält, nicht einsehe; indem nicht wenige von diesen Büchern einen Inhalt und fast alle etliche solche Teile haben, die dergleichen göttliche Wahrheiten, die einen unaufhörlichen Gebrauch einschließen, so wenig empfehlen oder bestätigen, daß vielmehr die christliche Religion, der Inhalt der christlichen Lehre, vor der Lehre Christi und den Schriften der Apostel *noch gar nicht* dagewesen ist, und eben erst von dieser Zeit Christi an der *neue bessere Bund* als eine *allgemeine* Religion ist bekanntgemacht worden: so ist es mir auch allemal, wenn ich dieses Stück der sogenannten *Dogmatik*, de scriptura sacra, zu erklären gehabt, unzulänglich vorgekommen, was gemeiniglich zum sogenannten Beweise der gleichen Göttlichkeit der Bücher, welche bei Juden und Christen die heilige Schrift heißen, gelehrt und gesagt zu werden pflegt ...

§ 10 ... Man konnte ganz recht die unleugbaren Grundsätze der einzigen rechten Religion und geistlichen Vollkommenheit und Ausbesserung der Menschen, welche gar nicht selten sind in diesen Büchern, zumal in *Psalmen,* in andern Lehrbüchern, als einigen Teilen der *Sprüchwörter,* des *Prediger,* des *Hiob,* der Propheten, als göttliche Wahrheiten behalten und lieben; sie waren ganz gewiß von Gott! Aber es waren deswegen nicht alle 24 Bücher nun zugleich nach allen ihrem Inhalt *lauter* solcher göttlicher Unterricht; noch war es für alle Menschen ohne einige Ausnahme nötig, solche Wahrheiten gerade aus diesen Büchern der Juden erst zu lernen und zu kennen. Es hatte Gott durch eben solche Wirkungen auch in andern Menschen diese Wahrheiten erweckt und erhalten; und wer Christi Lehre kennengelernt hatte, dem brauchte man gar nicht aufzulegen, er müsse ja auch lernen, was die Juden, die eben darum keine Christen wurden, für *historische* Bücher von den alten Begebenheiten unter ihrem Volke aufweisen. Oder war es zur eignen *moralischen* Besserung nötig, Historien von *Jacob* und *Esau* zu wissen? von *Jael* und *Sissera?* von *David* und *Goliath?* ...

Es ist mir unbegreiflich, wie es geschehen kann, daß nachdenkende Christen und sogar Lehrer, die nach ihrem Beruf helfen sollen, daß die heilsame Erkenntnis wachse, sogar heutzutage noch immer sich selbst hier verirren können und *heilige Bücher* oder Schriften der Juden und das *hie und da, nicht durch und durch,* darin enthaltene, mitgeteilte, eingekleidete *Wort Gottes* oder allgemeine moralische Belehrung *an alle Menschen* immer verwechseln. Es ist auch viel, es ist zu verwundern, daß kaum einige wenige Gelehrte in unserer Zeit dies eingesehen und gelehrt haben; daß hingegen so sehr viele durchaus es behaupten wollen, *alle Bücher* der Juden, alle Teile derselben seien lauter *Wort Gottes!* Wir haben nicht Ursache, dies oder jenes geradehin zu verachten; es enthält in seiner Zeit und in seinem Verhältnis sehr vieles, das damalen groß und überaus schicklich war zu seinem Zweck; aber sollen wir Christen es für *göttliche Belehrungen* halten, die uns *als Christen* nötig seien? Und kann es ein Gesetz, eine Vorschrift worden sein, wenn *Theologi* häufig dies behauptet haben?

§ 15... *Heilige Schrift* und *Wort Gottes* ist gar sehr zu unterscheiden, weil wir den Unterschied kennen; hat man ihn vorher nicht eingesehen, so ist ja dies kein Verbot, das es uns durchaus untersagte. Zu der *heiligen Schrift*, wie dieser *historische*, relative terminus unter den Juden aufgekommen ist, gehört *Ruth, Esther, Esra, Hoheslied* etc., aber zum *Worte Gottes*, das alle Menschen in allen Zeiten weise macht zur Seligkeit, zum göttlichen *Unterricht* für die Menschen gehörten diese *heilig* genannten *Bücher* nicht alle...

§ 20... Wenn nun gleich ganz sichtbar ist, daß Christus und die Apostel *mit Juden als mit Juden* umgehen und freilich diese Bücher damalen brauchen mußten, um Eingang bei Juden zu finden, so hat man doch aus Mangel eigener Betrachtung und Untersuchung *diesen so wichtigen Umstand,* diese damalige Einschränkung, nachher *vergessen* und hat folglich 1) auch unter und bei den Christen, die keine Juden mehr waren, ebendiese Lehrart behalten, 2) *alle Bücher* der Juden, wie sie solche der Zahl nach 24 oder 22 annehmen und in *Gesetz, Propheten* und *Psalmen* oder *Hagiographa* einteilen, ferner zum öffentlichen Gottesdienst, zumal die *Psalmen* zum Singen und Gebet, beibehalten, wenngleich Christus *nur aus etlichen* Büchern zuweilen etwas in einer damaligen Lehrart *und für jene unfähigen Zuhörer* wiederholet hat, ehe noch der eigentliche Lehrgrund der Christen in schriftlicher Abfassung da war...

§ 22... Wir sollen ja *wachsen* in der Erkenntnis Christi und des großen Erfolges, wozu Christus gesendet worden; wir sollen nicht mit jenen Anfängern aus dem Judentum wissentlich *stehen* bleiben und die sich anbietende Gelegenheit zu weitern Erkenntnissen oder Entwicklungen und Verknüpfungen derselben als eine tägliche Wirkung der Providenz Gottes gern annehmen, nicht aber dem Teufel gleichsam zuschreiben und sie in uns hindern durch unwahre und unrichtige Einbildungen von göttlicher Offenbarung und Eingebung dieser damaligen Vorstellungen. Es gibt sogar den Fall, daß wir nach unserer ganz andern Übung bessere und fruchtbarere Erkenntnissen haben und anwenden können, als Paulus damals *bei andern* und *gegen andere* selbst *anwenden* konnte wegen schlechter Umstände der Personen in seiner Zeit, in welche er sich schicken mußte, wie er selbst mehrmalen dieses ausdrücklich meldet. Ich sehe also nicht, wie es geradehin unrecht und ohne Grund gewesen seie, wenn manche fähigere Christen, welche sich unter den sogenannten *Gnostikern* fanden, gestunden, daß die *Apostel* zuweilen manches damalen hätten *so lehren* müssen, wie es die Fähigkeit der damaligen Zuhörer und Leser mit sich brachte; ja, daß auch die Apostel selbst nicht das vollkommenste Maß der Erkenntnissen schon gehabt hätten, weil es in jene Zeit noch nicht schickte und kein Platz dazu war. *Irenäus* und *Tertullianus* nehmen dies zwar den Gnostikern, wie sie nun heißen, sehr übel, und ihr Ansehen hat nach und nach, weil es weiter keine Schriftsteller aus jener angeblichen Zeit gibt, sehr leicht die ganze *catholische* Partei ebenso gestimmt, daß sie dieses als eine gottlose und greuliche Lehre angesehen und geradehin verworfen, also allen weitern Wachstum der christlichen Erkenntnissen, der jenes Locale ausschließt, nicht zugelassen haben. Da aber Paulus selbst seinen *succesiven* fernern Wachstum in der christlichen Erkenntnis eingestehet und die Christen ermahnet, immer mehr aus der anfänglichen Kindheit in das Alter eines moralischen Mannes überzugehen, wovon er wirklich das Maß in seinen Briefen nicht von sich gegeben und uns klärlich vorgeschrieben hat, so finde ich an diesem Satz, wenn er an sich genommen wird, keine liederliche und freche Beschaffenheit, sondern halte ihn für völlig wahr und für die wahre Pflicht aller treuen Lehrer, in ihrer Zeit stets zu solchem freien Wachstum der Erkenntnis, die ihrer Zeit zukommen kann, zu helfen. Die göttlichen Wahrheiten haben gleichsam einen unendlichen unaufhörlichen Fortgang unter den Menschen von einer Zeit in die andre . . .

Kommentar

Zur ersten Einführung in die theologische und kirchliche Lage z. Z. Semlers vgl. K.-H. Michel, Anfänge der Bibelkritik. Quellentexte aus Orthodoxie und Aufklärung, Wuppertal 1985, S. 71ff. In Semler tritt uns ein von der Aufklärung geprägter Theologe entgegen, welcher sich als Christ zutiefst dem aufklärerischen Bild des Menschen als eines moralischen Wesens verpflichtet weiß. Die Moralität, die uneigennützige und menschenfreundliche Gesinnung und Tat zu fördern, war Semlers eigentliches Bestreben. Gleichsam inspiriert von dieser Idee vermag er auch die Bibel nur in der Kategorie moralischer Nutzanwendung zu verstehen. Gleichzeitig lebt Semler im aufklärerischen Bewußtsein, daß die Menschheit sich langsam und beständig moralisch höher entwickelt und vervollkommnet. Damit bekommt sein Bibelverständnis eine Tendenz, in der die jüngeren Berichte selbstverständlich maßgeblicher sind als die älteren. Beide Leitideen, das moralische Menschenbild und die Aufwärtsentwicklung der Menschheit, prägen Semlers Theologie und Hermeneutik entscheidend.

Bereits in § 1 und § 2 des vorstehenden Textes wird deutlich, wie zeitgebunden Semlers Gottesbegriff ist. Nach ihm ist Gott gleichsam der große Pädagoge, der alles daransetzt, der Menschheit die »heilsamen und notwendigen Wahrheiten« für ihre »höchst nötige Ausbesserung und ganze Wohlfahrt« zu vermitteln. Nachdem Semler das Recht der moralischen Bibelauslegung verteidigt hat (§ 5), kommt er zu seiner bekannten und theologiegeschichtlich wirksamen Unterscheidung von Wort Gottes und Heiliger Schrift (§ 10 und § 15). In § 20 finden wir die sog. Akkomodationslehre Semlers ausgesprochen, nach der Jesus und die Apostel ihre Lehre den Anschauungsformen des Volkes angepaßt (»akkomodiert«) haben. § 22 verdeutlicht Semlers Überzeugung von einem »unaufhörlichen Fortgang« der göttlichen Wahrheiten, demzufolge er das Maß theologischer, geistlicher und moralischer Erkenntnis der Neuzeit höher ansetzt als dasjenige etwa der Verfasser des Neuen Testaments.

Semlers Unterscheidung von Wort Gottes und Heiliger Schrift hat in zahlreichen Variationen, nicht zuletzt als Suche eines Kanons im Kanon, die weitere Geschichte der Schriftauslegung stark beeinflußt. Die biblische Hermeneutik wurde in der Nachfolge Semlers zu einem Kampffeld sich abwechselnder Unterscheidungskriterien für die verbindlichen und unverbindlichen Schriftaussagen, während die von den Reformatoren entdeckte hermeneutische Dimension, daß Gott durch die ganze Schrift den Menschen zu Christus zu ziehen vermag und ziehen will, im Getümmel dieses Kampfes weithin verlassen worden ist. C

GOTTHOLD EPHRAIM LESSING,
Über den Beweis des Geistes und der Kraft (1777),
in: G. E. Lessing, Gesammelte Werke, hrsg. v. P. Rilla, Berlin (Ost), ²1968,
Bd. 8, S. 10 – 16.

. . .

Ein andres sind erfüllte Weissagungen, die ich selbst erlebe: ein andres erfüllte Weissagungen, von denen ich nur historisch weiß, daß sie andre wollen erlebt haben.

Ein andres sind Wunder, die ich mit meinen Augen sehe und selbst zu prüfen Gelegenheit habe: ein andres sind Wunder, von denen ich nur historisch weiß, daß sie andre wollen gesehn und geprüft haben.

Das ist doch wohl unstreitig? Dagegen ist doch nichts einzuwenden?

Wenn ich zu Christi Zeiten gelebt hätte: so würden mich die in seiner Person erfüllten Weissagungen allerdings auf ihn sehr aufmerksam gemacht haben. Hätte ich nur gar gesehen ihn Wunder tun; hätte ich keine Ursache zu zweifeln gehabt, daß es wahre Wunder gewesen: so würde ich zu einem von so langeher ausgezeichneten, wundertätigen Mann allerdings so viel Vertrauen gewonnen haben, daß ich willig meinen Verstand dem seinigen unterworfen hätte; daß ich ihm in allen Dingen geglaubt hätte, in welchen eben so ungezweifelte Erfahrungen ihm nicht entgegen gewesen wären.

Oder: wenn ich noch jetzt erlebte, daß Christum oder die christliche Religion betreffende Weissagungen, von deren Priorität ich längst gewiß gewesen, auf die unstreitigste Art in Erfüllung gingen; wenn noch jetzt von gläubigen Christen Wunder getan würden, die ich für echte Wunder erkennen müßte: was könnte mich abhalten, mich diesem Beweise des Geistes und der Kraft, wie ihn der Apostel nennet, zu fügen?

In dem letztern Falle war noch Origenes, der sehr Recht hatte zu sagen, daß die christliche Religion an diesem Beweise des Geistes und der Kraft einen eigenen göttlichern Beweis habe als alle griechische Dialektik gewähren könne. Denn, noch war zu seiner Zeit ›die Kraft, wunderbare Dinge zu tun, von denen nicht gewichen‹, die nach Christi Vorschrift lebten; und wenn er ungezweifelte Beispiele hiervon hatte, so mußte er notwendig, wenn er nicht seine eigenen Sinne verleugnen wollte, jenen Beweis des Geistes und der Kraft anerkennen.

Aber ich, der ich auch nicht einmal mehr in dem Falle des Origenes bin, der ich in dem 18ten Jahrhunderte lebe, in welchem es keine Wunder mehr gibt; wenn ich anstehe, noch jetzt, auf den Beweis des Geistes und der Kraft etwas zu glauben, was ich auf andre meiner Zeit angemessenere Beweise glauben kann: woran liegt es?

Daran liegt es: daß dieser Beweis des Geistes und der Kraft jetzt weder Geist noch Kraft mehr hat, sondern zu menschlichen Zeugnissen von Geist und Kraft herabgesunken ist.

Daran liegt es: daß Nachrichten von erfüllten Weissagungen nicht erfüllte Weissagungen; daß Nachrichten von Wundern nicht Wunder sind. Diese, die vor meinen Augen erfüllte Weissagungen, die vor meinen Augen geschehenen Wunder wirken unmittelbar. Jene aber, die Nachrichten von erfüllten Weissagungen und Wundern, sollen durch ein Medium wirken, das ihnen alle Kraft benimmt . . .

Oder ist ohne Ausnahme, was ich bei glaubwürdigen Geschichtschreibern lese, für mich ebenso gewiß als was ich selbst erfahre?

Das wüßte ich nicht, daß es jemals ein Mensch behauptet hätte: sondern man behauptet nur, daß die Nachrichten, die wir von jenen Weissagungen und Wundern haben, ebenso zuverlässig sind als nur immer historische Wahrheiten sein können.

– Und freilich, fügt man hinzu, könnten historische Wahrheiten nicht demonstrieret werden: aber dem ohngeachtet müsse man sie eben so fest glauben als demonstrierte Wahrheiten.

Hierauf nun antworte ich. Erstlich: wer leugnet es – ich nicht –, daß die Nachrichten von jenen Wundern und Weissagungen ebenso zuverlässig sind als nur immer historische Wahrheiten sein können? – Aber nun: wenn sie nur ebenso zuverlässig sind, warum macht man sie bei dem Gebrauche auf einmal unendlich zuverlässiger?

Und wodurch? – Dadurch, daß man ganz andere und mehrere Dinge auf sie bauet, als man auf historisch erwiesene Wahrheiten zu bauen befugt ist.

Wenn keine historische Wahrheit demonstriert werden kann: so kann auch nichts durch historische Wahrheiten demonstrieret werden.

Das ist: zufällige Geschichtswahrheiten können der Beweis von notwendigen Vernunftwahrheiten nie werden.

Ich leugne also gar nicht, daß in Christo Weissagungen erfüllet worden; ich leugne gar nicht, daß Christus Wunder getan: sondern ich leugne, daß diese Wunder, seitdem ihre Wahrheit völlig aufgehöret hat, durch noch gegenwärtig gangbare Wunder erwiesen zu werden, seitdem sie nichts als Nachrichten von Wundern sind, (mögen doch diese Nachrichten so unwidersprochen, so unwidersprechlich sein, als sie immer wollen:) mich zu dem geringsten Glauben an Christi anderweitige Lehren verbinden können und dürfen. Diese anderweitigen Lehren nehme ich aus anderweitigen Gründen an.

Denn zweitens: was heißt einen historischen Satz für wahr halten? eine historische Wahrheit glauben? Heißt es im geringsten etwas anders als diesen Satz, diese Wahrheit gelten lassen? nichts darwider einzuwenden haben? sich gefallen lassen, daß ein andrer einen andern historischen Satz darauf bauet, eine andre historische Wahrheit daraus folgert? sich selbst vorbehalten, andere historische Dinge darnach zu schätzen? Heißt es im geringsten etwas anders? etwas mehr? Man prüfe sich genau!

Wir alle glauben, daß ein Alexander gelebt hat, welcher in kurzer Zeit fast ganz Asien besiegte. Aber wer wollte, auf diesen Glauben hin, irgend etwas von großem dauerhaften Belange, dessen Verlust nicht zu ersetzen wäre, wagen? Wer wollte, diesem Glauben zu Folge, aller Kenntnis auf ewig abschwören, die mit diesem Glauben stritte? Ich wahrlich nicht. Ich habe jetzt gegen den Alexander und seine Siege nichts einzuwenden: aber es wäre doch möglich, daß sie sich ebenso wohl auf ein bloßes Gedicht des Chörilus, welcher den Alexander überall begleitete, gründeten, als die zehnjährige Belagerung von Troja sich auf weiter nichts als auf die Gedichte des Homers gründet.

Wenn ich folglich historisch nichts darwider einzuwenden habe, daß Christus einen Toten erweckt: muß ich darum für wahr halten, daß Gott einen Sohn habe, der mit ihm gleiches Wesens sei? In welcher Verbindung steht mein Unvermögen, gegen die Zeugnisse von jenem etwas Erhebliches einzuwenden mit meiner Verbindlichkeit etwas zu glauben, wogegen sich meine Vernunft sträubt?

Wenn ich historisch nichts darwider einzuwenden habe, daß dieser Christus selbst von dem Tode auferstanden: muß ich darum für wahr halten, daß eben dieser auferstandene Christus der Sohn Gottes gewesen sei?

Daß der Christus, gegen dessen Auferstehung ich nichts Historisches von Wichtigkeit einwenden kann, sich deswegen für den Sohn Gottes ausgegeben; daß ihn seine Jünger deswegen dafür gehalten: das glaube ich herzlich gern. Denn diese Wahrheiten, als Wahrheiten einer und eben derselben Klasse, folgen ganz natürlich aus einander.

Aber nun mit jener historischen Wahrheit in eine ganz andre Klasse von Wahrheiten herüber springen und von mir verlangen, daß ich alle meine metaphysischen und moralischen Begriffe darnach umbilden soll; mir zumuten, weil ich der Auferstehung Christi kein glaubwürdiges Zeugnis entgegensetzen kann, alle meine Grundideen von dem Wesen der Gottheit danach abzuändern: wenn das nicht eine μετάβασις εἰς ἄλλο γένος ist, so weiß ich nicht, was Aristoteles sonst unter dieser Benennung verstanden. Man sagt freilich: aber eben der Christus, von dem du historisch gelten lassen mußt, daß er Tote erweckt, daß er selbst vom Tode erstanden, hat es selbst gesagt, daß Gott einen Sohn gleiches Wesens habe und daß er dieser Sohn sei.

Das wäre ganz gut! Wenn nur nicht, daß dieses Christus gesagt, gleichfalls nicht mehr als historisch gewiß wäre.

Wollte man mich noch weiter verfolgen und sagen ›O doch! das ist mehr als historisch gewiß; denn inspirierte Geschichtschreiber versichern es, die nicht irren können‹: So ist auch das, leider, nur historisch gewiß, daß diese Geschichtschreiber inspiriert waren, und nicht irren konnten.

Das, das ist der garstige breite Graben, über den ich nicht kommen kann, so oft und ernstlich ich auch den Sprung versucht habe. Kann mir jemand hinüber helfen, der tu' es; ich bitte ihn, ich beschwöre ihn. Er verdienet einen Gotteslohn an mir.

Und so wiederhole ich, was ich oben gesagt, mit den nämlichen Worten. Ich leugne gar nicht, daß in Christo Weissagungen erfüllt worden; ich leugne gar nicht, daß Christus Wunder getan: sondern ich leugne, daß diese Wunder, seitdem ihre Wahrheit völlig aufgehört hat, durch noch gegenwärtig gangbare Wunder erwiesen zu werden; seitdem sie nichts als Nachrichten von Wundern sind, (mögen doch diese Nachrichten so unwidersprochen, so unwidersprechlich sein, als sie immer wollen:) mich zu dem geringsten Glauben an Christi anderweitige Lehren verbinden können und dürfen.

Was verbindet mich denn dazu? – Nichts, als diese Lehren selbst, die vor 18hundert Jahren allerdings so neu, dem ganzen Umfange damals erkannter Wahrheiten so fremd, so uneinverleiblich waren, daß nichts geringeres als Wunder und erfüllte Weissagungen erfordert wurden, um erst die Menge aufmerksam darauf zu machen.

Die Menge aber auf etwas aufmerksam machen heißt, dem gesunden Menschenverstand auf die Spur zu helfen.

Auf die kam er; auf der ist er: und was er auf dieser Spur rechts und links aufgejaget, das, das sind die Früchte jener Wunder und erfüllten Weissagungen.

Diese Früchte sähe ich vor mir reifen und gereift und ich sollte mich damit nicht sättigen dürfen? weil ich die alte fromme Sage, daß die Hand, die den Samen dazu ausgestreut, sich siebenmal bei jedem Wurfe in Schneckenblute waschen müssen – nicht etwa leugnete, nicht etwa bezweifele – sondern bloß an ihren Ort gestellt sein ließe? – Was kümmert es mich, ob die Sage falsch oder wahr ist: die Früchte sind trefflich.

Gesetzt, es gäbe eine große nützliche mathematische Wahrheit, auf die der Erfinder durch einen offenbaren Trugschluß gekommen wäre: – (wenn es dergleichen nicht gibt: so könnte es doch dergleichen geben) – leugnete ich darum diese Wahrheit, entsagte ich darum, mich dieser Wahrheit zu bedienen, wäre ich darum ein undankbarer Lästerer des Erfinders, weil ich aus seinem anderweitigen Scharfsinne nicht beweisen wollte, es für beweislich daraus gar nicht hielt, daß der Trugschluß, durch den er auf die Wahrheit gestoßen, kein Trugschluß sein könne? – . . .

GOTTHOLD EPHRAIM LESSING,
Gegensätze des Herausgebers zu den Papieren des Ungenannten (1777),
in: G. E. Lessing, Gesammelte Werke, hrsg. v. P. Rilla, Bd. 7, ²1968, S. 812 f.

Kurz: der Buchstabe ist nicht der Geist; und die Bibel ist nicht die Religion. Folglich sind Einwürfe gegen den Buchstaben und gegen die Bibel nicht eben auch Einwürfe gegen den Geist und gegen die Religion.

Denn die Bibel enthält offenbar mehr als zur Religion Gehöriges: und es ist bloße Hypothes, daß sie in diesem mehrern gleich unfehlbar sein müsse. Auch war die Religion ehe eine Bibel war. Das Christentum war, ehe Evangelisten und Apostel geschrieben hatten. Es verlief eine geraume Zeit, ehe der erste von ihnen schrieb; und eine sehr beträchtliche, ehe der ganze Kanon zustande kam. Es mag also von diesen Schriften noch so viel abhängen: so kann doch unmöglich die ganze Wahrheit der Religion auf ihnen beruhen. War ein Zeitraum, in welchem sie bereits so ausgebreitet war, in welchem sie bereits sich so vieler Seelen bemächtigt hatte, und in welchem gleichwohl noch kein Buchstabe aus dem von ihr aufgezeichnet war, was bis auf uns gekommen: so muß es auch möglich sein, daß alles, was Evangelisten und Apostel geschrieben haben, wiederum verloren ginge und die von ihnen gelehrte Religion doch bestände. Die Religion ist nicht wahr, weil die Evangelisten und Apostel sie lehrten: sondern sie lehrten sie, weil sie wahr ist. Aus ihrer innern Wahrheit müssen die schriftlichen Überlieferungen erklärt werden, und alle schriftlichen Überlieferungen können ihr keine innere Wahrheit geben, wenn sie keine hat.

GOTTHOLD EPHRAIM LESSING,
Die Erziehung des Menschengeschlechts (1780),
in: G. E. Lessing, Gesammelte Werke, hrsg. v. P. Rilla, Bd. 8, ²1968, S. 19 – 24

§ 43 Doch da es mit dieser Lehre (der Unsterblichkeit der Seele [d. Hrsg.]), in Ansehung ihrer heiligen Schriften, die Bewandtnis nicht hatte, die es mit der Lehre von der Einheit und den Eigenschaften Gottes gehabt hatte; da jene von dem sinnlichen Volke darin war gröblich übersehen worden, diese aber gesucht sein wollte; da auf diese noch *Vorübungen* nötig gewesen waren, und also nur *Anspielungen* und *Fingerzeige* stattgehabt hatten: so konnte der Glaube an die Unsterblichkeit der Seele natürlicher Weise nie der Glaube des gesamten Volks werden. Er war und blieb nur der Glaube einer gewissen Sekte desselben.

§ 44 Eine *Vorübung* auf die Lehre von der Unsterblichkeit der Seele nenne ich z. E. die göttliche Androhung, die Missetat des Vaters an seinen Kindern bis ins dritte und vierte Glied zu strafen. Dies gewöhnte die Väter in Gedanken mit ihren spätesten Nachkommen zu leben, und das Unglück, welches sie über diese Unschuldige gebracht hatten, vorauszufühlen.

§ 45 Eine *Anspielung* nenne ich, was bloß die Neugierde reizen und eine Frage veranlassen sollte. Als die oft vorkommende Redensart, *zu seinen Vätern versammlet werden*, für sterben.

§ 46 Einen *Fingerzeig* nenne ich, was schon irgendeinen Keim enthält, aus welchem sich die noch zurückgehaltne Wahrheit entwickeln läßt. Dergleichen war Christi Schluß aus der Benennung *Gott Abrahams, Isaaks* und *Jakobs.* Dieser Fingerzeig scheint mir allerdings in einen strengen Beweis ausgebildet werden zu können.

§ 47 In solchen Vorübungen, Anspielungen, Fingerzeigen besteht die *positive* Vollkommenheit eines Elementarbuchs; so wie die oben erwähnte Eigenschaft, daß es den Weg zu den noch zurückgehaltenen Wahrheiten nicht erschwere, oder versperre, die *negative* Vollkommenheit desselben war.

§ 48 Setzt hierzu noch die Einkleidung und den Stil – 1. die Einkleidung der nicht wohl zu übergehenden abstrakten Wahrheiten in Allegorien und lehrreiche einzelne Fälle, die als wirklich geschehen erzählet werden. Dergleichen sind die Schöpfung, unter dem Bilde des werdenden Tages; die Quelle des moralischen Bösen, in der Erzählung vom verbotnen Baume; der Ursprung der mancherlei Sprachen, in der Geschichte vom Turmbaue zu Babel, usw.

§ 49 2. den Stil – bald plan und einfältig, bald poetisch, durchaus voll Tautologien, aber solchen, die den Scharfsinn üben, indem sie bald etwas anders zu sagen scheinen, und im Grunde etwas anders bedeuten oder bedeuten können: –

§ 50 Und ihr habt alle gute Eigenschaften eines Elementarbuchs sowohl für Kinder, als für ein kindisches Volk.

§ 51 Aber jedes Elementarbuch ist nur für ein gewisses Alter. Das ihm entwachsene Kind länger, als die Meinung gewesen, dabei zu verweilen, ist schädlich. Denn um dieses auf eine nur einigermaßen nützliche Art tun zu können, muß man mehr hineinlegen, als darin liegt: mehr hineintragen, als es fassen kann. Man muß der Anspielungen und Fingerzeige zu viel suchen und machen, die Allegorien zu genau ausschütteln, die Beispiele zu umständlich deuten, die Worte zu stark pressen. Das gibt dem Kinde einen kleinlichen, schiefen, spitzfindigen Verstand; das macht es geheimnisreich, abergläubisch, voll Verachtung gegen alles Faßliche und Leichte.

§ 52 Die nämliche Weise, wie die Rabbinen ihre heiligen Bücher behandelten! Der nämliche Charakter, den sie dem Geiste ihres Volks dadurch erteilten!

§ 53 Ein beßrer Pädagog muß kommen, und dem Kinde das erschöpfte Elementarbuch aus den Händen reißen. – Christus kam.

§ 54 Der Teil des Menschengeschlechts, den Gott in *einen* Erziehungsplan hatte fassen wollen – er hatte aber nur denjenigen in einen fassen wollen, der durch Sprache, durch Handlung, durch Regierung, durch andere natürliche und politische Verhältnisse in sich bereits verbunden war – war zu dem zweiten großen Schritte der Erziehung reif.

§ 55 Das ist: dieser Teil des Menschengeschlechts war in der Ausübung seiner Vernunft so weit gekommen, daß er zu seinen moralischen Handlungen edlere, würdigere Bewegungsgründe bedurfte und brauchen konnte, als zeitliche Belohnung und Strafen waren, die ihn bisher geleitet hatten. Das Kind wird Knabe. Leckerei und Spielwerk weicht der aufkeimenden Begierde, ebenso frei, ebenso geehrt, ebenso glücklich zu werden, als es sein älteres Geschwister sieht.

§ 56 Schon längst waren die Bessern von jenem Teile des Menschengeschlechts gewohnt, sich durch einen *Schatten* solcher edlern Bewegungsgründe regieren zu lassen. Um nach diesem Leben auch nur in dem Andenken seiner Mitbürger fortzuleben, tat der Grieche und Römer alles.

§ 57 Es war Zeit, daß ein andres *wahres* nach diesem Leben zu gewärtigendes Leben Einfluß auf seine Handlungen gewönne.

§ 58 Und so ward Christus der erste *zuverlässige, praktische* Lehrer der Unsterblichkeit der Seele.

§ 59 Der erste *zuverlässige* Lehrer. – Zuverlässig durch die Weissagungen, die in ihm erfüllt schienen; zuverlässig durch die Wunder, die er verrichtete; zuverlässig durch seine Wiederbelebung nach einem Tode, durch den er seine Lehre versiegelt hatte. Ob wir nun itzt diese Wiederbelebung, diese Wunder beweisen können: das lasse ich dahingestellt sein. So, wie ich es dahingestellt sein lasse, wer die Person dieses Christus gewesen. Alles das kann damals zur *Annehmung* seiner Lehre wichtig gewesen sein: itzt ist es zur Erkennung der Wahrheit dieser Lehre so wichtig nicht mehr.

§ 60 Der erste *praktische* Lehrer. – Denn ein anders ist, die Unsterblichkeit der Seele, als eine philosophische Spekulation, vermuten, wünschen, glauben: ein anders, seine innern und äußern Handlungen darnach einrichten.

§ 61 Und dieses wenigstens lehrte Christus zuerst. Denn ob es gleich bei manchen Völkern auch schon vor ihm eingeführter Glaube war, daß böse Handlungen noch in jenem Leben bestraft würden: so waren es doch nur solche, die der bürgerlichen Gesellschaft Nachteil brachten, und daher auch schon in der bürgerlichen Gesellschaft ihre Strafe hatten. Eine innere Reinigkeit des Herzens in Hinsicht auf ein andres Leben zu empfehlen, war ihm allein vorbehalten.

§ 62 Seine Jünger haben diese Lehre getreulich fortgepflanzt. Und wenn sie auch kein ander Verdienst hätten, als daß sie einer Wahrheit, die Christus nur allein für die Juden bestimmt zu haben schien, einen allgemeinern Umlauf unter mehrern Völkern verschafft hätten: so wären sie schon darum unter die Pfleger und Wohltäter des Menschengeschlechts zu rechnen.

§ 63 Daß sie aber diese eine große Lehre noch mit andern Lehren versetzten, deren Wahrheit weniger einleuchtend, deren Nutzen weniger erheblich war: wie konnte das anders sein? Laßt uns sie darum nicht schelten, sondern vielmehr mit Ernst untersuchen: ob nicht selbst diese beigemischten Lehren ein neuer *Richtungsstoß* für die menschliche Vernunft geworden.

§ 64 Wenigstens ist es schon aus der Erfahrung klar, daß die neutestamentlichen Schriften, in welchen sich diese Lehren nach einiger Zeit aufbewahret fanden, das zweite beßre Elementarbuch für das Menschengeschlecht abgegeben haben, und noch abgeben.

§ 65 Sie haben seit siebzehnhundert Jahren den menschlichen Verstand mehr als alle andere Bücher beschäftiget; mehr als alle andere Bücher erleuchtet, sollte es auch nur durch das Licht sein, welches der menschliche Verstand selbst hineintrug.

§ 66 Unmöglich hätte irgendein ander Buch unter so verschiednen Völkern so allgemein bekannt werden können: und unstreitig hat das, daß so ganz ungleiche Denkungsarten sich mit diesem nämlichen Buche beschäftigen, den menschlichen Verstand mehr fortgeholfen, als wenn jedes Volk für sich besonders sein eignes Elementarbuch gehabt hätte.

§ 67 Auch war es höchst nötig, daß jedes Volk dieses Buch eine Zeitlang für das Non plus ultra seiner Erkenntnisse halten mußte. Denn dafür muß auch der Knabe sein Elementarbuch vors erste ansehen; damit die Ungeduld, nur fertig zu werden, ihn nicht zu Dingen fortreißt, zu welchen er noch keinen Grund gelegt hat.

§ 68 Und was noch itzt höchst wichtig ist: – Hüte dich, du fähigeres Individuum, der du an dem letzten Blatte dieses Elementarbuches stampfest und glühest, hüte dich, es deine schwächere Mitschüler merken zu lassen, was du witterst, oder schon zu sehn beginnest.

§ 69 Bis sie dir nach sind, diese schwächere Mitschüler; – kehre lieber noch einmal selbst in dieses Elementarbuch zurück, und untersuche, ob das, was du nur für Wendungen der Methode, für Lückenbüßer der Didaktik hältst, auch wohl nicht etwas Mehrers ist.

§ 70 Du hast in der Kindheit des Menschengeschlechts an der Lehre von der Einheit Gottes gesehen, daß Gott auch bloße Vernunftswahrheiten unmittelbar offenbaret; oder verstattet und einleitet, daß bloße Vernunftswahrheiten als unmittelbar geoffenbarte Wahrheiten eine Zeitlang gelehret werden: um sie geschwinder zu verbreiten, und sie fester zu gründen.

§ 71 Du erfährst, in dem Knabenalter des Menschengeschlechts, an der Lehre von der Unsterblichkeit der Seele, das nämliche. Sie wird in dem zweiten bessern Elementarbuche als Offenbarung *geprediget*, nicht als Resultat menschlicher Schlüsse *gelehret*.

§ 72 So wie wir zur Lehre von der Einheit Gottes nunmehr des Alten Testaments entbehren können; so wie wir allmählich, zur Lehre von der Unsterblichkeit der Seele, auch des Neuen Testaments entbehren zu können anfangen: könnten in diesem nicht noch mehr dergleichen Wahrheiten vorgespiegelt werden, die wir als Offenbarungen so lange anstaunen sollen, bis sie die Vernunft aus ihren andern ausgemachten Wahrheiten herleiten und mit ihnen verbinden lernen?

Kommentar

Lessing nimmt in dieser Quellensammlung nicht nur deswegen eine Sonderstellung ein, weil er kein Universitätstheologe war, sondern vor allem, weil sein Beitrag zur biblischen Hermeneutik in Problemskizzen und tiefschürfenden Fragen, jedoch nicht in Antworten besteht. Er war bewußt kein Systematiker, sondern ein Dialektiker. Die Suche nach Wahrheit war ihm wichtiger als ihre Definition. Diese Eigenart im Denken und besonders auch in der Religionsphilosophie Lessings stellt an die Auseinandersetzung mit ihm erhebliche Anforderungen. Der Arbeit mit den abgedruckten Texten sollte deswegen, wenn möglich, eine einführende Lektüre vorausgehen, z. B. der Lessing-Kapitel in: H. Thielicke, Glauben und Denken in der Neuzeit, Tübingen 1983 oder W. Oelmüller, Die unbefriedigte Aufklärung, Frankfurt/M. 1979.

Im ersten Text arbeitet Lessing das Spannungsverhältnis zwischen der das Christentum bestimmenden geschichtlichen Offenbarung und dem nach unmittelbar einsichtigen Vernunftwahrheiten strebenden Menschen der Neuzeit heraus. Dabei geht es ihm nicht um das Problem des Zweifels an der Zuverlässigkeit biblischer Urkunden (die ist er bereit zuzugestehen), sondern um den grundsätzlichen Nachweis, daß geschichtliche Urkunden, gleich welcher Art, niemals die mit der Vernunft gefundene Wahrheit ersetzen können. Als Philosoph der Neuzeit ist es für Lessings autonomes Denken eine voraufklärerische, überwundene Vorstellung, daß der Mensch in seinem Glauben und Leben von Dokumenten der Vergangenheit abhängig sein soll. Sein Christentum jedenfalls weiß Lessing nicht von der Geschichte, sondern von seinem »gesunden Menschenverstand« getragen. Diese Position Lessings stellt, wie H. Thielicke gezeigt hat, eine ernstzunehmende Frage an ein Christentum dar, das zwar an der Überlieferung seiner Geschichte festhält im Sinne einer fides historica, aber nicht »vom Vertrauen auf die Wahrheit lebt«.

Ebenso muß das erschütternde Selbstzeugnis, daß er schon oft vergeblich versucht habe, über den »garstigen breiten Graben« zwischen Vernunft und geschichtlicher Offenbarung zu springen, ernstgenommen und theologisch beantwortet werden. Hinweise auf die Geschichtlichkeit der Offenbarung, auf Autorität und Glaubwürdigkeit der Bibel oder auf die Notwendigkeit, die »zufälligen Geschichtswahrheiten« der biblischen Überlieferung im Glaubenswagnis anzunehmen, würden den Dialog mit Lessing nicht weiterbringen, weil sie ihn zur Aufgabe seiner Vernunftautonomie nötigen würden. Vielmehr wäre über das Geheimnis der Gleichzeitigkeit von »zufälligen Geschichtswahrheiten« und ihrem existenziellen Ergreifen, also über die fides apprehensiva, und zwar als Geschenk Gottes, zu sprechen.

Auch im 2. Text zeigt sich Lessings Bemühen, das von ihm vertretene Vernunft-Christentum aus der Abhängigkeit von geschichtlichen Urkunden zu lösen. Im Blick hat er, wie im 1. Text, eine Orthodoxie, die den christlichen Glauben lediglich unter Berufung auf Bibel und Tradition verteidigt. Ausgehend von diesem Text könnten als weiterführende Fragen formuliert werden, ob der christliche Glaube tatsächlich ohne das biblische Wort lebensfähig wäre und wie insgesamt das Verhältnis Glaube und geschichtliche Offenbarung in reformatorischer Sicht zu bestimmen wäre.

Der 3. Text, eine Spätschrift Lessings, interessiert uns in unserem Zusammenhang vor allem wegen seiner Definition des Alten und Neuen Testaments als »Elementarbuch«. In der evolutiven Geschichtsschau, die Lessing hier zur Diskussion stellt (ohne sich damit völlig zu identifizieren), ist die Bibel in ihren beiden Teilen ein Erziehungsmittel Gottes, durch das die Vernunft zunächst des Volkes Israel, dann der ganzen Menschheit so weit gefördert werden soll, bis es schließlich entbehrlich geworden ist. Eine Ablehnung dieser Spekulation unter Hinweis auf den überholten Fortschrittsoptimismus würde sich die Auseinandersetzung zu leicht machen. Z. B. wäre zu fragen, welche Faktoren im Christentum, besonders des 18. Jahrhunderts, Lessings Wertung der Bibel als moralisches Lehrbuch begünstigten und ob nicht unter ähnlichen Vorzeichen die Bibel auch heute weithin ausgelegt und gelebt wird.

Lessings Fragen sind heute keineswegs vom Tisch. Vor allem das Spannungsfeld geschichtliche Offenbarung – neuzeitliche Vernunftautonomie hat er wie kein anderer erlitten und herausgearbeitet. Bewältigt ist es bis heute nicht. Damit steht die christliche Theologie vor einer bleibenden Herausforderung.   C

JOHANN GEORG HAMANN,
Auswahl aus seinen Schriften, zit. nach: Sämtliche Werke in 6 Bänden, hist.-krit. Ausgabe von Josef Nadler, Wien 1949 – 1957

Über die Auslegung der Heiligen Schrift (Bd. I, S. 5f).

Gott ein Schriftsteller! – – Die Eingebung dieses Buchs ist eine eben so große Erniedrigung und Herunterlassung Gottes als die Schöpfung des Vaters und Menschwerdung des Sohnes. Die Demuth des Herzens ist daher die einzige Gemüthsverfassung, die zur Lesung der Bibel gehört, und die unentbehrlichste Vorbereitung zur selbigen.

Der Schöpfer ist geleugnet, der Erlöser gekreutzigt, und der Geist der Weisheit gelästert worden. Das Wort dieses Geistes ist ein eben so großes Werk als die Schöpfung und ein eben so groß Geheimnis als die Erlösung der Menschen ist, ja dies Wort ist der Schlüssel zu den Werken der ersteren und den Geheimnissen der letzteren. Der Gipfel der Atheisterey und die größte Zauberey des Unglaubens ist daher die Blindheit, Gott in der Offenbarung zu erkennen, und der Frevel, dies Gnadenmittel zu verschmähen.

So wenig wie ein Thier fähig ist, die Fabeln eines Aesops, eines Phädrus und la Fontaine zu lesen; aber wenn es fähig seyn sollte, selbige zu lesen, so würde es nicht im stande seyn, so thierische Urtheile über den Verstand der Erzählungen und die Füglichkeit derselben zu fällen, als der Mensch über das Buch Gottes critisirt und philosophirt hat.

Wir liegen alle in einem so sumpfichen Gefängis, worin sich Jeremias befand. Alte Lumpen dienten zu den Seilen, ihn heraus zu ziehen; diesen sollte er seine Rettung zu danken haben. Nicht das Ansehn derselben, sondern die Dienste, die ihm selbige thaten, und der Gebrauch, den er davon machte, erlösten ihn aus der Gefahr des Lebens. Jer. XXXVIII. 11-13.

Unser Erlöser brauchte einen Teig, den er aus seinem Speichel und dem Staub der Erde zubereitete, zur Augensalbe, einen blindgeborenen sehend zu machen. Joh. IX. 6.

Und wer kann ohne einem Zittern der Ehrfurcht die Geschichte Davids an dem Hofe des Königs zu Gath lesen, der seine Gebärde verstellte, einen unsinnigen spielte und die Pforten des Thors bewachte, seinen Barth begeiferte, ohne in dem Urtheil Achis die Denkungsart eines ungläubigen Witzlinges und Sophisten unserer Zeit wiederschallen zu hören. 1 Sam. XXI. 13-15.

Welcher Mensch würde sich unterstehen wie Paulus von der Thorheit Gottes, von der Schwäche Gottes zu reden. 1 Cor. I. 25. Niemand als der Geist, der die Tiefen der Gottheit erforschet, würde uns diese Prophezeyung haben entdecken können, deren Erfüllung in unseren Zeiten mehr als jemals eintrifft, daß nicht viele Weisen nach dem Fleisch, viele Mächtige, viele edle zum Himmelreich beruffen wären, und daß der große Gott seine Weisheit und Macht eben dadurch hat offenbaren wollen, daß er die thörichten Dinge der Welt erwählt, um die Weisen zu schanden machen; daß Gott die schwachen Dinge der Welt erwählt, um die Mächtigen zu schanden zu machen, die niedrigen und verächtlichen Dinge *erwählt*, ja Dinge welche nichts sind um Dinge, die sind, die sich ihres Daseyns rühmen können, zu Nichts zu bringen.

Gedanken über meinen Lebenslauf (Bd. II, S. 39 – 44)

Ich habe 150 Pfund Sterl. hier durchgebracht und *kann* und *will* nicht weiter gehn. Meine Schulden in Liefland und Kurland belaufen sich also sämmtlich über 300 Pf... Ich habe kein Geld mehr und meine Uhr meinem Wirth gegeben. Die Gesellschaft des gedachten Buben hat mir viele unnütze Ausgaben verursacht, mein öfteres Ausziehn und Umziehn hat mir gleichfalls viel gekostet; ich habe 2 Kleider, davon eines die Weste ziemlich reich besetzt und einen Haufen Bücher mir angeschafft. Ich wollte in diesem Hause mich alles Umganges entschlagen und mich mit nichts denn meinen Büchern zu trösten suchen, davon ein ziemlicher Theil noch ungelesen oder wenigstens ohne Nachdenken und rechte Anwendung ungenutzt gelesen worden. Gott hatte mir eingegeben mir gleichfalls eine Bibel anzuschaffen, nach der ich mit vieler Hitze herumlief, ehe ich eine nach meinem Sinn finden konnte und von der ich ein sehr gleichgiltiger Besitzer bisher gewesen. Meine Einsamkeit, die Aussicht eines völligen Mangels und des Bettlerstandes, – – nach dem ich bisweilen aus Verzweiflung gerungen hatte, weil ich selbst dies als ein Mittel ansahe mich aufzumuntern zu einem kühnen Glücksstreich – – ja ich wünschte mir die Armuth aus einer ruchloseren Absicht um den gnädigen Gott meines bisherigen Lebens, der mir allemal im letzten Nothfall beygestanden, von neuem und mit Vorsatz, mit sündlicher Keckheit zu versuchen – – kurz die Dürre meiner Umstände und die Stärke meines Kummers entzogen mir den Geschmack meiner Bücher. Sie waren mir leidige Tröster, diese Freunde, die ich nicht glaubte entbehren zu können, für deren Gesellschaft ich so eingenommen war, daß ich sie als die einzige Stütze und Zierde des menschlichen Schicksals ansahe.

Unter dem Getümmel aller meiner Leidenschaften, die mich überschütteten, daß ich öfters nicht Othem schöpfen konnte, bat ich immer Gott um einen Freund, um einen weisen redlichen Freund, dessen Bild ich nicht mehr kannte; ich hatte an statt dessen die Galle der falschen Freundschaft und die Unhinlänglichkeit der Besserung gekostet, genug gekostet. Ein Freund, der mir einen Schlüssel zu meinem Herzen geben konnte, den Leitfaden von meinem Labyrinth – – war öfters ein Wunsch den ich that ohne den Inhalt desselben recht zu verstehn und einzusehn.

Gott Lob! ich fand diesen Freund in meinem Herzen, der sich in selbiges schlich, da ich die Leere und das Dunkle und das Wüste desselben am meisten fühlte. Ich hatte das alte Testament einmal zu Ende gelesen und das neue zweymal wo ich nicht irre, in der Zeit. Weil ich also von neuem den Anfang machen wollte, so schien es, als wenn ich meine Decke über meine Vernunft und Herz gewahr würde, die mir dies Buch das erstemal verschlossen hätte. Ich nahm mir daher vor mit mehr Aufmerksamkeit und in mehr Ordnung und mit mehr Hunger dasselbe zu lesen; und meine Gedanken, die mir einfallen würden, dabey aufzusetzen. –

Dieser Anfang, wo ich noch sehr unvollkommene und unlautere Begriffe von Gottes Worte zur Lesung desselben mitbrachte, wurde gleich mit mehr Aufrichtigkeit als ehmals den 13. März von mir gemacht. Je weiter ich kam, je neuer wurde es mir, je göttlicher erfuhr ich den Inhalt und die Würkung desselben. Ich vergaß alle meine Bücher darüber, ich schämte mich selbige gegen das Buch *Gottes* jemals verglichen, jemals sie demselben zur Seite gesetzt, ja jemals ein anderes demselben vorgezogen zu haben. Ich fand die Einheit des göttlichen Willens in der Erlösung Jesu Christi, daß alle Geschichte, alle Wunder, alle Gebote und Werke Gottes auf diesen Mittelpunkt zusammenliefen die Seele des Menschen aus der Sclaverey, Knechtschaft, Blindheit, Thorheit und dem Tode der Sünden zum grösten Glück, zur höchsten Seeligkeit und zu einer Annehmung solcher Güter zu bewegen, über deren Größe wir noch mehr als über unsre Unwürdigkeit oder die Möglichkeit uns derselben würdig zu machen, erschrecken müssen, wenn sich uns selbige offenbaren. Ich erkannte meine eigenen Verbrechen in der Geschichte des jüdischen Volks, ich las meinen eignen Lebenslauf, und dankte Gott für seine Langmuth mit diesem seinem Volk, weil nichts als ein solches Beyspiel mich zu einer gleichen Hoffnung berechtigen konnte. Vor allen andern fand ich in den Büchern Moses eine seltne Entdeckung, daß die Israeliten, so ein ungeschlachtet Volk sie uns vorkommen, in einigen Fällen nichts als dasjenige von Gott ersuchten, was Gott willens war für sie zu thun, daß sie eben so lebhaft ihren Ungehorsam als je ein reuender Sünder erkannten, und ihre Buße doch gleichwol eben so geschwind vergaßen, in der Angst derselben aber, um nichts als einen Erlöser, einen Fürsprecher, einen Mittler anriefen, ohne den sie unmöglich Gott weder recht fürchten noch recht lieben konnten. Mit diesen Betrachtungen, die mir sehr geheimnisvoll vorkamen, las ich den 31. März des Abends das V. Capitel des V. Buchs Moses, verfiel in ein tiefes Nachdenken, dachte an Abel, von dem Gott sagte: die Erde hat ihren *Mund aufgethan* um das *Blut* deines *Bruders* zu empfangen – – Ich fühlte mein Herz klopfen, ich hörte eine Stimme in der Tiefe desselben seufzen und jammern, als die Stimme des Bluts, als die Stimme eines erschlagenen Bruders, der sein Blut rächen wollte, wenn ich selbiges beyzeiten nicht hörte und fortführe mein Ohr gegen selbiges zu verstopfen, – – daß eben dies Kain unstätig und flüchtig machte. Ich fühlte auf einmal mein Herz quillen, es ergoß sich in Thränen und ich konnte es nicht länger – – ich konnte es nicht länger meinem Gott verheelen, daß ich der Brudermörder, der Brudermörder seines eingebornen Sohnes war. Der Geist Gottes fuhr fort, ungeachtet meiner großen Schwachheit, ungeachtet des langen Widerstandes, den ich bisher gegen sein Zeugnis, und seine Rührung angewandt hatte, mir das Geheimnis der göttlichen Liebe und die Wohlthat des Glaubens an unsern gnädigen und eintzigen Heiland immer mehr und mehr zu offenbaren.

Ich fuhr unter Seufzern, die vor Gott vertreten wurden durch einen Ausleger, der ihm theuer und werth ist, in Lesung des göttlichen Wortes fort und genoß eben des Beystandes, unter dem dasselbe geschrieben worden, als des einzigen Weg den Verstand dieser Schrift zu empfahen, und brachte meine Arbeit mit göttlicher Hülfe, mit außerordentlich reichem Trost und Erquickung ununterbrochen den 21. April zu Ende.

Ich fühle Gott Lob! jetzt mein Herz ruhiger als ich es jemals in meinem Leben gehabt. In den Augenblicken, worinn die Schwermuth hat aufsteigen wollen, bin ich mit einem Trost überschwemmt worden, dessen Quelle ich mir selbst nicht zuschreiben kann und den kein Mensch im Stande ist so überschwenglich seinem Nächsten einzuflößen. Ich bin erschrocken über den Ueberfluß desselben er verschlang alle Furcht, alle Traurigkeit, alles Mistrauen daß ich keine Spur davon in meinem Gemüth mehr finden konnte. Ich bitte Gott, er wolle das Werk seegnen das er in mir angefangen, meinen schwachen Glauben durch sein Wort und den Geist, den gnädigen, den überschwenglichen Geist desselben, den Geist des Friedens, der über alle Vernunft ist, und nicht so ein Friede als der, den die Welt giebt, den Geist der Liebe, ohne den wir nichts als Feinde Gottes und der diesen Wohlthäter haßt, wie kann der zeitlich lieben? den Geist der Hoffnung, die nicht zu Schande werden läst wie das Schattenspiel fleischlicher Einbildung.

Wenn ich die große Güte, die unschätzbare Perle, den Preis, zu dem mich Gott hat geboren werden lassen, von ihm erhalten; wie sollte ich an seiner Regierung meines ganzen Lebens jetzt zweifeln. Das Ende desselben ist erreicht. Ich überlasse mich seinem weisen und allein guten Willen. Ich kenne die Blindheit und das Verderben des meinigen jetzt zu sehr, als daß ich denselben nicht verleugnen sollte. Meine Sünden sind Schulden von unendlich mehr Wichtigkeit und Folge, als meine zeitlichen. Der Gewinn der ganzen Welt würde die ersten nicht bezahlen können; und wenn Abraham von Ephron einem Canaiten wegen 400 Seckel Silbers hören muste: was ist dies zwischen mir und dir. Sollte Gott nicht großmüthiger einen Christen denken lassen als einen Heyden, wenn der erste mit ihm wegen der Hauptsache richtig geworden; wie sollte es Gott um eine Kleinigkeit ankommen, sie ober ihn zum Kauf zu geben. Die 300 Pf. sind seine Schuld; er wird wie Paulus gegen Philemons Knecht mit mir verfahren und selbige nach seiner Weisheit abzurechnen wissen.

Ich habe diese Gedanken über meinen Lebenslauf für mich selbst oder für meinen lieben Vater und Bruder aufgesetzt; und wünsche daher, daß selbige den letztern oder meinen nächsten Freunden zur Durchlesung dienen mögen. Ich habe in denselben mit Gott und mit mir selbst geredt. Den ersten in Ansehung meines Lebens gerechtfertigt, und mich angeklagt, mich selbst darin angegeben und entdeckt – – alles zum Preise des allein guten Gottes, der mir vergeben hat, in dem Blut seines eingebornen Sohnes, und in dem Zeugnis, das der Geist Gottes in seinem Wort und in meinem Herzen bestätigt. Gott hat mich aus einem Gefäs in das andre geschüttet, damit ich nicht zu viel Hefen ansetzen und ohne Rettung versauern und stinkend werden sollte. Alles muß uns zum Besten dienen, da der Tod der Sünde zu unserm Leben gereicht, so müssen alle Krankheiten derselben zur Erfahrung, zum Beyspiel und zur Verherrlichung Gottes gereichen. Wer die Reisekarte Israels mit meinem Lebenslauf vergleichen will, wird sehen wie genau sie miteinander übereinkommen. Ich glaube, daß das Ende meiner Wahlfart durch die Gnade Gottes in das Land der Verheißung mich führen wird – – gesetzt daß ich hier nicht Zeit und Gelegenheit haben sollte die Unordnungen und den Schaden den ich andern gethan zu ersetzen. Meine Freunde würden betrübter seyn müssen, wenn ich gestorben wäre am Gift des Grams und der Verzweifelung. Meine Gesundheit und mein Leben, ich wiederhole es, ist ein Wunder und ein Zeichen zugleich daß Gott nicht an meiner Besserung noch an meiner künftigen Brauchbarkeit zu Seinem Dienst verzweifelt hat. Mein Sohn! gieb mir dein Herz! – – Da ist es mein Gott! Du hast es verlangt, so blind, hart, felsicht, verkehrt, verstockt es war. Reinige es, schaffe es neu, und laß es die Werkstatt deines guten Geistes seyn. Es hat mich so oft getäuscht, als es in meiner Hand war, daß ich selbiges nicht mehr für meines erkennen will. Es ist ein Leviathan, den du allein zähmen kannst – – durch deine Einwohnung, wird es Ruhe, Trost und Seeligkeit genüßen.

Ich schlüße, mit einem Beweise meiner eignen Erfahrung in einem herzlichen und aufrichtigen Dank Gottes für Sein seelig machendes Wort, das ich geprüft gefunden als das einzige Licht nicht nur zu Gott zu kommen, sondern auch uns selbst zu kennen, als das theuerste Geschenk der göttlichen Gnade, das die ganze Natur und alle ihre Schätze so weit übertrifft als unser unsterblicher Geist den Leim des Fleisches und Blutes, als die erstaunlichste und verehrungswürdigste Offenbarung der tiefsten, erhabensten, wunderbarsten Geheimnisse der Gottheit, im Himmel, auf der Erde und in der Hölle, von Gottes Natur, Eigenschaften großem überschwenglichem Willen, hauptsächlich gegen uns elende Menschen, voller der wichtigsten Entdeckungen durch den Lauf aller Zeiten bis in die Ewigkeit, als das einzige Brodt und Manna unserer Seelen, dessen ein Christ weniger entbehren kann als der irrdische Mensch seiner täglichen Nothdurft und Unterhalts – – ja ich bekenne, daß dieses Wort Gottes eben so große Wunder an der Seele eines frommen Christen, er mag einfältig oder gelehrt seyn, thut als diejenigen die in demselben erzählt werden, daß also der Verstand dieses Buchs und der Glaube an den Inhalt desselben durch nichts anders zu erreichen ist als durch denselben Geist, den der Verfasser desselben getrieben, daß seine unaussprechlichen Seufzer die er in unserm Herzen schafft mit den unausdrücklichen Bildern einer Natur sind, die in der heiligen Schrift mit einem größern Reichthum als aller Saamen der ganzen Natur und ihrer Reiche, aufgeschüttet sind.

Das zweyte ist das Geständniß meines Herzens und meiner besten Vernunft; daß es ohne Glauben an Jesum Christum unmöglich ist Gott zu erkennen, was für ein liebreiches, unaussprechlich gütiges und wohlthätiges Wesen er ist, dessen Weisheit, Allmacht und alle übrigen Eigenschaften nur gleichsam Werkzeuge seiner Menschenliebe zu seyn scheinen; daß dieser Vorzug der Menschen, der Insecten der Schöpfung unter die grösten Tiefen der göttlichen Offenbarung gehört, daß Jesus Christus sich nicht nur begnügt ein Mensch sondern ein armer und der elendeste geworden zu seyn daß der heilige Geist uns ein Buch für sein Wort ausgegeben, worinn er wie ein Alberner und Wahnsinniger, ja wie ein unheiliger und unreiner Geist unsrer stolzen Vernunft Mährlein, kleine verächtliche Begebenheiten zur Geschichte des Himmels und Gottes gemacht. 1. Cor. 1,25 – – daß dieser Glaube uns alle unsere eigenen Handlungen und die edelsten Früchte der menschlichen Tugend nicht anders als die Risse der feinsten Feder unter einem Vergrößerungs Glas entdeckt oder die zarteste Haut unter gleichem Anblick; daß es daher unmöglich ist ohne Glauben an Gott, den sein Geist würkt und das Verdienst des einigen Mittlers, uns selbst zu lieben, und unsern Nächsten; kurz man muß ein wahrer Christ seyn um ein rechtschaffener Vater, ein rechtschaffenes Kind, ein guter Bürger, ein rechter Patriot, ein guter Unterthan, ja ein guter Herr und Knecht zu seyn; und daß im strengsten Wortverstand, jedes Gute ohne Gott unmöglich ist, ja daß er der einzige Urheber desselben.

Biblische Betrachtungen eines Christen (Bd. I, S. 8–13)

Der große Urheber dieser heiligen Bücher hat die Absicht, jeden aufrichtigen Leser derselben *Weise zur Seeligkeit* durch den Glauben an seinen Erlöser zu machen. Die heiligen Männer, unter deren Namen sie erhalten worden, wurden getrieben durch den heiligen Geist; die göttliche Eingebung wurde ihnen in der Verfertigung ihrer Schriften mitgetheilt, damit sie uns zur Lehre, zur Strafe, zur Züchtigung und Unterricht in der Gerechtigkeit nützlich seyn sollten 2 Tim. III. 15.16 und 2 Pet. I.21. Diese Wirkung kann Gott keinem entziehen, der um selbige betet, weil die heilige Geist allen denjenigen verheißen ist, die den himmlischen Vater darum bitten. Die Nothwendigkeit, uns als Leser in die Empfindung des Schriftstellers, den wir vor uns haben, zu versetzen, uns seiner Verfassung so viel möglich zu nähern, die wir durch eine glückliche Einbildungskraft uns geben können, zu welcher uns ein Dichter oder Geschichtschreiber so viel möglich zu helfen sucht, ist eine Regel, die unter ihrer Bestimmung ebenso nöthig als zu anderen Büchern ist.

Ich will einige allgemeine Anmerkungen über die göttliche Offenbarung machen, die mir einfallen werden. Gott hat sich geoffenbart den Menschen in der Natur und seinem Wort. Man hat die Ähnlichkeiten und die Beziehungen dieser beyden Offenbarungen noch nicht soweit auseinander gesetzt und so deutlich erklärt, noch auf diese Harmonie gedrungen, worinn eine gesunde Philosophie sich ein weites Feld öfnen könnte. Beyde Offenbarungen müssen auf eine gleiche Art in unzähligen Fällen gegen die grösten Einwürfe gerettet werden; beyde Offenbarungen erklären, unterstützen sich einander, und können sich nicht widersprechen, so sehr es auch die Auslegungen thun mögen, die unsere Vernunft darüber macht. Es ist vielmehr der gröste Widerspruch und Mißbrauch derselben, wenn sie selbst offenbaren will. Ein Philosoph, welcher der Vernunft zu gefallen das göttliche Wort aus den Augen setzt, ist in dem Fall der Juden, die desto hartnäckiger das neue Testament verwerfen, je fester sie an das alte zu hangen scheinen. An diesen ward die Prophezeyung erfüllt, daß dasjenige ein Ärgernis und eine Thorheit in ihren Augen ist, was zur Bestätigung und zur Erfüllung ihr übrigen Einsichten dienen sollte. Die Naturkunde und Geschichte sind die zwey Theile, auf welche die wahre Religion beruht. Der Unglaube und der Aberglaube gründen sich auf eine seichte Physik und seichte Historie. Die Natur ist so wenig einem blinden Ungefehr als ewigen Gesetzen unterworfen, als sich alle Begebenheiten aus Charakteren und Staatsgründen aufschlüßen lassen. Ein Newton wird als ein Naturkundiger von der weisen Allmacht und als ein Geschichtschreiber von der weisen Regierung Gottes gleich stark gerührt werden.

Gott offenbaret sich – der Schöpfer der Welt ein Schriftsteller – was für ein Schicksal werden seine Bücher erfahren müssen, was für strengen Urtheilen, was für scharfsinnigen Kunstrichtern werden seine Bücher unterworfen seyn. – Wie viele armseelige Religionsspötter haben ihr täglich Brodt von seiner Hand genossen; wie viele starke Geister, gleich Herostratus, in der Verwegenheit ihnen eine Unsterblichkeit gesucht, die sie auf ihrem Todbette vielleicht verflucht und durch ihre Buße eine bessere gesucht haben.

Gott ist gewohnt, seine Weisheit von den Kindern der Menschen getadelt zu sehen. Moses Stab war in keiner Gefahr, ohngeachtet ihn die Zauberstäbe der weisen Egypter umzingelt auszischeten. Diese Tausendkünstler waren endlich genöthigt, den Finger Gottes in dem verächtlichsten Ungeziefer zu erkennen und dem Propheten des wahren Gottes auszuweichen. Der Begriff, daß das höchste Wesen selbst, die Menschen einer besondern Offenbarung gewürdigt hat, scheint den Witzlingen so fremde und außerordentlich zu seyn, daß sie mit Pharao fragen, was dieser Gott haben will, und worinn sein Geboth besteht. Mit diesem Begriff sollte man aber nothwendiger Weise eine Betrachtung derjenigen verbinden, denen diese Offenbarung zu gut geschah. Gott hat sich *Menschen* offenbaren wollen; er hat sich *durch Menschen* offenbart. Er hat die Mittel, diese Offenbarung den Menschen nützlich zu machen, sie für solche einzunehmen, sie unter den Menschen auszubreiten, fortzupflanzen und zu erhalten, auf die Natur der Menschen und seiner Weisheit am gemäßesten gründen müssen. Ein Philosoph, der Gott in der Wahl aller dieser Umstände und Wege, in welcher Gott seine Offenbarung hat mittheilen wollen, tadeln oder verbessern wollte, würde immer vernünftiger handeln, wenn er seinem Urtheil hierinn zu wenig zutraute, damit er nicht Gefahr liefe, wie jener gekrönte Sternkundige das Ptolomäische System oder seine Erklärung des Sternlaufes für den wahren Himmelsbau anzusehen.

Hat Gott sich den Menschen und dem ganzen menschlichen Geschlecht zu offenbaren die Absicht gehabt, so fällt die Thorheit derjenigen desto mehr in die Augen, die einen eingeschränkten Geschmack und ihr eigenes Urtheil zum Probestein des göttlichen Worts machen wollen. Die Rede ist nicht von einer Offenbarung, die ein Voltaire, ein Bolingbroke, ein Schaftesbury annehmungswerth finden würden, die ihren Vorurtheilen, ihrem Witz, ihren moralischen, politischen und mathematischen [Text unsicher, d. Hrsg.] Grillen am meisten ein Genüge thun würde, sondern von einer Entdeckung solcher Wahrheiten, an deren Gewißheit, Glaubwürdigkeit und Richtigkeit dem ganzen menschlichen Geschlecht gelegen wäre. Leute, die sich Einsicht genug zutrauen, um eines göttlichen Unterrichts entbehren zu können, würden in jeder anderen Offenbarung Fehler gefunden haben, und haben keine nöthig. Sie sind die Gesunden, die des Arztes nicht bedörfen.

Gott hat es unstreitig seiner Weisheit am gemäßesten gefunden, diese nähere Offenbarung seiner selbst erst an einem einzigen Menschen, hierauf an seinem Geschlecht und endlich an ein besonderes Volk zu binden, ehe er erlauben wollte, selbige allgemeiner zu machen. Die Gründe dieser Wahl lassen sich ebenso wenig von uns erforschen, als warum es ihm gefallen, in 6 Tagen zu schaffen, was sein Wille ebenso füglich in einem einzigen Zeitpunct hätte würklich machen können.

Ferner, Gott hat sich so viel möglich bequemt und zu der Menschen Neigungen und Begriffe, ja selbst Vorurtheilen und Schwachheiten heruntergelassen. Dieses vorzügliche Merkmal seiner Menschenliebe, davon die ganze heilige Schrift voll ist, dient den schwachen Köpfen zum Spott, die eine menschliche Weisheit oder eine Genugthuung ihrer Neugierde, ihres Vorwitzes, eine Übereinstimmung mit dem

Geschmak der Zeit, in der sie leben oder der Secte, zu der sie sich bekennen, im göttlichen Worte zum Voraus setzen. Kein Wunder, wenn sie in ihrer Vorstellung sich hintergangen sehen und wenn der Geist der Schrift mit eben der Gleichgültigkeit zurückgewiesen wird, ja wenn dieser Geist ebenso stumm und unnütz scheint, als der Heyland dem Herodes, der ihn ungeachtet seiner großen Neugierde und Erwartung zu sehen, mit mehr als Kaltsinnigkeit zu Pilatus bald zurückschickte.

Wer sollte sich einbilden, daß man in den Büchern Mosis eine Geschichte der Welt hat suchen wollen. Viele scheinen ihn bloß deswegen zu lästern, daß er ihnen nicht Mittel giebt, die Fabeln eines Herodotus zu erklären, zu ergänzen oder zu widerlegen. Wie lächerlich, wie ungläublich würde ihnen vielleicht diese Geschichte der ersten Welt vorkommen, wenn wir sie so vollkommen hätten als sie selbige wünschen?

Diese Bücher sollten von den Juden erhalten werden; es mußten also viele besondere Umstände dies Volk so nahe angehen, wodurch sie für den Inhalt derselben eingenommen werden konnten. Die Geschichte dieses Volks ist an sich selbst von größerer Wichtigkeit in Ansehung unserer Religion, als alle andrer Völker ihre, weil Gott in der Hartnäckigkeit dieser Nation das traurigste Bild unserer verdorbenen Natur und in seiner Führung und Regierung desselben die grösten Proben seiner Langmuth, Gerechtigkeit und Barmherzigkeit kurz die sinnlichsten Offenbarungen seiner Eigenschaften zu erkennen gegeben.

Warum Gott dies Volk erwählt? Nicht ihrer Vorzüge wegen. Die Freygeister mögen ihre Tummheit und Bosheit in Ansehung anderer Völker so stark auszeichnen als sie wollen. Hat Gott das Evangelium nicht gleichfalls durch unwissende und unansehnliche Werkzeuge in den Augen der Welt fortpflanzen wollen? Wer kann seinen Rath hierin erforschen?

So wenig also auch ein Voltaire und Bollingbroke in den 5 ersten Abschnitten des I Buchs Mosis fand, um die erste Historie der Völker zu ergänzen und aufzuklären, von so großer Wichtigkeit sind die Entdeckungen desselben für das menschliche Geschlecht überhaupt.

Es hat an dem guten Willen der Philosophen nicht gefehlt, die Schöpfung als eine natürliche Begebenheit zu erklären; es ist daher kein Wunder, daß sie Moses einen gleichen Einfall zugetraut haben und dieses anstatt eine Erzählung von ihm erwarten, ich sage eine Erzählung. Die nach dem Begriff der Zeit abgemessen, und gewissermaßen mit den Begriffen der Zeit, in denen er schrieb, in Verwandnis stehen mußte, kann Köpfen wenige Zufriedenheit geben, die eine Erklärung fordern, die die Begreiflichkeit einer Sache der Wahrheit vorziehen. Man weiß, in wie viel Thorheiten die Neigung, künftige Dinge zu erforschen, verleitet hat; daß diese Neigung dem Menschen das Vertrauen gegeben hat, sich hiezu fähig zu halten; daß sie die Mittel dazu in Sternen, im Vogelfluge etc. für füglich und hinlänglich angesehen haben, um ihrem Vorwitz ein Genüge zu thun. Die Begierde, Dinge zu wissen, die uns zu hoch, die über unsern Gesichtskreys sind, die uns unerforschlich sind aus eben der Schwäche, die uns die Zukunft so dunkel macht, hat die Menschen in viele solche lächerliche Methoden und Irrthümer geführt. Solche Leute verdienen mit ebenso viel Recht Weltweisen und Philosophen zu heißen, als man die Zigeuner Astrologen etc. Wahrsager genannt hat.

Laßt uns natürliche Begebenheiten mit natürlicher, und Wunder mit Wunder vergleichen, wenn wir von den selbigen urtheilen wollen.

Daß Moses von der Natur nach aristotelischem, cartesischen oder newtonischen Begriffen hätte sich erklären sollen, würde ebenso eine lächerliche Forderung seyn, als daß Gott sich in der allgemeinen philosophischen Sprache hätte offenbaren sollen, die der Stein der Weisen in so manchen gelehrten Köpfen gewesen.

Daß Moses für den Pöbel allein geschrieben, ist entweder ohne allen Sinn oder eine lächerliche Art zu urtheilen. Geht die Sonne im Sommer für den Bauern allein so frühe auf, weil der faule Bürger und wohllüstige Höfling ihres Scheins so manche Stunden länger entbehren können oder denselben unnöthig finden?

Paulus wurde entzückt, er fand keine Worte um seine Begriffe, die er vom dritten Himmel mit sich brachte, erzählen und deutlich machen zu können. So wie unsere Ohren, ohne vom Schall der Luft gerührt zu werden, nicht hören können und alles verständliche Gehör von einer weder zu starken noch zu schwachen Zitterung der Luft abhängt, so ist es mit unseren Vorstellungen. Sie hängen von körperlichen Bildern ab, wo uns diese fehlen und wo wir solche nicht in anderen erwecken können, die unseren eigenen gleichförmig sind. Man sieht, wie schwer es, die Figuren und Idiotismen einer Sprache in die andere zu überbringen und, je mehr die Denkungsart der Völker verschieden ist, zu desto mehr Abweichungen und Ersetzungen oder Aequationen, daß ich so rede, ist man gezwungen. Wie soll daher eine Erzählung beschaffen seyn, in der uns Dinge verständlich und vernehmlich gemacht werden sollen, die so weit außer dem ganzen Umfang unserer Begriffe abgesondert liegen.

Mit was für Demuth, mit was für stummer Aufmerksamkeit und tiefer Ehrfurcht müssen wir dasjenige annehmen, was uns der Schöpfer der Welt von den Geheimnissen der großen Woche, worinn er an unserer Erde gearbeitet hat, kund machen will. So kurz die Erzählung von der Hervorbringung eines Wesens ist, das seinen Beyfall fand, da es da war, das er würdig gefunden so lange zu erhalten, und das er als ein bloßes Gerüste eines höheren Gebäudes auf die feyerlichste Art zu verrichten sich vorbehalten, so wichtig muß sie in unseren Augen seyn. So sehr er sich heruntergelassen, uns das wenige, was uns davon zu verstehen möglich, nöthig und nützlich ist, so weit übersteigt er gleichwohl unsere Denkungskräfte.

Biblische Betrachtungen. Die 2. Epistel S. Petri. (Bd. I, S. 243)

Die Prophezeyung der heiligen Schrift ist von keiner einzelnen oder menschlichen Auslegung. Es sind nicht Abrahams Werke und Moses Wunder und Israels Geschichte der Inhalt derselben; es betrifft keine einzelne Menschen, keine einzelne Völker, ja nicht einmal die Erde allein, sondern alles ist ein Vorbild höherer, allgemeiner, himmlischer Dinge. Wenn Moses den Willen gehabt hätte, auf seinen eigenen Antrieb wie ein Cäsar, wie ein Homer, zu schreiben, so dürften wir vielleicht nichts als eine Sammlung von Urkunden und einzelnen Nachrichten von ihm erwarten. Es ist nicht Moses, nicht Jesajas, die ihre Gedanken und die Begebenheiten ihrer Zeit in der Absicht irdischer Schriftsteller und Bücherschreiber der Nachwelt oder ihrem Volk hinterlassen haben. Es ist der Geist Gottes, der durch den Mund und den Griffel dieser heiligen Männer sich offenbarte. Der Geist, der über dem Wasser der jungen ungebildeten Erde schwebte; der Maria überschattete und machte, daß ein Heiliger gebohren wurde; der Geist, der die Tiefen der Gottheit allein zu erforschen und zu entdecken vermögend ist. Mit wie viel Ehrfurcht soll dies uns bewegen, das göttliche Wort zu lesen; und dasselbe zu genüßen.

Brocken § 3. (Bd. I, S. 303f.)

Es war nach dem römischen Recht den Soldaten nicht erlaubt, Ländereyen zu kaufen in dem Lande, wo sie Krieg führten. L. 9. II. de re militari et L. 13. II. eodem. Wir sehen hier ein römisch Gesetz, welches den Christen verdammt, der zum Streiter auf diese Erde beruffen [ist] und sich zum Angesessenen derselben machen will. In den Geschichten, Gesetzen und Gebräuchen aller Völker finden wir, daß ich so sage, den sensum communem der Religion. Alles lebt und ist voll von Winken auf unsern Beruf und auf den Gott der Gnade. Wir haben ein groß Vorurtheil in Ansehung der Einschränkung, die wir von Gottes Wirkung und Einfluß bloß auf das jüdische Volk machen. Er hat uns bloß an dem Exempel desselben die Verborgenheit, die Methode und die Gesetze seiner Weisheit und Liebe erklären wollen, sinnlich machen, und uns die Anwendung davon auf unser eigen Leben und auf andere Gegenstände, Völker und Begebenheiten überlassen. Der Apostel sagt dies ausdrücklich den Lystrensern, daß Gott den Heyden eben so gut ein Zeugnis und einen Zeugen von sich selbst gegeben; und worinn bestand das? Er that ihnen Gutes – – er gab sich ihnen als die Liebe und den Gott der Liebe zu erkennen – – Er gab ihnen Regen vom Himmel und fruchtbare Jahreszeiten und füllte ihr Herz mit Nahrung und Freude. Act. XIV. 17. Man sieht hier offenbar, daß dieser Regen und diese fruchtbaren Zeiten nicht allein in der Witterung bestehen sondern eben die Wirkungen des Geistes anzeigen, die uns gute Gedanken, Bewegungen, Anschläge mittheilen und der auf eine so unterscheidende Art den Juden zugeschrieben wird, daß es von ihren Weibern sogar heist, sie hatten seinen Beystand nöthig, um Wolle zur Stiftshütte zu spinnen.

Ist das kleinste Gräschen ein Beweis Gottes; wie sollten die kleinsten Handlungen der Menschen weniger zu bedeuten haben? Hat die Schrift nicht dies verächtlichste Volk ausgesucht, eines der kleinsten, die schlechtesten Handlungen, ja die sündlichsten derselben, um Gottes Vorsehung und Weisheit darin einzukleiden und ihn zu offenbaren in solcher Erniedrigung der Bilder. Natur und Geschichte sind daher die 2 grossen Commentarii des Göttlichen Wortes und dies hingegen der einzige Schlüssel, uns eine Erkenntnis in beyden zu eröffnen. Was will der Unterscheid zwischen natürlicher und geoffenbarter Religion sagen? Wenn ich ihn recht verstehe, so ist zwischen beyden nicht mehr als der Unterscheid zwischen dem Auge eines Menschen, der ein Gemälde sieht, ohne das Geringste von der Malerey und Zeichnung oder der Geschichte, die vorgestellt wird, zu verstehen, und dem Auge eines Malers; zwischen dem natürlichen Gehör und dem musikalischen Ohr.

Könnte man nicht von Socrates, wenn er sich auf seinen Schutzgeist bezog, eben das sagen, was von Petrus steht: er wuste nicht was er sagte; oder von Caiphas, der prophezeyte und göttliche Wahrheiten verkündigte, ohne daß er, noch seine Zuhörer, das Geringste von dem wahrnahmen, was Gottes Geist durch ihn redte. Dies ist in der merkwürdigen Geschichte Sauls und Bileams vorgestellt, daß unter den Abgöttern selbst, ja in den Werkzeugen der Hölle die Offenbarung Gottes vor Augen liegt und daß er sie selbst dazu braucht, um seine Diener und Knechte zu seyn wie Nebucadnezar.

Ein englischer Geistlicher hat in die Naturlehre die Salbung der Gnade zuerst einzuführen gesucht; es fehlt uns noch ein Derham, der uns nicht den Gott der nackten Vernunft, daß ich so rede, sondern den Gott der heiligen Schrift im Reich der Natur aufdeckt; der uns zeigt, daß alle ihre Schätze nichts als eine Allegorie, ein mythologisch Gemälde himmlischer Systeme – – so wie alle Begebenheiten der weltlichen Geschichte Schattenbilder geheimerer Handlungen und entdeckter Wunder sind. Jer. XXXII. 20.

Kleeblatt Hellenistischer Briefe, Erster Brief. – – 1759. (Bd. II, S. 169 – 173)

... Der Streit über die Sprache und Schreibart des Neuen Testaments ist mir nicht ganz unbekannt; ich zweifle daher, daß eine bloße Sprachkunst hinreiche den Widerspruch der Meynungen aufzuheben. Man muß nicht nur wissen, was gut griechisch ist, wie der Recensent sagt, sondern auch was Sprache überhaupt, nicht nur, was die Wohlredenheit eines klaßischen Schriftstellers, sondern was Schreibart überhaupt sey. Über beyde Gegenstände hat man wenig philosophische Einsichten. Der Mangel an Grundsätzen ist aber mehrentheils Schuld am Schulgezänke ...

Es fällt mir sehr bequem zu glauben, daß die Bücher des neuen Bundes εβραιστι, ελληνιστι, ρωμαιστι geschrieben sind, wie der Titel des Kreutzes. Joh. 19, 20. Wenn es wahr ist, daß sie im jüdischen Lande unter der Herrschaft der Römer von Leuten, die keine *literati* ihres *Seculi* waren, aufgesetzt worden: so ist der Charackter ihrer Schreibart der avthenikeste Beweiß für die Urheber, den Ort und die Zeit dieser Bücher. Im wiedrigen Falle würde die Kritick unendlich mehr für sich haben, sich gegen die Zuverlässigkeit derselben ungläubig zu gebärden.

Da diese Bücher nicht für Griechen geschrieben I Kor. I, 22. 23. und die Gelehrten, die für und wider die Reinigkeit ihrer Sprache eingenommen sind, auch keine geborne Griechen, sondern wie Klaudius Lysias, der Chiliarch, in Ansehung ihres kunstrichterlichen Bürgerrechts in dieser Sprache bekennen müssen, es mit vielem Kopfbrechen erkauft zu haben, (... Apostelg. 22, 28) unterdessen sich Paulus in Ansehung ihrer auf seine längst zerrissene Kinderschuhe berufen könnte; da ferner keine Sprache aus Büchern allein übersehen werden kann, und die Autorsprache sich als eine todte zur Sprache des Umgangs verhält: so sind dies Merkmale genug, daß mehr Wahn als Wahrheit in allen diesen Untersuchungen zum Grunde liege.

Matthäus, der Zöllner, und Xenophon − −. Wer sucht bey einem Joachim Lange die Schreibart eines von Mosheim, und doch giebt es Kanzler, die ungeachtet ihrer Würde Erlaubnis haben wie Pädagogen zu schreiben, auch von ihrem Styl keine Ausnahme gegen ihre Maasregeln annehmen.

Jede Denkungsart, die ein wenig mode wird, jeder unmerkliche Übergang der Leidenschaften tingirt der Ausdruck unserer Begriffe. Der Weg der Christen, (der zu allen Zeiten eine Secte gescholten wird) muste demnach gleichfalls eine neue Zunge und eine heilige Schreibart zu ihrem Unterscheid erhalten. Gehen Sie in welche Gemeine der Christen Sie wollen; die Sprache auf der heiligen Stäte wird ihr Vaterland und Genealogie verrathen, daß sie heydnische Zweige sind, παρα φυσιν [wider die Natur, Röm. 11,24; d. Hrsg.] auf einen jüdischen Stamm gepfropft. Je erbaulicher der Redner seyn wird: desto mehr wird uns sein galiläisches Schiboleth in die Ohren fallen. Je mehr Feuer; desto mehr von jenem Canariensect, über den die Ismaeliten, (Kinder unserer Kirche nach dem Fleisch) ihr Gespött treiben ... [Apg. 2,13; d. Hrsg.]; desto mehr von jenem Thau der Morgenröthe, in deren Schoos uns die Sonne der Gerechtigkeit aufgegangen mit Heil unter ihren Flügeln − − Kurz, das Orientalische in unserm Kanzelstyl führt uns auf die Wiege unsers Geschlechts und unserer Religion zurück, daß man sich gar nicht den ästhetischen Geschmack einiger christlichen Wortführer darf befremden lassen, *si aures* (mit einem hispanisch-schönen Lateiner unserer Zeit zu reden) *perpetuis tautologiis, Orienti iucundis, Europae inuisis laedant, prudentioribus stomachaturis, dormitaturis reliquis. −*

Es gehört zur Einheit der göttlichen Offenbarung, daß der Geist GOttes sich durch den Menschengriffel der heiligen Männer, die von ihm getrieben worden, sich eben so erniedrigt und seiner Majestät entäußert, als der Sohn Gottes durch die Knechtsgestalt und wie die ganze Schöpfung ein Werk der höchsten Demuth ist. Den allein weisen GOtt in der Natur bloß bewundern ist vielleicht eine ähnliche Beleidigung mit dem Schimpf, den man einem vernüftigen Mann erweist, dessen Werth nach seinem Rock der Pöbel schätzet.

Wenn also die göttliche Schreibart auch das alberne − das seichte − das unedle − erwählt, um die Stärke und Ingenuität aller Profanscribenten zu beschämen: so gehören freylich erleuchtete, begeisterte, mit Eyfersucht gewaffnete Augen eines Freundes, eines Vertrauen, eines Liebhabers dazu, in solcher Verkleidung die Strahlen himmlischer Herrlichkeit zu erkennen. *DEI Dialectus, Soloecismus;* sagt ein bekannter Ausleger. – Es gilt auch hier: *Vox populi, vox DEI.* – Der Kayser spricht *Schismam* und die Götter der Erden bekümmern sich selten darum, Sprachmeister zu seyn. – Das Erhabene in Cäsars Schreibart ist ihre Nachlässigkeit . . .

Der Zeitungs- und Briefstyl gehören nach allen Rhetoricken zum *humili generi dicendi,* von dem uns wenig analoges in der griechischen Sprache übrig geblieben. In diesem Geschmack muß gleichwohl die Schreibart der Bücher des N. B. beurtheilt werden, und hierinnen sind sie gewissermaßen original.

Die Apostelgeschichte und Offenbarung sind historische Schriften im eigentlichen Verstande. Von der Schreibart, worinn künftige Begebenheiten vorgetragen werden müssen, haben wir (gegen Nadlers Lesart »mit«; d. Hrsg) nichts isoperimetricalisches als etwa Fragmente delphinischer und sibyllinischer Sprüche.

Da Wörter und Gebräuche Zeichen sind: so ist ihre Geschichte und Philosophie einander sehr gleichförmig und zusammenhängend. Die Frage: ob die Heyden in ihren Religionsbräuchen judaisirt, oder ob die Juden den Diebstahl abergläubischer Sitten ihrem Gott geheiligt? Diese Frage ist mit den Geschlechtsregistern der Redensarten, die Sprachen untereinander gemein haben, nach ähnlichen Grundsätzen zu zergliedern. Photius dehnt die Ritterschaft Pauli, alles unter dem Gehorsam Christi gefangen zu nehmen, bis auf die heydnischen Floskeln und Phrases aus.

Das Französische ist zu unsern Zeiten so allgemein, als das Griechische ehemals war. Wie sollte es aber möglich seyn, als daß jenes zu London und Berlin eben so ausarten muß, wie das Griechische im jüdischen Lande, zumal in Galiläa radgebrochen worden seyn mag. Absicht, Zeit, Ort eines Autors sind alles Bestimmungen seines Ausdruckes. Hof, Schule, Handel und Wandel, geschloßne Zünfte, Rotten und Secten haben ihre eigene Wörterbücher.

Die Migrationen der lebenden Sprachen geben uns Licht genug über die Eigenschaften, welche die todten mit ihnen theilen, und über das wandelbare Schema aller Sprachen überhaupt. Ich habe lange das Wort *Salamalec* in den jüngern Werken des Witzes gefunden, so in Frankreich auskommen, ohne es zu verstehen, bis ich unvermuthet in des Arvieux Reisebeschreibung antraf, daß *Salamalec* einen morgenländischen Bückling oder Fußfall bedeute – – –

. . .

Kommentar

Dem Aufklärungszeitalter, das in der zweiten Hälfte des 18. Jahrhunderts seine Höhe erreichte, ist Johann Georg Hamann (1730 – 1788) als ein zutiefst an der Bibel und an Luthers Schriften geschulter Denker entgegengetreten. Die orthodoxe Theologie hatte ihre Kraft verloren, gerade auch dort, wo sie Anleihen beim Rationalismus machte. Anders stand es bei Hamann, der seinen Zeugendienst als voll engagierter Zeitgenosse ausüben konnte, der nicht bloß die Philosophen der Zeit durch ausgiebige Lektüre und z.T. aus persönlichen Begegnungen kannte und in ihrem Anliegen verstand – Hume, Wolff, Mendelssohn, Lessing, Kant –, sondern selber Lehrer und Anreger wurde – vor allem über Herder – für »Sturm und Drang« (Goethe) und Romantik (Schelling, Schleiermacher, Hegel). Allerdings ist im Blick auf die weithin von Spinozas Einheitsdenken (deus sive natura) bestimmte Philosophie zu betonen, daß sie, und dies gilt bereits für Herder, Hamanns offenbarungstheologisches und eschatologisches Grundanliegen nicht aufzunehmen vermochte. Eine tiefgreifende theologische Nachwirkung hat Hamann jedoch auf die Kreise der Erweckten ausgeübt, auf die Väter von Mission und Diakonie, auf M. Kähler und den Hallenser Biblizismus.

Zur Literatur: Ältere Ausgaben der Werke Hamanns wurden durch die 1949 – 57 in Wien (Thomas-Morus-Presse im Verlag Herder) erschienene sechsbändige von Josef Nadler besorgte Ausgabe (J. G. H., Sämtliche Werke) ersetzt. Diese wird gewöhnlich mit N I, N II usw. zitiert. Leider ist sie z. Z. vergriffen. Hamanns umfangreiche »Biblische Betrachtungen« (N I) sind zusammen mit seinen »Gedanken über meinen Lebenslauf« (in N II abgedruckt) die Dokumentation der Lebenswende, die der 27jährige Königsberger Literat während seines Aufenthaltes in London erfahren hat und die anerkanntermaßen das Schlüsselerlebnis für sein gesamtes Wirken ist.

Hamanns Briefwechsel ist in 7 Bänden durch W. Ziesemer und A. Henkel im Insel-Verlag, Wiesbaden bzw. Frankfurt/M. herausgegeben worden (1955 – 78). Zitiert wird: ZH I, ZH II usw. Eine allgemeine Einführung in Hamanns Werk gibt das Taschenbuch: Sven-Aage Jørgensen, Johann Georg Hamann, Stuttgart (Metzler) 1976. Zur Einführung in Hamanns theologisches Denken ist immer noch Fritz Blanke, Hamann-Studien, Zürich (Zwingli-V.) 1956, vorzüglich geeignet. (Zum abgedruckten Text ist zu bemerken: Korrekturen bzw. Konjekturen gegenüber Nadlers Text wurden nur in den allerdringendsten Fällen eingebracht. Manches Widersinnige oder aus Flüchtigkeit erklärbare Fehlerhafte wird der sorgfältige Leser selber korrigieren. In der Hamann-Forschung sind Ansätze vorhanden, über den Text der Nadler-Ausgabe hinauszugehen.)

Zu den abgedruckten Texten:

1. Seit Hamanns Londoner Durchbruchserlebnis (1758), das nach langer und intensiver Bibellektüre erfolgte, ist ihm die Heilige Schrift das große Denkmal und Werkzeug des sich in die Menschlichkeit herunterneigenden Gottes der Bibel. Die »Dienste«, die ihm die biblischen Schriften taten und noch tun, entscheiden über ihren Wert, »nicht das Ansehn derselben«. Von dieser dankbaren und ehrfurchtsvollen Grundhaltung aus kommt H. immer wieder aber auch ins Staunen, wie der heilige und große Gott sich in seiner Menschenfreundlichkeit gerade auch der unheiligen und geringen Dinge bedient, um Menschen zu erretten. Es macht die besondere Eigenart des hamannschen Bibelverständnisses aus, daß er dies Handeln Gottes sub specie contrarii immer wieder auch in den biblischen Texten findet. Die »Herunterlassung« (Kondeszendenz) Gottes, herkömmlicherweise mit der Christologie verbunden (2. Artikel), wird bei H. auch auf den ersten und, was im Zusammenhang der hermeneutischen Fragestellung besonders wichtig ist, auf den dritten Artikel ausgedehnt.

2. Hamanns Auffassung von Kondeszendenz ist charakteristisch unterschieden von den Akkommodationstheorien seiner Zeit (Hauptvertreter J. S. Semler 1725 – 1791). Letztere gehen von der begrenzten Auffassungsgabe früherer Geschlechter aus, über die sich der Geist des aufgeklärten neuzeitlichen Menschen erheben könne und müsse (Kritik an überholten Vorstellungen, theol. Sachkritik), während Hamann die Schrift auch und gerade in ihrer Niedrigkeit als von Gott intendiert ansieht und sie in keinem Stück einer rationalisierenden Betrachtung bzw. Interpretation ausliefern kann, die ihr Geheimnis zerstören würde.

3. Hamanns Formulierungen von Gott als »Schriftsteller« und »Poet« sowie von der Bibel als »Buch Gottes« meinen durchaus ein Festhalten an der wörtlichen Eingebung der Schrift. Kein Zurück hinter die verba! Die Sache (res) der Schrift hängt untrennbar an ihrer vorfindlichen Sprach- und Literaturgestalt. Diese literarische Gestalt ist aber nicht von vornherein – wie die Orthodoxie meinte – abge-

hoben von anderer Literatur, sie steht vielmehr in einem ernstzunehmenden geschichtlichen (auch religionsgeschichtlichen) und sprachlichen Kontext mit ihr. Gerade innerhalb eines solchen Zusammenhanges erweisen die biblischen Sätze ihre unverwechselbare Eigenart, ihre einmalige Qualität.
Im Blick auf gegenwärtige Fragestellungen könnte man sagen, daß H. eine Verbalinspiration vertritt, die nicht mit dem Postulat der Irrtumslosigkeit verbunden ist.

4. Um das Buch Gottes recht zu begreifen, braucht der Leser seinerseits eine Geisteshaltung, in der er den sich herabneigenden Gott verstehen kann. Die Augen eines Freundes, die Begeisterung eines Liebhabers gehören dazu! Aber die in der Bibel erzählte Geschichte hat die Eigenart, immer wieder eine solche Geisteshaltung bei uns Menschen herbeizuführen. Gerade die unheiligen und anstößigen Inhalte der Bibel sind geeignet, unsre stolze Vernunft zu der Demut zu führen, die die rechte Entsprechung zur Kondeszendenz Gottes darstellt.   *Lindner*

JOHANN GOTTFRIED HERDER,
Briefe, das Studium der Theologie betreffend (1780/81), in: Sämtliche Werke,
hrsg. von B. Suphan, Bd. 10, Berlin 1879, S. 145 ff.

Aus dem 12. Brief

Uebrigens habe ich weit größere Lust, das Göttliche dieser Schriften lebendig *anzu-erkennen*, zu *fühlen* und *anzuwenden*; als über die eigentliche Art und modum desselben in der Seele der Schreiber, oder auf ihrer Zunge, oder in ihrem Griffel, oder in ihrer Feder zu disputiren und zu grübeln. Wir verstehen nicht, wie vielfach-*menschlich* unsere Seele wirkt, und sollen entscheiden, wie viel- oder einfach *Gott* in sie wirke? Wir ergründen kein Wort Gottes in der *Natur*, sehen nie das innerste *Wie?* einer Sache, sondern nur meistens hinten nach und in der Wirkung, das *Daß* und etwa das *Warum?* das letzte meistens auch nur im späten Erfolge; und wir sollten das innigste, geheimste Werk Gottes im *Allerheiligsten* der Natur, in der *Seele seiner Knechte und Geliebten*, und zwar im feinsten *Wie?* und *Welchergestalt?* daselbst erforschen, ergrübeln, oft im Streit und Haß ergrübeln wollen? Wir wissen von dem *innern Zustande* keines Dinges in der Welt etwas, als durch eigne *Erfahrung* oder Aehnlichkeit mit derselben; (wo uns diese fehlt oder nicht gnug thut, wissen wir nichts;) und wir sollten vom *innersten Zustande* fremder Personen entscheidende Kenntniß haben, wo die größten Entscheider und Behaupter es immer selbst voraussetzen, daß *wir nichts Aehnliches in unserer Seele erfahren können*, oder ja nicht erfahren *müssen*, um nicht Schwärmer zu werden. Endlich sollen wir in dem ewigen Streit, zwischen *Wort* und *Sache*, *Gedanke* und *Ausdruck* hier an der *verflochtensten* Stelle Auskunft geben können, da, so lange die Menschen disputirt haben, sie sich über die Grenzen von beyden, *Wort* und *Sache*, *Gedanke* und *Ausdruck*, selbst *in dem* und *worüber* sie disputirten, in der ihnen bewustesten Sache des Augenblicks und der Gegenwart nie haben einigen können. Fliehen Sie, m. Fr., die scholastischen Grillen und Grübeleyen hierüber, den Auskehricht alter barbarischen Schulen, der Ihnen oft den besten, natürlichsten Eindruck des *Geistes* dieser Schriften verdirbt. Sobald Sie statt gesunder Ansicht, statt lebendige göttliche Wirkung zu geniessen und anzuwenden, sich in einen Abgrund einsperren und ein Spinnengeweb Philosophischer Fragen und Unterscheidungen theilen, fleucht Sie der Geist dieser Schriften. Er ist ein natürlicher, freyer, froher, kindlicher Geist; er liebt solche Hölen und Knechtsuntersuchungen nicht. Wenn Sie nicht das Rauschen seines Tritts, als das Kommen eines *Freundes*, oder einer *Geliebten* hören; sondern den Tritt knechtisch ausmessen, austappen wollen; so werden Sie ihn nicht kommen hören. – –

Sonderbar und äußerst zu bedauren ists, daß wir bey diesen Schriften immer anders verfahren, als bey allen andern guten, schönen, menschlichen Schriften; da diese doch auch, so fern wir sie lesen, und verstehn, und empfinden, und anwenden sollen, völlig *menschlich*, für menschliche Augen, Ohren, Herzens- und Seelenkräfte geschrieben sind. Den Geist Horaz, Homers, Sophokles, Plato lasse ich aus ihren Schriften auf mich wirken: sie sprechen zu mir, sie singen, sie lehren mich: ich bin um sie, lese in ihr Herz, in ihre Seele; so allein wird mir ihr Buch verständlich, so allein habe ich auch, mit den Zeugnissen der Geschichte, das beste Siegel, daß diese Schriften von ihnen sind, weil ihr inneres Bild nemlich, ihr mir gegenwärtiger, lebendiger Eindruck auf mich wirket. Ohnmöglich kann ich von dieser heiligen Schriften eignem und höhern Geist erfüllt, und von ihrer Göttlichkeit überzeugt werden, als auf diese nemliche Weise. Wunder und Weissagungen, die sie enthalten, sind nur denn erst Beweise, wenn ich ihre Ursprünglichkeit, ihre Aecht- und Wahrheit einzeln oder im Zusammenhange der Geschichte schon erkannt habe, d. i. wenn der Geist ihres ganzen Gebäudes schon auf mich wirkte, und ich von der Göttlichkeit ihres Inhalts schon überzeugt bin. Dies kann nun nicht anders als meiner Fassungskraft angemessen geschehen; oder man müßte beweisen, daß, wenn ich diese Schriften lese, ich sogleich Mensch zu seyn aufhöre, und Engel, Stein oder Gott werde. Hypothesen solcher Art (sie verdienen diesen Namen nicht einmal, denn sie sind jedem gesunden Gedanken und aller Natur zuwider) können nichts anders als bittern Spott und äußersten Schaden gebähren.

Um Gottes und unser selbst willen, m. Fr., lassen Sie uns *dem* Gott und Geiste folgen, der uns diese Bücher gab, der uns in ihnen so anschaubar, so vertraut und natürlich redet. Warum redet er also? warum ändert er so oft den Ton? warum bequemt er sich der Seele, der Fassungskraft, dem Gesichtskreise, dem Ausdruck *jedes* dieser Schreiber? warum anders, als daß er vom verderblichen Abgrunde der Schwärmerey, aus dem noch keiner zurückkam, der sich hineinstürzte, daß er uns von ihm *weg*, fern *weg*, und nur auf *Natur, Natur* richten wollte, seine Sprache als die verständlichste, innigste, natürlichste, leichteste *Menschensprache* zu hören und zu vernehmen. Warum ist das Meiste in der Bibel *Geschichte?* und auch alle Poesie, Lehre, Prophetensprache auf simple *Geschichte* gebauet? Warum anders, als weil Gott in der Schrift zu uns sprechen wollte, wie er in der *Natur* zu uns spricht, in seinem vertrauten *Wort*, wie in seinen ofnen *Werken*, naturvoll, thätlich. Die Sprache in der That ist die Sprache Gottes: denn so er spricht, so geschiehts, so er gebeut, so stehets da; die vertrautesten Sprüche und Vaterreden in seinem Wort sind nichts als ein *Aufschluß* seiner *Werke*, selbst voll That, voll Wahrheit. Je menschlicher, d. i. Menscheninniger, vertrauter, natürlicher man sich also Werk und Wort Gottes denkt; je gewisser kann man seyn, daß man sichs *ursprünglich*, edel und göttlich denke. Alles unnatürliche ist ungöttlich; das übernatürlich-Göttlichste wird am meisten natürlich; denn Gott bequemet sich dem, zu dem er spricht, und für den er handelt. Er wirkt durch die geheimsten, kleinsten Räder das Augenscheinlichste, das Größeste. – –

So denke ich auch von der *Abschrift* und der *Bewahrung* dieser Schriften; Gott sorgte für sie, wie ein Autor für sein Buch, wie ein König für die Aufbewahrung seines Willens sorgt; aber, so viel wir wissen, durch *natürliche* Mittel und Wege. Meynen Sie nicht, daß immer ein dienstbarer Geist dabey stand, dem Abschreiber die Hand zu lenken, oder dem Uebersetzer ans Ohr zu rühren, wenn er unrecht übersetzte; der grosse Beweis so vieler Abschriften und Uebersetzungen ist offenbar dagegen. Je natürlicher Sie über diese Sachen denken, desto näher sind Sie der Wahrheit.

Kommentar

Ähnlich wie Lessing, den er zeitlebens verehrte, hatte Herder einen universal interessierten und beständig produktiven Geist, durch den er die Geistes- und Theologiegeschichte nachhaltig beeinflußte, besonders in der Literatur- und Sprachwissenschaft, der Kunst- und Kulturgeschichte, der Pädagogik und nicht zuletzt in der biblischen Hermeneutik. Zur Orientierung über die Stellung Herders in der Theologiegeschichte vgl. H.-J. Kraus, Die Biblische Theologie. Ihre Geschichte und Problematik, Neukirchen-Vluyn 1970 und ders., Geschichte der historisch-kritischen Erforschung des Alten Testaments, 3. erw. Aufl., Neukirchen -Vluyn 1982.

In Herders Hermeneutik sind die Anschauung Hamanns von der Kondeszendenz Gottes (s. dort), das genuin aufklärerische Interesse für die moralische Erziehung der Menschheit (in der Ausprägung der Geschichtsphilosphie Lessings) sowie ein dem Geschichtsdenken entspringendes starkes Empfinden für die Einmaligkeit

und Individualität menschlichen Wirkens eigenständig verbunden und ent-
wickelt. Herder beschritt mit seinem Bibelverständnis gegenüber der Orthodoxie
und dogmatisch ausgerichteten Theologie auf der einen Seite und der kritischen
Exegese sowie rationalistischen Theologie auf der anderen Seite einen eigenen
Weg, ohne jedoch eine Schule hervorzurufen.

Die »Briefe, das Studium der Theologie betreffend« schrieb Herder als General-
superintendent in Weimar. Sie waren als Studien-, vor allem aber als Lebenshilfe
für die Studenten und Kandidaten seines Amtsbereichs gedacht. Schon im ersten
Abschnitt des abgedruckten Textes kommt Herders Hermeneutik klar zum Aus-
druck. Jenseits aller exegetischen und dogmatischen Erörterungen des biblischen
Wortes geht es ihm zunächst um ein Einfühlen in den Geist der Bibel, welcher ein
»natürlicher, freier, froher, kindlicher Geist« ist. Der Bibelleser soll in der inten-
siven Begegnung mit dem geschilderten menschlichen Erleben in seinem eigenen
Menschsein ganzheitlich, d. h. in moralischer, geistiger und willenmäßiger Hin-
sicht gefördert und gebildet werden. Dadurch entsteht in ihm ein unauslösch-
licher Eindruck von der Göttlichkeit der biblischen Schriften, keineswegs aber
durch ein unmittelbares Fürwahrhalten der biblischen Wunder und Weissagun-
gen (2. Abschnitt). Im 3. und 4. Abschnitt kommt der Kondeszendenz-Gedanke
zum Ausdruck. »Gott bequemt sich dem, zu dem er spricht«. Nicht im Übernatür-
lichen, sondern im Natürlichen, nicht in abstrakten Ideen, sondern in der bibli-
schen Geschichte sucht und findet Herder Gott. Nicht in einer wunderbaren
Bewahrung der biblischen Schriften vor Fehlern u. ä., sondern gerade in ihrer
Preisgabe an menschliche Unzulänglichkeiten sieht Herder Gottes Fürsorge für
sie.

Die Kondeszendenz-Anschauung entbindet Herder von der Notwendigkeit, die
Autorität der Bibel zu verteidigen. Die Front, gegen welche die Inspirationslehre
der altprotestantischen Orthodoxie entwickelt wurde, war mit diesem Ansatz
überwunden. Gleichwohl bleibt zu bedenken, daß Gottes Kondeszendenz und
damit die Menschlichkeit der Bibel letztlich nicht eine Erziehung zur Humanität,
sondern Gemeinschaft des Menschen mit dem gekreuzigten und auferstandenen
Christus zum Ziel hat.   *C*

JOHANN PHILIPP GABLER,
Von der richtigen Unterscheidung der biblischen und der dogmatischen Theologie
und der rechten Bestimmung ihrer beiden Ziele, Antrittsrede in Altdorf vom 30. 3. 1787,
in: Otto Merk, Biblische Theologie des Neuen Testaments in ihrer Anfangszeit, Marburg
1972, S. 273–281

Daß die heiligen Bücher, besonders des Neuen Testaments, jene einzige und leuch-
tendste Quelle sind, aus der jede wahre und sichere Erkenntnis der christlichen Religion zu schöpfen ist, und jenes heilige Palladium, zu dem wir bei der so großen Zwei-
felhaftigkeit und Wechselhaftigkeit der menschlichen Wissenschaft einzig unsere
Zuflucht nehmen müssen, wenn wir nach einer festen Einsicht in das göttliche
Wesen streben und wenn wir eine sichere und zuverlässige Hoffnung auf das Heil
annehmen wollen: Das freilich, hochangesehene Zuhörer, bekennen alle einstim-
mig, die zu der heiligen Gemeinde der Christen gezählt werden. – Aber woher kommen bei dieser Übereinstimmung die so zahlreichen Meinungsverschiedenheiten in
der Religion selbst? Woher die so unseligen Abspaltungen von Gruppen? Freilich
geht diese Uneinigkeit aus von der Dunkelheit, die an etlichen Stellen der heiligen
Schrift selbst herrscht; freilich von jener schlimmen Angewohnheit, seine eigenen
Ansichten und Urteile in diese Bücher hineinzulegen, oder sogar von der sklavi-
schen Methode, sie zu interpretieren [gemeint ist wohl: die von der Dogmatik ver-
sklavte Methode der Interpretation]; freilich daher, daß man nicht auf den Unterschied zwischen Religion und Theologie achtet; schließlich daher, daß die Einfachheit und Leichtigkeit der biblischen Theologie schlecht vermischt ist mit dem
Scharfsinn und der Strenge der dogmatischen Theologie . . .

Die biblische Theologie besitzt historischen Charakter, überliefernd, was die heiligen Schriftsteller über die göttlichen Dinge gedacht haben; die Dogmatische Theologie dagegen besitzt didaktischen Charakter, lehrend, was jeder Theologe kraft
seiner Fähigkeit oder gemäß dem Zeitumstand, dem Zeitalter, dem Orte, der Sekte,
der Schule und anderen ähnlichen Dingen dieser Art über die göttlichen Dinge phi-
losophierte. Jene, da sie historisch argumentiert, ist, für sich betrachtet, sich immer
gleich (obwohl sie selbst, je nach dem Lehrsystem, nach dem sie ausgearbeitet
wurde, von den einen so, von den anderen anders dargestellt wird): Diese jedoch ist
zusammen mit den übrigen menschlichen Disziplinen vielfältiger Veränderung unterworfen: Was ständige und fortlaufende Beobachtung so vieler Jahrhunderte
übergenug beweist . . . Aber die heiligen Schriftsteller sind wirklich nicht so wand-
lungsfähig, daß dieselben diese verschiedene Gestalt und Form der theologischen
Disziplin anziehen könnten. Das freilich soll von mir nicht so gemeint sein, daß alles
in der Theologie für unsicher und zweifelhaft gehalten werden soll oder daß alles
bloß dem menschlichen Willen erlaubt sein soll; sondern nur so viel möchten diese
Worte ausrichten, daß wir das Göttliche vom Menschlichen sorgfältig unterscheiden, daß wir eine gewisse Unterscheidung der Biblischen und der Dogmatischen
Theologie festsetzen und nach Ausscheidung von dem, was in den heiligen Schriften
allernächst an jene Zeiten und jene Menschen gerichtet ist, nur diese reinen Vorstellungen unserer philosophischen Betrachtung über die Religion zugrundelegen,
welche die göttliche Vorsehung an allen Orten und Zeiten gelten lassen wollte, und
so die Bereiche der göttlichen und menschlichen Weisheit sorgfältig bezeichnen.
So endlich wird unsere Theologie sicherer und fester, und so wird sie selbst vom
heftigsten Angriff der Feinde nichts weiter zu fürchten haben.

Das erste also ist in dieser außerordentlich wichtigen Sache, daß wir die heiligen
Vorstellungen sorgfältig sammeln, und, wenn sie in der heiligen Schrift nicht ausdrücklich genannt sind, dann muß man sie selbst aus miteinander verglichenen Stellen entsprechend zusammenfügen. Damit dies umso erfolgreicher vonstatten geht

und nicht irgendetwas aufs Geratewohl oder nach Belieben getan wird, ist freilich vielfache Vorsicht und Umsicht nötig. Vor allem wird folgendes zu beachten sein: In diesen heiligen Büchern sind nicht die Ansichten eines einzigen Mannes enthalten und auch nicht die desselben Zeitalters oder derselben Religion. Die heiligen Schriftsteller sind freilich alle heilige Männer und durch göttliche Autorität geschützt; aber sie beziehen sich nicht alle auf dieselbe Form der Religion: Die einen sind Lehrer der alten und als solchen grundlegenden Lehrform, die Paulus selbst mit der Bezeichnung πτωχά στοιχεΐα bezeichnet; die anderen sind Lehrer der neueren und besseren christlichen Lehrform. Deshalb können die heiligen Schriftsteller, wie sehr sie auch mit gleicher Achtung wegen der göttlichen Autorität, die ihren eigenen Schriften eingedrückt ist, von uns zu verehren sind, doch nicht alle, wenn wir auf den dogmatischen Gebrauch achten, auf dieselbe Stufe gestellt werden. Aber daß überhaupt die Theopneustie in jedem heiligen Mann die eigene Kraft des Verstandes und das Maß der natürlichen Einsicht in die Dinge nicht zerstört hat, das bedarf gar nicht vieler Worte. Schließlich da, jedenfalls an dieser Stelle, nur das untersucht werden soll, welche Ansicht jeder dieser Männer über die göttlichen Dinge gehabt hat, und da dies ohne Rücksicht auf die göttliche Autorität aus ihren Büchern selbst erkannt werden kann, möchte ich freilich meinen, es sei, damit wir nicht den Anschein erwecken, etwas, das irgendeiner Beweisführung bedarf, wie schon Anerkanntes anzunehmen, in dieser ersten Untersuchung, wo es nicht wichtig ist, mit welcher Autorität die Männer geschrieben haben, sondern was für eine Ansicht sie vertreten haben, überhaupt besser, diesen Punkt der göttlichen Inspiration völlig zu übergehen und ihn erst dann wieder zu behandeln, wo über den dogmatischen Gebrauch der biblischen Vorstellungen gehandelt wird. – Unter diesen Umständen müssen wir, wenn wir nicht erfolglos arbeiten wollen, die einzelnen Perioden der alten und neuen Religion, die einzelnen Autoren und schließlich die einzelnen Redeformen, die jeder je nach Zeit und Ort gebraucht hat, trennen; ob es das historische, didaktische oder poetische Genus ist. Wenn wir diesen geraden, wenn auch beschwerlichen und zu wenig angenehmen Weg verlassen, irren wir notwendigerweise irgendwie in unsichere Abwege ab. Man muß folglich sorgfältig die Vorstellungen der einzelnen Schriftsteller eifrig sammeln und jeweils an ihrem Ort einordnen: Die der Patriarchen, die des Mose, David und Salomo, der Propheten, und zwar jedes einzelnen, Jesaja, Jeremia, Ezechiel, Daniel, Hosea, Sacharia, Haggai, Maleachi und der übrigen; und aus vielen Gründen dürfen die apokryphen Bücher zur Benutzung nicht verachtet werden: Danach aus der Epoche des Neuen Testaments die Vorstellungen Jesu, des Paulus, des Petrus, des Johannes und des Jakobus. Diese Aufgabe wird vor allem in zwei Teilen [Arbeitsgängen] gelöst: Der eine besteht in der richtigen Interpretation der Stellen, die sich hierauf beziehen; der andere im sorgfältigen Vergleich der Vorstellungen aller heiligen Autoren untereinander ...

Nachdem also diese Meinungen der göttlichen Männer aus den heiligen Schriften sorgfältig gesammelt, passend geordnet, vorsichtig auf Allgemeinbegriffe (= allgemeine Vorstellungen) zurückgeführt und genau miteinander verglichen sind, dann kann mit Nutzen eine Untersuchung über ihren dogmatischen Gebrauch und über die richtige Bestimmung der Grenzen der beiden Theologien, der Biblischen und der Dogmatischen, angestellt werden. Bei dieser Bezeichnung ist besonders zu untersuchen, welche Meinungen sich auf die bleibende Form der christlichen Lehre beziehen und so uns selbst angehen; und welche nur für die Menschen eines bestimmten Zeitalters oder einer bestimmten Lehrform gesagt sind. Es steht nämlich bei allen fest, daß nicht der gesamte Inhalt der heiligen Schrift für Menschen jeder Art bestimmt ist; sondern daß ein großer Teil von ihnen eher für ein bestimmtes Zeitalter, einen bestimmten Ort und eine bestimmte Art von Menschen nach dem Ratschluß Gottes selbst verbindlich gemacht worden ist. Wer, frage ich, bezieht wohl die mosaischen Riten, die schon von Christus abgeschafft worden sind, wer die Weisungen des Paulus, daß die Frauen sich in der heiligen Gemeindeversammlung verhüllen sollen, auf unsere Zeit? Die Vorstellungen der mosaischen Lehrform also, die weder von Jesus und seinen Aposteln noch von der Vernunft selbst her bestätigt werden, können von keinem dogmatischen Nutzen sein. Mit gleicher Methode muß man eifrig untersuchen, was in den Büchern des Neuen Testaments den Vorstellungen und Notwendigkeiten der ersten christlichen Welt gesagt ist und was auf die bleibende Heilslehre zu beziehen ist; was in den Aussprüchen der Apostel wahrhaft göttlich und was zufällig und rein menschlich ist . . .

Sobald alle diese Dinge zugleich richtig beobachtet und sorgfältig festgelegt sein werden, so werden endlich jene Stellen der heiligen Schrift ausgesondert und durchsichtig sein, die – zugleich auch von nicht zweifelhafter Lesart – sich auf die christliche Religion aller Zeiten beziehen und mit deutlichen Worten eine wirklich göttliche Form des Glaubens ausdrücken, »dicta classica« im wahren Sinn des Wortes, die als Fundament einer gründlichen dogmatischen Untersuchung zugrunde gelegt werden können. Aus diesen allein nämlich können ohne Zweifel jene sicheren und unzweifelhaften allgemeinen Vorstellungen eruiert werden, die allein in der Dogmatischen Theologie Verwendung finden. – Wenn diese allgemeinen Vorstellungen durch sachgerechte Interpretation aus jenen »dicta classica« herausgearbeitet werden, herausgearbeitet sorgfältig miteinander verglichen werden, verglichen jeweils an ihrem Ort treffend so eingeordnet werden, daß eine brauchbare und taugliche Verknüpfung und Ordnung der wahrhaft göttlichen Lehren zustande kommt, dann ist wahrhaft das Resultat die »Biblische Theologie im engeren Sinn des Wortgebrauchs« als der, wie wir wissen, der verstorbene (selige) ZACHARIÄ bei der Bearbeitung seines sehr bemerkenswerten Werkes gefolgt ist. Und nachdem diese sicheren Grundlagen der Biblischen Theologie, in diesem engeren Sinn verstanden, auf die Art und Weise, die wir bisher beschrieben haben, gelegt sind, muß endlich die Dogmatische Theologie, wenn wir keinen unsicheren Methoden folgen wollen, aufgebaut werden, und zwar eine unseren Zeiten angemessene. Die Vernunft unseres Jahrhunderts erfordert nämlich, daß wir bald die Übereinstimmung der göttlichen Dogmen mit den Entscheidungen der menschlichen Vernunft genau lehren, bald, daß wir mit möglichst großer Kunst und Geschicklichkeit die einzelnen Kapitel der Lehre so ausarbeiten, daß weder Gründlichkeit, sei es bei der richtigen Einordnung der Stellen, sei es bei richtiger Beweisführung, noch Eleganz in der allgemeinen Gestalt und Form, noch reiche Kenntnisse hinsichtlich menschlicher Weisheit, besonders auch der Geschichtsphilosophie in irgendeinem Teil vermißt werden. – Deshalb soll das System und die Gestalt der Dogmatischen Theologie, da sie ja eigentlich eine »philosophia christiana« ist, verschiedenartig sein im Verhältnis zu der Vielfalt sowohl der Philosophie als auch überhaupt der menschlichen Meinungen von dem, was scharfsinnig, gebildet, geeignet und nützlich, schließlich elegant und anmutig ist. Wobei sie jedoch gleichzeitig in dem so großen Wandel der Wissenschaften selbst Biblische Theologie bleibt, soweit sie natürlich nur behandelt, was die göttlichen Männer über die Dinge, die die Religion betreffen, gedacht haben und was nicht für unsere Meinungen erdacht ist.

Da dies sich so verhält, erkennen wir, . . . wie viel wir bei der Vollendung theologischer Disziplinen, jedenfalls wenn wir eine sichere Lehrform anstreben, bis dahin noch tun müssen; aber wir brauchen ja nur den richtigen, sicheren Weg und die richtige, sichere Methode bei deren Ausbildung einzuhalten, die zu dem hohen Gipfel der Vollendung führen, zu dem sie einen emportragen können.

Kommentar

Zur Person und wissenschaftlichen Bedeutung Gablers s. TRE Bd. 12. Die Altdorfer Antrittsrede markiert, theologiegeschichtlich gesehen, den Prozeß der Ablösung der akademischen Bibelexegese (bei Gabler »biblische Theologie« genannt) von der dogmatischen Theologie. Die in der Folge der verstärkten Zuwendung des 18. Jahrhunderts zur Geschichte stark gewachsene historische Arbeit in der Exegese hatte die Trennung von Bibelwissenschaft und Dogmatik schon rein arbeitstechnisch notwendig gemacht. Über die künftige gegenseitige Bewertung der beiden Disziplinen war damit noch nichts gesagt. Hier vollzieht nun Gabler eine inhaltliche Weichenstellung, die theologiegeschichtlich äußerst bedeutsam werden sollte. Er entzieht die Exegese ihrer bisherigen dogmatischen Umklammerung und erklärt sie zu einer freien historischen Disziplin, die nur noch sich selbst und ihrer Methodik verpflichtet sei. Die Konsequenzen dieser exegetischen Emanzipation sind weitreichend. Die akademische Exegese entzog sich zwar weithin der dogmatischen Bevormundung, aber sie geriet gleichzeitig in neue Abhängigkeiten: von der jeweils gebräuchlichen profanhistorischen Methodik und vom subjektiven dogmatischen Standort des Exegeten. Die Hoffnung Gablers, durch eine unabhängige Exegese die dogmatische Willkür in Theologie und Kirche einzudämmen, hat sich zweifellos nicht erfüllt. Im Gegenteil, durch die dogmatische Ungebundenheit der Exegese wurde die exegetische Willkür vervielfacht und dadurch Theologie und Kirche in stärkste Belastungen gezogen.

Wie Lessing und Herder ist auch Gabler von einer allmählichen Höherentwicklung der menschlichen Religiosität und Moralität überzeugt (Vgl. H.-J. Kraus, Die Biblische Theologie. Ihre Geschichte und Problematik, Neukirchen-Vluyn 1970, S. 54f.). Seine Bewertung des N. T. als der »besseren Lehrform« ist darin begründet.

Der Gedankengang Gablers ist, kurz zusammengefaßt, folgender: Meinungsverschiedenheiten und Abspaltungen in der Gemeinde können vermieden werden, wenn biblische und dogmatische Theologie getrennt arbeiten. Die biblische Theologie (= Exegese) arbeitet historisch, die dogmatische Theologie belehrend. Der Exegese kommt nach Gabler die Aufgabe zu, in den biblischen Schriften das Zeitgebundene, Menschliche vom Göttlichen zu trennen und damit der Theologie insgesamt eine sichere Grundlage zu geben. Dabei ist folgende Methodik anzuwenden: Sammeln und Vergleichen der »heiligen Vorstellungen« bei genauer Betrachtung der Periode (d. h. A. T. oder N. T.), der Zeit, des Ortes und der Redeform. Dann sind diejenigen Stellen auszusondern, die »sich auf die christliche Religion aller Zeiten beziehen« (die sog. dicta classica). Aus ihnen kann dann eine der Zeit angemessene dogmatische Theologie aufgebaut werden. C

FRIEDRICH DANIEL ERNST SCHLEIERMACHER,
Hermeneutik und Kritik mit besonderer Beziehung auf das Neue Testament, in: Hermeneutik und Kritik, hrsg. von Manfred Frank, Frankfurt 1977, S. 75 ff.

Aus der »Einleitung«

1. Die Hermeneutik als Kunst des Verstehens existiert noch nicht allgemein, sondern nur mehrere spezielle Hermeneutiken. . . .

5. Wie jede Rede eine zwiefache Beziehung hat, auf die Gesamtheit der Sprache und auf das gesamte Denken ihres Urhebers: so besteht auch alles Verstehen aus den zwei Momenten, die Rede zu verstehen als herausgenommen aus der Sprache, und sie zu verstehen als Tatsache im Denkenden . . .

5.3. Hiernach ist jeder Mensch auf der einen Seite ein Ort, in welchem sich eine gegebene Sprache auf eine eigentümliche Weise gestaltet, und seine Rede ist nur zu verstehen aus der Totalität der Sprache. Dann aber ist er auch ein sich stetig entwickelnder Geist, und seine Rede ist nur als eine Tatsache von diesem im Zusammenhang mit den übrigen.

6. Das Verstehen ist nur ein Ineinandersein dieser beiden Momente (des grammatischen und psychologischen) . . .

9. Das Auslegen ist Kunst.

1. Jede Seite für sich. Denn überall ist Konstruktion eines endlichen Bestimmten aus dem unendlichen Unbestimmten. Die Sprache ist ein Unendliches, weil jedes Element auf eine besondere Weise bestimmbar ist durch die übrigen. Ebenso aber auch die psychologische Seite. Denn jede Anschauung eines Individuellen ist unendlich. Und die Einwirkungen auf den Menschen von außen sind auch ein bis ins unendlich Ferne allmählich Abnehmendes. Eine solche Konstruktion kann nicht durch Regeln gegeben werden, welche die Sicherheit ihrer Anwendung in sich trügen.

2. Sollte die grammatische Seite für sich allein vollendet werden, so müßte eine vollkommene Kenntnis der Sprache gegeben sein, im andern Falle eine vollständige Kenntnis des Menschen. Da beides nie gegeben sein kann, so muß man von einem zum andern übergehen, und wie dies geschehen soll, darüber lassen sich keine Regeln geben.

Das volle Geschäft der Hermeneutik ist als Kunstwerk zu betrachten, aber nicht, als ob die Ausführung in einem Kunstwerk endigte, sondern so, daß die Tätigkeit nur den *Charakter* der Kunst an sich trägt, weil mit den Regeln nicht auch die Anwendung gegeben ist, d. i. nicht mechanisiert werden kann . . .

12. Wenn beide Seiten (der Interpretation, die grammatische und psychologische) überall anzuwenden sind, so sind sie es doch immer in verschiedenem Verhältnis.

1. Das folgt schon daraus, daß das grammatisch Unbedeutende nicht auch psychologisch unbedeutend zu sein braucht und umgekehrt, sich also auch nicht aus jedem Unbedeutenden das Bedeutende gleichmäßig nach beiden Seiten entwickelt.

2. Das Minimum von psychologischer Interpretation wird angewendet bei vorherrschender Objektivität des Gegenstandes. (Dahin gehört) reine Geschichte, vornehmlich im Einzelnen, denn die ganze Ansicht ist immer subjektiv affiziert. Epos. Geschäftliche Verhandlungen, welche ja Geschichte werden wollen. Didaktisches von strenger Form auf jedem Gebiete. Hier überall ist das Subjektive nicht als Auslegungsmoment anzuwenden, sondern es wird Resultat der Auslegung. Das Mini-

mum von grammatischer beim Maximum von psychologischer Auslegung in Briefen, nämlich eigentlichen. Übergang des Didaktischen und Historischen in diesen. Lyrik. Polemik . . .

13. Es gibt keine andere Mannigfaltigkeit in der Auslegungsmethode, als das Obige (12.).

1. Beispielsweise die wunderliche Ansicht, aus dem Streit über die historische Auslegung des N.T. entstanden, als ob es mehrere Arten der Interpretation gäbe. Die Behauptung der historischen Interpretation ist nur die richtige Behauptung vom Zusammenhang der neutestam. Schriftsteller mit ihrem Zeitalter. (Verfänglicher Ausdruck *Zeitbegriffe*). Aber sie wird falsch, wenn sie die neue begriffsbildende Kraft des Christen-/tums leugnen und alles aus dem schon Vorhandenen erklären will. Die Ableugnung der historischen Interpretation ist richtig, wenn sie sich nur dieser Einseitigkeit widersetzt, und falsch, wenn sie allgemein sein will. Die ganze Sache kommt aber dann auf das Verhältnis der grammatischen und psychologischen Interpretationen hinaus, denn die neuen Begriffe gingen aus der eigentümlichen Gemütserregung hervor.

2. Ebensowenig (entsteht eine Mannigfaltigkeit), wenn man historische Interpretation von der Berücksichtigung von Begebenheiten versteht. Denn das ist sogar etwas vor der Interpretation Hergehendes, weil dadurch nur das Verhältnis zwischen dem Redner und ursprünglichen Hörer wiederhergestellt wird, was also immer vorher sollte berichtigt sein.

3. Die *allegorische Interpretation*. Nicht Interpretation der Allegorie, wo der uneigentliche Sinn der einzige ist ohne Unterschied, ob Wahres zum Grunde liegt, wie in der Parabel vom Säemann, oder Fiktion, wie in der vom reichen Manne. Sondern welche, wo der eigentliche Sinn in den unmittelbaren Zusammenhang fällt, doch neben demselben noch einen uneigentlichen annimmt. Man kann sie nicht mit dem allgemeinen Grundsatz abfertigen, daß jede Rede nur Einen Sinn haben könne, so wie man ihn gewöhnlich grammatisch nimmt. Denn jede Anspielung ist ein zweiter Sinn, wer sie nicht mit auffaßt, kann den Zusammenhang ganz verfolgen, es fehlt ihm aber doch ein in die Rede gelegter Sinn. Dagegen wer eine Anspielung findet, welche nicht hineingelegt ist, hat immer die Rede nicht richtig ausgelegt. Die Anspielung ist dieses, wenn in die Hauptgedankenreihe von den begleitenden Vorstellungen verflochten wird, von der man glaubt, sie könne in den anderen ebenso leicht erregt werden. Aber die begleitenden Vorstellungen sind nicht nur einzelne und kleine, sondern wie die ganze Welt ideal in dem Menschen gesetzt ist, so wird sie auch immer, wenngleich als dunkles Schattenbild, wirklich gedacht. Nun gibt es einen Parallelismus der verschiedenen Reihen im Großen und Kleinen, also kann einem bei jedem etwas aus einer andern einfallen: Parallelismus des Physischen und Ethischen, des Musikalischen und Malerischen usw. Die Aufmerksamkeit darf aber hierauf nur gerichtet werden, wenn uneigentliche Ausdrücke dazu Anzeichen geben. Daß es auch ohne solche Anzeichen besonders beim Homer und bei der Bibel geschehen ist, beruhet auf einem besonderen Grunde. Dieser ist bei Homer und beim A.T. die Einzigkeit jenes (des Homer) als allgemeinen Bildungsbuches, des A.T. als Literatur überhaupt, aus welchem alles mußte genommen werden. Dazu noch bei beiden der mythische Gehalt, der auf der einen Seite in gnomische Philosophie, auf der anderen in Geschichte ausgeht. Für den Mythus gibt es aber keine technische Interpretation, weil er nicht von einem Einzelnen herrühren kann, und das Schwanken des gemeinen Verständnisses zwischen dem eigentlichen und uneigentlichen Sinn macht hier die Duplizität am scheinbarsten. – Mit dem N.T. hat es freilich eine andere Bewandtnis, und bei diesem erklärt sich das Verfahren aus zwei Gründen. Einmal aus seinem Zusammenhange mit dem Alten, bei dem diese Erklärungsart hergebracht war und also auf die anfangende gelehrte Auslegung über-

tragen wurde. Dann aus der hier noch mehr als beim A. T. ausgebildeten Vorstellung, den heiligen Geist als Verfasser anzusehen. Der heilige Geist kann nicht gedacht werden als ein zeitlich wechselndes einzelnes Bewußtsein. Daher auch hier die Neigung, in jedem alles zu finden. Allgemeine Wahrheiten oder einzelne bestimmte Vorschriften befriedigen diese von selbst, aber das am meisten Vereinzelte und an sich Unbedeutende reizt sie.

4. Hier dringt sich uns nun beiläufig die Frage auf, ob die heiligen Bücher des heiligen Geistes wegen anders müßten behandelt werden? Dogmatische Entscheidung über die Inspiration dürfen wir nicht erwarten, weil diese ja selbst auf der Auslegung ruhen muß. Wir müssen *erstlich* einen Unterschied zwischen Reden und Schreiben der Apostel nicht statuieren. Denn die künftige Kirche mußte auf die erste gebaut werden. Eben deshalb aber auch *zweitens* nicht glauben, daß bei den Schriften die ganze Christenheit unmittelbarer Gegenstand gewesen. Denn sie sind ja alle an bestimmte Menschen gerichtet und konnten auch in Zukunft nicht richtig verstanden werden, wenn sie von diesen nicht waren richtig verstanden worden. Diese konnten aber nichts anderes als das bestimmte Einzelne darin suchen wollen, weil sich für sie die Totalität aus der Menge der Einzelheiten ergeben mußte. Also müssen wir sie ebenso auslegen und deshalb annehmen, daß, wenn auch die Verfasser tote Werkzeuge gewesen wären, der heilige Geist durch sie doch nur könne geredet haben, so wie sie selbst würden geredet haben.

5. Die schlimmste Abweichung nach dieser Seite hin ist die kabbalistische Auslegung, die sich mit dem Bestreben, in jedem alles zu finden, an die einzelnen Elemente und ihre Zeichen wendet. – Man sieht, was irgend seinem Bestreben nach noch mit Recht Auslegung genannt werden kann, darin gibt es keine andere Mannigfaltigkeit als die aus den verschiedenen Verhältnissen der beiden von uns aufgestellten Seiten.

Zusatz. Dogmatische und allegorische Interpretation haben als Jagd auf Inhaltreiches und Bedeutsames den gemeinsamen Grund, daß die Ausbeute so reich als möglich sein soll für die christliche Lehre und daß in den heiligen Büchern nichts vorübergehend und geringfügig sein soll.

Von diesem Punkt aus kommt man auf die Inspiration. Bei der großen Mannigfaltigkeit von Vorstellungsarten darüber ist das Beste, erst zu versuchen, auf was für Folgerungen die strengste Vorstellung führt. Also Wirksamkeit des heiligen Geistes vom Entstehen der Gedanken bis auf den Akt des Schreibens erstreckt. Diese hilft uns nichts mehr wegen der Varianten. Diese waren aber gewiß vorhanden schon vor Sammlung der Schrift. Hier wird also schon Kritik erfordert. Aber auch die ersten Leser der apostolischen Briefe hätten müssen von dem Gedanken an die Verfasser und von Anwendung ihrer Kenntnis derselben abstrahieren und wären mithin in die tiefste Verwirrung versunken. Fragt man nun noch dazu, weshalb entstand nicht die Schrift ganz wunderbarer Weise ohne Menschen anzuwenden, so muß man sagen, der göttliche Geist kann diese Methode (nämlich durch Menschen) nur gewählt haben, wenn er wollte, daß alles sollte auf die angegebenen Verfasser zurückgeführt werden. Darum kann auch dies nur die richtige Auslegung sein. Von der grammatischen Seite gilt dasselbe. Dann aber muß auch alles Einzelne rein menschlich behandelt werden und die Wirksamkeit bleibt nur der innerliche Impuls. – Andere Vorstellungen, welche einiges einzelne, z. B. Bewahrung vor Irrtümern, dem Geiste zuschreiben, das übrige aber nicht, sind unhaltbar. Dabei müßte der Fortgang als gehemmt gedacht werden, das Richtige, an die Stelle Tretende, aber wieder dem Verfasser zufallend. Ob der Inspiration wegen alles sich auf die ganze Kirche beziehen muß? Nein. Die unmittelbaren Empfänger hätten dann immer unrichtig auslegen müssen, und viel richtiger hätte dann der heilige Geist gehandelt, wenn die heiligen Schriften keine Gelegenheitsschriften gewesen wären. Also grammatisch und psychologisch bleibt alles bei den allgemeinen Regeln. Inwiefern sich aber weiter eine Spezialhermeneutik der heiligen Schrift ergibt, das kann erst später untersucht werden . . .

19. Vor der Anwendung der Kunst muß hergehen, daß man sich auf der objektiven und subjektiven Seite dem Urheber gleichstellt.

1. Auf der objektiven Seite also durch Kenntnis der Sprache, wie er sie hatte, welches also noch bestimmter ist, als sich den ursprünglichern Lesern gleichstellen, welche selbst sich ihm erst gleichstellen müssen. Auf der subjektiven in der Kenntnis seines inneren und äußeren Lebens.

2. Beides kann aber erst vollkommen durch die Auslegung selbst gewonnen werden. Denn nur aus den Schriften eines jeden kann man seinen Sprachschatz kennenlernen und ebenso seinen Charakter und seine Umstände . . .

21. Wenn die Kenntnis des bestimmten Sprachschatzes erst während des Auslegens durch lexikalische Hilfe und durch einzelne Bemerkung zusammengerafft werden soll, kann keine selbständige Auslegung entstehen . . .

22. Wenn die nötigen Geschichtskenntnisse nur aus Prolegomenen genommen werden, so kann keine selbständige Auslegung entstehen.

1. Solche Prolegomena sind nebst den kritischen Hilfen die Pflicht eines jeden Herausgebers, der eine Mittelsperson sein will. Sie können aber selbst nur ruhen auf einer Kenntnis des ganzen einer Schrift angehörigen Literaturkreises und alles dessen, was in späteren Gebieten über den Verfasser einer Schrift vorkommt. Also sind sie selbst von der Auslegung abhängig. Sie werden zugleich für den berechnet, dem die ursprüngliche Erwerbung in keinem Verhältnis stände zu seinem Zwecke. Der genaue Ausleger muß aber allmählig alles aus den Quellen selbst schöpfen, und eben darum kann sein Geschäft nur vom Leichteren zum Schwereren in dieser Hinsicht fortschreiten. Am schädlichsten aber wird die Abhängigkeit, wenn man in die Prolegomenen solche Notizen hineinbringt, die nur aus dem auszulegenden Werke selbst können geschöpft werden.

2. In bezug auf das N. T. hat man aus diesen Vorkenntnissen eine eigene Disziplin gemacht, die Einleitung. Diese ist kein eigentlicher organischer Bestandteil der theologischen Wissenschaft, aber praktisch ist es zweckmäßig, teils für den Anfänger, teils für den Meister, weil es nun leichter ist, alle hierher gehörigen Untersuchungen auf *einen* Punkt zusammenzubringen. Aber der Ausleger muß immer auch wieder beitragen, um diese Masse von Resultaten zu vermehren und zu berichtigen.

Zusatz. Aus der verschiedenen Art, diese Vorkenntnisse fragmentarisch anzulegen und zu benutzen, bilden sich verschiedene, aber auch einseitige Schulen der Interpretation, die leicht als Manier tadelhaft werden.

23. Auch innerhalb einer einzelnen Schrift kann das Einzelne nur aus dem Ganzen verstanden werden, und es muß deshalb eine kursorische Lesung, um einen Überblick des Ganzen zu erhalten, der genaueren Auslegung vorangehen.

FRIEDRICH DANIEL ERNST SCHLEIERMACHER,

Von der heiligen Schrift, in: Der christliche Glaube nach den Grundsätzen der evangelischen Kirche im Zusammenhange dargestellt von Dr. Friedrich Schleiermacher, Zweiter Teil, Halle ²1830, S. 270 ff.

§ 128 Das Ansehen der Heiligen Schrift kann nicht den Glauben an Christum begründen, vielmehr muß dieser schon vorausgesetzt werden um der Heiligen Schrift ein besonderes Ansehen einzuräumen.

1.... Deshalb nun ist es nötig, das hierbei zugrunde liegende Mißverständnis recht ins Licht zu setzen. Wenn nämlich der Glaube an Jesum als den Christ oder als den Sohn Gottes und den Erlöser der Menschen auf das Ansehen der Schrift soll gegründet werden, so fragt sich, auf welche Weise will man dieses Ansehen begründen, da es doch offenbar so geschehen muß, daß man ungläubigen Gemütern die Überzeugung aufdringe, damit sie auf diesem Wege auch zu dem Glauben an den Erlöser kommen. Wenn man nun keinen anderen Ausgangspunkt hat als die gemeine Vernunft, so müßte zunächst aus bloßen Vernunftgründen das göttliche Ansehen der Schrift erwiesen werden können; und dagegen ist zweierlei zu erinnern. Zuerst, daß dieses auf jeden Fall einen kritischen und wissenschaftlichen Verstandesgebrauch voraussetzt, dessen nicht alle Menschen fähig sind; also können auch nur so befähigte den Glauben auf ursprüngliche und echte Weise überkommen, alle andern hätten ihn nur aus zweiter Hand und nur auf das Ansehen von jenen Sachkundigen. . . .

2. Ebensowenig nun als wir, wo es auf den Grund des Glaubens ankommt, einen Unterschied zwischen verschiedenen Klassen zugeben können, ebensowenig auch einen Unterschied zwischen verschiedenen Zeiten; sondern er muß bei uns derselbe sein wie bei den ersten Christen. Wollte man nun sagen, bei diesen wäre er von den Aposteln an allerdings entstanden aus ihrem Glauben an die Schrift, nämlich an die alttestamentliche und besonders an die darin enthaltenen Weissagungen von Christus, so ist zu dem, was hierüber schon oben gesagt ist, hier nur noch hinzuzufügen, daß wenn auch die Apostel gleich zu Anfang ihres Verständnisses mit Jesu ihn als den bezeichnen, von welchem die Propheten geweissagt haben, dies keineswegs so verstanden werden kann, als ob sie durch das Studium dieser Weissagungen und durch Vergleichung ihres Inhaltes mit dem, was sie an Jesus sahen und von ihm hörten, zum Glauben an ihn gebracht worden wären. Vielmehr hatte der unmittelbare Eindruck in ihren durch das Zeugnis des Täufers vorbereiteten Gemütern den Glauben erweckt, und jenes war nur eine Aussage dieses Glaubens mit ihrem Glauben an die Propheten verbunden. . . .

Kommentar

Friedrich Schleiermacher (1768–1834) ist der wohl einflußreichste Theologe des 19. Jahrhunderts, der durch die von ihm aufgeworfenen Fragestellungen die Theologie bis heute nachhaltig geprägt hat. »Das Werk des Kirchenvaters des modernen Protestantismus« kann man als klassisches Beispiel für den Versuch der Vermittlung von christlicher Tradition und modernem Menschsein bezeichnen. Er ringt mit der seit der Aufklärung für die Kirche neuen Situation, daß nicht mehr sie das Leben vorwiegend gestaltet, sondern Wissenschaft, Technik und Industrie an ihre Stelle getreten sind.

Ausgangspunkt der theologischen Reflexion Schleiermachers ist dabei die Über-zeugung, daß sich wahres Menschsein immer nur als religiöses Menschsein ver-wirklichen kann. Im von ihm postulierten »Gefühl der schlechthinnigen Abhän-gigkeit« des Menschen hat er der Religion einen scheinbar von den Wissenschaf-ten unbestrittenen Ort gesichert. Schleiermachers Problem bestand nun darin, nachzuweisen, daß dieses Abhängigkeitsbewußtsein im Christentum seine reifste Gestalt besitzt. Dieser Nachweis hatte ohne Rückgriff auf außerhalb des Menschen liegende Autoritäten (etwa der Bibel) zu geschehen, weil sonst der christliche Glaube dem Verdacht der Fremdbestimmung des Menschen ausgesetzt geblieben wäre. Er wurde durch eine geschichtsphilosophische Kon-zeption ermöglicht, die bis über die Mitte des 19. Jahrhunderts in Deutschland vorherrschte. Die Entwicklung dieser Anschauung wurde mit der Entdeckung der Geschichte als der eigentlichen schöpferischen Macht durch Herder und die Romantik an der Schwelle des 19. Jahrhunderts eingeleitet. An die Stelle der zeit-losen Vernunftwahrheiten der Aufklärung trat nun die Geschichte selbst als der Prozeß der Selbstentfaltung des menschlichen Geistes in immer neuen Lebens-formen (Kurt Frör). Von hieraus konnte auch die Religion interpretiert werden.

Es kommt so durch Schleiermacher zur Neuentdeckung der positiven (d. h. geschichtlichen) Religion. Aufgabe der historisch-kritischen Arbeit wurde nun, den Prozeß der Entwicklung und Selbstentfaltung der Religionen in der Geschichte darzustellen. Für Schleiermacher ist dieser Prozeß durch das religiöse Bewußtsein einzelner individueller Gestalten vorangeschritten. Die Absolutheit des Christentums wird mit Jesus begründet, weil er als der Träger des vollkomme-nen (d. h. nicht mehr überbietbaren) und erlösenden Gottesbewußtseins zu betrachten ist.

Auf ihn und nicht auf die Schrift als solche ist christlicher Glaube daher primär bezogen. Nur weil die ersten Jünger, die mit Jesus zusammengelebt haben, am stärksten von seinem Geist geprägt und darum die wirksamsten Vermittler seines Gottesbewußtseins sind, haben die neutestamentlichen Schriften eine besondere Bedeutung für die Vermittlung zu Jesus (d. h. seines Gottesbewußtseins). Dies gilt dann natürlich nicht für das Alte Testament.

Die neutestamentlichen Texte sind also Zeugnisse frommer Bewußtseins-zustände ihrer Schreiber, die verstehend auszulegen sind und dadurch für das religiöse Bewußtsein der Gemeinde fruchtbar werden. Damit ist der Zwang der hermeneutischen Fragestellung gegeben. Schleiermacher hat die Theorie des Ver-stehens in seinen Grundsätzen zur Hermeneutik systematisch dargestellt (vgl. Text 1) und dadurch auf Dilthey und die ihm folgende hermeneutische Besinnung aufs stärkste eingewirkt.

Rede und Verstehen beziehen sich immer auf die Gesamtheit der Sprache und das individuelle Denken des jeweiligen Redners (bzw. Schreibers). Aus diesem dop-pelten Bezug ergibt sich die Zweiheit von grammatischer und psychologischer Auslegung. Dabei soll sich der Interpret in den Schreiber (d. h. in seine Sprache, Gefühle und Ideen) verwandeln und so den Text zu verstehen suchen. Dieses Ver-stehen ist eine Kunst, weil der Ausleger sich dem Künstler nachgestaltet und den Text in sich selbst neu schafft. Der Verstehensvorgang führt also hinter den Text zurück.

Die zentrale Perspektive theologischer Auslegung des Neuen Testaments ist nach Schleiermacher »die durch Jesum aus Nazareth vollbrachte Erlösung«, verstan-den als Befreiung des im Menschen grundsätzlich angelegten Gottesbewußtseins zu einer das gesamte Leben prägenden Kraft. Diese Perspektive hat nämlich die Schreiber des Neuen Testaments geleitet. Da man sich, um verstehen zu können, in den Schreiber hineinversetzen muß, muß man glauben, bevor man die bibli-schen Schriften verstehen kann. Manche von ihnen sind durch jüdisches und heidnisches Gedankengut verunreinigt; deshalb befürwortet Schleiermacher auch eine in dieser Hinsicht kritische Bibelauslegung.

Andererseits müssen sich die Schriften der nachbiblischen Zeit an der Bibel mes-sen lassen, auch wenn keine Zeit ohne Ursprünglichkeit christlicher Gedanken ist. Inspiration bedeutet nämlich nach Schleiermacher einfach geistige Verbin-dung mit Jesus, die bei jedem Christen gegeben ist. Für die erste Jüngergeneration ist diese Personalinspiration allerdings wegen ihres unmittelbaren Kontaktes zu Jesus in ursprünglicher Weise gegeben.

Der Versuch Schleiermachers, die christliche Glaubenswahrheit mit dem moder-nen Wirklichkeits- und Wahrheitsverständnis zu vermitteln, ohne das eigentlich Christliche aufzugeben, beeindruckt. Allerdings ist zu fragen, ob das Christ-liche tatsächlich als Vollstufe der menschlich-religiösen Bewußtseinsentfal-tung verstanden werden kann. Als Offenbarung Gottes ist das Evangelium doch gerade etwas, was den Menschen von außen trifft, für dessen Empfang er von sich aus tot ist. Es kann somit nicht als seine höchste Bewußtseinsstufe identifiziert werden.

Entsprechend muß man fragen, ob die psychologische Fragestellung nicht in die Irre führt, wenn man annimmt, daß die biblischen Schreiber durch den Geist Gottes beim Schreiben geleitet waren.

Schließlich ist auch die Kräftigkeit des religiösen Bewußtseins der Schreiber als Auslegungskriterium höchst inkonkret und in höchstem Maße von der subjekti-ven Meinung des Exegeten abhängig. Z

AUGUST FRIEDRICH CHRISTIAN VILMAR,
Die Theologie der Tatsachen wider die Theologie der Rhetorik (1856), Erlangen 1938,
S. 11 ff.

II. Wißenschaft.

Die Theologie geht aus – oder soll ausgehen – von dem Ganzen, Vollen, Gewissen,
von der vollen Persönlichkeit des lebendigen Gottes, und geht hin – oder soll hin-
gehen – in das Ganze, in die volle Persönlichkeit des Menschen. Nicht von einzelnen
Thaten und Offenbarungen Gottes geht sie aus, sondern von der ewigen, vollen und
ganzen Persönlichkeit Gottes; nicht von Worten und Wundern und einzelnen
Erweisungen des ewigen Gottessohns geht sie aus, sondern von der lebendigen Person des Gottmenschen in ihrer Ganzheit und Ungebrochenheit; und eben so ist ihr
Ziel nicht das Einzelne am Menschen, nicht sein Leib, nicht seine Seele, nicht sein
Geist allein, geschweige denn sein Erkennen oder sein Denken, sein Fühlen oder
sein Wißen, sondern der ganze Mensch in seiner lebendigen Einheit . . .

Das »Wißen«, welches in der Theologie Statt findet, beruhet deshalb durchaus auf
dem Leben in dem Ganzen dieser göttlichen Offenbarungen, durchaus auf dem
Erleben, auf der Erfahrung dieses Ganzen: der Theil entwickelt sich als Glied aus
dem Ganzen, und wird nicht erst als Theil, als Glied aus der Beobachtung der übrigen Glieder erraten und erschloßen, geschweige denn, daß das Ganze erst aus den
einzelnen Theilen zusammengesetzt oder auch nur, daß dessen Ganzheit lediglich
aus der vollständigen Beobachtung und Kenntnis der einzelnen Theile gefolgert und
erkannt würde.

Dieß ist vielmehr die Operation der Wißenschaft, mit welcher die Theologie nichts
zu thun hat, und deren Name ihr nur in sehr uneigentlichem, für die Theologie
gefährlichem, ja verderblichem Sinne beigelegt wird. Die Naturkunde kennt den
Quell des Naturlebens, den Quell der Organisation der Naturkörper nicht; darum ist
es ihre Aufgabe, daß sie, anstatt sich, wie früher geschehen, himmelansteigenden
und sich selbst überstürzenden Speculationen über das Naturganze und dessen
Wesen hinzugeben, die einzelnen Thatsachen mit meßerscharfer Accuratesse beob-
achte, Resultat an Resultat, wenn auch vorerst nur musivisch, aneinander reihe, und
aus diesen Resultaten zu neuen Beobachtungen mit neuen Resultaten vorschreite.
Dieses klare, unzweifelhafte Erkennen der Thatsachen im Einzelnen und diese
Methode des Erforschens der Einzelheiten, um daraus zu Theilen, wenn es sein
kann zu Gliedern, wo möglich zu einem Ganzen der Erkenntnis zu gelangen, nennt
man im modernen Sinne Wißenschaft, und es trifft diese Bezeichnung genau nur auf
die Naturkunde mit Einschluß der Mathematik und der Medicin, so wie seit der
neuesten Zeit auf die Sprachkunde zu. Die Jurisprudenz ist dagegen an sich so wenig
eine Wißenschaft im modernen Sinne, wie die Theologie: auch sie ist ursprünglich
ausgegangen von einem Ganzen, von dem Rechtssinne des römischen Volkes als
einer in sich einigen Volkspersönlichkeit, und verträgt und bedarf, so wenig wie die
Theologie in ihrer Art, ein Zurückconstruieren des Ganzen aus dem Einzelnen, ein
Zusammenstellen einer Einheit aus einer unendlichen Vielheit von Einzelheiten
nicht.

Diesen Begriff der Wißenschaft in seiner vollen Geltung auf die Theologie anzuwenden, ist Sache der Atheologie, d. h. der Theologie der Dialektik und der Naturkunde,
der Theologie des Abfalls, wie denn auch Strauß in seinem hinsichtlich der Form
und Methode richtigen, hinsichtlich des Stoffes überaus albernen Buche (die christliche Glaubenslehre, in ihrer geschichtlichen Entwicklung und im Kampfe mit der
modernen Wißenschaft dargestellt 1840), sodann Feuerbach und nach ihnen
Andere mit geringerem Talent diesen Begriff in der Theologie consequent angewen-

det haben; das Resultat kann kein anderes sein, als daß bei vollständiger und folgerichtiger Anwendung dieses Begriffes die Theologie für denjenigen, welcher dieses Begriffes sich bedient, sich auflöst: die Theile und Glieder der Theologie haben nur Existenz im Zusammenhange mit dem Ganzen des göttlichen Lebens, dem sie angehören, außerhalb desselben, als bloße Theile die der Zusammensetzung bedürftig oder fähig sein sollen, sind dieselben nichtsbedeutend, nichtig, sich selbst widersprechend, eben weil ihnen jene Bedürftigkeit oder Fähigkeit der Reconstruierung ihrem Wesen nach abgeht . . .

»An der Hand der Wißenschaft« fände die rhetorische Theologie gar zu gern etwas Neues, machte gern neue Entdeckungen, gewänne »neue Einblicke«, oder gelangte auf das Wenigste zu einer überschaulicheren Systematik. Der Kitzel dieses Neues-Findens, der Kitzel dieser Entdeckungen ist es, von dem die Theologie der Rhetorik unaufhörlich geplagt wird, und den sie doch nicht befriedigen kann. Sie hat in ihrem Kreiße keinen Neptun herausrechnen können, wie Leverrier den seinigen herausgerechnet hat, und wird es nimmermehr können; nicht einmal einen winzigen Planetoiden hat sie gefunden, und sie wird keinen finden. Das Gebiet der biblischen Literatur hat sie sich herausgesucht, um auf demselben ihre »Entdeckungen« zu machen; es ist aber bei Vocabulistenweisheit und Grammatistenkünsten geblieben: bei der Unterscheidung von paulinischem und petrinischem Sprachgebrauch, bei dem Widerstreit des Jehovisten gegen den Elohisten, bei der Umstellung des Ranges, des Zeitalters u. s. w. der biblischen Bücher: heute Matthäus voran, und das Evangelium der Hebräer, morgen Lucas, am dritten Tage ein Urevangelium, am vierten Marcus; heute Deuteronomium ganz vorn, morgen ganz hinten, heute das Richterbuch vorn, morgen hinten hin zu stellen, die Psalmen spazieren zu fahren von David bis auf die Makkabäer, und von den Makkabäern wieder zurück zu David, zu Debora, zu Moseh u. s. w. u. s. w., das sind die Resultate dieser »Wißenschaft« der rhetorischen Theologie, die Resultate ihrer »Entdeckungen«. Daß dergleichen Operationen in gewissem, freilich sehr untergeordnetem, Sinne berechtigt sind, daß sie gewissen Feinden Gottes gegenüber für notwendig gehalten werden müßen, fällt mir nicht im Entferntesten ein, zu leugnen, aber diese Dinge für theologische Wißenschaft auszugeben, das ist lächerlich; von dem Standpunkte der Wißenschaft angesehen, nehmen sich jene Operationen mit den biblischen Büchern nicht anders aus, als das Gebaren unruhiger Weiber, welche von vier zu vier Wochen das ganze Ameublement ihrer Wohnung umquartieren, um allezeit etwas »Neues« zu haben, und, wenn sie in dieser Wohnung die möglichen Combinationen erschöpft haben, eine andere Wohnung suchen, nur um das Vergnügen des Umquartierens ihres Hausrats auf eine neue Weise zu genießen. Die Theologen der Rhetorik scheinen nicht zu wißen, wie unbeschreiblich lächerlich sie mit diesen ihren Grammatistenkünsten, die sie in der Bibel spielen laßen, den Leuten der wirklichen Wißenschaft, den Naturforschern, vor allem den Botanikern und Astronomen, den Medicinern und sogar den Philologen, wenigstens denen die aus guter Schule sind, vorkommen.

Gehen wir – ich wiederhole es – mit dem Maßstabe der Wißenschaft, oder, wie man sich rhetorisch gern ausdrückt »an der Hand der Wißenschaft« an die heilige Schrift, d. h. mit der Voraussetzung, daß das göttliche Leben der Welt aus den Einzelheiten der Schrift erst gefunden werden müße, und zwar gefunden lediglich nach den Regeln der Lexicologie, der Grammatik und Kritik, so können wir ehrlicher und consequenter Weise nur dahin kommen, das göttliche Leben gänzlich wegzuleugnen; aus der menschlichen Composition dieser Bücher, zu welcher dann wieder Sprachgebrauch, Wortbedeutung, Syntax, Formenlehre gehören, construiere ich das göttliche Leben nimmermehr heraus, wenn ich nicht das volle, mächtige Wehen des Geistes Gottes zum Voraus in diesen heiligen Schriften, und zwar in ihrer Totalität, empfunden habe – eben so wenig, wie der Anatom auf seinem Theater das Cadaver zu einem lebendigen Menschen reconstruieren kann, wiewol er alle Theile desselben genauer sieht und zu demonstrieren im Stande ist, als dieß im Leben möglich war. Der psychische Mensch vernimmt nichts vom Geiste Gottes. – . . .

III. Literatur und Exegese der heiligen Schrift.

. . . Die biblische Literaturgeschichte, die Einleitungswißenschaft, wie man sie jetzt nennt und über deren Begriff und Umfang man noch immer resultatlos streitet, hat in den letzten Jahrzehenden einen Umfang und eine Bedeutung gewonnen, welche alle übrigen theologischen Disciplinen zu überflügeln und der eigentlichen Bibelkenntnis, wie sie der Theolog bedarf, welcher aus der heiligen Schrift die Speise des Lebens für seine Gemeinde zu schöpfen hat, den letzten noch übrig gebliebenen spärlichen Raum völlig zu entziehen droht. »Wer die Einleitung gehörig durchgearbeitet hat, kann der Exegese fast gänzlich entraten« ist ein gewöhnliches Axiom der jungen Theologen geworden, und ein nicht ganz unrichtiges, denn ein großer Theil des in der Einleitung behandelten Stoffes kehrt in den exegetischen Vorlesungen, nur in ausgedehnterer Form und bis in das Minutiöse specialisiert, wieder. Nicht selten nimmt die Einleitung in das Buch der h. Schrift, welches erklärt werden soll, fast die Hälfte der ganzen Vorlesungszeit weg; ja ich habe, schon vor einer Reihe von Jahren, ein von einem sehr angesehenen Universitätslehrer herrührendes Heft über den Römerbrief gesehen, in welchem die Einleitung volle drei Viertel der ganzen Vorlesung ausfüllte.

Ein großer Theil der biblischen Literaturgeschichte, jetzt sogar der bei weitem größte, ist den Angriffen auf die Authentie der biblischen Bücher und der Verteidigung derselben gegen diese Angriffe gewidmet. Die Atheologie wird zu jenen Angriffen durch ihre innerste Natur, welche dem Worte Gottes von Grund aus widerspricht, gedrängt, und daß die Theologie gegen diese Angriffe die Waffen ergreift und Festungen zu erbauen sucht, ist ebenwol natürlich und notwendig, aber der Schade, welcher der Theologie durch dieses Eingehen auf die Angriffe der Feinde des Wortes erwächst, ist demungeachtet sehr groß, und überwiegt nicht selten den Vorteil. Auf diesem Wege wird die Rede Gottes zu uns je mehr und mehr in den Hintergrund gedrängt, und die Reden der Menschen untereinander über das Wort Gottes, oft der Hader der Menschen über Gottes Wort, werden in den Vordergrund geschoben. Wo aber nun nicht einmal ein Herz für Gottes Wort vorhanden ist, da ist die Literaturwißenschaft ein willkommenes Vehikel, von dem Worte Gottes abzukommen, und sich in menschlichen Worten, Gedanken und Künsten ausschließlich zu ergehen. Ueber Grammatik des neutestamentlichen Sprachidioms, über Sprachgebrauch, Verhältnis der Schriften und Schriftsteller zu einander, Begriffserörterungen, Chronologie, historischen Beziehungen, Beweisen und Gegenbeweisen aus der altkirchlichen Literatur wird der Inhalt der göttlichen Schriften oft ganz vergeßen, für die Lernenden nicht selten völlig obliteriert, so, daß dieselben, wenn sie auch die Schrift wirklich lesen (was bei den Theologen mindestens hinsichtlich des neuen Testamentes noch nicht ganz und wenigstens nicht überall außer Uebung gekommen, aber nach meinen Erfahrungen stark im Abnehmen begriffen ist) die heiligen Bücher einzig und allein aus dem Gesichtspunkte der biblischen Literaturwißenschaft, mit Rücksicht auf die allgemeine und specielle Kritik, den Sprachgebrauch der einzelnen Schriftsteller u. s. w. lesen, und es den Besten erst nach Jahren gelingt, die h. Schrift selbst und allein zu sich reden zu laßen.

Es ist eine »wißenschaftliche« Discussion, welche durch ein exegetisches Collegium der theologischen Rhetoren eröffnet zu werden pflegt, in welcher Gründe und Gegengründe abgewogen, Meinungen gehört und verworfen, Ansichten aufgestellt und widerlegt, und alle, oder doch die vornehmsten, »wißenschaftlichen Auctoritäten« zum Worte gelaßen werden. Nur eine Auctorität kommt regelmäßig nicht zum Worte: das Wort Gottes selbst; über dasselbe wird genug und übergenug gesprochen, aber nicht mit demselben. Und doch sollte das die erste Aufgabe eines Exegeten sein und er sollte es sich zur Pflicht machen, dieselbe seinen Zuhörern wiederum zur ersten Aufgabe zu stellen: zuerst die Stücke der heiligen Schrift mit Sammlung und Stille der Seele zu lesen, und wiederum und wiederum und abermals zu lesen, ohne einem menschlichen Worte, auch nicht dem eigenen, ein Dazwischenreden zu verstatten; nach und nach gewinnt das göttliche Wort Leben und Sprache, während es im Anfange todt erschien, und fängt – in sehr unfigürlichem Sinne – an, mit uns, zu uns, in uns hinein zu reden, und zeigt uns, daß es nicht eine Rede sei, aus einzelnen Worten zusammengesetzt, sondern eine göttliche That, daß es das Wort sei, zugleich Licht und Leben, aus welchem helle und immer hellere Stralen auf alles Einzelne fallen . . .

Kommentar

Eine erste Orientierung über die theologiegeschichtliche Stellung Vilmars vermittelt das allerdings nicht unpolemische Vilmar-Kapitel in K. Barth, Die protestantische Theologie im 19. Jahrhundert. Ihre Vorgeschichte und Geschichte, Zollikon/Zürich³ 1960. Trotz seines mehrmals aufgelegten »Collegium biblicum«, einer sechsbändigen gediegenen Auslegung aller biblischen Bücher, gehört Vilmar nicht zu den Theologen des 19. Jahrhunderts, welche – etwa wie Martin Kähler – in der hermeneutischen Reflexion einen Schwerpunkt der eigenen Arbeit sahen. Sein Hauptinteresse galt vielmehr ekklesiologischen und konfessionellen Fragen, daneben der Literaturwissenschaft und Politik.

Trotzdem gebührt Vilmar in der Geschichte der theologischen Hermeneutik ein herausragender Platz, weil er – längst vor Albert Schweitzer – dem Optimismus einer Exegese widersprochen hat, die mit Anwendung historischer und literarkritischer Methoden die Bibel besser zu verstehen meinte als es in früheren Zeiten kirchlich-dogmatischer Bevormundung möglich gewesen sei. Vilmars aus tiefer Sorge um die Autorität der Bibel entsprungener, aber in der Apologetik steckenbleibender Appell hatte keine durchgreifende Wirkung. Die von ihm formulierte Alternative von wahrer Theologie, welche von der Person Gottes ausgeht und zum ganzen Menschen hinführt, und rhetorischer Atheologie, welche mit historischen und literarwissenschaftlichen Untersuchungen an die Schrift herangeht, vermag nicht zu überzeugen. Sie verschiebt das hermeneutische Problem von der theologischen Frage, wie Gott durch die Schrift am Menschen handelt, auf die Frage der Methodik der Bibelexegese. Die Mahnung Vilmars, in der hermeneutischen Arbeit zuerst das Wort Gottes selbst zu Wort kommen zu lassen, ist damals wie heute aktuell.   *C*

JOHANN TOBIAS BECK,
Einleitung in das System der Christlichen Lehre oder Propädeutische Entwicklung der Christlichen Lehrwissenschaft, 2. Auflage, Stuttgart 1870, S. 255 ff.

Zur theologischen Auslegung der Schrift.

Die theologische, d. h. nicht blos gläubige, sondern *gläubig wissenschaftliche Auslegung* muss im Geist des Glaubens, oder pneumatisch den Text im Einzelnen und Ganzen seines Sinnes mit hermeneutischer Gründlichkeit und reproducirender Gedankenbestimmtheit entwickeln.

Das Moment des Pneumatischen führt auf das Prinzip als die Seele des ganzen Geschäfts, das Moment der hermeneutischen und reproducirenden Gedankenentwicklung auf die Methode, als die Art und Weise, wie das Prinzip sich fortbewegt . . .

Das Wort Gottes ist das Werk eines Geistes, der das Leben selbst ist, also kein todtes Schriftwerk hinstellt, sondern ein solches, in welchem er lebendig inne bleibt, und dem er beständig gegenwärtig ist mit seiner lebendigen Wirksamkeit, die sich auch noch ausser dem Wort in die Menschengeister hinein erstreckt. Der eigene Geist der Schrift ist auch ihr Ausleger, muss demnach die Erklärer erst vergeistigen in sein heiliges Wesen, ehe sie geistig im heiligen Sinn die Schrift können auslegen, und diese heilige Vergeistigung geschieht im Glauben, der Glaube aber wird erzeugt aus denjenigen Worten der heiligen Schrift, die, ohne erst einer besondern Auslegung zu bedürfen, jedem offenen Gewissen klar und stark bezeugen, was des Geistes Sinn aller Sinne und Gebot aller Gebote sey. Wer diese Summe, diesen nervus des heiligen Geisteszeugnisses in sich lässt eingehen und von demselben sich erziehen: der erfährt nun an sich selbst, dass der Geist lebendig macht – derselbe Geist, der in der Schrift lebt und zeugt, waltet als lebendiger Zeuge auch in ihm, und versieht sein vom Herrn bezeichnetes wesentliches Amt: er wird euch in alle Wahrheit leiten. Es ist also nicht der menschliche Natur-, Schul-, und Kirchen-Geist, zu dem wir die Auslegung hinweisen, wenn wir sie pneumatisch werden lassen: es ist der heilige Geist des Glaubens, ohne den kein Erklärer den Glaubensgeist der Schrift versteht, wie ohne künstlerischen Geist Niemand den Geist einer Schrift über die Kunst vernimmt. Wer überhaupt einen Andern wesentlich verstehen will, muss mit ihm auf demselben geistigen Standpunkt stehen, so auch der Bibelerklärer mit den heiligen Scribenten, die im heiligen Geistestrieb und Sinne schrieben. Ist also der geistige Standpunkt, auf welchem sie schrieben, nicht der der gewöhnlichen Welt, nicht der des natürlichen oder philosophischen Menschen, sondern der des aus dem heiligen Geiste wiedergebornen, so muss der Standpunkt des Erklärers auch derselbe seyn, wenn er es zum sachlichen Verstehen will bringen . . .

Allein die Schrift hat nicht nur einen Geist; sie ist eine vollendete Lebensgestalt, ein organisch durchgebildetes Ganzes, das wir in der Analogie des vollendetsten Organismus, des menschlichen, am besten uns erläutern: die Schrift hat auch einen Leib und eine Seele.

1) Der Leib ist ihre menschliche Aeusserlichkeit, ihre Sprache und Geschichte, gebildet aus den Elementen des Zeit- und Volks-Lebens, in welche die Schrift eintritt. Auf diese sprachliche und geschichtliche Aeusserlichkeit der Schrift bezieht sich die grammatisch-historische Auslegung, die sich lange so breit gemacht hat, als umfasste sie Alles in Allem, während sie nur ihrer Natur nach das Grammatische und Historische zum Verständniss bringt; die Schrift wird nur vom allgemeinen Sprach- und Geschichtsgebiet aus, als ein Theil desselben, aufgefasst, und so nur in dieser menschlichen Allgemeinheit der Schriftsinn erhoben – *allgemeiner Sinn.*

2) Die Seele der Schrift ist ihre menschliche Innerlichkeit, die eigenthümlich menschliche Richtung und Bildungsthätigkeit, welche ihre Gedanken und Vorstel-

lungen, ihre Gefühle und Gesinnung, ihre Triebe und Werke im Ganzen und Einzelnen in der Aeusserlichkeit der Schrift, ihrer Sprache und Geschichte darstellt, gemäss der psychologischen Eigenthümlichkeit der menschlichen Individuen (der Verfasser und handelnden Personen), durch welche die Schrift sich vermittelt. Auf diese menschliche Innerlichkeit der Schrift bezieht sich die psychologische Auslegung, welche die in Sprache und Geschichte sich offenbarenden menschlichen Gedanken, Gesinnungen und Gefühle entwickelt, also aus der innern Lebenssphäre der Schriftsteller etc. etc., aus ihren Vorstellungen, Empfindungen, Anschauungen, kurz aus den individuell-innerlichen Situationen den Sinn bestimmt in seiner menschlichen Besonderheit – *besonderer Sinn*...

3) Allein mit dem Allen ist der Charakter der heiligen Schriftsteller nicht erschöpft, so wenig als die Schrift selbst damit schon nach ihrer geistlichen Seite ausgelegt ist. Die heiligen Schriftsteller wurzeln und bewegen sich nicht nur auf der allgemein historischen Grundlage des äusserlichen Lebens, noch blos in den individuellen Begränzungen des innern; sondern ein göttliches Leben greift als das herrschende Prinzip, nicht nur als ein Element, in ihr äusseres wie inneres Leben ein. Die Auslegung, welche sie daher nur als Repräsentanten der Menschlichkeit nach Aussen und Innen behandelt, reisst sie von ihrem Lebensprinzip los, und fasst Wort und Sache, wie Gedanken und Bedeutung nur verstümmelt auf in isolirter Menschlichkeit ohne Zusammenhang mit dem sie beherrschenden göttlichen Prinzip – solche Auslegung ist daher immer nur anthropologisch, nicht wahrhaft eine theologische. Die theologische muss die Schriftsteller auch als Repräsentanten des göttlichen Lebens behandeln, aus der menschlichen Aeusserlichkeit und Innerlichkeit zum Pneuma aufsteigen, und zwar als dem die heiligen Schriftsteller beherrschenden Prinzip, woraus von selbst folgt, dass weder ihr Menschliches, ihr Sprechen und Denken nur neben dem Göttlichen wirksam sei, noch dieses Göttliche nur neben ihrem Menschlichen; auch nicht, dass beide nur mit einander vermischt seyen als verschiedene Elemente Einer Gattung, sondern das Göttliche ist Prinzip, verwebt sich in die menschlichen Elemente nicht als bloses Mitelement, vielmehr jene eben als Lebensprinzip bildend und bestimmend, sie reinigend zu Organen seiner Göttlichkeit, nicht selbst von ihnen verunreinigt: das Menschliche wird göttlich vergeistigt, nicht das Göttliche menschlich entgeistigt. So darf denn auch die Exegese über ihren grammatisch-historischen und psychologischen Untersuchungen nicht den Geist dämpfen, der das Schriftwort durchdringt, sondern muss ihm nachgehen und erforschen, wie er wirklich als das Lebensprinzip der Schrift die äusserliche wie die innerliche Seite ihrer Gedanken, deren grammatisch-historischen wie psychologischen Charakter göttlich vergeistigt, um zum göttlich-geistigen Sinn zu kommen, zum *vollen specifischen Schriftsinn* (pneumatische Auslegung), ohne sich dadurch irre machen zu lassen, dass dieser göttlich-geistige Schriftsinn nicht unmittelbar aus dem sprachlichen und geschichtlichen oder psychologischen Zusammenhang, aus Wort, Sache und Geist der Schriftsteller, nur menschlich betrachtet, sich aufdrängt; denn nicht aus diesem menschlichen An sich kann und soll der göttlich-geistige Sinn der Schrift geboren werden, sondern daher, woher die göttlich-geistige Wahrheit selbst kommt, die doch die Schrift als Offenbarung enthalten soll, aus dem göttlichen Geist...

Der Eine Geist, der Wort und Sache und Gedanken zum Ausdruck seiner Offenbarung vergeistigt, vereinigt sie auch zu Einem Sinn und macht die Bibel zu Einem Context; und in der Einheit dieses Geistes das Allgemeine und Einzelne zu begreifen und jene Einheit wieder nachzuweisen im Einzelnen, ist das Geschäft der *gelehrt-oder hermeneutisch-pneumatischen Auslegung*. Sie will nicht blos finden, welchen Sinn nur das jeweilige Volks- und Zeitbewusstseyn, oder das eigene

Bewusstseyn des Schriftstellers mit den Worten verband, sondern welchen Sinn der eigentliche Verfasser der Offenbarungszeugnisse, der göttliche Geist, für das christliche Bewusstseyn darin niederlegte. Und das heisst also eigentlich erst eine Stelle aus ihrem Context, und Schrift aus Schrift erklären, wenn dieselbe nicht nur mit einzelnen ähnlichen oder nächststehenden Stellen logisch-grammatisch verglichen wird, sondern mit dem ganzen Bibel-Context und aus dem Geiste der ganzen Bibel erklärt wird . . .

Diesemnach um den Text im Einzelnen und Ganzen reproducirend wieder zu geben, d. h. so wie er sich selbst im ganzen Zusammenhang der Bibel zu dem producirt hat, was er gerade ist, muss der Exeget die den Sinn bestimmenden einzelnen Momente wie den Sinn im Ganzen hermeneutischpneumatisch verfolgen in seiner genetischen Entwicklung, und zu diesem Behuf alle analogen Stellen so zusammennehmen, wie eine in die andere eingreift, oder die andere näher bestimmt, bis zu d e r Stufe, welche der Text einnimmt, um die jeder Stelle eigenthümlichen Bestimmungen am Ende zu vereinigen unter ihren gemeinsamen höheren Begriff. Sollte aber ein solcher im Texte noch nicht zu gewinnen seyn, so muss der Exeget noch weiter gehen, und auch die ihn weiter ausbildenden Stellen dazu nehmen, um am Ende entweder zu einem gemeinsamen höheren Begriff überhaupt oder zum vollen Begriff zu gelangen . . .

Die theologische Auslegung hat aber zugleich die Bestimmung, das e x e g e t i s c h Erforschte anzuwenden systematisch oder pragmatisch auf W i s s e n s c h a f t u n d L e b e n. Unter den *allgemeinen Anwendungsgrundsätzen* ist nun wieder *Erster Fundamentalsatz,* auf welchem alle übrigen sich erbauen müssen, der: d i e A n w e n d u n g m u s s a u s i h r e m T e x t a l s e i n e m l e b e n d i g e n G l i e d d e s g e s a m m t e n B i b e l - O r g a n i s m u s geistlich herauswachsen. Sie darf also den Textessinn durchaus nicht auf beliebige Weise umwandeln, und ihm gleichsam eine andere Physiognomie geben, sondern muss ihn lassen und nehmen, wie er ist; aber nicht, wie er für sich nur erscheint in starrer Vereinzelung; sondern aus einem lebendigen Zusammenhang mit der ganzen Bibel und dem Geist derselben muss sie ihre Folgerungen ableiten und Ernte halten für Wissenschaft und Leben. Also Bibelgrund, und zwar gerade in der Tiefe und Weite, in welcher der Text ihn einnimmt, muss die Anwendung immer haben; und sie gewinnt eben damit einen Reichthum von Lebensbeziehungen, eine Fruchtbarkeit und zwar geistliche Fruchtbarkeit, welche keine blos das eigene Belieben zu Grund legende Anwendung sich erringt – wenn w i r den Text erst gleichsam besaamen müssen aus unserem geistigen Vermögen, dann kann er uns nicht m e h r geben und sein, als wir schon sind und haben, und die Anwendung ist eben so winzig, schief und einseitig, als wir selbst sind.

D e r T e x t i s t g ö t t l i c h b e s a a m e t f ü r E r k e n n t n i s s u n d L e b e n a u s d e m G e i s t , d e r d i e T i e f e n d e r G o t t h e i t e r f o r s c h e t , u n d d i e H e r z e n d e r M e n s c h e n a u f d e c k t , u n d d i e G e s c h i c h t e d e r W e l t s c h r e i b t; da giebt es Wahrheiten, auf welche der in ein Leben von einigen Jahren gebannte, auf einen kleinen Punkt der Erde beschränkte und sich selbst nicht einmal begreifende Menschengeist mit dem besten Belieben nimmer kommt. Die Schrift, wenn man ihr Einzelnes immer ins Ganze auffasst und das Ganze in das Einzelne verfolgt, ist ebenso das wahrheitsgetreue S i n n b i l d d e s w i r k l i c h e n L e b e n s, wie es täglich uns umgiebt, als d a s b e l e b e n d e U r - u n d V o r b i l d d e s n e u e n L e b e n s, zu dem wir berufen sind – sie giebt uns also Beides in Einem: die w i r k l i c h e W a h r h e i t, die ungefärbte Darstellung der menschlichen Wirklichkeit, um nach ihr dem wirklichen Leben in uns und Andern durch alle seine Hüllen in das Herz zu sehen, und es ins Gewissen zu treffen: und die v o l l k o m m e n e Wahrheit, um nach ihr uns und Andere zu erbauen zum neuen Leben. Je lebensinniger daher die Anwendung aus dem ganzen biblischen Organismus ihres Textes sich hervorbildet: desto vollere und reinere Lebensschätze fördert sie zu Tage.

Zweiter Anwendungsgrundsatz: Die Folgerungen, mittelst deren wir den Text anwenden, müssen richtig begründet seyn.

Wir gelangen zu jenen Folgerungen, indem wir aus dem Inhalt des Textes bestimmte Wahrheiten für Erkenntniss und Leben ableiten; sie sind also begründet theils im Textinhalt selbst, theils in unserer Ableitung, und ihre Richtigkeit hängt demnach davon ab, ob wir den Text recht verstanden und ausgelegt haben, und dann, ob wir in der Ableitung richtig geschlossen haben: die Richtigkeit der Auslegung und die Richtigkeit der Schlüsse entscheidet demnach über die Richtigkeit der Anwendung. Blos zufällige, wenn auch an sich wahre und nützliche Gedanken, welche gelegentlich bei einer Schriftstelle in uns erweckt werden, oder blos beiläufige Erläuterungen und Erörterungen gehören nicht zur Textanwendung, weil sie nicht auslegungs- und schlussgemäss mit dem Text zusammenhängen.

Dritter Anwendungsgrundsatz: Das Menschliche der Bibel, ihre historischen und psychologischen Elemente müssen mit unserer eigenen Menschlichkeit in lebendige Beziehung gebracht, aber zugleich in dem sie und uns beherrschenden göttlichen Geiste angeschaut und benützt werden. Als göttliches Geisteswerk ist die ganze Schrift so angelegt, dass, was in ihr geschrieben steht, uns, als Geschlecht und Individuen, zur Lehre geschrieben ist. Ihre Erzählungen sind der weissagende Umriss unseres eigenen Lebensganges; die Seelenzustände ihrer Personen sind das Spiegelbild unserer eigenen; ihre göttlichen Offenbarungen das Sinnbild dessen, was Gott an uns gethan hat, noch thut und noch thun will; ihre Lehre ist der Geist der Geschichte, ihre Geschichte ist Lehre und Zucht des Geistes; ihr Aeusserliches ist der sinnvolle Ausdruck ihres Innern, und ihr Inneres das Bildungselement ihrer Aeusserlichkeit. Nach allen diesen Beziehungen darf und soll die Anwendung die Schrift benützen, um ihr lehr- und beispielreiches Gepräge, ihre von geistiger Fülle durchdrungene Gestalt lebendig wieder zu geben; allein das rechte Maas und die ächte Bedeutung für uns in jeder Beziehung wird die Anwendung nur treffen, wenn sie die nüchterne Zucht und das scharfsichtige Auge desselben heiligen Geistes dabei leitet, welcher eben so manchfaltig, als doch wieder einhellig in der Schrift sich bezeugt, ebenso biegsam und herablassend in die manchfaltigen Zeit- und Menschenbedürfnisse einzugehen weiss, als unwandelbar dieselben in sein heiliges Wesen hineinzubilden . . .

Vierter Anwendungsgrundsatz: die Anwendung muss die allgemeine Wahrheit zerlegen in die aus ihr sich entfaltenden besonderen, und diese verknüpfen zur vollen lebendigen Wahrheit; wo aber die letztere schon gegeben ist, sie auseinandersetzen nach ihrem allgemeinen und besonderen Inhalt; kurz sie muss, wie die Auslegung, analytisch-synthetisch verfahren. So bietet jede Geschichte ihre allgemeinen und besonderen Wahrheiten dar, findet aber ihre volle Bedeutung erst in einer individuellen Lehrwahrheit, in welche sie innerlich, d. h. ihrem göttlichen Geiste nach, als Glied des Offenbarungsplanes eingreift; und wiederum Lehrsätze haben für ihren allgemeinen und besonderen Inhalt die lebendige Darstellung in den Geschichten, für ihren vollendeten nur in der ganzen Geschichte und namentlich in der Krone derselben, der Geschichte des Herrn. Je mehr wir die Schrift so analytisch-synthetisch anwenden: je mehr werden wir bestätigt finden, was ein alter und neuerer Kirchenlehrer sagen: »die heilige Schrift ist ein Strom, der an den Ufern so untief ist, dass ein Lamm darin stehen und daraus trinken kann; der in der Mitte so hoch ist, dass der Elephant darin schwimmen kann; der endlich in der tiefsten Tiefe die köstliche Perle verbirgt, die dem kundigen Perlfischer zu Theil wird, der sich in die Tiefe hinabzulassen gelernt hat.« In den Untiefen gewinnen wir das Allgemeine der Geschichte und Lehre, auf der hohen See strömen uns die einzelnen Thatsachen und Lehren zu, aus der Tiefe schöpft, wer kann, den Einen, vollen Sinn und Gebrauch aller Geschichte und Lehre, die Perle.

Fünfter Anwendungsgrundsatz: Die Anwendung muss i n A l l e m d e m G l a u b e n g e m ä s s s e y n, d. h. seinem Einen und doch manchfaltigen Zwecke dienen: d e r g e i s t l i c h e n E r b a u u n g u n d B e s s e r u n g, 1 Kor. 14,3. Auf Lehre, Zurechtweisung, Besserung, Erziehung ist der ganze Zweck der Schrift gerichtet, und ihrem Zweck gemäss sie gebrauchen, ist die wahrhaft gläubige Anwendung, wozu die geistliche Wissenschaft wie Praxis berufen ist. Allein »h a b e A c h t a u f d i c h s e l b s t« ist das erste Glaubensgebot, bei der wissenschaftlich oder praktisch erbauenden Schriftanwendung. – Wer nicht in sich selbst erst das lebendige Heil der Schrift gründet und erbaut, kann es unmöglich in Andern thun. Darum beschäftigt die gläubige Schriftanwendung den g a n z e n M e n s c h e n, seine Vernunft und sein Gewissen, sein Herz und sein Leben, um ebenso wieder in Andern den ganzen Menschen erbauend zu durchdringen . . .

Kommentar

Beck ist in theologie- und frömmigkeitsgeschichtlicher Hinsicht ein Original, das weder einer Schule zuzurechnen ist noch eine Schule begründet hat. Da er auch sprachlich originell ist, erschließt er sich nur schwer. Eine Einführung in Becks theologische Arbeit geben u. a. Martin Kähler, Geschichte der protestantischen Dogmatik im 19. Jahrhundert, München 1962, S. 158 – 165 (Kähler hat bei Beck in Tübingen studiert) und F. Mildenberger, Geschichte der deutschen evangelischen Theologie im 19. und 20. Jahrhundert, Stuttgart-Berlin-Köln-Mainz 1981, S. 116 – 123.

Im Zentrum der Theologie Becks steht die Bibel. Sie ist für ihn nicht nur ein Zeugnis der Offenbarungstaten Gottes, sondern auch »»Bildungsorgan««des Heiligen Geistes, durch das er beständig Glauben und göttliches Leben schafft. Sie ist Teil der Gesamtoffenbarung Gottes. Besonders kennzeichnend für Beck ist seine Überzeugung, in der Schrift ein komplettes System göttlicher Wahrheit und eine vollständige Darstellung der göttlichen Heilsökonomie zu finden. Zweifellos folgt er in dieser Anschauung Johann Albrecht Bengel. Alle Fragen der Bibelauslegung werden von Beck seinem »System der christlichen Lehre«, das er in der Schrift findet, konsequent untergeordnet. Mit diesem Bibelverständnis steht Beck wie ein erratischer Block gegen die theologische Entwicklung seiner Zeit, die durch eine weitgehende Emanzipation der Exegese von der Dogmatik gekennzeichnet war. Sein Einfluß auf die hermeneutische Diskussion blieb gering.

In Becks Gesamtschau der Bibel vereinigen sich reformatorische hermeneutische Einsichten wie die Lehre von der Klarheit, Selbsttätigkeit und Suffizienz der Schrift mit einer heilsgeschichtlichen Theologie, welche die Bibel nicht nur als Zeugnis der Heilstaten Gottes, sondern auch als Offenbarung des Planes Gottes mit der gesamten Menschheit versteht. Ungeklärt bleibt bei Beck, wie der zentrale pneumatische Akt des biblischen Wortes am Menschen, nämlich dessen Vergeistigung, theologisch gemeint ist.

Die abgedruckten Abschnitte zeichnen den Weg der geistlichen Selbstschließung der Schrift am Ausleger bis zur Erstellung hermeneutisch-pneumatischer Auslegungs- und Anwendungsgrundsätze nach. C

JOHANN CHRISTIAN KONRAD VON HOFMANN,
Die Aufgabe der biblischen Hermeneutik, in: Vermischte Aufsätze, hrsg. v. H. Schmid,
Erlangen 1878, S. 114 ff.

Insgemein glaubt man die Aufgabe einer biblischen Hermeneutik in der Art lösen zu
sollen, daß man eine allgemeine Hermeneutik aufstellt, und deren Regeln auf die
Auslegung der heiligen Schrift anwendet. Dies bringt aber einen doppelten Uebel-
stand mit sich. Erstens unterzieht man sich einer Aufgabe, welche außerhalb der
Theologie liegt, wenn man eine allgemeine Hermeneutik aufstellt; weshalb man sie
denn auch in der Regel von einem außertheologischen Gebiete fertig herüber
nimmt. Und zweitens entsteht entweder bei ihrer Anwendung auf die heilige Schrift
der Anschein, als ob deren Auslegung mit den allgemeinen hermeneutischen Regeln
unverträglich sei, oder man unterstellt sie denselben in einer Weise, daß die unterscheidende Eigenthümlichkeit der heiligen Schrift nicht zu ihrem Rechte kommt.
Nun ergeben sich aber die allgemeinen hermeneutischen Regeln aus dem Verhältnisse des Auslegers zum Gegenstande der Auslegung so einfach und nothwendig,
daß es einerseits entbehrlich scheint, sie da, wo es sich um einen besondern Auslegungsgegenstand handelt, noch erst neu zu finden oder in Erinnerung zu bringen,
und daß es andererseits um so größere Bedenken erregt, wenn der Ausleger der heiligen Schrift eine Ausnahmestellung zu beanspruchen scheint. Und überschaut man
die Geschichte der Schriftauslegung, so wird man bald gewahr, daß es sich überall,
wo sie mit den allgemeinen Gesetzen der Auslegung in Widerspruch gerieth, oder
ungerechter Weise des Widerspruchs mit ihnen bezichtigt wurde, nicht sowohl um
Inhalt oder Geltung dieser Gesetze selbst handelte, als vielmehr um die unterscheidende Eigenthümlichkeit der heiligen Schrift, deren unrichtige Auffassung im
erstern Falle Abweichungen von ihnen nothwendig erscheinen ließ, und deren Verkennung im andern Falle für Abweichung von ihnen nahm, was keine war. Es wird
also vielmehr darauf ankommen, sich über die Stellung des theologischen Auslegers
zur heiligen Schrift Rechenschaft zu geben, als über das Verhältnis des Auslegers
zum Auslegungsgegenstande überhaupt. Ist sie auf Grund der unterscheidenden
Eigenthümlichkeit der heiligen Schrift richtig bezeichnet, so ergibt sich von selbst,
welche Näherbestimmung des Auslegungsgeschäfts sie mit sich bringt. Die Aufgabe
der biblischen Hermeneutik wird also sein, das Verhältniß des theologischen Auslegers zur heiligen Schrift und die damit zugegebene Besonderheit seines Auslegungsgeschäfts zu zeichnen. Es ist dieß eine Aufgabe, welche ganz und gar auf
theologischem Gebiete liegt, und deren Lösung keine anderen als theologische Mittel erfordert. Eben deshalb ist aber auch der Gang, welchen diese biblische Hermeneutik vermöge der Natur ihrer Aufgabe einzuhalten hat, von dem der allgemeinen grundverschieden.

So gleich ihr Beginn. Während die allgemeine Hermeneutik, was den Auslegungsgegenstand betrifft, vom Einfachsten zum Zusammengesetzten, vom Einzelnen zum
größern Ganzen fortschreitet, liegt hier die heilige Schrift zunächst als Ganzes vor.
Denn als solches, und nicht als eine Anzahl einzelner Schriften, ist sie eigenthümlicher Auslegungsgegenstand für den Theologen. Dieses Ganze einer einheitlichen
heiligen Schrift ist sie aber vor allem für die Kirche, als deren Angehöriger der Theologe an sie kommt. Die erste Frage wird also sein, was er als Angehöriger der Kirche
zu ihr mitbringt.

Nicht die wissenschaftlich systematische Heilserkenntniß, welche er besitzt, bringt
er mit zur Schrift – denn sie will er erst an ihr prüfen –, auch nicht eine begrifflich aus-
geprägte Lehre der Kirche – denn sie will selbst erst an ihr geprüft sein –, wohl aber
seinen Christenstand, vermöge dessen er sein Heil, nämlich die Vergebung seiner
Sünden und das Vermögen, Gott zu lieben, in Jesu Christo zu besitzen gewiß ist, eben

hiemit den Beruf Israel's weiß, das Volk der Heilsgeschichte zu sein, und in der Schrift ein Zeugniß desselben Heils erkennt, welches er in Christo zu eigen hat.

Indem er seines Heils damit gewiß ist, daß er Jesum hat, kennt er eine Wirklichkeit, welche nicht aus der durch die Schöpfung gesetzten und durch die Sünde bestimmten Entwickelung des menschlichen Wesens stammt, und ist ihm die Verkündigung, durch welche er dazu gelangt ist, dieses seines Heils gewiß zu sein, die Verkündigung von dem, welcher gestorben und aus dem Tode lebendig ist, verbürgt. Hienach würdigt er die Wunderbarkeit der von der Schrift beurkundeten Geschichte.

Desgleichen ist ihm das Verhältniß zu Gott, in welchem er sich durch Christum findet, Verbürgung einer Geschichte zwischen Gott und der Menschheit, welche diesem auf ihr beruhenden Verhältnisse gleichartig sei. Er würdigt hienach die Weise, wie die Schrift von Gott spricht und lehrt. Wie ihm dort die Erlebnisse der Menschheit, wenn er sie in ihrem Zusammenhange mit Christo erkennt, nicht zu wunderbar sind, so sind ihm hier die Aussagen von Gott, welche jenen Erlebnissen entsprechen, nicht zu menschlich.

Damit, daß er Jesum als seinen Heiland kennt, weiß er auch Israel's eigenthümlichen Beruf, und würdigt hienach das israelitische Gepräge des Schriftinhalts, sowohl was die beurkundete Geschichte, als was die geweissagte Zukunft anlangt. Es ist keine volksthümliche Beschränktheit, welche sich in diesem Gepräge des Schrifteninhalts darstellt, sondern Israel's eigenthümlicher Beruf für die Geschichte der Heilsverwirklichung.

Endlich erkennt der Ausleger in der heiligen Schrift ein Zeugniß von eben demselben Heil, dessen Besitz seinen Christenstand ausmacht. So gewiß nun letzteres kein Ergebniß natürlicher Entwickelung des menschlichen Wesens, sondern einer davon unabhängigen und andersartigen Geschichte ist, die sich zwischen Gott und der Menschheit begeben hat; so gewiß ist auch die Schrift als Zeugniß dieses Heils nicht in der Weise der erstern, sondern der letztern gewirkt, ein Werk des göttlichen Geistes im Sinne seines Wirkens in der Kirche Christi. Diese Gewißheit gibt dem Blicke des Auslegers, wenn er an die Schrift herantritt, seine Richtung. Auf das, was ihren eigenthümlichen Inhalt ausmacht, richtet sie ihn, und lehrt hiemit alles in ihr, was sich auf Gegenstände des natürlichen Erkennens bezieht, Kosmologisches, Psychologisches und dergleichen, immer nur in seinem Verhältnisse zur Heilswahrheit zu würdigen, ohne es von dem Heilszeugnisse als nicht zu ihm gehörig mechanisch abzuscheiden, oder demselben als eine selbstständige Wahrheit eben so mechanisch gleichzuordnen. Und zweitens richtet sich der Blick des Auslegers, da die Schrift als Ganzes eigenthümlicher Gegenstand seiner Thätigkeit ist, auf das einheitliche Ganze des Heilszeugnisses, welches ihm Heilswahrheit ist, und sieht sich alles Einzelne desselben darauf an, wie es sich zu diesem einheitlichen Ganzen verhalte, ohne daß ihm jedes Einzelne für sich und von vorn herein selbstständige Wahrheit hat, was schon deshalb nicht angeht, weil es Bestandtheile der Schrift gibt, von denen fraglich ist, ob sie ihr mit Fug angehören.

So viel ergibt sich für die Auslegungsthätigkeit aus dem Christenstande des Auslegers. Als ein gegenwärtiges Gut der Kirche, deren Glied er ist, kam die heilige Schrift bis hieher in Betracht, und was er als Glied der Kirche mitbringt, wenn er an die Schrift herantritt, war das für seine Auslegungsthätigkeit maßgebende.

Andererseits aber stammt die heilige Schrift aus einer Vergangenheit, und wird das Auslegungsgeschäft durch ihre von da her rührende Beschaffenheit bestimmt. Sie theilt diese Beschaffenheit mit anderen schriftlichen Erzeugnissen der Vergangenheit, ohne daß doch die hier sich ergebenden Bestimmtheiten der ihr zugewendeten Auslegungsthätigkeit mit verwandten Sätzen der allgemeinen Hermeneutik lediglich in eins zusammenfielen, in welchem Falle sie auch nicht anders als durch

Anwendung dieser Sätze gefunden werden könnten. Denn die Vergangenheit, aus welcher die Schrift herstammt, kommt für ihren theologischen Ausleger in ihrer Eigenschaft als heilsgeschichtliche Vergangenheit in Betracht.

Hieraus ergibt sich vor allem, daß für die Auslegung nichts maßgebend sein kann, was einer Zeit entstammt, welche diesseits jener heilsgeschichtlichen Vergangenheit liegt und der auf ihr beruhenden Heilsgegenwart angehört, sei es ein Ausdruck des kirchlichen Gemeinglaubens oder das Ergebniß irgend einer der Schrift zugewendeten Thätigkeit. Aber auch die Bestimmung des Umfangs der heiligen Schrift ist ein Vorgang, welcher diesseit jener heilsgeschichtlichen Vergangenheit liegt. Wenn auch die alttestamentliche Schrift in ihrem seitherigen Umfange heilige Schrift Jesu und seiner Apostel gewesen ist, so war doch die Zusammenfassung der Bestandtheile, welche die neutestamentliche ausmachen, ein Werk der kirchengeschichtlichen und nicht der heilsgeschichtlichen Zeit. Der Ausleger wird also bei seinem Geschäfte dessen immer eingedenk bleiben müssen, daß seiner Gewißheit, an dem Schriftganzen ein Zeugniß des ihm selbst eignenden Heils zu besitzen, nicht die gleiche Sicherheit über das Recht beiwohnt, mit welchem die einzelnen Bestandtheile gerade diesem Heilszeugnisse angehören, welches uns heilige Schrift ist, und daß sein Geschäft einen Theil der Arbeit bildet, aus welcher eine wissenschaftliche Sicherheit hierüber erst hervorgehen soll.

Da die Schrift als Erzeugniß der heilsgeschichtlichen Vergangenheit Gegenstand dieser eigenthümlichen Auslegungsthätigkeit ist, so muß sie der Ausleger so vor sich haben wollen, wie sie von dort her an die Kirche der Heilsgegenwart gekommen ist, in ihrer ursprünglichen Sprache und mit ihrem ursprünglichen Wortlaute. So weit letzterer mit äußerlichen Mitteln hergestellt werden kann, mögen Andere ihm vorarbeiten. Aus inneren Gründen dagegen zu urtheilen, bleibt ihm selbst vorbehalten.

Eben so mögen Andere die äußerlichen Mittel des sprachlichen Verständnisses ihm zu Gebote stellen. Seine Aufgabe dagegen bleibt es, den Inhalt aus der fremden Sprache in die eigene umzudenken, was nur dann ohne Beeinträchtigung desselben geschehen kann, wenn der Ausleger dessen eingedenk bleibt, daß sich der heilsgeschichtliche Beruf des Volks, aus welchem die Schrift herstammt, auch über die Ausprägung menschlicher Sprache für den Ausdruck des hier Auszudrückenden erstreckt hat, und wenn er auf den besondern Antheil an der Lösung dieser Aufgabe achtet, welchen dem Einzelnen sein sonderlicher heilsgeschichtlicher Beruf zuwies.

Da endlich die Schrift in ihren einzelnen Bestandtheilen aus verschiedenen Zeiten und von verschiedenen Verfassern herrührt, so gilt es, auf die geschichtliche Entstehung derselben zurückzugehen, um sie darnach in ihrem Verhältnisse zum Schriftganzen zu würdigen. Es handelt sich für das theologische Verständniß um die Stelle innerhalb der Heilsgeschichte, welcher eine Schrift angehört, um die heilsgeschichtliche Stellung ihres Verfassers, um die Beschaffenheit des Lebensmoments, aus welchem sie hervorgegangen, um die Bestimmung, für welche sie verfaßt ist. Es gilt in aller Weise sie so zu lesen, wie der Verfasser, als er sie schrieb oder hinausgab, sie gelesen wissen wollte. Dieß aber immer unter der Voraussetzung, daß man sie als einen Bestandtheil des Schriftganzen liest, an welchem die Kirche ihre einheitliche heilige Schrift hat, indem nur so das geschichtliche Verständniß derselben ein heilsgeschichtliches bleibt.

Kommentar

Franz Delitzsch hat über den Ausgangspunkt der Theologie seines Freundes Hofmann folgendermaßen geurteilt: »*Seitdem Cartesius, mit welchem der bis in die Neuzeit hineinreichende und, wie es fast scheinen könnte, in Hegel zum Stillstand gekommene Prozeß einer von Altertum und Scholastik verschiedenen selbständigen philosophischen Systembildung angehoben, dem spekulativen und überhaupt wissenschaftlichen Denken einen festen Ausgangs- und Standpunkt im innersten Bewußtsein des denkenden Subjekts selber erobert hat, wird es kaum ein wissenschaftliches System christlicher Dogmatik geben, welches nicht von dem christlich übersetzten und wesentlich so wie Gal. 2,20 lautenden cogito ergo sum ausginge*« *(zit. nach H.-J. Kraus, Die Biblische Theologie. Ihre Geschichte und Problematik, Neukirchen-Vluyn 1970, S. 249). Hofmanns theologisches System ist ein Beziehungs- und Korrektivsystem dreier Verkörperungen des Christentums, in der Heilsgewißheit des einzelnen Christen, in der Kirchengeschichte und in der Heiligen Schrift, wobei der* »*Christus in mir*«, *also die subjektive Heilserfahrung, der eigentliche Ansatz ist. Von hier aus erschließt sich nach Hofmann dem christlichen Bibelausleger eine neue, geistliche Wirklichkeit, der Zugang zur Verkündung des Evangeliums, ein Verständnis der Gesamtgeschichte Gottes mit der Menschheit und speziell mit dem Volk Israel sowie die Erkenntnis der Schrift als Heilszeugnis und die Zuordnung des Schriftganzen zu diesem Zentrum. Dabei versteht Hofmann unter Schrift kein statisches Lehrsystem, sondern ein Dokument heilsgeschichtlicher Perioden. Dieses Verständnis und ein ihm entsprechendes Ernstnehmen des geschichtlichen Ortes einer Schriftstelle prägen seine ganze, umfangreiche exegetische Arbeit.*

Ähnlich wie Beck entfaltet Hofmann unter Berufung auf die Schrift eine heilsökonomische Geschichtsdeutung, mit der er sich dem Vorwurf der Theosophie ausgesetzt hat (M. Kähler). Sein Ansatz beim gläubigen Selbstbewußtsein des Christen hat K. Barth veranlaßt, ihn einen »*extremen Schleiermachianer*« *zu nennen (Die protestantische Theologie im 19. Jahrhundert. Ihre Vorgeschichte und Geschichte, Zollikon/Zürich*[3] *1960, S. 560). In jedem Fall birgt Hofmanns (und auch Becks) erfahrungstheologischer hermeneutischer Ansatz die Gefahr, daß die Schrift als objektive kritische Instanz verlorengeht und die eigene Welt- und Geschichtsschau als die biblische postuliert wird.*

Zur Einführung in Hofmanns Theologie s. das o. zitierte Buch von H.-J. Kraus und F. Mildenberger, Geschichte der deutschen evangelischen Theologie im 19. und 20. Jahrhundert, Stuttgart-Berlin-Köln-Mainz 1981, S. 107 – 111 und 114 – 116. Zur Weiterarbeit wäre die Frage lohnend, ob und inwiefern Barths Vorwurf des »*Schleiermacherianismus*« *berechtigt ist.*   C

MARTIN KÄHLER,
Die Wissenschaft der christlichen Lehre von dem evangelischen Grundartikel aus im
Abrisse dargestellt (1883), Neukirchen-Vluyn 1966 (Unveränderter Nachdruck der
dritten Auflage, Leipzig 1905), S. 51–55

Die heilige Schrift.

49. Geschichtswissenschaftliche Quellenforschung vermag die Bibel nur als ein
Stück kirchlicher Überlieferung zu schätzen. Wenn die Kirche aller Zeiten ihr
darüber hinaus das Ansehen zugemessen hat, die unwandelbare Gestalt des göttli-
chen Wortes zu sein, so floß dieses Urteil aus Erfahrung. Seit der Reformation ist die
Kirche sich auch über die Gründe für diese Schätzung klar geworden; sie hat an der
Bibel den zureichenden Maßstab für die Sichtung des überlieferten kirchlichen Unterrichtes gefunden, indem sie erfuhr, an der Bibel zugleich die Quelle für seine Bele-
bung und Bereicherung zu besitzen; und diese fortgehende Erfahrung fand ihre
Bestätigung in dem Zeugnisse der einzelnen Christen über ihre eigne entsprechende
Erfahrung. Muß die kirchliche Wissenschaft dieses Urteil der Kirche für sich anerkennen, so findet sie doch in der Bibel keine festgelegte einheitliche Lehrform.
Deshalb bedarf sie eines sicheren Verfahrens, um ihren maßgebenden Inhalt zu
erheben; eine bloß geschichtswissenschaftliche Behandlung leistet das nicht, denn
sie führt nicht über fließende Größen des geschichtlichen Verlaufes hinaus.

50. Unter den Gesichtspunkten der Quellenforschung ist die h. Schrift als Sammlung von Schriften ein Stück der altkirchlichen Überlieferung, und die Geschichte
dieser Sammlung zeigt, daß die Überlieferung an diesem Stücke nicht minder der
wissenschaftlichen Prüfung bedarf als im übrigen. Namentlich gibt die Geschichte
keine völlig sichere Antwort auf die Frage nach dem Umfange des Kanon. Für den
Geschichtsforscher hängt aber der Wert der Sammlung von dem Werte ihrer Teile
ab, sofern diese ihm als Urkunden gelten, welche einerseits die Tatsachen der israelitischen und der urchristlichen Geschichte bezeugen, anderseits die Aussagen der
Zeitgenossen darüber enthalten, welchen Wert sie jenen Tatsachen zumessen. Geht
der Forscher dabei von der theologischen Grundvoraussetzung aus, der gemäß jene
Geschichte göttliche Offenbarung ist, so wird ihm hauptsächlich daran liegen, die
Ursprünglichkeit jener Zeugnisse nachzuweisen. Dieser Nachweis ist nun, soweit
das rein geschichtliche Verfahren eingehalten wird, nur in beschränktem Maße zu
führen, und namentlich nicht ausreichend bezüglich des Hauptstückes, nämlich der
Beurkundung der geschichtlichen Verhältnisse und Erweisung Jesu Christi selbst.
Deshalb hilft auch der Versuch nicht aus der Verlegenheit, die Stücke des Kanon
nach Graden ihres urkundlichen Wertes zu unterscheiden. Unter bloß geschichtlichen Gesichtspunkten läßt sich für die h. Schrift kein artlicher Unterschied von der
etwa vorhandenen sonstigen kirchlichen Überlieferung nachweisen, so daß man die
zweifellose Gültigkeit der Schrift als Maßstab der christlichen Lehre auf ihn gründen könnte; der Nachweis aber, daß es keine sonstige Überlieferung gibt, würde an
diesem Urteil über den urkundlichen Wert des Vorhandenen nichts ändern.

51. Die Bibel nach der kirchlichen und christlichen Erfahrung. 1) Nicht durch die
wissenschaftliche Forschung über ihren urkundlichen Wert ist die Kirche bewogen
worden, ihr jeder Zeit ein einzigartiges Ansehen (auctoritas divina) beizulegen, vielmehr durch ein geschichtlich erwachsenes Verhältnis. Im Anschluß an die jüdische
Überlieferung hat sie zunächst die h. Schrift alten Testamentes, dann auch die in
ihrem Schoß entstandene neutestamentliche Sammlung als die unwandelbare
Gestalt der Offenbarung oder des göttlichen Wortes geschätzt (verbum dei scrip-
tum). In diesem Glaubensurteile drückt sich das Bewußtsein darum aus, den Inhalt
dieser Schriften bilde eben diejenige Wahrheit, aus deren Verkündigung die Kirche
selbst erwachsen ist. 2) Dieses Verhältnis zwischen Kirche und h. Schrift tritt unter

ein neues Licht, wenn die Abweichung der kirchlichen Entwicklung von dem Inhalte der Schrift deutlich zum Bewußtsein kommt, wie zumal in und seit der evangelischen Reformation. Dann wird die Schrift a aus der bestätigenden Urkunde kirchlichen Unterrichtes zunächst b zu dem Maßstabe für seine Sichtung (auctoritas normativa), dann aber darüber hinaus noch c zu der Quelle Glauben weckender Verkündigung (auctoritas causativa). Sie gewinnt also für die Christen bestimmter den Wert, die unentbehrliche Trägerin für das wichtigste Gnadenmittel zu sein. So erweist sich die Schrift geschichtlich als dasjenige Stück der kirchlichen Überlieferung, in welchem die Forderung erfüllt ist, welche der Sache nach an die Überlieferung gestellt werden muß, nämlich daß sie die christliche Wahrheit zuverlässig durch die Zeiten hin trage. Diese geschichtlich-kirchliche Erfahrung von der Glauben weckenden und wahrenden Macht des Gottes-Wortes in der h. Schrift ist nun immer zuerst in der entsprechenden Erfahrung einzelner gewonnen worden und wird durch die gleiche Erfahrung fortgehend verständlich gemacht und von neuem beglaubigt (testimonium spiritus sancti internum).

Das Urteil der Kirche über die Bibel ist also nicht ein aus Lehrsätzen gefolgerter Heischesatz, sondern das Ergebnis von sich immer erneuernden Erlebnissen; aber freilich ist es auch eine Aussage über diese Erfahrungen, welche nur im Zusammenhange mit der kirchlichen Voraussetzung oder auf Grund der gläubigen Zuversicht zu der Offenbarung möglich und berechtigt ist. Folglich kann diese Behauptung erst in dem Zusammenhang unsrer Wissenschaft ihre ausreichende Begründung empfangen, indem dort alle ihre Voraussetzungen ihr Verständnis und ihre Bewährung finden. Sofern aber die Theologie kirchliche Wissenschaft ist, wird ihr vorläufig der Nachweis genügen, daß jenes Urteil nur ihre allgemeine Voraussetzung in Anspruch nimmt; sie darf die Kanonicität der Bibel oder ihre Geltung als höchsten Maßstabes für den kirchlichen Unterricht in seinen beiden Gestalten als erwiesen ansehen (perfectio respectu finis) und demgemäß dem Grundsatze beipflichten, welchen die Protestanten für allen kirchlichen Unterricht aufgestellt haben, nämlich dem Grundsatze, daß man keiner Lehre Allgemeingültigkeit zugestehen dürfe, deren Übereinstimmung mit der Schrift sich nicht nachweisen läßt.

52. Die Bibel als Quelle für die Wissenschaft der christlichen Lehre. Diese Beglaubigung des Kanon ist freilich nicht geeignet, die Mängel der Schrift rücksichtlich der Bekundung der Heilstatsachen zu heben; indes geschichtliche Urkundlichkeit reicht weder aus noch ist sie erforderlich, um Glauben zu begründen. Dem gegenüber genügt die Gewißheit, an der Bibel die fortwirkende Urkunde der kirchengründenden Predigt zu besitzen. Allein mit der Anerkennung dieses Satzes ist noch nicht über die Art entschieden, auf welche das Ansehen der Schrift innerhalb der Wissenschaft wirksam zur Geltung gebracht werden kann. a Denn die Beglaubigung durch die Erfahrung der Kirche und ihrer einzelnen Mitglieder gilt lediglich dem Offenbarungswerte des Inhaltes und nicht seiner Erscheinungsform in der Bibel. Dieser Gehalt deckt sich aber auch keinenfalls mit dem Inhalte der Bibel in dessen ganzem Umfange; denn sie übermittelt ja die Offenbarungswahrheit nicht wie Katechismus oder Dogmatik, sondern in Gestalt einer langen und reichen Geschichte, die sich zum Teil in den vorliegenden Schriftstücken selbst vollzogen hat und abspiegelt. Deshalb vermag eine ungeschichtliche Behandlung weder überhaupt den Inhalt dieser Literatur richtig zu erheben (scriptura sui ipsius interpres) noch auch festzustellen, welche Stücke dieses Inhaltes den maßgebenden Gehalt der heiligen Schriften ausmachen. b Eine bloß geschichtliche Untersuchung droht freilich alle in ihnen enthaltenen Anschauungen flüssig zu machen und ihnen damit den maßgebenden Wert zu nehmen, während hier die geschichtlichen Funde doch dazu dienen sollen, um wissenschaftlich festzustellen, was als christliche Lehre zu gelten hat. Daraus ergibt sich die Aufgabe, der Fülle des scheinbar geschichtlich Zufälligen das Wesentliche zu entnehmen, aus den Entwicklungsgängen die reifen Ergebnisse abzuleiten

und für die mannigfaltigen Lehrpunkte und Lehrwendungen die zusammenhaltende Einheit zu finden, welche sie als ein gegliedertes Lehrganze erscheinen läßt. Diese Aufgabe vermag die Exegese nicht für sich allein zu lösen; in ihrem Dienste hat sich die sogenannte biblische Theologie entwickelt, ohne sie doch vollständig lösen zu können, weil dabei Urteile erforderlich sind, welche man rein geschichtlich weder gewinnen noch begründen kann. Diese Einsicht zeigt, daß ein Anspruch dieser Disciplin auf die höchste Kanonicität unberechtigt sein würde, ist aber auch geeignet, überhaupt vor einem unvermittelten, unmethodischen Biblicismus in unserer Wissenschaft zu warnen.

MARTIN KÄHLER,
Der sogenannte historische Jesus und der geschichtliche, biblische Christus (1892),
neu hrsg. v. E. Wolf, Theologische Bücherei Bd. 2, München [4] 1969.

... Meinen Mahnruf kann und will ich recht auffallend in das Urteil zusammenfassen: *Der historische Jesus der modernen Schriftsteller verdeckt uns den lebendigen Christus.* Der Jesus der »Leben Jesu« ist nur eine moderne Abart von Erzeugnissen menschlicher erfindender Kunst, nicht besser als der verrufene dogmatische Christus der byzantinischen Christologie; sie stehen beide gleich weit von dem wirklichen Christus. Der Historizismus ist an diesem Punkte ebenso willkürlich, ebenso menschlich-hoffärtig, ebenso vorwitzig und so »glaubenslos-gnostisch« wie der seiner Zeit auch moderne Dogmatismus. Das gilt von beiden als »Ismen« und gilt so wenig heute wie damals mit Notwendigkeit von den Trägern dieser irregehenden Anschauungen.

Ich beginne mit der Frage: *was heißt »historischer Jesus«?* Diese Bezeichnung hat eine Geschichte nicht minder als die philosophischen Termini; und die Jungen ahnen großenteils gar nicht mehr, was er in den früheren Schriften bedeutet. Zuallererst hat er den biblischen Christus dem dogmatischen entgegenstellen wollen, nämlich den lebensvollen, anschaulichen Menschensohn in seinem Tun, Reden und Erleben jener Zeichnung in Begriffen, welche in dünnen Umrissen die dem Denken so schwer vereinbaren Grundlagen dieses einzigen Lebens aufzeigen sollte. Später schob sich an die Stelle der orthodoxen Dogmatik die allwissende Spekulation Hegels und bot für den dogmatischen Christus den idealen dar. Noch lange nachher hat Dorner den geschichtlichen Christus gegen Herm. Schultz verteidigt, weil dieser es jeder Zeit anheimgeben wollte, sich ihr Christus-Ideal selbst zurechtzumachen, das heißt: sich selbst und ihren Inhalt in dem entworfenen Christusbilde zu idealisieren. Der Anstoß trieb weiter; vielleicht ohne es recht zu wissen, geriet man zurück auf die Bahnen eines Semler und seiner Genossen. Geschichte und Dogmatik schien sich in die Bibel zurückverfolgen zu lassen. Die Apostel haben schon an Christum geglaubt, als sie von ihm schrieben; ihr Zeugnis ist mithin bereits Dogmatik. So muß man von ihrer Predigt auf die Berichte zurückgehen, um den geschichtlichen Jesus zu finden. Und da der vierte Evangelist ihn als das ewige Wort bekennt, so wird man eigentliche Berichte nur bei den sogenannten Synoptikern zu suchen haben. Allein, alsbald fand sich die Einsicht, daß auch hier schriftstellerische Absicht, fromm umgestaltende Sage, unwillkürliche Entstellung gewirkt habe, und nun blieb nichts andres übrig, man mußte auf die Suche nach dem historischen Jesus ausziehen, der hinter den urchristlichen Berichten, ja hinter dem Ur-Evangelium steht, undeutlich durchscheinend. Das ist nun eifrig getan; manchem aber will es scheinen: obwohl man mit Spießen und Stangen ausgezogen ist, »er ging hinaus, mitten durch sie hinstreichend«. Wenn er aber unter sie tritt mit seinem »ich bin's«, wer wird nicht erschüttert zusammenbrechen?!

Meine Aufgabe ist nun die doppelte, an diesem Verfahren in seiner Ausartung ablehnende Kritik zu üben und den Ersatz nachzuweisen; das letzte ist das wichtigere.

1. Ich sehe diese ganze »*Leben-Jesu-Bewegung*« für einen Holzweg an. Ein Holzweg pflegt seine Reize zu haben, sonst verfolgt man ihn nicht; er ist auch gewöhnlich zunächst ein Stück des richtigen Weges, sonst gerät man gar nicht auf ihn. Mit andern Worten: *wir können diese Bewegung nicht ablehnen, ohne sie in ihrer Berechtigung zu verstehen.*

Sie ist durchaus im Rechte, sofern sie Bibel wider abstrakten Dogmatismus setzt; sie verliert ihr gutes Recht, sobald sie beginnt, an der Bibel herumzuschneiden und zu reißen, ohne sich über die besondere Sachlage an diesem Punkte und über die eigentümliche Bedeutung der Schrift für diese Erkenntnis völlig klar geworden zu sein. Denn es handelt sich hier gar nicht einfach um ein geschichtliches Problem, wie in andern Fällen. Ihr Recht läßt sich in Luthers Wort hineinfassen, daß man Gottes Sohn gar nicht tief genug in unser Fleisch, in die Menschheit hineinziehen könne. Unter dem Gesichtspunkte steht seit Johannes 1 und 1. Johannes 1,1 f. alle echt evangelische Bewegung in dem Sinnen über unsern Heiland. Aber dies Wort hat ja nur dann einen Sinn, wenn dieser Christus mehr ist als ein Mensch. Es hat gar keinen Sinn für alle diejenigen, welche behaupten und nachweisen wollen, uns liege an ihm nicht mehr als an irgend einem andern wirksamen Menschen der Vergangenheit. Das war Luthers Meinung nicht und kann unsre Meinung nicht sein, solange wir mit dem Apostel urteilen »wenn du mit dem Munde Jesum bekennst, daß er der Herr sei, wirst du errettet« (Röm 10,9 in der Vorlage irrtümlich V. 10 – d. Hrsg.). Glaubt man nun mit der Dogmatik an den Christum, der mehr ist als bloßer Mensch, mehr seinem Wesen nach, mehr seiner gegenwärtigen Stellung nach, also an den *übergeschichtlichen* Heiland, – *dann* bekommt der geschichtliche Jesus jenen unvergleichlichen Wert, so daß wir vor seinem Bilde bekennen: »meine Seele soll sich daran nähren, meine Ohren nie was Liebers hören«. Jeder Zug, den man von ihm erfahren kann, wird uns teuer und bedeutsam. Die Überlieferung von ihm kann gar nicht emsig und treu genug ausgeschöpft werden. Nun versenkt man sich in sein Tun und Lassen; man sucht es zu verstehen: man verfolgt es in seine Voraussetzungen; man versenkt sich in sein Bewußtsein; in sein Werden, ehe er hervortrat – man geleitet den jugendlichen Jesus durch die Klüfte und Felder, an der Mutter Schoß, in des Vaters Werkstatt und in die Synagoge – und man ist eben auf dem Holzwege.

Denn die erste Tugend echter Geschichtsforschung ist die Bescheidenheit; Bescheidenheit kommt von Bescheid wissen; und wer Bescheid weiß mit geschichtlichen Tatsachen und Quellen, der lernt Bescheidenheit sowohl im Wissen als im Verstehen. Aber diese Bescheidenheit ist bei vielen nicht beliebt, weil die Phantasie, welcher das Feld der Spekulation verleidet ist, sich jetzt auf ein andres Feld geworfen hat, auf die grüne Weide angeblicher Wirklichkeit, auf das Geschäft der vermutenden Geschichtsschreibung oder der sogenannten positiven Kritik. Und auf diesem Felde wildert und bildert man mit derselben Neubegier und Selbstzuversicht umher, wie es ehedem irgend ein philosophische oder theosophische Spekulation getan hat, mit Rothe der guten Zuversicht, das fromme Denken könne Gott sezieren wie der Anatom einen Frosch. Und was dieses Treiben angeht, so vermag ich vielmals keinen Unterschied zu erkennen zwischen den Positiven und den Negativen, wie man sie zu nennen pflegt.

Zur Begründung dieses ablehnenden Urteiles sind nun einige wissenschaftliche Eingeständnisse abzulegen, die auf den ersten Blick stutzig machen mögen. Wir besitzen keine Quellen für ein Leben Jesu, welche ein Geschichtsforscher als zuverlässige und ausreichende gelten lassen kann. Ich betone: für eine Biographie Jesu von Nazareth von dem Maßstabe heutiger geschichtlicher Wissenschaft. Ein glaubwürdiges Bild des Heilandes für Gläubige ist ein sehr andres Ding, und davon ist nachher die Rede. Unsre Quellen, das heißt die sogenannten Evangelien stehen erstens so vereinsamt da, daß man ohne sie gar nichts von Jesu wissen würde, obwohl seine Zeit und der Schauplatz seines Lebens sonst durchaus geschichtlich deutlich sind; er könnte für ein Phantasiebild der Gemeinde um das Jahr 100 gelten. Diese Quellen sind ferner nicht mit Sicherheit auf Augenzeugen zurückzuführen. Sie berichten überdies nur von dem kürzesten letzten Abschnitt seines Lebens. Und endlich verlaufen diese Berichte in zwei Grundformen, deren Verschiedenheit bei der Nähe ihrer angeblichen oder vermutlichen Entstehungszeit ein großes Mißtrauen gegen die Treue der Erinnerung erwecken muß. Demzufolge sieht sich der »vorurteilsfreie« Kritiker vor einem großen Trümmerfelde von einzelnen Überlieferungen. Er ist berufen, aus den einzelnen Stücken ein neues Gebilde hervorzuzaubern, wenn er die Aufgabe angreift, von dieser aus dem Nebel aufragenden Gestalt eine Biographie nach modernen Forderungen zu entwerfen. Schon allein die Feststellung des äußeren Verlaufes bietet nicht geringe Schwierigkeiten und führt vielfach nicht über Wahrscheinlichkeiten hinaus . . . .

Es muß eine gestaltende Macht über die Trümmer der Überlieferung kommen. Diese Macht kann allein die Einbildungskraft des Theologen sein, die an der Analogie des eignen und des sonstigen Menschenlebens gebildete und genährte Einbildungskraft. Malt diese Muse des darstellenden Historikers schon auf andern Gebieten oft Bilder, denen jeder Hauch der Vergangenheit und ihrer Eigentümlichkeit mangelt, wie wird es diesem einzigartigen Stoffe ergehen? Er kommt einem jeden mit dem schon angedeuteten Entweder-Oder entgegen; das ist die Frage, ob der Darsteller sich unter den einzigen Sündlosen beugt; es ist die unausbleibliche Stellung zu dem Maßstabe aller Sittlichkeit. Wie verschieden muß die Auffassung ausfallen, ob man die Sündlosigkeit bekennt oder ob man dem geschilderten Erlöser seine Sünden aufzählt? Ob man mit diesem Jesus jeden Sünder als einen Verlorenen ansieht oder die Grenze so fließend achtet, daß man in sittlichen Fehlern nur übertriebene Tugenden erkennt? Es tritt der Prüfung unabweislich entgegen, daß die ordnende und gestaltende Einbildung noch von einer andern Macht gelenkt wird, nämlich von einer vorgefaßten Meinung über die religiösen und sittlichen Dinge. Mit andern Worten: Der ausmalende Biograph Jesu ist immer irgendwie Dogmatiker im verdächtigen Sinne des Wortes. Im besten Falle teilt er die Dogmatik der Bibel; in den meisten Fällen ist das bei den modernen Biographen nur sehr bedingt so; ja, nicht wenige stellen sich mit Bewußtsein in Gegensatz zu der »antiken Weltanschauung des Neuen Testamentes«.

. . . Vor einem Dogma, wenn es ehrlich als solches geboten wird, ist heute jedermann auf seiner Hut. Erscheint aber die Christologie als Leben Jesu, dann sind nicht sehr viele, welche den dogmatisierenden Regisseur hinter dem fesselnden Schauspiel des farbenreich gemalten Lebensbildes spüren. Den verborgenen Dogmatiker aber spürt gewiß niemand so sicher heraus, als wer selbst ein Dogmatiker ist; wer sich gewöhnt hat, die Fortwirkungen von Grundgedanken in allen einzelnen Urteilen mit Bewußtsein und Absicht zu verfolgen. Und darum wird der Dogmatiker ein Recht haben, hier *eine Warnungstafel vor der angeblich voraussetzungslosen Geschichtsforschung aufzurichten, wenn sie eben aufhört Forschung zu sein und zum künstlerischen Gestalten fortschreitet.– . . .*

Also deshalb treiben wir Verkehr mit dem Jesus unsrer Evangelien, weil wir da eben den Jesus kennenlernen, den unser Glaubensauge und unser Gebetswort zur Rechten Gottes antrifft; weil wir es mit Luther wissen, daß Gott sich nicht will finden lassen als in seinem lieben Sohne, weil er uns die Offenbarung ist; richtiger und ausdrücklich: weil er uns das Fleisch gewordene Wort, das Bild des unsichtbaren Gottes, *weil er uns der offenbare Gott ist.*
Das sucht der Glaubende. Das feiert die Gemeinde.

Und also – wie wichtig jeder kleinste Zug! wie unerläßlich die Beseitigung jeder optischen Täuschung durch das Prisma der Überlieferung! jeder Trübung in der Auffassung seiner ersten Zeugen! – wie unaussprechlich wichtig die Wirklichkeit Jesu bis ins kleinste hinein! Es wäre schlimm, wenn es sich also verhielte. Gesetzt, die Kunst moderner Historik vermöchte, Spektralanalyse an der Sonne unsers Heils zu üben; gesetzt, wir vermöchten heute jene Trübungen der Überlieferung zu beseitigen – wie stünde es doch um die Brüder jener ersten Zeit? Wenn sie den Jesus dieser Evangelien anschauten und anbeteten in eben jener Trübung, welche man meint, in ihren Schriften zu finden und erst beseitigen zu müssen, so hätten sie ja wohl ihren Heiland nicht gekannt! Und so weiter alle Folgenden bis auf uns. Ja, meine Herren und Brüder, wir selbst? wie stünde es mit uns? Wo lernen wir diesen Jesus kennen? Die wenigsten können die Arbeit der Historik vollziehen, nur wenige kraft ihrer Bildung diese Arbeit in etwa beurteilen. Des Ansehens der Bibel wären wir dann freilich enthoben, aber dem Ansehen – nicht einer arbeitenden Wissenschaft, sondern – der angeblichen Ergebnisse dieser Wissenschaft wären wir unterworfen. Und niemand kann uns die Frage beantworten: bei welchem fünften Evangelisten sollen wir das Bild des erhöhten Christus, das Bild des offenbaren Gottes suchen? bei welchem Biographen? . . .

Entweder also müssen wir auf den offenbaren Gott verzichten – oder es muß eine andre Wirklichkeit Christi geben als die des biographischen Einzelwerkes; einen andern Weg zum geschichtlichen Christus zu gelangen als den der quellenprüfenden und historisch-analogisch konstruierenden Kritik der historischen Theologie.

Besinnen wir uns! Was ist denn eigentlich eine geschichtliche Größe? ein seine Nachwelt mitbestimmender Mensch, nach seinem Wert für die Geschichte gewogen? Eben der Urheber und Träger seiner bleibenden Fortwirkung. Als wirkungsfähiger greift der Mensch in den Gang der Dinge ein; was er dann *ist,* das wirkt, dadurch wirkt er. Bei Tausenden, deren Spuren in der Entwickelung der Zeitgenossen und der Nachwelt sich erst spät oder nie verwischen, bleibt ihre frühere Entwicklung für die Forschung das unter dem Boden versteckte Wurzelwerk, bleibt auch das Einzelne ihres Wirkens für immer vergessen. In ihrem Werke lebt die reife, die *geschichtsreif* gewordene Persönlichkeit; und an dieses Werk knüpft sich dann in unvergeßlichen Zügen und Worten auch wohl ein unmittelbarer Abdruck ihres wirkungskräftigen Wesens; und als Wirkung ist derselbe notwendig mitbestimmt, durch den Stoff, in dem er sich abprägt, durch die Umgebung, auf welche er zu wirken hatte und zu wirken vermocht hat. Schon rein geschichtlich gegriffen ist das wahrhaft Geschichtliche an einer bedeutenden Gestalt die persönliche Wirkung, die der Nachwelt auch spürbar von ihr zurückbleibt. *Was aber ist die Wirkung, die durchschlagende, welche dieser Jesus hinterlassen hat? Laut Bibel und Kirchengeschichte keine andre als der Glaube seiner Jünger,* die Überzeugung, daß man an ihm den Überwinder von Schuld, Sünde, Versucher und Tod habe. Aus dieser einen Wirkung fließen alle andern; an dieser haben sie ihren Gradmesser, mit derselben steigen und fallen, stehen und fallen sie. Und *diese* Überzeugung hat sich in das eine Erkenntniswort gefaßt: »Christus, der Herr«. . .

»Christus der Herr« diese Gewißheit kann Fleisch und Blut nicht erlangen, festhalten und mitteilen; das hat Jesus selbst dem bekennenden Petrus gesagt (Matth. 16,17), wie er es den ungläubigen Juden (Joh. 6,43 f.) vorhielt; das hat des Petrus Schicksal im Vorhof des Hohepriesters bestätigt; das sagt Paulus seinen Gemeinden ihrer Zustimmung gewiß (1. Kor. 12,3). Wo aber diese Gewißheit entstanden ist und gewirkt hat, *da ist sie urkundlich gebunden gewesen an die andre, daß er der Lebendige sei, der Gekreuzigte und Auferstandene.* Und wo man in den Verhandlungen der Historiker nach dieser Gewißheit fragt, da setzt man nicht ein bei den viel umstrittenen abgerissenen letzten Erzählungen der Evangelisten; vielmehr verhan delt man über das Erlebnis des Paulus; man stellt den ununterbrochenen Glauben der Gemeine fest, so hoch und so weit man ihre Zeugnisse und Spuren verfolgen kann. Der auferstandene Herr ist nicht der historische Jesus *hinter* den Evangelien, sondern der Christus der apostolischen Predigt, des ganzen Neuen Testamentes. – Und wenn dieser Herr Christus (Messias) heißt, so liegt darin das Bekenntnis zu seiner geschichtlichen Aufgabe oder, wie man heut sagt: zu seinem Berufe, und wie unsre Alten mit demselben sachlichen Werte des Ausdruckes sagten: zu seinem dreifachen Amte; das heißt: das Bekenntnis zu seiner einzigartigen, übergeschichtlichen Bedeutung für die ganze Menschheit. Dieser seiner Messianität oder Christuswürde sind sie aber gewiß geworden im Widerspruche mit der öffentlichen Meinung, sowohl über die »Idee« des Messias d. h. darüber, wie man sich einen Messias dachte und was man von ihm forderte, als auch über die Person dieses Jesus von Nazareth – damals gerade so wie heute. Und wenn man hinterher, in Briefen und Evangelien und zu allererst in Predigten daran ging, diese Messianität glaubhaft zu machen, so waren es immer zwei Beweistümer, deren man sich bediente: persönliche Bezeugung seiner Auferstehung aus Erfahrung und – *Schrift.* Er als der lebendige ist ihnen der Messias des alten Bundes.

Und darum sprechen auch wir von dem *geschichtlichen Christus der Bibel.* So gewiß *nicht* der historische Jesus, wie er leibte und lebte, seinen Jüngern den zeugniskräftigen Glauben an ihn selbst, sondern nur eine sehr schwankende, flucht- und verleugnungsfähige Anhänglichkeit abgewonnen hat, so gewiß sie alle mit Petrus zu einer lebendigen Hoffnung wiedergeboren wurden erst durch die Auferstehung Jesu von den Toten (1. Petri. 1,3); so gewiß sie der Erinnerung des Geistes bedurft haben, um zu verstehen, was er ihnen bereits gegeben hatte, und zu fassen, was sie damals nicht tragen konnten (Joh. 14,26. 16,12.13); so gewiß sie nachher nicht herausgetreten sind, um ihn durch Verbreitung seiner Lehre zum Schulhaupte zu machen, sondern um seine Person und ihre unvergängliche Bedeutung für einen jeden Menschen zu bezeugen; ebenso gewiß waren sie auch erst dann imstande, sein Sein und Behaben, sein Tun und sein Wort als die Darbietung der Gnade und Treue Gottes zu erfassen, da er vollendet vor sie trat, er selbst die Frucht und der ewige Träger seines Werkes von allumfassender, unvergänglicher Bedeutung; und zwar jenes Werkes, dessen schwerstes und entscheidendes Stück des historischen Jesus *Ende* war. Ob wir auch den Messias nach dem Fleische gekannt haben, so kennen wir ihn nun doch nicht mehr (2. Kor. 5,16).

Das ist der erste Zug seiner Wirksamkeit, daß er seinen Jüngern den Glauben abgewann. Und der zweite Zug ist und bleibt, daß dieser *Glaube bekannt* wird. Daran hängt seine Verheißung (Röm. 10,9.10); daran hängt für uns die Entscheidung; daran hängt die Geschichte der Christenheit. Der wirkliche, d. h. der wirksame Christus, der durch die Geschichte der Völker schreitet, mit dem die Millionen Verkehr gehalten haben in kindlichem Glauben, mit dem die großen Glaubenszeugen ringend, nehmend, siegend und weitergebend Verkehr gehalten haben – *der wirkliche Christus ist der gepredigte Christus.* Der gepredigte Christus, das ist aber eben der geglaubte; der Jesus, den wir mit Glaubensaugen ansehen in jedem Schritt, den er tut, in jeder Silbe, die er redet; der Jesus, dessen Bild wir uns einprägen, weil wir daraufhin mit ihm umgehen wollen und umgehen, als mit dem erhöhten Lebendigen. Aus den Zügen jenes Bildes, das sich den Seinigen in großen Umrissen hier, in einzelnen Strichen dort tief eingeprägt und dann in der Verklärung durch seinen Geist erschlossen und vollendet hat, – aus diesen Zügen schaut uns die Person unsres lebendigen Heilandes an, die Person des fleischgewordenen Wortes, des offenbaren Gottes.

Das ist nicht versichernde Predigt – das ist das Ergebnis haarscharfer Erwägung der vorliegenden Tatsachen; das ist Ergebnis der sichtenden und prüfenden Dogmatik, nur darum in Schriftwort gekleidet, weil es eben mit diesem Schriftwort überein-stimmt. – Soll eine solche Schriftmäßigkeit etwa einen Verdachtgrund gegen eine solche Dogmatik hergeben? und zwar auf dem Boden einer reformatorischen Theo-logie?! –

3. Also, es bleibt dabei: man muß den Aposteln, den neutestamentlichen Schriften ihre Behauptungen glauben, und weiter kommt die Theologie nicht. Und das soll man immer weiter so machen? immer weiter *Autoritätsglauben* der Bibel gegen-über fordern und leisten trotz der Kritik über die Herkunft dieser Schriften und die Unsicherheit ihrer Angaben?

Vorerst ein Wort – für mich ein Wort von durchschlagender Bedeutung. Das Bild Jesu, der Abdruck seiner geschichtlichen Erscheinung soll doch für uns irgend etwas bedeuten, was hinausliegt über dankbaren Anteil an einem dahingegangenen, zumeist mißverstandenen Wohltäter der Menschheit; es darf und soll doch noch von Glauben an Jesum Christum selbst die Rede sein. Nun, dann darf der Glaube freilich nicht davon abhängen, was sich ein philosophisch geschulter Kopf denken mag darüber, wie sich in dem inneren Leben dieser Person Gott und Mensch vertru-gen, wie viel an und in ihm Gott, wie viel an und in ihm Mensch, oder wie er ganz Gott und zugleich ganz Mensch war. Der Glaube hängt gewiß nicht an einem chri-stologischen Dogma. Allein ebenso wenig darf dann der Glaube abhängen von den unsicheren Feststellungen über ein angeblich zuverlässiges Jesusbild, das mit den Mitteln der spät entwickelten geschichtlichen Forschung herausgequält wird – gleich aussichtslos in seinem Gelingen wie jener aus bloßen Begriffen gebildete Schattenriß des Dogmas. Denn gegenüber dem Christus, den wir glauben sollen und dürfen, muß der gelehrteste Theologe nicht besser und nicht schlechter stehen als der einfältigste Christ; nicht besser, denn er kommt dem lebendigen Heiland nicht näher als jener; nicht schlechter, denn hat er Ärgernisse für den Glauben zu über-winden, so hat sie jener auch, und zur Überwindung dieser Anstöße gibt es nur den einen königlichen Weg: ändert euren Sinn und setzt euer Vertrauen auf das gute Angebot: Jesus Christus gestorben für unsere Sünden nach der Schrift und begraben und am 3. Tage auferstanden nach der Schrift (Mark. 1,15; 1. Kor. 15,1–5). Und nur diejenige Theologie kann ich gelten lassen, welche den Tatsachen des vorhandenen, lebenden Christentumes zu dem entsprechendsten, klarsten und schärfsten Aus-drucke hilft. Wenn nun dereinst die einfältige Schrifttheologie des Pietismus die Dogmatiker von ihrem Gelehrtenpapat entsetzt hat, so ist es heute die Aufgabe des Dogmatikers, in Vertretung des schlichten Christenglaubens den Gelehrtenpapat der Historiker in seine Schranken zu weisen . . .

. . . Denn geschichtliche Tatsachen, welche die Wissenschaft erst klar zu stellen hat, können *als solche* nicht Glaubenserlebnisse werden; und darum fließen Geschichte Jesu und christlicher Glaube wie Öl und Wasser auseinander, sobald der Zauber begeisterter und begeisternder Schilderung seine Kraft verliert.

Indes das Verhältnis zwischen Glauben und biblischem Bericht scheint doch kein wesentlich andres als das Verhältnis zwischen Glauben und wissenschaftlich erforschtem Jesusbilde. Mithin drängt die Erörterung wohl ausweglos auf die Wahl entweder des Subjektivismus oder des Autoritätsglaubens. Lassen wir uns durch das Vorhalten dieses Entweder-oder nicht doppelsichtig machen; sehen wir einstweilen davon ab und untersuchen schlicht die Stellung eines einfältigen Christen.

Gewiß wird er in den meisten Fällen durch die Schrift zu Christo gekommen sein; – nicht gerade sehr viele durch das Lesen der Schrift, sondern die meisten durch Pre-digten oder erbauliche Bücher, welche ihnen den Schriftinhalt nahebrachten. In der anerzogenen Hochachtung gegen die Bibel liegt ihm Glaube an Christum und Ver-trauen auf dieses Buch ohnegleichen untrennbar ineinander. Wenn es dann aber zur Unterscheidung kommen muß, dann wird es ihm klar werden, was einst ein ehrwürdiger, bibelfester Zeuge zum Thema seiner Predigt gemacht hat: »wir glauben nicht an Christum um der Bibel willen, sondern an die Bibel um Christi willen«. Noch genauer läßt es sich wohl in diesem Zusammenhange so ausdrücken: wir setzen unser Vertrauen auf die Bibel als auf das Wort unseres Gottes um *ihres* Christus willen . . .

Wir leben zumeist getrost unsers Glaubens, ohne uns über die Wurzeln sonderlich Rechenschaft zu geben, aus denen er erwachsen ist. Erst Anfechtungen zum Zweifel nötigen uns dann zur rückblickenden Prüfung. Eine solche Stunde der Sichtung rücksichtlich der Bedeutung unsrer Bibel für unsren Glauben ist über uns gekommen und zwar nicht nur über die Theologen. Da gilt es dann reinlich zu unterscheiden, auch was nie und nimmer geschieden werden kann und soll. Wir müssen unterscheiden zwischen dem Angebot des Inhaltes im Glauben und zwischen dem Beweggrunde, der uns bestimmt, den Inhalt im Glauben zu ergreifen. Und es wird für jeden Evangelischen, ja für jeden lebendigen Christen gelten, der treu und kindlich an seinem Heilande hängt, daß dieser Beweggrund zuletzt eben in den Erlebnissen liegt, die er in der Hingebung an seinen Heiland gemacht. Der Heiland aber, mit dem er lebt, das ist nicht ein bloß empfundener oder von ihm ersonnener; das ist vielmehr der ihm gepredigte; das ist überall – lauter oder verdunkelt – aber letztlich immer der Christus der Schrift. Je mehr Umgang er nun mit der Schrift selbst pflegt, um so mehr fließt ihm die anziehende Macht des Heilandes mit dem Ansehen der Schrift zusammen; weil sein Christus der biblische ist; weil er je länger, je mehr seinen Christus der Bibel verdankt, so meint er nicht nur diesen Christus, sondern auch den Glauben von der Bibel zu haben. Und das ist auch zu nicht geringem Teile der Fall, weil ja die Bibel Christum predigt, ihn predigt aus und in Glauben und man an ihrem Glauben glauben lernt. Und doch wird es dabei bleiben, daß niemand einen selbständigen Glauben neutestamentlicher Art und Wertung hat, der nicht zu den neutestamentlichen Schriftstellern sagen kann wie die Samariter: nicht *mehr* um eurer Rede *willen* glauben wir (Joh. 4,42); dem es nicht die Gestalt Jesu angetan hat wie dem vierten Evangelisten (Joh. 20,31; 1,14.16); der nicht an den biblischen Jesum glaubt durch den Zug und die Offenbarung des Vaters um des Wortes Jesu, ja um sein selbst willen (Matth. 16,17; Joh. 6,44 f. 68. 20,28 vgl. 14,5 – 9). . .

So trägt jedes Stück unsrer Bibel seinen Teil dazu bei, uns Jesum den Christus ganz zu schildern. Das geht vor allem die kirchliche Arbeit am Worte an; des kann aber auch der gereifte Christ in seinem Umgange mit der Bibel inne werden und es in der Stille für sich durchführen, indem er sich schrittweise in diese Bezeugung hineinlebt. Und ebenso meinen wir es, wenn wir von dem *biblischen* Christus reden.

4. So machen wir es uns zugleich hintendrein klar, daß wir nicht um irgend einer Autorität willen an ihn glauben, sondern daß er selbst uns den Glauben abgewinnt. Denn das liegt bereits in dem Gesagten: *er selbst ist der Urheber dieses Bildes.* Sehen wir uns seine Umgebung an, von der es überliefert worden sein muß! War sie für ihn empfänglich, war sie seinem Verständnis, seiner Auffassung gewachsen? Die Jünger selbst haben kein Hehl vom Gegenteil; ja sie haben uns seine scharfen Urteile über ihre Unreife treulich bewahrt. Ihre Flucht und Verleugnung dürfte ihre Geständnisse in dem Betracht bestätigen. Und was die anderen betrifft, so haben Juden wie Heiden, Führer wie Volk ihr Unverständnis für diese Gestalt in der Lapidarschrift geschichtlicher Tatsachen verewigt, indem sie ihn haßten, verachteten und dem Tode überlieferten. Man dürfte wohl erwarten, daß auch sein »Bild, durch der Parteien Gunst und Haß verwirrt, in der Geschichte schwanke«. Wenn nun doch, bei kenntlichem Unterschiede der Darstellung, die ersten Augenzeugen ein zusammenstimmendes Bild weitergaben, das über alles Menschliche bei größter Schlichtheit der Erscheinung an innerer Erhabenheit weit hinausliegt, so muß es

sich ihrem Herzen und Gedächtnis mit einer unvergleichlichen, unverwischbaren und inhaltreichen Bestimmtheit eingeprägt haben. Wir hören es ja aus ihrem Munde, auch haben sie es hinterher nach Kräften mit der Tat bewiesen, daß er ihre Gedanken und ihr Gemüt ganz erfüllt hatte . . .

Aus diesen bruchstückartigen Überlieferungen, aus diesen unverstandenen Erinnerungen, aus diesen nach der Eigenart des Verfassers gefärbten Schilderungen, aus diesen Herzensbekenntnissen und aus diesen Predigten über seinen Heilswert sieht uns nun doch ein lebensvolles, in sich zusammenstimmendes, immer wieder zu erkennendes Menschenbild an. Da darf man wohl zu dem Schlusse kommen: hier hat der Mann in seiner unvergleichlichen und machtvollen Persönlichkeit, mit seinem Handeln und Erleben ohnegleichen bis in die Erweisungen des Auferstandenen hinein sein Bild in den Sinn und in die Erinnerung der Seinigen mit so scharfen, so tief sich eingrabenden Zügen hineingezeichnet, daß es nicht verlöscht, aber auch nicht verzeichnet werden konnte. Und stutzen wir über dieses Rätsel, so hat er selbst es im voraus gelöst, wenn er sprach: wenn der Geist der Wahrheit kommen wird, der wird mich verklären; denn von dem Meinen wird er es nehmen und euch geben (Joh. 16, 13.14). . . .

So bleibt es dabei: wer in das Urteil über das uns entgegenkommende Bild Christi einstimmt, der wird auch das Wunder anerkennen, daß er es vermocht hat, in dem schlichten Hergange sich selbst überlassener fehlbarer Überlieferung seine Gestalt bestimmt und lebendig zum Einschlage der weiteren Entwickelung der Menschheit zu machen. Und ist es ein Mangel, wenn uns die Herkunft dieses Bildes dunkel bleibt? Niemand hat die Brote bereiten oder wachsen sehen, welche unter Jesu Dankgebet die Tausende sättigten; sie waren da und sie waren rechtes echtes Brot. So ist es mit allen Wunderwerken unsers Gottes: was wir sehen und haben, gehört in diese Welt; die Herkunft kennen wir nicht; aber was wir spüren, dem spüren wir es an, daß es von jenseits ist.

5. Wenn uns das biblische Bild Jesu Christi das ist und das leistet, warum sucht man mehr, sucht man ein andres? – Zur Begründung dieser ablehnenden Frage werde der Versuch gemacht, das Ergebnis unserer weitläufigen Erwägungen festzustellen.

Niemand ist imstande, die Gestalt Jesu wie irgend eine andre Gestalt der Vergangenheit zum Gegenstand lediglich geschichtlicher Forschung zu machen; zu mächtig hat sie zu allen Zeiten unmittelbar auf weite Kreise gewirkt, zu bestimmt tritt noch einem jeden ihr Anspruch entgegen, als daß nicht selbst schon darin eine entschlossene Stellungnahme läge, wenn man sich zu der beanspruchten Bedeutung dieser »Erinnerung« ablehnend verhält, neben der »das Menschengeschlecht keine hat, die dieser nur von ferne zu vergleichen wäre«. Niemand vermag sich mit dieser Vergangenheit zu beschäftigen, ohne irgendwie unter den Einfluß ihrer einzigartigen Bedeutung für die Gegenwart zu treten. Vollends ein Christ wird sich immer vorhalten, daß ihm als solchem das Geschichtliche sehr gleichgültig sein müßte oder dürfte, wenn in diesem Geschichtlichen nicht etwas wäre, was ihn heute ebenso angeht wie die Zeitgenossen dieses Jesus. Und gerade so nun, wie den Menschen der Gegenwart diese Gestalt entgegentritt, in ihrer beanspruchten unvergleichlichen Bedeutung für eines jeden Religion und Sittlichkeit, gerade so ist sie bereits in den Berichten aufgefaßt und gemalt, durch die wir allein mit ihr in Berührung zu treten vermögen. Es gibt hier keine Mitteilung aufmerksam gewordener unbefangener Beobachter, sondern durchweg Zeugnisse und Bekenntnisse von Christusgläubigen. . . .

Und darum: unsern Glauben an den Heiland weckt und trägt die kurze und bündige apostolische Verkündigung von dem erhöhten Gekreuzigten. Zum gläubigen Verkehr aber mit *unserm* Heilande hilft uns die Erinnerung seiner Jünger, die sich im

Glauben ihnen einprägte, die sein Geist in ihnen erneuerte und klärte, die sie als den höchsten Schatz ihres Lebens vererbten. Und im Verkehre mit ihm durch sein biblisches Bild werden wir zur Freiheit der Kinder Gottes erzogen, deren Herzblatt das beschämte, zaghafte und doch aufrichtige Bekenntnis bleibt: »Herr, du weißt alle Dinge; du weißt, daß ich dich lieb habe«.

Kommentar

Die herausragende Bedeutung der Dogmatik und Hermeneutik Kählers ist heute allgemein anerkannt. In seiner lebenslangen Arbeit am Schriftverständnis ist es ihm gelungen, jenseits einer unfruchtbaren Bibelapologetik und einer von der kirchlichen Dogmatik emanzipierten Exegese eine eigenständige Antwort zu finden, die sowohl das historische Interesse an der Entstehung der biblischen Schriften als auch deren Wertschätzung durch den gläubigen Christen ernstnimmt. Da sich verschiedene theologische Schulen auf Kähler berufen, ist die Beschäftigung mit ihm besonders interessant. Für eine erste Bekanntschaft mit Kähler ist der entsprechende Artikel von R. Hermann in der RGG 3. Aufl. zu empfehlen, der besonders seine hermeneutische Perspektive prägnant und authentisch wiedergibt.

Vor der Lektüre seines berühmt gewordenen Vortrags vor der Wuppertaler Pastoralkonferenz aus dem Jahre 1892 sollte der Auszug aus der Dogmatik gelesen werden. Er ist zwar stilistisch schwieriger, gibt aber eine kompakte Einführung in die für Kähler spezifische Begründung der Schriftautorität und in seine Sicht der dogmatischen Arbeit an der Bibel.

Kählers Vortrag über den »sog. historischen Jesus und den geschichtlichen, biblischen Christus« darf als sein hermeneutisches Manifest gelten. Ihm verdankt die theologische Hermeneutik bis heute erstaunlich fruchtbare Einsichten. Einige seien aufgezählt. Zunächst ist an den Hinweis zu erinnern, daß das besondere Genus der Evangelien eine strenge wissenschaftliche Untersuchung gar nicht zuläßt, da diese Quellen, von Glaubenden verfaßt, keine Biographie Jesu zeichnen wollen, sondern ihren Stoff allein mit der Absicht, Glauben an den Auferstandenen wecken zu wollen, verarbeitet und dargeboten haben. Daran anschließend gelangt Kähler zur Erkenntnis, daß angesichts dieser Quellenlage kein Historiker ohne »gestaltende Macht«, d. h. ohne Dogmatik auskommt, und er errichtet – völlig zu Recht! – »eine Warnungstafel vor der angeblich voraussetzungslosen Geschichtsforschung«. Sodann formuliert Kähler seine Sicht von der doppelten geschichtlichen Wirksamkeit des auferstandenen Christus, der zunächst seinen Jüngern »den Glauben abgewann«, dann aber in und durch die Verkündigung »durch die Geschichte der Völker schreitet«. Hier folgt nun der mißverständlich formulierte Satz »der wirkliche Christus ist der gepredigte Christus«, mißverständlich insofern, als er den Fehlschluß zuläßt, daß in der Verkündigung thematisierte Christus sei der wirkliche Christus. Aber Kähler meint diesen Satz nicht subjektiv, im Blick auf den Verkündiger, sondern objektiv, im Blick auf den »erhöhten Lebendigen« (wie es im nächsten Satz heißt), der sich selbst in der Verkündigung seiner Gemeinde der Menschheit darbietet. Schließlich ist noch auf die erhellende Verhältnisbestimmung von Glaube und Bibel hinzuweisen, die Kähler mit dem Zitat »wir glauben« nicht an Christum um der Bibel willen, sondern an die Bibel um Christi willen« einleitet und die er mit dem Hinweis auf Joh. 4,42 beendet.

In der weiteren Arbeit an den Kähler-Texten wäre es lohnenswert, z. B. über das Verhältnis von kerygmatischem Charakter und geschichtlicher Zuverlässigkeit der Evangelien nachzudenken. Ferner könnte der Kerygma-Begriff Kählers und

Bultmanns verglichen werden (vgl. Bultmanns Satz »Im gepredigten Wort und nur in ihm begegnet der Auferstandene« in: Neues Testament und Mythologie [1941], wieder abgedruckt in »Kerygma und Mythos«. Ein theologisches Gespräch, hrsg. von H. W. Bartsch, Hamburg 1951, S. 47). Für Kählers Hermeneutik ist noch auf seine »Aufsätze zur Bibelfrage« hinzuweisen, zugänglich in »Theologische Bücherei« Bd. 37, München 1967.   C

ADOLF SCHLATTER,
Der Glaube an die Bibel, in: Ders., Hülfe in Bibelnot, Neues und Altes zur Schriftenfrage,
Gladbeck, 3. Auflage 1953, S. 195 – 198

Ist der Glaube an die Bibel somit ein wichtiges und wesentliches Glied des Christen-
lebens: Wie steht es denn mit jenem Satz, den man ungezählte Male auf allen Seiten,
rechts und links, zu hören bekommt: Die wissenschaftliche Betrachtung der Bibel
und der Glaube an sie schlössen einander aus? Die Macht dieses Satzes in der
Gegenwart ist eine ernste Schwierigkeit, die sich in vielen Beziehungen im Leben
der Kirche fühlbar macht, und doch ist es nur ein blinder Satz.

Es wäre eine abergläubische Einbildung, wenn wir von der wissenschaftlichen
Arbeit erwarteten, daß sie unserm geistigen Leben neue Funktionen einpflanzte.
Wir erhalten von ihr nicht neue Sinne zu denen hinzu, welche die Ausstattung des
Menschengeistes bilden. Es handelt sich bei aller Wissenschaft lediglich um die Steigerung und Ausbildung der natürlichen Kräfte, die uns allen gegeben sind. Wir kön-
nen z. B. unser Sehen methodisch steigern und zur Virtuosität verschärfen. Darauf
beruht die Autorität der Naturforscher über uns Laien, daß sie in höherem Maße als
wir die »Sehenden« sind. In ähnlicher Weise gewährt uns die Geschichtswissenschaft eine Schärfung und Erweiterung des Hörens. Was die uns überlieferten
Berichte enthalten, wie sie entstanden sind, in welchem Verhältnis sie zum Lauf der
Ereignisse stehen, dafür wird uns durch die wissenschaftliche Unterweisung und
Übung das Ohr geschärft. Die historische Arbeit an der Bibel kann schlechterdings
nichts anders sein als ein intensives Hören auf das, was die Bibel enthält und erkennbar macht; was dem widerspricht, ist auch nicht »Wissenschaft«. Darum kann es auf
normale Weise zwischen der historischen Schriftforschung und dem Glauben an
dieselbe zu keiner Reibung kommen. Dürfen wir denn das Hören und das Glauben
wider einander kehren? Ist denn nicht eben das Hören der den Glauben er-
weckende Vorgang, wie anderseits wiederum der Glaube uns zum Hören treibt? Es
muß somit der Kräftigung des Hörens unmittelbar auch ein gekräftigter Glaubens-
trieb entspringen, wie wiederum jedes Wachstum des Glaubens uns zu erneutem
und vertieftem Hören bewegt.

Oft ist bei der Schwierigkeit, die hier manchen drückt, eine unrichtige Ängstlichkeit
in der Glaubensübung mit wirksam, als dürften wir keine andere Tätigkeit pflegen
als das Glauben allein. »Sola«, sagen wir, »allein durch Glauben«, und drücken
damit die Geschlossenheit des redlichen Glaubensstandes aus, der in Gott zur vollen Ruhe kam und ganzen Frieden hat und nichts Schwankendes und Bedingtes an
sich hat, sondern Gewißheit ist und nach nichts anderem, sondern nur auf den
blickt, auf den unser Glaube zielt. Wir wehren damit alles ab, was unseren Glauben
spalten und mit andern Aufgaben vermengen würde und uns dadurch am Glauben
hindern wollte. Wir sagen uns: Du darfst Gott ernsthaft trauen und hast im Glauben
Gottes Gabe ganz.

Wir sagen aber damit nicht, daß nichts zum Inhalt unseres Lebens gehöre als allein
der Glaube, daß wir alle anderen uns übertragenen Aufgaben versäumen wollten
und die übrigen Funktionen unseres Geistes, die zusammen mit dem Glauben dessen Glieder bilden, verdorren lassen. Solche Eingriffe in die gesunde und geordnete
Bewegung des Geistes führen zu krankhaften Künstlichkeiten und sind eine ernste
Gefahr. Angesichts der Wahrheit und Gnade Gottes sollen wir glauben, und dies
redlich und ganz; aber es gilt auch, all das zu üben, was Gott sonst noch in den
Bereich des menschlichen Geistes legt, und dies ebenso redlich und ernst.

Die historische Forschung in der Bibel unterscheidet sich allerdings vom Glauben
sehr bestimmt als eine andersartige Aufgabe. Wir halten in derselben das Bibelwort
von uns weg und stellen es in die Vergangenheit zurück an den Ort, an dem es im Verlauf der Geschichte stand. Im Glauben ziehen wir dagegen das Schriftwort an uns

heran und verschmelzen es mit dem, was jetzt unser Anliegen bildet. In der Forschung bemühen wir uns, das Bibelwort verstehend zu durchdringen, achten auf die Wurzeln, aus denen es erwachsen ist, messen seinen Gehalt und die Grenzen, wie weit es Geltung und Anwendbarkeit besitzt. Im Glauben öffnen wir unser Herz dem Schriftwort, lassen uns selbst von demselben messen und richten, uns selbst von demselben das Gepräge geben und die Grenzen stecken. Während wir im Begreifen über unserem Gegenstande stehen und uns seiner bemächtigen, sind wir im Glauben unter das Wort gestellt und von ihm ergriffen und ergreifen das, wovon wir ergriffen sind.

Wegen dieses Unterschiedes gibt nicht schon der Glaube allein auch Wissenschaft, und ebensowenig macht die Wissenschaft für sich allein schon gläubig. Brächte uns das Evangelium die Berufung zum Glauben so, daß uns jede andere Tätigkeit verboten wäre, dann gäbe es freilich in der Kirche keine wissenschaftliche Arbeit an der Bibel und den zu derselben Berufenen wäre der Glaube versagt. Aber wie gründlich stritte dieser wilde Gedanke gegen die Schrift. Sie legt die Hand auf den ganzen Menschen. Sie faßt uns nicht bloß als Verstand, aber auch nicht ohne Verstand, bringt uns an Gottes Gabe zur Ruh, aber auch in Bewegung nach dem Ziele, das sie uns zeigt, macht uns zu Gläubigen, die in ihrem Wort volles Genüge haben und ihm mit festem Ja verbunden sind, macht uns aber auch wie zu Tätern so zu Hörern, zu solchen Hörern, die wirklich hören, so hören, daß sie auch verstehen. Soweit darum die wissenschaftliche Forschung in der Schrift nichts anderes als ein gekräftigtes und entwickeltes Hören ist, steht sie mit dem »Gesetz des Glaubens« im schönsten Frieden und reicht ihm dienend die Hand.

So, wie wir jetzt die Schwierigkeit betrachteten, läßt sie sich nicht wegheben, sondern ist von Gott in unser Wesen hineingelegt. Sie entsteht aus dem Reichtum unserer Begabung und Berufung, durch welche uns nicht bloß eine einzige Kraft und ein einziges Ziel gegeben sind, sondern eine Mannigfaltigkeit von solchen, so daß wir zwischen ihnen die Einheit und den Frieden zu bewahren haben. Deswegen ist das Problem: »Glaube und Forschung« unsterblich und tritt mit jeder neuen Wendung des geistigen Lebens neu hervor, genau in derselben Weise, wie die Spannung zwischen »Glaube und Werk« in jeder Periode der Kirche, auch in jedem Christenleben neu zum Vorschein kommt und eine neue Lösung verlangt. Wir stehen auch vor dieser Aufgabe nie ohne die göttliche Hilfe, die in dem lebendigen Band besteht, das Glauben und Hören zusammenführt. Ist das Schriftwort wirklich gehört, so erweist es sich immer wieder als Glaubensgrund, und ist es nur wirklich Glaube, was in uns lebendig ist, so wendet er uns von künstlichen und unwahren Meinungen ab und gibt uns ein schlichtes Auge und Urteil, ein Stück echter »Wissenschaftlichkeit«.

Allein nicht diejenigen Schwierigkeiten, die Gott in unser Leben gesetzt hat, machen uns unseren Gang schwer, sondern diejenigen, die wir uns selbst bereiten, belasten und erdrücken uns. *Auch in der Schriftfrage sind es unsere eigenen trüben Meinungen über die Bibel, die uns am meisten hindern und uns die Glaubensübung stören.* Wo die Aufmerksamkeit auf die natürliche Seite des Bibelwortes in der wissenschaftlichen Arbeit überwiegt, ist mancher seichte und blinde Gedanke entstanden, der allerdings die Schätzung des göttlichen Wortes nicht fördert, sondern hemmt, und auf der anderen Seite lösen sich überlieferte Meinungen, die ihren Grund verloren haben, nur langsam auf. Fragen wir uns aber ernsthaft: Zerschneidet und verdunkelt die geschichtliche Betrachtung der Bibel ihren Zusammenhang mit Gott? Hat sie die Kraft gehabt, dieselbe leer und profan zu machen? Ist wirklich sie die Schuldige, wenn wir durch das Schriftwort nicht mehr Gott hören und nicht mehr zum Glauben an dasselbe gelangen, so liegt doch auf solche Frage das Nein auf der Hand. Die moderne Arbeit an der Bibel hat uns das Auge für die Menschen derselben geschärft und für die natürliche Seite an der Geschichte, in der sie stehen, und für die Gesetzmäßigkeit, die auch hier wie im ganzen Kosmos gilt. Aber die Frage steht nicht so: entweder Gott oder der Mensch, als wäre damit, daß wir den einen finden, der andere verschwunden. In der Schrift steht es nicht so, daß Gott, um selbst zu handeln, den Menschen vernichtet und ihn ins Dunkel setzt, damit sein Licht leuchte; ebensowenig entthronen die Männer der Schrift Gott, um selbst zu gelten. Die Bibel ist nicht das Zeugnis vom ewigen Streit zwischen Gott und uns, bei dem der Tod des einen das Leben des anderen wäre. Sie zeigt uns vielmehr den Gott, der Menschen zu seinem Bilde macht, als sein Werkzeug braucht und zu seinen Boten bestellt, so daß sie sein Wort reden, ja seinen Sohn als das Fleisch gewordene Wort uns gibt. So zeigt sie uns auch den Menschen, dessen Weisheit darin steht, daß Gott durch ihn spricht, dessen Wille darauf zielt, Gottes Willen zu tun, und dessen Größe darin erscheint, daß Gott durch ihn offenbar wird. Wenn wir über dem Studium des Menschen Gott vergaßen, oder um Gottes Willen uns ängstlich und töricht das Menschliche in der Schrift verdeckten, dann haben wir uns doch nur mit unseren eigenen kleinen und blinden Gedanken das Glauben an das Bibelwort schwer gemacht.

Die Bibel baut Gottes Reich, in welchem beide, Gott und der Mensch, im Leben stehen. Sie stellt Gott als Gott empor in seine regierende Obmacht und stellt den Menschen unter ihn, und eben dadurch in die Lebendigkeit. Die Bibel ist Christi Zeugnis, in welchem beides gegenwärtig ist, der wahrhaftige Gott und der wahrhaftige Mensch. Als das Wort ist Gott in ihm gegenwärtig, nicht als eine stumme Kraft, und das Wort fassen wir dadurch, daß wir es hören und hörend den Glauben an das Wort empfangen. So ensteht das Fundament des Glaubensstandes, jenes fröhliche, gewisse Ja zum göttlichen Wort, das zu ihm spricht: Du bleibst in Ewigkeit.

ADOLF SCHLATTER,
Das christliche Dogma, Stuttgart [3] 1977, S. 358 ff.

Die Gnadenmittel

Das Apostolat.

Darin setzt sich der die Sendung des Christus begründende Gedanke fort: der Vater offenbart sich im Sohn, der Sohn in seinen Jüngern. Er ist der Bote des Vaters in Kraft seiner Gemeinschaft mit ihm; so sind sie seine Boten in Kraft seiner Gemeinschaft mit ihnen.

Die Funktion und Autorität des Apostels ist darum gleichzeitig und einheitlich sowohl auf den Christus als auf den Geist begründet, weder nur auf jenen noch nur auf diesen. Auch beim Apostel entsteht der religiöse Vorgang aus der Geschichte, nämlich daraus, daß er der Begleiter Jesu, der Zeuge seines Lebens, Leidens und Auferstehens war ... Aber diese historische Begründung ihres Amts verbindet sich mit ihrer pneumatischen Ausrüstung. Das personhafte Ziel der Arbeit Jesu verlangt dies; seine Boten haben nicht ein Wort zu sagen, das ihnen fremd bliebe, sondern ein solches, das zu ihrem eigenen Besitz wird, und nicht eine Arbeit zu tun, von der sich ihre Person absondern ließe, sondern ihre Arbeit wird ihre eigene Tat. Dazu bedürfen sie den Geist, ein eigenes Erkennen, Glauben und Lieben, das sie für ihren Beruf befähigt, und der Beweis des Apostolats besteht darum nicht einzig in seinem geschichtlichen Wissen, sondern gleichzeitig in der Höhe seines eigenen religiösen Stands ...

Der Ernst, mit dem die Apostel die Wahrheit als die gültige Norm für ihr Denken und Handeln ehrten, zeigt sich in den lehrhaften Worten, die den Widerstand gegen die Wahrheit zum Merkmal der Sünde und den Gehorsam gegen die Wahrheit zum Merkmal des Anteils an Gott und am Geist machen, und bewährt sich durch die erhabene Wahrhaftigkeit, mit der sie sich selbst, die Judenschaft und die Christenheit beurteilten. Die Darstellung der Jünger in den Evangelien ist in dieser Hinsicht eine große Leistung. Ebenso bedeutsam ist die siegreiche Abwehr jedes Illusionismus in der Beurteilung der eigenen Gemeinde, obwohl sich ein solcher leicht an die absoluten Kategorien heften kann, mit denen das Evangelium den Christenstand beschreibt. Dieselbe Wahrhaftigkeit bewährt sich in der Freiheit der Jünger von allen erlernten und imitierten Formeln. Sie wissen sich durch den Christus nicht zur Rezitation von Formeln berufen, sondern in ihrem Lebensstand ergriffen und gestaltet. Sie tragen darum nicht eine von allen gleichartig eingeübte Figur. Jeder spricht seine Sprache, tut seine Arbeit, hat seinen eigenen Glaubensstand und wird in seinem individuellen Lebensmaß geheiligt, nicht aber entstellt . . .

Sodann stehen die Apostel miteinander in einer festen Gemeinschaft und ihr Werk besteht darin, daß sie die Gemeinde herstellten. Die neutestamentlichen Dokumente verkünden in den entscheidenden Grundstrichen denselben Christus und ordnen das Verhalten der Christenheit nach denselben Normen. Durch die individuelle Bestimmtheit, die jeder von den Aposteln hat, wird ihre innerliche Übereinstimmung nicht vermindert, sondern sie bekommt gerade dadurch ihre Bedeutsamkeit. Denn so ist festgestellt, daß die Einheit zwischen ihnen nicht mechanisch bewirkt oder erzwungen, sondern von innen her begründet ist. Sie entsteht daraus, daß sich alle durch aufrichtigen Glauben mit Jesus verbunden hatten. Sie selbst stellten sich unter ihn; daraus entsteht die persönliche und individuelle Färbung ihres Worts; daß sie sich aber ihm untergaben, das gibt ihnen den gleichartigen Willen, das einheitliche Ziel, denselben Stoff für ihr Denken und dieselben Maßstäbe für ihre Urteile . . .

Die Schrift.

Die Apostel begründen und führen in jeder Zeit die Kirche durch die Schrift, sowohl durch das Neue Testament, das sie verfaßten, als durch das Alte Testament, das sie der Kirche als das für sie geschriebene Wort Gottes übergaben. Da die Kirche die Schriften der Apostel besitzt, entbehrt sie das Apostolat nicht, sondern steht immer unter seiner Leitung . . .

a. Die Herkunft der Schrift aus dem Geist . . .

Die Inspiration der Schrift wird somit mißverstanden, wenn sie einzig die intellektuelle Richtigkeit der Schrift bewirken soll . . .

Die Inspiration bringt daher nicht einzelne Bewußtseinsvorgänge hervor, sondern sie gestaltet den Menschen so, daß er Gottes Wort zu sagen vermag. Solange die Inspiration nur als Mitteilung von Erkenntnissen gefaßt wird, hat die Inspirationslehre noch die Entzweiung zwischen Gott und den Menschen in sich und arbeitet mit der aus der vorchristlichen Zeit stammenden Gedankenform, die sich Gott und den Menschen als verfeindet denkt. Darum wird der Geist, weil er heilig und Gottes ist, zum Zerstörer des Menschlichen. Zur Wirksamkeit des Geistes sei die Passivität des Inspirierten erforderlich; sein eigenes Bewußtsein gehe unter und sein eigener Wille höre auf; er werde bewegt wie die Leier durch den Spieler, wie die Feder durch den Schreibenden. So gefaßt bleibt der Inspirationsvorgang ein vereinzeltes Erlebnis, das sich zwischen die übrigen seelischen Vorgänge hineinschiebt. Der einheitliche Zusammenhang der Lebensakte wird durch ihn unterbrochen.

Hier ist der Geistbegriff noch nicht am Christus gemessen, weder an dem, was wir an ihm selber wahrnehmen, noch an dem, was er uns als Gnade Gottes gewährt. An Jesus tritt uns die Beziehung des göttlichen Gebens zum menschlichen Empfangen in ihrem normalen Bestand entgegen; der Geist in seiner Fülle schafft an ihm die Menschlichkeit in ihrer Vollständigkeit. Diese entsteht aus dem Geist als von Gott gewollt und wird in die lebendige Aktivität versetzt, so daß sie ihm dient. Daher wird der Mensch in der Gottmenschheit nicht zur Bewußtlosigkeit und Passivität entkräftet, sondern zur Tat befähigt und berufen, durch die der Welt die göttliche Gnade widerfährt. Ebenso teilt die Verheißung Jesu den Glaubenden den Geist so zu, daß sie durch ihn geboren, nicht vernichtet werden. Sie sollen vom Geist ihr Leben haben, nicht als willenlose Werkzeuge zu Leistungen gebraucht werden, die ihrem eigenen Bewußtsein und Willen fremd bleiben ...

Freilich wird unser Verkehr mit der Schrift fruchtlos und unwahr, wenn wir in ihr nur die Menschen hören, interessante Charaktere aus der antiken Religionsgeschichte, religiöse Genien und ähnliches. Die Propheten und Apostel reden als Gottes Zeugen und werden nur dann gehört, wenn sie in ihrer Sendung von uns erkannt werden. Unser Denken und Wollen hat sich im Verkehr mit der Schrift auf Gott zu richten, aber nicht über die Menschen hinweg, sondern durch ihren Dienst hindurch.

Aus der vom menschlichen Lebensakt abgeschiedenen Inspiration entstand die Absonderung der Schrift von der Geschichte, die so für das Wirken des Geistes nicht nur als gleichgültig, sondern als hinderlich erscheint und darum nicht nur ignoriert, sondern bestritten wird. Darum erfolgte der Gegenstoß gegen die alte Inspirationslehre von der Beobachtung aus, daß an den biblischen Männern und Büchern eine Fülle geschichtlicher Beziehungen und Abhängigkeiten sichtbar sind und Werdeprozesse sie formen.

Das führte die Polemik gegen die ältere, aus dem Geist abgeleitete Schriftenlehre zu Formeln, die die Bedeutung der Bibel nur durch ihre geschichtlichen Eigenschaften begründen, nur dadurch, daß sie Urkunden über die Offenbarung enthalte und aus Dokumenten bestehe, die uns die Anfänge der Kirche erkennbar machen. Allein die Annahme eines Gegensatzes zwischen der Geschichte und dem Werk des Geistes ist ebenso falsch, wenn der Geschichte wegen der Geist bestritten, als wenn des Geistes wegen die Geschichte beseitigt wird ...

Um Platz zu bekommen für die menschliche Lebendigkeit im Verhältnis Gottes zu seinen Boten, wurde die Beziehung der Inspiration auf die Wörter, die »Verbalinspiration«, abgelehnt und als ihr Empfänger die Person beschrieben. Die Vorstellung, die die Wörter am persönlichen Lebensakt vorbei in den Menschen hineingelangen läßt, ist zweifellos zu beseitigen. Aber mit dem Verzicht auf die Worte verbindet sich leicht wieder ein dunkler Gedanke, der das, was uns durch die Schrift gegeben ist, hinter ihrem Wort in einem erst noch zu entdeckenden »Kern« desselben sucht und sich damit verbirgt, daß wir an diesen Worten fromm oder unfromm, mit Gott verbunden oder von ihm geschieden, durch den Geist regiert oder für ihn verschlossen werden. Wird der Geist von den Worten der Apostel ferngehalten, so bleibt er vom bewußten Lebensakt derer, die Gottes Werk zu tun hatten, abgeschieden; denn diesen vollziehen sie durch das Wort. Dadurch würde er von ihrer Arbeit und ihrem Verkehr mit den Menschen getrennt, da dieser durch das Wort geschieht. Weil aber der Geist die Boten Gottes zu ihrem Dienst beruft und befähigt, darum besteht seine Gabe an sie im Wort.

b. Die Einheit der Schrift. Einheit ist für die Schrift nötig, damit sie uns als Gottes Wort erkennbar sei und diene. Denn Einheit ist Gottes Merkmal, darum das Gesetz, das unserem Denken gegeben ist, das am Widerspruch verdirbt, und das Gesetz, das unserem Willen gegeben ist, der nicht gut ist, wenn er uns entzweit und den Hader schafft, und das Gesetz, das der Gemeinde des Christus gegeben ist, der dazu gekommen ist, damit er die in Gott geeinigte Menschheit schaffe. Soll uns die Schrift zu unserem Ziel helfen, so darf sie nicht durch Widersprüche ihr eigenes Wort zerstören und in uns den Hader hervorbringen ...

Die Einheit der Schrift ergibt sich daraus, daß die Geschichte, die sie schuf und die sich in ihr bezeugt, im Christus ihre Einheit hat. Mit dem Christusnamen Jesu ist die Unterordnung der Propheten und Apostel unter ihn ausgesprochen. Der Mittelpunkt der Schrift, der aus ihr eine Einheit macht, läßt sich somit mit Luther so formulieren: was Christum treibe, sei kanonisch. Das ergibt nicht nur die Grenze zwischen der Schrift und anderen Stimmen, sondern gibt auch innerhalb der Schrift ihren einzelnen Teilen ihren Platz und ordnet ihre Wichtigkeit und Wirksamkeit ...

Da die Schrift Teile von geringerer und größerer Wichtigkeit hat, läßt sich fragen, ob sich an ihr Stufen der Inspiration unterscheiden lassen. Die Verschiedenheit fällt aber nicht in die Beziehung der schaffenden Kausalität Gottes zum Empfänger seines Wortes, sondern entsteht durch die Bemessung seines Dienstes, durch die Begrenzung seiner Funktion. Nicht alle Boten Gottes haben dieselbe Pflicht; darum haben sie auch ein verschiedenes Vermögen. Hier gilt aber die von Paulus formulierte Regel, daß ein Glied, das eine geringere Funktion besorge, deshalb doch ein Glied des Leibes sei. Der Inspirationsvorgang ist ein kreatorisches Geben Gottes, also ein absoluter Akt, von dem sich Abstufungen nicht aussagen lassen. Ob er wenig oder viel gibt: Gott ist der Gebende. Synergistische Vorstellungen sind hier nicht verwendbar; denn die Wirksamkeit Gottes steht nicht neben der menschlichen Tätigkeit, sondern über und vor ihr und ist für sie die Ursache, aus der sie entsteht ...

Der Einheit der Schrift in ihrem Grund entspricht die Einheit in ihrem Erfolg. Von jedem Punkt aus, an dem wir sie erfassen, werden wir in ihr Ganzes geführt. Sie erweckt mit der einen Funktion in uns auch die anderen, die zusammen das Vollmaß der göttlichen Gabe ergeben. In den einzelnen Lebensläufen mag sich das oft langsam vollziehen und durch mancherlei Schwierigkeiten aufgehalten werden; die Kirche hat gleichwohl die deutliche Erfahrung gemacht, daß ein aufrichtiger Anschluß an die Schrift nicht auf einen ihrer Teile beschränkt bleibt, wie sich auch die Entfernung von einem ihrer Teile nicht auf diesen allein beschränkt. Ihre Leitung führt uns, sowie nur irgendwo der Anschluß an sie vollzogen ist, in das Ganze der göttlichen Gnade ein.

c. Die Autorität der Schrift. Mit dem Satz, der den Geist den in der Schrift Redenden nennt, ist die Beziehung beschrieben, in der sie zu Gott steht; aus ihr ergibt sich ihre Autorität, womit wir ihr Verhältnis zu uns ordnen. Die, die Gott sendet, sind dadurch die Träger eines Amts, das sie über die setzt, die durch sie zu Gott berufen und zur Gemeinde vereinigt werden, und weil hier das Amt durch Gott entsteht und durch den Geist verliehen wird, ist ihre Autorität vollständig. Das richtige Verhalten besteht für uns somit darin, daß wir unser Denken und Wollen für die Schrift öffnen, ihr glauben und gehorchen. Gebrochene Formeln, die der Schrift nur eine halbe Autorität zuschreiben und uns bloß einen halben Glauben und Gehorsam gegen sie zumuten, entsprechen nicht dem vor uns stehenden Tatbestand; alle gebrochenen Formeln sind beseitigt, sowie uns durch die Schrift die göttliche Wahrheit und Gnade vermittelt wird, und das tut sie so gewiß, als sie uns den Christus zeigt ...

Fleischlich ist die Autorität der Schrift verstanden, wenn ihr Wort uns als Ersatz für unsere Erkenntnis dienen soll, so daß wir selber nichts von Gott wissen, aber den Bibelspruch nachsagen und, statt zu erkennen und anderen zur Erkenntnis zu helfen, bloß zitieren. Göttlich ist die Autorität der Schrift, weil sie uns das Mittel darreicht, durch das wir selber Gottes Regierung sehen. Fleischlich ist die Autorität der Schrift mißbraucht, wenn wir uns zu einem Gehorsam gegen sie zwingen oder zwingen lassen, der keine Begründung in uns hat, sondern in einer blinden Unterwerfung unter ein fremdes Gebot besteht. Göttlich ist ihre Autorität deshalb, weil sie uns zum eigenen guten Willen hilft, durch den wir Gott und den Nächsten dienen. Darum ist die Ausbildung derjenigen Funktionen, durch die wir uns das Schriftwort aneignen, sowohl die der Beobachtung als des Urteils, niemals eine Schädigung ihrer Autorität, sondern sie verlangt von uns diese Arbeit, macht sie uns zur Pflicht und befähigt uns für sie . . . Aber durch die Lähmung der aneignenden Funktionen entgeht uns die Schrift und wird zum toten Besitz, der kein Eigentum herstellt, weder im Erkennen noch im Wollen. So wird die Autorität der Schrift gebrochen, da sie so nicht mehr als Autor und Urheber unserer Lebensbewegung an uns wirksam werden kann. Die Beugung, in die sie uns sich gegenüber versetzt, ist nur dann normal, wenn sie mit der Anspannung der Energie, die nach ihr greift, verbunden ist.

Aus der quietistischen Richtung des Glaubens entsteht die Unfähigkeit zur kritischen Arbeit, die immer und notwendig ein Widerspruch gegen die Autorität der Schrift sein soll. Die Kritik der Bibel wird aber auf zwei Stufen zu unserem Beruf, als historische und als dogmatische Kritik. Die historische Kritik stellt das Verhältnis der biblischen Aussagen zu dem sie formenden Geschichtslauf fest. Indem wir uns ihren Ort in der Geschichte verdeutlichen, machen wir uns klar, wie weit ihre Wahrheit reicht und wo sie endet, welche Geltung der uns beschäftigenden Aussage zukommt und welche ihr nicht zukommt. Wir brauchen aber auch dann ein messendes Urteil, wenn wir das Schriftwort auf uns selbst beziehen; da muß wieder festgestellt werden, was es im Verhältnis zu der uns selbst gestaltenden Geschichte bedeutet, und das Urteil ist auch hier nach seinen beiden Zweigen zu entfalten, so daß wir uns sowohl verdeutlichen, wann und warum das Schriftwort für uns gilt, als wann und weshalb es nicht für uns gilt.

Diese Arbeit wird oft zweckwidrig und schlecht besorgt. Die historische Kritik produziert willkürliche Gebilde, setzt an die Stelle des Geschehenen Konjekturen und bedeckt die Schrift mit wissenschaftlichen Dichtungen. Die dogmatische Kritik ist von der Gefahr begleitet, daß das Urteil durch unseren falschen Willen bestimmt sei und die Geltung der Schrift gerade da außer Kraft setze, wo der Gehorsam gegen sie für uns die dringende Wichtigkeit hätte. Dann haben wir uns, vielleicht ohne Einrede gegen ihre Autorität, vielmehr zusammen mit ihrer theoretischen Anerkennung, die Überordnung unseres Dogmas über das Schriftwort erlaubt. Die Tatsache ist offenkundig, daß sich die Christenheit beständig durch Auflehnung und Kampf gegen die Schrift verfehlt . . .

Da aber diese Arbeit dazu geschieht und dazu unerläßlich ist, damit wir mit begründetem Glauben und freiem Gehorsam das Schriftwort in uns tragen, ist sie keine Schmälerung, vielmehr die Anerkennung ihrer Autorität. Dazu ist nur erforderlich, daß der die Kritik leitende Wille darauf ziele, die uns von der Schrift angebotene Gabe in unseren Besitz zu bringen, und nicht darauf, uns von der Schrift zu befreien.

. . . Darum läßt sich die kanonische Geltung der Bibel nicht durch eine bloß rechtliche Begründung herstellen, sondern ihr Beweis liegt immer neu in dem, was sie uns gibt. Für den ist sie zum Kanon geworden, dem sie Gottes Willen zeigt.

d. Die Unfehlbarkeit der Schrift. Die Sorge, die die Kritik der Schrift als unfromm meidet, hat ihren letzten, stärksten Grund im selben Postulat, das auch an Jesus gerichtet wird und zu dem uns der Gottesgedanke zu berechtigen scheint, daß die Schrift unfehlbar sei und uns deshalb zu keinem anderen Verhalten berufe als dazu, daß wir sie bejahen; jede Verneinung einer Schriftaussage sei in sich schon die Bestreitung ihrer Inspiration und ihres Ursprungs aus Gott. Wie kann das, was Gottes Gabe ist, unvollkommen, wie wir zur Ablehnung und Berichtigung des göttlichen Worts berechtigt sein? Der Glaube, den wir der Bibel schulden, bestehe also darin, daß wir ihr die Unfehlbarkeit Gottes zutrauen. Aber dieses Postulat gestattet sich wie in der Beurteilung Jesu, so auch in der der Bibel den Streit gegen Gottes Gnade; denn es erfindet eine Offenbarung, die Gott abseits und geschieden vom Menschen enthüllen soll. Eine solche Offenbarung, bei der der Mensch verschwindet, hat uns Gott nicht gegeben wegen des Reichtums seiner Gnade, nicht aus Schwäche, sondern sich zur Verherrlichung. Denn nicht das ist Gottes Herrlichkeit, daß er vor uns den Beweis führt, daß er ein fehlloses Buch verfassen kann, sondern das, daß er Menschen so mit sich verbindet, daß sie als Menschen sein Wort sagen. Nicht der Islam mit seinem unfehlbaren »Buch« hat die große und reine Vorstellung von Gottes Herrlichkeit, sondern Jesus, der in seinem engen Bewußtsein als der Sohn Gottes lebte und dadurch den Reichtum der göttlichen Gnade offenbarte.

Unfehlbarkeit ist das Merkmal Gottes; sie ist aber nur das Merkmal Gottes und überträgt sich nicht auf die Menschen, die in Gottes Dienst stehen. Nicht die Schrift, sondern der die Schrift gebende und durch sie uns berufende Gott ist unfehlbar. Der Apostel ist es dadurch, daß er von Gott gebraucht wird zu seinem Zweck über die Grenzen seiner Erkenntnis hinweg, so daß Gott nicht nur trotz seiner Schwachheit, sondern durch sie sein Werk tut. Demgemäß gibt auch uns die Schrift Unfehlbarkeit nicht so, daß sie uns ein unbegrenztes Wissen gäbe, wohl aber dadurch, daß sie uns in die Verbundenheit mit Gott setzt, der Licht ohne Finsternis ist und uns auf der geraden Straße zu Gottes sicherem Ziel führt. Darin besteht die Fehllosigkeit der Bibel, daß sie uns zu Gott beruft.

Das tut sie jedoch nicht bloß durch richtige Vorstellungen, als wäre die Berichtigung unserer Gedanken einzig oder zuerst unser Bedürfnis und die Gabe der Bibel, sondern das Erste, was sie will und tut, ist, daß sie den Kampf mit unserem Willen führt, damit er sich Gott ergebe.

Es entstehen deshalb falsche Urteile über die Schrift, wenn wir sie nur nach intellektuellen Maßstäben messen und ihre Brauchbarkeit, z. B. die des Alten Testaments oder die der Evangelien, vom Ideal eines Lehrbuchs aus abschätzen. Dann werden wir freilich durch das starke poetische Element, das in der alttestamentlichen Überlieferung enthalten ist, verstimmt, ebenso dadurch, daß die Schrift nicht alle Ziele und Objekte, die unser Denken beschäftigen, pflegt, sondern ihr Ziel und ihre Gabe darin hat, daß sie die Gewißheit Gottes am Christus in uns schafft . . .

Einen ähnlichen Dualismus führt auch die Formel, nicht die Bibel sei Gottes Wort, sondern Gottes Wort sei in der Bibel, in den Schriftbegriff ein. Solche Formeln wiederholen die Fehlgriffe in der Christologie. Während die alte Inspirationslehre monophysitisch einen Gottesgedanken handhabt, nach dem der menschliche Akt vom göttlichen Wirken absorbiert wird, ist die Formel »Gottes Wort in der Bibel« nestorianisch, da sie ihr eine doppelte Natur zuschreibt, wobei jede neben der anderen und von ihr geschieden bleiben soll. In Wirklichkeit sind auch die reichsten Worte der Bibel geschichtlich begründet und andererseits hat das, was uns vielleicht als sehr belanglos und vergänglich erscheint, im geschichtlichen Prozeß seine wichtige Funktion gehabt und war an seinem historischen Ort der Träger reicher pneumatischer Kraft.

Wir geben deshalb der Schrift die ihr gebührende Ehre noch nicht, wenn wir die Begrenzung des biblischen Gedankens zum Gegenstand der Apologetik und Entschuldigung machen, etwa so, daß der Begriff der Zulassung auf sie angewendet wird; Gott habe es zugelassen, daß z. B. der Schöpfungsbericht keine fehllose Naturwissenschaft lehre oder der Bericht über Israels Auszug aus Ägypten uns den Hergang nur noch undeutlich erkennen lasse. Zweifellos ist die Beschattung des Bewußtseins Schwachheit; aber auch die menschliche Schwachheit dient der Regierung Gottes und seiner Verherrlichung. Von Zulassung ist nur der Bosheit gegenüber zu sprechen; wird dagegen diese Formel auch auf die Schwachheit und den Irrtum ausgedehnt, so wird der Wille der Gnade verdunkelt. Das Menschliche ist für Gott nicht bloß die geduldig getragene Last, nicht nur die hemmende Schranke, die vorerst noch nicht abgebrochen wird, sondern der Mensch ist von Gott geschätzt, gewollt, geliebt samt seiner Schwachheit. Mit allen Dunkelheiten seines historischen Rückblicks und seines prophetischen Vorblicks ist der biblische Erzähler der Diener Gottes, der die Erinnerung an ihn erweckt und seinen Willen kundtut. Tut er es nicht als der Wissende, so tut er es als der Träumende. Versagt sein Auge, so tritt die Phantasie ein und füllt notdürftig die Lücke und auch so leitet er die göttliche Gabe weiter, die in den Geschichtslauf eingetreten war, und macht sie für die Späteren fruchtbar. Daß er nicht nur als der Wissende und Denkende, sondern auch als der Dichtende und Träumende Gott zu dienen hat, ist darin begründet, daß er Mensch ist und wir Menschen den Übergang vom Denken ins Dichten nicht stillstellen können; diese Forderung streitet gegen das uns gegebene Lebensmaß.

Wir freilich haben nicht mit ihm zu träumen, dann, wenn uns durch das uns gegebene Wissen erkennbar ist, daß er träumt. Die Gleichgestaltung unseres Bewußtseins mit dem des biblischen Manns bedeutete in diesem Fall seine gewaltsame Verbildung, wodurch wir aus der Autorität der Schrift eine Gewaltherrschaft machten und an ihr nicht mehr Gottes Gabe, sondern eine uns knechtende Fessel hätten. Unsere angebliche Schrifttreue schlüge dadurch im entscheidenden Hauptpunkt in die Verkennung des göttlichen Willens um, der uns die Schrift gegeben hat.

Um uns dieses Zusammensein von Kraft und Schwachheit, von Licht und Dunkelheit in der Schrift zu verdeutlichen, können wir an den Unterschied zwischen der Schöpfung und der Erhaltung denken. Die Empfänger eines göttlichen Berufs erhalten eine neue Gabe, die sie über die ihnen vorangehende und nachfolgende Gemeinde stellt. Ein kreatorischer Akt Gottes rüstet sie aus. Aber ein Teil ihres Bewußtseins steht gleichzeitig in Einheit mit dem, was ihnen vorangeht und um sie her besteht. Dahin gehören z. B. bei den Propheten nicht nur ihr Naturbild und die geschichtliche Tradition, die sie über die Vorzeit haben, sondern auch ein großer Teil der Vorstellungen, mit denen sie von der Gegenwart aus das Endziel Gottes benennen. Diese Zusammenhänge, die den Träger des göttlichen Worts mit seiner Zeit verbinden, werden durch das Wirken des Geistes in ihm nicht zerrissen, vielmehr gestiftet. Denn sie sind ihm unentbehrlich, weil dadurch die Gemeinschaft entsteht, die den Boten Gottes mit denen verbindet, die ihn hören sollen. So bleibt er ihnen verständlich und sie ihm und es entsteht so Geschichte als ein zusammenhängender Lebensprozeß. Aber dieses das Vorhandene bewahrende Gestalten, das den Empfänger des göttlichen Worts mit seiner Umgebung in Verbindung erhält, hat zugleich einen kreatorischen Akt in sich, der ihn zum Erreger einer neuen Bewegung macht . . .

Dadurch, daß sie uns zu Gott hinwendet und uns in seine Gemeinschaft stellt, verschafft sie uns die Leitung des Geistes, der in die ganze Wahrheit führt, und tut uns ihre Unfehlbarkeit kund, die darin besteht, daß sie uns zum Unfehlbaren bringt, zu Gott.

e. Die Verständlichkeit der Schrift. Die aus der Reformation entstandenen Kirchen begründeten den Glauben jedes Einzelnen auf die Bibel und machten es deshalb jedem zur religiösen Pflicht, daß er selber in der Bibel Gott vernehme und an ihr die Regel für sein Handeln habe. Mit der Pflicht mußte auch ihre Erfüllbarkeit behauptet werden. Daher hat der alte Protestantismus eifrig gesagt, jeder könne die Schrift verstehen, jeder sie brauchen; bleibe sie für ihn unwirksam, so sei das nur seine Schuld . . .

Unausführbar wird das reformatorische Schriftprinzip dann, wenn der Einzelne für sich ohne die Hilfe der Gesamtheit seinen Verkehr mit der Schrift herstellen soll. Wir sind sowohl bei der geschichtlichen Deutung der Bibel als bei der Aneignung dessen, was sie uns zur Erweckung unseres Glaubens und unserer Liebe gibt, auf die Hilfe der anderen angewiesen, empfangen sie aber auch. Es wäre Einbildung, wenn wir uns mit der Vorstellung quälten, wir allein läsen die Bibel. Die Kirche liest sie und gewinnt in gemeinsamer Arbeit ihre Fähigkeit, sie zu verstehen und zu gebrauchen. Darin besteht die Wahrheit des katholischen Satzes, daß die Bibel der Besitz der Kirche sei.

... Als Glieder der Kirche reden die uns Lehrenden im Dienste Gottes zu uns und werden für uns zu Trägern einer göttlichen Gabe; andererseits bringt uns auch die Schrift so in Berührung mit Gott, daß sie uns auf die von ihm berufenen Menschen hören macht ...

Meine Erfahrung mit der Bibel, in: Hülfe in Bibelnot ..., S. 207–212

Sie hat mich durch mein Leben begleitet, meine Bibel, vom Elternhaus an, wo die Eltern sie für sich selber und mit uns Kindern lasen, durch meine Schuljahre hindurch, in denen Professoren sie mir zu erklären versuchten, in die langen Jahre meiner akademischen Arbeit hinein, für die sie sowohl für meine Forschung als für meine Lehrarbeit der alles andere überragende Gegenstand blieb. Wie sieht mich jetzt am Schluß meiner theologischen Arbeit meine Bibel an? Indem ich einiges aus meiner Erfahrung mit der Bibel hervorhole, dürfte aufs neue deutlich werden, warum wir uns angesichts der Gefahren beim Gebrauch der Schrift nicht zu fürchten brauchen.

Ein Eindruck wird mir immer wieder mit neuer Überraschung gewährt: *die Schrift ist unerschöpflich.* Es gibt selbstverständlich auch eine neutestamentliche Wissenschaft, die in der Ablehnung Jesu ihr Ziel hat und die Welt von seinem Anspruch, daß der Anschluß an ihn uns den Anteil an Gott, »die Religion«, gewähre, befreien will. Diese Art von wissenschaftlicher Arbeit wird nach einem Ende begehren, weil man nicht endlos kämpfen kann; ein endlos fortgesetzter Kampf wäre kein Sieg. Dann kann sich der Eindruck im Forscher festsetzen: nun ist genug gesprochen; das Urteil ist begründet; nun endlich Schluß. Wenn dagegen das Ohr für das neutestamentliche Wort offen ist, dann stellt sich ein anderer Vorgang ein; dann wächst es beständig, nicht nur an den abgelegenen Stellen, die der Blick nur selten trifft. Nein, – auch die Vorgänge, die mir schon ungezählte Male zum Gegenstand der Beobachtung und lehrenden Verdeutlichung geworden sind, auch die Worte, die fortwährend als die immer gültige Regel das christliche Verhalten ordnen, zeigen eine *immer neue, nie ganz enthüllte, aber immer vollständiger sich enthüllende Unerschöpflichkeit.*

Ich kann diese Erfahrung nicht nur darauf zurückführen, daß alles, was besteht und geschieht, eine Unendlichkeit umfaßt, die die Grenzen unseres Bewußtseins weit überragt, daß es also an keinem einzigen Punkt eine fertige Wissenschaft gibt, bei keinem Teil der Natur und bei keinem Vorgang der Geschichte. Denn es berührt uns überall eine unendliche Fülle von Wirklichkeit, von der unser Auge nur einen kleinen Teil erfaßt. Das gilt freilich auch von jedem Ereignis der biblischen Geschichte. Aber die Unerschöpflichkeit der Schrift entsteht nicht nur aus der Massenhaftigkeit des Wirklichen, die die schmale Enge unseres Bewußtseins nicht fassen kann, sondern gerade das, was uns an der Bibel offen ist und uns unser geistiges Eigentum verschafft, erglänzt in immer neuem Licht. Damit bewährt sie ihre Verheißung, daß sie uns *das göttliche Wirken versichtbare* und das *Werkzeug der gebenden Gnade sei*, die unseren Blick zu Gott erhebt. Das Merkmal Gottes ist Unerschöpflichkeit, und dieses Merkmal haftet nach meiner Erfahrung in voller Deutlichkeit an der Schrift.

Ich gab darum meinen jungen Freunden das Neue Testament mit der Zuversicht in die Hand, daß ihr Gespräch mit ihm, wenn es überhaupt gelingt, es zu erwecken, kein Ende nehmen kann. Ich kenne die Furcht nicht, daß ich ihren Blick dadurch nur rückwärts wende, ihr Leben nur auf Vergangenes gründe und sie durch den der Christenheit verliehenen Besitz in eine unbewegliche Ruhe versetze. Es ist für uns alle ein hoch über uns stehendes, unsere ganze Kraft spannendes Ziel, daß die Schrift zu uns rede. *Eine Kirche, die nur lehren will, was immer gelehrt wurde, und nur tun will, was immer schon getan wurde, hat sich vom Neuen Testament gelöst.* Wenn dieses zu uns reden kann, dann versetzt es die Kirche in ihrer Erkenntnis und in ihrer Praxis in eine Bewegung, die »das, was dahinten ist, vergißt« und sich mit starker Liebe »nach dem streckt, was vorne ist«.

Es gibt Kollegen, die einen doppelten Verkehr mit der Schrift pflegen und sie das eine Mal »geschichtlich«, das andere Mal »geistlich« auslegen. Die oft gehörte Klage geht ihnen zu Herzen, daß der Eifer, mit dem wir die geschichtlichen Vorgänge erforschen, uns religiös lähme und die Bibel für uns unfruchtbar mache. Meine Erfahrung widersprach diesem Gedankengang. Da mein akademisches Amt zur Feststellung der geschichtlichen Tatbestände verpflichtete, gehörte freilich der größere Teil meiner Arbeit dem menschlichen Gewand des Neuen Testaments. Wie der Erklärer des Alten Testaments die Pflicht hat, auch in Ninive und Babylon, in Memphis und Theben heimisch zu sein, so war es meine Pflicht, mich mit der Judenschaft Jerusalems in Verbindung zu bringen, aus der die erste Christenheit entstanden ist. Das läßt sich nicht ohne Arbeit erhaschen und brachte das mit sich, was im Kreise unserer Geistlichen gelegentlich als »Pedanterie«, als »Verirrung in philologische Kleinarbeit« bedauert wurde. Ich habe aber meinerseits diesen Teil meiner Arbeit nie als hemmend und lästig empfunden, weil mich jeder Schritt, der mich in die Geschichte einführte, aus der die Schrift entstand, in verstärktem Maß auch mit ihrer geistlichen und göttlichen Kraft in Berührung gebracht hat. Ich kann darum die, die gern eine Bibel hätten, »die sie weise zur Seligkeit macht«, Laien und Geistliche, nur bitten, sich nicht weichlich vor der Anstrengung zu scheuen, durch die wir uns ein möglichst deutliches Bild von den geschichtlichen Vorgängen verschaffen, mit denen die Bibel zusammenhängt. Die Gleichgültigkeit gegen die menschliche Art der biblischen Worte hat die Christenheit beim Empfang ihrer geistlichen Gaben nicht unterstützt, sondern gefährlich gehemmt.

Aus *zwei deutlich verschiedenen Vorgängen* entsteht, wie immer wieder betont werden muß, unser Verständnis des biblischen Worts. Mit dem einen wenden wir unseren Blick von uns selbst weg und geben unser Ohr mit entschlossener Abkehr von unseren eigenen Meinungen und Wünschen denen hin, die in der Schrift zu uns reden, und richten unseren Blick auf das, was sie uns zeigen als an ihnen und durch sie geschehen. Aus diesem ersten, unentbehrlichen Vorgang entsteht sodann ein zweiter; wir halten die Schrift an das hin, was in uns selbst als unser Bedürfnis und unsere Erkenntnis vorhanden ist, und verbinden sie mit unserem eigenen Lebensstand, so daß aus ihrem Wort unsere eigene Gewißheit und unsere eigene Entschließung wird. Diese beiden Bewegungen sind aber in unserem inwendigen Leben untrennbar miteinander verbunden, so daß die Verkümmerung der einen Funktion auch die andere nur kümmerlich entstehen läßt. Wer nicht sehen lernt, lernt auch nicht glauben, wie der, der nicht glauben will, auch nicht sehen kann, auch dann nicht, wenn der Argwohn seinem Blick die bohrende Schärfe verschafft.

Oft wurde ich vor die Frage gestellt, ob es uns wirklich möglich sei, zu hören, zu sehen, wahrzunehmen, ob nicht alles was unser Auge füllt, aus unseren eigenen Zuständen seinen Gehalt und seine Form bekomme, ob wir also mit Wahrheit eine Überzeugung »schriftgemäß«, einen Glauben von Jesus uns gegeben heißen dürften. Das ist freilich deutlich, daß wir uns nie in zwei gänzlich geschiedene Hälften zerschneiden können, so daß wir jetzt ohne Mitwirkung des uns gehörenden Eigentums in reiner Objektivität unser historisches Wissen gewännen und hernach aus unserem eigenen Inneren in eigener Schöpfermacht Religion hervorbrächten, ohne daß unsere Geschichte aus derjenigen erwüchse, die vor uns und für uns geschehen ist. Ebensowenig wurde mir aber eine finstere Notwendigkeit sichtbar, die uns zwänge, unsere geistige Arbeit dadurch zu verderben, daß wir die Stufen der

Erkenntnis, das Wahrnehmen und das Urteilen, das Hören und das eigene Reden, das Empfangen und das selbsttätige Bilden, gegeneinander kehren und durcheinander wirren. Bleibt es eine ernste, tief einschneidende Forderung, daß wir im Verkehr mit der Schrift nicht uns selber hören und uns selber beschauen, sondern still und offen uns vor die stellen, die im Auftrag Gottes zu uns reden, diesen Teil unseres christlichen Berufs unausführbar zu heißen, war mir immer und ist mir heute noch verwehrt.

Somit bekam die Schrift für mich nicht ein doppeltes Gesicht und bestand nicht aus zwei innerlich verschiedenen und nur äußerlich vermengten Worten, von denen das eine innerhalb der Geschichte geworden, das andere vom Geiste gewirkt wäre, und das eine zum Gegenstand meiner historischen Bearbeitung und das andere zum Grund meines gläubigen Gehorsams wurde, und eben deshalb, weil mir die Schrift das *göttliche und menschliche* Denken und Reden, das göttliche und menschliche Wollen und Wirken *geeignet* zeigte, ist sie mir zum Heiligtum geworden, das über allem, was sonst heilig ist, steht. Denn so ist sie der Tatbeweis für die nie auszudenkende Herrlichkeit des gnädigen Gottes, der Menschen mit sich eint und in seinen Dienst beruft.

Für die, die es als religiöse Not und schweren Anstoß empfinden, daß die historische Arbeit nicht nur die jüdischen und kirchlichen Überlieferungen über die heiligen Bücher berichtigte, sondern auch von den eigenen Aussagen der Bibel an wichtigen Stellen die ihnen gesetzten Grenzen erkennbar macht, hat es mir nie an warmem Mitgefühl gefehlt. Die Last, die sie tragen, wurde ihnen ja von der Theologie der älteren Kirche auferlegt. Sie tragen sie deshalb, weil die vor uns stehende Christenheit in der Schrift das ihr gegebene *Gesetz* gefunden hat, das göttliche Gesetz, das in unantastbarer Hoheit den unbedingten Gehorsam von uns verlangt, das sich als Mittler zwischen Gott und uns stellt, an den unser Zugang zu Gott gebunden sei. Den, der das göttliche Gesetz mit Ernst trägt und mit Eifer für dasselbe kämpft, soll niemand schelten. Zur eigenen Not wurden mir aber diese Ergebnisse der historischen Arbeit nie, eben deshalb, weil ich das göttliche Wirken, das die Schrift hervorbrachte, *nicht von der Geschichte entfernt* hielt, sondern an den die Bibel schaffenden Vorgängen wahrnahm. Den Wert, den die historische Arbeit herzustellen hat, sehe ich darin, daß sie die Verdeutlichung der biblischen Texte bewirkt. Wenn aber ihre Aussagen durch die kritischen Urteile konkrete Bestimmtheit und dadurch Verständlichkeit erhielten, so war damit für mein Auge auch ihre göttliche Größe mit zunehmender Deutlichkeit enthüllt und ihre geistliche Kraft verstärkt.

Das gab mir die Ruhe im theologischen Kampf, die jeder bedarf, der seine Bibel lesen will, ohne die es keine fruchtbare Beschäftigung mit ihr geben kann. Sie hat mich auch beim schwersten Kampf, der gegenwärtig den Kreis der neutestamentlichen Arbeiter spaltete, nicht verlassen, bei derjenigen Frage, die den ganzen Bestand unserer Frömmigkeit ergreift, bei der Christusfrage. Die auf der anderen Seite stehende rüstige Schar von wissenschaftlichen Arbeitern urteilt, die Erwartung Jesu, Gott wirke durch ihn die Offenbarung seiner alles vollendenden Herrlichkeit und habe ihn zum Herrn der Menschheit erhöht und zum Schöpfer der ewigen Gemeinde gemacht, sei zerfallen, womit auch das Grundwort des Alten Testaments, daß es ein von Gott geschaffenes Volk, eine heilige, zum Dienst Gottes berufene Gemeinde gebe, zerfällt. Aber auch die, die unseren religiösen Zustand in dieser Weise deuten, denken nicht klar, wenn sie deshalb das Neue Testament mißachten und nur ganz Weniges in ihm, etwa Lukas 15, auch für uns noch wertvoll heißen. Im Gegenteil, auch dann stände das Neue Testament mit leuchtender Größe über allem, was die Geschichte sonst geschaffen hat, und gäbe uns die Regel, die unseren religiösen Zustand vollständig bestimmt. Es würde uns dann freilich zeigen, daß es innerhalb der Menschheit keinen anderen Altar geben könne als den für den unbekannten und unerkennbaren Gott, daß Gottes Regierung den Gedanken, es gebe für den Menschen Kindschaft Gottes, Gemeinschaft mit Gott zur Einigung des menschlichen Willens mit dem göttlichen, Verklärung des menschlichen Lebens zu Gottes Werk, als eine unerfüllbare Hoffnung widerlegt habe. Aber auch dann ergäbe sich unser gesamtes Denken und Verhalten aus dem, was das Neue Testament uns zeigt.

Die Schwäche kommt in die gegen das Neue Testament gerichtete Bestreitung deshalb hinein, weil sie ihre Gründe nicht im Neuen Testament, nicht im Werk Jesu und seiner Boten hat, sondern ihr Urteil auf das gründet, was auf das Neue Testament folgte, auf die Geschichte der Kirche, auf unseren eigenen Zustand, wie ihn uns die Verwandlung des Christentums in den Katholizismus und den Protestantismus bereitet hat. Aus dem Kontrast, der sich hier zeigt, entsteht das Urteil, daß das Werk Jesu zerfallen sei. Ich blieb und bleibe deshalb beim Neuen Testament, weil mir seine kritische Kraft gegenüber allem, was die Kirche leistet, sichtbar ist. Ich nehme sie zuerst an meinem eigenen Denken und Verhalten wahr, sehe sie aber auch im Verhältnis des neutestamentlichen Wortes zu allem, was die Kirche schuf, zu ihrer Theologie, zu ihrem Kultus, zu der von ihr zwischen uns hergestellten Gemeinschaft. *Das letzte Wort über Gottes Willen steht nicht der Kirche zu, sondern gehört dem Neuen Testament.*

Damit zeigt sich uns das Höchste, was uns die wissenschaftliche Arbeit an der Bibel gewährt. Ihr Ziel, das Verständnis des Neuen Testaments, beschenkt uns sofort noch mit Größerem als nur mit Gedanken. Das verstandene Wort gibt uns den Willen und wird zum wirksamen Grund unseres Lebens. Durch seine Gegenwart entsteht in uns das Wunder, vor dem wir alle, die wir es kennen, anbetend die Hände falten: Gründung unseres Lebens in Gott, die Ermächtigung, ihm zu glauben, die Befreiung von der Notwendigkeit, für uns selbst zu leben, das Vermögen, seinen gnädigen Willen zu tun. Weil dies der Ausgang unseres Verkehrs mit dem Neuen Testament ist, darf der Fleiß der Kirche, der sich um sein Verständnis müht, nicht erlahmen. Er ist ein kleiner Teil des Dankes, den sie dem schuldet, der in Jesus »sein Angesicht über uns leuchten ließ«.

Vgl. Neue Christoterpe 1924, S. 100–107.

Kommentar

Die hier abgedruckten Texte geben eine gute Einführung in wesentliche Grundgedanken von Schlatters Hermeneutik und Bibelverständnis. Voll verständlich sind sie allerdings erst auf dem Hintergrund von Schlatters Erkenntnislehre *(vgl. dazu v. a.* Das christliche Dogma, a. a. O., S. 89–124; Die christliche Ethik, *Stuttgart⁵ 1986, S. 249–281), seiner theologischen Methodenlehre (vgl. dazu v. a.* Die Bedeutung der Methode für die theologische Arbeit, in: Theologischer Literaturbericht 31, Gütersloh 1908, S. 5–8; Die Theologie des Neuen Testaments und die Dogmatik, Gütersloh 1909 und Atheistische Methoden in der Theologie, Wuppertal 1985) und seiner* Anthropologie und Schöpfungslehre *(vgl. dazu v. a.* Das christliche Dogma, a. a. O., S. 20–279). Zur Illustrierung und Vertiefung der in den obigen Texten dargelegten hermeneutischen Überlegungen sind ferner zahlreiche Aufsätze Schlatters heranzuziehen (z. B.* Wer liest seine Bibel richtig? *in:* Der Einzige und wir anderen, *Velbert 1929, S. 208–223 und die anderen Aufsätze in:* Hülfe in Bibelnot, *Velbert² 1928) und nicht zuletzt Schlatters reiches Kommentarwerk, in dem er seine anthropologischen und hermeneutischen Grundpositio-*

nen an biblischen Texten exegetisch zu belegen sucht. Schließlich ist auch auf
Schlatters philosophiegeschichtliche (vgl. seine Abhandlung: Die philosophische
Arbeit seit Cartesius. Ihr ethischer und religiöser Ertrag, Gießen/Basel[5] 1981) und
philosophische (vgl. seine Metaphysik, Tübingen 1987) Darlegungen zu verwei-
sen, in denen er sich eingehender nicht nur mit dem Erkenntnisskeptizismus
befaßt, der die Unmöglichkeit objektiver Erkenntnis behauptet, sondern auch
mit jenem gerade in der neuzeitlichen Philosophie immer wieder vorgetragenen
(die heutige hermeneutische Diskussion stark beeinflussenden) Konzept einer
autonomen Vernunft, welches die durch die Geschöpflichkeit und Sündhaftig-
keit des Menschen bedingten Grenzen der Vernunft nicht oder nur unzureichend
ernstnimmt. Auf dem Hintergrund von Schlatters Gesamtentwurf einer der Heili-
gen Schrift angemessenen Hermeneutik gewinnen die obigen Texte zusätzliche
Stringenz und Anschaulichkeit.

Der erste Text aus Schlatters Aufsatz Der Glaube an die Bibel stellt sich der grund-
legenden Frage, ob und inwieweit es einen Gegensatz zwischen einer wissen-
schaftlich-historischen Betrachtung der Schrift und dem Glauben an die Bibel
geben kann. Schlatters dezidiert verneinende Antwort ist kennzeichnend für
seine theologische Zuordnung von Vernunft und Glaube, Natur und Gnade:
Weil sowohl der Glaube als auch das historische Erkennen mit der biblischen
Wahrheit als normierender Instanz zu tun haben, kann es von der Sache her
eigentlich keinen echten Konflikt, sondern nur Scheinkonflikte geben. Jeder
Widerspruch gegen die biblische Wahrheit ist unwissenschaftlich, da die Wissen-
schaft mit der Wahrheit und die Bibelwissenschaft mit der biblischen Wahrheit
steht und fällt. Eine Spannung zwischen Glaube und historisch-wissenschaftli-
cher Betrachtung der Schrift kann es nach Schlatter allerdings deshalb geben,
weil Glauben als Akt der ganzen Existenz und wissenschaftliches Erkennen als
Akt des prüfenden Intellekts verschiedenartige Funktionen sind und deshalb
einen verschiedenen Zugang zur Schrift beinhalten (zur Verschiedenartigkeit von
Glauben und Erkennen vgl. Das christliche Dogma, a.a.O., S. 107 – 122): Der
Glaube zielt auf die ganzheitliche Hingabe an die Wahrheit der Schrift, während
das wissenschaftliche Erkennen eine prüfend-distanznehmende Haltung bein-
haltet, die bei jeder echten Wissenschaft freilich ganz im Dienst der Wahrheit, im
Falle der Bibelwissenschaft im Dienst der biblischen Wahrheit zu stehen hat, so
daß zwar zeitweilig eine Spannung zwischen dem prüfenden Vorgehen der Wis-
senschaft und dem Gehorsam des Glaubens auftreten kann, nie aber ein wirkli-
cher Gegensatz. Hauptquelle für die Spannung von Glaube und Bibelwissen-
schaft ist für Schlatter daher nicht die Verschiedenartigkeit von Glauben und
Erkennen, sondern die Sündhaftigkeit des Menschen, die einer sachgemäßen
Erfassung der Offenbarungswahrheiten entgegensteht. Überwunden wird diese
Spannung nach Schlatter durch die Einheit von erkennendem Glauben und
glaubendem Erkennen, durch eine gegenseitige Durchdringung von glaubender
Hingabe an das Schriftwort und wissenschaftlich-objektivierender Schriftbe-
trachtung. Der Garant für die Möglichkeit einer solchen Einheit von Bibelgläu-
bigkeit und Bibelwissenschaft ist nach Schlatter die beiden gleichermaßen vor-
gegebene biblische Wahrheit, die kraft der Gegenwart Gottes in seinem Wort und
der dem aufrichtigen Hörer des Wortes verheißenen »göttlichen Hilfe« sowohl
einen wissenschaftlich gerechtfertigten Bibelglauben als auch eine glaubens-
bejahende Bibelwissenschaft hervorzurufen vermag.

Der zweite Text faßt Schlatters dogmatisches Schriftverständnis zusammen.
Auch hier bemüht sich Schlatter um die Überwindung falscher Alternativen
durch eine Herausarbeitung der tiefen Einheit von Geistgewirktheit und
Geschichtlichkeit, Göttlichkeit und Menschlichkeit der Schrift. Diese (in mehr-
facher Hinsicht an J. G. Hamann erinnernden!) Ausführungen enthalten vieles,

was das hermeneutische Gespräch der Gegenwart befruchten könnte. Es würde beispielsweise eine unerhörte Reinigung der exegetischen Wissenschaften bedeuten, wenn sie Schlatters methodisch einleuchtende Maxime beherzigen würden, daß die »historische Kritik« (zum Begriff »Kritik« bei Schlatter s. u.) nur zu historischen, nicht aber zu dogmatischen Urteilen (etwa über einen »Kanon im Kanon«!) befugt ist. Jede theologische Abwertung oder gar Aburteilung biblischer Inhalte durch die wissenschaftlich-historische Schriftbetrachtung ist für Schlatter eine unsachgemäße Grenzüberschreitung. Schlatters Bejahung einer »dogmatischen Kritik« der Schrift darf nicht als Zugeständnis einer eigenmächtigen Kritik an den dogmatischen Inhalten der Bibel mißverstanden werden (diesem Mißverständnis erliegt z. B. H. Stadelmann, Grundlinien eines bibeltreuen Schriftverständnisses, Wuppertal 1985, S. 43 ff). Sie zielt nach Schlatters Verständnis ausdrücklich darauf, »die uns von der Schrift angebotene Gabe in unseren Besitz zu bringen und nicht darauf, uns von der Schrift zu befreien.« Keine der Autorität der Schrift verpflichtete Theologie kann sich der hier von Schlatter skizzierten Aufgabe entziehen, beim Hören auf die Schrift zu »unterscheiden lernen zwischen dem, was wir zu bejahen haben, und zwischen dem, was für uns teils überhaupt vergangen, teils noch nicht verwendbar ist.« Die Bibel wird selbstverständlich mißverstanden, wenn heilgeschichtlich überholte (z. B. viele alttestamentlichen Aussagen)oder auf eine bestimmte Situation beschränkte (z. B. das Aposteldekret Apg. 15,22–29) Inhalte zu überzeitlich gültigen, die Gemeinde Jesu auch heute noch bindenden Aussagen gemacht werden (ein anschaulicher Beleg für diese Verirrung ist beispielsweise der Schriftgebrauch der Zeugen Jehovas!). Man darf Schlatters Bejahung einer dogmatischen Bibelkritik also nicht mißverstehen im Sinne einer Kritik von dogmatischen oder ethischen Inhalten, welche von der Schrift als übersituative Wahrheit gelehrt werden! Man wird in Schlatters Werken deshalb auch vergeblich nach einem derartigen Mißbrauch der dogmatischen Kritik suchen. Freilich wäre es wünschenswert gewesen, wenn Schlatter seine Bejahung der dogmatischen Kritik eingehender gegen Mißverständnisse abgesichert hätte. Sicherlich bietet auch das Reizwort »Kritik« angesichts vieler Verirrungen sog. »Kritik« Anlaß zu Mißverständnissen. Schlatters Verwendung des Begriffs meint freilich nur den Akt des ganz im Dienste der Wahrheit stehenden »Prüfens«, der für jedes wissenschaftliche Erkennen unerläßlich ist. Dieser Akt des Prüfens hat seine Legitimität verloren, wenn er Wahrheiten leugnet, die der Kirche Jesu Christi für alle Zeiten verbindlich vorgegeben sind. Schlatters Verständnis von dogmatischer Kritik stellt daher – wie Schlatter ausdrücklich versichert – keineswegs die Schriftautorität in Frage.

Den dritten Text *könnte man als »hermeneutisches Vermächtnis« Schlatters bezeichnen. Er ist ein autobiographischer Rückblick des 72jährigen, der seine lebenslange geistliche und wissenschaftliche »Erfahrung mit der Bibel« zusammenfaßt. Von besonderer Bedeutung ist hier Schlatters Betonung der Unerschöpflichkeit der Schrift, die keine kirchliche Schriftauslegung und kein gesamtkirchliches oder konfessionelles Bekenntnis je auszuschöpfen vermag. Es war und blieb ein Grundzug von Schlatters theologischer Lebensarbeit, unermüdlich die kritische Kraft des Neuen Testaments »gegenüber allem, was die Kirche leistet« zu betonen. Obwohl Schlatter durch diesen Grundsatz zu einer eingehenden Reformationskritik geführt wurde, war das ihn bewegende Anliegen zutiefst reformatorisch: »Das letzte Wort über Gottes Willen steht nicht der Kirche zu, sondern gehört dem Neuen Testament!« Eine der Heiligen Schrift verpflichtete Hermeneutik hat dem nichts hinzuzufügen.*

Fragen zu den Texten:

1. Aus welchen Gründen kann es nach Schlatter keinen wirklichen Gegensatz zwischen Bibelglauben und Bibelwissenschaft geben?

2. Aus welchen Gründen kommt es nach Schlatter zur Spannung von Bibelglauben und Bibelwissenschaft?

3. Wie verbindet Schlatter Geistgewirktheit und Geschichtlichkeit, Göttlichkeit und Menschlichkeit der Schrift?

Neuer

ERNST TROELTSCH,

Über historische und dogmatische Methode in der Theologie.
Bermerkungen zu dem Aufsatze »Über die Absolutheit des Christentums« von Nieber-
gall (1898), in: Zur religiösen Lage, Religionsphilosophie und Ethik, Gesammelte
Schriften II, Tübingen ²1922

Der freundlichen Aufforderung des Herrn Niebergall und dem Wunsche der
befreundeten Redaktion folgend, erlaube ich mir, dem Aufsatz des genannten Theologen einige Bemerkungen hinzuzufügen, die die Kontroverse noch deutlicher
erleuchten und meine von ihm bekämpfte Meinung und damit meinen ganzen reli-
gionsphilosophisch-theologischen Standpunkt aus Anlaß seiner Einwendungen
noch näher bestimmen sollen ...

Ich spreche ausdrücklich von meiner »theologischen Methode«. Denn um die
Methode in genere handelt es sich, nicht um ein einzelnes Problem, nicht um Apologetik, nicht um einen dogmatischen Locus. Das hat Niebergall von seinen Voraussetzungen aus, denen der autoritäre Offenbarungsbegriff selbstverständlich und
alles Außerchristliche eo ipso bloß »natürliche Ausstattung« ist, nicht ganz empfunden. Ihm und seinen Gesinnungsgenossen ist die Theologie so wenig im ganzen problematisch, daß sie nur Probleme der Flickarbeit kennen und das gleiche auch bei
allen anderen voraussetzen. Ein solcher Standpunkt hat gewiß seine Verdienste und
seine praktische Bedeutung, da viele Menschen gerade einer solchen Art bedürfen.
Aber man kann die Sache auch ganz anders von den Prinzipien aus anfassen, und
darauf haben mich meine Arbeiten in immer höherem Maße geführt. Ich habe mir
nicht von irgend welchen Gelehrten »Gründe gegen unseren Supranaturalismus
geholt«, um jene dann durch meine »Anschauung von der Religionsgeschichte als
einer fortschreitenden Offenbarung« zufrieden zu stellen ... Ich meine die *historische Methode rein als solche,* das Problem »Christentum und Geschichte«, wobei
freilich unter diesem Problem nicht die Sicherstellung des Christentums gegen einzelne historische Ergebnisse und Betrachtungsweisen, sondern die Wirkung der
modernen historischen Methode auf die Auffassung des Christentums überhaupt zu
verstehen ist. Die historische Methode, einmal auf die biblische Wissenschaft und
auf die Kirchengeschichte angewandt, ist ein Sauerteig, der alles verwandelt und der
schließlich die ganze bisherige Form theologischer Methoden zersprengt. Ich habe
diesen Ausgangspunkt ausdrücklich angegeben und die Auffassung der Folgen, die
von hier ausgehen, ausführlich begründet ...

Dem gegenüber möchte ich nun nachdrücklichst hervorheben, was historische
Methode, historische Denkweise und historischer Sinn bedeuten. Dabei ist freilich
nicht an die Fragmenten-Historie der älteren Zeit zu denken, die Einzelkritik übte,
Belehrung über interessante fremde Gebiete gab oder Aktenstücke sammelte, sondern an die echte, moderne Historie, die eine bestimmte Stellung zum geistigen
Leben überhaupt in sich schließt, eine Methode, Vergangenheit und Gegenwart aufzufassen, darstellt und ebendeshalb außerordentliche Konsequenzen in sich enthält. Hier handelt es sich um drei wesentliche Stücke, um die prinzipielle Gewöhnung an historische Kritik, um die Bedeutung der Analogie und um die zwischen
allen historischen Vorgängen stattfindende Korrelation.

Das *erste* besagt, daß es auf historischem Gebiet nur Wahrscheinlichkeitsurteile
gibt, von sehr verschiedenen Graden der Wahrscheinlichkeit, vom höchsten bis
zum geringsten, und daß jeder Überlieferung gegenüber daher erst der Grad der
Wahrscheinlichkeit abgemessen werden müsse, der ihr zukommt. Damit ist die
ganze Stellung zu dem ungeheuren Erinnerungs- und Traditionsstoff unserer Gesit-
tung prinzipiell verändert, auch da, wo die inhaltliche Auffassung selbst noch gar

nicht berichtigt worden ist. Aber auch diese selbst wird durch die Kritik tausendfach zersetzt, berichtigt, verändert, und das immer mit dem Ergebnis einer nur wahrscheinlichen Richtigkeit. Es liegt auf der Hand, daß mit der Anwendung historischer Kritik auf die religiöse Überlieferung die innere Stellung zu ihr und ihre Auffassung tiefgreifend verändert werden mußte und tatsächlich auch verändert worden ist. Vor allem aber bedeutet auf diesem Gebiet die Anwendung der Kritik die Einbeziehung der religiösen Überlieferung in Wesen und Art aller erst kritisch zu bearbeitenden Überlieferungen überhaupt. Die prinzipielle Gleichartigkeit, die so zwischen den Überlieferungsweisen hergestellt wird, wird sich dann aber auch von den überlieferten Gegenständen und Ereignissen, die ja erst durch Kritik festgestellt werden müssen, schwerlich fern halten lassen.

Denn das Mittel, wodurch Kritik überhaupt erst möglich wird, ist die Anwendung der *Analogie*. Die Analogie des vor unseren Augen Geschehenden und in uns sich Begebenden ist der Schlüssel zur Kritik. Täuschungen, Verschiebungen, Mythenbildungen, Betrug, Parteisucht, die wir vor unseren Augen sehen, sind die Mittel, derartiges auch in dem Überlieferten zu erkennen. Die Übereinstimmung mit normalen, gewöhnlichen oder doch mehrfach bezeugten Vorgangsweisen und Zuständen, wie wir sie kennen, ist das Kennzeichen der Wahrscheinlichkeit für die Vorgänge, die die Kritik als wirklich geschehen anerkennen oder übrig lassen kann. Die Beobachtung von Analogien zwischen gleichartigen Vorgängen der Vergangenheit gibt die Möglichkeit, ihnen Wahrscheinlichkeit zuzuschreiben und das Unbekannte des einen aus dem Bekannten des anderen zu deuten. Diese Allmacht der Analogie schließt aber die prinzipielle Gleichartigkeit alles historischen Geschehens ein, die freilich keine Gleichheit ist, sondern den Unterschieden allen möglichen Raum läßt, im übrigen aber jedesmal einen Kern gemeinsamer Gleichartigkeit voraussetzt, von dem aus die Unterschiede begriffen und nachgefühlt werden können. Die Bedeutung dieser Analogie für die Erforschung der Geschichte des Christentums ist daher mit der historischen Kritik von selbst gegeben. Auf der Analogie der Überlieferungsweisen, wie alle Reste des Altertums auf uns gekommen sind, beruht schon die biblische Kritik selbst. Die von der Kritik angenommenen Tatbestände sind dann ebenfalls in zahllosen Fällen nur durch Aufsuchung von Analogien feststellbar gewesen. Das schließt aber die Einbeziehung der christlich-jüdischen Geschichte in die Analogie aller übrigen Geschichte in sich, und in der Tat ist das Gebiet dessen, was diesen Analogien entzogen wird, immer geringer geworden; viele haben sich bereits mit dem sittlichen Charakterbild Jesu oder mit der Auferstehung Jesu begnügen gelernt.

Ist aber diese alles nivellierende Bedeutung der Analogie nur möglich auf Grund der Gemeinsamkeit und Gleichartigkeit des menschlichen Geistes und seiner geschichtlichen Betätigungen überhaupt, so ist damit der dritte historische Grundbegriff gegeben, die *Wechselwirkung* aller Erscheinungen des geistig-geschichtlichen Lebens, wo keine Veränderung an einem Punkte eintreten kann ohne vorausgegangene und folgende Änderung an einem anderen, so daß alles Geschehen in einem beständigen korrelativen Zusammenhange steht und notwendig einen Fluß bilden muß, indem Alles und Jedes zusammenhängt und jeder Vorgang in Relation zu anderen steht. Damit sind aber die Prinzipien der historischen Erklärung und Auffassung gegeben. An jedem Punkt tritt Eigentümliches und Selbständiges hervor, das schon durch unsere Fähigkeit der Nachempfindung an sich als zum Gemein-Menschlichen gehörig empfunden wird; aber diese eigentümlichen Kräfte stehen überdies in einem, das Gesamtgeschehen umfassenden korrelativen Fluß und Zusammenhang, der uns alles durcheinander bedingt zeigt, keinen der gegenseitigen Beeinflussung und Verflechtung entzogenen Punkt kennt. Daß hierauf alle Prinzipien historischer Erklärung aufgebaut sind, bedarf keines Beweises. Die Kunst der Nachempfindung der originellen Inhalte und die Aufspürung der korrelativen, sich gegenseitig bedingenden Veränderungen ist die Kunst des Historikers . . . Ja eine zusammenfassende Betrachtung kann gar nicht mehr umhin, in der mächtigen Bewegung des Christentums den Endpunkt des Altertums zu sehen, auf den die großen Entwicklungen der vorderasiatischen wie der westlichen Welt hinarbeiten, und in dem sehr verschiedene Entwicklungslinien schließlich konvergieren. Alles das ist aber aussschließlich die Folge der historischen Methode, die, einmal an einem Punkte zugelassen, alles in ihre Konsequenz hineinziehen muß und alles in einen großen Zusammenhang korrelativer Wirkungen und Veränderungen verflicht . . . Die historische Methode führt durch Kritik, Analogie und Korrelation ganz von selbst mit unaufhaltsamer Notwendigkeit zur Herstellung eines solchen sich gegenseitig bedingenden Geflechtes von Betätigungen des menschlichen Geistes, die an keinem Punkte isoliert und absolut sind, sondern überall in Verbindung stehen und ebendeshalb nur im Zusammenhang eines möglichst alles umfassenden Ganzen verstanden werden können.

Diese Methode ist natürlich in ihrer Entstehung nicht unabhängig von allgemeinen Theorien gewesen. Das ist bei keiner Methode der Fall. Aber das Entscheidende ist die Bewährung und Fruchtbarkeit einer Methode, die Durchbildung im Verkehr mit den Objekten und die Leistung zur Herstellung von Verständnis und Zusammenhang. Niemand kann leugnen, daß sie überall, wo sie angewendet wurde, überraschend erleuchtende Ergebnisse hervorgebracht hat, und daß überall das Vertrauen sich bewährt hat, noch nicht erleuchtete Partien würden durch sie sich aufklären lassen. Das ist ihr einziger, aber auch ihr völlig ausreichender Beweis. Wer ihr den kleinen Finger gegeben hat, der muß ihr auch die ganze Hand geben. Daher scheint sie auch von einem echt orthodoxen Standpunkt aus eine Art Ähnlichkeit mit dem Teufel zu haben. Sie bedeutet ebenso wie die modernen Naturwissenschaften gegenüber dem Altertum und Mittelalter eine völlige Revolution unserer Denkweise. Enthalten diese eine neue Stellung zur Natur, so enthält die Historie eine neue Stellung zum menschlichen Geist und zu seinen inneren Hervorbringungen. Überall ist die ältere absolute oder dogmatische Betrachtungweise, die bestimmte Zustände und Gedanken als selbstverständlich betrachtete und daher zu unveränderlichen Normen verabsolutierte, von der historischen verdrängt, die auch das angeblich Selbstverständlichste und die die weitesten Kreise beherrschenden Mächte als Erzeugnisse des Flusses der Geschichte betrachtet. Recht, Moral, Gesellschaftslehre, Staatslehre, Ästhetik sind von ihr aufs Tiefste ergriffen und historischen Gesichtspunkten und Methoden unterstellt worden . . .

Das ist die offenkundig vor Augen liegende Wirkung der historischen Methode. Sie relativiert Alles und Jedes, nicht in dem Sinne, daß damit jeder Wertmaßstab ausgeschlossen und ein nihilistischer Skeptizismus das Endergebnis sein müßte, aber in dem Sinne, daß jeder Moment und jedes Gebilde der Geschichte nur in Zusammenhang mit anderen und schließlich mit dem Ganzen gedacht werden kann, daß jede Bildung von Wertmaßstäben deshalb nicht vom isolierten Einzelnen, sondern nur von der Überschau des Ganzen ausgehen kann. Diese Relativierung und der Blick auf das Ganze gehören zusammen, wie sie denn auch in der praktischen Handhabung der Methode immer beisammen sind. Und eben weil dieser Geist historischer Forschung nach und nach in jede Pore der historischen Theologie eingedrungen ist, weil auch das Christentum nur als eine im Zusammenhang des Ganzen befindliche, erklärliche und zu wertende Größe angesehen werden kann, weil nur die von diesem Gedanken inspirierten Untersuchungen wirkliche historische Erkenntnisse ergeben haben, während alle Entgegnungen nur Eindämmungen der Methode oder Berichtigungen einzelner Ergebnisse, aber kein selbständiges und eigenes Prinzip darstellen: aus allen diesen Gründen ist für den historisch Empfindenden die alte dogmatische Methode ungangbar. Von hier aus und lediglich von hier aus gehen alle Theorien wie die von mir aufgestellten. Die innere Logik der einmal angewendeten

Methode zwingt vorwärts, und alle von der Theologie aufgebotenen Gegenmittel, die diese Methoden unschädlich machen oder auf ein beschränktes Gebiet einzwängen wollen, zerbrechen unter den Händen, je dringender und begieriger man sich von ihrer wirklichen Stichhaltigkeit überzeugen will...

Wenn die Dinge so liegen, so bleibt nur *eine* Konsequenz übrig; es muß voller Ernst mit der historischen Methode gemacht werden, nicht bloß indem man die relative Unsicherheit aller historischen Erkenntnisse anerkennt und demgemäß die Bindung des religiösen Glaubens an historische Einzeltatsachen nur als eine mittelbare und relative faßt, nicht bloß indem man rund und entschlossen die christlich-jüdische Geschichte allen Konsequenzen einer rein historischen Methode ohne Angst und Ausbeugen vor den Ergebnissen unterwirft, sondern vor allem, indem man die Verflechtung des Christentums in die allgemeine Geschichte beachtet und sich an die Aufgabe seiner Erforschung und Wertung nur von dem großen Zusammenhange der Gesamtgeschichte aus begibt. Die historische Methode muß in der Theologie mit voller, unbefangener Konsequenz durchgeführt werden. Es entsteht also die Forderung eines Aufbaus der Theologie auf historischer, universalgeschichtlicher Methode, und da es sich hierbei um das Christentum als Religion und Ethik handelt, auf religionsgeschichtlicher Methode. Diese Idee *einer religionsgeschichtlichen Theologie*, die schon beim ersten Eindringen historischer Kritik dem Deismus vorschwebte, die dann in ihrer Weise von Lessing, Kant und Herder, von Schleiermacher, de Wette und Hegel, schließlich von Baur und Lagarde vertreten worden ist, habe ich in meinen bisherigen Arbeiten skizzieren wollen und dabei ihr diejenige Gestalt zu geben versucht, die gegenwärtig nach Beseitigung des rationalistischen Allgemeinbegriffes der Religion und der Hegelschen Dialektik des Absoluten ihr gegeben werden muß...

Ist die neue Methode als die religionsgeschichtliche zu bezeichnen, die alle Überlieferung erst der Kritik unterwirft und für prinzipielle Fragen stets von der Gesamtheit der historischen Wirklichkeit ausgeht, um erst von der Überschau über sie die Wertmaßstäbe zu gewinnen, so ist die alte als die *dogmatische* zu charakterisieren, die von einem festen, der Historie und ihrer Relativität völlig entrückten Ausgangspunkte ausgeht und von ihm aus unbedingt sichere Sätze gewinnt, die höchstens nachträglich mit Erkenntnissen und Meinungen des übrigen menschlichen Lebens in Verbindung gebracht werden dürfen. Diese Methode ist prinzipiell und absolut der geschichtlichen entgegengesetzt. Ihr Wesen ist, daß sie eine Autorität besitzt, die gerade dadurch Autorität ist, daß sie dem Gesamtzusammenhang der Historie, der Analogie mit dem übrigen Geschehen und damit der alles das in sich einschließenden historischen Kritik und der Unsicherheit ihrer Ergebnisse entrückt ist. Sie will die Menschen gerade an einzelne Geschichtstatsachen binden, und zwar an die Tatsachen, die den alle historische Analogie zerreißenden Charakter der Autorität bekunden. Sie kann auch diese Bindung bewerkstelligen; denn ihre Tatsachen sind andere als die der gewöhnlichen Geschichte und können daher durch Kritik nicht festgestellt und nicht erschüttert werden, sondern sind durch eine wunderbare Überlieferung und durch ein inneres Siegel der Beglaubigung in den Herzen sichergestellt. Eben damit fehlen dieser Methode alle die Hauptkennzeichen der profanen historischen Methode: Kritik, Analogie und Korrelation. Gerade alles das bekämpft sie auf das äußerste und kann sie allerhöchstens in den gleichgültigsten Details zulassen. Sie kann die Kritik nicht dulden, nicht aus Beschränktheit, sondern weil sie die mit der Kritik verbundene Unsicherheit der Resultate nicht ertragen kann und weil ihre Tatsachen einen Charakter besitzen, der allen Voraussetzungen der Kritik und ihrer Möglichkeit widerspricht. Sie kann die Analogien nicht zugeben und nicht verwerten, weil sie dadurch gerade ihr eigenstes Wesen aufgeben würde, das gerade in der Leugnung jeder analogischen Gleichartigkeit des Christentums mit andern religiösen Entwicklungen besteht. Sie kann nicht in den Zusammenhang des Gesamtgeschehens eintauchen, weil gerade an dem Gegensatz zu diesem, an der ganz andersartigen, entgegengesetzten Kausalität ihres Bestandes, die Erkennbarkeit ihrer dogmatischen Alleinwahrheit liegt. Freilich will auch sie auf »Geschichte« beruhen, aber diese Geschichte ist keine gewöhnliche, profane Geschichte, wie die der kritischen Historie. Es ist vielmehr Heilsgeschichte und Zusammenhang von Heilstatsachen, die als solche nur dem gläubigen Auge erkennbar und beweisbar sind und die gerade die entgegengesetzten Merkmale von *den* Tatsachen haben, welche die profane kritische Geschichte nach ihren Maßstäben als geschehen betrachten kann . . .

Erst von diesem Wunderbeweis aus gewinnt die dogmatische Methode ihren festen Halt und das Wesen eines methodischen Prinzips. Wie die historische Methode hervorging aus der metaphysischen Annahme eines Gesamtzusammenhangs des Universums und damit auch der Betätigungen des menschlichen Geistes, in ihrer Ausbildung sich verselbständigte und dann aber doch wieder allgemeine Theorien über das Wesen der Geschichte und über die Prinzipien ihrer wertenden Beurteilung ausbilden mußte, so hat auch die dogmatische Methode ein allgemeines metaphysisches Prinzip, das ihr zunächst mehr instinktiv zugrunde lag und das im Laufe der Durchbildung klar und streng entwickelt worden ist. Erst in dem Beweise für die Übernatürlichkeit der Autorität oder für das Wunder liegt die entscheidende metaphysische Grundlage der dogmatischen Methode, ohne welche sie nichts ist als ein Messer ohne Griff und Klinge. Die Scheidung des historischen Lebens in ein wunderloses, der gewöhnlichen, historisch-kritischen Methode unterliegendes Gebiet und in ein von Wundern durchwirktes und nach besonderen, auf innere Erfahrungen und demütige Unterwerfung der Vernunft gegründeten Methoden zu erforschendes Gebiet, das ist die prinzipielle Grundlage . . .

. . . Ich denke, man kann nichts anderes sagen, als daß eine solche Autoritäts- und Offenbarungslehre vom Geist historischer Kritik, Analogie und Relativität tief angefressen, ja fast zerstört ist und nur noch in pathetischen, ganz allgemeinen Forderungen besteht. Da war die ältere dogmatische Lehre besser und verständlicher.

Dies Urteil ist nur vom rein wissenschaftlichen Standpunkt aus gefällt und bezieht sich nur auf die Konsequenz der Gedanken. Praktisch mag eine solche Erweichung und Entzahnung der alten Autoritätslehre recht gut sein. Ohne solche Mittelgruppen ist praktisch nicht auszukommen, und für kirchliche Dinge mögen sie einen sehr wünschenswerten Übergang bedeuten. So mag denn zum Schluß nach allen Unterscheidungen betont sein, daß sub specie aeternitatis all diese Differenzen recht gleichgültig sein mögen und sie uns daher auch in der irdischen Pilgerschaft nicht allzusehr zu entzweien brauchen.

Kommentar

Ernst Troeltsch (1865–1923), zunächst Professor der Theologie in Bonn, zuletzt Professor der Philosophie in Berlin, hat der von Semler begründeten historischkritischen Methode der Bibelauslegung ihre klassische systematisch-theologische Definition gegeben.

Entscheidend ist für ihn dabei der Geschichtsbegriff. Denn diesem liegt, wie Troeltsch selbst sagt, eine bestimmte metaphysische Weltanschauung zugrunde: Geschichte zeichnet sich aus durch eine fortschreitende Entwicklung und Selbstentfaltung des menschlichen Geistes. Dabei bildet die Aufklärung die entscheidende Nahtstelle zwischen vorwissenschaftlicher und wissenschaftlicher Epoche, die im 19. Jahrhundert zu ihrer Reife gekommen ist und nur noch den von der Vernunft legitimierten Gesetzen und Denkwegen folgt. Diese evolutionistische Geschichtsauffassung erlaubt die Beurteilung überkommener Überlieferungen vom eigenen Standpunkt aus.

Geschichte wird von Troeltsch als ein Zusammenhang von vergleichbaren Geschehnissen definiert, der von außen nicht durchbrochen werden kann. Tatsächlich geschehen sind nur solche überlieferten Ereignisse, die in diesem Rahmen Platz finden. Die Brisanz von Troeltschs Ansatz liegt dabei darin, daß er seinen Geschichtsgedanken »schonungslos« auch auf die jüdisch-christliche Geschichte, insbesondere auf ihre Quellenschriften, also die Bibel, anwendet.

Um die Geschichtsüberlieferungen auf die Übereinstimmung mit diesem Grundpostulat hin zu überprüfen, bedient Troeltsch sich eines dreifachen Instrumentariums: der Kritik, der Analogie und der Korrelation (= Wechselwirkung). (Zusätzlich zieht er die »schaffende Bedeutung der die großen Lebenskomplexe beherrschenden Persönlichkeiten« heran.)

Kritik an den Überlieferungen ist möglich dank des vorgegebenen Rahmens, innerhalb dessen alles Geschehen sich nur ereignet haben kann. Dabei ist die menschliche Vernunft die richtende Instanz: Vernünftig ist das, was innerhalb des postulierten Rahmens Platz hat.

Auch das Analogieprinzip ist abgeleitet vom vorgegebenen Grundpostulat, das Geschichte als einen gleichartigen Geschehenszusammenhang definiert. Es gibt nur prinzipiell gleichartiges Geschehen. Ein Eingriff einer diesem Geschehen nicht unterworfenen Macht ist undenkbar. So kann es z. B. wohl verschiedenartige Heilungen eines Kranken geben, aber immer muß die Therapie vernünftig einsehbar sein, d. h. sich aus immanenten Gegebenheiten heraus erklären lassen. Eine Heilung durch ein Wunder könnte daher nach Troeltsch nicht stattgefunden haben, weil sie aus dem prinzipiell gleichartigen Geschehenszusammenhang herausfallen würde.

Das Korrelationsprinzip macht es zur Pflicht, jedes Geschehen aus anderen Geschehnissen ableiten zu können. Unableitbares Geschehen gibt es nicht, da es aus dem Rahmen dessen, was tatsächlich geschehen ist, herausfällt. So ist Prophetie von zukünftigen Geschehnissen nach Troeltsch nur dann denkbar, wenn sie allein aus dem Geschehen und den Bedingungen ihrer Zeit heraus einsehbar gemacht werden kann; z. B. könnte ein Prophet wohl verkündigt haben, daß Jerusalem von den Assyrern erobert werden würde, wenn dies aus den politischen Gegebenheiten heraus wahrscheinlich zu machen war. Kein Prophet hätte aber Jahrhunderte vorher wissen können, daß beispielsweise der Messias in Bethlehem geboren werden würde.

Im Denkraster von Troeltschs Geschichtsbegriff werden somit alle Ereignisse der Geschichte relativiert. Es kann keine Ereignisse mit absoluter, d. h. mit Raum und Zeit übergreifender und alle Menschen betreffender Bedeutung mehr geben.

Diese »historische Methode« mit ihrem Ausschließlichkeitsanspruch sieht Troeltsch im Gegensatz zur »dogmatischen Methode« stehen. Erstere läßt nämlich die Bindung des christlichen Glaubens an historische Einzeltatsachen zu einer nur relativen werden, während letztere für bestimmte Geschehnisse eine Autorität postuliert, die gerade dem Zusammenhang der Geschichte nicht unterworfen ist. Beide Methoden stehen sich nach Troeltsch diametral gegenüber, beiden liegt ein metaphysisches Prinzip zugrunde: einmal die Annahme eines immanent durchschaubaren Gesamtzusammenhanges allen Geschehens, das andere Mal die Voraussetzung einer übernatürlichen Autorität, die alles Geschehen lenkt und auch in dieses eingreift (etwa durch Wunder).

Gegenüber Troeltschs Geschichtsbegriff ist zunächst zu betonen, daß »Geschichte« immer nur Bericht bzw. Bild eines vergangenen Geschehens meint. Das griechische Wort »historia« bringt dies in seiner Grundbedeutung noch klar zum Ausdruck. Darin meint »historia« »Erzählung«. Nie ist also ein vergangenes Geschehen mit seinem Geschichtsbericht identisch. »Historisch« mit »wirklich« bzw. »wahr« gleichzusetzen, ist somit eine grobe erkenntnistheoretische Unschärfe. »Etwas ist historisch« heißt also zunächst nur »es wird berichtet«. Geschichte meint von der Grundbedeutung her damit zunächst nur den subjektiven Bericht von vergangenem Geschehen. Auch die historisch-kritische Methode Troeltschs ist daher nur fähig, durch Bilder von Geschichte zu reden, die dem menschlichen Selbstverständnis im 19. Jahrhundert entsprechen.

Nun ist allerdings festzuhalten, daß die biblischen Berichte den Anspruch erheben, erzähltes Geschehen wahrheits- und wirklichkeitsgetreu wiederzugeben (2. Petr. 1,16). Sie berufen sich dabei auf eine Autorität, die letztlich vom Menschen unabhängig ist, d. h. von seiner Vernunft und ihren wechselnden Prinzipien nicht hinterfragt werden kann (vgl. etwa 2. Tim. 3,16). Diese Autorität ist Gottes Geist, somit Gott selbst, der die biblischen Autoren beauftragt und befähigt hat. Dazu kommt, daß die Bibel geradezu davon lebt, analogie- und korrelationsloses Geschehen zu berichten. Der Kern ihrer Botschaft besteht ja im Eingreifen Gottes in den Weltlauf: Inkarnation, Kreuzigung als Sühnetod für die ganze Welt und Auferstehung sind analogie- und korrelationsloses Geschehen (1. Kor. 2,9). Die genannten Geschehnisse haben zudem absolute Bedeutung, insofern sie die gesamte Menschheit, ja den gesamten Kosmos zu allen Zeiten betreffen. Somit besteht das unaufgebbare Fundament des Christentums in Ereignissen, die sich in Raum und Zeit ereignet haben, die aber gleichzeitig Raum und Zeit entschränkende Bedeutung haben. (Vgl. Kierkegaards Begriff der Gleichzeitigkeit!)

Damit ist das Christentum aus dem Zusammenhang mit den anderen Religionen gelöst (mit Karl Barth). Denn es ist keine Idee, die aus einem immanenten Geschehenszusammenhang entwickelt wurde, sondern die Kunde vom Handeln eines persönlichen Gottes von außerhalb der Immanenz in der Immanenz, ohne daß dieser deshalb in ihr aufginge. Dieser persönliche Gott begegnet uns bis heute in Christus als dem Auferstandenen und ruft in die Entscheidung für oder gegen ihn. Ein so verstandenes Christentum hat mit dem von Troeltsch geforderten religionsgeschichtlichen Christentum wenig zu tun, das sich letztlich selbst aufhebt, weil es dessen mit dem Offenbarungsanspruch gegebenen Absolutheitsanspruch aufgibt.   Z

KARL GIRGENSOHN,
Die moderne historische Denkweise und die christliche Theologie, Leipzig 1904.

Unter den verschiedenen Namen, welche geprägt worden sind, um die Eigenart des soeben vergangenen 19. Jahrhunderts kurz zu charakterisieren, findet sich auch die Bezeichnung: saeculum historicum. Das ist in dem Sinne gemeint, daß im vergangenen Jahrhundert eine völlig neue Denkweise zur Herrschaft gelangt sei, nämlich die historisch-genetische. Als charakteristisches Merkmal dieser Denkweise nennt man den Verzicht auf absolut geltende Wahrheit. Im vergangenen Jahrhundert habe man gelernt, die Wirklichkeit als einen ununterbrochenen Strom von vergänglichen Erscheinungen zu verstehen. Man habe gelernt, daß alles Sein nur ein Werden ist, und dementsprechend haben sich die absoluten Wahrheiten in relative Wahrheiten verwandelt. Alle Erkenntnisse und alle Normen für das menschliche Handeln gelten nur für eine gewisse Zeit, nach Maßgabe der gegebenen allgemeinen Zeitlage. Mit der Veränderung und Entwicklung der Zeitlage ändert sich auch die geltende Wahrheit. Jedes neue Zeitalter bringt eine neue Erkenntnis und neue Normen für das menschliche Leben hervor, durch welche das, was früher für wahr und gültig gehalten wurde, antiquiert und außer Kraft gesetzt wird . . .

Es ist selbstverständlich, daß diese neuen Grundsätze sich nicht ohne Kampf durchsetzen konnten. Daher ist das vergangene Jahrhundert auf dem Gebiete der historisch-kritischen Erforschung der biblischen Geschichte voll erbitterter Kämpfe gewesen. Man hat sich vielfach mit unnützer Erregung um Einzelheiten gestritten, ohne zu bemerken, daß hier zwei verschiedene Denkweisen aufeinander platzten, einerseits die absolutistische, unhistorische Denkweise, welche überall allgemeingültige, für alle Ewigkeit feststehende Wahrheit, oder aber ebenso ewige Irrtümer in der Geschichte fand, und anderseits die moderne relativistische Denkweise, für welche Wahrheit und Irrtum in der Geschichte nicht mehr absolute Größen sind, sondern ewig wechselnde, relative Elemente im großen Strome der historischen Entwicklung. Wenn wir den Betrieb der heutigen biblischen Wissenschaft betrachten, so kann man nicht umhin zu urteilen, daß der Kampf prinzipiell entschieden zu sein scheint, und daß die historisch-relativistische Denkweise überall gesiegt hat . . .

Die Wissenschaft des Mittelalters war in erster Linie Theologie; ihre beiden Grundvoraussetzungen waren die Autorität und der Glaube. Eine Wahrheit gab es nicht erst zu suchen; sie war vorhanden, denn sie war offenbart. Die Wissenschaft umfaßte nicht nur das vergängliche Diesseits; eine ewige Welt voll transzendenter Realitäten hatte sich in der Offenbarung erschlossen und war durch die Offenbarung der wissenschaftlichen Forschung zugänglich. Die Offenbarung hatte man zu glauben, die Autorität der Kirche bürgte für die Richtigkeit der offenbarten Wahrheit. Die wissenschaftliche Tätigkeit bestand nur in zwei Funktionen: erstens in dem systematischen Aufbau und Ausbau der offenbarten Wahrheit und zweitens in dem Versuche, alle alltäglichen Erscheinungen des Diesseits mit dem System der offenbarten Wahrheit in Einklang zu bringen und die Richtigkeit der offenbarten Wahrheit durch Beibringung irdischer Analogien zu stützen und zu illustrieren. Wenn die letzteren Versuche etwa mißlangen, so lag nichts daran, denn es blieb die Autorität der Kirche, die höher war als alle menschliche Vernunft, es blieb die überirdische, transzendente Welt des Glaubens, welche erhaben über und hinter den Erscheinungen des diesseitigen, alltäglichen Lebens stand.

Dem stellt die moderne Wissenschaft zwei Grundprinzipien entgegen: die Autonomie der menschlichen Vernunft und das exakte empirische Wissen. Der Autorität setzt sie die Selbstgewißheit des menschlichen Denkens entgegen: nichts gilt in der Wissenschaft, was nicht jeder normal funktionierende Verstand einsehen und sich aneignen kann. Dem Glauben stellt sie das exakte Wissen gegenüber: wissenschaftliche Wahrheit wird nicht geglaubt, sondern bewiesen, d. h. sie wird auf Grund der empirisch gegebenen alltäglichen Tatsachen als richtig nachgewiesen. Damit verschwindet die ganze transzendente Welt mit einem Schlage aus der exakten Wissenschaft: die transzendente Welt kann nicht in diesem Sinne wissenschaftlich erforscht werden. Sie ist der alltäglichen Erfahrung nicht zugänglich, sie gehört nicht zu den Dingen, welche wir alle Tage beobachten und erforschen können. Über die transzendente Welt gibt es keine Wissenschaft; Wissenschaft gibt es nur von den irdischen,der Welt immanenten Vorgängen; nur letztere können empirisch beobachtet und exakt erforscht werden. Damit ist der Glaube an eine transzendente, ewige Welt keineswegs abgetan. Vielleicht gibt es eine transzendente Welt und vielleicht ist es auch berechtigt, an sie zu glauben. Aber aus der exakten Wissenschaft ist die transzendente Welt verbannt; mag es berechtigt sein oder nicht, an sie zu glauben, in der Wissenschaft haben wir nur die in der Welt gegebenen, irdischen Erscheinungen zu untersuchen.

Der Grund, weswegen diese moderne Auffassung der Wissenschaft sich durchsetzte, ist nicht schwer zu finden. Es ist in der Tat schier unfaßlich, warum die Menschen durch Jahrhunderte hindurch das hinter den Erscheinungen der Welt verborgene Wesen der Dinge und die transzendente Welt zum ausschließlichen Gegenstande der wissenschaftlichen Forschung gemacht haben, statt sich zuerst gründlich in der Welt der alltäglichen Erscheinungen umzusehen und zu versuchen, wie weit die menschliche Erkenntnis reicht, wenn sie von dem ausgeht, was uns alle Tage als unser eigentliches Lebenselement umgibt. In unserer alltäglichen Erfahrung sind uns zunächst nur eine Reihe irdischer Vorgänge gegeben und nicht die transzendente himmlische Welt oder das verborgene Wesen der Dinge. Weil die moderne Wissenschaft dieser Grundtatsache der menschlichen Erfahrung genau entsprach, deshalb mußte sie sich mit Notwendigkeit überall durchsetzen. Und nun können wir auch den Grund erfassen, weswegen die moderne historische Denkweise entstehen und sich durchsetzten mußte: aus der modernen Auffassung der Wissenschaft mußte mit Notwendigkeit die moderne historische Denkweise hervorgehen. Die moderne historische Denkweise ist eine notwendige Begleiterscheinung der modernen Wissenschaft.

In den Naturwissenschaften konnten die Tendenzen der modernen Wissenschaft verhältnismäßig leicht zur Geltung gebracht werden. Hier wurden ja offenbar Phänomene der diesseitigen Welt erforscht, und da mußte denn allmählich jeder einsehen, daß es am zweckentsprechendsten war, diese Erscheinungen möglichst durch immanente, irdische Ursachen und Gesetze zu erklären. Komplizierter lag die Sache, als die Grundprinzipien der modernen Wissenschaft auch auf dem Gebiete der Geisteswissenschaften geltend gemacht wurden und als man auch die Phänomene des menschlichen Geistes nach den Grundsätzen der modernen Wissenschaft zu behandeln begann. Besonders bei e i n e m Phänomen mußte sich die Frage nach dem Recht der Anwendung modern-wissenschaftlicher Grundsätze eigentümlich komplizieren, das war bei der Erforschung der Religion. Zweifellos, die Religion war ja zunächst auch nur ein irdisches Phänomen, eine Reihe von Vorgängen dieser irdischen Welt. Aber die Religion hatte ja bisher behauptet, daß sie die transzendente Welt offenbart, daß sie eben die Welt erschließt, deren Erforschung die moderne Wissenschaft prinzipiell aufgegeben hatte. Eine radikale Anwendung der historischen Denkweise auf die Erforschung der Religion bedeutete also entweder eine völlige Beseitigung der transzendenten Welt aus der Religion, oder aber zum mindesten eine starke Verminderung des Interesses an der transzendenten Welt ...

Troeltsch hat diesen Standpunkt energisch auf die Dogmatik angewandt, und hierin liegt die Bedeutung seines Reformplans für die theologische Wissenschaft. Wenn die bisher beschriebenen Antworten auf die oben gestellten Fragen die einzig möglichen sind, so hat Troeltsch das Zukunftsprogramm der Dogmatik geschrieben. Er hat mit seinen Forderungen zweifellos recht, solange man annimmt, daß es im wesentlichen dieselbe transzendente Welt ist, die sich in den verschiedenen Religionen mit verschiedener Deutlichkeit erschließt. Wenn es genau die gleiche Gottesmacht ist, die sich in allen Religionen offenbart, – wenn auch in verschiedener Intensität und Klarheit, – dann darf vor dem Forum der Wissenschaft keine der historischen Religionen darauf Anspruch erheben, die absolute Religion zu sein. Dann hat jede einzelne historische Religion nur einen geringen individuellen Wert, das eigentlich Wertvolle an ihr ist nur, daß sie das eine grundlegende, religiöse Erlebnis, die lebendige Berührung mit der absoluten Gottesmacht, vermittelt. Ob man diese Berührung als Buddhist, als Christ, oder als Parsist erlebt, ist letztlich gleichgültig, höchstens kann man sagen, daß die eine historische Religion geeigneter ist, zu diesem einen Grunderlebnis zu führen, als die andere.

Nur dann, wenn sich in e i n e r Religion ein ganz neues Gebiet der transzendenten Welt erschließt, das in allen anderen Religionen verschlossen bleibt, w e n n i n e i n e r R e l i g i o n d i e s i c h o f f e n b a r e n d e G o t t e s m a c h t e i n e g a n z n e u e S e i t e z e i g t u n d z w a r i h r e i g e n t l i c h e s W e s e n, s o d a ß n u r i n d i e s e r e i n e n R e l i g i o n d a s w a h r e W e s e n d e r s i c h o f f e n b a r e n d e n G o t t e s m a c h t e r s c h l o s s e n w e r d e n k a n n, u n d v o r a l l e n D i n g e n, w e n n d i e s e e i n z i g a r t i g e, v o n a l l e r s o n s t i g e n r e l i g i ö s e n O f f e n b a r u n g s c h l e c h t h i n v e r s c h i e d e n e O f f e n b a r u n g d e r G o t t e s m a c h t i n u n t r e n n b a r e r V e r b i n d u n g m i t g e w i s s e n h i s t o r i s c h e n E r e i g n i s s e n s t e h t, – nur dann ist noch eine dritte Antwort auf die oben aufgeworfenen Fragen möglich. D a n n h a b e n w i r w e n i g s t e n s v o n e i n e r R e l i g i o n m e h r a u s z u s a g e n, a l s e i n e R e i h e v o n d i e s s e i t i g e n, i m m a n e n t e n V o r g ä n g e n . . .

Als das Christentum seinen Eroberungszug durch die antike Welt antrat, da war der Grundton des Christentums die paradoxe Kunde: Ein Mensch, der in Palästina gelebt hat und gestorben ist, ist auferweckt und zu göttlicher Herrlichkeit erhöht worden. Dieser Mensch, Jesus von Nazareth, ist der allmächtige Herr der Welt, er ist Gott und als Gott zu verehren und anzubeten. Ja, die christliche Überlieferung wußte sogar auszusagen, er selbst habe sich schon in seinem Erdenleben Gott zur Seite gestellt, er habe selbst behauptet, daß er Gott gleich sei. W e n n d i e s e p a r a d o x e V e r k ü n d i g u n g b u c h s t ä b l i c h w a h r i s t u n d d e n T a t s a c h e n e n t s p r i c h t, d a n n i s t d a s o b e n a u f g e s t e l l t e P o s t u l a t e r f ü l l t. Wenn die menschliche Person Jesu zugleich allmächtiger Gott ist, der allgegenwärtig die Welt beherrscht, dann ist tatsächlich ein Punkt gegeben, wo das Absolute und Transzendente mit dem Historischen und Immanenten untrennbar verknüpft ist, wo das Unzeitliche und Ewige mit dem Zeitlichen und Vergänglichen unauflöslich verbunden ist . . .

Für Theologen, welche es wagen, noch heute der paradoxen Verkündigung der Apostel Glauben zu schenken, ergeben sich aus ihr eine Anzahl von K o n s e q u e n z e n, w e l c h e s o w o h l d e r d o g m a t i s c h e n A r b e i t i h r e v o l l e S e l b s t ä n d i g k e i t g e b e n, a l s a u c h d e m h i s t o r i s c h e n R e l a t i v i s m u s i n d e r T h e o l o g i e S c h r a n k e n s e t z e n.

Erstens ergibt sich, daß das Christentum seinem Wesensgehalte nach für alle Zeiten unveränderlich ist. W e n n d e r M e n s c h J e s u s C h r i s t u s z u g l e i c h d e r e w i g e G o t t u n d H e r r s e i n e r G e m e i n d e i s t, d a n n i s t d a s C h r i s t e n t u m d i e a b s o l u t e R e l i g i o n. Wenn man dem gegenüber auf die Tatsache verweist, daß das Christentum bereits eine lange Entwicklung durchgemacht hat, daß uns also die Geschichte eine ständige Fortentwicklung und eine starke Variabilität des Christentums lehrt, so ist darauf zu erwidern: Freilich wird sich das Christentum immer wieder verändern und entwickeln; in immer neuen Formen wird die Christenheit erleben, daß Christus Herr und Gott ist, und vor allen Dingen wird die Theologie immer wieder in neuer Weise dieses Geheimnis des Glaubens denkend zu durchdringen suchen. Aber der grundlegende Tatbestand der christlichen Religion bleibt ewig unverändert und muß ewig unverändert bleiben, denn die spezifische Grundlage des Christentums ist eine ewige Größe der transzendenten Welt, die dem historischen Relativismus nicht unterworfen ist: die göttliche Herrschergestalt unseres erhöhten Heilandes ...

Und hiermit sind wir bereits zu der **zweiten Konsequenz** gelangt, welche sich aus dem oben dargelegten Evangelium der Apostel ergibt. **Wir gewinnen aus ihm eine völlig selbständige christliche Dogmatik** ...

Als dritte Konsequenz aus dem Glauben an die Gottheit Jesu Christi gewinnen wir prinzipielle Grenzen für die rein historische Erforschung der Geschichte des Christentums. ...

Überall dort, wo die historischen Quellen von einem direkten Eingreifen des transzendenten Faktors in die Geschichte reden, ist die allgemeine Geschichtsforschung, welche sich ausschließlich an die immanenten, diesseitigen Ereignisse hält, mißtrauisch und erwägt die Möglichkeit, daß der irdische Vorgang, welcher beschrieben werden soll, sagenhaft entstellt ist. Hingegen rechnet die christliche Beurteilung des geschichtlichen Stoffes durchaus ernstlich mit der Möglichkeit außerordentlicher Ereignisse und deutlicher Wirkungen des transzendenten Faktors; in erster Linie natürlich auf dem Gebiete, wo Geschichtliches und Transzendentes aufs innigste vereint sind, nämlich auf dem Gebiete des irdischen Lebens Jesu, dann aber auch in der zu Jesu führenden Geschichte des Volkes Israel und sogar auf dem ganzen Gebiete der Kirchengeschichte. Es ergibt sich demnach doch ein ganz erheblich verschiedenes Bild der Vergangenheit, je nachdem, ob wir wirklich Ernst machen mit der Grundbehauptung der apostolischen Predigt oder nicht. Wer den Glauben hat, daß in Christo wirklich der ewige Sohn Gottes Fleisch geworden ist, der wird viele Züge des Geschichtsbildes, welches die biblischen Schriften entwerfen, für völlig richtig und den Tatsachen entsprechend halten, während eine Kritik, welche diesen Glauben nicht teilt, dieselben Züge als Sage und Legendenbildung beurteilt und beurteilen muß. Mit dem Glauben an die Gottheit Christi ändert sich also nicht nur die **Beurteilung** des rein historisch zu ermittelnden Tatsachenmaterials, sondern auch der **Umfang** des historisch glaubwürdigen Tatsachenmaterials ist je nach dem Glaubensstandpunkt des forschenden Historikers durchaus verschieden ...

Solange man sich aber in der Sphäre von Konstruktionen und Wahrscheinlichkeitsurteilen bewegt, hat der Glaube genau dasselbe Recht, seine Forderungen geltend zu machen, wie der Unglaube. Der Unglaube hat keineswegs a priori die Prärogative der Wissenschaftlichkeit für sich. Für die christliche Gemeinde ist eine wissenschaftliche Erforschung der biblischen Geschichte vom Standorte des Glaubens aus ein dringendes Bedürfnis. Der Christ kann nicht umhin zu behaupten, daß das übergeschichtliche Geschichtsbild des Glaubens nirgends in Widerspruch steht mit dem wirklichen, irdischen Verlauf der Heilsgeschichte. Die positive wissenschaftliche Theologie hat diese Behauptung als richtig nachzuweisen, soweit das bei der Beschaffenheit des Quellenmaterials möglich ist. Wo ein positiver Beweis nicht möglich ist, da hat sie wenigstens den Wahn zu zerstören, als ob alle die kritischen Konstruktionen der biblischen Geschichte, die wir in den letzten Jahrzehnten erlebt haben, nur auf unanfechtbaren historischen Tatsachen beruhten. Natürlich hat das unter konsequentester Anwendung der Hilfsmittel moderner historischer Forschungsmethoden und unter sorgfältigster Berücksichtigung alles dessen, was nun einmal historisch zweifellos feststeht, zu geschehen. Die gläubigen Darstellungen der biblischen Geschichte müssen auf der Höhe wissenschaftlicher Forschung stehen, sonst darf man sich über die Geringschätzung nicht wundern, welche heute in weiten Kreisen derartigen Darstellungen entgegengebracht wird. Auch bei strengster Beobachtung aller wissenschaftlicher Anforderungen bleibt in der Erforschung der biblischen Geschichte noch Spielraum genug, um bewußterweise über die dürftigen Fragmente hinauszugehen, welche die streng wissenschaftliche Forschung bietet, und um hierdurch den Postulaten des Glaubens gerecht zu werden.

Endlich ist es vielleicht nicht unwichtig, kurz auch noch auf eine vierte Konsequenz aufmerksam zu machen, welche sich aus der Anerkennung der Gottheit Christi ergibt. Die Heilige Schrift gewinnt nämlich von hier aus die autoritative Stellung wieder, welche ihr die historisch- kritische Forschungsmethode allmählich zu nehmen droht....

Mit der Anerkennung der Gottheit Christi ist also auch der feste Punkt gewonnen, von dem aus man der kritischen Arbeit an der Schrift mit Ruhe zusehen kann. Auch hier wiederholt sich dasselbe Verhältnis von Relativem, Vergänglichem, Irdischem einerseits und Absolutem, Ewigem, Transzendentem anderseits, das wir schon mehrfach konstatiert haben. Einerseits ist die Schrift ein historisches Produkt einer vergänglichen und daher auch vergangenen Zeit, ein Produkt vergänglicher Menschen, eine Reihe von durchaus irdischen und diesseitigen Dokumenten. Anderseits aber wird uns durch die Schrift die Kunde von jener einzigartigen Verbindung des Transzendenten und Historischen, wie sie in der Person Jesu Christi vorliegt: ohne die Schrift gäbe es keinen Glauben an die allgegenwärtige Gottheit Christi. Daher hat die Schrift einen ewigen Kern, welcher dem historischen Relativismus nicht unterworfen ist und durch die historisch-kritische Erforschung der Schrift niemals beseitigt werden kann.

Kommentar

Nach E. Troeltsch kommt eine unparteiische, objektive Erforschung der Entstehungsgeschichte des Christentums zu dem Ergebnis, daß ihr Charakter relativ ist. Für Troeltsch hat dieses Forschungsergebnis zur Folge, daß nun kein Dogmatiker mehr den Standpunkt vertreten kann, es gebe einen absoluten Unterschied zwischen dem Christentum und den übrigen Religionen. Auch in ihnen erschließe sich dieselbe transzendente Welt wie im Christentum, wenn auch in unterschiedlicher Deutlichkeit.

K. Girgensohn stimmt Troeltsch in dem Punkt zu, daß die Entstehungsgeschichte des Christentums historisch untersucht werden kann und muß. Doch da die Transzendenz Gottes wissenschaftlich nicht erfaßt werden kann, läßt sich durch geschichtliche Forschung die Frage nach der Gottheit Christi nicht angemessen beantworten. Aber nur in Christus tritt das eigentliche Wesen Gottes hervor und verknüpft sich untrennbar mit dem Historischen und Immanenten. Dieser Einbruch der Transzendenz in die Welt macht das Christentum zur absoluten Religion. Dadurch wird die christliche Dogmatik unabhängig von den Gottesvorstellungen der übrigen Religionen. Die göttliche Herrschergestalt des erhöhten Heilands setzt der historischen Arbeit der Theologie ihre Grenzen. Seine Inkarnation wirkt sich positiv auf die Beurteilung des historisch ermittelten Tatsachenmaterials aus und vergrößert den Umfang dessen, was als historisch glaubwürdig angesehen werden kann. Ferner gewinnt dadurch auch die Heilige Schrift die Autorität zurück, die die historisch-kritische Forschung ihr zu nehmen droht. Schließlich überträgt K. Girgensohn die biblischen Aussagen über Christus auch auf die Bibel und unterscheidet an ihr einen ewigen Kern von der vergänglichen Schale.

Gegen diese Ratschläge an die Exegese ist einzuwenden, daß sich schwerlich etwas in die Wissenschaft hineinnehmen läßt, dessen Voraussetzung, die Transzendenz, sich wissenschaftlich nicht erfassen läßt. Der Kampf unter den Exegeten, der um die Historie geführt wird, ist nur wenig fruchtbar. In der gegenwärtigen hermeneutischen Diskussion scheint ein anderer Ansatz hilfreicher zu sein, den Girgensohn in den Anmerkungen seines Buches beschreibt. Dort führt er aus, daß nicht einmal eine betont kritische Bibelforschung die Lehre von der Gottheit Christi widerlegen kann. Sie sieht in ihm durchweg eine irdische, menschliche Person und hat dabei insofern recht, als Gott sich in Jesus Christus in irdischer Gestalt offenbarte. Die positive Theologie dagegen sieht in Christus ein übermenschliches Wesen und gibt damit auch keine Bestätigung der Lehre von der Gottheit Christi. Vielmehr beruht diese Anschauung über Christus auf den Wirkungen der Schriftlektüre auf uns und ist also nur in einem weiteren Sinn wissenschaftlich. Sie erschließt sich nur den Glaubenden und gibt ihnen gleichzeitig die richtige Bewertung der Bibel. Die transzendente Dimension der Bibel bietet keine Argumentationshilfe für die Frage nach der Historizität der biblischen Geschichte, ist aber für die Dogmatik von grundlegender Bedeutung.

Zur weiteren Beschäftigung mit Girgensohn s. die kritische Würdigung bei H. Frey, Die Krise der Theologie, Historische Kritik und pneumatische Auslegung im Lichte der Krise, Wuppertal 1971.   *Janssen*

RUDOLF BULTMANN,
Das Problem der Hermeneutik (1950), in: Glauben und Verstehen, Bd. 2, Tübingen
⁵1968, S. 211 ff.

VI. Fassen wir zusammen!
Voraussetzung jeder verstehenden Interpretation ist *das vorgängige Lebensver-hältnis zu der Sache*, die im Text direkt oder indirekt zu Worte kommt und die das Woraufhin der Befragung leitet. Ohne ein solches Lebensverhältnis, in dem Text und Interpret verbunden sind, ist ein Befragen und Verstehen nicht möglich, ein Befragen auch gar nicht motiviert. Damit ist auch gesagt, daß jede Interpretation notwendig von einem gewissen *Vorverständnis* der in Rede oder in Frage stehenden Sache getragen ist.

Aus dem Sachinteresse erwächst *die Art der Fragestellung, das Woraufhin der Befragung*, und damit das jeweilige hermeneutische Prinzip. Das Woraufhin der Befragung kann identisch sein mit der Intention des Textes, und dieser vermittelt dann die erfragte Sache direkt. Es kann aber auch aus dem Interesse an Sachverhalten erwachsen, die an allen möglichen Lebensphänomenen und demzufolge in allen möglichen Texten zur Erscheinung kommen können. Das Woraufhin der Befragung fällt dann nicht mit der Intention des Textes zusammen, und dieser vermittelt die erfragte Sache indirekt.

Das Woraufhin der Interpretation kann also z. B. gegeben sein durch das Interesse an der *Rekonstruktion des Zusammenhangs vergangener Geschichte*, – an der politischen Geschichte, an der Geschichte der Probleme und Formen des sozialen Lebens, an der Geistesgeschichte, an der Kulturgeschichte in weitestem Umfang, und dabei wird die Interpretation stets bestimmt sein von der Auffassung, die der Interpret von Geschichte überhaupt hat.

Das Woraufhin der Interpretation kann gegeben sein durch das *psychologische Interesse*, das die Texte etwa der individualpsychologischen, der völkerpsychologischen oder der religionspsychologischen Fragestellung unterwirft, der Frage nach der Psychologie der Dichtung, der Technik usw. In all diesen Fällen ist die Interpretation von einem vorausgesetzten Vorverständnis psychischer Phänomene geleitet.

Das Woraufhin kann gegeben sein durch *das ästhetische Interesse*, das die Texte einer formalen Analyse unterwirft und ein Werk als Kunstwerk in Bezug auf seine Struktur, seine »äußere« und »innere« Form befragt. Das ästhetische Interesse vermag sich mit einem romantisch-religiösen Interesse zu verbinden, es vermag aber auch in der Sphäre einer stilistischen Betrachtung zu bleiben.

Das Woraufhin der Interpretation kann endlich gegeben sein durch *das Interesse an der Geschichte als der Lebenssphäre, in der menschliches Dasein sich bewegt*, in der es seine Möglichkeiten gewinnt und ausbildet, und in Besinnung auf welche es das Verständnis seiner selbst, der eigenen Möglichkeiten, gewinnt. Mit anderen Worten: das Woraufhin kann gegeben sein durch *die Frage nach dem menschlichen als dem eigenen Sein*. Die nächstliegenden Texte für solche Befragungen sind die Texte der Philosophie und Religion und der Dichtung; grundsätzlich aber können ihr alle Texte (wie die Geschichte überhaupt) unterworfen werden. Solche Befragung ist immer von einem vorläufigen Verständnis menschlichen Seins, von einem bestimmten Existenzverständnis, geleitet, das sehr naiv sein kann, aus dem aber überhaupt erst die Kategorien erwachsen, die eine Befragung möglich machen, – z. B. die Frage nach dem »Heil«, nach dem »Sinn« des persönlichen Lebens oder nach dem »Sinn« der Geschichte, nach den ethischen Normen des Handelns, der Ordnung der menschlichen Gemeinschaft und dgl. Ohne solches *Vorverständnis* und die durch es geleiteten Fragen sind die Texte stumm. Es gilt nicht, das Vorverständnis zu eliminieren, sondern es ins Bewußtsein zu erheben, es im Verstehen des Textes kritisch zu prüfen, es aufs Spiel zu setzen, kurz es gilt: in der Befragung des Textes sich selbst durch den Text befragen zu lassen, seinen Anspruch zu hören.

Mit solcher Einsicht ist auch die Antwort auf die zweifelnde Frage gefunden, *ob Objektivität der Erkenntnis geschichtlicher Phänomene, Objektivität der Interpretation, zu erreichen sei.* Wird der Begriff der objektiven Erkenntnis von der Naturwissenschaft her genommen (in der er übrigens im traditionellen Sinne heute auch problematisch geworden sein dürfte), so ist er für das Verstehen geschichtlicher Phänomene nicht gültig; denn diese sind anderer Art als die Phänomene der Natur. Sie bestehen als geschichtliche Phänomene überhaupt nicht ohne das sie auffassende geschichtliche Subjekt. Denn zu geschichtlichen Phänomenen werden Tatsachen der Vergangenheit erst, wenn sie für ein selbst in der Geschichte stehendes und an ihr beteiligtes Subjekt sinnvoll werden, wenn sie reden, und das tun sie nur für das Subjekt, das sie auffaßt. Nicht so freilich, als hefte ihnen dieses nach subjektivem Belieben einen Sinn an, sondern so, daß sie für den, der im geschichtlichen Leben mit ihnen verbunden ist, eine Bedeutung gewinnen. In gewissem Sinne gehört also zum geschichtlichen Phänomen seine eigene Zukunft, in der es sich erst zeigt in dem, was es ist.

Es wäre mißverständlich zu sagen, daß jedes geschichtliche Phänomen vieldeutig ist. Denn mag es freilich schutzlos der Willkür beliebiger Deutung ausgesetzt sein, so ist es doch für das wissenschaftliche Verstehen grundsätzlich eindeutig. Wohl aber ist *jedes geschichtliche Phänomen vielseitig, komplex;* es unterliegt verschiedener Fragestellung, sei es der geistesgeschichtlichen, sei es der psychologischen, der soziologischen, oder welcher auch immer, sofern sie nur aus der geschichtlichen Verbundenheit des Interpreten mit dem Phänomen erwächst. Jede solche Fragestellung führt, wenn die Interpretation methodisch durchgeführt wird, zu eindeutigem, objektiven Verständnis. Und natürlich ist es kein Einwand, daß sich das echte Verstehen in der Diskussion, im Streit der Meinungen, herausbildet. Denn die simple Tatsache, daß jeder Interpret in seinem subjektiven Vermögen beschränkt ist, hat keine grundsätzliche Relevanz.

Die methodisch gewonnene Erkenntnis ist eine »objektive«, und das kann nur heißen: eine dem Gegenstand, wenn er in eine bestimmte Fragestellung gerückt ist, angemessene. Die Fragestellung selbst »subjektiv« zu nennen, ist sinnlos. Sie mag so heißen, wenn man darauf blickt, daß sie natürlich jeweils von einem Subjekt gewählt werden muß. Aber was heißt hier »wählen«? Als solche erwächst die Fragestellung ja nicht aus individuellem Belieben, sondern aus der Geschichte selbst, in der jedes Phänomen, seiner komplexen Natur entsprechend, verschiedene Aspekte darbietet, d. h. nach verschiedenen Richtungen Bedeutung gewinnt oder besser: beansprucht, – und in der jeder Interpret, entsprechend der in der Mannigfaltigkeit des geschichtlichen Lebens wirkenden Motive, die Fragestellung gewinnt, in der gerade für ihn das Phänomen redend wird.

Die Forderung, daß der Interpret seine Subjektivität zum Schweigen bringen, seine Individualität auslöschen müsse, um zu einer objektiven Erkenntnis zu gelangen, ist also die denkbar widersinnigste. Sie hat Sinn und Recht nur, sofern damit gemeint ist, daß der Interpret seine persönlichen Wünsche hinsichtlich des Ergebnisses der Interpretation zum Schweigen bringen muß, – etwa den Wunsch, daß der Text eine bestimmte (dogmatische) Meinung bestätigen oder für die Praxis brauchbare Anweisungen hergeben soll, – was natürlich oft genug in der Geschichte der Exegese der Fall war und ist. Gewiß! *Voraussetzungslosigkeit* hinsichtlich der Ergebnisse ist wie für alle wissenschaftliche Forschung, so auch für die Interpretation selbstverständlich und unabdinglich gefordert. Sonst aber verkennt jene Forderung das Wesen echten Verstehens schlechterdings. Denn diese setzt gerade *die äußerste*

Lebendigkeit des verstehenden Subjekts, die möglichst reiche Entfaltung seiner Individualität voraus. Wie die Interpretation eines Werkes der Dichtung und der Kunst nur dem gelingen kann, der sich ergreifen läßt, so das Verstehen eines politischen oder soziologischen Textes nur dem, der von den Problemen des politischen und sozialen Lebens bewegt ist. Das Gleiche gilt endlich auch von jenem Verstehen, an dem *Schleiermacher* und *Dilthey* ihre hermeneutische Theorie orientieren, und das als das Verstehen geschichtlicher Phänomene im letzten und höchsten Sinne bezeichnet werden darf, von der Interpretation, die die Texte auf die Möglichkeiten des menschlichen als des eigenen Seins hin befragt. Die »subjektivste« Interpretation ist hier die »objektivste«, d. h. allein der durch die Frage der eigenen Existenz Bewegte vermag den Anspruch des Textes zu hören. Die Denkmäler der Geschichte »sprechen zu uns aus der Wirklichkeitstiefe, die sie gezeugt hat, nur dann, wenn wir selbst aus eigener Erfahrungsbereitschaft von der Problematik, von der zuletzt unüberwindlichen Bedürftigkeit und Bedrohtheit wissen, die Grund und Abgrund unseres in der Welt Seins ausmachen«. (F. Kaufmann, Geschichtsphilosophie der Gegenwart [Philosoph. Forschungsberichte 10] 1931, S. 41).

VII. *Die Interpretation der biblischen Schriften unterliegt nicht anderen Bedingungen des Verstehens als jede andere Literatur.* Zunächst gelten für sie unbezweifelt die alten hermeneutischen Regeln der grammatischen Interpretation, der formalen Analyse, der Erklärung aus den zeitgeschichtlichen Bedingungen. Sodann ist klar, daß auch hier die Voraussetzung des Verstehens die Verbundenheit von Text und Interpret ist, die durch das Lebensverhältnis des Interpreten, durch seinen vorgängigen Bezug zur Sache, die durch den Text vermittelt wird, gestiftet wird. Voraussetzung des Verstehens ist auch hier ein Vorverständnis der Sache.

Diese Behauptung begegnet heute dem *Widerspruch:* die Sache, von der die Hl. Schrift, zumal das Neue Testament, redet, ist das Handeln Gottes, von dem es schlechterdings kein Vorverständnis geben kann, da ja der natürliche Mensch nicht einen vorgängigen Bezug zu Gott hat, sondern von Gott nur durch die Offenbarung Gottes, d. h. eben durch sein Handeln, von ihm wissen kann.

Dieser Widerspruch hat nur scheinbar recht. Denn freilich kann der Mensch von einem im Ereignis Wirklichkeit werdenden Handeln Gottes sowenig ein Vorverständnis haben wie von anderen Ereignissen als Ereignissen. Ehe ich aus der Überlieferung vom Tode des Sokrates gehört habe, kann ich nichts von ihm wissen, so wenig wie von der Ermordung Caesars oder vom Thesenanschlag Luthers. Aber um diese Ereignisse als geschichtliche Ereignisse zu verstehen und nicht als bloße beliebige Begebenheiten, muß ich allerdings ein Vorverständnis von den geschichtlichen Möglichkeiten haben, innerhalb derer diese Ereignisse ihre Bedeutsamkeit und damit ihren Charakter als geschichtlicher Ereignisse gewinnen. Ich muß wissen, was ein Leben im philosophischen Fragen ist, was Begebenheiten zu politischen Ereignissen macht, was katholisches und protestantisches Selbstverständnis als Möglichkeiten sind, in denen menschliches Sein als ein sich für sich selbst entscheidendes Sein steht. (Es wird kaum nötig sein, zu bemerken, daß dieses Wissen natürlich nicht ein explizites zu sein braucht).

Ebenso setzt *das Verstehen von Berichten über Ereignisse als Handeln Gottes* ein Vorverständnis dessen voraus, was überhaupt Handeln Gottes heißen kann, – im Unterschied etwa vom Handeln des Menschen oder von Naturereignissen. Und wenn entgegnet wird, der Mensch könne vor der Offenbarung Gottes auch nicht wissen, wer Gott sei, und folglich auch nicht, was Handeln Gottes heißen könne, so ist zu antworten, daß *der Mensch sehr wohl wissen kann, wer Gott ist, nämlich in der Frage nach ihm.* Wäre seine Existenz nicht (bewußt oder unbewußt) von der Gottesfrage bewegt im Sinne des Augustinischen »Tu nos fecisti ad Te, et cor nostrum inquietum est, donec requiescat in Te«, so würde er auch in keiner Offenbarung Gottes Gott als Gott erkennen. Im menschlichen Dasein ist ein existentielles Wissen um Gott lebendig als die Frage nach »Glück«, nach »Heil«, nach dem Sinn von Welt und Geschichte, als die Frage nach der Eigentlichkeit des je eigenen Seins. Mag das Recht, solches Fragen als die Gottesfrage zu bezeichnen, erst vom Glauben an die Offenbarung Gottes aus gewonnen sein, – das Phänomen als solches ist der Sachbezug auf die Offenbarung.

Das existenzielle Wissen um Gott ist, wo es ins Bewußtsein tritt, *in irgendeiner* Ausgelegtheit da. Kommt es z. B. zum Bewußtsein als die Frage: »Was soll ich tun, daß ich selig werde?« (Act. 16,30), so ist in ihr irgendeine Vorstellung von »Seligkeit« (oder wenn wir uns am griechischen Text orientieren, von »Rettung«) vorausgesetzt. Die an das Neue Testament gerichtete Frage muß im Hören auf das Wort des Neuen Testaments zur Korrektur der mitgebrachten Vorstellung bereit sein, kann aber solche Korrektur nur erhalten, wenn die Grundintention der Frage, die in den Begriff der »Seligkeit« (oder »Rettung«) gefaßt ist, mit der Intention der im Neuen Testament gegebenen Antwort zusammentrifft.

Es kommt nun – zum mindesten für die wissenschaftliche Exegese – entscheidend auf die sachgemäße Ausgelegtheit der Frage, und das bedeutet zugleich: auf *die sachgemäße Ausgelegtheit der menschlichen Existenz*, an. Diese zu erarbeiten, ist Sache der menschlichen Besinnung, konkret die Aufgabe der philosophischen, der existentialen Analyse des menschlichen Seins. Selbstverständlich ist solche Arbeit nicht die Voraussetzung für das schlichte Hören auf das Wort des Neuen Testaments, das sich direkt an das existentielle Selbstverständnis richtet und nicht an ein existentiales Wissen. Anders aber, wenn es sich um die wissenschaftliche Interpretation der Schrift handelt. Sie findet ihr Woraufhin in der Frage nach dem in der Schrift zum Ausdruck kommenden Verständnis der menschlichen Existenz. Daher hat sie sich um die sachgemäßen Begriffe, in denen von menschlicher Existenz geredet werden kann, zu bemühen.

Diese gründen im Lebensbezug des Exegeten zu der Sache, die in der Schrift zu Worte kommt und schließen ein Vorverständnis der Sache ein. Es ist ein Wahn, ohne ein solches und die aus ihm fließenden Begriffe ein Wort des Neuen Testaments verstehen zu können, wenn es als Gottes Wort verstanden werden soll. Der Interpret bedarf der kritischen Besinnung auf die sachgemäßen Begriffe, gerade wenn er die biblischen Schriften nicht als ein Kompendium dogmatischer Sätze lesen will oder als »Quellen«, um ein Stück vergangener Geschichte zu rekonstruieren, oder um ein religiöses Phänomen oder das Wesen von Religion überhaupt zu studieren, oder um den psychischen Verlauf und die theoretische Objektivierung religiöser Erlebnisse zu erkennen, sondern wenn er die Schrift selbst zum Reden bringen will als eine in die Gegenwart, in die gegenwärtige Existenz, redende Macht. Wird das Woraufhin der Interpretation als die Frage nach Gott, nach Gottes Offenbarung, bezeichnet, so bedeutet das ja, daß es die Frage nach der Wahrheit der menschlichen Existenz ist. Dann aber hat sich die Interpretation um die Begrifflichkeit existentialen Verstehens der Existenz zu bemühen . . .

RUDOLF BULTMANN,
Ist voraussetzungslose Exegese möglich? (1957) in: Glauben und Verstehen, Bd. 3, Tübingen [3]1965, S. 142 ff.

Die Frage, ob voraussetzungslose Exegese möglich ist, muß mit Ja beantwortet werden, wenn »voraussetzungslos« meint: ohne daß die Ergebnisse der Exegese vorausgesetzt werden. In diesem Sinne ist voraussetzungslose Exegese nicht nur möglich, sondern geboten. In einem anderen Sinn ist freilich keine Exegese voraussetzungslos, da der Exeget keine tabula rasa ist, sondern mit bestimmten Fragen bzw. einer bestimmten Fragestellung an den Text herangeht und eine gewisse Vorstellung von der Sache hat, um die es sich im Texte handelt.

1.a) Die Forderung, daß *die Exegese voraussetzungslos sein muß* in dem Sinne, daß sie *ihre Ergebnisse nicht voraussetzt:* wir können auch sagen, daß sie *vorurteilslos* sein muß, sei nur kurz verdeutlicht. Dieser Forderung bedeutet zunächst die Ablehnung der *Allegorese* . . .

1.b) Aber auch da, wo auf Allegorese verzichtet wird, ist die Exegese manchmal von Vorurteilen geleitet. Das ist z. B. dann der Fall, wenn vorausgesetzt wird, daß die Evangelisten Matthäus und Johannes persönliche Jünger Jesu waren, und daß deshalb die von ihnen übelieferten Geschichten und Worte Jesu historisch treue Berichte sein müssen. In diesem Falle muß z. B. behauptet werden, daß die Tempelreinigung, die bei Matth. in die letzten Tage Jesu vor seiner Passion gelegt ist, während sie bei Joh. am Anfang des Wirkens Jesu steht, zweimal passiert sei. Besonders wird die Frage einer vorurteilslosen Exegese brennend, wenn es sich um das Problem des Messiasbewußtseins Jesu handelt. Darf die Exegese der Evangelien von der dogmatischen Voraussetzung geleitet sein, daß Jesus der Messias war und sich bewußt war, es zu sein? Oder muß sie nicht die Frage offen lassen? Die Antwort dürfte klar sein. Das etwaige Messiasbewußtsein wäre ein historisches Faktum und kann als solches nur von der historischen Forschung aufgezeigt werden. Würde diese es wahrscheinlich machen können, daß Jesus sich als Messias gewußt hat, so hätte ein solches Ergebnis nur relative Gewißheit; denn historische Forschung kann es nie zu Resultaten von absoluter Geltung bringen. Jede historische Erkenntnis steht in der Diskussion; die Frage, ob sich Jesus als Messias gewußt hat, bleibt also innerhalb der Exegese offen. Jede von dogmatischen Vorurteilen geleitete Exegese hört nicht, was der Text sagt, sondern läßt ihn sagen, was sie hören will.

2.a) Von der Frage der Voraussetzungslosigkeit im Sinne der Vorurteilslosigkeit ist die Frage der Voraussetzungslosigkeit in jenem anderen Sinn zu unterscheiden, und in diesem Sinne ist zu sagen: *voraussetzungslose Exegese kann es nicht geben.* Daß es sie faktisch deshalb nicht gibt, weil jeder Exeget durch seine Individualität im Sinne seiner speziellen Neigungen und Gewohnheiten, seiner Gaben und seiner Schwächen bestimmt ist, hat keinen grundsätzlichen Charakter. Seine Individualität in diesem Sinne soll er gerade ausschalten und sich zu einem rein sachlich interessierten Hören erziehen. Unabdingbare Voraussetzung aber ist *die historische Methode* in der Befragung der Texte. Exegese ist ja als Interpretation historischer Texte ein Stück Geschichtswissenschaft . . .

Die historische Methode schließt die Voraussetzung ein, daß *die Geschichte eine Einheit* ist im Sinne eines geschlossenen Wirkungs-Zusammenhangs, in dem die einzelnen Ereignisse durch die Folge von Ursache und Wirkung verknüpft sind. Das bedeutet nicht, daß der Verlauf der Geschichte durch das Kausalgesetz determiniert sei und daß es keine freien Entscheidungen der Menschen gäbe, deren Handlungen den Lauf der Geschichte bestimmen. Aber auch eine freie Entscheidung geschieht nicht ohne Ursache, ohne Motiv, und die Aufgabe des Historikers ist es, die Motive der Handlungen zu erkennen. Alle Entscheidungen und alle Taten haben ihre Ursachen und Folgen, und die historische Methode setzt voraus, daß es grundsätzlich möglich ist, diese und ihre Verknüpfung aufzuzeigen und so den ganzen geschichtlichen Verlauf als eine geschlossene Einheit zu verstehen.

Diese Geschlossenheit bedeutet, daß der Zusammenhang des geschichtlichen Geschehens nicht durch das Eingreifen übernatürlicher, jenseitiger Mächte zerrissen werden kann, daß es also kein »Wunder« in diesem Sinne gibt. Ein solches Wunder wäre ja ein Ereignis, dessen Ursache nicht innerhalb der Geschichte läge.

Während z. B. die alttestamentliche Geschichtserzählung vom handelnden Eingreifen Gottes in die Geschichte redet, kann die historische Wissenschaft nicht ein Handeln Gottes konstatieren, sondern nimmt nur den Glauben an Gott und sein Handeln wahr. Als historische Wissenschaft darf sie freilich nicht behaupten, daß solcher Glaube eine Illusion sei, und daß es kein Handeln Gottes in der Geschichte gäbe. Aber sie selbst kann das als Wissenschaft nicht wahrnehmen und damit rechnen; sie kann es nur jedermann freistellen, ob er in einem geschichtlichen Ereignis, das sie selbst aus seinen innergeschichtlichen Ursachen versteht, ein Handeln Gottes sehen will.

Nach solcher Methode verfährt die Geschichtswissenschaft allen historischen Dokumenten gegenüber. Es kann gegenüber den biblischen Texten keine Ausnahme geben, wenn diese überhaupt historisch verstanden werden sollen. Man kann auch nicht einwenden: die biblischen Schriften wollen keine historischen Dokumente sein, sondern Glaubenszeugnisse und Verkündigung. Gewiß! aber wenn sie als solche verstanden werden sollen, so müssen sie zuvor historisch interpretiert werden, da sie in einer fremden Sprache reden mit den Begriffen einer uns fernen Zeit, eines uns fremden Weltbildes. Einfach gesagt: sie müssen *übersetzt* werden, und die Übersetzung ist die Aufgabe der historischen Wissenschaft.

2.b) Reden wir vom Übersetzen, so meldet sich das *hermeneutische Problem.* Übersetzen heißt Verständlichmachen und setzt ein Verstehen voraus. Das Verständnis der Geschichte als eines Wirkungszusammenhangs setzt *das Verstehen der wirkenden Kräfte* voraus, die die einzelnen Phänomene verknüpfen. Solche Kräfte sind die wirtschaftlichen Bedürfnisse, die sozialen Nöte, das politische Machtstreben, menschliche Leidenschaften, Ideen und Ideale. In der Einschätzung solcher Faktoren differieren die Historiker, und bei allem Bestreben, eine einheitliche Sicht zu gewinnen, wird stets beim einzelnen Historiker *eine bestimmte Fragestellung, eine bestimmte Perspektive,* leitend sein.

Das bedeutet keine Verfälschung des Geschichtsbildes; wenn die vorausgesetzte Fragestellung nicht ein Vorurteil, sondern eben eine Fragestellung ist, und wenn der Historiker sich bewußt ist, daß seine Fragestellung eine einseitige ist, die das Phänomen bzw. den Text aus einer bestimmten Perspektive befragt. Verfälscht wird das Geschichtsbild nur dann, wenn eine bestimmte Fragestellung als die allein mögliche erklärt wird, wenn z. B. alle Geschichte auf ökonomische Geschichte reduziert wird . . .

Aber weiter! Die in der Verknüpfung der Phänomene wirksamen Kräfte sind nur verständlich, wenn die Phänomene selbst verstanden werden, die in dem Wirkungszusammenhang verbunden sind. Das heißt: zum historischen Verständnis gehört *das sachliche Verständnis.* Denn kann man die politische Geschichte verstehen, ohne einen Begriff von Staat und Recht zu haben, die ihrem Wesen nach nicht historische Produkte, sondern Ideen sind? Kann man die ökonomische Geschichte verstehen, ohne einen Begriff davon zu haben, was Wirtschaft und Gesellschaft überhaupt bedeuten? Kann man die Geschichte der Religion, der Philosophie verstehen, ohne zu wissen, was Religion, was Philosophie ist? Man kann z. B. den Thesenanschlag Luthers 1517 nicht verstehen, ohne den sachlichen Sinn des Protestes gegen den Katholizismus seiner Zeit zu verstehen. Man kann das kommunistische Manifest von 1848 nicht verstehen, ohne die Prinzipien von Kapitalismus und Sozialismus zu verstehen. Man kann die Entschlüsse der in der Geschichte handelnden Personen nicht verstehen, wenn man den Menschen nicht versteht in seinen Möglichkeiten. Kurz: historisches Verständnis setzt ein sachliches Verständnis von dem voraus, worum es in der Geschichte geht, und von den Menschen, die in der Geschichte handeln.

Damit ist aber gesagt, daß historisches Verstehen immer *ein Verhältnis der Interpreten zu der Sache* voraussetzt, die in den Texten (direkt oder indirekt) zu Worte kommt. Dieses Verhältnis ist durch den *Lebenszusammenhang* begründet, in dem der Interpret steht. Nur wer in einem Staat, in einer Gesellschaft lebt, kann die staatlichen und gesellschaftlichen Phänomene der Vergangenheit und ihre Geschichte verstehen, wie nur der, der ein Verhältnis zur Musik hat, einen Text, der über die Musik handelt, verstehen kann, usw.

Ein bestimmtes Verständnis der Sachen auf Grund eines Lebensverhältnisses ist also in der Exegese immer vorausgesetzt, und insofern ist keine Exegese voraussetzungslos. Ich nenne dieses Verständnis das *Vorverständnis*. Mit ihm ist, sowenig wie mit der Wahl einer bestimmten Perspektive, ein Vorurteil gegeben. Verfälscht würde das Geschichtsbild nur dann, wenn der Exeget sein Vorverständnis für ein endgültiges Verständnis halten würde. Aber das Lebensverhältnis ist ein echtes nur, wenn es ein bewegtes ist, d. h. wenn die Sachen, um die es geht, uns selbst angehen, für uns selbst Probleme sind. Befragen wir in der Bewegtheit durch die Probleme die Geschichte, so beginnt sie wirklich zu uns zu reden. Das Vergangene wird in der Diskussion mit ihm lebendig, und mit der Geschichte lernen wir unsere eigene Gegenwart erkennen; geschichtliche Erkenntnis ist zugleich Selbsterkenntnis. Die Geschichte zu verstehen, ist nur dem möglich, der ihr nicht als ein neutraler, unbeteiligter Zuschauer gegenübersteht, sondern der selbst in der Geschichte steht und an der Verantwortung für sie teilnimmt. Wir nennen diese aus der eigenen Geschichtlichkeit erwachsende Begegnung mit der Geschichte die *existentielle Begegnung*. An ihr ist der Historiker mit seiner ganzen Existenz beteiligt . . .

Das Gesagte schließt nun noch eine wichtige Einsicht ein, nämlich, daß *historische Erkenntnis nie eine abgeschlossene definitive* ist – sowenig wie das Vorverständnis, mit dem der Historiker fragend an die Phänomene herantritt. Denn wenn geschichtliche Phänomene nicht neutral beobachtbare Fakten sind, sondern sich in ihrem Sinn nur dem lebendig bewegten Fragenden erschließen, so werden sie immer nur je jetzt verständlich, indem sie in die je gegenwärtige Situation hineinsprechen. Die Frage erwächst ja aus der geschichtlichen Situation, aus dem Anspruch des Jetzt, aus der im Jetzt gegebenen Problematik. Deshalb ist die historische Forschung nie abgeschlossen, sondern muß immer weiter getrieben werden. Natürlich gibt es wohl historische Erkenntnisse, die als definitive gelten können, nämlich solche, die nur chronologisch und lokal fixierbare Daten betreffen, wie z. B. die Ermordung Cäsars oder der Thesenanschlag Luthers. Aber was diese durch Datierung fixierbaren Ereignisse als geschichtliche Ereignisse bedeuten, läßt sich nicht definitiv fixieren. Man muß daher sagen, daß ein geschichtliches Ereignis als das, was es – eben als geschichtliches – ist, immer erst in der Zukunft erkennbar wird. Und deshalb kann man auch sagen, daß *zu einem geschichtlichen Ereignis seine Zukunft gehört* . . .

3. Welches sind die Folgerungen für die Exegese der biblischen Schriften? Es sei in einigen Thesen formuliert.

1) Die Exegese der biblischen Schriften muß wie jede Interpretation eines Textes vorurteilslos sein. 2) Die Exegese ist aber nicht voraussetzungslos, weil sie als historische Interpretation die Methode historisch-kritischer Forschung voraussetzt. 3) Vorausgesetzt ist ferner der Lebenszusammenhang des Exegeten mit der Sache, um die es in der Bibel geht, und damit ein Vorverständnis. 4) Das Vorverständnis ist kein abgeschlossenes, sondern ein offenes, so daß es zur existentiellen Begegnung mit dem Text kommen kann und zu einer existentiellen Entscheidung. 5) Das Verständnis des Textes ist nie ein definitives, sondern bleibt offen, weil der Sinn der Schrift sich in jeder Zukunft neu erschließt.

Zur Erläuterung der 1. und 2. These braucht nach dem vorher Gesagten nichts hinzugefügt zu werden.

Ad 3). *Das Vorverständnis* ist begründet in der das menschliche Leben bewegenden Frage nach Gott. Es bedeutet also nicht, daß der Exeget alles mögliche von Gott wissen muß, sondern daß er von der existentiellen Frage nach Gott bewegt ist – einerlei welche Form diese Frage jeweils in seinem Bewußtsein annimmt, etwa als die Frage nach dem » Heil«, nach der Rettung vor dem Tode, nach Sicherheit im wechselnden Schicksal, nach der Wahrheit inmitten der rätselhaften Welt.

Ad 4). *Die existentielle Begegnung* mit dem Text *kann zum Ja wie zum Nein führen*, zum bekennenden Glauben wie zum ausgesprochenen Unglauben, weil im Text dem Exegeten ein Anspruch begegnet, weil ihm hier ein Selbstverständnis angeboten wird, das er annehmen (sich schenken lassen) oder ablehnen kann, weil also Entscheidung von ihm gefordert ist. Auch im Falle des Nein ist das Verständnis ein legitimes, eine echte Antwort auf die Frage des Textes, die nicht etwa durch Argumentation zu widerlegen ist, weil sie existentielle Entscheidung ist.

Ad 5). *Weil der Text in die Existenz spricht, ist er nie endgültig verstanden.* Die existentielle Entscheidung, aus der die Auslegung stammt, kann nicht weitergegeben werden, sondern muß immer neu vollzogen werden. Das bedeutet freilich nicht, daß es in der Exegese der Schrift keine *Kontinuität* geben könnte. Selbstverständlich können Ergebnisse der methodischen historisch-kritischen Forschung weitergegeben werden, wenn sie auch nur in ständiger kritischer Nachprüfung übernommen werden können. Aber auch hinsichtlich der existentiell begründeten Exegese gibt es Kontinuität, insofern sie Anleitung für die Folgezeit ist, wie z. B. Luthers Verständnis der paulinischen Lehre von der Rechtfertigung allein durch den Glauben. Wie dieses in der Diskussion mit der katholischen Exegese immer neu gewonnen werden muß, so ist jede echte Exegese immer als Anleitung zugleich Frage, deren Beantwortung immer selbständig neu gefunden werden muß. Da der Exeget geschichtlich existiert und das Wort der Schrift als in seine besondere geschichtliche Situation gesprochen hören muß, wird er das alte Wort immer neu verstehen. Immer neu wird es ihm zeigen, wer er, der Mensch, ist und wer Gott ist, und er wird es in immer neuer Begrifflichkeit sagen müssen. So gilt auch für die Schrift, daß sie das, was sie ist, nur mit ihrer Geschichte und ihrer Zukunft ist.

Kommentar

Grundlegend für Bultmanns theologische hermeneutische Arbeit wurde seine Begegnung mit Heideggers Existenzphilosophie. Hier fand er in der geistigen Situation nach dem 1. Weltkrieg, als das weithin im Protestantismus herrschende Weltbild von der zunehmenden Verchristlichung der Kultur und der selbstbewußte Glaube an die Erkennbarkeit und Nutzanwendung der Geschichte brüchig geworden waren, die Formulierung eines Menschenbildes, das ihm für seine Theologie fruchtbar zu sein schien (s. Heidegger-Text und Kommentar). Der Mensch wird hier gedacht als ein von sog. Existentialien (zu seiner Existenz gehörende Befindlichkeiten) wie Sorge, Angst, Tod und Verstehen bestimmtes Wesen, das in der Erkenntnis seines geschichtlichen und das heißt für die Zukunft offenen Seins zu seiner eigentlichen Existenz gelangt. Bultmann fand in dieser Analyse das Selbstverständnis des modernen Menschen, der sein Vertrauen zu Geschichte, Gott und die Welt verloren hat, zutreffend ausgesprochen. Diesem Menschen durch die Verkündigung der Kirche zu einem neuen Existenzverständnis zu verhelfen, in dem er immer wieder neu lernt, nicht aus dem Sichtbaren und Verfügbaren zu leben, sondern sich für die ihm unbekannte Zukunft zu öffnen, ist Bultmanns eigentliches Anliegen.

Verstehen der Bibel heißt bei dieser Zielsetzung, sich durch die Texte und ihre Verkündigung zur eigentlichen Existenzweise rufen zu lassen. Diesem Zweck dient die Entmythologisierung, da sie dazu verhilft, den Blick von den zeitbedingten Einkleidungen des neuen Existenzverständnisses zu lösen. Dazu dient besonders die Anwendung der historisch-kritischen Exegese, da mit dieser Methode das Selbstverständnis der biblischen Schriftsteller erarbeitet werden kann. Die Frage nach der Faktizität der in der Bibel berichteten Geschehnisse ist für Bultmann nicht relevant, da nach seinem Verständnis der christliche Glaube allein an dem »Daß« des eschatologischen Handelns Gottes in Jesus von Nazareth interessiert ist und auf sonstige historische Tatbestände nicht nur nicht angewiesen ist, sondern sie als falsche Sicherungen sogar bewußt abstreift.

Die beiden auszugsweise abgedruckten Aufsätze gehören zu Bultmanns wichtigsten Äußerungen über die theologische Hermeneutik. Im ersten gibt er Rechenschaft über die von ihm geforderte existentiale Auslegung, bei der es sich um eine »wissenschaftliche Interpretation der Schrift« handele. Sie könne anknüpfen an ein existenzielles Wissen des Menschen von Gott, das sachgemäß auszulegen sei als »Frage nach der Wahrheit der menschlichen Existenz«.

Im zweiten Aufsatz unterscheidet Bultmann einerseits die für die Bibelauslegung nötige Vorurteilslosigkeit (einschließlich dogmatischer Vorurteilslosigkeit) und andererseits die Unmöglichkeit einer Voraussetzungslosigkeit. Unabdingbare Voraussetzung für die biblische Exegese sei die »historische Methode«, die er im Sinne Troeltschs versteht. Obwohl die biblischen Schriften Glaubensdokumente sind und als solche verstanden werden müssen, sind sie als uns fremde Texte vorher »historisch« zu interpretieren. Auch in diesem Aufsatz lenkt Bultmann wieder zur Notwendigkeit existentialer Auslegung hin, die dem Interpreten eine »existentiale Begegnung« mit der Geschichte ermögliche. Bei Anwendung dieser Interpretationsweise erschließe sich der biblische Text dem Exegeten als Angebot eines neuen Selbstverständnisses, das er annehmen oder ablehnen könne.

Aus der Fülle theologischer und hermeneutischer Fragen, die Bultmanns Programm hervorgerufen hat und noch hervorruft, seien zur weiteren Erarbeitung der abgedruckten Texte folgende gestellt: Wie verhält sich zu Bultmanns Behauptung eines existentiellen Wissens von Gott die Aussage in Röm. 1,18 ff., nach welcher der Mensch in seiner Undankbarkeit dieses Wissen unterdrückt? Wie kann die dogmatische Voraussetzungslosigkeit der von Bultmann geforderten historischen Methode gesichert werden? Kann bei Bultmanns Anspruch an den Exegeten, die biblischen Texte als Ruf Gottes in ein neues Selbstverständnis zu hören, die Schrift noch als Gesetz und Evangelium gehört werden?

Zur weiteren Einführung in das hermeneutische Programm Bultmanns s. P. Stuhlmacher, Vom Verstehen des Neuen Testaments. Eine Hermeneutik, NTD Ergänzungsreihe Bd. 6, Göttingen ²1985, und O. Rodenberg, Um die Wahrheit der Heiligen Schrift. Aufsätze und Briefwechsel zur existentialen Interpretation, Wuppertal⁴ 1966.   C

KARL BARTH,
Der Römerbrief 1922, Theologischer Verlag Zürich ¹⁴1986, S. V. ff.

Vorwort zur ersten Auflage (August 1918)

Paulus hat als Sohn seiner Zeit zu seinen Zeitgenossen geredet. Aber *viel* wichtiger als diese Wahrheit ist die andere, daß er als Prophet und Apostel des Gottesreiches zu allen Menschen aller Zeiten redet. Die Unterschiede von einst und jetzt, dort und hier, wollen beachtet sein. Aber der Zweck der Beachtung kann nur die Erkenntnis sein, daß diese Unterschiede im Wesen der Dinge *keine* Bedeutung haben. Die historisch-kritische Methode der Bibelforschung hat ihr Recht: sie weist hin auf eine Vorbereitung des Verständnisses, die nirgends überflüssig ist. Aber wenn ich wählen müßte zwischen ihr und der alten Inspirationslehre, ich würde entschlossen zu der letzteren greifen: sie hat das größere, tiefere, *wichtigere* Recht, weil sie auf die Arbeit des Verstehens selbst hinweist, ohne die alle Zurüstung wertlos ist. Ich bin froh, nicht wählen zu müssen zwischen beiden. Aber meine ganze Aufmerksamkeit war darauf gerichtet, durch das Historische *hindurch* zu sehen in den Geist der Bibel, der der ewige Geist ist. Was einmal ernst gewesen ist, das ist es auch heute noch und was heute ernst ist und nicht bloß Zufall und Schrulle, das steht auch in unmittelbarem Zusammenhang mit dem, was einst ernst gewesen ist. Unsere Fragen sind, wenn wir uns selber recht verstehen, die Fragen des Paulus und des Paulus Antworten müssen, wenn ihr Licht uns leuchtet, unsere Antworten sein . . .

Vorwort zur zweiten Auflage (September 1921)

(S. X:) . . . In der Tat, ich erhebe einen Einwand gegen die neueren Kommentare zum Römerbrief, durchaus nicht nur gegen die sog. historisch-kritischen, sondern auch gegen die etwa von Zahn und Kühl. Aber nicht die historische Kritik mache ich ihnen zum Vorwurf, deren Recht und Notwendigkeit ich vielmehr noch einmal ausdrücklich anerkenne, sondern ihr Stehenbleiben bei einer Erklärung des Textes, die ich keine Erklärung nennen kann, sondern nur den ersten primitiven Versuch einer solchen, nämlich bei der Feststellung dessen »was da steht« mittelst Übertragung und Umschreibung der griechischen Wörter und Wörtergruppen in die entsprechenden deutschen, mittelst philologisch-archäologischer Erläuterungen der so gewonnenen Ereignisse und mittelst mehr oder weniger plausibler Zusammenordnung des Einzelnen zu einem historisch-psychologischen Pragmatismus. Wie unsicher, wie sehr auf die oft fragwürdigsten Vermutungen angewiesen die Historiker schon bei dieser Feststellung dessen »was da steht« sind, das wissen Jülicher und Lietzmann besser als ich. Exakte Wissenschaft ist auch dieser primitive Versuch einer Erklärung *nicht* . . . Dem gegenüber meine ich nun, daß jener erste primitive Umschreibungsversuch und was dazu gehört nur den Ausgangspunkt bilden dürfte zu einem mit allen Hebeln und Brechwerkzeugen einer ebenso unerbittlichen wie elastischen dialektischen Bewegung zu leistenden *sachlichen* Bearbeiten des Textes. *Kritischer* müßten mir die Historisch-Kritischen sein! Denn wie »das was *da* steht« zu *ver*stehen ist, das ist nicht durch eine gelegentlich eingestreute, von irgendeinem zufälligen Standpunkt des Exegeten bestimmte *Wertung* der Wörter und Wortgruppen des Textes auszumachen, sondern allein durch ein *tunlichst* lockeres und williges Eingehen auf die innere Spannung der vom Text mit mehr oder weniger Deutlichkeit dargebotenen Begriffe. κρινειν heißt für mich einer historischen Urkunde gegenüber: das Messen aller in ihr enthaltenen Wörter und Wörtergruppen an der Sache, von der sie, wenn nicht alles täuscht, offenbar reden, . . . Bis zu dem Punkt muß ich als Verstehender vorstoßen, wo ich nahezu nur noch vor dem Rätsel der *Sache,* nahezu nicht mehr vor dem Rätsel der *Urkunde* als solcher stehe, . . . Ich weiß, was es heißt, jahraus jahrein den Gang auf die Kanzel unternehmen zu müssen, verstehen und erklären sollend und wollend und doch nicht können, weil man uns auf der Universität ungefähr nichts als die berühmte »Ehrfurcht vor der Geschichte« beigebracht hatte, die trotz des schönen Ausdrucks einfach den Verzicht auf jedes ernsthafte ehrfürchtige Verstehen und Erklären bedeutet? . . . Ja wohl, aus der Not meiner Aufgabe als Pfarrer bin ich dazu gekommen, es mit dem Verstehen- und Erklärenwollen der Bibel schärfer zu nehmen, . . .

Aber was meine ich, wenn ich die *innere Dialektik der Sache* und ihre Erkenntnis im Wortlaut des Textes den entscheidenden Faktor des Verständnisses und der Erklärung nenne? . . . »Gott ist im Himmel und du auf Erden«. Die Beziehung *dieses* Gottes zu *diesem* Menschen, die Beziehung *dieses* Menschen zu *diesem* Gott ist für mich das Thema der Bibel und die Summe der Philosophie in Einem. Die Philosophen nennen diese Krisis des menschlichen Erkennens den Ursprung. Die Bibel sieht an diesem Kreuzweg Jesus Christus. Trete ich nun an einen Text wie den Römerbrief heran, so tue ich das unter der vorläufigen Voraussetzung, daß dem Paulus bei der Bildung seiner Begriffe die ebenso schlichte wie unermeßliche Bedeutung jener Beziehung mindestens ebenso scharf vor Augen gestanden sei wie mir, . . . Ob sich solche Voraussetzungen bewähren, das kann sich wie alle Voraussetzungen nur im Akt, d. h. in diesem Fall in der genauen Untersuchung und Überlegung des Textes von Vers zu Vers zeigen, und selbstverständlich kann es sich bei dieser Bewährung immer nur um eine *relative,* mehr oder weniger gewisse Bewährung handeln, und dieser Regel ist natürlich auch meine Voraussetzung unterworfen . . . Ich habe, auch wenn ich durchaus nicht meine, alles befriedigend erklärt zu haben, keinen Anlaß gefunden, von meiner Annahme abzugehen . . . Ich habe gefunden, daß man dabei auch *historisch*-kritisch betrachtet, verhältnismäßig am besten fährt. Denn die modernen Paulusbilder sind mir und einigen Andern auch *historisch* durchaus nicht mehr glaubwürdig . . .

Und nun hat man diese meine Stellung zum Text *Biblizismus* genannt, lobend die einen, tadelnd die andern. Ich kann auch dieses Gleichnis, das nicht ich gemacht, annehmen, unter der Bedingung, daß man mir erlaubt, es selbst zu deuten. »Es gibt überhaupt keinen Punkt im Denken des Paulus, der ihm ungemütlich wäre . . . kein noch so bescheidener zeitgeschichtlicher Rest bleibt übrig«, schreibt Wernle mit einer gewissen Erbitterung und zählt dann auf, was alles als »ungemütliche Punkte« und »zeitgeschichtliche Reste« hätte »übrig bleiben« sollen, . . . Gegenüber diesem gemütlichen Liegenlassen des Ungemütlichen besteht nun also mein Biblizismus darin, daß ich über diese »Anstöße des modernen Bewußtseins« solange nachgedacht habe, bis ich z. T. gerade in ihnen die ausgezeichnetsten Einsichten zu entdecken meinte, . . . Im übrigen verhehle ich nicht, daß ich meine »biblizistische« Methode, deren Formel einfach lautet: Besinn dich! auch auf Lao-Tse oder Goethe anwenden würde, wenn es meines Amtes wäre, Lao-Tse oder Goethe zu erklären, und daß ich andrerseits bei einigen andern biblischen Schriften etwas Mühe haben würde, sie anzuwenden. Genau genommen dürfte der ganze »Biblizismus«, den man mir nachweisen kann, darin bestehen, daß ich das Vorurteil habe, die Bibel sei ein gutes Buch und es lohne sich, wenn man ihre Gedanken mindestens ebenso ernst nimmt, wie seine eigenen . . .

Vorwort zur dritten Auflage (Juli 1922)

(S. XX:) . . . Der Ausleger steht vor dem Entweder - Oder, ob er sich, selber wissend, um was es geht, in ein *Treue*verhältnis zu seinem Autor begeben, ihn mit der Hypothese lesen will, daß auch er, mit mehr oder weniger Deutlichkeit bis aufs letzte Wort (denn wo sollte da die Grenze gezogen werden? doch nicht durch die Aufdeckung historischer Abhängigkeitsverhältnisse?) gewußt habe, um was es geht. Er wird dann seinen Kommentar nicht *über* Paulus, sondern, gewiß oft nicht ohne Seufzen und Kopfschütteln, so gut es geht, bis aufs letzte Wort *mit* Paulus schreiben. Das Maß des Geistes »Christi«, das er dabei bei Paulus wahrnimmt und anschaulich machen kann in seiner eigenen Wiedergabe, wird gewiß nicht überall gleich groß sein, sondern ein »Mehr oder Weniger«. Er fühlt sich aber verantwortlich in dieser Sache. Er läßt sich nirgends gänzlich verblüffen durch die Stimme der »andern« Geister, die die Dominante des »Geistes Christi« oft fast unhörbar machen will. Er sucht den Mangel an Verständnis immer zuerst bei sich selber und nicht bei Paulus. Es läßt ihm keine Ruhe, zu sehen und zu zeigen, inwiefern paradoxerweise all das Zerstreute doch im Zusammenhang der einen Sache steht, alle die »andern« Geister tatsächlich doch dem Pneuma Christou irgendwie dienstbar sind ... Ich halte es für ausgeschlossen, daß man irgend einem Schriftsteller gerecht werden, irgend einen Schriftsteller wirklich wieder zum Reden bringen kann, wenn man jene Hypothese nicht wagt, jenes Treueverhältnis zu ihm nicht eingeht ... Er (Bultmann, d. Hrsg.) deutet an, daß hier bei mir ein »modernes Inspirationsdogma« im Hintergrund stehen müsse. Worauf ich antworte, daß ich die gewisse Analogie meines Verfahrens zur alten Verbalinspirationslehre (auch Schlatter hat sie mißbilligend festgestellt) von der ersten Auflage an nicht in Abrede gestellt habe. Mir scheint diese Lehre in der Form wie etwa *Calvin* sie vorgetragen hat, mindestens sehr geistreich und erwägenswert. In wiefern ich sie mir zu eigen mache, meine ich eben gezeigt zu haben: ich kann nicht einsehen, wie es einen Weg zum *Geist* einer (irgendeiner!) Schrift geben soll als den mittelst der hypothetischen Erwartung, daß ihr Geist gerade durch den *Buchstaben* zu unserem Geist reden werde. Die unvermeidliche Kritik des Buchstabens durch den Geist fällt damit durchaus nicht dahin. Im Gegenteil: gerade unter der Voraussetzung jenes Treueverhältnisses zum Texte ergibt sich von selbst die Notwendigkeit, die im einzelnen Textwort gezogenen Linien stillschweigend oder ausdrücklich zu verlängern oder zu verkürzen, wo ein Stehenbleiben beim Wort-*laut* ein offenbares Unterdrücken dessen, was zu Worte kommen *möchte* und *muß*, bedeuten würde. Calvin hat *diese* Art Kritik meisterhaft geübt, ohne die Zucht, in die man sich dabei freilich nehmen muß, zu vernachlässigen ...

KARL BARTH,
Die Kirchliche Dogmatik, Band 1,1, Theologischer Verlag Zürich [10] 1981, S. 124.

§ 4 Das Wort Gottes in seiner dreifachen Gestalt

4. Die Einheit des Wortes Gottes

Von drei Gestalten des Wortes Gottes, nicht von drei verschiedenen Worten Gottes haben wir geredet. In dieser dreifachen Gestalt und nicht anders – auch als das eine immer nur in dieser dreifachen Gestalt – ist es uns gegeben und müssen wir es begrifflich zu verstehen suchen. Es ist eines und dasselbe, ob wir es als Offenbarung, als Bibel oder als Verkündigung verstehen. Es besteht auch kein Stufen- und Wertunterschied zwischen diesen drei Gestalten. Denn sofern die Verkündigung wirklich auf der Erinnerung an die in der Bibel bezeugte Offenbarung beruht und also gehorsame Wiederholung des biblischen Zeugnisses ist, ist sie nicht weniger Wort Gottes als die Bibel. Und sofern die Bibel wirklich die Offenbarung bezeugt, ist sie nicht weniger Wort Gottes als die Offenbarung selber. Indem kraft der Aktualität der Offenbarung Bibel und Verkündigung Wort Gottes *werden, sind* sie es auch: das eine Wort Gottes, innerhalb dessen es kein Mehr oder Weniger geben kann. Man darf aber die drei Gestalten des Wortes Gottes auch nie vereinzelt verstehen wollen. Wohl ist die erste, die Offenbarung, die die beiden anderen begründende Gestalt. Aber gerade sie begegnet uns nie und nirgends abstrakt, gerade sie kennen wir nur indirekt, eben aus der Schrift und in der Verkündigung. Gerade das unmittelbare

Wort Gottes begegnet uns nur in dieser doppelten Mittelbarkeit. Aber auch die Schrift will ja, um für uns Wort Gottes zu werden, in der Kirche verkündigt sein. Es wäre also zum Überblick über das Ganze der folgende kleine Schematismus von gegenseitigen Relationen aufzustellen:

Offenbartes Wort Gottes kennen wir nur aus der von der Verkündigung der Kirche aufgenommenen Schrift oder aus der auf die Schrift begründeten Verkündigung der Kirche.

Geschriebenes Wort Gottes kennen wir nur durch die die Verkündigung erfüllende Offenbarung oder durch die von der Offenbarung erfüllte Verkündigung.

Verkündigtes Wort Gottes kennen wir nur, indem wir die durch die Schrift bezeugte Offenbarung oder indem wir die die Offenbarung bezeugende Schrift kennen.

KARL BARTH,
Die Kirchliche Dogmatik, Band I,2, Theologischer Verlag Zürich [7]1983, S. 505 ff.

§ 19 Gottes Wort für die Kirche

Gottes Wort ist Gott selbst in der heiligen Schrift. Denn nachdem Gott als der Herr einmal zu Mose und den Propheten, zu den Evangelisten und Aposteln geredet hat, redet er durch deren geschriebenes Wort als derselbe Herr zu seiner Kirche. Die Schrift ist heilig und Gottes Wort, indem sie der Kirche durch den Heiligen Geist zum Zeugnis von Gottes Offenbarung wurde und werden wird.

1. Die Schrift als Zeugnis von Gottes Offenbarung

... Eben damit hat uns die Bibel nun aber auch, ohne daß zunächst danach gefragt war, eine Antwort hinsichtlich ihrer selbst gegeben. Wir wissen jetzt, inwiefern sie auf eine der Verkündigung der Kirche gegenüberstehende überlegene Instanz hinweist: eben insofern offenbar, als sie *Zeugnis von Gottes Offenbarung* ist ...

Es handelt sich also bei der *Lehre* von der heiligen Schrift als solcher um das *Bekenntnis*, in welchem die Kirche die der rechten und notwendigen Gehorsamsstellung gegenüber dem Zeugnis von der Offenbarung entsprechende *Erkenntnis* sich klarmacht und damit in erster Linie sich selbst bei dieser Stellung behaftet und festlegt. Es dürfte wichtig sein, sich zum vornherein dagegen zu verwahren, als könnte es nun etwa doch noch zu einer Begründung und Rechtfertigung dieser Stellung kommen ...

Der grundlegende Satz dieser Lehre, der Satz: daß die Bibel das Zeugnis von Gottes Offenbarung ist, ist selber schlicht darin begründet, daß die Bibel auf unsere Frage nach Gottes Offenbarung tatsächlich Antwort gegeben, daß sie uns die Herrschaft des dreieinigen Gottes vor Augen gestellt hat ...

Wenn wir diesem Grundsatz nun nähertreten, wird es gut sein, auf die besondere Bestimmung zu achten, die darin liegt, daß wir die Bibel gerade ein *Zeugnis* von Gottes Offenbarung nennen müssen. Darin liegt zweifellos eine Einschränkung: wir *unterscheiden* damit die Bibel als solche von der Offenbarung ... Wollen wir die Bibel als ein wirkliches *Zeugnis* von Gottes Offenbarung verstehen, dann müssen wir offenbar dauernd beides vor Augen haben und gelten lassen: die Einschränkung und das Positive, ihre *Unterschiedenheit* von der Offenbarung, sofern sie nur menschliches Wort von ihr ist, und ihre *Einheit* mit ihr, sofern die Offenbarung der Grund, Gegenstand und Inhalt dieses Wortes ist ...

Die Forderung, daß man die Bibel *historisch* lesen, verstehen und auslegen müsse, ist also selbstverständlich berechtigt und kann nicht ernst genug genommen werden . . . Wenn das Wort »historisch« ein modernes Wort ist, so ist doch die Sache wirklich nicht erst in der Neuzeit erfunden worden. Und wenn die nähere Bestimmung des in diesem Sinn »Historischen« wandelbar ist und sich in den Zeiten in der Tat stark gewandelt hat, so ist es doch klar, daß die Bibel, wann und wo immer sie wirklich gelesen, verstanden und ausgelegt wurde, in diesem Sinn »historisch« und nicht unhistorisch, d. h. nicht unter Vorbeisehen an ihrer konkreten Menschlichkeit gelesen wurde . . .

Aber nun werden wir, gerade wenn wir die Menschlichkeit der Bibel ganz ernst nehmen, auch damit ganz ernst machen müssen, daß sie eben als menschliches Wort etwas Bestimmtes *sagt*, daß sie also als menschliches Wort über sich selbst hinausweist, daß sie als Wort auf eine *Sache*, auf einen Gegenstand hinweist . . . Gerade vom *Hören* eines menschlichen Wortes kann doch sinnvollerweise nur da die Rede sein, wo es uns nicht nur in seiner Funktion des Hinweisens auf ein durch das Wort Bezeichnetes oder Gemeintes deutlich wird, sondern wo diese seine Funktion uns gegenüber *Ereignis* wird, wo es also geschieht, daß wir durch das Mittel des menschlichen Wortes dieses *Bezeichneten* oder Gemeinten in irgendeinem Maß selber ansichtig werden . . .

(S. 515:) . . . *Hören* heißt dann zweifellos: durch das menschliche Wort die Offenbarung zu Gesicht bekommen – *Verstehen:* das menschlich konkrete Wort von der Offenbarung her erforschen – *Auslegen:* das Wort in seiner Beziehung zur Offenbarung erklären . . . Weit entfernt davon, daß das menschliche Wort in der Bibel etwa eine anormale Bedeutung und Funktion hätte, zeigt es sich vielmehr gerade in der Bibel in seiner normalen Bedeutung und Funktion. Gerade am Menschenwort der Bibel muß das gelernt werden, was hinsichtlich des menschlichen Wortes im Allgemeinen zu lernen wäre. Daß dies nicht allgemein anerkannt, daß es vielmehr üblich ist, gewisse anderweitig gewonnene falsche Meinungen über die Bedeutung und Funktion des menschlichen Wortes unbesehen auch auf die Bibel anzuwenden – diese Tatsache darf uns nicht verwirren darin, daß gerade der umgekehrte Weg der richtige ist. Es gibt keine besondere biblische Hermeneutik. Aber gerade die allgemein und allein gültige Hermeneutik müßte an Hand der Bibel als Offenbarungszeugnis gelernt werden. Wir kommen also mit der angegebenen Regel nicht von einer allgemeinen Anthropologie, sondern von der Bibel her, um sie als die allgemein und allein gültige Regel nun selbstverständlich auch und erst recht auf die Bibel anzuwenden . . .

Wir würden es uns also allerdings verbitten müssen, wenn uns etwa unter dem Titel eines wahrhaft »historischen« Verständnisses der Bibel ein solches Verständnis empfohlen werden sollte, das der eben angegebenen Regel nicht entsprechen würde: ein Hören, bei dem wohl auf die biblischen Worte, aber gerade nicht auf das, worauf diese Worte hinweisen, geachtet, bei dem gerade das, was gesagt wird, nicht gehört oder überhört würde; ein Verstehen der biblischen Worte *aus* ihrem immanenten sprachlichen und sachlichen Zusammenhang, statt *in* diesem Zusammenhang von dem aus, was sie sagen und was als von ihnen gesagt zu hören ist; eine Auslegung der biblischen Worte, die schließlich nur in einer Auslegung der biblischen Menschen in ihrer geschichtlichen Wirklichkeit bestehen würde. Wir müßten dazu sagen, daß dies gerade kein ehrliches und vorbehaltloses Verstehen des biblischen Wortes als eines menschlichen Wortes, wir müßten also sagen, daß dies gerade *kein* historisches Verständnis der Bibel ist. Die Bibel in einem solchen Verständnis könnte allerdings kein Zeugnis sein. Wäre ihr doch durch dieses Verständnis, in welchem sie als menschliches Wort so wenig, ja so gar nicht ernst genommen würde, die Möglichkeit, Zeugnis sein zu können, zum vornherein abgeschnitten . . .

Es kann nun auch das keine Durchbrechung und Aufhebung jenes hermeneutischen Grundsatzes bedeuten, daß es dem in der Bibel Gesagten, Gemeinten und Bezeichneten wiederum im Sinn derer, die es gesagt haben, eigentümlich ist, daß es sich als Sache und Gegenstand, wenn überhaupt, dann durch sich selber, sichtbar und geltend machen muß . . . Offenbarung kann nur durch Offenbarung in der Bibel gesagt und als die von der Bibel gesagte Sache gehört werden. Es bedarf das biblische Zeugnis, um überhaupt Zeugnis zu sein und um als Zeugnis vernommen zu werden, der Bezeugung durch das von ihm Bezeugte . . .

(S. 523:) . . . Die biblische Hermeneutik muß sich gegen den Totalitätsanspruch einer allgemeinen Hermeneutik gerade darum wehren, sie muß gerade darum diese besondere Hermeneutik sein, weil die allgemeine Hermeneutik so lange totkrank ist, als sie sich nicht durch das allerdings höchst besondere Problem der biblischen Hermeneutik auf ihr eigenes Problem mindestens hat aufmerksam machen lassen. Sie muß also gerade um einer besseren allgemeinen Hermeneutik willen es wagen, diese besondere Hermeneutik zu sein.

2. Die Schrift als Gottes Wort

. . . Gerade die Kirche konnte und kann sich den Kanon in keinem Sinn dieses Begriffs selber geben. Sie kann ihn nicht »schaffen«, wie theologisch unbedachte Historiker wohl gelegentlich gesagt haben. Sie kann ihn nur als schon geschaffenen und ihr gegebenen Kanon nachträglich nach bestem Wissen und Gewissen, im Wagnis und im Gehorsam eines Glaubensurteils, aber auch in der ganzen Relativität einer menschlichen Erkenntnis der den Menschen von Gott eröffneten Wahrheit *feststellen* . . .

. . . Wie die Frage nach dem Zeugnis der Offenbarung nur eine Glaubensfrage sein kann, so auch ihre Beantwortung nur eine Glaubenserkenntnis. Wir sagen, indem wir den kirchlichen Kanon annehmen: daß nicht die Kirche, sondern die die Kirche begründende und regierende Offenbarung selbst gerade diese Zeugnisse und keine anderen als Offenbarungszeugnisse und also als für die Kirche kanonisch bezeugt . . .

(S. 534:) . . . In dieser Meinung lehrt die Kirche die Heiligkeit und darum die Einheit der Schrift. Sie meint die Heiligkeit und Einheit Gottes in seiner Offenbarung, wie sie sich einst in der Begründung der Kirche und dann immer wieder in der menschlichen Mannigfaltigkeit dieses Zeugnisses erwiesen und bewährt hat . . . Sie nimmt damit nicht vorweg, was nur Gott selbst in seiner Offenbarung schaffen und geben kann: das Ereignis der Erkenntnis dieser Einheit. Sie bejaht aber, daß Gott in seiner Offenbarung eben diese Erkenntnis schaffen und geben kann, wie er sie einst schon geschaffen und gegeben hat . . .

(S. 545:) . . . Weil dem so ist, daß die Bibel, indem sie Gottes Offenbarung bezeugt, zugleich die Einsetzung und Funktion der Propheten und Apostel und damit sich selbst als Heilige Schrift, als die notwendige Form jenes Inhalts bezeugt, darum hat sich die Kirche, darum hat sich in und mit der Kirche die Theologie bei der Frage nach Gottes Offenbarung an diese Einheit von Inhalt und Form zu halten . . . Gewiß: die Offenbarung ist der *Gegenstand* des biblischen Zeugnisses, und wir sahen schon, daß dessen Erkenntnis als solche für die Lesung, das Verständnis und die Auslegung des biblischen Zeugnisses schlechterdings entscheidend ist. Er ist und bleibt aber der Gegenstand dieses, des biblischen *Zeugnisses*. Wir haben ja kein Zeugnis von ihm als dieses. Wir haben also keine Vergleichspunkte, die es uns ermöglichen würden, uns auch nur teilweise von diesem Zeugnis frei zu machen, uns in ein direktes Verhältnis zu seinem Gegenstand zu versetzen. Und es entspricht ja der Natur dieses Gegenstandes, daß er sich (in Form der Berufung, Erleuchtung,

Bevollmächtigung jener besonderen bestimmten Menschen) mit seinen Zeugen bzw. mit deren Zeugnis in einer nicht wieder aufzulösenden Weise vereinigt hat. Damit ist es uns verboten, uns bei der Frage nach der Offenbarung von den Texten, in denen uns ihre Erwartung und ihre Erinnerung bezeugt ist, nun doch wieder zu lösen. Damit sind wir an diese Texte gebunden und können uns die Frage nach der Offenbarung nur stellen, indem wir uns der in diesen Texten bezeugten Erwartung und Erinnerung unsererseits hingeben . . .

(S. 549:) . . . es besteht zwischen der Bibel und anderen Größen und Faktoren unseres menschlichen Kosmos kein Unterschied, sofern die Bibel beiläufig auch als geschichtliches Dokument für die Geschichte des alten Israel und seiner Religion, sofern sie auch ein Dokument für eine bestimmte Linie der Religionsgeschichte des Hellenismus ist und also – wenn auch wegen ihrer eigentümlichen literarischen Form mit wenig Aussicht – als historische Quellensamlung zu benützen ist. Auch als zeitloses Dokument menschlichen Sehnens und Suchens nach dem Unbedingten, kann sie, wenn man will, neben anderen Dokumenten ähnlicher Art gelesen werden, und man wird dann finden, daß sie von anderen Dokumenten dieser Art jedenfalls nicht grundsätzlich ausgesondert ist . . .

Schreiben wir ihr den Charakter heiliger Schrift zu, dann kann das nur daraufhin geschehen, daß wir ihr Zeugnis von Gottes Offenbarung, daß wir das Ereignis der prophetisch-apostolischen Funktion mindestens in *Erinnerung* haben und uns darum der in ihr wirksamen und von uns in ihrer Wirksamkeit erkannten und anerkannten Befehlsgewalt fügen, und zwar nicht nur als der einer der in der christlichen Geschichte lebendigen Mächte und Gewalten, sondern als der Macht und Gewalt, die die Kirche und mit ihr die ganze christliche Geschichte geschaffen hat, trägt und regiert, darum aber auch der ganzen Kirche und allen in ihrem Raum wirksamen Kräften – all dem, was wir nach unserem persönlichen Urteil und Geschmack ebenfalls für ein Offenbarungszeugnis und Gotteswort halten möchten – als kritische Norm *gegenübersteht* . . . Der Einwand liegt auf der Hand: Inwiefern kann und darf denn eine geschichtliche Größe, wie sie die Bibel doch auch ist, allen anderen geschichtlichen Größen in dieser grundsätzlichen Priorität gegenübergestellt werden? Geschieht in der Erinnerung und in der ihr entsprechenden Fügsamkeit, in der die christliche Kirche der Bibel die Autorität heiliger Schrift zuerkennt, in der sie in der Bibel und nur in der Bibel Gottes Wort zu hören erwartet, nun nicht doch etwas, was sich mit der Majestät Gottes nicht vereinigen läßt: die Verabsolutierung eines Relativen, nämlich eines immerhin menschlichen Wortes, das in dieser Verabsolutierung neben dem, der selber ganz allein Gott ist und sein will, nicht bestehen kann? . . . Es gibt in der Tat nur eine einzige absolute grundsätzliche und unzerstörbare Priorität, und das ist die Priorität Gottes als des Schöpfers vor der Totalität und vor ausnahmslos jedem seiner Geschöpfe. Aber wie seltsam, daß wir gerade über diese Priorität (im ernsten Sinn, im vollen Umfang und in der ganzen Kraft dieses Begriffs) nun doch nur durch die Bibel, und zwar durch die als Offenbarungszeugnis und also selber als Gottes Wort gelesene, verstandene und erklärte, also gerade durch die angeblich verabsolutierte Bibel unterrichtet werden! . . . Ausgeschlossen wäre nun gewiß auch dies: daß zwischen dem Menschenwort der heiligen Schrift und dem Worte Gottes und also zwischen dieser geschöpflichen Wirklichkeit an sich und als solcher und der Wirklichkeit Gottes des Schöpfers eine *direkte* Identität bestünde, eine Verwandlung der einen in die anderen oder eine Vermischung der einen mit der anderen stattgefunden hätte . . .

(S. 554:) . . . Sie [die Schrift, d. Hrsg.] kann nicht selbständig selber offenbaren, sondern nur die in der Menschheit Jesu Christi geschehene und geschehende Offenbarung bezeugen. Aber in dieser Distanz und Unterscheidung, als solches Zeugenwort, als das Zeichen geschehener und geschehen werdender Offenbarung, und zwar, wie wir sahen: als das in und mit der Offenbarung selbst eingesetzte Zeichen, als das Zeugnis der unmittelbar in und mit der Offenbarung selbst berufenen Zeugen, steht nun doch auch die Schrift in jener indirekten, weder durch Gottes noch durch des Menschen Wesen bedingten, wohl aber durch Gottes Entscheidung und Tat herbei-geführten Identität menschlichen Seins mit Gott selber, kann und muß auch sie – nicht als ob sie Jesus Christus wäre, aber im gleichen ernsten Sinn wie Jesus Christus – Gottes Wort genannt werden: Gottes Wort im Zeichen des Menschenwortes, so werden wir genau sagen müssen . . .

(S. 561:) . . . Wir werden in dem Satz: Wir glauben, daß die Bibel Gottes Wort ist, zunächst das Wort *Glauben* zu unterstreichen und wohl zu bedenken haben . . . Es muß vielmehr anerkannt werden, daß diese Situation als solche, d. h. abgesehen vom Glauben, geradezu die Unmöglichkeit dieses Erweises bedeutet und daß also der Glaube als der Durchbruch in seine Wirklichkeit und Möglichkeit die Nieder-legung einer Mauer bedeutet, in der man nur ein *Wunder* und immer wieder ein Wunder wird erblicken müssen, zu dessen Verständnis es außer dem Glauben selbst oder vielmehr außer dem Worte Gottes, das der Glaube glaubt, keine Erklärung gibt, dessen Wirklichkeit und Möglichkeit also außerhalb des Glaubens und des Wortes in keiner Weise behauptet oder verteidigt werden, hinsichtlich dessen man sich außerhalb des Glaubens und des Wortes keine Sicherungen verschaffen kann . . . Die Theopneustie ist der Akt der Offenbarung, in welchem die Propheten und Apo-stel in ihrer Menschlichkeit wurden, was sie waren, und in dem allein sie in ihrer Menschlichkeit auch uns werden können, was sie sind . . .

(S. 588:) . . . Sind die Propheten und Apostel keine wirklichen und also fehlbaren, auch in ihrem Amt, auch wenn sie von Gottes Offenbarung reden und schreiben, fehlbaren Menschen, dann ist es kein Wunder, daß sie Gottes Wort reden. Ist es aber kein Wunder, wie soll es dann Gottes Wort sein, was sie reden, wie soll dann ihr Reden und unser Hören ihrer menschlichen Worte als das Wort Gottes den Charak-ter von Offenbarung haben? Wir stellen also dem trotzigen Postulat, sie dürften, wenn ihr Wort Gottes Wort sein sollte, in keinem Wort gefehlt haben, noch trotziger die Feststellung gegenüber: Nach dem Zeugnis der Schrift vom Menschen, das auch von ihnen gilt, *konnten* sie in jedem Wort fehlen und *haben* sie auch in jedem Wort gefehlt, und nach demselben Zeugnis der Schrift haben sie, gerechtfertigt und gehei-ligt allein durch Gnade, eben mit diesem ihrem *fehlbaren* und *fehlenden* Menschen-wort Gottes Wort geredet. Daß wir in der Bibel dieses wirklichen Wunders, des Wunders der Gnade Gottes an Sündern, teilhaftig werden, das und nicht das müßige Mirakel von Menschenworten, die gar keine wirklichen Menschenworte gewesen wären, begründet die Würde und Autorität der Bibel . . .

(S. 591:) 7. Wenn wir von der Inspiration der Bibel reden oder wenn wir bekennen: die Bibel ist Gottes Wort, so haben wir also einerseits, im Raume der Zeit und der Sichtbarkeit, im konkreten Leben der Kirche und unseres eigenen Lebens als Glie-der der Kirche, an eine *doppelte Wirklichkeit* zu denken . . . *Gott* redet jetzt, was dieser Text redet. Gottes *Werk* geschieht durch diesen Text . . . Dennoch ist es nun eben dieser Text als solcher, von dem das alles zu sagen ist . . . Verbalinspiration bedeutet: das fehlbare und fehlende menschliche Wort ist jetzt als solches von Gott in seinen Dienst genommen und ungeachtet seiner menschlichen Fehlbarkeit als solches anzunehmen und zu hören . . .

8. Wir haben nun aber . . . wohl zu bedenken, daß die Inspiration der Bibel nicht auf-geht in unserem Glauben an sie, auch dann nicht, wenn wir diesen Glauben als Got-tes Gabe und Werk an uns verstehen. Was im Raume der Zeit und der Sichtbarkeit, im konkreten Leben der Kirche und unseres eigenen Lebens als ihrer Glieder geschieht, jenes Ereigniswerden der Gegenwart des Wortes Gottes im Menschen-wort der Propheten und Apostel, das ist ja nur zu verstehen als eine Wiederholung,

eine sekundäre Verlängerung und Fortsetzung des einmaligen und primären Geschehens der Offenbarung selber ... Wir werden uns aber fragen müssen, wie denn jener Objektivität der Inspiration der Bibel Genüge zu leisten ist. Ihr kann nun aber offenbar nur damit Genüge geleistet werden, daß wir darauf verzichten, ihr Genüge leisten zu wollen ...

Für den Satz, daß das Menschenwort der Bibel Gottes Wort ist, kann es offenbar nur einen einzigen und unvergleichlichen Grund geben, nämlich den, daß er wahr ist, den Grund, der entweder sich selbst setzt oder gar nicht besteht, der entweder schon erkannt und anerkannt ist oder gar nicht wahrgenommen wird.

KARL BARTH,

Die Autorität und Bedeutung der Bibel, in: ders., Die Schrift und die Kirche, Theologische Studien, Heft 22, hrsg. von Karl Barth, Theologischer Verlag Zürich, 1947, S. 3 ff.

I.

Ein Satz über »die Autorität und Bedeutung der Bibel« ist dann gehaltvoll, wenn er als analytischer Satz einen aller Problematik entzogenen Sachverhalt umschreibt und also die Kenntnis dieses Sachverhalts zur Voraussetzung hat.

... Genau so bezeichnen alle gehaltvollen (d. h. alle nicht nur scheinbar, sondern wirklich dieser Sache zugewendeten) Sätze über die Autorität und Bedeutung der Bibel einen Sachverhalt, über dessen Bestand es keine Diskussion geben kann, weil er, als in sich selbst begründet, auch für sich selbst spricht und also nur wiederholend und bestätigend erläutert werden kann. Dieser Sachverhalt besteht darin, daß die Bibel in der Gemeinde Jesu Christi eine bestimmte Autorität und Bedeutung hat ...

II.

Die Gegenwart und Herrschaft Jesu Christi in seiner Gemeinde und damit in der Welt hat in der Zeit zwischen seiner Auferstehung und seiner Wiederkunft ihre offenbare Gestalt im Zeugnis seiner erwählten und berufenen Propheten und Apostel ...

III.

Die Wahrheit, Kraft und Würde des Zeugnisses dieser Menschen ist die seines Gegenstandes: sie bezeugen Jesus Christus und also das Werk des gnädigen Gottes als die Mitte, den Anfang und das Ende aller Dinge.

Was zeichnet das Zeugnis der Propheten und Apostel so aus, daß es für die Existenz der Gemeinde und für ihre Botschaft an die Welt diese Bedeutung haben kann? Sie waren fehlbare und irrtumsfähige Menschen wie wir, Kinder ihrer Zeit, wie wir Kinder der unsrigen sind, ihr geistiger Horizont so beschränkt und in wichtiger Hinsicht viel beschränkter als der unsrige. Wem es Freude macht, der mag noch und noch einmal konstatieren, daß uns ihre Naturwissenschaft, ihr Weltbild und weithin auch ihre Moral nicht maßgeblich sein können. Sie haben auch Sagen und Legenden erzählt und von allerlei mythischen Stoffen wenigstens freien Gebrauch gemacht. Sie haben sich in manchen Angaben und auch in wichtigen Sätzen unter sich widersprochen. Sie waren mit wenigen Ausnahmen keine bemerkenswerten Theologen. Sie haben nur ihre Erwählung und Berufung für sich. Diese aber zählt! Ihre Zeugnisse haben nämlich in ihrer Weise und an ihrem Ort alle einen und denselben Mittelpunkt, Gegenstand und Inhalt: den in den Bundesschlüssen Gottes mit seinem Volk Israel angezeigten und vorgebildeten und am Ende der göttlichen Gerichte über Israels Untreue geborenen Jesus von Nazareth mit dem neuen Volk seiner Jünger und Brüder, den Christus der Juden, der als solcher auch der Heiland der Heiden ist. Das alttestamentliche Zeugnis (von Jahve und seinem Israel) und das neutestamentliche Zeugnis (von dem einen Jesus Christus mit den Seinigen) stimmen darin überein: in dieser Begegnung des gnädigen Gottes mit dem sündigen Menschen ist die Geschichte, ist das Werk, das die Mitte aller geschaffenen Dinge bildet, das das Geheimnis auch ihres Anfangs und ihres Endes, ihres Ursprungs in Gottes Schöpfung und ihres Zieles in einer neuen Schöpfung ist, Ereignis geworden . . .

IV.

Indem dieser Gegenstand und indem das Verhältnis dieser Menschen zu diesem Gegenstand einzigartig ist, ist ihr Zeugnis in dieser Zeit die einzige für die Gemeinde und für die Welt maßgebliche Gestalt des Wortes Gottes.

. . . In dieser Erkenntnis fixiert sie den biblischen Kanon. Die Kanonsbildung ist ihr Bekenntnis zu Gottes Auswahl und Berufung seiner Zeugen. Indem ihre Erkenntnis hier wie sonst eine menschliche und also eine beschränkte, vorläufige und vielleicht der Ergänzung und Korrektur bedürftige ist, kann ihr Bekenntnis hier wie sonst keinen endgültigen Charakter haben, keinen mehr als vorläufigen Abschluß vollziehen wollen . . .

V.

Das Zeugnis dieser Menschen erweist sich dadurch als Gottes Wort, daß es die Gemeinde tatsächlich im Namen des auferstandenen und wiederkommenden Jesus Christus aufruft, tröstet und ermahnt und damit ihrer Verkündigung an die Welt tatsächlich Freiheit, Richtung, Fülle – den Charakter eines ersten und letzten Wortes – gibt.

. . . Die alte Theologie hat diesen tatsächlichen Selbstbeweis der biblischen Autorität mit Recht das »Zeugnis des Heiligen Geistes« genannt. Man redete aber mißverständlich, wenn man es als ein »inneres« Zeugnis bezeichnete, als ob es nicht auch äußerlich wäre. Man hat damit oft versäumt, diesen Selbstbeweis der biblischen Autorität klar genug von einer magischen Inkantation zu unterscheiden . . . Und das ist das Zeugnis des Heiligen Geistes, der Selbstbeweis der biblischen Autorität: daß das Alles tatsächlich geschieht, daß die Gemeinde wird und als solche leben darf. Auf die Frage, ob die Bibel wahrlich und wirklich Gottes Wort sei, kann eigentlich nur die Gemeinde kompetent antworten, und sie kann auf diese Frage nur damit antworten, daß sie der Bibel selbst Gehör und Gehorsam schenkt und zu demselben Gehör und Gehorsam durch ihr eigenes Tun auch die Welt einlädt. Sie kann nur den Beweis des Geistes und der Kraft führen. Es liegt immer an ihrer eigenen Untreue – nämlich daran, daß sie selbst noch nicht oder nicht mehr die Gemeinde unter dem Wort der Bibel ist – wenn dieser ihr Beweis so einleuchtend und überzeugend nicht wirkt, wie er wirken könnte und müßte . . .

VI.

Das biblische Zeugnis als Wort Gottes erklärt sich selbst. Es entspricht aber seiner Menschlichkeit, daß es, indem es sich selbst erklärt, den Dienst menschlicher Auslegung in Anspruch nimmt.

. . . scriptura scripturae interpres. Das will hier, im Blick auf die heilige Schrift, sagen: als Gotteswort im Menschenwort ist diese Schrift ihr eigener Erklärer, ist sie sich selbst, d. h. in dem ihr von ihrem Gegenstand her gegebenen Zusammenhang ihrer so differenzierten und komplexen Wirklichkeit überall vollkommen deutlich und durchschaubar. Aber diese in ihrer Autorität begründete Durchsichtigkeit (perspicuitas) der Bibel ist keine ihr inhärierende Eigenschaft, sondern ein Moment, eine besondere Bestimmung jenes Ereignisses, in welchem vermöge des tatsächlichen Lautwerdens und Vernommenwerdens des biblischen Zeugnisses christliche Gemeinde entsteht und besteht. Die Bibel erklärt sich also nicht in der Weise, daß die Menschen, denen sie sich erklärt, dabei müßige Zuhörer sein könnten. Sie erklärt sich in der Weise, daß diese Menschen – ihrem allgemeinen und individuellen Vermögen, ihrer geschichtlichen Situation entsprechend und letztlich und entscheidend »nach dem Maß ihres Glaubens« – zum Dienst an dieser Erklärung herangezogen werden . . .

VII.
Rechte Auslegung des biblischen Zeugnisses findet da statt, wo die Feststellung, das Bedenken, die Aneignung seiner menschlichen (literarisch-historischen) Gestalt bestimmt ist durch die dankbare Erinnerung an das schon gehörte und durch die freudige Erwartung des neu zu hörenden Wortes Gottes.

. . . Aber nun wollen die biblischen Texte nicht als historisch-literarische »Quelle« irgendwelcher Erkenntnisse, sondern als gemeindebegründende und gemeinderegierende Zeugnisse von Gottes Wort verstanden sein . . . Zur rechten Auslegung dieser Texte gehört also dies, daß der Ausleger in der Lage ist, sich mindestens hypothetisch an den Ort der diese Texte vernehmenden Gemeinde zu versetzen. Von diesem Ort aus ergibt sich nämlich die ganz bestimmte Haltung, in der diese, die biblischen Texte, allein zu verstehen und zu erklären sind. Es wird wahrscheinlich dem, der diesen Ort nur hypothetisch bezieht, praktisch nicht möglich sein, sich wirklich auch in diese Haltung zu versetzen und also eines echten Verstehens und Erklärens fähig zu werden. Aber wie dem auch sei: die Haltung, die von diesem Ort aus einzunehmen ist, ist nun nicht etwa die eines Vorauswissens um ein im menschlichen Textwort »vorhandenes« Gotteswort. Das war der naturalistische Irrtum der Inspirationslehre des ausgehenden siebzehnten Jahrhunderts und ihrer Vorläufer in der alten Kirche. Gottes Wort ist nie und nirgends »vorhanden«, sondern Gottes Wort ist Gottes Geist, der weht, wo er will; Gottes Wort geschieht, indem es von Gott gesprochen wird: ubi et quando visum est Deo . . . Die von ihrem Ort aus gebotene Haltung des Auslegers ist darum die Erinnerung, und zwar die dankbare Erinnerung an das schon gehörte und die Erwartung, und zwar die freudige Erwartung des aufs neue zu hörenden Wortes Gottes . . . Und daß der Ausleger, indem er im übrigen tut, was alle sonstige Exegese auch tut oder tun sollte, in diesem Sinn auf Gottes Wort achte, ist die einzige Regel einer »theologischen« oder »pneumatischen« Exegese . . .

VIII.
Die in diesem Sinn »autoritative« Existenz des biblischen Zeugnisses ist die heilsame Garantie dafür, daß es im Leben der Gemeinde und in ihrer Verkündigung an die Welt immer aufs neue zur wirklichen Begegnung zwischen dem gnädigen Gott und dem sündigen Menschen kommen kann . . .

IX.
Die praktische Bedeutung der Autorität des biblischen Zeugnissses besteht darin, daß die Gemeinde es sich gefallen läßt, ihr ganzes Leben, ihre Ordnung und ihren Gottesdienst, ihr Bekenntnis und ihre Lehre, ihre Predigt und ihren Unterricht und so auch ihre Stellungnahmen im Leben der Völker und Staaten letztinstanzlich vor ihm zu verantworten, ihm als der Quelle und Norm aller Erhaltung und Erneuerung jederzeit Raum zu geben.

. . . Die Autorität des biblischen Zeugnisses ist die Autorität Jesu Christi, des Herrn der Gemeinde und des Kosmos, der der Gegenstand dieses Zeugnisses ist. Die Bibel ist also kein »papierener Papst« und ihre Autorität ist keine gesetzliche, sondern eine geistliche Autorität. Aber eben Jesus Christus ist der, den die Bibel so nennt und der in der Bibel als der Herr bezeugt wird, und es ist eben der Geist der Bibel, der in der Gemeinde selbst und durch die Gemeinde in der Welt Autorität ausübt und Gehorsam fordert . . .

KARL BARTH,

Einführung in die evangelische Theologie, Theol. Verlag Zürich, ³1985, S. 191 ff.

Es ist aber das Lesen und Erklären der biblischen Texte ein Problem für sich; und indem es sich immer neu stellt, ist Theologie zunächst im Besonderen Wissenschaft vom Alten und vom Neuen Testament als den Sammlungen der Texte, in denen die Gemeinde Jesu Christi die Stimme des ursprünglichen und insofern einzigartigen Zeugnisses von Gottes Werk und Wort als Quelle und Norm ihrer Lehre und ihres Lebens von jeher zu vernehmen sich aufgerufen fand. Sie hat aber diese Stimme in ihrer Originalität, Mannigfaltigkeit und Einheit zu jeder Zeit neu zu vernehmen, sie hat also jene Texte – und dazu bedarf sie der biblisch-theologischen Wissenschaft – zu jeder Zeit neu zu lesen . . . Zwei Voraussetzungen werden dabei immer wirksam sein müssen: Die erste hat sie mit aller historisch-kritischen Forschung, in deren Bereich ja auch die biblischen Texte gehören, ohne weiteres gemeinsam: sie hat zum Lesen und Verstehen auch dieser Texte alle bekannten und erreichbaren Hilfsmittel, Regeln und Maßstäbe der Sprach- und Stilkunde, der vergleichenden Welt-, Kultur- und Literaturgeschichte gewissenhaft in Anwendung zu bringen. Historisch-kritischer Art ist aber an sich auch ihre zweite Voraussetzung – nur daß sie in der übrigen historischen Forschung von ferne nicht allgemein anerkannt ist und also in der theologischen Exegese, für deren Arbeit sie wesentlich ist, in einer gewissen Isolierung zum Tragen zu bringen ist. Es geht um die allgemeine Voraussetzung, daß es neben anderen auch solche Texte gebe, die nach der Intention ihrer Autoren und in ihrer faktischen Eigenart nur als Bezeugung und Verkündigung eines inmitten der sonstigen Geschichte angeblich oder wirklich stattgefundenen göttlichen Handelns und Redens gelesen und erklärt werden können, an deren Aussage man, will man sie nicht in diesem Charakter würdigen, nur vorbeilesen kann . . . Warum sollte es nicht nach nüchtern historisch-kritischem Urteil auch solche rein kerygmatische und also sachgemäß nur als solche zu interpretierende Texte geben? Die biblisch-theologische Wissenschaft setzt voraus, daß es solche gebe und daß sie es im Besonderen im Alten und Neuen Testament eben mit solchen Texten zu tun habe: mit Texten, deren Aussagen wohl wie die aller anderen Texte objektiv zur Kenntnis genommen, die aber nur entweder mit dem Nein des Unglaubens oder mit dem Ja des Glaubens ihrem Sinn entsprechend verstanden werden können, die also nur in ständiger Berücksichtigung dieses ihres kerygmatischen Charakters sachgemäß zu erklären sind. Biblisch-theologische Wissenschaft arbeitet ja nicht im leeren Raum, sondern im Dienst der Gemeinde Jesu Christi, die durch das prophetisch-apostolische Zeugnis begründet ist. Eben von daher tritt sie in der Erwartung – mehr ist nicht zu sagen, aber auch nicht weniger! – an diese Texte heran: daß ihr dieses Zeugnis in ihnen begegnen werde – wobei sie sich nun doch (eben darum geht es in dem sog. »hermeneutischen Zirkel«) für die Frage rückhaltlos offen hält: ob, inwiefern, in welcher Gestalt und in welchen konkreten Aussagen sich diese ihre Erwartung erfüllen, die Auszeichnung, die diese Texte für die Gemeinde besitzen, sich also bestätigen möchte. »Dogmatische« Exegese? Sie ist das nur insofern, als sie ein Dogma ablehnt, das ihr diese Erwartung zum vornherein verbieten, deren Erfüllung zum vornherein als unmöglich erklären möchte. »Pneumatische« Exegese? Sicher nicht, sofern sie etwa aus irgendeinem ihr vermeintlich eigenen Geistbesitz heraus über die Schrift verfügen zu können meinte. Sie mag aber so genannt werden, sofern sie sich die doch aus der Schrift selbst zu begründende Freiheit nimmt, ernstlich, letztlich und entscheidend nur eben die Frage nach dem in ihr vernehmbaren Selbstzeugnis des Geistes an sie zu richten . . .

Kommentar

Karl Barth hat mit dem Fanal seines Kommentars zum Römerbrief eine neue Epoche der Theologiegeschichte eingeleitet, mit der nach Ende des 1. Weltkrieges das Zeitalter des sog. Kulturprotestantismus zu Ende ging. Daß die neue theologische Bewegung mit einem exegetischen Kommentar erstmals an die Öffentlichkeit trat und sich später selbst die Bezeichnung Theologie des Wortes beilegte, läßt erahnen, wie stark ihr Interesse an der Bibel und ihrer angemessenen Auslegung war.

Diese Interesse spiegelt sich auch in Barths großem literarischen Werk wider. Die abgedruckten Auszüge wollen einen mehr oder weniger repräsentativen Querschnitt seiner Aussagen zum Schriftverständnis geben. Sie reichen von den verschiedenen Auflagen des Römerbriefkommentars über die Kirchliche Dogmatik und einen Vortrag zum Verhältnis von Schrift und Kirche bis zum älteren Barth.

Zunächst ist die Kontinuität, mit der er die einmal bezogene Position durchhält, auffallend. Er hämmert dem Leser geradezu ein, daß eine sach-gemäße biblische Auslegung zu der Sache, von der die Bibel reden will, vorzudringen hat, nämlich zur Beziehung Gottes zum Menschen, wie sie endgültig in Jesus Christus offenbart worden ist, dem sogenannten »Materialprinzip«. Über diese Offenbarung gibt das zeitlos gültige Kerygma der Bibel Auskunft. Karl Barth hat damit – wie die Reformation – neu die Gleichzeitigkeit des biblischen Wortes mit seinem jeweiligen Leser entdeckt. Daß diese Auskunft in der Schrift zu bekommen ist, ist nicht hinterfragbare Grundlage aller Theologie und damit auch der Exegese. Conditio sine qua non einer sinnvollen Exegese kann daher nur das Eingehen des Exegeten in ein Treueverhältnis zu dem biblischen Autor sein. Allein vom »Materialprinzip« aus ist daher Kritik an der Schrift möglich. Es müßte bei Barth deshalb eher von »dogmatischer« als von »historischer« Kritik gesprochen werden.

Vom Vorwort der ersten Auflage des Römerbriefes, noch deutlicher in dem zur zweiten Auflage, bis hin zur »Einführung in die evangelische Theologie« bleibt Barth konsequent dabei, daß eine sach-gemäße biblische Auslegung bis zur Sache, von der die Bibel reden will, vorzudringen hat. Die in der Kirchlichen Dogmatik I, 1 entworfene Lehre von der dreifachen Gestalt des Wortes Gottes macht deutlich, daß Barth dabei keine Trennungen zwischen äußerem biblischen Wort und seiner Sache intendiert. Vielmehr stehen offenbartes, geschriebenes und verkündigtes Wort Gottes in einem untrennbaren Beziehungsgeflecht. Eine Gestalt des Wortes Gottes hat man nie ohne die beiden anderen, was allerdings nicht zur Konsequenz hat, daß sie nicht mehr voneinander zu unterscheiden wären. Vielmehr besteht ein unumkehrbares Begründungsgefälle zwischen den einzelnen Gestalten des Wortes Gottes: Die Offenbarung Gottes in Christus ist die Gestalt, die die beiden anderen begründet. Wir können ihr aber nur indirekt, eben durch die Schrift und Verkündigung, begegnen.

Barths Lehre von der dreifachen Gestalt des Wortes Gottes ist jedoch keine bloße Neuaufnahme der Schriftlehre der protestantischen Orthodoxie. Von ihr unterscheidet sie sich vor allem durch ihre »aktualistische« Fassung. Die Autorität der Schrift läßt sich nicht irgendwie von einer vermeintlich neutralen Position von außerhalb der Schrift begründen: Ihre Erkenntnis ist ein Bekenntnis. Die Bibel erweist sich selbst immer wieder als Gottes Wort, indem sie den Menschen durch die Erkenntnis von Sünde und Gnade in die Gemeinschaft mit Gott ruft. In dieser ihr eigenen, von nirgendwoher zu begründenden Wirkmächtigkeit liegt für Barth gerade ihre Stärke.

*Die Schrift ist Zeugnis von der Offenbarung in Unterschiedenheit von und Ein-
heit mit ihr. In dieser Bezogenheit auf die Offenbarung ist auch die Einheit der
Schrift gegeben. Da die Schrift den einzigen Zugang zur Offenbarung darstellt,
kann der Mensch sich nie in seiner Beziehung zur Offenbarung von der Schrift
wieder emanzipieren. Daher lehnt Barth auch eine Sachkritik an der Schrift ab,
bei der der Interpret von vornherein meint, über den biblischen Text und seine
Sache verfügen zu können, da er glaubt, diese besser zu verstehen als die biblischen Autoren. Barth erlaubt nur ein Verlängern oder Verkürzen der im Text gezogenen Linien, wo ein Stehenbleiben beim Wortlaut ein Unterdrücken der Sache
des Textes bedeuten würde (vgl. Text 1).*

*Damit ist schon angedeutet, wie Barth durch seine Lehre vom Wort Gottes die seit
Semler postulierte Unterscheidung zwischen Bibel und Gottes Wort zu überwinden sucht: Durch die Bindung des Zeugnisses von der Offenbarung allein an die
Bibel partizipiert sie an der Identität menschlichen Seins mit Gott selber, wie
Gott sie in Christus herbeigeführt hat. Allerdings besteht zwischen Christus und
der Schrift keine Identität, weil sie Gottes Wort in Gestalt des Menschenwortes
ist, wobei dieser Satz eine Glaubensaussage darstellt. Dabei entfaltet die Schrift
ihre Wirksamkeit durch das menschliche Wort in seiner normalen Bedeutung
und Funktion. Hiermit stehen zwei Aussagen Barths in unmittelbarem Zusammenhang: Die biblischen Schreiber waren fehlbare und irrtumsfähige Menschen,
was allerdings die Wirkungskraft ihrer Zeugnisse nicht beeinträchtigen kann.
Verbalinspiration bedeutet daher, daß gerade das fehlbare menschliche Wort der
biblischen Zeugen von Gott in den Dienst genommen wurde, ein Sachverhalt, der
nicht durch eine »objektive« Inspirationslehre abgesichert werden könne. Zum
anderen folgt daraus, daß keine besondere biblische Hermeneutik zu entwickeln
ist, sondern eine allgemein gültige Hermeneutik gerade an Hand der Bibel als
Offenbarungszeugnis gelernt werden muß, ein Gedanke, der in der »Einführug in
die evangelische Theologie« – wenn auch mit resignierendem Unterton – festgehalten wird.*

*Wir sahen, daß für Barth nur der die Bibel ihrer Intention gemäß verstehen kön-
nen wird, der ihren Zeugnischarakter berücksichtigt. Barth kann noch einen
Schritt weitergehen, wenn er sagt, daß möglicherweise nur der Ausleger die Bibel
richtig verstehen kann, der selbst innerhalb der Gemeinde Jesu steht, zu der ihre
Texte ja eigentlich reden wollen. Allerdings plädiert er von hier aus nicht für eine
theologia regenitorum.*

*Zunächst muß hervorgehoben werden, daß Karl Barth die Autorität der Schrift
als Ausgangspunkt jeder sinnvollen Auslegung neu gesehen hat. Nicht der wissenschaftliche Zweifel, sondern ein vertrauensvolles Ja zum biblischen Zeugnis
bildet für ihn das Eingangstor zur biblischen Exegese. Barth hat gegen liberale
und orthodoxe Theologie neu den Vorrang des Textes vor jeder Methode erkannt,
und daß es daher keinen »Schlüssel« zum Text in der Hand des Exegeten gibt. Wir
haben das Wort nur in den Wörtern der Bibel, aber nie haben wir das Ereignis des
Wortes im Griff.*

*In seiner Lehre vom Wort Gottes versucht er alle positiven Anliegen der orthodo-
xen Schriftlehre in neuer Form zu berücksichtigen. Er bejaht die Einheit der
Schrift, ihre Inspiration und lehnt die Suche nach einem Kanon im Kanon ab.
Positiv ist weiter zu vermerken, daß er seine Position nicht von außen, sondern
von der Bibel selbst her zu begründen versucht.*

*Das Problem Barths liegt darin, daß er die liberale historisch-kritische Auslegung
wohl für seine eigene theologische Arbeit überwunden, aber ihre Problematik
nicht letztlich gelöst hat. Da wir das Wort nur in den Wörtern der Schrift haben,*

befürwortet er entschieden die historische Textarbeit, sieht aber auch die Probleme, die sich bei unterschiedlichem Standpunkt des Forschers in Beobachtung und Bewertung ergeben. Trotzdem fehlt ein letztes Ernstnehmen der historischen Kritik, das sich mit ihren Argumenten auseinandersetzt, ohne sich dabei an ihre Prämissen zu verlieren. Barth hat die Problematik für sich folgendermaßen gelöst: Obwohl er zwischen ursprünglichem Offenbarungsereignis und der Schrift als Offenbarungszeugnis unterscheidet, ist für ihn keine Scheidung zwischen beiden möglich, so daß die prinzipielle Unterscheidung für den praktischen und theologischen Umgang mit der Bibel bedeutungslos wird. Damit war die Bibel aus der Analogie anderer menschlicher Überlieferungsprozesse herausgenommen.

Die von Barth geforderte und auch selbst praktizierte dogmatische bzw. pneumatische Exegese ist daher trotz ungemein brauchbarer Ergebnisse keine in echtem Sinne nachkritische Schriftauslegung, weil sie die historisch-kritische Auslegung letztlich nicht überwunden, sondern nur übergangen hat.
(Vgl. Eichholz, Georg, Tradition und Interpretation, in: Theologische Bücherei 29, München 1965, S. 190ff.; Lindemann, Walter, Karl Barth und die kritische Schriftauslegung, Hamburg 1973.) Z

HERMANN SASSE,
Zur Lehre von der Heiligen Schrift, in: ders., Sacra Scriptura. Studien zur Lehre von der
Heiligen Schrift, hrsg. v. F. W. Hopf, Erlangen 1981, S. 203 – 244

3. Die Lehre von der Heiligen Schrift muß ausgehen von dem Satz, ja sie ist nichts anderes als eine Entfaltung des Satzes: *Die Heilige Schrift ist Gottes Wort,* Sacra Scriptura est Verbum Dei. Wort Gottes gibt es auch außer der Schrift; *vor* der Schrift wie das Wort des Herrn, das zum Propheten kommt, ihm gegeben wird und das erst später geschrieben wird, und *nach* der Schrift wie die Predigt, in welcher die Schrift ausgelegt wird. Wort Gottes gab es, ehe menschliche Sprache und menschliche Schrift da war, ehe ein Menschenohr hören, ein Menschengeist ein Wort verstehen konnte. Wort Gottes gab es vor allen geschaffenen Dingen: »Am Anfang war das Wort, und das Wort war bei Gott, und Gott war das Wort.« »Und das Wort ward Fleisch.« Aber alle anderen Gestalten des Wortes, das vom Propheten vernommene, das gepredigte, das *fleischgewordene* und als verbum incarnatum sogar *gesehene* (1. Joh. 1,1 ff) Wort Gottes, stehen in Beziehung zu dem geschriebenen Wort, zur Heiligen Schrift. Wenn es Wort Gottes auch neben, außerhalb, vor der Schrift gibt, so gibt es doch nicht Heilige Schrift, die nicht Gottes Wort wäre. Was zur Heiligen Schrift gehört, wo ihre Grenzen, die Grenzen des Kanons sind, das war oft unsicher. Israel, die Synagoge, die Alte Kirche, die Christenheit des 16. Jahrhunderts haben darüber debattiert. Aber darüber war man sich immer klar: jede Schrift, die Gottes Wort ist, gehört in den Kanon der Heiligen Schrift, und keine Schrift, die nicht Gottes Wort ist, kann darin Platz haben. Die Grenzen des Kanons können unsicher sein. Aber was grundsätzlich zum Kanon gehört, darüber gibt es keine Unsicherheit: alles geschriebene Gotteswort und nichts als geschriebenes Gotteswort. Was die Kirche zum Kanon rechnet, von dem bekennt sie: es ist Gottes Wort. Das ist ein Urteil des Glaubens. Nur im Glauben können wir alle Teile des Pentateuch, den ganzen Psalter, den Prediger und das Hohelied als Gottes Wort erkennen.

Es braucht nicht im Einzelnen gezeigt zu werden, daß dies die Anschauung Jesu und der Apostel vom Alten Testament, daß es die Anschauung der Kirche aller Zeiten, auch der Kirche der Reformation, von der ganzen Bibel ist: Die Schrift ist Gottes Wort. Sie enthält es nicht nur, sondern sie ist es, denn alles, was sie enthält, ist Gottes Wort. Es ist der Herr, der durch den Propheten Jes. 7,14 oder durch den Mund Davids Ps. 2,1f. geredet hat (Matth. 1,22f.; Apg. 4,25f.). Es ist der Heilige Geist, der im Psalm spricht (Hebr. 3,7). Und es sind nicht nur einzelne Stellen, in denen Gott redet. Die Schriften (Luk. 24,27) sind die Schrift (Joh. 5,39; 10,35), die Worte (»logia«, Röm. 3,2) sind das Wort. Was Luther angeht, so wird seine Stellung klar an seinem Sprachgebrauch, der zwischen »Heiliger Schrift« und »Wort Gottes« einfach wechseln kann.

7. Daß Jesus der Christus und Herr ist: das steht in der Tat nur in der Bibel – und natürlich in Büchern, die es aus der Bibel haben. Ohne die Bibel würde die Menschheit das nicht wissen, diese wichtigste Tatsache für das Leben und Sterben aller Menschen. Daß es *einen* Gott gibt und daß Gott die Welt geschaffen hat, steht auch im Koran. Sogar vom Jüngsten Gericht steht da geschrieben; und von Geboten, die wir Menschen zu halten haben, wissen viele »heilige« Schriften der Menschheit. Daß aber Jesus der Christus ist, das heißt der Messias Israels, und der Herr, der »Ich bin« des Alten Testaments (vgl. 2. Mose 3,14 mit dem »Ich bin« Joh. 4,26; 6,35; 8,12; 14,6; 15,1 und Offb. 1,8.17), der »Kyrios« des Alten und des Neuen Testaments, das sagt uns allein das Buch der Bücher. Eben darum ist die Bibel ein völlig unvergleichliches Buch. Sie sagt uns etwas, was, wenn es wirklich wahr ist, nur Gott sagen kann. In ihr redet vom ersten bis zum letzten Blatt der, der der Erste und der Letzte, der Anfang und das Ende ist, der ewige Sohn Gottes, das Wort, der Logos, der im Anfang

bei Gott war, »durch welchen alles geschaffen ist«. In ihr bezeugt vom ersten bis zum letzten Blatt der Heilige Geist Jesus als den Christus, den Sohn des lebendigen Gottes. Die Bibel, die ganze Bibel ist der Ruf Gottes des Vaters an die Menschen: »Dies ist mein lieber Sohn, an welchem ich Wohlgefallen habe; den sollt ihr hören.« In allen Büchern der Menschen redet, indem der Autor von seinem Gegenstand spricht, ein Subjekt von einem Objekt. In dem Buch der Bücher fallen Subjekt und Objekt völlig zusammen. Gott redet von Gott. Die Heilige Schrift ist, um es mit einem tiefen Wort von Luther zu sagen, der Ort, »ubi Christus Christum purissime docet«.

So hat *Luther* das göttliche Geheimnis der Heiligen Schrift verstanden. »Es ist Gott zu tun um die Offenbarung und Erkenntnis seines Sohnes durch die ganze Schrift Alten und Neuen Testaments: *Alles geht auf den Sohn*« (Von den letzten Worten Davids, 1543, WA 54,88). »Solch wunderlich und überwunderlich Ding, daß Gott ist Mensch worden, lehret dieses ganz und einig Buch, *davon kein ander Buch nichts weiß*. Denn wo du nicht suchest in diesem Buch das Verbum caro factum est, so wäre dir besser, einen Marcolfus oder Ulenspiegel zu lesen. Es ist alles um dies Verbum zu tun ... Er ist der Herr, der in der Krippen und Marien in den Armen liegt« (Bibel- und Bucheinzeichnungen zu Joh. 1,14; WA 48,130). Mit den Worten Joh. 5,39 will Christus »anzeigen, *warum die Schrift von Gott vornehmlich gegeben sei*, nämlich darum, daß man darin soll studieren, suchen und lernen, daß Er, Er, Marien Sohn, sei der, der das ewige Leben geben kann allen, so zu ihm kommen und an ihn glauben« (Predigt über Joh. 5,39, 1545, WA 51,4; EA 20, II, 380). »*Die heilige Schrift treibet mehr den Sohn* denn den Vater, weil die ganze Schrift ist um des Sohnes willen. Es sind mehr Zeugnis, auch im Alten Testament, vom sohn als vom Vater« (Tischrede WA TR V Nr. 5585). Christus ist auch dort im Alten Testament, wo wir ihn zunächst nicht sehen: »Wer hätte diese Historia auf Christum dürfen deuten? Ich wäre also kühn nicht gewesen«, sagt Luther von der Erhöhung der Schlange in der Wüste in einer Predigt über Joh. 3,14 (WA 47,66; EA 46,347f.). Indem der Herr selbst es aber tut, weist er uns »den rechten Griff, Mosen und alle Propheten auszulegen, und gibt zu verstehen, daß Moses mit allen seinen Geschichten und Bildern auf ihn deute und auf Christum gehöre und ihn meine, nämlich daß Christus sei der Punkt im Zirkel, da der ganze Zirkel ausgezogen ist ... Denn er ist das Mittelpünktlein im Zirkel, und *alle Historien in der Heiligen Schrift, so sie recht angesehen werden, gehen auf Christum*.« Auch das Gesetz ist von dieser Regel nicht ausgenommen, wie die Bemerkung zu Ps. 40,8 zeigt: »Das ist des Heiligen Geistes Buch, nämlich die Heilige Schrift, darin man muß Christum suchen und finden. Nicht allein durch die Verheißung, sondern auch durch das Gesetz. Denn das Gesetz außer Christo nicht kann verstanden werden, weil niemand weiß, was es will und wie es zu erfüllen ist, wie es hier spricht: Deinen Willen tue ich gerne, und dein Gesetz ist in meinem Herzen. Ja, dasselbe Herz ist die rechte lebendige Tafel, darin wir das Gesetz lesen und mit Freuden lernen können. Summa, außer diesem Buch findet man Christum nicht, es sei so gut es immer wolle« (Bibel- und Bucheinzeichnungen WA 48,43; EA 52,305).

Weil die Bibel Christum bezeugt, weil Jesus Christus der Inhalt, das eigentliche Thema der Heiligen Schrift ist, darum ist sie »des Heiligen Geistes Buch«, wie Luther sie immer wieder nennt. Denn Christus und der Heilige Geist gehören zusammen: Ubi Christus, ibi Spiritus Sanctus; ubi Spiritus Sanctus, ibi Christus; in diesem Satz kann man ihr Verhältnis in den Werken der Schöpfung, Erlösung und Heiligung aussprechen. Sie gehören zusammen auch in ihrer Beziehung zur Heiligen Schrift. Weil die Schrift allein von allen Büchern der Welt das Buch Christi ist, das Buch, dessen Inhalt Er ist, wie Er auch der »Herr der Schrift« (dominus scripturae; Galaterkommentar, 1535, WA 40 I, 458; EA Gal 1,387) ist, eben darum ist sie das Buch des Heiligen Geistes: »Der Geist redet, als wüßte er von keinem Buch (so doch die Welt derselben voll ist) ohne allein von diesem Buch, der Heiligen Schrift, welches gar wenig in der Welt gelesen oder geachtet wird. Er mag's selbst lesen den Seinen, will er verstanden sein. Denn es schreibet nichts von Menschen, noch vom Bauch (wie die andern alle); sondern davon, daß Gottes Sohn für uns dem Vater gehorsam gewesen und seinen Willen vollbracht habe« (Bibel-und Bucheinzeichnungen, zu Ps. 40; WA 48,42; EA 52,304). So ist der Heilige Geist ihr »Autor« (»autor huius libri« von der Genesis zu Gen. 23; EA Op. ex. 7,313). Als des Heiligen Geistes Buch ist die Schrift »divinita per Spiritum Sanctum revelata« (EA Op. ex. 18, 245 zu Ps. 45). Wie könnte es auch anders sein! Denn es ist ja des Heiligen Geistes Werk, Christum zu bezeugen, den Glauben an Ihn zu wecken und das Bekenntnis zu Ihm zu wirken. Wenn schon das »Martyrion«, das Zeugnis von Christo, das der Märtyrer vor Gericht ablegt, nach dem Worte Jesu Matth. 10, 20 vom Heiligen Geist gewirkt ist, inspiriert ist, wieviel mehr muß es von den menschlichen Autoren der Schrift als des großen Zeugnisses von Christo gelten: »Es soll euch zu der Stunde gegeben werden, was ihr reden sollt. Denn ihr seid es nicht, die da reden, sondern eures Vaters Geist ist es, der durch euch redet«. In der Tat, das lehrt das Neue Testament 2. Tim. 3,16 und 2. Petr. 1,19ff.; das hat die Kirche aller Zeiten gelehrt: Den Autoren der biblischen Bücher wurde gegeben, was sie reden sollten. Sie waren es nicht, die da redeten, sondern es war der Heilige Geist, der durch sie redete. Das ist das christliche Verständnis der Inspiration der Heiligen Schrift, wie es die lutherische Reformation aus dem Selbstzeugnis der Schrift gewonnen hat.

8. Dies Verständnis der Inspiration der Heiligen Schrift von Christus als dem Inhalt der Schrift her muß gegen mehrere *Mißdeutungen* geschützt werden. Es ist ein schweres Mißverständnis Luthers und der Lutherischen Kirche, die in den Bekenntnissen redet, wenn man das nicht ernst nimmt, was sie in aller Klarheit bezeugen, daß alles, was über die Heilige Schrift gesagt ist, von der *ganzen* Schrift gilt. Es ist die ganze Schrift, das Alte wie das Neue Testament, Gesetz, Propheten und »Schriften«, Evangelium und Apostolos, was Jesus als den Christus bezeugt. Heilige Schrift sind nicht etwa diejenigen Teile und Stellen der Schrift, in denen wir das Christuszeugnis zu finden meinen, sondern alle Schriften, die es enthalten. Es kann allerdings vorkommen, daß wir es in einer Schrift der Bibel nicht vernehmen, sondern daß diese etwas zu verkünden scheint, was dem Evangelium widerspricht. In dieser Lage befand Luther sich den »Antilegomena« des Neuen Testamentes gegenüber, also den Schriften, deren Aufnahme in den Kanon deswegen in der Alten Kirche schon auf schweren Widerstand stieß, weil ihre Echtheit zweifelhaft war, z. B. der Jakobusbrief. Der Kanon ist ja nicht vom Himmel gefallen, eine Schrift ist ja nicht deswegen »Heilige Schrift«, weil die Kirche sie dafür erklärt hat. Das behauptet nicht einmal die Römische Kirche, die vielmehr auf dem Vaticanum (I) ausdrücklich erklärt hat, daß sie die Bücher der Bibel als heilig und kanonisch annimmt nicht deswegen, weil sie, von Menschen verfaßt, von der kirchlichen Autorität approbiert worden sind, auch nicht deswegen, weil sie die Offenbarung ohne Irrtum enthalten, sondern weil sie, unter der Inspiration des Heiligen Geistes geschrieben, Gott zum Urheber haben (»Spiritu Sancto inspirante conscripti Deum habent auctorem«) und als solche der Kirche überliefert worden sind. Die Heilige Schrift ist vor der Kirche da. . . .

Darum ist es auch nicht möglich, *Christus* und die *Schrift* in Gegensatz zu bringen. Luther hat sich gelegentlich, wenn seine Gegner mit Bibelsprüchen gegen die Glaubensgerechtigkeit und für die Werkgerechtigkeit kämpften, gegen einen falschen Schriftgebrauch wehren müssen, und das heißt gegen ein falsches Verständnis der Heiligen Schrift. Denn die Schrift kann ja falsch verstanden werden. Ja, seit den Tagen Tertullians hat die Kirche gewußt, daß gerade die schlimmsten Häresien sich mit Vorliebe auf die Schrift berufen. Wenn dann Schriftverständnis gegen Schriftverständnis steht: wo ist dann die Autorität, die den Streit entscheidet? Ist es das bischöfliche Amt, wie Tertullian in seiner katholischen Zeit, oder ein Prophetenspruch, wie er als Montanist meinte? Ist es der Papst oder ein Konzil, ist es Luther oder die Augustana? Nein, sagt Luther, dann entscheidet der Herr der Schrift: »Christus«... Dominus est scripturae et omnium operum, idem Dominus est coeli, terrae, sabbati, templi, justitiae, vitae, irae, peccati, mortis et simpliciter omnium...«, so ruft er dem Gegner zu, der die Werkgerechtigkeit mit Hilfe von Bibelsprüchen wieder aufrichten will. »Tu urges servum, hoc est scripturam, et eam non totam, neque potiorem eius partem, sed tantum aliquot locos de operibus; hunc servum relinquo tibi, ego urgeo Dominum, qui rex est scripturae, qui factus est mihi meritum et pretium justitiae et salutis. Illum teneo, et in eo haereo« (EA Gal. 1, 388.389; WA 40 I, 458). In aller Prägnanz spricht der Reformator in Disputations-thesen desselben Jahres 1535 seinen Grundsatz aus: »Si adversarii scripturam urse-rint contra Christum, urgemus Christum contra scripturam«, »Wenn die Gegner die Schrift gegen Christus geltend machen, dann machen wir Christum gegen die Schrift geltend« (EA Op. var. 4, 381). »Christus« ist hier der lebendige Herr, der Inhalt, die Seele, der Herr der Schrift. Der, ohne den die Schrift gar nicht verstanden werden kann, das Lamm Gottes, das der Welt Sünde trägt. »Die Schrift«, das heißt in jenem Satz der bloße Wortlaut, die Buchstaben unter Absehung von Dem, der ihnen allein Sinn gibt. Der Gegensatz ist nicht ein Gegensatz zwischen Christus und der Schrift, die von ihm zeugt, sondern der Gegensatz zwischen der falsch, unter Absehung von dem Sünderheiland, und der richtig, nämlich von Jesus Christus aus verstandenen Bibel.

Das alles bedeutet, daß die Heilige Schrift von dem Glauben an Jesus Christus, von dem seligmachenden Glauben an das Evangelium her verstanden werden muß. Wie es die Aufgabe der Schrift ist, dem Menschen zu diesem Glauben zu verhelfen, so soll wiederum dieser Glauben zum Verständnis der Schrift, der ganzen Schrift verhel-fen. Darum sagt die Apologie zu Conf. Aug. 4 (BS 159, 3ff.) ganz in Luthers Sinn von dem Artikel von der Rechtfertigung, als »dem höchsten, vornehmsten Artikel der ganzen christlichen Lehre«, daß »an diesem Artikel ganz viel gelegen ist, welcher auch zu klarem, richtigen Verstande der ganzen Heiligen Schrift fürnehmlich die-net, und zu dem unaussprechlichen Satz und der rechten Erkenntnis Christi allein den Weg weiset, auch in die ganze Bibel allein die Tür auftut...« Darum ist die Un-terscheidung von Gesetz und Evangelium die Kunst, die nach Luther den Theologen zum christlichen, zum evangelischen Theologen macht, die Voraussetzung für das rechte Verständnis der Heiligen Schrift. Beide, Gesetz und Evangelium, sind in der ganzen Bibel da. Sie lassen sich nicht auf die beiden Testamente verteilen oder auf einzelne Schriften des Alten und des Neuen Testaments. Evangelium ist auch in den fünf Büchern Moses da, Gesetz auch in der Predigt Jesu. Beide sind Gottes Wort, das Wort der gebietenden und fordernden Majestät und das Wort des schenkenden, ver-gebenden Erbarmens, das Wort der Liebe. In der Dialektik dieser beiden Formen des göttlichen Wortes kommt die Lebendigkeit Gottes, wie Er sich in der Schrift offenbart, zum Ausdruck. Darum gehören Gesetz und Evangelium zusammen, in der Heiligen Schrift wie in der mündlichen Predigt. Das Evangelium kann nicht gepredigt, kann nicht verstanden werden, wo nicht auch das Gesetz gesagt wird. So kann man sie nicht scheiden, aber man muß sie unterscheiden. Sie unterscheiden aber heißt, die Stufenordnung verstehen, die zwischen ihnen besteht. Beide sind Wort Gottes, aber das Evangelium ist das eigentliche Wort, das Wort im Worte. Es ist das officium proprium, das eigene Amt Jesu Christi, daß er als Heiland die Sünden vergibt, und es ist sein opus alienum, sein fremdes Werk, wenn er das Gesetz in Seine Hand nimmt und es so unerbittlich auslegt wie kein Gesetzesprediger (vgl. Form. Conc. Epitome V, 8; BS 791). Was von Christus, dem Herrn und König der Schrift, der zugleich ihr Inhalt ist, gilt, das gilt auch von der Schrift: Das Gesetz in der Schrift ist das verbum alienum, das Evangelium das verbum proprium. Ja, man kann den Satz der Konkordienformel über die beiden Ämter Christi in einen theologischen Satz über die Heilige Schrift umwandeln: »Mosis et legis doctrina sunt alienum opus

Sacrae Scripturae, per quod accedit ad proprium suum officium, quod est praedicare de gratia Dei, consolari et vivificare.« . . .

9. Wenn wir also lehren müssen, daß die ganze Heilige Schrift Alten und Neuen Testaments Gottes Wort ist, des Heiligen Geistes Buch, weil Jesus Christus ihr Inhalt ist, dann erhebt sich die Frage, wie diese Aussagen sich zu der Tatsache verhalten, daß die Bibel eine in einer langen Geschichte gewordene Sammlung von literarischen Dokumenten ganz verschiedener Art ist, die alle, von Menschen geschrieben, die Schicksale irdischer Bücher gehabt haben. Wenn wir von der Bibel in allem Ernst und ohne jede Einschränkung sagen müssen, daß sie Gottes Wort und daß der Heilige Geist ihr Autor ist, dann müssen wir auf der anderen Seite nicht weniger ernst erklären, daß die Bücher der Bibel echtes Menschenwort sind, von sündigen, fehlsamen und unvollkommenen menschlichen Autoren geschrieben. Leugnen wir das Erste, so verliert die Bibel ihren Charakter als Heilige Schrift und wird zu einer zufälligen Sammlung von Dokumenten der menschlichen Religionsgeschichte, von der nicht einzusehen ist, weshalb sie irgendeine normative, dogmatische Bedeutung haben sollte. Leugnen wir den menschlichen Charakter der Bibel, dann verwandelt sich die Menschlichkeit und Natürlichkeit der biblischen Texte – man denke an Selbstbekenntnisse wie Psalm 51 oder Jeremia 20, 7ff. oder an die natürlich-menschlichen Züge paulinischer Briefe – in bloßen Schein. War David nur das Schreibrohr und der Schreiber des den 51. Psalm diktierenden Heiligen Geistes, dann verliert dies gewaltige Bußgebet den Charakter eines echten Gebets, wie Jesu Gebet in Gethsemane bei den Doketen und Monophysiten zu einem Schauspiel wird. Die Parallele, die hier zwischen dem geschriebenen und dem fleischgewordenen Wort besteht, ist immer wieder bemerkt worden. Und ebenso hat man erkannt, daß entsprechend der Lehre von der Person Christi die wahre Göttlichkeit und die wahre Menschlichkeit der einen Heiligen Schrift behauptet werden muß: theia panta kai anthropina panta, omnia divina et omnia humana. Wie die Christologie nach dem Chalcedonense zwischen der Skylla des Nestorianismus und der Charybdis des Monophysitismus hindurchsteuern muß, so muß die Lehre De Sacra Scriptura sich hüten, an den Klippen eines rationalistisch-religionsgeschichtlichen und eines supranaturalistisch-doketischen Schriftverständnisses zu scheitern. Die Heilige Schrift ist Gottes Wort. Die Heilige Schrift ist Menschenwort. Das Gotteswort und das Menschenwort sind aber nicht zwei Heilige Schriften – etwa ein Kern in der Bibel, den man als Gotteswort bezeichnen dürfte – sondern *eine* Heilige Schrift. Dieselbe *eine* Heilige Schrift ist volles unverkürztes Gotteswort, und volles unverkürztes Menschenwort, nicht eine Mischung von beiden, nicht eine Synthese, die man auch wieder auseinandernehmen kann. Als Gotteswort ist die Bibel »homousios«, eines Wesens mit allem, was mit Recht Wort Gottes heißt. Als Menschenwort ist sie eines Wesens mit den Reden und Büchern der Menschen. Aber wie in der Person Jesu Christi die göttliche Natur das Personbildende ist, so ist auch eine »Enhypostasie« des Menschenworts der Bibel im Gotteswort zu lehren. Das Wesen der Bibel ist in ihrem Charakter als Gotteswort zu suchen. Das Menschenwort der Bibel allein würde ja niemals die Bibel konstituiert haben. Vom Standpunkt menschlicher Literaturgeschichte ist es völlig unerfindlich, wie alle diese literarischen Dokumente verschiedenster Herkunft und verschiedenen Charakters *ein* Buch sein sollen, das Jesajabuch und das Lamechlied, Rachepsalmen und Bergpredigt, das Hohelied und die Passionsgeschichte, paulinische Briefnotizen und Johannes 17. Das alles gehört zusammen – nicht in einer Sammlung historischer Dokumente, denn was sollen dann gerade diese Fragmente, sondern – im Worte Gottes. . .

10. Die Analogie zwischen der Heiligen Schrift und den anderen Gestalten, in denen das Wort Gottes in der Welt erscheint, hat natürlich ihre Grenzen. Jesus Christus ist kein Buch, und die Predigt ist es auch nicht. Aber die Heilige Schrift ist Buch und hat an den Eigenschaften von Büchern Anteil, an den Vorzügen und an den Nachteilen

des Buches. Die Predigt verhallt. Das Buch bleibt. Man kann es aufbewahren, vervielfältigen, übersetzen. So übt es mächtigere Wirkungen in die Ferne als das gesprochene Wort, dessen Wirkung auf den engen Kreis der Hörer beschränkt ist. Dafür hat es Schwächen. Es ist ein Notbehelf, was Luther besonders beim Evangelium betont hat, wenn er an der oben zitierten Stelle des »Kleinen Unterrichts« (WA 10, I, 1, 17) darauf aufmerksam macht, daß »Evangelium eigentlich nicht Schrift, sondern mündlich Wort sein sollt. . . Darum auch Christus selbst nichts geschrieben, sondern nur geredet hat und seine Lehre nicht Schrift, sondern Evangelium, das ist ein gut Botschaft oder Verkündigung genennet hat, das nicht mit der Feder, sondern mit dem Mund soll getrieben werden.« Niemals kann die Schrift ganz die viva vox der mündlichen Lehre ersetzen. Wenn dies das tiefste Wesen des Evangeliums ist, daß es die dem Menschen zugesprochene Vergebung der Sünden ist, dann ist zu bedenken, daß man die Absolution nicht brieflich erteilen kann, wie es ja auch nicht möglich ist, aus der Ferne zu taufen oder das Sakrament des Altars zu reichen. Zu diesen natürlichen Grenzen des Buches kommen noch andere, die im Wesen der Menschen liegen, die an der Herstellung der Bücher beteiligt sind: Schreib- und Übersetzungsfehler, aber darüber hinaus auch Unvollkommenheiten, Widersprüche, Fehler und Irrtümer, wie sie nun einmal bei keinem Werk fehlsamer Menschen zu vermeiden sind. Da entsteht die Frage, ob das auch von den Büchern der Heiligen Schrift gilt, oder ob wir in der Bibel ein absolut vollkommenes, von Widersprüchen und Irrtümern völlig freies Buch besitzen.

Den göttlichen Charakter der Heiligen Schrift, ihr Wesen als Wort Gottes spricht die Kirche, wie wir sahen, im Anschluß an das »theopneustos« 2. Tim. 3, 16 und an das »Spiritu Sancto inspirati« 2. Petr. 1, 21 in dem Satz aus, daß die Heilige Schrift vom Heiligen Geist eingegeben, inspiriert sei, weil die heiligen Menschen Gottes nicht aus eigenem Willen geredet hätten, sondern vom Heiligen Geiste bewegt. Was ist damit gesagt? Es ist gesagt, daß die Ursache der Entstehung der Schrift nicht im menschlichen Willen, sondern im Wirken des Heiligen Geistes zu suchen sei, daß der Mensch aber der Redende war. Kein Gewicht ist darauf zu legen, daß die Stelle des 2. Petrusbriefes von »Prophetie« spricht, während 2. Tim. 3 von der Schrift redet. Denn der alte Sprachgebrauch, den auch die Evangelien noch kennen, unter »Propheten« alle biblischen Schriftsteller zwischen Moses und den Verfassern der »Schriften« zu verstehen, zeigt, wie allgemein das Wort gebraucht werden kann. In diesem Sinn ist das Wort auch im Nicaeno-Constantinopolitanum gebraucht, wenn in dem Artikel vom Heiligen Geist die Inspiration zur Lehre der ganzen, der katholischen Kirche erhoben wird in den Worten: »Qui locutus est per prophetas«. Bedeutsam aber ist, daß weder das Neue Testament noch das Bekenntnis der Kirche etwas über das Wie der Inspiration sagt. Auf die Frage, *wie* der Heilige Geist den menschlichen Autor in seinen Dienst gestellt, wie er ihn dazu benutzt hat, das Gotteswort in Gestalt eines Menschenworts zu sagen, erhalten wir keine Antwort. Man hat die Frage später zu beantworten gesucht, indem man etwa vom Heiligen Geist sagte, er habe dem Menschen den impulsus ad scribendum gegeben und ihm das zu Schreibende dem Sachgehalt und der Form nach mitgeteilt (suggestio rerum und suggestio verborum). Aber das ist ein Versuch, den Vorgang psychologisch verständlich zu machen, der auf diese Weise niemals verstanden werden kann. Denn vom Wirken des Heiligen Geistes gilt der fundamentale Satz, daß es psychologisch niemals verstanden und also auch niemals klar gemacht werden kann. Seit den Tagen des Paulus hat die Kirche aller Zeiten gegen diesen Irrtum zu kämpfen . . .

Die Inspiration bezieht sich immer nur auf den Eintritt des mündlichen oder geschriebenen Offenbarungswortes in die Welt. *Unter Inspiration verstehen wir den Vorgang, in welchem Gott der Heilige Geist einem Menschen sein Offenbarungswort, das heißt, das Wort, in welchem er sich der Welt offenbaren wollte, zur mündlichen Verkündigung oder zur schriftlichen Aufzeichnung in das Herz*

*legte, so daß man von dem so gesprochenen oder geschriebenen Wort ohne Ein-
schränkung sagen muß, daß es Gottes Wort ist.* Die Inspiration in diesem Sinne ist
völlig unabhängig von allen psychologischen Begleitumständen. Sie kann verbunden sein mit besonderen Erlebnissen (übernatürliches Sehen, Hören oder Denken;
Bewußtsein eines Diktats, unbewußtes Schreiben), aber ebenso können solche
Erlebnisse fehlen und der Vorgang des Schreibens von dem eines gewöhnlichen
Schriftstellers, etwa eines Historikers oder eines Briefschreibers kaum oder gar
nicht verschieden sein. Ein impulsus ad scribendum kann deutlich erlebt werden, er
kann aber auch im Bereich des Unbewußten liegen. Dasselbe gilt von dem, was Psy-
chologen und Dogmatiker seit Augustin als suggestio rerum und suggestio verborum
bezeichnet haben. Wie die Erlebnisse der Propheten eine ganze Reihe von Möglichkeiten aufweisen, so muß man auch bei den biblischen Schriftstellern ganz verschiedene Formen des Inspirationsvorgangs annehmen, zumal wenn man an die Mannigfaltigkeit der biblischen Texte denkt. Man kann nicht annehmen, daß das De pro-
fundis in derselben Weise Gottes Wort geworden ist wie die persönlichen Bemerkungen der paulinischen Briefschlüsse. Das Hohepriesterliche Gebet ist anders in
die Bibel gekommen als das Lamechlied. Nur wenn man darauf verzichtet, eine
Theorie dessen aufzustellen, was man für Inspiration hält, und dann diese Theorie
auf alle biblischen Texte anzuwenden, wird man die wirkliche Inspiration verstehen
können, die Theopneustia, die als ein unbegreifliches, der menschlichen ratio, auch
der ratio der supranaturalistischen Theologie völlig unzugängliches Wunder hinter
allen Texten der Heiligen Schrift steht und die wir im Credo bekennen, wenn wir
unseren Glauben bekennen an den Herrn, den Heiligen Geist, »der durch die Propheten geredet hat«.

11. . . . Der Forderung, daß die menschliche Seite der Heiligen Schrift mit demselben Ernst anzuerkennen ist wie die göttliche, ist erst dann Genüge getan, wenn die
biblischen Schriften ohne Einschränkungen auch als Werke der betreffenden Autoren im Sinne menschlicher Literaturgeschichte anerkannt und verstanden worden
sind, wenn auch mit dem Vorbehalt, daß hinter diesen Büchern und ihrer Entstehung das von keiner Literaturgeschichte zu begreifende Mysterium der göttlichen
Inspiration steht. Hier erhebt sich nun die Frage, ob das Werk eines menschlichen
Autors die Eigenschaften haben kann, die man von jeher, insbesondere aber in der
Inspirationslehre des Zeitalters der Orthodoxie, der Bibel als dem Worte Gottes
zugeschrieben hat, die Eigenschaften der Irrtumslosigkeit und der Freiheit von allen
Widersprüchen. Schließt nicht unser Bekenntnis, daß die Heilige Schrift als ganze
und in allen ihren Teilen Gottes Wort sei, theopneustos, des Heiligen Geistes Buch,
die Annahme aus, daß sie Widersprüche, fehlerhafte oder ungenaue Angaben und
damit Irrtümer enthalte? Aber gibt es auf der anderen Seite menschliche Schriften
ohne Ungenauigkeit, ohne Widerspruch, ohne Irrtum? Gehören Irrtümer und
Widersprüche zur menschlichen Seite der Bibel, so wie die Schwachheit des Fleisches zum Wesen der menschlichen Natur Christi gehört? Oder sind sie undenkbar
in diesem Buch, so wie die Sünde nicht zur menschlichen Natur Christi gehört und
also die Freiheit von Sünde die wahre Menschheit des Herrn nicht aufhob? Die Antwort, die darauf grundsätzlich zu geben ist, muß lauten: *Der Heilige Geist lügt
nicht. Aber indem er in der Bibel in menschlicher Sprache und Schrift zu uns
redet, nimmt sein Wort an der Schwachheit des Menschenwortes teil. Der Heilige
Geist ist allwissend. Aber er sagt uns in der Bibel nicht alles; denn er redet durch
Menschen, die nicht allwissend sind und die Sprache der göttlichen Allwissenheit nicht sprechen können.* Was ergibt sich daraus für die vielverhandelte Frage
der *Irrtumslosigkeit* der Heiligen Schrift?

Um jedes Mißverständnis zu vermeiden, stellen wir dabei folgendes fest. Was nicht
zur Frage steht und für Christen niemals in Frage stehen sollte, ist die *absolute
Unfehlbarkeit*, die Klarheit und Genugsamkeit der Heiligen Schrift in allen *Glau-*

bensartikeln, in allen Fragen, die das Verhältnis des Menschen zu Gott und unsere Erlösung betreffen. Es gibt keine theologischen Irrtümer in der Schrift, keine falsche Aussage über Gott, über Christus und den Heiligen Geist, über die Schöpfung, die Erlösung und Vollendung, über die Kirche, die Sakramente, die Rechtfertigung und Heiligung, die letzten Dinge. Die Frage ist einzig und allein die, ob diese Unfehlbarkeit, diese Freiheit von allen unrichtigen oder ungenauen Aussagen und allen Widersprüchen ausgedehnt werden kann und muß auch auf die *Aussagen nichttheologischer Art*, also vor allem auf alle *geschichtlichen Angaben* und auf alle *Aussagen über die Natur*, die in das Gebiet des äußeren Weltbildes fallen. . . Luther glaubte an die Heilige Schrift als inspiriert und irrtumslos, weil sie ihm den Herrn Christus bezeugte. Der Christ der Reformation fällt vor seinem Herrn Christus nieder, dem er begegnet: Mein Herr und mein Gott! Du hast Worte des ewigen Lebens! Wir haben geglaubt und erkannt, daß Du bist Christus, der Sohn des lebendigen Gottes. Er glaubt ihm aufs Wort, wenn er mit dem seligmachenden Evangelium kommt: Dir sind deine Sünden vergeben. Auch der Mensch des Barock glaubt an seinen Erlöser. Aber er fordert eine schriftliche Vollmacht. Ist dieser Jesus wirklich der Christus? Hat er die Vollmacht, Sünden zu vergeben? Woher weiß man das? Vielleicht ist er es gar nicht. Schon sind die Skeptiker unterwegs. Calov und Quenstedt haben schon mit Aufklärern und sogar mit richtigen Atheisten zu tun. Darum muß der Herr erst seine Vollmacht vorzeigen. Wehe uns, wenn da etwas nicht stimmt! Erst wenn wir uns überzeugt haben, daß alles in Ordnung ist, daß alle Angaben stimmen und kein Irrtum, kein Widerspruch in der Urkunde ist, dann fällt man vor ihm nieder. Und man ist erstaunt, wenn die Skeptiker es nicht tun . . .

. . . Versteht man die Evangelien von dem Axiom aus, daß das Neue Testament von jedem »Irrtum«, und das heißt auch von jeder historischen Ungenauigkeit, und von jedem »Widerspruch«, das heißt auch von jeder Verschiedenheit der historischen Überlieferungen, frei ist, dann endet man bei einem Christusbild, das gar nicht mehr das Christusbild des Neuen Testaments ist. . . .

Kommentar

H. Sasse hat sich seit seiner Auswanderung nach Australien (nach dem 2. Weltkrieg) auf der Grundlage einer konfessionell-lutherischen Theologie verstärkt mit hermeneutischen Fragen beschäftigt. In seinen Studien und Aufsätzen bemüht er sich um eine Aktualisierung des lutherischen Schriftverständnisses angesichts der historisch-kritischen Exegese auf der einen Seite und angelsächsischer fundamentalistischer Schriftauffassungen auf der anderen Seite.

In den abgedruckten Abschnitten seines Aufsatzes »Zur Lehre von der Heiligen Schrift« (ursprünglich erschienen in seinen »Briefen an lutherische Pastoren«) gibt Sasse eine prägnante Einführung in wesentliche Aspekte von Luthers christozentrischem Schriftverständnis. In den Abschnitten 10 und 11 bemüht sich Sasse um eine der Tradition des Luthertums verpflichtete Definition von Inspiration und Unfehlbarkeit der Schrift. Sasses hermeneutische Arbeit darf als wichtiger Brückenschlag zwischen dem europäischen und nordamerikanischen konfessionellen Luthertum gelten.   *C*

II.

Die Diskussion um die historisch-kritische Schriftauslegung

II.1. Historisch-kritische Schriftauslegung

GERHARD EBELING,
Die Bedeutung der historisch-kritischen Methode für die protestantische Theologie
und Kirche, in: ZThK 47/1, 1950.

(S. 20:) ... Das sola fide der Reformation richtet sich nicht nur gegen die Werkgerechtigkeit und damit gegen eine gesetzliche Schriftauslegung, nicht nur gegen die
Mystik und gegen die Vervielfältigung der Offenbarungswirklichkeit in Gestalt der
Heiligen und gegen die Materialisierung der Offenbarungswirklichkeit in Gestalt
der Heiltümer. Sondern das sola fide hat zweifellos auch eine antisakramentale und
eine antiklerikale Spitze. Dem sola fide korrespondiert solus Christus. Offenbarung
und Gegenwart sind so voneinander getrennt, daß nur *eine* Brücke bleibt: das Wort
allein, und zwar, damit kein Mißverständnis aufkommen kann: das Wort interpretiert als sola gratia, sola fide. Alle anderen Brücken sind abgebrochen ... Dieser
reformatorische Umbruch hatte weitreichende Folgen für die Methode der Theologie. Zunächst die: daß die Theologie in ihrer Bedeutung für die Kirche wuchs. In der
klerikalen Sakramentskirche ist die Theologie, wenn sie auch mit noch so großem
Aufwand betrieben wird, eine periphere Angelegenheit. In der Kirche des Wortes
dagegen dient die Theologie der Predigt, aus der der Glaube kommt. Ferner: Die
Theologie wird primär Exegese. Und zwar historische, durch die Schuttmassen der
Tradition zum Urtext durchstoßende Exegese. Weiter – was in dem eben Gesagten
schon angedeutet ist –: Die Theologie wird kritische Theologie. Das heißt für die
Reformation gewiß noch nicht: historisch-kritische Theologie im heutigen Sinn,
wenn auch bemerkenswerte Ansätze dafür vorliegen. Vielmehr setzt die Kritik vom
Zentrum der Schrift her an und wird zunächst vorwiegend Traditionskritik. Und
schließlich: Für die Theologie im reformatorischen Sinn gewinnt die hermeneutische Frage fundamentale Bedeutung, und zwar in dem Maße, als sie Theologie des
Wortes ist. In der hermeneutischen Frage konzentriert sich die Problematik der
Theologie, die der Protestantismus in voller Schwere zu tragen hat. Denn sie besitzt
keine kirchliche traditio neben der Schrift zur Entlastung von den Problemen, die
die Schriftauslegung stellt. Und sie hat über sich kein unfehlbares Lehramt, sondern
steht in der Freiheit, ihre Arbeit selber verantworten zu müssen, gebunden allein an
die Schrift. Und was diese Bindung besagt, das eben ist wiederum Gegenstand des
hermeneutischen Problems ...

(S. 26:) ... Es ist zweifellos mit der Idee der permanenten Reformation viel Unfug
getrieben worden. Trotzdem muß sie in zweierlei Hinsicht ernst genommen werden.
Einmal, sofern dem Worte Gottes die Freiheit gelassen werden muß, unentwegt kritisch gegen Entstellungen und Verfestigungen zur Geltung zu kommen. Ferner aber
– und das ist, wenn man tiefer blickt, mit in das Erste eingeschlossen – sofern der
Theologie und Verkündigung die Freiheit zukommt, die jeweilig gebotene Sprachübersetzung zu vollziehen und sich nicht bei archaisierend korrekter Wiederholung
der »reinen Lehre« zu beruhigen. Und gerade diese Aufgabe, das Erbe der Reformation in echt geschichtlicher Weise weiterzuführen, mußte an den Punkt führen, wo
gewisse, in der Reformation mit gutem Recht unangetastet gebliebene Probleme der
allgemeinen Denkvoraussetzungen in Bewegung gerieten und eine Stellungnahme
erheischten, wie sie aus den Äußerungen der Reformatoren und aus den Bekennt-
nisschriften nicht zu entnehmen war. Zu diesen früher oder später notwendig in
Bewegung kommenden Problemen gehörte aber in erster Linie das hermeneutische,
das durch die Reformation bereits faktisch – wieweit das erkannt wurde, ist eine
andere Frage – ins Zentrum gerückt, auf eine neue theologische Basis gestellt, aber
nur zögernd in allen seinen Konsequenzen in Angriff genommen war.

Es erhebt sich darum nun die Frage, was das Aufkommen der historisch-kritischen
Methode für den umschriebenen Problemkomplex bedeutet und in welcher Bezie-

hung sie zu dem reformatorischen Grundansatz steht, der eine weiterführende Klärung des hermeneutischen Gesamtproblems unausweichlich notwendig machte. Ich kann aus der Fülle der hier sich aufdrängenden Gesichtspunkte nur einige herausgreifen.

1. Es führt nur zur Verschleierung der Problemlage, wenn man die historisch-kritische Methode für eine rein formale, voraussetzungslose wissenschaftliche Technik hält, deren Anwendung auf die historischen Gegenstände im Bereich der Theologie keine Konflikte hervorruft und das Gefüge der Dogmatik nicht antastet. Wenn es sich auch in einem höheren Sinn als richtig herausstellen wird, daß die historisch-kritische Methode die Wahrheit des christlichen Glaubens nicht erschüttert, so sind doch die Schwierigkeiten nicht leicht zu nehmen, die hier aufbrechen... Denn dabei handelt es sich nicht einfach um eine größtmögliche Verfeinerung der philologischen Methoden, sondern um eine von neuen Denkvoraussetzungen herkommende kritische Auseinandersetzung mit der Überlieferung. Historisch-kritische Methode ist erst hervorgewachsen aus dem geistesgeschichtlichen Umbruch der Neuzeit. Sie ist nicht nur dort, wo sie etwa ihre legitimen Grenzen überschreitet, sondern wesenhaft verbunden mit Sachkritik. Sie kann bei der Beschäftigung mit der Vergangenheit und bei der Interpretation von deren Quellen nicht einfach das Wirklichkeitsverständnis beiseite setzen, wie es der Geist der Neuzeit gewonnen hat. Sie ist darum eng verkoppelt mit dem Fortschritt der Wissenschaften und mit der Entwicklung der Philosophie. Gewiß, sie ist damit in der Gefahr, nach der anderen Seite hin unkritisch zu werden, den Einflüssen des jeweils Modernen zu verfallen und sich bei der historischen Kritik unsachgemäßer Maßstäbe zu bedienen. Aber selbst wo man diese Gefahr erkannte, hat man sich doch nicht gezwungen gesehen, den eingeschlagenen Weg grundsätzlich zu verlassen, sondern nur um so sorgfältiger und selbstkritischer auch die Angemessenheit der eigenen Voraussetzungen immer wieder zu überprüfen.

2. Um das Wesen der historisch-kritischen Methode zu erfassen, ist es also notwendig, sich Rechenschaft zu geben über die geistesgeschichtliche Wende zur Neuzeit . . . Wir müssen uns auf die Frage beschränken, ob es ein Gemeinsames gibt, wodurch sich die gesamte Neuzeit grundlegend und unwiderruflich abhebt von der vorausliegenden abendländischen Geschichte, und worin dieses Gemeinsame besteht. Zunächst eine negative Feststellung: In der Neuzeit hat der christliche Glaube die Selbstverständlichkeit eingebüßt, mit der er mehr als ein Jahrtausend lang in der abendländischen Geschichte gegolten hatte. Ihm kommt keine formale, extra controversiam stehende Autorität mehr zu. Selbstverständliche Allgemeingültigkeit besitzt jetzt nur noch, was der Mensch als solcher mit seinen rationalen und empirischen Fähigkeiten erkennen, einsehen, begründen und kontrollieren kann. Das führt aber zu einer positiven Feststellung: In der Neuzeit gibt es einen so vorher unbekannten Bereich neuer Selbstverständlichkeiten, deren Geltung sich auch der Christ nicht entziehen kann, und zwar auch dann nicht, wenn sie im Widerspruch stehen zu solchen Anschauungen, die vor dem Anbrechen der Neuzeit zu den Selbstverständlichkeiten christlicher Weltanschauung gehörten . . . Wenn ich einmal eine nur andeutende Näherbestimmung wagen darf, so scheint mir der grundlegende und nicht wieder rückgängig zu machende Wandel, der sich mit Beginn der Neuzeit in bezug auf die Selbstverständlichkeiten vollzogen hat, legitimerweise in folgendem zu bestehen: Einmal in einer Restriktion, nämlich in der Ausscheidung aller metaphysischen Aussagen aus dem Bereich des Selbstverständlichen. Und ferner in einer Erweiterung, nämlich in der relativen Autonomie der Wissenschaft und des sozialen Lebens. »Relative Autonomie« soll besagen, daß es hier unter Respektierung der Grenze des Problematischen und unter Verzicht auf Verabsolutierung, d. h. unter Verzicht auf Selbstverständlichmachung des Nichtselbstverständlichen, oder wir könnten auch sagen: in Aporie dem Metaphysischen gegenüber, doch zu

allgemeinverbindlicher Verständigung kommen kann. Oder um es konkreter zu sagen: Es ist eine legitime und nicht wieder rückgängig zu machende Selbstverständlichkeit der Neuzeit, daß weder die Kirche noch eine sich absolut setzende Weltanschauung die relative Autonomie der Wissenschaft und des sozialen Lebens antasten darf. Daß dies in der einen oder andern Form in der Neuzeit faktisch doch immer wieder versucht wird, daß also jene Selbstverständlichkeit nicht allerseits in der Neuzeit als selbstverständlich anerkannt und gehandhabt wird, verdeutlicht nur, daß es sich bei den sogenannten Selbstverständlichkeiten nicht um Automatismen, sondern um Geltungsansprüche handelt . . . Handelt es sich nicht bei jener Grundstruktur des modernen Geistes um etwas dem christlichen Glauben durchaus Gemäßes? Entspricht es nicht seinem Wesen, daß er nicht in den Bereich des Selbstverständlichen eingeordnet wird, sondern für den natürlichen Menschen als solchen durchaus in die Dimension des Problematischen gehört? Kann es dem christlichen Glauben zum Schaden gereichen, wenn er nicht mehr mit einem bestimmten Weltbild oder einem bestimmten sozialen oder politischen Weltgestaltungsprogramm verwechselt werden kann, wenn der Glaube sich nicht mehr anheischig machen kann, das verantwortliche Denken zu ersetzen, und wenn die Welt gegen alle Vermischungstendenzen wieder in ihrer Weltlichkeit entdeckt, d. h. säkularisiert wird? Ja, ist es nicht durchaus dem christlichen Glauben gemäß, wenn in der zweifellos vorhandenen Tendenz des neuzeitlichen Geistes, den Bereich der eigenen Selbstverständlichkeiten illegitim und im Verstoß gegen jene Selbstverständlichkeiten zu verabsolutieren, die Gottlosigkeit der Welt deutlicher zutage tritt, als wenn sie sich mit dem Schein des Christentums umgibt? . . .

3. In welchem inneren Zusammenhang steht nun die historisch-kritische Methode mit den Denkvoraussetzungen des modernen Geistes? Sie ist durch diese ermöglicht worden, weil erst mit dem Zusammenbruch der traditionellen abendländischen Metaphysik, d. h. mit dem Verlust von deren Selbstverständlichkeit, die Geschichtlichkeit der Existenz voll ins Bewußtsein getreten ist. Denn erst als die Absolutheit des bis dahin herrschenden Welt- und Geschichtsbildes entfiel, als der Traditionsbeweis kein Wahrheitsbeweis mehr war, als nicht nur bestimmte geschichtliche Erscheinungen, sondern das geschichtlich Gegebene überhaupt prinzipiell aufhörte, als solches von unbedingt bindender und sachentscheidender Autorität zu sein, als darum das Faktum der geschichtlichen Wandlung, der jeweiligen Zeitbedingtheit und des trennenden historischen Abstandes vor Augen stand, ergab sich die Freiheit, aber auch die zwingende Notwendigkeit, das Historische in seiner reinen Historizität, d. h. objektiv, aus der Distanz heraus zu betrachten. Erst damit wurde der kritische Blick außerordentlich geschärft für die Frage der Zuverlässigkeit und Echtheit der Quellen, für historische Abhängigkeiten, Zusammenhänge und Veränderungen. Kurz: erst da konnte der ganze Apparat historischer Forschungsmethoden, wie er uns heute selbstverständlich geworden ist, voll ausgebildet werden. Aber damit ist doch noch nicht alles gesagt. Das eigentlich Entscheidende und Revolutionierende erhielt die historisch-kritische Methode durch den Umstand, daß der moderne Historiker sich gezwungen sieht, auch die Quellen der Vergangenheit in das Licht der neuen Selbstverständlichkeiten zu rücken. Nicht daß er den Zeugen der Vergangenheit unterschöbe, als wären diese neuen Selbstverständlichkeiten auch für sie Selbstverständlichkeiten gewesen, wohl aber so, daß er den Tatsachengehalt des Bezeugten an diesen neuen Selbstverständlichkeiten prüft . . . Der moderne Historiker ist mit Recht davon überzeugt, daß er gewisse Dinge besser weiß. Auch die Tatsache, daß für die Neuzeit alles Metaphysische und Metahistorische in die Dimension des Problematischen gerückt ist, kann der moderne Historiker nicht einfach ausschalten bei der Lektüre der Quellen, die die Selbstverständlichkeit des Metaphysischen und Metahistorischen voraussetzen. Er kann z. B. nicht Aussagen als selbstverständlich gültig übernehmen, die metaphy-

sische Wesen im Sinne des vorneuzeitlichen Weltbildes als innerweltliche und innergeschichtliche Faktoren einführen, wie er ja auch selbst die Grenzen wissenschaftlicher Methode überschreitet, wenn er von sich aus historisch Problematisches durch metaphysische Aussagen zu erklären, d.h. selbstverständlich zu machen versucht. Er kann darum auch nicht die Anerkennung einer im ontologischen Sinne besonderen historia sacra oder scriptura sacra als eine die Methode der Forschung beeinflussende selbstverständliche Denkvoraussetzung übernehmen. Er behandelt alle geschichtlichen und literarischen Phänomene der Vergangenheit mit der gleichen, nämlich der historisch-kritischen Methode, die zwar sich je nach der Art des historischen Gegenstandes unendlich modifizieren, die aber durch kein historisches Objekt grundsätzlich außer Kurs gesetzt werden kann. Den geschichtlichen Gegebenheiten, unter denen sich die geistige Wende zur Neuzeit vollzog, entspricht es, daß insbesondere die Theologie von dem Erwachen des historischen Bewußtseins betroffen war und daß der Kampf alsbald im Bereich der Schriftauslegung am heftigsten wurde. Und es ist der erstaunlichste Vorgang in der Theologiegeschichte der Neuzeit, daß es vor allem die Theologen selbst waren, die unerschrocken und unerbittlich die historisch-kritische Methode handhaben und auf dem Gebiet der alttestamentlichen, neutestamentlichen, kirchen- und dogmengeschichtlichen Forschung unerhört neuen und unaufgebbaren Erkenntnissen Bahn brachen, ohne sich dadurch – mit ganz seltenen Ausnahmen – veranlaßt zu sehen, der Sache der Theologie den Rücken zu kehren . . . Es hat die Einsicht an Boden gewonnen, daß eine rein objektivierende, nach dem Ideal der naturwissenschaftlichen Methode arbeitende Geschichtsbetrachtung, die sich mit der Feststellung dessen begnügt, wie es einmal gewesen ist, der Aufgabe des geschichtlichen Verstehens gar nicht gerecht wird und auch nur in gewissen Grenzen durchführbar ist, daß dabei die Geschichte gerade stumm bleibt und es nur zu einer Aufhäufung toten Materials kommt statt zu einer lebendigen personalen Begegnung mit der Geschichte . . . Vielmehr kommt alles darauf an, daß die historisch-kritische Methode aus dieser fälschlichen Verkümmerung zu einer bloß handwerklichen Technik befreit und so verstanden wird, daß sie das Ganze des hermeneutischen Prozesses in sich selbst beschließt. Das bedeutet nicht, daß damit den strengen, technisch zu handhabenden Methoden historischer Forschung im geringsten Abbruch geschehen dürfte. Im Gegenteil schafft gerade das Verfahren, das die historische Quelle in ihrer Historizität und das heißt in ihrem Abstand von der Gegenwart kritisch bis an die Grenze des Erklärbaren durchsichtig macht und damit zugleich die Vorurteile des Auslegers selbst kritisch zurechtrückt und ihm die eigene historische Bedingtheit seines Vorverständnisses durchsichtig macht, die notwendige Voraussetzung für die Reinheit der Begegnung mit dem Text, damit aber auch für die Möglichkeit, sich von ihm etwas sagen zu lassen . . .

4. Von dieser noch unabgeklärten Problemlage in bezug auf die historisch-kritische Methode ist auch die Theologie betroffen . . . Sofern sie es mit geschichtlichem Verstehen zu tun hat, unterscheidet sie sich methodisch in keiner Weise von den Aufgaben, wie sie der sogenannten profanen Geschichtswissenschaft gestellt sind. Sie hat keine eigene »pneumatische« oder wie immer bezeichnete Methode der Auslegung zur Verfügung, die sich als Methode von der Art unterschiede, wie etwa ein Plato-Text zu interpretieren ist. In bezug auf die Aufgaben und Probleme der historisch-kritischen Methode ist darum die Theologie in der Tat darauf angewiesen, sich zusammen mit Geschichtswissenschaft und Philosophie in die prinzipiell gleiche Situation des Ringens um das Wesen und die rechte Handhabung der historisch-kritischen Methode hineinzugeben. Nur insofern allerdings ist die Lage der Theologie eine besondere, als sie von der hier aufbrechenden Problematik in doppelter Weise getroffen ist: einmal in der allgemeinen Form, wie echtes geschichtliches Erkennen und Verstehen möglich sei, dann aber ferner in der besonderen Zuspit-

zung, welche Konsequenzen sich aus dem modernen Verhältnis zur Geschichte ergeben für die in so hohem Maße geschichtsbezogene und geschichtsgebundene Verkündigung und Lehre der Kirche. Droht nicht unter der Freigabe der historisch-kritischen Methode die theologische Substanz selber, die Offenbarung in der Geschichte, der Zerstörung anheimzufallen? . . .

a) . . . Sollen wir mit Neid und Sehnsucht zum Katholizismus hinüberblicken und sagen: Da ist die Sache des Christentums reiner und entschiedener vertreten und besser aufgehoben gewesen? Müssen wir uns der Geschichte des Protestantismus in der Neuzeit schämen und bekennen: Hier ist die Sache des Christentums verraten, ist zumindest ein leichtsinniges Spiel mit dem Feuer getrieben worden? . . . Oder müssen wir Ja sagen zu der anderen Möglichkeit, nämlich, sich den Anfechtungen, der Ungesichertheit, den Gefahren schonungslos auszusetzen, die Verbindung zu dem Denken der Zeit nicht abreißen zu lassen, nicht zu warten, bis von gegnerischer Seite sich die Kritik erhebt, um dann um so starrer zu aller Kritik Nein zu sagen, sondern voranzugehen in der kritischen Überprüfung der Grundlagen, brennen zu lassen, was brennt, und vorbehaltlos zu warten, was sich als unverbrennbar, als echt, als wahr erweist, und diese Haltung nun einzunehmen auf das Wagnis hin, daß vieles ins Wanken gerät, was festzustehen schien, ja, daß vorübergehend auch das für wakkelig gehalten wird, was sich dann bei immer erneuter Überprüfung doch als fest erweist, daß also viele Fehler und Irrtümer unterlaufen, viel behauptet und viel wieder zurückgenommen wird, daß es durch schwere Krisen, erbitterte Kämpfe, verwirrende Auseinandersetzungen hindurchgeht und die Folgen anscheinend Schwäche und Zerfall sind? . . . Welche Position man nun aber auch beziehen mag: Es hat sich einfach als eine Tatsache herausgestellt, daß der Protestantismus in allen Schattierungen sich der ihm vom Katholizismus unterscheidenden Freigabe der historischen Kritik gar nicht entziehen kann, daß er den Weg über Syllabus errorum, unfehlbare Lehrautorität, Antimodernisteneid und kirchliche Normaltheologie nicht gehen kann und daß es sich nur darum handelt, wie die Aufgabe der Kritik sachgemäß zu handhaben ist und was dabei herauskommt. Ohne die Gegensätze, die sich dabei ergeben, zu bagatellisieren, muß man doch feststellen: Der Protestantismus hat sich im Prinzip für die historisch-kritische Methode entschieden und damit für den vorhin gekennzeichneten gefahrvollen Weg. Und er hat sich damit recht entschieden. Ja, ich wage zu behaupten: Der Protestantismus des 19. Jahrhunderts hat durch die prinzipielle Entscheidung für die historisch-kritische Methode in veränderter Situation dem römischen Katholizismus gegenüber die reformatorische Entscheidung des 16. Jahrhunderts festgehalten und bekräftigt . . .

b) Der Nachweis, der für die Behauptung erbracht werden muß, daß die Bejahung der historisch-kritischen Methode in einem tiefen inneren Sachzusammenhang mit der reformatorischen Rechtfertigungslehre steht, führt zu weitläufigen theologischen und systematischen Fragen . . . In dem sola fide der reformatorischen Rechtfertigungslehre liegt sowohl die Ablehnung aller vorfindlichen Sicherungen der Vergegenwärtigung, seien sie ontologischer, sakramentaler oder hierarchischer Art, als auch positiv das Verständnis der Vergegenwärtigung im Sinne echt geschichtlicher, personaler Begegnung. Ereignet sich diese Begegnung mit der geschichtlichen Offenbarung allein im Hören auf das Wort, so liegt die Zerschlagung aller vermeintlich die Glaubensentscheidung entbehrlich machender historischer Sicherungen auf der gleichen Linie wie der Kampf gegen die Heilsbedeutung der guten Werke oder gegen das Verständnis der Sakramentswirkung im Sinne des opus operatum. Das sola fide zerstört allen heimlichen Offenbarungsdoketismus, der der Geschichtlichkeit der Offenbarung dadurch ausweicht, daß er sie zu einer Geschichte sui generis macht, von deren heiligem Raum die historisch-kritische Methode ängstlich ferngehalten werden muß. Nach reformatorischem Verständnis sind sowohl die Offenbarung wie der Glaube in ihrer echten Geschichtlichkeit entdeckt, und das heißt allerdings: Der Glaube ist der ganzen Anfechtbarkeit und Zweideutigkeit des Historischen preisgegeben. Nur so und nur darum kann es im Glauben und nur im Glauben zur echten Begegnung mit der geschichtlichen Offenbarung kommen. Wie auf der ganzen Linie der reformatorischen Theologie, so ist auch hier im Hinblick auf das Verhältnis zur Geschichte das Ja zur Ungesichertheit nur die Kehrseite der Heilsgewißheit sola fide. Und so ist die Frage berechtigt, ob eine Theologie, die sich dem Anspruch der historisch-kritischen Methode entzieht, überhaupt noch weiß von dem genuinen Sinn der reformatorischen Rechtfertigungslehre, selbst wenn die Formeln des 16. Jahrhunderts aufs korrekteste wiederholt werden . . .

c) Nimmt die systematische Theologie die ganze Problemstellung der historisch-kritischen Methode in ihren Ansatz auf, so wird sich damit nicht nur die kritische Destruktion aller vermeintlichen Sicherheiten vollziehen, sondern vor allem wird sie damit streng zu ihrer Sache gerufen sein, nämlich zur geschichtlichen Offenbarung in Jesus Christus, im Wissen um ihre, der systematisch-theologischen Arbeit, eigene Geschichtlichkeit. Und schließlich ist von der Verkündigung der Kirche – und damit hängt auch die Weise der kirchlichen Ordnung zusammen – zu verlangen, daß sie die historisch-kritische Arbeit ernst nimmt. Es ist zu fragen, ob nicht die weitverbreitete entsetzliche Lahmheit und Abgestandenheit der kirchlichen Verkündigung, ob nicht ihr Unvermögen, den Menschen der Gegenwart anzureden, ob nicht ebenso die Unglaubwürdigkeit der Kirche als solcher in hohem Maß damit zusammenhängt, daß man sich davor fürchtet, die Arbeit der historisch-kritischen Theologie in sachgemäßer Weise fruchtbar werden zu lassen, und daß man sich nicht genügend Rechenschaft gibt über das Wesen des hermeneutischen Problems, das im Vollzug der Predigt seine äußerste Verdichtung erfährt. Denn historisch-kritische Theologie ist nicht identisch mit liberaler Theologie. Sie ist aber das unentbehrliche Mittel, um die Kirche an die in der iustificatio impii wurzelnde Freiheit zu erinnern . . .

GERHARD EBELING,
Dogmatik und Exegese, ZThK 77/1, 1980, S. 271 ff.

I, 4. Historisch oder dogmatisch?
Gegenüber dem in der Theologie seit jeher nachweisbaren Nebeneinander exegetisch-textorientierter und systematisch-themenorientierter Darlegung bedeutet die neuzeitliche Zuspitzung auf ein Gegeneinander historischer und dogmatischer Methode ein Novum. Dessen Gleichsetzung mit der alten Fächerunterscheidung von Bibelexegese und systematischer Darstellung kirchlicher Lehre hat unser Thema erst so brisant werden lassen. Aber diese Konstellation, die bis heute die Gemüter erregt und verwirrt, beruht auf kurzschlüssiger Antithetik.

Die scharfe historische Optik erfaßt mit Recht möglichst distinkt, was der Fall war, in Abhebung gegen das, was der Fall ist. Von dem, was als geschehen überliefert ist, unterscheidet man das, was wirklich geschah. Das ist die Überlieferungskritik, die das Ursprüngliche gegen das Spätere, das Eigentliche gegen das Vermeintliche in Schutz nimmt und zur Geltung bringt. Anderseits unterscheidet man von dem, was einst galt, das, was heute gilt. Das ist die Sachkritik, die sich von der Vorherrschaft des Früheren freimacht und es allererst vergangen sein läßt. Auf beide Weisen emanzipiert man sich von Vergangenem, von der Autorität sei es der traditio, sei es des traditum. Die Sachlichkeit solcher Kritik entscheidet sich daran, ob dem, was kritisch betrachtet wird, ein Höchstmaß an Sorgfalt und Gerechtigkeit bei gleichzeitig strengster Selbstkritik zuteil wird. Was dahinter zurückbleibt oder an kritischem Urteil darüber hinausgeht, fällt außerhalb der Grenzen hermeneutischer Verantwortung. Das unglückliche Schlagwort Bibelkritik wäre mißverstanden, wenn es als eine solche Stellungnahme außerhalb hermeneutischer Verantwortung aufgefaßt würde. Innerhalb solcher Verantwortung kann Bibelkritik nur bedeuten: die Sache der Bibel so klar wie nur irgend möglich zum Leuchten kommen zu lassen gegen alles, was außerhalb ihrer oder auch in ihr, auf seiten der Überlieferung oder auf seiten unseres eigenen Wirklichkeitsverständnisses verdunkelnd wirkt und Mißverständnisse erzeugt. Zu verfälschendem Einfluß des eigenen Wirklichkeitsverständnisses kommt es im Gefolge des historischen Betrachtens dann, wenn die scharf eingestellte historische Optik dazu verleitet, das eigene Angewiesensein auf Geschichte und das Eingeflochtensein in sie inkonsequenterweise nicht mehr zu bedenken und so die Überlieferung zum Verstummen zu bringen, indem sie ihres Resonanzbodens beraubt wird . . .

II.

Es wäre unbillig, nun einen Gesamtentwurf theologischer Hermeneutik zu verlangen. Ich beschränke mich auf vier Leitgesichtspunkte, die sich mir im Vollzug dogmatischer und exegetischer Arbeit als hilfreich für den hermeneutischen Gesamtprozeß erwiesen haben: die sachintensive Interpretation, die erfahrungsorientierte Interpretation, die situationsbezogene Interpretation und die relational-ontologische Interpretation. Man mißverstehe dies nicht als verschiedene Schritte einer methodischen Technik, die nacheinander zu absolvieren wären. Mit diesen Stichworten versuche ich nur nachträglich auf den Begriff zu bringen, in welche Hauptaspekte sich der umfassende und in sich unteilbare theologische Verstehensvorgang zerlegt, wenn man ihn theoretisch analysiert.

1. Die sachintensive Interpretation

. . . Wann hat man einen Text und die darin ausgesagte Sache verstanden? Es wäre vorschnell zu behaupten: erst dann, wenn man einverstanden ist. Aber immerhin setzt ein wirkliches, nicht nur eingebildetes, sondern zuteil gewordenes Einverständnis volles Verstehen voraus. Einverständnis ist in gewisser Hinsicht tatsächlich die Krönung und Erfüllung dessen, worum es überhaupt in einem Sprachvorgang geht. Er zielt letztlich auf Verständigung, und das meint doch nicht nur ein Sichverständlichmachen, sondern wenn möglich auch dies, daß man miteinander zu einem Konsens gelangt. Dem ist für die hermeneutische Aufgabe, soweit sie kontrolliert zu betreiben ist, folgendes zu entnehmen: Wird sie sachintensiv wahrgenommen, so muß sie bis dahin führen, wo Einverständnis eintreten kann oder begründet verweigert werden muß. Natürlich ist das eine Zuspitzung des hermeneutischen Problems, wie sie nicht für alle Texte und Sachverhalte akut wird, aber auch keineswegs etwa allein für die theologischen. Man kann allerdings wohl sagen: In allen gewichtigeren Fällen, in denen die Verstehensfrage in die Frage nach dem Einverständnis mündet, werden theologisch relevante Sachverhalte berührt. Denn alles, was nur immer den Menschen in seinem Personsein angeht, gehört zu dem Lebenselement des Glaubens.

Wir sprachen nun aber von einem das Verstehen bedingenden Geschehen. Damit meine ich nicht etwa das Ereignis, daß es in dem gängigen Sinne zu einem Einverständnis kommt. Daß derartiges geschieht, ist ja umgekehrt durch das Verstehen bedingt. Nun ist aber noch auf ein andersartiges Geschehen zu achten, durch das seinerseits das Verstehen bedingt ist. Dadurch wird der Gesichtspunkt des Einverständnisses noch einmal von anderer Seite her beleuchtet. Folgende hermeneutische Einsicht beansprucht Allgemeingültigkeit: Ein überliefertes Wort ist erst dann recht erfaßt, wenn deutlich wird, woraus es entsprungen ist, was zu ihm ermächtigt hat, woraufhin es gesagt werden kann. Diese Einkehr in den Ursprung eines Wortes schließt gewiß auch die Frage nach seinen äußeren Umständen, seiner Veranlassung und seiner Motivation mit ein, erschöpft sich aber nicht darin. Je nach dem

Charakter eines Textes muß man bis zu der Erfahrung vorstoßen, die in ihm zur Äußerung gelangt ist. Je sachintensiver die Interpretation verfährt – z. B. was die paulinische Aussage über die Rechtfertigung aus Glauben eigentlich meint oder welche Wirklichkeit mit dem Worte pneuma angesprochen ist –, desto mehr kommt es darauf an, den Erfahrungsgrund einer Aussage zu erhellen. Denn erst dann, wenn man in den Erfahrungsgrund einkehrt, erschließt sich uneingeschränkt der Zugang zum Text. Man hat dies teils als Einfühlung in das innere Erleben des Autors bezeichnet, teils als Bewußtmachung eines Lebensbezuges, den man mit ihm teilt. In beidem liegt eine richtige Intention. Sie bleibt aber in solchen Formulierungen noch zu unbestimmt. Wir stoßen hier auf das Beieinander von individuellem Widerfahrnis und allgemeingültiger Einsicht in Lebensstrukturen. Dies auf seine Zusammengehörigkeit hin genauer zu bedenken, erfordert subtile Untersuchungen. Es muß jetzt genügen, auf Beobachtungen anzuspielen, die jeder beim Geschäft des Interpretierens machen kann.

Durch den Text wird etwas vermittelt. Zugleich aber wird durch ihn auf etwas hin angesprochen, was bereits da ist. Was einem dabei dank dem Text an eigener Lebenseinsicht aufgeht, stellt nun aber wiederum die Voraussetzung seines vollen Verstehens dar. Denn der Verstehensvorgang vollzieht sich als ein überaus verwickeltes Hin- und Hergehen zwischen verbum und res sowie zwischen überliefertem Text und eigenem Ausgeliefertsein an das Leben. Im Unterschied zu der vorhin betonten Reihenfolge von Verstehen und Einverständnis muß auch diese Umkehrung bedacht werden. Nach Joh. 8,31 f z. B. ist dem Bleiben bei der Lehre Jesu und dem wahrhaften Jüngersein – also dem Einverständnis mit Jesus – das Erkennen der befreienden Wahrheit zugesagt. Das Verhältnis von Glauben und Verstehen ist ein eigentümlich wechselseitiges: Jedes von beidem eröffnet in bestimmter Hinsicht das andere.

Dazu gehört die Tatsache, daß die methodisch betriebene Verstehensbemühung nur sehr begrenzt zum Erfolg führt. Es muß einem vor allem etwas einfallen und aufgehen. Mit der bloßen Beherrschung historisch-kritischer Technik erzielt man bestenfalls Fleißarbeiten. Der Wissenschaftler ist wie der Künstler letztlich auf Eingebung, auf Intuition angewiesen. Warum etwa Luthers Exegese des Galaterbriefes turmhoch aus der Auslegungsgeschichte herausragt, dafür lassen sich nur bis zu einem gewissen Grade historische und methodologische Erklärungen liefern. Von einer so ungewöhnlich sachnahen und geistesmächtigen Interpretation kann man gewiß methodisch und sachlich lernen. Aber der Schritt zu einem entsprechenden eigenen Erfassen und Weitergeben ist noch einmal etwas völlig anderes und Unverfügbares: die Folge eines Empfangens und Erfaßtwerdens, das letztlich mit dem konvergiert, was den Galaterbrief überhaupt erst hervorgebracht und auch eine Auslegung wie diejenige Luthers ermöglicht hat . . .

2. Die erfahrungsorientierte Interpretation

. . . Um Mißverständnissen zu begegnen, lege ich auf zwei Gesichtspunkte im Erfahrungsbegriff Gewicht. Zum einen: Die Entgegensetzung von Erfahrung und Überlieferung wurde in der Neuzeit zum Rechtsgrund für Emanzipation und Kritik. Diese Antithetik hat ein unbestreitbares Wahrheitsmoment, muß aber relativiert werden, wenn sie nicht zur Unwahrheit werden soll. Die Möglichkeiten eigener Erfahrung sind durch die Teilhabe an sprachlicher Überlieferung bedingt, ohne die sich Erfahrung gar nicht erschließt. Schwindet die geschichtlich vermittelte Bildung, so verkümmert auch die Erfahrung. Lebensrelevante Überlieferung ist als solche überlieferte Erfahrung. Sie vermag die eigene Erfahrung zwar nie zu ersetzen, wohl aber zu entdecken und zu erwecken. Zum andern: Auch der Begriff des Empirischen, der das neuzeitliche Erfahrungsverständnis weitgehend bestimmt, hat sein unleugbares Recht, jedoch nur innerhalb der Grenzen, die von ihm selbst gezogen sind. Sie werden in ihrer einengenden Bedeutung freilich meist gar nicht erkannt. Es ist aber offensichtlich notwendig, zwischen objektivierender Empirie und lebensbezogener Erfahrung zu unterscheiden. Diese Unterscheidung läßt sich zwar von der Wortgeschichte her geurteilt nicht ohne weiteres an den beiden Vokabeln experimentum und experientia aufhängen. Dennoch läßt sich an ihnen illustrieren, was mit solcher Unterscheidung gemeint ist, indem man sich einerseits an den Sinn und die Funktion eines wissenschaftlichen Experiments und anderseits an die herkömmliche umgangssprachliche Bedeutung von experientia hält, wie sie uns etwa im Sprachgebrauch der Mystik oder bei Luther begegnet.

Versteht man den Ausdruck erfahrungsorientierte Interpretation auf dem Hintergrund solcher Abgrenzungen, so ist leicht erkennbar, wie sich diese hermeneutische Wegweisung in eine reformatorisch bestimmte Theologie fügt. Was vorhin über die Einkehr in den Erfahrungsgrund einer Aussage bemerkt wurde, erhebt den Anspruch einer generellen hermeneutischen Regel für sachintensive Interpretation. Die Bibel macht davon um so weniger eine Ausnahme, als ihre gesamte Aussageintention darauf gerichtet ist, was es mit dem Leben als einem Leben vor Gott auf sich hat, und das heißt zugleich: einem Leben von Gott her und auf Gott hin. Lebenserfahrung in einem radikalen Sinne ist darum der hermeneutische Horizont der Bibel. Würde man im Namen eines starren Autoritätsanspruchs dem widersprechen, so setzte man sich mit demjenigen Sprachgeschehen in Widerspruch, das in der Bibel zum Text geworden ist und durch diesen Text wieder zu erfahrungsorientiertem Wort werden will. Als geglaubtes Gotteswort ist dieses Wort Glaubenswort: Es will Glaube erzeugen und im Glauben bezeugt werden. Das spricht ebenfalls nicht gegen die erfahrungsorientierte Interpretation der biblischen Texte wie aller Glaubensaussagen überhaupt. Verfällt man nicht irrigerweise der Vorstellung von einem empirischen Experiment, das in Sachen des Glaubens dessen Wesen zuwiderläuft, hält man sich vielmehr an die Dimension der Lebenserfahrung, dann ist gerade auch das vom Glauben ausgesagte contra omnem experientiam nur erfahrungsorientiert interpretierbar. Die Glaubensaussagen würden buchstäblich gegenstandslos, wenn sie den Bezug zur Lebenserfahrung verlören und an ihr nicht beides miteinander fänden: einerseits äußersten Widerstand und Widerspruch, anderseits aber auch und zugleich damit dasjenige Material, ohne dessen Präsenz der Glaube gar nicht wahrhaft Glaube sein kann, weil nicht Gewißheit im Sinne des »Amen, so ist es!« . . .

3. Die situationsbezogene Interpretation

Durch den Begriff der Situation wird die Aufmerksamkeit auf die Geschichtlichkeit gelenkt. Das Reden von Geschichtlichkeit hat man – zu Recht oder zu Unrecht – als eine Verflüchtigung der Geschichte kritisiert, – eine Verflüchtigung teils zu zeitlosen Strukturen, teils zum isolierten Augenblick. Derselbe doppelte Einwand droht auch dem Gebrauch des Wortes Situation. Eine Einschränkung auf das rein Momentane wird dem Situationsbegriff freilich durchaus nicht gerecht. Es gibt auch sozusagen weiträumige Situationen, die eine Geschichtsphase langanhaltend bestimmen, etwa die geistige Konstellation, die durch die Wende zur Neuzeit eingetreten ist. Umgekehrt ist auch die individuelle Situation eines einzelnen Zeitpunktes durch ein ganzes Netz überindividueller Geschichtsfaktoren bestimmt. Der eng gefaßte, auf den Augenblick beschränkte Situationsbegriff scheint allerdings den Vorteil zu haben, an das Konkrete heranzuführen. Die Öffnung dieses gängigen Situationsverständnisses soll hingegen davor schützen, einer falschen Auffassung von Konkretion zum Opfer zu fallen. Dazu bedarf es jedoch einer Ausweitung anderer Art als in das Überindividuelle hinein, nämlich einer Radikalisierung, die an die tiefsten Gründe menschlicher Geschichte rührt.

Der Begriff der Grundsituation soll dem Rechnung tragen. Er meint nicht eine neutrale anthropologische Struktur, einen bloßen Grundriß, der sich in der jeweiligen

Situation inhaltlich verschieden füllt. Die Grundsituation ist vielmehr das Sein vor Gott. Sie ist immer schon so oder so bestimmt und gedeutet, wenn auch meist verkehrt oder überhaupt verdeckt. Aber gerade auch so ist sie in allen Situationen entscheidend wirksam. Deshalb bringt man die einzelne konkrete Situation erst dann zu ihrer wahren Konkretion, wenn man in ihr die Grundsituation aufdeckt, um dadurch die jeweilige Situation zu erhellen und zu verändern.

Die Grundsituation ist als eine Sprachsituation aufzufassen, als eine vielfältige und vielstimmige Kombination des Widersprechens, Versprechens und Entsprechens (vgl. § 8 C II), also elementarer Sprachvorgänge, in denen es letzlich um das wahre Menschsein geht. Damit ist angedeutet, was an der Geschichte überhaupt das eigentliche Relevante sein könnte. Doch mag dieser Gesichtspunkt jetzt ausgeklammert bleiben. Vor allem aber wird durch das Verständnis der Grundsituation als Sprachsituation deutlich, was es mit den Glaubensaussagen auf sich hat. Sie beziehen sich auf die Grundsituation, greifen in sie ein und bringen sie zur Wahrheit. Daraus ergibt sich eine hermeneutische Regel: Glaubensaussagen müssen als Situationsaussagen interpretierbar sein. Und sie werden nur dann sachgemäß interpretiert, wenn sie so auf die Grundsituation des Menschen bezogen werden, daß diese in der jeweiligen Situation zurechtweisend und zurechtbringend wirksam wird.

Dieser Hinweis auf die situationsbezogene Interpretation hat in erster Linie für die Dogmatik Bedeutung. Denn die dogmatischen Aussagen haben die Tendenz zu allgemeinen Lehrsätzen, zu situationslosen Aussagen. Die Bedeutung der Bibel für die Dogmatik besteht darum nicht nur darin, die rechte inhaltliche Bestimmung der dogmatischen Aussagen zu vermitteln, sondern auch darin, die Situationsbezogenheit der Glaubensaussagen in Erinnerung zu rufen. Der überwiegend vom Geschichtsbezug geprägte Stil der biblischen Sprache steht in spürbarer Spannung zum systematisierenden Reflexionsstil der Dogmatik . . .

4. Die relational-ontologische Interpretation

Die Interpretation theologischer Texte und Sachverhalte kann dem Problem der Ontologie nicht ausweichen. Man muß sich darüber Rechenschaft geben, was gemeint ist, wenn vom Sein Gottes, vom Sein vor Gott, vom Sein Gottes in Christus, vom Sein Christi beim Vater, vom Sein in Christus, vom Sein Christi in uns, vom Ausgegossenwerden des Geistes oder vom Sein im Geist und ähnlichen Wendungen die Rede ist. Das Unzureichende am Entmythologisierungsprogramm hatte seinen Grund darin, daß die Rede von Gott aus dem Problembereich ausgeklammert wurde. Damit war der Zugang zur eigentlichen Wurzel auch des Mythischen und zu dessen angemessener theologischer Kritik, aber auch zu seiner angemessenen theologischen Bejahung erschwert. Es wäre nun jedoch falsch, sich angesichts dieses gesamten Komplexes auf eine Theorie religiöser Sprache zurückzuziehen, ohne dabei die Beziehung zum Wirklichkeitsverständnis zu bedenken. Es kann sich aber auch nicht um die Ausarbeitung einer bloß regionalen Ontologie handeln, sei es eines Seins Gottes oder der Welt, sei es allein der religiösen Wirklichkeit. Solche Formulierungen verraten schon das Unzulängliche daran. Die ontologische Fragestellung ist als solche notwendig universell und nicht unmittelbar theologischer Art. Die Theologie kann ihr aber nicht ausweichen. Sie kann jedoch auch nicht die Ontologie sozusagen als ein philosophisches Fertigfabrikat beziehen. Selbst bei der scholastischen Aristotelesrezeption war dies nicht möglich und auch nicht der Fall. Der Theologe muß in eigener Verantwortung in den Grenzen seiner Möglichkeiten an der ontologischen Besinnung teilnehmen. Das liegt in der Konsequenz dessen, was zum Stichwort sachintensive Interpretation ausgeführt wurde.

Innerhalb der theologischen Disziplinen wäre nach meinem enzyklopädischen Konzept in erster Linie die Fundamentaltheologie dafür zuständig, die ontologischen Implikationen der Theologie zu durchdenken. Aber weder in der Dogmatik noch auch in der Exegese kann man davon absehen, wie dies die erwähnten Beispiele theologischer Seinsaussagen belegen. Die Texte und Sachverhalte, mit denen man es hier zu tun bekommt, nötigen nicht nur diese Fragestellung auf, sondern vermitteln auch eine Fülle hilfreicher Einsichten. In der Theologie häufen sich in dieser Hinsicht nicht etwa bloß lauter Verlegenheiten. Hier bieten sich im Gegenteil reiche Gelegenheiten zu ontologischen Einsichten. Der Gebrauch der Präpositionen in der biblischen Sprache, vor allem im Alten Testament und bei Paulus, ist äußerst ergiebig dafür, und zwar nicht nur in theologischer Hinsicht, sondern ganz allgemein. Er regt zur Ausbildung einer relationalen Ontologie an im Unterschied zur Substanzontologie, die nicht nur die Metaphysik der klassischen Dogmatik bestimmte, sondern auch für das neuzeitliche wissenschaftliche Denken maßgebend wurde. Der Scholastik galt die Relation als die schwächste Seinsbestimmung. Nun hingegen gewinnt die Relation ontologisch fundamentale Bedeutung. Dies des näheren auszuarbeiten, ist ein weit ausgreifendes philosophisches Geschäft, an dem sich der Theologe nur sehr begrenzt beteiligen kann. Auch wenn dies innerhalb der Dogmatik oder der Exegese nur nebenher geschieht, können davon dennoch Anstöße ausgehen: einmal zur Befreiung der Theologie aus dem Bann eines unsachgemäßen Wirklichkeitsverständnisses; sodann aber zur Befreiung des Denkens überhaupt aus der Einseitigkeit eines ontologischen Ansatzes, der zwar in bestimmter Hinsicht durchaus sein Recht, dessen Dominanz aber verhängnisvolle Folgen hat in bezug auf das Verständnis des Humanum, und da hinein gehört, philosophisch gesehen, auch das Gottesverhältnis.

III

Bei diesen Andeutungen mag es jetzt sein Bewenden haben. Das Ganze sei aber mit drei Bemerkungen abgeschlossen, von denen jede noch einmal das ganze Thema enthält.

Erstens: Dogmatik und Exegese fördern einander. Dazu bedarf es einer relativen Selbständigkeit beider, aber auch ihrer gegenseitigen Kommunikation. Daß die Dogmatik eine dogmatikunabhängige Exegese beachten und anerkennen solle, ist ein wichtiges Postulat neuzeitlicher Theologie. Ihm soll nicht widersprochen werden. Aber dem Interesse einer sachintensiven Interpretation dient auch die Umkehrung der Relation, wie sie in der Themaformulierung »Dogmatik und Exegese« zum Ausdruck kommt. Das darf freilich auf keinen Fall bedeuten, daß sich die Exegese in die Abhängigkeit von einer bestimmten Dogmatik begibt. Es heißt vielmehr dies: Je tiefer der Exeget in die Sachinterpretation eindringt, desto mehr muß er bewußt an der dogmatischen Verantwortung partizipieren. Eben deshalb kann es nicht nur für den Dogmatiker selbst, sondern auch für die Exegese nützlich sein, wenn auch er sich an der exegetischen Verantwortung beteiligt.

Zweitens: Die Auseinandersetzung um das Stichwort »historisch-kritische Methode«, um ihre Begrenzung oder ihre Ergänzung, muß an dem heikelsten Punkt einsetzen, bei der so oft verdächtigten Beifügung des Prädikats »kritisch«. Nicht um die Kritik künstlich einzudämmen oder unsachlich zu beeinflussen, sondern um sie zu höchster Sachgemäßheit anzutreiben. Darin liegt der Impuls zu einer Interpretation, die über das rein Historische hinausführt, nicht um es zu bagatellisieren, sondern um es in strengster Erfassung sachinterpretatorisch fruchtbar zu machen. Dann wird das Historische nicht, wie es weithin der Fall war und ist, zu einem Hemmschuh bei der interpretatorischen Aufgabe, sondern zu einer ihrer Triebfedern. So weist das Stichwort »historisch-kritische Methode« durch Entbindung hermeneutischer Selbstkritik von sich aus über sich hinaus.

Drittens: Die Frage liegt nahe, wie sich die vorgetragenen hermeneutischen Weg-weisungen zu dem verhalten, was in den letzten Jahrzehnten unter dem Begriff »exi-stentiale Interpretation« verstanden und mißverstanden, verhandelt und mißhan-delt worden ist. Dazu möchte ich mich nur mit folgender Annahme äußern: Die von mir dargelegte Auffächerung der hermeneutischen Aufgabe in ihrer weitestgehen-den Zielsetzung könnte dazu helfen, von einer Irritierung freizuwerden, die durch die Zuspitzung auf ein einziges Schlagwort hervorgerufen worden sein mag. Der Versuch, die Probleme neu zu durchdenken, ohne direkte Fortsetzung eines impo-nierenden hermeneutischen Programms, könnte gerade der echten Kontinuität theologischer Arbeit sowie der theologischen Konsensbildung zugute kommen.

Exkurs: JOACHIM COCHLOVIUS,
Ist die »historisch-kritische Methode« reformatorisch?
Kritische Fragen an Gerhard Ebelings Programmaufsatz

Vorbemerkung

Der folgende Beitrag erschien erstmals in der 1. Auflage des vorliegenden Arbeitsbu-ches. Er wurde von mir für die Neuveröffentlichung leicht überarbeitet. Meine kriti-schen Anfragen an Gerhard Ebeling beziehen sich auf seinen bekannten Aufsatz »Die Bedeutung der historisch-kritischen Methode für die protestantische Theolo-gie und Kirche« von 1950, der von P. Stuhlmacher mit Recht »Programmaufsatz« genannt wurde (Peter Stuhlmacher, Vom Verstehen des Neuen Testaments. Eine Hermeneutik, Göttingen 1979, S. 26). Während die wirkungsgeschichtliche Bedeu-tung dieses Aufsatzes allgemein erkannt ist, sind die theologischen und hermeneuti-schen Fragen, die er aufwirft, m. E. noch längst nicht überzeugend beantwortet. Sie sind − 36 Jahre nach der Erstveröffentlichung − in einer Situation neuer exegeti-scher Grundlagenbesinnung von brennender Aktualität. − Ich möchte noch beto-nen, daß sich meine Kritik ausschließlich gegen den erwähnten Aufsatz richtet. In neueren Veröffentlichungen hat G. Ebeling eine differenziertere hermeneutische Position eingenommen, z. B. in seiner Beurteilung von »ontologischen Implikatio-nen in der Theologie« (Dogmatik und Exegese, s. den vorhergehenden Beitrag). Aber dies entbindet nicht von der m. E. überfälligen Auseinandersetzung mit seiner früheren Sicht, denn sie begründete weithin das theologische Ethos der protestanti-schen Exegese nach dem 2. Weltkrieg.

Zweifellos hat Gerhard Ebelings Programmaufsatz »Die Bedeutung der historisch-kritischen Methode für die protestantische Theologie und Kirche« aus dem Jahr 1950 kirchengeschichtliche Bedeutung. Seine Argumentation, daß die historisch-kritische Exegese das reformatorische Grundprinzip sola fide in unserer Zeit zur Geltung bringe, hat im protestantischen Raum weithin zu einer kirchlichen Aner-kennung dieser Bibelauslegung geführt. Die »historisch-kritische Methode« (hkM) hat damit in der akademischen Theologie und kirchlichen Praxis eine nahezu abso-lute Geltung erhalten. Sie ist selbstverständlich geworden. Aber ist sie wirklich reformatorisch, wie Ebeling behauptet? Die folgende kritische Auseinandersetzung mit Ebelings genanntem Aufsatz versucht, die Berufung der historisch-kritischen Exegese auf die Reformation als unrechtmäßig aufzuzeigen. Die Seitenzahlen in Klammern beziehen sich auf den Erstdruck (ZThK 47/1, 1950).

1. Hermeneutik als Schlüssel zum »Offenbarungsgeschehen«

Im ersten Drittel seines Aufsatzes beschäftigt sich Ebeling mit der Geschichtlichkeit des Christentums. Er schreibt dem »historischen Ursprung des Christentums schlechthin ein für allemal bleibende, normative, absolute Bedeutung zu«. Dieser Ursprung habe »Offenbarungscharakter«. *(13)* Diesem »Offenbarungsgeschehen« stehe die Theologie gegenüber, die ihrerseits ganz »der Geschichtlichkeit der Existenz unterworfen ist« und »wesensmäßig ... mit der Zeit« gehen müsse. Die Zeitgemäßheit der Theologie besteht nach Ebeling darin, daß sie eingeht » auf die Sprache, die Denkformen und die Problemstellungen der Gegenwart«. *(10)* Dort Offenbarungsgeschehen, hier zeitgemäße Theologie. Auf diese Formel läßt sich zunächst einmal dieser Einstieg bringen. Nun erfolgt eine wichtige Weichenstellung. Den Brückenschlag vom Damals zum Heute erwartet Ebeling von einer »Übersetzung des Kerygma«. *(12)* Damit wird die theologische Hermeneutik zum Schlüssel für das Verstehen der Bibel. Wir werden im folgenden sehen, welche Konsequenzen dieser Ansatz hat.

2. Ist die »ontologische Interpretation des Offenbarungsgeschehens« ein Irrweg?

Nach diesen einleitenden Überlegungen behandelt Ebeling die Interpretation und Vergegenwärtigung des Offenbarungsgeschehens in der Kirchengeschichte. Die Alte Kirche hat nach seiner Meinung mit Hilfe der griechischen Metaphysik die Offenbarung ontologisch interpretiert. *(14f)* Er denkt z. B. an die Ausformung der altkirchlichen Glaubensbekenntnisse. Doch finden wir nicht schon in der Bibel ontologische Aussagen über Jesus? Wenn Petrus bekennt: »Du bist Christus, des lebendigen Gottes Sohn« (Mt. 16,16), dann ist das doch eine ontologische Aussage, die das »Wesen«, das »Sein« Jesu betrifft. Und gerade diese Erkenntnis wird als gottgewirkt bezeichnet. (Mt. 16,17) Viele derartige Aussagen ließen sich anfügen, so daß sich Ebelings prinzipielle Abwertung der »ontologischen Interpretation« als unhaltbar herausstellt. Die Reformation hat dann nach Ebeling eine »Akzentverlagerung von den metaphysischen auf die heilsgeschichtlich-personalistischen Kategorien« bewirkt und die ontologische Interpretation der alten Kirche in Frage gestellt. *(15)* Auch diese Alternative ist unstatthaft. Gewiß hat die Reformation das »pro me« des Heils betont, aber doch nicht auf Kosten oder in Abwehr ontologischer Aussagen! Das Gegenteil ist richtig. Sie hat erkannt, daß persönlicher Glaube gerade von und in Tatsachen- und Wesensaussagen über Christus lebt (vgl. Luthers Satz in »De servo arbitrio«: »Tolle assertiones, et christianismum tulisti«).

3. Die Gleichstellung von »ontologischer Interpretation« und Verbalinspiration

Nach Ebeling folgt die Lehre von der Verbalinspiration zwingend aus der ontologischen Interpretation des Offenbarungsgeschehens. So wie diese ein »Geschehen sui generis«, eine »historia sacra« behaupte, so mache jene das Zeugnis von dieser historia sacra zu einem historischen genus eigener Art, zur Heiligen Schrift. *(15)* »Dem Inkarnationsdogma entspricht das Dogma von der Verbalinspiration.« *(16)* Diese Gleichstellung ist nicht zwingend. Die Lehre von der Menschwerdung Christi ist fest im biblischen Zeugnis verankert, während die Lehre von der Verbalinspiration, verstanden als dogmatische Qualifikation und Sicherung des Gesamt-Wortbestandes der Bibel, kein innerbiblisches Anliegen ist. Keineswegs folgt die Inspirationslehre zwingend aus der Inkarnationslehre, wie die Hermeneutik Luthers beweist, der ganz an dieser festhielt, ohne jene für sein Schriftverständnis zu benötigen.

4. Die Frage der »Vergegenwärtigung« der Offenbarung

Der Kern der hermeneutischen Frage ist für Ebeling das Problem der Vergegenwärtigung des Offenbarungsgeschehens. Schon dieser Begriff zeigt, daß sich Ebeling einen legitimen Zugang zur biblischen Botschaft nur auf der historischen Ebene vorstellen kann. Anders ist seine Formulierung, daß »die Relation zur Offenbarung wesenhaft eine historische« ist *(16)*, nicht zu verstehen. In dieser Sicht deutet er die Geschichte des Schriftverständnisses in der Alten Kirche und im Mittelalter als eine

Geschichte verschiedener Methoden der Vergegenwärtigung. Auch die Reformation beurteilt er in der Kategorie der Vergegenwärtigung. Sie habe die Reduktion aller herkömmlichen Vergegenwärtigungsmodelle allein auf das biblische Wort vollzogen. »Alle anderen Brücken sind abgebrochen.« (20) Die Theologie wurde dadurch primär historische Exegese und kritische Theologie. (21) Hier werden schwerwiegende Behauptungen aufgestellt, die energischen Widerspruch herausfordern. Ebelings Behauptung, daß »die Relation zur Offenbarung wesenhaft eine historische« sei, ist in sich unschlüssig. Wenn der Begriff Offenbarung seinen biblischen Inhalt behalten soll, dann beschreibt er ein von Gott gewirktes geistliches Geschehen, durch das der Mensch geistliche Erkenntnisse und Einsichten erhält. Ein persönlicher Zugang zum biblischen Offenbarungsgeschehen kann also nur in der geistlichen Dimension erfolgen. Geistliche Dinge müssen geistlich verstanden werden. (1. Kor. 2,14) Die Reduktion der geistlichen auf die historische Ebene ist ein folgenschwerer Schritt, der in der Konsequenz geistliches Verstehen der biblischen Botschaft sehr erschweren muß. Der zweite Widerspruch muß gegen die Deutung der reformatorischen Exegese erhoben werden. Es ist unverantwortlich, den reformatorischen Durchbruch »durch die Schuttmassen der Tradition zum Urtext« (21) als Geburtsstunde der kritischen Theologie zu bezeichnen. Kritische Theologie im neuzeitlichen Sinn ist eine Theologie, die sich der autonomen menschlichen Vernunft verpflichtet weiß. In diesem Sinn war Luther ganz gewiß kein »kritischer Theologe«. Sein Durchbruch durch die Tradition war kein kritisches Vorgehen im Sinn der hkM, auch nicht im Sinn einer Vorwegnahme von Intentionen der hkM, sondern geschah aus einer tiefen Abhängigkeit von Gott, dem Luther im biblischen Wort begegnete. Luther ist alles andere als ein Vorläufer historisch-kritischer Schriftauslegung!

5. »Permanente Reformation«

Ebeling fordert, »das Erbe der Reformation in echt geschichtlicher Weise weiterzuführen«. Er versteht darunter, »die jeweilig gebotene Sprachübersetzung zu vollziehen und sich nicht bei archaisierend korrekter Wiederholung der reinen Lehre zu beruhigen.« (26) Die Frage ist, was er mit »Sprachübersetzung« meint. Wie gleich noch deutlicher werden wird, meint er nicht nur die gewiß nötige Aktualisierung der biblischen Botschaft, sondern eine Auslegung, die sich ganz bewußt auf den Boden der jeweiligen »Denkvoraussetzungen« stellt. (26) Ist das aber »permanente Reformation?« Reformation ist doch immer Begegnung mit dem lebendigen Gott und damit Überwindung der eigenen Denkvoraussetzungen! Permanente Reformation zu deuten als eine den jeweiligen Denkvoraussetzungen verpflichtete Auslegung ist eine Verkennung dieser geistlichen Dimension.

6. Die »neuen Denkvoraussetzungen«

Ebeling beschreibt die hkM als »eine von neuen Denkvoraussetzungen herkommende kritische Auseinandersetzung mit der Überlieferung«, die sich dem »Wirklichkeitsverständnis . . ., wie es der Geist der Neuzeit gewonnen hat«, verpflichtet wisse. Er betont ausdrücklich, daß sie »mehr als waches historisches Interesse« sei. (27) Mit dieser Deutung geht Ebeling über das verbreitete, aber unzureichende Verständnis der hkM, daß diese Methode eine möglichst objektive historische Erforschung der Bibel ermögliche, weit hinaus. In der Tat ist die hkM keineswegs so voraussetzungslos, wie es dem ungeschulten Beobachter zunächst erscheint, sondern sie ist in ihren Arbeitskriterien eindeutig ein Kind des neuzeitlichen Rationalismus und abhängig von seinen »Denkvoraussetzungen«. Sie ist ein Raster, das an die gesamte Geschichte angelegt wird. Es gehört zu Ebelings Verdiensten, daß er diese Tatsache deutlich hervorhebt. Gleichzeitig wundert man sich, wie unkritisch er an dieser Stelle wird. Es ist völlig uneinsichtig, wieso er das »Wirklichkeitsverständnis« der Neuzeit plötzlich zur letzten Instanz erhebt. Warum wird der »Geist der Neuzeit«, der nach Ebeling von der Wissenschaft und Philosophie geprägt ist, nicht hinterfragt? Besonders wäre grundsätzlich zu fragen, ob Wissenschaft und Philosophie überhaupt in der Lage sind, Wirklichkeit zu definieren. Es ist sehr schade, daß Ebeling diese Grundfragen anscheinend gar nicht in den Blick nimmt. Anstatt das Wirklichkeitsverständnis der Neuzeit vom biblischen Wirklichkeitsverständnis, von der Offenbarung Gottes in Christus her zu transzendieren und zu korrigieren, unterwirft Ebeling die Exegese grundsätzlich dem »Geist der Neuzeit«. Die Theologie wird so in der Konsequenz zum Steigbügelhalter des die Neuzeit prägenden Rationalismus. Welche Denkvoraussetzungen prägen nun nach Ebeling die Neuzeit? Im wesentlichen nennt er zwei. Einmal die »Ausscheidung aller metaphysischen Aussagen aus dem Bereich des Selbstverständlichen«, zum anderen die »relative Autonomie der Wissenschaft und des sozialen Lebens«, die nicht mehr angetastet werden dürfe. *(30)* Diese Analyse der Neuzeit ist in ihrer Tendenz gewiß zutreffend; doch warum niemand die Autonomie von Wissenschaft und sozialem Leben »antasten« darf, bleibt unklar. Wo die Wissenschaft unter philosophische bzw. ideologische Prämissen gerät – ein Musterbeispiel dafür ist die Evolutionstheorie – oder im sozialen Leben Entwicklungen eintreten, die Gottes Geboten zuwiderlaufen – wie z. B. in der derzeitigen Pädagogik oder in der Abtreibungsfrage –, ist die christliche Theologie zum Widerspruch und zur Warnung aufgerufen. Dann muß sie die genannte Autonomie »antasten«. Ebelings grundsätzlicher Verzicht auf Einspruch und Einwirkung der Theologie auf die geistesgeschichtliche Entwicklung wirkt fatalistisch und entspricht nicht der Weltverpflichtung des christlichen Glaubens.

7. Ist die Grundstruktur des modernen Geistes »etwas dem christlichen Glauben durchaus Gemäßes?«

Nach Ebeling ist die Auffassung unhaltbar, »die in der Entstehung der Neuzeit den prinzipiellen Abfall vom christlichen Glauben oder so etwas wie einen zweiten Sündenfall sieht.« *(30)* Er sieht es nicht als Schaden für den christlichen Glauben an, »wenn er nicht mehr mit einem bestimmten Weltbild oder einem bestimmten sozialen oder politischen Weltgestaltungsprogramm verwechselt werden kann, wenn der Glaube sich nicht mehr anheischig machen kann, das verantwortliche Denken zu ersetzen, und die Welt gegen alle Vermischungstendenzen wieder in ihrer Weltlichkeit entdeckt, d. h. säkularisiert wird« *(31)*. Es ist erstaunlich, wie es dieser u. a. auf Friedrich Gogarten zurückgehenden »Säkularismus-Theologie« gelingt, den immensen Verlust an Einfluß auf die geistesgeschichtliche, kulturelle und moralische Entwicklung, den der christliche Glaube in den letzten 200 Jahren erlitten hat, theologisch zu rechtfertigen und sogar positiv zu werten. Mit einer solchen Theologie lassen sich auch Massenaustrittsbewegungen aus den Großkirchen, leere Kirchenbänke und ein vollständiges Abrücken der staatlichen Gesetzgebung von den Geboten Gottes noch positiv deuten. Die Weltlichkeit der Welt wird ja dadurch noch deutlicher! Reformatorisch ist diese Sicht jedoch bestimmt nicht. Wer Luthers reformatorische Grundschriften wie »An den christlichen Adel« oder »An die Ratsherren« liest, begegnet dort einem starken Weltgestaltungswillen, der unmittelbar der Weltverantwortung des christlichen Glaubens entspringt. Eine Säkularismus-Theologie im Sinne Ebelings darf sich nicht auf die Reformation berufen.

8. Die »historisch-kritische Methode« als Konsequenz der »neuen Denkvoraussetzungen«

Ebeling hat in der Tendenz sicher recht, wenn er den geistesgeschichtlichen Umbruch zur Neuzeit u. a. im stärker werdenden Geschichtsbewußtsein findet. Problematisch ist aber seine Beurteilung dieses Prozesses. Er behauptet, daß durch das wachsende historische Bewußtsein »das Faktum der geschichtlichen Wandlung, der jeweiligen Zeitbedingtheit und des trennenden historischen Abstandes« vor Augen kam. *(31)* Hier unterstellt Ebeling, daß das neu entstandene Geschichtsbewußtsein prinzipiell in eine kritische Haltung gegenüber der Geschichte führt. Wer aber im Glauben die Tatsache der Offenbarung Gottes in Raum und Zeit ernstnimmt, wird zu einer anderen Sicht kommen. Geschichtliches Bewußtsein und die existentielle Annahme geschichtlicher Fakten als Glaubens- und Lebensnorm schließen sich nicht aus, sondern dort ein, wo Gott sich durch geschichtliche Fakten offenbart. Aber Ebeling geht noch weiter. Er spricht von einem inneren Zwang, geschichtliche Fakten im Blickwinkel der »neuen Denkvoraussetzungen« zu beurteilen. »Das eigentlich Entscheidende und Revolutionierende erhielt die historisch-kritische Methode durch den Umstand, daß der moderne Historiker sich gezwungen sieht, auch die Quellen der Vergangenheit in das Licht der neuen Selbstverständlichkeiten zu rücken.« (32) Eine besondere historia sacra oder scriptura sacra könne er (sc. der Historiker) als Denkvoraussetzung nicht übernehmen. Die ganze Geschichte werde von ihm mit der hkM behandelt, die »durch kein historisches Objekt grundsätzlich außer Kurs gesetzt werden kann«. (32) Spätestens hier wird deutlich, daß für Ebeling die »neuen Denkvoraussetzungen« und die auf ihnen aufbauende hkM den Rang absoluter Maßstäbe einnehmen und damit letztverbindlichen Wert erhalten. Anstatt die Denkvoraussetzungen der Neuzeit im Lichte der Offenbarung zu prüfen, wird die Offenbarung mit einer Methode behandelt, die sich bewußt diesen Denkvoraussetzungen verschreibt. Die Theologie wird aber damit zur »Magd« der Philosophie. Es ist in der Tat »der erstaunlichste Vorgang in der Theologiegeschichte der Neuzeit, daß es vor allem die Theologen selbst waren, die unerschrocken und unerbittlich die historisch-kritische Methode handhaben« (32f.).

9. Abschied vom Heiligen Geist?

Besonders betroffen machen Ebelings Aussagen über den Heiligen Geist, konkreter gesagt, über seine Entbehrlichkeit bei der Exegese. Er stellt fest: Die Theologie »befindet sich nicht im glücklichen Besitz einer eigenen, spezifisch theologischen Methode zur Lösung der hermeneutischen Aufgabe . . . Sie hat keine eigene ‚pneumatische‘ oder wie immer bezeichnete Methode der Auslegung zur Verfügung, die sich als Methode von der Art unterschiede, wie etwa ein Platotext zu interpretieren ist.« (35) Die Verheißung des Geistes durch Jesus (z. B. Joh. 14,26) oder das apostolische Zeugnis von der geistlichen Erkenntnis (z. B. 2. Kor. 4,6) werden hier offensichtlich vergessen, zum Schaden von Theologie und Gemeinde.

10. »Brennen lassen, was brennt«

Mit Scharfblick sieht Ebeling schwerwiegende Mangelerscheinungen im modernen Protestantismus wie eine »fortschreitende Auflösung nicht nur der Einheit, sondern auch der dogmatischen Substanz« oder »eine ängstlich, verbissen oder verzweifelt anmutende Verteidigungshaltung« (35f.). Im Vergleich zum Katholizismus fragt er, ob der Protestantismus etwa auch eine absolute Lehrautorität brauche, stellt dann aber fest, daß es besser sei, »sich den Anfechtungen der Ungesichertheit, den Gefahren schonungslos auszusetzen, die Verbindung zu dem Denken der Zeit nicht abreißen zu lassen, nicht zu warten, bis von gegnerischer Seite sich die Kritik erhebt, um dann um so starrer zu aller Kritik nein zu sagen, sondern voranzugehen in der kritischen Überprüfung der Grundlagen, brennen zu lassen, was brennt, und vorbehaltlos zu warten, was sich als unverbrennbar, als echt, als wahr erweist.« (36) Diese »Überprüfung der Grundlagen« durch die hkM hat seit Ebelings Aufsatz (1950) noch weitere dogmatische Substanz aufgelöst, um mit seinen eigenen Worten zu sprechen. Die »historisch-kritisch« arbeitende Theologie hat die Bibel so perfekt seziert, daß sie ihre Botschaft schon längst nicht mehr voll hören und demzufolge auch nicht weitergeben kann, denn ihre »Überprüfung der Grundlagen« ist in der Praxis weithin eine zutiefst unsachgemäße Behandlung, der sich die biblische Botschaft entzieht. Schlimm ist nur, daß der hkM anscheinend der Blick für die von ihr ausgelösten Folgen fehlt, daß sie gegen alles kritisch ist, nur nicht gegen ihre eigenen Denkvoraussetzungen und daß demzufolge ihre »Überprüfung der Grundlagen« ungehindert weitergeht. Wenn man nun fragt, warum es eigentlich in der akademischen Exegese kaum Ansätze für eine Kurskorrektur gibt, stößt man auf einen merkwürdigen Fatalismus. Ebeling behauptet, »daß der Protestantismus in allen Schattierungen sich . . .der historischen Kritik gar nicht entziehen kann«. *(37f.)* Ein merkwürdiger Fatalismus! Warum kann man nicht einen Weg, dessen Ende ihn als Irrweg erweist, verlassen?

11. Ist die »historisch-kritische Methode« reformatorisch?

Im letzten Teil seines Aufsatzes, der gleichzeitig der innere Schwerpunkt ist, bemüht sich Ebeling um den Nachweis, »daß die Bejahung der historisch-kritischen Methode in einem tiefen inneren Sachzusammenhang mit der reformatorischen Rechtfertigungslehre steht«. *(41)* Seine Grundthese ist, daß die hkM das »reformatorische Grundprinzip ,sola fide' in der geistesgeschichtlichen Situation der Neuzeit zur Geltung« bringt. *(41)* Im sola fide liegt nach Ebeling »sowohl die Ablehnung aller vorfindlichen Sicherungen der Vergegenwärtigung, seien sie ontologischer, sakramentaler oder hierarchischer Art, als auch positiv das Verständnis der Vergegenwärtigung im Sinn echt geschichtlicher, personaler Begegnung. Ereignet sich diese Begegnung mit der geschichtlichen Offenbarung allein im Hören auf das Wort, so liegt die Zerschlagung aller vermeintlichen, die Glaubensentscheidung entbehrlich machenden historischen Sicherungen auf der gleichen Linie wie der Kampf gegen die Heilsbedeutung der guten Werke oder gegen das Verständnis der Sakramentswirkung im Sinne des opus operatum. Das sola fide zerstört allen heimlichen Offenbarungsdoketismus, der der Geschichtlichkeit der Offenbarung dadurch ausweicht, daß er sie zu einer Geschichte sui generis macht, von deren heiligem Raum die historisch-kritische Methode ängstlich ferngehalten werden muß.« *(42)* Diesen Sätzen liegt eine Fehlinterpretation des reformatorischen sola fide zugrunde. Der Glaube kann gar nicht auf die ontologische und sakramentale »Vergegenwärtigung« des Heils verzichten! Er verläßt sich ja gerade auf die »ontologischen« Aussagen »Jesus ist Herr« bzw. »Dies ist mein Leib« und ergreift damit persönlich den in der Verheißung und im Sakrament gegenwärtigen Herrn. Ohne »ontologische« Verkündigung der Person Jesu Christi würde dem Glauben gar keine verläßliche Grundlage angeboten. Wie sollte der Glaube daran interessiert sein, die »historischen Sicherungen«, also die biblischen Berichte von Christus und die Zeugnisse der apostolischen Verkündigung zu zerschlagen? Nie und nimmer! Der Glaube, der durch die Selbsterschließung der Schrift in Gesetz und Evangelium geweckt wird und der in der Begegnung und Gemeinschaft mit Christus lebt, führt in die Schrift als den Ort, wo das Evangelium zu finden ist. An der Zerschlagung seiner geschichtlichen Grundlage hat er keinerlei Interesse, wohl aber an ihrer sorgfältigen Erforschung. Es bleibt rätselhaft, wie es zu einer »echt geschichtlichen, personalen Begegnung« mit Christus kommen kann, wenn die hkM vorher die ontologischen Aussagen über Christus und den geschichtlichen Wert der Berichte über ihn in Frage gestellt hat. Der Glaube entsteht und lebt nicht aus dem »Ja zur Ungesichertheit« *(42),* sondern aus dem Ja zu dem Herrn, der in der Bibel verkündigt wird. Was ist nun zum Vorwurf des Doketismus zu sagen? Er trifft nicht, weil es ja gar nicht darum geht, die Bibel als »heiligen Raum« vor der hkM zu schützen, sondern auf die Befangenheit einer Schriftauslegung hinzuweisen, die sich von philosophischen Denkvoraussetzungen abhängig macht.

Wir kehren zur Ausgangsfrage zurück. Ist die hkM reformatorisch? Wenn Reformation als Geschenk der Selbstoffenbarung Gottes in seinem Wort verstanden wird, so daß der Mensch dem lebendigen Gott in Christus begegnet und sein bisheriges Welt- und Wirklichkeitsverständnis aufgesprengt und grundsätzlich erneuert wird, dann kann eine Methode, die sich ausdrücklich dem durch Wissenschaft und Philosophie geprägten Wirklichkeitsverständnis verschreibt und von dieser Position aus die Botschaft von der Selbstoffenbarung Gottes in Christus auszulegen versucht, nicht reformatorisch sein. Gerhard Ebelings Inanspruchnahme der Reformation für die »historisch-kritische Methode« erweist sich als unzulässig.

ERNST FUCHS,
Hermeneutik, Tübingen ⁴1970, S. 95f.

... So erwächst der Theologie aus der Erforschung der neutestamentlichen Texte eine eigentümliche Aufgabe. Sie wird zur historischen Wissenschaft werden müssen, wenn sie diesen Texten Genüge tun will. Sie wird das genau so rücksichtslos tun müssen wie jede andere historische Forschung, die vor keiner Frage zurückschrekken darf. Aber sie wird gleichzeitig Theologie sein müssen, die fragt, inwiefern die im Neuen Testament historisch gegebenen Glaubensaussagen den absoluten Wahrheitsanspruch der Offenbarung Gottes bezeugen ...

Wir sehen uns vor die Frage gestellt, wie Theologie als Wissenschaft möglich ist. *Was ist* denn *Wissenschaft?*

Zunächst läßt sich soviel sagen: Wissenschaft drängt zur *Aussage* der Wahrheit. Wissenschaftliche Aussagen sind Sätze, die zutreffend und kontrollierbar mitteilen, was wahr ist ... *Wissenschaft ist die auf Begriffe bedachte Erkundung der Wahrheit in Forschung und Lehre* ...

Was ist Theologie? Bedenkt man, daß die Theologie als Selbstbesinnung des Glaubens der Wahrheit der Offenbarung Gottes nachgeht, so scheint die Theologie im strengen Sinne ihrer Absicht jedenfalls nicht *Forschung* zu sein ...

Nun wird aber im Neuen Testament behauptet, daß sich Gott geoffenbart habe, offenbare und offenbaren werde (vgl. z. B. Mt. 11,25-27). Sollen solche Sätze einleuchtend sein, soll es also sinnvoll und verständlich sein, von Gottes Offenbarung mehrere, sogar zeitlich voneinander unterscheidbare Aussagen zu machen, so unterliegen auch diese Sätze wie alle menschliche Rede als Mitteilung der Nötigung, daß sie wenigstens im Blick auf den von ihnen erhobenen Anspruch auf *Verständlichkeit* klar, also begrifflich kontrollierbar und diskutierbar gefaßt werden können.

Theologie nennen wir nun diejenige Tätigkeit, die alle auf Gottes Offenbarung bezogene menschliche Rede auf ihre Verständlichkeit prüft, indem sie zwar nicht die Wahrheit der Offenbarung selbst, wohl aber die Wahrheit der auf die Offenbarung Gottes bezogenen Aussagen oder Mitteilungen im Zusammenhang menschlichen Redens begrifflich kontrolliert und diskutiert. Auch die Theologie vollzieht sich also in begrifflicher Diskussion! ...

Dann gilt: 1. Sofern die Theologie begrifflich diskutiert, ist sie Wissenschaft. 2. Sofern die Theologie an der Ausarbeitung der menschlichen Rede von Gott beteiligt ist, ist sie Lehre. Forschung ist sie in dieser Hinsicht dagegen nicht ...

Wir werden uns ja nicht verbergen, daß die menschliche Rede lügen oder trügen kann, und wir werden uns zumal die Möglichkeit des Selbstbetrugs vor Augen halten, wenn von Gott die Rede sein soll ...

(S. 122:) Der Vorgang, der sich beim Auslegen des Neuen Testaments vollzieht, wird in der Tat gerade heute ein Vorgang in uns selbst sein müssen, wenn er uns treffen soll. Darauf weist uns die Existenzdialektik des Paulus und des Johannesevangeliums hin. Nicht alle neutestamentlichen Texte nötigen dazu. Es gibt z. B. erzählende Partien, wie in der Apostelgeschichte, und lehrgesetzlich anmutende Ausführungen, wie in den Pastoralbriefen, die keinerlei Existenzdialektik erkennen lassen. Deren Auslegung ist also schwieriger, wenn wir daran festhalten sollen, daß wir im Neuen Testament Unterricht über die Offenbarung Gottes empfangen. Nun will aber die Offenbarungsmitteilung selber als ein Akt der Selbstmitteilung des unerforschlichen Gottes verstanden werden (Mt. 11, 25-27). Gott bleibt Gott. Die paulinische und johanneische Existenzdialektik ist der theologisch angemessene Ausdruck für das Verständnis der im Neuen Testament gelehrten Offenbarungsmitteilung, weil die Offenbarungsmitteilung selber nie eine direkte, unmittelbare ist, sofern es um *unsre* Beziehung *zu ihr* geht. Gott wird nicht direkt unser Objekt, zum mindesten nicht in der Theologie! Man sträubt sich gegen diese Erkenntnis, weil man von jeher gewohnt ist, die theologische Lehre von der Offenbarung mit der Offenbarung selbst in eins zu setzen, obwohl leicht einzusehen ist, daß ein an den Fingern aufzählbarer Glaubensinhalt den Glauben zum lernbaren Werk des Menschen macht . . .

So korrespondiert die Behauptung einer unmittelbaren Offenbarungsmitteilung mit der Selbstbehauptung des natürlichen Menschen, die mittelbare dagegen mit dessen Selbstpreisgabe? Das Neue Testament meint das allerdings . . . So ist der Glaube die Voraussetzung für die Selbstpreisgabe? Nein, denn sonst hinge die Selbstpreisgabe tatsächlich von einer unmittelbaren, direkten Offenbarungsmitteilung ab, die erst den Glauben, dann die Selbstpreisgabe bewirken müßte, in Wahrheit aber nie zur Selbstpreisgabe führen könnte, weil diese durch den Glauben überflüssig gemacht bzw. ins Tun von genugtuenden Bußwerken oder Demutswerken entarten würde. Der Glaube *ist* vielmehr gerade Selbstpreisgabe! Nun hat aber doch der Glaube als »Glaube an« sein Woran, während der Selbstpreisgabe dieses Woran fehlt? Jedoch, der Glaube hat nur als »Bekenntnis zu . . .« ein Woran; als fides qua creditur hat er es dagegen nicht. Der Glaube als Selbstpreisgabe hat vielmehr ein *Gegenüber*. Dieses Gegenüber ist der Herr, mit welchem der natürliche Mensch, der selbst sein Herr sein will, im Text konfrontiert wird. »Im Text «! d. h.: in direkter Mitteilung *über* diesen Herrn, aber in indirekter Mitteilung der Offenbarung, von welcher der Text nur sagt, daß dieser Herr unser Herr werden möchte (sofern der Text unterrichtet und nicht bekennt)! Daß der *Unterricht* des Textes das *sagt* und daß er *nur* das sagt, nicht mehr, aber auch nicht weniger, das stellt den Menschen so in Frage, daß er sich selbst zur Frage werden *muß*, falls er hört . . .

. . . Und das ist nun die Frage, um die es bei der Auslegung geht: ob wir im Auslegen des Textes bereit sind, uns als mit dem vom Text mitgeteilten Gegenüber *in Konkurrenz stehend* antreffen zu lassen und uns im Text darüber zu unterrichten, was das bedeutet und warum der Text davon spricht. Der Ausleger des Neuen Testaments soll lernen, was es heißt, daß er selbst wie jeder Mensch mit Christus, mit Gott konkurriert. Leugnet er diese Wahrheit, so geht die Auslegung fehl, sofern der Text über den Glauben unterrichten will. Kann er aber mitkommen, so wird er merken, daß gerade diese Konkurrenz als vergeben verkündigt ist. Sie nimmt dann allerdings ein anderes Gesicht an. Denn dann wird sich die Auslegung von der Frage leiten lassen, *welchen Weg* der Text mit *dem* Menschen einschlägt, dem die Konkurrenz mit Gott vergeben ist . . .

(S. 130:) . . . Zur Wirklichkeit gehört die Möglichkeit einer zutreffenden *Aussage* über die Gegenwart des Wirklichen. Wirklich ist also keineswegs schon, was ist, wie wir anfänglich in Aufnahme der landläufigen Meinung sagten, sondern wirklich ist erst, was als gegenwärtig (und wäre es nur erinnernd!) zur *Sprache* gebracht werden kann . . .

Die naheliegende Frage: so gibt es nach dem vorhin Gesagten keine Wirklichkeit ohne Sprache? ist zu bejahen. Ein ewiges Schweigen wäre die Aufhebung der Wirklichkeit. Die landläufige Meinung, daß sich die Wirklichkeit vor dem Sehen bzw. Wahrnehmen »aufbaue«, erweist sich als Halbwahrheit. Es gibt kein Sehen oder Wahrnehmen ohne Verstehen. Es gibt aber kein Verstehen ohne die aktive Möglichkeit zur Sprache. Sprache besteht nicht nur in klanglicher Verlautbarung von Sinngehalten. Sprache ist zudem nicht ohne weiteres auch Rede. Sprache ist vielmehr primär ein *Zeigen* oder sehen *Lassen*, ein Bedeuten im aktiven Sinne: ich bedeute dir bzw. dich, was du selbst »wahrnehmen« (in Acht oder Hut nehmen) sollst (Gogarten). Das kann durch eine einfache Bewegung, sogar durch ein Abwenden vom Andern, geschehen.

. . . Wo Bedeutung ist, da ist auch Sprache. Und wo Sprache ist, da ist Wirklichkeit. Die Sprache gehört so eng zur Wirklichkeit, daß sie die Wirklichkeit sogar allererst freigibt: die Sprache spricht die Wirklichkeit »aus« (dieses »aus« ist das »aus« in der *Ex*istenz). Mißt man das Wirkliche an der Sprache, so muß man sagen: die Wirklichkeit erscheint allererst in der Ruhe (als dem Ziel) der Bewegung der Sprache. Die Wirklichkeit *ist* das Gesprochene der Sprache . . .

(S. 133:) . . . So können wir sagen: der Mensch existiert sprachlich zwischen Ruf und Antwort. In diesem Bereich gibt ihm die Sprache vor, was er wirklich »sein lassen« darf. Die Wirklichkeit bestätigt ihm nur, was ihm sprachlich vorgegeben ist. Sein Verhalten zu ihr ist der Spiegel der Antwort, die er dem an ihn ergangenen Ruf der Sprache gegeben hat . . .

(S. 139:) . . . Das Neue Testament macht uns die »Welt« und damit das uns vorher Selbstverständliche fraglich, indem es uns diejenige neue Sprache, die uns in Wahrheit einigen kann, geschichtlich überliefert. Das für das Neue Testament entscheidende Ereignis wird deshalb noch nicht recht ausgesagt, wenn man in einem »positiven« Sinn etwa von der »Geschichte Jesu Christi« spricht, obwohl sich hinter dieser Formulierung das Richtige anmeldet (G. Bornkamm). Denn in dieser Geschichte Jesu Christi geht es um die Geschichte der *Sprache* Jesu Christi, um jene neue Sprache, die uns Sünder in Wahrheit zu einigen vermag, während wir uns ohne sie höchstens schauerlich »vereinigen« können. Deshalb sind diejenigen auf der rechten Spur, die bei der »Verkündigung« Jesu Christi ansetzen. Man muß nur merken, daß Jesus Christus faktisch sich selbst verkündigt, und überlegen, was das heißt.

Nun präzisiert sich auch der Begriff des Selbstverständnisses. Dieser Begriff kann gewiß formalisiert werden. Aber das ist nicht sein eigentlicher Sinn. Von einem Selbstverständnis des Sünders kann man eigentlich nicht reden. Der Sünder versteht sich gerade *nicht*. Eben deshalb hält Gott den Sünder »unter« dem Gesetz. Ein Selbstverständnis empfängt nach dem Unterricht des Neuen Testaments eigentlich erst der Glaube. Er weiß um den »Geist« Bescheid, denn er weiß um diejenige Sprache Bescheid, die in Wahrheit einigt . . . Er weiß deshalb, daß es in der Welt gerade um die Möglichkeit des Selbstverständnisses geht und daß dies der wahre »Sinn« der Geschichte ist. Diese Möglichkeit könnte nicht angeboten werden, wenn sie uns nicht sprachlich vorgegeben wäre. Das Neue Testament unterrichtet uns deshalb über die neue Sprache, die uns im Namen Jesu Christi vorgegeben ist, und es wahrt diesen *Vorsprung* der uns vorgegebenen Sprache gegenüber den verzweifelten und gewalttätigen Selbstverständlichkeiten eines notwendig sprachlos werdenden Lebens in neuer Sünde. Der geschichtliche Vorsprung der im Neuen Testament gehüteten Sprache eröffnet uns *die Dimension der Frage nach uns selbst* in der *Geschichte* als die *Zeit des Selbstverständnisses.* Das Neue Testament unterrichtet uns über die Mittelbarkeit der Offenbarung Gottes, indem es uns mitteilt, daß die Zeit des Selbstverständnisses *gekommen* ist . . .

(S. 159:) Die historisch-kritische Methode der Bibelauslegung ist nicht nur das Ergebnis der Preisgabe der altprotestantischen Lehre von der Verbalinspiration im 18. Jahrhundert, sondern darüber hinaus die moderne Variante des Traditionsprinzips der altkirchlichen bzw. mittelalterlichen Bibelauslegung. Wie man einst, längst vor der Reformation, die kirchliche Tradition als die neben der Heiligen Schrift einhergehende lebendige Überlieferung der Kirche betonte, so stellte die historisch-kritische Auslegung die *Geschichte* an die Seite der Bibel. Ja mehr: wie Schrift und Tradition in der älteren Kirche einander kaum nebengeordnet waren, so daß dogmatische Entscheidungen der Kirche bzw. ihres bevorzugten Amtsträgers, z. B. des römischen Papstes, getroffen werden konnten, denen sich die Bibelauslegung de facto zu beugen hatte, so ordnete die historisch-kritische Bibelauslegung die Bibel der Geschichte unter und nahm der Schrift damit das Prädikat ihrer Weltüberlegenheit, die Heiligkeit. Dieser erstaunliche Vorgang, den man sich in aller Schärfe klarmachen muß, gibt sich durchaus als die *konsequentere Durchführung* der altkirchlichen Bibelauslegung zu erkennen, sobald man bedenkt, daß das Phänomen der lebendigen Tradition dort noch nicht ernst genommen ist, wo die Aporien dieser Tradition kurzerhand durch dogmatische oder verwaltungsrechtliche Entscheidungen beseitigt werden ...

Die historisch-kritische Methode ist der endgültige Bruch mit dem metaphysischen Denken noch des Mittelalters und der altprotestantischen Orthodoxie. Weil man im 17. Jahrhundert erfaßt hatte, daß allgemeingültige Wahrheiten der Kritik seitens der Vernunft unterworfen sind, schärfte sich das Auge für die Besonderheiten geschichtlicher Sachverhalte. Mag auch das pure Interesse an der Geschichte selbst erst im 19. Jahrhundert durch die romantische Liebe zum Unwiderruflichen voll ausgebildet worden sein, die *Entdeckung* der Geschichte verdankt man heute den Vernunfterkenntnissen der beginnenden Aufklärung ... Die exegetische Theologie ist zur historischen Theologie herangewachsen. Freilich, das hermeneutische Problem kam dennoch nicht zur Ruhe ... Man sah, daß dem Urchristentum selber am historischen Sinn weniger gelegen war als seinen Erforschern, und man wurde sich des Abstands des modernen Lebensgefühls von dem jener Zeit immer deutlicher bewußt. So wurde dieselbe historisch-kritische Auslegungsmethode, die vorher auf eine Rekonstruktion der Geschichte des Urchristentums ausgegangen war, in unsren Tagen zum Anlaß der Erkenntnis, daß sich eine vergangene Geschichte überhaupt nicht rekonstruieren läßt. Das hermeneutische Problem, wie vergangene Lebensäußerungen zu verstehen seien, meldete sich in voller Schärfe zurück (Ebeling).

Unaufgebbar ist die Erkenntnis, daß das Geschichtsverständnis keine dogmatische Bevormundung verträgt und daß der historische Abstand unsres Lebens von dem der urchristlichen Zeit respektiert werden muß. Aber die aus der historisch-kritischen Methode resultierende *Aporie*, wie der Geltungsanspruch der Geschichte einerseits und die Ferne des geschichtlichen Lebens vom Heute andererseits zueinander in Beziehung gesetzt werden sollen, zwang zu einer *tieferen* Besinnung auf die *wesentlichen* Zusammenhänge zwischen der Geschichte und unsrem eigenen Leben. Wir können nicht mehr voraussetzen, daß unser Leben demselben Strom angehört, dem sich das urchristliche Leben mitteilte, weil uns die geschichtlichen Wandlungen seit jener Zeit einfach zu eindrucksvoll vor Augen stehen: wir leben in einer andern »Welt«. Aber wir können ebensowenig vom Geschichtlichen absehen, als wären unsre Lebensbewegungen in den urchristlichen Lebensbewegungen überhaupt nicht wiederzuerkennen ...

(S. 166:) Die Entmythologisierung der neutestamentlichen Verkündigung ist keine *Methode,* sondern *Aufgabe* der Interpretation. Man wird sich ja nicht einbilden dürfen, die Interpretation wäre geleistet, wenn man weiß, was »wörtlich« dasteht. Seit unsre kirchliche Sprache liturgisch erstarrt ist, nehmen wir es zu leicht hin, die wesentlichen Aussagen des Neuen Testaments wie eine Fremdsprache stehen zu lassen. Wir verdecken uns diesen Sachverhalt nur deshalb so leicht, weil diese liturgisch erstarrte Sprache längst in unsren Köpfen heimisch ist ... Gewiß gibt es genug oft recht erfreuliche Menschen, die bei diesem Zustande nicht viel vermissen und sich eben abfinden. Aber das hilft dem nichts, der die Verlegenheit erleiden muß. Er ist *der* Hörer, der sein Leben nicht zerreißen lassen will, und *der* Prediger, der seinen Zuhörer nicht zerrissen haben will ...

... Wenn gleich alles heute mit dem Zustand neben und auf den Kanzeln zufrieden wäre, so müßten wir trotzdem darüber nachdenken, wie das Evangelium eigentlich verstanden sein will ...

(S. 171:) Auch das Urchristentum hat auf seine Weise eine Entmythologisierung in Gang gesetzt. Gegenstand dieser Entmythologisierung war aber nicht die Gottheit, sondern die Welt der Kontinuität. Man kann sagen, das sei die Auswirkung eines jüdischen Erbes bzw. des Alten Testaments. Denn hier war die Welt nicht als Kontinuität im Sinne der Aufreihung des Seienden verstanden, sondern als Schöpfung Gottes, in welcher sich der Mensch vor dem Schöpfer zu verantworten hat. Das ist sicher richtig. Aber damit ist noch nicht erklärt, warum sich das Urchristentum mythischer Sprache bedient hat. Nun kann man dazu sagen, das seien eben die Einflüsse des damals heraufziehenden späthellenistischen Lebensgefühls, dem die alte Welt des Logos fremd wurde, so daß es sich danach sehnte, dem im Zusammenhang des Seienden sich kosmisch aufdrängenden *Schicksal* (hat es am Ende *uns* erreicht?) entnommen zu werden. Das ist sicher ebenso richtig. Aber es erklärt nicht alles. Es erklärt nicht das ganz Neue. Dieses Neue war das Angebot, daß sich der in der Welt verlorene Mensch mit Jesus, einem Gekreuzigten, als seinem Gotte vereinigen dürfe. Das Neue war also dies, daß die Offenbarung Gottes weder nur ethisch, noch nur metaphysisch, sondern *geschichtlich,* als Ereignis in der Geschichte, verkündigt wurde.

Die neue Offenbarung war wohl Einigung, aber nicht Metamorphose, sie war wohl Forderung, aber nicht bloß Verhalten, denn sie beanspruchte den Menschen für das *Ereignis,* in dem er nicht mehr allein war und nie mehr allein sein konnte, wenn er der Verkündigung Gehör gab. Der Mensch empfing damit eine völlig neue Distanzmöglichkeit von sich selbst, die er so vorher nicht gekannt hatte ...

(S. 175:) Wir dürfen jedenfalls nicht bloß formal sagen, daß die existentiale Interpretation die »Intention« erfragt, durch welche sich z. B. Paulus im Blick auf seine Existenzaussagen leiten läßt. Wir müssen konkreter fragen, ob und wie die Intention den Umgang mit der Zeit selbst meint. Dann sind wir in der Lage, uns von der philosophischen Existenzanalyse freizumachen. Hier steckt denn auch das *Vorurteil,* mit dem wir tatsächlich an die Aufgabe der Entmythologisierung herangehen. Dieses Vorurteil gibt uns das Neue Testament selbst mit auf den Weg. Es besagt, daß Jesus *dieselbe* Zeit meinte, um die es bei uns geht. Unser Zeitverständnis stammt, so meinen wir, also nicht aus der Philosophie. Es stammt einfach aus der Wahrheit der Sprache. Denn in aller wahren Sprache kommt es auf die Zeit als den unverfügbaren Augenblick der Mitteilung an. Zeit »haben« kann dann nur heißen, dieses Augenblicks sicher sein. Das ist der Fall, wenn wir von der Mitteilung erreicht werden. Haben wir diese Gewißheit? Wir haben sie, wie das Neue Testament sagt, wenn wir in der Lage sind, die Mitteilung weiterzugeben und das auch tun. Dann hat uns Jesus an seiner Zeit beteiligt. Es wird also bei der Entmythologisierung darauf ankommen, ob wir die Mitteilung hören und ob wir das, was wir hören, unsrerseits in Mitteilung umsetzen können. Daß das nicht unbedingt glückt, kann und braucht uns nicht beirren. Denn Gott tut sein Werk selbst. Er bedient sich unser nur. Sind wir willig, so haben wir in dieser Willigkeit freilich schon die Verheißung und den Trost der Verheißung. Daß wir aber um des modernen Historismus und Objektivismus, also um eines illegitimen »Subjektivismus«, ja Rationalismus willen *gezwungen* sind, zu entmythologisieren, um die Sprache des Kreuzes Jesu in unsrer Zeit zu wahren, das ist selber ein Werk der Gnade Gottes, das uns nicht von den Vätern trennt, sondern in feiner Einheit mit ihnen erhält. Es geht um das Hören, um nichts als das Hören. *Wo* wir uns finden, ergibt sich dann von selbst ...

ERNST FUCHS,
Das Neue Testament und das hermeneutische Problem, in: ders., Glaube und Erfahrung, Tübingen 1965, S. 163 ff.

... Wie komme ich zum Verstehen? Sie werden bemerkt haben, daß ich absichtlich auf die bei uns in Deutschland üblich gewordene Terminologie etwa der Schule Bultmanns weitgehend verzichtet habe. Diese Terminologie bedarf wahrscheinlich sowieso der Revision. Was auch ich festhalten möchte, ist vor allem der Begriff der »Existenz« ...

... Wenn ich wissen will, ob jemand ein Fußballspieler ist, so brauche ich ihm bloß einen Fußball in die Nähe zu bringen; dann merkt man gleich, was los ist. Das ist Existenz. Der Mensch hat immer etwas außer sich und lebt immer »bei« etwas, was ihn so bestimmt, daß sein Leben ohne dieses Etwas (z. B. den Fußball) nicht ganz begriffen werden kann. Und in dieser Weise lebt der Glaube bei Gott und von Gott. Ohne Gott versteht man einen Glaubenden nicht. Man muß verstehen, was er an Gott hat, warum er an Gott festhält. Dann versteht man den Glaubenden und seinen Glauben. Weder das Gewissen noch die Selbstprüfungen reichen aus, um einen im Sinne des Neuen Testaments Glaubenden zu verstehen. Man muß wissen, was dieser Glaubende an Gott hat. Und darüber gibt das Neue Testament Auskunft ...

Wenn es nämlich anders ist, als der Tod es uns lehrt, wenn es vielmehr so ist, daß die Liebe recht hat, dann hat der Tod unrecht. Und dann kann der Tod nicht die wahre »Grenze« unsres Lebens sein. Daraus muß man die Konsequenzen ziehen. Das ist die Hermeneutik, die mir vorschwebt. Ich halte mich an die Sprache. Und ich halte mich so an sie, wie sie vom Tod herausgefordert wird. Der Tod verhöhnt am Sarge den Überlebenden: Jetzt sprich du! Und darauf muß man antworten: Die Liebe siegt! Dieser Satz ist ein Postulat. Und dieses Postulat ist das Postulat des Glaubens: Die Liebe will von mir gerade angesichts des Todes, daß ich glaube, daß die Liebe siegt und nicht der Tod. Das ist ohne Gott nicht möglich. Aber es ist mit Gott selbstverständlich. So hat Jesus gedacht. Aber Paulus nicht anders. So glaubst du an ein Leben nach dem Tode? Auf diese Frage des Naturwissenschaftlers antwortet der Glaube: ja. Ich glaube das, weil Gott A gesagt hat. Also wird er auch B sagen. Und damit ich in diesem Glauben gestärkt werde, suche ich darnach, wo Gott A gesagt hat. Das sind alle die Möglichkeiten echter Liebe. Und nun blende ich meinerseits die Naturwissenschaften aus dem alltäglichen Leben aus und übe mich in der echten Sprache des alltäglichen Lebens. Dort herrscht Gewißheit. Und dort kann ich den tiefen Schmerz z. B. um den Verlust geliebter Menschen in jener Atmosphäre des Respekts überwinden, mit welchem sich echte Menschen davor hüten, dem Geheimnis Gottes zu nahe zu treten. Hier erfahre ich, daß es zu dem A der Liebe auch immer wieder ein B der Liebe gibt. Und auf diese Ordnung verlasse ich mich. Sie übe ich ein. Dann hat es einen Sinn, von Gottes Werk zu reden.

Das alles ist einfach eine Art Sprachbewegung. Ich sagte ja schon, daß die Sprache genau genommen nur Zeitansagen bringt. Nun kann ich dem noch hinzufügen, daß die Zeit vor allem auch alles das bestimmt, was wir ein »Werk« heißen. Würden wir uns genügend oft klarmachen, daß unsre Werke von ihrer Zeit abhängen (man kann nicht immer ernten und nicht immer säen usw.), dann würden wir auch die Grenzen unsrer Werke deutlicher erkennen und einen Sinn für jene andern Werke bekommen, die man Gottes Werke nennen muß. Zum Beispiel die wahre Liebe. Daß wir an diesen Werken Gottes in einem ganz erstaunlichen Maße teilhaben, ist wohl das Überraschendste und am Ende Befriedigendste, was ein Mensch in dieser Welt erfahren kann. Darum liebte Jesus die Beispiele aus dem alltäglichen Leben, und nicht etwa bloß deshalb, weil er nichts anderes gekannt hätte.

Was Bultmann das Kontingente nennt, die »konkrete Situation«, das ist jetzt in den angemessenen Sprachzusammenhang zurückzubringen, also in denjenigen des alltäglichen Lebens. Dann wächst in uns der Sinn nicht nur für das Erschreckende und Fürchterliche, sondern noch viel mehr für das Wunderbare und Beglückende. Und dann verstehen wir das Neue Testament wieder und lassen die Konstruktionen liegen, mit denen man uns nur an der Sache selbst vorbeiführt. Nicht als ob die »Tatsachen« verachtet werden sollten! Aber sie sollen derjenigen Sprache zurückgegeben werden, zu der sie gehören, wenn wir an unser konkretes Leben zwischen dem Morgen und dem Abend denken. Und wenn wir davor erschrecken, so nur, weil wir merken, daß wir unsere Sprache verloren haben. Aber hier greift nun das Neue Testament wieder ein. Es hilft uns, unsre Sprache wieder zu finden. *Das Neue Testament ist selber ein hermeneutisches Lehrbuch.* Es lehrt die Hermeneutik des Glaubens, kurz, die Sprache des Glaubens, und ermutigt uns, diese Sprache selbst auszuprobieren, damit wir mit Gott vertraut werden ...

Kommentar

Ernst Fuchs, zusammen mit Günther Bornkamm, Herbert Braun, Hans Conzelmann, Gerhard Ebeling und Ernst Käsemann, einer der berühmten Bultmann-Schüler, zuletzt Professor für Neues Testament in Marburg, hat in seiner 1968 erschienenen »Marburger Hermeneutik« eine zusammenfassende Darstellung seiner Gedanken zu einer theologischen Hermeneutik vorgelegt.

In seinem Denken ist Fuchs stark von Bultmann und der existentialen Interpretation geprägt, hat aber Gedanken aus der Sprachphilosophie und dem Werk des späten Heidegger aufgenommen.

Wie bei Bultmann steht auch bei Fuchs die Hermeneutik als Kunst des Verstehens im Mittelpunkt der Theologie. Allerdings erhält die hermeneutische Frage bei gleichzeitiger Beibehaltung von Fragestellung, Forschungsergebnissen und Methoden Bultmanns eine charakteristische Umprägung: Aus der Sprache kommt dem Menschen die Möglichkeit der Selbstwerdung zu. Es gibt nämlich überhaupt keine Wirklichkeit ohne Sprache. Die Sprache spricht die Wirklichkeit aus, d. h. sie bringt erst zur Existenz. Die Sprache des Neuen Testaments kann uns nun die Sprache des Glaubens lehren und damit die Möglichkeit eröffnen, unser wahres Selbstverständnis zu gewinnen. Die Möglichkeit, daß der Mensch von seiner allemal verfehlten Existenz zum echten Selbstverständnis gelangt, ist ihm nämlich nur gegeben, weil sie durch die Sprache des Neuen Testaments eröffnet ist. Anderenfalls würde der Mensch sein eigentliches Sein verfehlen, ja, könnte es nicht einmal erkennen. Damit bekommt die Sprache selbst den Rang eines Wirklichkeit schaffenden Sinngrundes. Sie ist an die Stelle von Bultmanns sich aus der Geschichte erschließenden Möglichkeiten wahren menschlichen Seins getreten und hat damit die Frage nach der »Eigentlichkeit der Existenz« zu einer von den biblischen Texten selbst an den Menschen gerichteten Frage Gottes gemacht. Die Hermeneutik kann als Sprachlehre des christlichen Glaubens bezeichnet werden.

Fuchs sagt, daß eine wirklich kongeniale Interpretation von Texten, die biblischen eingeschlossen, nur auf der Basis eines Einverständnisses mit ihren Fragen und Antworten möglich sei. Noch einen Schritt weiter geht er, wenn er meint, daß neutestamentliche Textauslegung dazu drängt, das biblische Glaubenszeugnis aufzunehmen und in Form der Predigt weiterzusagen.

Trotz dieser nicht zu verkennenden Weiterführung von Bultmanns Ansatz wird auch bei Fuchs dessen anthropologische Engführung der Theologie nicht über-

wunden. So hält er deutlich an der existentialen Interpretation des Neuen Testaments fest. Zwar soll uns das Neue Testament die Glaubenssprache lehren, dabei ist es aber nicht unmittelbare Offenbarungsmitteilung. Wer auf einem an der Kategorie der Tatsache orientierten soteriologischen Denken beharrt (von dem das Neue Testament geprägt wurde), gleicht vielmehr demjenigen, der sich sündhaft selbst behaupten will. (Bei Bultmann sind »Sünde – Glaube« und »Selbstbehauptung – frei sich selbst empfangen« Gegensatzpaare.) »Reiner Glaube« kann nur ein von Wissensaussagen gereinigter sein. Damit wird für das Neue Testament die falsche Alternative von Historie und eigentlichem Wort Gottes aufgerichtet. Auch ist zu fragen, ob das Schema Sünde – Gnade, das ja den Rechtfertigungsvorgang zum Ausdruck bringen will, hier nicht zweckentfremdet gebraucht wird. Schließlich scheint der unverfügbare Gott, den Fuchs beschreibt, dem biblischen Gott, der Gebote gibt, Bünde schließt (neuer Bund in meinem Blut) und sich in Worten offenbart, die sich nach der Aussage Jesu alle erfüllen werden, zu widersprechen. Der biblische Gott ist der sich an seine Zusagen bindende Gott, der treue und zuverlässige Gott. Im Gegensatz dazu ist es nach Fuchs geradezu die geforderte Selbstpreisgabe des Glaubens, wenn wir erkennen, daß das Neue Testament nur indirekt Offenbarungsträger ist und sogar Schriften enthält, die nichts davon kundtun, daß die »Zeit des Selbstverständnisses gekommen ist«, und somit nicht als Offenbarungsmittler zu betrachten sind. –

Ist die Existenzdialektik daher wirklich ein Kriterium für die Offenbarungsmächtigkeit biblischer Schriften? Hat das Neue Testament, wenn es zum Glauben an Jesus ruft, nicht mehr im Blick als einen Glauben wie Jesus? Glaube an Jesus heißt nach Fuchs nämlich der Sache nach, Jesu Entscheidung zu wiederholen, wie er sich an Gottes Stelle zu setzen und den Menschen Gottes gnädigen Willen im Wort der Liebe zu verkündigen. Damit geht es im reinen Glauben auch nicht mehr um die Liebe zu Jesus, sondern um die Liebe wie Jesus.

Endlich ist zu fragen, ob die Sprache bei Fuchs nicht hypostatischen Charakter neben oder sogar anstelle Gottes bekommt. Existieren Welt und Mensch, weil Gott sie geschaffen hat oder weil die Sprache sie ausspricht? Z

CLAUS WESTERMANN,
Zur Auslegung des Alten Testaments. Geschichtliche Einleitung, in: Probleme alttestamentlicher Hermeneutik. Aufsätze zum Verstehen des Alten Testaments, Theologische Bücherei Bd. 11 Altes Testament hrsg. v. C. Westermann, München 1963, S. 18–27; zuerst erschienen in: ders., Zur Auslegung des Alten Testaments. Vergegenwärtigung, Berlin 1955, S. 88–100

Mit der Aufklärung entstand für das Abendland ein Bewußtsein geschichtlicher Abstände und geschichtlicher Zusammenhänge, das dem Erschließen einer neuen Dimension gleichkam. Für eine Kirche, die sich auf die Bibel gründete, mußte diese Erschließung des Denkens in geschichtlichen Abständen und geschichtlichen Zusammenhängen wichtig werden. Für die Hörer der Bibel in der Reformationszeit gab es grundsätzlich keinen Abstand zwischen dem Alten und dem Neuen Testament; die geschichtlich tatsächlich vorhandenen und von den Reformatoren wie den orthodoxen Theologen natürlich gesehenen geschichtlichen Abstände hatten theologisch keine Bedeutung. Als aber alle Ereignisse der Geschichte ihre historische Perspektive gewannen, konnten die Ereignisse, von denen die Bibel berichtet, nicht einfach davon ausgenommen werden. Zu eng sind die zentralen Vorgänge der Bibel mit historischen Daten verknüpft, als daß es möglich gewesen wäre, aus dem plastisch gewordenen Bild der Geschichte diese Ereignisse auszunehmen und sie weiter so flächenhaft zu sehen, wie sie vor der Erschließung der historischen Dimension gesehen wurden.

Zwei Folgerungen ergeben sich aus diesem Tatbestand: Wir können nicht hinter jene Erschließung der historischen Tiefendimension zurück. Wir können nicht hinter die Erkenntnis zurück, daß die Worte und Geschichten, die vom 1. Mosebuch bis zum Propheten Maleachi aufgeschrieben sind, keine Fläche, sondern einen Weg darstellen. Wir können nicht hinter die Erkenntnis zurück, daß auf diesem Weg sich vieles gewandelt hat: die Sprache, die Formen der Gemeinschaft, in gewisser Weise das Denken und die Denkformen, das Verhältnis Israels zu der es umgebenden Welt. Wir können z. B. nicht mehr davon absehen, daß der Prophet Amos im 8. Jahrhundert, der Prophet Haggai im 6. Jahrhundert, der eine vor, der andere nach dem Exil gewirkt hat; der geschichtliche Zusammenhang der Prophetie des einen und des andern ist für uns nicht gleichgültig für das Verstehen der Prophetenworte und kann es wohl kaum wieder werden. Wir können nicht davon absehen, daß die im Chronikwerk geschilderten gottesdienstlichen Formen die einer Spätzeit sind, daß etwa die Geschichte von Isaaks Opferung in dieser Zeit unmöglich wäre. Die Worte des Predigers atmen so unverkennbar den Geist einer späten Zeit, daß es für uns nicht mehr möglich ist, sie aus der Frühzeit Israels stammend zu denken. – Diese zeitliche Unterscheidung ist für uns etwas Notwendiges geworden. Daran ändert nichts, daß uns vielfach das Hineinstellen der Texte der Bibel in ihren geschichtlichen Zusammenhang nicht mit Sicherheit möglich ist.

Andererseits dürfen wir aber diese historische Sicht nicht verabsolutieren. Es wäre eine Verzeichnung des Tatbestandes, würde man sagen: vor der historischen Sicht der biblischen Geschichten sind diese falsch, seit dieser sind sie richtig gesehen worden. So kann nur aus einem Rausch der Aufklärung gesprochen werden; und von diesem Rausch sollten wir ernüchtert sein. Wenn etwas klar ist, dann dies, daß die historische Sicht eine zeitlich bedingte ist und daß sie darin ihre Grenze hat. Das historisch urteilende (= kritische) Hören auf die Bibel ist für uns eine Notwendigkeit geworden. Aber es wäre falsch, wollten wir uns anmaßen, in ihm nun die einzig richtige, absolut und für immer gültige Methode der Bibelerklärung gefunden zu haben.

Die einschneidendste Wandlung im Verstehen der Bibel seit der Reformation ist aber gar nicht das Auftreten der historischen Kritik als solcher, sondern der in ihrem Gefolge auftretende Begriff Religionsgeschichte. Für die Reformation war die Vielheit der Religionen als eine Frage an die christliche Kirche überhaupt noch nicht herangetreten. Erst die Aufklärung konfrontierte das urteilende Fragen mit der Vielheit der Religionen. Begriff und Wirklichkeit der Toleranz, die diese Vielheit als ein Faktum voraussetzt, ist nur in einer Aufklärungszeit denkbar. In ihr hat auch tatsächlich der moderne Begriff »Religion« erst seine Prägung bekommen: Religion als ein vorfindliches Faktum, und zwar immer nur in der Mehrzahl vorfindlich, wie etwa auch die Sprache. Diese Religionen aber waren in dem neuentdeckten Sinn Bestandteil der Geschichte: sie entstanden und vergingen, und in ihrem Entstehen und Vergehen ließen sich Gesetze wahrnehmen, die den Gesetzen historischen Werdens und Vergehens entsprachen; die Religionen in ihrer Vielheit und in ihrer geschichtlichen Bewegtheit bildeten im ganzen die Religionsgeschichte. – Dies war nun wiederum eine Entdeckung, der sich die christliche Kirche nicht zu verschließen vermochte. Sowohl die Vielheit der Religionen wie auch ihre geschichtliche Bewegtheit konnten nicht bestritten werden. Dieses neue Begreifen der Religionsgeschichte gewann schnell die Herrschaft tief in die Theologie hinein. Es zeigte sich darin, daß z. B. in der Arbeit am Alten Testament aus der bis dahin sogenannten alttestamentlichen Theologie eine alttestamentliche und dann eine israelitische Religionsgeschichte wurde. Das bedeutete: das Alte Testament wurde zur historischen Quelle einer der vielen Religionen, die Religion Israels ein Abschnitt der allgemeinen Religionsgeschichte. Davon, daß dieses Buch doch immerhin für einen erheblichen Teil der Menschheit verbindliche Autorität, nämlich ein Teil ihrer Bibel war, sah man hier möglichst ab; diese Tatsache hielt man in der religionsgeschichtlichen Sicht für das Verstehen der Bibel für unwesentlich, wenn nicht gar für ein Hindernis. Dabei soll nicht bestritten werden, daß diese »religionsgeschichtliche Schule« vieles im Alten Testament sehen und verstehen lehrte, was vorher verborgen war und was als wesentliche Erkenntnis bleiben wird und keinesfalls wieder preisgegeben werden darf. Für die Gesamtsicht des Alten Testaments aber lag die Grenze dieser Schule in ihrem alles bestimmenden Begriff »Religion«.

Nun geschah etwas sehr Merkwürdiges: der Boden, auf dem der Begriff Religionsgeschichte gewachsen war und auf dem die Lehrer und Forscher der religionsgeschichtlichen Schule innerhalb der Theologie arbeiteten, geriet ins Wanken. Er wurde derart von Einbrüchen zerrissen, daß die Grundvoraussetzung der religionsgeschichtlichen Schule nicht mehr standhielt: man könne die Fundamente des eigenen Glaubens so nivellieren und relativieren, daß er eine Religion unter vielen wird. Es standen Kräfte auf, die zu der Frage zwangen: Handelt es sich bei dieser Sache, an der wir als Religionshistoriker arbeiten, um etwas, wovon man leben und wofür man sterben kann? Die Frage »Wie verhält sich der eigene Gott bzw. der eigene Glaube zu dieser Religionsgeschichte?« meldete sich ganz neu aus einer Richtung, aus der sie niemand erwartet hätte. Die Religionsgeschichtler wurden von außen her gezwungen, dazu Stellung zu nehmen, ob der Gott ihres Religionsabschnittes der ist, zu dem heute das Flehen eines Angefochtenen zu gelangen vermag oder nicht. Hier ist vor allem der Appell Rudolf Kittels zu nennen, den er bald nach dem ersten Weltkrieg an die Alttestamentler richtete, in dem es um diese Grundfrage ging (R. Kittel, Die Zukunft der alttestamentlichen Wissenschaft, ZAW 39 [1921]). Es trat nun eine rückläufige Bewegung ein: die alttestamentliche Theologie trat wieder stärker hervor; man spürte allgemein, daß es mit einer bloßen alttestamentlichen Religionsgeschichte nicht getan sei. Aber zu einer Klärung führte der Kurswechsel keineswegs; es folgte eine lange Übergangszeit, in der es nicht zu durchschlagenden Lösungen kam. Am besten zeigt sich dies wohl an der Tatsache, daß die religionsgeschichtliche Schule die letzte war, die in Deutschland zu umfassenden Kommentarwerken kam,

und daß jetzt erst, etwa dreißig Jahre später, Vorbereitungen zu neuen Kommentarwerken getroffen sind. Für die Zwischenzeit ist bezeichnend, daß es in der alttestamentlichen Arbeit bei einem ungelösten und unklaren Nebeneinander von Religionsgeschichte und Theologie blieb.

Aus dieser Situation ist zu verstehen, daß jetzt die Frage nach dem Verstehen des
Alten Testaments gestellt wurde, als sei man erst am Anfang. Eine Situation also, die
einerseits bestimmt ist von der Entdeckung der geschichtlichen Perspektive, von der
auch die sogenannte Religion nicht ausgenommen werden konnte, andererseits von
der Erfahrung der Unausweichlichkeit eines theologischen Redens vom Alten
Testament, das auf irgendeine Weise zu der Frage Stellung nimmt, ob und wie der
Gott, von dem und zu dem in diesem Buch geredet wird, derselbe ist, den im Neuen
Testament Jesus anruft und der der Gott des Bekenntnisses der christlichen Kirche
ist.

Fragt man nach dem den neuen Versuchen Gemeinsamen, so drängt sich die Antwort geradezu auf: Bei allen ist grundlegend: das Alte Testament berichtet
Geschichte oder berichtet eine Geschichte oder berichtet Geschehendes . . .

Wenn von Rad sagt: »Das Alte Testament ist ein Geschichtsbuch« (G. v. Rad, Das
Alte Testament ist ein Geschichtsbuch [1952], in: Probleme alttestamentlicher Her-
meneutik. Aufsätze zum Verstehen des Alten Testaments, a. a. O., [S. 11-17], S. 11),
so stellt er gleich im nächsten Satz klar, daß er hier einen anderen Begriff hat als die
Historiker des 19. Jahrhunderts: »Es stellt eine von Gottes Wort gewirkte
Geschichte dar, von der Weltschöpfung bis zum Kommen des Menschensohnes.«
Die gleiche unbedingte Zusammengehörigkeit von Geschichte und Gotteswort
betont Zimmerli: Die endgültige Erfüllung ist Christus insofern, als in ihm »das Wort
Gottes ganz Geschehnis, das Geschehnis ganz und gar Wort Gottes geworden ist«
(W. Zimmerli, Verheißung und Erfüllung [1952], in: Probleme alttestamentlicher
Hermeneutik. Aufsätze zum Verstehen des Alten Testaments, a. a. O., [S. 69-101],
S. 93). Auch Noth sagt (M. Noth, Die Vergegenwärtigung des Alten Testaments in
der Verkündigung [1952], in: Probleme alttestamentlicher Hermeneutik. Aufsätze
zum Verstehen des Alten Testaments, a. a. O., [S. 54-68], S. 67), daß »zu den Heilstaten Gottes auch das verheißende und fordernde Wort Gottes . . . gehört« (doch ist
der Zusammenhang von Wort Gottes und Geschichte Gottes hier nicht so betont).

Hier liegt der entscheidende Punkt. Wir fragen: Was ist das, »eine von Gottes Wort
gewirkte Geschichte«? Was ist Geschichte, wenn sie als Bewegung zwischen Verheißung und Erfüllung, d. h. also zwischen von Gott her ergehendem Wort und dem
von Gott gewirkten Faktum, verstanden wird? – Man muß sich darüber klar sein,
daß in dieser Bestimmung von Geschichte, also in diesem Geschichtsbegriff eine
Bestreitung des Geschichtsbegriffes des 19. Jahrhunderts vorliegt.

Von hier aus mag klarwerden, daß es sich in der Tat um einen Neuansatz handelt.
Die alttestamentliche Wissenschaft hat einerseits den Schritt zum geschichtlichen
Denken ohne Vorbehalt bejaht. Sie weiß, daß sie niemals mehr das Alte Testament
so ohne Rücksicht auf die geschichtlichen Zusammenhänge auslegen kann, wie es
die Väter der Reformation und die Väter der Orthodoxie noch konnten; andererseits
aber hat sie sich von der Umklammerung durch einen Geschichtsbegriff frei
gemacht (oder sie ist dabei, sich von ihm frei zu machen), der meinte und meint, die
Geschichte der Menschheit sehen und beschreiben zu können unter Ausschluß der
Frage nach dem Wirken Gottes. Deswegen kann nicht mehr zugegeben werden, daß
die im Alten Testament berichtete Geschichte »Religionsgeschichte« im Sinne einer
Sektorengeschichte sei; aber ebensowenig, daß sie »Heilsgeschichte« im Sinne
einer Sektorengeschichte sei. Nein, sie ist ein Stück Geschichte, ein Stück Weltgeschichte, in dem kein einziger Faktor objektiv beweist, daß es in ihm in einer einzig-

artigen Weise um Gottes Handeln gehe; auch nicht und vor allem nicht Gottes Wort als eine vorfindliche Größe!

Das hieße: Weder die Religion Israels noch seine Frömmigkeit, weder die Gedanken über Gott, die hier gedacht wurden, noch der Begriff, den man sich von Gott machte, weder die Summa aller Aussagen über Gott, in irgendein System gebracht, noch ein das Ganze bestimmendes theologisches Prinzip macht dieses Buch zum Zeugnis der Geschichte Gottes mit seinem Volk, sondern allein – so kühn und gewagt das auch klingen mag – das Handeln Gottes, das in all den vorher genannten Kategorien nicht zu fassen ist, sondern nur bezeugt oder bekannt werden und im Zeugnis oder Bekenntnis weitergegeben werden kann!

Von diesem Handeln Gottes in die Geschichte hinein kann aber sinnvoll nur da geredet werden, wo es mit einem Wort verbunden ist. Die Rettung am Schilfmeer konnte von denen, die sie erfuhren, und den kommenden Geschlechtern *nicht* aus dem Grunde als Handeln Gottes bekannt, besungen und überliefert werden, weil die Gruppe, die sie erfuhr, *glaubte*, es habe Gott darin gehandelt, weil es ihre Überzeugung oder ihr Empfinden war, sondern *allein* aus dem Grund, weil diese Rettung Wortcharakter hatte, d. h. weil diese Rettung ihr in der Stunde der Not *zugesagt* war und sie sie daher als Einlösung des Zugesagten, als Eintreffen des Angekündigten erfuhr. Dieser Zusammenhang ist für das Verstehen des Alten Testaments entscheidend wichtig. Daß ein geschichtliches Faktum als Gottes Tat bekannt wird, kann seine Begründung im Alten Testament niemals, mindestens niemals allein aus dem bekommen, was die betreffenden Menschen dabei dachten, empfanden, glaubten. Dies ist nicht der Grund, der ein Bekenntnis zu tragen vermag! Vielmehr kann das Bekenntnis allein darauf gründen, daß das Faktum als ein Dictum anerkannt wurde. Die Rettungstat am Schilfmeer *fing damit an*, daß an einen Menschen das Wort erging (Ex. 3,7 f.): Ich habe das Elend meines Volkes in Ägypten *gesehen*, und ihr Schreien über ihre Treiber habe ich *gehört*, ja, ich habe ihre Schläge erkannt: *so komme ich herab, es zu erretten* aus der Gewalt Ägyptens . . .

Erst durch diese Verbindung mit dem ankündigenden Wort und allein durch die Verbindung mit ihm wird das Geschichtsfaktum zum Handeln Gottes in einem Zusammenhang, nur dadurch kommt es zu einer »Geschichte Gottes mit seinem Volk«. Die Kontinuität dieser Geschichte liegt in nichts anderem als in dem Spannungsbogen, der die Ankündigung mit dem Eintreffen des Angekündigten verbindet. Dies ist der Grund dafür, daß in dem jetzt geführten Gespräch um die Auslegung des Alten Testaments die Frage nach dem Begriffspaar Verheißung und Erfüllung im Vordergrund steht.

Der erste dieser beiden Begriffe bezeichnet ein Reden, der zweite ein Geschehen (oder ein Handeln); das aber ist das Grundproblem, um das es heute in der Frage nach dem Verstehen des Alten Testaments geht: Wie verhält sich hier das an Menschen ergehende Gottes*wort* zu dem (geschichtlichen) *Geschehen?* Wie verhalten sich Gotteswort und Geschichte zueinander? Die Zeit der Orthodoxie meinte über das im Alten Testament ergehende Gotteswort verfügen zu können ohne jede Rücksicht auf die Geschichte; die Worte wurden aus dem geschichtlichen Zusammenhang ohne alle Hemmung herausgerissen und dienten als Belegstellen für Sätze der Dogmatik. Genau das Gegenteil geschah in der durch die Aufklärung eingeleiteten Epoche der theologischen Arbeit: das eigentlich, wesentlich Gültige war jetzt nicht mehr das Gotteswort, sondern die Geschichte. Dem historischen Denken mußte sich jetzt das »Gotteswort« fügen; und widersprach es dem als richtig erkannten geschichtlichen Vorgang oder der geschichtlichen Entwicklung, dann konnte es eben nicht richtig sein. In beiden Epochen hörte man nicht wirklich auf das Alte Testament, weil man schon vorher über es Bescheid wußte; das eine Mal auf Grund einer zeitlos gültigen Dogmatik, das andere Mal auf Grund eines dogmatischen

Geschichtsbegriffes, der meinte, der Menschengeist könne die Geschichte denkend erfassen und beherrschen. Die Zeit dieser beiden Extreme ist jetzt vorbei, und es beginnt der mühsame Weg, Schritt für Schritt nach dem zu fragen, was denn das Alte Testament selbst in den Texten zu dem Verhältnis von Gotteswort und Geschichte sagt.

Arbeitsanleitung

Der Verfasser beschreibt zunächst die Entstehung des neuzeitlichen Geschichtsbewußtseins in der Aufklärung und dessen Einfluß auf die Bibelauslegung. Zum Verständnis dieses weitreichenden geistesgeschichtlichen Umbruchs, der schon im Humanismus einsetzte, vgl. das Buch »Mimesis« von E. Auerbach (Bern ²1959).

Als Folgeerscheinung des historischen Denkens versteht der Vf. das Aufkommen der religionsgeschichtlichen Arbeit in der Theologie. Durch sie sei der christliche Glaube in die Welt der Religionen eingeebnet worden. Als Vertreter der religionsgeschichtlichen Arbeit am Alten Testament wären z. B. J. Wellhausen und H. Gunkel zu nennen. Westermanns Urteil über die »religionsgeschichtliche Schule« sollte exemplarisch an einem ihrer Vertreter geprüft werden. Die Krise der religionsgeschichtlichen Darstellung wird an dem erwähnten Aufsatz von R. Kittel deutlich, der zum Verständnis der weiteren Entwicklung der alttestamentlichen Auslegung erarbeitet werden sollte.

Der Vf. führt dann anhand der Arbeiten von v. Rad, Zimmerli und Noth in das nach dem 2. Weltkrieg entwickelte Verständnis alttestamentlicher Geschichte als »eine von Gottes Wort gewirkte Geschichte« ein. Dieses Verständnis konkretisiert er als »Bewegung zwischen Verheißung und Erfüllung«. Die Bibel sei allein durch »das Handeln Gottes« »Zeugnis der Geschichte Gottes mit seinem Volk«. Dieses Handeln zeige sich im verheißenden Wort und in dem damit korrespondierenden Geschehen, in »Dictum« und »Faktum«.

Dieser im zitierten Aufsatz nur skizzierte Neuansatz theologischer Exegese des Alten Testaments wäre nun anhand weiterer Veröffentlichungen, besonders der expliziten exegetischen Arbeit Westermanns weiter zu verfolgen. Zwei Anfragen zur Weiterarbeit: Wie legitimiert sich ein »Dictum« als Gotteswort? Wie kann in der alttestamentlichen Geschichte, verstanden als »Bewegung zwischen Verheißung und Erfüllung«, Gottes heutiges Reden in Gesetz und Evangelium gehört werden? Zur weiteren Beschäftigung mit der hermeneutischen Position C. Westermanns sei hingewiesen auf: J. H. Schmid, Biblische Theologie in der Sicht heutiger Alttestamentler, Gießen 1986. C

EBERHARD JÜNGEL,
Die Freiheit der Theologie, Theologische Studien 88,
Theologischer Verlag Zürich 1967, hrsg. von Karl Barth und Max Geiger, S. 8 ff.

Der Ort der Theologie

Aus den bisherigen Erwägungen ergibt sich als formalste Bestimmung der Freiheit
der Theologie der Satz: Die Freiheit der Theologie ist die Ausübung des Rechtes der
Theologie, ausschließlich Theologie zu sein. Es empfiehlt sich, um dieser formalsten
Bestimmung Konkretion zu geben, nach dem *Ort* zu fragen, an dem die Theologie
ihre Freiheit, ausschließlich Theologie zu sein, wahrzunehmen hat und wahrzunehmen vermag. Die Frage nach dem *Ort* der Theologie fragt also nach der *Möglichkeit*
der *Freiheit* der Theologie.

Geht man davon aus, daß die Theologie vom Worte Gottes herausgefordertes Denken ist, so legt es sich nahe, der Theologie ihren Ort in einem unaufhebbaren *Gegenüber* zum Worte Gottes anzuweisen. Theologie ist von dem, was sie zu denken hat,
grundsätzlich unterschieden. Sie ist nicht selber das Wort, um das es ihr geht. Und sie
wäre überhaupt nicht *ohne* das Wort, um das es ihr geht. Es ist ihr gegeben. Aber es ist
ihr gegeben, damit sie es denkend vernimmt und der Möglichkeit, sich aufs neue zu
ereignen, übergibt. Indem die Theologie das ihr gegebene Wort Gottes denkend vernimmt, übernimmt sie das Wort Gottes in die Verantwortung des Denkens, *ohne*
dadurch ihr eigenes Gegenüber zum Worte Gottes aufzuheben. Vielmehr vollzieht
sie ihr Gegenüber zum Worte Gottes gerade, indem sie das Wort in die Verantwortung des Denkens übernimmt. Das unterscheidet sie zutiefst von der Philosophie,
die ihre Sache, nämlich das Denken, so in die Verantwortung des Denkens übernimmt, daß sie das Gegenüber zu ihrer Sache ausschaltet und sich als das Denken
des Denkens selbst absolut setzt. *Theologie* kann sich nicht absolut setzen. Sie ver-
antwortet ihre Sache immer nur auf Zeit, um ihre Zeit auf die dem Worte Gottes
eigene Zeit-quer-zu-allen-Zeiten ansprechbar zu machen. Die Theologie übernimmt das Wort Gottes in die Verantwortung des Denkens, weil das Ereignis des
Wortes Gottes *Glauben* schafft, der dem Ereignis des Wortes Gottes im Ereignis
menschlicher Worte *entsprechen* will.»Ich glaube, darum rede ich« (Ps. 116,10; bei
Paulus 2. Kor. 4,13). Damit die Sprache des Glaubens dem Worte Gottes *entspricht*,
und diese Entsprechung in der mit der Zeit sich gleichfalls – sei es langsam, sei es
radikal – ändernden Sprache des Glaubens *wahr* bleibt, zu diesem Zweck übernimmt die Theologie das Wort Gottes in die Verantwortung des Denkens. Die Theologie ist insofern weder das erste Wort (das bleibt immer Gottes Wort), noch das
letzte Wort (das soll auf Erden der Glaube haben, um es *betend* an Gott zurückzuge-
ben), sondern das Wort zwischen den Wörtern, das die Entsprechung zwischen
Gottes Wort und Menschen-Wort *wahrende* Wort.

Bestimmt man den *Ort* der Theologie in diesem Sinne als ein grundsätzliches
Gegenüber zum Worte Gottes, so gilt es weiterhin, danach zu fragen, wo das Wort
Gottes eigentlich ist und wo demgemäß die Theologie ihr Gegenüber zum Worte
Gottes zu beziehen hat. Die Frage, wo das Wort Gottes eigentlich ist, wäre zu schnell
beantwortet, wenn wir sagen wollten: es ist in der Bibel. Wir werden zwar sagen
müssen, daß das Wort Gottes in der Bibel und nur in der Bibel zu *suchen* ist. Und
weiter: daß das Wort Gottes nur *gefunden* werden kann, wenn es in der Bibel
gesucht wird, und daß den *hier* Suchenden verheißen ist, zu finden. Aber *wenn* das
Wort Gottes *gefunden wird,* dann ist es eben nicht in der Bibel, nicht in den Texten
der Hl. Schrift, sondern extra scripturam bei sich selbst und so bei uns selbst. Es wäre
grenzenlose Schwärmerei, wenn man das Wort Gottes finden zu können meint,
ohne es in der Schrift zu suchen. Es wäre aber ebenso grenzenlose Schwärmerei,
wenn man die Texte der Schrift mit Gottes Wort identifizieren zu können meinte.

Die Frage, wo das Wort Gottes eigentlich ist, kann nur so beantwortet werden: das Wort Gottes ist eigentlich *im Ereignis* des Wortes Gottes. Die Texte der Hl. Schrift sind um dieses Ereignis herumgeschrieben (E. Fuchs).

Sie sind nun aber immerhin so deutlich um dieses Ereignis des Wortes Gottes herumgeschrieben, daß die Texte der Schrift in aller Klarheit *Jesus Christus* als das Ereignis des Wortes Gottes in Person bezeugen. *Wie* Jesus Christus als das Ereignis des Wortes Gottes in Person zu *denken* ist, das zu klären ist die höchst diffizile und komplexe Aufgabe der das Wort Gottes vernehmenden und in die Verantwortung des Denkens übernehmenden *Theologie.* Aber *daß* das Ereignis des Wortes Gottes im Namen Jesu Christi zu begreifen ist, das sagen die Texte der Hl. Schrift mit der ihnen eigenen Klarheit, und zwar das Alte Testament, indem es von Jesus Christus in eindeutiger Klarheit *schweigt,* und das Neue Testament, indem es alle biblischen Texte auf die mannigfachste und gegensätzlichste Weise von Jesus Christus reden läßt. Im *Neuen* Testament fängt auch das *Alte* Testament von Jesus Christus zu reden an. Es gehört zur Freiheit der Theologie, daraus die Konsequenzen zu ziehen, deren erste wohl die zu sein hätte, daß sie das *Schweigen* des Alten Testaments von Jesus Christus *christologisch* ebenso ernst zu nehmen hat wie die christologische Vielfalt und Gegensätzlichkeit, in der das Neue Testament von ihm redet und auch das Alte Testament von ihm reden *läßt.*

Ist Jesus Christus das Ereignis des Wortes Gottes in Person und hat die Theologie im Gegenüber zu ihm ihren Ort, dann kann sie dieses Gegenüber nur in der *Gemeinde* Jesu Christi beziehen. Denn nur in der durch das Ereignis des Wortes Gottes *gesammelten* Gemeinde findet das Ereignis des Wortes Gottes eine menschliche Entsprechung. Und diese Entsprechung denkend zu wahren, also die Kirche vom Worte Gottes permanent zu unterscheiden und so beide in der rechten Weise aufeinander zu beziehen, das ist die unerläßliche, mit der Existenz der Gemeinde gegebene *theologische* Aufgabe der Gemeinde. Die Gemeinde wird dieser Aufgabe gerecht, indem sie sich in der Theologie eine kritische Distanz einräumt, die selber keine andere Instanz als die Wahrheit kennen darf. Daß die Theologie ihren existentiellen Ort in der Gemeinde findet, bedeutet also, daß sie sich den *Interessen* der Kirche in keiner Hinsicht fügen kann, sondern umgekehrt die Gemeinde in jeder Hinsicht theologisch interessieren muß. Indem die Theologie im Gegenüber zum Worte Gottes ihren konkreten Ort in der Gemeinde bezieht, ist sie alles andere als *kirchliche,* ist sie vielmehr nichts als Wissenschaft: Wissenschaft vom Worte Gottes. Es sein zu können, ist ihre Freiheit. Die Theologie *hat* ihre Freiheit im Gegenüber zum Worte Gottes. Sie *braucht* ihre Freiheit gegenüber den Worten der Gemeinde, um die Sprache des Glaubens auf ihre Wahrheit hin zu befragen. So ist die Theologie das die Worte des Glaubens am Worte Gottes messende Wort *zwischen* den Wörtern.

EBERHARD JÜNGEL,
Gott als Geheimnis der Welt, Tübingen [5]1986, S. 409ff.

E) Zur Menschlichkeit Gottes
§ 19. Die Menschlichkeit Gottes als zu erzählende Geschichte.
Hermeneutische Vorüberlegung

... Gott ist allein aufgrund geschehener Selbstteilgabe an seinem Sein als Gott denkbar. Und die Selbstteilgabe Gottes galt es, als Selbstmitteilung und Selbstentäußerung eines von sich aus redenden und anredenden Subjektes zu begreifen, dem anthropologisch allein der Glaube entspricht. Denn als der von sich her Kommende und in dieser unbedingten Souveränität zur Welt Kommende kann Gott nur dann begriffen werden, wenn er als der von sich aus sich Zusprechende, und das heißt als der im Wort Kommende, verstanden wird. Der nur *im Wort kommende Gott* findet aber nur *im Glauben* seine Entsprechung, weil allein der Glaube Gottes Sein als ein Sein im Kommen, und das heißt: Gott als abwesenden anwesend sein läßt. Diese Zusammengehörigkeit von Gott und Glaube erhellte sich als Bedingung der Möglichkeit der Denkbarkeit Gottes. Und der *Gottesgedanke* hat als das Gedachte des Denkens dem *Wort* zu folgen, das *Glauben* ermöglicht – wie sich denn überhaupt die Sprache als das dem Denken beziehungsweise dem Bewußtsein gegenüber ursprünglichere Phänomen herausstellte . . .

Gottes Sein als Liebe denken heißt dann aber, Gottes Denkbarkeit aufgrund seiner Sagbarkeit und seine Sagbarkeit aufgrund der von Gott selbst besorgten *Entsprechung* zwischen Gott und Mensch zu denken. Die Analogie des Glaubens läßt Gott so zur Sprache kommen, daß er der Menschheit und in ihr wiederum dem einzelnen Menschen näher kommt, als diese und dieser sich selber nahe zu sein vermögen.

Das Gott entsprechende Wort, das Gott als allein von Gott kommend zur Welt kommen läßt und ihn so als den aus und trotz noch so großer Ferne immer noch näher Kommenden erweist, kann folglich nur ein Wort*geschehen*, nur eine der Selbstbewegung Gottes entsprechende sprachliche *Bewegung* sein. Dem Sein Gottes, das im Kommen ist, entspricht die menschliche Sprache, indem sie jede – als solche unverzichtbare – Feststellung alsbald wieder in Bewegung versetzt, sich also ihrer *Zeitlichkeit* nicht – etwa zugunsten eines zeitlosen Begriffs – geniert, sondern diese gezielt vollzieht . . .

Die die Menschlichkeit Gottes aussagende Ansage einer neuen Zeit ist also eine sich aus dem Selbstverständnis der Welt nicht verstehende, wohl aber dieses Selbstverständnis verändernde Ansage eines *Zeitwechsels* und einer *Geschichtswende*. Nicht zufällig haben ihre Worte wägende Denker wie Kant und Schleiermacher vom christlichen Glauben als einer Revolution gesprochen, die sowohl dem menschlichen Ich wie der Geschichte der Welt eine unvergleichbare Wende gegeben hat. Ein solcher Zeitwechsel kann sich aber selbst nur *zeitlich* einführen, die Geschichtswende kann sich nur *geschichtlich* bekannt machen. Die Weise der Gott zur Sprache bringenden Rede von der Menschlichkeit Gottes muß demgemäß eine Zeit und Geschichte auch strukturell zur Geltung bringende Sprache sein. Nur dann kann sie den eschatologischen Zeitwechsel als eine geschichtlich geschehene und zugleich jede künftige Gegenwart ansprechende Weltwende einsichtig machen. Die der Menschlichkeit Gottes entsprechende Sprache muß also in ihrer *sprachlichen* Struktur zuhöchst *temporal* orientiert sein. Dies ist aber der Fall im sprachlichen Modus des *Erzählens*, der – wenn man überhaupt nach so etwas wie einem ursprünglichen Modus des Sprechens fragen will – wegen seiner Sprachlichkeit und Zeitlichkeit genuin vereinenden inneren Ordnung, neben Interjektion und Evokation, am ehesten als »ursprüngliche Sprache« verstanden werden kann. Gottes Menschlichkeit führt sich erzählend in die Welt ein. Jesus erzählte in Gleichnissen von Gott, bevor er dann selber als Gleichnis Gottes verkündigt wurde. Es hat einen hermeneutisch zwingenden Grund, daß das eschatologische Ereignis der Identifikation Gottes mit dem Gekreuzigten zum Integral des gelebten Lebens Jesu und damit zu einer geballten Erzählung wurde, die ihrerseits auf Explikation drang. In diesem Sinn kann und darf keine Theologie des Gekreuzigten auf die Erzählung des Lebens und Leidens Jesu (als eines Lebens in der *Tat des* von Gottes Menschlichkeit erzählenden *Wortes)* verzichten. Ja, sie wird Leben, Tod und Auferweckung Jesu noch nicht einmal als eine in sich einheitliche Geschichte begreifen können, ohne noch weiter zurück in den Erzählungszusammenhang der Geschichte Israels einzukehren, in der wiederum »das Neue und noch nie Dagewesene« sich im Rückgriff auf längst Geschehenes identifiziert, weil eben »das Neue und noch nie Dagewesene

... nur erzählend eingeführt und identifiziert werden«[1] kann. Aus diesem Zusammenhang der von Gottes Kommen erzählenden, aber durch Gottes Kommen auch immer vor die Möglichkeit ihres Endes gebrachten Geschichte Israels heraus wird sogar die Schöpfung als Schöpfungs*geschichte erzählbar*. Ohne diese Erzählung der Schöpfungsgeschichte wäre es wiederum kaum möglich geworden, den sich mit dem gekreuzigten Jesus identifizierenden Gott als den zu begreifen, der nicht nur aus dem Nichtsein Sein, sondern sogar aus dem alles Sein *vernichtenden* Tod neues Leben heraufführt und sich so selber stets als den eschatologisch Handelnden und gerade in seiner Verläßlichkeit nie veraltenden, sondern allemal neu zur Sprache kommenden Gott einführt. Das Denken, das Gott verstehen will, wird deshalb immer wieder auf das Erzählen zurückgeworfen. Der Gottesgedanke kann nur als – begrifflich kontrollierte – Erzählung von Geschichte gedacht werden. Will das Denken Gott denken, muß es sich im Erzählen versuchen ...

Unter *Erzählen* ist nicht etwa das beliebige Reden verstanden, das »*so oder auch anders*« sich zu äußern vermag. Es geht nicht um beliebige Möglichkeiten. Zwar gibt die Erzählung nicht einfach beschreibend Geschehenes wieder und ist insofern von der bloßen Deskription eines Wirklichen zu unterscheiden. Und schon gar nicht entspricht das Erzählen dem zu Erzählenden dadurch, daß es dieses als notwendig »*so und nicht anders*« zur Sprache zu bringendes Geschehen begreift. Vielmehr bewegt sich das Erzählen zwischen der beliebigen Möglichkeit des »so und auch anders« einerseits und der ehernen Notwendigkeit des »so und nicht anders« andererseits mitten hindurch. Als Erzählen von Geschichte partizipiert es an der Seinsweise der Geschichte selbst, die als Wirklichkeit sowohl die vergangene Möglichkeit, aus der sie hervorging, als auch die zukünftigen Möglichkeiten, die sie birgt, bei sich hat und deshalb überhaupt nur im Hofe ihrer Möglichkeiten ist, was sie ist. »Das bedeutet, daß die Erzählung an einem Ereignis mehr Aspekte freilegen kann, als zum Zeitpunkt seines Eintretens feststellbar sind.«[2] Geschichte erzählen heißt: auf deren einmalige und unwiderrufliche Wirklichkeit im Rückgang auf ihre *vergangene* Möglichkeit, aus der sie kam, und mit Rücksicht auf ihre *zukünftigen* Möglichkeiten eingehen und gerade so der vergangenen Wirklichkeit Zukunft gewähren. Im Unterschied zur Beliebigkeit des Fabulierens, im Unterschied aber auch zur Notwendigkeit des Begriffs ist das Erzählen eine bezwingende Rede, in der es dazu kommen soll, daß vergangene Geschichte ihre eigensten Möglichkeiten aufs neue freisetzt. Werden diese Möglichkeiten nicht freigesetzt, dann war das Erzählen des Wirklichen rücksichtslos gegen das Mögliche und hat die Geschichtlichkeit der dann eben ungeschichtlich erzählten Wirklichkeit und mit deren Geschichtlichkeit zugleich das Wesen des Erzählens selber verfehlt. Auch der Historiker hat, insofern er Geschichte nicht nur beschreibt, sondern auch erklärt, die Aufgabe, »das Geschehen vor dem Hintergrund der erst nachträglich sichtbar werdenden Möglichkeiten zu variieren«[3] und so zu einem »Begreifen des Faktischen als einer Möglichkeit unter anderen«[4] zu führen – wobei eben diese Möglichkeit als die relevant gewordene und möglicherweise relevant bleibende zu verstehen ist. Unter dieser Voraussetzung der Wirklichkeit des Geschehenen ist geschichtliches Verstehen in der Tat ein »Verstehen, das sich mehr an der Möglichkeit als an der Faktizität des historischen Ereignisses interessiert zeigt. ,Das einzelne erweist sich immer wieder als unwichtig, aber die Möglichkeit jedes einzelnen gibt uns einen Aufschluß über das Wesen der Welt.' Dieser auf die Philosophie überhaupt gemünzte Satz Wittgensteins läßt sich mit gutem Recht auf die Historie anwenden«.[5]

Erzählen ist also eine besonders strenge Weise der Rede. Sie bringt Wirkliches so zur Sprache, daß sie die verhaltene Freiheit des Möglichen mit der vorantreibenden Kraft des Zwingenden ursprünglich vereinigt. Kehrt doch in ihr die Geschichte in das Element zurück, aus dem sie hervorging: in die Sprache. Und durch eben diese

Rückkehr in die Sprache kommt die *geschehene* Geschichte als *geschehende* Geschichte voran.

Gilt von der menschlichen Geschichte überhaupt, daß sie erzählt zu werden verlangt, so findet die nur als Geschichte zu verstehende Menschlichkeit Gottes erst recht ihre sprachliche Entsprechung im Vorgang des Erzählens. Das literarische Evangelium ist die Text gewordene Gestalt der Erzählvorgänge, in denen die ältesten christlichen Gemeinden die Menschlichkeit Gottes als Geschichte Jesu Christi erzählten. Und im Evangelium wird wiederum von Jesus als einem verkündigenden *Erzähler* beziehungsweise *erzählenden* Verkünder erzählt, so daß die literarische Gattung Evangelium (als Erzählung von der in der Geschichte Jesu Christi Ereignis gewordenen Menschlichkeit Gottes) eine Erzählung vom Erzähler Jesus impliziert. Zugleich drängt diese Erzählung aber darauf, *weitererzählt* zu werden. Sie hat als solche kerygmatischen Charakter, spricht also nicht nur privat an, sondern so, daß sie sich als ansprechend weitersagen läßt. Das Evangelium hat als kerygmatische Rede – auch in hermeneutischer Hinsicht – einen missionarischen Grundzug, der offensichtlich dem universalen Anspruch der zu erzählenden Menschlichkeit Gottes entspricht . . .

Anmerkungen:

[1] J. B. Metz, Kleine Apologie des Erzählens, Conc (D) 9, 1973, 335.
[2] F. Fellmann, Das Ende des Laplaceschen Dämons, in: Geschichte – Ereignis und Erzählung, hg. von R. Koselleck und W.-D. Stempel, Poetik und Hermeneutik V, 1973, S. 131.
[3] F. Fellmann, a.a.O., S. 132
[4] F. Fellmann, a.a.O., S. 133
[5] F. Fellmann, a.a.O., S. 133

Kommentar

Eberhard Jüngel, z. Z. Professor für systematische Theologie in Tübingen, ist in seinem theologischen Denken stark von Karl Barth geprägt. Mit ihm legt er großen Wert auf die Betonung der Unverfügbarkeit Gottes, der allem theologischen Denken und Fragen gegenübersteht. Gott bringt sich selbst zur Sprache und entspricht nicht erst sekundär der menschlichen Fragestellung. Das Wort Gottes ist aller theologischen Reflexion vorgegeben, somit conditio sine qua non christlicher Theologie.

Jüngel versucht nun aber nicht nur, Barths Anliegen in sein Denken aufzunehmen, sondern auch Rudolf Bultmanns existentiales Verstehen der biblischen Offenbarung zu integrieren. Dies zeigt sich in der Bestimmung des Glaubens als Realisierung der Offenbarung durch den Menschen.

Weiterhin ist für Jüngel in Übereinstimmung mit Ernst Fuchs entscheidend, daß die gesamte Theologie als Sprachereignis zu bestimmen ist. Man könnte sie fast als Sprachlehre des Glaubens bezeichnen. Diese Definition von Theologie hat ihren Grund darin, daß Sprache von Jüngel als ein dem Denken und Bewußtsein gegenüber ursprünglicheres Phänomen betrachtet wird. Gott kann dementsprechend nur im Wort zum Menschen kommen, wenn er diesem als bleibendes Gegenüber nahesein will. Daher ist das Sein Gottes als Sein für den Menschen als solches sprachlich qualifiziert: Der Selbstbewegung Gottes zur Welt entspricht ein Wortgeschehen, ja, diese Selbstbewegung Gottes kann näher mit der sprachlichen Bewegung, die in der Erzählung abläuft, identifiziert werden. In ihr kommt geschehene Geschichte »als geschehende Geschichte voran, ist Gottes Sein im

Werden«. Folglich ereignet sich Glaube durch das menschliche Wort entsprechend zum Zur-Welt-Kommen Gottes in dessen Wort.

Zum Verhältnis von Wort Gottes und Bibel sagt Jüngel: Das Wort Gottes ist zunächst primär Gott selbst. In Jesus Christus ist jedoch das Wort Gottes in Person Ereignis und damit konkret sichtbar geworden. Die biblischen Texte sind um dieses Ereignis herumgeschrieben. Sie sind nicht mit dem Wort Gottes zu identifizieren; dies wäre ebenso Schwärmerei wie, das Wort Gottes woanders zu suchen. Der Glaube vernimmt in ihm das Wort Gottes. Da nun der Glaube dem Ereignis des Wortes Gottes im Ereignis menschlicher Worte entsprechen soll, ist es die Aufgabe der Exegese, die Offenbarung in der Sprache der Texte kennenzulernen. Nur so kann sie dazu beitragen, daß die Sprache des Glaubens in der jeweiligen Zeitsituation dem Wort Gottes entspricht. Da sich das theologische Wort der Bibel aber von der Wirklichkeit des Ereignisses des Wortes Gottes auch unterscheidet, verlangen die biblischen Texte Auslegung und Sachkritik. Die historisch-kritische Methode ist dabei der angemessene Weg zum Wort der Theologie. Da das Evangelium immer nur in Gestalt menschlicher Rezeption gegeben ist, ist dauernde Kritik nötig.

Jüngels Versuch, Barths theozentrischen und Bultmanns anthropozentrischen theologischen Ansatz zu verbinden, beeinflußt weithin auch seine Hermeneutik. Er versucht darin, die Texte der Bibel vor einem voreiligen Zugriff zu bewahren. Allerdings bleibt fraglich, wie auf Grund der Scheidung von Wort Gottes und Bibel ein echtes Gegenüber von Wort Gottes zur Theologie gewahrt werden soll. Ist der Theologie am Ende doch ein unmittelbarer Zugang zum Ereignis des Wortes Gottes gegeben, der ihr von diesem Zugang her eine Kritik an der vorfindlichen Schrift ermöglicht? Durch die enge Verbindung von göttlichem Sein und der Sprache bekommt die Sprache selbst scheinbar göttliche Qualität, die zwar wiederum unverfügbar ereignishaft bleibt, aber eine grundsätzliche Unterscheidung zwischen Schrift und heutiger Theologie als Schriftinterpretation unmöglich macht. Z

HARTMUT GESE,
Erwägungen zur Einheit der biblischen Theologie, in: ders., Vom Sinai zum Zion. Alttestamentliche Beiträge zur biblischen Theologie, München 1974, S. 17 ff.

Mit der These von der wesentlichen Einheit des Alten und Neuen Testaments, von der *einen*, der biblischen Traditionsbildung, erledigt sich die prekäre Frage nach der christlichen Interpretation des Alten Testaments. Der übliche Weg, eine christliche Theologie des Alten Testaments zu beschreiben, besteht in einer Selektion. Entweder geschieht das in der Weise, daß nur bestimmte Teile des Alten Testaments für christlich relevant gehalten werden. Zumeist fällt das gesamte nachdeuterojesajanische Material dahin. Daß es gerade die späten Teile des Alten Testaments sind, die der Kritik nicht standhalten, sollte den Historiker sehr skeptisch stimmen. Oder man betreibt die Selektion in der Weise, daß man von einer bestimmten, nicht im Alten Testament begründeten hermeneutischen Methode aus die Theologie des Alten Testaments entwickelt. In jedem Fall ist diese Selektion methodisch höchst zweifelhaft, da jedes Kriterium theologischer Relevanz durch das Neue Testament, genauer gesagt: durch eine bestimmte Theologie vom Neuen Testament, gesetzt wird. D. h. aber letztlich, daß das Alte Testament irrelevant ist und bestenfalls als historisches Proömium zum Neuen Testament bestehen mag. Ich meine dagegen, daß es weder eine christliche, noch eine jüdische Theologie des Alten Testaments gibt, daß es eben nur *eine* Theologie des Alten Testaments gibt, die sich in der alttestamentlichen Traditionsbildung verwirklicht und die aus und an dieser entwickelt werden muß. Es kann sich eben nur vom Neuen Testament aus herausstellen, ob diese Theologie des Alten Testaments sozusagen eine christliche ist; d. h. ob sie vom Neuen Testament weiter und zu Ende geführt wird . . .

Mit dem bisher Ausgeführten verschiebt sich das Problem des Verhältnisses vom Alten zum Neuen Testament zum Problem des Offenbarungskontinuums und seines Abschlusses und Zieles. Versuchen wir zunächst das Phänomen des Kontinuums näher zu bestimmen und sehen wir von dem Abschluß durch das neutestamentliche Geschehen ab! Die Entwicklung der form- und traditionsgeschichtlichen Forschung in der alttestamentlichen Wissenschaft hat mit aller wünschenswerten Deutlichkeit den Zusammenhang der kerygmatischen»Inhalte« mit den Formen der Überlieferung aufgewiesen. Das Alte Testament als literarisches Werk entwickelt sich aus kerygmatischen Intentionen. Die Formgeschichte kann weithin die kerygmatische Struktur der Überlieferungsmaterialien freilegen. Eine Darstellung der durch die moderne Formgeschichte erarbeiteten Traditionen führt von selbst zu einer Darstellung des alttestamentlichen Kerygmas . . .

Der Grundsatz vom Zusammenhang von Traditionsform und kerygmatischem Inhalt bedarf aber noch einer Ergänzung: das Tradieren geschieht in einem Geschichtsprozeß dauernder Uminterpretation, Selektion und Aktualisierung. Das Kerygma ist keine statische Größe, sondern wächst fortwährend mit dem geschichtlichen Prozeß des Tradierens. Bei von Rad tritt dieses Phänomen des Zusammenhangs von Geschichte und Offenbarung zurück zugunsten einer Lehre von der *inhaltlichen* Geschichtsbezogenheit des alttestamentlichen Kerygmas.

Ein solcher materialer Geschichtsbezug der alttestamentlichen Tradition ist weithin nicht zu erweisen. Von Rad selbst erwähnt dies bei Hiob, Kohelet und, mit Einschränkungen,bei Psalmen. Die Apokalyptik grenzt er aus, weil hier angeblich der existentiale Geschichtsbezug verloren ist, weil hier aus einem Transzendentalismus heraus an die Stelle geschichtlichen Erlebens eine übergeschichtliche Systematik tritt. Wir müßten, strenggenommen, ausgrenzen den gesamten Weisheitskomplex, die Priesterschrift, ja die Sinaitradition überhaupt. Aber auch dort, wo das Alte Testament zunächst Geschichtsschreibung zu sein scheint, wäre noch zu fragen, inwiefern hier nicht von vornherein geschichtstranszendierende Koordinaten zugrunde gelegt sind, die man die eschatologischen Elemente genannt hat. Daher kommt von Rad nicht nur zu einer Minderbewertung einzelner Traditionskomplexe wie der Apokalyptik, sondern vor allem zu einer Darstellung, die man als theologische »Einleitung« in das Alte Testament bezeichnen könnte, er kommt nicht zu einer Darstellung der Entwicklung der alttestamentlichen Traditionen. Man sollte aber festhalten: Das Alte Testament ist Zeugnis im Traditionsprozeß, und die Darstellung der Theologie des Alten Testaments ist die Darstellung der Traditionsbildung. Nur traditionsgeschichtlich kann das Kerygma entfaltet werden. Das Alte Testament ist nicht zu fassen als doctrina einer Systematik, noch als factum einer Religionsgeschichte, sondern nur als Prozeß einer Traditionsbildung, die auch das eigentliche Wesen der Geschichte Israels ausmacht . . . .

Es wird hierbei nicht gesehen, daß der Traditionsprozeß ja das Alte beibehält, daß auf der neuen Stufe nicht das Alte verdrängt wird. Das Alte gehört zur Aussage des Neuen. Es wird durch die spätere Stufe nicht überholt, vielmehr entsteht auf diese Weise erst ein mehr oder weniger kontinuierlicher Kanonisierungsprozeß.- Verdrängt die Aneignung der Tradition im Prozeß nicht den eigentlichen Inhalt einer Überlieferung? Die Aussage der Einzelstoffe wird doch relativiert, d. h. in Beziehung gesetzt zur späteren Aussage. Dagegen ist zu sagen: Es soll nicht herausdestilliert werden ein hinter dem Prozeß stehendes Allgemeines und Absolutes, das sich in dem Prozeß verwirklicht. Nicht ein solches postuliertes Absolutes, nämlich die Offenbarung schlechthin, nicht etwas Zeitloses verwirklicht sich, sondern im Gegenteil, das Entscheidende liegt im Prozeß, im procedere auf ein Zukünftiges hin. Gerade der tiefste Zusammenhang von Tradition und Geschichte weist auf das Ziel der Vollendung . . .

Die Traditionsgeschichte muß sich auch mit der Ausgestaltung der theologischen Denkformen befassen, ohne in eine Theologiegeschichte älterer Methodik zurückzufallen, in der durch Anwendung moderner theologischer Gesichtspunkte die biblische Überlieferung bestimmten Schemata unterworfen wird. Kann man nun solche Überlieferungsprozesse beschreiben, so wird sich immer herausstellen, daß erst in ihnen und nicht in einer theologischen Einzelerscheinung das Ganze zu greifen ist und das Wesen sich enthüllt . . .

In der Eliaüberlieferung wird Elia als Moses redivivus dargestellt. In dieser ganz andersartigen theologischen Welt, in der so viel Wert auf die Transzendenz Gottes gelegt wird, in der z. B. die Sinaitheophanie ganz umgeformt wird, erscheint der Gottesknecht als der das Jahwe-Wort repräsentierende Mensch, und die Jenseitigkeit Gottes wird im Gegenwärtigsein des דבר im prophetischen Gottesknecht aufgehoben. Wenn Deuterojesaja Israel in seiner zum Leiden, ja zum Tode führenden Geschichte als den Gottesknecht deutet, der die Gottesoffenbarung der ganzen Ökumene vermittelt, dann mußte er zwar wegen des Bezuges zu den Völkern in erster Linie an die Überlieferung vom Davidbund anknüpfen, und doch kommt in dieser Konzeption all das zum Tragen, was Repräsentation in Israel war, was man unter עבד verstehen konnte. In einem solchen Traditionsprozeß entfaltet sich die Offenbarung.

Israel hat in seinem Gegenüber zu Gott das Sein in der Welt im Gegensatz zum mythischen Weltverständnis in einer neuen Weise als *geschichtliches* Sein erfahren. Dieses neue Sein ist aber nicht auf die menschliche Welt des Historischen allein bezogen. Auch das im mythischen Weltverständnis gegebene Verhältnis zur Natur wird in ein neues Verständnis der Welt als *Schöpfung auf den Menschen hin* verwandelt . . .

Ich gehe dabei von der These aus: die Offenbarung setzt die Realität, in der sie sich als Offenbarung erweist, sie schreitet fort, indem sie diese Realität entwickelt, werden läßt. Dazu möchte ich folgendes ausführen: Für die richtige Beurteilung eines Textes, einer theologischen Aussage oder Vorstellung an ihrem historischen Ort bedarf es der Analyse der dem Text zugrunde liegenden ontologischen Struktur, d. h. der Struktur der Wirklichkeit, die der Text aussagt, aus der heraus er konzipiert ist. Die Geschichte der Traditionsbildung ist in gewisser Weise eine Geschichte des die Offenbarung erfahrenden Bewußtseins, an dem sich eine ungeheure Aufweitung des Wirklichkeitsfeldes vollzieht ...

Im Gegensatz zu jeder frömmigkeitsgeschichtlichen Betrachtungsweise geht es nicht darum, bestimmte religiöse Höhenlagen zu messen, vielmehr darum, Wahrnehmungskategorien am jeweiligen Text zu entwickeln. Es kommt auf die Wirklichkeit an, die ein Text aussagt. Die Koordinaten des jeweiligen Wirklichkeitsfeldes sind aus dem Text zu ziehen. Die Strukturen, die sich hier zeigen, sind ontologische Strukturen; denn es geht um Formen des Seins, und nur in ihnen wird das Seiende als solches ergriffen ...

Kombinieren wir nun die strukturgeschichtliche und die überlieferungsgeschichtliche Betrachtung – das mag sich zunächst fast wie formale und materiale Betrachtung verhalten –, so zeigt sich, daß beides aufs engste zueinander gehört und sich gegenseitig durchdringt: die Überlieferungsgeschichte vollzieht sich in einer ontologischen Entwicklung, sie zeigt eine ontologische Dynamik. Objektiv gesprochen geht es um ein Hereinbrechen, um ein Offenbarwerden neuer Wirklichkeit. Das müßte in einer traditionsgeschichtlich geprägten Darstellung der biblischen Theologie deutlich werden. Im Rahmen dieses Aufsatzes kann der Prozeß nur andeutungsweise skizziert werden. Der Kürze halber setze ich gleich beim Ausgang des 8. Jahrhunderts ein; für die ältere Zeit, Israel als Stämmeverband, die Zeit der Staatenbildung, die Rezeption der jerusalemischen Tradition (z. B. mit der so neuen Vorstellung von der Einwohnung Gottes auf dem Zion) usw., ließe sich der Prozeß entsprechend verdeutlichen.

Ende des 8. Jahrhunderts geht der Staat bzw. die staatliche Selbständigkeit (von ephemeren Erscheinungen abgesehen) ein für allemal verloren. Die Propheten in dieser Zeit zeigen in diesem Geschehen das Gericht Jahwes an, das aber in diesen Ereignissen nicht vollendet wird, sondern das weiter wirkt und von jetzt ab jeglicher Existenz in einer äußerlich faßbaren Form einen vorläufigen Charakter gibt. Es verschiebt sich damit das Verhältnis Jahwe – Israel von der äußerlich faßbaren Form im Staat, im Kult stets weg auf eine andere Ebene des Eigentlichen ...

Nur in Stichworten können hier die wichtigsten Strukturveränderungen aufgezählt werden, die sich bei Jeremia beobachten lassen: Die Gottesoffenbarung verschiebt sich auf die Ebene der verinnerlichten, intimen Gotteserfahrung, dem entspricht die Konzeption des fernen, jenseits aller menschlichen Erfahrbarkeit stehenden Gottes. Die Sünde wird als gegen Jahwe selbst gerichtet verstanden, sie ist nicht ein Ordnungs-, sondern ein Verhältnisdelikt; alle Sünde kann unter dem Begriff des Verlassens Gottes zusammengefaßt werden, dem entspricht der Begriff der Rückkehr. Umkehr zu Gott aber ist Erkenntnis des Abfalls. Diese Umkehr wiederum ist nur durch Jahwe gewirkt. Daraus ergibt sich eine sola gratia-Konzeption für das Verhältnis Gott – Mensch. Alles ist bestimmt von der radikal dualistischen Ontologie Innen – Außen, Sein – Schein. Da die Heilsweissagung (zunächst für das Nordreich) neben die Unheilsweissagung tritt, beides in ein und denselben geschichtlichen Raum fällt, treibt die eschatologische Komponente im Prophetismus zur Konzeption einer jenseits der Heilsweissagung liegenden Eschatologie, in der die geschichtlichen Dimensionen der vorfindlichen »Scheinwelt« gesprengt werden. ...

Der gesamten heilsgeschichtlichen Tradition in ihrer futurischen Erwartung des Anderen, in ihrem Abstand zum Heil trat entgegen Jesus von Nazareth in der Verkündigung des Heils hic et nunc. Einer apokalyptischen Erwartung der Zukunft setzte das einen ebensolchen Ziel – und Endpunkt wie der תורה und der weisheitlichen Konzeption einer symbolischen, abbildhaften Heilspartizipation. Es ist hier nicht im einzelnen zu zeigen, wie in der Verkündigung Jesu die Gegenwart des Heils nicht nur angezeigt wird, sondern sich auch vollzieht; es sei nur auf Folgendes hingewiesen: 1. Die Verkündigung geschieht in eigener Autorität, das könnte aber nur Gottes Autorität sein. Es gibt keine Berufung, keine pseudepigraphische Inspiration. 2. Der am Sinaigeschehen orientierte Kanon jeglicher Offenbarung wird aufgesprengt:»Ihr habt gehört, daß zu den Alten gesagt ist . . ., ich aber sage euch . . .«; so könnte nur Gott sprechen. 3. Die eschatologische Verkündigung bedeutet die Offenbarung alles Verborgenen, sie hat deswegen öffentlichen Charakter. Aber diese Offenbarung alles Verborgenen kann nur durch Gott geschehen. 4. Jesus weist die menschlichen Heilsmittel und das menschliche Tun vor Gott ab, wendet sich dem Verachteten und Sünder zu und vergibt die Sünde wie Gott. 5. Er zeigt sich als Herr über den Sabbat, der auf der Trennung von Welt und Mensch beruht, und gibt andere Zeichen seiner göttlichen Autorität. 6. Er ruft zur Nachfolge auf.»Nachfolgen« kann man aber nur Gott (bzw. fremden Göttern). Die Verkündigung Jesu führt zu einer Realisierung des Eschatologischen. Diese Realisierung mußte die Grenzen jeder Verkündigung aufheben. Das trat ein in der Antwort der Hörer, die, schwankend zwischen Wahn und Wirklichkeit, in diesem Gegenwärtigwerden die völlige Zerstörung des Futurischen wie des Abstandes vom Heiligen sahen: Passion und Tod Jesu aber haben die Grenzen von Sein und Nichtsein aufgesprengt, der Auferstandene hat die Welt überwunden. Um dieses Auferstehungsgeschehen geht es, ob es als Inthronisation (= Himmelfahrt), ob es als Geistausgießung oder als eingetretenes Weltende erfahren wird.

Es wäre die Christologie des Neuen Testaments traditionsgeschichtlich zu untersuchen. Es wäre ein Leichtes zu zeigen, wie hier alle alttestamentlichen Aussagen aufgenommen werden, ob Davidide, משיח/χριστός ,ob προφήτης und עבד ob Menschensohn oder die im Rahmen einer priesterlichen Schöpfungslehre entworfene Königsanthropologie, ob חכמה, λόγος oder Inkarnationschristologie, nur dürfte man selbstverständlich nicht alttestamentliches Material der hellenistischen Zeit (als sei dies weniger alttestamentlich als das der assyrischen oder persischen Zeit) ausschließen. Es wäre ein Leichtes zu zeigen, wie in bezug auf dies *eine* Geschehen alles zum Abschluß, zur Einheit, zu einer Interpretation gelangt, die aber auch alles vorher Ausgesagte im Wesen »aufhebt«. Die neutestamentliche Theologie, d. h. die Christologie, ist die Theologie des Alten Testaments, die das neutestamentliche Geschehen, d. i. das Einbrechen des Heils, die Realisierung des Eschaton, die Gegenwart Gottes beschreibt. Mit ihr nehmen die Zeugen der Auferstehung, die Apostel (und ihre Tradition) dieses Geschehen wahr. Das Neue Testament an sich ist unverständlich, das Alte Testament an sich ist mißverständlich. Das neutestamentliche Geschehen hat die alttestamentliche Traditionsbildung notwendigerweise abgeschlossen. d. h. jetzt war erst ein Ganzes entstanden. Aber dieses Abschließen heißt nicht Ersetzen, ebensowenig wie das Neue Testament eine Addition zum Alten Testament ist. Vielmehr enthält das Neue Testament das Alte. Es kommt nur darauf an, wie man dieses »Enthalten« versteht, es heißt nicht, daß man es subtrahieren könnte.

Die Offenbarung ist ein Prozeß, und nur im Ganzen ist der Prozeß zu greifen. Der Offenbarungsprozeß setzt einen ontologischen Prozeß, der sich in dem Ereignis von Tod und Auferstehung Jesu vollendet, in welchem die Grenzen von Sein und Nichtsein fallen. Das Sein wird, und die Wahrheit ist geschichtlich geworden.

Anmerkung der Hrsg.: Beim Abdruck wurde auf die Anmerkungen verzichtet.

Kommentar

Hartmut Gese, z. Z. Professor für Altes Testament in Tübingen, arbeitet zusammen mit seinen Tübinger Kollegen Hengel, Jüngel und Stuhlmacher am Programm einer »biblischen Theologie«. In zwei Aufsatzbänden, Vom Sinai zum Zion (München 1974) und Zur biblischen Theologie (München 1977), hat Gese das Konzept einer solchen Theologie nur mehr fragmentarisch vorgestellt.

Soviel ist jedoch erkennbar, daß seiner Konzeption ein bestimmtes Offenbarungsverständnis zugrundeliegt, das Affinitäten zu Schellings Naturphilosophie aufweist. Offenbarung ist für Gese kein zeitloses Absolutes, das sich in der Geschichte verwirklicht, vielmehr muß die Offenbarung selbst als geschichtlicher Prozeß verstanden werden. Damit werden Offenbarung und Geschichte identifiziert, aus der Offenbarung wird die Offenbarungsgeschichte. Diese Offenbarungsgeschichte ist als ontologischer Prozeß zu interpretieren, der sich in verschiedenen Stufen vollzieht. (Auch für Schelling lag im Sein Ansatzpunkt und bestimmendes Moment für den Geschichtsverlauf.)

Dieses Schema wendet Gese nun auf die Entstehung des Alten Testaments bzw. aller biblischen und auch apokryphen Schriften an. Unter Mitberücksichtigung von literarkritischen und formgeschichtlichen Forschungsergebnissen kommt der Traditionsgeschichte dabei eine Schlüsselfunktion zu: Das Alte Testament ist nämlich durch verarbeitende Weitergabe von Traditionen entstanden. Alte Wahrheiten wurden neu verstanden, wobei sie zwar auf eine neue Stufe gehoben wurden, aber gleichsam doch so erhalten blieben. Dabei hat sich in diesem Prozeß auf jeder neuen Stufe ein neues Seinsverständnis eröffnet.

Auch diese Form prozessualen Denkens hat starke Ähnlichkeiten mit dem Idealismus: Der Prozeß des Offenbarwerdens neuer Wirklichkeit vollzieht sich in Form der Aufhebung, von denen Hegel drei Formen, nämlich die negatio, die elevatio und die conservatio kennt. Alle drei bezeichnen verschiedene Aspekte des alttestamentlichen Offenbarungsprozesses. Z. B. wird der Tun-Ergehen-Zusammenhang bei Hiob zerbrochen« (negatio). Es geschieht dabei aber auch eine elevatio, sofern das Gottesverhältnis geistiger und inniger wird. Insofern eine Kontinuität mit der früheren Gotteserfahrung erlebt wird, geschieht auch eine conservatio.

Der mit diesem Offenbarungsprozeß gegebene ontologische Prozeß kennt keine allgemeine Wahrheit außerhalb des Prozesses, da das Entscheidende im Prozeß selbst bzw. in seiner Vollendung liegt. Ursprung der Offenbarungsgeschichte ist die Sinaioffenbarung, in der sich Gott dem Menschen als personales Du offenbart. Für den Menschen beinhaltet dies das Geschenk eines Seins vor Gott. Diese »Eröffnung neuen Seins« setzt sich durch das ganze Alte Testament und die alttestamentlichen Apokryphen bis hin zu Jesus fort, in dem sich dann dieser ontologische Prozeß vollendet: In seiner Verkündigung realisiert sich nämlich das Eschatologische, und in seinem Tod und seiner Auferstehung fallen die Grenzen von Sein und Nichtsein. Denn Ziel des ganzen Prozesses war, daß der Geist die Materie in sich faßt und daß das göttliche Leben Tod und Sünde in sich aufnimmt, daß aus dem Tod das neue Sein, die Neuschöpfung entsteht. Genau darin ist die Wahrheit geschichtlich geworden oder hat – anders ausgedrückt – der Geist seinshafte Existenz erhalten.

Auch für Gese ist der historische Weg der einzige Weg des modernen Menschen, aus der Geschichte zu lernen. Dabei bedeutet historische Erkenntnis, den Text als Zeugnis seiner Zeit zu verstehen. Entscheidend zum Verständnis der biblischen Schriften ist aber nicht etwa die Geschichtlichkeit eines berichteten Vorgangs, sondern das in diesem Bericht hervortretende Seinsverständnis. Gegen Bult-

manns Reduzierung der biblischen Aussagen auf die Existentialien ist Gese aber daran gelegen, die Konkretion des Glaubens in der Welt festzuhalten. Dazu entwickelt er eine besondere Sicht des Zusammenhangs von Wahrheit und Weltbild: Da es keine unvorstellbaren Wahrheiten gibt, müssen Wahrheiten immer bildhaft, d. h. vorstellbar ausgedrückt werden. Darum hat das antike Weltbild gegenüber dem modernen das größere Recht auf seiner Seite. Eine Geschichte ist also nicht deshalb wahr, weil sie historisch ist, sondern Wahrheiten müssen immer als Geschichte erzählt werden.

Durch diese Gedanken gelingt es Gese, nicht vorschnell »schulmeisternd« an die biblischen Texte heranzutreten. Er bemüht sich, die in den Texten ausgesprochene Wahrheit zu erfassen und für den Glaubensvollzug fruchtbar werden zu lassen. Zu fragen wäre allerdings, ob die diesem Bemühen zugrunde liegende Überführung der Offenbarungsgeschichte in Traditonsgeschichte den biblischen Aussagen gerecht wird. Versucht Gese hier nicht angesichts des neuzeitlichen Autonomiepostulats der Vernunft, die Wahrheit der Schrift durch Uminterpretation zu retten; nämlich indem konkrete, d. h. geschichtlich gemeinte Aussagen der Bibel als Symbol verstanden werden, oder anders ausgedrückt, indem Gott mit einem ontologischen Prozeß identifiziert wird. Tatsächlich scheint die Bibel doch nicht von einem sich selbst entwickelnden Gottesverständnis auszugehen, sondern unter Offenbarung die stückweise Selbstenthüllung des ewigen Gottes in seinem Wesen und Wirken zu verstehen. Die Geschichte Gottes mit dem Menschen steigt nicht gemäß den sich entwickelnden menschlichen Denkmöglichkeiten zu immer geistigeren Formen auf, sondern wird als die vor Grundlegung der Welt beschlossene und in Raum und Zeit sich entfaltende Geschichte der Rettung durch Gott selbst zum Ziel gebracht. Z

MARTIN HENGEL,
Historische Methoden und theologische Auslegung des Neuen Testaments (Thesen),
in: Zur urchristlichen Geschichtsschreibung, Stuttgart 1979, S. 107ff

1. Zur Kritik »der historisch-kritischen Methode«

1.1 Die Redeweise von »der historisch-kritischen Methode« ist fragwürdig.

1.1.1 In Wirklichkeit gibt es eine Vielfalt von »historischen Methoden«.

1.1.2 Dieser Methodenvielfalt entspricht die Vielschichtigkeit der historischen Forschung und ihrer Ergebnisse.

1.1.3 Die historische Forschung muß immer offenbleiben zur Erprobung neuer Methoden. Neu entdeckte Phänomene erfordern u. U. die Anwendung neuer Methoden.

1.1.4 Die Anwendbarkeit und Sachgemäßheit historischer Methoden erweist sich an ihrem Gegenstand, d. h. im Forschungsvollzug, nicht in der abstrakten Reflexion auf »die historisch-kritische Methode« an sich.

1.2 Die ständige Berufung auf »die historisch-kritische Methode« in der theologischen Diskussion der vergangenen 70 Jahre hat letztlich psychologische und dogmatische Gründe.

1.2.1 Ihren klarsten Ausdruck finden diese in der Unterscheidung zwischen »historischer« und »dogmatischer Methode« bei Troeltsch.

1.2.2 Ein Hauptmotiv ist die Furcht vor der Abwertung der »dogmatischen Methode«, die als unwissenschaftlich gilt, während man für »die historisch-kritische Methode« Wissenschaftlichkeit postuliert.

1.2.3 Die Grenzen und Konsequenzen dieser auf einen »dogmatischen« Positivismus reduzierten »historisch-kritischen Methode« sind zu wenig kritisch bedacht worden.

1.2.4 Grundaxiom »der historisch-kritischen Methode« ist das Postulat der für den Menschen durchschaubaren und verfügbaren »einen Wirklichkeit«, das sich in der Historie als »die prinzipielle Gleichartigkeit alles historischen Geschehens« (Troeltsch) darstellt.

1.2.5 Die »Allmacht der Analogie« als der »Schlüssel zur Kritik« (Troeltsch) entscheidet allein über Tatsachenfeststellung und kausale Verknüpfung.

1.2.6 Damit wird die – zudem noch eingeschränkte – gegenwärtige Wirklichkeitserfahrung zum entscheidenden Kriterium dafür gemacht, was in der Vergangenheit geschehen sein kann und was nicht.

1.2.7 Gerade im Bereich »biblischer Geschichte« stoßen wir immer wieder auf die Frage der Möglichkeit »analogielosen Geschehens«. Die dogmatisch fixierte »historisch-kritische Methode« muß diese Möglichkeit von vornherein ausschließen.

2. Die Vielzahl und Komplexität historischer Erkenntnishorizonte und die Konsequenzen für das »historische« und »theologische Verstehen«

2.1 Vergangenes Geschehen stellt sich für uns in einer unüberschaubaren Vielfalt dar.

2.1.1 Historische Rekonstruktion und Interpretation führen notgedrungen zu einer Vereinfachung ursprünglich sehr viel komplexerer Sachverhalte.

2.1.2 Der Gefahr der Simplifizierung kann man nur durch eine der Sache angemessene Methodenvielfalt begegnen.

2.1.3 Im Bereich der antiken Geschichte führt die Zufälligkeit und Bruchstückhaftigkeit der erhaltenen Quellen und die Distanz zwischen dem damaligen und unserem Bewußtsein besonders leicht zu einer simplifizierten Darstellung vergangener Wirklichkeit.

2.2 Auch die Vielfalt der Standpunkte historischer Betrachter schafft verschiedene Erkenntnishorizonte.

2.2.1 Die kritische Kontrolle über das eigene Vorverständnis und die erkenntnisleitenden Interessen kann diese einschränken, aber nicht völlig ausscheiden.

2.2.2 Gerade im geistes- und religionsgeschichtlichen Bereich ist u. U. ein positives Vorverständnis und existentielles Interesse an der in der Quelle dargebotenen Sache die Voraussetzung für ein echtes Verstehen.

2.2.3 Historisches Faktenwissen bedeutet noch nicht Verstehen. Letzteres ist vielmehr identisch mit dem Erfassen der Intention des Autors eines Textes.

2.2.4 Dagegen ist der Anspruch, wir könnten die Intention des Autors besser verstehen als dieser selbst (W. Dilthey), häufig fragwürdig.

2.3 Die Verschiedenartigkeit historischer Erkenntnishorizonte führt zu einer unterschiedlichen Vermittelbarkeit der aus den Quellen gewonnenen Erkenntnisse.

2.3.1 Im Bereich der Feststellung von klar umrissenen Fakten ist am ehesten volle Intersubjektivität möglich.

2.3.2 Im Bereich geistesgeschichtlichen Verstehens und der darauf aufbauenden Interpretation ist die Intersubjektivität bereits eingeschränkt.

2.3.3 Im Bereich der Wertungen oder der positiven bzw. negativen Antwort auf den Wahrheitsanspruch historischer Quellen, Personen oder Gruppen ist Intersubjektivität oft nur kontingente Möglichkeit und als solche unverfügbar.

2.3.4 Man könnte – in einem sehr groben Raster – bei historischen Quellenaussagen, die einen mich betreffenden ethischen oder religiösen, d. h. »existentiellen« Wahrheitsanspruch enthalten, von drei möglichen »Erkenntnisstufen« sprechen: Wissen, Verstehen, Zustimmung bzw. Ablehnung. Mit jeder Stufe nimmt die verfügbare Vermittelbarkeit ab.

2.3.5 In der historisch-theologischen Exegese kommt alles darauf an, daß sich im Bereich des »Verstehens« historische und systematisch-theologische Verstehensbemühungen miteinander verbinden, damit der Wahrheitsanspruch des ausgelegten Textes in einer heute verantwortbaren Weise zur Sprache kommt.

2.3.6 Die Anerkennung theologischer Wahrheit in einer Textaussage kann durch keine historische Methode erzwungen, sehr wohl aber vorbereitet werden. Umgekehrt kann durch eine unsachgemäße Anwendung historischer Methoden der Wahrheitsanspruch des Textes für mich und andere verstellt werden.

2.4 Historische und theologische Urteile unterscheiden sich in der Gewißheitsfrage.

2.4.1 Historische Erkenntnis führt zu »zufälligen Geschichtswahrheiten« (Lessing), die in der Regel nur eine stark abgestufte Skala von Wahrscheinlichkeitsgraden für sich beanspruchen können.

2.4.2 Der Glaube gründet dagegen auf der gewissen Zusage. Theologische Urteile müssen daher assertorische Form besitzen: tolle assertiones et Christianismum tulisti (Luther).

2.4.3 Das theologische Urteil wird so dem »Faktum« der freien Selbstmitteilung Gottes an einem konkreten Ort der Geschichte einen Gewißheitsgrad zusprechen, den historische Forschung mit allen ihren Methoden weder erreichen kann noch will.

2.4.4 Historische Forschung vermittelt der Theologie durch die biblischen Disziplinen und die Kirchengeschichte den Zugang zu ihren entscheidenden Inhalten. Sie kann jedoch den Wahrheitsanspruch der Theologie nicht begründen. Dessen Begründung liegt in der nicht mehr hinterfragbaren Gewißheit der promissio Dei in Jesus Christus, die uns in der Einheit der Botschaft des Alten und des Neuen Testaments begegnet und die in der Geschichte der Kirche immer neu bezeugt wird.

3. Die Notwendigkeit historischer Wahrheitsfindung und ihre Grenze

3.1 Die mit den historischen Methoden erfaßbaren Inhalte der Geschichte stellen sich dar als das aus der Vergangenheit gewonnene »kollektive Bewußtsein« der Menschheit.

3.1.1 Aufgabe historischer Forschung ist die ständige Erweiterung und Korrektur dieser »Bewußtseinsinhalte«.

3.1.2 Verfälschung, Unterdrückung und Verweigerung historischer Informationen und Erkenntnisse könnte man mit dem Akt der »Verdrängung« vergleichen; sie widersprechen nicht nur der allgemein menschlichen Forderung nach sachlicher Wahrheit, sondern sie können sogar zum zerstörenden Selbstbetrug führen.

3.1.3 Die stetige Erweiterung, Kontrolle und Korrektur des historischen »Bewußtseins« ist als »gutes Werk« der Wahrheitsfindung grundsätzlich theologisch zu bejahen.

3.2 Seitdem in der Aufklärung die naive Einheit von »Historie« und »biblischer Geschichtserzählung« zerbrach, ist den historischen Disziplinen der Theologie die erweiternde, kontrollierende und korrigierende Erforschung ihrer Vergangenheit um der sachlichen Wahrheit willen aufgegeben.

3.2.1 Diese historische Forschung innerhalb der Theologie kann den Geltungsanspruch des christlichen Glaubens weder begründen noch widerlegen, wohl aber dient sie der Erweiterung und Korrektur des historischen »Gesamtbewußtseins in der Theologie«.

3.2.2 Die aus der historischen Forschung in der Theologie je und je erwachsende Anfechtung zwingt diese zur Reflexion über ihre eigentliche Sache und macht sie dadurch »selbst-bewußter« und »sach-bezogener«.

3.2.3 Beispiel: Die Kritik Lessings, daß »zufällige Geschichtswahrheiten (nie) der Beweis von notwendigen Vernunftwahrheiten werden können«, weist die Theologie darauf hin, daß sie es nicht primär mit »notwendigen Vernunftwahrheiten«, sondern mit der freien Selbsterschließung Gottes in Jesus Christus zu tun hat.

3.3 Genauso wie das menschliche Bewußtsein – das nicht vom »Selbstverständnis« abgetrennt werden kann – vor die Sinnfrage seiner Einzelexistenz gestellt wird, stellt sich für dasselbe als Teil des menschlichen »Gesamtbewußtseins« die Frage nach dem Sinn und der Einheit der Geschichte.

3.3.1 Die Frage nach dem Sinn der Einzelexistenz läßt sich aus der Frage nach dem Sinn der gesamtmenschlichen Geschichte nicht herauslösen. Die Antwort auf die erste Frage erfordert, daß damit auch die zweite Frage beantwortet wird und umgekehrt.

3.3.2 Mit den Mitteln historischer Methoden kann hier freilich keine Antwort gegeben werden. Eine solche ist nur als »theologisches Urteil« möglich.

3.3.3 Diese Antwort darf weder – vulgärexistentialistisch – in der Form der Reduktion auf die Einzelexistenz gegeben werden, noch – vulgärmarxistisch – unter Eliminierung derselben in der Form der nur für das Kollektiv gültigen Utopie.

3.3.4 Die Sinnfrage löst sich für den einzelnen wie für die Menschheit durch den Bezug auf Gott als Schöpfer und Herrn der Geschichte und auf das Reich Gottes als die Vollendung von Schöpfung und Geschichte.

3.3.5 Ein derartiger Bezug ist christologisch zu begründen: D. h. Gott als Schöpfer und Herr der Geschichte und damit auch der Zukunft erschließt sich dem Menschen durch die Offenbarung seiner Liebe in Jesus Christus als dem »eine(n) Worte Gottes, das wir zu hören, dem wir im Leben und im Sterben zu vertrauen und zu gehorchen haben« (Barmen, I. These).

4. Das Neue Testament als historische Quelle und Glaubenszeugnis und die sachgemäße Anwendung historischer Methoden.

4.1 Die im Neuen Testament gesammelten Schriften sind die durch ihre kirchliche Autorisierung erhalten gebliebenen ältesten Quellen über das die christliche Kirche begründende Urgeschehen, »die Urkunde der kirchengründenden Predigt« (Martin Kähler).

4.1.1 Zugleich sind sie Glaubenszeugnisse, die den Hörer auf die in Jesus von Nazareth geschehene und in der apostolischen Verkündigung proklamierte Selbsterschließung Gottes zum Heil aller Menschen hinweisen.

4.1.2 Bei einer sachgemäßen historischen und theologischen Auslegung der neutestamentlichen Schriften muß dieser Doppelcharakter als älteste Geschichtsquellen und Glaubenszeugnisse zum Ausdruck kommen.

4.1.3 Bereits ein großer Teil der neutestamentlichen Texte bzw. Schriften weisen durch ihre Form als »kerygmatische Geschichtserzählungen« bzw. als »kerygmatische Geschichtsschreibung« darauf hin, daß die Heilsbotschaft als Anrede zugleich immer auch – zumindest in nuce – Bericht vom Heilsgeschehen ist und daß ihre Grundlage auf einem geschichtlichen Ereignis beruht, das auch mit historischen Methoden erforscht werden kann.

4.2 »Theologische Exegese«, die glaubt, sie könne das Neue Testament ohne die Anwendung sachgemäßer historischer Methoden »auslegen«, verschließt sich nicht nur gegenüber der Wahrheitsfrage, sondern steht in der Gefahr einer Vergewaltigung der Textaussagen und der doketischen Spekulation.

4.2.1 Die Anwendung historischer Methoden bei der Exegese des Neuen Testaments wird gerade von der Tatsache her gefordert, daß die Schriften des Neuen Testaments bezeugen, daß Gott ein für allemal in einem konkreten Menschen zu einer bestimmten Zeit geredet hat.

4.2.2 Wir können daher nicht »theologisch« von der Selbsterschließung Gottes in Jesus und dem apostolischen Zeugnis reden, ohne zugleich mit den Mitteln historischer Forschung Gestalt und Inhalt dieses Redens zu erfassen.

4.3 Die neutestamentlichen Schriften erfordern für ihre Auslegung nicht die Vorgabe einer zusätzlichen, von allen »historischen Methoden« qualitativ verschiedenen, spezifisch »theologischen Auslegungsmethode«.

4.3.1 Dies bedeutet, daß das Neue Testament gegenüber anderen antiken Quellen weder isoliert noch einnivelliert werden darf. Es muß – wie jeder Text, der ein tieferes Verstehen fordert und einen Wahrheitsanspruch enthält – die Anwendung der ihm entsprechenden *sachgemäßen* »Auslegungsmethoden« verlangen.

4.3.2 Dazu gehört einmal das Eingehen auf die alttestamentlich-jüdische Vorgeschichte des »Redens Gottes« (Hebr 1,1), die sich unmittelbar in Sprache und Form der neutestamentlichen Schriften niedergeschlagen hat, wie auch die Beachtung der Wirkungsgeschichte und der Auslegungstradition.

4.3.3 Zu dieser sachgemäßen Bezogenheit auf den Gegenstand der Auslegung gehört weiter die grundsätzliche Offenheit des Auslegers, die ihm im Neuen Testament begegnende Botschaft wirklich zu »*vernehmen*«, sich auf sie einzulassen und ihrem »Anspruch« zu »entsprechen«.

4.3.4 Die Wahrheit der neutestamentlichen Botschaft bedarf so keiner zusätzlichen methodischen »Absicherungen«. In dieser Freiheit kommt der Glaube der Kirche an die efficacia Sacrae Scripturae zum Ausdruck.

4.4 Die zustimmende Annahme ihres Wahrheitsanspruchs ist nicht geforderte Leistung, sondern unverdientes Geschenk. Sie führt den Ausleger immer aufs neue in das Wagnis der Textauslegung hinein. Nur durch dieses ständig neue »Überwundenwerden« von der Botschaft des Neuen Testaments wird der Exeget zum wirklich »theologischen Ausleger«: Illuminatio est actus gratiae, quo Spiritus per ministerium verbi docet et sincero magis magisque informat (Hollaz).

4.4.1 Die Erfahrung ständiger Begegnung mit den Texten des Neuen Testaments eröffnet dabei den Blick für die Konturen seiner »christologischen Mitte«. Sie kann mit Formeln wie »solus Christus«, »sola gratia«, »iustificatio impii« oder »theologia crucis« umschrieben werden. Darin kommt die Gabe unverdienter Sinnerfüllung durch die Begegnung mit dem gekreuzigten und auferstandenen Jesus Christus als dem uns zugesprochenen Worte Gottes zum Ausdruck.

4.4.2 Die kirchliche Auslegungstradition gibt dem theologischen Ausleger grundlegende Verständnishilfen und unterliegt gleichzeitig seiner Kritik, die sich theologisch auf die Mitte der neutestamentlichen Botschaft gründet.

4.4.3 Das sich hier abzeichnende glaubende Vorverständnis ist kein sicherer Besitz, sondern ist – wie alle Theologie – ständig der Anfechtung preisgegeben. Es wird gewiß die Auslegung befruchten, muß sich aber andererseits stets neu der kritischen Befragung durch die Botschaft des Neuen Testaments stellen.

4.4.4 In alledem kann auf die sachgemäße Anwendung historischer Methoden nie verzichtet werden. Wir können uns der Frage nach der historischen Wahrheit nicht entziehen und stehen immer in der Gefahr textferner spekulativer Konstruktionen. Gerade die Exegese, die aus einem glaubenden Vorverständnis heraus geschieht, wird sich mit besonderer Sorgfalt und Akribie sämtlicher zur Verfügung stehender historischer Methoden bedienen.

Arbeitsanleitung

In seiner Form als Zusammenstellung komprimierter Thesen eignet sich dieser Beitrag gut als Einführung in grundsätzliche hermeneutische Reflexionen. Die Grundfrage ist das in der Theologie seit dem 18. Jahrhundert (vgl. den Gabler-Text) problematische Verhältnis von historischer und theologischer Exegese. Der Verfasser übt im 1. Abschnitt Kritik an einer dogmatisch fixierten historisch-kritischen Exegese im Sinne Troeltschs. Im 2. Abschnitt skizziert er die Möglichkeiten, die Grenzen und die Vermittlung historischen Verstehens und grenzt historische und theologische Urteile voneinander ab. Der dritte Abschnitt arbeitet die Notwendigkeit und Grenze historischer Arbeit allgemein und für die Theologie heraus und weist die Beantwortung von Sinnfragen der Theologie und speziell der Christologie zu. Der 4. Abschnitt bestimmt das Verhältnis von historischer und theologischer Arbeit am Neuen Testament.

Der erste Abschnitt verhilft zu einer Unterscheidung zwischen historischen Arbeitsmethoden, deren Sachgemäßheit sich im Forschungsvollzug erweist, und einer »historisch-kritischen Methode«, die sich dem Dogma der »einen Wirklichkeit« verschrieben hat. Vgl. dazu außer den einschlägigen Beiträgen im vorliegenden Buch den Aufsatz von M. Weinrich, Grenzen der Erinnerung, in: Wenn nicht jetzt, wann dann? Festschrift für H. J. Kraus, Neukirchen-Vluyn 1983.

Im 2. Abschnitt definiert der Vf. Verstehen als »Erfassen der Intention des Autors eines Textes«. Hier wäre zu fragen, ob diese Definition für das Verstehen der Bibel ausreicht, das sich ja im Hören auf Gottes forderndes und verheißendes Reden vollzieht. Weiterführend für die hermeneutische Diskussion ist die These des Vf.s von einer abgestuften Intersubjektivität historischer Erkenntnis im Blick auf die Stufen des Wissens, Verstehens und der Zustimmung bzw. Ablehnung. Die These von der vorbereitenden bzw. verstellenden Funktion historischer Methoden für die Anerkennung theologischer Wahrheit eines Textes könnte anhand von Beispielen diskutiert werden. Eine sorgfältige Reflexion beansprucht die These, daß historische Forschung der Theologie den Zugang zu ihren entscheidenden Inhalten vermittele. Hier müßte von der Gefahr der Abhängigkeit des Glaubens von der historischen Arbeit gesprochen werden. Die Frage wäre, ob diese These nicht im Lichte reformatorischer Theologie anders formuliert werden müßte. Der direkte Zugang zur Gnade Gottes, welche in der Schrift bezeugt wird, darf nicht durch Vermittlungsinstanzen gleich welcher Art verbaut werden.

Im 3. Abschnitt betont der Verfasser Notwendigkeit und Nutzen der historischen Arbeit sowohl für das »kollektive« Bewußtsein als auch für das Selbstbewußtsein des einzelnen. Ob die Anfechtungen, die durch unsachgemäße Anwendungen historischer Methoden in Theologie und Gemeinde entstehen, die Theologie tatsächlich »selbst-bewußter« und »sach-bezogener« macht, sollte diskutiert werden. Die langanhaltende Geltung der vom Vf. im 1. Abschnitt kritisierten dogmatisch fixierten historisch-kritischen Methode Troeltschs in der Exegese scheint dieser These jedenfalls zu widersprechen. Am Ende des Abschnitts erklärt der Vf. die Theologie und speziell die Christologie für die Sinnfrage zuständig. Diskutiert werden müßte an dieser Stelle noch das »Wie«, denn die Sinnfrage menschlicher Existenz löst sich erst, wenn der Mensch durch die Begegnung mit Gottes Gesetz und Evangelium Glauben gefunden hat und im Glauben Christus und sein Heil erfaßt.

Ausgehend vom Doppelcharakter der neutestamentlichen Schriften als Geschichtsquellen und Glaubenszeugnisse bestimmt der Vf. im 4. Abschnitt das Verhältnis von historischer Arbeit am N.T. und theologischer Exegese. Eine sachgemäße Anwendung historischer Methoden sei nötig, um die Exegese vor »der Gefahr einer Vergewaltigung der Textaussagen und der doketischen Spekulation« zu schützen. Lohnend wäre an dieser Stelle eine vertiefende Diskussion über die genaue Verhältnisbestimmung von historischer und theologischer Arbeit. In reformatorischer Perspektive darf das Verstehen der »klaren« Schrift nicht von historischer Forschung abhängig gemacht werden. Statt dessen müßte von einem Verstehensprozeß gesprochen werden, der im geschenkten Glauben an Jesus Christus beginnt und zu einem immer umfassenderen Eindringen in die Schrift und ihrem geschichtlichen Ernstnehmen führt. Die Gnade Gottes muß vor jeglichem Gesetz, auch in Gestalt historischer Methoden, bewahrt werden. Ähnlich wäre im Blick auf die »sachgemäßen« Auslegungsmethoden zu argumentieren, die der Vf. in 4.3.2 und 4.3.3 anführt. Auch sie dürfen nicht als zu erbringende Vorgabe des Auslegers gefordert werden, sondern sind als Folge des gelebten Glaubens zu bestimmen, ganz im Sinn von 4.4, wo der Vf. selbst vom Überwundenwerden durch die Botschaft des Neuen Testaments spricht.   C

CHRISTIAN HARTLICH,
Historisch-kritische Methode in ihrer Anwendung auf *Geschehnis*aussagen der Hl.
Schrift, in: ZThK 75, 1978, S. 467–484

In der gegenwärtigen Theologie, und zwar sowohl in den exegetischen Disziplinen wie auch in der Dogmatik, besteht eine tiefgehende Unsicherheit über das Recht der historisch-kritischen Methode und über die Implikationen, die mit ihrer Anwendung auf die Geschehnisaussagen der Hl. Schrift verbunden sind.

Bei methodisch unsicherer und unerledigter Behandlung aller übrigen Wundergeschichten konzentriert sich das Interesse der Forschung auf die Frage, ob und inwieweit die historisch-kritische Methode kompetent sei, über das Zentralwunder des Christentums, die Behauptung des Wirklichgeschehenseins der Auferstehung Jesu, zu urteilen.

In der Vielzahl theologischer Veröffentlichungen wird dazu neuerdings Stellung genommen — mit der bei aller Verschiedenheit der Argumente vorherrschenden Tendenz, den mit seiner Auferstehung behaupteten ontischen Primat Jesu, der ihn über alle Kreaturen erhebt, gegenüber der historischen Kritik zu sichern. Die Auferstehung Jesu sei ein singuläres Faktum, an dessen Feststellung die historisch-kritische Methode scheitere und nach ihren Voraussetzungen scheitern müsse.

Das dabei zugrunde liegende theologische *Axiom* läßt sich in den Satz zusammenfassen: *Ohne eine objektiv ontische Fundierung der Christologie im Auferstehungsereignis ist christlicher Glaube grundlos.*

Zugleich jedoch möchte man — so weit als möglich — historisch-kritisch verfahren, um das Ereignis der Auferstehung Jesu historisch plausibel zu machen. Was aus dieser Kombination von dogmatisch festgesetztem Faktum einerseits und Stützung dieser Faktizität mittels historischer Begründung andererseits herauskommt, ist die Kreatur einer historisch-kritischen Methode zum christlichen Hausgebrauch, das heißt einer Methode, deren konsequente und ungehemmte Anwendung auf ähnliche Geschehnisaussagen anderer Religionen seitens der christlichen Theologie nicht in Frage gestellt wird, — deren Fortgang von derselben Theologie jedoch an dem Punkt abgebrochen wird, wo sie mit dem eben genannten theologischen Axiom in Widerspruch gerät.

Ist eine solche aus einer spezifisch »christlichen« Interessenlage resultierende Domestikation der historisch-kritischen Methode haltbar? — das ist die eine Frage. Fordert der Glaube einen solchen Abbruch der historisch-kritischen Methode? — das ist die andere Frage.

Die theologische Auseinandersetzung mit der historisch-kritischen Methode erfolgt an diesem Punkt zumeist in der Form pauschaler Aburteilungen, die von den für den christlichen Glauben angeblich zerstörerischen Resultaten dieser Methode ausgehen und die sich — ohne auf die sachlogische Struktur ihrer Begründetheit einzugehen — in der Behauptung erschöpfen, der historisch-kritischen Methode lägen willkürliche Voraussetzungen zugrunde, die ein christlicher Theologe nicht mitzumachen brauche und dürfe . . .

These 1: Der Historiker kann die Wahrheit von Geschehnisaussagen in Dokumenten der Vergangenheit unter keinen Bedingungen voraussetzen; er muß sie in kritischem Verfahren ermitteln.

Begründung: Das Geschäft des Historikers angesichts vorliegender Dokumente, die etwas als geschehen aussagen, ist die *Feststellung*, ob das, was in solchen Dokumenten ausgesagt ist, auch *faktisch* geschehen ist und *so* geschehen ist, wie es die Dokumente aussagen . . .

Das Verfahren des Historikers ist dabei notwendig *kritisch,* insofern es eine Prüfung ist, ob das, was in vorliegenden Dokumenten als geschehen erzählt ist, bloß in der Meinung des Erzählers als geschehen vorgestellt ist – oder ob es darüber hinaus als faktisch geschehen beurteilt werden muß.

Die *Notwendigkeit* der Kritik, die somit *wesentlich* zur Geschichtswissenschaft gehört, ist gesetzt mit der Irrtumsmöglichkeit jeder menschlichen Aussage als solcher, – so vielfältig auch die Gründe des Irrtums im einzelnen sein mögen . . .

Auf die in der Bibel vorliegenden Geschehnisaussagen angewandt, bedeutet dies: Der Historiker spricht diese Aussagen – ohne die subjektive Überzeugung der biblischen Autoren in Frage zu stellen – stets nur als erst noch zu verifizierende an. Dies gilt auch für solche Berichte, die sich – soweit ermittelbar – in der ältesten Traditionsschicht finden oder von Augenzeugen stammen . . .

These 2: »Heilige Geschichte« ist dadurch gekennzeichnet, daß in ihr Wesen, die im Kontext regelhafter Erfahrung nicht feststellbar sind, also Wesen göttlichen, dämonischen, übernatürlichen Ursprungs, in einem sonst empirisch-natürlichen Geschehnisverlauf handelnd wirksam werden. Solche Geschehnisaussagen »heiliger Geschichte« sind grundsätzlich unverifizierbar und insofern unter dem Gesichtspunkt dessen, was tatsächlich geschehen ist, für den Historiker wertlos.

Begründung: Tritt der Historiker in seiner Absicht auf Feststellung der Wahrheit der Geschehnisaussagen an »heilige Geschichte« – z. B. der Bibel – heran, so findet er »Geschichte« besonderer Art vor, die dadurch gekennzeichnet ist, daß sich in ihr – unter dem Gesichtspunkt der Wahrheitsfeststellung – Ereignisse grundsätzlich verschiedener Art in der Einheit eines erzählten Geschehniszusammenhanges zu einer »heiligen Geschichte« verbunden finden.

Was die *grundsätzliche* Andersartigkeit der in solcher »heiligen Geschichte« verbundenen Ereignisse ausmacht, ist ihre prinzipielle Verschiedenheit in Hinsicht auf die Feststellbarkeit der Wahrheit des Erzählten: Mit Bezug auf die einen besteht für uns als Menschen die grundsätzliche Möglichkeit, ihre Wahrheit oder Falschheit festzustellen, während diese Möglichkeit für die anderen ebenso grundsätzlich *nicht* besteht, – überall dort nämlich nicht besteht, wo erzählt wird, daß übernatürliche Wesen als solche unmittelbar in Erscheinung treten und in einem sonst empirisch-natürlichen Geschehnisverlauf handelnd wirksam werden . . .

Es gibt keine andere Möglichkeit, in der Geschehnisaussagen menschlicher Subjekte der Vergangenheit für uns heute wahr sein können, als die: deren Aussagen gemäß den Bedingungen (und in dem Maße) zu verifizieren, unter denen wir heute die Wahrheit solcher Geschehnisaussagen feststellen können.

Finden sich aber in Dokumenten der Vergangenheit Geschehnisaussagen, die grundsätzlich der Verifizierbarkeit durch uns insofern entzogen sind, als sie überhaupt aus dem Bereich der nach unseren eigenen Erkenntnisbedingungen feststellbaren Wirklichkeit fallen, so ist keine Stätte gegeben, an der die an sich denkmögliche Wahrheit dieser Geschehnisaussagen wirkliche Wahrheit für uns werden könnte. *Sie sind und bleiben als Geschehnisaussagen für uns notwendig ohne Wahrheit und das in ihnen Ausgesagte notwendig ohne Objektivität.*

Daraus ergibt sich: Der Historiker kann Aussagen über das unmittelbare In-Erscheinung-Treten und Wirksamwerden übernatürlicher Wesen, wie er sie in »heiliger Geschichte« findet, nur nach der Seite ihres Ausgesagtseins in Rechnung stellen, d. h. er kann sie nur als bloße Geschehnismeinungen vergangener Menschen behandeln, nicht aber als Aussagen, die wahr sind und damit Quelle für ein Wissen davon sein können, was tatsächlich geschehen ist.

These 3: Für die Ermittlung der Wahrheit von Geschehnisaussagen in Dokumenten der Vergangenheit ist die historisch-kritische Methode die einzig mögliche. Sie ist in der Erkenntniskonstitution des Menschen gesetzt, daher in ihren Erkenntnisbedingungen nicht beliebig wählbar, sondern notwendig und allgemeinverbindlich für alle Menschen, die Wahrheit wollen.

Begründung: Mit dieser These sind die einzig möglichen, aber auch notwendigen Voraussetzungen umrissen, die der Historiker bei Beurteilung von Geschehnisaussagen der Vergangenheit machen darf und machen muß. Er darf und kann nichts anderes voraussetzen als die ihm nach der Erkenntnisverfassung des Menschen notwendigen Mittel zur Feststellung historischer Wahrheit.

Alle Voraussetzungen anderer Art heben die Wissenschaftlichkeit seines Verfahrens auf.

Gegen diese These wird eingewandt: Weil die Erkenntnismittel des Historikers bestimmte sind, erfassen diese nur einen Teilbereich von wirklich geschehener Geschichte.

Dieser Einwand läuft auf die Verwechslung denkmöglicher und wirklicher Geschichte hinaus. Aufgrund der Erkenntniskonstitution des Menschen besteht eine unaufhebbare Korrelation von Erkenntnis der Wirklichkeit von Geschehnissen und der Wirklichkeit von Geschehnissen. Mögliche Wirklichkeit von Geschehnissen wird nur durch die Operation der Wirklichkeitserkenntnis für den Menschen wirkliche Wirklichkeit von Geschehenem. Daraus folgt, daß eine Übermittlung von Wirklichkeit von Geschehnissen an den Menschen nicht anders möglich ist als auf dem Weg und mittels seiner eigenen Erkenntnis von Wirklichkeit dieser Geschehnisse. Denkmögliches Geschehen wird für den Menschen nur dadurch wirkliches Geschehen, daß er es mit den Mitteln seiner Erkenntnis von Wirklichkeit feststellt...

These 4: Es gibt keinen anderen Maßstab für die Beurteilung, ob ein in Dokumenten der Vergangenheit ausgesagtes Geschehen tatsächlich geschehen ist, als seine Einordenbarkeit in den Kontext des Erfahrungszusammenhanges, wie ihn die Wissenschaft in ihrem heutigen Erkenntnisstand konstituiert. – Ob gestern oder morgen andere Bedingungen der Erfahrbarkeit vorgelegen haben oder vorliegen werden, – diese Denkmöglichkeiten heben die Gültigkeit dieser These nicht auf.

Begründung: Dem Historiker liegen in Dokumenten der Vergangenheit zunächst bloß individuell-subjektive Wahrnehmungsmeinungen vor. Seine Aufgabe ist es, zu prüfen, ob diesen Meinungen Objektivität zuzusprechen ist...

Regelhafte Erfahrung ist mit Bezug auf geschichtliche Ereignisse nur möglich auf dem Boden einer partiellen Identifizierbarkeit des Berichteten in grundsätzlich wiederholbaren Erfahrungszusammenhängen. Dies bedeutet: Ein Ereignis muß prinzipiell mit anderen Ereignissen kohärieren, d. h. in einer feststellbaren Verknüpfung stehen. Ein absolut inkohärentes Ereignis ist nicht als geschehen feststellbar, sondern eine bloße Denkmöglichkeit...

Diese Feststellungen gelten im vollen Umfang für die Behauptung der historischen Feststellbarkeit des Wirklichgeschehenseins der Auferstehung Jesu. Wenn z. B. von theologischer Seite behauptet wird, eine *historische* Feststellung dahingehend treffen zu können, »daß nur das Ereignis der Auferweckung Jesu und das Bekenntnis zu dieser an Jesus vollzogenen Gottestat die Entwicklung der urchristlichen Missionsgeschichte verständlich macht« (P. Stuhlmacher, Schriftauslegung auf dem Wege zur biblischen Theologie, 1973, S. 141), so wird damit aus der historisch nachweisbaren Wirkung des Auferstehungsglaubens und seiner Geschichte auf die faktische Realität der Auferstehung zurückgeschlossen.

Einem solchen Rückschluß wird kein Historiker, der seine Erkenntnismittel durchreflektiert hat, beistimmen können. Denn würde die diesen Schluß leitende Maxime generell zum Leitsatz historischer Forschung gemacht, so ergäbe sich die Forderung: wo immer supranaturale Geschichten die Introduktion einer Religion, eines Kultes oder eines Glaubens begründen oder begleiten, den darin berichteten Ereignissen historische Realität zuzuerkennen.

Daß der Auferstehungsglaube historisch nachweisbar für die Introduktion des christlichen Glaubens von grundlegender Bedeutung gewesen ist, stellt kein Historiker in Frage. Was er jedoch als schweren Irrtum zurückweisen muß, ist die Behauptung, daß die Auferweckung Jesu das historisch feststellbare Faktum sei, das den christlichen Glauben begründet. Auch hier gilt: Aus der historischen Nachweisbarkeit der Wirkung des Auferstehungsglaubens folgt nicht die Faktizität des Geglaubten.

Die konsequente Handhabung der historisch-kritischen Methode führt zu keinem anderen Resultat als diesem: Die Auferweckung Jesu ist nicht Grund, sondern Inhalt des christlichen Glaubens. Auf dem Grunde des Nachweises, daß Geschehnisaussagen heiliger Geschichte keine Objektivität zugesprochen werden kann, fragt die historische Kritik weiter nach den Bedingungen, unter denen derartige Aussagen überhaupt entstehen konnten. Heilige Geschichte als Problem der Geschichtswissenschaft ist der Gegenstand unserer nächsten These.

These 5: Die Autoren »heiliger Geschichte« verfügen über kein besonderes »höheres Erkenntnisvermögen«, das sie instand setzte, wahre Aussagen über Geschehnisse zu machen, die außerhalb der durch die allgemein-menschliche Erkenntniskonstitution gezogenen Grenzen liegen.

Begründung: Für die Meinung, den Erzählern heiliger Geschichte sei ein besonderes höheres Erkenntnisvermögen zuzusprechen, spricht zunächst das gehäufte Vorliegen heiliger Geschichte in religiösen Dokumenten der Vergangenheit. Es erscheint auf den ersten Blick unwahrscheinlich, alle Aussagen dieser Art en bloc als Irrtum, Täuschung, Illusion, Erfindung und dergleichen zu erklären.

Gegen die Meinung, wonach den Erzählern heiliger Geschichte ein besonderes, von der bekannten allgemein-menschlichen Erkenntnisstruktur abweichendes höheres Erkenntnisvermögen zuzuerkennen sei, spricht die Beobachtung, daß die Erzähler in allen anderen Punkten ihrer menschlichen Konstitution denjenigen Bedingungen unterworfen erscheinen, denen bekanntermaßen Menschheit unterliegt. Die Supposition eines nur diesen Erzählern eigenen besonderen Erkenntnisvermögens würde also eine konstitutionelle Abweichung in einem einzigen Punkt bedeuten – bei konstitutioneller Gleichartigkeit in allen anderen Punkten. Diese Gleichartigkeit in allen anderen Punkten, die z. B. nachgewiesenermaßen Irrtumsmöglichkeit bezüglich empirischer Tatbestände einschließt, begründet die Wahrscheinlichkeit, daß die Aussageform heiliger Geschichte aus subjektiven Bedingungen resultiert, die auf der Basis der allgemein-menschlichen Erkenntniskonstitution möglich sind. Diese Wahrscheinlichkeit verstärkt sich in dem Maße, als es gelingt, die konkreten rein subjektiven Bedingungen aufzuweisen, unter denen die Aussageform heiliger Geschichte wirklich werden konnte. Der Historiker versucht also nunmehr, in einem Akt nachvollziehenden Verstehens die Aussageform heiliger Geschichte in ihrer rein subjektiven Möglichkeit und Notwendigkeit rekonstruktiv verständlich zu machen. Mit anderen Worten, er sucht eine Antwort auf die Fragen: Welche Bedingungen müssen in der Subjektivität der Autoren heiliger Geschichte vorgelegen haben, daß sie geschichtliche Begebenheiten erzählen, wie wenn sie sich wirklich zugetragen hätten, obwohl sie sich nicht tatsächlich zugetragen haben? Wie ist es zu erklären, daß die biblischen Autoren sich bei ihrem Erzählen kaum oder überhaupt nicht durch die Frage irritiert zeigen, die doch heute jeden bewegt, der in der Verantwortung vor der Wahrheit Geschehnisse berichtet, die Frage nämlich, ob diese Geschehnisse *tatsächlich* geschehen sind.

These 6: Der Begriff der Tatsächlichkeit ist den Autoren heiliger Geschichten unbekannt. Ihre Erzählweise ist insofern naiv, als sie ohne durchgreifende kritische Reflexion auf die Bedingungen erfolgt, denen Geschehnisaussagen mit Wahrheitsanspruch unterliegen. Sie lassen daher in ihren Geschehniserzählungen heterogene Elemente ineinanderfließen, die der Historiker heute grundsätzlich scheiden muß.

Begründung: ... Die *Naivität* der Erzähler heiliger Geschichte, die in der These weiter behauptet wird, erklärt sich aus einer zeitbedingten Stufe in der Entwicklung erkenntniskritischer Reflexion.

Es ist nämlich ein Datum menschlicher Geschichtserfahrung, daß die formalen Prinzipien wahrer Objekterkenntnis nicht von vornherein in Grundsätzlichkeit zur Verfügung standen, sondern erst schrittweise im Gefolge langer resultatloser Versuche gewonnen werden konnten. Die Einsicht in die Verifikation als notwendige Bedingung der Wahrheit über äußere Gegenstände (gleich welcher Art) ist ein Resultat, das erst zu einem Zeitpunkt erzielt werden konnte, in welchem die Vernunft sich angesichts der Fülle widerstreitender und jeweils als wahr behaupteter Wirklichkeitsmeinungen zur prinzipiellen Reflexion auf die notwendigen Bedingungen der Wahrheit in solchen Urteilen genötigt sah. So lange aber eine Reflexion in solcher Grundsätzlichkeit nicht erfolgt war, unterlag auch subjektiv die Wahrheitsmeinung bei Geschehnisaussagen keiner Bindung an die objektiven Bedingungen der Wahrheit in solchen Urteilen. Das heißt: In diesem von der Vernunft noch nicht durchgreifend durchwalteten Raum menschlicher Urteilsmöglichkeit konnte in Aussagen erzählender Art als objektiv Gemeintes ohne weiteres als Objektives, d. h. als objektiv Wahres hingestellt werden ...

These 7: Die Autoren heiliger Geschichte, wie sie in der Bibel vorliegt, bedienen sich der Form der Geschichte, um mittels ihrer – also indirekt-appellativ – zum Glauben aufzurufen. Wer – fehlgeleitet durch ein Mißverständnis ihrer Aussageform – die Aussagen heiliger Geschichte als Tatsachenbehauptungen auffaßt, befindet sich in einem grundlegenden Irrtum hermeneutischer Art.

Begründung: Es läßt sich exegetisch zeigen, daß der geschichtliche Stoff, den die Erzähler heiliger Geschichte darbieten, für sie ein plastisches Material darstellt, formbar nach der Absicht des Erzählers, die nicht am Tatsachenbegriff orientiert ist. Mit anderen Worten: Ihre vergegenständlichenden Aussagen fungieren im Dienst einer Grundintention, die sich nicht an eine erkennende (historisch-kritische) Aufnahme des Hörers wendet, sondern ihn aufruft, die Möglichkeit eines neuen Lebens zu ergreifen.

Wer also die geschichtsähnlichen Aussagen heiliger Geschichte zu Tatsachenbehauptungen macht, löst sie aus ihrem exegetisch nachweislich funktionalen Zusammenhang und stellt sie unter die Schärfe des modernen Tatsachenbegriffes, der ein Produkt neuzeitlichen wissenschaftlichen Denkens ist. Durch diese hermeneutische Fehldeutung werden diese Aussagen an das Messer einer Kritik geliefert, der sie notwendig erliegen müssen.

These 8: In der Konsequenz dieser hermeneutischen Fehleinstellung liegt ein verhängnisvoller theologischer Irrtum, wenn nämlich die »heilige Geschichte«, die als Ausdrucksmittel dienen und verstanden werden will, ihrerseits zum ersten Gegenstand des Glaubens gemacht wird. Der Glaube an Gottes Vergebung ist etwas wesenhaft anderes als das Fürwahrhalten einer Geschichte von Gottes Vergebung.

Begründung: Die christliche Verkündigung *hat* sich im Neuen Testament der *Form* der Geschichte bedient im Dienst des Appells zum existentiellen Glauben. Die christliche Verkündigung *heute* darf sich dieser Form bedienen, sofern sichergestellt ist, daß Prediger und Hörer die heilige Geschichte sachgemäß verstehen, das heißt so, wie sie verstanden werden will. Und das heißt eben: wenn sie nicht als Wiedergabe objektiver Geschehnisse, sondern als indirekter, sich der Form der Geschichte bedienender Aufruf zu echtem Glauben verstanden wird.

Aber die Zulässigkeit dieser Ausdrucksform findet ihre Grenze dann, wenn das, was als Ausdrucksmittel dienen und verstanden werden will, nämlich die heilige Geschichte, ihrerseits zum ersten Gegenstand des Glaubens gemacht wird – so, daß zuerst die heilige Geschichte fürwahrgehalten werden soll, um alsdann von dieser fürwahrgehaltenen Geschichte weiterzuschreiten zum Glauben an Gottes unbedingte Gnade.

Bei solcher Begründung des Glaubens an Gottes Gnade in einer fürwahrzuhaltenden Geschichte verwest der Glaube, weil dem Hörer angesonnen wird, erst auf etwas anderes als auf Gottes Gnade hinzusehen, nämlich auf das Geschehensein dieser Geschichte, um daraufhin auch an Gottes Gnade zu glauben. Der Glaube an Gottes Vergebung ist aber etwas anderes als das Fürwahrhalten der Geschichte von Gottes Vergebung.

Damit ist klargeworden, wann die radikale Durchführung der historisch-kritischen Methode auf biblische Geschehensaussagen zu einer Forderung des christlichen Glaubens wird, dann nämlich, wenn die als pseudohistorisch erkannten Aussagen der heiligen Geschichte dogmatisiert, das heißt als credenda verbindlich gemacht werden.

So, wie hinsichtlich der Rechtfertigung die paulinisch-lutherische Lehre den Irrtum ausschließt, der darin besteht, daß der Mensch seinen Glauben an Gottes Gnade noch auf etwas anderes gründen will als allein auf Gottes Gnade – nämlich auf sein eigenes Handeln –, so schließt hinsichtlich der *Erkenntnis* der Gnade Gottes die radikal durchgeführte historische Kritik den Irrtum aus, daß der Mensch seinen Glauben an die ihm verkündigte Gnade Gottes noch auf etwas anderes gründen könne als allein auf die Gnade Gottes – nämlich auf ein Fürwahrhalten als pseudohistorisch erkannter heiliger Geschichte.

In beiden Fällen: sowohl im Gerechtfertigtwerdenwollen durch eigenes Werk als im Erkennenwollen durch Fürwahrhalten pseudohistorischer heiliger Geschichte zeigt sich ein gleichgerichtetes Wollen des Menschen, das Wollen nämlich, der radikalen Preisgabe an Gottes Gnade auszuweichen und für seinen Glauben noch eine andere Stütze zu finden.

Die radikale Anwendung der historisch-kritischen Methode führt den Begriff des Glaubens, wie er in der Rechtfertigungslehre leitend ist, folgerichtig in bezug auf das *Erkennen* der Gnade durch. Sie deckt auf, daß die Ursünde vor Gott darin besteht, sich der unsichtbaren Gnade des unsichtbaren Gottes nicht preisgeben zu wollen: Als Sünder flieht der Mensch vor der Heiligkeit des unsichtbaren Gottes in das Sichtbare, sei es in das eigene Werk, sei es in eine dogmatisierte Pseudohistorie.

Arbeitsanleitung

Hartlichs Aufsatz ist von dem Ethos und Anspruch getragen, die Anwendung der historisch-kritischen Methode bis zur letzten Konsequenz zu fordern und damit zur Erkenntnis der Gnade Gottes entscheidend beizutragen. Ausgangspunkt seiner Ausführungen ist die Beobachtung, daß die Theologie weithin am Axiom einer objektiv ontischen Fundierung der Christologie im Auferstehungsereignis festhalte und deswegen die Anwendung historisch-kritischer Arbeitsweise auf die Auferstehungsberichte ausschalte. Da der Vf. keine Beispiele dafür anführt, wäre es ein lohnender Einstieg in die Beschäftigung mit diesem Aufsatz, nach der Bewertung der Auferstehung Jesu in heutigen theologischen Entwürfen zu fragen.

In These 1 vertritt der Vf. die Position Troeltschs. Zu vergleichen wäre an dieser Stelle die Arbeitsmethodik der Geschichtswissenschaft. Verhält es sich nicht dort genau umgekehrt, daß also der Historiker bis zum Erweis des Gegenteils an der Verläßlichkeit von Geschichtsquellen festhält? Siehe dazu den Beitrag von O. Gigon.

These 2 wendet These 1 auf die sog. »heilige Geschichte« an. Ihre Aussagen über Geschehnisse übernatürlichen Ursprungs seien für den Historiker wertlos, weil nicht verifizierbar. Analog der Fragen an These 1 ist hier auf die Problematik eines rein empirisch-experimentell bestimmten Wahrheitsbegriffs hinzuweisen. Mit welchem Recht soll Geschichtswissenschaft nur empirisch-natürliche Geschehnisse für wahr halten? Inwiefern sind historisch nicht zu verifizierende Geschehnisaussagen für den Historiker wertlos? Vgl. dazu die Thesen von M. Hengel.

These 3 erklärt die historisch-kritische Methode zur einzig möglichen Methode für die Ermittlung der Wahrheit vergangener Geschehnisse. Diese weitreichende Behauptung fordert zu einer gründlichen hermeneutischen Besinnung heraus. Ist die menschliche ratio ein Wahrheit vernehmendes oder Wahrheit setzendes Organ? Ist Wissenschaft als grundsätzlich partielle Beobachtung und Beschreibung der Wirklichkeit in der Lage, »Wahrheit«, also die Totalität der Wirklichkeit, zu beschreiben? Inwiefern ist das empirisch-natürliche Wahrheitskriterium des Vf.s »allgemeinverbindlich für alle Menschen, die Wahrheit wollen«? Zur theologischen Standortbestimmung der menschlichen ratio vgl. den Beitrag von W. Künneth.

In These 4 wendet der Vf. die bisherigen Thesen auf die Auferstehung Jesu an: Gegen P. Stuhlmacher behauptet er, daß ein historischer Rückschluß vom Auferstehungsglauben zur Auferstehung ein schwerer Irrtum sei. Die Berechtigung dieser Behauptung wäre hier zu untersuchen.

In These 5 bis 7 untersucht der Vf. die »subjektiven Bedingungen«, welche die Erzähler heiliger Geschichten bewogen haben könnten, Geschehnisse so zu erzählen, als ob »sie sich wirklich zugetragen hätten, obwohl sie sich nicht tatsächlich zugetragen haben.«. Seine Antwort, daß die Erzähler (gemeint sind in diesem Zusammenhang die biblischen Verfasser) sich auf »einer zeitbedingten Stufe in der Entwicklung erkenntniskritischer Reflexion« befänden, weist den Vf. als Vertreter einer evolutionären Erkenntnistheorie aus, die an dieser Stelle diskutiert werden könnte.

These 8 bietet die theologische Zuspitzung des gesamten Aufsatzes. Der Vf. stellt hier die »heilige Geschichte« als Ausdrucksmittel »im Dienst des Appells zum existentiellen Glauben« dar, das seinerseits nicht zum Gegenstand des Glaubens gemacht werden dürfe. Diese These gibt Anlaß, über das Verhältnis des christlichen Glaubens zur Bibel nachzudenken. Nach Luthers Unterscheidung zwischen fides historica und fides apprehensiva besteht der Glaube nicht in einem Fürwahrhalten der biblischen Berichte, sondern in einem persönlichen Ergreifen des Evangeliums und des auferstandenen Christus. Damit wird aber auch die geschichtliche Offenbarung Gottes, wie sie in der Bibel bezeugt wird, zum richtenden und rettenden Wort Gottes. Der vom Evangelium, von Christus geweckte Glaube findet in der biblischen Geschichte Gesetz und Evangelium, gestaltgewordenen Zorn und gestaltgewordene Gnade Gottes. Christlicher Glaube besteht nicht in einem bloßen Fürwahrhalten biblischer Geschichte, sondern im Suchen und Finden des Evangeliums in der ganzen Bibel. Ein Glaube an Gottes Vergebung, der für sich existieren will und nicht in der Schrift die in Raum und Zeit geschehene Vergebung als persönliche Vergebung sucht und findet, ist ein philosophischer Glaube, der die Anfechtung nicht kennt. Wer Vergebung braucht, und sich ihrer ungewiß ist, der sucht sie in der Schrift. Der Glaube selbst zieht den Menschen zur Bibel.   C

PETER STUHLMACHER,
Vom Verstehen des Neuen Testaments. Eine Hermeneutik. NTD Ergänzungsreihe 6,
Göttingen ²1986, S. 206ff.

1. Die Hermeneutik des Einverständnisses

Auf die Frage, welcher hermeneutische Methodenweg sich heute für die biblische
Exegese nahelegt, möchte ich antworten: Wir werden unserer Verpflichtung vor der
Tradition, in der wir stehen, und vor dem Wahrheitsgewissen der Gegenwart dann
am besten gerecht, wenn wir uns bemühen, eine methodologisch und wirkungsgeschichtlich reflektierte Hermeneutik des Einverständnisses mit den (biblischen)
Texten zu praktizieren. Diese Hermeneutik schließt ein, daß wir die Bibel als Lern-
und Lebensbuch der Kirche ernstnehmen, daß wir uns in reflektierter Weise der
historisch-kritischen Auslegungsmethode bedienen und daß wir uns der Lebenssituation bewußt sind, aus der heraus wir zur Exegese aufbrechen und in die unsere
Schriftinterpretation zielt.

Die Bibel ist mehr als eine historische Quellensammlung; sie ist der Kanon, den sich
die Kirche aus Gehorsam gegenüber dem Evangelium gegeben hat und in dem sie bis
heute die Stimme Gottes und seines Christus vernimmt. Die gesamtkirchliche und
individuelle Glaubenserfahrung, daß sich Gott in eigener Autorität durch das
biblische Zeugnis vernehmen läßt, gibt der Bibel ihre aller wissenschaftlichen Exegese vorausliegende und sie transzendierende kirchliche Autorität. Biblische
Schriftauslegung hat der Bibel in diesem ihrem Wahrheitsvorsprung zu dienen. Sie
tut dies seit den Tagen der Alten Kirche am besten so, daß sie sich der jeweils lei-
stungsfähigsten und wissenschaftlich kommunikablen Auslegungsmethode
bedient, die dem verantwortlichen Denken offensteht. Die Bibel ist ein Buch der
Geschichte. Jedes ihrer Einzelbücher ist in bestimmter historischer Situation von
Menschen für Menschen verfaßt. Darum wird man der Bibel am besten gerecht,
wenn die Schriftauslegung diesen historischen Charakter der Schrift ausarbeitet
und in ihm das alle Zeiten überholende Gotteszeugnis vernehmbar macht. Wir
haben in der Gegenwart keine bessere und leistungsfähigere Auslegungsmethode
für die Interpretation von sprachlichen Geschichtszeugnissen als die historische
Methode. Diese Methode ist mittlerweile kirchlich im Protestantismus, im Katholizismus und (teilweise) auch in der Orthodoxen Kirche ökumenisch anerkannt. Es
ist deshalb geboten, sich dieser Methode in allem Ernst und mit aller Nüchternheit
zu bedienen. Die Handhabung der historisch-kritischen Auslegungsmethode ist
heute keine spezielle protestantische Leistung mehr, noch ist sie ein bibelfeindliches
Sakrileg. Die historische Methode ist ein differenziertes und entwicklungsfähiges
Instrumentarium zur Erhellung von Textüberlieferungen. Als solches ist sie in der
kirchlichen Schriftauslegung einzusetzen und, wo erforderlich, weiterzuent-
wickeln.

Die Lebenssituation, in der wir kirchlich stehen, bestimmt unser Verständnis der
Bibel mit. Wir stehen vor einer Fülle von globalen Problemen. Sie reichen von
grundlegenden ökologischen, sozialethischen und politischen Fragen bis hin zu der
Suche nach dem der Kirche von heute in unserer Welt angemessenen missionarischen Weg in der Ökumene. In dieser Lebenssituation kann die biblische Exegese
die universalgeschichtlichen Horizonte ebensowenig ausklammern wie die Nöte
und Möglichkeiten des einzelnen Menschen in seiner Einmaligkeit vor Gott. All
diese Fragen mitzubedenken, heißt aber, Exegese der Bibel nicht mehr nur als ein
Geschäft historischer Analyse und Darstellung zu betreiben, sondern als geschichtlich reflektierte und fundierte Anleitung zur christlichen Lebensverantwortung
angesichts des Christuszeugnisses der Schrift. Die biblische Exegese muß diesen
Weg in einer Zeit gehen, in der sie sich nirgends mehr auf ein allgemeines Wert-

bewußtsein stützen kann, vielmehr äußerst umstritten ist, welchen Wert- und Zielvorstellungen das Leben des einzelnen und der Gemeinschaft folgen soll. Der biblischen Exegese erwächst in dieser Situation die Aufgabe, eine in der Bibel begründete, treffende Antwort auf die einfache und gleichzeitig hochaktuelle Frage zu suchen: Wie kann und wie soll menschenwürdiges Leben heute aussehen, und zwar das Leben in unserer Welt, die trotz aller gegenteiligen Erfahrungen Gottes in Christus gehaltene und bejahte Schöpfung bleibt?

Wenn wir die heute zu praktizierende Weise des Schriftverständnisses als Hermeneutik des »Einverständnisses« bezeichnen, berücksichtigen wir eine Jahrhunderte alte hermeneutische Erfahrung. Augustin hat die Liebe als den entscheidenden Verstehenshorizont der Schriftauslegung bezeichnet; Luther wollte die Bibel im Geist des Glaubens und der Gewissenserfahrung interpretiert sehen; die Hermeneutik des Pietismus hat beharrlich auf die Differenz zwischen einer prinzipiell religionskritischen und einer Exegese der Glaubenserwartung aufmerksam gemacht; Schlatter und Barth sprechen gleichermaßen von dem Erfordernis, Exegese der Schrift aus einem Treueverhältnis zu den biblischen Autoren heraus zu treiben; E. Fuchs und Gadamer haben diese Einsichten in den Grundsatz gefaßt, eine wirklich werkgetreue Interpretation historischer Urkunden und vor allem auch der biblischen Texte sei nur möglich auf der Basis eines Einverständnisses mit ihren Fragen und Antworten. Die biblischen Texte sind ein Musterfall für die Tatsache, daß ein Interpret das Wahrheitszeugnis der ihm zur Interpretation anvertrauten Urkunden erst dann angemessen erheben kann, wenn er diesem Wahrheitszeugnis wirklich offen und mit uneingeschränktem Interesse gegenübertritt. Diese Offenheit ist aber erst dann gegeben, wenn wir uns wirklich über die weiten Horizonte im klaren sind, in denen unsere Auslegung steht, d. h. über den wirkungsgeschichtlichen Horizont der Bibeltexte selbst und den mit jenem zu verschmelzenden Horizont unserer eigenen Verstehensbemühungen. Erst wenn wir wirkungsgeschichtlich reflektiert und traditionsbewußt an die Exegese der Bibel herangehen, lassen wir sie ihr eigenes Wort sagen. Wer die Bibel hermeneutisch im Einverständnis mit den geschichtlichen Textzeugnissen interpretieren will, muß sich um eine genaue Methodenreflexion bemühen. Ricœur hat die klassische Formulierung geprägt, wahres Textverständnis vollziehe sich nicht hinter, sondern *vor* den Texten, und zwar in einem Dialog, der mit der Überlieferung um die lebensbestimmende Wahrheit geführt wird. Zu einem solchen Dialog wird die biblische Exegese erst dann fähig, wenn sie sich im Einverständnis mit den Fragen und Antworten der biblischen Zeugnisse an das Wahrheitszeugnis der Texte der hl. Schrift wagt. Eine Hermeneutik des Einverständnisses hinterfragt um der ernsthaften Suche nach der Wahrheit in den Texten willen die verschiedenen Versuche, das biblische Wahrheitszeugnis prinzipiell als illusionär zu entlarven. Aber sie stellt sich allen kritischen Anfragen und bemüht sich außerdem, jedermann über den Grund des christlichen Glaubens in Jesus Christus Rechenschaft abzulegen . . .

(S. 216:) 2.4 Neupietistische Einwände

Vom Nein des Neupietismus und des Fundamentalismus zur historischen Bibelkritik haben wir schon wiederholt gesprochen. Auf dieses Nein ist jetzt noch einmal einzugehen, obwohl wir uns wissenschaftsgeschichtlich schon vor Augen geführt haben, daß alle bisherigen Versuche, eine spezielle Hermeneutik des Glaubens und der Wiedergeburt auszuarbeiten, in deren Vollzug auf Bibelkritik verzichtet werden kann, gescheitert sind.

Wenn ich recht sehe, steht hinter dem besagten Nein ein doppeltes Motiv. Man steht erstens unter der unabweisbaren Erfahrung, daß sich der Umgang mit der Bibel nicht in wissenschaftlicher Schriftauslegung erschöpft und daß die Liebe zur Bibel andere exegetische Ergebnisse zeitigt als die Aversion gegen sie. Zweitens aber ist man von dem Grundsatz gebunden, daß das inspirierte Gotteswort, von dem die Gemeinde und der einzelne Christ leben, nicht gleichzeitig Gegenstand historischer und systematischer Kritik sein kann. Beide Motive zusammen ergeben dann die Weigerung, sich an der Bibelkritik zu beteiligen und führen zu dem Versuch, eine gegen die Fehlleistungen der historischen Kritik ein für alle Mal gefeite, dogmatisch unanfechtbare neue Methode der Schriftauslegung zu etablieren. Nachdem es weder Schlatter noch Barth gelungen ist, den Pietismus aus seiner Skepsis gegen die historische Bibelauslegung herauszuführen, und in der Debatte religions-psychologische Bindungen unverkennbar eine erhebliche Rolle spielen, sind die Aussichten auf eine Auflockerung der angestammten Fronten in der Gegenwart gering. Diese skeptische Reflexion entbindet uns aber nicht von dem Versuch, auf die hermeneutischen Argumente der Gegenseite einzugehen.

Zunächst wird man betonen dürfen, daß es eine gegen menschliche Fehlleistungen schützende Methode der Bibelauslegung noch nie gegeben hat und auch nie geben wird. Alle Auslegungsmethoden sind geschichtlich, deshalb wandelbar, irrtumsbelastet und korrekturbedürftig. Wie alle Schriftausleger vor uns, können auch wir nur versuchen, eine Methode auszuarbeiten und zu praktizieren, die vor unserem geschichtlichen Wahrheitsgewissen und dem Gegenstand, den es auszulegen gilt, bestehen kann. Der Gegenstand sind die in der Geschichte von menschlichen Zeugen als Gottes- und Christuszeugnis verfaßten biblischen Bücher, zwischen deren Entstehungszeit und unserer Gegenwart mittlerweile eine Auslegungs- und Wirkungsgeschichte von nahezu zweitausend Jahren liegt.

Da diese Auslegungs- und Wirkungsgeschichte unser Urteil über das Ursprungszeugnis der Bibel bestimmt, müssen wir uns selbst- und sachkritisch zu den biblischen Quellen zurückfragen und in der Bibel jene Redaktions- und Auslegungsvorgänge rekonstruieren, die zur Entstehung der biblischen Bücher geführt haben. Dieses Unternehmen ist ein kritisches Unternehmen, und es wird um so sachgemäßer durchgeführt, desto unbestechlicher unsere historische Methoden- und Gegenstandskritik ist. Wer einen neutestamentlichen Einzel- oder Gesamttext interpretieren will, muß ihn genau übersetzen und analysieren können, muß in der Lage sein, den geschichtlichen Standort des Textes, seines Autors und seiner ersten Adressaten zu bestimmen und muß die Frage beantworten können, wie sich dieser Einzel- oder Gesamttext zu anderen biblischen Texten und Büchern verhält, die gleichzeitig, früher oder später entstanden sind als er. Von einem geschulten Exegeten der Bibel muß man außerdem verlangen können, daß er den Streit Jesu mit seinen jüdischen Gegnern, die Auseinandersetzung von Juden- und Heidenchristen im ersten Jahrhundert, den Zwist des Paulus mit seinen verschiedenen Kontrahenten und schließlich auch den Kampf der Spätschriften des Neuen Testaments mit den christlichen Häretikern durchschaut; er muß angeben können, wie die Argumente hin- und hergegangen sind und welchen Überzeugungswert sie besitzen. Wer den biblischen Texten diese Durch- und Übersicht verweigert, gibt der Bibel nicht, was ihr gebührt, nämlich das Recht auf ihren geschichtlichen Standort und ihre geschichtliche Eigenart.

Solch differenzierende historische Kritik läßt sich nicht durch den Hinweis bestreiten, die Bibel sei das inspirierte Wort Gottes und deshalb unkritisierbar. Wort Gottes ist die Schrift als menschliches Gottes- und Christuszeugnis! Inspiriert ist sie, weil und indem Gott die in der Schrift schreibenden und bekennenden Menschen zu seinen prophetischen und apostolischen Zeugen erwählt und damit ihrem Zeugnis eine Reichweite gegeben hat, die ihren geschichtlichen Ausgangspunkt kirchenstiftend und glaubenweckend transzendiert. Da dieses Zeugnis aber in sich geschichtlich vielfältig, z. T. widersprüchlich und seit den Tagen des Neuen Testaments kontrovers ist, hilft es uns wenig, wenn sich der Pietismus von heute gemeinsam mit dem

Katholizismus auf die Auskunft zurückzieht, es gelte die Schrift als ganze ernstzunehmen und nicht eine normative Mitte herauszugreifen. Angesichts der Autorität des kirchlichen Lehramts ist dieser Standpunkt in unserer katholischen Schwesterkirche hermeneutisch konsequent und in der Praxis auch durchhaltbar. Protestantisch läßt er sich nicht durchführen, es sei denn, man setze den Konsens einzelner protestantischer Glaubensgemeinschaften mit dem katholischen Dogma gleich und bewerte das Ganze der Schrift von der subjektiven regula fidei dieser Gruppen her. Das aber wäre eine Form von innerprotestantischem, orthodox stigmatisiertem Schwärmertum! Wenn wir bereit sind, vom zweiten Petrusbrief und von der Alten Kirche zu lernen, daß die Inspiration der Schrift eine hermeneutische These ist und die maßgebende Auslegung der Bibel in den Zirkel von Text, Bekenntnistradition und aktueller kirchlicher Zeugnisgemeinschaft verweist, dann ist kritische Schriftauslegung kein Problem mehr, vielmehr eine kirchlich-missionarische Aufgabe ersten Ranges. Dieser Aufgabe werden wir erst gerecht, wenn wir von der Bibel aus überzeugend sagen können, wer Christus ist und wer er nicht ist. Diese Auskunft kann aber nur eine Exegese geben, die die Bibel historisch und systematisch kritisch liest.

Mit dem Hinweis auf den weiten (kirchlichen) Lebenskontext, den die Bibel berührt und den die wissenschaftliche Schriftauslegung allein nicht abdeckt, hat der Pietismus freilich ebenso recht wie mit der Reklamation der für die Bibelinterpretation maßgebenden Ausgangsposition der Exegeten. Wir müssen beides bei der jetzt vorzunehmenden Detailanalyse der Hermeneutik des Einverständnisses berücksichtigen.

3. Durchführung

3.2 Die Methode(n) der Auslegung

Der methodologische Hauptgrundsatz für eine Hermeneutik des Einverständnisses lautet: Die Methode der Auslegung muß dem hermeneutischen Ansatz ebenso entsprechen wie den biblischen Texten, und sie muß im wissenschaftlichen Gespräch der Gegenwart kommunikabel sein. In dem Maße, in dem dieser Grundsatz eingehalten wird, verspricht die Auslegung Ergebnisse, die im heutigen Lebenskontext von Interesse sind.

Wir haben uns wiederholt verdeutlicht, daß die für uns in Frage kommende Interpretationsmethode nur die historisch-kritische Auslegungsmethode sein kann. Wir setzen sie ein als ein Erkenntnisinstrument zum Zwecke der Begegnung mit den biblischen Texten und ihrer Welt. Dieser Einsatz geschieht in aller Freiheit, aber nicht so, daß die Methode zum eigengesetzlichen Faktor in der Auslegung wird. Eine solche Verselbständigung der Methode liegt dann vor, wenn sie strukturell nur noch einen Ausschnitt aus der Textwelt sichtbar macht und als diskutierenswert erscheinen läßt. Dies ist insbesondere dann der Fall, wenn die grundlegenden Verstehensprinzipien der historischen Kritik keine ganzheitliche Sicht der biblischen Texte mehr eröffnen und wenn die im Rahmen der historischen Kritik zur Anwendung kommenden Einzelmethoden Textwirklichkeiten ausblenden.

Um derartige Engführungen zu vermeiden, sind die von E. Troeltsch aufgestellten vier Grundprinzipien der historischen Kritik zu erweitern. Es geht heute nicht mehr nur um die Geltung der Prinzipien von Kritik, Analogie, geschichtlicher Korrelation und um die Bedeutung der religiösen Subjektivität in der Geschichte, sondern es geht zusätzlich darum, daß diese vier Verstehensprinzipien im Interesse neuer Wahrnehmungen in der Geschichte geöffnet und erweitert werden. Ich schlage deshalb vor, das von guter und weiterführender Arbeit an der Historie implizit schon längst praktizierte Prinzip des »Vernehmens« (Schlatter: der Wahrnehmung) von Phänomenen und Aussagen, die jenem klassischen Geviert von Kritik, Analogie, Korrelation und Subjektivität zu widerstreiten scheinen oder wirklich widerstreiten, ausdrücklich in die Prinzipienlehre der historischen Kritik aufzunehmen. Wir gewinnen kraft des zusätzlichen Prinzips des Vernehmens die Möglichkeit zurück, Neues und Analogieloses in der Geschichte zu entdecken, neben den großen religiösen Einzelnen auch wieder die geschichtliche Bedeutung von sozialen Gemeinschaften zu würdigen und die uns zur Gewohnheit gewordenen kausalen Korrelationsschemata durch neue Erkenntnisse aufzuweiten und zu korrigieren. Der hinter diesem methodischen Vorschlag stehende Grundimpuls ist der, mit der vorschnellen wissenschaftlichen Besserwisserei gegenüber der (biblischen) Textüberlieferung Schluß zu machen, und zwar zugunsten einer neuen Suche nach den wirklich lebenstiftenden und lebenerhaltenden Kräften in der Überlieferung . . .

3.3 Das Ziel der Auslegung

Eine in dem angegebenen Sinne methodenkritisch durchgeführte Auslegung der biblischen Textüberlieferung zielt auf ein ganzheitliches Verständnis der biblischen Textwelt und auf einen angesichts der Texte mit der Überlieferung anzustrengenden Dialog über die das menschliche Leben konstituierende Wahrheit. In diesem Dialog stehen sich die Überlieferung der Texte und der die Gegenwart vertretende Schriftausleger in Freiheit gegenüber und sind autoritäre Diktate ausgeschlossen. Die Textüberlieferung gibt ihr Wahrheitszeugnis zu bedenken, und der Interpret geht mit geschärftem Wahrheitsgewissen auf dieses Wahrheitszeugnis ein; er kann und braucht es nur zu übernehmen, wenn es ihn überzeugt! In dem mit der Überlieferung anzustrengenden Dialog fallen Entscheidungen und ist natürlich die Freiheit gegeben, im Angesicht der Texte Ja und Nein zu sagen. Auch in der Interpretation kann also auf die kritisch differenzierende und abwägende Hinsicht auf das biblische Wahrheitszeugnis nicht verzichtet werden. Es geht um die Grundfrage nach dem Recht der Wahrheit, und diese Frage ist schon nach biblischer Einsicht nur in der Freiheit des Denkens und des Gewissens zu entscheiden, die Raum zur Zustimmung und Ablehnung läßt.

Für jede ernsthafte historische Interpretation gilt seit Gadamer das Erfordernis der wirkungsgeschichtlichen Reflektiertheit. Dieses Erfordernis impliziert die Unterscheidung des gegenwärtigen Verstehenshorizontes von dem historischen Horizont der Texte und die anschließende Verschmelzung beider Horizonte. Wird biblische Exegese als kirchliche Schriftauslegung betrieben, läßt sich das wirkungsgeschichtliche Bewußtsein, das dem Interpreten abverlangt wird, noch präzisieren. Er hat seinen eigenen Verstehenshorizont und den historischen Horizont der Texte im Lichte der kirchlichen (Bekenntnis-)Tradition zu verschmelzen. Das bedeutet folgendes: Der Interpret hat dem ihm traditionsgeschichtlich vorgegebenen Umstand Rechnung zu tragen, daß die biblischen Texte schon in einer bestimmten Ausgelegtheit auf die Gegenwart einwirken, einer Ausgelegtheit, die selbst ein Element der Wirkungsgeschichte der Bibel ist. Die Hauptdaten dieser Wirkungsgeschichte in Gestalt der großen kirchlichen Bekenntnisüberlieferungen bilden bei einer kirchlichen Auslegung der Schrift den nicht zu vernachlässigenden Rahmen für den nach wie vor offenen Dialog um die Wahrheit, der heute mit den biblischen Texten zu führen ist. Dieser Dialog ist nicht nur deshalb offen, weil der Interpret der Textüberlieferung frei gegenübersteht, sondern weil nach protestantischem Verständnis auch die große kirchliche Bekenntnisüberlieferung der Niederschlag kirchlicher Schriftauslegung ist und deshalb seinerseits jeweils neu am Ursprungszeugnis der Bibel verifiziert und gegebenenfalls präzisiert werden muß.

Wenn wir auf diese Weise an den Zirkel von Schrift, Schriftauslegung und Kirche erinnern, aus dem sich eine wirkungsgeschichtlich reflektierte kirchliche Exegese des Neuen Testaments nicht lösen darf, tragen wir der durch das Stichwort »Schriftinspiration« signalisierten hermeneutischen Erfahrung der gesamten kirchlichen Auslegungstradition Rechnung, daß die Bibel nicht im kritischen Alleingang, sondern in einem traditionsbewußten Prozeß gegenseitiger kritischer Beratung aller mit der Bibel Befaßten auszulegen ist. Der Exeget der Bibel darf sich dieser kritischen Beratung nicht entziehen und bleibt auf das korrigierende Urteil des Dogmatikers, der auslegungsgeschichtlich erfahrenen Kirchenhistoriker und nicht zuletzt auch der glaubenden Gemeinde angewiesen. Umgekehrt soll er sich nicht einfach mit der glaubenden Gemeinde identifizieren, sondern er hat darüber zu wachen, daß sich die kirchliche Dogmatik und die glaubende Gemeinde der ständig neuen Begegnung mit dem Ursprungszeugnis der biblischen Schriften nicht entziehen, sondern sich ihr stellen und ihr Glaubensverständnis in dieser Begegnung schulen.

Kommentar

Peter Stuhlmacher, z. Z. Professor für Neues Testament in Tübingen, war zunächst Assistent von Käsemann, hat sich jedoch durch die Erkenntnisse von Koch, Gese und Hengel von der radikalen Kritik Bultmanns und Käsemanns distanziert, als er zunehmend die Beziehungen zwischen Altem Testament und Judentum einerseits und Neuem Testament andererseits erkannte. Zusammen mit Gese, Hengel und Hofius versucht er, eine biblische Theologie zu erarbeiten, die sich um eine neue Sicht des Zusammenhangs von Altem Testament und Neuem Testament bemüht.

Sein eigenes Programm nennt Stuhlmacher das Evangelium von der Versöhnung mit Christus, womit er den noch von Bultmann als unsittlich verworfenen und von Käsemann als Randtradition deklarierten Sühnegedanken zur theologischen Mitte der Schrift macht. Stuhlmacher versteht sich als Grenzgänger zwischen der kerygmatischen Theologie Bultmannscher Prägung, dem Pietismus und dem biblisch orientierten Luthertum, in der Mitte zwischen Fundamentalismus (d. h. für ihn auch Pietismus) und radikaler Kritik, und versucht daher auch im Gespräch mit beiden Seiten zu bleiben. Eine Zusamenfassung seiner derzeitigen hermeneutischen Erwägungen hat Stuhlmacher in »Vom Verstehen des Neuen Testaments. Eine Hermeneutik«, die in einzelnen Auszügen hier zum Abdruck gekommen ist, 1979 vorgelegt. Er versucht darin, eine Bestandsaufnahme der hermeneutischen Diskussion zu geben und einen eigenen Entwurf vorzustellen.

Angesichts des »Defizits« bisheriger historisch-kritischer Exegese, das sich vor allem in der Widersprüchlichkeit und Hypothesenhaftigkeit ihrer Ergebnisse zeigt, drängt Stuhlmacher auf einen hermeneutischen Neuansatz, den er in einer »methodologisch und wirkungsgeschichtlich reflektierten Hermeneutik des Einverständnisses mit den biblischen Texten« sieht. Diese Hermeneutik des Einverständnisses wird charakterisiert durch die Aufnahme eines Prinzips des »Vernehmens« in die Prinzipienlehre der historischen Kritik. Stuhlmacher will so der Schrift gegenüber dem Ausleger wieder eine überlegene Stellung verschaffen (vgl. z. B. den Begriff »Wahrheitsvorsprung«), um so die Entdeckung von Neuem und Analogielosem in der Geschichte zu ermöglichen. Dabei ist auch für die Hermeneutik des Einverständnisses die – wenn auch modifizierte – historisch-kritische Methode nach wie vor die einzige wissenschaftlich verantwortbare. Nicht die Methode als solche ist zu kritisieren, sondern nur ihr Mißbrauch.

Stuhlmacher entfaltet seine Hermeneutik in Anlehnung an die Sprachphilosophie Gadamers und Ricoeurs. Bei ihnen gewinnt er die philosophisch und wissenschaftlich begründete These, daß ein Einverständnis mit dem Text eine zum Verstehen hilfreiche, nicht hinderliche Voraussetzung ist. Auch Stuhlmachers Verständnis von Texten allgemein ist von ihrer Sprachphilosophie her geprägt: Gadamer versucht die selbstmächtige Wirkungsgeschichte eines Textes beim

Verstehensvorgang zu berücksichtigen. Für Ricoeur ist der Text eine autonome Größe, die vom Schreiber unabhängig ist, mit einem Vorsprung an Sinnhaftigkeit, dem ein Weltentwurf eigensten Seinkönnens innewohnt. Verstehen ist dementsprechend nach Gadamer ein wirkungsgeschichtlicher Vorgang, weil unser geistesgeschichtlicher Horizont immer schon unser Verständnis eines Textes mitbestimmt, und gleichzeitig ist es ein Prozeß der Horizontverschmelzung des eigenen Horizontes mit dem des Textes. Nach Ricoeur kommt es im Verstehensvorgang dann zu einem Sichverstehen vor dem Text. Folge dieses Vorgangs ist eine Erweiterung meines Selbst, da ich mir einen Entwurf von Welt aneigne, der meinen eignen Weltentwurf transzendiert. Stuhlmacher will auf diese Weise »nach den wirklich lebenstiftenden und lebenerhaltenden Kräften in der Überlieferung« suchen. Trotz kritischer Textanalyse ermöglicht ihm das skizzierte Text- und Verstehensverständnis, den Text an sich zu betrachten. Verstehen geschieht im Dialog mit dem Text »an sich«. Der heutige Ausleger, der ein geschärftes »Wahrheitsgewissen« hat, tritt dem Text dabei in Freiheit gegenüber und übernimmt dessen Wahrheitszeugnis nur, wenn es ihn überzeugt.

Dem entspricht Stuhlmachers Inspirationsverständnis: Inspiration meint ein »Erwählungs- und Ermächtigungsgeschehen« unter Einschluß der Irrtumsfähigkeit der daran beteiligten menschlichen Zeugen. Mit O. Weber unterscheidet er außerdem zwischen geschehenem (Christus), bezeugtem (Bibel) und verkündigtem Wort (Predigt). Sein Inspirationsverständnis im Verein mit dieser Unterscheidung macht das bezeugte Wort seiner Wahrheit hinterfragbar und nötigt, nach dem »hinter den Wörtern« eigentlichen, »geschehenen Wort« zu suchen. Daher ist historisch-kritische Arbeit an der Schrift ebenso wie die Suche nach einer normativen Mitte der Schrift, einem Kanon im Kanon, nötig. –

Es kann kein Zweifel darüber bestehen, daß Stuhlmachers Diagnose der exegetischen Situation und seine Vorschläge zur Änderung Respekt abnötigen. Trotzdem sollen im folgenden einige Anfragen formuliert werden.

Wie kann es zu einem wirklichen Ernstnehmen des der Schrift von ihm selbst zugebilligten Wahrheitsvorsprungs kommen, wenn er die Auslegungsarbeit gleichzeitig vor dem »Wahrheitsgewissen der Gegenwart« verantworten möchte? Zudem bleibt die Frage offen, wie diese zweite Instanz, vor der sich der Ausleger zu verantworten hat, inhaltlich zu bestimmen ist; denn gerade die Suche nach einer allgemeinen Wahrheit prägt ja das moderne Wahrheitsbewußtsein, während die Bibel Zeugnis von der in Christus bereits erschienenen Wahrheit sein will.

Problematisch ist außerdem der zwischen Text und Ausleger anzustrengende Dialog, als er die Dialogfähigkeit von Wahrheit ebenso wie eine Instanz im Menschen vorauszusetzen scheint, die auch in Glaubensdingen urteilen kann und somit Sachkritik an der Bibel ermöglicht. Gerade das anscheinende Fehlen einer solchen Instanz im Menschen ließ jedoch die Suche nach einem Kanon im Kanon, d. h. nach der allgemein anerkannten Wahrheit in der Bibel scheitern.

Schließlich ist zu fragen, ob der bloß modifizierte Einsatz der historisch-kritischen Methode eine Eigengesetzlichkeit der Methode verhindern kann. Steht es nicht letztlich doch weiterhin im Belieben des Exegeten, ob eine biblische Aussage für ihn Gültigkeit hat oder nicht? Z

FERDINAND HAHN,
Historisch-kritische Auslegung der Bibel, in: Christliches ABC, Heute und Morgen,
hrsg. von Eckhard Lade, DIE Verlag H. Schäfer GmbH Bad Homburg, 1978 ff., Gruppe 4,
S. 23 ff.

I. Glaube und Denken

Wissenschaftliche Arbeit am N. T. hat es zu allen Zeiten gegeben, soweit menschliches Erkenntnisstreben sich mit dem Inhalt der Heiligen Schrift befaßt und nach einer denkenden, verstandesmäßigen Vergewisserung der Glaubenswahrheiten gesucht hat. Das wissenschaftlich-theologische Bemühen ist gekennzeichnet durch den Grundsatz »credo ut intelligam« bzw. »fides quaerens intellectum«. Es hat eine konstitutive Funktion für den Glauben selbst, denn nur ein Glaube, der nach *1. Petr 3,15* Rechenschaft ablegen kann »vor jedermann, der Grund fordert für die Hoffnung, die in euch ist«, ist bewußter, selbstgewisser und voll überzeugter Glaube.

Wo es um den Glauben geht, ist der *Mensch als ganzer gefordert* und zum Gehorsam gerufen; sein Verstehen, sein Nach-Denken und sein ihn auszeichnendes rationales Bemühen sind mit in Anspruch genommen. Als vernünftiges Wesen hat er ein Bewußtsein, das sich in Gedanken, Worten und Taten Ausdruck verschafft. Die menschliche Vernunft ist durch die Fähigkeit des Vernehmens ebenso gekennzeichnet wie durch reflektierendes Reagieren und Handeln, wobei sie sich des Verstandes bedient, um zur Klärung, Vergewisserung und Artikulation zu gelangen. Das Selbstsein des Menschen ist von der Inanspruchnahme der Vernunft umfassend mitbestimmt, wozu auch das elementare Bemühen des Verstandes um Erkenntnis gehört. Das gilt auch dort, wo der Mensch sich im Glauben auf eine rational nicht hinreichend erfaßbare Wirklichkeit stützt. In jedem Falle setzt das »wissenschaftliche« Streben auf einer sehr fundamentalen Ebene ein und verzweigt sich dann bis zu den verschiedensten schwierigen Einzelfragen, die von geschulten Theologen gleichsam stellvertretend erörtert und nach Möglichkeit geklärt werden.

Verstandesmäßiges Bemühen um den Glauben führt allerdings auch zu *kritischen Fragen* an Inhalt und Wahrheit des christlichen Zeugnisses. Glaube und Denken stehen nie von vornherein in einem ausgewogenen Verhältnis zueinander, vielmehr brechen hier auch Spannungen und Konflikte auf, Krisen, die immer erst wieder überwunden werden müssen. Das hängt insbesondere damit zusammen, daß menschliche Vernunft und damit alles verstandesmäßige Bemühen von den innerweltlichen Gegebenheiten ausgeht und die Tendenz hat, alle Erkenntnis auf das rational Erklärbare zu reduzieren und das menschliche Sein allein darauf zu gründen. Im Glauben aber ist der Mensch in seinem Selbstsein zum Vertrauen auf Gott gerufen, der ihn als eigene, selbstseiende Person geschaffen hat und ihm Rettung und Heil gewährt.

Es wäre sicher falsch, wollten wir die *Entscheidung zwischen Glauben und Unglauben* allein der Verstandesebene zusprechen. Hier geht es um sehr viel umfassendere und tiefere Wirklichkeitsbezüge, aber im rationalen Bereich werden, gerade weil es dem Menschen unabdingbar um die Vergewisserung seiner selbst geht, die durch das Widereinander von Glauben und Unglauben entstehenden Konflikte vornehmlich ausgetragen. Darum ist eine wissenschaftliche Theologie, die sich allen Fragen der ratio wie des Unglaubens stellt, eine unerläßliche Aufgabe, ja sie ist, recht verstanden, eine Hilfe für die denkende Bewältigung der Glaubensprobleme im Sinne der »fides quaerens intellectum«.

II. Geschichtlichkeit des menschlichen Verstehens

Wir haben bisher ganz allgemein und grundsätzlich von Glauben und Denken und von der Notwendigkeit wissenschaftlicher Theologie gesprochen. Theologie als

Wissenschaft hat nun aber nicht nur sehr verschiedene Arbeitszweige – im besonderen soll hier von der wissenschaftlichen Arbeit am N. T. die Rede sein –, sie hat auch im Laufe der Geschichte eine sehr unterschiedliche Gestalt angenommen. Die Theologie der alten Kirche ist eine andere als die des frühen oder des hohen und späten Mittelalters gewesen, die Theologie zur Zeit der Reformation und Gegenreformation unterscheidet sich von der Theologie seit dem 18. Jh., und die Theologie der Ostkirche und der abendländischen Kirchen haben durch die Jhe. hindurch eine sehr verschiedene Ausprägung gehabt, von allen speziell konfessionellen Unterschieden einmal abgesehen. Das heißt keineswegs, daß es nicht stets dieselben Grundfragen gegeben hätte, das heißt erst recht nicht, daß hier keinerlei Kontinuität und Gemeinsamkeit bestehen würde, aber jede Epoche muß die Probleme neu in Angriff nehmen, muß sie in veränderter Weise durchdenken, muß sich erneut durchringen zu Erkenntnissen, die in der eigenen Zeit überzeugend und verbindlich sein können.

Das ist zunächst ein *Problem der Tradition.* Eine lebendige Tradition kann niemals bloße Weitergabe und gegebenenfalls Ergänzung und Erweiterung von Überkommenem sein. Indem sie angeeignet wird, muß sie nachvollzogen werden. Bindung an Überlieferung und eigenständige Rezeption sind Wesensmerkmale einer echten Kontinuität. Damit hängt zugleich auch das Problem der Geschichtlichkeit menschlicher Existenz zusammen. Der Mensch als geschichtliches Wesen lebt in einer sich ständig verändernden Welt. Menschliche Existenz ist nur unter den Bedingungen der jeweiligen Gegenwart möglich, zunächst unabhängig davon, was oder wieviel an Tradition bewahrt wird, auch unabhängig davon, wieweit die jeweilige geschichtliche Bedingtheit in der Gegenwartssituation erkannt wird. Es sind die aktuellen Vorgegebenheiten, die das menschliche Wesen in seiner geschichtlich-konkreten Gestalt mitbestimmen.

In einer ständig durch menschliches Wirken sich wandelnden Welt verändert sich nicht nur die äußere Situation, es verändern sich nicht nur die konkreten Lebensbedingungen und -aufgaben, es verändern sich entscheidend auch die *Denkvoraussetzungen.* Das geschieht teilweise unmerklich, aber gleichwohl unausweichlich, und es geschieht von Zeit zu Zeit in Form eines großen Einbruchs und Umbruchs.

Daß wir in der Geschichte des menschlichen Denkens bestimmte Epochen erkennen und voneinander abheben können, hängt mit diesen Umbruchssituationen zusammen. Die Hellenisierung der antiken Welt, die Romanisierung des Abendlandes, Renaissance und Humanismus, Aufklärung und moderne Technisierung markieren für uns derartige Übergänge von einer Phase zu einer anderen, die völlig neue Anforderungen an das menschliche Denken und damit auch an das denkende Bemühen um ein rechtes Verstehen des Glaubens stellen.

Das bestimmt auch den sehr unterschiedlichen *Umgang mit der Tradition,* so wenig der Mensch in seiner geschichtlichen Wirklichkeit auf Überliefertes verzichten kann, vielmehr gerade in Aneignung und Auseinandersetzung zu sich selbst gelangt. In der bedingt vollzogenen Übernahme und der gleichzeitigen Neugestaltung vollzieht sich Kontinuität, sofern man diesen Begriff nicht einseitig nur vom Weiterbestehen des Bisherigen her interpretiert. Allerdings ist damit noch offen, ob derart sich realisierende Kontinuität auch zum Positiven führt. Die Kriterien müssen aus übergeordneten Perspektiven gewonnen werden.

Wir Menschen können verantwortlich immer nur unter den Voraussetzungen der eigenen Zeit denken und entsprechend auch handeln. An dieser Stelle hat das viel zitierte und umstrittene Wort der *»intellektuellen Redlichkeit«* seinen Platz. Nur muß man sehr genau prüfen und abgrenzen, was es besagt: es kann nicht besagen, daß ein moderner Wissensstand alleiniges Kriterium für die Beurteilung von Aussagen über Wahrheit und Wirklichkeit sein muß. Es kann auch nicht besagen, daß ich überhaupt nur aus dem Denkgefüge meiner eigenen Zeit heraus Probleme anzugehen und zu bewältigen vermag. Es gibt durchaus so etwas wie ein Überlappen von Wirklichkeitserfahrung und Wahrheitserkenntnis früherer und gegenwärtiger Zeit; nur darf man nicht so tun, als könne man sich unbesehen auf die angeblich bessere Verstehensposition einer früheren Zeit zurückbegeben unter Ausblendung unserer Gegenwartsprobleme. Wir sind nun einmal Kinder unserer Zeit und können diesem Tatbestand nicht ausweichen.»Intellektuelle Redlichkeit« heißt somit, daß wir unsere Gegenwartssituation akzeptieren, uns ihren Anforderungen stellen, zugleich aber auch die Begrenztheit der jeweiligen rationalen Erfaßbarkeit der Wirklichkeit beachten.

Wirklichkeits- und Wahrheitserkenntnis bleibt, solange wir auf Erden leben, »Stückwerk«, wie Paulus in 1 Kor 13,9 – 12 es eindrucksvoll zum Ausdruck gebracht hat:»Unser Wissen ist Stückwerk, und unsere Prophetie ist Stückwerk. Wenn aber kommen wird das Vollkommene, so wird das Stückwerk aufhören ... Wir sehen jetzt nur undeutlich, wie in einem trüben Spiegel, dann aber von Angesicht zu Angesicht. Jetzt erkenne ich stückweise, dann aber werde ich erkennen, wie ich erkannt bin«. Hinzu kommt: Die *partielle Wirklichkeits- und Wahrheitserkenntnis* ist nicht zu allen Zeiten dieselbe, es gab Zeiten, die Erkenntnisse besaßen, die uns verlorengegangen sind, und zweifellos gibt es in der heutigen technischen Welt Erkenntnisse und Wirklichkeitszugänge, die früheren Generationen verschlossen waren. Doch das heißt nicht, daß wir mehr wissen und kennen, sondern zunächst einmal nur, daß wir eine andere Wirklichkeitserfahrung haben und ausschöpfen. Es bedeutet andererseits nicht, daß nur die Partikularität unser Erkenntnisbemühen bestimmt. Denn jedes ernste Streben nach Wahrheit, auch das rein rationale, wird sich bemühen, das Ganze der Wirklichkeit und dessen Einheit zu erfassen. Erst recht gilt das für die Erkenntnis des christlichen Glaubens. Im Partiellen kann sich das Ganze in seiner Einheit erschließen. Aber die partikulare Beschränkung bleibt insofern bestehen, als wir immer nur aus einer bestimmten, uns durch die geschichtliche Situation vorgegebenen Perspektive Wirklichkeit und Wahrheit erkennen können.

III. Aufkommen und Ausbildung der historisch-kritischen Methode

Nach diesen grundsätzlichen Überlegungen soll jetzt von den speziellen Problemen der heutigen exegetischen Arbeit am N. T. die Rede sein. Die Auslegung der biblischen Schriften, wie sie in der wissenschaftlichen Theologie betrieben wird, unterscheidet sich tiefgreifend von der Deutung der Kirchenväter und der Reformatoren. Seit der Aufklärung hat sich die sogenannte »*historisch-kritische Methode« in der Bibelwissenschaft* durchgesetzt und wird in der Gegenwart, von gewissen gegenläufigen Bewegungen abgesehen, in der Forschung und der theologischen Ausbildung allgemein praktiziert. Auch in der katholischen Kirche hat sich diese Methode inzwischen in vollem Umfang durchgesetzt. Zwar haben sich offizielle Instanzen lange dagegen gesträubt, doch seit dem Zweiten Vatikanischen Konzil, das die Geschichtlichkeit der Offenbarung besonders hervorgehoben hat, bestehen keine Bedenken und Einschränkungen mehr, wie die Veröffentlichungen aus den letzten beiden Jahrzehnten zeigen. Der einst so deutlich erkennbare Graben zwischen der exegetischen Arbeit im evangelischen und katholischen Bereich besteht nicht mehr; in der Bibelauslegung gibt es heutzutage keine konfessionellen Probleme.

Gleichwohl werden wir Exegeten häufig gefragt, ob nicht mit der historisch-kritischen Methode ein fremdes, inadäquates Instrumentarium an die biblischen Schriften angelegt wird, die ihrerseits Glaubenszeugnis sein wollen und für eine rationale und einseitige historische Analyse ungeeignet sind? Bevor darauf eine Antwort gegeben werden kann, sind einige Sachverhalte kurz in Erinnerung zu rufen, die für eine Beantwortung der Frage nicht unwichtig sind.

Der *Humanismus* mit seinem geisteswissenschaftlichen Prinzip »ad fontes« und die *Reformation* mit ihrem theologischen Prinzip »sola scriptura« trafen an einem entscheidenden Punkte zusammen, so sehr dann die Wege sachlich auseinanderführten, wie insbesondere die Auseinandersetzung zwischen Luther und Erasmus zeigte. Sie wollten beide auf den Ursprung des christlichen Glaubens und der christlichen Überlieferung zurückgehen, um dort Kriterien zur Beurteilung aller späteren Entwicklung zu finden.

Das Bestreben, zu den Quellen vorzustoßen und allein von den Quellen her Glaubens- und Erkenntnisfragen zu beantworten, beherrschte auch die *Aufklärung,* die neben ihrem ausgeprägten Vernunftbewußtsein insbesondere ein neues Geschichtsbewußtsein einleitete, das dann im 19. Jh. in Verbindung mit Grundprinzipien der aufkommenden Naturwissenschaften seine bezeichnende Gestalt im *Historismus* fand. Es war ein Geschichtsverständnis, das primär an Fakten orientiert war und das von den Kriterien der Kausalität, der Analogie und der Korrelation ausgeht (Troeltsch). So wurde ein Bild des geschichtlichen Geschehens entworfen, das im wesentlichen die historische Besonderheit der einzelnen Epochen und Gestalten herausarbeitete, ein Bild, das so objektiv wie möglich sein sollte und das mehr oder minder tiefgreifend mit dem Entwicklungsgedanken verbunden war. Dies hatte *zweierlei zur Folge: einmal* trat mit diesem historischen Bewußtsein erstmals klar die Besonderheit und Eigenständigkeit der jeweiligen geschichtlichen Epoche in den Blick, ohne daß man Vergangenheits- und Gegenwartsprobleme zusammenschaute und zur Deckung zu bringen versuchte, wie das noch in der Reformationszeit der Fall war; *sodann* unterschied man von nun an konsequent, ja geradezu radikal zwischen dem tatsächlichen Geschehen und seiner Interpretation. Das eigentümliche Ineinander von Bericht und Deutung, das die Überlieferung der früheren Jahrhunderte auszeichnet, nicht zuletzt auch die biblischen Texte, wurde somit preisgegeben.

Hinsichtlich der Bibelauslegung kam es zunächst zu einer klaren Unterscheidung zwischen der biblischen Überlieferung selbst und der gesamten *kirchlichen Ausdeutung,* die als eine fortschreitende »*Dogmatisierung*« angesehen wurde. Anders als in der Reformationszeit sollte die kirchliche Tradition nicht überprüft werden, ob sie mit dem biblischen Zeugnis übereinstimmt oder nicht, sondern sie wurde als solche verworfen und abgestoßen. Bei dem Bemühen, die Geschichte des A. T. und des N. T. abzuheben von aller späteren Überlieferung und Dogmenbildung, ging man anfänglich von der Auffassung aus, daß in der Bibel noch ein schlichter, ganz und gar undogmatischer Glaube vorliege. Doch alsbald erkannte man, daß dies gar nicht der Fall ist, weswegen man dann hinter die »*Christusbotschaft*« der nachösterlichen Zeit, vor allem des Paulus, zurückzugehen suchte auf die Verkündigung des »*historischen Jesus*« (bei dem man die Grundgedanken der Aufklärungsphilosophie wiederzufinden hoffte, sie aber de facto nur in ihn hineinprojizierte). So führte eine »historisch-kritische« Destruktion, die zunächst nur auf das kirchliche Dogma ausgerichtet war, schrittweise auch zu einem sachkritischen Verfahren im N. T. selbst.

Die historisch-kritische Analyse, wie sie im 19. Jh. in der Bibelwissenschaft ausgebildet und angewandt wurde, war *zum Scheitern verurteilt.* Zunehmend wurde erkannt, daß man im N. T. nirgendwo auf eine Grundschicht stoßen kann, bei der es nicht um Glaubensbotschaft und Glaubensanspruch geht. Auch die Synoptiker oder bestimmte Teile von ihnen, auf die man sich zuletzt nur noch stützen wollte, waren eben nicht bloß dokumentarischer Bericht, sondern Glaubenszeugnis, und die Gestalt Jesu ließ sich nicht verrechnen unter den geistigen und religiösen Prämissen des 18. und 19. Jhds. Albert Schweitzer hat dies in seiner »Geschichte der Leben-Jesu-Forschung« großartig dargestellt und auf das Scheitern der Bemühungen um einen »historischen Jesus« hingewiesen.

Die historisch-kritische Exegese war damit aber *als solche keineswegs erledigt*, bedurfte jedoch einer sachadäquaten Weiterführung. Gerade sie ermöglichte ja, die biblischen Schriften zuallererst einmal aus ihrer eigenen Zeit und unter den Voraussetzungen der damaligen Gegebenheiten zu erfassen. Sodann half sie in der Tat, zwischen einem grundlegenden, dem Menschen widerfahrenden Geschehen samt dem daraus resultierenden Anspruch und der damit korrespondierenden, aus dem Glauben erwachsenden Deutung im Zeugnis der Jünger klar zu unterscheiden.

Seit dem Aufkommen der sog. *formgeschichtlichen Schule* (Martin Dibelius u. a.) ging man nun auch bewußt davon aus, daß das N. T. nicht ein neutrales historisches Dokument ist, sondern Glaubensbotschaft, in der die vorösterliche Geschichte Jesu und die österliche und nachösterliche Erkenntnis der Jünger bereits zu einer Einheit verschmolzen sind.

Es ist in der Exegese auf diese Weise *gelungen, die einst von sehr spezifischen Voraussetzungen und Kriterien ausgehende historisch-kritische Methode dem Gegenstand so anzupassen, daß gerade diese Methode dazu verhilft, den biblischen Text in seiner Eigenart tatsächlich zu Gesicht zu bekommen.* Damit sei unbestritten, daß die historisch-kritische Analyse biblischer Texte ein typisch neuzeitlicher Umgang mit der Heiligen Schrift ist und insofern weiterhin den Prämissen modernen Denkens und Verstehens unterliegt. Nimmt man das ernst, dann ergibt sich einerseits, daß wir die historisch-kritische Methode niemals verabsolutieren dürfen; sie ist ein Zugang zur Heiligen Schrift, der durchaus der Ergänzung durch andere Wege der Erschließung bedarf (Väterexegese, reformatorische Auslegung). Andererseits ist zu beachten, daß auch die heute angewandte und dem Untersuchungsgegenstand wirklich angepaßte historisch-kritische Methode einer sehr wesentlichen *Beschränkung* unterliegt: sie führt uns an den Text als ein Zeugnis der Vergangenheit heran und unterstreicht die Verstehensvoraussetzungen der damaligen Zeit; der Text selbst will aber als Glaubenszeugnis gerade in seiner Gegenwartsbedeutung und seinem Gegenwartsbezug gelesen und erfaßt sein, er will ja als Heilsbotschaft Gegenwart und Zukunft erschließen.

Aufgrund dieser Vorüberlegungen läßt sich die zuvor gestellte Frage jetzt wieder aufgreifen und beantworten: die in der gegenwärtigen wissenschaftlichen Auslegung des N. T. (und ebenso des A. T.) angewandte historisch-kritische Methode ist *kein inadäquates Werkzeug*, sondern erschließt den Text in seiner ursprünglichen Bedeutung. Es wird dabei fürs erste sehr bewußt von der Auslegungs- und Wirkungsgeschichte abgesehen, die teilweise ja auch eine Geschichte der Mißverständnisse und Fehlinterpretationen gewesen ist. Die historisch-kritische Exegese *konzentriert sich auf den ursprünglichen Sinn der biblischen Texte* und berücksichtigt dabei die damalige Umwelt ebenso wie die besondere Situation der urchristlichen Gemeinden. Sie will auf diesem Wege neue Erkenntnisse gewinnen, denn es sind längst nicht alle Ansätze, die das apostolische Zeugnis enthält, in der Tradition der Kirche bereits aufgenommen und fruchtbar geworden. Sie zeigt zudem auf, wie anstehende Probleme in der ältesten Christenheit in Angriff genommen worden sind, um von da aus Orientierung zu schaffen für die Lösung theologischer Gegenwartsfragen, die nicht unmittelbar aus den biblischen Schriften ableitbar sind. Allerdings muß man sich dabei der Grenzen und der Bedingtheit dieser Exegese bewußt sein und sie offen halten für eine weitergehende Auslegung und Anwendung.

IV. Hauptaufgaben der wissenschaftlichen Exegese

Nach diesen bewußt allgemein gehaltenen Ausführungen zur exegetischen Methode soll jetzt die konkrete wissenschaftliche Arbeit am N. T. Berücksichtigung finden.

Das N. T. ist ursprünglich griechisch geschrieben und bis in das 15. Jh. hinein im Originaltext wie in Übersetzungen nur handschriftlich überliefert worden. Die zahllosen Handschriften des N. T. oder seiner Teile (Evangelien, Apostelgeschichte und katholische Briefe, Corpus Paulinum, Offenbarung) weichen in vielen Einzelheiten voneinander ab. Gleichwohl gibt es kein Buch der Antike, das auch nur in einigem Abstand so vorzüglich überliefert wäre wie das N. T. Die erste Aufgabe des Exegeten ist nun stets die *Feststellung des besten und vermutlich ursprünglichen Textes*. Da immer wieder neue Handschriften auftauchen, vor allem sehr alte Papyrustexte, und andere erst noch ausgewertet werden müssen, ist dies eine Arbeit, die von einem einzelnen Wissenschaftler gar nicht mehr bewältigt werden kann; es wurde dafür ein großes Institut für Textforschung an der Universität Münster eingerichtet. Wohl aber muß jeder Neutestamentler sich mit den wichtigsten Lesarten einer Einzelstelle immer wieder befassen, weswegen eine Ausgabe des griechischen Textes mit allem für die Textkritik wesentlichen Material unerläßlich ist. Im Jahre 1979 ist eine neue Handausgabe des griechischen Textes erschienen, die in einem vorzüglichen Apparat alle beachtenswerten Abweichungen berücksichtigt (Nestle-Aland, Novum Testamentum Graece, 26. Auflage).

Eine zweite Aufgabe ist die *literarische Beurteilung* der einzelnen Schriften des N. T. Was sind das eigentlich für Schriften? Gab es so etwas auch sonst? *Briefe* wurden gewiß zu allen Zeiten geschrieben, seit der Mensch die Schreibkunst beherrscht. Für die Abfassung eines Briefes gibt es jeweils auch bestimmte Gepflogenheiten im Blick auf bestimmte Angaben und die Anlage des Schreibens, ein sog. »Formular«. Stimmen nun die neutestamentlichen Briefe hinsichtlich ihres Formulars mit jüdischen oder griechischen Briefen der damaligen Zeit überein? Das ist tatsächlich der Fall. Aber doch nur teilweise. Gerade an den Unterschieden lassen sich Beobachtungen gewinnen, die auf die Besonderheit des Inhalts verweisen. Daß in den Briefeingang, der der jüdischen Briefform folgt, in der Regel ein typisch christliches Segenswort aufgenommen wurde, ist ebenso bezeichnend wie der anschließende, sonst unübliche Gebetsteil; dasselbe gilt für den Briefschluß, wo in das vorgegebene Formular mehrfach Elemente aus dem Gottesdienst aufgenommen sind. Erst recht läßt sich die gegenseitige Abhängigkeit von Inhalt und literarischer Gestalt bei den *Evangelien* beobachten. Für diese Gattung von Schriften gibt es keinen wirklichen Vergleich in der gesamten antiken Literatur. Hier ist eine eigene Form erwachsen aufgrund der Besonderheit der Überlieferung, die in ihnen zusammengefaßt worden ist.

Aber die literarische Beurteilung der Evangelien führt sofort weiter zu anderen, sehr komplizierten literarkritischen Problemen, vor allem der *gegenseitigen Abhängigkeit der Evangelien*. Die Unterschiede zwischen den drei ersten Evangelien und dem Johannesevangelium sind offenkundig, aber auch die drei sog. synoptischen Evangelien weichen im einzelnen trotz aller Parallelität der Darstellung erheblich voneinander ab. Eine rein literarkritische Beurteilung wird sich damit begnügen, die Frage zu klären, ob hier eine gegenseitige Benutzung vorliegt. Das ist für das Johannesevangelium unwahrscheinlich; es ist unabhängig von den drei anderen Evangelien aus verwandtem, aber selbständigem Überlieferungsgut entstanden. Die Synoptiker dagegen haben neben zahllosen Verschiedenheiten so viele Gemeinsamkeiten im Aufbau, im Stoff, ja sogar im Wortlaut, daß man nur von einer literarischen Abhängigkeit ausgehen kann. Dabei dürfte nach weitverbreiteter Auffassung der heutigen Forschung Markus das älteste Evangelium sein, während Matthäus und

Lukas neben Markus eine gemeinsame Spruchquelle, aber jeweils auch noch Sondergut verwendet haben.

Die Evangelisten haben ihre Werke erst zwischen ca. 70−95 n. Chr. abgefaßt. In dieser Periode setzte das Bestreben ein, die bisher nur mündlich weitergegebene Überlieferung schriftlich zu fixieren. Die von *Paulus* selbst geschriebenen bzw. diktierten Briefe stellen einen Sonderfall dar, weil es sich dabei ursprünglich um eine die persönliche Anwesenheit ersetzende Korrespondenz, nicht aber um Abfassung maßgebender Schriften handelte. Als solche haben sie sich nachträglich erwiesen. Dagegen ist bei der *Abfassung der Evangelien* beabsichtigt gewesen, Dokumente zu schaffen, die die Jesusüberlieferung und die Bekenntnistradition verbindlich zusammenfassen. Markus konnte lediglich auf eine bereits schriftlich vorgegebene Passionsgeschichte zurückgreifen, ansonsten war er auf mündliches Überlieferungsgut angewiesen. Matthäus und Lukas hatten auch noch die bereits schriftlich fixierte Spruchquelle zur Hand, und Lukas kannte weitere Versuche einer Niederschrift (Lk 1,1−4), die er aber nicht oder nur ganz sporadisch benutzte. Darüber hinaus waren Matthäus wie Lukas ebenfalls mit einem reichen Bestand an mündlicher Tradition vertraut, den sie ihren Evangelien einfügten. Entsprechend hat der 4. Evangelist vorgegebenes Material aufgegriffen und seiner Gesamtdarstellung eingegliedert. So vollzog sich relativ rasch der *Prozeß der Schriftwerdung*, nachdem zunächst die mündliche Traditionsstufe das Überlieferungsgut geprägt hatte, was sich sowohl formal als auch an gewissen inhaltlichen Zügen feststellen läßt; denn die Evangelisten haben bei aller bewußten Vereinheitlichung doch dem überlieferten Stoff nicht seine Eigenart genommen.

Mit der *mündlichen Traditionsstufe* befaßt sich die Form- und Traditionsgeschichte. Dabei muß man berücksichtigen, daß in unliterarischen Zeiten, und das gilt durchaus für die Spätantike, die mündliche Weitergabe von Überlieferungsstoff außerordentlich gewissenhaft und zuverlässig war. Aber die Tradenten wollten nicht einfach nur Tatsachen aus der Geschichte Jesu berichten, sie wollten mit dem jeweiligen Überlieferungsstück deutlich machen, was Jesu Wort und Handeln für eine Tragweite hat, insbesondere im Zusammenhang mit seinem Sterben und seiner Auferweckung. Hier stoßen wir auf jenes für die biblische Überlieferung so charakteristische Ineinander von Bericht und Deutung, das wir nicht mehr in derselben Art und Weise kennen. Daher werden auch einzelne Begebenheiten aus dem Leben Jesu verschieden erzählt, weil der jeweilige Erzähler einen etwas anderen Aspekt hatte, je nachdem, ob er mehr aus jüdischen oder heidnischen Voraussetzungen kam, ob er mit dieser oder jener Prägung nachösterlicher Tradition vertraut war, ob ihm an dieser oder jener Akzentuierung besonders lag. Darum läßt das Überlieferungsgut einen unreflektierten Rückgang in die vorösterliche Situation nicht ohne weiteres zu, so sehr der Grundbestand von Jesus selbst herkommt und von ihm seine inhaltliche Eigenart empfangen hat.

Wenn die *Evangelisten* das sehr unterschiedlich geprägte Traditionsgut aufnahmen und ihren Werken eingliederten, hatten sie ganz bestimmte *Leitgedanken, die eine Vereinheitlichung ermöglichten.* Dem ist die redaktionsgeschichtliche Forschung nachgegangen. Sie hat gezeigt, daß in jedem Evangelium eine besondere theologische Konzeption zu erkennen ist, daß der Verfasser somit nicht nur Sammler, sondern ein eigenständiger Schriftsteller war. Die Erkenntnis, daß es sich um eigenständige theologische Entwürfe handelt, war beim Johannesevangelium relativ früh gewonnen worden, sie setzte sich aber inzwischen auch bei der Deutung der Synoptiker durch, was zu einer ausgesprochenen Bereicherung im Blick auf die christliche Verkündigung im letzten Drittel des 1. Jhs. führte.

Die Evangelien hatten anfangs Bedeutung für einen einzelnen Bereich der entstehenden Kirche gehabt, so unsicher es für uns ist, sie genau zu lokalisieren. Sehr bald aber wurden sie vereinigt und fortan als *Sammlung* weitergegeben, wobei sich die Kirche des 2. Jh. sowohl gegen die Reduzierung auf nur ein Evangelium (Markion) als auch gegen die Vereinigung zu einer Evangelienharmonie (Tatian) erfolgreich gewehrt hat. Gerade in ihrer Vielfalt und Unterschiedlichkeit sind sie als normative Schriften festgehalten worden, was im 4. bzw. 5. Jh. durch förmliche *Kanonisierung* bestätigt wurde; es sollte von verschiedenen Seiten her ein Zugang zu Person und Botschaft Jesu möglich sein.

Auch andere Schriften sind im späten 1. Jh. entstanden, die später als kanonisch angesehen wurden. Abgesehen von der *Apostelgeschichte* des Lukas und der *Offenbarung* des sonst unbekannten Propheten Johannes handelt es sich um *Dokumente in Briefform*, in denen Überlieferung der apostolischen Zeit festgehalten worden ist. Dabei hat man die Schreiben jeweils den Männern der Frühzeit zugeschrieben, von denen die Tradition geprägt war bzw. ausgegangen ist, so den Aposteln Paulus (z. B. Pastoralbriefe) und Petrus und den Herrenbrüdern Jakobus und Judas.

Das hierbei auftauchende *Problem der Pseudonymität* bzw. Pseudepigraphie, das auch bei der Zuschreibung des ersten und vierten Evangeliums an Matthäus und Johannes auftaucht, darf nicht im modernen Sinn einer literarischen Fälschung aufgefaßt werden. Auch die Tatsache, daß Plato fast alle eigenen philosophischen Aussagen seinem Lehrer Sokrates in den Mund legt, läßt sich unter diesem Vorzeichen nicht erklären. Wie die Psalmendichtung im A. T. konsequent auf David, die israelitische Weisheitsüberlieferung auf Salomo zurückgeführt wurde, so weiß man sich in der Zeit nach dem Tod der Apostel und Herrenbrüder an die von ihnen legitimierte Tradition gebunden und faßt sie deshalb unter ihrem Namen schriftlich zusammen, auch wenn dabei Probleme der eigenen Zeit und Einwirkungen einer etwas veränderten theologischen Grundhaltung erkennbar werden.

Im Blick auf die Entstehung des N. T. ermöglicht uns die historisch-kritische Forschung eine *geschichtliche Tiefendimension*, die den Reichtum der in den einzelnen Schriften enthaltenen Überlieferung deutlicher sichtbar macht als eine Exegese, die von der bloßen Berichterstattung durch Augenzeugen ausgeht. Denn so erst tritt die Rezeption der Jesustradition durch die Urgemeinde und die Ausbildung eigenständiger Verkündigung und Lebensformen in unser Blickfeld.

V. Evangelien als Zeugnis und Bericht

Die entscheidenden Fragen betreffen aber nicht die Entstehungsgeschichte des N. T., sondern die Interpretation der Einzeltexte. Dabei ist es noch relativ einfach, einen Abschnitt aus dem Epheserbrief oder dem Titusbrief im Zusammenhang mit den zweifellos authentischen Paulusbriefen zu erklären und sowohl auf Gemeinsamkeiten wie auf Unterschiede zu achten. Aber das Problem spitzt sich sofort zu, wenn es um *Evangelienabschnitte* geht, die sich auf Jesu eigenes Reden und Handeln beziehen, und wenn damit gerechnet werden muß, daß hier Einflüsse späterer Tradition vorliegen. Denn in vielen Fällen stellt die historisch-kritische Analyse fest, daß ein Geschehen nicht in der geschichtlichen Weise abgelaufen ist, sondern daß hier ausdeutende Züge nachträglich aufgenommen wurden oder daß ein Wort nicht exakt im vorliegenden Wortlaut oder der überlieferten Gedankenfolge auf Jesus zurückgehen kann; die *Bergpredigt* beispielsweise ist eine nachträgliche Sammlung von Jesusworten, die zum gleichen Thema gehören, wobei sich aber auch eine ganze Reihe von Zusätzen aus der Gemeindetradition nachweisen lassen.

Dieser Tatbestand muß von zwei Seiten her beleuchtet werden. Die historisch-kritische Exegese will auf diese Weise nicht den Gehalt der Texte auflösen, sie will vielmehr *zeigen, daß die Evangelien mehr sind als ein Augenzeugenbericht, daß sie*

gleichzeitig mit dem Bericht über das Geschehen eine Aussage über die heilsge-
schichtliche Bedeutung desselben machen. Dabei hat vor allem der Rückblick
von Ostern eine entscheidende prägende Kraft gehabt. Im Johannesevangelium
heißt es mehrfach, daß die Jünger überhaupt erst nach Ostern erkannt haben, was
eine Begebenheit zu Lebzeiten Jesu in Wahrheit bedeutete (2,22; 12,16; 14,26). Die
Jesusüberlieferung der vorösterlichen Zeit wird verbunden mit der Geschichte Jesu
einschließlich seines Todes und seiner Auferweckung und wird von hierher verstanden. Vorösterliches Wirken, Karfreitag und Ostern werden zusammengeschaut,
und dementsprechend wird die Geschichte Jesu weitererzählt. Daher erscheint
Jesus in seinem irdischen Leben bisweilen schon fast wie der Auferstandene. Dies
hat sich zweifellos in den erzählenden Teilen der Evangelien noch sehr viel stärker
ausgewirkt als bei den Jesusworten; denn jeder Bericht erfordert das Medium des
Berichtenden, der aus seiner persönlichen Betroffenheit und seinem eigenen Verstehen die Erzählung weitergibt. Aber auch bei den Jesusworten, die weitgehend als
vorgegebenes Überlieferungsgut angesehen werden, fehlt es nicht an Verdeutli-
chungen, an kleineren und größeren Zusätzen, vor allem auch an Selbstaussagen, in
denen die Erkenntnis der nachösterlichen Zeit berücksichtigt und eingeblendet ist;
man braucht ja nur verschiedene Fassungen ein und desselben Logions in den Evangelien zu vergleichen, um diesen Tatbestand festzustellen, wie überhaupt die zum
Teil gravierenden Unterschiede in der Darstellung und im Wortlaut der entscheidende Anstoß sind, alle diese Texte einer traditionsgeschichtlichen Analyse zu
unterziehen.

Aber dies ist nur die eine Seite, die beachtet werden muß. Ebenso wichtig ist, daß in
diesem Überlieferungsbestand die *vorösterliche Geschichte Jesu festgehalten* ist.
So sehr die Sicht vom Glauben der nachösterlichen Zeit mitbestimmt ist und die
Bedeutung von Jesu Tod und Auferstehen mitberücksichtigt wird, es geht zugleich
um die Botschaft und Geschichte, die mit Jesu Auftreten und öffentlichem Wirken
begonnen hat. Darum ist hier in erster Linie von der anbrechenden Gottesherrschaft
und von der Nachfolge die Rede. Wollen wir Jesu vorösterliches Reden und Handeln
deutlicher erkennen, wollen wir es insbesondere klar abheben von der christlichen
Verkündigung seit Ostern, so bedarf es einer *methodisch zuverlässigen »Rückfrage nach Jesus«.* Hierbei soll nur das berücksichtigt werden, was mit Sicherheit
oder hoher Wahrscheinlichkeit auf Jesus selbst zurückgeht. Natürlich ist mit fließenden Übergängen zu rechnen, denn für die Urgemeinde war die innere Einheit
zwischen seiner Botschaft und seinem zeichenhaften Wirken und der eigenen Christusverkündigung nie fraglich gewesen. Entsprechend will auch die historisch-kritische »Rückfrage« nicht die nachösterliche Botschaft als beginnendes kirchliches
Dogma abbauen (um gleichsam den Mörtel von der Mauer zu entfernen), sondern
erkennen, wie Jesu eigene Botschaft und Geschichte von der Gemeinde rezipiert
worden ist.

Im einzelnen läßt sich ein Grundbestand an *Jesustradition* vor allem bei Gleichnissen und Jesusworten, die von der beginnenden endzeitlichen Gottesherrschaft handeln, relativ leicht erkennen. Dann aber stoßen wir auf Überlieferungsgut, wo die
Entscheidung komplizierter wird. Man hat in den letzten Jahren häufig gesagt, daß
es hierbei nicht möglich sei, ohne weiteres zu den »ipsissima verba« oder den »ipsissima facta« Jesu vorzudringen, sofern man ganz exakt erkennen will, was Jesus im
Einzelfall selbst gesagt hat oder was bei irgendeiner Begegnung geschehen ist. Dies
ist auch deshalb schwierig, weil wir seine Worte nicht mehr in der ursprünglichen
aramäischen Sprache besitzen. Aber in jedem Falle zeigt die Rückfrage nach Jesus,
daß, wie der katholische Neutestamentler Wilhelm Thüsing sehr glücklich formuliert hat, die »ipsissima intentio Jesu« deutlich hervortritt und im nachösterlichen
Traditionsgut voll und ganz bewahrt worden ist.

Mit der Rückfrage nach Jesus stellt sich nun das wichtige *Problem, was eine solche mit Hilfe der historisch-kritischen Methode durchgeführte Analyse theologisch bedeuten kann.* Es kann nicht darum gehen, ein sicheres Fundament für den Glauben zu gewinnen, so daß der Glaubende von den Ergebnissen der historischen Forschung abhängig wäre. Ebensowenig darf gesagt werden, daß diese Rückfrage belanglos sei, weil allein das nachösterliche Evangelium unseren Glauben begründen kann. Wie zum Evangelium in der uns überlieferten Gestalt der Rückbezug auf Jesu eigene Geschichte gehört, so kann auch in der exegetischen Arbeit das Bemühen um Aufhellung der vorösterlichen Tradition nicht ohne Bedeutung sein. Allerdings darf diese *Rückfrage niemals isoliert und abgelöst von der Bekenntnistradition der Urgemeinde durchgeführt werden.* Gerade wenn sichtbar wird, wie die Jesustradition übernommen und glaubend angeeignet wurde, werden uns selbst Wege vor Augen treten, auf denen wir Jesus begegnen und zum Glauben kommen können.

VI. Vielgestaltigkeit und Einheit des Neuen Testaments

Noch ein weiteres Problem ist im Zusammenhang der historisch-kritischen Bibelinterpretation kurz zu erörtern. Es kann kein Zweifel daran bestehen, daß mit Hilfe dieser Exegese die Vielfalt und Unterschiedlichkeit innerhalb des N. T. so stark in Erscheinung tritt, daß die Einheit verloren zu gehen droht. Gerade an ihr muß aber festgehalten werden.

Seit langem gibt es die Teildisziplin der »*Theologie des Neuen Testaments*«. Sie erfüllt aber nur partiell die eben genannte Aufgabe. Einerseits war es lange strittig, ob und wie die vorösterliche Verkündigung Jesu eingegliedert werden soll, andererseits hat es sich eingebürgert, die verschiedenen Überlieferungen und Theologien nebeneinander darzustellen, so daß es sich meist um eine Theologiegeschichte des Urchristentums handelt. Eine »Theologie des N. T.« müßte aber konsequent nach der Einheit des urchristlichen Zeugnisses fragen. Anhand der wesentlichen Themen müßten Konvergenz und Divergenz aufgezeigt und in ihrem Bezug auf das eine, alles bestimmende Zentrum dargelegt werden.

Mit dieser Aufgabenstellung verbindet sich sofort eine zweite. Die »Bibel des Urchristentums« war die Heilige Schrift Israels, das A. T. Was sie für Jesus und die Urchristenheit bedeutet, darf aus einer neutestamentlichen Theologie nicht ausgeklammert werden. Doch hier ergibt sich zugleich die neuerdings häufig erörterte *Frage nach einer das A. T. und N. T. umfassenden* »*Biblischen Theologie*«. Dabei ist nicht nur aufzuzeigen, welche Funktion die alttestamentliche Verheißungstradition und Zukunftsperspektive hat, sondern es ist ebenso die Interpretatio Christiana des A. T. im N. T. zu berücksichtigen.

Mit diesen Themenstellungen steht die historisch-kritische Exegese vor Aufgaben, die erst noch voll bewältigt werden müssen, die zugleich aber in neuer Weise das aufgreifen, was für die Bibelauslegung der früheren Jhe. selbstverständlich war. Das gilt für die innere Einheit des N. T. selbst und gilt für die unlösbare Zusammengehörigkeit der beiden Testamente.

VII. Das Problem der »Entmythologisierung«

Noch ein letztes Problem muß angeschnitten werden, das der sog. »Entmythologisierung«. Insbesondere im Zusammenhang der religionsgeschichtlichen Erforschung der Umwelt des N. T. wurde nachgewiesen, daß in vieler Hinsicht Verbindungslinien vorliegen. Das Urchristentum partizipiert an Vorstellungen über das Weltbild, über kosmische Mächte und anderes, die nicht mehr die unseren sind, die aber auch nicht spezifisch biblisch sind. Es kommt hinzu, daß gerade in der Spätantike eine bestimmte weitverbreitete Geistesverfassung festzustellen ist, die auch im Hintergrund des N. T. erkennbar wird.

Was bedeutet dies für die Auslegung der Heiligen Schrift? *Rudolf Bultmann* hat sehr weitreichende Konsequenzen gezogen, doch man muß sehr genau unterscheiden, was er grundsätzlich will und wie er sein Problem im einzelnen durchgeführt hat. Durch seine unverkennbare Bindung an die Existenzphilosophie kommt er in Engpässe, die der biblischen Botschaft nicht gerecht werden. Aber in doppelter Hinsicht hat er *auf wesentliche Auslegungsprobleme hingewiesen:* einerseits kann für christliche Verkündigung und christlichen Glauben nicht das maßgebend sein, was die Bibel mit ihrer Umwelt verbindet, sondern was sie davon abhebt, andererseits muß jede Interpretation einen existentiellen Bezug haben, der den Menschen in seiner Gegenwartssituation ernst nimmt.

Mit der *Unterscheidung zwischen einem mythischen und einem rationalen Weltbild* läßt sich aber das hierbei gestellte Problem noch nicht lösen. Das rationale Weltbild hat ebenso seine Grenzen wie das mythische, vor allem fallen mythische Rede und weltbildhafte Vorstellung nicht ohne weiteres zusammen. Mythische Elemente können eine Verweisfunktion haben, auf die wir wegen der Begrenztheit aller rationalen Aussagefähigkeit nicht verzichten können. Das spannungsreiche *Verhältnis von Mythos und Logos* muß bereits im Blick auf antike und die biblischen Texte sehr genau bedacht werden, und dasselbe gilt hinsichtlich der modernen Denkvoraussetzungen. Eine unreflektierte Übernahme mythischer Vorstellungen ist jedenfalls nicht möglich, sondern höchst gefährlich.

So erweist sich das Programm der »Entmythologisierung« als eine im Ansatz notwendige, aber im einzelnen korrekturbedürftige Fragestellung. Historisch-kritische Forschung muß sich auch dieser Aufgabe stellen, weil nur auf diesem Wege eine gegenwartsbezogene Verkündigung ermöglicht wird; sie darf sich jedoch nicht durch festgefahrene Positionen bestimmen lassen, sondern muß gerade aufgrund historischer Einsichten zu besseren Erkenntnissen vorstoßen.

VIII. Wissenschaftliche Schriftauslegung und Glaubensgewißheit

Wenn abschließend nach dem Verhältnis von wissenschaftlicher Arbeit und Glaubensgewißheit gefragt wird, dann sollte aus den bisherigen Ausführungen klar geworden sein, daß eine recht betriebene Exegese die Glaubensgewißheit nicht in Frage stellen kann, sie kann sie allerdings auch nicht begründen. Der Glaube hat andere Wurzeln und entspringt aus dem lebendigen Wort und Zeugnis. Aber *es geht beim Glauben des Menschen und bei der Schriftauslegung um ein und denselben Glaubensgrund.* Insofern bedingt sich beides bis zu einem gewissen Grad gegenseitig. Denn der aus der Verkündigung erwachsende Glaube will sich seinerseits an der Schrift vergewissern und will gerade auch mit seinem Verstand die Glaubensfragen bewältigen. Umgekehrt wird das, was bei der Exegese zu Gesicht kommt, zumindest an entscheidenden Punkten nicht ohne Rückwirkung auf den Glauben sein.

Eine verantwortliche Exegese kann deshalb zweierlei tun: sie kann dazu beitragen, daß die Verkündigung der Heilsbotschaft schriftgemäß erfolgt, wodurch sie eine indirekt-vorbereitende Funktion für die Begründung von Glauben und Glaubensgewißheit erhält (in diesem Sinne unterweisen wir ja die Theologiestudenten in der Schrift mit Hilfe wissenschaftlicher Exegese). Sie kann darüber hinaus für den fragenden und ringenden Glauben eine Hilfe sein und ihn unter Umständen bestärken. Darin liegt ihre beschränkte, aber doch zugleich wesentliche Funktion.

Arbeitsanleitung

Der Text ist als ausführlicher, auch für Nichttheologen verständlicher Rechenschaftsbericht gut als Einführung in Selbstverständnis, Arbeitsweise und -ziele der historisch-kritischen Exegese geeignet. Zur Ergänzung ist Hahns Aufsatz »Probleme historischer Kritik«, in: Zeitschrift für die neutestamentliche Wissenschaft 63 (1972) wichtig, wo der Vf. die durch die historisch-kritische Arbeit entstandene Kluft zwischen historischer und theologischer Exegese aufzeigt (freilich, ohne Wege zu deren Überwindung aufzeigen zu können).

Die Gliederung des vorstehenden Aufsatzes legt es nahe, ihn abschnittsweise zu erarbeiten.

In Abschnitt I beschreibt der Vf. das Verhältnis von Glaube und Denken unter Verweis auf Anselm v. Canterbury. Die historisch-kritische Arbeit an der Bibel sei der Versuch »einer denkenden, verstandesmäßigen Vergewisserung der Glaubenswahrheiten«. Die dabei auftretenden Spannungen sieht der Vf. in der Tendenz der menschlichen Vernunft begründet, »alle Erkenntnis auf das rational Erklärbare zu reduzieren«. Weiterführend könnte an dieser Stelle unter Zugrundelegung des Beitrags von W. Künneth die Frage geklärt werden, ob und wie nach biblischem Zeugnis eine Überwindung dieser Spannung möglich ist.

Der wichtige Abschnitt II stellt sich dem Problem der Geschichtlichkeit menschlichen Verstehens. Wirklichkeits- und Wahrheitserkenntnis ist nach dem Vf. nur aus der uns »durch die geschichtliche Situation vorgegebenen Perspektive« möglich. Angesichts der geschichtlichen Offenbarung Gottes muß eine solche Feststellung sorgfältig bedacht werden, denn sie kann einerseits eine Schutz- und Abwehrfunktion gegen den unbedingten Anspruch Gottes auf den Menschen annehmen. Die »Geschichtlichkeit« der Bibel wird dann zum Alibi für den Entzug von ihrem Anspruch. Andererseits muß die geschichtliche Situation sowohl der Bibel als auch ihres Adressaten theologisch ernstgenommen werden, weil Gott sich geschichtlich offenbart hat und durch die Bibel als Zeugnis seiner Offenbarung den Menschen hier und heute, d. h. in seiner bestimmten geschichtlichen Situation sucht. Zur weiteren Beschäftigung mit diesem Fragenkreis ist zunächst der Text von E. Troeltsch wichtig, dann der Beitrag von R. Slenczka über die Historisierung des dogmatischen Denkens im heutigen theologischen Gespräch. Als lohnender zusätzlicher Text, der nicht im vorliegenden Buch abgedruckt ist, wäre M. Weinrich, Grenzen der Erinnerung, in: Wenn nicht jetzt, wann dann? Festschrift für H. J. Kraus, Neukirchen-Vluyn 1983, zu nennen.

Die Entstehung und den Anspruch der historisch-kritischen Exegese schildert der Vf. in Abschnitt III. Hierzu sollten als Primärquellen die Texte von Lessing, Gabler, Troeltsch und Kähler verglichen werden. Der vom Vf. formulierte Anspruch der historisch-kritischen Exegese, daß sie den »ursprünglichen Sinn der biblischen Texte« erschließe, führt in die grundsätzliche hermeneutische Frage nach den Voraussetzungen von Verstehen. Hier sind einerseits der Text H. G. Gadamers über die Bedingungen geschichtlichen Verstehens, andererseits die Texte zur reformatorischen Schriftauslegung heranzuziehen. Als lohnend könnte sich ein Vergleich zwischen Historismus und historisch-kritischer Arbeit im Sinne Hahns erweisen.

Abschnitt IV kann zum Anlaß einer Erörterung der »Wissenschaftlichkeit« biblischer Exegese genommen werden. Zur Einführung in die Problematik vgl. W. Joest, Fundamentaltheologie, Stuttgart–Berlin–Köln–Mainz² 1981, S. 239ff. Die Darstellung der methodischen Schritte der historisch-kritischen Arbeit kann im Blick auf Begründung und Zielsetzung mit den entsprechenden Lehrbüchern verglichen werden (vgl. die Hinweise dazu im Beitrag von G. Reese).

In Abschnitt V begründet der Vf. die Notwendigkeit einer »traditionsgeschichtlichen Analyse« und einer methodisch zuverlässigen »Rückfrage nach Jesus«. Hier erheben sich grundsätzliche Fragen wie z. B. nach den Kriterien der Unterscheidung von »Zeugnis« und »Bericht« sowie für die sog. »ipsissima verba« Jesu, die wiederum zur Frage nach der Verläßlichkeit urchristlicher Überlieferung führen. Ein tieferes Eindringen in diesen Fragenkreis ist jedoch nur bei eigener sorgfältiger historischer Arbeit möglich.

In Abschnitt VI formuliert der Vf. im wesentlichen die Aufgabe einer »Biblischen Theologie«. Hier wäre zu fragen, wo in der heutigen akademischen Theologie Ansätze davon erkennbar sind.

Zu Abschnitt VII sind die Bultmann-Texte im vorliegenden Buch zu vergleichen. Dabei könnte der Zusammenhang zwischen dem Entmythologisierungsprogramm und der Existentialtheologie Bultmanns erarbeitet werden.

Abschnitt VIII beschreibt schließlich den Zusammenhang zwischen historisch-kritischer Arbeit und Glaubensgewißheit. Fragen zur Weiterarbeit, die sich aus diesem Abschnitt ergeben: Wie ist hier das Verhältnis von Exegese und Verkündigung einerseits und Exegese und Glauben andererseits bestimmt? Wie ist der »Verstand« des Glaubens theologisch zu werten? Welche Verkündigung ist »schriftgemäß«? C

II.
Die Diskussion um die historisch-kritische Schriftauslegung

II.2. Gegenkonzeptionen zur historisch-kritischen Schriftauslegung

HELLMUTH FREY,
Um den Ansatz theologischer Arbeit, in: Arbeiten zur Geschichte des Spätjudentums und Urchristentums, Bd. V, Abraham unser Vater, Juden und Christen im Gespräch über die Bibel. FS für Otto Michel zum 60. Geburtstag, hrsg. von Otto Betz, Martin Hengel, Peter Schmidt, Leiden/Köln 1963, S. 157 ff.

... Bei der Auseinanderdividierung in Kern und Schale, ewige Idee und zeitgebundene Historie, Inhalt und Existenzverständnis usw. kommt das Geheimnis der Inkarnation nicht mehr in den Blick. Eher läßt sich das Verhältnis der göttlichen zur menschlichen Seite des Wortes dem der Seele zum Leibe vergleichen. Man begegnet der Seele des Andern nur in seiner Körperlichkeit. Beim Händedruck aber teilt sich die Person des Andern auch durch die Narben, Schwielen und von der Geburt her bestehenden Entstellungen uns mit. Das »unvermischt und unzertrennt« des Chalcedonense gilt auch für die Schrift. Gerade in ihrer Menschlichkeit, Schwachheit, Irrtümlichkeit und Widerspruchsgeladenheit ist die Schrift ganz Gottes Wort, irrtumslose Vermittlung seines Heils. Es spricht in ihr Gott selbst ...

Die Erkenntnis der totalen Inspiration und Inkarnation, deren Geheimnis nur dem Geiste zugänglich ist, d. h. des völligen Eingangs der ganzen Göttlichkeit des Wortes in die Geschichte bis zu ihrer völligen Durchdringung, die die Menschlichkeit selbst zum Ausdruck der Göttlichkeit macht – diese Erkenntnis bedingt ein neues Interesse für die menschliche Seite des Wortes bis zu den feinsten Schattierungen und Tönungen des Ausdrucks und zugleich damit ein neues Interesse an der Geschichte ...

(S. 166:) Wie sollten profane Literatur- und Geschichtsforschung nicht hilflos sein gegenüber dieser totalen Gleichartigkeit und totalen Andersartigkeit, der sie in der von der Bibel bezeugten Geschichte begegnen? Ähnlichkeit im Mythenschatz, in der bürgerlichen Gesetzgebung, in ethischen Lebensregeln, in Opfergebräuchen, Gebeten, Klageliedern, Hymnen, ekstatischen Bewegungen, soziologischen Formen, von der semitischen Kleinviehnomadenkultur und -religion bis zum kanaanäischen Stadtkönigtum und seinem Kultus, die gleichen Literaturgattungen, die gleichen wunder- und legendenhaften Umkleidungen der Geschichte, die gleichen soziologischen Phänomene. Und doch in dem allen in der Gleichheit völlige Andersartigkeit bis zum Sichtbarwerden der Unterschiedenheit für das säkulare Auge im Monotheismus der Religion Israels und ihrer Gebundenheit an geschichtliche Fakten.

Wahrnehmungsvermögen, Maßstäbe und Kategorien der profanen Geschichts-und Religionsforschung reichen weder zur Analyse der Quellen noch zur Rekonstruktion des äußeren Hergangs noch zum Verstehen der inneren Zusammenhänge dieser Art von Geschichte. Das gilt angesichts der Rolle des Wunders als Erkennungszeichen der Legende in der Profangeschichte und als Faktizitätsdokumentation des Handelns Gottes im historischen Hergang für die Heilsgeschichte; ebenso angesichts der ekstatischen Phänomene und visionären Erlebnisse als subjektiver Vorgänge der Individual- und Gruppenpsychologie in der Religionsgeschichte und als objektiver Einbrüche aus der Überweltlichkeit im Raum der Offenbarungsgeschichte; angesichts der religiösen Gewißheit als Bestimmtheit aus der religiösen Immanenz im Heidentum und als Glaube oder Bestimmtheit des Handelns aus einer anderen quer durch die Geschichte gehenden Dimension – der Transzendenz – die der natürliche Mensch nicht kennt, weil er den wirklichen Gott nicht kennt. Dasselbe läßt sich von der Rolle des Wortes als bewegender Kraft der Geschichte und des Kausalität, willkürliche Freiheit und konstante Finalität umschließenden Planes Gottes in der Heilsgeschichte sagen.

Verstehen, Rekonstruktion und Deutung dieser Geschichte sui generis wäre nur möglich von einem Standort innerhalb derselben, d. h. selber erwählt und berufen, mit einer eigenen Geschichte mit Christus, die ein Teil der größeren Geschichte Gottes mit der Gemeinde Alten und Neuen Bundes ist, die Gottes Geschichte mit der Welt mitumfaßt, d. h. hineingenommen in die Heilsgeschichte. Man wende nicht ein, Gleiches gelte von der Stellung des Historikers vor jedem geschichtlichen Phänomen, denn da geht es bei aller Ähnlichkeit der Lage um Ebenen der gleichen Dimension.

An diesen Standort innerhalb der Heilsgeschichte vermögen wir uns aber weder mit Hilfe einer Verstandesüberlegung oder einer seelischen Anstrengung noch mit Hilfe meditativer Versenkung zu versetzen. Die Versetzung liegt allein im Belieben und Handeln des Heiligen Geistes, der uns in Beziehung zu Christus rückt und damit in das Heilsvolk und in die Heilsgeschichte hineinnimmt. So stehen wir vor der Heilsgeschichte in gleicher Weise wie vor dem Wort, das sie bezeugt mit Luther in der Aporie unserer Vernunft, angewiesen auf den Interpreten, den Heiligen Geist . . .

So gewiß der Geist an der Majestät Gottes teilhat, sich vom Menschen nicht in den Griff bekommen läßt, sondern weht, wo er will, ist mit seiner Bedeutung als Interpret der Schrift kein neues hermeneutisches Prinzip mit neuen Auslegungsmethoden gegeben. Es ist vielmehr jedem heuristischen Prinzip als einer Möglichkeit, sich vom Menschen her der Schrift zu bemächtigen, das Urteil gesprochen, jede Methode entverabsolutiert und in die Dienerrolle an je ihrem Ort verwiesen, der autonome Mensch selbst aus seiner Interpretenrolle entthront und die Unmöglichkeit erwiesen, vom Menschen her Gleichzeitigkeit und Kongenialität in mehr als äußerlichstem Sinne mit den Urkunden und Zeugen der Offenbarung zu gewinnen, d. h. den eigentlichen Graben, der den Ausleger vom Auslegungsobjekte trennt, zu überbrücken.

Das bedeutet nicht, daß zur philologischen, literarkritischen, religionsvergleichenden, historischen und überlieferungsgeschichtlichen Befragung der Texte zusätzlich ein neuer Forschungs- oder Erkenntnisgang hinzutreten habe, eine weitere Befragung auf einen, einer tieferen Dimension angehörigen Sinn folgen solle. Es bedeutet vielmehr, daß die Befragung mit den genannten Methoden schon auf einer anderen tieferen Ebene zu beginnen habe. *An ihren Anfang hat die Beugung unter das Gericht zu treten, das am Kreuz auch über unsere forschende Erkenntnis ergangen ist* und die *Auslieferung derselben an die Leitung des Geistes* unter den *Gehorsam Christi* . . .

Wo im Vertrauen auf den Geist und im Gehorsam gegen ihn Unterwerfung unter die Unverfügbarkeit des Wortes und Übergabe des Verstandes aus der Autonomie in die Theonomie stattfindet, ja, überhaupt nur ihre Notwendigkeit anerkannt wird, da kann es nicht ausbleiben, daß die Befragung und Deutung der Texte und die Anwendung der wissenschaftlichen Methoden ein neues Gesicht gewinnen. Das gilt von der Weise wie die Probleme sich stellen, wie argumentiert und geschlossen wird, ebenso wie vom Standort der Haltung und Existenz des Forschers.

Schon bei der Eruierung der ursprünglichen Gestalt des Textes durch Vergleichung und Wägung der Handschriften oder durch Konjizierung fangen Entscheidungen an, die nicht von Glaubensentscheidungen zu trennen sind. Solche Entscheidungen begleiten die philologische Ermittlung der Bedeutung der Vokabeln, die weder lexikalisch oder begriffsgeschichtlich allein, sondern letztlich aus dem Zusammenhang an je ihrem besonderen Ort erfolgen muß. Es ist bekannt, wie bei der Erfassung des gedanklichen Zusammenhanges theologische Vorentscheidungen, bei der Abgrenzung der Einheiten analytischer oder ganzheitlicher Blick den Forscher bestimmen, während er meint, dem reinen Gesetz der Grammatik, der Logik, der Wahrscheinlichkeit und der Analogie zu folgen.

. . . Wo durch den Geist der Zugang zum »gotteslästerlichen« Wunder der Aufhebung von Schuld durch Jesus geschenkt und sein Grund im Wunder der Sühne am Kreuz erkannt wird, da wird auch die Majestät Gottes in ihrer Majestät neu gesehen, jedes Wunder wird gegen dieses Eine gering und möglich. Es ergeben sich neue Maßstäbe für historisch möglich und unmöglich. In der neuen Dimension des Glaubens erschließt sich ein neues Verstehen der handelnden Personen in ihren Motiven, der Massenbewegungen ebenso wie der einsamen Großen und der in ihren Botschaften wirkenden Ideen, und damit neue Maßstäbe für geschichtlich wahrscheinlich und unwahrscheinlich. Es treten neue Wertungen der Kategorien »original« und »Zusatz«, »schriftstellerisches Genie« und »Redaktorengeist« ein . . .

. . . Auch das Problem: Historisches Faktum oder Schöpfung des Gemeindeglaubens, objektive Geschichte oder Ausdruck subjektiver Erfahrungen – rückt auf eine andere Ebene, indem für Glaube als menschlichen Bezug Prophetie als Geistbestimmtheit eintritt. Wenn der Charakter des A. T. als in die Gegenwart (Propheten), in die Zukunft (Apokalyptik) und in die Vergangenheit (Sage und Geschichte) gerichtete Prophetie erkannt wird, – deren Schauungen in die Vergangenheit die gleiche Realität eignet wie ihrem Blick in die Gegenwart, – gewinnt auch die historisch nicht mehr verifizierbare Sage neue historische Bedeutung . . .

Vor allem aber stellt sich vom Geist der Wahrheit aus vor dem Forum des Jüngsten Gerichtes in überraschender Weise neu die Frage nach dem Realitätsanspruch der Hypothesen und der auf diesen Hypothesen aufgebauten Rekonstruktionen des Heilsgeschehens und seines Überlieferungsvorgangs. Wir erschrecken – notgedrungen auf Hypothesen angewiesen – über die Schnelligkeit, mit der wir vergessen, was Arbeitshypothese war und was sich »gesichertes Ergebnis« nennen darf . . .

Am tiefsten wirkt sich das reformatorische Inspirationsverständnis auf die Problematik der christologischen Auslegung aus. Sie rückt aus der anorganischen Stellung eines Additums zum ursprünglichen, wörtlichen und geschichtlichen Sinn der Schrift heraus. Ist im Geist, der vom Vater und dem Sohne ausgeht, der Urheber der Offenbarung, die bewegende Kraft der Heilsgeschichte und die Stimme, die im Worte redet, gefunden, so stehen wir in der ganzen Schrift vor dem Christus präsens . . .

Nachdem das Angesicht des im A. T. noch verhüllt redenden Gottes in Jesus enthüllt und durch den Geist die Beziehung zu Jesus möglich geworden ist, ist es nicht mehr möglich, das A. T. in Absehung von Jesus zu lesen, in dem Gott, der mit den Vätern und Israel handelte, einen andern als den Vater Jesu Christi zu sehen, seine Gemeinschaft stiftende Gnadenzusage abseits vom Christus präsens zu hören, seinen Geschichts- und Heilsplan gelöst vom Kreuze Christi zu verstehen. Das wäre Vergewaltigung der Schrift von einem modernen Geschichtsverständnis außerhalb der Heilsgeschichte her . . .

Dem Wissen um den Zusammenhang des Wortes und der Heilsgeschichte mit dem *Pneuma* stellt sich auch das Problem der Einheit in den Testamenten in neuer Schlichtheit dar in der Kontinuität des Heilsgeschehens im Christus und der Einheit des Geistes im Chor der Zeugen, die es bezeugen. Umgekehrt tritt im Wissen um den Zusammenhang des Wortes und des Geistes mit der Heils*geschichte* – der Unterschied der Testamente aus ihrer Nivellierung zu einem Glaubensgesetz auf gleicher Ebene heraus. Der Gestaltwandel der Gottesherrschaft von der volkhaft beschränkten, gewalthaften, gloriosen zur universalen, gewaltlosen, niedrigen Weise ihrer Durchsetzung tritt zugleich mit der Erfassung des Wandels im Verhältnis Gottes zur Welt in seinem Kreuz und seiner Kenosis ins Licht. Der Kanon in seiner Einheit und

Differenziertheit kann nur aus dem Zusammenhalt von Wort, Geist und Geschichte im Christus verstanden werden . . .

Unsere Arbeit an der Schrift nicht nur, sondern auch unsere Existenz als Theologen bekommt eine neue Ausrichtung, wenn wir erwägen, *dass dieser Lehrer, der Geist* – weht, wo er will, *aber uns gesagt hat, wo er* – vorbehaltlich der Freiheit seines Gnadenrates – gerne wohnen und *wehen will:* nämlich in seiner *Gemeinde* (Matth. 18,20; Eph. 4,4.15-16), bei seinen Kindern, die zu ihm *schreien* (Luk. 11,13; Apg. 4,31), bei denen, die ihn *lieben* und seine *Gebote halten* (Joh. 14,23). D. h. seine Gemeinde, die Gemeinschaft seiner Kinder, das Gebet und den Gehorsam hat er sich zu Stätten seiner Gegenwart und seines Redens ausgesucht . . .

Daraus ergibt sich die völlige Ohnmacht und Unzulänglichkeit unserer Ratio und Intuition, das Ende unserer menschlichen Möglichkeiten, aber auch der *unendliche Reichtum an Möglichkeiten für die ausgelieferte Ratio* und *Intuition* und für ihren aktiven Einsatz im Vertrauen auf den Parakleten . . .

Vor allem: solange wir die Bibel nur wissenschaftlich als Objekt der Forschung und noch nicht unmittelbar als Gottes täglichen Zuspruch in unser Leben lesen und hören können, sollten wir uns vom Amt des Schriftauslegers fernhalten . . .

Endlich, solange wir etwas Originelles entdecken oder hinstellen wollen, was uns selbst einen Namen macht, stehen wir dem göttlichen Interpreten und damit dem eigenen Verständnis und der Auslegung der Schrift im Wege.

Positiv ausgedrückt heißt das: Zur Auslegung der Schrift muß man berufen werden. Nicht nur Ausgangspunkt, sondern auch fortlaufend tragende Grundlage der Auslegung muß das Gebet um den Heiligen Geist, um den Gehorsam gegen die geschenkte Erkenntnis im eigenen Leben sein. Schriftauslegung kann nicht neben dem eigenen Leben hergehen, sondern will in die eigene Existenz hineingenommen sein.

Wer auslegt, muß warten können, bis der Heilige Geist zeigt, zuhören können, wenn er redet. Auslegung bedarf der Stille, der Stunden, Wochen, Monate und, wenn es sein soll, Jahre des Lauschens. Welch ein Gericht über die theologische Arbeit unserer rastlosen Zeit!

Weiter heißt das: Um Ausleger zu bleiben, bedarf es der Gemeinschaft mit der Gemeinde und der Bruderschaft, in die man hineingestellt ist, in der Querverbindung. Es bedarf aber auch der Fühlung mit der Gemeinde der beglaubigten Ausleger der Vergangenheit, ob sie nun Schlatter, Delitzsch, Bezzel, Bengel, Calvin, Luther oder sonstwie heißen, in der Längsverbindung.

Alles in allem: Auslegung ist weder möglich aus der Zuschauermentalität des Historikers, noch aus der Individualität einer theologischen Gelehrtenexistenz, sondern nur an dem Ort, an den der Geist sich gebunden hat zu wirken – unter dem Kreuz, im Empfang der Begnadigung und Rechtfertigung und in der Bewährung der Begnadigung und der Rechtfertigung im Kontakt mit der Gemeinde, im Existenzzusammenhang mit dem Leibe Jesu . . .

Kommentar

Hellmuth Frey (1901-1982), zuletzt Professor an der Theologischen Hochschule in Bethel, hat als einer der ganz wenigen deutschen Hochschullehrer die Krise der exegetischen Wissenschaft erkannt und mit schonungsloser Offenheit – auch gegenüber dem eigenen Arbeiten – beim Namen genannt. In seinem Buch »Die Krise der Theologie«, 2. Aufl., Wuppertal 1972, macht er die Grundnot der Theolo-

gie in der völligen Unzulänglichkeit der Vernunft des von Gott abgefallenen Menschen fest, die Offenbarung Gottes in seinem heilsgeschichtlichen Handeln und in seinem Wort zu erkennen. Einziger Ausweg aus der Krise ist die geistgewirkte Neugeburt des Auslegers, womit erneut eine theologia regenitorum gefordert ist. Ein echtes Verstehen der in der Bibel geschilderten Geschichte Gottes mit den Menschen als Geschichte sui generis ist für Frey nur von einem Standort innerhalb dieser Geschichte möglich. Der Ausleger muß durch den Heiligen Geist in sie hineinversetzt werden.

Die Theologiegeschichte der vergangenen beiden Jahrhunderte versteht Frey von daher als Schuldgeschichte. Das Kreuz Jesu Christi kann allein Ausgangspunkt theologischen Denkens und Verstehens sein. Damit ist eo ipso ein anthropologischer Ansatz für die Theologie unmöglich. Nur »in Christus« ist dem Menschen geistliches Erkenntnisvermögen gegeben (1. Kor. 2, 10-16); nur eine pneumatische Exegese trägt diesem Sachverhalt in angemessener Weise Rechnung. An die Stelle der Autonomie der forschenden Ratio und der Verabsolutierung ihrer Methoden tritt die Angewiesenheit auf den Heiligen Geist, an die Stelle kritischer Überordnung die Unterordnung unter das Wort. Von dem dem Menschen unverfügbaren Wesen des Heiligen Geistes her lehnt Frey alle dem menschlichen Interpreten doch wieder verfügbaren Auslegungsmethoden ab. Das Wort der Schrift kann vom Menschen her nicht zum Sprechen gebracht werden – auch nicht durch eine Methode. Dieser Versuch muß unter dem Kreuz Christi als Schuld bekannt werden.

Frey geht davon aus, daß die Bibel in all ihrer Menschlichkeit gerade Ausdruck der Göttlichkeit und irrtumslose Vermittlung des Heils ist. Durch ihre Menschlichkeit hat sie Teil an der Verhüllung der Offenbarung Gottes in dieser Weltzeit. Durch diese Teilhabe an der revelatio in absconsione (= Offenbarung in Verbergung) ist die Schrift für den nicht wiedergeborenen Menschen verschlossen. Daher kann sie auch nicht von einem fundamentalistischen Ansatz her gewaltsam harmonisiert werden. Hier sieht Frey wiederum die menschliche Ratio – nun allerdings mit gegenüber der historischen Kritik umgekehrtem Vorzeichen – am Werk.

Frey verneint nicht die historische Arbeit am Text an sich. Der Exeget soll genau hinsehen, was da steht, und sich zu seiner Aufgabe aller verfügbaren wissenschaftlichen Hilfsmittel, wie Philologie, Zeitgeschichte usw. bedienen. Jedoch muß sich der Ausleger gerade beim Gebrauch dieser Hilfsmittel seiner Angewiesenheit auf den Heiligen Geist bewußt sein. Sie führen nicht »automatisch« zum Erfolg, d. h. zum rechten Verständnis des Textes und sind zudem aller rationalistischen Prämissen zu entkleiden.

Erst so wird die Schrift nach Frey nicht mehr Objekt der Auslegungskunst des Interpreten, sondern täglicher Zuspruch in seinem Leben sein und die Schriftauslegung damit in seine eigene Existenz und den Existenzzusammenhang mit der Gemeinde hineingenommen werden.

An Freys sehr konsequenten Ansatz wäre die Frage zu stellen, ob sich Heiliger Geist und Methode wirklich ausschließen, ob nicht jede verantwortliche Bibelauslegung automatisch bestimmte Arbeitsschritte durchführt (was ja auch Frey selbst tut), also methodisch vorgeht und daher präziser die Frage nach einer der Schrift angemessenen Methode zu stellen wäre. Frey sieht zwar im vom Heiligen Geist geleiteten Ausleger die Basis für einen exegetischen Neuansatz, doch wäre diese Alternative zur historischen Kritik nun weiter in concreto zu entfalten. Wünschenswert wäre auch gewesen, daß Frey den Unterschied seines Ansatzes zum Fundamentalismus im Hinblick auf die Irrtumsfähigkeit der Schrift näher expliziert hätte. Z

ARMIN SIERSZYN,
Das Wort Gottes, Theologische Bemerkungen zu seinem rechten Verständnis, Bärets-
wil, 2. verb. Aufl. 1974

Jesus Christus – das Wort Gottes in seiner 1. Gestalt

Was ist eigentlich das Wort Gottes? Streng genommen ist diese Frage falsch gestellt. Es gilt zu fragen: Wer ist das Wort Gottes? Antwort: Jesus Christus selbst ist das Wort Gottes!» Sein Name ist das Wort Gottes« (Offb 19,13). In Jesus Christus ist das ganze »Pläroma der Gottheit leibhaftig« kundgetan (Kol 2,9), indem er als der präexistente Gottessohn (Gal 4,4), als das präexistente Wort Gottes (Joh 1,1) in unser Fleisch und Blut eingegangen ist (Joh 1,14). Jesus war aber nicht nur das Wort Gottes in seiner Präexistenz und in seiner Erdengestalt, sondern er ist es noch heute als der Erhöhte (vgl. Joh 1,1.14 + Offb 19,13).

Jesus Christus ist darum das Wort Gottes schlechthin. Er ist das Wort Gottes in seiner Urgestalt oder in seiner ersten Gestalt.

Die Heilige Schrift als das Wort Gottes in seiner 2. Gestalt

oder: Das verkündigte bzw. geschriebene Wort Heiliger Schrift als Wort Gottes in seiner 2. Gestalt (nämlich in der Gestalt menschlicher Worte und Begriffe).

Wie kommt es nun aber, daß schon im AT (z. B. Ps 56,5), dann aber auch im NT (Luk 4,4) Worte der Bibel »Wort Gottes« genannt werden? Anders gefragt: In welchem Sinn ist denn nun die Bibel »Wort Gottes«? Verdienen überhaupt diese toten Buchstaben einen so mit Leben gefüllten Namen? . . .

Das NT als Wort Gottes: Wie im AT, so begegnet uns auch im NT das Wort Gottes in der Form menschlicher Worte und Begriffe, d. h. in seiner 2. Gestalt. Dennoch besteht ein Unterschied zwischen den beiden Testamenten. Worin liegt der Unterschied? Das NT unterscheidet sich vom AT dadurch, daß es auf die Menschwerdung des Wortes Gottes zurückblickt. Die Zeugen, die im NT zu uns sprechen, haben die Fülle des Wortes Gottes in seiner Urgestalt leibhaftig gesehen und mit ihren Händen betastet (1 Joh 1,1) und gehört (Hebr 1,2). Die Decke, die noch über dem AT lag, ist weg (2 Kor 3,14). Im Christus crucifixus und im auferstandenen kyrios täs doxäs stand und steht Gott als deus revelatus hell und klar vor ihnen (vgl. Mk 15,39; Lk 24,36 ff. + Joh 20,19-29). Das Zeugnis des NTs ist darum letztheitliches und unüberbietbares Wort Gottes in seiner 2. Gestalt (Hebr 1,1 f. + Offb 22,18 f.).

Die Verfasser der biblischen Schriften und die Inspiration

Die Zeugen des NTs sind Jünger Jesu, d. h. Menschen, die auf die eigene Führung ihres Lebens verzichtet haben. Menschen, die ihr ganzes Schicksal in die Hand eines anderen gelegt haben, von dem sie wissen: Er ist bei uns alle Tage, bis an der Welt Ende (Mt 28,20 + Röm 14,8). Ihre Lebenszentrale, d. h. die Stelle, von der aus die Steuerung ihres Willens, ihres Tuns, ihres Erkennens, Denkens und Fühlens geschieht, hat der gekreuzigte und auferstandene Christus eingenommen. Es gilt von ihnen: »Ich bin mit Christus gekreuzigt. Ich lebe, doch nun nicht mehr ich (mein altes Ich), sondern Christus lebt in mir« (Gal 2,19 f). Was sie nun tun, denken, sagen, schreiben und produzieren, das geschieht nicht mehr in eigener Führung. Es sind daher auch nicht eigene Gedanken, spekulative Ergüsse, sondern: alles wird getan im Christusleib, der vom Haupt her gesteuert wird (Kol 1,18). Paulus sagt Röm 15,18, er wollte nicht wagen, etwas zu reden (bzw. zu schreiben), das Christus nicht durch ihn gewirkt hätte (vgl. dazu auch 2 Kor 5,15!). Für die Zeugen, die im NT zu uns reden, ist das letzte Subjekt der Worte des NTs nicht bei den Zeugen selbst zu suchen, sondern beim Christus crucifixus et resurrectus. Dieser gekreuzigte und auferstandene »kyrios täs doxäs«, der selber der Geist ist (2 Kor 3,17), ist letztes Subjekt und zeichnet auch verantwortlich für die Worte Heiliger Schrift (vgl. auch Offb 2 + 3; 2 Petr 1,21; Eph 6,16; Joh 14, 26 und Joh 16,13).

Christus bzw. der Heilige Geist findet im Wort der Hl. Schrift seine Verleiblichung. Genauso wie der ewige Gottessohn sich in Jesus von Nazareth inkarnierte, so erniedrigt und inverbiert sich der Hl. Geist im Wort der Hl. Schrift. So ist das Wort Gottes in seiner zweiten Gestalt, wie wir es im menschlichen Bibelwort vor uns haben, vergleichbar mit Jesus von Nazareth als dem deus incarnatus.

Nun erhebt sich aber die Frage: Wenn also der Hl. Geist das eigentliche Subjekt ist, waren dann die Schreiber gleichsam willenlose Werkzeuge in der Hand des Hl. Geistes? Ist es so, daß wir es bei der Schrift vom ersten bis zum letzten Buchstaben mit gleichsam mechanisch diktiertem Wort Gottes zu tun haben? Hier gilt es, Vorsicht walten zu lassen. Der Vorgang der Inspiration ist ein Geheimnis und kann von uns nicht denkerisch-rational durchforscht und begriffen werden. Vielleicht können aber einige Gedankengänge uns helfen, Mißverständnisse abzubauen, so daß wir ganz neu staunen und anbeten lernen über dem Geheimnis und der Größe Gottes.

– Wir denken nun daran, wie es sich verhält, wenn ein Mensch zum Glauben an Christus kommt. Glaube an Christus kann ja nur dann entstehen, wenn der Hl. Geist an einem Menschen arbeitet. Wenn ein Mensch zum Glauben kommt, dann ist der Hl. Geist das entscheidende Subjekt. Darauf beruht ja unsere Heilsgewißheit (Röm 8,16). Und doch haben wir bei unserer Bekehrung – dem psychologisch-empirischen Befund entsprechend – uns in aller Freiheit des Willens selber für Jesus entschieden, so daß nachher manch einer versucht ist zu sagen: *Ich* habe mich für Jesus entschieden. Was will ich damit sagen? Was Gott in seinem Reich (Dimension der Ewigkeit) durch seinen Geist setzt, das erfahren wir Menschen in unserer raumzeitlichen Welt als Akt innerster Freiheit und höchster Verantwortung. Anders gesagt: Was Gott setzt bzw. wirkt, wird von uns Menschen nicht als sklavische Abhängigkeit, nicht als Zwang, sondern als Freiheit erfahren (Joh 8,36) und in hundertprozentiger Aktivität geleistet. Und dennoch gilt in Wahrheit: Nicht der betreffende Mensch, sondern der Herr ist letztes Subjekt der Tat und zeichnet dafür verantwortlich, weil das Ich des betr. Menschen der auferstandene Herr bzw. der Geist ist. Nur wer selber den Satz des Paulus: »Nun lebe nicht mehr ich, sondern Christus lebt in mir« noch nicht existentiell erlebt hat, kann unter Inspiration ein Diktat in die Feder einer willenlosen Marionette verstehen. Der Geist Gottes bestimmt einen Menschen nicht so, daß er ihn verknechtet zur willenlosen Puppe (z. B. indem er den Offenbarungsempfänger in Trance versinken läßt, so Montanus um 156), sondern er macht aus ihm gerade einen freien Menschen mit einer wirklichen Individualität. Freiheit ist hier allerdings nicht zu verstehen als Independenz, sondern als Freiheit, die gerade darin besteht, daß Christus der Herr geworden ist. Die Herrschaft Christi wird ja nicht erfahren als Zwang. Vielmehr: Was der Geist Gottes in und durch einen gläubigen Menschen bewirkt, das tut dieser selber in hundertprozentiger Aktivität, in letzter Freiheit und innerster Bejahung. Deshalb muß man auch sagen, daß das unter der Herrschaft Christi stehende Ich der Schreibenden hundertprozentig als Subjekt des Geschriebenen zu bezeichnen ist. Auf einen einfachen Nenner gebracht: Die Schriften des NTs sind hundertprozentig Werk des Heiligen Geistes, aber auch hundertprozentig Werk der Schreiber[1]. Die Tatsache, daß der Heilige Geist die Individualität der Schreiber in keiner Weise beeinträchtigte, erklärt uns die Verschiedenartigkeit des Christuszeugnisses unter den verschiedenen Zeugen. Von

---

[1] Etwas anders verhält es sich bei gewissen prophetischen oder Jesus-Worten, die den Schreibern von Gott unmittelbar diktiert wurden bzw. vorlagen. Doch auch hier handeln die menschlichen Werkzeuge aus innerster Berufung und letzter Bejahung (selbst Jeremia!).

daher ist es gerechtfertigt, von einer paulinischen oder einer johanneischen Theologie zu sprechen. Allerdings darf man dabei nicht vergessen, daß sie alle von ein und demselben Geist getrieben wurden.

Fazit: Das Zeugnis der Heiligen Schrift ist entstanden durch den Heiligen Geist und durch Sklaven Christi, die in christlicher Freiheit und voller individueller Aktivität am Zustandekommen beteiligt waren: »Vom Heiligen Geist getrieben haben Menschen im Namen Gottes geredet« (2 Petr 1,21). Die Schrift ist darum sowohl ganz Gottes Wort, als auch ganz Menschenwort . . .

Wir haben gesehen, wie das Verständnis der Inkarnation Christi und das der Inverbation des Geistes miteinander aufs engste korrespondieren. Es wurde uns auch klar, wo für den Theologen die Urversuchung liegt: In der autonomen Selbstbehauptung des natürlichen Denkens ist der Ansatz der Schlange verborgen. Dieser Fehlansatz konkretisiert sich im Angriff der menschlichen Ratio auf das Geheimnis der Fleischwerdung des ewigen Gottessohnes (Logos) in Jesus Christus von Nazareth bzw. auf das Geheimnis der Inverbation des Heiligen Geistes im Worte der Heiligen Schrift. Die Ratio dringt ein und fängt an zu sondieren und analysieren. Der Weg des theologischen Denkens unter der Führung des Kyrios Christos aber kann nicht der Weg rationaler Durchdringung, sondern nur der des Lobpreises und der Anbetung sein. Was das konkret bedeuten kann, begegnet uns z. B. im christologischen Bekenntnis von Chalcedon 451. Wenn wir das Zustandekommen dieses Bekenntnisses betrachten, dann sind wir geneigt zu sagen: Ach, da haben Kirchenmänner gestritten und schließlich abgestimmt, wobei es dann so herauskam. Für Gläubige aber, die darum wissen, daß der Herr lebt, ist es aber klar, daß beim Zustandekommen dieses Ergebnisses der Herr seine Hand mit im Spiele hatte. – Was ist das Ergebnis von Chalcedon? Das Bekenntnis bezeugt einen Christus als vere deus et vere homo in zwei Naturen. Das Verhältnis dieser beiden Naturen wird nun wie folgt umschrieben: UNVERMISCHT und UNWANDELBAR (die göttliche Natur z. B. verwandelt die menschliche nicht in die göttliche), ferner: UNGETRENNT, UNZERTRENNBAR (es gibt nichts auseinanderzudividieren). Was bei diesen Begriffen auffällt, ist, daß sie keine positiven Aussagen machen, welche erlaubten, das Geheimnis der Christusperson rational in den Griff zu kriegen. Die Begriffe wehren vielmehr lediglich Mißverständnisse ab, jeder in eine andere Richtung. Der Kreis des christologischen Geheimnisses ist umschrieben, bleibt selbst aber unberührt. Er ist nicht rational durchforscht und nach seinen Strukturen durchleuchtet. Die altkirchlichen Väter haben für das Geheimnis der Inkarnation Raum gelassen, der Inhalt des Geheimnisses ist dem Blick der Ratio entzogen. Hier liegt wohl auch der tiefste Grund, weshalb das Bekenntnis von liberaler Seite her stets so angefochten war und bis heute noch ist. Das Bekenntnis ist ein Affront gegen die sich selbst behaupten wollende Ratio des Theologen. Es ist enttäuschend, ein fauler Kompromiß für jede Ratio, die nicht anbeten, sondern begreifen möchte. So sehen wir im Chalcedonense exemplarisch, was es heißt, daß der Glaube an erster, die Arbeit des Theologen aber an zweiter Stelle zu stehen hat.

Wie die Väter die Inkarnation des Gottessohnes ins Fleisch, so dürfen auch wir die Inverbation des Geistes Gottes im Wort Heiliger Schrift nur umschreiben, aber nicht rational durchforschen und analysieren, sonst wird uns das Geheimnis und die Herrlichkeit des Wortes Gottes in seiner zweiten Gestalt unter dem Seziermesser theologischen Arbeitens zerrinnen. Das Verhältnis des »vere deus et vere homo« entspricht demjenigen »Wahres Gotteswort – wahres Menschenwort«. Auch hier gilt: Unvermischt einerseits, untrennbar aber andererseits. Wer die menschliche Seite der Bibel vergißt, ist das »unvermischt, unwandelbar« in Erinnerung zu rufen. Wer aber in Verkennung der vollen Göttlichkeit des Schriftwortes dieses unter einseitiger Inblicknahme der sogenannten Knechtsgestalt des Wortes analysiert und seziert (z. B. historisch-kritische Methode), der muß sich sagen lassen, daß er damit in einem auch den göttlichen Logos selber zerschneidet, denn Gotteswort und Menschenwort lassen sich nicht trennen. Wir haben immer nur den ganzen Christus als vere deus et vere homo, anders haben wir ihn nicht. Genauso verhält es sich auch mit dem Worte Gottes.

Kommentar

Armin Sierszyn (geb. 1942), z. Z. Dozent an der Freien Evangelisch-Theologischen Akademie Basel, veröffentlichte zur hermeneutischen Frage vor allem »Die Bibel im Griff? Historisch-kritische Denkweise und biblische Theologie«, Wuppertal 1978, woraus längere Passagen im vorliegenden Buch abgedruckt sind. Er versucht darin, Ursprung und Wesen der historisch-kritischen Denkweise, vor allem am Beispiel Troeltschs, von der Bibel her kritisch zu beleuchten. Dabei knüpft er an Freys Ansatz an und expliziert ihn durch konkrete Arbeitsschritte bibelgemäßer Auslegung.

Auch bei den voranstehenden Ausführungen liegt Freys Ansatz zugrunde. Sierszyn geht dabei von dem m. Ws. ursprünglich lutherischen, von Barth neu aufgenommenen Gedanken von der Heiligen Schrift als dem Wort Gottes in seiner zweiten Gestalt aus. Inkarnation des ewigen Gottessohnes in Jesus von Nazareth und Inverbation des Heiligen Geistes im Wort der Heiligen Schrift bilden für ihn ein analoges Geschehen. Daher sieht Sierszyn auch in den christologischen Bestimmungen des Chalcedonense den hermeneutischen Schlüssel zum Verständnis der Inverbation vorgegeben. Ebenso wie damals keine positiven, sondern nur abgrenzende Aussagen über das Geheimnis der Christusperson gemacht wurden, ist auch die Inverbation des Geistes Gottes im Wort Heiliger Schrift, d. h. die Entstehung der Bibel, nicht rational zu durchforschen und zu analysieren, sondern nur – und zwar in paradoxer Weise – zu umschreiben: Die Schrift ist 100% Gottes- und 100% Menschenwort. Die Inspiration der biblischen Autoren ist dabei nicht als Vorgang verstanden, der das Bewußtsein ausgeschaltet hätte. Vielmehr liegt dieser Aussage sowohl der lutherische Gedanke von der Allwirksamkeit Gottes als auch dessen Personverständnis zugrunde: Gerade die Übereinstimmung mit dem Willen Gottes bedeutet höchste Freiheit für den Menschen. Insofern kann für die Inspiration gelten: 100% ist der Mensch und 100% ist der Geist Gottes Subjekt des Geschriebenen. Gottes Kondeszendenz im Inspirationsvorgang läßt kein rational-aufweisbar irrtumsloses göttliches Wort entstehen. Vielmehr hat die Schrift Teil an der Kreuzesgestalt Jesu. Zugang zur Herrlichkeit der Schrift finden wir nur über das Kreuz Christi, wie wir auch zur Herrlichkeit Christi nur über sein Kreuz gelangen. Nur wenn die autonome Selbstbehauptung des natürlichen Denkens im Kreuz Christi preisgegeben ist, wird der Weg theologischen Denkens der des Lobpreises und der Anbetung sein.

Zu fragen wäre bei diesem durchaus stringenten Ansatz nach seiner Umsetzung in die praktische exegetische Arbeit, in der man ja nicht mehr in Paradoxien stehenbleiben kann, sondern zu konkreten Ergebnissen kommen muß. Wie sieht z. B. nach Sierszyn Umgang des Exegeten mit einer irrtümlichen Schriftaussage aus? Worin unterscheidet sich im einzelnen die Verwendung von exegetischen Arbeitsschritten bei Sierszyn von der innerhalb der historisch-kritischen Denkweise? Z

GERHARD MAIER,
Das Ende der historisch-kritischen Methode, R. Brockhaus Verlag Wuppertal ⁵1984,
S. 43 ff.

Zusammenfassung

. . .

1. Die Exegeten können das NT nicht mehr als Einheit begreifen, sondern nur noch als Sammlung verschiedener Zeugnisse, die unter sich widersprüchlich sind und verschiedenen Rang einnehmen.

2. Es steht für sie fest, daß der formale Kanon nicht gleichzusetzen ist mit dem Wort Gottes. Bis heute hat die Semlersche Scheidung von Schrift und Wort Gottes unumstrittene Bedeutung. Diese These und die Feststellung der Widersprüchlichkeit des NT ergänzen und stützen sich gegenseitig.

3. Angesichts der beschriebenen Lage suchen Exegeten und Systematiker seit über 200 Jahren nach dem Kanon im Kanon, d. h. nach dem verpflichtenden Wort göttlicher Autorität. Dieses 200jährige Unternehmen ist gescheitert, da niemand in der Lage ist, einen Kanon im Kanon überzeugend und einsichtig anzugeben.

4. Da jeder den Kanon im Kanon verschieden bestimmt und dies aufgrund nicht mehr hinterfragter Option (d. i. aus freier Wahl) geschieht, spricht unkontrollierbare Subjektivität das letzte Wort darüber, was göttliche Autorität besitzen soll.

5. Sofern Systematiker einen Kanon im Kanon ablehnen, um der Schrift die Freiheit zu erhalten, müssen sie die Einheit der Schrift außerhalb der Schrift suchen, weil keiner die historisch-kritische Methode mit ihren Widerspruchsergebnissen überwindet. Katholischerseits nimmt man die Zuflucht zum Lehramt der Kirche, die damit über die Schrift entscheidet, evangelischerseits zu einer geistlichen Erfahrung der Gemeinde, die eine Einheit im Gegensatz zur Schriftforschung erbringt und damit praktisch über die Schrift zu stehen kommt.

Der Gebrauch der historisch-kritischen Methode hat uns also in ein ungeheures Loch gestoßen. Das hier gesetzte Gefälle erwies sich als unentrinnbar. Was wirkliches Wort Gottes ist, wurde immer nebulöser.

Es muß jedem Einsichtigen deutlich sein, daß es auf diesem Wege nicht mehr weitergeht. Denn es ist unmöglich, daß menschliche Subjektivität den Entscheid darüber trifft, was göttliche Autorität haben soll und wo Gott redet. Unter der Anwendung der historisch-kritischen Methode sind wir weit entfernt worden von Jesu Hinweis: »Ihr suchet in der Schrift, denn ihr meint, ihr habt das ewige Leben darin; und sie ist es, die von mir zeuget« (Joh. 5,39), wie von den Aposteln, den echten Kirchenvätern und noch Luther, für die das »Es steht geschrieben« das letzte durchschlagende Argument war.

Das feine Gewebe der historisch-kritischen Methode ergab eine neue babylonische Gefangenschaft der Kirche. Sie wurde mehr und mehr abgesperrt von dem lebendigen Strom der biblischen Verkündigung und deshalb immer unsicherer und blinder, sowohl was ihren eigenen Gang betrifft, wie auch in Beziehung auf das Wirken nach außen. Andererseits trat nicht nur eine Distanzierung der historisch-kritisch Arbeitenden, d. h. der theologischen Wissenschaft, von der Bibel ein, was zugleich den Rückgriff auf andere Gedanken bedeutete, sondern auch von der Gemeinde, die nach wie vor die Schrift als Einheit betrachtete und von da aus ihr Leben gestaltete . . .

Es wäre ein großer Fehler, die Schuld an solcher Entwicklung der Dinge etwa im Unvermögen der *Methodiker* zu suchen. Vielmehr ist es die Schuld der *Methode*, die man gewählt hat. Die obige Darlegung zeigte, daß die Methode scheitern mußte, weil sie ihrem Gegenstand nicht entsprach. Wir können jetzt als bewiesen annehmen, daß die Schrift selbst keinen Kanon im Kanon anbietet, sondern letzterer ihr gewaltsam und gegen ihren Willen abgenötigt wird. Was für eine grausame Einrichtung Gottes wäre es denn, die uns so lange und so verzweifelt nach dem verbindlichen Kanon suchen ließe mit dem Ergebnis zunehmender Ungewißheit? Das ständige Zeugnis der Schrift bestätigt ja, daß Gewißheit das Ziel der Liebe Gottes und der Inhalt des Gebets ist:»Laß meinen Gang fest sein in deinem Wort und laß kein Unrecht über mich herrschen (Ps. 119,133) . . .

GERHARD MAIER,
Konkrete Alternativen zur historisch-kritischen Methode, Vortrag 1980.

In meiner Schrift»Das Ende der historisch-kritischen Methode« hatte ich versucht darzulegen, warum wir mit den bisherigen historisch-kritischen Methoden nicht weiterkommen. Die Gründe konzentrierten sich auf die folgenden:

– Ein Kanon im Kanon, den alle historisch-kritisch Arbeitenden ausdrücklich oder stillschweigend voraussetzen, läßt sich biblisch nicht aufweisen;

– die Bibel als ganze ist sowohl Gotteswort als auch Menschenwort und sperrt sich gegen eine Aufteilung in ewige Wahrheiten und zeitgeschichtlich ausschaltbare Aussagen;

– sie ist Medium des göttlichen Redens, läßt sich von dem personalen Verhältnis Gott – Mensch nicht lösen und ist darum mehr als eine Sache,

– historisch-kritische Arbeit benötigt für ihre Sachkritik einen Standpunkt außerhalb der Bibel und bringt von daher ihre Ergebnisse schon mit;

– und schließlich : mit den diffusen Resultaten der historisch-kritischen Arbeit ist kein Gemeindeaufbau möglich und ein gemeinsames Glaubensbekenntnis nicht mehr zu sprechen . . .

Die Sachkritik an der Bibel hat die Gemeinden, nicht nur in Deutschland, seit 200 Jahren unerträglich belastet. Sie verhindert, daß wir als evangelische Kirche das Zeugnis geben, das wir unserer Umgebung schuldig sind. Sie bricht nach wie vor dem frischen, missionarischen Glauben junger Theologen das Genick. Sie ist wirklich, um mit Hermann Strathmann zu sprechen, die»schleichende Krankheit der evangelischen Theologie und damit der evangelischen Kirche« geworden. Auch die beachtliche Fülle respektabler Leistungen, auch die Anerkennung der Tatsache, daß Gott in, sub und cum einer manchmal überzwerchen, manchmal wachrüttelnden, und doch oft fehlgeleiteten Theologie gewirkt hat, befreit die Theologie nicht aus der Haftung für jene»schleichende Krankheit«, von der Strathmann sprach. Es sollte für uns eine wichtige und ehrenhafte Aufgabe sein, an der Überwindung dieser Krankheit mitzuarbeiten. Unser Land hat der Welt den Segen der Reformation vermittelt. Es hat diesem Segen das Gift der Bibelkritik folgen lassen. Es scheint aber, daß die gegenwärtige Situation offen geworden ist für eine hermeneutische Neubesinnung . . .

Wir gehen im folgenden von drei Voraussetzungen aus: der Notwendigkeit einer wissenschaftlichen Methode beim Geschäft der Schriftauslegung, der Notwendigkeit eines historischen Zugangs zur Schrift und der unverrechenbaren Eigenart dieser Schrift, die uns zu einer eigenen biblischen Hermeneutik nötigt.

Versuchen wir, diese Voraussetzungen kurz zu skizzieren.

Eine wissenschaftliche Methode der Schriftauslegung ist nötig schon zur gegenseitigen Verständigung. Freunden wie Bestreitern meiner Auslegungsergebnisse muß ich deutlich machen können, wie und warum ich gerade zu diesen Ergebnissen gekommen bin. Sonst stünde Pneuma gegen Pneuma, und Gott selber würde viel zu schnell als Partei in Anspruch genommen. Anders als Hellmuth Frey gehe ich davon aus, daß Geist und Methode keinen Gegensatz bilden müssen . . .

Ohne Methode käme es gerade zu der Beliebigkeit, die Frey überwinden will. Ebenso setzen die Apologetik und die Mission im Gebiet des Denkens eine irgendwie rational greifbare Methode voraus. Wie soll ich mit Argumenten zu überzeugen versuchen, ohne mich in die Logik menschlichen Denkens zu begeben? Nur die Vergötzung, nur die Verabsolutierung der Methode ist falsch.

Als zweite Voraussetzung nannten wir die Notwendigkeit eines historischen Zugangs zur Schrift. Hier ist ein Punkt, an dem Aufklärung und sogar Historismus der Theologie einen Dienst erwiesen haben, indem sie beharrlich und präzise zurückfragten nach dem, was wirklich war. Aber nun ist ebenso beharrlich darauf hinzuweisen, daß der historische Umgang mit der Bibel nicht der einzig mögliche und nicht der einzig fruchtbare ist. Es scheint eine Morgendämmerung heraufzuziehen, in deren Licht wir erkennen, daß wir die Tragfähigkeit historischer Methoden in den letzten Jahren z. T. maßlos überschätzten . . .

Doch wie steht es mit der dritten Voraussetzung, der eigenen »biblischen Hermeneutik«? . . . Der entscheidende Gesichtspunkt muß sein, daß wir in der Bibel nicht einem Buch wie jedem anderen begegnen, sondern der schriftgewordenen Offenbarung Gottes – jedenfalls ist dies ihr eigener Anspruch. Eine Offenbarung des einen Gottes, auch wenn wir sie vorläufig nur hypothetisch setzen, kann nicht nach vollkommen denselben Regeln ausgelegt werden, wie Hesiod oder Curzio Malaparte. Wir müssen ihr mindestens den beanspruchten Raum zum Reden geben. Und das bedeutet – anders als in der Weltliteratur – einen »Vertrauensvorschuß«, der auch den zitierten »Wahrheitsvorsprung« einschließt. Sie selbst verweist mit dem Anspruch der Inspiration hinter die menschlichen Boten zurück auf Gott als den letzten Urheber ihrer Botschaft. Diese Inspiration bezeugt das Neue Testament für die damaligen Schriften, d. h. das Alte Testament. Diese Inspiration bezeugen die meisten neutestamentlichen Schriften für sich selbst, z. B. Matthäus und Johannes durch die bewußte Gestaltung ihrer Evangelienanfänge (vgl. Mt 1,1 mit Gen 5,1; 22,17; Joh 1,1 mit Gen 1,1), Paulus für sein »Evangelium« in Gal 1,11 ff.; 1 Kor 7,40 oder die Apokalypse in 22,18 f. Schließlich hat die alte Kirche, bewegt vom inneren Zeugnis des Geistes, bestimmte Schriften der Apostel und ihrer Schüler sich selbst als inspiriertes Gotteswort gegenübergestellt. Keiner der bisherigen Inspirationsbegriffe, weder die Verbal-, noch die Personal- oder die Realinspiration, konnte befriedigen. In Anlehnung an die Schrift schlage ich deshalb vor, von einer »Ganzinspiration« zu sprechen. Damit vermeiden wir das Mißverständnis, als stünde die Inspiration in einem Gegensatz zu der Aufgabe historischer Forschung oder sei überall mechanisch aufzufassen. Nach Hebr. 1,1 ist ja Gottes Reden »polytropos« geschehen. Der Begriff »Ganzinspiration« öffnet den Blick auch für die heilsgeschichtlichen Zusammenhänge, die großen Bögen von Prophetie und Erfüllung, die erkennbare Abzweckung des in der Bibel Ausgesagten. Wir bekommen so auch den Raum und das Auge für das, was die Bibel wirklich sagen will. Ähnlich hat die Lausanner Verpflichtung in ihrem Artikel 2 formuliert, das Wort Gottes »sei ohne Irrtum in allem, was es verkündigt« – präzisieren wir: was es verkündigen will. Es muß durchaus noch festgestellt werden, welche historischen Auskünfte die Heilige Schrift zu geben beabsichtigt. Und schließlich geben wir mit dem Begriff der Ganzinspiration nicht auf, was wir trotz des mißglückten Begriffs von der »Verbalinspiration« nicht aufgeben dürfen: daß die Schrift als ein Ganzes, als ein göttliches Geschenk angenommen sein will . . .

Die Möglichkeit, daß wirklich die ganze Schrift inspiriertes, d. h. ermächtigtes und sich erfüllendes Gotteswort ist, bedeutet die Pflicht, ihre Einheit zu suchen. Denn eben das ist das konstitutive Element ihrer Einheit: daß alle biblischen Texte entweder von dem einen Gott her oder zu ihm zu reden beanspruchen. Es geht um den Vater Jesu Christi, der jeden Zeugen an seinem Ort, mit seinen Mitteln reden läßt. Ein Kanon im Kanon ist historisch aufweisbar unmöglich und zerstört diese Einheit und Ganzheit. Zerrissene Fragmente, theologische Widersprüchlichkeiten setzen die bisher nicht bewiesene Annahme voraus, daß Gott biblische Zeugen kämpfend gegeneinander ins Feld führt. Mit der Ablehnung biblischer Sachkritik scheiden wir uns vom Programm des gemäßigten Kritizismus . . . .

Anmerkung der Hrsg.: Beim Abdruck wurde auf die Anmerkungen verzichtet.

GERHARD MAIER,
Heiliger Geist und Schriftauslegung, R. Brockhaus Verlag Wuppertal 1983, S. 13 ff.

Als Inspiration der Heiligen Schrift bezeichnen wir denjenigen geschichtlichen Gesamtvorgang, durch den der Heilige Geist bestimmte Schriften zu Gottes Wort an alle Menschen gemacht hat.

An welcher Stelle auch immer wir einsetzen, um die Schriftinspiration genauer zu beschreiben: stets stoßen wir auf das Problem von Geist und Geschichte . . .

Mustern wir das Neue Testament, dann wird sehr schnell deutlich, daß wir es mit einer großen Vielfalt von Vorgängen zu tun haben, die alle unter das Stichwort »Inspiration« fallen. Da ist der Vorgang der realen Audition und Vision, verbunden mit einem Schreibbefehl: »Was du siehst, das schreibe in ein Buch!« (Offb. 1,11; vgl. 1,19; 2,1 ff.; sowie Jes. 8, 1.16; Jer. 36,1 ff.; Dan 9,2; 12,4) und der Warnung, daran auch nur das Geringste zu ändern (Offb. 22, 7.9 f. 18 f.). Daneben stehen heilsökonomische Differenzierungen, die ein deutliches Schwergewicht auf die eschatologische Letztoffenbarung legen: »Nachdem Gott vorzeiten manchmal und auf mancherlei Weise geredet hat zu den Vätern durch die Propheten, hat er am Ende dieser Tage zu uns geredet durch den Sohn« (Hebr. 1,1). Wie man sieht, wird hier der Unterschied nicht beim Urheber gemacht, sondern eschatologisch von der qualifizierten Zeit her gedacht. Verschiedene Arten von Inspiration finden wir in der Briefliteratur. In einigen Fällen werden verbindliche Anordnungen anhand der »Schriften« oder der »Herrnworte« getroffen (Röm. 3,10 ff.; 1.Kor. 7,10 f.). In anderen Fällen redet der Apostel ebenso verbindlich kraft seiner geistgewirkten apostolischen Vollmacht (z. B. 1. Kor. 7,12 ff. 40; 14,37 f.). Daneben gibt es Fälle, in denen der Apostel nur eine Meinung oder Empfehlung oder ein Zugeständnis anspricht, die den Leser ausdrücklich nicht binden sollen, wobei der Apostel dennoch auch bei seinem seelsorgerlichen Rat sich unter Geistesleitung weiß (1. Kor. 7,6 f. 25. 38. 40; 1. Kor. 11,16?). Hier ist ferner zu beachten, daß in der Briefliteratur oft Fragen der Gemeinden aufgenommen werden und keine allseitig erschöpfenden Traktate vorliegen. Eine geradezu historisch geartete Arbeitsweise gibt Lukas zu erkennen (1,1-4). Er stellt besondere Anforderungen an seine Tradenten. Sie sollen a) Augenzeugen, b) Glaubende und c) Mitarbeiter der Christengemeinde (»Diener des Worts«) sein. Er will auf die Ursprünge zurück, genau und der Reihenfolge nach berichten, damit sein durch die Katechese gegangener Adressat die *asphaleia* erlangt. Lukas verzichtet darauf zu sagen, daß ihm seine Absichten in jedem Stück gelungen sind. Aber er stellt sich uns dar als ein dem Geist geöffneter (10,16; 24,49) und um Wahrheit bemühter Evangelist. Wieder ein wenig anders liegt der Fall des vierten Evangelisten. Das Johannesevangelium schließt mit der Versicherung: »wir wissen, daß sein (= des Verfassers des Evangeliums) Zeugnis wahr ist« (21,24). »Wahr« ist mehr als bloß richtig. Es heißt: dem Willen Gottes entsprechend. In diese Versicherung sind auch die Kommentare eingeschlossen, die Johannes in seinem Evangelium gibt. Summa summarum: Die Inspiration ereignet sich in einer solchen geschichtlichen Vielfalt, daß wir sie unmöglich auf einen bestimmten oder auch nur auf einen gewöhnlichen Modus festlegen können. Sie geschah tatsächlich *polytropōs* (Hebr. 1,1).

Als Konsequenz aus diesen Beobachtungen ergibt sich zunächst, daß die Schriftinspiration nicht auf ein Diktat des Heiligen Geistes verengt werden darf. So wenig ein solches Diktat generell auszuschließen ist (vgl. Jes. 8,1; Offb. 2, 1.8.12 usf.), so wenig gehört es wesensnotwendig zum Begriff der Schriftinspiration.

Eine zweite Konsequenz betrifft die menschliche Mitwirkung. Die »Mitwirkung der menschlichen Selbsttätigkeit«, die Girgensohn und ungezählte andere gefordert haben, ist, wenn man sie recht versteht, durchaus gegeben. Sie ist wiederum nicht in einer bestimmten Form oder in einem bestimmten Umfang festlegbar. Selbst unter der Voraussetzung eines konkreten Schreibbefehls erscheint die Bezeichnung des menschlichen Verfassers als »calamus« als zu mechanisch und als unzureichend. Ein Vergleich der Aussagen des Täufers, Jesu und des Evangelisten im Johannesevangelium z. B. zeigt, daß die Verfasser der biblischen Schriften ermächtigt sein konnten, weithin ihre eigenen Begriffe zu benutzen, wenn sie Worte oder Ereignisse wiedergaben . . .

Gerade die Vielfalt der Inspirationsvorgänge nötigt schließlich zu einer dritten Konsequenz. Sie betrifft die Unterscheidung von »geschehenem« und »bezeugtem« Wort. Dabei neigt man dazu, die Schrift als Zeugnis von der eigentlichen Offenbarung, dem »geschehenen Wort« zu distanzieren. Die genannte Unterscheidung erlaubt dann auch, Bibel und Wort Gottes als zwei getrennte Größen aufzufassen. Eventuell steht im Hintergrund eine gewisse Unterschätzung der Schriftform. Jedenfalls erheben sich hier zwei Bedenken. Zum einen ist die Unterscheidung von »geschehenem« und »bezeugtem« Wort wenig sinnvoll, wenn die Offenbarung von vornherein in Schriftform erfolgen sollte, z. B. im Falle des Schreibbefehls oder der apostolischen Briefliteratur. Zum anderen wird die Inspiration gerade im Blick auf das, was sie sichern will, nämlich die verbindliche Endfassung der Offenbarung, ungewiß, und zwar im Gegensatz zur Intention der biblischen Aussagen. Wir können auch formulieren: Die Unterscheidung von »geschehenem« und »bezeugtem« Wort droht wiederum, Geist (»geschehenes Wort«) und Geschichte (die historische Manifestation als »bezeugtes Wort«) auseinanderzureißen . . .

(S. 22:) Kein Zweifel auch, daß das NT selbst den geisterfüllten Ausleger fordert. Beispielsweise will Paulus »geistliche Dinge für geistliche Menschen deuten« (1.Kor. 2,13). Ein angemessenes Verstehen des AT sieht er nur im Heiligen Geist als eine Möglichkeit an (2. Kor. 3,14 ff.; vgl. Joh. 16,13).

Noch einmal: Angesichts dieser eindeutigen Sachlage muß es verwundern, daß das Plus, das die inspirierte Auslegung gegenüber der nichtinspirierten hat, nicht klarer herausgearbeitet werden konnte. Nicht einmal der Vorzug der »kongenialen« Auslegung gegenüber einer nichtkongenialen konnte eindeutig auf den Nenner gebracht werden. Im Gegenteil: Die Reformatoren mußten zugestehen, daß das »natürliche Licht der Vernunft« eigentlich recht viel erkennt; nur den Schritt zum eigenen Glauben läßt es vermissen. Und später glaubte man dann auf eine theologia regenitorum ohne weiteres verzichten zu können.

Will man aus diesen kirchengeschichtlichen Erfahrungen eine Lehre ziehen, dann empfiehlt es sich, nicht mehr bei der Person des Auslegers – also anthropozentrisch – anzusetzen, sondern beim Werk des Heiligen Geistes am Ausleger – also pneumatozentrisch. Wir fragen: Was will der Heilige Geist, der die Heilige Schrift gestaltet hat, nun beim Ausleger bewirken?

In 2. Kor. 4,6 führt Paulus seine Christuserkenntnis auf einen Schöpfungsakt Gottes zurück, der mit dem Schöpfungsgeschehen in Gen. 1 vergleichbar ist . . .

Der Heilige Geist will den Ausleger selbst ergreifen, verwandeln und erfüllen. Wann und wie dies geschieht, ist weder bestimmbar noch machbar, sondern allein in der Souveränität des Geistes (Joh. 3,8). . . . Andererseits ist klar, daß ein Bibelausleger, der sich der Wiedergeburt durch den Heiligen Geist verweigert, in einen existentiellen Widerspruch zu der Botschaft gerät, die er auslegen will. Denn es ist gerade das biblische Wort, das die Kraft und den Anspruch des Heiligen Geistes in sein Leben hineinträgt.

Daraus ergibt sich weiter, daß der persönliche Glaube an Jesus Christus kein Fehler, sondern eine Hilfe im Auslegungsprozeß ist . . .

. . . Mit dem Fortgang des Glaubenslebens wird daher auch das Vertrauen zur Schrift wachsen. Ein christlicher Ausleger geht infolgedessen mit einem Vertrauensvorschuß an die Schrift heran, der sich nur künstlich oder gar unredlich leugnen läßt . . .

(S. 25:) . . . Übrigens gibt es ja keine äußeren Auslegungsergebnisse, an denen man die Inspiriertheit des Auslegers ablesen könnte. Ebensowenig ist ein Ausleger der Vergangenheit oder der Gegenwart, selbst wenn er wiedergeboren ist, gegen Irrtümer gefeit. Aber ebenso real trifft der Ausleger in der Schrift immer wieder auf das Wirken desselben Geistes, der auch ihn bewegt. Die Beziehung des Auslegers zur inspirierten Schrift kann also nur die sein, daß er die Einheit der Schrift sucht, die das innere Zeugnis des Geistes in der Kirche bekundet hat. Ausgerechnet ein Alttestamentler hat diesen Gedanken pneumatologisch und christologisch zugleich formuliert: »die gesamte in Christus gipfelnde Glaubenswelt ist aus demselben Geiste geboren und lebt darin.« . . .

Damit stehen wir jetzt vor dem Problem »Geist und Methode«. Verträgt sich die Inspiration des Auslegers überhaupt mit einer wissenschaftlichen Methode? . . . Für die Anwendung einer solchen Methode sprechen: die Notwendigkeit der Lehre und ihrer geordneten Weitergabe; das Bedürfnis nach einer gegenseitigen Korrektur, die ihrerseits einen nachvollziehbaren Weg der Auslegung voraussetzt; und die Apologetik und Mission im Gebiet des Denkens (1. Petr. 3,15!). Entscheidend sind aber die biblischen Beobachtungen. Jesus führt das Gespräch mit seinen Gegnern durchaus auch rational unter Einsatz des Schriftbeweises (vgl. Mt. 12,3 ff. 24 ff.; 19,3 ff.; 22,23 ff.; Joh. 10,34 ff.). Bei Paulus entdecken wir Elemente rabbinischer Auslegungskunst. Natürlich wirkt der Heilige Geist auch in wunderhaften, menschlich unerklärlichen Vorgängen. Aber gerade der wiedergeborene und im Besitz des Geistes befindliche Christ wird in 1. Kor. 14, 19 ff. von Paulus dazu angeleitet, den *nous* einzusetzen, »mit verständlichem Sinn« zu reden. Der Grund ist bezeichnenderweise die notwendige Aufdeckung der Sünde und das missionarische Gewinnen Ungläubiger. Paulus rechnet damit, daß der Heilige Geist den Verstand nicht verdeckt, sondern erneuert (Röm. 12,2). Eines der eindrücklichsten Beispiele methodischer Arbeit findet sich im Neuen Testament selbst, nämlich das lukanische Doppelwerk (Lk. 1,1-4; Apg. 1,1 f.). Von daher läßt sich eindeutig entscheiden, daß der Heilige Geist nicht in die Aufgabe der Methode, sondern in die von der Schrift her normierte Methode führt.

Entspricht nun also dem inspirierten Ausleger eine bestimmte inspirierte Methode? Die Antwort kann auch hier nur sehr behutsam gegeben werden. Bleiben wir unserem pneumatozentrischen Ansatz treu, d. h. fragen wir nach dem aus dem Neuen Testament erkennbaren Willen des Geistes, so ergibt sich Folgendes:

Das Neue Testament enthält keine ausgearbeitete, systematisch-geschlossene Methode. So enthält es z. B. philologisch-rationale, typologische, allegorische und heilsgeschichtliche Elemente einer Schriftauslegung (vgl. Mt. 13,37 ff.; 22, 23 ff.; Joh. 10,34 ff.; 1. Kor. 10, 4 ff.; 15,27; Gal. 4,22 ff.; 2. Tim. 2,6). Von da aus gewinnen wir die Freiheit, mit mehreren legitimen Methoden der Schriftauslegung zu rechnen. Die Konsequenz aus dieser Beobachtung ist einschneidend. Sie besagt nicht weniger als dies: daß der inspirierte Ausleger die Möglichkeit einer historischen Methode benutzen, ja als notwendig begründen kann, sich aber zugleich für die Möglichkeit anderer Methoden offenhalten muß. Dabei spielt es keine Rolle, ob man diese anderen Möglichkeiten als »Exegese des Glaubens«, als »mehrdimensionale« oder »spirituelle Exegese« o. ä. bezeichnet. Jedenfalls ermutigt uns das Thema »Heiliger Geist und Hermeneutik« dazu, die geistwidrige Engführung aufzugeben, die die Bibelauslegung mit der historischen Erklärung schlichtweg identifiziert. Es ist an der Zeit, die Mehrdimensionalität der Schriftauslegung neu zu entdecken und sorgfältig zu bedenken.

(S. 28:) Damit haben wir den letzten Punkt in unseren Überlegungen erreicht. Benötigt die Bibelauslegung eine besondere biblische Hermeneutik? . . .

. . . Viel schwerer wiegt der Einwand, eine besondere biblische Hermeneutik zerreiße die eine Wirklichkeit Gottes und verfalle durch eine Aufteilung in eine profane Welt und eine göttliche Sonderwelt gewissermaßen der Lehre Kants.

Diesem letzten Einwand gegenüber ist freilich zu sagen, daß uns der Heilige Geist nicht auf die eine, in der Tat unzerreißbare Wirklichkeit von Natur und Geschichte führt, wenn wir die Bibel auslegen, sondern auf deren Urheber! Und zwar so, daß wir in eine personhafte Beziehung hineingenommen werden. Deshalb erhebt sich noch einmal die Frage, ob wir um dieser unvergleichlichen Begegnung willen mit dem Urheber des Seins, der in der Bibel zu reden beansprucht, nicht doch eine eigenständige und aus dem Allgemeinen nicht ableitbare Hermeneutik benötigen? Für eine solche sprechen unter dem Aspekt des Themas »Heiliger Geist und Hermeneutik« folgende Gründe: 1. Die Inspiration des Auslegers durch den Heiligen Geist sprengt jede immanente Hermeneutik. 2. Die Glaubensgemeinschaft, der der Ausleger durch den Heiligen Geist verantwortlich und verpflichtet wird, transzendiert ebenfalls die immanenten Rahmenbedingungen einer allgemeinen Hermeneutik. 3. In der persönlichen Begegnung, die der Heilige Geist durch die Bibel, nach deren eigenem Anspruch, in einzigartiger Weise vermittelt, sucht Gottes Liebe und Hoheit ihre Antwort im Vertrauen und Gehorsam des Menschen. Dabei hat ein immanenter »Kritik«-Begriff keinen Platz. Aus dieser Eigenart des inspirierten Wortes ergibt sich für den inspirierten Ausleger die Notwendigkeit einer besonderen biblischen Hermeneutik. Einer Hermeneutik allerdings, die frei bleibt zum Gespräch mit anderen, und auch Freiheit gibt für verschiedene stets revidierbare Einzelmethoden. . . .

(S. 37:) Doch stehen wir immer noch vor der Frage: Wie arbeitet nun eine spezifisch biblische Hermeneutik? Meines Erachtens hat sie zunächst Rechenschaft davon zu geben, daß ihr Gegenstand einzigartig ist. Wenn Gott den Menschen sucht – und eben nicht wie in der Welt der Religionen der Mensch Gott –, ist das eine Begegnung, für die es im Grunde keine Analogie im menschlichen Erfahrungsbereich gibt. Man verdeutliche sich das am Beispiel der Inspiration. Wir reden mit den Propheten und Aposteln der Bibel ja nicht in Form eines Dialoges gleichberechtigter Partner, auf der Suche nach einer gemeinsam erkennbaren und erforschbaren Wahrheit. Noch viel weniger ist das Verhältnis zu Gott ein partnerschaftliches. Vielmehr redet in der Schrift Gott als der ganz andere mit uns Menschen: »Gott ist im Himmel und du auf Erden« (Pred. 5,1). Die hermeneutische Grundstruktur von Jes. 1,2 durchzieht die ganze Bibel: »Erde, nimm zu Ohren, denn der Herr redet.« Hier kommen ganz andere Relationen ins Spiel als die gewöhnlichen. Gottes Hoheit und unser Gehorsam gehen auch in den Prozeß des Verstehens ein, und nicht nur unser humanes

Denken oder unsere Liebe zu seiner Rettungsaktion. Damit wird aber jede allgemeine, an der Immanenz orientierte Hermeneutik aufgesprengt.

Zugleich gerät hier der immanente Kritikbegriff in eine permanente Krise. Zwar muß das *krinein* als ein »unterscheiden« und »beobachten« in einer biblischen Hermeneutik erst recht geübt werden. Anders steht es aber mit der *Beurteilung* von innerweltlichen Maßstäben her. Es handelt sich ja beim Umgang mit der Bibel nicht darum, Unbekanntes in Bekanntes einzuordnen und so das schon Bekannte zum Raster des noch Unbekannten zu machen, sondern umgekehrt um ein Aufsprengen des Bekannten und dessen Unterwerfung unter neue, höhere Autorität. In welche Spannung wir hier geraten, zeigt die folgende kleine Ausführung von Hermann Gunkel: »Kritik, d. h. die Kunst des Beurteilens, Sonderns, Scheidens ist die grundlegende Tätigkeit jeder wissenschaftlichen, insbesondere der historischen Forschung. Ohne K. keine Wissenschaft; ohne Bibel-K. keine Bibelwissenschaft.«[1])
Anerkennt man das Junktim, das Gunkel zwischen diesem Kritikbegriff und der Wissenschaftlichkeit herstellt, dann muß man letztlich zwischen der folgenden Alternative wählen: entweder werden biblische Aussagen weginterpretiert bzw. eliminiert, oder wir geben die Wissenschaftlichkeit preis. Entscheidend ist jedoch, daß wir in dem Augenblick, in dem wir die Begegnung mit Gott wagen, den traditionellen Kritikbegriff wandeln müssen.

Eine speziell biblische Hermeneutik sieht sich ferner genötigt, den gängigen Geschichtsbegriff zu verändern. Sie wird nicht nur die Größe »Gott« für möglich halten, so wie profane Geschichtswissenschaft heute die Blindenheilung durch Vespasian als Faktum stehenlassen kann; sie wird sich auch nicht nur mit W. Schadewaldt dem »Geruch der Wahrheit« öffnen, den die Evangelien ausströmen; sondern sie wird am Ende dazu kommen müssen, in Gott das schlechthin Konstitutive für den Geschichtsbegriff zu sehen. Das wird nicht jedermann nachvollziehen wollen. Darüber wäre dann zu diskutieren und zu streiten. Aber die gesamte biblische Botschaft lebt davon, daß Gott Schöpfung und Geschichte aus sich heraussetzt . . .

Einen spezifischen Charakter gewinnt die biblische Hermeneutik schließlich durch die Aufgabe, das historische Verständnis mit anderen Verständnisweisen zu verbinden. Wir müssen ja nun einfach zur Kenntnis nehmen, daß das historische Verständnis nicht das einzig mögliche, ja u. U. nicht einmal das tragfähigste ist. Dietrich Bonhoeffer urteilte hier in aller Schärfe: »Von der Historie aus gibt es . . . keinen Weg zur Absolutheit. Von der Historie aus gibt es keinen absoluten Grund des Glaubens . . . Der historische Zugang zu dem historischen Jesus ist für den Glauben nicht verbindlich.«[2]) . . . Haben wir nicht als *theologische* Ausleger ein spezifisches Verhältnis zur Geschichte? Ist nicht, wenn wir von historischer Interpretation der *Bibel* sprechen, ein Verhältnis zur Geschichte gegeben, das sich eben außerhalb der Theologie nicht findet? In der Tat. Das Spezifische liegt sogar in einem doppelten Aspekt: a) Wir können der Frage nach dem Urheber gerade *dieser* Geschichte niemals ausweichen. Keiner der immanenzorientierten Begriffe wie Traditionsgeschichte, Offenbarungsgeschichte usw. genügt hier. b) Unser Verhältnis zur biblischen Geschichte ist immer auch ein Verhältnis zur *gedeuteten* Geschichte. Was heißt das hermeneutisch? Nehmen wir z. B. einen der petrinischen Kurzkatechismen. Dort steht nicht nur: »Christus hat gelitten«, sondern: »Christus hat für euch (für uns) gelitten« (1.Petr. 2,21; vgl. 3,18). Das heißt, wir haben hier sowohl Fakten als auch deren Deutung. Beides, die Fakten und ihre Deutung, haben wir in einem Ineinander, das wir nicht mehr lösen können. Wir stehen vielmehr vor der unzerreißbaren Einheit gedeuteter Geschichte. Deshalb können wir nicht nur einfach

---

[1]) RGG[1], 3., 1912, Sp. 1780 f
[2]) Christologie, München, 1981, S. 48 f

sagen: Wir legen »historisch« aus. Alle diese Beobachtungen drängen dazu, eine spezielle biblische Hermeneutik zu fordern.

Anmerkung der Hrsg.: Beim Abdruck wurde z. T. auf die Anmerkungen verzichtet.

Kommentar

Gerhard Maier (geb. 1937), nach Abschluß des Theologiestudiums zunächst Assistent bei Otto Michel in Tübingen, danach Promotion und Gemeindedienst, ist z. Z. Rektor des Albrecht-Bengel-Hauses, eines Studienstifts in Tübingen, der sich besonders engagiert in die hermeneutische Debatte eingeschaltet hat. Dies weisen seine verschiedenen Publikationen zum Thema nach (u. a. Wie legen wir die Schrift aus?, Gießen 1978, Heiliger Geist und Schriftauslegung, Wuppertal 1983), von denen besonders sein erstes Werk (Das Ende der historisch-kritischen Methode, 1. Auflage, Wuppertal 1974), genau in eine Situation exegetischer Verunsicherung an den deutschen theologischen Fakultäten hineintraf und einen weiten Bekanntheitsgrad – auch im Ausland erreichte.

Das Ende der historischen Kritik macht Maier im wesentlichen an fünf Gründen fest: an der von den historisch-kritischen Exegeten postulierten Widersprüchlichkeit des neutestamentlichen Zeugnisses; am mißlungenen Versuch, Schrift und zeitlos gültiges Wort Gottes zu scheiden; am fehlgeschlagenen Unternehmen, einen für alle verbindlichen Kanon im Kanon zu erheben; an der daher unkontrollierbar subjektiv geprägten Bestimmung eines Kanon im Kanon; an der für eine systematische Theologie, die einen Kanon im Kanon ablehnt, bestehenden Notwendigkeit, die Einheit der Schrift von außen zu begründen.

Die negativen Folgen der historischen Kritik betreffen für Maier nun aber nicht nur die wissenschaftliche Theologie, sondern auch die Gemeinde selbst: Sie macht ein gesundes Gemeindewachstum unmöglich, weil sie den Gewißheitsanspruch christlichen Glaubens nicht zu erfüllen vermag und so das missionarische Zeugnis von Gemeinde und Theologenschaft lähmt. Statt herausfinden zu helfen, was wirkliches Wort Gottes sei, habe sie die Frage immer »nebulöser« werden lassen. Anstelle der von der Reformation neu begründeten letzten Autorität der Schrift für den Glauben seien andere letzte Instanzen getreten. Schuld an der Misere ist für Maier nun jedoch nicht ein fehlerhafter Methodengebrauch, sondern die Unangemessenheit der Methode als solcher für die exegetische Arbeit an der Bibel. Er fordert daher eine der Bibel angemessene akademische Auslegungsmethode, die er von drei Voraussetzungen her charakterisiert: der Notwendigkeit einer wissenschaftlichen Methode gegen die Beliebigkeit von Auslegungsergebnissen und für die apologetische und missionarische Aufgabe auf dem Gebiet des Denkens; der Notwendigkeit eines historischen Zugangs zur Schrift, da christlicher Glaube davon lebt, daß wirklich etwas geschehen ist; der Nötigung zu einer besonderen biblischen Hermeneutik, um der Eigenart der Schrift als schriftgewordene Offenbarung Gottes gerecht zu werden.

An dieser Stelle ist auch der Nerv von Maiers Ausführungen zu sehen. Er versucht, das Selbstverständnis der Bibel als eines Buches sui generis »pneumatozentrisch« zu bestimmen. Diesen Ansatz entfaltet er besonders in seiner jüngsten Publikation »Heiliger Geist und Schriftauslegung« sowohl nach der Seite der Schriftentstehung, als auch nach der der Auslegungsmethode und schließlich auch im Hinblick auf die Person des Auslegers. Das Wesen der Schrift sieht er in einer »Ganzinspiration« gegeben. Die Autorität der Schrift liegt dabei auch in der Personalinspiration ihrer Schreiber begründet. Da alle Teile der Bibel von dem einen Gott zu reden beanspruchen, ist unter der Vorgabe eines »Vertrauensvorschusses« vom Exegeten ihre Einheit zu suchen. Statt einer »Hermeneutik des

Einverständnisses« (Stuhlmacher) fordert Maier eine »Hermeneutik des Angewiesenseins«. Damit lehnt er auch jede biblische Sachkritik ab, die immer in Gefahr steht, die biblischen Zeugen gegeneinander auszuspielen. Von der so gegebenen Ablehnung des üblichen Kritikbegriffs her fordert Maier eine besondere biblische Hermeneutik. Das Ausgehen von einer Einheit der Schrift und die historische Arbeit schließen sich in ihr nicht aus, sondern ein, wobei jedoch eine biblische Hermeneutik versucht wird, das historische Verständnis mit anderen Verständnisweisen zu verbinden. Schließlich versucht Maier, die Person des Auslegers beim Auslegungsvorgang mitzuberücksichtigen. Der Bezug des Auslegers zur Bibel liegt nicht allein im Sachbezug, sondern will zur personalen Relation werden. Insofern hat der Ausleger Anteil am Wagnis des Glaubens.

Maiers Versuch, die Schäden der historischen Kritik zu benennen, kann nur begrüßt werden. In seiner dem Exegeten abverlangten Suche nach der biblischen Einheit als Grundansatz seiner Arbeit liegt m. E. die theologische Stärke seines Ansatzes. Er postuliert keine »flächige«, sofort sichtbare Einheit der Schrift, aber auch keine von vornherein feststehende Widersprüchlichkeit der Schriftaussagen. Vielmehr macht er sich im Vertrauen auf den Selbstanspruch der Schrift, Wort Gottes zu sein, bei seiner Auslegungsarbeit auf die Suche nach ihrer Einheit.

Zu fragen wäre, was bei Maier »wissenschaftlich«, »irgendwie rational greifbar« und »Methode« genauer meint. Wenn er einen historischen Zugang der Schrift für notwendig hält, wäre zu bedenken, ob nicht weiter gefragt werden muß, was »historisch« eigentlich heißt und inwiefern »historisch« mit »wirklich« gleichzusetzen ist. Zugang zur Vergangenheit ist uns ja immer nur über ein Bild von dieser gegeben.

Schließlich ist zweifelhaft, ob die Eigenart der Bibel mit dem Begriff der »Ganzinspiration« klar genug gefaßt ist.   Z

CHICAGO-ERKLÄRUNG ZUR IRRTUMSLOSIGKEIT DER BIBEL (1978),
aus: S. Külling, Das Anliegen des ICBI (International Council on Biblical Inerrancy), die
Chicago-Erklärung und wir, in: Bibel und Gemeinde, 1979, Heft 1, S. 6 – 16.

Vorwort

Die Autorität der Heiligen Schrift nimmt in unserer wie in jeder Zeit in der christlichen Gemeinde eine Schlüsselstellung ein. Wer sich zu Jesus Christus als seinem Herrn und Retter bekennt, ist dazu aufgerufen, die Realität seiner Jüngerschaft durch demütigen und treuen Gehorsam Gottes geschriebenem Wort gegenüber zum Ausdruck zu bringen. In Glaube oder Verhalten von der Schrift abzuweichen, ist Untreue unserem Herrn gegenüber. Die Anerkennung der vollen Wahrheit und Zuverlässigkeit der Heiligen Schrift ist für ein umfassendes Verständnis und hinreichendes Bekenntnis ihrer Autorität unentbehrlich.

Die folgende Erklärung bekräftigt diese Irrtumslosigkeit der Schrift aufs neue und will unser Verständnis derselben verdeutlichen und vor ihrer Ablehnung warnen. Wir sind davon überzeugt, daß eine Ablehnung derselben das Zeugnis Jesu Christi und des Heiligen Geistes außer acht läßt und die Unterwerfung unter den Anspruch von Gottes eigenem Wort zurückweist, die den echten christlichen Glauben kennzeichnet. Wir sehen es gerade heute, wo die Wahrheit von der Irrtumslosigkeit der Bibel von manchen unserer Mitchristen aufgegeben und diese Lehre von der Welt als solcher mißverstanden wird, es als unsere Aufgabe, sie wieder erneut zu bekräftigen.

Diese Erklärung besteht aus drei Teilen: aus einer zusammenfassenden Erklärung, Artikeln mit Bejahungen und Verwerfungen, und einem begleitenden Kommentar. Sie wurde im Verlauf einer dreitägigen Konsultation in Chicago entworfen. Wir, die wir die zusammenfassende Erklärung und die Artikel unterzeichnet haben, wollen unsere eigene Überzeugung im Blick auf die Irrtumslosigkeit der Schrift zum Ausdruck bringen und uns, sowie alle Christen, ermutigen und herausfordern, diese Lehre in zunehmendem Maße zu schätzen und zu verstehen. Wir erkennen die Begrenztheit eines Dokumentes an, das in einer kurzen, intensiven Konferenz vorbereitet wurde, und meinen nicht, daß diese Erklärung den Rang eines Glaubensbekenntnisses einnehmen soll. Wir freuen uns jedoch, daß sich unsere eigenen Überzeugungen durch unsere Diskussionen vertieft haben, und wir beten, daß die von uns unterzeichnete Erklärung zur Ehre Gottes in Richtung auf eine neue Reformation der Kirche im Blick auf ihren Glauben, ihr Leben und ihre Sendung dienen möge.

Wir legen diese Erklärung nicht in einer streitsüchtigen, sondern in einer demütigen Haltung der Liebe vor, die wir durch Gottes Gnade in jedem zukünftigen Dialog beibehalten wollen, der sich aus dem von uns Gesagten ergibt. Wir freuen uns und erkennen es an, daß viele, die die Irrtumslosigkeit der Schrift ablehnen, für den übrigen Teil ihres Glaubens und ihres Verhaltens die Konsequenzen dieser Ablehnung nicht an den Tag legen. Wir sind uns auch bewußt, daß wir, die wir an der Irrtumslosigkeit der Heiligen Schrift festhalten, diese in unserem Leben oft dadurch verleugnen, daß wir es unterlassen, unsere Gedanken und Taten, unsere Traditionen und Gewohnheiten dem göttlichen Wort tatsächlich zu unterwerfen.

Reaktionen auf diese Erklärung erbitten wir von jedem, der im Licht der Schrift, unter deren unfehlbarer Autorität wir stehen, Grund sieht, ihre Aussagen über die Schrift zu berichtigen. Wir nehmen für dieses unser Zeugnis keine Unfehlbarkeit für uns in Anspruch und sind für jede Unterstützung, die uns hilft, dieses Zeugnis zugunsten des Wortes Gottes zu stärken, dankbar.

Die für den Entwurf verantwortliche Kommission

Eine kurze Erklärung

1. Gott, der selbst die Wahrheit ist und nur Wahrheit spricht, hat die Heilige Schrift inspiriert, um sich so der verlorenen Menschheit durch Jesus Christus zu offenbaren, der Schöpfer und der Herr, Erlöser und Richter ist. Die Heilige Schrift ist Gottes Zeugnis von sich selbst.

2. Die Heilige Schrift besitzt als Gottes eigenes Wort, von Menschen geschrieben, die durch seinen Geist zubereitet und überwacht wurden, in allen Bereichen, die sie berührt, unfehlbare, göttliche Autorität: Ihr ist als Gottes Unterweisung in allem, was sie aussagt, zu glauben, als Gottes Gebot in allem, was sie fordert, zu gehorchen, und als Gottes Unterpfand in allem, was sie verheißt, bereitwillige Aufnahme entgegenzubringen.

3. Der Heilige Geist, ihr göttlicher Autor, beglaubigt sie uns durch sein inneres Zeugnis und hilft uns zum Verständnis ihrer Bedeutung.

4. Die Schrift, ganz und wörtlich von Gott gegeben, ist in allem, was sie lehrt, ohne Irrtum oder Fehler, und zwar genauso im Blick auf ihre Aussagen über Gottes Handeln in der Schöpfung und in den Ereignissen der Weltgeschichte, und über ihre literarischen Ursprünge unter Gott, wie in ihrem Zeugnis von Gottes Heilshandeln in dem Leben von einzelnen.

5. Die Autorität der Schrift wird unweigerlich beeinträchtigt, wenn diese völlige göttliche Irrtumslosigkeit auf irgendeine Weise eingeschränkt, außer acht gelassen, oder im Blick auf eine der Bibel entgegengesetzte Wahrheitsauffassung relativiert wird; und solche Fehler schädigen sowohl den einzelnen wie auch die Gemeinde in beträchtlichem Maße.

Artikel

Artikel I:
Wir bejahen, daß die Heilige Schrift als autoritatives Wort Gottes aufzunehmen ist. Wir verwerfen die Ansicht, daß die Schrift ihre Autorität von der Kirche, der Tradition oder irgendeiner anderen menschlichen Quelle empfinge.

Artikel II:
Wir bejahen, daß die Schrift die höchste, schriftliche Norm ist, durch welche Gott das Gewissen bindet, und daß die Autorität der Kirche der Autorität der Schrift untergeordnet ist.
Wir verwerfen die Ansicht, daß kirchliche Bekenntnisse, Synoden oder Deklarationen eine die Autorität der Bibel übertreffende oder ihr gleichkommende Autorität hätten.

Artikel III:
Wir bejahen, daß die Bibel als geschriebenes Wort in ihrer Ganzheit die von Gott gegebene Offenbarung ist.
Wir verwerfen die Ansicht, daß die Bibel lediglich ein Zeugnis der Offenbarung sei, oder nur in der Begegnung Offenbarung würde, oder im Blick auf ihre Gültigkeit von menschlicher Aufnahme abhinge.

Artikel IV:
Wir bejahen, daß Gott, der den Menschen nach seinem Bilde schuf, die Sprache als Mittel der Offenbarung gebraucht hat.
Wir verwerfen die Ansicht, daß die menschliche Sprache durch unsere Kreatürlichkeit so beschränkt sei, daß sie nicht mehr als Träger göttlicher Offenbarung genüge.
Wir verwerfen weiter die Ansicht, daß die Verderbtheit der menschlichen Kultur und Sprache durch die Sünde Gottes Werk der Inspiration vereitelt habe.

Artikel V:

Wir bejahen, daß Gottes Offenbarung in der Heiligen Schrift progressiv war. Wir verwerfen die Ansicht, daß spätere Offenbarung, welche frühere Offenbarung erfüllen kann, diese jemals korrigiere oder ihr widerspräche. Wir verwerfen ferner die Ansicht, daß seit dem Abschluß des neutestamentlichen Kanon je normative Offenbarung gegeben worden wäre.

Artikel VI:

Wir bekennen, daß die Schrift als Ganzes und in allen ihren Teilen, bis hin zu den einzelnen Wörtern der Originalschriften, von Gott inspiriert wurde. Wir verwerfen die Ansicht, daß die Inspiration der Schrift mit Recht auf ihr Ganzes, nicht aber auf ihre Teile, oder auf einige Teile, nicht aber auf ihr Ganzes, bezogen werden könne.

Artikel VII:

Wir bejahen, daß die Inspiration das Werk Gottes war, in dem er uns über seinen Geist, durch menschliche Schreiber, sein Wort gab. Die Schrift ist göttlichen Ursprungs. Der Modus der göttlichen Inspiration bleibt für uns größtenteils ein Geheimnis. Wir verwerfen die Ansicht, daß die Inspiration auf menschliche Einsicht oder auf gehobene Bewußtseinszustände irgendwelcher Art reduziert werden könne.

Artikel VIII:

Wir bejahen, daß Gott in seinem Werk der Inspiration die einzelnen Persönlichkeiten und literarischen Ausdrucksweisen der Schreiber, die er erwählt und zubereitet hatte, verwandte. Wir verwerfen die Ansicht, daß Gott, indem er diese Schreiber gerade die Wörter gebrauchen ließ, die er haben wollte, dabei ihre Persönlichkeiten ausgeschaltet habe.

Artikel IX:

Wir bejahen, daß die Inspiration, auch wenn sie nicht Allwissenheit verlieh, im Blick auf alles, was die biblischen Autoren auf Veranlassung Gottes sprachen und schrieben, wahre und zuverlässige Aussagen garantierte. Wir verwerfen die Ansicht, daß die Endlichkeit oder die Gefallenheit dieser Schreiber, notwendigerweise oder sonstwie, Gottes Wort verzerrt oder verfälscht habe.

Artikel X:

Wir bejahen, daß sich die Inspiration, streng genommen, nur auf den autographischen Text der Schrift bezieht, der nach der Vorsehung Gottes anhand der heute verfügbaren Manuskripte mit großer Genauigkeit ermittelt werden kann. Wir bejahen weiter, daß Abschriften und Übersetzungen der Schrift insofern Wort Gottes sind, als sie das Original getreu wiedergeben. Wir verwerfen die Ansicht, daß irgendein wesentlicher Bestandteil des christlichen Glaubens durch das Fehlen der Autographen beeinträchtigt würde. Wir verwerfen weiter die Ansicht, daß dieses Fehlen die Verteidigung der Irrtumslosigkeit der Bibel wertlos oder irrelevant mache.

Artikel XI:

Wir bejahen, daß die Schrift, durch göttliche Inspiration gegeben, unfehlbar ist; sie leitet uns also nicht in die Irre, sondern ist im Blick auf alle Bereiche, zu denen sie spricht, wahr und zuverlässig. Wir verwerfen die Ansicht, daß die Bibel unfehlbar sei und sich zugleich in ihren Aussagen irren könne. Unfehlbarkeit und Irrtumslosigkeit können zwar unterschieden, aber nicht getrennt werden.

Artikel XII:

Wir bejahen, daß die Schrift als Ganzes irrtumslos und ohne jede Unwahrheit, Fälschung oder Täuschung ist.

Wir verwerfen die Ansicht, daß die Unfehlbarkeit und Irrtumslosigkeit der Bibel auf geistliche, religiöse oder die Erlösung betreffende Themen beschränkt seien, sich aber nicht auf historische und naturwissenschaftliche Aussagen bezögen. Wir verwerfen ferner die Ansicht, daß Hypothesen der Wissenschaft im Blick auf die Erdgeschichte mit Recht verwandt werden könnten, um die biblische Lehre über Schöpfung und Flut umzustoßen.

Artikel XIII:

Wir bejahen, daß es angemessen ist, die Irrtumslosigkeit als theologischen Terminus in bezug auf die völlige Wahrhaftigkeit der Schrift zu gebrauchen.

Wir verwerfen die Ansicht, daß es angemessen sei, die Schrift nach Maßstäben von Wahrheit und Irrtum zu bewerten, die ihrem Gebrauch und ihrem Zweck fremd sind. Wir verwerfen ferner die Ansicht, daß die Irrtumslosigkeit von biblischen Phänomenen wie dem Fehlen modern-technischer Präzision, Unregelmäßigkeiten in der Grammatik oder der Orthographie, beobachtungsgemäßer Beschreibungen der Natur, Wiedergabe von Unwahrheiten, Verwendung von Übertreibungen und runden Zahlen, thematischer Anordnung des Stoffes, unterschiedlicher Auswahl des Materials in Parallelberichten oder der Verwendung von freien Zitaten annulliert würde.

Artikel XIV:

Wir bejahen die Einheit und innere Übereinstimmung der Heiligen Schrift.

Wir verwerfen die Ansicht, daß angebliche Fehler und Diskrepanzen, die noch nicht gelöst wurden, den Wahrheitsanspruch der Bibel hinfällig machten.

Artikel XV:

Wir bejahen, daß die Lehre von der Irrtumslosigkeit in der Lehre der Bibel über die Inspiration ihren Grund hat.

Wir verwerfen die Ansicht, daß man die Aussagen Jesu über die Schrift durch Berufung auf eine Anpassung oder auf irgendeine natürliche Begrenzung seiner Menschheit abtun könne.

Artikel XVI:

Wir bejahen, daß die Lehre von der Irrtumslosigkeit ein integraler Bestandteil des christlichen Glaubens in seiner ganzen Geschichte war.

Wir verwerfen die Ansicht, daß die Lehre von der Irrtumslosigkeit von einem scholastischem Protestantismus erfunden worden und als rückschrittliche Position aufzufassen wäre, die als Reaktion auf die Bibelkritik postuliert worden sei.

Artikel XVII:

Wir bejahen, daß der Heilige Geist von der Schrift Zeugnis ablegt und die Gläubigen in bezug auf die Wahrhaftigkeit des geschriebenen Wortes Gottes vergewissert.

Wir verwerfen die Ansicht, daß dieses Zeugnis des Heiligen Geistes von der Schrift getrennt oder gegen diese wirke.

Artikel XVIII:

Wir bejahen, daß der Text der Heiligen Schrift durch eine grammatisch-historische Exegese auszulegen ist, die ihre literarischen Formen und Mittel in Rechnung stellt, und daß die Schrift sich selbst auslegt.

Wir verwerfen als illegitim jede Behandlung des Textes und jede Suche nach hinter dem Text liegenden Quellen, die zu einer Relativierung, Entgeschichtlichung oder Verwerfung seiner Lehren, oder zur Ablehnung seines Anspruchs auf Autorität führen.

Artikel XIX:

Wir bejahen, daß ein Bekenntnis zur völligen Autorität, Unfehlbarkeit und Irrtumslosigkeit der Schrift für ein gesundes Verständnis des ganzen christlichen Glaubens von lebenswichtiger Bedeutung ist. Wir bejahen weiter, daß ein solches Bekenntnis dazu führen sollte, daß wir dem Ebenbild Jesu Christi immer ähnlicher werden. Wir verwerfen die Ansicht, daß ein solches Bekenntnis für die Erlösung notwendig sei. Wir verwerfen jedoch auch die Ansicht, daß die Irrtumslosigkeit der Heiligen Schrift ohne ernste Konsequenzen für den einzelnen wie für die Gemeinde abgelehnt werden könne.

Erklärender Kommentar

Unser Verständnis der Lehre von der Irrtumslosigkeit der Heiligen Schrift muß im Kontext der umfassenden Aussagen der Schrift von sich selbst gesehen werden. Dieser Kommentar legt über den Umriß der Lehre Rechenschaft ab, der unsere zusammenfassende Erklärung und die Artikel entnommen sind.

Schöpfung, Offenbarung und Inspiration

Der dreieinige Gott, der durch sein Schöpferwort alle Dinge formte und durch sein bestimmendes Wort alles regiert, erschuf den Menschen nach seinem Ebenbild, um mit ihm gemäß dem Vorbild der ewigen Gemeinschaft Gottes mit sich selbst, von einer Kommunikation der Liebe gekennzeichnet, in Gemeinschaft zu leben. Als Gottes Ebenbild sollte der Mensch das an ihn gerichtete Wort Gottes hören und in der Freude anbetenden Gehorsams darauf antworten. Zusätzlich zur Selbstmitteilung Gottes in der geschaffenen Ordnung des Universums und in der Abfolge von Ereignissen innerhalb desselben haben die Menschen seit Adam verbale Botschaften von Gott erhalten, entweder direkt, wie in der Schrift festgestellt, oder indirekt in Form von einem Teil oder dem Ganzen der Schrift.

Als Adam sündigte, überließ der Schöpfer den Menschen nicht einem endgültigen Gericht, sondern verhieß ihm Heil und fing an, sich in einer Reihe von historischen Ereignissen als Erlöser zu offenbaren, welche sich auf die Familie Abrahams konzentrierten und ihren Höhepunkt im Leben, Tod, der Auferstehung, dem gegenwärtigen himmlischen Amt und in der verheißenen Wiederkunft Jesu Christi haben. Innerhalb dieses Rahmens hat Gott von Zeit zu Zeit spezifische Worte des Gerichts und der Gnade, der Verheißung und des Gebots an sündige Menschen gerichtet, um sie so in eine Bundesbeziehung gegenseitiger Verpflichtung hineinzuziehen, in der er sie mit Gaben seiner Gnade segnet und sie ihn mit entsprechender Anbetung ehren. Mose, den Gott zur Zeit des Auszugs aus Ägypten als Mittler der für sein Volk bestimmten Worte gebrauchte, steht am Anfang einer langen Reihe von Propheten, in deren Mund und Schriften Gott sein Wort zur Weitergabe an Israel legte. Gott wollte mit dieser Folge von Botschaften seinen Bund aufrechterhalten, indem er seinem Volk seinen Namen – das heißt, sein Wesen – und seinen Willen nach Gebot und Vorsatz sowohl für die Gegenwart als auch für die Zukunft bekanntgab. Diese Reihe der prophetischen Sprecher Gottes fand in Jesus Christus, dem fleischgewordenen Wort Gottes, der selbst ein Prophet war, – mehr denn ein Prophet, aber nicht weniger – und in den Aposteln und Propheten der ersten Generation von Christen ihre Vollendung und ihren Abschluß. Als die endgültige und sich zuspitzende Botschaft Gottes, sein Wort an die Welt betreffs Jesus Christus, von den Männern des apostolischen Kreises gesprochen und erläutert war, hörte die Folge geoffenbarter Botschaften auf. Von da an sollte die Gemeinde durch das von Gott bereits Gesagte, und für alle Zeit Gesagte, leben und Gott kennen.

Am Sinai schrieb Gott die Bedingungen seines Bundes auf Steintafeln, als seine dauernden Zeugen und zwecks bleibender Zugänglichkeit; und in der ganzen Periode prophetischer und apostolischer Offenbarung veranlaßte er Menschen, die ihnen und durch sie gegebenen Botschaften zusammen mit Berichten, die sein Handeln mit seinem Volk feierten, moralischen Betrachtungen über das Leben des Bundes und Formen von Anbetung und Bitte um die Gnade des Bundes niederzuschreiben. Die theologische Realität der Inspiration bei der Verfassung der biblischen Dokumente entspricht der Inspiration der gesprochenen Prophezeiungen: Obschon die Personalität der menschlichen Schreiber in dem, was sie schrieben, zum Ausdruck kam, wurden die Wörter von Gott festgesetzt. Deshalb gilt: Was die Schrift sagt, sagt Gott; ihre Autorität ist seine Autorität, denn er ist ihr letzter Autor, hat er sie doch durch den Geist und die Worte von erwählten und zubereiteten Männern gegeben, die in Freiheit und Treue »von Gott her redeten, getrieben vom Heiligen Geist« (2. Petr. 1,21). Die Heilige Schrift ist kraft ihres göttlichen Ursprungs als das Wort Gottes anzuerkennen.

Autorität: Jesus Christus und die Bibel

Jesus Christus, der Sohn Gottes, das fleischgewordene Wort, unser Prophet, Priester und König, ist der letzte Mittler von Gottes Mitteilungen an den Menschen sowie von allen Gnadengaben Gottes. Die von ihm gebrachte Offenbarung war mehr denn verbal; er offenbarte den Vater auch durch seine Gegenwart und durch seine Taten. Und doch waren seine Worte von entscheidender Bedeutung, war er doch selbst Gott, sprach vom Vater her und wird durch seine Worte am Jüngsten Tag alle Menschen richten.

Jesus Christus ist als der prophetische Messias das zentrale Thema der Schrift. Das Alte Testament hielt nach ihm Ausschau, das Neue blickt auf sein erstes Kommen zurück und auf sein zweites Kommen voraus. Die kanonische Schrift ist von Gott inspiriert und deshalb das normative Zeugnis von Jesus Christus. Aus diesem Grunde kann keine Hermeneutik akzeptiert werden, für die der historische Christus nicht der Brennpunkt ist. Die Heilige Schrift ist als das zu behandeln, was sie im wesentlichen ist – das Zeugnis des Vaters von seinem fleischgewordenen Sohn.

Der Befund läßt erkennen, daß der Kanon des Alten Testaments zur Zeit Jesu bereits festgelegt war. Der Kanon des Neuen Testaments ist heute desgleichen geschlossen, und zwar insofern als heute kein neues apostolisches Zeugnis vom historischen Jesus mehr geliefert werden kann. Bis zur Wiederkunft Jesu wird keine neue Offenbarung (als verschieden von einem vom Heiligen Geist gegebenen Verständnis der bestehenden Offenbarung) mehr gegeben. Der Kanon wurde durch göttliche Inspiration im Prinzip geschaffen. Der Beitrag der Gemeinde bestand darin, den von Gott geschaffenen Kanon zu erkennen, nicht, selbst einen Kanon aufzustellen.

Der Begriff *Kanon* bezeichnet eine Richtschnur oder Norm und weist auf Autoritäten hin, das heißt auf das Recht, zu steuern und zu lenken. Autorität hat für Christen Gott in seiner Offenbarung, das heißt einerseits Jesus Christus, das lebendige Wort, und andererseits die Heilige Schrift, das geschriebene Wort. Die Autorität Christi und die Autorität der Schrift sind jedoch ein- und dieselbe. Als unser Prophet bezeugte Jesus, daß die Schrift nicht gebrochen werden kann. Als unser Priester und König stellte er sein Leben in den Dienst der Erfüllung des Gesetzes und der Propheten, ja er ging bis zum Tod am Kreuz, den Worten der messianischen Prophetie Gehorsam leistend. Indem er sah, daß die Schrift ihn und seine Autorität beglaubigte, beglaubigte er also seinerseits ihre Autorität dadurch, daß er sich der Schrift unterwarf. Wie er sich der Weisung seines Vaters beugte, die in seiner Bibel (unserem Alten Testament) vorlag, so fordert er es auch von seinen Jüngern – allerdings nicht isoliert, sondern zusammen mit dem apostolischen Zeugnis von sich selbst, für dessen Inspiration durch die Gabe seines Heiligen Geistes er sich verbürgte. Christen erweisen sich somit dadurch als treue Knechte ihres Herrn, daß sie sich der göttlichen Weisung beugen, die in den prophetischen und apostolischen Schriften gegeben ist, aus denen sich unsere Bibel zusammensetzt.

Dadurch, daß Christus und die Schrift je ihre Autorität gegenseitig verbürgen und beglaubigen, verschmelzen sie zu einer einzigen Quelle der Autorität. Von diesem Standpunkt aus sind der biblisch-interpretierte Christus und die auf Christus konzentrierte, Christus verkündigende Bibel eine Einheit. Wie wir aus der Tatsache der Inspiration geschlossen hatten, daß, was die Schrift sagt, Gott sagt, so können wir aufgrund der geoffenbarten Beziehung zwischen Jesus Christus und der Schrift in gleicher Weise erklären, daß, was die Schrift sagt, Christus sagt.

Unfehlbarkeit, Irrtumslosigkeit und Interpretation

Die Heilige Schrift, die als das inspirierte Wort Gottes autoritativ von Jesus Christus zeugt, darf mit Recht als *unfehlbar* und *irrtumslos* bezeichnet werden. Diese negativen Begriffe sind von besonderem Wert, da sie ausdrücklich entscheidende positive Wahrheiten sichern.

Unfehlbar bezeichnet die Qualität einer Sache oder Person, die nicht irreführend ist oder irregeführt wird, und sichert so kategorisch die Wahrheit, daß die Heilige Schrift eine gewisse, sichere und zuverlässige Regel und Richtschnur in allen Dingen ist.

Irrtumslos bedeutet in ähnlicher Weise die Qualität einer Sache oder Person, die frei ist von jeder Unwahrheit oder Fehlerhaftigkeit, und sichert so die Wahrheit, daß die Heilige Schrift in allen ihren Aussagen vollständig wahr und vertrauenswürdig ist.

Wir bejahen, daß die kanonische Schrift stets auf der Grundlage ihrer Unfehlbarkeit und Irrtumslosigkeit zu interpretieren ist. Wenn wir jedoch feststellen wollen, was der von Gott gelehrte Schreiber an der jeweiligen Stelle aussagt, müssen wir ihrem Anspruch und Charakter als menschliches Erzeugnis höchste Aufmerksamkeit widmen. Gott verwandte bei der Inspiration die Kultur und die Bräuche der Umgebung seines Schreibers, eine Umgebung, die Gott in seiner souveränen Vorsehung lenkt und beherrscht; etwas anderes anzunehmen, heißt falsch auszulegen.

Entsprechend ist Geschichte als Geschichte, Poesie als Poesie, Hyperbel (Übertreibung) und Metapher (bildlich-übertragener Ausdruck) als Hyperbel und Metapher, Verallgemeinerungen und Annäherungen als das, was sie sind, zu behandeln, und so weiter. Ebenso sind Unterschiede zwischen den literarischen Bräuchen der biblischen Zeiten und unserer Zeit zu beachten: Wenn zum Beispiel nicht-chronologische Darstellung der Tatsachen und ungenaue Zitationsweise in jenen Tagen üblich und tragbar waren und keinen Erwartungen Gewalt antaten, dürfen wir solche Phänomene nicht als Fehler oder Irrtum betrachten, wenn wir sie bei biblischen Schreibern antreffen. Wenn eine völlige Präzision bestimmter Art weder erwartet noch angestrebt wurde, ist es kein Fehler, wenn eine solche nicht erreicht wurde. Die Schrift ist nicht in dem Sinne irrtumslos, daß sie nach heutigen Maßstäben absolut präzis wäre, sondern ist es in dem Sinn, daß sie ihre Ansprüche rechtfertigt und das Maß an konzentrierter Wahrheit erreicht, auf die ihre Autoren abgezielt hatten.

Die Wahrhaftigkeit der Schrift wird nicht annulliert, wenn sie Unregelmäßigkeiten in Grammatik oder Orthographie, phänomenale Beschreibungen der Natur, Wiedergabe von falschen Aussagen (z. B. die Lügen Satans) oder anscheinende Diskre-

panzen zwischen verschiedenen Stellen aufweist. Es ist nicht angemessen, die sogenannten »Phänomene« der Schrift der Lehre der Schrift über sich selbst entgegenzusetzen. Wo überzeugende Lösungen gefunden werden können, wird dies uns in
unserem Glauben ermutigen; und wo wir momentan noch keine überzeugende
Lösung bereit haben, werden wir Gott eben dadurch ehren, daß wir seiner Zusiche-
rung, daß sein Wort wahr ist, trotz dieser äußeren Erscheinungen vertrauen, und wir
werden weiterhin zuversichtlich sein, daß sie sich eines Tages als Illusion herausstellen werden.

Insofern die ganze Schrift das geistige Erzeugnis einer einzigen göttlichen Person ist,
muß sich ihre Interpretation innerhalb der Grenzen der Analogie der Schrift halten
und Hypothesen meiden, die eine Bibelstelle durch eine andere korrigieren,
geschehe dies im Namen der progressiven Offenbarung oder der unvollkommenen
Erleuchtung der Gedanken des inspirierten Schreibers.

Wenn auch die Heilige Schrift nirgends in dem Sinne kulturgebunden ist, daß ihren
Aussagen universale Gültigkeit ermangelte, so ist sie doch manchmal durch die
Bräuche und üblichen Anschauungen einer bestimmten Zeit kulturell bestimmt, so
daß die Anwendung ihrer Grundsätze an diesen Stellen heute eine andere Hand-
lungsweise verlangt.*

Skeptizismus und Kritik

Seit der Renaissance und vor allem seit der Aufklärung wurden Weltanschauungen
entwickelt, die Skeptizismus gegenüber fundamentalen biblischen Glaubensaussagen in sich schließen. Darunter befinden sich der Agnostizismus, der die Erkennbarkeit Gottes leugnet, der Rationalismus, der die Unbegreiflichkeit Gottes leugnet, der
Idealismus, der die Transzendenz Gottes leugnet, sowie der Existentialismus, der
jegliche Rationalität in Gottes Beziehungen mit dem Menschen verwirft. Wenn
diese un- und antibiblischen Prinzipien als Voraussetzungen in die verschiedenen
Theologien eindringen, was heute häufig geschieht, wird eine treue und gewissenhafte Auslegung der Heiligen Schrift unmöglich.

Textüberlieferung und Übersetzung

Gott hat nirgends eine irrtumslose Überlieferung der Schrift verheißen. Deshalb
vertreten wir die Auffassung, daß lediglich der autographische Text der Originalschriften inspiriert wurde, und bestehen auf der Notwendigkeit der Textfindung als
Mittel zur Entdeckung von Schreibfehlern, die sich im Lauf der Überlieferung in den
Text eingeschlichen haben können. Das Urteil dieser Wissenschaft versichert uns
jedoch einer erstaunlich guten Erhaltung des hebräischen und griechischen Textes,
so daß wir zusammen mit der Westminster-Confession mit gutem Recht die einzigartige Vorsehung Gottes in dieser Hinsicht bestätigen und erklären können, daß die
Autorität der Schrift durch die Tatsache, daß die sich in unserem Besitz befindlichen
Abschriften nicht völlig ohne Irrtum sind, in keiner Weise gefährdet wird.

Ebenso ist auch keine Übersetzung vollkommen oder kann dies je sein; alle Übersetzungen sind ein zusätzlicher Schritt weg von den *Autographen* (Urschriften). Die
Sprachwissenschaft sagt uns jedoch, daß zumindest Englisch (und Deutsch) spre-
chende Christen mit einer ganzen Anzahl von ausgezeichneten Übersetzungen
heute außerordentlich gut versorgt sind und daher ohne Zögern schließen können,
daß das wahre Wort Gottes für sie erreichbar ist. In Anbetracht der häufigen Wieder-

---

* Dieser Satz kann in seinen Konsequenzen bedenklich sein, was ist »kulturgebunden« oder »kulturell
bestimmt«? Allzu leicht und allzu schnell könnte man dann von »zeitbedingten«, »kulturell bedingten«,
»überholten« Vorstellungen in der Bibel sprechen. (S. Külling)

holung der Hauptthemen in der Schrift sowie des ständigen Zeugnisses des Heiligen Geistes vom Wort und durch das Wort wird in der Tat keine ernsthafte Übersetzung der Heiligen Schrift ihre Bedeutung derart ruinieren, daß sie nicht mehr in der Lage wäre, »weise zu machen zur Errettung durch den Glauben, der in Christus Jesus ist« (2. Tim. 3,15).

Irrtumslosigkeit und Autorität

In unserer Bejahung der Autorität der Schrift, ihre völlige Wahrheit einschließend, stehen wir bewußt und gewollt mit Jesus Christus und seinen Aposteln, ja mit der gesamten Bibel wie mit der Hauptströmung der Geschichte der Kirche von ihren Anfängen bis vor kurzem in Einklang. Wir sind betroffen über die gleichgültige, unachtsame und anscheinend gedankenlose Art und Weise, in der eine Überzeugung derart weitreichender Bedeutung in unseren Tagen von so vielen aufgegeben wird.

Auch sind wir uns der Tatsache bewußt, daß die Aufgabe der völligen Wahrheit der Heiligen Schrift, deren Autorität man anzuerkennen vorgibt, zu einer großen und schwerwiegenden Verwirrung führt. Das Ergebnis dieses Schrittes ist der Verlust der Autorität der von Gott gegebenen Bibel; nun wird einer Bibel Autorität zugeschrieben, die gemäß den Forderungen des eigenen kritischen Denkens in ihrem Inhalt reduziert wurde und prinzipiell weiter reduzierbar ist, nachdem man einmal damit angefangen hat. Das heißt, daß nun im Grunde die unabhängige menschliche Vernunft im Gegensatz zur biblischen Lehre Autorität besitzt. Wenn dies nicht gesehen wird und man vorläufig noch grundsätzlich evangelikale Auffassungen vertritt, mögen sich solche, die die völlige Wahrheit der Schrift verwerfen, als Evangelikale bezeichnen; sie haben sich jedoch methodologisch vom evangelikalen Erkenntnisprinzip entfernt und zu einem unsicheren Subjektivismus Zuflucht genommen, und werden es schwer haben, sich nicht noch weiter fortzubewegen.

Wir bejahen, daß, was die Schrift sagt, Gott sagt. IHM gebührt alle Ehre.

Amen. Ja, Amen.

DIE CHICAGO-ERKLÄRUNG ZUR BIBLISCHEN HERMENEUTIK (1982)
Übersetzung: Pfr. R. Möller, aus: Fundamentum, Zeitschrift der Freien Evangelisch-Theologischen Akademie Basel, Heft 2/1983, S. 87 – 97

Der Internationale Rat für Biblische Irrtumslosigkeit (International Council on Biblical Inerrancy/ICBI) führte seine erste Konferenz vom 26. bis 28. Oktober 1978 in Chicago mit dem Ziel durch, die Lehre der Irrtumslosigkeit der Schrift neu zu bestätigen, ihr Verständnis zu verdeutlichen und vor ihrer Ablehnung zu warnen. In den vier Jahren, welche seit der ersten Konferenz vergangen sind, hat Gott diese Anstrengung derart gesegnet, daß die meisten Erwartungen übertroffen wurden. Eine erfreuliche Reihe hilfreicher Veröffentlichungen über die Lehre der Irrtumslosigkeit sowie eine zunehmende Anerkennung ihres Wertes geben Grund, unseren großen Gott mit Lobpreis zu überschütten.

Die Arbeit der ersten Konferenz war kaum abgeschlossen, als offenkundig wurde, daß es noch eine weitere große Aufgabe gab, die angegangen werden mußte. Zwar erkennen wir, daß der Glaube an die Irrtumslosigkeit der Schrift eine Grundvoraussetzung für das Festhalten an ihrer Autorität ist; doch steht und fällt der wirkliche Wert einer Bindung an sie mit dem richtigen Verstehen des Inhalts der Schrift. Folglich erwies sich eine zweite Konferenz als notwendig. Zwei Jahre lang wurden Pläne gemacht und Abhandlungen über Themen geschrieben, die in Bezug zu hermeneutischen Grund- und Verfahrensregeln standen. Der Höhepunkt dieser Anstrengungen war ein Treffen vom 10. bis 13. November 1982 in Chicago, an welchem wir – die diese Erklärung unterzeichnet haben – teilgenommen haben.

In ähnlicher Weise wie bei der Chicago-Erklärung von 1978 unterbreiten wir hiermit diese Thesen der Bekräftigung und Ablehnung als Ausdruck der Ergebnisse unserer Bemühungen, hermeneutische Probleme und Grundregeln zu klären. Wir erheben nicht den Anspruch auf Vollständigkeit oder systematische Behandlung des ganzen Themas, aber diese Thesen der Bekräftigung und Ablehnung stellen den Konsensus der etwa einhundert Teilnehmer und Beobachter dar, die an dieser Konferenz zusammenkamen. Es ist eine den Horizont erweiternde Erfahrung gewesen, sich am Dialog zu beteiligen, und es ist unser Gebet, daß Gott das Ergebnis unserer sorgfältigen Anstrengungen gebrauchen werde, um uns und andere zu befähigen, das Wort der Wahrheit richtiger zu handhaben (2. Tim 2,15).

Thesen der Bekräftigung und der Ablehnung

Artikel I

Wir bekennen, daß die normative Autorität der Heiligen Schrift die Autorität von Gott selbst ist, und von Jesus Christus, dem Herrn der Gemeinde, bestätigt worden ist.
Wir bestreiten, daß jemand das Recht hat, die Autorität des Christus von der Autorität der Schrift zu trennen, oder die eine der anderen entgegenzusetzen.

Artikel II

Wir bejahen, daß so wie Christus Gott und Mensch in einer Person ist, auch die Schrift, untrennbar, Gottes Wort in menschlicher Sprache ist.
Wir verwerfen die Auffassung, wonach die schlichte, menschliche Form der Bibel irgend mehr Fehlerhaftigkeit mit sich bringe, als die menschliche Natur von Jesus Christus, selbst in seiner Erniedrigung, Sünde mit sich bringt.

Artikel III

Wir bekennen, daß Person und Werk von Jesus Christus der zentrale Brennpunkt der gesamten Bibel sind.
Wir lehnen die Auffassung ab, wonach Auslegungsmethoden, die den christozentrischen Charakter der Schrift zurückweisen oder verdunkeln, richtig sein sollen.

Artikel IV

Wir bejahen, daß der Heilige Geist, der die Schrift inspirierte, heute durch sie handelt, um Glauben an ihre Botschaft zu wirken.
Wir verwerfen die Ansicht, wonach der Heilige Geist je jemanden irgend etwas lehren soll, was im Gegensatz zur Lehre der Schrift steht.

Artikel V

Wir bejahen, daß der Heilige Geist Gläubige befähigt, sich die Schrift anzueignen und sie auf ihr Leben anzuwenden.
Wir verneinen, daß der natürliche Mensch fähig ist, die biblische Botschaft ohne den Heiligen Geist geistlich zu verstehen.

Artikel VI

Wir bejahen, daß die Bibel Gottes Wahrheit in sprachlichen Aussagen ausdrückt, und wir erklären, daß biblische Wahrheit zugleich objektiv und absolut ist. Ferner bejahen wir, daß eine Aussage wahr ist, wenn sie Dinge so darlegt, wie sie wirklich sind, aber falsch ist, wenn sie die Tatsachen entstellt.

Wir verwerfen die Ansicht, wonach – obgleich die Schrift in der Lage ist, uns zur Erlösung weise zu machen – biblische Wahrheit im Sinne dieser Funktion definiert werden sollte. Ferner lehnen wir die Behauptung ab, Irrtum solle als das definiert werden, was vorsätzlich irreführt.

Artikel VII

Wir bejahen, daß die Bedeutung, die in jedem biblischen Text ausgedrückt ist, eine einzige, bestimmte und unveränderliche ist.

Wir verwerfen die Auffassung, wonach das Erkennen dieser einen Bedeutung die Vielfalt ihrer Anwendbarkeit ausschließen soll.

Artikel VIII

Wir bekennen, daß die Bibel Lehren und Forderungen enthält, welche im Rahmen aller Kulturen und Situationen anwendbar sind, und andere Forderungen, welche – wie die Bibel selbst zeigt – nur in bestimmten Situationen anwendbar sind.

Wir verwerfen die Ansicht, wonach die Unterscheidung zwischen allgemeingültigen und spezifischen Forderungen der Schrift von kulturellen oder situationsbezogenen Faktoren abhängig sein soll. Ferner verwerfen wir die Behauptung, allgemeingültige Forderungen dürften je so behandelt werden, als wären sie durch Kulturen oder Situationen bedingt.

Artikel IX

Wir bejahen, daß der Begriff Hermeneutik, der historisch die Regeln der Exegese bezeichnete, auf angemessene Weise auf alles ausgedehnt werden kann, was zum Prozeß des Erkennens dessen gehört, was die biblische Offenbarung bedeutet und wie sie sich auf unser Leben bezieht.

Wir verwerfen die Ansicht, wonach die Botschaft der Schrift von dem Verständnis des Auslegers herrühren oder davon diktiert werden soll. Somit verwerfen wir die Auffassung, wonach der »Horizont« des biblischen Schreibers und der des Auslegers mit Recht derart verschmolzen könnten, daß das, was der Text dem Ausleger mitteilt, letzten Endes nicht durch den eigentlichen Sinn der Schrift bestimmt wird.

Artikel X

Wir bejahen, daß die Schrift uns Gottes Wahrheit sprachlich durch eine reiche Vielfalt literarischer Formen mitteilt.

Wir verneinen, daß irgendwelche Schranken der menschlichen Sprache es der Schrift verunmöglichen, Gottes Botschaft zu übermitteln.

Artikel XI

Wir bejahen, daß Übersetzungen des Textes der Heiligen Schrift über alle zeitlichen und kulturellen Grenzen hinweg Kenntnisse über Gott mitteilen können.

Wir verwerfen die Ansicht, wonach die Bedeutung biblischer Texte so mit der Kultur, aus der sie kamen, verknüpft sein soll, daß das Verstehen dieser Bedeutung in anderen Kulturen unmöglich ist.

Artikel XII

Wir bejahen, daß in bezug auf die Aufgabe, die Bibel zu übersetzen und zu lehren, im Rahmen jeder Kultur nur solche funktionellen Aequivalente verwendet werden sollten, die dem Inhalt biblischer Lehre getreu sind.

Wir bestreiten, daß jemand das Recht hat, Methoden zu verwenden, die entweder den Erfordernissen interkultureller Kommunikation nicht gerecht werden oder die im Verlauf ihrer Anwendung die biblische Bedeutung verdrehen.

Artikel XIII

Wir bejahen, daß die Kenntnis der literarischen Kategorien – nach Form und Stil – der verschiedenen Teile der Schrift für eine angemessene Exegese unentbehrlich ist, und wir folglich die Erforschung von literarischen Gattungen als eine der vielen Disziplinen des biblischen Studiums wertschätzen.

Wir verwerfen die Ansicht, wonach Gattungs-Kategorien, die die Geschichtlichkeit verneinen, zu Recht biblischen Berichten aufgedrängt werden dürften, die sich selbst als Tatsachen darstellen.

Artikel XIV

Wir bejahen, daß die biblische Aufzeichnung von Ereignissen, Reden und Aussprüchen – obgleich in einer Vielfalt von angemessenen literarischen Formen dargeboten – mit der geschichtlichen Wirklichkeit übereinstimmt.

Wir verwerfen die Auffassung, wonach irgendein Ereignis, Rede oder Ausspruch, die in der Schrift wiedergegeben sind, von den biblischen Schreibern oder durch die von ihnen aufgenommenen Überlieferungen erdichtet worden sein sollen.

Artikel XV

Wir bejahen die Notwendigkeit, die Bibel in ihrem wörtlichen oder normalen Sinn zu interpretieren. Der wörtliche Sinn ist der grammatisch-historische Sinn, d. h. die Bedeutung, die der Schreiber ausdrückte. Auslegung gemäß dem wörtlichen Sinn trägt allen Redewendungen und literarischen Formen Rechnung, die im Text gefunden werden.

Wir bestreiten, daß jemand das Recht hat, so an die Schrift heranzutreten, daß ihr eine Bedeutung unterstellt wird, welche der wörtliche Sinn nicht stützt.

Artikel XVI

Wir bejahen, daß legitime Forschungsmethoden angewendet werden sollten, um den kanonischen Text und seine Bedeutung zu ermitteln.

Wir bestreiten, daß es richtig ist, es irgendeiner Methode der Erforschung der Bibel zu gestatten, die Wahrheit oder Unversehrtheit der vom Schreiber ausgedrückten Bedeutung oder sonst einer anderen Lehre der Schrift in Frage zu stellen.

Artikel XVII

Wir bekennen die Einheit, Harmonie und Folgerichtigkeit der Schrift und erklären, daß sie sich selbst am besten auslegt.

Wir verwerfen die Ansicht, wonach die Schrift derart ausgelegt werden dürfe, daß nahegelegt wird, ein Abschnitt korrigiere den anderen oder widerspreche ihm. Wir verwerfen außerdem die Behauptung, spätere Schreiber der Schrift hätten frühere Abschnitte der Schrift falsch ausgelegt, wenn sie von ihnen zitierten oder auf sie hinwiesen.

Artikel XVIII

Wir bekennen, daß die eigene Auslegung der Bibel ihrer selbst immer richtig ist, nie von der einzigen Bedeutung des inspirierten Textes abweicht, sondern ihn vielmehr erläutert. Die einzige Bedeutung der Worte eines Propheten schließt das Verstehen jener Worte durch den Propheten ein, ist jedoch nicht darauf beschränkt, und schließt unbedingt die Absicht Gottes in sich ein, die sich in der Erfüllung jener Worte erweist.

Wir lehnen die Auffassung ab, wonach die Schreiber der Schrift immer die ganze Tragweite ihrer eigenen Worte erfaßt haben sollen.

Artikel XIX

Wir bejahen, daß jede Art von Vorverständnis, das der Ausleger an die Schrift heranträgt, in Übereinstimmung mit der biblischen Lehre stehen sowie sich der Korrektur durch sie unterwerfen sollte.

Wir verwerfen die Ansicht, wonach von der Schrift verlangt werden dürfe, sich andersartigen Vorverständnissen wie Naturalismus, Evolutionismus, Wissenschaftsgläubigkeit, weltlichem Humanismus und Relativismus, die mit ihr selbst unvereinbar sind, anzupassen.

Artikel XX

Wir bejahen, daß – weil Gott der Ursprung aller Wahrheit ist – alle Wahrheiten, biblische und außerbiblische, übereinstimmend und zusammenhängend sind, und daß die Bibel wahr ist, wenn sie Dinge erwähnt, die die Natur, Geschichte oder irgend etwas anderes betreffen. Ferner bejahen wir, daß außerbiblische Fakten in einigen Fällen zur Klarstellung dessen, was die Schrift lehrt und zur Korrektur fehlerhafter Auslegungen beitragen.

Wir bestreiten, daß außerbiblische Auffassungen je die Lehre der Schrift widerlegen oder Vorrang vor ihr haben.

Artikel XXI

Wir bejahen die Übereinstimmung von spezieller und allgemeiner Offenbarung und daher die Übereinstimmung der biblischen Lehre mit den Tatsachen der Natur.

Wir verwerfen, daß irgendwelche unverfälschte wissenschaftliche Fakten der wahren Bedeutung irgendeiner Textstelle der Schrift widersprechen.

Artikel XXII

Wir bejahen, daß Genesis 1 – 11 ein Tatsachenbericht ist, wie es auch der Rest des Buches ist.

Wir verwerfen die Ansicht, daß die Lehren von Genesis 1 – 11 mythisch sind und daß man sich auf wissenschaftliche Hypothesen über die Geschichte der Erde oder den Ursprung der Menschheit berufen könne, um das umzustürzen, was die Schrift über die Schöpfung lehrt.

Artikel XXIII

Wir bekennen die Klarheit der Schrift und insbesondere die Klarheit ihrer Botschaft über die Errettung von Sünde.

Wir verwerfen die Auffassung, daß alle Abschnitte der Schrift in gleicher Weise klar sind oder in gleichem Maße mit der Botschaft der Erlösung zu tun haben.

Artikel XXIV

Wir bejahen, daß man zum Verständnis der Schrift nicht von der Sachkenntnis biblischer Gelehrter abhängig ist.

Wir verneinen, daß man die Früchte des wissenschaftlichen Studiums der Schrift durch biblische Gelehrte ignorieren sollte.

Artikel XXV

Wir bekennen, daß die einzige Art des Predigens, die die göttliche Offenbarung und ihre angemessene Anwendung aufs Leben ausreichend übermittelt, diejenige ist, welche den Text der Schrift getreu als das Wort Gottes auslegt.

Wir lehnen die Ansicht ab, daß der Verkündiger abgesehen vom Text der Heiligen Schrift irgendeine Botschaft von Gott hat.

Arbeitsanleitung

Der 1977/78 entstandene »International Council on Biblical Inerrancy (ICBI)«, ein Zusammenschluß von etwa 50 vorwiegend nordamerikanischen protestantischen Theologen verschiedener Denominationen, hat 1978 und 1982 die hier abgedruckten »Statements«, im deutschen Sprachraum als »Chicago-Erklärungen« bekannt geworden, verfaßt und veröffentlicht. Die »Erklärung zur Irrtumslosigkeit der Schrift« hatte das Ziel, »die Lehre der Irrtumslosigkeit der Schrift neu zu bestätigen, ihr Verständnis zu verdeutlichen und vor ihrer Ablehnung zu warnen«; die »Erklärung zur Biblischen Hermeneutik« sollte »hermeneutische Probleme und Grundregeln klären« (Vorwort zur »Erklärung zur Biblischen Her-

meneutik«, in: Fundamentum, Zeitschrift der Freien Evangelisch-Theologischen Akademie Basel, Heft 2/1983, S. 87).

Die beiden »Chicago-Erklärungen« sind hermeneutische Konzeptionen in Bekenntnisform, welche die Autorität der Schrift begründen und gegen Infragestellungen verteidigen sollen. Sie sind jedoch nicht nur als aktuelle Apologetik zu verstehen, sondern sie stehen auch in einem theologiegeschichtlichen Zusammenhang mit der altprotestantischen Orthodoxie. Sie dokumentieren eine besonders im angelsächsischen Sprachraum weit verbreitete Schrifthaltung. In der »Erklärung zur Irrtumslosigkeit« wird aus der Schriftautorität die Autorität der Kirche, die vollständige Inspiration und die vollständige Irrtumslosigkeit der Schrift gefolgert. Im beigegebenen Kommentar wird die Schriftautorität mit der Schrifthaltung Jesu begründet. Auch die »Erklärung zur Biblischen Hermeneutik« setzt bei der Autorität der Schrift ein, bestimmt dann Jesus Christus als den zentralen Brennpunkt der Schrift und betont die Notwendigkeit ihrer Selbsterschließung durch den Heiligen Geist. Dann folgen Verstehens- und Auslegungsregeln. Einige Artikel beziehen sich direkt auf das reformatorische Schriftverständnis, so z. B. Art. XV auf die Forderung der Reformatoren, stets vom sensus historicus auszugehen, Art. XVIII auf die Selbstauslegung und Art. XXIII auf die Klarheit der Schrift.

Die theologische Beschäftigung mit diesem hermeneutischen Ansatz wird zunächst zu würdigen haben, daß das reformatorische Schriftprinzip sola scriptura gewahrt wird und besonders in der »Erklärung zur Biblischen Hermeneutik« eine christozentrische Schriftauslegung und zentrale hermeneutische Einsichten der Reformation aktualisiert werden sollen. Zu fragen wäre in der Perspektive reformatorischer Theologie, ob der Ansatz einer biblischen Hermeneutik bei der Autorität der Schrift, aus welcher dann Inspiration und Irrtumslosigkeit entfaltet werden, einem christozentrischen Schriftverständnis gerecht werden kann, das von der Gewißheit getragen wird, daß sich Christus durch die Verkündigung von Gesetz und Evangelium in freier Gnade selbst erschließt und das die Schriftautorität als Geschenk des Christusglaubens wertet.

Zur weiteren Arbeit an der Theologie und Hermeneutik der »Chicago-Erklärungen« sei auf die amerikanischen Standardwerke B. B. Warfield, The Inspiration and Authority of the Bible, Philadelphia ⁶1970 und M. S. Terry, Biblical Hermeneutics. A Treatise on the Interpretation of the Old and New Testament, Grand Rapids ⁸1980 hingewiesen.   C

III.
Philosophie und Hermeneutik

BARUCH DE SPINOZA,
Der theologisch-politische Traktat (1670), übers. von J. Stern (1886), Leipzig o. J.
Siebentes Kapitel »Über die Auslegung der Bibel«

Um es nun kurz zusammenzufassen, sage ich, daß die Methode der Bibelerklärung
nicht verschieden ist von der Methode der Naturerklärung, vielmehr mit dieser ganz
zusammenfällt. Denn wie die Methode der Naturerklärung hauptsächlich darin
besteht, daß man eine Naturgeschichte zusammenstellt, um daraus, als aus sicheren
Tatsachen, die Naturgesetze zu folgern, ebenso ist es zur Bibelerklärung nötig, eine
streng sachliche Geschichte derselben auszuarbeiten, um daraus, als aus sicheren
Tatsachen und Grundlagen, die Meinung der biblischen Schriftsteller in richtigen
Folgerungen abzuleiten. Auf diese Weise wird jeder (wenn er nämlich zur Erklärung
der Bibel und zur Behandlung ihres Inhalts keine andern Grundlagen und Tatsachen zuläßt als nur solche, die aus der Bibel selbst und ihrer Geschichte entnommen sind) ohne Gefahr eines Irrtums zum Ziele gelangen und über alles, was unsere
Begriffe übersteigt, sich ebenso sicher eine Ansicht bilden können wie über das, was
wir mit der natürlichen Vernunft erkennen . . .

Die Hauptregel der Bibelauslegung lautet daher: Man darf der Bibel keine Lehre
zuschreiben, die sich nicht klar und deutlich aus der Geschichte der Bibel ergibt. Wir
haben nun aber davon zu reden, wie die Geschichte der Bibel beschaffen sein und
was sie hauptsächlich enthalten muß.

Erstens muß sie die Natur und die Eigentümlichkeiten der Sprache beleuchten, in
welcher die biblischen Schriften geschrieben wurden und welche ihre Verfasser zu
reden pflegten. Dadurch werden wir den verschiedenen Sinn, welchen eine Rede
nach dem gewöhnlichen Sprachgebrauch haben kann, ausfindig machen können.
Da nun sämtliche alttestamentlichen wie neutestamentlichen Schriftsteller
Hebräer gewesen sind, so ist natürlich eine Geschichte der hebräischen Sprache vor
allem nötig, nicht bloß zum Verständnis der Schriften des Alten Testaments, die in
dieser Sprache geschrieben sind, sondern auch des Neuen; denn obgleich diese in
andern Sprachen verbreitet sind, so haben sie doch hebräische Färbung.

Zweitens muß eine Geschichte der Bibel die Aussprüche jedes Buches sammeln
und sie nach Rubriken gruppieren, damit wir alles, was über einen und denselben
Gegenstand vorkommt, bequem beieinander haben. Hierbei muß sie hervorheben,
was zweideutig oder dunkel ist, wie auch Stellen, die einander zu widersprechen
scheinen . . .

Drittens endlich muß die Geschichte der Bibel über das Schicksal sämtlicher prophetischen Bücher Nachricht geben, soweit dasselbe heutigentags noch ermittelt
werden kann. Zunächst über Leben, Sitten und Beschäftigung des Verfassers eines
jeden Buches, wer er gewesen, bei welcher Veranlassung, zu welcher Zeit, für wen
und in welcher Sprache er geschrieben. Sodann über das Schicksal der einzelnen
Bücher selbst: wie man das betreffende Buch zuerst erhalten hat und in wessen
Hände es gekommen sei, ferner über die verschiedenen Lesarten, die von ihm vorhanden sind und welche Personen beschlossen haben, es unter die heiligen Bücher
aufzunehmen, endlich auch, wie alle Bücher, die uns für heilig gelten, zu einem
Ganzen vereinigt wurden. Das alles, sage ich, muß eine Geschichte der Bibel enthalten. Denn um zu wissen, welche Aussprüche als Gesetze und welche als Sittenlehren aufgestellt werden, muß man das Leben, die Sitten und die Beschäftigung der
Verfasser kennen. Dazu kommt noch der Umstand, daß man die Worte von jemand
um so leichter auslegen kann, je genauer man weiß, wie er lebte und lebte. Um ferner
die ewigen Lehren nicht mit solchen zu verwechseln, die nur zu gewissen Zeiten
oder nur einzelnen Menschen von Nutzen waren, muß man wissen, bei welcher Veranlassung, zu welcher Zeit und für welches Volk oder Zeitalter die Lehren alle

geschrieben worden sind. Endlich muß man auch die übrigen Umstände wissen, die ich erwähnt habe, um außer der Autorschaft eines jeden Buches auch noch zu erfahren, ob es von fälschenden Händen hat verunstaltet werden können oder nicht; ob sich Irrtümer eingeschlichen haben und ob sie von kundigen und glaubwürdigen Männern verbessert worden sind. Alles das zu wissen ist von größter Wichtigkeit, damit wir nicht in blindem Eifer alles für bare Münze nehmen, was uns geboten wird, sondern nur was gewiß ist und nicht bezweifelt werden kann.

Erst wenn wir eine solche Geschichte der Bibel besitzen und uns fest vornehmen, nur solche Lehren als unzweifelhaft prophetische zu betrachten; die aus dieser Geschichte folgen oder mit aller Bestimmtheit aus ihr gefolgert werden können, erst dann ist es Zeit, daß wir uns anschicken, den Sinn der Propheten und des Heiligen Geistes zu erforschen. Auch hierzu ist eine Methode und Ordnung erforderlich, derjenigen ähnlich, welche bei der Erklärung der Natur aus ihrer Geschichte in Anwendung kam. Bei der Forschung über die Naturerscheinungen suchen wir vor allem das Allgemeinste, der ganzen Natur Gemeinsame zu ergründen, nämlich Bewegung und Ruhe, und ihre Gesetze und Regeln, welche die Natur stets beobachtet und durch welche sie ununterbrochen wirkt, und von diesen schreiten wir allmählich zum minder Allgemeinen fort. Ganz ebenso muß aus der Geschichte der Bibel zuerst erforscht werden, was das Allgemeinste, was Grundlage und Untergrund der ganzen Bibel ist und was darin als ewige, und allen Sterblichen höchst heilsame Lehre von sämtlichen Propheten empfohlen wird. Dahin gehört z. B., daß es einen einzigen und allmächtigen Gott gibt, der allein angebetet werden darf, der für alle Wesen sorgt und diejenigen besonders liebt, welche ihn anbeten und den Nebenmenschen wie sich selbst lieben usw. Dieses und ähnliches, sage ich, lehrt die Bibel überall so klar und so deutlich, daß kein Mensch über den Sinn der Bibel in diesem Betreff jemals im Zweifel war. Was aber Gott ist und in welcher Weise er alle Dinge sieht und sich um sie bekümmert, dieses und ähnliches lehrt die Bibel nicht ausdrücklich und als ewige Wahrheit; vielmehr haben die Propheten selbst darüber sehr verschieden gedacht, wie oben gezeigt wurde. Darum kann über derlei Dinge eine Lehre des Heiligen Geistes nicht aufgestellt werden, auch wenn man sich mit der natürlichen Vernunft sehr wohl eine bestimmte Ansicht darüber bilden kann.

Hat man nun die allgemeine Lehre der Bibel richtig erforscht, so schreitet man zu andern Dingen fort, welche minder allgemein, aber doch den gewöhlichen Lebenswandel betreffen und aus jener allgemeinen Lehre wie Bäche herausfließen. Dahin gehören alle besondern äußerlichen Handlungen wahrer Tugend, die bloß bei gewissen Veranlassungen geübt werden können. Das Dunkle oder Zweideutige, das hierbei in der Bibel vorkommt, ist mit der allgemeinen Lehre der Bibel aufzuhellen und klarzustellen, und bei etwa vorkommenden Widersprüchen wäre zu erwägen, bei welcher Gelegenheit, zu welcher Zeit und für wen die betreffenden Stellen geschrieben wurden . . .

Darum ist die Annahme gerechtfertigt, daß wir bei Sittenlehren den Sinn der Bibel aus ihrer Geschichte, die wir haben können, leicht erraten und über ihre wahre Meinung Gewißheit erlangen können. Denn die Lehren der wahren Frömmigkeit werden mit den gebräuchlichsten Worten ausgedrückt, weil sie allgemein gültig, einfach und leicht verständlich sind und weil ferner das wahre Heil und die wahre Glückseligkeit in der wahren Seelenruhe besteht, diese wahre Seelenruhe aber nur durch vollständig klare Erkenntnis erworben wird. Es folgt also aufs deutlichste, daß wir über den Sinn der Bibel in Dingen, die zum Heil und zur Seligkeit notwendig sind, Gewißheit erlangen können; deshalb brauchen wir auch um alles übrige nicht allzusehr bekümmert zu sein, da es doch zum größten Teil mit der Vernunft und Erkenntnis nicht erfaßt werden kann und also weit mehr seltsam als nützlich ist.

Damit glaube ich die wahre Methode der Bibelauslegung genau angegeben und meine Ansicht darüber genau dargelegt zu haben. Unzweifelhaft hat bereits jeder

Leser bemerkt, daß diese Methode keine andere Erleuchtung erheischt als die der natürlichen Vernunft. Denn das Wesen und der Vorzug dieser Erleuchtung besteht hauptsächlich in der Ableitung und Folgerung des Unbekannten aus dem Bekannten oder als bekannt Vorausgesetzten durch richtige Schlußfolgerung, und etwas anderes verlangt meine Methode nicht. Und wenn ich auch zugeben muß, daß diese Methode nicht ausreicht, um über alles, was in der Bibel vorkommt, sichere Aufklärung zu geben, so liegt doch die Schuld nicht an der Methode selbst, sondern es rührt dies daher, daß der Weg, den sie als den wahren und richtigen zeigt, bis heute noch niemals gepflegt und von niemand betreten worden war, weshalb er im Laufe der Zeit sehr beschwerlich und unwegsam geworden ist, wie aus den von mir dargelegten Schwierigkeiten aufs deutlichste erhellen wird.

Es sind nun aber auch die gegnerischen Ansichten zu untersuchen. Zunächst die Ansicht derjenigen, welche behaupten, die natürliche Vernunft besitze nicht die Fähigkeit, die Bibel auszulegen, sondern dazu sei eine übernatürliche Erleuchtung unbedingt erforderlich. Was aber das für eine Erleuchtung sein soll, das zu erklären, überlasse ich jenen selbst. Ich für meine Person kann mir die Sache nicht anders denken, als daß jene Leute mit ziemlich dunklen Ausdrücken ebenfalls zu verstehen geben wollten, daß sie über den wahren Sinn der Bibel in vielen Fällen im Zweifel seien. Denn wenn man ihre Erklärungen genau besieht, so enthalten sie ganz und gar nichts Übernatürliches, ja im Grunde nichts als bloße Vermutungen. Man vergleiche sie doch nur mit der Erklärung derer, welche offen gestehen, daß sie keine andere Erleuchtung hätten als die natürliche, und man wird finden, daß sie diesen ganz ähnlich sind, daß sie rein menschlich, durch langes Nachdenken ersonnen und mit Mühe gefunden wurden. Wenn sie aber sagen, daß die natürliche Erleuchtung dazu nicht ausreicht, so ist das offenbar falsch aus doppeltem Grunde. Erstens haben wir bereits gesehen, daß die Schwierigkeit in der Bibelauslegung keineswegs von dem Unvermögen der natürlichen Erleuchtung herrührt, sondern von der Nachlässigkeit (um nicht zu sagen Schlechtigkeit) jener Menschen, welche es versäumt haben, eine Geschichte der Bibel abzufassen, zu einer Zeit, wo dies noch möglich war. Zweitens aber soll dieses übernatürliche Licht (wie alle einräumen, soviel ich weiß) ein göttliches Geschenk sein, das nur den Gläubigen verliehen ist. Nun haben aber die Propheten und Apostel nicht bloß den Gläubigen, sondern auch und hauptsächlich den Ungläubigen und Schlechten gepredigt, welche also ebenfalls fähig gewesen sein mußten, den Sinn der Propheten und Apostel zu verstehen; andernfalls müßten uns die Propheten und Apostel wie Leute vorkommen, die kleinen Kindern vorgepredigt haben, nicht vernunftbegabten Männern. Auch Moses hätte seine Gesetze vergebens vorgeschrieben, wenn sie nur von Gläubigen hätten verstanden werden können; denn diese bedürfen keines Gesetzes. Denjenigen also, welche zum Verständnis der Propheten und Apostel ein übernatürliches Licht brauchen, fehlt eben, wie es scheint, das natürliche Licht, und ich bin weit entfernt, zu glauben, daß solche Leute ein übernatürliches göttliches Geschenk besäßen ...

Kommentar

Spinoza hat seinen »Theologisch-politischen Traktat« in der Absicht verfaßt, die Unabhängigkeit der Politik von kirchlicher Bevormundung und das Recht auf Meinungs- und Religionsfreiheit zu sichern. Die politische Freiheit wird nach seiner Meinung von Vorurteilen gegenüber der Religion beeinträchtigt, genauer ausgedrückt, gegenüber seiner Auffassung von Religion. Diese Vorurteile seien entstanden durch Mißachtung des natürlichen Verstandes und falsche Voraussetzungen bei der Auslegung der Bibel. Sie abzubauen durch eine erneute Prüfung der Bibel mit »unbefangenem und freiem Geiste«, ist nach der »Vorrede« das erklärte Ziel dieser Schrift. Spinoza hat an ihr fünf Jahre gearbeitet. 1670 ist sie anonym und mit falscher Verlagsangabe erschienen.

Trotz oder auch gerade wegen einer langen Reihe philosophischer und theologischer Gegenschriften gelangte der »Theologisch-politische Traktat« wie auch die posthum erschienene »Ethik« zu einer starken Wirkung, besonders in der 2. Hälfte des 18. Jahrhunderts. Moses Mendelssohn, Lessing, Herder und Goethe bekannten, prägende Einsichten aus Spinozas Philosophie empfangen zu haben.

Der abgedruckte Text beschränkt sich auf Auszüge aus dem zentralen siebenten Kapitel, wo Spinoza seine Methode der Schriftauslegung erläutert. Wie bei der Naturerklärung seien auch bei der Bibelerklärung durch die Betrachtung ihrer Geschichte ihre allgemeinsten, jedem einsichtigen Grundsätze zu suchen. Spinoza findet sie in den beiden Anweisungen, Gott zu verehren und den Nächsten zu lieben. Ihre Befolgung führe zum »wahren Heil«, der »wahren Seelenruhe«. Alle übrigen Aussagen der Bibel seien im Lichte dieser Grundsätze zu verstehen. Damit vertritt Spinoza das reformatorische Prinzip der Selbstauslegung der Schrift in dem Sinn, daß das »Besondere« durch das »Allgemeine« auszulegen sei. Eine Erleuchtung des Verstandes durch den Heiligen Geist ist in Spinozas pantheistischer Philosophie nicht nötig, da die natürliche Vernunft des Menschen ein »göttliches Licht« darstellt, wie er im 15. Kapitel des Traktats ausführt.

Zur weiteren Beschäftigung mit Spinozas Philosophie sei hingewiesen auf zwei philosophiegeschichtliche Darstellungen: W. Röd, Die Philosophie der Neuzeit 1, Von Francis Bacon bis Spinoza, in: Geschichte der Philosophie, hrsg. von W. Röd Bd. VII, München 1978 und O. Höffe (Hrsg.), Klassiker der Philosophie Bd. I, Von den Vorsokratikern bis David Hume, München 1981. C

SÖREN KIERKEGAARD,
Abschließende unwissenschaftliche Nachschrift zu den philosophischen Brocken,
I. Teil, in: Gesammelte Werke, 16. Abteilung, übers. v. Martin Junghans, Regensburg
1957, S. 17 – 29

Das objektive Problem von der Wahrheit des Christentums

Für die objektive Betrachtungsweise ist das Christentum eine gegebene Tatsache
(res in facto posita), nach deren Wahrheit – jedoch rein objektiv – gefragt wird; denn
das bescheidene Subjekt ist allzu objektiv, als daß es nicht sich selbst außerhalb bleiben ließe oder sich doch ohne weiteres mit zu denen rechnete, die doch wohl den
Glauben haben. Wahrheit kann also objektiv verstanden bedeuten: 1. die historische Wahrheit und 2. die philosophische Wahrheit. Als historische Wahrheit
betrachtet muß die Wahrheit durch eine kritische Erörterung der verschiedenen
Nachrichten usw. ermittelt werden, kurz gesagt, auf dieselbe Weise, wie sonst die
historische Wahrheit gefunden wird. Fragt man nach der philosophischen Wahrheit, so fragt man nach dem Verhältnis der historisch gegebenen und als gültig anerkannten Lehre zur ewigen Wahrheit.

Das forschende, das spekulierende, das erkennende Subjekt fragt somit zwar nach
der Wahrheit, aber nicht nach der subjektiven Wahrheit, nach der Wahrheit der
Aneignung. Das forschende Subjekt ist somit zwar interessiert, aber nicht unendlich
persönlich, in Leidenschaft in Richtung auf seine ewige Seligkeit interessiert für sein
Verhältnis zu dieser Wahrheit. Fern sei von dem objektiven Subjekt eine solche
Unbescheidenheit, eine solche Eitelkeit!

Das forschende Subjekt muß sich nun in einer von zwei Verfassungen befinden: entweder muß es im Glauben von der Wahrheit des Christentums und von seinem Verhältnis zu ihr überzeugt sein – und in dem Falle kann ja unmöglich all das andere
unendlich interessieren, da ja eben der Glaube das unendliche Interesse für das
Christentum ist und jedes andere Interesse leicht eine Anfechtung bedeutet; oder es
steht nicht im Glauben, sondern in der objektiven Betrachtung, und ist als solches
auch nicht unendlich interessiert an der Entscheidung der Frage.

Hier sei nun dies gleich beizeiten gesagt, um darauf aufmerksam zu machen, was im
zweiten Teil ausgeführt werden wird, daß das Problem auf diesem Wege überhaupt
nicht entscheidend zutage tritt, d. h. eben nicht zutage tritt, weil das Problem gerade
in der Entscheidung liegt. Mag der wissenschaftlich Forschende auch mit rastlosem
Eifer arbeiten, mag er sogar sein Leben im begeisterten Dienst für die Wissenschaft
verkürzen, mag der Spekulierende weder Zeit sparen noch Fleiß scheuen: sie sind
doch nicht unendlich persönlich in Leidenschaft interessiert, im Gegenteil, sie wollen es nicht einmal sein. Ihre Betrachtung will objektiv, interesselos sein. Was das
Verhältnis des Subjekts zu der erkannten Wahrheit betrifft, so nimmt man an, daß es
mit der Aneignung der Wahrheit, wenn nur erst das objektiv Wahre zuwege
gebracht ist, eine Kleinigkeit ist, die man von selbst als Zugabe beim Kauf mit-
bekommt, und am Ende ist es mit dem Individuum doch auch gleichgültig. Gerade
darin liegt nämlich die erhabene Ruhe des Forschers und die komische Gedanken-
losigkeit des Nachschwätzers.

Kapitel 1

Die historische Betrachtungsweise

Betrachtet man das Christentum als ein historisches Aktenstück, dann kommt es
darauf an, eine völlig zuverlässige Nachricht davon zu erhalten, was denn eigentlich
die christliche Lehre sei. Wenn das forschende Subjekt unendlich interessiert an seinem Verhältnis zu dieser Wahrheit wäre, würde es an dieser Stelle sogleich verzwei-

feln, weil nichts leichter einzusehen ist, als daß in bezug auf das Historische die größte Gewißheit doch nur eine *Approximation* ist, und daß eine Approximation zu wenig ist, um darauf seine Seligkeit zu gründen, und zwar so ungleichartig einer ewigen Seligkeit, daß kein Fazit herauskommen kann. Weil aber nun im Gegenteil das forschende Subjekt nur historisch interessiert ist (sei es, daß er, der Forscher, als Glaubender zugleich unendlich interessiert ist an der Wahrheit des Christentums, wobei sein ganzes Streben ihn leicht in mancherlei Widersprüche verwickeln könnte; oder sei es, daß er, doch ohne eine in Leidenschaft negativ gefällte Entscheidung als Nichtglaubender, außerhalb steht), so beginnt er mit der Arbeit, mit den ungeheuren Studien, zu denen er selbst neue Beiträge liefert, bis in sein 70. Jahr; 14 Tage vor seinem Tode wartet er gerade auf das Erscheinen einer neuen Schrift, die auf eine ganze Seite der Untersuchung neues Licht werfen soll. Ein solcher objektiver Seelenzustand ist, wenn nicht der Gegensatz ein Epigramm auf ihn ist, ein Epigramm auf die Unruhe der unendlich interessierten Subjektivität, die doch wohl eine solche Frage, die die Entscheidung über ihre ewige Seligkeit betrifft, beantwortet haben müßte und jedenfalls um keinen Preis sich getraute, ihr unendliches Interesse bis zu ihrem letzten Augenblick aufzuschieben.

Indem nun historisch gefragt wird nach der Wahrheit des Christentums oder nach dem, was christliche Wahrheit sei, was nicht, erweist sich sogleich die Heilige Schrift als ein entscheidendes Aktenstück. Die historische Betrachtungsweise konzentriert sich daher allererst auf die Bibel.

§ 1 Die Heilige Schrift

Hier gilt es für den Forscher, sich die größtmögliche Zuverlässigkeit zu sichern; dagegen kommt es für mich nicht darauf an, Kenntnisse zu zeigen oder zu zeigen, daß ich keine habe. Für meine Erörterungen ist es wichtiger, daß man versteht und sich daran erinnert, daß man selbst mit der erstaunlichsten Gelehrsamkeit und Ausdauer – und säße auch der Kopf aller Kritiker auf einem Hals – doch niemals weiter als bis zur Approximation kommt, und daß zwischen dieser und einer persönlich unendlichen Interessiertheit für die eigene ewige Seligkeit ein wesentliches Mißverhältnis besteht.

Wenn die Schrift als der sichere Halt betrachtet wird, der entscheidet, was christlich ist und was nicht, so kommt es darauf an, die Schrift historisch-kritisch zu sichern.

Man behandelt hier dann: Die Zugehörigkeit der einzelnen Schriften zum Kanon, ihre Authentizität, Integrität, die Axiopistie ihrer Verfasser und man setzt eine dogmatische Garantie: die Inspiration*. Wenn man die Arbeit der Engländer am Tunnel, an diese ungeheure Kraftanstrengung denkt, und wie dann ein kleiner Umstand lange Zeit hindurch das Ganze stören kann – dann bekommt man eine gehörige Vorstellung von diesem ganzen kritischen Unternehmen. Was für Zeit, welch Fleiß, welch herrliche Gaben, welche ausgezeichneten Kenntnisse sind hierbei von Geschlecht zu Geschlecht für dieses Wunderwerk aufgewendet worden! Und doch kann hier plötzlich ein kleiner dialektischer Zweifel, der an die Voraussetzungen rührt, das Ganze auf lange Zeit hinaus stören, kann den unterirdischen Weg zum Christentum zerstören, den man objektiv und wissenschaftlich hat anlegen wollen, anstatt das Problem zu dem werden zu lassen, was es ist: nämlich subjektiv. Man hört wohl zuweilen unstudierte oder halbstudierte Leute oder aufgeblasene

---

* Das Mißverständnis zwischen Inspiration und kritischem Forschen ist gleich dem zwischen ewiger Seligkeit und kritischen Erörterungen, weil Inspiration nur ein Gegenstand des Glaubens ist. Oder ist man deshalb so kritisch-eifrig, weil die Bücher inspiriert sind? Dann weiß also der Glaubende, der glaubt, daß die Bücher inspiriert sind, welche Bücher es sind, von denen er glaubt, daß sie inspiriert sind. Oder resultiert die Inspiration aus der Kritik, so daß diese, wenn sie das Ihre getan hat, zugleich bewiesen hat, daß die Bücher inspiriert sind? In diesem Falle kommt man nie zur Annahme der Inspiration, denn die kritische Arbeit ist in ihrem maximum nur Approximation.

Genies verächtlich von der kritischen Arbeit an den Schriften des Altertums reden; man hört sie törichterweise über den sorgfältigen Umgang des gelehrten Forschers mit dem Unbedeutendsten spotten, über etwas, was gerade seine Ehre ist, daß er nämlich wissenschaftlich nichts als unbedeutend ansieht. Nein, die gelehrte Philologie ist durchaus in ihrem Recht, und der Verfasser vorliegender Schrift hegt gewiß mindestens ebensosehr wie jeder andere Ehrerbietung für das, was die Wissenschaft heiligt. Aber von der gelehrten kritischen Theologie erhält man dafür keinen reinen Eindruck. Deren ganzes Streben leidet bewußt oder unbewußt an einer gewissen Doppelsinnigkeit. Es sieht beständig so aus, als sollte aus dieser Kritik plötzlich etwas für den Glauben, etwas diesen Betreffendes resultieren. Darin liegt die Mißlichkeit. Denn wenn ein Philologe eine Schrift, z. B. von Cicero, herausgibt und das mit großem Scharfsinn und mit dem ganzen gelehrten Apparat, der sich in schönem Gehorsam der Herrschaft des Geistes unterordnet, tut; wenn sein Ingenium und seine durch eisernen Fleiß erworbene Vertrautheit mit dem Altertum seinem entdeckenden Taktgefühl helfen, Schwierigkeiten zu entfernen, dem Gedankengang im Wirrsal der Lesarten den Weg zu bereiten usw., dann kann man sich ruhig der Bewunderung hingeben; wenn er fertig ist, folgt nämlich nichts anderes daraus als das Bewundernswerte, daß durch seine Kunst und Tüchtigkeit eine Schrift des Altertums in der zuverlässigsten Gestalt zustande gekommen ist. Keineswegs dagegen folgt daraus, daß ich nun auf diese Schrift meine ewige Seligkeit gründen soll; denn das gestehe ich, daß mir, wenn etwas meine ewige Seligkeit angeht, sein erstaunlicher Scharfsinn zu wenig ist; ja, ich gestehe es, meine Bewunderung für ihn würde nicht freudig, sondern mißmutig werden, wenn ich glaubte, daß er so etwas in mente haben sollte. Aber gerade auf diese Art verfährt die gelehrte kritische Theologie; wenn sie fertig ist – und bis dahin hält sie uns in suspenso, aber mit dieser Aussicht vor Augen – so schließt sie: ergo kannst du nun deine ewige Seligkeit auf diese Schriften bauen. – Wer gläubig die Inspiration statuiert, muß konsequenterweise jede kritische Erörterung, sei sie nun dafür oder dagegen, als Mißlichkeit, als eine Art Anfechtung ansehen; und wer sich, ohne im Glauben zu stehen, in die kritischen Erörterungen hineinwagt, kann doch unmöglich die Inspiration aus diesen resultieren lassen wollen. Wen interessiert dann aber eigentlich das Ganze?

Man merkt jedoch den Widerspruch nicht, weil die Sache rein objektiv behandelt wird; dann aber ist der Widerspruch auch nicht da, wenn der Forschende selbst vergißt, unter welchen Voraussetzungen er arbeitet, ausgenommen wenn er sich selbst dann und wann lyrisch dadurch zur Arbeit ermuntert oder wenn er mit Hilfe der Beredsamkeit lyrisch polemisiert. Man lasse aber jemand auf den Plan treten, der mit unendlichem persönlichem Interesse in Leidenschaft seine ewige Seligkeit an dieses Resultat, an das erwartete Resultat knüpfen will: er sieht leicht ein, daß hier kein Resultat vorhanden und keines zu erwarten ist, und der Widerspruch wird ihn zur Verzweiflung bringen. Allein Luthers Verwerfung des Jakobusbriefes ist genug, um ihn zur Verzweiflung zu bringen. Für eine ewige Seligkeit und ein unendliches Interesse in Leidenschaft für sie (in welch letzterem erstere ja doch nur sein kann) ist jedes Tüttelchen von Wichtigkeit, von unendlicher Wichtigkeit. Oder umgekehrt: Die Verzweiflung über den Widerspruch gerade wird ihn lehren, daß man auf diesem Wege nicht vordringen kann.

Und doch ist es so zugegangen. Eine Generation nach der andern ist zu Grabe gegangen; neue Schwierigkeiten sind entstanden, sind besiegt worden, und neue Schwierigkeiten sind entstanden. Von Generation zu Generation hat sich die Illusion fortgeerbt, daß die Methode die richtige sei, daß es aber den gelehrten Forschern noch nicht geglückt sei usw. Alle scheinen sich wohl dabei zu fühlen, sie werden immer objektiver. Die persönliche, in Leidenschaft unendliche Interessiertheit des Subjekts (welche die Möglichkeit des Glaubens und darnach der Glaube selbst ist, die Form der ewigen Seligkeit und darnach die ewige Seligkeit selbst) verschwindet immer mehr, weil die Entscheidung hinausgeschoben wird, und zwar hinausgeschoben als unmittelbar resultierend aus dem Resultat des gelehrten Forschers. Das aber heißt: Das Problem kommt überhaupt nicht auf; man ist zu objektiv geworden, um eine ewige Seligkeit zu haben; denn diese liegt gerade in der unendlichen persönlichen Interessiertheit in Leidenschaft, und die gerade gibt man auf, um objektiv zu werden, die gerade läßt man sich von der Objektivität abschwindeln. Durch die Pfarrer, die dann und wann Gelehrsamkeit offenbaren, bekommt die Gemeinde alsdann Wind davon. Die gläubige Gemeinde wird zuletzt eine Titulatur, denn die Gemeinde wird ja allein dadurch objektiv, daß sie auf die Geistlichen sieht und ein ungeheures Resultat erwartet usw. Nun stürzt sich dem Christentum ein Feind entgegen. Er ist dialektisch ebenso gut unterrichtet wie die Forscher und die fuschende Gemeinde. Er greift ein Buch, eine Reihe von Büchern der Bibel an. Augenblicklich stürzt das gelehrte Rettungskorps herzu usw. usw.

Wessel hat einmal gesagt, er halte sich da weg, wo es Gedränge gebe: So ist es auch nichts für einen Piècenschreiber, mit seinem ehrerbietigen Gesuch um Gehör für einige dialektische Erörterungen gesprungen zu kommen, er würde nur dem Hunde gleich, der ins Kegelspiel fährt. So taugt es auch nichts für einen splitternackten Dialektiker, in einen so gelehrten Streit hineinzugeraten, wo es trotz allen Talenten und aller Gelehrsamkeit pro et contra in letzter Instanz dialektisch nicht entschieden ist, um was man sich eigentlich streitet. Ist es ein rein philologischer Streit, so seien Gelehrsamkeit und Talent mit Bewunderung geehrt, wie sie es verdienen, aber den Glauben geht das ja nichts an. Arbeitet man mit irgendwelchen Voraussetzungen, so komme man damit heraus, damit man sie in aller dialektischen Ruhe durchdenken kann. Wer zum Zweck des Glaubens die Bibel verteidigt, muß sich ja selbst klargemacht haben, ob sich aus seiner ganzen Arbeit, wenn sie ihm so gut gelänge, wie er es im besten Falle erwarten könnte, etwas in der Richtung ergäbe, so daß er nicht in der Parenthese dieser Arbeit steckenbliebe und über den gelehrten Schwierigkeiten das entscheidende dialektische Claudatur vergäße. Wer aber angreift, muß sich ja ebenso davon Rechenschaft gegeben haben, ob dann, wenn der Angriff im größtmöglichen Ausmaß Erfolg hätte, sich etwas anderes als das philologische Resultat oder höchstens ein Sieg im Streit e concessis ergäbe, wo man wohlgemerkt auf eine andere Weise alles verlieren kann, wenn nämlich die gegenseitige Übereinkunft ein Phantom ist.

Damit also dem Dialektischen sein Recht werde, und um ungestört nur die Gedanken durchzudenken, wollen wir erst das eine und dann das andere annehmen.

Ich nehme also an, daß es gelungen sei, von der Bibel zu beweisen, was jemals ein gelehrter Theologe in seinem glücklichsten Augenblick von der Bibel zu beweisen hat wünschen können: Diese Bücher gehören zum Kanon, keine anderen, sie sind authentisch, sind vollständig und die Verfasser sind glaubwürdig – man kann gut sagen, es ist, als ob jeder Buchstabe inspiriert wäre (mehr kann man doch nicht sagen, denn die Inspiration (selbst) ist ja Gegenstand des Glaubens, ist qualitativ dialektisch, ist nicht durch ein Quantitieren zu erreichen). Ferner: es gibt keine Spur von Widerspruch in den heiligen Büchern. Denn wir wollen hypothetisch vorsichtig sein: wird auch nur ein Wort von dergleichen gemunkelt, so ist die Parenthese wieder da und die philologisch-kritische Geschäftigkeit führt uns sogleich auf Abwege. Überhaupt ist hier bloß die diätetische Vorsicht, nämlich der Verzicht auf jeden gelehrten Einschub, der eins, zwei, drei dazu ausarten könnte, eine 100jährige Parenthese zu werden, vonnöten, damit die Sache leicht und einfach sein kann. Vielleicht ist dies aber auch nicht so leicht, und wie der Mensch in Gefahr ist, wo auch immer er sein mag, so ist eine dialektische Darlegung überall in Gefahr, nämlich in der Gefahr, in eine Parenthese hineinzuschlüpfen. Es geht im Kleinen wie im Großen, und was im allgemeinen für Dritte das Anhören von Kontroversen so langweilig macht, ist, daß der Disput schon beim zweiten Anlauf in einer Parenthese steckt und nun in dieser schiefen Richtung immer hitziger fortgeht, fort von dem eigentlichen Gegenstand. Man benutzt dies daher wie eine Finte beim Fechten und stellt den Gegner etwas auf die Probe, um zu sehen, ob man einen dialektischen Paradefechter vor sich hat oder einen Parenthesen-Durchgänger, der sich hottehü in Galopp setzt, sobald es das Parenthetische gilt. Wie manch einem Menschen ist es nicht sein ganzes Leben hindurch so gegangen, daß er sich von früher Jugend an fortwährend in Parenthesen bewegt hat. Doch, ich breche diese moralisierenden und auf das Gemeinwohl zielenden Betrachtungen ab, womit ich versucht habe, für meine mangelnde historisch-kritische Befähigung den Leser ein wenig zu entschädigen. Also angenommen, alles wäre hinsichtlich der Heiligen Schrift in Ordnung – was dann? Ist dann der, der keinen Glauben hatte, dem Glauben einen einzigen Schritt näher gekommen? Nein, nicht einen einzigen. Denn der Glaube resultiert nicht aus einer einfach-gradlinigen wissenschaftlichen Untersuchung, und auch nicht einfach-geradezu; im Gegenteil verliert man bei einer solchen Objektivität die unendliche persönliche Interessiertheit in Leidenschaft, die die Bedingung des Glaubens ist, das Überall und Nirgends (ubique et nusquam), worin der Glaube entstehen kann. – Und hat der, der den Glauben besaß, etwas an Kraft und Stärke des Glaubens gewonnen? Nein, nicht das allergeringste, viel eher ist er mit diesem weitläufigen Wissen, durch diese Gewißheit, die vor der Tür des Glaubens ruht und nach ihm verlangt, in eine so gefährliche Lage gekommen, daß er großer Anstrengung, viel Furcht und Zittern bedürfen wird, um nicht in Anfechtung zu fallen und Wissen mit Glauben zu verwechseln. Während der Glaube bisher in der Ungewißheit einen nützlichen Zuchtmeister gehabt hätte, würde er in der Gewißheit seinen gefährlichsten Feind bekommen. Wird nämlich die Leidenschaft fortgenommen, so ist der Glaube nicht mehr vorhanden, denn Gewißheit und Leidenschaft sind kein zusammenpassendes Gespann. Eine Parallele mag dies beleuchten. Wer glaubt, daß es einen Gott und eine Vorsehung gibt, hat es dadurch leichter (den Glauben zu bewahren), hat es leichter, bestimmt den Glauben (und nicht eine Einbildung) in einer unvollkommenen Welt, wo die Leidenschaft wachgehalten wird, zu bekommen, leichter als in einer absolut vollkommenen Welt. In der ist nämlich der Glaube undenkbar. Daher auch die Lehre, daß der Glaube in der Ewigkeit abgeschafft wird. – Was für ein Glück also, daß diese Wunschhypothese, dieser schönste Traum der kritischen Theologie eine Unmöglichkeit ist, weil selbst seine vollkommenste Verwirklichung doch nur eine Approximation werden würde. Und wiederum, welch Glück für die Männer der Wissenschaft, daß der Fehler keineswegs bei ihnen liegt! Wenn auch alle Engel sich zusammentäten, so könnten sie doch nur eine Approximation zustande bringen, weil für das historische Wissen die Approximation die einzige Gewißheit ist – die eben zu wenig ist, um darauf eine ewige Seligkeit zu gründen.

Nun nehme ich das Gegenteil an: daß es den Feinden gelungen sei, von der Schrift zu beweisen, was sie nur wünschen können, und zwar so gewiß, daß es den heftigsten Wunsch des grimmigsten Feindes übertrifft – was ist damit geschehen? Hat der Feind damit das Christentum abgeschafft? Keineswegs. Hat er dem Gläubigen geschadet? Keineswegs, nicht das allergeringste. Hat er damit das Recht erworben, sich selbst von der Verantwortung freizusprechen, daß er nicht glaubt? Keineswegs. Weil nämlich diese Bücher nicht von diesen Verfassern stammen, weil sie nicht authentisch, nicht vollständig (integer) und nicht inspiriert sind (letzteres kann jedoch nicht widerlegt werden, da es Gegenstand des Glaubens ist), daraus folgt ja nicht, daß diese Verfasser nicht existiert hätten, und vor allem nicht, daß Christus nicht existiert habe. Insofern steht es dem Glaubenden noch ebenso frei, dies anzunehmen, ebenso frei, das wollen wir wohl beachten! Denn wenn er es kraft eines Beweises annähme, wäre er im Begriff, den Glauben aufzugeben. Käme es jemals so weit, dann würde der Glaubende immer ein Teil Schuld haben, sofern er dazu selbst eingeladen und begonnen hat, dem Unglauben den Sieg in die Hände zu spielen dadurch, daß er selbst beweisen wollte. Hier verschlingt sich der Knoten, und ich werde wieder zu der gelehrten Theologie zurückgeführt. Um weswillen wird eigentlich der Beweis geführt? Der Glaube bedarf seiner nicht, ja muß ihn sogar als seinen Feind ansehen. Wenn allerdings der Glaube sich seiner selbst zu schämen anfängt, wenn er wie eine Geliebte, die sich nicht damit genügen läßt zu lieben, sondern sich argmütig des Geliebten schämt und es also konstatiert haben muß, daß er etwas Ausgezeichnetes ist, d. h. wenn der Glaube anfängt, die Leidenschaft zu verlieren, wenn also der Glaube aufzuhören anfängt, Glaube zu sein, dann wird der Beweis notwendig, um bürgerliche Achtung beim Unglauben zu genießen ...

(S. 28:) ... O, du nicht umsonst gepriesene Objektivität, du vermagst alles; nicht einmal der Gläubigste der Gläubigen ist seiner Seligkeit so gewiß gewesen, und vor allem so sicher, sie nicht zu verlieren, wie der Objektive! Es müßte denn sein, daß diese Objektivität und Bescheidenheit nicht recht am Platze wäre, daß sie vielleicht unchristlich wäre. Dann wäre es ja freilich bedenklich, auf diese Weise in die Wahrheit des Christentums zu kommen. Das Christentum ist Geist, Geist ist Innerlichkeit, Innerlichkeit ist Subjektivität. Subjektivität ist wesentlich Leidenschaft, und im Maximum unendliche, persönlich interessierte Leidenschaft für ihre ewige Seligkeit.

Sobald man die Subjektivität fortnimmt, und von der Subjektivität die Leidenschaft, und von der Leidenschaft das unendliche Interesse, so gibt es überhaupt gar keine Entscheidung, weder dieses noch irgendeines anderen Problems. Alle Entscheidung, alle wesentliche Entscheidung wurzelt in der Subjektivität ...

Kommentar

Für Sören Kierkegaard (1813 – 1855), der als dänischer Philosoph in zahlreichen Schriften literarisch an die Öffentlichkeit trat, war die Beschäftigung mit biblischen Schriften keineswegs etwas Fremdes. Durch sein Heranwachsen in einer strengen Bibelfrömmigkeit war seine ganze Sprache mit biblischen Anklängen und Zitaten durchsetzt.

Erfahrungen und Denkstrukturen aus diesem christlichen Bereich brachte Kierkegaard ein in seine Auseinandersetzung mit der Hegelschen Geistmetaphysik. Diese Demonstration philosophischer Objektivität konfrontierte er mit einem Denken, das bei der Subjektivität des Glaubens, der unendlichen Interessiertheit des Subjekts, seinen Ausgang nahm. Von dieser Interessiertheit des Subjektes her ließ sich Kierkegaard auch sein Verhältnis zur Bibel bestimmen. Sie soll dem Menschen wie ein Spiegel offenbaren, wer er ist, und ihn mit Christus in ein Verhältnis der Gleichzeitigkeit bringen. Das Entscheidende vermochte er also nicht in historischen Verifikationen oder in Beweisen der Inspiration – die ein Gegenstand des Glaubens und nicht des Beweises sei – zu finden. All dies verobjektivierende und distanzierende Fragen betrachtete er mit großer Skepsis, da es für ein unendlich interessiertes Subjekt irrelevant sei und in der Regel dazu diene, die Unbedingtheit der biblischen Leitbilder und Anforderungen zu relativieren. Da es in Fragen des Glaubens um das Problem eines absoluten Paradox gehe – die Beziehung der allgemeinen, ewigen Wahrheit (Gott) zu einem einzelnen Individuum –, dürfe es nun ganz generell in der Theologie nicht um Versuche der Rechtfertigung und des Nachweises gehen, weil dies die Wahrheit des Paradoxes nur verfälsche. Es gehe vielmehr um eine Auslegung der interessierten Subjektivität, die mit dem persongewordenen Paradox, Jesus Christus, gleichzeitig wird. Schäfer

Das Seiende, das wesenhaft durch das In-der-Welt-sein konstituiert wird, *ist* selbst je sein »Da«. Der vertrauten Wortbedeutung nach deutet das »Da« auf »hier« und »dort«. Das »Hier« eines »Ich-Hier« versteht sich immer aus einem zuhandenen »Dort« im Sinne des entfernend-ausrichtend-besorgenden Seins zu diesem. Die existenziale Räumlichkeit des Daseins, die ihm dergestalt seinen »Ort« bestimmt, gründet selbst auf dem In-der-Welt-sein. Das Dort ist die Bestimmtheit eines inner*welt-lich* Begegnenden. »Hier« und »Dort« sind nur möglich in einem »Da«, das heißt wenn ein Seiendes ist, das als Sein des »Da« Räumlichkeit erschlossen hat. Dieses Seiende trägt in seinem eigensten Sein den Charakter der Unverschlossenheit. Der Ausdruck »Da« meint diese wesenhafte Erschlossenheit. Durch sie ist dieses Seiende (das Dasein) in eins mit dem Da-sein von Welt für es selbst »da«.

Die ontisch bildliche Rede vom lumen naturale im Menschen meint nichts anderes als die existenzial-ontologische Struktur dieses Seienden, daß es *ist* in der Weise, sein Da zu sein. Es ist »erleuchtet«, besagt: an ihm selbst *als* In-der-Welt-sein gelichtet, nicht durch ein anderes Seiendes, sondern so, daß es selbst die Lichtung *ist*. Nur einem existenzial so gelichteten Seienden wird Vorhandenes im Licht zugänglich, im Dunkel verborgen. Das Dasein bringt sein Da von Hause aus mit, seiner entbehrend ist es nicht nur faktisch nicht, sondern überhaupt nicht das Seiende dieses Wesens. *Das Dasein ist seine Erschlossenheit.*

Die Konstitution dieses Seins soll herausgestellt werden. Sofern aber das Wesen dieses Seienden die Existenz ist, besagt der existenziale Satz »das Dasein *ist* seine Erschlossenheit« zugleich: das Sein, darum es diesem Seienden in seinem Sein geht, ist, sein »Da« zu sein. Außer der Charakteristik der primären Konstitution des Seins der Erschlossenheit bedarf es gemäß dem Zug der Analyse einer Interpretation der Seinsart, in der dieses Seiende *alltäglich* sein Da ist.

Das Kapitel, das die Explikation des In-Seins als solchen, das heißt des Seins des Da übernimmt, zerfällt in zwei Teile: A. Die existenziale Konstitution des Da. B. Das alltägliche Sein des Da und das Verfallen des Daseins.

Die beiden gleichursprünglichen konstitutiven Weisen, das Da zu sein, sehen wir in der *Befindlichkeit* und im *Verstehen;* deren Analyse erhält jeweils durch die Interpretation eines konkreten und für die nachkommende Problematik wichtigen Modus die notwendige phänomenale Bewährung. Befindlichkeit und Verstehen sind gleichursprünglich bestimmt durch die *Rede* ...

§ 31 Das Da-sein als Verstehen

Die Befindlichkeit ist *eine* der existenzialen Strukturen, in denen sich das Sein des »Da« hält. Gleichursprünglich mit ihr konstituiert dieses Sein das *Verstehen.* Befindlichkeit hat je ihr Verständnis, wenn auch nur so, daß sie es niederhält. Verstehen ist immer gestimmtes. Wenn wir dieses als fundamentales Existenzial interpretieren, dann zeigt sich damit an, daß dieses Phänomen als Grundmodus des *Seins* des Daseins begriffen wird. »Verstehen« dagegen im Sinne *einer* möglichen Erkenntnisart unter anderen, etwa unterschieden von »Erklären«, muß mit diesem als existenziales Derivat des primären, das Sein des Da überhaupt mitkonstituierenden Verstehens interpretiert werden.

Die bisherige Untersuchung ist denn auch schon auf dieses ursprüngliche Verstehen gestoßen, ohne daß sie es ausdrücklich in das Thema einrücken ließ. Das Dasein ist existierend sein Da, besagt einmal: Welt ist »da«; deren *Da-sein* ist das In-sein. Und dieses ist imgleichen »da« und zwar als das, worumwillen das Dasein ist. Im Worumwillen die das existierende In-der-Welt-sein als solches erschlossen, welche Erschlossenheit Verstehen genannt wurde. Im Verstehen des Worumwillen ist die darin gründende Bedeutsamkeit miterschlossen. Die Erschlossenheit des Verstehens betrifft als die von Worumwillen und Bedeutsamkeit gleichursprünglich das volle In-der-Welt-sein. Bedeutsamkeit ist das, woraufhin Welt als solche erschlossen ist. Worumwillen *und* Bedeutsamkeit sind im Dasein erschlossen, besagt: Dasein ist Seiendes, dem es als In-der-Welt-sein um es selbst geht.

Wir gebrauchen zuweilen in ontischer Rede den Ausdruck »etwas verstehen« in der Bedeutung von »einer Sache vorstehen können«, »ihr gewachsen sein«, »etwas können«. Das im Verstehen als Existenzial Gekonnte ist kein Was, sondern das Sein als Existieren. Im Verstehen liegt existenzial die Seinsart des Daseins als Sein-können. Dasein ist nicht ein Vorhandenes, das als Zugabe noch besitzt, etwas zu können, sondern es ist primär Möglichsein. Dasein ist je das, was es sein kann und wie es seine Möglichkeit ist. Das wesenhafte Möglichsein des Daseins betrifft die charakterisierten Weisen des Besorgens der »Welt«, der Fürsorge für die anderen und in all dem und immer schon das Seinkönnen zu ihm selbst, umwillen seiner. Das Möglichsein, das je das Dasein existenzial ist, unterscheidet sich ebensosehr von der leeren, logischen Möglichkeit wie von der Kontingenz eines Vorhandenen, sofern mit diesem das und jenes »passieren« kann. Als modale Kategorie der Vorhandenheit bedeutet Möglichkeit das *noch nicht* Wirkliche und das *nicht jemals* Notwendige. Sie charakterisiert das *nur* Mögliche. Sie ist ontologisch niedriger als Wirklichkeit und Notwendigkeit. Die Möglichkeit als Existenzial dagegen ist die ursprünglichste und letzte positive ontologische Bestimmtheit des Daseins; zunächst kann sie wie Existenzialität überhaupt lediglich als Problem vorbereitet werden. Den phänomenalen Boden, sie überhaupt zu sehen, bietet das Verstehen als erschließendes Seinkönnen.

Die Möglichkeit als Existenzial bedeutet nicht das freischwebende Seinkönnen im Sinne der »Gleichgültigkeit der Willkür« (libertas indifferentiae). Das Dasein ist als wesenhaft befindliches je schon in bestimmte Möglichkeiten hineingeraten, als Seinkönnen, das es *ist,* hat es solche vorbeigehen lassen, es begibt sich ständig der Möglichkeiten seines Seins, ergreift sie und vergreift sich. Das besagt aber: das Dasein ist ihm selbst überantwortetes Möglichsein, durch und durch *geworfene Möglichkeit.* Das Dasein ist die Möglichkeit des Freiseins *für* das eigenste Seinkönnen. Das Möglichsein ist ihm selbst in verschiedenen möglichen Weisen und Graden durchsichtig.

Verstehen ist das Sein solchen Seinkönnens, das nie als Noch-nicht-vorhandenes aussteht, sondern als wesenhaft nie Vorhandenes mit dem Sein des Daseins im Sinne der Existenz »ist«. Das Dasein ist in der Weise, daß es je verstanden, bzw. nicht verstanden hat, so oder so zu sein. Als solches Verstehen »weiß« es, *woran* es mit ihm selbst, das heißt seinem Seinkönnen ist. Dieses »Wissen« ist nicht erst einer immanenten Selbstwahrnehmung erwachsen, sondern gehört zum Sein des Da, das wesenhaft Verstehen ist. Und nur *weil* Dasein verstehend sein Da ist, *kann* es sich verlaufen und verkennen. Und sofern Verstehen befindliches ist und als dieses existenzial der Geworfenheit ausgeliefertes, hat das Dasein sich je schon verlaufen und verkannt. In seinem Seinkönnen ist es daher der Möglichkeit überantwortet, sich in seinen Möglichkeiten erst wieder zu finden.

Verstehen ist das existenziale Sein des eigenen Seinkönnens des Daseins selbst, so zwar, daß dieses Sein an ihm selbst das Woran des mit ihm selbst Seins erschließt. Die Struktur des Existenzials gilt es noch schärfer zu fassen ...

§ 32 Verstehen und Auslegung

Das Dasein entwirft als Verstehen sein Sein auf Möglichkeiten. Dieses verstehende *Sein zu Möglichkeiten* ist selbst durch den Rückschlag dieser als erschlossener in das Dasein ein Seinkönnen. Das Entwerfen des Verstehens hat die eigene Möglichkeit, sich auszubilden. Die Ausbildung des Verstehens nennen wir Auslegung. In ihr eignet sich das Verstehen sein Verstandenes verstehend zu. In der Auslegung wird das Verstehen nicht etwas anderes, sondern es selbst. Auslegung gründet existenzial im Verstehen, und nicht entsteht dieses durch jene. Die Auslegung ist nicht die Kenntnisnahme des Verstandenen, sondern die Ausarbeitung der im Verstehen entworfenen Möglichkeiten. Gemäß dem Zuge dieser vorbereitenden Analysen des alltäglichen Daseins verfolgen wir das Phänomen der Auslegung am Verstehen der Welt, das heißt dem uneigentlichen Verstehen und zwar im Modus seiner Echtheit.

Aus der im Weltverstehen erschlossenen Bedeutsamkeit her gibt sich das besorgende Sein beim Zuhandenen zu verstehen, welche Bewandtnis es je mit dem Begegnenden haben kann. Die Umsicht entdeckt, das bedeutet, die schon verstandene »Welt« wird ausgelegt. Das Zuhandene kommt *ausdrücklich* in die verstehende Sicht. Alles Zubereiten, Zurechtlegen, Instandsetzen, Verbessern, Ergänzen vollzieht sich in der Weise, daß umsichtig Zuhandenes in seinem Um-zu auseinandergelegt und gemäß der sichtig gewordenen Auseinandergelegtheit besorgt wird. Das umsichtig auf sein Um-zu Auseinandergelegte als solches, das *ausdrücklich* Verstandene, hat die Struktur des *Etwas als Etwas*. Auf die umsichtige Frage, was dieses bestimmte Zuhandene sei, lautet die umsichtig auslegende Antwort: es ist zum ... Die Angabe des Wozu ist nicht einfach die Nennung von etwas, sondern das Genannte ist verstanden *als* das, als welches das in Frage stehende zu nehmen ist. Das im Verstehen Erschlossene, das Verstandene ist immer schon so zugänglich, daß an ihm sein »als was« ausdrücklich abgehoben werden kann. Das »Als« macht die Struktur der Ausdrücklichkeit eines Verstandenen aus; es konstituiert die Auslegung. Der umsichtig-auslegende Umgang mit dem umweltlich Zuhandenen, der dieses *als* Tisch, Tür, Wagen, Brücke »sieht«, braucht das umsichtig Ausgelegte nicht notwendig auch schon in einer bestimmenden *Aussage* auseinander zu legen. Alles vorprädikative schlichte Sehen des Zuhandenen ist an ihm selbst schon verstehend-auslegend. Aber macht nicht das Fehlen dieses »Als« die Schlichtheit eines puren Wahrnehmens von etwas aus? Das Sehen dieser Sicht ist je schon verstehend-auslegend. Es birgt in sich die Ausdrücklichkeit der Verweisungsbezüge (des Um-zu), die zur Bewandtnisganzheit gehören, aus der her das schlicht Begegnende verstanden ist. Die Artikulation des Verstandenen in der auslegenden Näherung des Seienden am Leitfaden des »Etwas als etwas« liegt *vor* der thematischen Aussage darüber. In dieser taucht das »Als« nicht zuerst auf, sondern wird nur erst ausgesprochen, was allein so möglich ist, daß es als Aussprechbares vorliegt. Daß im schlichten Hinsehen die Ausdrücklichkeit eines Aussagens fehlen kann, berechtigt nicht dazu, diesem schlichten Sehen jede artikulierende Auslegung, mithin die Als-struktur abzusprechen. Das schlichte Sehen der nächsten Dinge im Zutunhaben mit ... trägt die Auslegungsstruktur so ursprünglich in sich, daß gerade ein gleichsam *als-freies* Erfassen von etwas einer gewissen Umstellung bedarf. Das Nur-noch-vor-sich-Haben von etwas liegt vor im reinen Anstarren *als Nicht-mehr-verstehen*. Dieses als-freie Erfassen ist eine Privation des *schlicht* verstehenden Sehens, nicht ursprünglicher als dieses, sondern abgeleitet aus ihm. Die ontische Unausgesprochenheit des »als« darf nicht dazu verführen, es als apriorische existenziale Verfassung des Verstehens zu übersehen.

Wenn aber schon jedes Wahrnehmen von zuhandenem Zeug verstehend-auslegend ist, umsichtig etwas als etwas begegnen läßt, sagt das dann eben nicht: zunächst ist ein pures Vorhandenes erfahren, das dann *als* Tür, *als* Haus aufgefaßt wird? Das wäre ein Mißverständnis der spezifischen Erschließungsfunktion der Auslegung. Sie wirft nicht gleichsam über das nackte Vorhandene eine »Bedeutung« und beklebt es nicht mit einem Wert, sondern mit dem innerweltlichen Begegnenden als solchem hat es je schon eine im Weltverstehen erschlossene Bewandtnis, die durch die Auslegung herausgelegt wird.

Zuhandenes wird immer schon aus der Bewandtnisganzheit her verstanden. Diese braucht nicht durch eine thematische Auslegung explizit erfaßt zu sein. Selbst wenn sie durch eine solche Auslegung hindurchgegangen ist, tritt sie wieder in das unabgehobene Verständnis zurück. Und gerade in diesem Modus ist sie wesenhaftes Fundament der alltäglichen, umsichtigen Auslegung. Diese gründet jeweils in einer *Vorhabe*. Sie bewegt sich als Verständniszueignung im verstehenden Sein zu einer schon verstandenen Bewandtnisganzheit. Die Zueignung des Verstandenen, aber noch Eingehüllten vollzieht die Enthüllung immer unter der Führung einer Hinsicht, die das fixiert, im Hinblick worauf das Verstandene ausgelegt werden soll. Die Auslegung gründet jeweils in einer *Vorsicht*, die das in Vorhabe Genommene auf eine bestimmte Auslegbarkeit hin »anschneidet«. Das in der Vorhabe gehaltene und »vorsichtig« anvisierte Verstandene wird durch die Auslegung begreiflich. Die Auslegung kann die dem auszulegenden Seienden zugehörige Begrifflichkeit aus diesem selbst schöpfen oder aber in Begriffe zwängen, denen sich das Seiende gemäß seiner Seinsart widersetzt. Wie immer – die Auslegung hat sich je schon endgültig oder vorbehaltlich für eine bestimmte Begrifflichkeit entschieden; sie gründet in einem *Vorgriff*.

Die Auslegung von Etwas als Etwas wird wesenhaft durch Vorhabe, Vorsicht und Vorgriff fundiert. Auslegung ist nie ein voraussetzungsloses Erfassen eines Vorgegebenen. Wenn sich die besondere Konkretion der Auslegung im Sinne der exakten Textinterpretation gern auf das beruft, was »dasteht«, so ist das, was zunächst »dasteht«, nichts anderes als die selbstverständliche, undiskutierte Vormeinung des Auslegers, die notwendig in jedem Auslegungsansatz liegt als das, was mit Auslegung überhaupt schon »gesetzt«, das heißt in Vorhabe, Vorsicht, Vorgriff vorgegeben ist . . .

Kommentar

Wie kein zweiter Philosoph unseres Jahrhunderts hat Martin Heidegger (1889-1976) den Weg der Theologie, insbesondere der deutschen Theologie, beeinflußt. So ist etwa Bultmanns existentiale Interpretation des Neuen Testaments nur auf dem Hintergrund von Heideggers Existenz-Analysen in »Sein und Zeit« zu verstehen.

Heideggers Lebensarbeit stand ganz im Zeichen der Frage nach dem Sein und dem Sinn des Seins. Dabei fragt er nicht wie die traditionelle Ontologie nach dem Seienden, sondern nach dem Sein selbst als dem Grund alles Seienden. Erst dieses Sein selbst, durch die »ontologische Differenz« geschieden von allem Seienden, macht das Seiende zum Seienden. Die Frage, die Heidegger umtreibt, ist nun die, auf welchem Wege Zugang zu diesem Sein selbst zu gewinnen ist. In einer ersten Schaffensphase (deren Höhepunkt 1927 die Herausgabe von »Sein und Zeit« war), sieht Heidegger allein vom Menschen selbst her den Weg zum Sein gegeben. Der Grund hierfür liegt darin, daß der Mensch nicht nur »da« ist wie etwa die unbelebte Natur, sondern daß er »existiert«, d. h. sich selbst in Freiheit aus seinen Möglichkeiten heraus entwirft und in der Welt verwirklicht. Der Mensch ist also nie von der ihn umgebenden Welt zu transzendieren. Sein Dasein übersteigt alles einzelne Seiende auf das Sein hin; es ist ein »Hinaus-Stehen« aus sich selbst in das Sein.

Mit Hilfe seiner existentialen Analytik zeigt Heidegger auf, was die konkrete menschliche Existenz in ihren Strukturen bestimmt: ihr Befangensein im Alltag, in der Sorge, ihr Verfallensein an die Welt, ihr Geworfensein in den Tod. Aus der »Uneigentlichkeit« seines Daseins ist der Mensch in die »Eigentlichkeit« zu rufen. Da die menschliche Existenz, seine Seinsart, grundlegend von der Zeitlichkeit bestimmt ist, kann sie zu dieser Eigentlichkeit nur im konkreten Hier und Jetzt gelangen.

Von dieser besonderen Seinsart der menschlichen Existenz her, nämlich ihrer Endlichkeit und das heißt ihrer Geschichtlichkeit, ist deshalb auch die Frage nach dem Sein selbst zu stellen.

Damit wird für Heidegger die Möglichkeit der dagewesenen Existenz zum zentralen Thema der Historie. Eine historische Quelle ist nicht primär auf das zu befragen, was sie an Tatsachen überliefert, d. h. auf ihren objektiven Gehalt hin, sondern im Hinblick auf die in ihr ausgesprochenen Möglichkeiten vergangenen menschlichen Seins. Damit ist das traditionelle neuzeitlich-abendländische Schema geschichtlichen Verstehens, in dem der Mensch als denkendes Subjekt der Geschichte als Objekt gegenübersteht, gesprengt.

Geschichtliches Verstehen geschieht nun in der Begegnung mit der Geschichte, im Bewußtsein des Teilhabens an der Geschichte. Geschichte wird zum Geschick des Menschen, sie wird zur Geschichtlichkeit seines eigenen Daseins. Indem der Mensch sich verstehend zur Geschichte verhält, verhält er sich zugleich verstehend zu sich selbst. Geschichtsauslegung und Selbstauslegung korrespondieren. Die Geschichtlichkeit des Menschen gründet nun nicht mehr in seiner Erfahrung der Wirklichkeit als Geschichte, sondern umgekehrt gründet die Möglichkeit zur Geschichte in der Geschichtlichkeit des menschlichen Daseins.

In den Analysen von »Sein und Zeit« wählt Heidegger immer wieder biblisch klingende Begriffe. Von dieser Beobachtung her wird zumindest formal deutlich, wieso Bultmann in Heideggers Philosophie die formalen Strukturen auch für das Dasein des Christen entwickelt und dessen ontologische Möglichkeiten aufgezeigt sehen konnte.

Eine Kehre in seinem Denken vollzieht Heidegger in seinem »Brief über den Humanismus« (1947), wenn er nicht mehr vom Menschen und seinem Seinsverständnis her das Sein denken will, sondern dazu auffordert, vom Sein her den Menschen und die ganze endliche Wirklichkeit zu betrachten. Der Mensch ist nur um des Seins willen von Bedeutung, weil sich durch ihn hindurch das Offenbarwerden des Seins vollziehen kann. Das Sein erhält nun »schicksalhafte« Bedeutung. Alles Denken etwa ist »geschickhaft« vom Sein her. Allein das Sein selbst ermöglicht das Offenbarwerden, die »Lichtung« des Seienden. Etwa an seinem Gegenteil, der Erfahrung des Nichts, wird das Sein selbst dem Menschen offenbar. Es ist dabei nach Heideggers Willen nicht etwa gegenständlich zu verstehen, sondern meint genau diesen Vorgang der »Lichtung«.

Heideggers Philosophie traf die Menschen in ihrer Existenznot und -angst in der turbulenten Zeit zwischen den beiden Weltkriegen. Er versuchte, ihnen in seinem Denken Antworten auf ihre Fragen zu geben.

Heidegger läßt dabei die Gottesfrage bewußt ausgeklammert und will weder atheistische noch theistische Philosophie betreiben. Das »Sein« hat er gerade nicht mit Gott oder dem Weltgrund identifizieren wollen. Allerdings bleibt die Frage, gerade weil manches an Heideggers Denken wie säkularisiertes Christentum klingt, ob er nicht anstelle der Christusoffenbarung eine mythologische, schicksalhafte »Seins-Lichtung« gestellt hat.

Hinzuweisen ist noch auf die Verengung der Heidegger'schen Wirklichkeitserfassung durch die Behauptung vom ontologischen Vorrang der Möglichkeit vor der Wirklichkeit und damit die Verlegung aller Geschichte in die Geschichtlichkeit der menschlichen Existenz. Eine Theologie in Heideggers Denkkategorien muß fast zwangsweise unter anthropologischer Engführung leiden.

Zur Diskussion über das Verhältnis von Heideggers Philosophie und der protestantischen Theologie vgl. bes.: Noller, Gerhard (Hrsg.), Heidegger und die Theologie. Beginn und Fortgang der Diskussion, München 1967.   Z

HANS-GEORG GADAMER,
Wahrheit und Methode, Grundzüge einer philosophischen Hermeneutik,
Tübingen ⁵1986

(S. XXVII:) Die folgenden Untersuchungen haben es mit dem hermeneutischen
Problem zu tun. Das Phänomen des Verstehens und der rechten Auslegung des Verstandenen ist nicht nur ein Spezialproblem der geisteswissenschaftlichen Methodenlehre. Es hat von alters her auch eine theologische und eine juristische Hermeneutik gegeben, die nicht so sehr wissenschaftstheoretischen Charakters waren,
als vielmehr dem praktischen Verhalten des durch die Wissenschaft ausgebildeten
Richters oder Pfarrers entsprachen und ihm dienten. So drängt das Problem der
Hermeneutik schon von seinem geschichtlichen Ursprung her über die Grenzen
hinaus, die durch den Methodenbegriff der modernen Wissenschaft gesetzt sind.
Verstehen und Auslegen von Texten ist nicht nur ein Anliegen der Wissenschaft,
sondern gehört offenbar zur menschlichen Welterfahrung insgesamt . . .

(S. 66:) Am Ende unserer begrifflichen Analyse von ›Erlebnis‹ wird damit deutlich,
welche Affinität zwischen der Struktur von Erlebnis überhaupt und der Seinsart des
Ästhetischen besteht. Das ästhetische Erlebnis ist nicht nur eine Art von Erlebnis
neben anderen, sondern repräsentiert die Wesensart von Erlebnis überhaupt. Wie
das Kunstwerk als solches eine Welt für sich ist, so ist auch das ästhetisch Erlebte als
Erlebnis allen Wirklichkeitszusammenhängen entrückt. Es scheint geradezu die
Bestimmung des Kunstwerks, zum ästhetischen Erlebnis zu werden, d. h. aber, den
Erlebenden aus dem Zusammenhange seines Lebens durch die Macht des Kunstwerks mit einem Schlage herauszureißen und ihn doch zugleich auf das Ganze seines Daseins zurückbeziehen. Im Erlebnis der Kunst ist eine Bedeutungsfülle
gegenwärtig, die nicht diesem besonderen Inhalt oder Gegenstand allein zugehört,
sondern die vielmehr das Sinnganze des Lebens vertritt. Ein ästhetisches Erlebnis
enthält immer die Erfahrung eines unendlichen Ganzen. Gerade weil es sich nicht
mit anderen zur Einheit eines offenen Erfahrungsfortgangs zusammenschließt, sondern das Ganze unmittelbar repräsentiert, ist seine Bedeutung eine unendliche.

Sofern das ästhetische Erlebnis, wie wir oben sagten, den Gehalt des Begriffes
›Erlebnis‹ exemplarisch darstellt, ist verständlich, daß der Begriff des Erlebnisses für
die Begründung des Standpunktes der Kunst bestimmend wird. Das Kunstwerk
wird als die Vollendung der symbolischen Repräsentation des Lebens verstanden,
zu der ein jedes Erlebnis gleichsam schon unterwegs ist. Deshalb wird es selber als
Gegenstand des ästhetischen Erlebens ausgezeichnet. Das hat für die Ästhetik die
Folge, daß die sogenannte Erlebniskunst als die eigentliche Kunst erscheint . . .

(S. 93:) . . . Hier ist auf eine großartige Weise der Wahrheitsgehalt, der in aller Erfahrung von Kunst liegt, zur Anerkennung gebracht und zugleich mit dem geschichtlichen Bewußtsein vermittelt. Die Ästhetik wird damit zu einer Geschichte der
Weltanschauungen, d. h. zu einer Geschichte der Wahrheit, wie sie im Spiegel der
Kunst sichtbar wird. Damit ist die Aufgabe grundsätzlich anerkannt, die wir formu-
lierten, in der Erfahrung der Kunst selbst die Erkenntnis von Wahrheit zu rechtfertigen . . .

(S. 98:) Unsere Frage nach dem Wesen des Spieles selbst kann daher keine Antwort
finden, wenn wir sie von der subjektiven Reflexion des Spielenden her erwarten. Wir
fragen statt dessen nach der Seinsweise des Spieles als solcher. Wir hatten ja gesehen, daß nicht das ästhetische Bewußtsein, sondern die Erfahrung der Kunst und
damit die Frage nach der Seinsweise des Kunstwerks der Gegenstand unserer Besinnung sein muß. Eben das aber war die Erfahrung der Kunst, die wir gegen die Nivellierung des ästhetischen Bewußtseins festzuhalten haben, daß das Kunstwerk kein
Gegenstand ist, der dem für sich seienden Subjekt gegenübersteht. Das Kunstwerk

hat vielmehr sein eigentliches Sein darin, daß es zur Erfahrung wird, die den Erfahrenden verwandelt. Das ›Subjekt‹ der Erfahrung der Kunst, das was bleibt und beharrt, ist nicht die Subjektivität dessen, der sie erfährt, sondern das Kunstwerk selbst. Eben das ist der Punkt, an dem die Seinsweise des Spieles bedeutsam wird. Denn das Spiel hat ein eigenes Wesen, unabhängig von dem Bewußtsein derer, die spielen. Spiel ist auch dort, ja eigentlich dort, wo kein Fürsichsein der Subjektivität den thematischen Horizont begrenzt und wo es keine Subjekte gibt, die sich spielend verhalten.

Das Subjekt des Spieles sind nicht die Spieler, sondern das Spiel kommt durch die Spielenden lediglich zur Darstellung . . .

(S. 157:) Die klassische Disziplin, die es mit der Kunst des Verstehens von Texten zu tun hat, ist die Hermeneutik. Wenn unsere Überlegungen richtig sind, stellt sich das eigentliche Problem der Hermeneutik aber ganz anders dar, als man es kennt. Es weist dann in die gleiche Richtung, in die unsere Kritik am ästhetischen Bewußtsein das Problem der Ästhetik verschoben hatte. Ja, die Hermeneutik müßte dann sogar derart umfassend verstanden werden, daß sie die ganze Sphäre der Kunst und ihre Fragestellung mit einbezöge. Wie jeder andere zu verstehende Text muß ein jegliches Kunstwerk – nicht nur das literarische – verstanden werden, und solches Verstehen will gekonnt sein. Damit erhält das hermeneutische Bewußtsein eine umfassende Weite, die diejenige des ästhetischen Bewußtseins noch übertrifft. *Die Ästhetik muß in der Hermeneutik aufgehen.* Das ist nicht nur eine Aussage, die den Umfang des Problems betrifft, sondern sie gilt erst recht inhaltlich. Die Hermeneutik muß nämlich umgekehrt im ganzen so bestimmt werden, daß sie der Erfahrung der Kunst gerecht wird. Das Verstehen muß als ein Teil des Sinngeschehens gedacht werden, in dem der Sinn aller Aussagen – derjenigen der Kunst und derjenigen aller sonstigen Überlieferung – sich bildet und vollendet . . .

(S. 168:) Man darf den lebhaften, ja genialen Sinn für menschliche Individualität, der Schleiermacher auszeichnet, gleichwohl nicht als eine individuelle Besonderheit nehmen, die hier die Theorie beeinflußt. Vielmehr ist es die kritische Abwehr all dessen, was im Zeitalter der Aufklärung unter dem Titel ›Vernünftige Gedanken‹ als das gemeinsame Wesen der Humanität galt, was zu einer grundsätzlichen Neubestimmung des Verhältnisses zur Überlieferung nötigt[1]. Die Kunst des Verstehens wird einer prinzipiellen theoretischen Aufmerksamkeit und universellen Pflege gewürdigt, weil weder ein biblisch noch ein rational begründetes Einverständnis den dogmatischen Leitfaden alles Textverständnisses mehr bildet. Es gilt daher für Schleiermacher, der hermeneutischen Reflexion eine grundsätzliche Motivation zu geben und damit das Problem der Hermeneutik in einen Horizont zu stellen, wie ihn die bisherige Hermeneutik nicht kannte.

Um der eigentlichen Wendung, die Schleiermacher der Geschichte der Hermeneutik gibt, den rechten Hintergrund zu verschaffen, stellen wir eine Überlegung an, die bei Schleiermacher gar keine Rolle spielt, und die seit Schleiermacher aus der Fragestellung der Hermeneutik gänzlich verschwunden ist (was auch Diltheys historisches Interesse an der Geschichte der Hermeneutik eigentümlich verengt), die aber in Wahrheit das Problem der Hermeneutik beherrscht und Schleiermachers Stellung in der Geschichte der Hermeneutik erst verständlich macht. Wir gehen von dem Satz aus: Verstehen heißt zunächst, sich miteinander verstehen. Verständnis ist zunächst Einverständnis. So verstehen einander die Menschen zumeist unmittel-

---

[1] Chr. Wolff und seine Schule rechneten die ‚allgemeine Auslegungskunst‘ folgerichtig zur Philosophie, da »endlich alles dahin abziele, daß man anderer Wahrheiten erkennen und prüfen möge, wenn man ihre Rede verstanden« (Walch 165). Ähnlich ist es für Bentley, wenn er vom Philologen fordert: »Seine einzigen Führer seien Vernunft – das Licht der Gedanken des Verfassers und ihre zwingende Gewalt« (zitiert nach Wegner, Altertumskunde, S. 94).

bar, bzw. sie verständigen sich bis zur Erzielung des Einverständnisses. Verständigung ist also immer: Verständigung über etwas. Sich verstehen ist Sichverstehen in etwas. Die Sprache sagt es schon, daß das Worüber und Worin nicht nur ein an sich beliebiger Gegenstand der Rede ist, von dem unabhängig das wechselseitige Sichverstehen seinen Weg suchte, sondern vielmehr Weg und Ziel des Sichverstehens selber. Und wenn von zwei Menschen unabhängig von solchem Worüber und Worin gilt, daß sie einander verstehen, dann meint das: sie verstehen sich nicht nur in diesem und jenem, sondern in allem Wesentlichen, das Menschen verbindet. Eine eigene Aufgabe wird das Verstehen nur da, wo dieses natürliche Leben im Mitmeinen des Gemeinten, das ein Meinen der gemeinsamen *Sache* ist, gestört wird. Wo Mißverständnisse entstanden sind oder eine Meinungsäußerung als unverständlich befremdet, da erst wird das natürliche Leben in der gemeinten Sache derart gehemmt, daß die Meinung als Meinung, das heißt als die Meinung des anderen, des Du oder des Textes, überhaupt zur fixen Gegebenheit kommt. Und auch dann noch wird im allgemeinen die Verständigung – und nicht bloß Verständnis – gesucht und das so, daß man aufs neue den Weg über die Sache geht. Erst wenn alle diese Wege und Rückwege umsonst sind, die die Kunst des Gesprächs, der Argumentation, des Fragens und Antwortens, Einwendens und Widerlegens ausmachen und die auch einem Text gegenüber als innerer Dialog der das Verständnis suchenden Seele geführt werden, wird sich die Fragestellung umwenden. Erst dann wird die Bemühung des Verstehens auf die Individualität des Du aufmerksam werden und seine *Eigenheit* in Betracht ziehen. Sofern es sich um eine fremde Sprache handelt, wird freilich der Text immer schon Gegenstand einer grammatisch-sprachlichen Auslegung sein, aber das ist nur eine Vorbedingung. Das eigentliche Problem des Verstehens bricht offenbar auf, wenn sich bei der Bemühung um inhaltliches Verständnis die Reflexions-Frage erhebt: Wie kommt er zu seiner Meinung? Denn es ist klar, daß eine solche Fragestellung eine Fremdheit ganz anderer Art bekundet und letztlich einen Verzicht auf gemeinsamen Sinn bedeutet . . .

(S. 263:) In Wahrheit versteckt sich aber unter dem Begriff der Befangenheit die entscheidende Frage. Daß die Vorurteile, die mich bestimmen, meiner Befangenheit entstammen, ist selbst schon vom Standpunkte ihrer Auflösung und Aufklärung aus geurteilt und gilt nur für unberechtigte Vorurteile. Wenn es auch berechtigte und für die Erkenntnis produktive Vorurteile gibt, kehrt das Problem der Autorität für uns wieder. Die radikalen Konsequenzen der Aufklärung, die auch noch in Schleiermachers Methodenglauben stecken, sind so nicht haltbar . . .

Dergleichen liegt aber keineswegs im Wesen von Autorität. Gewiß kommt Autorität zunächst Personen zu. Die Autorität von Personen hat aber ihren letzten Grund nicht in einem Akte der Unterwerfung und der Abdikation der Vernunft, sondern in einem Akt der Anerkennung und der Erkenntnis – der Erkenntnis nämlich, daß der andere einem an Urteil und Einsicht überlegen ist und daß daher sein Urteil vorgeht, d. h. vor dem eigenen Urteil den Vorrang hat. Damit hängt zusammen, daß Autorität nicht eigentlich verliehen, sondern erworben wird und erworben sein muß, wenn einer sie in Anspruch nehmen will. Sie beruht auf Anerkennung und insofern auf einer Handlung der Vernunft selbst, die, ihrer Grenzen inne, anderen bessere Einsicht zutraut . . .

So ist die Anerkennung von Autorität immer mit dem Gedanken verbunden, daß das, was die Autorität sagt, nicht unvernünftige Willkür ist, sondern im Prinzip eingesehen werden kann. Das Wesen der Autorität, die der Erzieher, der Vorgesetzte, der Fachmann in Anspruch nehmen, besteht darin. Die Vorurteile, die sie einpflanzen, sind zwar durch die Person legitimiert. Ihre Geltung verlangt Eingenommenheit für die Person, die sie vertritt. Aber eben damit werden sie zu sachlichen Vorurteilen, denn sie bewirken die gleiche Eingenommenheit für eine Sache, die auf andere Weise, z. B. durch gute Gründe, die die Vernunft geltend macht, zustande kommen kann. Insofern gehört das Wesen der Autorität in den Zusammenhang einer Lehre von den Vorurteilen, die von dem Extremismus der Aufklärung befreit werden muß.

Hierfür kann man sich auf die romantische Kritik an der Aufklärung stützen. Denn es gibt eine Form der Autorität, die von der Romantik besonders verteidigt worden ist: die Tradition. Das durch Überlieferung und Herkommen Geheiligte hat eine namenlos gewordene Autorität, und unser geschichtliches endliches Sein ist dadurch bestimmt, daß stets auch Autorität des Überkommenen – und nicht nur das aus Gründen Einsichtige – über unser Handeln und Verhalten Gewalt hat ...

(S. 276:) Es fragt sich aber, ob die Zirkelbewegung des Verstehens so angemessen verstanden ist. Hier ist auf das Ergebnis unserer Analyse der Schleiermacherschen Hermeneutik zurückzugreifen. Was Schleiermacher als subjektive Interpretation entwickelt hat, darf wohl ganz beiseite gesetzt werden. Wenn wir einen Text zu verstehen suchen, versetzen wir uns nicht in die seelische Verfassung des Autors, sondern wenn man schon von Sichversetzen sprechen will, so versetzen wir uns in die Perspektive, unter der der andere seine Meinung gewonnen hat. Das heißt aber nichts anderes, als daß wir das sachliche Recht dessen, was der andere sagt, gelten zu lassen suchen. Wir werden sogar, wenn wir verstehen wollen, seine Argumente noch zu verstärken trachten. So geschieht es schon im Gespräch. Wieviel mehr noch gilt es beim Verstehen von Schriftlichem, daß wir uns in einer Dimension von Sinnhaftem bewegen, das in sich verständlich ist und als solches keinen Rückgang auf die Subjektivität des anderen motiviert. Es ist die Aufgabe der Hermeneutik, dies Wunder des Verstehens aufzuklären, das nicht eine geheimnisvolle Kommunion der Seelen, sondern eine Teilhabe am gemeinsamen Sinn ist.

Aber auch die objektive Seite dieses Zirkels, wie sie Schleiermacher beschreibt, trifft nicht den Kern der Sache. Wir hatten gesehen: Das Ziel aller Verständigung und alles Verstehens ist das Einverständnis in der Sache ...

(S. 277f.:) Heideggers Beschreibung und existenziale Begründung des hermeneutischen Zirkels bedeutet demgegenüber eine entscheidende Wendung. Von der Zirkelstruktur des Verstehens war gewiß in der hermeneutischen Theorie des 19. Jahrhunderts die Rede, aber immer im Rahmen einer formalen Relation von Einzelnem und Ganzem bzw. dessen subjektivem Reflex, der ahnenden Vorwegnahme des Ganzen und seiner nachfolgenden Explikation im einzelnen. Nach dieser Theorie lief die Zirkelbewegung des Verstehens an dem Text hin und her und war in dem vollendeten Verständnis desselben aufgehoben ...

Der Zirkel ist also nicht formaler Natur, er ist weder subjektiv noch objektiv, sondern beschreibt das Verstehen als das Ineinanderspiel der Bewegung der Überlieferung und der Bewegung des Interpreten. Die Antizipation von Sinn, die unser Verständnis eines Textes leitet, ist nicht eine Handlung der Subjektivität, sondern bestimmt sich aus der Gemeinsamkeit, die uns mit der Überlieferung verbindet. Diese Gemeinsamkeit aber ist in unserem Verhältnis zur Überlieferung in beständiger Bildung begriffen. Sie ist nicht einfach eine Voraussetzung, unter der wir schon immer stehen, sondern wir erstellen sie selbst, sofern wir verstehen, am Überlieferungsgeschehen teilhaben und es dadurch selber weiter bestimmen. Der Zirkel des Verstehens ist also überhaupt nicht ein ›methodischer‹ Zirkel, sondern beschreibt ein ontologisches Strukturmoment des Verstehens.

Der Sinn dieses Zirkels, der allem Verstehen zugrunde liegt, hat aber eine weitere hermeneutische Konsequenz, die ich den ›Vorgriff der Vollkommenheit‹ nennen möchte.

(S. 283:) Die Naivität des sogenannten Historismus besteht darin, daß er sich einer solchen Reflexion entzieht und im Vertrauen auf die Methodik seines Verfahrens seine eigene Geschichtlichkeit vergißt. Hier muß von einem schlecht verstandenen historischen Denken an ein besser zu verstehendes appelliert werden. Ein wirklich historisches Denken muß die eigene Geschichtlichkeit mitdenken. Nur dann wird es nicht dem Phantom eines historischen Objektes nachjagen, das Gegenstand fortschreitender Forschung ist, sondern wird in dem Objekt das Andere des Eigenen und damit das Eine wie das Andere erkennen lernen. Der wahre historische Gegenstand ist kein Gegenstand, sondern die Einheit dieses Einen und Anderen, ein Verhältnis, in dem die Wirklichkeit der Geschichte ebenso wie die Wirklichkeit des geschichtlichen Verstehens besteht. Eine sachangemessene Hermeneutik hätte im Verstehen selbst die Wirklichkeit der Geschichte aufzuweisen. Ich nenne das damit Geforderte ›Wirkungsgeschichte‹. Verstehen ist seinem Wesen nach ein wirkungsgeschichtlicher Vorgang . . .

(S. 286:) Alle endliche Gegenwart hat ihre Schranken. Wir bestimmen den Begriff der Situation eben dadurch, daß sie einen Standort darstellt, der die Möglichkeiten des Sehens beschränkt. Zum Begriff der Situation gehört daher wesenhaft der Begriff des *Horizontes*. Horizont ist der Gesichtskreis, der all das umfaßt und umschließt, was von einem Punkte aus sichtbar ist . . .

Die Aufgabe des historischen Verstehens schließt die Forderung ein, jeweils den historischen Horizont zu gewinnen, damit sich das, was man verstehen will, in seinen wahren Maßen darstellt. Wer es unterläßt, derart sich in den historischen Horizont zu versetzen aus dem die Überlieferung spricht, wird die Bedeutung der Überlieferungsinhalte mißverstehen . . .

(S. 290:) . . . Jede Begegnung mit der Überlieferung, die mit historischem Bewußtsein vollzogen wird, erfährt an sich das Spannungsverhältnis zwischen Text und Gegenwart. Die hermeneutische Aufgabe besteht darin, diese Spannung nicht in naiver Angleichung zuzudecken, sondern bewußt zu entfalten. Aus diesem Grunde gehört notwendig zum hermeneutischen Verhalten der Entwurf eines historischen Horizontes, der sich von dem Gegenwartshorizont unterscheidet. Das historische Bewußtsein ist sich seiner eigenen Andersheit bewußt und hebt daher den Horizont der Überlieferung von dem eigenen Horizont ab. Andererseits aber ist es selbst nur, wie wir zu zeigen versuchen, wie eine Überlagerung über einer fortwirkenden Tradition, und daher nimmt es das voneinander Abgehobene sogleich wieder zusammen, um in der Einheit des geschichtlichen Horizontes, den es sich so erwirbt, sich mit sich selbst zu vermitteln.

Der Entwurf des historischen Horizontes ist also nur ein Phasenmoment im Vollzug des Verstehens und verfestigt sich nicht zu der Selbstentfremdung eines vergangenen Bewußtseins, sondern wird von dem eigenen Verstehenshorizont der Gegenwart eingeholt. Im Vollzug des Verstehens geschieht eine wirkliche Horizontverschmelzung, die mit dem Entwurf des historischen Horizontes zugleich dessen Aufhebung vollbringt. Wir bezeichneten den kontrollierten Vollzug solcher Verschmelzung als die Aufgabe des wirkungsgeschichtlichen Bewußtseins. Während von dem ästhetisch-historischen Positivismus im Gefolge der romantischen Hermeneutik diese Aufgabe verdeckt worden war, liegt hier in Wahrheit das zentrale Problem der Hermeneutik überhaupt. Es ist das Problem der *Anwendung*, die in allem Verstehen gelegen ist . . .

(S. 465:) . . . So ist es wohl begründet, daß für das hermeneutische Phänomen derselbe Begriff des Spiels gebraucht wird, wie für die Erfahrung des Schönen. Wenn wir einen Text verstehen, so nimmt das Sinnvolle desselben genau so ein, wie das Schöne für sich einnimmt. Es bringt sich zur Geltung und hat immer schon von sich eingenommen, bevor einer sozusagen zu sich kommt und den Sinnanspruch, der an ihn ergeht, zu prüfen vermag. Was uns in der Erfahrung des Schönen und im Verstehen des Sinnes der Überlieferung begegnet, hat wirklich etwas von der Wahrheit des Spiels. Wir sind als Verstehende in ein Wahrheitsgeschehen einbezogen und kommen gleichsam zu spät, wenn wir wissen wollen, was wir glauben sollen.

So gibt es gewiß kein Verstehen, das von allen Vorurteilen frei wäre, so sehr auch immer der Wille unserer Erkenntnis darauf gerichtet sein muß, dem Bann unserer Vorurteile zu entgehen. Es hat sich im Ganzen unserer Untersuchung gezeigt, daß die Sicherheit, die der Gebrauch wissenschaftlicher Methoden gewährt, nicht genügt, Wahrheit zu garantieren. Das gilt im besonderen Maße von den Geisteswissenschaften, bedeutet aber nicht eine Minderung ihrer Wissenschaftlichkeit, sondern im Gegenteil die Legitimierung des Anspruchs auf besondere humane Bedeutung, den sie seit alters erheben. Daß in ihrer Erkenntnis das eigene Sein des Erkennenden mit ins Spiel kommt, bezeichnet zwar wirklich die Grenze der ›Methode‹, aber nicht die der Wissenschaft. Was das Werkzeug der Methode nicht leistet, muß vielmehr und kann auch wirklich durch eine Disziplin des Fragens und des Forschens geleistet werden, die Wahrheit verbürgt.

Kommentar

Hans-Georg Gadamer versucht in seinem Werk »Wahrheit und Methode« eine transsubjektive Grundlegung der Hermeneutik. Er will also nicht beschreiben, was bei dem bewußten Verstehensprozeß eines Lesers vorgeht oder wie er sich verhalten sollte. Gadamers Darlegungen wollen vielmehr klären, in welchen Zusammenhängen ein solcher Leser sich bewegt. Es soll festgestellt werden, was in unserer heutigen Situation Verstehen ermöglicht und einheitsstiftenden Sinn vermittelt. Diese einheitsstiftende Rolle kann nach Gadamer weder ein biblisch noch ein rational begründetes Einverständnis als dogmatischer Leitfaden ermöglichen. Die Repräsentation und Interpretation von Welt soll deshalb von der Ästhetik her unter der Erfahrung von Schönheit möglich werden. Deshalb kommt der Begegnung mit Kunst die Rolle eines hermeneutischen Schlüssels zu, der das Verstehen anderer Phänomene eröffnet. Aus der ästhetischen Wahrnehmung, die die Struktur des Spiels hat, wird deutlich, daß die Wahrheit eine übergreifende Wirklichkeit ist, die das einzelne Subjekt umfaßt und in seinen Handlungen und Äußerungen zur Darstellung kommt. Im Verstehen geht es deshalb um ein Einverständnis in der die Person übergreifenden Sache. Damit es aber zu einem solchen Einverständnis in der Sache zwischen einem historischen Autor und einem heutigen Leser kommen kann, ist es erforderlich, daß der Denker der Vergangenheit als ein solcher ernst genommen wird, der etwas in der Sachfrage beitragen kann. Ist dieses Verstehen des Historischen gelungen, verschmelzen an diesem Punkt die Horizonte des Lesers und des historischen Schreibers.

In dieser hermeneutischen Weltauslegung wurde der Vernunft eine neue Rolle zugewiesen. Sie kommt nicht in einer reinen unmittelbaren Einsicht zu ihrem Ziel, sondern sie handelt in der jeweiligen Prüfung des Wahrheitsanspruches, der in der Gegenwart und aus der Tradition begegnet. Doch all dies ist weder Beschreibung noch Anspruch eines Wissenschaftlers, sondern will die Beschreibung dessen sein, was von einer ontologischen Grundlage, also von den Sachen selbst her geschieht. Schäfer

THOMAS S. KUHN,
Die Struktur wissenschaftlicher Revolutionen, (Chicago 1962), stw 25,
Suhrkamp Verlag Frankfurt/M. ⁴1979

»In diesem Essay bedeutet ›normale Wissenschaft‹ eine Forschung, die fest auf einer
oder mehreren wissenschaftlichen Leistungen der Vergangenheit beruht, Leistungen, die von einer bestimmten wissenschaftlichen Gemeinschaft eine Zeitlang als
Grundlagen für ihre weitere Arbeit anerkannt werden. Heute werden solche Leistungen in wissenschaftlichen Lehrbüchern, für Anfänger und für Fortgeschrittene,
im einzelnen geschildert, wenn auch selten in ihrer ursprünglichen Form. (S. 25)

»Paradigmata« . . . Darunter verstehe ich allgemein anerkannte wissenschaftliche
Leistungen, die für eine gewisse Zeit einer Gemeinschaft von Fachleuten maßgebende Probleme und Lösungen liefern. (10) Menschen, deren Forschung auf gemeinsamen Paradigmata beruht, sind denselben Regeln und Normen für die wissenschaftliche Praxis verbunden. Diese Bindung und die offenbare Übereinstimmung, die sie hervorruft, sind Voraussetzungen für eine normale Wissenschaft, d. h.
für die Entstehung und Fortdauer einer bestimmten Forschungstradition . . . Die
Erwerbung eines Paradigmas und der damit möglichen esoterischen Art der Forschung ist ein Zeichen der Reife in der Entwicklung jedes besonderen wissenschaftlichen Fachgebiets. (26) . . . der fortlaufende Übergang von einem Paradigma zu
einem anderen auf dem Wege der Revolution ist das übliche Entwicklungsschema
einer reifen Wissenschaft. (27) . . . Paradigmata erlangen ihren Status, weil sie bei der
Lösung einiger Probleme, welche ein Kreis von Fachleuten als brennend erkannt
hat, erfolgreicher sind als die mit ihnen konkurrierenden. Erfolgreicher sein heißt
jedoch nicht, bei einem einzelnen Problem völlig erfolgreich oder bei einer größeren
Anzahl bemerkenswert erfolgreich sein. Der Erfolg eines Paradigmas . . . ist am
Anfang weitgehend eine Verheißung von Erfolg, die in ausgesuchten und noch
unvollständigen Beispielen liegt. Die normale Wissenschaft besteht in der Verwirklichung jener Verheißung, einer Verwirklichung, die durch Erweiterung der Kenntnis der vom Paradigma als besonders aufschlußreich dargestellten Fakten, durch
Verbesserung des Zusammenspiels dieser Fakten mit den Voraussagen des Paradigmas sowie durch weitere Artikulierung des Paradigmas selbst herbeigeführt wird
(37 f.).

Wir müssen jetzt fragen, wie Änderungen dieser Art geschehen können, und
betrachten zunächst die Entdeckungen oder neuartigen Tatsachen und dann die
Erfindungen oder neuen Theorien . . . Die Entdeckung beginnt mit dem Bewußtwer-
den einer Anomalie, das heißt mit der Erkenntnis, daß die Natur in irgendeiner
Weise die von einem Paradigma erzeugten, die normale Wissenschaft beherrschenden Erwartungen nicht erfüllt hat. Sie geht dann weiter mit einer mehr oder weniger
ausgedehnten Erforschung des Bereichs der Anomalie und findet erst einen
Abschluß, nachdem die Paradigmatheorie so berichtigt worden ist, daß das Anomale zum Erwarteten wird. Das Assimilieren eines neuen Faktums verlangt mehr als
eine additive Anpassung der Theorie, und solange diese Anpassung nicht abgeschlossen ist, die Wissenschaftler also nicht gelernt haben, die Natur anders zu
sehen, ist die neue Tatsache gar kein richtiges wissenschaftliches Faktum. (65 f.) . . .
Dieses Bewußtsein der Anomalie eröffnet eine Periode, in der Begriffskategorien
umgemodelt werden, bis das anfänglich Anomale zum Erwarteten geworden ist. An
diesem Punkt ist die Entdeckung abgeschlossen. (76) . . . Wie bei der Fabrikation, so
auch in der Wissenschaft – ein Wechsel der Ausrüstung ist eine Extravaganz, die auf
die unbedingt notwendigen Fälle beschränkt bleiben soll. Die Bedeutung von Krisen
liegt in dem von ihnen gegebenen Hinweis darauf, daß der Zeitpunkt für einen solchen Wechsel gekommen ist. (89) . . . Alle Krisen beginnen mit der Aufweichung
eines Paradigmas und der sich daraus ergebenden Lockerung der Regeln für die nor-

male Forschung. In dieser Hinsicht ähnelt die Forschung während einer Krise sehr der Forschung in der einem Paradigma vorausgehenden Periode, nur daß bei der ersteren der Ort des Zwiespalts kleiner und schärfer definiert ist ... Der Übergang von einem krisenhaften Paradigma zu einem neuen, aus dem eine neue Tradition der normalen Wissenschaft hervorgehen kann, ist weit von einem kumulativen Prozeß entfernt, wie ihn eine Artikulation oder eine Erweiterung des alten Paradigmas darstellen würde. Es ist vielmehr der Neuaufbau des Gebietes auf neuen Grundlagen, ein Neuaufbau, der einige der elementarsten theoretischen Verallgemeinerungen des Gebiets wie auch viele seiner Paradigmamethoden und -anwendungen verändert ... Gerade weil eine neue Theorie mit der hergebrachten Tradition wissenschaftlicher Praxis bricht und eine neue begründet, die unter anderen Regeln und innerhalb einer anderen Begriffswelt steht, kann sie offenbar nur dann auftauchen, wenn man den Eindruck hat, daß die alte Tradition sehr weit in die Irre geführt hat. (97 ff.) ... Das Wuchern konkurrierender Artikulationen, die Bereitschaft, alles zu versuchen, der Ausdruck einer offenen Unzufriedenheit, das Zufluchtsuchen bei der Philosophie und die Grundlagendiskussion, all das sind Symptome für einen Übergang von normaler zu außerordentlicher Forschung. (103)

Eine Revolution ist für mich eine Veränderung besonderer Art, die eine besondere Umbildung von Gruppenpositionen beinhaltet. Es muß aber keine große Veränderung sein, noch braucht sie denen revolutionär zu erscheinen, die außerhalb einer vielleicht aus weniger als fünfundzwanzig Personen bestehenden einzelnen Gemeinschaft stehen. Und eben weil dieser Veränderungstyp, der in der Wissenschaftstheorie so wenig beachtet und diskutiert wird, in diesem kleineren Maßstab so regelmäßig vorkommt, muß die revolutionäre Veränderung im Gegensatz zur kumulativen so dringend geklärt werden. (192) ... Wenn der Wissenschaftshistoriker die Ergebnisse der früheren Forschung vom Standpunkt der zeitgenössischen Geschichtsschreibung aus untersucht, könnte sich ihm der Gedanke aufdrängen, daß bei einem Paradigmawechsel die Welt sich ebenfalls verändert. Unter der Führung eines neuen Paradigmas verwenden die Wissenschaftler neue Apparate und sehen sich nach neuen Dingen um. Und was noch wichtiger ist, während der Revolutionen sehen die Wissenschaftler neue und andere Dinge, wenn sie mit bekannten Apparaten sich an Stellen umsehen, die sie vorher schon einmal untersucht hatten. Es ist fast, als wäre die Fachgemeinschaft plötzlich auf einen anderen Planeten versetzt worden, wo vertraute Gegenstände in einem neuen Licht erscheinen und auch unbekannte sich hinzugesellen. (123) ...

Die Übertragung der Bindung von einem Paradigma auf ein anderes ist eine Konversion, die nicht erzwungen werden kann ... Mögen auch manche Wissenschaftler, besonders die älteren und erfahreneren, immerfort Widerstand leisten, so können doch die meisten auf diesem oder jenem Wege erreicht werden. Konversionen geschehen eine um die andere, bis dann, nachdem die letzten Widerstandleistenden gestorben sind, die gesamte Fachwissenschaft wieder unter einem einzigen, allerdings nunmehr anderen Paradigma arbeitet. (162 f.) ...

Derjenige, der ein neues Paradigma in einem frühen Stadium annimmt, muß das oft entgegen den durch Problemlösungen gelieferten Beweisen tun. Das heißt, er muß den Glauben haben, daß das neue Paradigma mit den vielen großen Problemen, mit denen es konfrontiert ist, fertig werden kann, wobei er nur weiß, daß das alte Paradigma bei einigen versagt hat. Eine Entscheidung dieser Art kann nur aufgrund eines Glaubens getroffen werden.« (168)

Exkurs: HEINZPETER HEMPELMANN,
Der wissenschaftstheoretische Ansatz Th. S. Kuhns und seine Konsequenzen für die
theologische Wissenschaft heute, Krelingen 1983

1. Die Anfänge der modernen Wissenschaftstheorie lassen sich auf das Ende des 19.
Jahrhunderts datieren[1]. Ihre Ursprünge kann man über Comte, Kant, Pascal, Descartes bis hin zu Aristoteles und Euklid zurückverfolgen[2]. Als philosophische Disziplin hat die moderne Wissenschaftstheorie die traditionelle Erkenntnistheorie weitgehend verdrängt. Sie tritt heute als Basiswissenschaft (engl. science of science) mit einem deskriptiven und mit einem normativen Anspruch auf: Sie will (a) die Praxis der Wissenschaft beschreiben und (b) gleichzeitig deren wissenschaftliche Vertrauensweisen normieren, d. h. auf ein theoretisch gefundenes Ideal von Wissenschaftlichkeit festlegen.

2.1 In der kurzen, knapp einhundertjährigen Geschichte der Wissenschaftstheorie hat sich das Ideal dessen, was »Wissenschaft« ist, und damit verbunden auch die Stellung zu Theologie und Metaphysik ganz entscheidend gewandelt. Zunächst war die Wissenschaftskonzeption des »logischen Positivismus« (= log. Pos.) bestimmend. Seine Vertreter, die Mitglieder des sog. »Wiener Kreises«[3], stellten das Verifizierbarkeitskriterium[4] als Norm aller wissenschaftlichen Arbeit auf: Alle wissenschaftlichen Aussagen müssen sich bewahrheiten und letztlich auf unmittelbare Erfahrungen zurückführen lassen[5]. Die Vertreter des log. Pos. gehen aber noch einen Schritt weiter: für sie sind nur die wissenschaftlichen, also die auf unmittelbare Erfahrung zurückführbaren Aussagen sinnvoll. Dies führt zu sehr radikalen Urteilen über metaphysische und theologische Aussagen[6]: diese sind sämtlich sinnlos, weil sie sich nicht empirisch bewahrheiten lassen![7]

2.2 Eine vernichtende Kritik erfährt diese Konzeption von Wissenschaft durch den englischen Philosophen Karl R. Popper und sein Programm des Kritischen Rationalismus (= Kr. R.)[8]. Popper weist u. a. darauf hin, daß nach dem Verifikationskriterium des log. Pos. auch die Naturgesetze als Kernaussagen aller Wissenschaft unwissenschaftlich und damit sinnlos sind. Außerdem entdeckt er in dem Übergang von der Erfahrung der Wirklichkeit zur — immer subjektiven und nicht objektiven — Formulierung dieser Erfahrung die Achillesferse der neopositivistischen Wissenschaftstheorie.

Popper selbst setzt bescheidener an. Wissenschaftliche Aussagen müssen — so sein Falsifizierbarkeitskriterium — im Prinzip widerlegbar sein, d. h. sie müssen so formuliert werden, daß es für sie — potentiell — eine falsifizierende Instanz in der Wirklichkeit gibt. Durch diese Forderung nach Widerlegbarkeit will Popper den Wirklichkeitsbezug aller wissenschaftlichen Arbeit sichern und verhindern, daß wissenschaftliche Erkenntnisse auf wirklichkeitsfernen bzw. -leeren Aussagen beruhen. Er verurteilt also die Hybris des log. Pos. (man kann wissenschaftliche Aussagen nicht total beweisen; es muß als Kennzeichen ihrer Wissenschaftlichkeit genügen, daß man sie — im Prinzip — widerlegen kann)[9]; andererseits glaubt er wie die Vertreter des log. Pos. an den Fortschritt der wissenschaftlichen Erkenntnis und an den Rationalitätscharakter des Unternehmens Wissenschaft.

Während Popper selbst die Bedeutung metaphysischer (incl. theologischer) Aussagen weitgehend rehabilitiert, wendet Hans Albert[10], der wichtigste deutsche Vertreter des Kr. R., das von Popper erarbeitete Wissenschaftskriterium ideologiekritisch mit Vorliebe gegen die Theologen[11]. Er wirft den Vertretern der theologischen Wissenschaft vor, sie immunisierten sich gegen Kritik, indem sie sich in eine Welt flüchteten, die jeder kritischen Prüfung entzogen, aber darum auch ohne jeden Wirklichkeitsbezug sei[12].

353

3. Nach Popper kann der Wissenschaftler die absolute Wahrheit seiner Aussagen nicht beweisen, – aber er kann sich immer mehr an die Wahrheit heranarbeiten. Wissenschaft nähert sich der Wahrheit im Prozeß von fortlaufenden Theoriesetzungen und deren Widerlegungen immer mehr an, allerdings ohne diese Wahrheit – bedingt durch die Endlichkeit des menschlichen Erkenntnisvermögens – letztlich erreichen zu können. [13]

In einer Zeit, in der diese Wissenschaftskonzeption Poppers nahezu weltweite Verbreitung und Anerkennung findet, legt Th. S. Kuhn, von Haus aus Wissenschaftshistoriker, eine Studie über »Die Struktur wissenschaftlicher Revolutionen« vor [14], die bald nach ihrem Erscheinen selbst zu einem tiefgreifenden Umdenken über das Wesen der Wissenschaft zwingt. Gerade der von Popper trotz aller Kritik am log. Pos. bewahrte und für alle bisherige Wissenschaftstheorie zentrale Rationalitätscharakter der Wissenschaft wird nun von Kuhn entschieden in Frage gestellt. Auf der Grundlage von wissenschaftshistorischen Studien gelingt es ihm zu zeigen, daß die Wissenschaft nicht – wie bisher angenommen – von einer Erkenntnis zur nächsten rational, d. h. vernünftig und kontrollierbar fortschreitet; die Wissenschaftsgeschichte besteht vielmehr aus einem Nach- und Nebeneinander verschiedener Forschungskonzeptionen [15], deren Erkenntnisse inkommensurabel (nicht miteinander verrechenbar) sind. Diese Inkommensurabilität wissenschaftlicher Erkenntnisse verschiedener Zeiten liegt nach Kuhn darin begründet, daß alle Wissenschaftler einer Periode im Rahmen eines bestimmten »Paradigmas« (Theorierahmenkonzeptes) arbeiten, das als quasi weltanschaulicher Hintergrund ihre Beobachtungen und Aussagen grundlegend beeinflußt.

Da alle wissenschaftlichen Aussagen von dem Paradigma abhängig sind, auf dessen Boden sie gewonnen wurden, fehlt ein tertium comparationis, eine übergeordnete Instanz zum Vergleich verschiedener, konkurrierender Paradigmen. Eine solche Vergleichsinstanz ist aber die entscheidende Voraussetzung für die Wahrnehmung eines wissenschaftlichen Fortschritts und damit für die Rationalität des Unternehmens Wissenschaft überhaupt.

Der Gang der Wissenschaftsgeschichte schreitet nach Kuhn nicht rational, sondern höchst irrational, durch Revolutionen des jeweiligen wissenschaftlichen Weltbildes, fort [16]. Im Gegensatz zur Theorie Poppers vollzieht sich der Weg der Wissenschaft von einem Paradigma zum anderen – nach Kuhn – nicht rational – nach der methodologischen Schablone der Falsifikation – sondern irrational, vergleichbar der psychologischen Erfahrung des »gestalt-switch« oder dem religiösen Bekehrungserlebnis.

Kuhns Arbeiten haben eine ungeheure Resonanz gefunden [17]. Von seiten der traditionellen Wissenschaftstheorie hat man sich verständlicherweise v. a. an Kuhns These vom Irrationalismus der Wissenschaft gestoßen [18]. Soweit die Sekundärliteratur überschaubar ist, gibt es aber keine Kritik an Kuhn, die diese seine zentrale These der Inkommensurabilität der Paradigmen in Frage stellt [19]. Die Wissenschaftskritik Kuhns wird vielmehr durch eine ganze Reihe anderer wissenschaftstheoretischer Arbeiten gestützt, die die Möglichkeiten wissenschaftlicher Erkenntnis relativ zum bisherigen Selbstbewußtsein wissenschaftlicher Arbeit sehr bescheiden ansetzen. [20]

Kuhns Ergebnisse, die sich auch durch die Erkenntnisse anderer Wissenschaften fundamentieren lassen [21], haben zu einer weitgehenden Relativierung des Rationalitätsanspruches wissenschaftlicher Arbeit geführt: auch wissenschaftliche Erkenntnis ist nicht frei von unkontrollierbaren, irrationalen Elementen, – sie ist vielmehr weitgehend durch eine ihr als Rahmen vorgegebene weltanschauliche Basis bestimmt. Das alte Objektivitätsideal muß aufgegeben werden, weil es keinen theorieneutralen Zugang zu der »Wirklichkeit an sich« gibt, und auch das Ideal intersubjektiver Erkenntnis ist nur begrenzt, im Rahmen ein- und desselben Paradigmas, zu verwirklichen. Kuhns Ergebnisse verbieten es dem Kundigen, weiterhin ungebrochen von wissenschaftlichem Erkenntnisfortschritt und von der Möglichkeit einer objektiven Überprüfung von Aussagen an der Wirklichkeit an sich zu sprechen. [21]

4. Welche Konsequenzen ergeben sich aus diesem − neuen − Stand der Dinge für den über seinen Glauben nachdenkenden Christen im Blick auf die Frage nach der Theologie als Wissenschaft? Zweierlei ist zu bedenken: (a) Carl Friedrich von Weizsäcker spricht vom Glauben an die Wissenschaft als »der herrschenden Religion unserer Zeit« [22]. Selbst wenn sich unter bestimmten Voraussetzungen die Theologie als Wissenschaft konstituieren läßt, gilt es doch, darauf zu achten, sich nicht unreflektiert einer problematischen Strömung modernen Geistes auszuliefern und dem Glauben um jeden Preis den Mantel der Vernunft umzuhängen. In diesem Äon ist und bleibt das Evangelium ein Geheimnis (vgl. Eph. 6,19; 1. Tim. 3,16). Andererseits ist (b) zu bedenken, daß es zum Zentrum christlicher Ethik gehört, Gott auch mit dem Verstand zu lieben (Matth. 23,37), und daß es ein Grundzug denkerischer Mission ist, »jederzeit bereit zu sein zur Verantwortung gegen jeden, der Rechenschaft von euch fordert über die Hoffnung, die in euch ist« (1. Petr. 3,15). Gegenüber den berechtigten Anfragen des Kr. R. − v. a. nach dem, für den christlichen Glauben wesentlichen Wirklichkeitsbezug theologischer Aussagen − ist diese Rechenschaft bisher nur unzureichend geleistet worden. Wir werden darum weder einer − auch rational nicht zu rechtfertigenden [23] − Vergottung der Vernunft das Wort reden, noch das Geheimnis des Evangeliums auflösen können oder wollen, wenn wir nun noch die Grundzüge einer Theologie als Wissenschaft skizzieren.

5. Der Anerkennung der Theologie als Wissenschaft stand und steht heute v. a. ein Bedenken entgegen: Ihren Aussagen fehlt das Merkmal intersubjektiver Nachprüfbarkeit. Dieses wissenschaftstheoretische Manko konnte bisher nur theologisch − vom Wesen der Theologie als Rede von Gott her − legitimiert werden [24], der sich jedem objektivierenden, die neutrale Distanz des Beobachters zum »Gegenstand« voraussetzenden Zugriff entzieht. Kuhns Erkenntnis der Abhängigkeit jeder wissenschaftlichen Aussage von ihrem Paradigma erklärt jedoch das Fehlen intersubjektiver Nachprüfbarkeit zum allgemeinen Merkmal wissenschaftlicher Theorien und widerlegt damit den Trugschluß, daß der Theologie auf Grund der fehlenden Möglichkeit einer intersubjektiven Kontrolle ihrer Aussagen der Status einer Wissenschaft zu verweigern sei.

Auf der Basis der Ergebnisse Kuhns ist es nun vielmehr möglich, von der Theologie − wissenschaftstheoretisch legitim − als Wissenschaft zu sprechen, wenn wir sie auf der Basis des Paradigmas des christlichen Glaubens konstituieren [25]. Dazu berechtigt uns die Erkenntnis der Parallelität der Merkmale des Paradigmabegriffes Kuhns mit den epistemologischen Schwierigkeiten des christlichen Glaubens. Es gilt:
− (1.) Für die Vertreter verschiedener Paradigmen existiert keine gemeinsame, theorieneutrale Beobachtungssprache: »Die Existenz einer theorieneutralen Beobachtungssprache ist … eine Illusion. Wenn eine neue Theorie akzeptiert wird, so werden die Phänomene nicht nur ,neu überdacht', sondern es werden alle deskriptiven Ausdrücke neu interpretiert … Das Hintergrundwissen (wird) so stark geändert, daß die alten Ausdrücke auch ohne solche expliziten Revisionen neue Bedeutungen erlangen« [26]. D. h.: Es gibt keine, allen gemeinsame Verständigungsbasis mehr.

− (2.) Für die Vertreter verschiedener Paradigmen gibt es keine gemeinsame Theoriesprache: »Bei Paradigmenkämpfen bricht nicht nur die Beobachtungsgemeinschaft der Forscher völlig zusammen; auch die Gemeinsamkeit des gesprochenen Wortes findet ihr Ende. Es gibt keine gemeinsame Wissenschaftssprache, welche über die Grenzen sich bekämpfender Paradigmen hinwegreicht« [27]. In den Debatten zwischen den Vertretern verschiedener Paradigmen lassen sich immer wieder dieselben Eigentümlichkeiten beobachten: »erstens totales Aneinandervorbeireden, wenn die Vorzüge der jeweiligen Paradigmata miteinander verglichen werden; und zweitens zirkuläre Argumentationen, in denen gezeigt wird, daß jedes Paradigma den Kriterien, die es sich selbst vorschreibt, gerecht wird, während es einigen Kriterien, welche ihm die Gegner zudiktieren, nicht gerecht wird«[28]. D. h.: Aussagen mit allgemeinverbindlicher, weil allgemein anerkannter Geltung sind nicht mehr möglich.

– (3.) Der Übergang von einem Paradigma zu einem anderen ist nicht rational zu vollziehen, sondern entspricht einem Akt der »Bekehrung«: Denn wenn Kuhns These »von der Inkommensurabilität zwischen verdrängender und verdrängter Theorie richtig ist, dann können keine rationalen Argumente zwischen den beiden Theorien entscheiden«[29]. Eine neue Theorie ist aber meist mit noch mehr Schwierigkeiten konfrontiert als die alte; daher wäre »ohne die stützende Kraft des Glaubens ... eine solche Entscheidung (sc. für das neue Paradigma) nicht möglich. Die Übernahme eines neuen Paradigmas gleicht somit nicht einer bloßen Änderung theoretischer Überzeugungen, sondern einer Bekehrung«[30]. D. h.: Es gibt keinen kontinuierlichen, rational kontrollierbaren Übergang von dem einen zu einem anderen Paradigma.

Diesen wissenschaftstheoretischen Merkmalen der Paradigmakonflikte entspricht nun ziemlich genau das Verhältnis des christlichen Glaubens zu anderen Totalperspektiven der Wirklichkeit. Die Elemente: keine gemeinsame Verstehensbasis, keine allgemeinverbindliche Geltung, kein kontinuierlicher Übergang – findet man wieder, wenn man vor dem Problem des Zugangs zum christlichen Glauben bzw. zur biblisch bezeugten Wirklichkeit steht: »Die Herkunft der biblischen Rede von Gott aus dem konkreten und kontingenten Widerfahrnis der göttlichen Anrede ... hat zur Folge, a) daß auch außerhalb dieses Widerfahrnisses das Zeugnis von ihm zwar mitgedacht, aber nicht wirklich verstanden, d. h. in seiner Wahrheit, Zusammengehörigkeit, inneren Folgerichtigkeit und Realität nicht ‚ein-gesehen‘ werden kann –, b) daß der Übergang vom Nichterkennen zum Erkennen das Aussehen des ‚Sprunges‘ hat und nicht den eines schrittweise sich vollziehenden rationalen Erkenntnisfortschritts –, c) daß der Erfahrung der Widerfahrnis und der daraus entstehenden Erkenntnis die Allgemeinheit sowohl der Geltung wie der Zugänglichkeit (Einsehbarkeit) zu fehlen scheint«[31].

Auf Grund dieser weitreichenden epistemologischen Analogien zwischen dem Paradigmabegriff und dem Wesen des christlichen Glaubens ist die Begründung der Theologie als Wissenschaft auf der Basis des christlichen Glaubens – verstanden als Paradigma im Kuhn'schen Sinne und in Analogie zur Begründung anderer Wissenschaften in den ihnen eigenen Paradigmen – durchaus legitim und durchführbar.

Ein solcher Begriff der Theologie als Wissenschaft bietet mehrere Vorteile:
– Die genannten Elemente (keine gemeinsame Verstehensbasis, keine allgemeinverbindliche Geltung und kein kontinuierlicher und rational kontrollierter Übergang zum christlichen Glauben) können auf Grund des Kuhnschen Paradigmabegriffes wissenschaftstheoretisch positiv – also ohne Bestreitung des Wissenschaftscharakters der Theologie – geklärt werden;
– diese Konstituierung der Theologie als Wissenschaft tangiert nicht den durch Gott als »Gegen-stand« der Theologie gegebenen besonderen Charakter dieser Wissenschaft;
– die Fundamentierung der Theologie im Paradigma des christlichen Glaubens fordert von diesem – wiederum in Übereinstimmung mit seinem Wesen – eine Totalperspektive der Wirklichkeit. Theologie als paradigmatische Wissenschaft ist darum die um weitestgehende Integration aller Erkenntnisse bemühte »Wissen-

schaft vom Ganzen«[32]; als solche ist sie auch in der Lage, dem berechtigten Anspruch auf Wirklichkeitsbezug ihrer Aussagen zu entsprechen[33]; – die vorliegende Begründung der Theologie als Wissenschaft erlaubt es dem Christen, innerhalb der durch die »Sache« der Theologie und die Grenzen des menschlichen Erkenntnisvermögens gezogenen Grenzen so rational wie möglich Rechenschaft abzulegen über die Hoffnung, die in ihm ist. Vielleicht ist auf diesem Wege auch das Ideal alttestamentlicher Weisheit zu verwirklichen, für die Glauben und Erkennen keinen Gegensatz sondern eine organische Einheit bilden[34].

Anmerkungen

[1] Vgl. Heinzpeter Hempelmann, Kritischer Rationalismus und Theologie als Wissenschaft: Zur Frage nach dem Wirklichkeitsbezug des christlichen Glaubens, Wuppertal 1980 (= »Hempelmann«), 30ff.

[2] Vgl. hierzu Hempelmann, Teil B III.

[3] Vgl. Hempelmann, 31 – 33 und die dort genannte Literatur.

[4] Das Verifikationskriterium kann auch (empirisches) Sinnkriterium genannt werden.

[5] So v. a. die Forderung R. Carnaps in seinem Buch »Scheinprobleme in der Philosophie« (ND 1976); vgl. dazu Hempelmann, 35ff.

[6] Vgl. neben dem op. cit. (Anm. 5) Carnaps auch seinen Aufsatz: Überwindung der Metaphysik durch logische Analyse der Sprache, in: Erkenntnis 2 (1931/32), 219 – 241; Hempelmann, 38ff.

[7] Zur Auseinandersetzung vgl. Hempelmann, 41 – 49.

[8] Vgl. v. a. Poppers bereits 1934 erschienenes Hauptwerk: Logik der Forschung, 1973[5]; vgl. zu Darstellung und Kritik des Kr. R. Hempelmann, Teil E.

[9] Man kann an Poppers berühmtem Beispielsatz »Alle Schwäne sind weiß« den Unterschied zwischen den Wissenschaftskriterien des log. Pos. und des Kr. R. verdeutlichen: der Vertreter des log. Pos. muß zum Beweis der Wissenschaftlichkeit dieser Aussagen belegen, daß alle Schwäne weiß sind; dieser Beleg ist nach Popper aber nicht möglich,– es sei denn, man kennte alle Schwäne aller Zeiten des ganzen Universums; nach Popper genügt zum Nachweis der Wissenschaftlichkeit eines solchen All-Satzes der Aufweis, daß es sehr wohl – theoretisch – möglich ist, auch einmal einen »schwarzen Schwan« zu finden, der als Gegenbeispiel den All-Satz widerlegt.

[10] Vgl. v. a. seinen Traktat über kritische Vernunft, 1975[3].

[11] Vgl. Kap. V des Traktates über kritische Vernunft; ders., Theologische Holzwege. Gerhard Ebeling und der rechte Gebrauch der Vernunft, 1973; ders., Das Elend der Theologie. Eine Auseinandersetzung mit Hans Küng, 1979.

[12] Vgl. das kritische Referat dieser Publikationen bei Hempelmann, 85ff; 194ff; 216ff.

[13] Vgl. zu diesem Gedanken v. a. die Aufsätze in Poppers: Conjectures and Refutations. The Growth of Scientific Knowledge, London, 4. Aufl. 1976

[14] 1. Aufl. in den USA 1962; 1. deutsche Aufl. 1973.

[15] Kuhn spricht von »Paradigmen«.

[16] Vgl. das Kap. X: »Revolutionen als Wandlungen des Weltbildes«.

[17] Vgl. als Überblick: Hempelmann, F III.

[18] Vgl. dazu Hempelmann, 279 – 281.

[19] Vgl. ebd., 279ff; 284ff.

[20] Zu nennen sind u. a.: P. Feyerabend, Wider den Methodenzwang. Skizze einer anarchistischen Erkenntnistheorie, Frankfurt 1976[2]; ders., Erkenntnis für freie Menschen, 1979; K. Hübner, Kritik der wissenschaftlichen Vernunft, 1978; G. Vollmer, Evolutionäre Erkenntnistheorie. Angeborene Erkenntnisstrukturen im Kontext von Biologie, Psychologie, Linguistik, Philosophie und Wissenschaftstheorie, 3. Auflage 1981

[21] Vgl. zur Auseinandersetzung mit diesem »naiven Realismus« Hempelmann, 244ff; 251ff.

[22] Die Tragweite der Wissenschaft Bd. 1 Schöpfung und Weltentstehung. Die Geschichte zweier Begriffe, 1976[5], 3.

[23] Vgl. dazu Hempelmann, 261ff.

[24] Vgl. als Hintergrund Hempelmann, 95ff; 272f.

[25] Wie ein solches christliches Paradigma inhaltlich bestimmt werden könnte, habe ich in Hempelmann 276ff zu zeigen versucht.

[26] W. Stegmüller, Probleme und Resultate der Wissenschaftstheorie und Analytischen Philosophie Bd. II, Theorie und Erfahrung, 1973, 165.

[27] Ebd., 166.

[28] Ebd., 166.

[29] Ebd., 167; im Original hervorgehoben.

[30] Ebd., 168.

[31] H. Gollwitzer, Die Existenz Gottes im Bekenntnis des Glaubens, 1968[5], 113.

[32] In dieser Hinsicht weiß sich mit mir auch W. Pannenberg, Wissenschaftstheorie und Theologie, 1973, 266; vgl. Hempelmann, Das Wirklichkeitsverständnis des christlichen Glaubens in seiner Konkurrenz zu anderen Paradigmen der Welterfassung, Evangelium und Wissenschaft 3/81, 19.

[33] Vgl. Hempelmann, 289ff; zur Wirklichkeitsbezug des christlichen Glaubens ist z. B. im Blick auf die historische Dimension des Auferstehungsereignisses zu entfalten; vgl. dazu Vf: Die Auferstehung Jesu Christi – eine historische Tatsache? 1982.

[34] Vgl. dazu das schöne Buch von G. von Rad, Weisheit in Israel, 1970, 75 – 101: »Für Israel gab es durchaus nur eine Erfahrung, und diese wurde apperzipiert von einem Erkenntnisapparat, in dem sich Vernunft- und Glaubenserkenntnisse nicht voneinander schieden«, ebd., 86.

PAUL RICOEUR
Hermeneutik und Strukturalismus, Kösel-Verlag 1973/1974 München, S. 190 ff.

Wir müssen uns noch eingehender mit Bultmann auseinandersetzen, teils ihm Recht gebend, teils gegen ihn. Noch nicht hinreichend bedacht bei Bultmann sind der im eigentlichen Sinne nicht-mythologische Kern der biblischen und theologischen Aussagen und somit auch – als Gegenstück dazu – die mythologischen Aussagen selbst.

Rudolf Bultmann ist der Auffassung, daß die »Bedeutung« der mythologischen Aussagen selber nicht mehr mythologisch sei: Er meint, man könne in nicht-mythologischen Begriffen von der Endlichkeit der Welt und des Menschen angesichts der transzendenten Macht Gottes sprechen; in dieser Begrenztheit liegt gerade, sagt er, der Bedeutungsgehalt der eschatologischen Mythen. Der Ausdruck »Tat Gottes«, »Gott als Handlung« ist nach ihm nicht mythologisch, genausowenig wie die Ausdrücke »Wort Gottes« oder auch »Ruf des Wortes Gottes« . . .

. . . Es ist sogar auffallend, daß Bultmann gegenüber dieser Sprache des Glaubens kaum Forderungen stellt, wo er sich gegenüber der Sprache des Mythos doch so argwöhnisch gezeigt hat. Von dem Moment an, wo die Sprache aufhört zu »objektivieren«, von dem Moment an, wo sie sich den welthaften und verweltlichenden »Vorstellungen« entzieht, scheint jedes Fragen nach dem Sinn dieses »Daß« – dieses Ereignisses der Begegnung –, das dem »Was« – den allgemeinen Aussagen und den objektivierenden Vorstellungen – folgt, überflüssig zu sein.

Wenn dem so ist, dann deshalb, weil es bei Bultmann keine Reflexion auf die Sprache als ganzes, sondern nur über »die Objektivation« gibt. So scheint sich Bultmann kaum viel Gedanken über den Umstand zu machen, daß eine andere Sprache diejenige des Mythos ablöst und daher eine neue Weise des Interpretierens erfordert; er hält beispielsweise ein Wiederaufgreifen des Mythos durch die Sprache des Glaubens zum Zwecke des symbolischen oder bildhaften Redens ohne weiteres für gerechtfertigt. Er hat auch nichts dagegen einzuwenden, daß die Sprache, außer für Symbole und Bilder, auch auf Analogien zurückgreift. Dies trifft für sämtliche »personalistischen« Ausdrücke des »Begegnens« zu; daß mich Gott als eine Person anruft, mir als ein Freund begegnet, mir als ein Vater befiehlt – dies sind weder Symbole noch Bilder, sagt er, sondern dies ist eine analoge Sprechweise. Die protestantische Theologie meinte sich vollständig auf die »personalistische« Ich-Du-Beziehung verlassen und auf dieser Grundlage einen theozentrischen Personalismus entwickeln zu können, der die Schwierigkeiten der als Hypostasierung der Kosmologie betrachteten natürlichen Theologie des Katholizismus umginge . . .

(S. 194:) . . . Die Aufgabe der Interpretation, wenn sie auf einen bestimmten Text angewandt wird, ist es nicht, »den Autor besser zu verstehen, als er sich selbst verstanden hat«, wie Schleiermacher sagt, sondern sich dem unterzuordnen, was der Text sagt, was er will und sagen will. Aber diese Unabhängigkeit, dieses Sich-selbst-Genügen, diese Objektivität des Textes setzen eine Konzeption des Sinns voraus, die eher von Husserl als von Dilthey geprägt ist. Selbst wenn es wahr ist, daß der Text seinen Sinn erst in der persönlichen Aneignung, in der »geschichtlichen« Entscheidung vollendet – und davon bin ich, entgegen all jenen Philosophen von heute, deren Rede ohne Subjekt ist, mit Bultmann völlig einer Meinung . . .

. . . Wenn der objektive Sinn fehlt, sagt der Text nichts mehr aus; ohne existentielle Aneignung ist das, was er sagt, nicht mehr lebendiges Wort. Es ist die Aufgabe einer Theorie der Interpretation, diese zwei Momente des Verstehens zu einem einzigen Prozeß zusammenzufassen.

(S. 197:) ... Man darf nicht vergessen, daß die existentiale Beschreibung bei Heidegger nicht den Menschen, sondern den Ort – das »Da-sein« – der Seinsfrage betrifft; diese Denkrichtung ist zunächst nicht anthropologisch, humanistisch oder personalistisch. Gerade weil dies nicht ihr erstes Anliegen ist, ist sie auch allein befähigt, später die vernünftigen Aussagen über den Menschen und die Person und *a fortiori* die Analogien in bezug auf Gott als Person zu denken und zu begründen. Diese Befragung des Seins, die ihren festen Halt in jenem Sein hat, das wir sind und das aus uns das »Da« des Seins macht, findet sich bei Bultmann gewissermaßen kurzgeschlossen. Zugleich entfällt damit auch die mit dieser Befragung befaßte Denkarbeit.

Zwei wichtige Dinge – wichtig gerade für Bultmanns Vorhaben – sind nun aber mit dieser Denkarbeit verbunden, die er sich erspart.

Zunächst einmal die Erfahrung, daß die Metaphysik als Ort der Vergessenheit der Seinsfrage in gewissem Sinne tot ist. Diese Erfahrung, die sich auch auf die Metaphysik der Ich-Du-Beziehung erstreckt, gehört heute organisch jedem »Rückgang auf den Grund der Metaphysik« an. Alles, was wir weiter oben über die *Grenze* und den *Grund*, zumal hinsichtlich des Mythos, gesagt haben, hat etwas mit diesem Rückgang und mit der Krise der Metaphysik zu tun, die sich daran anknüpft. Die zweite Implikation der von Heidegger erbrachten Denkarbeit betrifft die Sprache und demzufolge unser Bemühen, den Ausdruck »Wort Gottes« zu denken. Wenn man zu schnell auf die Fundamentalanthropologie Heideggers zuielt und das Fragen nach dem Sein, mit dem diese Anthropologie zusammenhängt, versäumt, so versäumt man auch die dadurch ermöglichte radikale Neufassung der Frage nach der Sprache. Der Versuch, »die Sprache zur Sprache zu bringen«, d. h. die Sprache, die wir sprechen, zur Sprache zu bringen, die das Sagen des Seins, das Zur-Sprache-Kommen des Seins ist, geht unmittelbar den Theologen an ...

PAUL RICOEUR,
Philosophische und theologische Hermeneutik, in: Evangelische Theologie, Sonderheft: Metapher. Zur Hermeneutik religiöser Sprache, hrsg. von Paul Ricoeur, Eberhard Jüngel, München 1974, S. 24 ff.

... Ich wähle als Achse meiner Überlegungen den Begriff des Textes. Das kann den Anschein erwecken, als beschränke sich meine Hermeneutik auf eine Reflexion über die exegetischen Disziplinen im allgemeinen, dh. auf die Interpretation von Texten. Diese Eingrenzung wird dem, der mit dem Werk *Gadamers** vertraut ist, auffallen. Für Gadamer erhebt ja die Hermeneutik einen Universalitätsanspruch, der auf drei verschiedene Arten zum Ausdruck kommt ...

Wie immer es mit der bei Schleiermacher und Dilthey zu findenden Bürgschaft stehen mag, ich schlage vor, die Theorie des Textes als *einen* Ausgangspunkt für die hermeneutische Frage zu nehmen und Hermeneutik zu definieren als Untersuchung der Kunst des Verstehens, die durch die Interpretation von Texten ermöglicht ist. Gegenstand meiner Untersuchung ist also die Beziehung zwischen der Erscheinung der Rede als Text und der Kunst der Interpretation. Mein Vorschlag zielt daher nicht eigentlich auf eine Hermeneutik *des* Textes, sondern auf eine Hermeneutik, die von dem durch den Text gestellten Problem ausgeht.

... Rede ist zunächst ein Akt, ein Ereignis, während die Sprache ein Zeichensystem ist, das nicht aktuell, sondern nur virtuell existiert. Mit diesem Ereignischarakter

---

* H.-G. Gadamer, Wahrheit und Methode, Grundzüge einer philosophischen Hermeneutik, 1960

verbindet sich der Charakter der Rede als Akt eines Subjekts, welches sich darin ausdrückt, und darüber hinaus die Besonderheit, an ein anderes Subjekt gerichtet zu
sein, das unterrichtet oder beeinflußt werden soll . . .

. . . Zunächst macht die Schrift den Text gegenüber der Intention des Autors autonom. Was der Text bedeutet, fällt nicht mehr mit dem zusammen, was der Autor
sagen wollte. Wörtliche, dh. Text gewordene, und gedachte oder psychologische
Bedeutung haben von nun an unterschiedliche Schicksale.

Diese erste Modalität von Autonomie ermutigt uns dazu, der *Verfremdung* eine
positive Bedeutung zuzuerkennen, im Gegensatz zu dem Verfallscharakter, den
Gadamer darin erblickt. In dieser Autonomie des Textes ist vielmehr bereits die
Möglichkeit dafür gegeben, daß das, was Gadamer die »Sache« des Textes nennt,
dem begrenzten intentionalen Horizont des Autors entzogen wird; anders gesagt,
dank der Schrift kann die »Welt« des *Textes* die Welt des *Autors* zerbrechen lassen.

Was aber von den psychologischen Bedingungen gilt, das gilt auch von den soziologischen Bedingungen der Hervorbringung des Textes. Für ein literarisches Werk ist
es wie für jedes Kunstwerk überhaupt wesentlich, die psycho-sozialen Bedingungen
seines Entstehens zu transzendieren und sich so für eine nicht begrenzbare Folge
von Kenntnisnahmen zu öffnen, die ihrerseits in unterschiedlichen sozio-kulturellen Zusammenhängen stehen. Kurz, der Text muß sich, sowohl unter soziologi-
schem wie unter psychologischem Gesichtspunkt, aus seinem Kontext lösen lassen,
um sich in einer neuen Situation wieder in einen neuen Kontext einfügen zu lassen:
eben dies tut der Akt des Lesens.

Dieselbe Entgrenzung gilt nun aber auch für den, der den Text aufnimmt. Im Unterschied zur Gesprächssituation, in der das Gegenüber eben durch die Situation der
Rede bestimmt ist, läßt die geschriebene Rede ein Publikum entstehen, zu dem virtuell jeder gehört, der lesen kann. In der Entgrenzung der geschriebenen Sache aus
der Gesprächsbedingtheit der Rede kommt die Schrift zu ihrer bedeutendsten Wirkung; daraus folgt, daß das Verhältnis von Schreiben und Lesen kein Sonderfall des
Verhältnisses von Reden und Hören mehr ist.

Diese Autonomie des Textes hat nun eine erste wichtige hermeneutische Konsequenz: die Verfremdung ist nicht das Ergebnis der Methode und also nicht etwas
nachträglich Zugefügtes oder gar Schädliches; sie konstituiert vielmehr die Erscheinung des Textes als Schrift; zugleich ist sie die Bedingung der Interpretation. Die
Verfremdung ist nicht nur das, was das Verstehen besiegen muß, sondern auch das
was dieses bedingt. Somit sind wir nun in der Lage, zwischen *Objektivation* und
Interpretation ein weit weniger gespaltenes und folglich weit zusammenhängende-
res Verhältnis zu sehen, als es die romantische Tradition angenommen hatte . . .

Der Erfolg der strukturalen Analyse hat notwendig einen neuen Abschnitt der Hermeneutik eröffnet. Man kann »Erklären« und »Verstehen« nicht mehr als Gegensatz begreifen; die »Erklärung« ist nun vielmehr der verbindliche Weg des »Verstehens«. Wenn aber das »Erklären« der Weg des »Verstehens« ist, dann sind
»Methode« und »Wahrheit« nicht mehr die beiden sich ausschließenden Begriffe
einer Alternative, sondern ein einziger dialektischer Prozeß . . .

Und dennoch gibt es keine fiktive Rede, die nicht Wirklichkeit erreichen würde,
allerdings auf einer anderen, viel fundamentaleren Ebene als der, welche die des-
kriptive, konstatierende Rede der Umgangssprache erreicht. Ich behaupte, daß die
Zerstörung eines primären Verweisungsbezugs durch Fiktion und Poesie die Bedingung der Möglichkeit dafür sei, daß ein sekundärer Verweisungsbezug freigelegt
werde, der die Welt nicht mehr nur als Bereich verfügbarer Gegenstände erreicht,
sondern als das, was Husserl »*Lebenswelt*« und Heidegger »*In-der-Welt-Sein*«

nennt. Diese Dimension des Verweisungsbezugs, die wesentlich dem fiktiven und dichterischen Werk entspringt, stellt das tiefste Problem der Hermeneutik dar. Was bleibt zu interpretieren, wenn wir die Hermeneutik nicht mehr definieren können als Frage nach den *hinter* dem Text verborgenen inneren Absichten eines anderen, wenn wir die Interpretation aber auch nicht auf die Zerlegung der Strukturen beschränken wollen? Ich würde sagen: interpretieren heißt, die Weise des *vor* dem Text entfalteten In-der-Welt-Seins darzustellen.

Wir greifen damit eine Anregung Heideggers auf, die sich auf den Begriff des *Verstehens* bezieht. Bekanntlich wird in »Sein und Zeit« die Theorie des Verstehens nicht mehr an das Verstehen eines anderen gebunden, sondern wird zur Struktur des »In-der-Welt-Seins«; genauer gesagt: das Moment des Verstehens, im Anschluß an die Struktur der *Befindlichkeit* untersucht, entspricht als Entwurf unseres eigensten Seinkönnens inmitten der Situation, in der wir uns befinden, dialektisch der Befindlichkeit. Dieser Analyse entnehme ich den Gedanken des »Entwurfs des eigensten Seinkönnens« und wende ihn auf die Theorie des Textes an. Ein Text ist zu interpretieren als ein *Entwurf von Welt*, die ich bewohnen kann, um eine meiner wesenhaften Möglichkeiten darein zu entwerfen. Genau dies nenne ich Textwelt, die *diesem* einzigen Text eigene Welt ...

Die Aneignung hat vor allem das zum Gegenüber, was Gadamer die »*Sache des Textes*« nennt und was ich als »*Welt des Werkes*« bezeichne. Was ich mir schließlich aneigne, ist ein Entwurf von Welt; dieser findet sich nicht hinter dem Text als dessen verborgene Intention, sondern *vor* dem Text als das, was das Werk entfaltet, aufdeckt und enthüllt. Daher heißt Verstehen *Sich-Verstehen vor dem Text*. Es heißt nicht, dem Text die eigene begrenzte Fähigkeit des Verstehens aufzuzwingen, sondern sich dem Text auszusetzen und von ihm ein erweitertes Selbst zu gewinnen, einen Existenzentwurf als wirklich angeeignete Entsprechung des Weltentwurfs. Nicht das Subjekt konstituiert also das Verstehen, sondern – so wäre wohl richtiger zu sagen – das *Selbst* wird durch die »Sache« des Textes konstituiert.

Man muß hier ohne Zweifel aber noch viel weiter gehen. Wie die Textwelt nur in dem Maße wirklich ist, als sie fiktiv ist, gelangt die Subjektiität des Lesers zu sich selbst nur in dem Maße, als sie in Schwebe versetzt, aus ihrer Wirklichkeit gelöst und in eine neue Möglichkeit gebracht wird, wie die Welt selbst, die der Text entfaltet. Anders gesagt: die Fiktion ist eine ebenso grundlegende Dimension des Verweisungsbezugs des Textes wie der Subjektivität des Lesers. Ich, der Leser, finde mich nur, indem ich mich verliere. Die Lektüre bringt mich in die imaginativen Veränderungen des *Ich*. Die Verwandlung der Welt im Spiel ist auch die spielerische Verwandlung des *Ich*.

Wenn das wahr ist, bedarf der Begriff der Aneignung einer inneren Kritik, sofern er einen Gegensatz gegen die *Verfremdung* aufrichtet. Die Verwandlung des *Ich*, von der wir eben sprachen, impliziert ein Moment der Verfremdung bis hinein in die Beziehung des Selbst zu sich selbst. Das Verstehen ist daher ebensosehr Enteignung als Aneignung. Eine Kritik der Illusionen des Subjekts nach dem Vorbild von Marx und Freud kann, ja muß in das Sich-Verstehen einbezogen werden.

Die Konsequenz für die Hermeneutik ist beträchtlich. Man kann Hermeneutik und Ideologiekritik nicht mehr einander entgegensetzen; die Ideologiekritik ist der notwendige Umweg, den das Sich-Verstehen machen muß, wenn es sich durch die Sache des Textes, nicht durch die Vorurteile des Lesers bestimmen lassen will.

Die Dialektik von Objektivierung und Verstehen, die wir zunächst auf der Ebene des Textes, der Textstrukturen, des Sinnes und des Verweisungsbezugs wahrgenommen haben, muß daher auch in das Zentrum des Sich-Verstehens gestellt werden. Die Verfremdung ist auf allen Ebenen der Analyse die Bedingung des Verstehens.

Kommentar

Paul Ricoeurs hermeneutische Gedanken gehen von dem Problem aus, das sich durch einen Text als »schriftlich fixierte Lebensäußerung« stellt (Dilthey). Das Schriftwerden verfremdet durch Objektivierung die »geniale Schöpfung«, was den Weg des Rückgangs hinter den Text zweifelhaft macht. Ricoeur deutet jedoch die Verfremdung der Schriftlichkeit positiv, weil sie den begrenzten Horizont des Autors zerbrechen läßt. Durch den Prozeß des Lesens und Verstehens wird der Text in einen neuen Kontext eingefügt. Diese Verwandlung des Textgehaltes entspricht einer Veränderung des Leser-Ich, das sich in die fiktive Situation des Textes versetzt. Diese Verfremdung bewirkt eine Kritik an den Illusionen des Ich, die mit der Ideologiekritik von Marx und Freud vergleichbar ist.

Für Ricoeur zeichnet sich die biblische Hermeneutik durch das Ausgangsproblem aus, das durch die Distanz zwischen dem zum Buchstaben gewordenen Evangelium und dem kulturgeschichtlichen Standort des Lesers gegeben ist. Die Religion ist für Ricoeur eine archaische Struktur des Lebens. Der heutige Mensch kann bei ihr nicht verweilen. Deshalb müssen verschiedene Formen der Destruktion (Religionskritik durch Freud, Marx, Nietzsche) zu einem nicht-religiösen Glauben verhelfen, der frei von Anklage und Schutz (den Hauptkomponenten der Religion) existieren kann. In diesem Prozeß sollen alle Idole (wie Gott als Vater) überwunden werden, um sie dann als Symbole wiederzugewinnen (als Gleichnis für die Verwurzelung der Liebe).

In seinem Buch »Hermeneutik als Strukturalismus« geht Ricoeur auf die Existentialinterpretation Bultmanns ein. Bei den Arbeiten Bultmanns findet Ricoeur sein Anliegen der religionslosen Interpretation verwirklicht, auch wenn er die Bindung an Heidegger nicht für zwingend hält. Mit Bultmann ist Ricoeur der Auffassung, daß der Gegenstand des Glaubens durch den biblischen Text vermittelt wird und nicht einen Rückgang hinter die Texte erlaubt. In Bultmanns Interpretation sieht er verschiedene Aspekte des Fortschreitens, die unterschieden werden müssen. Sie sind bereits in dem Mythos der Texte angelegt und sind durch den modernen Menschen als Interpreten bedingt.

1. Entmythologisierung der kosmologischen Form der Verkündigung
2. Entmythologisierung als existentielle Interpretation
3. Entmythologisierung als theologische Qualifizierung des Kerygmas

Am Schluß seiner Darlegung bringt Ricoeur der Deutung Bultmanns zwei Einwände entgegen. Er fordert auf, die Destruktion der Metaphysik ernster zu integrieren und dabei besser zu bedenken, was Heidegger unter dem »Sein« versteht, das allen seinen Arbeiten zugrunde liegt.

Auch wenn Ricoeur versichert, daß er diese Einwände immanent von Bultmann her lösen könnte, geht er darin doch in seinem stark religionskritischen Ansatz über Bultmann hinaus.   *Schäfer*

WALTER KÜNNETH,
Wissen und Glauben,
Vortrag vor Theologiestudenten in Erlangen, 14.7.1981

Die Frage Glaube und Wissen ist eine der Urfragen der Theologie. Dieses Problem zieht sich seit Jahrhunderten bis heute hindurch; immer wieder in neuer Gestalt, in neuen Variationen.

Vor allem akut wurde dieses Problem seit der Aufklärung und im Rationalismus des 18./19. Jahrhunderts – und ganz besonders für Friedrich Schleiermacher. Er wurde von dieser Frage umgetrieben: Christ und Ratio, wie verträgt sich das? Er leidet unter dem Ansturm der Naturwissenschaften und der Geschichtswissenschaft. Und da fragt er: Wie soll das weitergehen? Das Dilemma sieht er darin: Entweder Glaube ohne Wissen, das bedeutet dann Naivität und Steckenbleiben in Primitivität, also ohne Bildung sein – so meint Schleiermacher –, oder aber Wissenschaft ohne Glaube, das heißt moderne Gottlosigkeit.

Worin kann nun die Lösung gesehen werden? Einerseits meint man Rückzug des Glaubens aus der ganzen Weltwirklichkeit heraus, wenn es irgendwie geht, in Innerlichkeit, und zwar unter Verzicht auf das rationale Denken, oder aber Preisgabe der Wissenschaft an den Unglauben.

1. Ich will sehr komprimiert und nur den Grundlinien nach versuchen, das menschliche Wissen, das rationale Denken, im biblischen Aspekt zu verstehen.

Eine erste elementare Feststellung: Vernunft, Ratio, Intellekt – wollen wir mal die Begriffe so nebeneinander stellen – müssen grundlegend als Schöpfergabe Gottes begriffen werden, d. h. also, wenn wir sagen »Schöpfergabe Gottes«, dann würde das bedeuten, daß alle die Größen – Vernunft, Ratio – immer in Gottes Beziehung gesehen werden müssen; und zwar grundsätzlich unabhängig davon, ob der einzelne Mensch das erkennt oder ob er es leugnet.

Was will damit gesagt sein? Der Mensch ist, biblisch gesehen, als denkendes Wesen zu verstehen. Ratio, Nachdenken-können, Vernunft haben, ist ein Zeugnis seiner personalen Würde. Er ist herausgehoben, im Unterschied von dem Instinktleben oder den Zwängen des Tieres. Darum kann es, biblisch gesehen, keine Verachtung, keine Geringschätzung der Vernunft, des Wissens geben. Luther hat das ja in seiner Weise klassisch formuliert: Gott, der uns Vernunft und alle Sinne gegeben hat und noch erhält. Vernunft, Ratio und Denkvermögen sind zugleich das Zeichen der Herrschaftsermöglichung des Menschen über die gesamte außermenschliche Welt; mikrokosmisch gesehen bis hin zum Universum des Weltraums. Untertan machen, durchdenken, überlegen sein, herrschen, nicht zerstören, Weltverantwortung durch die menschliche Ratio, d. h. zugleich Entdämonisierung der Natur – die Natur ist nicht mehr eine Stätte des Entsetzens, der Angst vor Dämonen – Befreiung von den Tabus für Forschung, Entdeckung, Erfindung, das bedeutet die Gabe Gottes. Auch hier gilt das Apostelwort »Alles ist euer, ihr aber seid Christi, Christus aber ist Gottes«.

Dieser Gedanke gilt auch für die Geschichtswelt. Auch sie gehört zum Denkraum der menschlichen Vernunft hinzu. Daher hat Geschichtsforschung ihr Recht, ihre Notwendigkeit. Der Verstand fragt legitimerweise: Was ist einst geschehen, was ist überliefert, welche Quellen haben wir?

Die menschliche Ratio unterscheidet sehr klar, und zwar nicht erst heute, zum Beginn der modernen Geschichtsforschung. Von Anfang an unterscheidet die Ratio zwischen Fakten (lat.: res, griech.: pragmata erga) und den Dichtungen, Legenden, seelischen Vorgängen, den Mythen. Ich habe wiederholt auf Luk. 1,1–4 hingewiesen. Das ist sehr interessant, daß hier ja eigentlich der Beginn der heilsgeschichtlichen historischen Forschung aus dem biblischen Aspekt anfängt. Er hat eine Paradosis, eine Tradition, als Gegenstand seiner Beobachtung. Er will sie scharfsinnig, kritisch behandeln. Er will zur Epignosis, zur Erkenntnis kommen. Er will seinen Adressaten damit auch Asphaleia, Gewißheit, vermitteln.

Ich fasse zusammen: Das reflektierende Nachdenken über die Gegebenheiten der Welt gehört zum Schöpfungsauftrag Gottes.

2. Aber nun ein zweiter Gedankenkreis: Die Vernunft, und was alles in den verschiedenen Äußerungen und Niederschlägen dazu gehören mag, ist nicht unbegrenzt. Wir müssen die Grenzen der rationalen Möglichkeiten bedenken. Die prinzipielle Begrenzung der menschlichen Ratio liegt in ihrer totalen Immanenzgebundenheit. Das bedeutet, daß andere Dimensionen der Wirklichkeit, z. B. das eigentliche tiefste menschliche Wesen, die Innerlichkeit, das Seelentum, daß der Sinn der menschlichen Existenz für die Ratio unmittelbar verschlossen bleibt. Nichts ist charakteristischer als das bekannte, oft zitierte Wort des berühmten, im 19. Jahrhundert lebenden, Berliner großen Chirurgen und Medizinprofessors von Virchow, das war ja seine Erkenntnis: Ich habe den ganzen Leib des Menschen durchforscht und habe niemals eine Seele entdecken können. Das ist bezeichnend. Wir sehen hier die Grenze der rationalen Erkenntnis, die eben nicht alles verstehen kann. Wir stoßen immer wieder auf irrationale Wirklichkeiten. Das sind die Grundfragen nach Ursprung und Ziel des Lebens, die ewige Warum-Frage nach Leiden und Tod, nach Sinn oder Unsinn des Weltschicksals. Alle diese Wirklichkeiten bleiben rational ohne Antwort. Warum? Weil es hier um eine ganz andere Dimension geht. Eine Dimension, die eine Entscheidung fordert. Auch alle Fragen des Ethos, der Moral, der Frage »Was soll ich tun?«, »Wie soll ich mich verhalten?«, »Was wird von mir gefordert?«, »Was ist das Ziel meines Lebens?«, alle diese Fragen können von der Ratio nicht beantwortet werden.

Vielmehr ist folgendes immer wieder interessant festzustellen: Wann spielt eigentlich unser Intellekt erst eine Rolle? Immer dann, wenn schon eine Entscheidung vollzogen worden ist? Nehmen wir das bekannte Beispiel der Liebe. Kein Mensch wird auf dem Wege des Intellekts zur Liebe geführt. Wenn aber die Liebe zu einem anderen Menschen ihn überwältigt hat, dann kommt der Intellekt. Dann sagt man: Ist das nicht sehr vernünftig, ist das nicht sehr gut? usw. Dann kommt die rationale nachträgliche Überlegung. Der Intellekt ist also immer sekundär.

Nun aber stoßen wir hier, wenn wir nach der Grenze fragen, auf eine Not der Ratio. Die Not der Ratio tritt nämlich dann immer ein, wenn der rationale Maßstab auf einmal dominiert. Dann lautet das Urteil: Nur das rational Beweisbare, das Berechenbare, das durch Experimente und Erfahrungen zu Erhärtende ist wirklich. Das nennen wir dann die Absolutsetzung der Ratio. So ereignet sich etwas ganz Merkwürdiges, ein Umschlag: Die Ratio bleibt eigentlich gar nicht mehr Ratio, sondern sie wird zur irrationalen Gläubigkeit an die Allmacht des menschlichen Verstandes. Diese irrationale Gläubigkeit an die absolut gesetzte Vernunft ist genauso unbeweisbar wie der christliche Glaube, der ja nicht beweisbar ist. Die Ratio erkennt nur die Horizontale, die objektivierbare Zone ist erkennbar. Sie allein kann Gegenstand rationaler Aussagen und Feststellungen darstellen. Aber eines ist nicht möglich: Die Ganzheit des Daseins bleibt verborgen.

Man darf aber eines vor allem nicht übersehen. Die Vernunft des Menschen, seine Ratio, ist nicht so autonom, wie die Philosophen aller Zeiten behaupten zu können meinen, sondern die Vernunft, die Ratio, ist abhängig von ideologischen Entscheidungen. Ich möchte direkt von einer weitgehenden Ideologie-Besessenheit des Menschen sprechen, die zeitgeschichtlich natürlich ganz verschiedene Formen und

Inhalte annehmen kann. Diese Ideologie, die sich der Ratio bemächtigt, wird zu einer Art Glaubensersatz. Und jetzt entsteht die Diesseits-Gläubigkeit. Es gibt demnach Erkenntnisprämissen, welche dann die rationalen Urteile lenken, orientieren, präjudizieren; z.B. die Wissenschaft kann gelenkt sein, die Ratio kann geführt werden vor allem durch die Idee des Nutzens, der Zweckmäßigkeit, der Macht oder auch der Idee des Volkes, der Kraft der Rasse; oder es kann die Idee eines liberalen Menschenbildes sein oder eines kollektivistischen Daseinsverständnisses. Es können sozialistisch-marxistische Ideen sein der Weltgesellschaft, die Gruppenidee der Freiheit, der Gerechtigkeit, des Friedens. All das sind letztlich Ideologien, die die rationalen Überlegungen in Bann schlagen. So kommt es zu einer Vereinseitigung des Erkennens. Die Ratio für sich kann nur partielle Richtigkeiten hervorbringen; partielle Richtigkeiten – man denke an die Mathematik, denke an die Physik, an die Chemie usw. Wer würde das bestreiten? Aber das ist eben nicht die ganze Wahrheit. Es ist durchaus richtig, daß ein Analogieverhältnis besteht zwischen dem Aufbau des menschlichen Körpers und dem der Tierwelt. Wer dürfte das bestreiten? Aber daraus zu folgern, das sei der Mensch, damit hätte ich den Menschen verstanden, wird jedermann ohne weiteres sofort unsinnig erscheinen.

Also noch einmal: Teilwahrheiten – ja, aber nicht die ganze Wahrheit, nicht die pure Wirklichkeit.

Charakteristisch aber für diese Intellektualisierung ist das Scheitern der Ratio an der Gottesfrage. Es geht dabei um die Behauptung einer Transzendenz-Verschlossenheit. Die Transzendenz ist nicht feststellbar, man ist dagegen verschlossen, man braucht sie auch gar nicht. Sie wird vielmehr – diese Verschlossenheit – bewußt bejaht, proklamiert. So kommt es zur radikalen Verneinung jeder Transzendenzmöglichkeit. Und die modernistische Theologie wurde ja nicht müde, immer wieder die Rede von dem sog. geschlossenen Weltbild zu verwenden. Das ist keine rationale Erkenntnis, keine wissenschaftliche Aussage, sondern das ist eine Pseudo-Glaubensaussage, eine ideologische Aussage. Typisch dafür – ich deute das nur schlagwortartig an über die Religionskritik Ludwig Feuerbachs –, daß das Gottesbild nur menschliche Reflexe sind. Heute würde man das gleiche sagen können von der Frankfurter Schule, von ihrer Sozialphilosophie, die ja eine Synthese darstellt von Neo-Marxismus, Psychologismus und Verhaltensforschung. Aber wie überall ist es der gleiche Vorgang: Wir haben es immer mit der Verabsolutierung des Wissens zu tun, mit dem Postulat der Alleingültigkeit der Rationalität.

Das hat verheerende Wirkungen. Jetzt entsteht auf einmal der Mensch ohne Gott. Er lebt aus sich selbst heraus. Es kommt zu einer Vergottung des Menschen selbst. Er lebt aus der rationalen Hybris, in se ipsum curvatum, in sich selbst gegründet. Jetzt wissen wir: Das ist der Nährboden für alle nur denkbaren atheistischen Argumente gegen den Glauben. Es kann nicht anders sein. Der Glaube contra Ratio, gegen den Verstand, vernunftwidrig. Wunder contra natura, unmöglich. Aus dieser Situation erwächst der Dauerkonflikt zwischen Glaube und Wissen.

Wir müssen hier nun klar erkennen, woher dieser Konflikt kommt. Er kommt nicht aus der Wissenschaft selbst, sondern aus der Absolutsetzung der Ratio. Der Zugang zum Glauben aber wird von diesen Voraussetzungen aus verbaut, sobald – ich wiederhole – ideologische Einflüsse zu wirken beginnen. Es kommt jetzt zur Flucht in die Skepsis. Ignoramus, ignorabimus, wir wissen nichts, wir werden auch niemals zu einer Erkenntnis kommen.

Aber dazu möchte ich noch folgende spezielle Besinnung geltend machen: In dem sich absolut setzenden Rationalisierungsvorgang vollziehen sich Mißbrauch, Entartung und letztlich eine Dämonisierung der Menschen. Es muß festgehalten werden: Die Ratio ist nicht eine Neutralgröße. Sie steht immer vor einem Entweder –

Oder. Entweder sie steht unter Gott, dem Schöpfer, oder sie ist von Gott gelöst, und damit wird sie dämonisiert.

Wo beginnt nach dem biblischen Aspekt eigentlich diese Dämonisierung der Ratio? Sie beginnt 1. Mose 3,1 und 1. Mose 3,4, nämlich in der satanischen Frage: »Sollte Gott gesagt haben?« Da beginnt sie. Das ist die Urfrage, und diese Urfrage wird zugleich noch erfüllt von der Urlüge – Satan, der Vater der Lüge, heißt es ja bei Johannes – »ihr werdet mitnichten des Todes sterben.« Sollte Gott? Nein, das stimmt ja gar nicht. Ihr werdet leben, auch ohne Gott. Damit beginnt das, was wir die Dämonisierung der Ratio nennen müssen. Es ist eine Art Teufelskreis.

Dieser Teufelskreis begegnet uns auch heute in der Methode der permanenten Hinterfragung. Man hört es sehr oft: Es muß hinterfragt werden. Aber das Hinterfragen hat kein Ende. Es geht immer weiter. Es ist ein Teufelskreis. Es hört nicht auf. Und so kommt es zur Flucht in den gewollten, immer neu provozierten Zweifel, der letztlich als Gottesersatz verehrt wird.

Und das ist wiederum die Lüge, daß diese verabsolutierte und dämonisierte Ratio den Mantel der »Wissenschaftlichkeit« trägt. Es ist überaus interessant, aufschlußreich und weittragend, daß in einer Gottlosen-Ausstellung, die vor einiger Zeit in Moskau stattfand, also von der Gottlosen-Bewegung des Kommunismus dargestellt wurde, daß da auch die Schriften der deutschen modernistischen Theologie lagen, zum Beweis dafür: Die Wissenschaft hat ja bewiesen, die Theologen glauben selber nicht mehr daran. Das ist der Mantel der Wissenschaftlichkeit, der sich um die dämonisierte, rationalisierte Ideologie schlingt. So wird Wissenschaft zum Instrument atheistischer Ideologie mit der Formel: Die Wissenschaft hat ja bewiesen. In Wirklichkeit hat sie gar nichts bewiesen, weil sie hier überhaupt nicht zuständig ist, Beweise zu führen.

3. Damit komme ich zu dem dritten Abschnitt, zur Frage: Wie steht es denn mit der Erkenntnis des Glaubens? Glaube ist nicht erkenntnisfeindlich, sondern umgekehrt, die Quelle fundamentaler Erkenntnisse. Das ist auch ohne weiteres einzusehen, denn wenn Vernunft, Ratio, das Denkvermögen des Menschen eine der großartigsten Schöpfergaben Gottes darstellt, dann kann der offenbare Gott nicht etwas anderes sagen als der Schöpfergott selbst, und in der Offenbarung begegnet uns gerade auch wieder der Schöpfer. Pistis und Gnosis gehören im Neuen Testament zusammen. »Wir haben geglaubt und erkannt« (Joh. 6,69). Der Heilige Geist Gottes schafft beides: Glauben und Erkennen.

Wo Glaube ist, da wird zugleich ein ganz bestimmtes Wissen gesetzt, wir können sagen: eine pneumatische Erkenntnis. Ja aber, das muß doch einmal theologisch mit allem Nachdruck und aller Eindeutigkeit hervorgehoben werden: Was ist die Voraussetzung der Glaubenserkenntnis? Die Voraussetzung liegt in der Selbstoffenbarung Gottes, in dem Sich-Öffnen der transzendenten Dimension Gottes.

Wenn das richtig ist, wenn es so steht, dann ist die Begegnung mit dem Offenbarungszeugnis der Bibel schlechthin das entscheidende Ereignis. Hier vollzieht sich nämlich dann der Durchbruch durch das sog. horizontale Weltbild. Jetzt kommt es zu der entscheidenden Situation für oder gegen das Angebot der Offenbarungswirklichkeit. Angesichts des biblischen Zeugnisses wird hier der Schlüsselpunkt sichtbar für die neue Erkenntnis des Glaubens, für die Ermöglichung einer pneumatisch, geistlich orientierten und gelenkten Reflexion. Jetzt wird deutlich (1. Kor. 2,10–15): »Der natürliche (richtig übersetzt: der psychische, man könnte auch sagen: der rational immanente) Mensch vernimmt nichts vom Geist Gottes.« Die Offenbarung ist ihm verschlossen. Dann geht es weiter, der entscheidende Satz lautet: »Uns aber hat es Gott geoffenbart durch seinen Geist.« Das ist der Durchbruch; durchaus übereinstimmend mit Matth. 13,11: Euch ist es gegeben, den anderen nicht. Dann stehen wir hier vor der kardinalen Wende.

Das Wissen um die Realität, gleichsam der vertikalen Dimension Gottes, ist hier gegeben. Es entsteht eine neue Ratio, eine neue Erkenntnis, die über die Begrenzung des menschlichen Verstandes hinausgeht. Von hier aus gesehen, bedeuten Wunder im Neuen Testament keine Fremdkörper mehr. Sie gehören ja nun unmittelbar in diese Gotteswelt hinein, gehören zum Wesen des Glaubens. Freilich, genausowenig wie für eine Ideologie kann es einen rationalen Gottesbeweis geben. Das wäre auch sinnlos. Warum kann es keinen Gottesbeweis geben? Weil Gott niemals ein Glied in der Kausalkette der Welt sein kann. Er ist kein Gegenstand der Ratio. Wenn die Ratio nachweisen könnte, das und das muß also Gott sein, dann wäre Gott auch nicht Gott. Dann wäre Gott ein Gegenstand, ein Ding, ein Element der Welt, aber nicht der allmächtige Herr Himmels und der Erde. Darum ist auch die Rede »Beweise mir das!« eine der törichtesten Einwände, die gegen den Glauben erhoben werden können.

Der Glaube fordert etwas ganz anderes. Der offenbare Gott, Jesus Christus, der Kyrios, fordert Entscheidung. Und diese Entscheidung ist kein neutraler Vorgang. Sie setzt gleichsam das neue – jetzt könnte ich sagen – theologische Erkennen und Denken voraus.

Von hier aus werfen wir noch einen Blick auf die Theologie als Nachvollzug der biblisch-pneumatischen Erkenntnis des Glaubens.

Was soll das heißen, wenn ich sage: Theologie als Nachvollzug der pneumatischen Erkenntnis? Die Theologie soll also ganz und gar nicht den Ehrgeiz haben, selbst schöpferisch zu sein oder, wie man heute immer wieder sagt, kreativ zu sein. Nein, das soll sie gerade nicht sein. Sie soll viel bescheidener etwas anderes tun. Das sollte sie tun – weithin tut sie es zu wenig –: Das nachdenken, was vorgedacht ist.

Theologie ist also keine Form der Religionswissenschaft. Die Religionswissenschaft steht ja notwendigerweise im Banne der Immanenz. Die Theologie hat nichts mit einer christlichen Religion zu tun. Für Theologie ist nicht ein anthropologischer Ansatz, nicht etwa die Idee des Humanen als Zentrum wesentlich, sondern die Theologie ist ausgesprochen theo-christozentrisch, soteriologisch ausgerichtet. Die Theologie ist dadurch ausgezeichnet, daß sie gleichsam einen Sprung machen muß in eine ganz andere Dimension. Darum lautet meine These: Wesenhaft ist die Theologie immer Offenbarungstheologie. Ob sie nun das Wort immer brauchen, oder ob andere Theologen andere Begriffe für richtiger halten, das ist eine ganz andere Frage. Darüber kann man verschiedener Meinung sein. Aber in der Sache, in der Offenbarungswirklichkeit, kann man keine verschiedene Meinung haben; denn hier geht es um das neue Erkennen, um das Wissen, um die großen Taten Gottes (Apg. 2 u. ä.). Das ist auch eine der Geburtsstunden der Theologie.

Diese Offenbarungs-Perspektive ermöglicht ein wesenhaft neues Erkennen. Sophia Gottes nennt es Paulus, Weisheit Gottes, im Gegensatz zur Weisheit der Welt. Ich erinnere an 1. Kor. 2,12.13: Jetzt wird eine Tiefenerkenntnis geschenkt, ja auch über das Menschsein, über Leben und Tod, über die sog. Grundbefindlichkeiten des Menschen in der Welt. Ich nenne einige: Angst, Furcht, Gerechtigkeit, Schuld, Liebe, Hoffnung, Friede. Das sind solche entscheidenden Grundbefindlichkeiten, nicht nur menschliche Seins- und Wertbegriffe, sondern gerade alle diese Begriffe werden durch Gottes Offenbarung qualifiziert und finden ihre Erfüllung in Christus.

Die Losung des Kirchentags in Hamburg heißt ja nun nicht »Fürchtet euch nicht«, wobei offenbleibt, wovor man sich fürchtet. Sie heißt erst recht nicht »Fürchtet euch vor dem und dem«, sondern das ist das eigentliche Thema: »Befreiung von der Furcht«. Das ist der Beitrag der Offenbarungsbotschaft für die Grundbefindlichkeit der Furcht des Menschen.

Nur unter der Offenbarungsprämisse gibt es eine sachgemäße Erklärung der biblischen Texte, also das, was wir pneumatologische Hermeneutik nennen. Dem entspricht umgekehrt die Inadäquatheit, die Unangemessenheit der rein rationalen, psychologischen, soziologisch bestimmten Forschungsmethode. Mit der Methodik, etwa nach Ernst Troeltsch, der reinen historisch-kritischen Forschung, die sich auf den Kausalitätsbegriff, auf Analogie, auf Korrelation, auf Beeinflussung, Zusammenhänge der Geschichtswelt beruft, wird das Spezifikum, das eigentliche Kernstück des Glaubens, die Offenbarungsbotschaft, überhaupt nicht erreicht und nicht erkannt. Die rein diesseitsorientierte Geschichtswissenschaft, die sich ja selbst absolut setzt, kann daher den Glaubensinhalt, das Offenbarungsgeschehen nicht erfassen. Sie führt nicht weiter in der eigentlichen theologischen Erkenntnis.

Die Glaubenserkenntnis, also das unter dem Pneuma Gottes stehende Nachdenken, besitzt eine Funktion der Unterscheidung nach 1. Joh. 4,1ff. Das theologische Nachdenken hat es mit der Überprüfung der Geister zu tun, mit der Überprüfung der ideologischen Spiritualitäten, welche ja immer sich der Ratio, der Wissenschaft bemächtigen wollen und welche immer bestrebt sind, den Denkprozeß zu lenken und damit zu verfälschen. Glaubenserkenntnis durchschaut vielmehr den Unterschied von der Realität der Offenbarung und menschlichen Ideen und Mythen, den Unterschied zwischen »von Gott sein«, »aus Gott kommen« und dem »Aus-der-Welt-sein«.

Welche Aussagen sind über das profane Wissen in theologischer Sicht überhaupt gültig? Wir sagen: Das menschliche Wissen der Ratio vermittelt partielle Richtigkeiten, deren Gültigkeit intellektuell sporadisch nachweisbar ist, aber dieses Wissen scheitert an der Wahrheit; denn Wahrheit ist mehr als die Summe aller Einzelerkenntnisse. Wenn der Mensch alle Einzelerkenntnisse überschauen könnte, hätte er noch lange nicht die Wahrheit. Die Wahrheit kommt aus einer ganz anderen Dimension. Die Wahrheit Gottes ist nicht Endstation menschlicher Entwicklung und menschlicher Erkenntnisse, sondern sie erschließt sich gerade in der Entscheidung des Glaubens (Joh. 17,17; 18,37) und dann vor allem in dem zentralen Kapitel 14,6, wo Christus als die personale Wahrheit sich offenbart: »Ich bin die Wahrheit.«

Die profane Wissenschaft bietet intellektuelle Möglichkeiten, welche auch der Theologie als Hilfsmittel dienen, ohne daß darin die theologische Substanz verändert werden könnte. Also wir wenden uns gegen jede biblische Sachkritik, aber Möglichkeiten, rationale Überlegungen sind hilfreich. Denken wir allein an die Sprachwissenschaft, an die Analyse der jeweiligen Zeitverhältnisse, an historische Umwelterkenntnisse, etwa auch an die Kenntnisse der hellenistischen Gnosis, was auch für die Exegese, etwa bei Johannes, nicht ohne Bedeutung ist.

Der Widerspruch aber des Glaubens erfolgt dann, wenn Wissenschaft zum Glaubensersatz erhoben wird. Dann geschieht eine Grenzüberschreitung der Wissenschaft. Die verabsolutierte Ratio bestreitet, es kann gar nicht anders sein, die Möglichkeit einer Offenbarung überhaupt. Damit wird das Wissen zur Ideologie, zu einer Ideologie, die das Denken des Menschen usurpiert und damit dämonisiert. So kommt es zur Vergötzung diesseitiger Ideen und Größen. An dieser Stelle stoßen wir auf die Ursache des eigentlichen Konfliktes zwischen Glaube und Wissen, der aber keineswegs gültig sein müßte. Der Glaube, der um die Grenze menschlicher Erkenntnis weiß, befreit vielmehr das Wissen zu seinem eigentlichen Erkenntnisdienst.

Zusammenfassung: Es kommt auf die Wesensbestimmung der beiden Größen Glaube und Wissen oder Ratio und Wissenschaft an. Es kommt darauf an, welche geistige Potenz hinter dem menschlichen Denken, Wissen und Forschen steht, Gott

oder ein Götze. Der Feind des Glaubens ist nicht die Ratio, sondern die widergött-
lich orientierte Ideologie, die sich im Gewand der Wissenschaftlichkeit präsentiert.
Damit aber wird die eigentliche Wahrheit verfehlt.

Immanuel Kant (1724–1804) hat nicht nur im Blick auf die Philosophiegeschichte eine epochale Bedeutung, auch für die Theologie hat sein Werk einen bis heute anhaltenden Einfluß. Dies gilt besonders für seine 1781 erschienene »Kritik der reinen Vernunft«[1], die für die Gotteslehre und speziell für die Frage der Erkennbarkeit Gottes eine entscheidende Weichenstellung brachte.

I. Kants Grundfrage: »Wie ist Metaphysik als Wissenschaft möglich?«

Schon seit Aristoteles hatte die philosophische Gotteslehre ihren festen Ort in der Metaphysik, der Wissenschaft »vom Sein des Seienden«, von den Grundgesetzen der Wirklichkeit. In der Scholastik untergliederte man die Metaphysik, in Anlehnung an Aristoteles, in Ontologie und (philosophische) Theologie. Diese Theologie der Metaphysik war im Unterschied zur Offenbarungstheologie (theologia revelata) eine »natürliche Theologie« (theologia naturalis), also eine Gotteslehre, die auf, wie man meinte, allgemein einsichtiger Basis entwickelt wurde und an Aussagen enthielt, was die Vernunft aus sich heraus von Gott wissen und sagen konnte. Dazu gehörten vor allem die klassischen Gottesbeweise, auf die auch die Neuzeit anfangs noch nicht verzichtete. In den Systemen der Scholastik und protestantischen Orthodoxie schlossen sich an die natürlich-vernünftigen Gottesaussagen dann die Offenbarungsaussagen an, die ihrerseits nicht unvernünftig, sondern höchstens übervernünftig waren. Wenn man so will, baute man auf der Basis einer rationalistischen Metaphysik einen rationalen Zugang zu den Aussagen der biblischen Offenbarung.

Kant hatte nun lebhaft vor Augen, wie unterschiedlich, ja z. T. gegensätzlich die Aussagen der metaphysischen Gotteslehre ausfielen, und was da alles in der philosophischen Tradition als gültiges Wissen von Gott behauptet wurde, von Spinozas räumlich-substantieller Gottesvorstellung bis hin zu Swedenborgs religiösen »Träumen eines Geistersehers« – so der Titel einer vorkritischen Schrift Kants von 1766. Er erkannte als Hauptproblem metaphysischer Aussagen, daß die Vernunft dazu über alle Sinneserfahrung hinausgehen muß. Dies entspricht geradezu einem »Hang ihrer Natur« (B 825)[2], über das sinnlich Wahrnehmbare hinaus zu fragen, z. B. nach Gott. Aber gerade weil sie dabei die Grenzen der Empirie überschreitet, »stürzt sie sich in Dunkelheit und Widersprüche« (A VIII), verwickelt sie sich in »endlose Streitigkeiten«. So liegt die Schwäche der Metaphysik eben darin, daß sie zwar zu allerlei interessanten Spekulationen über Gott und die Welt fortgetrieben wird, diese aber kaum als gesichertes *Wissen* gelten können. Die Frage, die sich daraus zwangsläufig ergibt, ist *die Grundfrage der KrV: »Wie ist Metaphysik als Wissenschaft möglich?«* (B 41)

Wissenschaftliche Erkenntnis ist für Kant und seine Zeit Erkenntnis des Allgemeinen und Notwendigen. Dabei steht der Neuzeit als Vorbild die Exaktheit mathematischer Sätze vor Augen. Im streng allgemeingültigen und notwendigen Verfahren der Mathematik sah man die Idealnorm von Wissenschaft. Kants Frage war daher, ob sich auch die Metaphysik auf das Niveau solcher exakten Aussagen erheben kann. Will sie wirklich Wissenschaft sein, muß sie Wissen von allgemeiner und notwendiger Geltung vermitteln können. Wie ist dies aber möglich?

Kant antwortet hierauf mit seiner *Lehre von den »synthetischen Urteilen a priori«*. Er unterscheidet analytische und synthetische Urteile. Analytische Urteilssätze ziehen im Prädikat nur aus dem Subjekt heraus, was ohnehin schon im Subjekt enthalten ist. Ein Beispiel für einen analytischen Satz: »Der Ball ist rund.« Die Aussage »ist rund« bringt nichts Neues, erweitert nicht unser Wissen von einem Ball, sondern erschließt eben nur analytisch, was bereits mit dem Begriff des Balles gegeben ist. Echter Erkenntnisfortschritt ist nur durch synthetische Aussagen möglich, das sind Aussagen, die im Prädikat etwas Neues hinzufügen, was nicht schon aus dem Subjekt hervorgeht. Ein Beispiel für einen solchen synthetischen Satz wäre:»Der Ball ist schwer.« Diese Aussage kann aber nur aufgrund entsprechender Erfahrung, und d. h.»a posteriori« gemacht werden. Ein synthetisches Urteil a posteriori läßt sich daher als bloßes Erfahrungsurteil niemals verallgemeinern, es gilt nur in Bezug auf eine konkrete Einzelerfahrung, oder auf mehrere davon, aber niemals notwendig für alle Erfahrung. Dann gibt es aber nur eine Möglichkeit, wie man allgemeingültige, notwendige Erkenntnisse ausdrücken kann, nämlich in einem synthetischen Urteil a priori, das»schlechterdings von aller Erfahrung unabhängig« ist (B 3).

Kant sieht wiederum in der Mathematik den Beweis dafür, daß es solche synthetischen Urteile a priori tatsächlich gibt. Zum Beispiel hält er den Satz der Arithmetik $5 + 7 = 12$ für einen solchen Satz von allgemeiner und notwendiger Geltung, ganz unabhängig von aller sinnlichen Erfahrung. Soll nun auch die Metaphysik als Wissenschaft möglich sein – und das war ja die Grundfrage –, dann muß sie in synthetischen Urteilen a priori begründet sein. Am *synthetischen* Urteil hängt dabei, daß es sich um einen echten Erkenntniszuwachs handelt, am *a priori*, daß diese gewonnene Erkenntnis allgemein und notwendig gilt. Und so ergibt sich nun präziser noch die *Frage:»Wie sind synthetische Urteile a priori möglich?«* (B 19) Wie ist ursprünglich, vor aller Erfahrung und von ihr unabhängig (= a priori) ein Wissen von allgemeiner und notwendiger Geltung möglich? Wie ist es konstituiert? Welches sind die Bedingungen? Das genau nennt man die»transzendentale Frage« Kants.

II. Die transzendentale Fragestellung

Im Grunde wird hier nach dem Apriori im menschlichen Erkenntnisprozeß gefragt: Was ist im Erkenntnisvorgang jeweils schon a priori gegeben und vorausgesetzt? Was sind die apriorischen Bedingungen der Möglichkeit gegenständlicher Erkenntnis? Es geht also nicht um die Gegenstände der Erkenntnis oder dergleichen, sondern um die Art und Weise der menschlichen Erkenntnis selber, welche zwar immer»*mit* der Erfahrung anhebt«, aber »doch nicht eben alle *aus* der Erfahrung entspringt« (B 1), sondern apriorische Faktoren immer schon impliziert. Daher lautet Kants berühmte Definition:»Ich nenne alle Erkenntnis transzendental, die sich nicht sowohl mit Gegenständen, sondern mit unserer Erkenntnisart von Gegenständen, insofern diese a priori möglich sein soll, überhaupt beschäftigt.« (B 25)

Transzendent nennt man Begriffe und Aussagen, die den Bereich möglicher Gegenstandserfahrung»übersteigen« (transzendieren), daher empirisch nicht zu verifizieren sind. *Transzendental* dagegen ist eine Erkenntnis, die den Gegenstand sozusagen in subjektiver Richtung»übersteigt«, eben indem sie auf die subjektiven apriorischen Bedingungen der Erkenntnis eines möglichen Gegenstands hinlenkt. Kant geht dabei von dem Faktum aus, daß uns Gegenstände in der Erkenntnis gegeben *sind* – übrigens ein Ausgangspunkt, der die gegensätzlichen Positionen von Empirismus und Rationalismus schon im Ansatz vermeidet. Es *gibt* Gegenstandserkenntnis. Die Frage ist nur: Wie ist sie *a priori* möglich? Unter welchen Bedingungen a priori wird und ist ein Gegenstand überhaupt ein Gegenstand unserer Erkenntnis?

Unter dieser Fragestellung untersucht Kant nun im I. Teil der KrV, der»Transzendentalen Ästhetik«, die menschliche Sinneswahrnehmung, denn die Gegenstände der Erkenntnis werden uns zuerst einmal in der sinnlichen Wahrnehmung gegeben. »Eine Wissenschaft von allen Prinzipien der Sinnlichkeit a priori nenne ich die transzendentale Ästhetik.« (B 35) Die transzendentale Frage heißt hier also: Was ist im Bereich der Sinneswahrnehmung im Subjekt a priori immer schon vorausgesetzt, damit ihm ein Gegenstand sinnenhaft gegeben werden kann?

Als Ergebnis von Kants Untersuchung zeigen sich die beiden apriorischen Anschauungsformen von Raum und Zeit: Die reine, aller Erfahrung vorausgehende Raumvorstellung ist die apriorische Form der äußeren Sinneswahrnehmung, und die reine, aller Erfahrung vorausgehende Zeitvorstellung ist die des inneren Sinnes. Das bedeutet: Alle äußeren Reize, welche die sinnlichen Empfindungen registrieren, werden in räumlicher Form aufgenommen, und diese Raumform ist eben »vor allen Anschauungen« von Gegenständen, »vor allen wirklichen Wahrnehmungen, mithin a priori im Gemüte gegeben« und bestimmt »als eine reine Anschauung . . . alle Gegenstände.« (B 42)

Es ist nun für Kant sehr wichtig, daß demnach schon in der sinnlichen Wahrnehmung ein apriorischer Faktor konstitutiv beteiligt ist. Damit verleihen nämlich die a priori festliegenden reinen Anschauungsformen der jeweiligen Empfindung mit dem empirisch-zufälligen Reiz, der sie auslöste, eine gültige und objektive Form. Gerade diese Form der sinnlichen Wahrnehmung geht aller Erfahrung grundsätzlich voraus und gehört zur subjektiven Ausstattung jedes menschlichen Erkenntnisvermögens. Und dadurch erhält jeder mögliche Gegenstand der Anschauung seine allgemeingültige Gestalt.

Im II. Teil der KrV untersucht Kant dann die Begriffe und Grundsätze des Verstandes, ebenfalls sofern sie a priori aller möglichen Gegenstandserkenntnis zugrundeliegen. Von der Sinnlichkeit werden die Gegenstände der Erkenntnis *gegeben*, vom Verstand werden sie *gedacht*, vor allem mit Hilfe der reinen Verstandeskategorien, die Kant wieder a priori ableitet (in der »Transzendentalen Deduktion der reinen Verstandesbegriffe«). Und erst indem die Kategorien des Verstandes auf empirische Anschauungen, wie sie die Sinnlichkeit vermittelt, angewendet werden, wird Erkenntnis im Vollsinn möglich. Denn »das Denken eines Gegenstandes überhaupt durch einen reinen Verstandesbegriff (sc. kann) bei uns nur Erkenntnis werden, sofern dieser auf Gegenstände der Sinne bezogen wird.« (B 146)

Damit klären sich nun auch die Ausgangsfragen Kants. In transzendentaler Hinsicht ist es möglich, reine synthetische Urteile a priori zu bilden, nämlich in Beziehung auf mögliche Gegenstandserkenntnis, d. h. auf mögliche »Erfahrung«, wie es Kant im Abschnitt »Von dem obersten Grundsatze aller synthetischen Urteile« abschließend zusammenfaßt (ohne daß dies jetzt näher ausgeführt oder erklärt werden kann): »Die Bedingungen der Möglichkeit der Erfahrung überhaupt« – damit sind eben die apriorischen Voraussetzungen der Erkenntnis in Sinnlichkeit und Verstand gemeint – »sind zugleich Bedingungen der Möglichkeit der Gegenstände der Erfahrung, und haben darum objektive Gültigkeit in einem synthetischen Urteile a priori.« (B 197) Und insofern, in Beziehung auf mögliche Erfahrung und nur so ist Metaphysik nach Kants Meinung tatsächlich als Wissenschaft möglich. Sie klärt die apriorischen Bedingungen möglicher gegenständlicher Erkenntnis (Erfahrung) und die Art und Weise ihres Zusammenwirkens im Erkenntnisvorgang. Sie klärt damit aber auch zugleich die *Grenzen* unserer Erkenntnis, unseres Wissens! Daher hat Kant in den »Träumen eines Geistersehers« die Methaphysik sogar einmal die »Wissenschaft von den Grenzen der menschlichen Vernunft« genannt.

III. Die Grenzen des Wissens

Ganz knapp gesagt geht Erkenntnis nach Kant so vonstatten: Ein äußerer Reiz (die Affektion), der den völlig amorphen, unbestimmten »Stoff« der Erkenntnis liefert[3], löst das Zusammenspiel von apriorischen Anschauungsformen und Verstandeskategorien aus, und so entsteht eine »*Erscheinung*«. Das bedeutet eine doppelte Grenzziehung:

Zum einen haben wir es nie mit den »Dingen an sich« zu tun, über die wir keine einzige Wissensaussage machen können, denn die »Brille« der Anschauungsformen können wir Menschen niemals abnehmen, und anders als mit Hilfe der Verstandeskategorien können wir eine Wahrnehmung niemals bestimmen. Wir haben die Gegenstände der Erkenntnis stets nur so, wie sie uns »erscheinen«. Daher »ist der transzendentale Begriff der Erscheinungen im Raume eine kritische Erinnerung, daß überhaupt nichts, was im Raume angeschaut wird, eine Sache an sich, noch daß der Raum eine Form der Dinge sei, die ihnen etwa an sich selbst eigen wäre, sondern daß uns die Gegenstände an sich gar nicht bekannt sind, und, was wir äußere Gegenstände nennen, nichts anderes als bloße Vorstellungen unserer Sinnlichkeit sind, deren Form der Raum ist, deren wahres Korrelatum aber, d. i. das Ding an sich selbst, dadurch gar nicht erkannt wird, noch erkannt werden kann, nach welchem aber auch in der Erfahrung niemals gefragt wird.« (B 45) Wir erkennen immer nur die unter den apriorischen Bedingungen von Sinnlichkeit und Verstand von uns selber konstituierten Erscheinungen der Gegenstände und niemals die Dinge an sich.

Zum andern gibt es überhaupt nur gültige Erkenntnis im Bereich der Sinnlichkeit. Die Kategorien des Verstandes gelten überhaupt nur, wenn sie auf sinnliche Wahrnehmungen bezogen werden. Und eine Erscheinung impliziert ja per definitionem, daß hier eine sinnliche Wahrnehmung aufgenommen und kategorial bestimmt wird. Ohne solche sinnliche Wahrnehmungen gibt es keine Erkenntnisaussagen. Wir können zwar alles Mögliche und Unmögliche *denken*, aber unser *Erkennen* ist immer an sinnliche Wahrnehmung gebunden.

Was ist aber dann mit den klassischen Ideen der Metaphysik, den »drei Ideen: Gott, Freiheit und Unsterblichkeit« (B 395)? Sie sind eben »nur Ideen« (s. B 384), die man sich ausdenken kann, ja die die Vernunft immer wird denken müssen, aber von denen es kein *Wissen* geben kann, weil sie unanschaulich sind, weil es keine sinnliche Wahrnehmung von ihnen gibt. Hier ist kein Wissen mehr, sondern nur noch ein *Glauben* möglich. Und das hält Kant für eine wichtige Errungenschaft seiner Vernunftkritik: Er hat »alles, was wir theoretisch *erkennen* können, auf bloße Erscheinungen eingeschränkt« (B XXIX) und damit den metaphysischen Ideen einen positiven Raum verschafft, nämlich als *Glaubens*gegenstände. »Ich mußte also das Wissen aufheben, um zum Glauben Platz zu bekommen.« (B XXX) Von Gott kann ich daher auch nichts mehr wissen, sondern nur noch an ihn glauben. Damit stehen wir nun vor der wichtigen theologischen Konsequenz von Kants Vernunftkritik.

IV. Die theologische Konsequenz: Unerkennbarkeit Gottes

Zu dieser Konsequenz führt einerseits Kants Grenzbestimmung dessen, was die Vernunft überhaupt erkennen und wissen kann und was nicht. Andererseits spielt aber auch Kants Gottesvorstellung dabei noch eine wichtige Rolle. Denn Gott ist »für uns gar kein Gegenstand der Anschauung«. Unsere Anschauung ist immer sinnlich gebunden, Gott aber ist sich »selbst durchaus kein Gegenstand der sinnlichen Anschauung«, weil seine Anschauung rein intellektuell schöpferisch ist (B 71). So ist Gott auf dem Weg sinnlicher Anschauung völlig unerreichbar. Es gibt überhaupt nur eine mögliche Weise, von ihm Aussagen zu machen, nämlich wie es die natürliche Theologie tut, die sich ihren »Gegenstand denkt« (B 71). Was wir da aber von Gott denken, ist jederzeit problematisch, hat nie den Rang einer Erkenntnis, bleibt im letzten daher unbeweisbar und ungewiß. Man kann noch nicht einmal mit Bestimmtheit sagen, ob unseren Gedanken von Gott überhaupt ein reales Objekt entspricht, ob es Gott wirklich gibt. Es kann sein! Aber dies ist im Bereich der theoretischen Vernunft nicht zu entscheiden, denn von Gott gibt es eben keine Erfahrung.

Also lautet die theologische Konsequenz der KrV: Von Gott als einem denkbaren übersinnlich-intelligiblen Wesen kann es für uns Menschen *keine Erkenntnis* und folglich *kein Wissen* geben, denn »alle unsere Erkenntnis bezieht sich doch zuletzt auf mögliche Anschauung: denn durch diese allein wird ein Gegenstand gegeben.« (B 747)

Letztlich ist Kants »Gott« nach den Aussagen der KrV eine bloß denkerische Fiktion, auf deren Wirklichkeit in der sinnlich-empirischen Welt *nichts* hinweist und auch nichts hinweisen *kann*. Es ist klar, daß es von einem solchen Gedankenwesen keine Erkenntnis, kein Wissen geben kann. »Der transcendentale Begrif von Gott ist kein Erkenntnis, weil man ihm kein Obiect correspondierend setzen kan ... Ob nun diesem Begrif obiective Realität zukomme, kann ich aus meinen Gedanken nicht errathen; ich muß Anschauung anführen ... Aber diese ist immer sinnlich und soll nicht auf das ens realissimum angewandt werden, und andere Anschauung habe ich nicht; also kann ich ihm nicht obiective Realität Verschaffen, d. i. meine Gedanken können nicht Erkenntnisse vom Obiect heissen.«[4]

Es soll wenigstens noch genannt werden, daß Kant dann am Ende der KrV und vor allem in seinen folgenden Schriften in der Gottesfrage den Ausweg in die Ethik einschlägt. Der Glaube an Gott wird zu einer moralischen Angelegenheit mit bloß subjektiver »Gewißheit«, sofern man hier überhaupt von Gewißheit sprechen kann (vgl. B 856f). Gott selber wird zu einem, wie Kant meint, notwendigen Postulat der praktischen Vernunft. In einer Reflexion hat Kant den Gebrauch des Begriffs von Gott so zusammengefaßt: »1. Den Begrif desselben nicht in speculativer[5] absicht zu verfolgen und nachzuforschen ... 2. Ihn als einen zur Moral gehorigen Begrif anzusehen ... 3. Ihn durch Verbindung mit der Moral zu einer Religion zu brauchen, in welcher aber die Moral und nicht die Theologie die Regel vorschreibt ...«[6] Diesen Weg ist Kant dann selber konsequent gegangen[7], und die evangelische Theologie ist ihm darin auch in hohem Maß gefolgt und hat so dazu beigetragen, daß Kants Trennung von Glauben und Wissen sowohl im Bewußtsein der modernen Wissenschaften wie im allgemeinen Volksbewußtsein eine Selbstverständlichkeit geworden ist.

V. Zur Kritik

Ich halte es für eine unvermeidliche Folge eines rein rationalistischen Gottesbegriffs, daß er früher oder später vor die Möglichkeit des Atheismus stellt. Kant hat dies gewiß nicht gewollt, doch seine Gotteslehre markiert exakt den Scheitelpunkt einer solchen Entwicklung. Er möchte nämlich einerseits die Gotteslehre auf den kritischen Höhepunkt heben: Von Gott gibt es keine Beweise, keine Erkenntnis, kein Wissen – er ist ein möglicher Denkgegenstand der Vernunft. Auf der anderen Seite kostet eine solche kritische Fassung des Gottesbegriffs, wie sie die KrV bietet, aber einen hohen Preis, denn einem solchen Denkgebilde kommt keine Realität mehr zu, es »existiert«, wenn überhaupt, restlos jenseits aller Erkenntniswirklichkeit, »nur ... in der Idee und nicht in der Realität« (A 696f/B 724f) – Gott als ein völlig ungreifbares, unerkennbares, sogar unrealistisches Etwas! Und wenn man von Gott nichts mehr wissen kann, warum sollte man noch an ihn glauben?!

Der wunde Punkt in Kants Gotteslehre ist eben, daß er den Gottesbegriff von jeder Berührung mit empirisch-realen Gegebenheiten dieser Welt völlig scheidet und ausschließt und in eine Sonderprovinz des »reinen Denkens« verweist und ihn nur noch rational begründet – eine Begründung, die nicht ausreicht! Kant hat es selber eingeschärft: *Ohne sinnlich-empirische Wahrnehmung findet unser Erkennen nicht zur Gewißheit.* Jeder moderne Natur- und Humanwissenschaftler könnte das auf seine Weise bestätigen. Auch eine Physik, die die Grenze der Anschaulichkeit hinter sich gelassen hat, baut auf empirischen Daten auf. Und dies gilt genauso *auch in der Theologie: Wenn wir von einer Realität Gottes sprechen wollen, dann muß sie in irgendeiner Weise empirisch zugänglich sein.* »Und zwar müssen wir Gott mit unseren Sinnen wahrnehmen, wenn wir seiner gewiß werden wollen und nicht nur in unserem Inneren.« (W. Lütgert) Auch in der Gottesfrage kann es Erkenntnis und Gewißheit der Erkenntnis nur geben, wenn wir aus uns herausgehen, also nur in Beziehung auf ein Gegenüber, das sinnlich wahrnehmbar »begegnet«, wie auch immer das aussehen mag.

Die Aussagen, die *die Bibel* von Gott macht, gehen im Kern zurück auf *Wahrnehmungen des Wirkens Gottes,* die bestimmte Menschen zu bestimmten Zeiten an bestimmten Orten gemacht haben und so bezeugen. Zur Grundlage biblischer Gotteslehre gehören daher nach O. Bayer *»das konkrete Datum und sinnliche Faktum«*[8]. Und auf solche Erfahrungen bezieht sich denn auch christliche (oder jüdische) Theologie, wenn sie von Gottes »Offenbarung« spricht.

Nach der Bibel gibt es eben keinerlei Anhaltspunkt dafür, daß Gott als ein geistiges Wesen dem Menschen eben nur geistig erfaßbar wäre, ganz abgesehen davon, daß Gottes »Geist« und die geistigen Fähigkeiten des Menschen nirgendwo identifiziert werden. Sondern *Gott begegnet seinem Geschöpf so, wie er es geschaffen hat: leiblich-seelisch-geistig.* Gotteserfahrungen, wie sie die Menschen der Bibel bezeugen, haben es mit allen Aspekten und Dimensionen des Menschseins zu tun, sind also stets auch *sinnlich-konkrete Erfahrungen,* und gerade darin liegt ihre Gewißheit und Überzeugungskraft: »Was wir gehört haben, was wir mit unseren Augen gesehen haben, was wir betrachtet haben und unsere Hände betastet haben . . ., was wir also gesehen und gehört haben, das verkündigen wir euch (1. Joh. 1,1-3).[9]

Anmerkungen

[1] Abkürzung: KrV

[2] Die Seitenangaben der KrV werden üblicherweise nach der 1. Auflage (= A), bzw. der 2. Auflage (= B) gemacht.

[3] Diese Aufteilung von Materie (Stoff) und Form der sinnlichen Erkenntnis ist natürlich problematisch; in einer demnächst erscheinenden Abhandlung gehe ich näher darauf ein (»Kant und die Frage der Erkennbarkeit Gottes«, erscheint 1987).

[4] Reflexion Nr. 6248, Akademieausgabe von Kants Werken Bd. XVIII, S. 528

[5] d. h. in theoretischer Absicht, als ein Gegenstand der Erkenntnis

[6] Reflexion Nr. 5633, a.a.O, S. 265

[7] Die Konsequenzen für die Schriftauslegung habe ich näher ausgeführt in: K.-H. Michel, Anfänge der Bibelkritik, 1985, S. 80f u. 107ff.

[8] O. Bayer, Systematische Theologie als Wissenschaft der Geschichte, in: Verifikationen, FS G. Ebeling, 1982, S. 343

[9] Auch diese Kritik ist in meiner Arbeit ausführlicher zu finden (s. 4. Kapitel).

IV.
Beiträge aus der klassischen Altertums-, Literatur- und Sprachwissenschaft

Das Denken der Gegenwart ist sich selten klar darüber, wie vielfältig es immer noch der Gefangene jener Antithese ist, die sich in der europäischen Geschichte vom 17. Jahrhundert an herauskristallisierte und in der Welt der Französischen Revolution ihren dramatischen Ausdruck fand. Nicht nur wurden da alle vorausgegangenen Formen des Lebens und Denkens verworfen; es begann ein kompromißlos erbitterter Kampf gegen alles Vorausgegangene, das man als eine dauernde Bedrohung der Gegenwart empfand. Auch heute noch, rund zweihundert Jahre nach der Revolution, scheint das Denken weithin wie unter dem Zwang zu stehen, sich nach wie vor jener Bedrohung erwehren zu müssen.

Was dem 17. Jahrhundert vorausgegangen war, war eine Welt, die mindestens dem Anspruch nach durch das Christentum, den christlichen Glauben, christliche Theologien und eine mit jenen Theologien mehr oder weniger locker verknüpfte Metaphysik und Ethik beherrscht war. Im Mittelpunkt stand die Heilige Schrift, die in allen ihren Teilen als eine unmittelbare Offenbarung der Gedanken und Absichten Gottes galt; selbst jedes »und« und »aber« des griechischen, dann lateinischen Textes war unantastbar, weil vom Heiligen Geist selbst eingegeben. Jedes Problem konnte durch die Berufung auf diesen Text als gelöst betrachtet, jede Diskussion durch sie abgeschlossen werden. Das geschichtlich gesehen tollkühne Unternehmen des Christentums, das geschichtslos Endgültige als es selbst in das geschichtlich Vorläufige einbrechen zu lassen (ein Unternehmen, zu dem andere Religionen immer wieder angesetzt hatten, keine es wirklich gewagt hatte), fand in diesem Begriff der Heiligen Schrift seinen erstaunlichsten Ausdruck.

Genau gegen diesen Begriff erhob sich nun der Widerspruch, ein Widerspruch, der ebenso radikal war wie der Begriff selber, gegen den man sich wandte. Allgemein könnte man formulieren, daß der unbedingten Sakralität der Welt nun eine ebenso unbedingte Profanität der Welt entgegengestellt wurde. Das Denken gelangte zu einer kompromißlosen Ausschaltung jeder geschichtslosen Endgültigkeit, die, in der Perspektive der uns bekannten Weltgeschichte gesehen, ebenso singulär wurde, wie es zuvor der Einbruch der geschichtslosen Endgültigkeit gewesen war.

Um diese Ausschaltung wird seltsamerweise heute noch vielfach genauso hartnäckig gekämpft wie zur Zeit der Französischen Revolution, wie wenn sich heute noch der durchschnittlich Gebildete durch den Anspruch des Christentums, die Welt als eine sakrale zu verstehen, ernsthaft bedroht zu fühlen brauchte. Ein (wie immer zu verstehender) Fortschritt scheint in diesem Sektor des Denkens kaum stattgefunden zu haben.

Konkret bedeutet dies, daß seit jener Zeit gegen das bis zum 17. Jahrhundert herrschende Verständnis der Heiligen Schrift immer wieder alle Mittel der geschichtlichen und philologischen Analyse mobilisiert worden sind mit dem augenscheinlichen Ziel, das Neue Testament (auf das wir uns nun konzentrieren) entweder zu einem sittlich hochstehenden Mythos umzuinterpretieren, den man irgendwie zwischen Platons Apologie des Sokrates und Ovids Metamorphosen anzusiedeln hätte, oder es zu reduzieren auf ein oberflächlich zusammengeschobenes Konglomerat von Texten der verschiedensten Herkunft und Absicht. Damit ist ein Gegenpol zur Exegese des Mittelalters wie des klassischen Protestantismus erreicht. Dabei fehlt es nicht an Theologen aller Konfessionen, die diesen Umgang mit dem NT für den allein sachgerechten halten.

Die historische und philologische Analyse von Texten ist als solche unanfechtbar. Es ist sinnvoll und notwendig, bei jedem Schriftstück nach dem Hintergrund und der Absicht jedes einzelnen Satzes und nach dem geschichtlichen Standort seines Verfassers zu fragen und zu prüfen, ob und wie sich der Satz in seine Umgebung einfügt. Was indessen nicht übersehen werden darf, ist, daß diese Methode wie jede Methode leicht überfordert werden kann. Im Felde der profanen Texte wissen wir seit einiger Zeit, daß es bei zügelloser Anwendung der Methode sehr wohl möglich ist, in den Texten eines Homer, Hesiod, Herodot, Platon oder Cicero vier, fünf oder zehn verschiedene »Schichten« zu unterscheiden. Man kann Platons Apologie des Sokrates oder bei Thukydides die berühmte Grabrede des Perikles in Bruchstücke der verschiedensten Provenienz und Absicht auflösen, wie man es beim NT seit langem zu tun pflegt. Nur haben die Philologen, die sich mit den profanen Autoren befassen, allmählich begriffen, daß es nicht ganz mit rechten Dingen zugehen kann, wenn auf der einen Seite eine solche Methode allzu leicht gehandhabt werden kann und auf der anderen Seite ein Ergebnis herausspringt, das geschichtlich in doppelter Weise problematisch ist: an den Verfasser werden Anforderungen der perfekten Kohärenz gestellt, die zwar der Epigone erfüllen mag, niemals aber der Schöpfer eines originalen Werkes (anders gesagt: es ist immer nur der Kritiker, der weiß, wie man es besser hätte machen können), und das Werk selber wird derart auf ein wirres Konglomerat reduziert, daß seine geschichtliche Wirkung auf die zeitgenössischen und späteren Leser unbegreiflich wird.

Dies besagt in keiner Weise, daß die analytische Methode als solche zu verwerfen wäre. Ich bin der letzte, der dies behaupten würde. Wohl aber muß man sich die Grenzen ihrer Tragfähigkeit stets vor Augen halten. Dies haben die Theologen oft genug zu wenig beachtet.

Gehen wir nun einen Schritt weiter auf das Einzelne zu.

Was wir im NT vor allem besitzen, sind vier Biographien von vier verschiedenen Verfassern verschiedener Herkunft, verschiedenen Temperaments, mit verschiedenen Absichten und an verschiedene Adressaten sich wendend. Sie erheben alle den Anspruch, über geschichtlich Geschehenes zu berichten (was beispielsweise weder die Reden im Geschichtswerk des Thukydides noch die Dialoge Platons tun). Ihr Gegenstand ist eine Gestalt, die sich, in der Perspektive der antiken Biographie gesehen, eindeutig dem einen der beiden faßbaren Typen zuordnen läßt.

Es gibt den *politischen Menschen*. Sein Werk sind seine Leistungen in der Öffentlichkeit des Politischen, Leistungen, die Schritt um Schritt verknüpft sind mit der Geschichte des Staatswesens, in dem er tätig ist, mag er ein Fürst, Staatsmann oder Feldherr sein. Seine Biographie ist leicht zu schreiben, insofern als ihr chronologischer Rahmen im Prinzip vom Anfang bis zum Ende feststeht; die Schwierigkeiten beginnen dort, wo es sich darum handelt, aus den urkundlich bezeugten Leistungen auf die Persönlichkeit, die geleistet hat, zurückzuschließen.

Ihm steht der *unpolitische Mensch* gegenüber, bei den Griechen zunächst repräsentiert durch den Dichter (und Künstler überhaupt), dann von der Vorsokratik an, besonders seit Anaxagoras und Demokrit, später überragend von Sokrates und seinen Schülern an durch die Philosophie. Man schematisiert nicht allzu sehr, wenn man sagt, daß da die Situation genau umgekehrt ist. Der Philosoph wirkt durch das, was wir hier sehr grob seine Persönlichkeit nennen, seine Lebensart, seine Gedanken und seine Lehre, die zwar auch in einem Raum der Öffentlichkeit sichtbar werden, aber einer Öffentlichkeit, die sich mit derjenigen des Politischen kaum oder gar nicht berührt. Was sich da geschichtlich erhalten hat, sind (abgesehen von Büchern, die die einen geschrieben haben, die andern nicht) paradigmatische Verhaltensweisen und Aussprüche: Mahnungen, Warnungen und Einsichten. Es liegt in der Natur der Sache, daß diese Dinge chronologisch bestenfalls in einem ganz allgemeinen Rahmen einzuordnen sind und daß für den Zeugen und Hörer der Spielraum des

Verständnisses verhältnismäßig breit ist. Der eine wird dieses, der andere wird jenes Moment für wichtig halten, ohne daß damit die Substanz der Berichte ernsthaft in Frage gestellt würde. Dem Philologen ist dies aus der Überlieferung etwa über die Philosophen Antisthenes, Diogenes, Pyrrhon von Elis, Arkesilaos von Pitane wohlbekannt. Chronologisch gegeben sind in der Regel zwei, zuweilen drei Fixpunkte: der Beginn des öffentlichen Auftretens, der Tod, zuweilen auch das Jahr der Geburt. Das, was die Leistung eines solchen Menschen ausmacht, gehört als eine nicht weiter auszudifferenzierende Masse der Zeit zwischen dem ersten Auftreten und dem Tode an. Eine »nicht auszudifferenzierende Masse«, das besagt, daß kein Kontinuum gegeben ist, in welchem jeder Ausspruch seinen chronologisch unverrückbaren Platz hätte. Der eine Biograph kann einen bestimmten Ausspruch früher, der andere später ansetzen. Es kommt ja auch gar nicht auf die Chronologie an, sondern auf das Porträt, das durch die Summe der Äußerungen hindurch sichtbar gemacht werden soll.

All dies gilt auch für die vier Biographien Christi. Ich brauche dies nicht im einzelnen auszuführen und habe auch nicht die Absicht, bestimmte Stellen durchzuinterpretieren.

Gewiß verfolgt jeder der Biographen seine eigenen Absichten und hat eine eigene Auswahl und Gruppierung der Taten und Aussprüche Christi vorgenommen. Wer Vergleichsmaterial zur Hand hat, wird konstatieren, daß die Diskrepanzen unter den Biographen geringer sind als etwa unter dem halben Dutzend Autoren, die eine Biographie des Aristoteles geschrieben haben; und die inneren Spannungen innerhalb des Werkes jedes einzelnen Verfassers sind weniger dramatisch als in der platonischen Apologie, in der das Bekenntnis zu einem scheinbar uneingeschränkten »Ich weiß, daß ich nichts weiß«, das Sokrates berühmt gemacht hat, schwer zu vereinigen ist mit seiner Mahnung an die Menschen, zuerst sich um die Seele zu kümmern und dann erst um den Körper und die äußeren Güter; daß also da eine Rangordnung besteht, die respektiert werden muß, weiß demnach Sokrates sehr wohl. Man wird auch an Platons Phaidon denken, in dem die Unsterblichkeit der Seele bewiesen werden soll. Der Beweis aus der These, daß ewige Dinge (die Ideen) nur von einem Wesen erkannt werden können, das selber ewig ist, ist von Grund auf verschieden von den Beweisen, die von der Annahme ausgehen, daß die Seele das Prinzip des Lebens für alles Lebendige sei. Dennoch hat der Phaidon als ein in sich einheitliches Werk seinen unvergleichlichen Einfluß ausgeübt.

Man kann auch etwas anders argumentieren. Festzustellen ist, daß trotz allen Schwankungen im Bestand und in der Auffassung der Äußerungen und Taten Christi die Homogenität im ganzen überaus groß ist. So hat etwa gegen Ende des 3. Jh. n. Chr. der (keineswegs orthodoxe) christliche Literat Arnobius darauf hingewiesen, daß bei allen Evangelisten die Wunder Christi von einheitlicher Art sind und alle denselben bestimmten Sinn haben. Keiner hat der Versuchung nachgegeben (was in jener Zeit nahe genug gelegen hätte), Christus zauberische oder märchenhafte Mirakel anzudichten. Weder verwandelt er Menschen in Tiere noch Steine in Menschen; er fährt auch nicht auf einem ehernen Pferde durch die Lüfte. Was er äußerlich sichtbar am Menschen tut, ist immer und ausschließlich Repräsentanz dessen, was er eigentlich und unsichtbar tut.

Daneben wird der Philologe, der immer auch zugleich Historiker ist oder doch sein sollte, noch ein anderes Moment anführen. Es ist zugegebenermaßen ein etwas heikles Moment.

Es ist immer heikel, Wahrheit und geschichtlichen Erfolg aneinander zu binden. Denn im Ablauf der Geschichte hat die Wahrheit selten das letzte Wort, und für das Christentum wird das Ende der Geschichte gerade nicht dann gekommen sein, wenn alle Welt christlich geworden sein wird, sondern wenn das Christentum aller Welt verkündigt worden ist und alle Welt die wenigen zu vernichten droht, die sich entschlossen haben, Christen zu werden und zu bleiben.

Immerhin ist das nicht alles. Das antike Christentum hat sich gerühmt und durfte sich rühmen, in kürzester Zeit alle seine »Konkurrenten« weit überflügelt zu haben. Schon der soeben zitierte Arnobius weiß, daß es zu seiner Zeit unter Persern und Alamannen ebensogut Christen gibt wie unter den Griechen und Römern. Dann aber gilt, daß ein derartiger geschichtlicher Erfolg nicht denkbar ist, wenn an der Sache selbst, die Erfolg hat, nicht eine Synthese sichtbar ist zwischen einer inneren widerspruchsfreien Geschlossenheit und einer Bereitschaft, mit jedem in einen Dialog einzutreten, der den Dialog will.

Es ist eine reine Absurdität anzunehmen, daß in der Mitte des 1. Jh. n. Chr. das Christentum auf den Plan getreten wäre in der Gestalt eines in zahlreiche Observanzen zerfallenden und zerstrittenen lockeren Verbandes, – oder daß es sich den anderen hätte vorstellen können als eine Gemeinde, die erwartet hatte, daß die Wiederkunft des Herrn in wenigen Jahren stattfinden würde, in dieser Naherwartung bitter enttäuscht worden war und nun mühsam ihre Enttäuschung über die ausgebliebene Parousia zu überkleistern suchte. Soll man wirklich glauben, daß eine derart verunsicherte Gemeinde die Stoßkraft besessen hätte, schon nach wenigen Generationen Anhänger in der Umgebung des Kaisers selbst zu gewinnen und sich einen sicheren Platz in der kulturell anspruchsvollsten Gesellschaft jener Zeit zu erobern?

Dabei sollte man niemals die unendlichen Schwierigkeiten übersehen, denen gerade das Christentum von Anfang an gegenüberstand.

Da war zunächst der Kampf auf zwei Fronten, gegen die Juden wie gegen die Heiden. Den Juden gegenüber beanspruchte das Christentum das AT für sich, soweit es als Vorspiel zum NT zu verstehen war, lehnte aber strikt sowohl den maßlosen Anspruch des auserwählten Volkes ab wie auch die erdrückende Masse einer komplizierten und undurchschaubaren Kulttradition. Den Heiden gegenüber war man zu jedem Dialog bereit, vertrat aber auch eine eigene Exklusivität, die es ein für alle Male nicht duldete, daß derselbe Mensch gleichzeitig Mitglied der Gemeinde Christi wie auch der Gemeinde des Dionysos, der Isis, des Mithras oder der Magna Mater war. Wichtiger ist vielleicht die Auseinandersetzung auf zwei anderen Fronten, wenn man dies so nennen darf. Das Angebot »allen alles zu sein« polarisierte sich mit einer gewissen Notwendigkeit zu zwei Richtungen. Auf der einen Seite sollten die Unterdrückten aufgerichtet, die Trauernden getröstet, die an sich und der Welt Verzweifelnden zu neuem Vertrauen hingeführt werden. Auf der anderen Seite war das Christentum entschlossen, die Totalität der antiken Kultur zu durchdringen, sich nicht in die Position einer Religion für die Außenseiter der Gesellschaft abschieben zu lassen, sondern die Ebenbürtigkeit mit dem zu beanspruchen, was die antike Philosophie und Kunst geleistet hatten und zu bieten vermochten. So haben denn schon Clemens von Alexandrien hier, Tertullian dort zu den gebildetsten und brillantesten Schriftstellern ihrer Zeit gehört.

Doch diese Stellung war nicht leicht zu erringen und zu behaupten. Ich greife zwei Einzelheiten heraus.

Die Heilige Schrift der Christen bestand aus AT und NT, das AT im 3. Jh. v. Chr. in ein etwas holperiges Griechisch übertragen, das NT etwa in der Zeit Senecas und kurz vor der Zeit Plutarchs von vornherein griechisch geschrieben. Vom Standpunkt des kultivierten Griechen aus bot das AT keine Probleme. Man respektierte, daß es sich da um einen uralten Text handelte, teilweise jedenfalls älter als Homer; da war es vollauf begreiflich, daß der Stil altertümlich, sonderbar, dunkel und ungeschickt war. Von einem Text, der vor tausend Jahren verfaßt wurde, verlangte man nichts anderes. Ganz anders stand es mit dem NT. Es war geschrieben in einem Jahrhundert, das wußte, was ein korrekter und gepflegter Stil war, von Verfassern, die ihrerseits hätten wissen können, wie man ein gutes und kultiviertes Griechisch schreibt. Es war für die Christen ein hartes Stück, ihren heidnischen Lesern beizubringen, daß sie sich mit dem miserablen Griechisch des NT abzufinden hätten. Es fehlte nicht an christlichen Autoren, die zwar über Lehre und Leben Christi berichteten, aber jeden Hinweis auf die Texte des NT sorgfältig vermieden und Zitate nur anbrachten, wo es schlechterdings nicht zu vermeiden war. Die Lage änderte sich erst teils mit dem Zerfall des Stilgefühls in der heidnischen Gesellschaft selbst, teils wohl auch (im Westen) mit dem Erscheinen einer lateinischen Übersetzung, die stilmäßig ein etwas höheres Niveau beanspruchen durfte als der griechische Urtext.

Der andere Punkt war die Auseinandersetzung mit der antiken Philosophie. Die Ausgangslage ist da eine recht eigenartige, oft zu wenig beachtete. Das Christentum wollte vom Beginn des 2. Jh. n. Chr. an als Philosophie ernst genommen werden. Ihm begegnete von der Seite der Philosophie einesteils eine Erneuerungsbewegung, die vor allem der philosophischen Theologie zugute kam (spürbar etwa bei Cicero, Seneca, Plutarch), anderteils eine Aporetik, die vorwiegend, aber nicht nur von Platons Apologie des Sokrates herkam. Man wurde sich klar darüber, daß (wie es von Xenophanes an immer wieder gesagt worden war) der Mensch nur ein Meinen besitze und zum Wissen nicht gelangen könne; denn »Gott allein ist weise« und uns bleibt nur die Liebe zu einer Weisheit, die wir doch nicht zu erreichen vermögen. Da entsteht denn sozusagen ein Hohlraum: der Mensch weiß nicht, nur Gott weiß, und er redet nicht. An dieser Stelle kann das Christentum eintreten mit seiner Aussage, daß Gott geredet hat und daß es mit eben diesem Reden Gottes den Hohlraum auszufüllen in der Lage ist.

Damit ist indessen nicht alles gesagt. Das Christentum tritt in die Philosophie ein, doch die Philosophie hat, von jener Aporetik abgesehen, ihre eigene Tradition. Es ist eine Tradition der Naturphilosophie, die zu den Elementen aller Dinge und zum Ursprung aller Bewegung vorzudringen sucht, und eine Tradition der Ethik, die sich auf die Natur des Menschen beruft und im Namen dieser Natur die verschiedensten Experimente wagt. Was dem antiken Denken fast völlig abgeht, ist die Dimension der Geschichte. Das Christentum jedoch als der Eintritt des geschichtslos Endgültigen in die Geschichte ist ein eminent geschichtliches Phänomen. Es ist nicht so merkwürdig, daß versucht wurde, durch philosophische Interpretation das Geschichtliche sozusagen aus dem Christentum herauszuoperieren. Es entsteht die Gnosis, der auf seine Weise grandiose Versuch, die Lehre des Christentums in ein kosmisches System einzubauen und parallel dazu aus dem NT alle möglichen ethischen Experimente zu deduzieren und sie als die durch Gott gewollte Rückkehr zum Naturzustand des Menschen zu empfehlen.

Es entstehen die zahllosen, zum Teil abenteuerlichen Häresien, über die die christlichen Schriftsteller gelegentlich nicht ungerne berichten. Es ist ein erstaunliches Phänomen; und daß manche Christen der Versuchung erlagen, sich einem solchen umgeformten, ganz in griechische (zuweilen orientalisierende) Tradition der philosophischen Kosmologie integrierten Christentum anzuvertrauen, ist begreiflich.

Wichtiger ist es allerdings, daß es der christlichen Gemeinde gelungen ist, über die immer wieder drohende Zersplitterung hinwegzukommen, weder sich an die Philosophie zu verlieren, noch sich von ihr abzuschließen. Es ist ja schließlich auch eine erstaunliche, erst jetzt allmählich in ihrer vollen Bedeutung greifbare Tatsache, daß das Christentum sich so früh hat entschließen können, aus den vielleicht sieben oder acht Biographien Christi, die im 1. Jh. n. Chr. entstanden, diejenigen vier auszuwählen, die den Sinn des Lebens und Wirkens Christi am reinsten zu bewahren schienen. Die übrigen verschwanden bald wieder, und dies war nicht das Ergebnis irgendwelcher administrativer Maßnahmen. Ein Consensus stellte sich ein und blieb fortdauernd erhalten.

Die vier Biographien wollen davon berichten, daß das geschichtslos Endgültige zu einem bestimmten geschichtlichen Datum an einem bestimmten geschichtlich einwandfrei fixierten Orte in die Geschichte eingetreten ist. Wie wird sich der Philologe und Historiker mit diesem Anspruch auseinandersetzen?

Es scheint mir an dieser Stelle wichtig, zwei Haltungen klar zu unterscheiden. Es ist die Haltung des Ernst-nehmens und die Haltung des Glaubens. Ernst-nehmen ist weder Annehmen noch Ablehnen, sondern Hören auf das, was gesagt wird.

Ernst zu nehmen in diesem präzisen Sinne ist die Erzählung Hesiods von seiner nächtlichen Begegnung mit den Musen, die ihm all das mitteilen, was er als Mensch niemals wissen kann. Dasselbe gilt vom Ereignis der Mysterien, das in dem Augenblick gipfelt, in dem der Myste nach langer Vorbereitung der Gottheit von Angesicht zu Angesicht gegenübertritt und aus dieser Begegnung die Gewißheit schöpft, daß derjenige, der dies schauen durfte, auch nach dem Tode in die Gemeinschaft der Götter aufgenommen werde. Ernst nehmen wird man doch wohl auch das fremdartig dunkle Pathos, das sich durch die letzten fünfunddreißig Suren des Koran hindurchzieht.

Schwierig ist es nicht, diesen Dingen das Ernst-nehmen zu verweigern. Viele Mittel stehen da freigebig zur Verfügung. Wer sich nicht mit dem Verdacht des gezielten Betrugs begnügen will, mag vermuten, daß es sich um ein schönes Spiel poetischer Imagination handelt; daß der Seher Kalchas ein Betrüger sei, sagt schon der homerische Agamemnon, und schon im 5. Jh. v. Chr. sah sich der Athener eine feierliche Prozession gerne an, weil sie ein schönes Schauspiel bot; nach dem Glauben an die Realität der damit gefeierten Gottheit wurde nicht gefragt. Im 4. Jh. v. Chr. hat sich dann Platon das affektive Potential der Mysteriensprache zunutze gemacht, um einen von Hause aus rein rationalen Erkenntnisprozeß eindrucksvoll zu veranschaulichen, womit gleichzeitig die kultische Realität der Mysterien ins Zwielicht geriet. Es ist dann vorzugsweise das moderne Denken gewesen, das das Instrumentar der Psychologie und Psychiatrie beigesteuert hat. Dann werden dergleichen Dinge zu Halluzinationen einer überreizten Phantasie.

Solche Interpretationen lassen sich nicht widerlegen. Es ist jederzeit leicht, allzu leicht möglich, das Ungewöhnliche auf das Gewöhnliche zu reduzieren. Denn das Ungewöhnliche vermag sich nicht zu wehren. Was bestehen bleibt ist allerdings eine sehr grundsätzliche Frage.

Der Mensch will das wissen, worauf es für ihn selber und für sein Handeln ankommt; und er möchte eben dies möglichst genau und möglichst zuverlässig wissen. An Methoden, die ein genaues und zuverlässiges Wissen verschaffen können, bieten sich seit den Zeiten Platons die quantitierende Mathematik und die zwingend beweisende Logik an; die Neuzeit hat dem als dritte Methode das wiederholbare, also Kontrolle ermöglichende Experiment beigefügt.

Nun aber besteht, wiederum seit den Zeiten Platons, die Illusion des Menschen darin, daß er meint, das für ihn selbst Wichtigste müsse gleichzeitig auch das am genauesten und zuverlässigsten Wißbare sein. Für Platon sind die mathematischen Wissenschaften die Vorstufe zu der Philosophie, die die Frage nach dem Sinn der Welt und nach dem Ort des Menschen in der Welt beantwortet; und noch Augustin hat sich gelegentlich ohne Bedenken Platon angeschlossen. Es war ein langer Weg der Erfolge und Enttäuschungen und vor allem der Ernüchterungen notwendig, um zu der Einsicht zu gelangen, daß es in der Wirklichkeit genau umgekehrt ist. Die Exaktheit und zwingende Richtigkeit des Wissens ist umgekehrt proportional zur

Relevanz des auf solche Weise Gewußten für uns. Das Wissen, ohne das wir nicht verantwortlich zu handeln vermögen, ist gerade ein solches, das sich weder durch quantitierende noch durch logische noch durch experimentelle Methoden absichern läßt. Die quantitierenden, logischen und experimentellen Methoden liefern dem Menschen ein Wissen, das er sich ohne jedes Risiko aneignen kann: »Es ist ja wissenschaftlich bewiesen, daß ...«. Doch mit diesem Wissen läßt sich als Mensch weder leben noch handeln. Das Wissen von dem, worauf es ankommt, hat immer das Risiko einer Entscheidung bei sich. Ich kann nicht die Richtigkeit meiner Entscheidung in eine beweisbare Formel bringen, wie dies bei einem chemischen Prozeß möglich ist. Das heißt nicht, daß meine Entscheidung willkürlich und beliebig sei. Nur sind die Gründe in diesem Felde anderer Art und nicht jedermann ohne weiteres zugänglich. Schließlich hat auch die Antike schon vor der Zeit Platons begriffen, daß es Dinge gibt, die für jedermanns Auge evident sind, und andere Dinge, die zu sehen das Auge fähig sein und durch Einübung fähig werden muß. Die Kunst hat dies seit jeher gewußt. Aber es gilt auch und vor allem für den Bereich, der uns hier beschäftigt und der der Bereich der für die menschliche Existenz relevanten Dinge ist.

Die Fähigkeit, den Menschen ernst zu nehmen, der über eine Konfrontation mit dem Ungewöhnlichen, Außergeschichtlichen berichtet, gehört hierher. Mit den Mitteln der quantitierenden Mathematik, der Logik und des Experiments ist da nicht allzuviel auszurichten, denn sie erweisen sich nicht nur in diesem Bereich, sondern im ganzen Felde dessen, worauf es für den Menschen ankommt, als inadäquat.

Vom Ernst-nehmen verschieden ist allerdings nochmals der Glaube. Er steht unter wiederum anderen Bedingungen. Nur eines ist ausgeschlossen: daß der Glaube der Christen sich geschichtlich so hätte entfalten können, wie er sich entfaltet hat, den Leidenden das Leben erträglich machend und gleichzeitig die ganze Last einer reich ausdifferenzierten Kultur auf sich nehmend, wenn seine Basis nur ein liebenswürdiger Mythos oder ein flüchtig zusammengescharrter Haufe disparater Textfragmente gewesen wäre, wie uns dies eine übereifrige, ihre Möglichkeiten weit überschätzende Philologie hat einreden wollen.

Sicherlich wird sich auch der Theologe nicht mehr dazu entschließen können, das NT bis hinab zu jedem »und« und »aber« auf eine Verbalinspiration des Heiligen Geistes zurückzuführen. Die Verfasser der vier Biographien sind Menschen gewesen, mäßig gebildete Literaten. Doch sie haben, jeder für seine Adressaten, Bericht erstatten wollen über das Überwältigende, von dem sie vernommen und das sie selbst erfahren hatten. Diesen Bericht hat auch der Philologe ernst zu nehmen. Den letzten Schritt zu tun, ist dann nicht mehr Sache des Philologen, sondern des Menschen, der glaubt.

CARSTEN PETER THIEDE,
Anmerkungen zur biblischen Hermeneutik aus literaturwissenschaftlicher Sicht

Hermeneutisches Denken wurde nicht von Literaturwissenschaftlern, sondern von Theologen und Philosophen entwickelt. Doch es fällt auf, daß Platon, der als erster davon handelt, nicht nur selbst auch Dichter war, sondern die Leistung der Hermeneutik den Dichtern zuschreibt[1].

Wie kann nun aber die Literaturwissenschaft sinnvoll Beiträge zu einer Disziplin leisten, deren Entwicklungsgeschichte von Philon, Origines, Ambrosius, Hieronymus und Augustin bis weit über Luther hinaus fest in den Händen der Theologen und Philosophen war?

In der Hermeneutik gibt es nun einige Grundsätze, von denen man ausgehen kann. Wir kennen den »sensus litteralis«, die Ermittlung dessen, was ein Wort an einer bestimmten Stelle besagt. Wir kennen ferner den »sensus spiritualis«, die Interpretation dessen, was eine Stelle *meint*, über das hinaus, was das Wort selbst nur als Zeichen andeutet: es geht hier also um die allegorische Deutung.

Den »sensus litteralis« brauchen wir, um eine Stelle heute überhaupt textlich verstehen zu können. Der Hermeneut ist aufgefordert, Zeiten- und Sprachenwandel zu überbrücken, um verständlich zu machen, was dem normalen Leser mit seiner Kenntnis der Alltagssprache unzugänglich bleibt.

Ein charakteristisches Beispiel haben wir − literaturgeschichtlich wie biblisch aufschlußreich − im »Mythos«. Mit kaum einem biblischen Begriff wird soviel Mißbrauch getrieben wie mit ihm. Biblischer Begriff – denn das Wort μῦθος kommt im NT mehrfach vor: 1. Timotheus 1,4 und 4,7, 2. Timotheus 4,4, Titus 1,14 und 2. Petrus 1,16. (Das griechische AT kennt den Begriff nur im apokryphen 3. Buch der Maccabäer 2,30.)

Nun kann man aufgrund dieser fünf Stellen ein recht klares Bild von dem vermitteln, was Paulus und Petrus unter Mythen verstanden: Mythen sind der historischen Wahrheit diametral entgegengesetzt, sie stehen in eklatantem Widerspruch zum Geschehen des Euangelions. Paulus geht in 1. Timotheus 1,4 so weit, die jüdische Vorliebe für genealogische Spielereien, für Stammbaumkunststückchen, in den Bereich des Mythischen zu verweisen: man solle die Finger davon lassen. In 4,7 warnt er vor den Altweiberfabeln, die im Umkreis der christlichen Botschaft aufkamen − und die in vielen nachapostolischen Schriften wie dem mariologischen Protevangelium des Jakobus ihren Höhepunkt finden sollten. In die gleiche Richtung weist die Stelle 2. Timotheus 4,4: »Von der Wahrheit werden sie die Ohren abwenden und sich den Mythen zukehren.«

Wenn Paulus auf diese Weise den Unterschied zwischen der Botschaft von Jesus Christus und dem religiösen Umfeld seiner Zeit deutlich macht, so geht Petrus darüber mit einer klaren Sachfeststellung noch hinaus: »Wir sind nicht ausgeklügelten Mythen gefolgt, als wir euch die machtvolle Wiederkunft unseres Herrn Jesus Christus angekündigt haben, sondern wir haben es als Augenzeugen seiner Herrlichkeit getan.« (2. Petrus 1,16)

Im Umfeld der ersten Gemeinden also die a-historischen Geschichten und Spekulationen, die keine Grundlage in kritischer Überprüfbarkeit haben: Mythen. Im NT dagegen klar abgesetzt die Augenzeugenschaft, der dokumentierbare Bericht, der bereits den Begriff der »Entmythologisierung« des NT oder des »Myth of God Incarnate«[2] als hermeneutischen Unsinn entlarvt. Schon Kierkegaard hat treffend bemerkt, »wenn der Verstand auf das Mythische verfällt, dann kommt selten etwas anderes heraus als Geschwätz.«[3]

Für die Möglichkeiten und Grenzen des »sensus spiritualis« ist das Hohelied symptomatisch. Liest man es allein auf den »sensus litteralis« hin, kann man es nicht als religiösen Text verstehen[4].

Erst der »sensus spiritualis«, die allegorische Interpretation, vermag es, Elemente des Glaubens herauszuarbeiten.

Rabbi Akiba Ben Joseph entwickelte im frühen 2. Jahrhundert nach Christus die Deutung auf die Liebe zwischen Israel und Jahwe. Die Kirchenväter zögerten nicht, es mit Origines und Hieronymus auf Christus und die Kirche zu beziehen; manche gingen so weit, in der Jungfrau des Hohenlieds die Maria zu entdecken. In der deutschsprachigen Literatur ist Williram von Ebersbergs (gest. 1085) »Exposition in Cantica Canticorum« das Meisterwerk dieser Richtung.

Allerdings hat es stets auch Exegeten gegeben, die im Hohelied keine Grundlage für einen »sensus spiritualis« gegeben sahen. Theodor von Mopsuestia (350 – 428) suchte nach einer historisch-literarischen Erklärung und befand, das Verhältnis im Hohelied beschreibe schlicht die Beziehung zwischen Salomon und seiner ägyptischen Braut. Das Zweite Konzil von Konstantinopel war 553 allerdings der Meinung, das AT müsse aus der Sicht des NT auf den »sensus spiritualis« hin gelesen werden. Theodor wurde aus diesen – und anderen – Gründen als Ketzer verurteilt (während ihn die syrische Kirche als Kirchenlehrer akzeptierte) – der Weg war frei für jene Hermeneuten, die das AT allegorisch interpretieren wollten.

Nun sind wir heute weit davon entfernt, wie das Zweite Konzil von Konstantinopel jene als Häretiker zu verurteilen, die bei der Interpretation alttestamentlicher Stellen hermeneutische Zurückhaltung üben und sich auf die Erarbeitung des »sensus litteralis« beschränken. Dennoch müssen wir uns fragen, welche Maßstäbe es für die Entscheidung gibt, ob ein biblischer Text schlicht das meint, was er sagt, oder ob er auf einer zweiten Ebene über sich hinausweist.

Schon die Sophisten des 5. und 4. vorchristlichen Jahrhunderts und die Kyniker des 4. Jahrhunderts praktizierten eine Auslegung der Werke Homers, die von den athenischen Stoikern um Zenon (ca. 300 v. Chr.) weiterentwickelt wurde und einen Höhepunkt im Werk des Krates Mallotes (2. Jhdt. v. Chr.) fand: die Götter des Olymp und ihre Handlungen gewinnen allegorische Bedeutung und allegorische Eigenschaften. Ein Alltagsbeispiel, das noch heute Gültigkeit hat, sehen wir in der Deutung des Gottes Chronos als Zeit: Chronologie, Chronometrie u. a. m. sind gewissermaßen chronische Spracherscheinungen geworden.

Waren die Hermeneuten im Umgang mit den Epen Homers also seit langem am »sensus spiritualis« interessiert, aber doch konsequent erst in einer Art Notreaktion auf die Ablehnung der homerischen Götterwelt durch Platon, der Homer – wie überhaupt die Dichter – aus seinem Idealstaat vertreiben wollte, so ist auch im NT diese hermeneutische Sicht etwas Ursprüngliches. Exemplarisch führt sie uns Paulus im Galaterbrief 4,21 – 31 vor.

Dort interpretiert Paulus Figuren des AT im »sensus spiritualis«: Hagar und ihr Sohn Ismael stehen für den alten Bund, Sara und ihr Sohn Isaak stehen für den neuen; beide sind sie durch Abraham verbunden.

Paulus gebraucht hier in Vers 24 sogar das Verb ἀλληγορέω, ein hapax legomenon für die ganze griechische Bibel. »Das hat eine tiefere Bedeutung«, heißt es da in unseren Luther-Bibeln – der Kernsatz aller innerbiblischen Hermeneutik.

Auf weitere Beispiele für den »sensus spiritualis« brauchen wir nicht einzugehen. Es genügt uns, zu erkennen, daß die Legitimation für die Suche nach dem »sensus spiritualis« im NT selbst begründet liegt. Die Allegorese tritt von dort her ihren langen

Weg durch die Theologie an, der über den dreifachen Schriftsinn bei Origines schließlich zum vierfachen Sinn führt, der in der Nachfolge der »De doctrina christiana« Augustins über Augustinus von Dakien bis ans Ende des Mittelalters vorbildlich wird:

1) der sensus litteralis und 2) der sensus spiritualis (»allegoria«), darüber hinaus 3) der sensus moralis, der auf die Ebene des richtigen Handelns weist, und 4) der sensus anagogicus, der die eschatologische Bedeutung eines Textes als Gipfel der Hermeneutik darstellt.

Das klassische Beispiel ist Jerusalem: im sensus litteralis meint das Wort den topographisch-historischen Ort; im sensus spiritualis die Kirche, im sensus moralis die Seele des Christen, im sensus anagogicus die verheißene Stadt Gottes, das Neue Jerusalem.

Nun haben wir bereits gesehen, daß diese Vierfalt der Hermeneutik nüchternen Theologen wie Theodor von Mopsuestia bald zu willkürlich wurde. Es sollte jedoch nach ihm noch tausend Jahre dauern, ehe mit der Reformation ein wirksames Umdenken einzusetzen begann. Während Erasmus noch ganz auf Seiten des Origines und seiner Schule stand, formulierte Luther, daß die heilige Schrift »sit ipsa per sese certissima, facillima, apertissima, sui ipsius interpres, omnium omnia probans, iudicans et illuminans« – »daß sie durch sich selbst ganz sicher, ganz leicht verständlich, ganz offenbar, ihr eigener Interpret sei, alles von allem prüfend, beurteilend und erleuchtend.«[5]

Damit hatte die Hermeneutik einen entscheidenden Schritt getan, der in der Theologie der Reformation konsequent fortgeführt wurde.

Luther lehnt nun aber nicht die Allegorese im Sinne des Paulus ab, sondern die Allegorese der Kirchenväter, die von außen in die Bibel hineininterpretieren, also das Traditionsprinzip. Was Luther in der Nachfolge des Paulus fördert, ist die typologische Interpretation, die rein werkimmanent bleibt. Christus ist die Mitte der Schrift, also zeichnet auch das AT darin das NT vor. Adam kann somit typologisch für Christus stehen, ebenso wie Sara und Isaak den Neuen Bund bedeuten.

In »De Servo Arbitrio« von 1525 arbeitet Luther dazu die Unterscheidung zwischen innerer und äußerer Klarheit der Schrift heraus. Zur »inneren Klarheit« heißt es: »Niemand versteht ein iota von dem, was in der Schrift steht, es sei denn, er hat den Geist Gottes. Denn der Geist ist notwendig für das Verständnis der Schrift, sowohl im Ganzen als auch in den Teilen.«

Und zur »äußeren Klarheit«: »Überhaupt nichts bleibt dunkel oder unverständlich, sondern alles, was in der Schrift steht, ist durch das Wort ins klarste Licht gebracht.«[6]

Der sensus litteralis und der sensus spiritualis, richtig verstanden, gehen also eine Einheit ein. Wie sehr dabei der sensus litteralis die Grundlage der Erkenntnis bleibt, zeigt Luthers Abendmahlsstreit mit Zwingli. Unbeirrbar beharrt Luther auf dem »hoc *est* corpus meum« – und wehrt alle Versuche ab, ein allegorisches »significat« zu akzeptieren.

Haben wir bei Luther den hermeneutischen Zirkel, in dem vom Einzelnen zum Ganzen, vom Buchstaben zum Geist gegangen wird, so gelangen wir mit Hugo Grotius und anderen im 17. Jahrhundert zur hermeneutischen Wende, in der die sog. Vernunft Maßstab der Interpretation wird. Programmatisch ablesbar ist der Gegensatz zu Luther schon am Titel von Meyers 1666 erschienener Schrift »Philosophia scripturae interpres«.

Der Genfer Theologe Josephe-Alphonse Turrettini beendete dann die Sonderstellung der biblischen Hermeneutik durch seine 1728 erschiene Schrift »De sacrae Scripturae interpretandae methodo tractatus bipartitus«. Darin sagt er, die Interpretation der Bibel dürfe sich nicht von der Interpretation anderer literarischer Werke unterscheiden.

Dieser Entwicklung hatten die Pietisten um August Hermann Francke (Hermeneutische Vorlesungen, 1717) und Johann Jakob Rambach (»Institutiones hermeneuticae sacrae«, 1724) zwar noch einmal die von Luther her entwickelte Hermeneutik entgegengestellt, in der die tägliche Praxis des vom Heiligen Geist gelenkten Lebens mitentscheidend bleibt (Rambach nennt das die »subtilitas applicandi«, d. h. die Anwendung auf die Lebenssituation des Bibellesers).

Doch die methodische Konzentration auf die von Johann August Ernesti (»Institutio interpretis Novi Testamenti«, 1761) so bezeichnete subtilitas intelligendi (das Verstehen des Textes durch seine historischen und sprachlichen Gegebenheiten) und die subtilitas explicandi (der je neuen Erklärung der Bedeutung des Textes gegenüber dem Leser), also auf die Interpretation der Bibel nach philologischen Methoden, trat ihren Siegeszug an und ist uns über die hermeneutische Wende der neueren Philosophie, über Heidegger, Gadamer usw. bis heute erhalten geblieben.

Doch muß der historisch-kritische Zugang immer dann versagen, wenn er seine eigenen Grenzen nicht erkennt. Eine solche Grenze ist natürlich die unausweichliche Subjektivität des eigenen Standpunkts. Die historische, sprachliche Untersuchung geht vom Standpunkt des jeweiligen Interpreten aus: nur was er für erklärungsbedürftig hält, wird er zu erklären versuchen, nur was er gerade weiß, kann er als Erklärung einbringen. Es kann keine gesicherten Erkenntnisse geben, sondern beim besten Willen nur subjektives Stückwerk.

Jeder Literaturwissenschaftler wird dies, wenn er aufrichtig ist, zugestehen. Und er wird in seiner Bescheidenheit vor dem Text nicht zuletzt danach fragen, was der Text über sich selbst aussagt. Wenn das NT für sich selbst in Anspruch nimmt, den sensus spiritualis für den sensus litteralis des AT zu bieten, darf kein Hermeneut darüber hinweggehen, es sei denn, er wolle methodische Scharlatanerie betreiben.

Das NT ist in diesem Sinne literarhistorisch auch zu sehen als Teil der Rezeptionsgeschichte des AT, und wenn wir aus der jüngeren deutschen Geschichte ein literarisches Vergleichsbeispiel heranziehen, können wir uns das -cum grano salis- ein wenig verdeutlichen:

Im »Dritten Reich« schrieb man nicht nur Literatur des Widerstands, man las auch ältere Dichtung neu auf ihre Aktualität für die Zeit hin; so wurden zwei Zeilen aus Uhlands Ballade »Des Sängers Fluch« nicht nur im sensus litteralis – im unmittelbaren Kontext der Ballade – gelesen, sondern auch im sensus spiritualis. Der stolze König gewann typologisch Züge Hitlers:

»Denn was er sinnt, ist Schrecken, und was er blickt, ist Wut,
Und was er spricht, ist Geißel, und was er schreibt, ist Blut.«

In den Kreisen des aktiven Widerstands las man Conrad Ferdinand Meyers Gedicht »Das Weib des Admirals«, das zur Zeit der Hugenottenverfolgungen spielt, im sensus spiritualis als akuellen Beitrag zur Frage der Gewaltanwendung gegen Hitler. Die Frau des Ritters Chatillon drängt ihn zur Tat, und er antwortet:

»Erwäge, Weib, die Schrecken, die du wählst!
Dies Haus in Rauch und Trümmern! Dies mein Haupt
Verfemt, dem Meuchelmord gezeigt – geraubt!
Entehrt dies Wappen von des Henkers Hand,

Du mit den Knaben auf der Flucht!
Wählst du dir solches? Nimm drei Tage Frist!«
»Drei Tage Frist? Sie sind vorbei. Brich auf!«

Und 1937, zwei Jahre vor Beginn des 2. Weltkriegs, konnte Reinhold Schneider in seiner Erzählung »Las Casas vor Karl V.«, die im Spanien der Konquistadoren spielt, dem Bartolomeo de las Casas Sätze in den Mund legen, die nicht nur auf das historische Spanien zutrafen, sondern in prophetischer Klarsicht von Ereignissen sprechen, die in den folgenden acht Jahren für Deutschland erschreckend präzise zutreffen sollten.[7]

Was in der Literatur und ihrer Rezeption möglich und überprüfbar ist, nämlich die Verbindung von sensus litteralis und sensus spiritualis im gleichen Text, die Nutzung eines alten Textes für das Verständnis der Gegenwart (Uhland, Meyer) und das Entstehen eines neuen Textes unter Rückgriff auf eine historische Begebenheit (Schneiders »Las Casas«), ist innerhalb der Bibel umso legitimer, als diese für sich selbst beansprucht, die Kategorien der »tieferen Bedeutung« (Galater 4,21 – 31) und der Prophetie zu erfüllen.

Wenn schon jeder einfache literarische Text immer wieder neu zu uns sprechen kann, wieviel mehr kann das die Heilige Schrift, die anders als jeder einfache literarische Text unter dem Anspruch entstanden ist, genau dies für alle Menschen zu allen Zeiten zu leisten.

Wie das Verständnis der Bibel den Heiligen Geist als Hermeneuten fordert, wie dadurch Christus selbst den Schlüssel bietet, hat ein Dichter formuliert, der Brite Gerard Manley Hopkins:

»Der einzige gerechte Richter, der einzige gerechte Literaturkritiker ist Christus.«[8]

Die Bescheidenheit des Interpreten vor dem Text, die aus einer solchen Einsicht folgt, war noch stets der erste Schritt zu einer ars interpretandi, die dem Werk gerecht wird.

Anmerkungen

[1] Plato, Ion 535a.

[2] »The Myth of God Incarnate«, ed. by John Hick, London 1977, führte zu einer leidenschaftlichen Debatte um die Inkarnation. Als Gegenschrift erschien »The Truth of God Incarnate«, ed. by Michael Green, London 1977.

[3] »Der Begriff Angst«, § 2, zitiert nach der Ausgabe Hamburg/Reinbek (Rowohlt) 1960, S. 31 – 32.

[4] Zu Kap. 8,6 kann Luther immerhin schreiben: »Hie sihet man wol das Salomo in diesem Liede von geistlicher Liebe singet/die Gott gibt/vnd vns auch erzeigt in alle seinen wolthaten.« (Marginalie in der Bibelübersetzung letzter Hand von 1545).

[5] W A, 7, 97, 23f.

[6] W A, 18, 606 – 609.

[7] »Las Casas vor Karl V.«, Frankfurt (Bibliothek Suhrkamp 622) 1979, vor allem S. 124 – 125.

[8] »The only just judge, the only just literary critic, is Christ.« Brief an R. W. Dixon vom 13. Juni 1878, zitiert nach »Poems and Prose«, ed. by W. H. Gardner, Hardmondsworth (Penguin) 1953, p. 185.

THOMAS BEARTH,
Biblische Exegese und Hermeneutik aus der Sicht eines Sprachwissenschaftlers
(Erstveröffentlichung)

Daß moderne Sprachwissenschaft und biblische Exegese einander nicht gleichgültig sein dürften, liegt eigentlich schon darum auf der Hand, weil beide Disziplinen die Erforschung von Texten und Textinhalten zum Gegenstand haben. Während aber die klassische Philologie seit ihren Anfängen als wichtigste Hilfswissenschaft der biblisch-exegetischen Disziplinen gelten kann, ist zwischen der Linguistik (der modernen Sprachwissenschaft) und der Exegese ein solches Verhältnis der natürlichen Symbiose, abgesehen von einigen neueren Ansätzen im Bereich der strukturalistischen Analyse von biblischen Texten, stets ausgeblieben. Die Gründe dafür liegen wohl zur Hauptsache in der einseitigen Entwicklung der Linguistik seit ihrer Begründung als eigenständige Wissenschaft durch Ferdinand de Saussure (*Cours de linguistique générale*, 1916). Zum einen galt das Hauptinteresse der linguistischen Forschung bis vor knapp zwei Jahrzehnten vorwiegend den formalen Eigenschaften der Sprache; diese waren mit den Methoden der empirischen Forschung und der exakten Beschreibung leichter zu erfassen als die mittels der sprachlichen Form vermittelten Inhalte. Wo man sich andererseits – in der richtigen Erkenntnis, daß die sprachliche Form nur von ihrer inhaltsbezogenen Funktion her richtig verstanden werden kann – der Erforschung sprachlicher Inhalte stärker zuwandte, geschah (und geschieht) dies mit einem Instrumentarium, das bei weitem nicht den Status methodologischer Unanfechtbarkeit genießt, wie es in den andern Zweigen der Linguistik oder etwa in der klassischen Philologie zu Recht oder zu Unrecht der Fall ist. Wir stehen vor einem Paradox: Der im Hinblick auf die Funktion der Sprache für ihr Verstehen wichtigste – und für den Exegeten potentiell interessanteste – Bereich ist zugleich der in seinen Methoden und Ergebnissen am wenigsten gesicherte.

1. Im begrenzten Rahmen eines Überblicks kann es hier nur darum gehen, einige Berührungspunkte anzudeuten, an denen Einsichten und Verfahrensweisen der Linguistik für die biblische Exegese und Hermeneutik fruchtbar werden können. Auf den einfachsten gemeinsamen Nenner gebracht, haben alle diese Berührungspunkte mit der Analyse und Beschreibung von *Bedeutung* zu tun. Um das linguistische Verständnis von Bedeutung gegen das einer philosophisch-spekulativen Semantik abzugrenzen, sei gleich an dieser Stelle auf einen methodischen Grundsatz hingewiesen, der sich aus dem für die moderne Linguistik grundlegenden Begriff des sprachlichen *Zeichens* ergibt.

Das *sprachliche Zeichen* – eine bedeutungstragende Einheit beliebiger Ausdehnung, von der Größenordnung des Wortstammes bis zu der einer kompletten Äußerung, ja eines ganzen Textes – wird durch den Bezug zwischen einer Ausdrucksseite (Signifikant) und einer Inhaltsseite (Signifikat) konstituiert. Bedeutung – als Inhalt einer Mitteilung und Gegenstand linguistischer Forschung – existiert – daher nicht unabhängig von der sprachlichen Form; daraus folgt wiederum, daß postulierte Bedeutungs*unterschiede* vom Standpunkt des Linguisten aus auf irgendeine Weise stets in der sprachlichen Form reflektiert und nachweisbar sein müssen. Schon dieser sehr allgemein formulierte methodische Ansatz der linguistischen Semantik dürfte für die Belange einer sauberen exegetischen Arbeit nicht ohne Interesse sein.

Wie bereits angedeutet, können sprachliche Inhalte auf allen Stufen des Aufbaus sprachlicher Äußerungen erfaßt und untersucht werden. Es mag zunächst verwundern, daß sich der Gesamtbereich der Semantik entsprechend diesen Aufbaustufen in unterschiedliche, methodisch und terminologisch teilweise autonome Unterbereiche aufgliedert: Lexikologie (Bedeutungsforschung auf der Stufe des Vokabulars), Satzsemantik (Analyse semantischer Beziehungen zwischen den Elementen des Satzes), Textlinguistik und Diskursanalyse (Bedeutungskonstitution im Rahmen satzübergreifender Einheiten bis hin zum Text als ganzem).

Der Versuch, das Zustandekommen der Bedeutung ganzer Äußerungen und Texte zu verstehen, hat sehr rasch zur Überzeugung geführt, daß – zumindest in diesem Bereich – Bedeutung *per se* nicht existiert. Ebensowenig wie vom Korrelat der sprachlichen Form, kann Bedeutung von dem Ich-Du-Verhältnis, das aller Kommunikation zugrundeliegt, losgelöst werden; eine sprachliche Äußerung hat jeweils – im einfachsten Fall – Bedeutung für einen Sprecher (intendierte Bedeutung) und für einen Angesprochenen (rezipierte Bedeutung). Deshalb kann man insbesondere die Bedeutung von Texten nur dann erfassen, wenn man die Variabeln der *Sprechsituation* in die Untersuchung miteinbezieht: Intention des Sprechers, Funktion der Äußerung als Sprechhandlung im Rahmen menschlicher Interaktion, Handlungsrollen und sozialer Status der am Kommunikationsvorgang Beteiligten usw. Damit aber sieht sich die Sprachinhaltsforschung aller genannten Stufen in einen erweiterten Raum hineingestellt, die sogenannte linguistische Pragmatik – ein Ansatz, aus dem heraus in den letzten Jahren eine schwer überschaubare Vielfalt neuer Forschungsrichtungen entstanden ist.

Diese – stark vereinfachende – Skizzierung des gegenwärtigen Standes der inhaltsbezogenen Sprachwissenschaft reflektiert die faktische Komplexität eines Arbeitsbereiches, in dem sich – das dürfte ohne weiteres deutlich sein – die Interessen der Linguistik und die der Exegese in mannigfacher Weise überschneiden. Die Ausweitung der Sprachinhaltsforschung über das traditionelle Gebiet der lexikalischen Bedeutung hinaus auf Texte und Teiltexte wie auch die Einbeziehung der pragmatischen Perspektive sind innerhalb der Linguistik neuere Entwicklungen; gerade sie könnten sich, trotz des oft noch exploratorischen Charakters der bisher vorliegenden Arbeiten, als besonders fruchtbar für die biblische Exegese erweisen.

2. Zunächst aber wenden wir uns der Frage zu, welchen Beitrag die Erforschung lexikalischer Sprachinhalte zur Exegese leisten kann – dem Bereich also, der von jeher durch die Erkenntnisse der klassischen Philologie für die Interpretation der biblischen Texte von vorrangiger Bedeutung gewesen ist.

Lexikalische (oder Wort-) Bedeutung steht in einem dreifachen Bezugsrahmen, bestimmt durch die Beziehungen, die das sprachliche Zeichen mit Außersprachlichem (referentieller Bezug), mit anderen Zeichen der gleichen Sprache (systematischer Bezug) und mit andern Zeichen innerhalb derselben Äußerung (kontextueller Bezug) unterhält.

2.1 Der referentielle Bezug:
Der einem Wort oder Ausdruck aufgrund der zeichenimmanenten Relation zugeordnete Inhalt (das *Signifikat*) darf nicht mit dem bezeichneten Gegenstand oder Sachverhalt (dem *Denotat*) gleichgesetzt werden. Mit den Ausdrücken *Herr Müller, ein Bürger unserer Stadt, er, der frühere Vorsitzende des Mülldeponieausschusses, mein Mann, der alte Fuchs* kann ein und dieselbe Person gemeint sein; der referentielle Bezug ist dann in allen Fällen identisch (die Ausdrücke sind *ko-referentiell* gebraucht), und doch wird man sie schwerlich für bedeutungsgleich halten. Umgekehrt kann ein und dasselbe Zeichen, innerhalb der durch seinen Inhalt vorgegebenen Möglichkeiten, verschiedenen Gegenständen oder Sachverhalten zugeordnet werden.

Die potentielle Mehrdeutigkeit sprachlicher Zeichen steht im Widerspruch zur Annahme der populären Exegese, das biblische Vokabular lasse sich nach den Gesetzmäßigkeiten eines regularisierten Codes interpretieren. In Wirklichkeit werden auch Schlüsselbegriffe wie *Errettung, Gerechtigkeit* und *Wiedergeburt* nicht streng konkordant, d. h. nicht immer mit demselben Sachbezug, verwendet. Es mag hilfreich sein, sich klar zu machen, daß diese Bedeutungsvariation in keinerlei Widerspruch zum hermeneutischen Grundsatz der Einheit des gesamtbiblischen Zeugnisses steht. Daß wir in den Grunddokumenten unseres Glaubens nicht von der Vorstellung eines im Sinne referentieller Eindeutigkeit genormten Vokabulars ausgehen dürfen (wie man es, einer besonderen Konvention gemäß, etwa bei wissenschaftlichen Arbeiten anstrebt), mindert nicht, sondern unterstreicht vielmehr ihre Glaubwürdigkeit auch als sprachliche Zeugnisse ursprünglicher und darum grundsätzlich nachvollziehbarer Lebenssituationen, unterstreicht anderseits auch Notwendigkeit und Verantwortung der Arbeit des Interpreten.

So abstrakt und akademisch solche vom Begriff des sprachlichen Zeichens ausgehenden Überlegungen gewiß anmuten, so schwerwiegend sind oft die praktischen Folgen ihrer Mißachtung. Diese sind zwar keineswegs auf Randerscheinungen des religiösen Spektrums beschränkt, lassen sich aber an ihnen besonders deutlich zeigen. So beruht etwa die lehrmäßige Rechtfertigung der (Wieder-) Taufe im Namen Jesu allein – im Gegensatz zur trinitarischen Taufe – aus linguistischer Sicht auf einer unreflektierten Verwechslung von Wortlaut und Sache. Ein ähnliches Mißverständnis liegt vor, wenn gewisse Gruppen die paulinischen Metaphern zur Beschreibung der Geisteserfahrung, etwa Salbung und Versiegelung (in 2. Kor. 1,21), als jeweils getrennte Glaubens- und Erfahrungsinhalte verstehen, statt als verschiedene – nicht synonyme! – Aspekte *eines* Sachverhaltes.

Zu welchen Mißverständnissen falsche Harmonisierung des Sachbezuges führen kann, läßt sich z. B. anhand einer konkordanten Übersetzung von *pneuma* in 1. Kor. 12,10; 14,12; 14,32; 1. Joh. 4,1 und 2. Thess. 2,2 (Zürcher Bibel, ältere Ausgaben der Luther-Bibel) feststellen.

Es ist leicht einzusehen, wie man ohne eine minimale Kenntnis allgemeinsprachlicher Gesetzmäßigkeiten wehrlos derartigen begriffskonkordanten Auslegungen ausgeliefert sein kann, besonders wenn sie mit dem Anspruch »Es steht geschrieben« vorgetragen werden. Anderseits steht es natürlich dem Linguisten nicht zu, ein wissenschaftlich begründetes Urteil über theologische Inhalte biblischer Aussagen abzugeben. Die Beachtung linguistischer Gesichtspunkte kann hingegen zur methodischen Klärung beitragen, indem sie dem Exegeten hilft, (a) die Zuordnung vorgegebener Inhalte und des jeweils Gemeinten bewußt zu handhaben, (b) exegetische Kurz- und Fehlschlüsse zu vermeiden oder aufzudecken und (c) die exegetischen Verfahren überhaupt transparenter zu machen.

2.2 Der systematische Bezug:
Soweit es nun möglich und sinnvoll ist, ein sprachliches Zeichen zusammen mit andern (verwandten) Zeichen einem semantischen Feld zuzuordnen, läßt sich sein Inhalt mit Hilfe der sogenannten Komponentenanalyse in präziser Weise weiterzerlegen und -beschreiben. Anstelle der Wortinhalte selbst treten dann als Konstanten die Unterschiede zwischen den Inhalten der einem Feld zugeordneten Zeichen; man spricht von semantischen *Merkmalen* oder *Komponenten.* Aus der Sicht der Komponentenanalyse erscheint der Inhalt eines Zeichens als ein Bündel von Komponenten, die aus seinen Beziehungen zu den übrigen demselben Feld zugeordneten Zeichen ermittelt werden. Die Auflistung der Merkmale, die einen Begriff (z. B. *Liebe* oder *Demut)* von mehreren verwandten Begriffen (z. B. *Gnade, Güte, Barmherzigkeit,* bzw. *Hochmut, Sanftmut)* unterscheiden, erlaubt eine exaktere Bestimmung seines Inhalts (oder referentiellen Potentials) als der Versuch einer Definition oder Umschreibung. Wenn man zusätzlich zwischen zentralen und peripheren Komponenten differenziert, sowie zwischen denotativen (die Sache bezeichnenden) und konnotativen (wertenden) Komponenten, so läßt sich damit die inhaltliche Genauigkeit einer Übersetzung oder einer Auslegung in dem Maße objektiv

prüfen, als man von gesicherten Postulaten hinsichtlich der Bedeutung des Originals ausgehen darf.

2.3 Der kontextuelle Bezug:
Die Einfügung des Zeichens in einen Kontext führt von der Vieldeutigkeit zur Eindeutigkeit, zur *Monosemierung:* Aus der Vielzahl der Komponenten, die ihm aufgrund seiner Abgrenzung von den übrigen Zeichen des semantischen Feldes zugeordnet werden können, werden diejenigen ausgewählt und festgehalten, die in den Kontext der Äußerung »passen«. So macht in Luk. 13,32 der Kontext klar, daß mit dem Wort *Fuchs* ein Mensch bezeichnet ist und nicht ein Raubtier. Der Begriff *Fleisch* hat auf Christus bezogen (Röm. 1,3; 1. Petr. 4,1) eine neutrale Konnotation, als Bezeichnung des dem Geist entgegengesetzten Prinzips, etwa in Röm. 8 und Gal. 5, eine negative Konnotation. Bei der Monosemierung determinieren sich im gleichen Kontext vorhandene Zeichen oder Zeichenverbindungen gegenseitig; die in den Elementen einer Zeichenverbindung enthaltenen identischen oder miteinander gut verträglichen Komponenten werden zur Konstitution der Gesamtbedeutung bevorzugt. Systembezug und Kontextbezug treten nicht selten bei der Exegese biblischer Texte zueinander in Gegensatz: *pleonexia* wird in Eph. 5,3 (ähnlich 4,19) von sämtlichen deutschsprachigen Übersetzungen als *Habgier/Habsucht* wiedergegeben. Dies entspricht der systematischen Einordnung des Wortes ins ethische Vokabular des Neuen Testamentes (etwa nach dem Begriffslexikon zum Neuen Testament). Anderseits interpretieren viele Kommentatoren *pleonexia* in diesen Kontext im Sinne von sexueller Begehrlichkeit oder lassen diese Interpretationsmöglichkeit offen. Diese im klassischen Griechischen ebenfalls attestierte Bedeutungsmöglichkeit von *pleonexia* bildet mit den im Kontext vorangehenden Bedeutungskomponenten eine sogenannte Isotopie (die Interpretation bestimmende Komponente einer größeren Texteinheit, nach A. Greimas, *Sémantique structurale*, Larousse, 1966).

2.4 Der indirekte oder metaphorische Bezug:
Zeicheninhalte können – weil sie Objekte des kognitiven Bereiches und nicht der äußeren Realität sind – ihrerseits wieder zum Zeichen werden; dieses verweist dann auf sekundäre, von den ersten abgeleitete, aber zugleich von ihnen verschiedene Inhalte. Die oben angeführte Wendung *der alte Fuchs,* auf Herrn Müller angewandt (für ein vergleichbares biblisches Beispiel siehe Luk. 13,32, im Gegensatz zu Luk. 9,58), illustriert diesen Vorgang des indirekten Verweisens, macht aber gleichzeitig einen wichtigen Unterschied deutlich: In der primären Zeichenrelation sind sich Signifikant und Significat in der Regel in rein konventioneller Weise zugeordnet (das Lautbild »Fuchs« steht in keiner erkennbaren inneren Verwandtschaft zu einer Eigenschaft des Denotats Fuchs). Wird dagegen in einer sekundären – metaphorischen – Relation das Zeichen als ganzes zum Signifikanten, so tritt das Prinzip der *Analogie* in Kraft: Der Signifikant (das primäre Zeichen) und das – sekundäre – Signifikat haben mindestens eine, manchmal mehrere inhaltliche Komponenten gemeinsam.

Die Möglichkeiten und Grenzen analoger Bedeutungskonstitution sind in hohem Maße kulturbedingt und damit sprachspezifisch; bildhafte Wendungen, Anspielungen usw. stellen daher den Übersetzer, aber auch den Exegeten, vor besondere Probleme. Diese ergeben sich einerseits daraus, daß die Vergleichbarkeit von Inhalten und Gegenständen konventionell, d. h. einzelsprachlich geregelt ist, ebenso die Kombinierbarkeit von Metaphern in Zeichenverbindungen *(z. B. Frucht des Lichtes;* Eph. 5,9); anderseits aus der Tendenz, unterschiedliche Eigenschaften des zum Vergleich herangezogenen Gegenstandes als relevant zu betrachten. Nicht überall wird z. B. die Taube – falls überhaupt bekannt – mit Sanftmütigkeit assoziiert, haben Hunde und Schweine negative Konnotationen, ist Asche Symbol der Trauer.

Es ist wohl bekannt, welche z. T. absonderlichen Blüten die vor allem im Mittelalter hoch entwickelten allegorisierenden Exegeseformen getrieben haben. Eine Gefahr moderner Exegese scheint in einer unqualifizierten Anwendung, freilich in anderer Richtung, desselben Prinzips der Rekursivität der Zeichenrelation zu liegen. Wenn die Auferstehung Jesu Christi zum »Zeichen« wird, dessen Inhalt einen »eigentlichen« anderen Inhalt (mit zeitlosem Sachbezug) repräsentiert, dann ist das im Grunde ein metaphorischer Trick; denn für die Metapher ist charakteristisch, daß das Zeichen stets auswechselbar ist. Die Semiotik – die Wissenschaft von Zeichen – ist dabei, von ihren linguistischen und sprachphilosophischen Ansätzen her sämtliche anthropologischen Disziplinen zu durchdringen. Gegen ihre Indienstnahme für die theologische Arbeit an Texten – etwa im Sinne des narrativen Strukturalismus – ist nichts einzuwenden. Mit Entschiedenheit muß aber vor einer falschen, auch aus der Sicht sauberer linguistischer Arbeit an Texten nicht verantwortbaren Verallgemeinerung semiotischer Prämissen gewarnt werden, in der alles und jedes zum »Zeichen« wird. Es liegt nahe, in der Theologie vorhandene Tendenzen der Interpretation mit Hilfe solcher Prämissen pseudolinguistisch abzusichern, was einmal mehr zu einer verhängnisvollen Hörigkeit theologischen Denkens von den Arbeitshypothesen einer Hilfswissenschaft führen könnte. Aus linguistischer Sicht muß demgegenüber eine stärkere Gewichtung des kommunikativen Rahmens, soweit er im Text selbst reflektiert ist, gefordert werden; dieser spricht z. B. im Falle der Aussagen zur Auferstehung Jesu Christi eindeutig zugunsten der primären, nicht-metaphorischen Referenz.

2.5 Vorrang des synchronen Bezugs:
Die Zeichenrelation ist grundsätzlich instabil. Form *und* Inhalt des sprachlichen Zeichens sind unter Einwirkung sehr unterschiedlicher Faktoren dem historischen Wandel ausgesetzt. Die Veränderungen der Form und die des Inhalts verlaufen oft unabhängig voneinander. Im radikalen Gegensatz zu einer in der historisch-vergleichenden Sprachwissenschaft des 19. Jahrhunderts vorherrschenden Auffassung postuliert nun de Saussure den unbedingten Vorrang der synchronen Betrachtungsweise, die den Sprachzustand zu einem gegebenen Zeitpunkt ins Auge faßt, vor der historischen (diachronen) Betrachtungsweise; diese läßt sich auf eine vergleichende Betrachtung zeitlich aufeinanderfolgender synchroner Sprachzustände zurückführen. Aus dieser Sicht kann man die etymologisierenden Exegesen, so bestechend und so beliebt sie (zumindest in der populären Auslegungspraxis) sind, nicht unbesehen akzeptieren. Der Begriff *ekklesia* ist in seinem neutestamentlichen Gebrauch ebensowenig an die Vorstellung eines Aktes des Herausrufens gebunden wie etwa die *Höflichkeit* im heutigen Deutsch Erinnerungen an das Protokoll kaiserlicher oder fürstlicher Höfe wachruft. Damit werden Herkunft und Zusammensetzung eines Wortes nicht uninteressant; für seinen Beitrag zur Bedeutungskonstitution und damit für seine exegetische Relevanz vorrangig maßgebend ist aber der *synchrone Bezug.*

Auch der Rückgriff auf die Etymologie hat keineswegs nur akademische Bedeutung: So etwa, wenn afrikanische Glaubensgemeinschaften unter ausdrücklicher Berufung auf den *paidagogos* von Gal. 3,24 (im Sinne des modernen Pädagogen »umetymologisiert«) für unbestimmte Dauer der Vormundschaft des Gesetzes unterstellt werden in der erklärten Absicht, sie dadurch für das Verständnis der Gnade reif zu machen. (Hätte Paulus da nicht auch die gesetzlichen Neigungen der jungen Christen von Galatien begrüßen müssen, statt sie zu bekämpfen?)

Aus ähnlichen Gründen muß der verbreiteten Ansicht widersprochen werden, nach der Struktur und formale Eigenschaften von Wortschatz und Grammatik unmittelbare Einsicht in Denken und Wertvorstellungen einer Sprachgemeinschaft ermöglichen. Daß etwa der Wortinhalt des hebräischen *dabar* Komponenten in sich vereinigt, die sich im Deutschen auf die Begriffe *Wort* und *Sache* verteilen, heißt nicht, daß diese Komponenten sich nicht im Hebräischen ebensogut wie im Deutschen, wenn auch vielleicht mit anderen Mitteln, sprachlich differenzieren lassen (vgl. dazu J. Barr, *The Semantics of Biblical Language*, O. U. P., 1961, 133 ff.). Rückschlüsse auf das Weltbild der Hebräer aus solchen Beobachtungen sind nicht viel plausibler, als wenn man aus der Doppelverwendung des deutschen *Mann* (vgl. *man/husband, homme/mari*) auf ein entsprechendes Defizit im deutschen Weltverständnis schlösse.

Linguistisch vertretbar ist nur eine Exegese, die sich in erster Linie auf im Textzusammenhang überprüfbare Aussagen und nicht auf Spekulationen über vom Gebrauch unabhängige Eigenschaften des Vokabulars stützt. Diese sind der Tummelplatz eines Sprachmystizismus, der das Vokabular in Verkennung seiner primär instrumentalen Funktion zu einer von den propositionalen Aussagen unabhängigen Erkenntnisquelle hypostasiert.

3. Im Bereich der *Satzsemantik* dürfte vor allem ein für die Bibelübersetzung entwickeltes Analyseverfahren auch für die exegetische Praxis interessant sein; es besteht im wesentlichen darin, mehrdeutige Strukturen des biblischen Textes nach präzisen Regeln auf eindeutige Elementar-Strukturen in Aussageform zurückzuführen (z. B. *die Liebe Christi* → *Christus liebt X/ X liebt Christus/ Gott liebt X durch Christus* usw.). Für eine gut lesbare Einführung sei auf Kapitel 3 von E. A. Nida und C. R. Taber, Theorie und Praxis der Übersetzung, Stuttgart 1969, verwiesen.

4. Einen Überblick über Fragestellungen und Methoden der *Textlinguistik* bieten E. Gülich und W. Raible, *Linguistische Textmodelle*, München 1977; ich kann hier nur in knappster Form auf einige Anwendungsmöglichkeiten im Bereich der biblischen Textforschung und -interpretation hinweisen:

4.1. Aufgrund vorliegender textstruktureller und textstatistischer Untersuchungen darf man erwarten, daß als gesichert geltende redaktionsgeschichtliche Hypothesen sowohl hinsichtlich des Alten wie auch des Neuen Testaments neu überprüft werden müssen.

4.2. Die neuere, pragmatisch ausgerichtete Textforschung legt Wert auf die Feststellung, daß auch in Texten, die aus der Feder eines einzigen Autors stammen, grundsätzlich verschiedene Instanzen zu Worte kommen. Ein ausgeprägt »polyphoner« Text ist zum Beispiel der 1. Korintherbrief. Die Auslegung etwa von Kap. 7 hängt in hohem Maße von den Aussagen und Fragen ab, die man den Adressaten zuschreibt. Neuere Übersetzungen tendieren dazu, die Verse 12 und 13 des 6. Kapitels zu dialogisieren; die Aussagen, denen Paulus widerspricht, sind als Zitate der Adressaten gekennzeichnet.

4.3. Aus der Tatsache, daß keine Aussage, kein Text sich selbst genügt, leitet die moderne Sprachwissenschaft das wichtige Axiom ab, daß sprachliche Äußerungen nur in der Verbindung mit der Kommunikationssituation verstehbar sind. Ob z. B. die Äußerung »Es ist kalt heute morgen« eine bloße Feststellung ist, die dazu dient, eine Gesprächspause zu überbrücken, oder eine Aufforderung an den Gesprächspartner, die Heizung anzudrehen oder sich wärmer anzuziehen, läßt sich nicht aus dem Text selbst ableiten, sondern nur aus der Situation, in der er gesprochen ist.

5. Aus Punkt 4.3. läßt sich in überspitzter Formulierung ein doppeltes Interpretationspostulat ableiten: Die Situation von damals sagt, was der Text damals meinte; die Situation von heute sagt, was der Text heute meint. Damit hätte uns aber die Logik der Linguistik in dieselbe Versuchung geführt, der die biblische Hermeneutik, mit und ohne Anspruch der Wissenschaftlichkeit, immer wieder erlegen ist.

Die Behauptung, daß die Situation der Schlüssel zum Textverständnis sei, hilft mir, gerade in ihrer unverschämten Einseitigkeit, das eine zu erkennen, was not tut: Nicht meine Situation sagt, was der Text meint, sondern der Text (weil er Gottes Text ist) sagt, was meine Situation ist. Diese *Umkehrung* der hermeneutischen Relation von Text und Situation geschieht aber nur dann, wenn ich persönlich *umkehre* und *dem Text glaube*. Nicht durch die Situation – weder die jetzige noch die damalige –, sondern *durch den Glauben* wird mir der referentielle Bezug erschlossen, auf den die Zeicheninhalte dieses Textes verweisen (Heb. 11,1).

Dies bedeutet nun wiederum nicht Verzicht auf den Situationsbezug als Schlüssel zum Textverständnis – das wäre hermeneutischer Selbstmord. Denn die Möglichkeit, Aussagen in vorgegebene Erfahrungs- oder Erwartungshorizonte einzuordnen, ist eine zwar notwendige, aber nicht hinreichende Bedingung für die Herstellung des referentiellen Bezuges, und damit ihrer Verstehbarkeit. Man sieht das am Unverständnis, auf das Jesu Leidens- und Auferstehungsankündigung bei den Jüngern stößt. Sie verstehen sie zwar dem Wortlaut nach sehr wohl (wie die Reaktion des Petrus beweist), sind aber außerstande, sie mit ihrem Messiasbild in Übereinstimmung zu bringen; die »Texte« korrelieren mit keiner Situation ihrer Erfahrungs- oder Erwartungswelt.

Hingegen bedeutet die Umkehr(ung) Verzicht auf den einseitigen Anspruch, daß der Situationsbezug als solcher den Zugang zum Textverständnis ermöglicht. Anstelle dieser einseitigen Prämisse tritt der innere Anspruch, von dessen Glaubwürdigkeit mich der Umgang mit dem Text überzeugt hat, weil diesem und nur diesem Text die Kapazität innewohnt, persönliche und geschichtliche Situationen, ja die Situation des Menschen überhaupt, hermeneutisch voll befriedigend zu erschließen. Denn wenn die Herstellung des Situationsbezugs allein genügte, das Verständnis des Textes zu erschließen, dann hätte das faktische Erlebnis der Passion ihres Meisters für die Jünger der Schlüssel zum Verstehen werden müssen. Aber in Wirklichkeit wird selbst die Begegnung mit dem Auferstandenen, konkretisiert im gemeinsamen Mahl, erst verstehbar und damit auch mitteilbar, als »Er ihnen die Intelligenz öffnete, um die Schrift zu verstehen« (Luk. 24,45)! So verstehen auch wir weder unsere Situation noch das Angebot des Lebens in Jesus ohne die Erschließung des dazu gehörenden Textbuches durch den Heiligen Geist.

Es dürfte klar sein, daß ich mit der Umkehrung der Relation von Text und Situation die Grenze dessen überschritten habe, was die Linguistik von ihren theoretischen und empirischen Voraussetzungen her zur biblischen Exegese und Hermeneutik aussagen kann. An diesem Übergang geschieht etwas, was bewirkt, daß der Exeget nicht bloß als Exeget, der Linguist nicht bloß als Linguist, sondern dieser und jener nur noch schlicht als Zeuge reden können.

V.
Wege
zu evangelischer
Schriftauslegung

DIETER HÜHNLEIN,
Tendenzen der Hermeneutik des Alten Testaments (Erstveröffentlichung)

1. Das Alte Testament im Rahmen des christlichen Glaubens:

Bereits seit den Tagen des Auftretens Jesu besteht das grundlegende Problem, wie das Verhältnis des AT zur Verkündigung Jesu und zur neutestamentlichen Botschaft von der Versöhnung in Jesus Christus zu bestimmen sei. Damit aber ergibt sich von Anfang an die bis heute leidenschaftlich umstrittene Frage, wie denn das AT in seinem Verhältnis zum NT zu bestimmen sei und wie darüber hinaus das AT sachgemäß ausgelegt werden kann. Unter den liberalen Theologen gibt es einige, die das Alte Testament entschieden ablehnen. Der bedeutendste Vertreter dieser Position war Adolf von Harnack: »Die These, die im folgenden begründet werden soll, lautet: Das Alte Testament im 2. Jahrhundert zu verwerfen, war ein Fehler, den die große Kirche mit Recht abgelehnt hat; es im 16. Jahrhundert beizubehalten, war ein Schicksal, dem sich die Reformation noch nicht zu entziehen vermochte; es aber seit dem 19. Jahrhundert als kanonische Urkunde im Protestantismus noch zu konservieren, ist die Folge einer religiösen und kirchlichen Lähmung...« (7, S. 248). Es gibt aber gute Gründe, die für das Festhalten des Christentums am Alten Testament sprechen:

1.1 Jesus selbst und die Apostel bezeugen das AT als Gotteswort und als autoritative Schrift. Deshalb blieb das AT Heilige Schrift des Urchristentums und der Kirche bis heute.

1.2 Das NT ist nur im Kontext mit dem AT recht zu verstehen, da es sich ständig auf das AT beruft. Das AT ist das Wurzelwerk eines Baumes, aus dem der Stamm und die Äste des NT allein wachsen können. »Wer das AT vom NT trennt, löst die christliche Botschaft von ihrer Geschichte« (Otto Rodenberg).

1.3 Das Alte Testament weitet das Zeugnis des NT in universaler Weise aus. Ohne die fundamental-theologischen Aussagen des AT von Gott, dem Schöpfer, dem Wesen des Menschen und seinem Hineingestelltsein in die Natur Gottes droht die christliche Botschaft in gnostische Philosophie zu entarten.

1.4 Ohne das AT fehlen der Christenheit wertvolle Hilfen zur Lebensbewältigung, da es Exempel des Glaubens bietet, die von fundamentaler Bedeutung sind (Abraham, David, Hiob, Jeremia sowie die gesamte weisheitliche Literatur).

2. Wichtige Ansätze der gegenwärtigen Hermeneutik des AT

In der gegenwärtigen Theologie findet der Versuch einer Zuordnung bzw. Zusammenordnung der beiden Testamente recht verschiedene Ausprägung. Die dabei ausgeführten Ansätze liegen z. T. auf recht unterschiedlichen Ebenen, so daß man sie nur bedingt nebeneinanderstellen darf. Einerseits überschneiden sich manche Ansätze, andererseits werden oft dieselben Begriffe unterschiedlich verwandt und definiert, ja manche Begriffe werden abweichend vom allgemeinen Gebrauch verwandt, so daß es bei Verwendung gleicher Begriffe oft zu recht unterschiedlichen Positionen kommt.

2.1 Die rein historische Interpretation des AT und NT je für sich

Mit Hilfe der üblichen historischen Methoden werden die Texte beider Testamente aus ihrem historischen Kontext heraus gedeutet und verstanden, wobei die Herstellung einer möglichst zuverlässigen Textgestalt mit Hilfe der Textkritik, die Kenntnis des Textzusammenhanges, die Erhellung seines zeitgeschichtlichen Hintergrundes, die zeitliche Einordnung der Textabschnitte, die Deutung der im Text begegnenden

Begriffe und Formulierungen sowie die verschiedenen literaturwissenschaftlichen Aspekte als Einzelschritte zur Anwendung kommen. Dabei wird zunächst das AT ohne Berücksichtigung des NT gedeutet und damit als jüdische Schrift behandelt (so vor allem bei Georg Fohrer). Folgende Ergebnisse können von dieser rein historischen Deutung erwartet werden:

1. Erhellung der jeweiligen Texte in ihrer Bedeutsamkeit zur Zeit ihrer Niederschrift.

2. Herausarbeitung von Strukturverwandtschaften und Differenzen zwischen den beiden Testamenten.

3. Bei einer historischen Analyse der Verwendung des AT im NT wird deutlich, in welcher Weise Jesus selbst, die Apostel und das frühe Christentum mit dem AT umgingen und wie sie dasselbe deuteten. Es kann dann gefragt werden, ob die darin zum Ausdruck kommende Bestimmung des Verhältnisses der beiden Testamente und die dabei angewandten Methoden der Deutung dem AT und seiner historischen Deutung angemessen sind.

2.2 Die existentiale Interpretation

Die existentiale Interpretation versteht sich als konsequente Fortsetzung der historisch-kritischen Methode und setzt diese voraus. Sie fragt unter Verwendung aller methodischen Mittel der historisch-kritischen Methode nach dem sich im Text aussprechenden Verständnis von Mensch, Welt und Gott und setzt die Ergebnisse solchen Fragens in Beziehung zum gegenwärtigen Verständnis von Mensch, Welt und Gott. Als Voraussetzung solchen Vorgehens rechnet die existentiale Interpretation damit, daß zwischen dem Daseinsverständnis in verschiedenen geschichtlichen Epochen und den darin gültigen Weltbildern ein Abhängigkeitsverhältnis besteht, so daß aufgrund des jeweiligen Weltbildes und der konkreten Situation das jeweilige Daseinsverständnis je verschiedenen Ausdruck findet. Die existentiale Interpretation geht nun bei der Auslegung des AT methodisch so vor, daß die alttestamentlichen Texte mit Hilfe des Daseinsverständnisses der neutestamentlichen Verkündigung erschlossen werden, und eben in diesem Vorgehen zeigt sich die sachliche Entsprechung zwischen AT und NT. Zugleich aber entfällt damit im letzten der Eigenwert des AT, denn es wird ja dahingehend interpretiert, daß immer nur das je im NT schon Vorhandene nun bei Exegese alttestamentlicher Texte erschlossen wird. Das Proprium des AT droht durch dieses Verfahren eliminiert zu werden, und die für den christlichen Glauben so wichtigen spezifischen Aussagen des AT bleiben weithin unbeachtet.

2.2.1 Differenzierung von göttlicher Verheißung und menschlicher Weissagung bei Friedrich Baumgärtel

Friedrich Baumgärtel lehnt in radikaler Weise jegliche historische Kontinuität zwischen AT und NT ab. Er unterscheidet zwischen göttlicher Verheißung und menschlicher Weissagung. Während die durch menschliche Einsicht bedingte Weissagung der Propheten scheiterte, fand die göttliche Verheißung, in zentralster Weise ausgedrückt in Gottes Selbstvorstellung: »Ich bin der Herr, dein Gott«, in Jesus Christus ihre Erfüllung. So sieht Baumgärtel trotz seiner Ablehnung jeglicher historischer Kontinuität zwischen AT und NT eine Kontinuität in der Gültigkeit dieser Grundverheißung. Diese Grundverheißung hat als Merkmal:
»Faktizität der Lebensgemeinschaft mit Gott,
Begründung von Existenz,
Gericht über die Sünde,

Geschenkcharakter,
Universalität und Zusage auf Künftiges« (9, Seite 53).
Diese Grundverheißung aber ist mit der neutestam. Verheißung in Christus zu verbinden. Das bedeutet, daß die scheiternde konkrete Heils-Unheils-Geschichte Israels als exemplarische Darstellung des Menschen unter dem Gesetz zu verstehen ist. Damit aber stellt Baumgärtel das Verhältnis AT-NT unter die Deuteklammer von Gesetz und Evangelium, was zu einer folgenschweren Einschränkung des eigentlichen Aussagecharakters des AT führt.

2.2.2 Das AT als Geschichte des Scheiterns (Rudolf Bultmann)

Unter radikaler Anwendung der historisch-kritischen Auslegung stellt Bultmann an die Stelle des Nacheinanders von – historisch nicht aufweisbaren – Heilsfakten das »Heilsgeschehen in Jesus Christus«. Jesus ist »Gottes Gnadenerweis in grundsätzlich anderer Weise als die Gnadenerweise Gottes, von denen das Alte Testament redet« (1, Seite 332).

»Das heißt aber auch: für den christlichen Glauben ist das Alte Testament nicht mehr Offenbarung, wie es das für die Juden war und ist . . . Gerade deshalb ist es ja auch möglich, das Alte Testament vom christlichen Blickpunkt aus als Gesetz zu bezeichnen; von seinem eigenen Blickpunkt aus ist es ebensogut Gesetz und Evangelium« (1, Seite 333).

Bultmann fragt, inwiefern das Alte Testament Verheißung ist, die im Neuen Testament erfüllt ist, und antwortet: »Sie ist es in ihrem inneren Widerspruch, in ihrem Scheitern.« Der Glaube bedarf des »Rückblicks in die alttestamentliche Geschichte als eine Geschichte des Scheiterns und damit der Verheißung, um zu wissen, daß sich die Situation des Gerechtfertigten nur auf dem Grunde des Scheiterns erhebt« (2, Seite 183, 186). Denn nur im Scheitern des Lebens aus seinen welthaften Verwirklichungen und Gütern kann der Mensch erfahren, was Gnade und eschatologisches Leben aus der Gnade heißt. In gleicher Weise gilt für Bultmann weithin das, was zur Position Baumgärtels gesagt ist. Auch bei ihm findet das Alte Testament eine unsachgemäße Abwertung.

2.2.3 Die existentiale Interpretation der Heilsgeschichte bei F. Hesse

Hesse versucht, durch eine existentiale Interpretation des biblischen Zeugnisses das heilsgeschichtlich Gewesene und Künftige in seiner Bedeutung für das Selbstverständnis des Glaubens verständlich zu machen. Er realisiert dieses Anliegen, indem er die spannungsvolle Beziehung von AT und NT als das Nacheinander und die Spannung von Gesetz und Evangelium in die menschliche Existenz hineinverlegt. In der menschlichen Existenz stehen der alttestam. Mensch, der noch auf dem Weg ist zu Gottes Heil, und der neutestam. Mensch, der das Heil schon ergriffen hat, spannungsvoll nebeneinander. Fordert Hesse im Gefolge der historisch-kritischen Methode die Beachtung der als theologisch bedeutsam herausgestellten Historie, so hebt er selbst mit dieser seiner Interpretation den Eigenwert der Historie wieder auf. Auch bei dieser Interpretation verliert das AT seinen Eigenwert.

2.3 Die Allegorese

2.3.1 Begriffsbestimmung

Die Allegorie versucht, einen Sachverhalt, das eigentlich Gemeinte, mit Hilfe bildhafter Sprache in verschlüsselter Weise zum Ausdruck zu bringen. Dabei haben sämtliche Details und Einzelaussagen bildhaften Sinn und beinhalten Aussagen über den gemeinten Sachverhalt. Bei der Deutung einer Allegorie, der sog. Allegorese, geht es um die Entschlüsselung der bildhaften Aussagen der Allegorie, die Zug um Zug in Richtung auf den gemeinten Sachverhalt gedeutet werden. Bei der Anwendung der Allegorese auf alttestamentliche Texte wird der wörtliche Sinn der so bearbeiteten Texte zugunsten eines tieferen, hintergründigen Sinnes vernachlässigt (1. Kor 9, 9; 10, 1 – 10; 2. Kor 3, 3; Gal. 4,21 – 31). Damit wird der Eigenwert der alttestamentlichen Aussagen eliminiert, und die alttestamentlichen Texte werden entgegen ihrer ursprünglichen Aussageabsicht gedeutet. Eine allgemeine Anwendung der Allegorese ist deshalb für das rechte Verständnis des AT unzulässig. Dennoch muß für die Deutung mancher Texte und der Erkenntnis ihrer hintergründigen Bedeutung grundsätzliche Offenheit auch für die allegorische Deutung gefordert werden. Denn es schlägt sich in der Allegorese eine doppelte Interpretationserfahrung nieder, die für jeden Exegeten von Bedeutung ist: » Die Erfahrung nämlich, daß sich der Sinn und das Gewicht eines Textes nicht allein an der Absicht bemessen lassen, die der Autor bei seiner Abfassung mit ihm verband, und gleichzeitig die Erkenntnis, daß einen Text einleuchtend zu interpretieren mehr heißt als seinen philologischen Wortsinn klären. Sieht man die Dinge so, kann man die (paulinische) Allegorese, ohne sie für wiederholbar zu erklären, begreifen als Herausforderung zu einem ganzheitlichen Schriftverständnis nach dem Maßstab unserer Zeit« (13, Seite 66).

Es wäre zu überlegen, ob es nicht auch heute einen wenn auch klar abgegrenzten Raum für die Allegorese alttestamentlicher Texte geben muß!

2.3.2 Die allegorisch-typologische Vermischung in W. Vischers christologischer Deutung

W. Vischer versucht, das AT zentral vom Christusgeschehen her zu deuten, wodurch das AT für ihn übergeschichtliche Bedeutung erhält. »Den beiden Hauptwörtern des christlichen Bekenntnisses ‚Jesus ist Christus‘, dem Eigennamen ‚Jesus‘ und dem Berufsnamen ‚Christus‘, entsprechen die beiden Teile der Heiligen Schrift: Das Neue und das Alte Testament. Das Alte Testament sagt, was der Christus ist, das Neue wer er ist; und zwar so, daß deutlich wird: nur der kennt Jesus, der ihn als den Christus erkennt, und nur der weiß, was der Christus ist, der weiß, daß er Jesus ist. So deuten die beiden Testamente, von Einem Geiste durchhaucht, gegenseitig aufeinander, ‚und ist kein Wort im Neuen Testament, das nicht hinter sich sähe in das Alte, darinnen es zuvor vorkundigt ist‘ (Luther); wie auch alle Worte des Alten Testamentes über sich hinausweisen in das Neue auf den Einen hin, in dem allein sie wahr sind« (14, Seite 7 f.). Vischer versucht auf diesem Wege, das pneumatische, heilsgeschichtliche Verstehen der ganzen Schrift und damit das Zueinander des AT und NT unter Umgehung einer bewußten historischen Exegese christologisch zu vertiefen. Er verwendet dabei sowohl die Typologie als auch die Allegorese, so daß sein Vorgehen heute weithin abgelehnt wird. Immerhin sollte er auch weiterhin als Mahnmal dazu gelten, daß das AT nicht unabhängig vom NT und vor allem nicht unter Absehung vom Zentralinhalt des NT, Jesus Christus, gedeutet werden kann.

2.4   Offenbarungstheologische Deutung des Geschichtsprozesses

2.4.1 Jürgen Moltmann: Geschichtstheologischer Entwurf

Moltmann behauptet, daß die Worte und Sätze vom »offenbaren Gott« im AT durchgängig mit Sätzen der »Verheißung Gottes« verbunden sind. Die alttestam. Religion ist für ihn Verheißungsreligion, und aus dieser Sicht deutet er das Kreuz und die Auferstehung Jesu Christi als Verheißungsoffenbarung.

»‚Offenbarung‘ in diesem Geschehen hat nicht den Charakter logosgemäßer Erhellung vorhandener Wirklichkeit des Menschen und der Welt, sondern trägt hier konstitutiv und grundsätzlich den Charakter der Verheißung und ist darum eschatologischer Art« (8, S. 75). Es besteht eine Bezogenheit von Hoffnung auf Verheißung und von Verheißung, die auf Hoffnung zielt und eine »schöpferische Bewertung« wachhält, die zu gesellschaftsverändernden Taten ermutigt und als einzige verdient, präsentische Eschatologie genannt zu werden. Die alttestam. Verheißungsgeschichte findet im Evangelium ihre Zukunft. Die Futurumreligion der Bibel kennt nur eine Exodusgemeinde. Die Theologie versteht sich als theoretische Einleitung zur kirchlichen und vor allem gesellschaftlichen Praxis und beflügelt den Willen zur Verwirklichung der Gottesherrschaft und versucht, in einer Art »historischem Kompromiß« eschatologisches Hoffnungsziel und marxistische Zielvorstellung zu vereinigen.

In Moltmanns Entwurf erlangt ein ganz bestimmtes Verständnis des AT in seinem Verhältnis zum NT, das als von der alttestam. Wissenschaft erarbeitetes und begründetes und darum einzig richtiges vorausgesetzt wird, eine prägende Bedeutung. Sein Entwurf übt in aller Welt großen Einfluß aus, doch ist zu fragen, ob bei diesem Entwurf das AT nicht zum bestimmenden Deutehorizont des NT gemacht wird. Damit aber kommt ein gesetzlich-aktivistischer Zug in die gesamte Theologie Moltmanns, der die Aussagen des NT relativiert. Gottes alleiniges Handeln im Evangelium tritt in den Hintergrund und wirkt quasi wie eine Motivation zum nun alles entscheidenden Handeln des in Christus zur Freiheit gerufenen Menschen. Die Vergänglichkeit der Welt und ihre grundsätzliche Andersartigkeit gegenüber der Gemeinde Jesu Christi werden relativiert.

2.4.2 Wolfhart Pannenbergs universalhistorisch-überlieferungsgeschichtliche Deutung

In Pannenbergs Entwurf bekommt die Geschichte als sich erstreckende Zeit Offenbarungsqualität. Er spricht in seiner Programmschrift »Offenbarung als Geschichte« von der Sprache der Tatsachen: Die Geschichte als Ganzes ist also Offenbarung Gottes.

»Innerhalb der durch immer neues Wirken Gottes gekennzeichneten Wirklichkeit entsteht Geschichte dadurch, daß Gott Verheißungen ergehen läßt und diese Verheißungen erfüllt. Geschichte ist das zwischen Verheißung und Erfüllung hineingespannte Geschehen, indem es durch die Verheißung eine unumkehrbare Zielrichtung auf künftige Erfüllung hin erhält« (15, Seite 298f.). Gegen die allgemein übliche Ablehnung des Weissagungsbeweises betont Pannenberg: »Jesus ist Offenbarung Gottes nur im Lichte der Verheißungen des Alten Testamentes«, denn die eine Gottesgeschichte verbindet den alten und den neuen Bund. So ist gerade »die Erkenntnis der Bedeutung Jesu aus seinem Zusammenhang mit der Verheißungsgeschichte Israels die Grundlage, von der her allein auch das Inkarnationsdogma zu beurteilen ist. . . Der Weissagungsbeweis ist schärfster Ausdruck der Gebundenheit der Bedeutung Jesu an die vom Alten Testament bezeugte Geschichte Gottes mit Israel« (15, Seite 305f.).

Die in der Geschichte geschehende Offenbarung wird erst vom Ende her als Offenbarung erkennbar. Dieses Ende hat sich in der Auferstehung Jesu von den Toten, die im Sinne der spätjüdischen Apokalyptik ja als Endereignis zu verstehen ist, vorweg ereignet. Die Auferstehung ist die Vorwegnahme des Endes und des Geschichtszieles, von dem her die ganze Geschichte als Offenbarung einsichtig wird. Die Geschichte wird so zum Inbegriff der Wirklichkeit in ihrer Ganzheit überhaupt.

2.4.3 Stellungnahme

Bei Moltmann, ebenso wie bei Pannenberg, verlagert sich das Interesse von der Schrift als Wort auf die Offenbarung als Anrede, vom Glauben des einzelnen, der das Wort vernimmt und daraufhin glaubt, und überhaupt vom einzelnen als von einer vermeintlich individualistisch-existentiellen Engführung weg und einem universal-geschichtlich oder gesamtgesellschaftlichen Horizont zu. »Die Auferstehung Jesu Christi gehört als vorwegereignetes Ziel (Telos) der Geschichte zur Faktizität alles wahrhaft Geschichtlichen. Da die faktisch geschehene Auferstehung Christi die Vorwegnahme – Prolepse – der einzigen Offenbarung im vollen Sinne dieses Wortes ist und universal-geschichtlichen Charakter hat, kann auch nur der Universalge-schichte Offenbarungscharakter zugesprochen werden, was eine besondere Offen-barungsgeschichte etwa in Israel ausschließt. Die Sonderstellung des AT beruht also nicht darauf, daß hier ein Sonderfall von Geschichte bezeugt wird, sondern daß in Israel ein Bewußtsein von Geschichte im Spannungsbogen von Verheißung und geschichtlicher Erfüllung geweckt worden ist, ohne das auch das Christentum nicht geschichtlich existieren konnte« (6, Seite 160 f.). Durch diese Bezogenheit des Glau-bens primär auf die Faktizität der Geschichte verliert die Schrift notwendigerweise ihre kanonische Stellung. Aus dem sola scriptura wird ein sola historia. Das AT wird in diese totale Geschichte als Teilaspekt eingegliedert. Damit werden Schrift und Exegese auf die Aufgabe reduziert, die weiterhin gebrauchten fundamentalen Stich-worte Verheißung oder Auferstehung als Vorwegnahme des Endes und des Zieles zu liefern. Auf diese Weise werden sowohl das AT wie das NT als gültiges Wort Gottes in unsachgemäßer Weise hinter die Geschichte relativiert.

2.5 Die heilsgeschichtliche Interpretation alttestamentlicher Texte

2.5.1 Begriffsbestimmung

In deutlicher Unterscheidung von der Profangeschichte umschreibt »Heilsge-schichte« das Handeln Gottes, womit dieser die Geschichte seines Volkes nach einem vorgefaßten Plan durch besondere Ereignisse und Taten (den Heilstaten) auf ein bestimmtes Ziel hin gelenkt hat, nämlich das Kommen Jesu Christi. In der Regel wird dabei die Heilsgeschichte als eine Linie verstanden, auf der alle von der Schöp-fung an im AT und NT berichteten Ereignisse geradlinig bis zu Jesus Christus und der Gründung der neutestamentlichen Ekklesia führten. Die mit dem Begriff »Heilsge-schichte« verbundene Interpretation des AT wird, wenn auch in zahlreichen Varia-tionen, weithin geübt, so daß sie fast als die hermeneutische Normal-Position bezeichnet werden kann. Bereits im AT wird das Schema von Verheißung und Erfül-lung als ein die Geschichte vorantreibendes Moment entfaltet (vgl. Abraham, die Landnahme, das Reich Israel und das Exil). Und in den »Schriftbeweisen« bei Matth. wird im Christusgeschehen die Erfüllung alttestamentlicher Weissagung gesehen.

2.5.2 Die linear-heilsgeschichtliche Interpretation als Grundform (Oskar Cull-mann; E. Stauffer)

Analog dazu versteht O. Cullmann das AT als Vorbereitung auf Christus, die Mitte der Zeit, als konkret historische Erfüllung. Im AT ist die Rede vom präexistenten Jesus bzw. der Vorbereitung der Inkarnation in der vorchristlichen Heilsgeschichte, und im NT wird die Erfüllung in der Rede vom inkarnierten Christus berichtet.

»Das Christuszeugnis im Alten Testament finden, heißt dann gerade nicht, die Inkarnation Jesu im Alten Testament finden, sondern die vergangenen heilsge-schichtlichen Begebenheiten auf Grund unseres Wissens vom inkarnierten und gekreuzigten Christus als Vorbereitung der Inkarnation und des Kreuzes verstehen lernen« (3. Seite 128). Dabei geschieht eine progressive Reduzierung von der Schöpfung über Gen. 12 (Volk Israel) und den Knecht Jahwes (kollektive und individuelle Deutung) bis auf den einen Stellvertreter, Jesus Christus, und eben diese ist Ausdruck der Sündengeschichte. Jesus Christus ist die Mitte der Zeit, und das AT ist die zeitliche Vorbereitung auf die konkret historische Erfüllung im NT.

Vor allem von seiten der historisch-kritischen Forschung wird gegen diese Deutung eingewandt, daß sich in der Regel eine nachprüfbare Kontinuität zwischen einer bestimmten Verheißung und einem Ereignis, das als deren Erfüllung verstanden werden könnte, nicht nachweisen läßt.

2.6 Hermeneutik des Alten Testaments im Blickwinkel gesamtbiblischer Theologie

2.6.1 Hermeneutische Überwindung der Zweiteilung der Schriftauslegung durch Peter Stuhlmacher

P. Stuhlmacher hält die Zweiteilung der Schriftauslegung in gesonderte Disziplinen der alt- und neutestamentlichen Exegese für durchaus fragwürdig. Nach seiner Meinung melden sich die eine zeitlang zurückgedrängten universalgeschichtlichen Probleme nunmehr mit Vehemenz zurück. Nicht mehr länger kann das eingebürgerte religionsgeschichtlich-dogmatische Denkschema gelten, daß das NT kraft seiner Christusverkündigung die wahre Offenbarung sei, das AT aber mitsamt den anderen Zeugnissen der spätantiken Religionsgeschichte nur zur Umwelt des NT gehöre und bestenfalls eine besonders wichtige Vorstufe neutestam. Überlieferung darstelle (vgl. 11, Seite 43). Nach Stuhlmacher ist es denkbar, den überlieferungsgeschichtlichen Befund, daß die wesentlichen Interpretamente der neutestam. Christologie ebenso wie die Auferweckungsvorstellung alttestamentlich-jüdischer Provenienz sind, daß also die neutestam. Christologie offenbar alttestam. gedacht, erfahren und verkündigt worden ist, überlieferungsgeschichtlich linear fruchtbar zu machen und AT und NT als durch den historischen Zusammenhang verbunden zu denken. Dieser Zusammenhang ist von erheblicher religionsgeschichtlich-theologischer Bedeutung. Mit Bezug auf die Auferstehung konkretisiert Stuhlmacher diese Überlegungen: »Das christliche Auferweckungsbekenntnis ist eine christologische Präzisierung des in langer Traditionsarbeit ausgestalteten israelitischen Gottesbekenntnisses, und zwar im Blick auf Tod und Erscheinung Jesu« (12, Seite 151). »Historisch ist kein Zweifel, daß sowohl die Offenbarung Gottes im Alten Testament als auch im Neuen Testament in einem bis zur Auferweckung Jesu fortschreitenden geschichtlichen Prozeß in Erscheinung getreten ist. Es ist historisch ebensowenig zu besteiten, daß es nach Jesu Auferweckung wieder einer gewissen Zeitspanne und verschiedener Erfahrungsräume bedurfte, um die Christusoffenbarung Gottes kerygmatisch so zu erfassen, zu durchdenken und auszusagen, daß wirklich alle Bereiche des Seins in Vergangenheit, Gegenwart und Zukunft, in Vorzeitigkeit und über das Ende der Geschichte hinaus als von der Christusoffenbarung betroffen und umfaßt gelten konnten« (12, Seite 165).

In seiner Hermeneutik zeigt Stuhlmacher, daß das Alte Testament den Rahmen der neutestamentlichen Tradition bildet. Die ersten Zeugen haben das Alte Testament, die Apokryphen und auch die sog. Pseudepigraphen als allgemeine Grundtradition verwendet, wie vor allem aus 1. Kor. 2, 9, dem Judas- und dem 2. Petrusbrief deutlich wird (vgl. 13, Seite 228 f.). Er formuliert als das Herzstück des Neuen Testaments »das Evangelium von der Versöhnung Gottes mit seiner Schöpfung durch die Sendung des Messias Jesus Christus« (13, Seite 243) und zeigt, daß dieses Herzstück erstirbt, wenn das AT vom NT abgetrennt wird. Aus dem AT bezogen die neutestamentlichen Schriftsteller die Sprache für ihre Offenbarungsrede von der Versöhnung. »Nur kraft dieser sprachlichen Vorgabe ist die Versöhnung durch Christus urchristlich erfahrbar und das Evangelium von der Versöhnung missionarisch wirklich aussagbar und tradierbar geworden!« (13, Seite 243). In allen Schriften des NT lebt die Verkündigungs- und Bekenntnissprache aus der Sprachgeschichte des AT. »Umgekehrt erscheint auch die Verkündigung der Versöhnung durch Christus als die maßgebliche Antwort auf die aus dem Alten Testament heraus gestellte Frage nach der messianischen Verwirklichung der Gottesherrschaft als Gottesgemeinschaft. Neues und Altes Testament sind wesenhaft miteinander verbunden, weil Jesus als Israelit geboren wurde und weil die neutestamentliche Christusoffenbarung die Sprachgestalt der alttestamentlichen Überlieferungen angenommen hat; ...Altes und Neues Testament bilden einen einzigen Traditionszusammenhang... Vom Neuen Testament her gesehen ist das Alte Testament von seinen ältesten Traditionen an bis hin zu den priesterschriftlichen und weisheitlichen Überlieferungsschichten, die das Ganze überformen, die einzigartige Offenbarungsurkunde Gottes. Sie ermöglicht es, die geschichtliche Spur des Erwählungshandelns Gottes, der als der Vater Jesu Christi der Gott des Alten Testaments und Schöpfer der Welt ist, nachzuzeichnen und in der christlichen Gemeinde zu Gehör zu bringen« (13, Seite 243 f.).

»Wer Jesus Christus als der Logos und das die Welt neu begründende Versöhnungswort Gottes ist, das erkennt die Gemeinde Jesu Christi erst, wenn sie mit dem Alten Testament über den Ursprung und die Bestimmung der Schöpfung nachgedacht hat. Erst wenn dies geschehen ist, kann Jesus der Welt wirklich als Versöhner und heilschaffendes Offenbarungswort verkündigt werden« (13, Seite 244 f.). Zusammenfassend bestimmt Stuhlmacher das Verhältnis AT/NT in reziproker Weise: »Vom Alten Testament aus gesehen, sind die alttestamentlichen Traditionen in ihrer Gesamtheit die sprachgeschichtliche Voraussetzung für die Ausbildung der neutestamentlichen Offenbarungs- und Versöhnungspredigt. Vom Neuen Testament aus gesehen, wird seit der Zeit Jesu das Alte Testament als eine (auch) der christlichen Gemeinde gehörende Offenbarungsurkunde beansprucht. Altes und Neues Testament gehören geschichtlich wesenhaft zusammen und bilden gemeinsam den Kanon der Kirche« (13, Seite 245).

2.6.2 AT und NT als Elemente eines umfassenden Traditionsprozesses: Hartmut Gese

Gese begründet die Einheit der biblischen Theologie mit der Einheit des biblischen Traditionsprozesses. Das NT »bildet den Abschluß eines Traditionsprozesses, der wesentlich eine Einheit, ein Kontinuum ist« (5, Seite 14). »Die Offenbarung ist ein Prozeß, und nur im Ganzen ist der Prozeß zu begreifen. Der Offenbarungsprozeß setzt einen ontologischen Prozeß, der sich in dem Ereignis von Tod und Auferstehung Jesu vollendet, in welchem die Grenzen von Sein und Nichtsein fallen. Das Sein wird, und die Wahrheit ist geschichtlich geworden« (5, Seite 30).

Gese bedauert, daß bei der Bildung des alttestam. Kanons ein Großteil des apokalyptischen und sapientialen Materials eliminiert wurde, weil dadurch der Traditionskontinuität zum NT in bedeutendem Maße Abbruch getan wurde. Für Gese ist das Kerygma »keine statische Größe, sondern wächst fortwährend mit dem geschichtlichen Prozeß des Tradierens« (5, Seite 18).

Im Unterschied zu Pannenberg ist aber für Gese dieser Offenbarungsprozeß ein exklusiv israelitisch-jüdisch-christlicher Offenbarungsprozeß. Für die gesamte heilsgeschichtliche Tradition in ihrer futurischen Erwartung des Anderen, in ihrem Abstand zum Heil bedeutete Jesus von Nazareth mit seiner Verkündigung der Gegenwart des Heils den Ziel- und Endpunkt (vgl. 5, Seite 28 f.).

Gunneweg bemerkt dazu kritisch: »Damit ist das AT auch hier, trotz Betonung der Einheit der Bibel und der darum geforderten Einheit der biblischen Theologie als Dokument einer – allerdings wesentlichen – Vorgeschichte verstanden« (6, Seite 164).

2.7 Die typologische Interpretation

2.7.1 Grundlegende Darstellung der typologischen Methode

Bereits im NT, etwa bei Paulus, begegnet uns die Typologie. In ihr geschieht die Deutung alttestam. Aussagen so, daß bestimmte Gestalten oder auch Vorgänge im AT als abbildliche Vorausdarstellung für das Kommen und Handeln Jesu Christi und seiner Kirche erkannt und bezeichnet werden. Als Typos wird ein bestimmtes geschichtliches Ereignis oder eine Person des AT zur Interpretation herangezogen und auf den Antitypos, das neutestam. Geschehen, hin gedeutet. So ist z. B. das Abrahamsopfer in Gen. 22 ein Typos des AT für den neutestam. Antitypos der Opferung Christi. Dabei setzt die Typologie stets ganze Ereignisse oder Texteinheiten in Beziehung, während die Allegorese eine Parallelisierung der einzelnen Züge eines Textes vornimmt.

Durch die typologische Deutung wird das eschatologische Geschehen in Christus als endgültige Verwirklichung des in der Vergangenheit (im Typos) andeutungsweise Vorausgeschehenen betrachtet. Im AT werfen die neutestam. Ereignisse bereits ihre Schatten voraus. Im Gegensatz zur Allegorese bestreitet aber die Typologie in keinerlei Weise den geschichtlichen Eigenwert des im AT Berichteten, wobei aber für die Typologie das Gefälle bzw. die Steigerung vom Typos zum Antitypos wesentlich und charakteristisch ist (1. Kor. 10, 6.11; Röm. 5, 4.14; Hebr. 5, 10; 9, 24; 10,1). Wegen der starken Vorbehalte, die die historische Forschung gegenüber der alten Typologie erhob, sind die meisten heute vertretenen typologischen Deutungsmodelle gegenüber der älteren Typologie erheblich modifiziert.

2.7.2 Die überlieferungsgeschichtliche Deutung der Heilsgeschichte (Gerhard von Rad; ähnlich Rolf Rendtorff)

G. v. Rad deutet den Prozeß der Traditionsbildung in seiner überlieferungsgeschichtlichen Sicht als fortschreitendes Zeugnis und immer wieder neu aktualisierendes Reden von Jahwes Heilssetzungen. Damit erhält die Geschichte selbst theologische Relevanz. Durch die überlieferungsgeschichtliche Sicht wird deutlich, daß durch die Überlieferung die alten Verheißungen immer neu aktualisiert worden sind, wobei weitergehende geschichtliche Erfüllungen erwartet wurden (so z. B. in der Neuaktualisierung der Exodustradition bei Deuterojesaja). Die Heilsgeschichte ist als Geschichtsablauf verstanden, den das je neu einfallende Gotteswort in Bewegung hält und einem von Gott gesetzten letzten Ziel – Jesus Christus – entgegenführt. So schreitet die Geschichte von der Verheißung zur Erfüllung fort. Dabei nimmt G. v. Rad zur Verdeutlichung seines heilsgeschichtlichen Ansatzes die typologische Interpretation auf, was zu einer erheblichen Vertiefung und Verbreiterung seines Ansatzes führt. Auf diese Weise kann er eine unsachgemäße fremde Deutung des AT vermeiden und die enge Verbundenheit des AT mit dem NT aufweisen. G. v. Rad sieht aber das Typische im AT nicht in den Einzelereignissen, sondern in den übergreifenden Abläufen. Das AT ist primär ein Geschichtsbuch, das »Bilderbuch einer Glaubensgeschichte«, in dem »allenthalben schon das neutestamentliche Christusgeschehen präfiguriert« ist (10, Seite 31). Darum muß die typologische Deutung »grundsätzlich das historische Selbstverständnis des betreffenden alttestamentlichen Textes verlassen und überbieten. Sie sieht in den alttestamentlichen Fakten etwas sich anbahnen und abzeichnen, das dem alttestamentlichen Zeugnis noch nicht bewußt geworden ist, weil es überhaupt jenseits des alttestamentlichen Zeugniskreises liegt« (10, Seite 31).

Erst recht gab von Rads Äußerung, über die Handhabung der typologischen Deutung könne und dürfe »keine lehrgesetzliche Norm aufgestellt werden«, sie könne »hermeneutisch nicht mehr reguliert werden«, sondern geschehe »in der Freiheit des Heiligen Geistes« (10, Seite 33), Anlaß zu Einwänden. So sagt A. H. J. Gunneweg, »daß mit der Freiheit des Heiligen Geistes die Willkür des Exegeten leicht verwechselt werden kann, darf nicht verschwiegen werden« (6, Seite 158).

3. Hinweise zu einer sachgerechten Auslegung des AT

3.1 Das Problem der Methodik

H. W. Wolff formuliert in seinem äußerst lesenswerten Aufsatz »Zur Hermeneutik des Alten Testaments« (16, Seite 251ff.) zwei wichtige methodische Thesen:

»1. Abzulehnen ist jede Auslegungsmethodik, die sich mit einem Prinzip zum Herrn über den Text und seinen Zusammenhang aufschwingt, statt in seinen Dienst zu treten« (16, Seite 251).

Wolff sieht immer die Gefahr der Textvergewaltigung im Verzuge, wenn die Mannigfaltigkeit alttestam. Texte unter die Presse einer textfremden Einheitsfrage geschoben wird, heißt diese nun »Gesetz und Evangelium« oder »Verheißung in Christus«.

»2. Zu erstreben ist also eine Auslegungsmethodik, die mit allen verfügbaren Mitteln den Text in seinem geschichtlichen Zusammenhang zu verstehen sucht und bemüht ist, willkürliche Deutungen auszuschalten« (16, Seite 255).

Drei mögliche Textzusammenhänge untersucht Wolff auf ihre Sachgemäßheit:

1. Den Kontext der altorientalischen Religionen
2. Den geschichtlichen Zusammenhang mit dem Spätjudentum und der Synagoge
3. Das NT als sachgemäßen Kontext

H. W. Wolff sieht im Neuen Testament die »eschatologische Analogie des Alten Testaments«, da ohne Frage »Israel als Bundesvolk Jahwes im ganzen wie im einzelnen Typos der Ekklesia Jesu Christi ist« (16, Seite 264). Dabei darf aber die reformatorische Hinwendung zum Literalsinn nicht rückgängig gemacht werden. »So stehen wir vor dem Ergebnis, daß die altorientalische Umwelt und die jüdische Nachwelt des alttestamentlichen Israel uns wohl zahllose Verstehenshilfen im einzelnen bieten, nicht aber zum wesentlichen Gesamtsinn des Alten Testamentes eigentlich Vergleichbares aufweisen. Nur das Neue Testament bietet die Analogie eines auf Geschichtsfakten bezogenen Glaubenszeugnisses von dem Bundeswillen Gottes, der sich inmitten der Welt ein Volk erwählt und es zur Freiheit unter seiner Herrschaft beruft... So ist die Analogie von Altem und Neuem Testament getragen von geschichtlicher Relation. Der alte Bund geht auf den neuen zu: Israel wird um der Völker willen berufen. Der neue Bund kommt vom alten her: Jesus Christus ist Davids Sohn und Passahlamm. Es ist die Analogie von Weg und Ziel, von Schatten und Körper, von Bild und Sache, von Verheißung und Erfüllung, von Verlöbnis und Ehe. Diese Analogie in geschichtlich einmaliger Relation, die nicht ohne ein entscheidendes Moment der Steigerung hin zum Eschaton ist, nennen wir Typologie« (16, Seite 269ff.). H. W. Wolff ist es in beeindruckender Weise gelungen, ein umfassendes Konzept typologischer Einbindung des NT in das AT vorzulegen und damit das bereits im NT selbst deutlich sichtbare typologische Verfahren für die Gegenwart neu zugänglich zu machen. Dabei bleibt sowohl der Eigenwert des AT gewahrt, wie auch das NT als umfassender Deutehorizont für das AT zur Geltung kommt. Nach unserer Meinung ist die typologische Methode die sachgemäßeste Auslegung des AT.

3.2 Das Problem einer gesamtbiblischen Theologie

Ist das NT der sachgerechte Kontext für das AT, dann gilt, was in den gesamtbiblischen Positionen bei Peter Stuhlmacher und Hartmut Gese ausgeführt worden
ist: AT und NT gehören für die Auslegung zusammen und bilden einen gemeinsamen Traditionszusammenhang. Beide können nur in engster Verbindung miteinander verstanden werden. Eine Deutung des AT, abgetrennt vom NT, ist deshalb
nicht sachgemäß.

3.3 Trinitarische Interpretation des AT

Versteht das NT das Heilsgeschehen in seiner Ganzheit als das schöpferische Handeln des Dreieinigen Gottes an der Welt und an seiner erwählten Gemeinde, dann ist
das hermeneutisch von großer Bedeutung. Weil im alten Bund der Gott am Werk ist,
der der Vater Jesu Christi ist, kann auch sein Handeln in der Geschichte des alten
Bundes nur als trinitarisches Geschehen verstanden werden.»Die ganze
Geschichte des alten Bundes ist auf dem Wege zu Christus hin, die Zeit des alten
Testaments die auf Christus zueilende Zeit. Von den Vätern und der Schilfmeer-
gemeinde bis zur Gemeinde des nachexilischen Tempels wohnt dem Geschehen ein
endzeitliches Gefälle inne, das in Christus zur Erfüllung kommt« (4, Seite 144). Zu
Recht drängt Hans Wildberger darauf,»daß dieses Eigenwort des Alten Testaments nicht durch eine voreilige Identifikation des alt- und neutestamentlichen
Zeugnisses oder eine hermeneutische Methode, durch die alttestamentliche Ver-
kündigungsinhalte zu neutestamentlichen erhoben werden, in Frage gestellt wird«
(4, Seite 145).

Kurt Frör zeigt, daß die trinitarische Interpretation hier den notwendigen weiten
Spielraum beläßt:»Sie fragt nach dem Handeln des Vaters in der Geschichte des
alten Bundes und nach dem Wirken des heiligen Geistes im prophetischen Wort
und im Glaubensbekenntnis der Gemeinde. Sie ist wohl in bestimmter Hinsicht
gleichzeitig auch christologische Interpretation, da dieses ganze Geschehen auf das
Kommen und die Verherrlichung des Sohnes ursprünglich bezogen ist . . . Sie ist es
aber auch insofern, als in der Lehre von der Trinität das Handeln des Sohnes aus dem
trinitarischen Handeln nicht weggedacht werden kann« (4, Seite 145).

Wenn auch nach der Trinitätslehre der Vater nirgends ohne den Sohn handelt, so ist
doch die Geschichte seines Handelns im alten Bund eine Geschichte vor Christus
und nicht das gleiche wie die Erfüllung im Christusgeschehen selbst. Dabei darf das
Heilsgeschehen des AT nicht nur nach seiner Strukturanalogie zum 2. Glaubensartikel gesehen werden, sondern ebenso ist seine Beziehung zum 3. Glaubensartikel, und d. h. als ekklesiologische Auslegung, zu beachten.»Die erwählte, glaubende und wartende Gemeinde ist das Schöpfungswerk des heiligen Geistes . . . Die
ekklesiologische Auslegung, die den Text nach den Anfängen der Führungen Gottes
und der Vorbereitung seines Handelns an der eschatologischen Heilsgemeinde in
der Geschichte befragt, ist in vielen Fällen die nächstliegende und wirklich sachgemäße Weise der trinitarischen Interpretation« (4, Seite 146).

3.4 Berücksichtigung der eschatologischen Dimension

Das Alte Testament und das in ihm bezeugte Gesamtgeschehen ist bezogen auf das
Christusgeschehen als eschatologisches Ereignis. Dabei zeigt eine differenzierende
Betrachtung des neutestam. Umgangs mit dem AT, daß dieses Bezogensein nur als
Einheit und Gegensätzlichkeit von eschatologischer Erfüllung und eschatolo-
gischer Krisis verstanden werden kann.»Eschatologische Erfüllung und eschato-
logische Außerkraftsetzung sind dadurch zusammengehalten, daß beides im

Kommen des Christus und seiner Verherrlichung Wirklichkeit wird. Das hebt aber die unauflösbare Gegensätzlichkeit im eschatologischen Heils- und Gerichtshandeln des Vaters nicht auf. Beides, Einheit und Gegensatz, sind im kontingenten Schöpfungshandeln Gottes in Geschichte und Verheißung begründet« (4, Seite 147).

3.4.1 Eschatologische Erfüllung

Nach dem Zeugnis des NT ist Christus die Erfüllung der Verheißung und Erwartung des alten Bundes, und doch sind diese noch endgültig zu erfüllen (2. Kor. 1, 20). Christus ist der Leidende und Verherrlichte, er ist das letzte Wort des Vaters (Hebr. 1, 1), in ihm ist der Gott der Väter am Werk, der seine Zusage hält (Joh. 8, 56).

Deshalb vertritt Jesus die göttliche Autorität der Schrift mit großen Nachdruck (Mt. 4, 1 – 11; Mk. 2, 25 f.; 10, 6 – 8.17 – 19; 12, 26 f.; Lk. 4, 14 – 30; vgl. dazu Jes. 61, 1 ff.). Im Mt.-Ev. wird von Jesus bezeugt, daß er nicht gekommen sei, Gesetz und Propheten aufzulösen, sondern zu erfüllen (Mt. 5, 17).

3.4.2 Eschatologische Außerkraftsetzung

Hart daneben stehen Abbruch und Antithese. Jesu Kritik beschränkt sich nicht auf die Überlieferung, sondern betrifft das AT selbst (Mt. 5, 21 ff.; 12, 6.41 f.; Mk. 7, 14 – 23; 10, 1 – 5.9 – 12; 12, 35 – 37; Lk. 9, 51 – 57; Joh. 2, 19). »Jesus versteht sein Kommen nicht als einfache Fortsetzung des Geschehens im alten Bund, auch nicht als eine gradweise Steigerung und Überhöhung, sondern als seine eschatologische Erfüllung und Ablösung ... Im neuen Bund setzt Gott in freier Gnade einen neuen Anfang« (4, Seite 114.148). Paulus zitiert zwar bei der Beschreibung seiner Berufung (Gal. 1, 15 f.) Berufungsgeschichten des AT (Jer. 1; Jes. 49, 1 f.) und begründet seine Glaubensaussagen stets mit Belegen aus dem AT (Röm. 1, 17; 4; 9; Gal. 3 u. a.), er betont also ausdrücklich die Autorität des AT. Aber in letzter Schärfe verwirft Paulus das Gesetz als Heilsweg (Röm. 10, 4). Christus allein ist Gottes neuer, endzeitlich gültiger Heilsweg.

3.4.3 Eschatologische Erfüllung und Außerkraftsetzung werden nicht gegeneinander ausgeglichen

Diese Spannung kann nicht dadurch aufgelöst werden, daß die Texte nach einem rationalen Schema eingeteilt werden in solche, die erfüllt und verbindlich und in solche, die abgetan und erledigt sind. Dadurch würden die Texte vergewaltigt. Vielmehr müssen an jeden Text zwei Fragen gestellt werden:

1. Worin ist die Stukturanalogie zum Christusgeschehen zu erkennen?
   Hier wird gefragt nach Analogie, Kontinuität, Vorbereitung und Erfüllung.

2. Worin ist die Außerkraftsetzung durch das Christusgeschehen zu erkennen?
   Hier wird gefragt nach Antithese, Diskontinuität, Krisis, Telos und Außerkraftsetzung.

Anmerkungen

[1] R. Bultmann, Glauben und Verstehen. Gesammelte Aufsätze Bd. 1, 4. Aufl., Tübingen 1961

[2] R. Bultmann, Glauben und Verstehen. Gesammelte Aufsätze Bd. 2, 3. Aufl., Tübingen 1961

[3] O. Cullmann, Christus und die Zeit. Die urchristliche Zeit- und Geschichtsauffassung, 3. Aufl., Zürich 1962

[4] K. Frör, Biblische Hermeneutik. Zur Schriftauslegung in Predigt und Unterricht, 3. Aufl., München 1967

[5] H. Gese, Vom Sinai zum Zion, München 1974

[6] A. H. J. Gunneweg, Vom Verstehen des Alten Testaments, Göttingen 1977

[7] A. v. Harnack, Marcion. Das Evangelium vom fremden Gott, 1921

[8] J. Moltmann, Theologie der Hoffnung, München 1964

[9] H. Ott, Die Antwort des Glaubens. Systematische Theologie in 50 Artikeln, 3. Aufl., Stuttgart 1981

[10] G. v. Rad, Typologische Auslegung des Alten Testaments, in: EvTh 12, München 1952/53, S. 17–33

[11] P. Stuhlmacher, Neues Testament und Hermeneutik – Versuch einer Bestandsaufnahme, in: ders., Schriftauslegung auf dem Wege zur biblischen Theologie, Göttingen 1975, S. 9–49, zuerst erschienen in: ZThK 68, Tübingen 1971, S. 121–161

[12] P. Stuhlmacher, Das Bekenntnis zur Auferweckung Jesu von den Toten und die Biblische Theologie, in: ders., Schriftauslegung auf dem Wege zur biblischen Theologie, Göttingen 1975, S. 128–166, zuerst erschienen in: ZThK 70, Tübingen 1973, S. 365–403

[13] P. Stuhlmacher, Vom Verstehen des Neuen Testaments, GNT Bd. 6, hrsg. v. G. Friedrich, Göttingen 1979

[14] W. Vischer, Das Christuszeugnis des Alten Testaments Bd. 1. Das Gesetz, München 1934

[15] Hrsg. C. Westermann, Probleme alttestamentlicher Hermeneutik, Aufsätze zum Verstehen des Alten Testaments, TB Bd. 11, Altes Testament, München 1968

[16] H. W. Wolff, Gesammelte Studien zum Alten Testament, TB Bd. 22, Altes Testament, München 1973

1. Hebräisches Denken ist eine auf die Wurzeln der Geschichte und des Glaubens Israels sich besinnende Betrachtungsweise. Man sieht sich in einem bestimmten Augenblick der Geschichte, nicht nur in Zeiten und Abläufen, Gottes Handeln und Sprechen preisgeben (Mk 1,15; Gal 4,4; II Kor 6,2; Apk 18,8.19). Er offenbart sich uns durch seinen Anspruch, durch seinen Willen, durch seine Botschaft und will uns mitnehmen in seine Zukunft und Zielsetzung. Dies ist der Ursprung des hebräischen Denkens. Bei der Gottesanschauung ist im hebräischen Denken das Geschehniselement entscheidend. Im Unterschied dazu legt das Griechentum dem Gottesbegriff das Seinsdenken zugrunde. Auch in der Reformation tritt in der Theologie das Geschehniselement in den Vordergrund: Gott *macht* den Sünder gerecht. Die mittelalterlichen Mystiker, die tief geschaut haben, nahmen Bezug auf das Griechentum und sind deshalb in der Spannung zwischen Sünde und Gnade nicht zum Durchbruch gekommen. Denn der Grieche fragt immer nach Seinszusammenhängen und hat auch das Empfinden, daß die Seinszusammenhänge in ihren Gegensätzen polar miteinander verbunden sind. Das ist interessant bis hin zur heutigen Lehrentwicklung, während der Hebräer bei Licht und Finsternis, beim Reden vom Bösen und von der Sünde, gar kein Interesse daran hat, die Polarität im Sein herauszuarbeiten. Die Folge ist, daß der hebräisch denkende Mensch in der Beobachtung der Wirklichkeit an den konkreten Einzelelementen der Geschehnisse interessiert ist. Das ist das Große im Judentum bis auf den heutigen Tag. Der Grieche fragt jedoch nach den übergeordneten Zusammenhängen, er liebt die Konstruktion und die Abstraktion in der Ausdrucksweise.

2. Daß Gott ein verborgener Gott ist, den man erfragen muß, daß er sich aber hier und da kundgetan hat und noch kundtut, bringt eine Kontinuität mit sich und ist ein Grund dafür, weshalb wir von Heilsgeschichte sprechen müssen. Er ist im Alten Testament das Gegenüber als Schöpfer, als Träger des Bundes und als Geber der Gebote, die seiner großen Barmherzigkeit und Heiligkeit entspringen. Im hebräischen Gottesgedanken ist das Grundlegende die unbestreitbare und nicht hinterfragbare Heiligkeit Gottes und seiner Gebote. Der Grieche hingegen will das Element des Göttlichen aus der Mythologie in die Bildungslehre und in die Seinslehre überführen. Damit wird die Gotteslehre im tiefsten Sinne problematisch, weil sie kategorial gebunden ist. Der Hebräer jedoch hat diese Schwierigkeiten nicht, aber er hat von sich aus Angst vor der Begegnung mit dem Heiligen (Jes 6,5; Lk 5,8). Gott ist der Heilige Israels, er zieht Israel in seine Heiligkeitssphäre hinein. Wir sprechen mit ihm, er spricht mit uns (Dialog-Denken). Bei Jesaja ist das die Erwählung Israels. Gott vertritt eine letzte Wahrheit, die immer wieder zur Wirklichkeit auf der Erde werden will. Zur Wirklichkeit gehört die Gestalthaftigkeit.

3. Die Hermeneutik fragt nach dem Verstehen und gleichzeitig nach dem Vernehmen. Das Vernehmen der Stimme Gottes ist ein ebenso pneumatischer Vorgang wie das Verstehen, d. h. Verstehen und Vernehmen fragen nach der Wurzel, aus der ich als neuer Mensch komme: Man darf die beiden Prozesse nicht trennen, sie gehören zueinander, aber das Vernehmen ist primär. Vernehmen und Verstehen sind die Entfaltung des Pneumaelementes, die Zusammenordnung und die Folge des Hörens. Man kann nicht verstehen, ohne zu vernehmen. Das Hören und Vernehmen, das Erkennen und Verstehen gehen im Lauf der Zeit und Geschichte in viele Tiefen, sind also nicht überall schematisch erfaßbar und gleich. Diesem Prozeß ordnet sich der entgegengesetzte ein: Man kann nicht hören, man vernimmt die Stimme nicht, man erkennt nicht, man bleibt verschlossen, man versteht nicht *in der Abwehr*. Die Position weiß daher auch um die Negation, ist selbst nur möglich als

Überwindung der Negation, hat also immer den Gegensatz Fleisch-Geist in sich. Es geht in diesem hermeneutischen Prozeß um das Handeln Gottes, das einen bestimmten Weg geht und auf das der Mensch in irgendeiner Weise antworten muß.

4. Das Verständnis des Judentums als Größe eigener Art darf nicht verlorengehen. Das Judentum ist die Wurzel des Christentums, aber die Heilsgeschichte des Alten Testaments hängt speziell mit Israel zusammen. Die Verwerfung Jesu und des Christentums verändert zwar in ihrer Besonderheit das Judentum, hebt es aber als Ganzes nicht auf. Niemals darf außer Acht gelassen werden, daß Judentum und Christentum zwei verschiedene Konfessionen sind, die in der Ausrichtung ihrer Offenbarungstradition durch das Kreuz Jesu geschieden sind. Sie sprechen auf verschiedenen Ebenen. Der Alte Bund ist bis heute Weiterführung des Sinaibundes, der sich ausschließlich und allein Israel zuwendet. Er ist aber offen und geöffnet für die Angehörigen der Fremdvölker, die sich Israel anschließen. Der Neue Bund ist ein durch Golgatha vermitteltes Offenbarungsgeschehen, das durch Erneuerung und Vertiefung, Vergeistigung und Ablösung den Alten Bund ersetzt (Jer 31,31 - 34; Ez 36,26f.). Der Neue Bund wendet sich schrittweise von Israel zu den Völkern, bleibt aber immer eine Frage, die Israel nicht losläßt.

5. Der Zusammenschluß des Alten und Neuen Testaments entspricht dem Versuch, altes und neues Denken vom Bund miteinander eng zu verbinden. Es war nicht gut, Altes und Neues Testament in ihrem Verhältnis zueinander unbestimmt sein zu lassen und alt- und neutestamentliche Theologie forschungsgeschichtlich voneinander abzusetzen. Vielmehr ist in der Verbindung von Alt und Neu ein rabbinisches Lehrverfahren gegeben, wie es der Hebräerbrief darstellt. Es ist natürlich auch ein abwertendes Element dabei (z. B. II Kor 3), aber wichtiger ist die Struktur, daß Gott aus seiner freien Verfügung, aus seiner Herablassung heraus, mit dem Menschen einen Bund schließt und daß der Mensch zu diesem Bund Ja sagt. Es geht also nicht ohne das Bekenntnis. Aber es folgen dann Verpflichtungen - sowohl im Alten Testament wie auch im Neuen Testament -, die dem Bund gemäß sind: Die Verpflichtungen im Bundesdenken entsprechen der Taufe und dem Neuwerden des Menschen in den Gaben des Geistes, die charismatisch entfaltet werden. Das Bundesdenken ist also nicht gegensätzlich, sondern weithin analog. Nach Ez 36 ist der Neue Bund eine Erneuerung und Vertiefung des Alten Bundes. Der Neue Bund setzt den Alten voraus. Wir haben aber nur Vermutungen darüber, wie sich das Hebräische und Aramäische in den Ursprüngen des Neuen Bundes geschichtlich abgespielt haben. Das Griechische ist jedenfalls ein Sekundärelement. Gottes Gnade waltet über dem Hörer, dem Schreiber und dem Übersetzer in großer Genauigkeit. In der Alten Kirche wurde berichtet, daß das Matth.-Ev. ursprünglich auf Hebräisch geschrieben wurde, obwohl uns diese Fassung nicht erhalten geblieben ist. Das Johannesevangelium spricht vom rabbinischen Botenweg: Herkunft des Boten, Vorstellung des Boten (Ich-Stil), Ziel des Boten. Wir müssen Geduld haben und dürfen die Berichte der Kirchenväter nicht zu früh verwerfen. Zurückverfolgen läßt sich die hebräische und aramäische Urtradition deutlich in apokalyptischen und weisheitlichen Texten des Neuen Testaments, obwohl heute die verschiedensten Sprachen und Kirchengebiete uns überkommen sind. Grundlegend bleibt die prophetische Struktur: Erwählung und Berufung, Indienstnahme, Anfechtung, Scheitern und Bewährung. Der Zusammenschluß des Alten und Neuen Testaments ist von der Sache her notwendig. Das alttestamentliche Wort wirkt durch seine Anschaulichkeit und Konkretheit, die Wucht seines Stils und die Absolutheit seiner Forderung, die neutestamentliche Auslegung durch die Tiefe und Sachlichkeit ihrer Beweisführung, die Überbietung und die Transzendenz. Das Alte Testament ist wie eine Wurzel, die in der Erde steckt und aus ihr Kraft nimmt, das Neue Testament ist wie der Baum, der sich in die Höhe reckt, aber nur von der Wurzel her lebt. Das Judenchristentum und die ihm zugeordnete heidenchristliche Taufgemeinde können das Israeldenken

nicht preisgeben, auch die Frage nach der Überbietung und Umformung des Gesetzes wird weithin zugestanden. Lukas kennt sogar ein Judentum, das vom Geist Gottes erfaßt und auf den Messias ausgerichtet ist (Lk 1f.); die Verwerfung des Messias führt zum Gericht Gottes, das sich im apokalyptischen Rahmen vollzieht (Lk 21, 20–24). Das biblische Geistdenken geht nunmehr weithin in Weisheit über. Geist und Weisheit sind messianische Gaben schon vom Alten Testament her. Der Messias tritt in den Bereich des Geistes und der Weisheit.

Grundlegend bleibt für die Aufzählung der Charismen die messianische Ausrüstung von Jes 11,1f. Der Grundbegriff des Geistes Gottes wird aufgegliedert nach Weisheit, Verständnis, Rat, Stärke, Erkenntnis und Frömmigkeit. Es fragt sich, ob bei Paulus der Geistbegriff die Grundlage für die Weisheit ist wie im Alten Testament in Jes 11,1f. oder ob die Weisheitstradition sich von der Geisttradition getrennt hat. Was ist entscheidend: Die Herrschaft des Geistes (II Kor 3,17) oder die Weisheitslehre im Bereich der Schöpfung (I Kor 8,6; Kol 1,15f.; 2,9)? Vielleicht kennt Paulus verschiedene christologische Einsätze, entsprechend der Geist- und der Weisheitslehre.

6. Die komplizierte Frage der Christologie muß jetzt angeschnitten werden. Sie vollzieht sich bei Paulus und Johannes durch historische Berichterstattung, Wirksamkeit durch den heiligen Geist und Übertragung in die apokalyptische Weisheit. Diese apokalyptische Weisheit weist zurück auf Schöpfung und Heilsgeschichte, auf das Geschick der Menschen, die dem Christusereignis begegnen, auf das Ende der Geschichte und den Anbruch der neuen Welt. Diese Weisheitstradition will nicht den Geschichtsbericht entwerten, sondern umgekehrt den kosmischen Anruf auf den Geschichtsbericht beziehen. Die Übertragung von Gottes heiliger Art auf den besonderen Amtsträger geschieht weisheitsmäßig in der Apokalypse. Das Zeugnis Jesu ist die Wurzel der neuen Prophetie: Wir bezeugen ihn, er bezeugt uns. Dort heißt Jesus der Heilige und der Wahrhaftige, es werden also Gottesprädikationen auf Jesus übertragen. An diesen Gottesprädikaten bekommt der Name des Christus Anteil. Schon der Besessene sagt: »Ich weiß, wer du bist: der Heilige Gottes!« (Mk 1,24; Lk 4,34). Dieses weisheitliche Übertragungselement wird auch in die Schöpferprädikation hineingebracht. Das ist ein Teil des vorhergehenden Zeit- und Geschichtsprozesses, denn die Apokalyptik hat das Proton und das Eschaton, das A und das O. Aus diesem Gesetz von A und O folgert die weisheitliche Schöpfungslehre, daß durch Ihn, Christus, alles geschehen ist (vgl. Joh. 1,3), daß er präexistent an der Schöpfung teilgenommen hat. Damit wächst das hebräische Denken in eine neue Dimension. Das Wesenhafte in der Apokalyptik besteht darin, daß sie gegenüber Sünde und Tod nach dem *Gestalthaften* fragt. Das Himmlische will Gestalt werden im Kampf auf der Erde. Das Christusereignis ist gemäß der Botenlehre der Übertragung der himmlischen Erscheinung in irdische Gestalt und gestaltet sich um in die apokalyptische Dimension (Phil. 2,6–11). Die Abschaffung der Leiblichkeit wäre die Vernichtung der Apokalyptik. Mit dem Verlust der Apokalyptik aber verliert das Judentum auch den Kampf um das Gestalthafte. Auch heute noch unterscheiden wir zwischen der himmlischen und der irdischen Welt.

Es geht also um das rechte Verständnis der Geschichte, aber auch um einen Wirkungsprozeß, der Himmel und Erde umspannt. Auch in diesem Fall bleiben wir in der Struktur eines bestimmten, seit Sirach weiterwirkenden Weisheitsdenkens. Im Unterschied zu Paulus und Johannes, für die der Ursprung der Christologie im Lichtmotiv der Schöpfungsgeschichte (Gen 1,3; Joh 1; 2. Kor. 4,6) liegt, ist die Christologie in der lukanischen Geburtsgeschichte in der Zionsüberlieferung verankert und erinnert an Jes 10f., da die Wurzel Isais zur Bethlehemtradition gehört.

7. Bekannt ist der normale Weg des hebräischen Denkens in die Überführung zum Hellenismus; ihm entspricht umgekehrt der auch im Judentum beliebte Weg von der Hellenisierung zurück zur Wiederaufnahme der hebräischen und aramäischen

Voraussetzungen. Will das Judentum diesen Rückweg um Israel willen, so wir Christen um der Reinerhaltung der Wurzeln unseres Glaubens willen. Als Beispiel möchte ich nennen, wie Otto Betz (in: »Glaube und Geschichte«) in Hebr 11,1f. den griechischen Begriff hypostasis aus dem philosophischen Denken herausnimmt und auf das feste Gegründetsein des Glaubens (hebr. mūsād) in Jes 28,16 zurückführt. Wir müssen die Objektivität im hebräischen Denken lernen und die moderne Subjektivierung des Glaubensbegriffes auf einen objektiven Grundbestand zurückführen. Die lateinische Übersetzung von hypostasis ist substantia. Das ganze Substanzdenken der Christologie und des darauf aufgebauten Trinitätsdenkens kommt nicht aus dem biblischen Denken. Substanz ist die falsche Übersetzung von hypostasis, hypostasis ist hebr. mūsād. Im Blick auf das kommende Gericht am Zion stellt Jesaja heraus: Die Grundlage, die durchhält, ist der Glaube, der an JHWH gebunden ist. Die griechischen Denkformen der altkirchlichen Bekenntnisse sind nicht eine unmittelbare Fortsetzung des biblischen Denkens. Wenn Gott zu Jesus spricht: »Du bist mein lieber Sohn, an dir habe ich Wohlgefallen!« (Mk 1,11), dann ist das nicht die Übertragung einer göttlichen Substanz. Und wenn Maria das Kind gebiert, ist es nicht eine Übertragung der menschlichen Substanz – das wird mit Stoßrichtung gegen den Doketismus zu sagen sein. Es ist kein Substanzdenken, sondern *Geschehnisdenken*. Sowohl der Same Abrahams wie auch das Reis Isais sind Glieder einer wunderbaren Heilsgeschichte Israels, die bis ins Fleisch geht. Denn das ganze biblische Denken betont den Geschehnischarakter des Existierens, nicht das kategoriale Sein, das gewöhnlich metaphysisch und transformiert aus dem Physischen gebraucht wird.

8. Hebräisches Denken setzt sowohl Heilsgeschichte als auch Periodendenken fest, weiß aber, daß ein letzter Begriff, eine letzte Wahrheit im Alten und Neuen Bund Heilsgeschichte stets aufs neue aufbrechen kann. Die Umkehr stellt Anzeichen des Gerichtes Gottes in der Heilsgeschichte und der Periodik fest und ist bereit, ein Neues heraufzuführen. Amos und Jesaja bringen es fertig, die ganze Heilsgeschichte in Frage zu stellen. Das Gericht Gottes ist ein Einbruch, der die Heilsgeschichte zunächst unterbricht, aber auf einer neuen Ebene fortsetzt. Propheten führen sie weiter, indem sie durch Buße vor Gott einen neuen Anfang suchen. Diese prophetische Überlieferung wird durch die Täuferbewegung aufgenommen, die auch Kritik an Israel übt. Hier konzentriert sich die Scheltrede und die Klage, die aber dem Bußgebet der Synagoge nicht fernsteht. Entscheidend ist die Aussage Johannes des Täufers (Lk 3,8): »Denn ich sage euch: Gott kann dem Abraham aus diesen Steinen Kinder erwecken!« Jesus bestätigt diese Sicht (Lk 7,28): »Denn ich sage euch, daß unter denen, die von Weibern geboren sind, ist kein größerer Prophet als Johannes der Täufer; der aber kleiner ist im Reich Gottes, der ist größer als er.« Eine Zeitwende steht bevor: Wer führt sie herauf? Johannes der Täufer oder Jesus selbst? Beide bleiben nicht in der Wüste, sondern opfern sich im Dienst als Knechte Gottes, beide treten unter eine Struktur des Dienstes, der Niedrigkeit und des Opfers. Wann kommt der Durchbruch? Wie vollzieht sich die Entscheidung in der Umkehr? Es war der Zeuge H. Frey, der aus seiner Lutherkenntnis die einzige Möglichkeit erkannte, wie eine Kirche neu werden kann: Nicht durch Aufklärung, sondern durch Umkehr und Buße. Ihm entspricht die abrahamitische Dreiform bei Fr. Rosenzweig: Reue, Gebet und Bereitschaft zum Dienst.

Während die Qumranmönche sich nicht ausliefern an die Mächte, sondern sich hier in der Welt durch ihre Lehre und den Anschluß an den Lehrer aus dem Tod retten, geht Jesus, indem er nach der Täuferfestnahme in die Öffentlichkeit geht, in die Selbstpreisgabe, um Heilsgeschichte zu unterbrechen und auf anderem Wege neu werden zu lassen. Deshalb nimmt er den Bußruf des Täufers wörtlich auf, damit diese Selbstpreisgabe zur Voraussetzung für alles wird, was jetzt geschieht. So gab die Täufergemeinde ihr Erbe an Jesus und die Jüngerschaft weiter. Die Probleme zwischen Täuferbewegung und Christentum dürften jedoch sehr viel schwerer gewesen sein, als wir es heute noch sehen. Es ist sicher so, daß Täuferschüler nicht zu Jesus übertraten, daß sie teilweise sogar in den Gegensatz zu Jesus und dem Christentum traten, daß es die Aufgabe der Apostel war, die Begegnung mit den Täuferjüngern im Gebiet der Diaspora weiterzuführen. Das sind alles historische Elemente. Die jüdische Forschung darf die Gestalt Jesu nicht zu weit von der Taufbewegung trennen (Joh.-Ev.).

9. Ganz besonders sollte man auf die Besonderheit des Johannesevangeliums achten. Es ist die Gabe des Lieblingsjüngers, also keine literarische Fiktion (Joh 13,23; 19,26; 20,3; 21,20). Er ist das Urbild des Zeugen, der nach der pragmatischen Methode historische Einzelzüge, grundsätzliche Glaubensaussagen und Vergegenwärtigung im »Geist« miteinander verbindet. »Wort« und »Geist« sind immer eng miteinander verbunden.

Bei der Frage der pragmatischen Geschichtsmethode, die für das Neue Testament wichtig ist (Lk 1,1 – 4), ist zu beachten, daß die Notwendigkeit der Augenzeugenschaft und der Traditionsprozeß nebeneinanderstehen. Damit ist dem Traditionsprozeß eine besondere Rolle zugewiesen, da durch ihn die verschiedenen Schichten nacheinander und nebeneinander geordnet wurden. Denn die Evangelien sind hebräisch in der Hinsicht, daß die langsam wuchsen, ehe sie schriftlich fixiert wurden. Die Stoffe waren also schon vor der schriftlichen Fassung da. Sie formten sich und suchten Zusammenhänge, sie mußten ja geordnet werden. Am Anfang standen bestimmte zusammenhängende Schichten. Es stand nicht das Einzelne am Anfang – da hat die Formgeschichte sicher unrecht –, sondern am Anfang standen bestimmte Schichten und Zusammenhänge. Daher muß man bei der Bewertung des vierten Evangeliums gegenüber den Synoptikern vorsichtig sein, denn hier liegt der Traditionsprozeß in einer anderen Ordnung vor.

Die historische Methode verlangt nach allen Evangelien »Genauigkeit« und »Wahrheit« (Lk 1,1 – 4). Auch das vierte Evangelium hat eine bestimmte Geschichtsmethode, die einzelne Züge und das Besondere herausstellen will, aber eine bestimmte Planung nicht verliert. Entscheidend ist, daß Wahrheit und Genauigkeit rein bewahrt bleiben und sich nicht verfälschen lassen. Das Problem ist dasselbe wie bei Josephus. Kehren wir zurück zum Problem »Geist« als Entfaltung eines exegetischen Prozesses und »Weisheit« als Gottesplanung im apokalyptischen Sinn (Daniel). Für Paulus und Johannes sind beide Begriffe keine Gegensätze. Grundsätzlich hat der »Geist« die Gestalt und Ausformung der historischen Urform zu besorgen, die »Weisheit« zeigt die apokalyptischen Hintergründe und Gegensätze auf.

10. Johannes spricht vom »Sohn« und »Menschensohn« im Sinne des messianischen Geistträgers; er verwendet dabei rabbinische Grundsätze im Sinn der Mischna (Zeugenrecht). Zwischen Judentum und Christentum gibt es also bestimmte rechtliche Bezüge, die beide anerkennen müssen. Der »Sohn« ist als Bote der himmlischen Welt zu verstehen, der »Menschensohn« ist Träger des göttlichen Gerichtes. Sohn und Menschensohn sind Zeichen und Begriffe für ein gegenwärtiges Geschehen, das einzig und unvergleichlich ist. Das Letzte wird in die Gegenwart hineingehoben. Der Sohn weist sich als Gesandter aus, der vom Vater abhängig ist und zum Vater zurückkehrt. Er handelt so, wie der Vater sich ihm offenbart (Joh 5,17). Man glaubt antithetisch, er wolle sich dem Vater gleichstellen, während er nur den Willen des Vaters kundtut. Er ist Beispiel eines einzigartigen Gehorsams ohne entsprechende Analogie. Diese Sätze zeigen eine deutliche und klare hermeneutische Problemstellung. Am Anfang steht nicht eine Gruppe, sondern ein einzigartiger historischer Bote vom Himmel her. Wahrheit und Genauigkeit prägen diese Geschichtsaussage. Wie der Sohn sieht und hört, was der Vater tut, so hört der Vater

umgekehrt jederzeit, was der Sohn aussagt und tut (Joh 11,42). Das ist dialogisches Geschehen im Sinn des hebräischen Denkens.

11. Entsprechend erkennt der Jünger an der geheimen Ordnung am Grab die Zeichen und Spuren der himmlischen Boten und der himmlischen Welt, die hier eingreift (Joh 20,8). Er sah und glaubte, d. h. am Zeichen wird er stark, gewinnt er Festigkeit. Es geht hier um ein exegetisches Schlußverfahren, das seine Voraussetzungen hat und eine entsprechende Logik aus sich heraussetzt. Man lernt dabei aufs neue, was man in der Schule Jesu gelernt hat: das Wirken Gottes in der Gegenwart am Zeichen und Hinweis hermeneutisch zu erkennen. Man bleibt dabei durchaus in einem hebräischen Rahmen. Es ist ganz unwahrscheinlich, daß diese johanneischen Denkformen anderswoher stammen als aus der hebräischen Urtradition.

12. Wir fragen seit M. Buber und Fr. Rosenzweig nach den Grundgesetzen des hebräischen Denkens. M. Buber und Fr. Rosenzweig sahen beide das Gemeinsame im Judentum und im Christentum in einer bestimmten Grunderfahrung Gottes. Sie schieden grundsätzlich zwischen Gott, Welt und Mensch. Die Frage ist offen, ob eine Denksystematik geeignet ist, die biblischen Grundaussagen aufzunehmen und auszulegen. Das hebräische Denken ist Sprach- und Erfahrungsdenken, das auf die Offenbarung bezogen ist. Ich wollte hier nur zweierlei tun: auf den exegetischen Interpretationsprozeß hinweisen (= aus dem Geist Gottes als Voraussetzung) und die weisheitlich-apokalyptische Grundlage im Neuen Testament sicherstellen. Solange ich Judaistik treibe und im Gespräch mit jüdischen Kollegen stehe, bleibt die Fragestellung von Fr. Rosenzweig im »Stern der Erlösung« in mir lebendig. Die Schöpfung, die Fleischwerdung Gottes und die Weitergabe in Geist und Weisheit bilden einen biblischen Offenbarungsvollzug. Damit ist gleichzeitig meine christliche Abweichung von Fr. Rosenzweig angedeutet.

Literaturhinweise

O. Betz,   Die Geschichtesbezogenheit des Glaubens im Alten und Neuen Testament, in: H. Stadelmann (Hrsg.), Glaube und Geschichte. Heilsgeschichte als Thema der Theologie, Gießen/Wuppertal 1986, S. 1–30

F. F. Bruce,   Zwei Testamente – eine Offenbarung. Die Entfaltung alttestamentlicher Themen im Neuen Testament, Wuppertal 1972

C. H. Dodd,   According to the Scriptures. The Sub-Structure of New Testament Theology, London 1972

H. Frey,   Die Krise der Theologie. Historische Kritik und pneumatische Auslegung im Lichte der Krise, Wuppertal 1971

O. Michel,   Dienst am Wort. Gesammelte Aufsätze, hrsg. v. H. Haacker, Neukirchen-Vluyn 1986

G. v. Rad,   Theologie des Alten Testaments Bd. 1, München [7]1978, Bd. 2, München [7]1980

F. Rosenzweig, Der Stern der Erlösung, Den Haag [4]1976

E. Rosenstock-Huessy,   Die Sprache des Menschengeschlechts, 2 Bde., Heidelberg 1963/64

E. Rosenstock-Huessy,   Die Umwandlung des Wortes Gottes in die Sprache des Menschengeschlechts, Heidelberg 1968

RAINER RIESNER,
Der Christus-Offenbarung nach-denken (Erstveröffentlichung)

Anmerkungen zur paulinischen Hermeneutik in 1 Kor 1,18 – 2,16.*

Nirgends in seinen Briefen äußert sich Paulus so grundsätzlich zur Frage »Glauben und Verstehen« wie in 1 Kor 1,18 – 2,16. Die Ausführungen des Apostels scheinen aber vielen modernen hermeneutischen Darlegungen darin verwandt, daß sie mühsam zu lesen und schwer zu verstehen sind. Ein solcher Eindruck entsteht jedenfalls spätestens, wenn man zu diesem Abschnitt in die Kommentare sieht. Nach einem recht weit verbreiteten Verständnis allerdings gilt die Aussage des Textes als völlig klar: Paulus zeigt den in griechisch-philosophischen Vorstellungen befangenen Korinthern die Unzuständigkeit der menschlichen Vernunft für Glaubensdinge.

Der Schlüsselvers für diese Deutung ist 2,14, wo es nach der revidierten Luther-Übersetzung von 1956 heißt:»Der natürliche Mensch aber vernimmt nichts vom Geist Gottes; es ist ihm eine Torheit, und er kann es nicht erkennen; denn es muß geistlich verstanden sein.« Einer der von Laien am stärksten gelesenen Kurzkommentare zur Bibel zieht daraus die ganz prinzipielle Schlußfolgerung:»Außerhalb des Hl. Geistes, also außerhalb der Gemeinde Jesu, der Jesus allein seinen Geist schenkt, gibt es kein Verstehen.« Und zu 2,13 (»Davon reden wir auch nicht mit Worten, welche menschliche Weisheit lehren kann, sondern mit Worten, die der Geist lehrt, und deuten geistliche Sachen für geistliche Menschen.«) heißt es unmittelbar vorher:»Kein Wunder sprechen die Frommen für die anderen eine andere Sprache, sind unverständlich in ihrem Reden und Leben«[1]. Die Worte des Paulus scheinen in der Tat nur die Alternative zu lassen: menschliche Vernunft oder Heiliger Geist!

Es ist hier nicht beabsichtigt, 1 Kor 1,18 – 2,16 detailliert auszulegen. Vielmehr sollen nur einige Beobachtungen genannt werden, warum die aufgestellte Alternative den differenzierten theologischen Aussagen des Apostels nicht gerecht wird. Bei unserer Exegese wollen wir den fundamentalen hermeneutischen Grundsatz illustrieren: Verstehen heißt in Zusammenhänge stellen. Das bedeutet hier: 1) 1 Kor 2,14 ist nicht isoliert zu zitieren, sondern innerhalb des hermeneutischen Zusammenhanges von 1,18 – 2,16 zu interpretieren (literarischer Kontext). 2) So grundsätzlich die Aussagen in 1,18 – 2,16 sind, Paulus macht sie in einer ganz spezifischen Gemeindesituation, wie sie sich aus 1,10 – 4,21 und darüber hinaus aus der gesamten korinthischen Korrespondenz (1/2 Kor) ergibt (historischer Kontext). 3) Die Aussagen von 1,18 – 2,16 über den Heiligen Geist und menschliche Vernunft sind mit anderen paulinischen Ausführungen zur selben Thematik zu vergleichen, so daß unser Textverständnis erweitert und gegebenenfalls auch korrigiert werden kann (theologischer Kontext). 4) Paulus spricht selbst davon, daß einige griechische und jüdische Vorstellungen die Konfliktsituation in Korinth mitbestimmt haben (1,22). Je mehr wir über die Denkvoraussetzungen der Gegner des Paulus wissen, desto besser können wir auch seine Antwort an sie verstehen (religionsgeschichtlicher Kontext).

1. These: Allein der Heilige Geist offenbart Gott im gekreuzigten Messias Jesus.

Darin hat das eben skizzierte populäre Verständnis recht: Paulus widerspricht dem Grundsatz aller Aufklärung, daß die menschliche Vernunft *aus sich selbst* heraus Gott (auch wenn sie Surrogate wie Natur oder Sein für ihn einsetzt) erkennen kann: »Keiner erkennt, was in Gott ist, als nur der Geist Gottes. Wir aber haben nicht den Geist der Welt empfangen, sondern den Geist, der aus Gott stammt, so daß wir erkennen, was uns von Gott geschenkt worden ist« (2,11 f). Leitet der Apostel also die Korinther zum Staunen an, wie sehr sie den Nichtchristen an Erkenntnis überlegen sind? Wenn man die Verse liest, die unserem Abschnitt unmittelbar folgen

(3,1 – 3), erhält man einen anderen Eindruck: » Ihr seid fleischlich (σαρχιχός)«, sagt Paulus (3,3), und damit stellt er die Korinther dem »natürlichen Menschen« (ψυχιχὸς ἄνϑρωπος) von 2,14 gleich (s. u.).

Der Abschnitt 1,18 – 2,16 ist nämlich keine isolierte Abhandlung über den Gegensatz von christlicher und nichtchristlicher Erkenntnis, sondern Teil einer Kritik an spalterischen Tendenzen in der korinthischen Gemeinde, also unter Christen. Das Stichwort »Streit« (ἔρις) bildet eine Klammer (1,11; 3,3) um unseren Abschnitt. Die Kapitel 3 und 4 behandeln die Frage der korinthischen Spaltungen weiter, wobei wichtige Motive aus 1,18 – 2,16, wie z. B. das von Weisheit und Torheit (3,18 – 21; 4,10), wieder aufgenommen werden.

Nach 4,1 – 21 hat sich die Situation schon so zugespitzt, daß die tonangebende Strömung in Korinth die Autorität des Paulus angreift, und im zweiten Brief wird dieser Konflikt vollends deutlich (2 Kor 3 – 6; 10 – 13). Wie aber konnten korinthische Christen es wagen, sich mit höherem geistlichen Anspruch ihrem Gemeindegründer entgegenzustellen? Nach der Gemeindegründung haben auch noch andere Lehrer in Korinth gewirkt: Apollos (1,12; 3,4 – 6; 4,6), vielleicht[2] Petrus (1,12; 3,22; 9,5) und dann vor allem solche, »die sich in Apostel Christi verkleiden« (2 Kor 11,13). Wie Adolf Schlatter in einer bis heute lesenswerten Studie[3] wahrscheinlich gemacht hat, handelte es sich um Judenchristen (2 Kor 11,22) mit Beziehungen zu einer Gruppe in der palästinischen Urkirche. Vielleicht haben die Gegner des Paulus sogar Gedanken aus dem frühen johanneischen Schülerkreis häretisch weiterentwickelt[4].

Als Vergleichsmaterial für den jüdischen Hintergrund (vgl. 1,22) der korinthischen Irrlehrer stand Schlatter hauptsächlich das rabbinische Schrifttum zur Verfügung. Er sah die korinthische Häresie deshalb als christliche Reaktion gegen pharisäische Lehren, wobei aber gleichzeitig die Autorität des Alten Testaments, des Apostels und der Christus-Offenbarung selber angetastet wurden. Nach den Qumran-Funden haben Forscher auf die Möglichkeit essenisierender Tendenzen bei den Irrlehrern von Korinth hingewiesen[5] sowie auf entsprechende terminologische und sachliche Parallelen bei Paulus selbst aufmerksam gemacht[6]. Gleich wie man die korinthische Häresie genau einordnet, für jedes ihrer hervorstechenden Merkmale finden sich genügend nahe Vergleichsmöglichkeiten mit jüdischen Strömungen der Zeit vor 70 n. Chr. Dagegen berechtigt uns religionsgeschichtlich nichts dazu, unter Berufung auf einen angeblich vorchristlichen gnostischen Erlöser-Mythos aus 1 Kor 1 – 2 Vorstellungen herauszulesen, die erst in der Gnosis des zweiten nachchristlichen Jahrhunderts belegt sind[7]. Darauf hat schon früher der Religionswissenschaftler Karl Prümm[8] und neuerdings besonders eindringlich Ulrich Wilckens[9] hingewiesen, der damit seine frühere Ansicht korrigierte. Die neuesten Untersuchungen gehen deshalb auch in der Regel von der jüdischen Weisheitstradition als dem nächstliegenden religionsgeschichtlichen Deutehorizont aus[10].

In 2,7 spricht Paulus von der »verborgenen Weisheit Gottes«. Dieses Motiv begegnet im Alten Testament nicht bloß in Jes 40, 13 f, auf das 2,16 anspielt, sondern z. B. auch in zwei wunderbaren Weisheitshymnen des Hiob-Buches (Hi 28; 38 – 39). Hi 28,20 f spricht ähnlich wie 1 Kor 2,7 (σοφία ἀποκεκρυμμένη) von »verborgener Weisheit« (הַחָכְמָה נֶעֱלָמָה). Eine besonders nahe Parallele zum Argumentationsgang in 1 Kor 2,6 – 16, auf die schon A. Robertson und A. Plummer aufmerksam gemacht haben[11], bietet die Weisheit Salomos (9,13 ff):

»Welcher Mensch vermag denn Gottes Willen zu erkennen,
oder wer kann erfassen, was der Herr verlangt . . .
Nur zur Not erraten wir, was auf Erden ist,
und verstehen mit Mühe, was auf der Hand liegt.
Die himmlischen Dinge aber, wer kann sie ergründen?

Wer erkannte deinen Willen, wenn du nicht die Weisheit (σοφία) gabst
und aus der Höhe deinen Heiligen Geist (ἅγιον πνεῦμα) sandtest?
Nur so werden die Pfade der Erdenbewohner geebnet
und die Menschen darüber belehrt, was wohlgefällig ist.
Nur durch die Weisheit werden sie gerettet.«

Die Sapientia Salomonis ist wohl in der zweiten Hälfte des ersten vorchristlichen
Jahrhunderts in Alexandrien[12], vielleicht in therapeutischen Kreisen[13], entstanden,
weist aber auch Beziehungen zur palästinischen Qumran-Literatur auf[14]. Die Korin-
ther konnten mit solchen Aussagen über die Verborgenheit und Offenbarung der
Weisheit Gottes schon vor dem Brief auf verschiedene Weise vertraut sein, durch
den Alexandriner Apollos (vgl. Apg. 18,24 f.), die aus Palästina gekommenen
Falschlehrer, aber auch durch Paulus selbst, bei dem besonders im Römerbrief
Motive aus der Weisheit Salomos anklingen (z. B. Röm 11,22; 12,8.10.12 – 18).

Hinsichtlich des Grundsatzes, daß nur Gott allein sich durch sich selbst offenbaren
kann, ist Paulus also sowohl mit dem überwiegenden Teil des zeitgenössischen
Judentums wie auch mit seinen Gegnern einig gewesen. Kontrovers war der Inhalt
der letztgültigen Offenbarung Gottes. Im Judentum der neutestamentlichen Zeit
traute man sich, den Kampf mit der griechischen φιλοσοφία aufzunehmen, weil
man davon überzeugt war, in der geoffenbarten Torah den Inbegriff göttlicher Weisheit (חכמה, σοφία) zu besitzen[15]. Der Torah und der in Korinth vertretenen
»Menschenweisheit« (2,5) stellt Paulus die Weisheit gegenüber, die Jesus Christus in
Person ist, »indem er uns (von Gott) zur Gerechtigkeit, Heiligung und Erlösung
gemacht wurde« (1,30) und zwar nicht anders denn »als Gekreuzigter« (2,2). Wie
aber konnte Paulus gerade sein Weisheitsverständnis zum alleinigen Kriterium für
Weisheit und Torheit erheben? Es ist kein Zufall, wenn es in der korinthischen Korrespondenz immer wieder um seine Legitimität als Apostel geht.

*2. These: Die letztgültige Christus-Offenbarung ereignet sich nicht je neu in der
Subjektivität des Pneumatikers, sondern wird durch das einmalige apostolische
Zeugnis vermittelt.*

Der Kampf des Paulus mit seinen korinthischen Gegnern war deshalb so hart, weil
nicht einfach die Berufung auf die menschliche Vernunft gegen die Berufung auf den
Heiligen Geist stand. Die Kontrahenten konnten es wagen, sich gegen Paulus und
seine Auffassung des Evangeliums zu wenden, weil sie selber über pneumatische
Erfahrungen verfügten. Das spiegelt sich schon im ersten Brief (vor allem in Kap.
12 – 14) wider und wird dann in der Polemik des zweiten Schreibens (2 Kor 12,1 – 12)
besonders deutlich. Wenn wir fragen, wo man sich im Judentum für Offenbarungser-
kenntnisse auf mystisch-ekstatische Erfahrungen berief, dann werden wir vor allem
auf die verschiedenen Spielarten des Essenismus verwiesen[16]. Unter den pneumatischen Phänomenen weist gerade das in Korinth besonders geschätzte Beten in
unbekannten Sprachen Beziehungen zur Frühzeit der Kirche in Palästina auf (Apg.
2,1 – 4; 10,44 – 46)[17].

In Korinth stand also Geist gegen Geist! Aber wo war der echte zu finden? Paulus
spricht davon, daß die Offenbarung der »Weisheit Gottes« (2,7) von den »weltlichen Herrschern« (ἄρχοντες τοῦ αἰῶνος τούτου) im Gekreuzigten
nicht erkannt wurde (2,8). Besonders die Erwähnung der Kreuzigung
(ἐσταύρωσαν) zeigt, daß es sich bei den »Archonten dieses Äons« nicht um
dämonische Mächte handelt, sondern um die menschlichen Verfolger Jesu und seiner Gemeinde[18]. Zu ihnen gehörte auch Paulus (Gal 1,13 vgl. Apg 9,1 f). Wie aber hat
er schließlich doch den Gekreuzigten als den »Herrn der Herrlichkeit« (2,8)
erkannt? Schon dieser seltene[19] Ausdruck deutet an, wo für Paulus der Umbruch in
seiner Christuserkenntnis geschah: auf dem Weg nach Damaskus, als er den
Gekreuzigten in göttlicher Lichtherrlichkeit schaute (Apg 9,3 – 5 vgl. Gal 1,11 – 16).

In sorgfältiger Exegese hat der junge evangelikale Forscher Seyoon Kim gezeigt, daß hinter 2,6 – 10 auch sonst deutlich Motive des Damaskusereignisses stehen[20]. Dagegen kann man nicht einwenden, daß Paulus hier nicht wie in Gal 1 in Ich-, sondern in Wir-Form redet. 2,6 – 16 steht in untrennbarem Zusammenhang mit den in Ich-Form gefaßten Abschnitten 2,1 – 5 und 3,1 – 2. Auch an anderer Stelle gebraucht Paulus einen solchen »schriftstellerischen Plural«[21], wobei man im Einzelfall fragen muß, ob in dem Wir noch andere Apostel oder paulinische Mitarbeiter einbegriffen sind. In den Abschnitten 2 Kor 3,4 – 4,6 und 5,14 – 20 redet Paulus ebenfalls im Wir-Stil vom Damaskuswiderfahrnis und der ihm dort geschenkten Christus-Offenbarung[22]. Paulus anerkennt zwar auch für Korinth die Gabe prophetischer Rede (12,10 u. ä.), aber weder dieses Charisma noch eigene spätere Christus-Visionen (2 Kor 12, 1 – 9) hat er auf eine Stufe mit der Christus-Schau bei Damaskus gestellt. Sie schloß die Reihe der konstitutiven Erscheinungen des Auferstandenen ab (15,3 –8) und machte Paulus zusammen mit einem abgrenzbaren Kreis anderer (15,7: ἀπόστολοι πάντες) in herausgehobener Weise zum »Apostel Jesu Christi« (15,9 vgl. 9,1). Zunächst einmal ist es keine allgemeine Aussage über christliche Erkenntnis, wenn es in 2,10 heißt: »Uns hat es Gott geoffenbart (ἀπεκάλυψεν) durch den Geist«. Der Aorist weist auf die Damaskusoffenbarung als einem abgeschlossenen Ereignis zurück[23]. Paulus redet hier erst einmal individuell-biographisch, und man muß deshalb genau fragen, wieweit man sein Erleben hermeneutisch verallgemeinern kann.

Wie wenig man erst einmal 2,6 – 16 zu einer für alle Christen gültigen Aussage machen darf, zeigt sich daran, daß die Korinther, obwohl sie Gläubige sind (1,2), die rechte Christus-Erkenntnis nicht besitzen. Während Paulus mit anderen Aposteln zu den »Verwaltern der Geheimnisse Gottes« (4,1 vgl. 2,10) gehört, nennt er die Korinther »Unmündige« (νήπιοι), ja »fleischlich« (σάρκινοι) im Erkennen (3,1 – 3). Man hat immer wieder versucht, ψυχικοί (2,14) und σάρκινοι als zwei verschiedene Menschengruppen – Nichtwiedergeborene ohne jede geistliche Erkenntnis und Christen mit mangelhafter geistlicher Erkenntnis – zu unterscheiden[24]. Aber man darf sich hier von der Kapiteleinteilung unserer Bibel nicht zu einer künstlichen Trennung verleiten lassen. 3,1 – 4 ist kein Neueinsatz, sondern zieht die Konsequenz aus den vorausgehenden Ausführungen. Da jedesmal πνευματικός den ausschließlichen Gegenbegriff darstellt, »ergibt sich die Gleichung... ψυχικοί = σάρκινοι = νήπιοι «[25]. Das Christsein der Korinther garantiert also nicht automatisch ihre zutreffende geistliche Erkenntnis. Es fragt sich nun, welchen Weg der Apostel für seine Gemeindemitglieder zu solcher Erkenntnis sah.

3. *These: Der Heilige Geist gebraucht in der Gemeindelehre die menschliche Vernunft als vernehmendes Organ für die Christus-Offenbarung.*

Die Christus-Offenbarung kam nicht aus rationaler Anstrengung zustande, aber sie wird in einer der Vernunft zugänglichen Weise weitergegeben. Paulus kann seine Predigt (κήρυγμα , 1,21) geradezu formelhaft als »Wort vom Kreuz« (λόγος τοῦ σταυροῦ) bezeichnen (1,18). Die Vermittlung der Offenbarung geschieht also worthaft, und sie ist an ein einmaliges geschichtliches Geschehen gebunden. Neben seiner Auseinandersetzung mit der Schöpfungsfeindlichkeit der Korinther muß Paulus mit ihnen vor allem um die rationale und historische Dimension der Christus-Offenbarung kämpfen.

Wie sehr in Korinth die geschichtliche Verankerung (und das bedeutet auch immer die rationale Zugänglichkeit) der Christus-Offenbarung auf dem Spiel stand, zeigt sich schon allein daran, daß der Apostel sich in keinem seiner Schreiben so häufig auf geprägte Überlieferungen beruft wie im ersten Korinther-Brief (4,16 f; 7,10 f; 9,14; 11,1.23 – 25; 14,33 – 36; 15,3 – 5). Schlatter bemerkt dazu: »Die Theorien der Weisen gehen abseits von der Geschichte Jesu ihren eigenen Weg. Über dem Vielerlei, von dem sie sprechen, wird die Erinnerung an Jesus geschwächt, so daß Paulus fürchtet, die auf den Christus gerichtete Einfalt gehe ihnen durch ihre Gedanken verloren«[26]. Auch hinter den Ausführungen unseres Abschnitts dürfte ein wichtiges Jesus-Wort (Mt 11,25/Lk 10,21 vgl. 1,28) stehen[27].

Das beste Zeugnis für den rationalen Charakter der paulinischen Gemeindeunterweisung ist der erste Korinther-Brief selbst, denn er wurde sorgfältig nach den Regeln der antiken Rhetorik disponiert[28]. Während eine Losung der Korinther »Über die Schrift hinaus!« (vgl. 4,6) hieß[29], belegt Paulus seine Aussagen gerade auch in der korinthischen Korrespondenz mit kunstvoll durchgeführten Schriftbeweisen (vor allem in 10,1 – 11; 2 Kor 3,4 – 18)[30]. Sie besaßen für antike Leser eine noch viel größere rationale Überzeugungskraft, als uns heute scheinen will, da sie die zugrundeliegenden hermeneutischen Prinzipien jüdisch-hellenistischer Exegese teilten[31].

Das rationale Bemühen des Paulus bei seiner Unterweisung läßt sich aber nicht bloß indirekt erschließen, sondern geht auch aus direkten Aussagen hervor. Den noch immer »unmündigen« Korinthern will Paulus »Milch«, das heißt leichtverständliche Lehre geben, damit sie zu richtiger Erkenntnis kommen (3,1 f). Das ist pädagogischer Sprachgebrauch[32], wie er sonst ebenfalls im Zusammenhang mit christlicher Anfängerkatechese begegnet (Hebr 5, 12 – 14; 1 Pt 2,2). Ähnliche »Erziehungsterminologie«[33] findet sich auch in dem Abschnitt 4,14 – 17, welcher das Kommen des Timotheus vorbereitet, der an die paulinische Lehrüberlieferung (ὁδού = הלכות , 4,17) zurückerinnern soll. Der geistliche Kampf um die Korinther schließt für Paulus ein pädagogisch-intellektuelles Bemühen also nicht aus, sondern ein. Nur darf man wegen des unvermittelbaren Gegensatzes von »fleischlich« und »geistlich« in 3,1 – 3 nicht meinen, daß es bloß um eine graduelle Verbesserung der Erkenntnis der Korinther ginge: »Der Skopos bei Paulus wie im Hebräerbrief ist, die Adressaten einerseits durch vertiefende Lehre über das bloße Anfangsstadium der Bekehrung hinaus zu notwendigem »Fortschritt« zu führen, andererseits sie zugleich zu warnen, bei Nichterreichen dieser höheren Erkenntnisstufe die Grundlage selbst und damit den ganzen Heilsstand zu verlieren«[34].

Gerade im ersten Korinther-Brief hat Paulus eine seiner grundsätzlichsten Aussagen über die Notwendigkeit der Vernunft für die Glaubenden formuliert: »Brüder, seid keine Kinder an Urteilskraft (φρένες), sondern hinsichtlich der Bosheit sollt ihr unmündig sein, an Urteilskraft aber seid vollkommen!« (14,20). Hier wird eine unmittelbare Verbindung zwischen Hermeneutik und Ethik hergestellt, der kurz nachgegangen werden muß.

4. These: Geistliche Erneuerung des Denkens ist immer an christliche Ethik gebunden.

An den Beginn des paränetischen Teils seines Römerbriefes stellt Paulus die Aufforderung: »Paßt euch nicht dieser Weltzeit an, sondern ändert euch durch Erneuerung der Vernunft (μεταμορφοῦσθε τῇ ἀνακαινώσει τοῦ νοός), damit ihr prüft, was der Wille Gottes ist, das Gute, Wohlgefällige und Vollkommene« (Röm 12,2). Dieser fast wie ein Bekehrungsaufruf klingende Satz ist an Christen gerichtet, deren Erkenntnis als Glaubende offenbar immer wieder der Erweiterung und Korrektur bedarf. Ziel des Umdenkens ist eine ethische Verwirklichung, deren Inhalt Paulus überraschend allgemein mit geläufigen Wendungen der hellenistischen Philosophie beschreibt[35].

Derselben unauflösbaren Verbindung von geistlichem Erkennen und ethischem Handeln begegnen wir auch im ersten Korinther-Brief: »Wenn aber unter euch Streit und Eifersucht herrschen, seid ihr da nicht fleischlich (σαρκικός) und wandelt nach Menschenart (κατὰ ἄνθρωπον)?« (3,3). Nur allzuoft folgt das Denken dem Wollen und nicht umgekehrt. Ethisches Fehlverhalten kann rasch zur Verdunkelung, ja Verkehrung des geistlichen Erkennens führen (Röm 1,20 f vgl. 1 Kor 1,21)[36]. Fast noch stärker als um die Hermeneutik der Korinther kümmert sich Paulus deshalb um ihre Ethik: Weil die Korinther jetzt schon satt sein und herrschen wollen (4,8), müssen sie die Bedeutung des Kreuzes beiseiteschieben, sich der leidgeprüften Gestalt des Apostels schämen, die materiell und geistig Benachteiligten verachten sowie die Hoffnung auf zukünftige Vollendung geringschätzen. Mit seiner Verklammerung von Hermeneutik und Ethik bleibt Paulus ganz in den Bahnen des alttestamentlichen Weisheitsdenkens, für das »Gottesfurcht der Anfang der Weisheit« (Spr 1,7) war[37].

Auf den ersten Blick sieht es in 1,18 – 2,16 so aus, als könne es überhaupt keinen Übergang vom »natürlichen« zum »geistlichen« Menschen geben. Die Gnosis faßte die paulinische Antithese tatsächlich als unüberwindbare, ontologische Festlegung auf. Dagegen hat bereits Philipp Bachmann im Zahnschen Kommentarwerk beobachtet: »Aber der Fortgang der Darstellung zeigt auch hier schon, nämlich in 3,2 f, daß der Unterschied des natürlichen und des geistlichen Menschen nicht unveränderlich ist, sondern sogar von beiden Seiten aus verändert werden kann«[38]. Die Korinther haben in »Bekehrung und Taufe…das πνεῦμα empfangen«, aber »dem sakramentalen Kriterium pneumatischer Erkenntnis entspricht bei ihnen nicht das sittliche Kriterium des Pneumatikers«[39].

Darum nennt Paulus sie »fleischlich« und sieht sie so in der Gefahr des Heilsverlustes. Der pneumatische Überschwang machte die Korinther zu Sakramentalisten[40], die nicht mehr ernsthaft mit dieser Möglichkeit rechneten (10,1–13). Solcher Enthusiasmus scheint auch dazu geführt zu haben, daß man in Korinth im Gegensatz zu Paulus die missionarische Verpflichtung vernachlässigte.

5. These: Missionarische Verantwortung fordert eine verständliche Verkündigung des Evangeliums, damit Ablehnung an seinem Anspruch und nicht aus Unverständnis entsteht.

In 3,1 f sagt der Apostel, daß er nun bei den Korinthern genauso verfährt wie zur Zeit der Gemeindegründung: »Damals mußte ich euch Milch zu trinken geben und keine feste Speise: damals nämlich habt ihr es nicht (vertragen) können (οὔπω ἐδύνασθε , Aorist!), und ihr könnt es auch jetzt nicht« (3,2). Das ist nicht der einzige Hinweis in den paulinischen Briefen, daß sich der Apostel gerade in der Missionsverkündigung um Verständlichkeit gemüht hat[41]. Den Vorzug der prophetischen Rede vor der Glossolalie begründete er nicht nur im Blick auf die Verständlichkeit für die Gläubigen (14,1 – 19), sondern auch mit der möglichen Teilnahme von Außenstehenden (ἰδιῶται und ἄπιστοι) am Gemeindegottesdienst (14,23 f).

Hinter der mangelnden Rücksichtnahme auf Nichtchristen im Gemeindegottesdienst könnte bei den Korinthern die Überzeugung gestanden haben, daß der Geist schon ohne menschliche Vermittlung wirken würde. Weil aber der »Herr der Geist ist« (2 Kor 3,17), der »Freiheit« schafft, gleicht sein Wirken am Menschen nicht dem apersonalen Hingerissensein durch die heidnischen Götter (12,1 – 3). Man könnte 2,14 positiv paraphrasieren: »Wenn ein natürlicher Mensch annimmt (δέχεται), was vom Geist Gottes stammt, dann hört es ihm auf, Torheit zu sein, und er vermag zu begreifen, weil er geistlich zu urteilen beginnt«. Bei δέχεσθαι ist nicht zuerst an das kognitive (so Luther: »vernehmen«), sondern an das willensmäßige Element gedacht[42]. Eine solche Beziehung zwischen Umkehr und Erkennen stellt jedenfalls 2 Kor 3,15 f her[43]: »Bis heute liegt, sooft Mose vorgelesen wird, eine Hülle auf ihrem Herzen. Sobald sich jedoch einer zum Herrn bekehrt, wird die

Hülle fortgenommen«. Das bedeutet aber bei Paulus keinen bloßen Voluntarismus. Denn »dadurch«, schreibt Schlatter, »daß der Verband mit Gott nicht auf Gottes Lehren und des Menschen Verstehen, sondern auf Gottes Liebe und des Menschen Vertrauen begründet ist, wird ... der Glaubensakt für Paulus nicht blind, grund- oder vernunftlos. Das Kreuzeswort wird dem Menschen nach seinem göttlichen Motiv und Ziel gedeutet, und daraus entsteht ein Wissen um Gottes Tat, das die Basis des vertrauenden Verhaltens wird«[44]. Auch wenn pneumatische Überwältigungserlebnisse als Grenzerfahrung nicht ausgeschlossen werden können, so haben Erkennen und Wollen doch in der Regel Teil an der Entstehung des Glaubens[45]. Damit ist kein Synergismus begründet, denn ohne die Christus-Offenbarung und ihre Verkündigung stößt menschliches Denken und Entscheiden ins Leere.

Was die Darlegung der »Weisheit« anbetrifft, die »Jesus Christus als unsere Gerechtigkeit, Heiligung und Erlösung« ist (1,30), so hat Paulus beim Nachdenken darüber von seinen Gemeinden nicht wenig an geistiger Anstrengung erwartet. Ein beredtes Zeugnis dafür bietet der zweite Petrus-Brief, wenn er zu den paulinischen Briefen feststellt: »Manches ist in ihnen schwer verständlich, was die Ungebildeten (ἀμαθεῖς) und Haltlosen (ἀστήρικτοι) wie auch die übrigen Schriften zu ihrem Verderben verdrehen« (3,16). Bemerkenswert ist, daß hier nicht nur ethische Unzulänglichkeit, sondern auch mangelnde geistige Bereitschaft für die Entstellung der paulinischen Lehre verantwortlich gemacht wird[46]. Ohne daß es darin aufging, kann man das Urchristentum auch als eine Bildungsbewegung charakterisieren[47]. Schon damals hat man zwei Erfahrungen gemacht, die sich heute ebenfalls beobachten lassen: Die im Glauben geschenkte Erkenntnis kann (wie bei manchen in Korinth) zu anmaßender Halbbildung führen. Glaubenserkenntnis vermag aber auch geistige Abstumpfung und Unbeweglichkeit in Wachheit und Anteilnahme zu verwandeln.

In 1 Kor 1,18 – 2,16 geht es also entgegen dem populären Verständnis und der Meinung mancher Fachexegeten[48] nicht um völlig andere geistliche Erkenntnisorgane[49]. Wer Paulus eine solche Schöpfungsfeindschaft unterstellt, der macht noch nachträglich die gnostische Fehlinterpretation zur Siegerin über den Apostel. Die Korinther wollten ihren Verstand auslöschen und nur vom göttlichen Geist abhängig sein. So merkten sie nicht, wie sich die produzierende menschliche Vernunft desto breiter machte. Die korinthische Auferstehungsanschauung etwa wurde durch griechische und jüdische Spekulationen verdorben[50]. Paulus dagegen kämpfte für die vernehmende Vernunft, die ihre Denkinhalte aus der Heilsgeschichte empfängt. Er mußte deshalb mit den Korinthern um das Alte Testament, die urkirchliche Überlieferung und sein Apostolat ringen, weil sich nur mit ihrer Hilfe die authentische Christus-Offenbarung erkennen läßt.

Anmerkungen

* Diese Ausführungen entstanden im Anschluß an das Hauptseminar »Biblische Hermeneutik« von Professor Peter Stuhlmacher an der Universität Tübingen (Sommersemester 1984).

[1] Lutherbibel erklärt. Die Heilige Schrift in der Übersetzung Martin Luthers mit Erläuterungen für die bibellesende Gemeinde, Stuttgart 1974, (NT) 330.

[2] Vgl. J.A.T. ROBINSON, Wann entstand das Neue Testament?, Paderborn – Wuppertal 1986, 207 f.

[3] Die korinthische Theologie, BFChTh 18/2, Gütersloh 1914, bes. 117 – 125.

[4] Vgl. A. SCHLATTER, Die Geschichte der ersten Christenheit, Suttgart[6] 1983, 222 f.

[5] Vgl. J. J. GUNTHER, St. Paul's Opponents and Their Background. A Study of Apocalyptic and Jewish Sectarian Teachings, NT Suppl 35, Leiden 1973; E. E. ELLIS, Paul and His Opponents, in: Prophecy and Hermeneutic in Early Christianity, WUNT I/18, Tübingen 1978, 80 – 115.

[6] Vgl. J. COPPENS, »Mystery« in the theology of Saint Paul and its parallels at Qumran, in: J. MURPHY-O'CONNOR, Paul and Qumran, London 1968, 132 – 158; E. E. ELLIS, »Wisdom« and »Knowledge« in I Corinthians, in: Prophecy and Hermeneutic, 45 – 62.

[7] So besonders U. WILCKENS, Weisheit und Torheit. Eine exegetisch-religionsgeschichtliche Untersuchung zu 1 Kor 1 und 2, BHTh 26, Tübingen 1959. Doch vgl. Anm. 9.

[8] Zur neutestamentlichen Gnosis-Problematik. Gnostischer Hintergrund und Lehreinschlag in den beiden Einleitungskapiteln von 1 Kor ?, ZKTh 87 (1965), 399 – 442; 88 (1966), 1 – 50.

[9] Zu 1 Kor 2,1 – 16, in: C. ANDRESEN – G. KLEIN, Theologia Crucis – Signum Crucis (FS für E. Dinkler), Tübingen 1979, 501 – 537.

[10] Vgl. vor allem G. THEISSEN, Psychologische Aspekte paulinischer Theologie, FRLANT 131, Göttingen 1983, 341 – 363; J.A. DAVIS, Wisdom and Spirit. An Investigation of 1 Corinthians 1,18 – 3,20 against the Background of Jewish Sapiential Traditions in the Greco-Roman Period, London 1984.

[11] A Critical and Exegetical Commentary on the First Epistle of St. Paul to the Corinthians, Edinburgh[2] 1914, 51; vgl. jetzt auch G. THEISSEN, Psychologische Aspekte paulinischer Theologie, 349 – 363.

[12] Vgl. L. ROST, Einleitung in die alttestamentlichen Apokryphen und Pseudepigraphen, Heidelberg[2] 1979, 41 – 44.

[13] Vgl. P. GÉOLTRAIN, Le traité de la Vie Contemplative de Philon d'Alexandrie, Sem 10, Paris 1960, 26.

[14] Literatur bei C. ROMANIUK, Le Thème de la Sagesse dans les Documents de Qumran, RQ 9 (1978), 430 – 435 (435). Zur Bedeutung der »Weisheit Salomos« für das NT vgl. ders., Le livre de la Sagesse dans le Nouveau Testament, NTS 14 (1967/68), 498 – 514.

[15] Vgl. M. HENGEL, Judentum und Hellenismus, WUNT I/10, Tübingen[2] 1973, 275 – 318.

[16] Vgl. R. RIESNER, Jesus als Lehrer. Eine Untersuchung zum Ursprung der Evangelien-Überlieferung, WUNT II/7, Tübingen[2] 1984, 291 – 297 (dort weitere Lit.).

[17] Vgl. SCHLATTER, Die korinthische Theologie (s. Anm. 3), 56 – 61.

[18] Vgl. WILCKENS, FS für E. Dinkler (s. Anm. 9), 507 – 510; H. J. KLAUCK, 1. Korintherbrief, Würzburg 1984, 29, sowie schon WILCKENS, a.a.O.; 76 – 79 und vor allem J. SCHNIEWIND, Die Archonten dieses Äons, 1 Kor 2,6 – 8, in: Nachgelassene Reden und Aufsätze, Berlin 1952, 104 – 109.

[19] Im NT begegnet **κύριος τῆς δόξης** nur noch im judenchristlichen Jakobus-Brief (2,1), während eine Entsprechung in der auch in Qumran beliebten Henoch-Literatur als Gottesprädikat erscheint (1 Hen 63,2).

[20] The Origin of Paul's Gospel, WUNT II/4, Tübingen[2] 1984, 74 – 99. Vgl. auch schon A. SCHLATTER, Paulus der Bote Jesu. Eine Deutung seiner Briefe an die Korinther, Stuttgart 1934, 119. An der theologischen Bedeutung des Damaskusereignisses geht völlig vorbei V. HASLER, Das Evangelium des Paulus in Korinth. Erwägungen zur Hermeneutik, NTS 30 (1984), 109 – 129.

[21] Vgl. A. OEPKE, Der Brief des Paulus an die Galater, ThHK 9, Berlin[4] 1979, 51.

[22] Vgl. KIM, Origin of Paul's Gospel (s. Anm. 20), 5 – 20.

[23] Vgl. a.a.O.; 78.

[24] So z. B. F. F. BRUCE, 1 and 2 Corinthians, London 1971, 40 – 42.

[25] WILCKENS, FS für E. Dinkler (s. Anm. 9), 507. Vgl. auch A. ROBERTSON – A. PLUMMER, I Corinthians (s. Anm. 11), 49; P. BACHMANN, Der erste Brief des Paulus an die Korinther. KNT 7, Leipzig[2] 1910, 141; H. LIETZMANN (bearb. v. W. G. KÜMMEL), An die Korinther I/II, HNT 9, Tübingen[5] 1969, 148 f.

[26] Die korinthische Theologie (s. Anm. 3), 81.

[27] Vgl. H. D. WENDLAND, Die Briefe an die Korinther, NTD 7, Göttingen[13] 1972, 24.

[28] Vgl. M. BÜNKER, Briefformular und rhetorische Disposition im 1. Korintherbrief, GThA 28, Göttingen 1984.

[29] Vgl. W. LÜTGERT, Freiheitspredigt und Schwarmgeister in Korinth, BFChTh 12/3, Gütersloh 1908, 97.

[30] Vgl. E. E. ELLIS, Exegetical Patterns in I Corinthians and Romans, in: Prophecy and Hermeneutic (s. Anm. 5), 213 – 220 und auch R.N. LONGENECKER, Biblical Exegesis in the Apostolic Period, Grand Rapids 1975, 104 – 132.

[31] Vgl. P. STUHLMACHER, Vom Verstehen des Neuen Testaments. Eine Hermeneutik, NTD ErgR 6, Göttingen[2] 1986, 66 – 74.

[32] Vgl. J. WEISS, Der erste Korintherbrief, KEK V, Göttingen[9] 1910, 72.

[33] H. CONZELMANN, Der erste Brief an die Korinther, KEK V, Göttingen[11] 1969, 89.

[34] WILCKENS, FS für E. Dinkler (s. Anm. 9), 513.

[35] Vgl. O. MICHEL, Der Brief an die Römer, KEK IV, Göttingen[14] 1978, 372, Anm. 24.

[36] Vgl. E. FASCHER, Der erste Brief des Paulus an die Korinther I, ThHK 7/1, Berlin[2] 1980, 101.

[37] Vgl. dazu G. VON RAD, Weisheit in Israel, Neukirchen-Vluyn 1970, 75 – 101.

[38] Der erste Brief des Paulus an die Korinther (s. Anm. 25), 136 f, Anm 1.

[39] WILCKENS, FS für E. Dinkler (s. Anm. 9), 526 f.

[40] Vgl. F. LANG, Die Gruppen in Korinth nach 1. Korinther 1 – 4, ThBeitr 14 (1983), 68 – 79 (77 f).

[41] Vgl. D.W. KEMMLER, Faith and Human Reason. A Study of Paul's Method of Preaching as Illustrated by 1 – 2 Thessalonians and Acts 17,2 – 4, NTSuppl 40, Leiden 1975 und auch G. BORNKAMM, Glaube und Vernunft bei Paulus, in: Studie zu Antike und Urchristentum (Ges. Aufsätze II), Tübingen 1970, 119 – 137.

[42] Vgl. WENDLAND, Die Briefe an die Korinther (s. Anm. 27), 182 f.

[43] Vgl. WEISS, Der erste Korintherbrief (s. Anm. 32), 65 f; ROBERTSON – PLUMMER, I Corinthians (s. Anm. 11), 49; W. BAUER, Wörterbuch zum Neuen Testament, Berlin[5] 1975, 352. Wie Calvins Aussagen über den menschlichen Willen differenzierter zu sehen sind, als es oft geschieht, zeigt A.N.S. LANE, Did Calvin believe in Freewill?, Vox Evangelica 12 (1981), 72 – 90.

[44] Der Glaube im Neuen Testament (hrsg. v. P. STUHLMACHER), Stuttgart[6] 1982, 391 f.

[45] Man vergleiche die beiden völlig unterschiedlichen geistlichen Biographien von T. GORITSCHEWA, Die Rettung der Verlorenen, Wuppertal 1983 (mystisches Erlebnis) und C. COLSON, Watergate, wie es noch keiner sah, Stuttgart-Neuhausen 1976 (intellektuelle Überführung).

[46] Vgl. K.H. SCHELKLE, Die Petrusbriefe, HThK XIII/2, Freiburg[5] 1980, 238.

[47] Vgl. E. A. JUDGE, Die frühen Christen als scholastische Gemeinschaft, in: W.A. MEEKS, Zur Soziologie des Urchristentums, ThBü 62, München 1979, 131 – 164. Zur sozialen Schichtung in Korinth vgl. G. THEISSEN, Studien zur Soziologie des Urchristentums, WUNT 19, Tübingen[2] 1983, 231 – 271.

[48] Z. B. BRUCE, 1 and 2 Corinthians (s. Anm. 24), 41; FASCHER, Paulus an die Korinther (s. Anm. 36), 129.

[49] Vgl. dagegen auch K.H. MICHEL, Sehen und glauben, ThD 31, Wuppertal 1982.

[50] Vgl. SCHLATTER, Die korinthische Theologie (s. Anm. 3), 28 f; WILCKENS, FS für E. Dinkler (s. Anm. 9), 530 – 537.

REINHARD SLENCZKA, Schrift – Tradition – Kontext.
Die Krise des Schriftprinzips und das ökomenische Gespräch, aus:
Th. Schober, H. Krimm, G. Möckel (Hrsg.), Grenzüberschreitende Diakonie
(FS Paul Philippi), Verlagswerk der Diakonie, Stuttgart 1984, S. 40–52

Schrift und Tradition bezeichnet ein altes kontroverstheologisches Thema, zu dem schwerlich noch Neues zu sagen ist. *Kontext* hingegen verweist auf eine an Überlieferungs- und Auslegungsgeschichte ausgerichtete Exegese, bei der ein geschichtlicher Wandel menschlicher Situationen für das Verstehen berücksichtigt wird. Im ökumenischen Gespräch kann die Verständigung über den Kontext der Schriftauslegung vergangener und gegenwärtiger Zeiten eine wichtige Grundlage sein für die Verständigung der getrennten Kirchen. Die Veränderung der äußeren Umstände kann neue Einsichten im Schriftverständnis öffnen oder sogar fordern. Die herkömmliche Antithese von Schrift und Tradition wird dabei weitgehend aufgehoben, und das Schriftprinzip scheint in das Traditionsprinzip überführt zu sein. Denn der Kontext hat nunmehr eine mindestens normierende, um nicht zu sagen normative Funktion für die Auslegung.

Die vieldiskutierte *Krise des Schriftprinzips* hat ihren Ursprung in der historischen Methode. Das Wort der Schrift steht dann nicht mehr als Wort Gottes dem Menschen unmittelbar mit seinem Anspruch gegenüber, sondern es erscheint in der Geschichtlichkeit menschlichen Denkens und Redens. Auch damit rückt das Traditionsprinzip in den Vordergrund. Die Folgen dieser Krise aber zeigen sich im ökumenischen Gespräch darin, daß der Beitrag der reformatorischen Kirchen, soweit er durch das Schriftprinzip bestimmt ist, sein Proprium verloren hat. Denn es ist schwerlich noch möglich, von der Heiligen Schrift als Grund kirchlicher Einheit und vor allem als Kriterium für die Unterscheidung von wahrer und falscher Kirche zu sprechen. Die dogmatische Entscheidung weicht dem Prinzip der geschichtlichen Entwicklung; und das betrifft nicht nur das reformatorische Schriftprinzip, sondern ebenso auch andere Vorstellungen von kirchlichen Entscheidungen. Damit ist das Problem angedeutet, in dem sich die folgenden Überlegungen bewegen.

Als Orientierungshilfe in der Fülle von Problemen soll aber noch folgender Hinweis dienen: Ein Grundtext für das reformatorische ›sola scriptura‹ ist Luthers Vorrede zu seiner »Assertio omnium articulorum ...« von 1520. Beiläufig, und die Textanspielung wurde nicht einmal am Rande vermerkt, findet sich darin ein Hinweis auf das Gleichnis von den Arbeitern im Weinberg (Mt 20,1–16). Luthers Überlegungen beziehen sich einerseits auf die Bindung der Schriftauslegung an kirchliche bzw. theologische Autoritäten und andererseits auf die – wie wir heute sagen würden – Geschichtsbedingtheit des Verstehens (pro suo tempore). Unter die Arbeiter im Weinberg zählen die Heiligen und Kirchenväter, die jedoch nicht mit den Aposteln und Propheten gleichgesetzt werden können. Sie haben ihre Aufgabe in der jeweiligen Zeit, aber auch die Grenzen ihrer Fähigkeiten. So haben sie für ihre Zeit gearbeitet, wie wir für unsere arbeiten. Jedoch: »Es ist (also die Schrift) *ein* Weinberg, doch verschiedene sind die Arbeiter der verschiedenen Stunden; sie alle arbeiten wohl in demselben Weinberg, jedoch nicht mit denselben Hacken und Messern der Arbeiter«.[1] Eigenartig ist, wenn man diese Anspielung weiter bedenkt, daß die Arbeiter der verschiedenen Stunden keineswegs nach Qualität und Umfang ihrer Arbeit entlohnt werden, sondern daß sie am Abend alle den gleichen Lohn empfangen. Daher kann und braucht man nicht alles, was von theologischen und kirchlichen Autoritäten in der Schriftauslegung gesagt worden ist, in gleicher Weise anzunehmen; vieles Mühen und große Gelehrsamkeit können sogar ergebnislos bleiben. Das Entscheidende hängt an »einem einzelnen Zufall und einer, ich weiß nicht welchen, unverständlichen Anregung des Geistes«, die zum Verstehen führt. Mit diesem Hinweis auf das Gleichnis wird eine Einheit, ja sogar eine völlige Gleichheit unter der Schrift aufgedeckt, in der sämtliche Differenzen von Zeit, Bildung, Erfahrung und Methoden zwar nicht aufgehoben, aber doch im Entscheidenden zurückgestellt werden. Das betrifft auch solche Gegensätze, die uns unüberwindlich zu sein scheinen. Freilich betrifft dies nicht einen doch letztlich aussichtslosen Konsens methodisch konsequenter Schriftauslegung. Vielmehr ist vom Geist die Rede, der im rechten Verständnis eben nicht zuerst ein theologischer Begriff, sondern das göttliche Subjekt in allem Reden von Gott und mit Gott ist.

Die ökumenische Gesprächslage

These: Schrift und Tradition bezeichnen seit der Reformation bis in unsere Gegenwart den fundamentalen Kontroverspunkt und mithin die zentrale Unterscheidungslehre für die reformatorische Theologie. Es ist heute festzustellen, daß keine Kontroversen mehr um dieses Thema geführt werden. Worin liegen dafür die Ursachen? Wie ist das theologisch zu bewerten?

Dogmatische Themen zeigen ihre Bedeutung erst, wenn man sie im kirchlichen Leben lokalisiert hat. Demgegenüber bedeutet es eine verhängnisvolle Verengung bis zum Verlust der Sache, wenn man sie lediglich auf die fachtheologische Diskussion und die daraus hervorgehenden Publikationen reduziert.

Daß sich in der ökumenischen Begegnung Kirchen des Wortes und Kirchen des Amtes bzw. der Sakramente gegenüberstehen, fand seit je seinen Ausdruck in der bekannten phänomenologischen Unterscheidung von einem protestantischen und einem katholischen Kirchentyp. Für den protestantischen gilt, was sich in nahezu gleichlautenden Formulierungen in unseren Kirchenverfassungen als Präambel findet und was am deutlichsten wohl in der Basis des Lutherischen Weltbundes zum Ausdruck kommt: »Der Lutherische Weltbund bekennt sich zu der Heiligen Schrift des Alten und Neuen Testaments, als der einzigen Quelle und unfehlbaren Norm alles kirchlichen Lehrens und Handelns...«. Die Heilige Schrift als Erkenntnisprinzip und Unterscheidungsmerkmal.

Von hier aus war es für die reformatorischen Kirchen in der ökumenischen Begegnung wie in bilateralen Gesprächen selbstverständlich, stets bei der Behandlung von Unterscheidungslehren mit dem Thema Schrift und Tradition einzusetzen. So haben es bereits die Theologen der Konkordienformel in ihrer Kritik am Trienter Konzil gehalten[2] und bei ihrem Briefwechsel mit dem ökumenischen Patriarchen Jeremias II. von Konstantinopel[3]. Ebenso verfährt man in den Anfängen der ökumenischen Bewegung in den zwanziger Jahren dieses Jahrhunderts[4]. Auch die neueren theologischen Gespräche mit dem Moskauer Patriarchat haben im Jahr 1959 mit dem Thema Schrift und Tradition begonnen.[5]

Ausführlich ist das Thema Schrift und Tradition in den fünfziger und sechziger Jahren von einzelnen Theologen sowie in Studienprojekten von Kommissionen intensiv verhandelt worden. Die dabei erzielten Ergebnisse bilden bis heute die dogmatische Voraussetzung für sämtliche theologischen Gespräche. Seither bildet dieses Thema keinen ernsthaften Kontroverspunkt mehr.

Wie kam es dazu, daß ein Jahrhunderte lang unüberwindbarer Gegensatz nunmehr aufgehoben zu sein scheint? In Stichworten sei an einiges erinnert: Von *evangelischer Seite* ist die wohl zunächst von Karl Barth stammende, doch dann von Gerhard Ebeling programmatisch ausgearbeitete These zu nennen: »Kirchengeschichte als Geschichte der Auslegung der Heiligen Schrift«[6]. Diese These zielt, wie es Ebeling in einer Reihe weiterer Beiträge dann ausgeführt hat, auf eine »Hermeneutik der Konfessionen«[7]. Sie beruht auf folgendem Gedanken: »Die Kirchengeschichte ist das, was zwischen uns und der Offenbarung Gottes in Jesus Christus steht. Sie steht dazwischen trennend und verbindend, verdunkelnd und erhellend, belastend und bereichernd. Durch sie hindurch erreicht uns das Zeugnis von Jesus Christus. *Insofern gehört sie mit zum Offenbarungsgeschehen.* Es gibt ebensowenig einen unmittelbaren Zugang zur Heiligen Schrift, wie es einen unmittelbaren Zugang zu Jesus Christus gibt«.[8]

Methodisch ist dies als eine Historisierung der existentialen Interpretation anzusehen, die zu bestimmten ekklesiologischen Konsequenzen führt. Was später Ernst Käsemann in eine griffige Formel gefaßt hat, erwächst aus dieser Voraussetzung. Geschichtlichkeit impliziert nicht Identität, sondern Variabilität des Kerygmas, und zwar – kurz angedeutet – in der innerkanonischen Überlieferung ebenso wie in der Schriftauslegung. Die Schrift steht nicht mehr gleichzeitig der Kirche aller Zeiten gegenüber, sondern sie entfaltet sich gewissermaßen in der Kirchengeschichte und in der Vielfalt von Kirchen und Konfessionen. Bei Käsemann heißt das ausdrücklich: »Der neutestamentliche Kanon begründet als solcher nicht die Einheit der Kirche. Er begründet als solcher, d. h. in seiner dem Historiker zugänglichen Vorfindlichkeit dagegen die Vielfalt der Konfessionen . . .«[9]

Das Zitat von Ebeling zeigt aber auch, daß nicht mehr ohne weiteres von einer Klarheit der Schrift im reformatorischen Sinne gesprochen werden kann. Vielmehr bekommt die Wirkungs- bzw. Auslegungsgeschichte eine mindestens im sekundären Sinne normative Funktion für das Verständnis der Schrift. Ferner wird die Pluralität der Kirchen nicht unter dem Aspekt einer Wahrheitsentscheidung zwischen wahrer und falscher Kirche gesehen, sondern in der Weise einer geschichtlich stets gebrochenen Wahrheitsdarstellung bzw. einer Spiegelung der Wahrheit in dem Gegenüber von Ideal und Verwirklichung.

In der *römisch-katholischen Theologie* haben diese Überlegungen zu gleicher Zeit eine Entsprechung gefunden. Vor allem sind hier die Forschungsarbeiten zum Trienter Konzil zu nennen, in erster Linie die Thesen von J. R. Geiselmann, der auf unmittelbare Anregungen seiner damaligen Tübinger Kollegen Gerhard Ebeling, Hanns Rückert u. a. zurückgreift.[10] Geiselmann hat die Verhandlungen und Entwürfe zu dem Dekret »De libris sacris et de traditionibus recipiendis« untersucht und kam dabei zu einer neuen Deutung der für das Thema Schrift und Tradition entscheidenden Stelle »hanc veritatem et disciplinam contineri in libris scriptis et sine scripto traditionibus«. In einem früheren Entwurf hieß es statt »et« »*partim* in libris scriptis *partim* sine scripto traditionibus«. Die Ablehnung dieser Formulierung jedoch bedeutet, daß das Konzil mit dem »et« an der These von der Suffizienz der Schrift festhalten wollte und daß infolgedessen nicht ohne weiteres von einer Zweiquellentheorie gesprochen werden darf. »Mit dem ‚et‘ ist das Konzil einer Entscheidung ausgewichen, weil diese Frage noch nicht entscheidungsreif war.«[11] Unter dieser Voraussetzung begegnen sich evangelische und römisch-katholische Tübinger, wenn sie nun gemeinsam sagen können: das Schriftprinzip impliziert immer die Verkündigung und Auslegung bzw. »Schrift, Überlieferung, Kirche gehören zusammen und bilden ein Ganzes«.[12]

Die Gegenüberstellung beider Thesen machen den Konvergenzpunkt deutlich, durch den konträre Gegensätze aufgehoben scheinen. Die Verkündigung in der Geschichtlichkeit der Schriftauslegung auf reformatorischer Seite fällt in bestimmter Weise mit der kirchlichen Lehrautorität auf römisch-katholischer Seite zusammen unter dem gemeinsamen Begriff der Tradition, die als Auslegungs- und Überlieferungsgeschichte im jeweiligen Kontext aufgefaßt wird. D. h. »Geschichtlichkeit« ist der den bisherigen Gegensatz vermittelnde Begriff bzw. der gemeinsame Bezugsrahmen.

Die *ökumenischen Konsequenzen* dieser Betrachtungsweise machen sich etwa gleichzeitig bemerkbar:

1963 wurde auf der 4. Weltkonferenz für Glauben und Kirchenverfassung in Montreal eine langjährige Studienarbeit mit dem Bericht der Sektion II über »Schrift, Tradition und Traditionen« abgeschlossen.[13] An die Stelle der früheren Antithese von Schrift und Tradition tritt eine Differenzierung im Begriff der Tradition. Wir sprechen von der TRADITION, einer *Tradition* und den *Traditionen*. Mit der TRADITION ist das Evangelium selbst gemeint, wie es von Generation zu Generation in und von der Kirche übermittelt wurde: der im Leben der Kirche gegenwärtige Christus selbst. Mit *Tradition* meinen wir den Traditionsvorgang. Der Begriff *Traditionen* wird in einem doppelten Sinn gebraucht: Wir brauchen ihn einerseits, wenn wir von der Verschiedenheit der Ausdrucksformen sprechen, andererseits aber auch, wenn von dem die Rede ist, was wir gemeinhin konfessionelle Tradition nennen . . .«[14] Das Schriftprinzip wird hier auf den Ursprung zurückgenommen, während durch seine Differenzierung der Traditionsbegriff die gesamte Vermittlung der christologisch-pneumatischen Wirklichkeit in der Kirche und der Geschichte der Kirchen umschließt.

Eine entsprechende dogmatische Entscheidung von römisch-katholischer Seite liegt in der Constitutio dogmatica »Dei Verbum« des Vatikanum II vom 18. 11. 1965 vor. In diesem Dokument wurden die Geiselmannschen Thesen mindestens insoweit aufgenommen, als ausdrücklich eine Suffizienz der Heiligen Schrift vertreten wird: »Die heilige Überlieferung und die Heilige Schrift sind eng miteinander verbunden und haben aneinander Anteil. Demselben göttlichen Quell entspringend, fließen beide gewissermaßen in eins zusammen und streben demselben Ziel zu. Die Heilige Schrift ist Gottes Rede, insofern sie unter dem Anhauch des Heiligen Geistes schriftlich aufgezeichnet wurde. Die heilige Überlieferung aber gibt das Wort Gottes, das von Christus dem Herrn und vom Heiligen Geist den Aposteln anvertraut wurde, unversehrt an deren Nachfolger weiter, damit sie es unter der erleuchtenden Führung des Geistes der Wahrheit in ihrer Verkündigung treu bewahren, erklären und ausbreiten. So ergibt sich, daß die Kirche ihre *Gewißheit* über alles Geoffenbarte nicht aus der Heiligen Schrift allein schöpft (non per solam Sacram Scripturam hauriat). Daher sollen beide mit gleicher Liebe und Achtung angenommen und verehrt werden«.[15]

Die Geschichtlichkeit der Schrift, der Schriftauslegung und Verkündigung ist also der Vorstellungsrahmen, durch den der frühere Gegensatz von sola scriptura auf der einen und Schrift und Tradition auf der anderen Seite aufgehoben worden ist. Das hat seine Folgen für das ökumenische Gespräch. Der bekannte Methodenwechsel von einer vergleichenden zu einer gemeinsamen Ekklesiologie, wie er auf der 3. Weltkonferenz für Glauben und Kirchenverfassung in Lund 1952 proklamiert worden ist, enthält schon die Vorbereitung für einen anderen Ansatz. Um es auf eine kurze Formel zu bringen: Unter der gemeinsamen Voraussetzung der Geschichtlichkeit ist das Ziel des ökumenischen Gesprächs *nicht mehr Konsens* (consentire de doctrina), *sondern Konvergenz*.[16] Von einer Lehridentität der einen, heiligen, katholischen und apostolischen Kirche, wie sie z. B. der Confessio Augustana nicht nur vorschwebte, sondern in ihr auch vorgelegt wurde, kann so nicht mehr ohne weiteres die Rede sein.

Zweifellos haben diese Einsichten und der daraus entstandene Methodenwechsel dem ökumenischen Gespräch ganz beachtliche Impulse gegeben. Eins allerdings ist dabei völlig in den Hintergrund gerückt: Die kirchliche Lehrentscheidung, sei es im Sinne einer kirchlichen Instanz eines Lehramtes, sei es in der Form verbindlicher Bekenntnisentscheidungen, wird unvermeidlich auch der Geschichtlichkeit unterworfen, auf den jeweiligen Kontext bezogen und begrenzt und mithin in entsprechender Weise relativiert.

»Sola Scriptura« und »Krise des Schriftprinzips«

These: Die reformatorische particula exclusiva »sola scriptura« bedeutet eine Abgrenzung, mit der sachlich und methodisch auf die Unterscheidung von Gottes Wort und Menschenwort gedrungen wird. Die Krise des Schriftprinzips, soweit sie durch die Frage nach historischer Authentizität und hermeneutischer Aktualität bestimmt ist, hebt die Dialektik von Gottes Wort und Menschenwort auf, soweit sie durch die Schrift gesetzt wird, und verlagert sie auf eine andere Ebene.

Es ist selbst unter Fachtheologen schwierig geworden, sich zunächst einmal über Bedeutung und Funktion des reformatorischen »sola scriptura« zu verständigen. In den meisten Fällen scheitert die Verständigung an der stereotypen Behauptung: Wir sehen das doch heute geschichtlich, weil Gottes Wort immer nur als Menschenwort begegnet, in der Schrift und in der Auslegung der Schrift. »Ungeschichtlich« Theologie zu betreiben ist bei uns ein Vorwurf, der schwerer wiegt als der, »atheistisch« Theologie zu betreiben. Allerdings sind solche meist spontan aufbrechenden Widersprüche eher Symptome für tiefergreifende dogmatische Differenzen. Zur Klärung dieser schwierigen Frage muß man auf die ursprüngliche reformatorische Intention des »sola scriptura« zurückgreifen, die in mancher Hinsicht von der späteren Systematisierung eines Schriftprinzips und vor allem von dessen Krise in der neueren Theologie zu unterscheiden ist:

1. Sola scriptura ist im reformatorischen Ursprung nicht ein neues Lehrstück, das es vorher nicht gegeben hätte, oder eine Erkenntnisquelle, die bisher nicht bekannt gewesen oder benutzt worden wäre. Vielmehr handelt es sich um eine *Appellationsinstanz im innerkirchlichen Autoritätenkonflikt.* D. h. es ging nicht, wie sich etwa auf dem Reichstag zu Worms zeigte, um die theoretische Behauptung einer Suffizienz der Schrift, sondern um die Entscheidung, was überhaupt in der Kirche Anspruch auf eine die Gewissen in absoluter Weise bindende Autorität erheben darf.[17] An die ausschließliche Autorität der Schrift wird dort appelliert, wo Ansprüche und Autoritäten in der Kirche gegeneinanderstehen, die je für sich eine letzte Verbindlichkeit beanspruchen, bei der es um Heil oder Verdammnis geht.

2. Sola scriptura heißt weiter: »Solam scripturam regnare ...«[18] Was in der Kirche gesagt wird und Geltung haben soll, ist von der Schrift her zu erschließen und die *Schrift steht über*, nicht unter der Kirche. Sie ist nicht nur geschichtlicher Anfang, sondern für jede Zeit in gleicher Weise bleibende Norm. Mithin ist sie allen menschlichen Worten und Einsichten übergeordnet als Grundlage für die Erkenntnis und Kriterium für die Entscheidung, was im Einzelfall Gottes Wort und was Menschenwort ist.

3. Das sola scriptura ist im rechten Verständnis nicht eine historische Norm, bei der es einfach um die Authentizität des Ursprünglichen geht, sondern es ist *eine pneumatische Norm*, bei der es um das geht, was die Kirche zu Kirche macht und was die wahre von der falschen Kirche unterscheidet.

Das Pneumatische jedoch bezieht sich nicht auf einen hinter den Texten liegenden und durch entsprechende exegetische Verfahren zu erschließenden allegorischen Sinn oder dergl., sondern speziell auf den Heiligen Geist, der Jesus Christus bezeugt als den fleischgewordenen Sohn Gottes, der nach der Schrift für unsere Sünden gestorben ist, begraben wurde und am dritten Tag in der Erfüllung des Zeugnisses der Schrift auferweckt worden ist.[19] Das wird reformatorisch als Mitte der Schrift bezeichnet, und darunter sind nicht Begriffe oder Formeln zu verstehen, sondern das ist das Handeln des dreieinigen Gottes.

Die Mißverständnisse brechen auf, wenn übersehen wird, daß es sich beim Umgang mit der Schrift nicht einfach um Auslegung und Vergegenwärtigung historischer

Texte handelt, sondern zuerst um ein Handeln Gottes, das Kirche begründet, das damit auch unterscheidend und scheidend wirkt. Denn wo dieses Wort laut wird, hat es immer zwei Wirkungen, nämlich Glauben und Unglauben, Verstehen und Verstockung, Gehorsam und Ungehorsam.[20]

4. Diese von der Schrift her in der Verkündigung sich vollziehende pneumatische Wirkung wird sachgemäß beschrieben in der Dialektik von *Geist und Buchstabe* bzw. von *Gesetz und Evangelium.* Sie betrifft in Verbindung und Unterscheidung einmal das handelnde *Subjekt,* nämlich den sich bezeugenden Heiligen Geist. Sie betrifft ferner den *Inhalt* bzw. die *Wirkung* in der Erkenntnis der Sünde durch das Gesetz sowie im Empfang der Vergebung durch das Evangelium. So vollzieht sich durch das Glauben schaffende und zum Gehorsam rufende Wort der Verkündigung das Heilshandeln Gottes am Menschen im Glauben.[21] *Verstehen* heißt dann, daß der alte Mensch abgetötet in Christus ein neuer Mensch wird. Entscheidend für diesen Vorgang ist, daß Gott am Menschen handelt.

5. Zum Schluß die Frage, die heute nicht fehlen darf: Was bedeutet das sola scriptura praktisch? Es heißt zuerst und zuletzt, mit der Schrift zu leben, auf sie zu hören, sie zu lernen, mit ihr zu beten, nach ihren Weisungen und Geboten zu handeln, auf ihre Verheißung zu vertrauen. Theoretisch läßt sich über das Schriftprinzip endlos diskutieren. Entscheidend jedoch ist seine praktische Anwendung, und das zeigt sich allein im alltäglichen Leben im Umgang mit der Schrift. Es könnte durchaus sein, daß wir gerade in diesem Zusammenhang in der Theologie nur Scheinprobleme diskutieren, während die praktische Geltung des Schriftprinzips im Leben schon weithin verlorengegangen ist.

Wie aber steht es nun mit *Krise des Schriftprinzips?* Vieles aus früheren Diskussionen hat sich inzwischen auf die Gemeindeebene verlagert.[22] In der Fachtheologie ist es ein fester Topos, der weder besonderer Erläuterungen bedarf noch in seiner Berechtigung diskutiert wird. Datiert wird die Krise mit dem Protest der Aufklärung gegen die nachreformatorische Orthodoxie; gekennzeichnet ist sie durch die »historisch-kritische Methode«. In der Sache geht es auf der einen Seite um die Authentizität im historischen Sinne, auf der anderen um die Verstehbarkeit im hermeneutischen Sinne, und dazu gehört sicher auch die Anwendbarkeit im Bereich des Ethischen.

Lessings Feststellung »zufällige Geschichtswahrheiten können den Beweis von notwendigen Vernunftwahrheiten nie werden« ist ein vielzitiertes Schlagwort für die Krise des Schriftprinzips. Das entscheidende Problem ist die Vermittlung der Bedeutung von vergangenen Ereignissen, deren Tatsächlichkeit nicht bestritten werden muß, in die Gegenwart. Die Behandlung dieses Problems steht unter dem Titel »Vom Beweis des Geistes und der Kraft«, und Lessing wird dazu zweifellos den Textzusammenhang von 1 Kor 2,4 im Kopf gehabt haben: Paulus will nichts wissen »als allein Jesus Christus, den Gekreuzigten«. Das Kerygma »geschah nicht mit überredenden Worten menschlicher Weisheit, sondern in Erweisung des Geistes und der Kraft« nach seiner Wirkung in der Gemeinde. Wenn Lessing die Krise des Schriftprinzips von hier aus bestimmt, dann handelt es sich nicht um ein historisches, sondern letztlich um ein pneumatisches Problem.

Wenn aber nun schon die »Krise des Schriftprinzips« die Funktion eines Axioms gewonnen hat, sollte man auch an Beispiele denken, in denen an das Schriftprinzip zur Bewältigung anderer Krisen in Kirche und Theologie erinnert wird. Speners »Pia desideria« von 1676 sind durchaus eine Kritik an der nachreformatorischen Orthodoxie. Allerdings fragen sie nicht nach einer schlüssigen Theorie für die Authentizität und Aktualität der Schrift, sondern nach einem den Weisungen der Schrift entsprechenden Leben der Theologen und der Gemeinde. Oder wenn – nach Lessing –

Johann Philipp Gabler in seinem Altdorfer Programm von 1787 auf eine rechte Unterscheidung von dogmatischer und biblischer Theologie drängt, dann mit der Absicht, in den dogmatischen Streitigkeiten der Theologen eine gemeinsame biblisch-historische Basis für die Bestimmung des Zuverlässig-Christlichen zu gewinnen.[23] Beide Beispiele können zeigen, daß es nicht nur eine Fremdheit der Schrift für die Gegenwart gibt, sondern auch eine Entfremdung der Gegenwart von der Schrift mit der Folge, daß die Leitung für die Lebensführung und die gemeinsame Grundlage für die verschiedenen theologischen Schulen und Methoden verlorengeht.[24]

So betrachtet ist die »Krise des Schriftprinzips« keineswegs ein eindeutiger historischer Sachverhalt, wohl aber ein weithin als allgemeingültig aufgefaßtes Axiom, das an die Stelle des Axioms »sola scriptura« getreten ist. Was vordergründig als geschichtliche Entwicklung erscheint, ist in tieferem Verständnis ein dogmatischer Gegensatz, dessen Konsequenzen an folgenden Punkten deutlich werden:

1. Aufgehoben ist die kritische Gegenüberstellung von Gottes Wort und Menschenwort;

2. aufgehoben ist die effektive Dialektik von Geist und Buchstabe sowie von Gesetz und Evangelium – beides wird auf ein bloßes historisches Lehrstück reduziert;

3. aufgehoben ist auch das Wesen des Glaubens, der inhaltlich auf die Verheißung vertraut und dem Gebot Gottes gehorcht.

Anderes ist an die Stelle getreten: Menschliche Selbstverwirklichung im kollektiven wie im individuellen Sinne bekommt eine normative Funktion mindestens insoweit, als daraus Handlungsziele und Erfolgskriterien abgeleitet werden. An die Stelle des Geistes, der sich durch das Wort der Schrift bezeugt, tritt die Geistesgeschichte, an der die Kirche mit ihrer Theologie partizipiert bzw. der sie folgt.

Es ist nicht überraschend, wenn unter solchen Voraussetzungen das Schriftprinzip im reformatorischen Verständnis nicht länger den Kontroverspunkt bildet. Vielmehr ist die Vorstellung von einer geistesgeschichtlichen Konvergenz, in der sich die getrennten kirchlichen Traditionen aufeinander zu bewegen, eine unmittelbare Folge aus den hier wirksamen dogmatischen Voraussetzungen.

Voraussetzungen und Konsequenzen des Konvergenzverfahrens

These: Das Konvergenzverfahren, begleitet von der Methode einer kontextuellen Exegese/Theologie, ist im ökumenischen Gespräch das Symptom für die weithin unbestrittene Geltung eines geschichtlich-dynamischen Traditionsprinzips.

In der gesamten Geschichte der ökumenischen Bewegung ist es trotz mancher Ansätze der reformatorischen Theologie niemals gelungen, ein sachgemäßes Verständnis des sola scriptura und vor allem das damit verbundene Verständnis von Evangelium in das ökumenische Gespräch einzubringen.[25] Die Verständigung scheiterte jedoch nicht erst im Gespräch mit Orthodoxen oder römischen Katholiken, sondern meist schon an den Verständigungsschwierigkeiten unter reformatorischen Theologen. In einer berühmten Kontroverse zwischen Reinhold Niebuhr und Karl Barth in Amsterdam 1948 sind entscheidende Differenzpunkte im Schriftverständnis artikuliert worden. Karl Barth stellte damals fest, daß im Schriftgebrauch Niebuhrs und der von ihm vertretenen Theologie eine ganze Dimension fehle. »Zwei Dimensionen sind ihm offenbar geläufig: Etwa die Gegensätze von Gut und Böse, Freiheit und Notwendigkeit, Liebe und Selbstsucht, Geist und Materie, Person und Mechanismus, Fortschritt und Stillstand – und in diesem Sinn dann: Gott und Welt oder: Gott und Mensch.« Jedoch fehle eine dritte Dimension: »Das Wort Gottes, der Heilige Geist, Gottes freie Wahl, Gottes Gnade und Gericht, die Schöpfung, die Versöhnung, das Reich, die Heiligung, die Gemeinde – das Alles nicht als Prinzipien und darum nicht im Sinn jener zwei ersten Dimensionen auszulegen, das Alles als Bezeichnung von *Ereignissen*, als Bezeichnung konkreten, einmaligen, einzigartigen göttlichen *Tuns*, das Alles als Bezeichnung des Majestätischen, in keinem Pragmatismus aufzulösenden *Geheimnisses* Gottes«.[26]

In Amsterdam 1948 und später in dem harten Konflikt um das Thema der Eschatologie in Evanston 1954 sind Weichen so gestellt worden, daß das ursprüngliche reformatorische Schriftprinzip seither überhaupt nicht mehr zum Zuge gekommen ist. Daher wird man gar nicht ohne weiteres von einer Überwindung früherer Gegensätze sprechen dürfen, sondern eher von einem Ausschluß bzw. Rückzug einer reformatorischen Position im ökumenischen Gespräch.

In dieser Linie jedoch konnte sich das sog. Konvergenzverfahren entwickeln, das methodisch darin besteht, daß getrennte Entwicklungslinien in der Geschichte der Kirchen aufeinander zulaufen. Bezeichnenderweise werden solche Konvergenzen nicht hergestellt, wie es beim Konsens herkömmlicher Art der Fall ist. Sie werden vielmehr »aufgedeckt«, sie »wachsen«, »entwickeln sich«, »nehmen zu« – also alles Vorstellungen aus dem Organismus- und Wachstumsgedanken.[27]

Konvergenz aber bedeutet demnach Abwendung von Trennung und Hinwendung zueinander. Von Konvergenzen im Sinne der Methode und der Sache ist auch in solchen Zusammenhängen zu sprechen, bei denen es um die Begegnung von Kirche und Gesellschaft, von Theologie und Kultur/Wissenschaft geht, also immer, wo es um eine Vermittlung von Gegensätzen geht, die von sehr verschiedenen Voraussetzungen bestimmt sein können. Was systematisch als Konvergenzverfahren bezeichnet wird, ist exegetisch mit der kontextuellen oder interkontextuellen Methode verbunden. Das besagt, daß der Kontext, der Erfahrungshorizont, »in dem theologische Aussagen formuliert werden, als ein konstitutiver Faktor in die theologische Reflexion selbst einbezogen wird«.[28] In dem hier zitierten wichtigen Dokument wird mit großer Klarheit einerseits auf den mit dieser Methode bezeichneten Gegensatz zu herkömmlicher Theologie hingewiesen. Auf der anderen Seite wird aber auch erkannt, daß sich von dieser Methode eher nun ganz neu die Frage nach den Kriterien stellt: »Damit stellt sich in aller Schärfe das Problem der Kriterien, an Hand derer die Gültigkeit irgendeiner allgemeinen oder spezifischen theologischen Aussage beurteilt werden kann«.[29] Daß Kontext oder Situation nunmehr in verschiedener inhaltlicher Füllung zur Norm werden können, ist nicht die Konsequenz, die der Kritiker daraus zieht, sondern der oft mit großer Überzeugung vorgetragene Konsens der Vertreter dieses Verfahrens.

Jedoch wäre es verfehlt, nur über den Verlust eines wichtigen, wenn nicht sogar des wichtigsten dogmatischen Prinzips reformatorischer Theologie zu lamentieren. Immerhin treffen Konvergenzverfahren und kontextuelle Methode nach jahrelanger Alleinherrschaft allmählich auf Bedenken, nicht zuletzt auch dort, wo die erwarteten Erfolge in der Zustimmung der Kirchen ausbleiben. Für die angestellten Überlegungen bleibt folgendes festzuhalten:

1. Bei allem, was kritisch zu sagen ist, muß zunächst einmal die große Wirkung und Faszination der beschriebenen Verständigung zwischen Theologen und Kirchen beachtet werden. Dem kann man sich nicht ohne weiteres entziehen.

2. Gerade dann kann aber in ebensolcher Klarheit festgestellt werden, wo die Grenzen des Verfahrens liegen. Zunächst ist im Rückblick auf das reformatorische Verständnis festzustellen, daß die ganze Frage nach Authentizität und Aktualität der Schrift unter dem Begriff der Geschichtlichkeit in das ontologische Schema von Idee und Wirklichkeit eingefügt ist. Damit wird verdrängt, was reformatorisch das Schriftprinzip, seine Wirkung und Bedeutung ausmacht, nämlich das Gegenüber

von Gottes Wort und Menschenwort, von Sünde und Gnade, von Rettung und Gericht.

3. Wo das kritische Gegenüber von redender Schrift und Hören der Gemeinde fehlt, wird zugleich das Gegenüber von Herr und Gemeinde aufgehoben. Die Kirche verselbständigt sich in der Geschichtlichkeit ihrer Erscheinung: die christliche Subjektivität wird zum Selbstzweck und ringt um ihre geschichtliche Selbstverwirklichung.

4. Die dabei aufbrechenden Entscheidungsfragen sollten jedoch nicht generalisiert werden, indem man allgemein nach Verstehbarkeit und Anwendbarkeit der Schrift fragt. Die dogmatischen Entscheidungspunkte treten vielmehr erst dann hervor, wenn es um die Unverbrüchlichkeit des durch die Schrift bezeugten göttlichen Gebots geht und um die Unverdienbarkeit der in der göttlichen Verheißung zugesprochenen Rettung.

Anmerkungen

[1] W. A. 7, 100, S. 6–26

[2] Martin Chemnitz, Examen Concilii Tridentini (1956), Hrsg. E. Preuss, Nachdruck Darmstadt 1972, Locus II, S. 69ff

[3] vgl. dazu Reinhard Slenczka, Lehre und Bekenntnis der Orthodoxen Kirche. In: Carl Andresen (Hrsg.), Handbuch der Dogmen- und Theologiegeschichte, Bd. 2, Göttingen 1980, S. 503ff

[4] vgl. dazu Reinhard Slenczka, Dogma und Kircheneinheit. In: Carl Andresen (Hrsg.), Handbuch der Dogmen- und Theologiegeschichte, Bd. 3, Göttingen 1983

[5] Tradition und Glaubensgerechtigkeit. Das Arnoldshainer Gespräch zwischen Vertretern der Evangelischen Kirche Deutschlands und der Russischen Orthodoxen Kirche vom Oktober 1959 (= Studienheft Nr. 3), hrsg. vom Außenamt der EKD, Witten 1961

[6] in: Gerhard Ebeling, Wort Gottes und Tradition. Studien zu einer Hermeneutik der Konfessionen (= Kirche und Konfession, Bd. 7), Göttingen 1964, S. 9–27

[7] außer den in dem erwähnten Sammelband erschienenen Beiträgen vgl. Gerhard Ebeling, Die Geschichtlichkeit der Kirche und ihrer Verkündigung als theologisches Problem (SDV 207/208), Tübingen 1954

[8] a. a. O., (Anm. 6), S. 25

[9] Ernst Käsemann, Begründet der neutestamentliche Kanon die Einheit der Kirche? In: ders., Exegetische Versuche und Besinnungen, Bd. 1, Göttingen 1960, 2. Aufl., S. 221

[10] J. R. Geiselmann, Das Konzil von Trient über das Verhältnis der Heiligen Schrift und den nichtgeschriebenen Traditionen. Sein Mißverständnis in der nachtridentinischen Theologie und die Überwindung des Mißverständnisses. In: Michael Schmaus (Hrsg.), Heinrich Bracht, Heinrich Fries, J. R. Geiselmann, Die mündliche Überlieferung, Beiträge zum Begriff der Tradition, München 1957, S. 123–206

[11] a. a. O., S. 126f, allerdings sind diese Thesen heftig angegriffen worden

[12] a. a. O., S. 177 mit dem Hinweis auf J. A. Möhler

[13] Montreal 1963. Vierte Weltkonferenz für Glauben und Kirchenverfassung. Berichtband. Zürich 1963, S. 42–53. Zur weiteren Diskussion samt Bibliographie vgl. K. E. Skydsgaard, Lukas Vischer (Hrsg.), Schrift und Tradition. Untersuchung einer theologischen Kommission, Zürich 1963

[14] a. a. O., S. 42

[15] Dogmatische Konstitution über die göttliche Offenbarung § 9

[16] Reinhard Slenczka, Die dogmatische Relevanz der Ergebnisse theologischer Gespräche zwischen römisch-katholischen und evangelischen Theologen. In: Ökumenische Rundschau 29, 1980, S. 440–460 bes. S. 447ff

[17] W. A. 7, 838, S. 1–9

[18] W. A. 7, 98, S. 40f

[19] 1 Kor 15,3f

[20] Röm 10,16ff; 2 Kor 2,15f; 4,3f

[21] Röm 10; 2 Kor 3

[22] vgl. dazu James Barr, Fundamentalismus (1977), München 1981

[23] vgl. dazu Otto Merk, Biblische Theologie des Neuen Testaments in ihrer Anfangszeit. Ihre methodischen Probleme bei Johann Philipp Gabler und Georg Lorenz Bauer und deren Nachwirkungen (= Marburger Theologische Studien 9), Marburg 1972. Deutsche Übersetzung des Programms S. 273–284

[24] Daß seit der 26. Ausgabe des Novum Testamentum Graece das Distichon aus Johann Albrecht Bengels Vorrede zur Handausgabe des griechischen Neuen Testamentes von 1734 nicht mehr erscheint, mag auch ein Symptom für die praktische Krise im Schriftprinzip sein: »Te totum applica ad textum: rem totam applica ad te.«

[25] vgl. dazu ausführlich und mit Belegen Reinhard Slenczka, Dogma und Kircheneinheit. In: Carl Andresen (Hrsg.), Handbuch der Dogmen- und Theologiegeschichte, Bd. 3, Göttingen 1983

[26] Karl Barth, Jean Danielou, Reinhold Niebuhr, Amsterdamer Fragen und Antworten (= Theologische Existenz heute NF 15), München 1949, S. 35

[27] Reinhard Slenczka, (s. o. Anm. 16), S. 450f

[28] Kommission für Glauben und Kirchenverfassung, »Methodologische Erwägungen zur Studienarbeit von Glauben und Kirchenverfassung.« FO/14: 3.2.1974

[29] ebd.

JOACHIM COCHLOVIUS,
Evangelische Schriftauslegung – Grundlage, Gefährdung, Praxis
(Erstveröffentlichung)

Die Gemeinde Jesu leidet heute unter einer vielseitigen Bibel- und Verkündigungsnot, die sie in eine schwere Belastungsprobe stellt. Weithin hört sie nur ein verdun-
keltes Evangelium. Aktionistische und emanzipatorische Theologien laden ihr
soziale und politische Forderungen auf. Enthusiastische Bewegungen ziehen ihre
Aufmerksamkeit auf besondere Gottes- und Geisterfahrungen. Die durch die
Anwendung der historisch-kritischen Exegese weithin üblich gewordene Interpretation der Bibel als historisch unzuverlässiges »Glaubenszeugnis« hat die
Gemeinde tief verunsichert und zieht sie in einen apologetischen Kampf um die
historische Glaubwürdigkeit der Schrift, der ebenfalls das Evangelium zu verdunkeln droht.

In dieser Situation ist eine Besinnung auf das Wesen evangelischer, und das heißt
evangeliumsbezogener und evangeliumsgemäßer Schriftauslegung notwendig,
denn nur durch eine Neuentdeckung des Evangeliums kann die derzeit lähmende
Bibel- und Verkündigungsnot überwunden werden. Was heißt eigentlich Evangelium? Welche Konsequenzen hat die Erkenntnis des Evangeliums für die Schriftauslegung? Mit diesen Fragen muß jede hermeneutische Besinnung beginnen.
Dann gilt es, die Gefährdung evangelischer Schriftauslegung durch die Philosophie
in den Blick zu nehmen, und schließlich – und das ist die Hauptsache – evangelische
Schriftauslegung selbst zu praktizieren.

1. Die Aktualität der Schriftauslegung Luthers

Seit seinem Durchbruch zur Erkenntnis der Gnade Gottes im gekreuzigten und auferstandenen Christus kennt Luther nur noch ein Leitthema der Theologie, und das
ist das Evangelium, die tröstliche Botschaft von der zeitlichen und ewigen Errettung
des verlorenen Sünders durch Christus. Christus im Alltag des Lebens immer wieder
suchen und ihn im Glauben ergreifen, ihm die eigene Schwachheit, Angst und
Sünde zu geben und von ihm Vergebung, Zuversicht, Liebe und alle geistlichen
Güter täglich zu empfangen, das ist nach Luthers reformatorischer Hauptschrift
»Von der Freiheit eines Christenmenschen« der Inbegriff christlicher Existenz.
Dementsprechend lehrt Luther die Bibel so zu lesen, daß Christus in ihr gesucht und
gefunden wird.

»Das Hauptstück und der Grund des Evangeliums ist, daß du Christus zuvor, ehe du
ihn zum Beispiel fassest, aufnehmest und erkennest als eine Gabe und Geschenk,
das dir von Gott gegeben und dein eigen sei, also daß du, wenn du ihm zusiehest oder
-hörest, daß er etwas tut oder leidet, nicht zweifelst, er selbst, Christus, sei mit solchem Tun und Leiden dein, worauf du dich nicht weniger verlassen kannst, als hät-
test du es getan, ja als wärest du derselbe Christus. Siehe, das heißt das Evangelium
recht erkannt, das ist die überschwengliche Güte Gottes, die kein Prophet, kein
Apostel, kein Engel je hat ausreden, kein Herz je genugsam bewundern und begreifen können. Das ist das große Feuer der Liebe Gottes zu uns, davon wird das Herz
und Gewissen froh, sicher und zufrieden, das heißt den christlichen Glauben predigen. Davon heißt solche Predigt Evangelium, das besagt auf Deutsch so viel wie eine
fröhliche gute tröstliche Botschaft«[1].

Christus ist für Luther nicht nur die »Mitte« der Schrift (das ist ein mißverständli-
cher Ausdruck), sondern ihr einziger Inhalt. Wer Christus und sein Heil, das er uns
schenken will, nicht in der Schrift sucht, wird in ihr letztlich nichts finden. So formuliert Luther als Auslegungsgrundsatz, in der Schrift zu suchen, »was Christum

treibet«. Dies ist keine Bibelkritik, sondern evangelische Bibelauslegung. Der Mensch soll damit auf die Spur geführt werden, die zum auferstandenen Christus und zu seinen Heilsgaben führt. Wichtig zum Verständnis der christozentrischen Hermeneutik Luthers ist ihre existenzielle Ausrichtung. Eine Bibelauslegung, bei welcher der Mensch gar kein Evangelium, gar keine persönliche Errettung von Sünde, Tod und Teufel sucht, verfehlt nach ihm die Absicht der Schrift. Es kommt alles darauf an, daß der Mensch in der Erkenntnis seiner Not und seines Angewiesenseins auf Gott auf die Bibel hört und in ihr liest.

Die Frage, wie es zu einer Erkenntnis des Evangeliums in der Schrift kommen kann, beantwortet Luther mit der Unterscheidung von *Gesetz und Evangelium*. In der Römerbriefvorlesung heißt es dazu:

»Das Gesetz deckt nur die Sünde auf, macht die Menschen schuldig und treibt so das Gewissen in die Angst. Das Evangelium aber verkündigt denen, die dergestalt geängstigt sind, das ersehnte Heilmittel ... Das Gesetz kündigt Zorn an, das Evangelium aber Friede ... Das Gesetz bedrängt das Gewissen durch die Sünde, das Evangelium aber macht es frei und schenkt ihm den Frieden durch den Glauben an Christus«[2].

Alles, was mir in der Schrift als Forderung und Anklage entgegentritt, ist »Gesetz« (also auch die Gebote Jesu!). Wenn ich dem Gesetz stillhalte, wird mir mein Verlorensein vor Gott und mein Angewiesensein auf Gott klar, und ich fliehe dann »gegen Gott zu Gott«, wie Luther es an anderer Stelle ausdrückt. Alles, was mir in der Schrift Gottes Gnade und ein neues Leben verheißt und zuspricht, ist »Evangelium« (auch wenn es im A. T. steht). Gesetz und Evangelium als die beiden Weisen, in denen Gott durch die Schrift zum Menschen redet, bedingen sich also gegenseitig, müssen aber stets auseinandergehalten werden. Alle Forderungen und Ermahnungen an den Menschen, auch wenn sie biblisch begründet werden oder unmittelbar einsichtig sind, können niemals Evangelium sein und dürfen nicht als Evangelium ausgegeben werden. Auf der anderen Seite darf das Evangelium, die tröstliche Botschaft von der Gnade Gottes in Christus, nicht in Gestalt von Forderungen und Ermahnungen gepredigt werden, sondern nur als Verheißung, Geschenk und Zuspruch. So ist Christus also der einzige Inhalt der Schrift. Das Gesetz bereitet auf ihn vor, das Evangelium schenkt ihn.

Aus diesem christozentrischen Bibelverständnis entfaltet Luther die Lehre von der *Klarheit bzw. Verständlichkeit der Schrift*. Diese hermeneutische Einsicht ergibt sich folgerichtig aus der Erkenntnis der Gnade Gottes. Wenn Gottes Liebe zur verlorenen Menschheit so stark ist, daß er seinen Sohn in die Welt sandte und dahingab, dann wird Gott auch dafür Sorge tragen, daß die Botschaft von diesem Ereignis klar und verständlich niedergeschrieben ist und der Welt bekanntgemacht wird. Wenn Gott das höchste Geheimnis überhaupt, seine Menschwerdung, so deutlich vor aller Welt offenbart, dann gibt es im Grunde gar keine Unklarheiten mehr, die nicht im Lichte dieses Geschehens erhellt werden können. So argumentiert Luther in seiner Schrift »Vom verknechteten Willen« gegen Erasmus von Rotterdam. Gleichzeitig betont er, daß diese »äußere Klarheit« der Schrift nicht unmittelbar zum Glauben, zur »inneren Klarheit« führt, sondern daß es dazu der Erleuchtung durch den Heiligen Geist bedarf[3]. Zur Klarheit der Schrift folgendes Zitat aus Luthers Auslegung des 37. Psalms:

»Es ist auf Erden kein klareres Buch geschrieben als die heilige Schrift; sie ist gegenüber andern Büchern wie die Sonne im Vergleich mit jedem anderen Licht ... Ist aber eine Wolke davorgetreten, so ist doch nichts anderes dahinter als dieselbe helle Sonne. Ist also ein dunkler Spruch in der Schrift, so zweifelt nur nicht, es ist gewiß dieselbe Wahrheit dahinter, die am andern Ort klar ist, und wer das Dunkle nicht verstehen kann, der bleibe bei dem Lichten«[4].

Eng mit der Lehre von der doppelten Klarheit der Schrift hängt der zweite Aus-legungsgrundsatz (neben »was Christum treibet«) zusammen: »*Die Schrift legt sich selbst aus.*« Auch dieser Grundsatz ist theologisch, als Aussage über Gott, zu verste-hen. Wer in persönlicher Existenznot nach Gottes Gnade in Christus greift, verläßt sich darauf, daß Gott selbst ihn zu einem richtigen Schriftverständnis führt und er nicht die eigenen frommen Wünsche in die Schrift hineinlegt. Der Glaube vertraut sich Gott auch im Umgang mit der Schrift vorbehaltlos an. Mit dem Grundsatz der Selbstauslegung der Schrift hat Luther den unmittelbaren Zugang zur Bibel eröffnet und die Freiheit des Christen von aller Bevormundung durch kirchliche oder theo-logische Instanzen gewährleistet. Auch die Selbstauslegung der Schrift ist christo-zentrisch gemeint. Die Schrift, oder besser gesagt der Heilige Geist, legt alles auf Christus hin aus. Jede Schriftstelle sagt mir dann, wer ich vor Gott bin und was ich in Christus habe.

Die Aktualität dieser Einsichten Luthers in unserer heutigen Bibel- und Verkündi-gungsnot liegt auf der Hand. Ich möchte sie in einigen Thesen verdeutlichen.

1. Die Hermeneutik Luthers erkennt Christus als alleinigen Inhalt der Schrift. Eine Bibelauslegung, die nicht das Ziel hat, den Menschen zum Glauben an den gekreu-zigten und auferstandenen Christus zu führen und ihn darin zu bestärken, bleibt hin-ter der reformatorischen Schrifterkenntnis zurück.

2. Christus ist der Heiland, der sich mit seinen Gaben dem Menschen schenkt. Bibelauslegungen, durch die Christus und die Existenz des Christen ausschließlich als Norm und Forderung dargestellt werden, verfehlen das Evangelium. Christus ist kein neuer Gesetzgeber.

3. Von Christus und seinem Heil her als einzigem Inhalt der Schrift ist auch ihre Autorität zu bestimmen. Nicht wegen ihres Ansehens in der Kirche oder im subjekti-ven Glauben hat die Bibel Autorität, sondern weil Gott durch sie der Menschheit Christus verkündigen läßt. Anders ausgedrückt: »Wir glauben nicht an Christum um der Bibel willen, sondern an die Bibel um Christi willen«[5].

4. Ebenso ist die Einheit der Schrift zu begründen. Weil Gott durch das ganze Alte und Neue Testament Christus verkündigen läßt und weil dies von keiner anderen Schrift gilt, ist die Bibel ein einheitliches und einzigartiges Buch. Wenn Christus der alleinige Inhalt der Schrift ist, erübrigt sich jede Suche nach einer »Mitte« der Schrift bzw. eines »Kanons im Kanon«.

5. Die reformatorische Lehre von der Selbstauslegung der Schrift ist gegen den Aus-schließlichkeitsanspruch von Auslegungsmethoden gleich welcher Herkunft festzuhalten, weil nur so der unmittelbare Zugang des Menschen zu dem in der Schrift bezeugten Evangelium und damit zu Gottes Gnade offenbleibt.

6. Eine Auslegung, die nur an der Frage der historischen Faktizität der biblischen Geschehnisse interessiert ist (entweder im Sinn der kritischen Bestreitung oder im Sinn bloßer Verteidigung), verfehlt das Evangelium. Hier ist an Luthers wichtige Unterscheidung von fides historica (bloße Anerkennung der von der Bibel bezeug-ten Geschichte) und fides apprehensiva (persönliche Aneignung Christi im Glau-ben) zu erinnern[6].

7. In der Perspektive der lutherischen Hermeneutik ist die Lehre von der Geistge-wirktheit der Schrift (Theopneustie) von ihrer Autorität und nicht die Autorität der Schrift von ihrer Geistgewirktheit abzuleiten. Weil Gott durch die ganze Schrift Christus verkündigen läßt und sie sich selbst auf Christus hin auslegt, ist sie geistge-wirkt, denn der Heilige Geist führt zu Christus.

II. Geistesgeschichtliche Wendepunkte der Neuzeit und ihre Auswirkung auf die Schriftauslegung

Es gehört zur Eigenart des Protestantismus, daß er die neuzeitliche europäische Geistes- und Philosophiegeschichte stärker als der Katholizismus befruchtete, aber gleichzeitig auch in eine größere geistige Abhängigkeit von ihr geriet. Diese geistige Verzahnung läßt sich an der Geschichte der Schriftauslegung ablesen, aus der ich in diesem Abschnitt einige wichtige Knotenpunkte skizzieren möchte. Sie sollen ein Doppeltes zeigen: auf der einen Seite die große innere Unabhängigkeit vom Geist der Zeit, die dem Protestantismus durch das reformatorische Schriftprinzip sola scriptura, die Schrift allein, bis heute geschenkt ist, auf der anderen Seite aber auch seine merkwürdige, starke Anfälligkeit für Prinzipien und Axiome der jeweils geltenden Philosophie.

Bevor wir zum ersten entscheidenden Wendepunkt kommen, dem Gespräch zwischen Luther und Erasmus über den menschlichen Willen, ist eine kurze Besinnung über das Wesen des Humanismus als geistiger Bewegung nötig. In der ausgehenden Scholastik war das einheitliche, Mensch, Welt und Gott verbindende Denkgebäude des Mittelalters zerbrochen. Der sog. Nominalismus hatte sich mit seiner Anschauung durchgesetzt, daß die »Universalien« (die Allgemein- und Gattungsbegriffe wie »Mensch«, »Tier«, »Vierbeiner«) lediglich Begriffe und keine realen Wesenheiten seien. Damit wandte sich das geistige Interesse von den Gattungen ab und konzentrierte sich auf das Individuum. An der Kunst des Spätmittelalters und der Renaissance läßt sich dieser Umbruch gut ablesen. Während das Mittelalter den Menschen als Gattungswesen, ohne individuelle Physiognomie, abbildet, gewinnen z. B. bei Dürer die individuellen Züge des menschlichen Antlitzes, etwa beim Bildnis seiner Mutter, ein eigenes Gewicht. Der Mensch als Einzelwesen war entdeckt. Man begann, sich mit dem Charakter, mit den Veranlagungen und Ansichten, den Rechten und Pflichten des Einzelnen zu beschäftigen. Der Humanismus bewirkte einen geistigen Umbruch riesigen Ausmaßes, den man nur mit dem Begriff der Zeitenwende charakterisieren kann.

Am Beginn der Neuzeit steht eine denkwürdige theologische Diskussion, deren Ausgang die abendländische Geistes- und Theologiegeschichte entscheidend geprägt hat. In dem literarischen Gespräch zwischen *Erasmus und Luther* (1524/25) ging es um viel mehr als nur um die Frage der Willensfreiheit. Hier stand das Menschenbild zur Debatte, dem Europa nun folgen sollte. Ist der Mensch zu verstehen als frei handelndes Wesen, dessen gute Anlagen durch Erziehung entdeckt und gefördert werden können (so das humanistische Menschenbild des Erasmus), oder ist er ein Wesen, das in allem, auch in seiner Frömmigkeit nur sich selbst sucht und deswegen abgrundtief böse ist (so das reformatorische Menschenbild)? Das Ergebnis der Diskussion ist bekannt. Erasmus und Luther blieben bei ihrer Sicht. Der Humanismus konnte für die Botschaft der Reformation nicht gewonnen werden und beschritt nun seine eigenen Wege. Der Ansatzpunkt beim Bild eines Menschen, der von Gott als frei, gut und zum Guten erziehbar erschaffen ist, führte zu einer immer weitergehenden Proklamation seiner vollständigen Autonomie in allen Lebensbereichen. Dies war die Geburtsstunde der Religionstoleranz und der beginnenden Skepsis gegen christliche »Sonderlehren«, soweit sie die Annahme einer allgemeinen religiösen Veranlagung des Menschen bestreiten bzw. übersteigen. Das reformatorische Schriftprinzip mit seiner Behauptung, daß allein die Bibel Erkenntnisquelle für das Wesen des Menschen und das Heil Gottes sei, hatte durch das Autonomie-Prinzip des Humanismus, nach dem der Mensch seine religiösen Bedürfnisse selbst erkennen und praktizieren müsse, eine ernstzunehmende philosophische Konkurrenz erhalten.

Der Humanismus fand in *Descartes* (1596–1650) den Philosophen, der die Autonomie des Menschen zu Ende dachte. Wie kann die menschliche Existenz allein aus sich selbst, ohne Zuhilfenahme von Tradition und Außenwelt, begründet werden? Das ist die Frage des autonomen Menschen, zu dessen Sprachrohr sich Descartes macht. Seine Antwort: An der Tatsache des eigenen Denkens findet der autonome Mensch den Angelpunkt zum Verständnis seiner Existenz. »Ich denke, also bin ich«. Was bedeutet diese Philosophie, mit der Descartes zum geistigen Vater des modernen Rationalismus geworden ist, in ihrer praktischen Konsequenz? Der Mensch erhebt sein Denken zum letzten Kriterium seines Lebens. Was seinem Denken nicht einleuchtet, vermag er nicht als wahr anzuerkennen. Er war aus der prägenden Vormundschaft der Tradition, und das heißt vor allem der christlichen Tradition, bewußt ausgestiegen, um seine Unabhängigkeit zu finden, und macht sich nun aufs Neue abhängig, und zwar von seinem eigenen Denken. Eine wahrhaft unheimliche Tragik liegt auf dieser Philosophie. Descartes' Einfluß auf die moderne Geistesgeschichte bis hin auf die Existenzphilosphie unseres Jahrhunderts kann gar nicht hoch genug eingeschätzt werden, ja man kann sagen, daß sich der Rationalismus bis in unsere Zeit hinein als die stabilste und verbreitetste Weltanschauung der Neuzeit erwiesen hat. Die Bibelauslegung im Protestantismus wurde von ihm aufs stärkste betroffen. Unter dem Einfluß des Rationalismus wurden die biblischen Berichte dem Kriterium des Denk- und Vorstellbaren unterworfen. Die Botschaft Jesu verkam zum Moralappell. Die biblischen Gerichtsaussagen wurden abgeschwächt oder getilgt. Übrig blieb ein Christentum der Anständigkeit. Von Spinozas »Theologisch-politischem Traktat« (1670) angefangen, errang die rationalistische Bibelauslegung im 18. und 19. Jahrhundert, popularisiert durch G. E. Lessing u. a. und philosophisch begründet durch I. Kant, vor allem im Protestantismus einen überaus starken Einfluß.

Nun muß die *Philosophie Kants* (1724–1804) in ihrer Auswirkung auf die Schriftauslegung betrachtet werden. Kant hat es sich in seinem philosophischen Denken zur Aufgabe gestellt, die Leistungsfähigkeit und die Grenzen der menschlichen Vernunft zu beschreiben. Nach seiner Philosophie ist der Vernunft grundsätzlich nur die sinnlich wahrnehmbare Welt zugänglich. Auch diese erkennt sie nicht, wie sie für sich existiert (als »Ding an sich«), sondern nur in den ihr vorgegebenen Anschauungsformen von Raum und Zeit und unter Anwendung bestimmter ebenfalls angeborener Denkkategorien. Unsere Anschauung richtet sich also nicht nach den Gegenständen, sondern die Gegenstände richten sich nach unserer Anschauung. Das Wahrnehmen ist ein schöpferischer Vorgang. Daß es überhaupt außerhalb des Denkens etwas geben könnte, davon geben uns nach Kant drei der Vernunft angeborene, sog. transzendentale Ideen eine Ahnung, die Ideen von Welt, Seele und Gott. Irgendeine inhaltliche Aussage über diese Ideen ist allerdings der Vernunft nicht möglich. Der einzig legitime Ausdruck des Glaubens an Gott ist nach Kant die Hoffnung unserer moralischen Gesinnung, daß es eine Instanz ausgleichender Gerechtigkeit geben müsse.

Mit Kants Vernunftkritik war philosophisch die Möglichkeit einer Selbstoffenbarung Gottes ausgeschlossen[7]. Alle Aussagen über Gott mußten sich fortan dem Vorwurf aussetzen, Grenzüberschreitungen der Vernunft und damit müßige Spekulation zu sein. Über die Folgen auf Kirche, Theologie und Schriftauslegung hat A. Schlatter in seiner eingehenden geistesgeschichtlichen Würdigung Kants u. a. folgendes ausgeführt:

»Der gefährliche Punkt kam weder Kant noch seinen Zeitgenossen zum Bewußtsein. Geht uns nicht die Welt verloren? Die Vernunft sieht nicht mehr aus sich heraus; sie formt ihre Gebilde mit ihren Formen, sieht aber weder sich selbst noch die Welt. Daß Kant hier keine Schwierigkeit empfand, ist durch seinen festen Glauben an die reine Vernunft bedingt. . . . Gab es denn überhaupt noch Wissenschaft, überhaupt noch ein Urteil, das Bejahung oder Verneinung war? Wir kommen in einen permanenten Schwebezustand, stehen in einer radikalen und unüberwindlichen Ignoranz. . . . Es entsteht nun Verdacht gegen den sog. Dogmatismus. Das menschliche Wissen ist Phänomenologie, nichts mehr. Absolute Urteile sind verdächtig; das Urteil geschieht immer nur mit dem Vorbehalt: so erscheint es mir. . . . Die Tatsache ist wichtig, daß die Naturwissenschaft sich wenig stören ließ, sondern unerschüttert ihre Arbeit fortsetzte.» Ihr habt nur Erscheinungen«, sagte Kant, aber die Naturforschung hat diese Erscheinungen immer als die erscheinende Natur behandelt. Auch die Geschichtsforschung hat sich nicht stören lassen, sondern daran festgehalten: wir beobachten wirkliches Geschehen. Ihr wurde die menschliche Gemeinschaft nie nur ein Phänomen. Aber die religiösen Gedanken wurden vom Kantianismus weithin schwer getroffen: das sei Dogmatismus! . . . Zugleich wird ein öffentliches Wissen, daß die gesunde, normale Erkenntnistheorie Vernunftkritik sei und den Satz erweise, daß wir von unserer Sinneswelt wissen und sonst von nichts. . . .

So weit Kants Einfluß reicht, ist die Generation unkirchlich. Schon die Aufklärung hatte den Grundriß des evangelischen Kirchentums gesprengt, da die Einheit des Dogmas dadurch aufgehoben war, daß die Aufklärung ein anderes Dogma in die Kirche gebracht hat. Aber sie hatte doch noch ein Dogma, das in abgestuften Beziehungen zum Bekenntnis der Kirche stand. Jetzt aber wird das Dogma überhaupt verdächtig. Jede Metaphysik fällt ab, weil uns ja nur Erscheinungen zuteil werden, und auch wenn der skeptische Ton nicht durchklingt, so steht doch fest, daß wir am Sinnesbild unsere ganze Erkenntnis haben, wodurch alles, was in den Bereich des christlichen Dogmas gehört, bestritten ist«[8].

Nicht nur die »religiösen Gedanken« wurden vom »Alleszermalmer« Kant schwer getroffen, der Wahrheitsbegriff selbst wurde fraglich. Wenn die Welt subjektive Erscheinung ist, dann produziert jeder letztlich seine eigene Wahrheit, und damit wird das Reden von absoluter Wahrheit sinnlos. Die akademische Theologie hat sich bis heute vom Tiefschlag Kants nicht erholt. Das Werk des einflußreichsten evangelischen Theologen des 19. Jahrhunderts, F.D.E. Schleiermacher (1768–1834), war ein grandioser Versuch, die Theologie unter den Bedingungen der Kantischen Philosophie neu zu formieren und zu formulieren. Aber die allgemeine Skepsis gegen dogmatische Aussagen der Theologie, die Kant ausgelöst hatte, vermochte auch er nicht zu überwinden. Im 19. Jahrhundert machte sich eine Geisteshaltung breit, die man als Positivismus bezeichnet hat. Sie ist gekennzeichnet durch einen grundsätzlichen Verzicht auf absolute Wahrheiten und jede wertende Beurteilung. Unter dem Einfluß dieser geistigen Strömung wurde es der Theologie immer schwerer, die Einzigartigkeit der in der Bibel bezeugten Offenbarung Gottes überzeugend zu vertreten. Die Exegese befreite sich zunehmend von der »dogmatischen Bevormundung«.

Den größten Einfluß hatte in dieser Beziehung *Ernst Troeltsch* (1865–1923). Er schrieb 1898 einen Aufsatz »Über historische und dogmatische Methode in der Theologie«[9]. Hier entwickelte er die von ihm so genannte »historische Methode«, welche »die ganze bisherige Form theologischer Methoden« zersprengen werde. Die »historische Methode« besteht nach Troeltsch in der Anwendung der folgenden drei Prinzipien auf die Bibel und Kirchengeschichte.

1. Die historische Kritik. Sie geht davon aus, daß es auf historischem Gebiet nur Wahrscheinlichkeitsurteile gibt und daß die Wahrscheinlichkeit eines Geschehens erst festgestellt werden muß. Troeltsch betont ausdrücklich, daß auch die gesamte religiöse Überlieferung durch die historische Kritik gezogen werden muß.

2. Die Analogie. Sie ist der Schlüssel der historischen Kritik. »Die Allmacht der Analogie schließt die prinzipielle Gleichartigkeit alles historischen Geschehens ein.« Als historisch wahrscheinlich kann nur analoges Geschehen gelten, also Geschehen, was sich auch zu anderer Zeit, an anderem Ort und mit anderen Menschen ereignet hat und noch ereignet.

3. Die Korrelation. Alles geschichtliche Geschehen ist abhängig von innerweltlichen Ursachen, so daß alles in einem inneren Zusammenhang steht und an keinem Punkt eine Veränderung ohne vorausgehende innerweltliche Verursachung eintreten kann.

Mit diesen drei Prinzipien war die Bibelauslegung in der Tat vollständig von der Dogmatik emanzipiert. Aber die Annahme Troeltschs, daß damit ein unvoreingenommenes Verstehen der Bibel und der Kirchengeschichte ermöglicht worden sei, erwies sich als ein tragischer Irrtum. Federführend in dieser Art »historischer« Exegese war zwar nun nicht mehr die Dogmatik der kirchlichen Bekenntnisse, dafür aber nun unter dem Zeichen der »historischen Methode« die private Dogmatik des Exegeten. Gerade das, was Troeltsch ausschalten wollte, wurde zum Hauptproblem der Exegese des 20. Jahrhunderts: die dogmatische Willkür. Dem theologischen Subjektivismus der Exegeten stand nun keine Grenze mehr entgegen[10].

Die Wirkung Troeltschs auf die Theologie war weitreichend. Seine Forderung nach einer »rein historischen«, undogmatischen Bibelauslegung wurde im Verlauf der exegetischen Arbeit des 20. Jahrhunderts selbst zum Dogma. Bis heute wird im Bereich der akademischen Theologie die »historisch-kritische Methode« weithin für unverzichtbar erklärt. Aber damit ist die Wirkung Troeltschs noch nicht hinreichend beschrieben. Die zur Normalmethode erhobene historische Betrachtung der Bibel erwies sich nämlich, wie Troeltsch selbst in seinem Aufsatz vorhersagte, als »Sauerteig, der alles verwandelt und der schließlich die ganze bisherige Form theologischer Methoden zersprengt«. Konsequent angewendet, verändert sie nämlich den Anspruch der Bibel, das einzigarige, absolute und allen Menschen geltende Zeugnis der Offenbarung Gottes zu sein, in einer grundlegenden Weise. Die Bibel wird bei der Anwendung der »historischen« bzw. »historisch-kritischen« Methode ein »historisches«, und das heißt ein zeitbedingtes Buch. Der Sauerteig des Relativismus zieht durch die Hintertür »historischer« Exegese in die Theologie ein. Der Anspruch der Bibel wird dabei durchaus gesehen, aber eben als zeitbedingt und für unsere Zeit interpretationsbedürftig erklärt. Diese Situation prägt die akademische Bibelauslegung bis heute in starkem Maße[11].

Nun möchte ich zum Abschluß dieser geistesgeschichtlichen Besinnung die Auswirkung der *Existenzphilosophie* auf die Bibelauslegung skizzieren. Die Erschütterung des 1. Weltkriegs löste in Theologie und Philosophie eine Abkehr von dem vorher verbreiteten Ideal einer allmählichen Verchristlichung der abendländischen Kultur aus. In der Theologie suchte K. Barth (1886–1968) einen neuen Ansatz, indem er alle anthropologischen Begründungsversuche für das theologische Denken bestritt und das Angewiesensein auf Gottes Offenbarung betonte. In der Philosophie leitete vor allem M. Heidegger (1889–1976) durch seine Abwendung von den traditionellen philosophischen Themen und seine Konzentration auf Wesen und Sinn von »Sein« und auf die Bestimmung der menschlichen Existenz eine neue Epoche ein. Der Mensch soll durch Erkenntnis seiner Grundbefindlichkeiten wie Angst, Sorge, Tod, Verstehen (den sog. »Existenzialien«), und Abkehr vom »Man« (dem unreflektierten Leben) zu einer »eigentlichen« Existenz geführt werden. R. Bultmann (1884–1976) und zunächst auch die ihm verpflichtete Schule übernahmen diese philosophische Existenzanalyse in ihre Theologie. Zum Ziel theologischer und exegetischer Arbeit erklärten sie die Aufhellung und Infragestellung des Selbstverständnisses des Menschen. Sinn christlicher Verkündigung sei es, den

Menschen zu einer immer wieder neuen Entscheidung zu führen, nicht aus dem Verfügbaren zu leben, sondern sich vorbehaltlos für die ihm im Moment noch verschlossene Zukunft zu öffnen. Die biblischen Berichte sind nun nicht mehr unter der Fragestellung der liberalen Theologie interessant, was an ihnen eventuell historisch glaubwürdig sei, sondern wichtig wird nun das Selbstverständnis ihrer Verfasser und dessen Bedeutung für uns heute. Im Rahmen dieser Existenztheologie nimmt Bultmanns Entmythologisierungsprogramm die Funktion ein, das Selbstverständnis der damals lebenden Menschen, das sich nach Bultmann in mythischen Vorstellungen ausdrückte, aufzudecken und es für uns heute als Anrede aufzuschlüsseln.

Unter dem Einfluß der Existenztheologie schwand das Interesse an einer am Text selbst ausgerichteten exegetischen Arbeit, während die Analyse des Selbstverständnisses des modernen Menschen zur unverzichtbaren Aufgabe der Theologie erklärt wurde. Damit stellt sich aber die entscheidende Frage, woher die Existenztheologie die Kriterien für ihre Existenzanalyse nimmt. In der reformatorischen Theologie empfängt der Mensch sein Selbstverständnis unter dem absoluten Anspruch und Zuspruch Gottes, der ihn in der Verkündigung der biblischen Offenbarung durch Vermittlung des Heiligen Geistes erreicht. Die Kriterien zur Beurteilung seiner Existenz werden ihm letztlich von Gott selbst gegeben. Wenn die Existenztheologie diese Kriterien aus der Philosophie übernimmt, beschwört sie die Gefahr, daß sie den modernen Menschen, dem sie durch die Begegnung mit den biblischen Texten zu einem neuen, für die Zukunft offenen Selbstverständnis verhelfen will, lediglich zu einem Gespräch mit sich selbst führt.

III. Kritische Fragen an die Zielsetzung der historisch-kritischen Schriftauslegung

Von den z. Z. an den deutschen theologischen Fakultäten gebräuchlichen Lehrbüchern der historisch-kritischen Exegese wähle ich für die folgende Betrachtung das Buch »Exegese des Alten Testaments. Leitfaden der Methodik« von H. Barth und O. H. Steck, weil die Verfasser im ersten Kapitel die Zielsetzung der historisch-kritischen Arbeit eingehend beschreiben. Zunächst folgt der ganze einleitende Abschnitt »Die Aufgabe der alttestamentlichen Exegese«[12], dem sich dann die Auseinandersetzung mit einigen Grundproblemen des Textes anschließt.

»Exegese des AT ist das Bemühen um die historische, wissenschaftlich ausgewiesene Sinnbestimmung von Texten, die im AT überliefert sind. Exegese steht also vor der Aufgabe, den Sinn und Aussagewillen des betreffenden Textes innerhalb seines geschichtlichen Entstehungsraumes und in den verschiedenen Stadien seines alttestamentlichen Werdeganges zu bestimmen, damit er in seiner historischen Eigenart zutage tritt.

Insofern Exegese ein wissenschaftlicher Vorgang ist, gründet sich ihr Verstehen eines Textes ausschließlich auf Erkenntnisse und Argumente, die auch von anderen hinsichtlich ihrer Angemessenheit gegenüber dem Gegenstand zustimmend oder ablehnend mitvollzogen und in den Begründungen mitverfolgt werden können. Exegese wahrt ihren wissenschaftlichen Charakter allerdings nicht dadurch, daß sie sich an den experimentellen und empirischen Wissenschaften orientiert und sich an deren Ideal exakt-objektiver Erkenntnis bindet; sie müßte sich dann auf Analyse und Deskription der sprachlichen Oberfläche der Texte beschränken. Weil die Texte jedoch Gestaltwerdung von Lebensvorgängen sind und gelebtes Leben sprachlich bewältigen, muß Exegese Texte als Geschehen verstehen, in dem geschichtliche und soziale Bedingungen, geistige Vorprägungen, Erfahrungen, Impulse, Zielvorstellungen des Verfassers, Eigenart der Adressaten in einem lebendigen Vorgang zu der vorliegenden sprachlichen Äußerung einschließlich ihres »ungesagten Sinnhorizontes« (H.-G. Gadamer) führen. Wissenschaftliche Exegese wird also erst dann ihrem Gegenstand angemessen sein, wenn sie über das geschichtliche Leben, das im Text sprachlich zum Abschluß gekommen ist, intersubjektiv begründet Rechenschaft geben kann. Wissenschaftliche Exegese betrachtet den Text deshalb nicht als wehrloses Objekt, das sich der Forscher in überlegenem Zugriff unterwirft, sondern als Leben, zu dem Leben in Beziehung tritt. Achtung, Lernbereitschaft, Begegnungsfähigkeit, Grenzbewußtsein gegenüber dem Text als dem Anderen, Fremden sind somit Grundhaltungen wissenschaftlicher Exegese.

Insofern sich wissenschaftliche Exegese auf die historische Sinnbestimmung des Textes im Zeitraum seiner produktiven Gestaltung bezieht, beschränkt sie sich auf die Bestimmung des ursprünglichen Sinnes innerhalb des alttestamentlichen Überlieferungsbereiches. Mit dieser Leitfrage nach der historischen Eigenart des Textes im geschichtlichen Raum seiner Entstehung distanziert Exegese den Text von unserer Gegenwart. Ihre Verstehensrichtung unterscheidet sich damit vom Ereignis des persönlich-betroffenen Verstehens des Bibellesers, das in seiner Eigenart und Tiefe wesentlich von den gegenwärtigen Erfahrungen bestimmt wird und den Text dazu unmittelbar in Beziehung setzt. Wissenschaftlich-historische Exegese wertet dieses unmittelbar-applikative Verstehen nicht ab, vermag es aber durch Aufweis des ursprünglichen Textsinnes zu klären und zu bereichern: als Korrektur willkürlich-subjektiver Textauswertung, als Hinweis auf den zentralen Sachgehalt des Textes und als Freilegung seiner besonderen Impulse, deren die Gegenwart bedarf. Wissenschaftlich-historische Exegese ist dabei der Anwalt des ursprünglichen Textsinnes; sie leistet damit den grundlegenden Beitrag zur Klärung und Bereicherung applikativen Verstehens. Allerdings bedarf applikatives Verstehen noch weitergehender theologischer Hilfen. Insofern einem alttestamentlichen Text durch das Zeugnis des NT und tiefgreifende Wandlungen der Erfahrungswirklichkeit erweiterte oder geänderte Bedeutungsaspekte zukommen, sind wissenschaftliche Sinnklärungen über die alttestamentliche Exegese hinaus erforderlich; sie erfolgen in den theologischen Arbeitsgebieten Neues Testament, Kirchen-, Dogmen- und Theologiegeschichte sowie hinsichtlich begründeter Gestalt, Gültigkeit und Verbindlichkeit des erweiterten oder geänderten Textsinnes angesichts gegenwärtiger Wirklichkeitserfahrung in der Dogmatik, der Ethik und der Praktischen Theologie.

Wissenschaftlich-historische Exegese ist immer auch kritische Exegese. Zu ihrem Vollzug gehört es, eigene oder fremde Vormeinungen über das Textverständnis, Vorprägungen durch Auslegungstraditionen und forschungsgeschichtliche Konstellationen, auf die freilich jeder angewiesen bleibt, kritisch als solche zu erkennen und beim Zuschritt auf den ursprünglichen Sinn des Textes unter Kontrolle zu halten. Zugleich richtet sich die Kritik auf den Text selbst; damit ist aber nicht ein überlegenes Kritisieren des Textes gemeint, sondern die Haltung des methodischen Zweifels, die zu einer verschiedene Wahrnehmungen, Fragestellungen, Folgerungen angesichts der Eigenart eines Textes unterscheidenden historischen Urteilsbildung führt und auch den Wahrheitsanspruch des Textes an seinem historischen Ort befragt.«

Die Verfasser setzen ein mit einer generellen Definition der Exegese des AT. Sie sei das »Bemühen um die historische, wissenschaftlich ausgewiesene Sinnbestimmung« der Texte. Das Stichwort »historisch« wird als Aufgabe beschrieben, den Text in seiner »historischen Eigenart« zu bestimmen. »Wissenschaftlich« ist die Exegese, wenn sie mitteilbar (»intersubjektiv«) ist.

Diese Definition wirft eine Reihe von Fragen auf, denen wir uns nun zuwenden müssen. Ich setze bei dem Begriff »*Sinnbestimmung*« ein. Die Verfasser gehen davon aus, daß der Sinn des biblischen Textes bestimmt werden muß. Das könnte auch Luther sagen. Doch in der Art der Sinnbestimmung zeigt sich sofort ein entscheidender Unterschied zwischen der reformatorischen und der historisch-kritischen Auslegung. Für Luther war der Sinn des biblischen Textes Christus selbst. Seine Sinnbestimmung lag darin, daß er den Text entweder als Anklage Gottes an den Menschen (als »Gesetz«, das ihn zu Christus treibt) oder als Zuspruch der Gnade Gottes (als »Evangelium«) auslegte. Die Sinnbestimmung der historisch-kritischen Exegese liegt im Versuch, die historische Eigenart des Textes aufzuhellen und so den vermuteten »ursprünglichen Textsinn« zu finden. Es wäre nun falsch, wenn man bei Luther von theologischer, hier von historischer Exegese sprechen wollte. Dann würde man dem Irrtum des Historismus unterliegen, es gäbe eine »rein historische«, undogmatische Auslegung. Vielmehr muß gesagt werden, daß auch die Sinnbestimmung der historisch-kritischen Auslegung dogmatischer Natur ist. Während Luthers hermeneutisches Dogma darin bestand, in jedem biblischen Text Christus zu suchen und zu finden, besteht das Dogma der historisch-kritischen Auslegung in der historischen Sinnbestimmung. Ausgangspunkt ihrer Arbeit ist nicht die Voraussetzung der Selbsterschließung der Schrift, sondern die – dogmatische – Überzeugung, daß es zum Freilegen des ursprünglichen Textsinnes historisch-kritischer Arbeit bedarf.

An dieser Stelle ist zu bemerken, daß es kaum eine Alternative in der hermeneutischen Diskussion gibt, die so viel Verwirrung angerichtet hat wie die Gegenüberstellung von dogmatischer und historischer Auslegung. Als ob dogmatische Exegese blind für das geschichtliche Verstehen der Bibel wäre! Als ob »historische« Exegese undogmatisch, ohne theologische und hermeneutische Voraussetzungen wäre! Es ist höchste Zeit, diese Alternative aufzugeben!

Damit sind wir beim Begriff »*historisch*«. Der Begriff meint, von seiner griechischen Wurzel her betrachtet, einfach das Erforschte und zu Erforschende. Auf die Geschichte angewendet, bezeichnet er die Geschichtsforschung. Zunächst ist zu betonen, daß ein Hauptmerkmal der Selbstoffenbarung Gottes ihre Geschichtlichkeit ist. Im Gegensatz zu den ungeschichtlichen Mythen der Antike bezeugt die Bibel den sich selbst in der Geschichte offenbarenden Gott, und zwar von Adam an über das Volk Israel bis zum Höhe- und Schlußpunkt der geschichtlichen Offenbarung Gottes in seinem Sohn Jesus Christus. Die Tatsache der Geschichtlichkeit der Bibel bedeutet nun aber gerade nicht, daß der christliche Glaube etwa auf der Erforschung ihrer Geschichtlichkeit beruhen würde. Ein so verstandener Glaube wäre, um mit Luther zu sprechen, nichts anderes als eine fides historica, welche auch die Teufel haben. Es verhält sich vielmehr umgekehrt. Der Glaube entsteht, indem sich die Bibel mir in Gesetz und Evangelium erschließt und mir der Heilige Geist Vertrauen zu Jesus Christus schenkt. Damit wird gleichzeitig in mir Glaubensinteresse am irdischen Jesus sowie am übrigen geschichtlichen Offenbarungshandeln Gottes geweckt. Nicht die historische Arbeit führt zum Glauben, sondern der Glaube führt zum geschichtlichen, in der ganzen Schrift bezeugten Christus. Die Hoffnung und der Anspruch der historisch-kritischen Exegese, auf dem Wege historischer Untersuchungen dem »Sinn« biblischer Texte, also dem Anspruch und Zuspruch des lebendigen Gottes näherzukommen, müssen im Licht des reformatorischen Schriftverständnisses als unrealistisch bezeichnet werden. Dieser Sinn erschließt sich mir nur, wenn Gott selbst mir nahekommt, mir mein Verlorensein vor ihm zeigt und mir Jesus Christus als meinen Heiland vor Augen stellt. Nie und nimmer ist diese Sinnerschließung auf historischem Wege zu erreichen. Genauso gilt umgekehrt: Wenn Gott durch den Heiligen Geist mir den auferstandenen und gegenwärtigen Christus erschließt, dann führt der gegenwärtige Christus mich immer wieder zu dem in der Schrift bezeugten Christus. Der Heilige Geist, der diese Vergegenwärtigung vollzieht, ist also auf historische Arbeit an der Schrift nicht angewiesen. Aber das von ihm bewirkte Glaubens- und Heilsinteresse an der Schrift nimmt die historische Arbeit in die geistliche Dimension hinein und macht die dem Glauben dienst- und nutzbar.[13]

Als zweite Kennzeichnung der historisch-kritischen Sinnbestimmung biblischer Texte gebrauchen die Verfasser den Begriff »*wissenschaftlich*«. Wenn man Wissenschaft definiert als kontrollierte und kontrollierbare (»intersubjektive«) Systematisierung menschlichen Wissens, erhebt sich natürlich die Frage nach der Wissenschaftlichkeit biblischer Exegese. Darf an die Auslegung der Bibel, die in der Perspektive reformatorischer Hermeneutik bei aller menschlichen Bemühung ein Handeln Gottes am Menschen ist, der Maßstab wissenschaftlicher Intersubjektivität angelegt werden? Die Frage stellen heißt, sie zu verneinen. Bibelauslegung ist, reformatorisch gesehen, der intimste Vorgang, den es gibt. Gott kommt dem Ausleger persönlich nahe und spricht mit ihm. Dieses Geschehen kann wegen seiner besonderen Natur nicht intersubjektiv im Sinn von Wissenschaft sein, also unmittelbar plausibel bzw. argumentativ nachweisbar, sondern kann nur bezeugt werden. Aber dann kann etwas Merkwürdiges geschehen: Die Auslegung eines anderen spricht mich persönlich an, stellt mich vor Gott in Frage oder stärkt meinen Glauben an Christus, sie wird »intersubjektiv«. Diese Intersubjektivität ist dann allerdings nicht mehr wissenschaftlicher, sondern geistlicher Natur. Mit der Forderung nach wissenschaftlicher Intersubjektivität droht sich die historisch-kritische Exegese selbst den Zugang zur geistlichen Intersubjektivität zu verbauen.

Schließlich möchte ich noch auf die Feststellung der Verfasser eingehen, wissenschaftlich-historische Exegese sei »*immer auch kritische Exegese*«. Sie verstehen darunter sowohl Selbstkritik des Auslegers im Blick auf die ihn prägenden Vormeinungen und Traditionen als auch Kritik am Text selbst. Nimmt man den Begriff »Kritik« in seiner ursprünglichen Bedeutung, nämlich als »begründetes Urteil«, wird jeder dieser Feststellung zustimmen können. Ein begründetes Urteil über die Voraussetzungen, unter denen ich die Bibel auslege sowie über die Bibel selbst zu gewinnen, muß im Interesse jedes Auslegers liegen. Doch nun kommt die entscheidende Frage: Woher nehme ich die Maßstäbe für dieses doppelte Urteil?

Zunächst bleiben wir bei den Voraussetzungen des Auslegers. Es ist zweifellos für die exegetische Arbeit nützlich, wenn sich der Ausleger Rechenschaft geben kann über die ihn prägenden geistigen Einflüsse und Glaubenstraditionen. Der Philosoph H.-G. Gadamer hat diese Voraussetzungen nicht ohne Grund die »Vorurteile« genannt. Doch reicht diese biographische und geistesgeschichtliche Reflexion aus, um mich auf ein Geschehen vorzubereiten, das mich unmittelbar vor Gott stellt, wie es sich ja in der Schriftauslegung vollzieht? Wer weiß, daß er vor Gott steht, dem wird eine andere Voraussetzung bewußt, nämlich seine Sünde, sein Verlorensein und sein Angewiesensein auf Gottes Gnade, der wird in *diesem* Sinn selbstkritisch.

Der Maßstab für das Urteil über den Text ist für die Verfasser der »methodische Zweifel«. Dazu ist folgendes zu sagen: Den Zweifel als Prinzip hat als erster Descartes zur Grundlage seiner Philosophie gemacht. Der prinzipielle Zweifel ist – geistesgeschichtlich gesehen – das Schicksal des neuzeitlichen Menschen geworden, der neben und über sich keine Autorität anerkennen will und demzufolge Sinn und Maßstäbe seines Lebens aus sich selbst entwickeln muß, ohne sich ihrer Gültigkeit und Richtigkeit je ganz gewiß werden zu können. Dieser Zweifel ist also kein wissenschaftliches, sondern ein weltanschauliches Prinzip. Eine Exegese, welche die »Haltung des methodischen Zweifels« fordert, verstellt sich bewußt den Weg zu der Gewißheit, in der alle anderen Gewißheiten verankert sind, zu der Gewißheit der Existenz des gekreuzigten und auferstandenen Jesus Christus. Ein begründetes Urteil über die Schrift, das ihrem Selbstzeugnis entspricht, kann ich als Christ niemals auf dem Weg des Zweifels gewinnen, sondern nur dann, wenn Gott meine Zweifel selbst überwindet und mich in Gericht und Gnade persönlich anspricht. Hat die reformatorische Einsicht, daß sich die Schrift selbst erschließt, in der historisch-kritischen Exegese ihre Geltung verloren?

IV. Aus Leidenschaft zum Evangelium. Schritte zur Erneuerung der evangelischen Schriftauslegung

Evangelische Schriftauslegung lebt aus der Gewißheit, daß es in dieser Welt, die vom Triumph des Bösen und der Vergänglichkeit gekennzeichnet ist, eine Botschaft gibt, die Sinn schenkt in der Sinnlosigkeit, Trost in allem Schmerz, Zuversicht in jeder Angst, Liebe für Gott und den Nächsten und ein Leben, das stärker ist als der Tod, und daß es diese Botschaft nirgendwo anders zu hören gibt als in der Bibel und ihrer Verkündigung. Evangelische Schriftauslegung ist evangeliumsbezogene Auslegung, sie sucht und findet nur eins in der Schrift: das Evangelium von Jesus Christus, dem Gottessohn, der in unsere Welt kam, um uns von Sünde, Tod und Teufel zu erretten und uns Anteil zu schenken an sich und seinen Gaben. Evangelische Schriftauslegung ist leidenschaftliche Auslegung, weil sie weiß, daß der Mensch alles, was er zu einem sinnerfüllten Leben braucht, nur im Evangelium findet. Niemand hat diese Leidenschaft zum Evangelium so überzeugend ausgesprochen wie M. Luther in seiner Reformationsschrift »Von der Freiheit eines Christenmenschen«, wo es heißt:

»So müssen wir nun gewiß sein, daß die Seele kann alles Dinges entbehren außer dem Worte Gottes, und ohne das Wort Gottes ist ihr mit keinem Ding geholfen. Wo sie aber das Wort hat, bedarf sie auch keines andern Dinges mehr, sondern sie hat in dem Wort Genüge, Speise, Freude, Friede, Licht, Kenntnis, Gerechtigkeit, Wahrheit, Weisheit, Freiheit und alles Gute im Überfluß«[14].

Mit dieser vom Evangelium empfangenen und zum Evangelium hin ausgerichteten Gewißheit und Leidenschaft, die Gaben des Heiligen Geistes sind, ist evangelischer Schriftauslegung gleichzeitig auch ihre bleibende Aufgabe gestellt: dieses Evangelium in der Schrift aufzuspüren und zu verkündigen. Die wichtigste Frage an den Ausleger und Prediger der Bibel lautet deswegen: Verkündigt er Evangelium oder nicht? Wird dem von Lasten, Sorgen und Sünden umhergetriebenen Menschen die Botschaft vom Retter und Heiland aufgeschlüsselt und ans Herz gelegt oder erschöpft sich die Auslegung in bloßer geschichtlicher Vergegenwärtigung biblischer Zeiten, in moralischen Appellen oder philosophischen Weisheiten? Die Aufgabe, in der Schrift das Evangelium zu ergründen und zu bezeugen, ist schwer und kann nur gelingen, wenn der Ausleger sich selbst als Menschen weiß, der das Evangelium braucht. Ein Satter achtet auf die Brotkrumen am Wege nicht, und ein Gesunder interessiert sich nicht für Medizin. So wird auch schwerlich ein Ausleger, dem nicht sein Verlorensein vor Gott vor Augen steht, in der Schrift Evangelium suchen. Aber jemand, der Gottes Erbarmen braucht, wird nicht ruhen und rasten, bis er es gefunden hat.

Evangelische Schriftauslegung findet also Ursprung, Maßstab und Ziel ihrer Arbeit im Evangelium von Jesus Christus. Die Bibel- und Verkündigungsnot heute hat ihre Hauptursache darin, daß dieser Dreiklang zu wenig beachtet wird. Weithin herrscht große Verwirrung darüber, was eigentlich Evangelium ist, und so bieten Ausleger und Verkünder ihr eigenes »Evangelium« an. Und so hört die Gemeinde eine Unmenge sozialer, diakonischer, politischer, humanistischer und moralischer Ratschläge und Forderungen, aber sie dörrt dabei aus, weil sie nicht auf die grünen Auen des Evangeliums geführt wird.

Was ist in dieser Not zu tun? Zunächst brauchen wir wieder einen *neuen Blick für das Evangelium*. Gute Ratschläge, berechtigte Forderungen, radikale Bußrufe sind, auch wenn sie in biblische Vokabeln gekleidet werden, eben noch kein Evangelium, sondern legen dem Menschen nur neue Lasten auf. Als Beispiele für eine derartige gesetzliche Auslegung zitiere ich zunächst aus einer existentialtheologischen Predigt und dann aus einer Hermeneutik der Befreiungstheologie.

1. Beispiel:

»›Wir tragen allezeit das Sterben des Herrn Jesu an unserem Leibe einher.‹ D. h. er (d. h. Paulus) versteht all unser Leiden im Lichte des Kreuzes. Das Kreuz Christi ist für Paulus ja nicht nur ein historisches Ereignis der Vergangenheit, sondern ein Geschehen, das, in ihm anhebend, die ganze menschliche Geschichte durchdringt; das Geschehen, in dem Gott die ganze diesseitige Welt mit ihrem Stolz und Gepränge wie mit ihrer Sorge und Not für nichtig erklärt. Überall da geschieht dieses Sterben Christi, wo ein Mensch versteht, daß sein Leiden dazu dienen soll, ihm die Vorläufigkeit, die letzte Nichtigkeit der diesseitigen Welt zum Bewußtsein zu bringen. Und überall da wird das Auferstehungsleben Christi zur Wirklichkeit, wo ein Mensch das Kreuz Christi auf sich nimmt, d. h. an der diesseitigen Welt nicht festhalten will, sondern sie fahrenläßt, damit Gott ihm das Leben der jenseitigen Welt schenke«[15].

Der Prediger versucht in diesem Abschnitt seiner Predigt, unter Berufung auf II Kor 4, 10 dem Hörer den Sinn des Leids zu erklären und ihn zu einem Loslassen der diesseitigen Welt zu führen. Aber dadurch, daß das Sterben Christi nur als ein neues Selbstverständnis des Menschen interpretiert wird, fehlt dem ganzen Abschnitt das Evangelium. Wenn mir aber das Sterben Jesu nicht als Sieg über Sünde, Tod und Teufel verkündigt wird, an dem ich persönlich Anteil empfangen kann, dann werde ich die Aufforderung, an dieser Welt nicht festzuhalten, entweder als unverständliche Zumutung oder als frommen Appell mißverstehen.

2. Beispiel:

»Von unserer lateinamerikanischen Situation aus gesehen ist es offensichtlich, daß der Exodus sich in uns fortsetzt. Er fordert als subversive Erinnerung an Gott die Befreier heraus, gibt uns Hoffnung auf eine Welt der Gerechtigkeit und der Liebe, wenn auch durch Konflikt und Kämpfe hindurch. Wie der Pharao, der die Hebräer nicht ziehen lassen wollte und der sich von der Rede Jahwes nicht bekehren ließ, vielmehr ein verstocktes Herz hatte, so werden die gegenwärtig Unterdrückenden nicht vom Unterdrücken ablassen. Der Unterdrücker hört erst dann auf, Unterdrücker zu sein, wenn der Unterdrückte sich von ihm befreit . . . Deshalb wird der Prozeß der Bewußtseinsbildung in Lateinamerika als grundlegend betrachtet, als Bedingung und Teil der Befreiung. Dies ist auch der Grund, weshalb alle Prozesse der Befreiung mit Auseinandersetzungen bis zur Gewalt hin verbunden sind. Man findet keinen einzigen Propheten, der einen König, einen Richter, einen Reichen Israels bekehrt hätte (seine Rede ,offenbarte‘ im Gegenteil die Sünde und die verborgene Verstocktheit des Herzens; Jesaja 6,9 – 10). Die Propheten Lateinamerikas werden es nie vermögen, die Unterdrücker zu bekehren, daß sie die Gerechtigkeit praktizieren. Die unterdrückten Völker werden sich befreien. Mit den Augen des Glaubens betrachtet, wird die Befreiung, die in Lateinamerika von den Unterdrückten (nicht anders!) begonnen wurde, als eine Unternehmung Gottes in Jesus Christus erscheinen. Wir können den Text 1. Korinther 15,17 demnach so lesen: ,Wenn Christus uns nicht befreit, ist unser Glaube nichtig‘«.[16]

Durch diese Auslegung des Auszugs Israels aus Ägypten soll »Hoffnung auf eine Welt der Gerechtigkeit und der Liebe« geweckt und der revolutionäre Prozeß in Südamerika »als eine Unternehmung Gottes in Jesus Christus« gedeutet werden. Damit erhält revolutionäre Gewaltanwendung die höchste theologische Legitimation. Der grundlegende Unterschied zwischen dem biblischen Exodus als Befreiungstat Gottes und politischen Revolutionen als menschliche Aktionen kommt nicht in den Blick. Anstatt das Evangelium im Exodusgeschehen aufzuschlüsseln, also die Treue Gottes zu seinen Verheißungen, seine Macht auch gegen starke Feinde und seine Hilfe in ausweglosen Situationen als Hinweis auf die in Jesus Christus gestaltgewordene Treue, Macht und Hilfe zu entdecken, wird in dieser Auslegung die trügerische Hoffnung verbreitet, durch revolutionäre Gewalt würde eine Welt der Gerechtigkeit und Liebe entstehen. Dem leidenden Menschen werden damit nur neue Lasten aufgelegt, denn ihm wird zugemutet, die neue Welt der Gerechtigkeit und Liebe mit eigener Kraft aufzubauen.

Die eigentliche Not der existentialen und politischen Auslegung liegt nicht im Versuch, die Bibel existentiell zu verstehen, sondern im Verschweigen des Evangeliums. Das Evangelium, die frohmachende Botschaft vom gekreuzigten und auferstandenen Christus, der für uns Sünde, Tod und Teufel überwunden hat und dem wir im Glauben auf Zeit und Ewigkeit angehören dürfen, ist ganz und gar keine Forderung, kein Anspruch, keine Ermahnung, keine Warnung, keine Empfehlung, sondern Verkündigung der Gnade Gottes in Christus. Diese einfache und doch so schwierige Tatsache gilt es neu zu entdecken.

Als Beispiel für eine evangelische, also evangeliumsbezogene Anrede möchte ich aus der Einladung zur »Deutschen Evangelischen Woche« zitieren, die im Sommer 1949 in Hannover stattfand und der Vorläufer der Deutschen Evangelischen Kirchentage wurde. Unterzeichnet war sie von den Bischöfen Dibelius und Lilje sowie von M. Niemöller und R. v. Thadden-Trieglaff.

»In Zeiten der Bedrängnis der Kirche haben wir schon einmal vor fast eineinhalb Jahrzehnten evangelische Christen zu gemeinsamem Horchen auf Gottes Wort und zu gemeinsamem Bekennen aufgerufen. Auf jene erste Deutsche Evangelische Woche in Hannover 1935 sind unter allerlei Not und Bedrückung in der Folge noch manche andere ähnliche Veranstaltungen gefolgt, ohne die die Geschichte des Kirchenkampfes in Deutschland nicht zu denken gewesen wäre.

Die äußeren Umstände haben sich in der Zwischenzeit erschütternd gewandelt. Die wirkliche Lage der Christenheit aber ist dieselbe geblieben. Noch immer rebelliert der natürliche Mensch gegen Gottes heiligen Willen und Befehl. Noch immer wird das Recht gebeugt, die Wahrheit unterdrückt und der Schwache beiseitegeschoben. Noch immer wollen Unglaube, Selbstsucht und Haß dem Menschen die Hoffnung, die Zuversicht und den Frieden rauben. Noch immer wartet die Welt oft vergeblich auf den Dienst der Christenheit, der Männer und Frauen, auf ihren Glauben, auf ihre Tat und auf ihre Fürbitte. In diese Wirklichkeit hinein, die uns von allen Seiten umgibt und bedrängt, wollen wir bezeugen: In Jesus Christus macht der lebendige Gott uns frei. In Jesus Christus läßt er uns teilhaben an seinem Reich, an den Quellen seiner Kraft und an seinem unzerstörbaren Leben.

Unser Herr Jesus Christus spricht: ‚Ich muß wirken, solange es Tag ist. Es kommt die Nacht, da niemand wirken kann.‘«

Hier ist Evangelium zu hören. Jesus Christus macht frei. Gott läßt uns teilhaben an seiner Kraft und an seinem unzerstörbaren Leben. Hier entspringt der Imperativ dem Indikativ, das »Tun« dem »Getan«. Wie sehr haben sich doch seitdem die Zeiten verändert!

Neben dem nötigen Blick für das Evangelium brauchen wir im Kampf um die Erneuerung evangelischer Schriftauslegung auch die richtige *Strategie*. Solange nur bestimmte Auslegungsmethoden kritisiert werden, bleibt der Kampf leicht in einem Methodenstreit stecken. Es werden dann die Voraussetzungen, die Arbeitsweise und die Ergebnisse der Methoden untersucht. Der »existentiale«, der »historisch-kritische«, der »materialistische«, der »politische«, der »narrative«, der »historisch-biblische«, der »uneingeschränkt bibeltreue«, der »fundamentalistische« und andere Ansätze zur Bibelauslegung werden in diesem Methodenstreit ergänzend oder sich ausschließend einander gegenübergestellt. Aber die eigentliche Frage, um die es in der Exegese zuerst gehen sollte, nämlich was Evangelium ist und ob ein Ansatz zum Evangelium führt, bleibt oft zum Schaden von Theologie und Gemeinde undiskutiert. Die Leidenschaft zum Evangelium könnte und sollte den Methodenstreit auf eine fruchtbarere Ebene heben, wo allein um die Frage gerungen wird, ob eine Auslegung den gegenwärtigen Christus und sein Heil sucht, findet und darstellt oder nicht.

Ich habe einmal eine offene akademische Diskussion über die Bedeutung der existentialen Interpretation miterlebt, die sich zum größten Teil in der Bestreitung und Befürwortung der historischen Zuverlässigkeit der biblischen Berichte erging. Schließlich fragte jemand den Befürworter nach dem Unterschied von fides historica und fides apprehensiva, dem Fürwahrhalten biblischer Berichte und dem Glauben, der Christus sucht und ergreift. Damit hatte er ein Stichwort gegeben, das die Diskussion auf die theologische Ebene hätte heben können. Die Chance wurde nicht genutzt. Im Rückblick halte ich diesen Abend für symptomatisch für die derzeitige, im Methodenstreit befangene hermeneutische Diskussion. Solange um Methoden und nicht um Christus selbst und sein Evangelium gerungen wird, kann es kaum zu einer Erneuerung der evangelischen Schriftauslegung kommen.

Das schon erwähnte Zitat »Wir glauben nicht an Christum um der Bibel willen, sondern an die Bibel um Christi willen« könnte in diesem Ringen eine Orientierungshilfe sein. Nicht unsere Hermeneutik, unser Bibelverständnis führt uns zu Christus, sondern Christus, der sich in der Schrift uns erschließt, führt uns in die Schrift.

An dieser Stelle möchte ich ein persönliches Wort einflechten. Während meines Theologiestudiums hatte ich gelernt, die Bibel religionsgeschichtlich zu lesen und Jesus als Religionsstifter zu verstehen. Das biblische Zeugnis von Kreuz und Auferstehung war mir gleichgültig, die Jungfrauengeburt, die Wunder und das leere Grab waren mir fraglich. In einem studentischen Bibelgesprächskreis schüttelte ich den Kopf, als es um die Auferstehung Jesu ging, und beschwerte mich darüber, daß Gott von uns hier offensichtlich ein sacrificium intellectus, ein Opfer unseres Verstandes verlange. Die Schrifthaltung der anderen vermochte mich nicht zu überzeugen. Kurze Zeit danach wurde ich zu einer Evangelisation eingeladen, wo ich zum ersten Mal an Christus als persönlichen Heiland glauben konnte. Als es später im Predigerseminar theologische Diskussionen über Jungfrauengeburt und Auferstehung gab, wunderte ich mich über mich selbst. Jungfrauengeburt und Auferstehung waren für mich Evangelium geworden. Die Zweifel waren vom Evangelium überwunden.

Doch nun zum dritten Schritt, um die Bibel- und Verkündigungsnot zu überwinden. Wir brauchen *evangelische Auslegungspraxis*. Wie sieht sie aus? Sie besteht, mit einem Satz gesagt, in der nicht einfachen Aufgabe, die ganze Schrift einschließlich aller Gebote und aller geschichtlichen Berichte als Zuspruch der Gnade Gottes in Christus zu verstehen. Diese Kunst gilt es einzuüben und bei Lehrern der Schriftauslegung zu lernen, allerdings im vollen Bewußtsein, daß wir in dieser Beziehung bis ans Lebensende Lernende bleiben. Im folgenden möchte ich auf einige Lehrer hinweisen, jeweils mit Beispielen ihrer Auslegung.

Wir beginnen bei *Paulus*. Sein Leben als Christ steht unter einer einzigen Leidenschaft, nämlich »Christus zu gewinnen« (Phil 3,8). Der Inbegriff seines Lebens ist Christus (Phil 1,21). In dieser Leidenschaft legt der Apostel das Alte Testament aus. Die Abrahamverheißung bezieht er auf Christus (Gal 3,15ff.), das wandernde Gottesvolk Israel sieht er von Christus erquickt (I Kor 10,4), die von Christus geschenkte Glaubensgerechtigkeit findet er im 5. Buch Mose ausgesprochen (Röm 10,6–8). Das ganze Gesetz Gottes legt er auf Christus hin aus (Gal 3,24), Himmel und Erde, Tag und Nacht hört er das Evangelium verkünden (Röm 10,18). Das ist evangelische

Schriftauslegung, entsprungen aus der tiefen Gewißheit, daß Gott mit der Bibel nur ein einziges Ziel hat, den Menschen zu Christus zu rufen und ihn durch Christus zu erretten. In dieser Perspektive findet Paulus überall im Alten Testament Evangelium bzw. Hinführung zum Evangelium, und er gibt damit das klassische Beispiel evangelischer Auslegung.

Luther ist sich bewußt, mit seiner christologischen Auslegungspraxis nichts anderes zu tun als Jesus selbst und die Apostel. In einer Predigt über Joh. 3,14 (»Wie Mose in der Wüste eine Schlange erhöht hat, also muß des Menschen Sohn erhöht werden«) führt er aus:

»Der Herr weiset uns damit den rechten Griff, Mose und alle Propheten auszulegen, und gibt zu verstehen, daß Moses mit allen seinen Geschichten und Bildern auf ihn deute und auf Christum gehe und ihn meine, nämlich daß Christus sei der Punkt im Cirkel, da der ganze Cirkel aufgezogen ist und auf ihn siehet; und wer sich nach ihm richtet, gehört auch drein. Denn er ist das Mittelpünktlein im Cirkel, und alle Historien in der Heiligen Schrift, so sie recht angesehen werden, gehen auf Christum«[17].

Als Beispiel für Luthers christologische Anwendung des Alten Testaments sei aus einer Auslegung des 23. Psalms von 1536 zitiert.

»Dein Stecken und Stab trösten mich . . . Der Prophet will mit diesen Worten etwas besonderes anzeigen, als wollte er sagen: Mose ist auch ein Hirte, hat auch eine Rute und einen Stab, er tut aber nichts anderes, als daß er seine Schafe damit treibt und plagt und sie mit unerträglicher Last beschwert (Apg. 15,10; Jes. 9,3). Darum ist er ein schrecklicher greulicher Hirte, den die Schafe nur fürchten und fliehen. Du aber, Herr, mit deinem Stecken und Stab treibst und schreckst deine Schafe nicht, beschwerst sie auch nicht, sondern tröstest sie. Darum redet er hier vom Predigtamt des Neuen Testaments, durch das der Welt verkündigt wird, daß Christus auf Erden gekommen ist, die Sünder selig zu machen, und ihnen solche Seligkeit dadurch erworben hat, daß er sein Leben für sie gelassen hat: Alle, die das glauben, sollen nicht verloren werden, sondern das ewige Leben haben (Joh. 3,16). Das ist der Stecken und Stab, durch den die Seelen Erquickung, Trost und Freude empfangen. Darum soll man in der geistlichen Schäferei, d. h. in Christi Reich den Schäflein Christi (die Böcke freilich muß man mit Mose und des Kaisers Rute und Stab regieren) nicht Gottes Gesetze und noch viel weniger Menschengesetz predigen, sondern das Evangelium. Dasselbe nennt der Prophet mit verblümten Worten einen Troststecken und Troststab, durch den sie Stärke im Glauben, Erquickung im Herzen und Trost in allerlei Ängsten und Todesnöten empfangen. Die so predigen, die treiben das geistige Hirtenamt recht, weiden die Schafe Christi auf einer grünen Aue, führen sie zum frischen Wasser, erquicken ihre Seelen, wehren, daß sie nicht verführt werden, und trösten sie mit Christi Stecken und Stab, und wo man solche hört, soll man gewiß dafür halten, man höre Christus selbst . . .«[18].

Nun noch zwei evangelische Ausleger aus jüngerer Zeit. Zunächst der bekannte oberbergische Pfarrer und Schriftforscher Alfred Christlieb (1866–1934). Aus der Fülle der ihm eigentümlichen kurzen, gegliederten biblischen Betrachtungen wähle ich einen Abschnitt aus einer Auslegung von 2. Mose 15,25 aus (»Mose schrie zu dem Herrn, und der Herr wies ihm einen Baum, den tat er ins Wasser, da ward es süß«).

»Moses Rufen war nicht vergeblich. Ob es kürzer oder länger dauerte, ob die Hilfe von oben schnell kam oder auf sich warten ließ, das wird nicht berichtet. Nur die Tatsache der Erhörung erfahren wir.

‚Der Herr wies ihm einen Baum.' Ein Fingerzeig Gottes, ein Wort Gottes, ein Wink des Herrn genügte, um aus allem Elend herauszukommen.

Auch uns ist hierdurch das göttliche Mittel gezeigt, das uns aus gar mannigfachem Maraelend heraushilft.

Als Paulus wegen seines Pfahles im Fleisch zum Herrn rief, empfing er eine Weisung (2. Kor. 12, 7 – 10). Ein Wink Gottes wurde ihm zuteil, der ihm den Bewahrungssegen dieses drückenden Leidens enthüllte. Mit dem Augenblick, wo dieser göttliche Lichtstrahl ihm gegeben wurde, schwand die Bitterkeit. Das Marawasser war süß geworden. Voll Freudigkeit rühmte er sich von da an seiner Schwachheit und seines Leidens. Sein Gebet war erhört. Einst traf ich auf dem Bahnhof einen Freund, der im Reiche Gottes arbeitete. Er sagte mir: »Ich bete zu Gott, daß er mir eine andere Stelle geben möchte.« Nach zwei Jahren traf ich ihn wieder und fragte ihn: »Hat Gott Ihr Gebet erhört?« Er antwortete voller Freudigkeit: »Ja.« Auf meine weitere Frage, wie sich dies verhalte, da er ja doch am gleichen Platz stehe, sage er: »Gott hat mir gezeigt, daß dies der richtige Platz für meine innere Erziehung ist. Darum tue ich meine Arbeit hier gern weiter.« Auch hier war Marawasser durch eine Weisung Gottes süß geworden.

Ob Gott uns solche Weisung in der Stille des Kämmerleins oder sonstwo gibt, ob wir sie beim Lesen oder beim Hören des Wortes Gottes empfangen, ob sie uns durch den Mund eines bekannten Predigers oder des allerschlichtesten Bruders zuteil wird, das ist nicht entscheidend. Entscheidend ist für uns nur, daß wir die empfangene Klarheit als von Gott uns geschenkt annehmen dürfen. Ist das der Fall, dann haben wir das rechte Mittel der Hilfe gefunden.

Wie mancher wird nach überstandenen Maranöten bekennen müssen: Wenn mir nicht in meiner Not dieser oder jener aus Gottes Wort stammende Lichtblick gegeben wäre, dann hätte ich in Mara verschmachten müssen: ,Wenn dein Gesetz nicht mein Trost gewesen wäre, so wäre ich vergangen in meinem Elend' (Ps. 119, 92).

Auf Marastationen kann man am besten den Wert der göttlichen Weisungen schätzen lernen. Hier wird man begierig nach einem Wink Gottes, nach einem Lichtstrahl, der uns von oben her unsern Weg beleuchtet.

Wenn droben die vollendete Schar ihr Loblied singt, dann werden die Erlösten voller Dankbarkeit rühmen, wie Gott ihnen an den einzelnen Marastationen ihres Lebens zur rechten Zeit eine Weisung gegeben hat, die ihnen zurecht- und heraushalf«[19].

Ohne daß Christus hier namentlich genannt wird, gelingt es Christlieb, das Evangelium in diesem Text mit dem Hinweis auf die Fingerzeige Gottes in »Mara-Situationen« zum Vorschein zu bringen.

Schließlich noch eine Auslegung des früheren Essener Jugendpastors Wilhelm Busch (1897 – 1966) zu 4. Mose 35,12 (»Und es sollen unter euch Freistädte sein vor dem Bluträcher, daß der nicht sterben müsse, der einen Totschlag getan hat«).

»Kein Mund ist imstande, genügend auszusagen, was an jenem Karfreitag geschah, als Gott Seinen Sohn dahingab für uns. Kein Dogma kann das Geheimnis des Kreuzes in genugsamer Weise beschreiben.

Aber wir dürfen ganz praktisch erfahren, daß das Kreuz Christi unsere Errettung ist. Wie das geschieht, möchte ich euch klarmachen an einem Manne, der viele hundert Jahre vor Jesu Geburt gelebt hat. Die Geschichte dieses Mannes aus dem Alten Bund ist ein Vorbild unserer Errettung.

Versetzen wir uns um 3000 Jahre zurück. Wir stehen an einem Grenzstein, der sagt, daß hier die Gemarkung der Stadt Sichem beginnt. Da kommt mit eilendem Schritt ein Mann daher auf der Straße von Jerusalem. Er sieht nicht die Pracht der herrlichen Berge ringsum. Er achtet nicht auf die Schönheit dieses wundervollen Tales mit seinen Olivengärten und Obsthainen. Er eilt nur vorwärts. Als er den Grenzstein erreicht hat, bleibt er aufatmend stehen. ‚Gerettet!' ruft er jubelnd. . . ‚Wohin eilst du so sehr?' fragen wir den Mann. Daraufhin zeigt er auf das Städtchen Sichem, das im Sonnenglanz vor uns liegt, und sagt das seltsame Wort: ‚Zur Freistadt!'

Was ist denn das – eine Freistadt? In alter Zeit gab es eine Sitte, die da und dort heute noch bestehen soll: die Blutrache. Wenn jemand einen andern erschlug, dann war der nächste Verwandte verpflichtet, dem Schuldigen nachzueilen, bis er an ihm das Gericht vollzogen hatte.

Gott hat in Seiner Geduld bei den Israeliten diese Sitte bestehen lassen. Aber Er hat eine wundervolle Einrichtung getroffen: Als sie in das Land Kanaan zogen, befahl Er ihnen, sie sollten Freistädte schaffen. Wenn nun jemand aus Versehen einen andern erschlüge, dann sollte der Schuldige in die Freistadt fliehen. Hier sollte er sicher sein.

Ich habe mir das lebhaft vorgestellt: Da sind ein paar Männer beim Holzfällen. Einer holt weit aus und trifft einen andern mit seiner Axt an den Kopf. Der sinkt tot um. Die Arbeitskameraden werden aufmerksam. Sie springen herbei. Da läßt der Schuldige alles liegen und rennt los. Er läuft um sein Leben. Er gönnt sich keine Ruhe. Schon liegt Sichem vor ihm. Da sieht er die Verfolger dicht hinter sich. Obwohl seine Kraft zu Ende ist, rennt er weiter. Da ist der Grenzstein. Er sinkt nieder. Die Verfolger bleiben stehen, kehren um.

Ich habe das früher in der Bibel recht uninteressiert gelesen. Bis ich selber in die Lage des Schuldigen kam. Ich sah einen furchtbaren Rächer hinter mir: Gottes Gesetz. O ja, ich habe es übertreten! Wohin soll ich fliehen vor Seinem Zorn? Er wird mich einholen. Und Seine Gerechtigkeit wird mich richten.

Da hörte ich im Evangelium von einer Freistadt. Es ist Jesu Kreuz auf Golgatha. Es ist eine herrlichere Freistadt als Sichem. Dorthin durfte nur fliehen, wer versehentlich gefehlt hatte, Golgatha aber ist Freistadt für alle Sünder.

Nun laßt uns noch mal zu jenem Mann zurückkehren, der nach Sichem floh. ‚Höre!' sagen wir zu ihm. ‚Du bist aber gut dran, daß du diese Freistadt so in der Nähe hattest! Was soll aber einer tun, der weit weg von Sichem wohnt?' Da antwortet er uns: ‚Gott hat bestimmt, daß mehrere Freistädte vorhanden sind. Es gibt keinen Ort, von wo aus nicht schnell eine Freistadt zu erreichen wäre.'

Welch herrliches Bild für das Kreuz von Golgatha! Es ist jedem nahe, Jesus Christus ist überall erreichbar. Und es ist keiner unter uns, der nicht heute zu Ihm fliehen dürfte«[20].

Busch sieht hier in der alttestamentlichen Anordnung, Freistädte zu gründen, einen Hinweis auf das Kreuz Christi in seiner Erlösungsbedeutung, und er gibt damit ein sehr anschauliches Beispiel für evangelische, evangeliumsorientierte Schriftauslegung. Wem in der Perspektive reformatorischer Hermeneutik Christus der einzige Inhalt der Schrift geworden ist, der wird ihn und sein Heil auch in der ganzen Schrift suchen, und er wird schließlich die Bibel insgesamt als ein einziges großes Evangelium entdecken.

Abschließend möchte ich noch kurz auf einige mögliche Mißverständnisse eingehen, die das vorgetragene Konzept evangelischer Schriftauslegung hervorrufen könnte.

1. Mißverständnis: »Evangelische Auslegung nimmt den geschichtlichen und heilsgeschichtlichen Ort des biblischen Textes nicht ausreichend ernst.« Antwort: Nicht die Geschichte bzw. die Einsicht in die Geschichtlichkeit der Bibel erschließt das

Evangelium, sondern das Evangelium erschließt die Geschichte. Die Tatsache, daß Jesus Christus mir als Herr und Heiland in der Schrift begegnet, gibt der Geschichte, die ihn verheißt, die von seinem irdischen Leben und von der Begründung seiner Gemeinde berichtet, einen unendlichen Wert. Der geschichtliche Ort eines biblischen Textes wird dadurch, daß und wie er mit Christus in Beziehung steht, einmalig wichtig. Evangelische Auslegung ist also nicht ungeschichtlich, sondern im Gegenteil, sie nimmt die Geschichtlichkeit der Bibel in besonderer Weise ernst. Genauso verhält es sich mit dem heilsgeschichtlichen Ort des biblischen Textes. Nicht eine heilsgeschichtliche Theologie bzw. Hermeneutik führt mich zur Christuserkenntnis, sondern die Christuserkenntnis läßt mich das vielfältige biblische Zeugnis vom präexistenten, vom verheißenen, vom irdischen, vom erhöhten, vom wiederkommenden und mit seiner Gemeinde ewig herrschenden Christus mit Staunen und Anbetung ernstnehmen. Evangelische Auslegung sorgt aber auch dafür, daß sich die heilsgeschichtliche Perspektive nicht spekulativ verselbständigt, sondern Evangelium, also Botschaft und Zuspruch der Gnade Gottes bleibt.

2. Mißverständnis: »In der Perspektive evangelischer Auslegung verkümmert die historische Arbeit an der Bibel und wird dogmatisch bevormundet.« Antwort: Die historische Arbeit wird nicht nur nicht vernachlässigt, wenn ihr eigentlicher Impuls die Erkenntnis des Evangeliums in Jesus Christus ist, sondern im Gegenteil gefördert. Denken und Glauben und alle Zeitumstände der Menschen, an denen und durch die sich Gott geschichtlich offenbart hat, gewinnen in dieser Sicht evangelischer Schriftauslegung entscheidend an Wert. Die exegetische Arbeit an der Bibel wird also nicht gebremst, sondern vom persönlichen existentiellen Engagement des Auslegers getragen und motiviert. Will man diese Arbeit »dogmatisch« nennen, so hat man zweifellos recht. Doch welche Arbeit ist nicht »dogmatisch«, ist also nicht getragen von Vorentscheidungen?

3. Mißverständnis: »Eine ausschließlich auf Christus und das Evangelium ausgerichtete Auslegung gibt in der Praxis die Inspirationslehre preis.« Antwort: Evangelische Schriftauslegung lebt aus der Gewißheit der Selbstauslegung der Schrift und damit der Selbsterschließung Christi in Gesetz und Evangelium. In ihrem Vollzug, also in der Begegnung des Auslegers mit dem Evangelium und damit mit Christus selbst, wird die Stellung des Auslegers zur Schrift geformt und geprägt, so daß sie ihm das wichtigste Dokument seines Lebens wird und er mit Paulus bekennt, daß sie »unterweisen kann zur Seligkeit« (II Tim 3,15). Wer Christus als den eigentlichen und einzigen Inhalt der Schrift entdeckt, dem erschließt sich gleichzeitig ihre Theopneustie, d. h. die Urheberschaft des Heiligen Geistes. Die Inspirationslehre wird also nicht preisgegeben, sondern von der Selbstauslegung der Schrift abgeleitet.

4. Mißverständnis: »Eine christologische Schriftauslegung mit ihrer einseitigen Betonung des Glaubens wird der Komplexität, besonders den konkreten politischen und gesellschaftlichen Situationen des Lebens nicht gerecht.« Antwort: Das Evangelium ist, richtig verstanden, Gottes vollständige Antwort auf alle Grundprobleme menschlicher Existenz. Jede Auslegung, die Christus nur »vertikal« interpretiert, d. h. die Versöhnung nur auf das persönliche Gottesverhältnis des Einzelnen bezieht, verkürzt das Evangelium. Christus ist auch die »horizontale« Antwort Gottes, d. h. der Versöhner zwischen den Menschen und zwischen dem Menschen und seiner Umwelt. Evangelische Schriftauslegung sucht den ganzen Christus in der ganzen Schrift für den ganzen Menschen.

Anmerkungen

[1] Ein kleiner Unterricht, was man in den Evangelien suchen und erwarten soll. Vorrede zur Wartburgpostille (1522), WA 10 I, 8ff.

452

[2] Römerbriefvorlesung (1515/16), WA 56, 424 (zu Röm. 10, 15)

[3] De servo arbitrio (1525), WA 18, 609. In deutsch gut zugänglich in »Luther Deutsch«. Die Werke Martin Luthers in neuer Auswahl für die Gegenwart, hrsg. von K. Aland, Bd. 3, Stuttgart/Göttingen[3] 1961, S. 164

[4] Auslegung des 37. Psalms (1521), WA 8, 236 und 239

[5] Martin Kähler, Der sogenannte historische Jesus und der geschichtliche, biblische Christus, Leipzig 1892, S. 27f.

[6] Aus den zahlreichen Belegen seien genannt: Predigt zu Torgau 1533, WA 37, 45; Promotionsthesen von 1535 (z. B. These 7, 18 – 25), WA 39 I, 45; Galaterbriefkommentar von 1535, WA 40 I, 228

[7] »Wenn Gott zum Menschen wirklich spräche, so kann dieser doch niemals wissen, daß es Gott sei, der zu ihm spricht. Es ist schlechterdings unmöglich, daß der Mensch durch seine Sinne den Unendlichen fassen, ihn von Sinnenwesen unterscheiden und ihn woran kennen solle«.
I. Kant, Der Streit der Fakultäten, hrsg. von K. Reich, Hamburg 1959, S. 62

[8] Adolf Schlatter, Die philosophische Arbeit seit Cartesius. Ihr ethischer und religiöser Ertrag. Stuttgart [4]1959, S. 113

[9] Ernst Troeltsch, Über historische und dogmatische Methode in der Theologie (1898), in: Theologie als Wissenschaft.. Aufsätze und Thesen, herausgegeben und eingeleitet von G. Sauter, TB Bd. 43, München 1971

[10] Der Tübinger Neutestamentler P. Stuhlmacher stellt z. B. folgendes fest: »Es ist heute leider ein leichtes, in jeder wesentlichen exegetischen Frage kontradiktorische Urteile ein und derselben neutestamentlichen Wissenschaft nebeneinander zu stellen, so daß sich die neutestamentliche Exegese im Ergebnis selbst aufzuheben scheint«. In: Neues Testament und Hermeneutik – Versuch einer Bestandsaufnahme (1971) in seinem Buch »Schriftauslegung auf dem Wege zur biblischen Theologie«, Göttingen 1975, S. 10

[11] Der Paderborner Theologe M. Weinrich schreibt zurecht: »Der von der historischen Kritik allerhöchst erreichbaren Wahrscheinlichkeit entspricht die konsequente Relativierung der Evidenz des biblischen Zeugnisses. Letzte Gewißheit kann nicht gewonnen werden, so daß die Bibel nur begrenztes Rederecht erhält und damit als letzte Berufungsinstanz ausfällt. Damit wird nun derjenige zur entscheidenden Berufungsinstanz, der hier das Rederecht erteilt und den Vorstellungshorizont für alles Mitzuteilende festlegt.« In: Grenzen der Erinnerung. Historische Kritik und Dogmatik im Horizont Biblischer Theologie. Systematische Vorüberlegungen. Erschienen in der Festschrift für H.-J. Kraus zum 65. Geburtstag »Wenn nicht jetzt, wann dann?«, Neukirchen – Vluyn 1983, S. 331

[12] Hermann Barth, Odil Hannes Steck, Exegese des Alten Testaments. Leitfaden der Methodik, Neukirchen-Vluyn[10] 1984, S. 1 – 3. Die beiden Anmerkungen aus dem Text werden nicht übernommen, da sie zum Verständnis des Textes nicht nötig sind.

[13] Vgl. dazu die Einschätzung historischer Arbeit an der Bibel bei Erich Schnepel, Ein Leben im 20. Jahrhundert 2. Teil, Wuppertal[2] 1967: »Es ist eine große, reiche Aufgabe, die Bibel historisch zu bearbeiten, um ihre einzelnen Teile in ihrem geschichtlichen Zusammenhang zu sehen. Dadurch gewinnen die Worte der Bibel eine Kraft und einen Reichtum, der uns unbekannt bleibt, wenn wir den Zusammenhang nicht sehen, in dem sie gesprochen wurden.«

[14] M. Luther, Von der Freiheit eines Christenmenschen, (1520), 2. Abschnitt.

[15] Rudolf Bultmann, Marburger Predigten, Tübingen 1956, S. 198 (aus einer Predigt über 2. Kor. 4, 6 – 11 vom 17. 6. 1945)

[16] José Severino Croatto, Befreiung und Freiheit – Hermeneutische Linien, in: H.-J. Prien (Hrsg.), Lateinamerika: Gesellschaft, Kirche, Theologie, Bd. 2, Göttingen 1981, S. 54f.

[17] Predigt über Joh. 3, 13f. vom 1. Juni 1538, in WA 47, 55, 18.
Vgl. zu Luthers christologischer Auslegung des Alten Testaments den Abschnitt »Das Alte Testament als Buch von Christus« in Paul Althaus, Die Theologie Martin Luthers, Gütersloh[2] 1963, S. 88 – 96.

[18] Der 23. Psalm auf einen Abend über Tisch ausgelegt (1536), WA 51, 267 – 295. Zitiert nach E. Mülhaupt, D. Martin Luthers Psalmen-Auslegung, 1. Bd., Göttingen 1959, S. 322f.

[19] Alfred Christlieb, Ich suche, Herr, dein Antlitz. Hrsg. von A. Pagel, Neuhausen-Stuttgart 1974, S. 137f.

[20] Wilhelm Busch, Spuren zum Kreuz. Christus im Alten Testament, Gladbeck[6] 1977, S. 67f.

VI.
Arbeitshilfen für exegetische Proseminararbeiten

ARMIN SIERSZYN,
Mögliche Arbeitsschritte bibelgemäßer Auslegung, in: ders., Die Bibel im Griff? Historisch-kritische Denkweise und biblische Theologie, Wuppertal 1978, S. 93ff.

1. Vorbemerkungen

A. Zur Reihenfolge der Arbeitsschritte

... Sicher kann es nun nicht einfach darum gehen, der historisch-kritischen eine Alternativmethode entgegenzuhalten, so daß nachher der Kampf als »Kampf von Methoden« ausgetragen wird. Sofern eben eine Methode ein nach eigenen Gesetzen ablaufender Mechanismus ist, der uns der Notwendigkeit enthebt, auf den Herrn zu hören, können wir uns nicht mehr einer Methode verschreiben. Der absolute Charakter der Methode ist ungeistlich. Wir haben im Raum der evangelischen Kirche als Subjekt und Hilfe der Schriftauslegung nur Jesus Christus bzw. sein Wort. Jesus und die Methode kann sowenig der reformatorische Weg sein wie Jesus und die Kirche oder Jesus und der Papst. So verstehen sich die im folgenden dargelegten Arbeitsschritte in ihrer Reihenfolge und Anordnung nur als eine Möglichkeit, obschon in der hier vorgeschlagenen Anordnung natürlich eine klare Aussage gemacht wird: die sonst so gewichtigen Einleitungsfragen, geschichtlichen Untersuchungen etc. sind ostentativ an den Schluß gesetzt. Damit soll gezeigt werden, daß ihnen keine Schlüsselstellung zukommt. Auch die Textfindung, üblicherweise am Anfang, ist relativ weit hinten eingeordnet; damit soll deutlich werden, daß nicht *unsere* Arbeit am »Text« das erste ist, sondern daß *der Herr selber durch sein Wort hindurch den Anfang machen muß und uns auf dem Weg des Auslegungsgeschehens mitnehmen soll.* Aus ebendiesem Grunde wurde auch der »Chor der Zeugen« verhältnismäßig früh in die Arbeit miteinbezogen ...

B. Auslegung ist lebendiges Geschehen des Wortes in der Gemeinde.

... Das Thema der rechten Auslegung eines biblischen Wortes kann nun aber nicht »an sich«, gleichsam im luftleeren Raum, ein für allemal beantwortet werden, so daß nachher jeder, der diese Antwort zur Kenntnis genommen hat, sich als gemachten Ausleger der Bibel verstehen könnte ... So läßt das souveräne und lebendige Wort nicht über sich verfügen, *eine Auslegung kann nicht hergestellt werden, sie wird geboren, geschenkt.* Es kann darum eine Auslegung immer nur durch ein völliges Mitgenommenwerden von diesem Wort selbst auf einen Weg und zu einem Ziel hin geben. Und dieses Ziel gehört von Anfang an dazu. Es heißt Verkündigung, d. h. Aufrichtung des Glaubensgehorsams in der Welt. Menschen sollen in Verbindung zum Herrn Jesus Christus gebracht werden und in der Erkenntnis seiner Liebe und seines Willens wachsen zum Lobe Gottes [Röm. 1,5; 10,17; 16,26; Phil. 1,9ff.; Kol. 1,9ff.] ...

Wichtig ist, daß wir uns als Ausleger von Anfang an bewußt sind, daß wir es weder mit einem gewöhnlichen »Text« noch mit biblischem »Stoff« oder mit theologischen »Begriffen«, »Kategorien«, »Materie« usw. zu tun haben, sondern – so sagt es Jesus – mit einem *Samenkorn,* welches in sich die lebendige Macht enthält, ein Neues zu schaffen. Dies möchte der Herr durch meine Auslegung hindurch bewirken ... »Die Schrift legt sich selbst aus« heißt mit anderen Worten: *Die Initiative soll vom Herrn ausgehen. Er ist der Ausleger, er der Wirkende, wir sind hier Werkzeuge, Ackerfeld.* Wir dürfen uns führen und mitnehmen lassen. »Jesu, geh voran!«, dies gilt auch für die »exegetische Lebensbahn«. Gehen wir selber voran, dann mögen uns evtl. erstaunliche Exegesen gelingen. Entscheidend ist aber, daß er sich mit unserer Auslegung identifizieren kann und will, und das wird in der Regel nur dann der Fall sein, wenn die Auslegung aus seiner Initiative erwachsen ist.

Solche Auslegung der Bibel durch einen Theologen wird sich nun *grundsätzlich* von derjenigen eines anderen Gliedes der Gemeinde *nicht* unterscheiden, denn es ist derselbe *eine* Herr und Geist, der beidemal am Werke ist. *Die Differenz wird lediglich quantitativer Natur sein* ... man kann die Auslegung des Theologen eine wissenschaftliche nennen, doch nicht eine wissenschaftliche im Gegensatz zur »nur erbaulichen« auf Grund ihrer Abstraktheit und ihres höheren Niveaus usw.! *Die Differenz zwischen wissenschaftlicher und allgemein-erbaulicher Auslegung ist hier aus geistlicher Perspektive eine nur quantitative, niemals eine qualitative wenn möglich noch im Sinne eines Gegensatzes!* [Die Wissenschaftlichkeit der theologischen Arbeit besteht nicht in der Kritik an der Bibel von der hohen Warte »der Wissenschaft«. Gottes Offenbarung kann nicht hinterfragt werden, eine Wissenschaft, die sich dies zumutet, überschreitet ihre Grenzen und wird zur Religion. Das Wort der Schrift bleibt unser göttliches »Axiom«, von dem aus unsere wissenschaftlich-kritische Arbeit gesteuert wird. Wissenschaftliche Theologie zeichnet sich demgemäß aus durch die akademische Breite, in der die Erforschung der Bibel geschieht ... Dies alles im Interesse der Präsenz des Evangeliums in der Welt sowie der Wahrung des Wächteramtes der Gemeinde gegenüber. Entscheidend ist dabei stets die kritische Inbeziehungsetzung der beobachteten geistigen Bewegungen und Motivationen mit der offenbarten Mitte des Weltgeheimnisses, dem gekreuzigten, auferstandenen und wiederkommenden Herrn.] Auch als Theologen haben wir vor Gott und seinem Wort kein Sonderstatut: wir lesen sein Wort als Glieder der Gemeinde, d. h. in kindlicher Demut, in unmittelbarem Vertrauen statt in kritisch-fachmännischer Distanz, in anbetender Ehrfurcht statt in profan-kühler »neutraler Sachlichkeit« (was einem Sichverschließen dem Wort gegenüber gleichkäme), wir lesen und studieren es in der Bereitschaft, uns in unseren Gedanken vom Wort selber leiten, korrigieren und richten zu lassen, wir begegnen ihm im Bewußtsein, daß seine Ehre wachsen, wir aber abnehmen müssen. Wir sonnen uns nicht im kritischen Zweifel, der uns selber in den Mittelpunkt rückt und uns vermeintlich durch seine Grundsätzlichkeit und Konsequenz der Wahrheit näherführt und uns so einen höheren Wert verleiht. Alles in allem: Auch als Theologen können wir keinen Augenblick anders an die Bibel herantreten als so wie es unsere Väter in dem bekannten Wort zum Ausdruck brachten: »HERR, nun rede du, dein Knecht hört!« ...

2. Das Hören (und provisorische Übersetzung)

Hören ist arbeiten. Ja, vielleicht ist dies für manche unserer Zeitgenossen eine recht schwierige Arbeit. Gemeint ist hier das unmittelbare Hören auf das, was Gottes Wort sagen möchte – nicht der Allgemeinheit, sondern mir – nicht mir als theologischem Fachmann, sondern mir selbst als seinem Kinde. Als hilfreich erweist sich dazu eine *deutsche* Bibel, denn Deutsch ist unsere Mutter- und Grundsprache, die Sprache, die wir von Kindheit an gewohnt sind und in der wir auch als Kinder hören können ... wir sollen nicht auf unsere eigenen inneren Stimmen hören, sondern auf seine Stimme, die durch sein Wort von außen her ans Ohr unseres Herzens dringt. Darum bleiben wir wach, wenn auch unser Bewußtsein still wird vor dem Herrn, ausgerichtet auf sein Wort. Auf diese Weise werden Geist und Seele vom Wort Gottes gebildet, geprägt und geformt, erfüllt, gesandt und bevollmächtigt. Es ist dann nämlich so, daß nicht mehr wir primär am Worte arbeiten, sondern der Herr durch das Wort an uns arbeitet ...

... Der Herr möchte mich durch dieses Wort selber so zubereiten, damit ich es nachher richtig und vollmächtig ausgelegt weitergeben kann ... Warum soll ich, wenn das Wort mich einer Sünde überführt, diesem stillehalten statt weiterzugehen und dieses »Problem« in die »religiös-erbauliche Privatsphäre abseits der wissenschaftlichen Theologie« verweisen? Weil das Wort sich ja durch meine Existenz hindurch auslegen möchte und darum meine geistliche Stellung zum Herrn von Bedeutung ist. Klammere ich diesen Punkt als zu einem außerhalb des momentanen Themas liegenden Bereich gehörend aus, *entziehe ich dem Heiligen Geist die Ganzherrschaft über mein Leben und begegne der Schrift als innerlich gespaltene Existenz.* Die Schärfe meines Intellekts mag vielleicht für Klarheit der Gedankenführung besorgt sein, aber die Gefahr ist gegeben, daß mit dem Schwinden des geistlichen Hörvermögens auch der Intellekt sich aus der Führung des Herrn löst und selbständig »biblische Exegese macht«.

Wichtig bei diesem Arbeitsschritt des Hörens ist ferner, daß wir auch unseren Intellekt in die Schule des Wortes hineingeben, weil wir als Abendländer, zumal in akademischen Kreisen, nicht selten an der Krankheit intellektueller Verkopfung leiden. Konkret bedeutet das, daß wir möglichst bei den Worten der Bibel bleiben, im Wortfeld der Bibel nachdenken und nachsinnen. Es wäre falsch, die Bilder, welche ja ohnehin dem Heimatboden unserer Seele entsprechen, sogleich begrifflich zu verfremden. Hier sind wir doch einfach noch ungemein stark im Banne des Idealismus, etwa eines Hegel, befangen, welcher dem abstrakten Begriff eine höhere Bedeutung gegeben hat! Doch nicht nur aus psychologischen Gründen sollten wir die biblischen Bilder und Worte nicht intellektuell verfremden, sondern vor allem deshalb, weil *die Art und Weise wie die Bibel spricht eben die vom Heiligen Geist bevorzugte Sprache ist . . .*

Im Anschluß an das Hören auf das Wort in der Muttersprache kann eine provisorische Übersetzung erfolgen . . .

3. Biblischer Zusammenhang

Jedes Wort der Bibel gehört hinein in einen größeren – unmittelbaren und mittelbaren – Zusammenhang. Manches Wort geht uns erst richtig auf, wenn wir das ganze Kapitel lesen. Oft ist es gut, auch das vorangehende und das nachfolgende Kapitel mitzulesen. Noch besser, man liest gerade das ganze Buch, ja die ganze Bibel, denn jedes Wort hat natürlich im Ganzen der Bibel und des betreffenden Buches seinen bestimmten Platz. Damit unser Geist das Wort im biblischen Sinne aufnimmt und dann auch bei der Auslegung in die richtige Richtung gewiesen wird, ist es gut zu fragen: Wo wird in der Bibel sonst noch direkt oder indirekt auf unsere Stelle Bezug genommen, und was wird dort gesagt? Oft nämlich gibt uns die Bibel selber Interpretationen ihrer Worte. Sie weist uns damit die Richtung unseres Forschungsweges! Da ist es dann sehr wichtig, daß wir ihrer Stimme gehorchen und nicht andere Wege gehen . . . Sobald wir aber primär nicht Menschen, sondern den Herrn als Subjekt der Bibel erkennen, der durch die verschiedensten Menschen hindurch geredet hat, dann erscheint uns die Bibel als vielstimmige Einheit, und wir können eine beim Buch der Genesis aufbrechende Frage mit einer Stelle von Paulus definitiv beantworten, weil es ein und derselbe Herr und Geist ist, der durch beide – freilich an verschiedenem heilsgeschichtlichem Ort – spricht. Mehr noch: ein Denken, das um die Initiative des Herrn weiß und von ihr und mit ihr ausgeht – und demzufolge eine innere Entfaltung der Heils- und Offenbarungsgeschichte kennt –, weiß auch, daß es sich bei solchen späteren Bezugnahmen und Interpretationen um keine beliebige Zufälligkeiten handelt, *sondern um erste und grundlegende, richtungweisende Auslegungen durch den Geist des Herrn selber.* Historisch-kritische Denkweise kann darüber nur den Kopf schütteln, weil sie in alledem stets nur zeitbedingte Interpretationen erblicken kann: spätjüdische, hellenistische, allgemeinorientalische, apokalyptische und andere längst vergangene, relative Interpretamente, die heute so von keinem modernen Menschen mehr nachvollzogen werden können.

Ein solches Sichmitnehmenlassen in die Interpretation unseres Wortes, wie sie vom Geiste Gottes selbst gegeben wurde, führt uns natürlich schon von allem Anfang an in eine völlig andere Welt und Fragestellung hinein, als wenn wir – wie meist auf den Proseminaren gelehrt – anfangen von unseren als selbstverständlich gesetzten

Wahrheits- und Wirklichkeitsbildern her das betreffende Wort kritisch zu hinterfragen.

... Es ist darum nicht unproblematisch zu sagen: »Lukas sagt, Matthäus schreibt usw.« Es ist ja gar nicht mehr ihr eigenes Wort. Dieses gehört vielmehr, wie ihr ganzes Leben, dem Herrn. Es ist daher besser zu sagen: »Der Herr sagt durch Matthäus, der Herr sagt durch Lukas usw.« Diese Betrachtung lenkt einmal unser Auge auf das allen Gemeinsame, Verbindende; dann bekommen aus dieser Perspektive auch die sonst so berühmten und hochgespielten Unterschiede eine völlig andere Bedeutung ...

Hinsichtlich unseres Beispiels aktualisiert sich dieses Thema besonders beim synoptischen Vergleich. Dieser Vergleich soll »synoptisch«, d. h. zusammenschauend, nicht analytisch und gegenseitig ausspielend sein. Die vier Evangelisten sind uns gegeben, damit einer den anderen ergänze und so das Bild, das der Herr von sich gibt, vollkommen sei ... Die Relativität und Perspektivität unserer Erkenntnis bringen es mit sich, daß ein Wort, das uns heute dunkel erscheint, für eine spätere Generation eine besondere Leuchtkraft gewinnen kann, eine Tatsache, auf die schon Irenäus verweist und die sich im Laufe der Kirchengeschichte oft bestätigt hat. Es kann aber auch sein, daß der Heilige Geist bewußt bestimmte Dinge durch die Evangelisten verschieden bezeugen läßt. Was unserem Verstand als Widerspruch erscheint, braucht es für Gott noch lange nicht zu sein (vgl. Matthäus 11,25). Wer sich dennoch in schriftanalysierendem Drang daran festbeißt, der muß unter Umständen erfahren, daß er als Schriftgelehrter und Weltweiser durch die Torheit der göttlichen Predigt, die weiser ist als die Menschen sind, zum Narren gemacht wird (1. Kor. 1) ...

4. Selbstauslieferung

... Erst nachdem wir nämlich genügend auf die Stimme seines Wortes gehört haben, sind wir in die Lage versetzt, auch dem Wort Gottes gegenüber die rechten Fragen zu stellen. Von Haus aus sind wir zwar gewohnt, mit unseren Fragen einzusetzen. Nicht selten werden aber manche Fragen bereits durch rechtes und anhaltendes Hinhören geklärt. Andere wieder werden uns – vorausgesetzt, wir haben ein gesundes geistliches Hörvermögen – durch das Wort selber als falsch, gefährlich oder auch als belanglos und unwichtig enthüllt.

Schließlich dürfen wir nicht vergessen, daß das Wort aus Epheser 6, wonach wir »nicht mit Fleisch und Blut« zu kämpfen haben, ganz gewiß in besonderer Weise gilt, wenn wir Gottes Wort studieren. Christen, die das Kreuz Jesu ernstnehmen, wissen um die Macht des Satans. Darum gehört ins Auslegungsgeschehen auch die völlige Selbstauslieferung an Christus. Vielleicht hat er durch die bisherige Beschäftigung mit dem auszulegenden Wort bereits Sünde aufgedeckt. Diese sollte in Ordnung gebracht werden. Bleibt dies aus, dann hat die satanische Macht eine Möglichkeit, über die betreffende Stelle auf mein Leben – und damit immer auch auf meine wissenschaftliche Arbeit – einzuwirken. Theologiestudenten und Verkündiger, die sich so viel mit Auslegung beschäftigen, bedürfen der Fürbitte und Seelsorge durch die Gemeinde. Vielleicht niemand so sehr wie sie. Verschiedenen Studenten und Pfarrern ist in den vergangenen Jahren ihr historisch-kritisches Denken in bezug auf die Bibel als *Sünde* offenbart worden. Sie wurden in der Seelsorge von dieser Macht gelöst, indem sie sich im Namen Jesu Christi und in der Kraft seines Blutes davon lossagten.

5. Wortfindung

Die Notwendigkeit der Wortfindung vor einer definitiven eigenen Übersetzung ergibt sich aus dem Vorhandensein von oft mehreren Überlieferungsvarianten ...

G. Maier sagt: »Der Vergleich der Varianten muß kritisch durchgeführt werden, d. h. unter vernünftigen und einsichtigen Maßstäben« [G. Maier, Das Ende der historisch-kritischen Methode, 80.]. Diesem Satz ist zuzustimmen, freilich nur bedingt, denn so wie er dasteht, könnte ihn auch liberale Denkweise bejahen. Maßstab für die (kritische) Auswahl ist nicht die Vernunft schlechthin, sondern die Glaubensvernunft, die Vernunft aus dem Glauben. Damit wird – ganz entsprechend dem Glaubenssatz, daß die Bibel nicht ein gewöhnliches Literaturprodukt darstellt – bestritten, daß die biblische Wortfindung lediglich ein Akt vernünftiger philologischer Arbeit sei. *Kritische Letztinstanz ist die im Gekreuzigten und Auferstandenen gegebene Mitte.* Der Bezug zu dieser Mitte darf gerade bei der Wortfindung nicht ausgeklammert werden, wenn anders wir glauben, daß die ganze Bibel in IHM ihre Mitte hat. Freilich wird sich die besagte Glaubensvernunft den bekannten bengelschen Gesetzen gegenüber nicht verschließen. [Diese Gesetze heißen: 1. Die schwierigere Lesart ist vorzuziehen. 2. Die kürzere Lesart ist meistens die ursprünglichere. 3. Lesarten in traditionell gewichtigeren Handschriften ist der Vorzug zu geben.] Diese Gesetze haben ihr Recht, *aber nur ihr relatives.* Auch G. Maier warnt vor einer verabsolutierenden Glorifizierung dieser Gesetze. Wohl kann das Bezeugtwerden einer Lesart in einer gewichtigen Handschrift von ausschlaggebender Bedeutung sein, doch liegt die letztentscheidende Instanz nicht in diesen Gesetzen, sondern sie kann nur im Glauben geschehen, und dieses Gesetz dient uns als Hilfe . . . Darum kommen zu diesen äußeren Beurteilungskriterien noch weitere, tieferliegende dazu: 1. Welche der Varianten fügt sich am besten in den betreffenden Abschnitt und Zusammenhang ein? 2. Welche Variante entspricht am ehesten dem, was verwandte, evtl. auf diese Stelle Bezug nehmende Parallelstellen oder Interpretationen aussagen? 3. Welches ist das Verhältnis der einzelnen Varianten zum Gekreuzigten und Auferstandenen? Dies ist oft nicht leicht und kann auch nicht immer mit letzter Schlüssigkeit »festgestellt« werden, weil wir eben noch nicht »im Schauen« stehen . . .

Wichtig ist zu sehen, daß sich auch bei diesem Arbeitsschritt ein Unterschied zwischen historisch-kritischer und biblischer Denkweise offenbart. Bei der Letzteren haben wir nicht unbedingt etwas Handgreifliches, Manifestes und allgemein Einleuchtendes in den Händen. Es gibt hier keine securitas (= aufweisbare Sicherheit). Es wird nicht »festgestellt«, nicht der »Text hergestellt«. Es wird hingehört, erglaubt und gewagt (certitudo = Glaubensgewißheit) . . .

6. Übersetzung

Ist der rechte Wortlaut gefunden, kann die definitive Übersetzung erfolgen. Auch wenn wir das auszulegende Wort zuerst in unserer Muttersprache gelesen und in uns aufgenommen haben, heißt dies nicht, die Kenntnis der Ursprachen sei eine zweitrangige Angelegenheit. Dieser heute nicht unmodernen Tendenz muß aus folgenden Gründen widersprochen werden:

1. Jede Übersetzung ist eine Über-Setzung, d. h. es wird die Botschaft von einem Sprachfeld, von einem Ufer ans andere über-setzt. Jede Übersetzung ist darum immer schon eine Interpretation . . .

2. Die Kenntnis der biblischen Ursprachen eröffnet uns die Möglichkeit eines ganz neuen Hörens. Wer vom deutschen Wortlaut zur Ursprache zurückgeht, kommt sich manchmal vor, als träte er in neue Räume. Dies ist freilich nur dann möglich, wenn unser Umgang mit der betreffenden Sprache ein gewisses Maß an Vertrautheit gewonnen hat. Wir treffen dann – zumal beim Hebräischen – auf ein ganz neues Sprachgefühl und d. h. auf ein neues Denken und Empfinden überhaupt! Wir entdecken – gerade im Umgang mit der hebräischen Sprache –, daß unser germanischabendländisches Denken offenbar nur *eine* Art des Denkens ist, eine relative Denk-

weise, ja wegen ihrer recht komplizierten Vergangenheit und Entwicklung bis hin zu hohen Abstraktionen u. U. sogar eine ärmere Denkweise als die einfache, verhältnismäßig wenig entwickelte, urtümliche, bäuerliche und erdnahe Sprachlichkeit der Hebräer . . .

3. Es kann einem christusgläubigen Menschen, der über Begabung und zeitliche Möglichkeiten verfügt, nicht gleichgültig sein, die Sprache kennenzulernen, welche der Herr als Gefäß für seine Offenbarung gewählt hat . . .

. . . Viele, zumal hellenistische Begriffe sind vom Geist Gottes souverän in Dienst genommen und erfuhren an sich eine geistige Metamorphose, indem sie mit einem neuen Inhalt gefüllt wurden. Es wäre darum verhängnisvoll, diese Begriffe einfach von der Umwelt her deuten zu wollen – im Entscheidenden müssen sie von Christus her gesehen und gedeutet werden . . .

7. Der Chor der Zeugen

. . . Das Wort kann nicht in einer Art wissenschaftlichen Zone neutralisiert und dann später in der homiletischen Besinnung reaktiviert und aktualisiert werden. Hier kann uns das Hören auf den sogenannten Chor der Zeugen wertvolle Hilfe leisten. . . Gerade als junge Ausleger dürfen wir auf das blicken, was älteren und begnadeten Theologen und Predigern geschenkt wurde. Einsichten und Erkenntnisse, die ihnen vom Herrn gegeben wurden, dürfen wir, an der Bibel geprüft, getrost und mit gutem Gewissen dankbar übernehmen . . .

8. Einzelerklärung

Durch die längere Beschäftigung und den intensiven Umgang mit dem auszulegenden Abschnitt sind bestimmte Wendungen und Einzelheiten in den Vordergrund getreten, die uns zu einem noch genaueren Hinhören einladen, sei es, weil sie einfach eine genauere Erklärung verlangen oder weil der Herr durch sie ganz besonders reden möchte. Bei der Einzelerklärung geht es um eine Vertiefung der Übersetzungsarbeit. Deshalb bedienen wir uns in erster Linie weiter des Wörterbuches und der griechischen bzw. hebräischen Konkordanz . . . Dabei empfiehlt es sich, je und je auf den Zusammenhang und die aus der Bibel uns zutage tretende Situation zu achten, innerhalb der dieses Wort gebraucht wird. Hier können uns nun Kommentare gute Dienste leisten; auch historisch-kritische Kommentarwerke werden z. T. mit Gewinn in die Arbeit einbezogen. Es finden sich dort nicht selten wertvolle Einzelbeobachtungen, die wir – in den neuen Geisteszusammenhang eingeordnet – brauchen können . . . Auch Billerbecks Sammlung von Sprüchen und Gebräuchen aus dem Judentum kann zur Einzelexegese . . . mit Gewinn herangezogen werden . . .

Historisch-kritische Kommentare sollten auch deshalb eingesehen werden, weil sie uns nötigen, uns über unseren eigenen Standpunkt klar zu werden und Rechenschaft abzulegen, weshalb wir nicht die Auffassung jener bibelkritischen Kommentatoren teilen. Schließlich tritt uns in diesen Kommentaren oft ein Denken und eine Haltung in konzentrierter Form entgegen, wie sie in meist abgeschwächter Form auch bei vielen unserer Predigthörer, ja oft in unseren eigenen Herzen, als leisere oder lautere Stimme vorhanden ist, sei es als Anfechtung oder in der Form der üblichen säkularen Haltung mit ihren grundsätzlichen Zweifeln. So können uns diese bibelkritischen Kommentare – als Spiegel und Reflexe des Denkens unserer Zeit – eine indirekte Hilfe beim Predigen oder auch in der Seelsorge werden. Als Theologen und Seelsorger sollten wir ja die geistlichen Nöte und Probleme unseres Gegenübers, ein Stückweit wenigstens, besser kennen als dieses selbst.

Zur weiteren Vertiefung der Einzelerklärung kann auch ein Aufsatz über ein einzelnes Wort gelesen werden. Die Schwierigkeit, die sich zumal dem Studenten in den Weg stellt, ist freilich die, daß sowohl im Theologischen Wörterbuch von Gerhard

Kittel (ThWb) als auch im Theologischen Begriffslexikon von Lothar Coenen grundsätzlich der historisch-kritische Ansatz bestimmend ist. Je nach dem Verfasser werden die einzelnen Begriffe bald mehr, bald weniger oder gar nicht im Lichte des Herrn und seines Weges mit seinem Volk und seiner Gemeinde erklärt, dafür versucht man umso stärker, vom Menschen, seinen Gedanken und seiner Umwelt her, von seiner »Geschichte« her, zu einem Verständnis der biblischen Begriffe »vorzustoßen«. Dennoch können manche Angaben hilfreich und nützlich sein, weil eben ein biblisches Wort nicht selten im Horizont des außerbiblischen Bedeutungsfeldes eine zusätzliche Klarheit zu gewinnen vermag . . .

Diese Kleinarbeit der Einzelerklärung kostet viel Arbeit und Zeit, gehört aber mit zum Herz der theologischen Arbeit überhaupt . . . Hier sind wir darum bei den Grundlagen jeder christlich sein wollenden Theologie. Da sind die kleinen Tröpfchen, die zusammengenommen dann den Wasserbach ergeben, an welchem sich die Gemeinde erfrischt. An dieser Stelle liegt die Brunnenstube auch der Theologie, und auch diese wird auf die Dauer, wie die Gemeinde, nur dann leben können, wenn sie ihre eigenen Stimmen zum Schweigen bringt. Tun wir das nicht, so werden wir uns rasch einmal im Kreise drehen und nur noch unsere eigenen, bald einmal langweiligen Theorien zum besten geben.

. . . Es kommt in der praktischen Schriftauslegung also immer sehr darauf an, wohin das auszulegende Wort soll und will . . . Und eine Auslegung, die im Rahmen einer Seminararbeit geschieht, wird – abgesehen davon, daß es sich hier leider oft um eine künstliche und gekünstelte Angelegenheit handelt – noch einmal anders aussehen. Der Vorteil ist, daß hier gründlich gearbeitet werden kann, weil relativ viel Zeit zur Verfügung steht. Das Problem hingegen ist dadurch gegeben, daß nur schwer eine missionarische oder seelsorgerliche Front zu sehen ist, im Blick auf welche die Auslegung erfolgen kann. Dies trägt eben bei zu den langatmigen und oft todesröchelnden Exegesen mit ihrem in sich selbst ruhenden »Scopus«.

9. Umwelt- und Verfasserfragen, Archäologie, religionsgeschichtliche Vergleiche

Der Feldzug gegen die Bibel, der im letzten Viertel des 18. Jahrhunderts begann und mit der totalen Aushöhlung ihrer Botschaft sowie dem drohenden Bankrott der Kirche endete, wurde geführt im Namen der Geschichte und der intellektuellen Redlichkeit. Der Mehrzahl der Vertreter und Pioniere dieses Feldzuges muß zugestanden werden, daß sie den Weg ihrer Denkweise ehrlich und redlich gegangen sind. Es wäre zu billig, einfach zu behaupten, es sei unexakt gearbeitet oder gar gemogelt worden. Ob daher durch die »Berücksichtigung der geschichtlichen Umstände« falsche Bibelinterpretation »eher« vermieden wird, ist fraglich, die Theologiegeschichte der vergangenen 200 Jahre im deutschsprachigen Raum lehrt uns jedenfalls »eher« das Gegenteil. Freilich, wenn wir uns in der Theologie darüber im klaren sind, was »Geschichte« in Wahrheit ist [Geschichte ist nicht Wirklichkeit, sondern menschliches Bild derselben], dann ist G. Maier völlig zuzustimmen, wenn er sagt: »Die Exegese hat alle Furcht vor der Geschichte abzulegen« [G. M., a. a. O. 82.]. Historie als vom Menschen gemacht enthält in sich selber kein Licht. Sie ist relativ, dunkel, irrtumsfähig wie der Mensch selber. Die Bibel »im Lichte der Geschichte« zu lesen, ist darum eine problematische Sache. Das Licht liegt vielmehr auf der Seite der Bibel. Gottes Wort ist uns gegeben als das Licht (Ps. 119, 105; Joh. 1,4 ff. usw.). Und da wir »in seinem Lichte das Licht sehen« (Ps. 36,10), ist zur rechten Auslegung die Kenntnis der geschichtlichen Hintergründe, soweit nicht die Bibel selber auf sie eingeht, *nicht unbedingt nötig*. Das Wort Gottes ist sich selber Licht und vermag sich selber genügend auszulegen (sufficientia der Schrift).

Dennoch dürfen und sollen wir für zeitgenössische Historie, die uns über die Umwelt der Bibel informiert, offen und dankbar sein und sie in die Auslegung auswertend miteinbeziehen. Im Lichte des Wortes Gottes können solche profane Quellen zu Reflektoren werden, welche uns in bezug auf das Wort zu ergänzenden und vertiefenden Erkenntnissen verhelfen . . .

Archäologische Funde und Bemühungen schließlich können uns als Veranschaulichung dessen dienen, was die Bibel bezeugt. Sie sind auch deshalb von Bedeutung, weil sie uns immer daran erinnern, daß die Bibel ja nicht als Bilderbuch irgendwelche bedeutsame Ideen bezeugt, sondern Fakten, die sich auf dieser Erde ereignet haben (antidoketische Tendenz!). Auf keinen Fall aber soll die Gemeinde Christi im Erdreich graben, um »festzustellen, wie es wirklich war« und ob die Bibel tatsächlich glaubwürdig sei oder nicht. Archäologische Funde können und dürfen letztlich nicht als Beweis für die Autorität der Bibel dienen, denn diese gründet in Christus selbst bzw. im Geheimnis ihrer Inspiration (2. Kor. 3,17; 2. Tim. 3,16), welche dem natürlichen Menschen immer eine Torheit bleiben wird. Andernfalls würde die Bibelautorität doch wieder auf Menschenwerk und Menschenerkenntnis beruhen. Die Archäologie vermag uns aber (entbehrliche) *Zeichen* dafür zu geben, daß die Bibel wahr ist und so, zumal an der missionarischen Linie, das Vertrauen in die Bibel fördern und gegen die Bibel vorgebrachte Argumente entkräften. Es ist durchaus möglich, daß auch eine archäologische Entdeckung einem Menschen zum Anstoß für eine Bewegung zum Wort Gottes und damit zu Gott hin werden kann . . .

10. Theologisch-kerygmatische Besinnung

Dieses Thema begleitet den Ausleger natürlich durch das *ganze* Auslegungsgeschehen hindurch . . . Bei einer Auslegung ist jeder Schritt ein theologischer, d. h. jeder Gedanke und jede kleine Weichenstellung, die wir vornehmen, hat Bedeutung und Folgen für den geistig-geistlichen Gesamtzusammenhang. Unsere Arbeit ist als ganze immer auch eine kerygmatische, weil es zum Wesen des Schriftwortes gehört, daß es auf die Lebensmitte zielendes Verkündigungswort ist. Wird nun hier eine theologisch-kerygmatische Besinnung am Ende der Arbeit zum Thema gemacht, so kann es nur darum gehen, dem Herrn und sich selber über das ganze Auslegungsgeschehen nochmals resümierende und vertiefende Rechenschaft zu geben.

Konkret bedeutet *theologische Besinnung* zentral die Frage nach dem Beziehungsverhältnis des betreffenden Wortes zum Sterben und Auferstehen des Herrn (Ort der Schriftstelle innerhalb der Heilsökonomie). Jesu Sterben und Auferstehen bilden Höhepunkt und Mitte der Heilsgeschichte Gottes mit der Welt (Hebr. 1,1ff.). So gibt es in der Bibel zweierlei Worte: 1. Offenbarungswort, das auf Jesu Kreuz und Auferstehung hinweist (AT bis Johannes der Täufer, Luk. 16,16); 2. Offenbarungswort, das von Kreuz und Auferstehung herkommt. Dadurch bekommen wir den rechten Blick für die stufenweise gegebene Offenbarung und bleiben bewahrt vor einer oberflächlichen und rationalistischen Vereinerleiung des Gotteswortes . . .

Anmerkung der Hrsg.:

Fußnoten des Verfassers sind mit [ ] an die entsprechenden Stellen im Text gesetzt worden.

GUNTHER REESE,
Die methodischen Schritte der historisch-kritischen Exegese (Erstveröffentlichung)

Einleitung

Bis heute spaltet der Streit um das richtige Verstehen der Bibel und die Methoden-diskussion in den Biblischen Wissenschaften den Protestantismus in die verschie-densten Lager. Von der Leidenschaft, die 1950 hinter dem programmatischen und für viele wegweisenden Entwurf G. Ebelings »Die Bedeutung der historisch-kriti-schen Methode für die protestantische Theologie und Kirche«[1] stand, ist heute nur noch wenig zu spüren. Symptomatisch für die derzeitige Situation dürfte der 1985 von W. H. Schmidt gehaltene Vortrag »Grenzen und Vorzüge historisch-kritischer Exegese«[2] sein, der den Untertitel trägt: »Eine kleine Verteidigungsrede«. Die histo-risch-kritische Arbeitsweise wird in der hermeneutischen Debatte seit Jahren von den verschiedensten Seiten diskutiert und problematisiert bis hin zur Proklamation des »Endes der historisch-kritischen Methode«[3].

In der folgenden Darstellung werden die in den exegetischen Proseminaren gelehr-ten und im universitären Seminarbetrieb als bekannt vorausgesetzten und gehand-habten Methodenschritte der sogenannten »historisch-kritischen Methode« in ihrer Abfolge und ihren Fragestellungen dargestellt. Um die historisch-kritische Arbeitsweise in ihrem Selbstverständnis zu verstehen, sollen zunächst einige der derzeit im Proseminarbetrieb verwendeten Methodenbücher nach Ziel und Not-wendigkeit der historisch-kritischen Methoden befragt werden. In einem zweiten Teil werden dann die einzelnen methodischen Arbeitsschritte vorgeführt. Am Schluß sollen einige Hinweise zur Erarbeitung einer eigenen Beurteilung der histo-risch-kritischen Arbeitsweise anleiten.

1. Ziel und Notwendigkeit historisch-kritischer Arbeitsweise. Ihr Selbstver-ständnis dargestellt anhand einiger Methodenbücher.

Nach *G. Wanke*[4] besteht die Notwendigkeit der Exegese darin, daß die Schriften des AT als normative Grundlage der jüdischen und christlichen Gemeinschaften ausgelegt werden müssen. »Behalten solche Schriften dennoch Geltung in einer Gemeinschaft, die die Sprache der Schriften nicht mehr spricht und die einem ande-ren kulturellen und geistigen Horizont verhaftet ist, so wird Auslegung notwendig« (S. 10). Auslegung zielt dabei auf Verstehen und ermöglicht Verstehen. Diese Aus-legung darf nicht subjektiv geschehen, sie darf nicht zur Autorisierung von Selbst-verständnissen herangezogen werden. »Auslegung muß daher... in ihrer Methodik mitteilbar und nachvollziehbar sowie in ihren Ergebnissen überprüfbar sein, d. h. sie darf nicht subjektive, sondern muß intersubjektive Auslegung sein« (S. 12). Indem sie das AT »in seiner Eigenart ernst nimmt«, ist sie historische Wissenschaft, »sofern sie die Forderung nach Intersubjektivität akzeptiert, kritische Wissenschaft« (S. 12). »Historisch-kritische Exegese will also die je eigenen Aussagen des Alten Testa-ments zur Geltung bringen« (S. 13). Geschieht dies im Raum der Kirche, »so ist Exe-gese dort, wo sie die Schriften des Kanons zur Sprache bringen will, am traditions- und autoritätskritischen Prozeß unmittelbar beteiligt. Um sich aber selbst nicht zur einzigen Autorität und Norm christlicher Lehre zu erheben, ist es nötig, daß Exegese für Kritik, Änderung und Anregung offen bleibt...; nur so wird sie im oben geforder-ten Sinne, nämlich intersubjektiv, betrieben« (S. 13f). Zusammenfassend beschreibt G. Wanke das Ziel der Exegese als Verstehen »in der Weise des engagierten Nach-vollziehens« (S. 14). Dieses Engagement ist ein kritisches und kommt immer dort zur Geltung, »wo das Alte Testament als Autorität und Norm in Anspruch genom-men wird. Dabei sollte dieser kritische Vorgang zu einem neuen und besseren Ver-stehen der Texte und der auf sie gründenden Tradition führen« (S. 14).

In ihrem Vorwort sprechen *H. Conzelmann* und *A. Lindemann*[5] sich dafür aus, zu beachten, »daß Methodenfragen keine Weltanschauungsfragen sein dürfen, sondern daß sich die Richtigkeit einer Methode rational, d. h. allein am Gegenstand auszuweisen hat« (S. V). Die Autoren gehen davon aus, »daß die historisch-kritische Auslegung nicht Selbstzweck sein kann, sondern daß sie vor allem zur Klärung dessen beizutragen hat, was christlicher Glaube ist« (S. V). Exegese ist die wichtigste Aufgabe der neutestamentlichen Wissenschaft, die einen besonderen theologischen Standort dadurch hat, daß die neutestamentlichen Schriften »in der christlichen Kirche als ‚Heilige Schriften' in besonderer Geltung stehen. . . . Trotz dieses besonderen Standorts der neutestamentlichen Wissenschaft entsprechen die Methoden, deren sie sich bedient, den Methoden der Auslegung anderer historischer Texte« (S. 1). Das Ziel der Exegese ist das Verstehen des Textes. Dieses Verstehen ist stets ein vermitteltes. Demnach muß sachgemäßer Exegese die Reflexion der Bedingungen des Verstehens vorausgehen, genauso, wie die Reflexion der Position des Auslegers jeder sachgemäßen Exegese vorangehen muß. »Voraussetzungslose Exegese gibt es nicht, jede Interpretation ist durch den jeweiligen geschichtlichen Standort des Exegeten zumindest mitbestimmt, und deshalb muß sich der Exeget zunächst auch Klarheit über die von ihm mitgebrachten eigenen Voraussetzungen verschaffen« (S. 2). Die Voraussetzungen der Interpretation werden klar ausgesprochen: zum einen ist dies die Wissenschaftlichkeit der Exegese, die sich an ihrer Methodik erweist, zum anderen ist das methodische Prinzip »zunächst ganz allgemein der wissenschaftliche Zweifel« (S. 39). Damit meinen die Autoren einmal den Zweifel am Namen des überlieferten Verfassers der biblischen Schriften sowie den Zweifel an der »historischen Wirklichkeit« der überlieferten Darstellung.

Für *K. Haacker*[6] ist die Wissenschaftlichkeit der Exegese nicht mit einer angeblichen Zweckfreiheit, sondern mit den Methoden und der Bereitschaft gegeben, »die leitenden Interessen von der Sache her zu hinterfragen, wenn die gewonnenen Erkenntnisse das nahelegen. . . . Ein gewissenhaftes Hören auf die Bibel wird immer darauf dringen, die Bibel so zu verstehen, wie sie gemeint ist. Das stellt uns im Hören auf die Bibel unter die Wahrheitsfrage und führt so zu Kritik und Selbstkritik« (S. 10). Die Frage nach dem Gemeinten, die »intentionale Frage«, ist die erste, wenn auch nicht die einzige Frage, die wir an den Text zu stellen haben. »Aus den vielfältigen Spannungen zwischen den biblischen Texten und ihrer Auslegung in der Geschichte . . . ergibt sich die Notwendigkeit kritischer Auseinandersetzung um das richtige Verständnis« (S. 13). Von einer intuitiven, subjektiven Auslegung unterscheidet K. Haacker die Aufgabe, »die Aussage eines Textes *aufzuzeigen.« (S. 14)* *»Da bin ich als denkender Mensch ernstgenommen, da bin ich verantwortlicher Partner, da geht es um stichhaltige Argumente und begründete Überzeugungen. Das ideale Ziel solcher Arbeit ist es, zu Ergebnissen zu kommen, die jedem einleuchten, der sich in die Materie einarbeitet. Das ist die Richtung wissenschaftlicher Arbeit: Begründung von Erkenntnissen, deren Richtigkeit sich daran erweisen soll, daß andere sie auch bei kritischer Prüfung übernehmen können« (S. 14).* Auch hier gründet die Notwendigkeit einer durchsichtigen und nachvollziehbaren Methodik in der Intersubjektivität. Methoden sind für ihn »eine Schulung der *Wahrnehmung«* und »Sprachregelungen für die *Verständigung«* (S. 14f). Der Verstehensvorgang erfordert eine *Grundhaltung der Rezeptivität«* (S. 15). Grundsätzlich gilt das Postulat der Offenheit im wissenschaftlichen Erkenntnisvorgang.

K. Berger[7] sieht neben der sprachlichen Ebene die historisch-soziologische Ebene, auf der der Weg vom Text zur Auslegung verfolgt wird. Auf der historisch-soziologischen Ebene fragt er nach der Wirkung, »welche die sozial vermittelte Verbindung mit Jesus Christus ist« (S. 9f). Im letzten Kapitel seines Buches entfaltet er den Abriß einer »wirkungsgeschichtlichen Hermeneutik«, in deren Rahmen er unter dem rezeptionskritischen Aspekt der historisch-kritischen Interpretation ihren Ort in fünf Funktionen zuweist.

1. Sie zeigt die Grenzen der Rezeption auf.

»*Rezeption ist immer die produktive Abweichung von der Intention des Autors - in bestimmten Grenzen. Diese Grenzen sind weniger aus dem Text selbst zu erkennen als vielmehr aus der Vollgestalt dessen, was der Exeget als sein Forschungsobjekt betrachten sollte, also: aus dem Text in seiner Einbettung in ekklesiologisch sich gestaltende Wirkungsgeschichte Jesu, d. h. aus dem Text in seinem pragmatischen Kontext. Der Exeget müßte beurteilen können, wann die Grenze des Zumutbaren (Kompatibilität) überschritten ist. Nicht mehr zumutbar ist alles, was dem Lebensnerv des frühen Christentums direkt widerstreitet*« (S. 261).* Dieser Lebensnerv ist für K. Berger »*eine bestimmte inhaltliche Verbindung von Soteriologie und Ethik*« (S. 261).*

2. Sie hat gegenüber den vielfältigen vereinnahmenden Rezeptionen eine ideologiekritische und emanzipatorische Funktion (S. 261).

3. Sie ist notwendig, »weil das Christentum bleibend an die Zeugen des Anfangs verwiesen ist« (S. 261).

»*Seit dem Aufkommen der historischen Kritik ist dieser Rückbezug in Fragen, die auf Abgrenzung und Kompatibilität bezogen sind, nur noch historisch-kritisch möglich . . . Die Entscheidung über Kompatibilität ist deshalb nur noch historisch-kritisch möglich, weil die Forderung nach intersubjektiver Nachprüfbarkeit impliziert, daß jeweils alle intersubjektiven, rationalen Mittel ausgeschöpft werden. Historisch-kritische Exegese hat ihren Ort nicht ,vor' dem Rezeptionsvorgang, sondern gewissermaßen mitten darin. Sie rationalisiert Rückbezug und Rezeption und stellt zugleich auch an diese die unausweichliche Forderung, rationalisierbar zu sein*« (S. 261f).*

4. Von der Rezeption unterscheidet sich die historisch-kritische Interpretation qualitativ, da diese unmittelbar und praktisch ist.

5. Sie kann mit ihren Mitteln einen durch häufige Rezeption in seiner Eigenständigkeit und Fremdheit nivellierten Text neu in dieser entdecken (»Vetorecht der Exegese«, S. 263).

»*Gegenüber der Gewöhnung an den altbekannten Text kann sie die ursprüngliche Fremdheit, den unerwarteten Reichtum, den Eigencharakter und damit sein innovatorisches Potential darstellen. Exegese als historisch-kritische Interpretation kann so Rezeption oft allererst ermöglichen*« (S. 262).*

2. Die Methodenschritte der historisch-kritischen Exegese

Der erste Schritt der Exegese ist die Anfertigung einer vorläufigen *Übersetzung*.

Die bereits damit verbundenen Probleme der griechischen und semitischen Philologie seien hier nur angedeutet im Zusammenhang des Wörterbuchs von W. Bauer[8] und des von G. Kittel begründeten und G. Friedrich herausgegebenen »Theologischen Wörterbuchs zum Neuen Testament«. W. Bauer geht davon aus, »daß der neutestamentliche Wortschatz primär und im Maße des historisch Möglichen von den Verstehensmöglichkeiten der hellenistischen Adressaten der neutestamentlichen Autoren her zu erläutern sei«[9]. Das zweifellos in die neutestamentlichen Texte hineinreichende semitische Bedeutungsspektrum ist somit in dem derzeit gängigen Wörterbuch so gut wie unberücksichtigt. Im Blick auf das Kittelsche Wörterbuch zeigt die gegenwärtige Debatte über die Relevanz der strukturellen Linguistik für die Exegese, daß die sprachtheoretische Annahme einer geschichtlich verfolgbaren und zusammengehörigen Einheit von Wort und Wortbedeutung eine Engführung für die Sinnerfassung eines Wortes darstellt. Dies zeigt, wie P. Stuhlmacher zu Recht folgert, »*daß wir schon bei der philologischen Arbeit am Text mit einer Fülle von ungelösten Problemen befaßt werden, die die Illusion zerstören, wir könnten bei unserer Hinkehr zur Antike den Gesichtskreis unserer eigenen Geschichtlichkeit je durchstoßen«*[10].

Ausgangspunkt der Exegese ist der der Übersetzung zugrunde liegende Text. Anstelle der nicht mehr vorhandenen »Originale« gibt es von den biblischen Schriften zumeist eine Vielzahl von überlieferten Handschriften, so daß der Originaltext aus der späteren Überlieferung erschlossen werden muß. Mit dieser Fragestellung befaßt sich die **Textkritik.**

»Unter Heranziehung, Vergleichung und Gruppierung aller erreichbaren Überlieferungen desselben Schrifttextes ist unter Berücksichtigung der bekannten Regeln der Textveränderung (z. B. Vereinfachung schwer verständlicher Texte in späten Abschriften) der wahrscheinlich ursprüngliche Text festzustellen«[11]. Derzeit sind vom NT zusammen etwa 5000 Handschriften bekannt. In den Ausgaben der 26. Auflage des Nestle-Aland bzw. der im Wortbestand identischen Ausgabe der 3. Auflage des Greek New Testament findet sich der in Teamarbeit internationaler Wissenschaftler auf textkritischer Grundlage als ursprünglich vorgeschlagene Text. Mit Hilfe des Apparats ist es dem Benutzer möglich, den Entscheidungsprozeß nachzuvollziehen und eventuell auch eine andere textkritische Entscheidung zu treffen.

Beim alttestamentlichen Text ist die Textkritik wesentlich Textgeschichte. Der Ausgabe der neuen Biblia Hebraica Stuttgartensia liegt die im Jahre 1008 geschriebene Handschrift B 19^A der Leningrader Bibliothek, der sog. »Codex Leningradensis« (L) zugrunde. So haben wir es beim alttestamentlichen Text mit einem sich weit über 1000 Jahre lang hinstreckenden Prozeß der schriftlichen Weitergabe zu tun. Die textkritische Arbeit am AT *»hat dementsprechend die Aufgabe, durch kritische Sichtung der... Textüberlieferung sowie der alten Übersetzungen die in der Textgeschichte unterlaufenen Fehler aufzufinden und nach Möglichkeit den ,ursprünglichen Text des AT'... festzustellen. ,Ursprünglicher Text' meint dabei im wesentlichen diejenige Textgestalt, die am Ende des Prozesses produktiver, schriftlicher Gestaltung im AT steht«.*[12]

Der so durch die Textkritik erstellte Text ist Ausgangspunkt der **Literarkritik.** Sie *»wendet sich dem so festgestellten Text selbst zu, sucht ihn in seiner literarischen Eigenart und Zielrichtung zu erfassen, indem sie den vorliegenden Text formal und inhaltlich analysiert und den Anteil seines Verfassers von dem trennt, was schriftlich vorgelegen hat und in die jetzige Textgestalt aufgenommen und zu einer neuen Einheit verarbeitet wurde«*[13].

Die formale und inhaltliche Analyse fragt nach literarischen Kriterien der äußeren Abgrenzung, nach der Stellung des Textes im Kontext sowie nach seiner Einheitlichkeit. Die Frage nach einer schriftlichen Vorlage ist die Fragestellung der **Quellenkritik**.

Eine besondere Stellung erlangte die Quellenkritik in der synoptischen Fragestellung. Dieser liegt die Beobachtung zugrunde, daß die ersten drei Evangelien gegenüber dem Johannesevangelium in großen Partien ziemlich genau übereinstimmen, andererseits sich in vielem unterscheiden. Auf dem Hintergrund dieser Beobachtungen wurde mit Hilfe methodisch durchgeführter Literarkritik seit der Aufklärung eine Vielzahl von Erklärungshypothesen aufgestellt. In der ersten Hälfte des letzten Jahrhunderts wurde die sog. »Zwei-Quellen-Theorie« entwickelt, die sich bald als die bis heute weitgehend gängige Forschungshypothese durchsetzte[14]. Sie besagt zum einen, daß Mk als das älteste Evangelium von Mt und Lk als Vorlage benutzt wurde, zum anderen, daß Mt und Lk eine weitere Quelle »Q« benutzt haben bei der Verfassung ihrer Evangelien, die zwar nicht mehr vorhanden ist, aber aus der

Gemeinsamkeit der beiden Evangelien in Differenz zu Mk rekonstruiert werden kann.

Zu Recht formuliert K. Berger die Kritik der Linguistik an der durch J. Wellhausen repräsentierten »älteren Literarkritik«, die das Ziel hatte, »*anhand der Scheidung von Redaktionsarbeit, Glossen und Quellen das Originalwerk des ursprünglichen Verfassers zu ermitteln. Als Kriterien der Scheidung galten Unebenheiten, Doppelungen, Risse und Brüche, also literarische Einheitlichkeit*«[15]. *Da, wo »einlinige moderne Logik Widersprüche meinte feststellen zu müssen«, kann es sich durchaus nach der Intention des Verfassers um entgegengesetzte, sich ergänzende Aspekte handeln.* »*Doppelungen, Parallelen und Spannungen sind daher keinesweges an sich Hinweise auf die Tätigkeit verschiedener Hände*«[16]. So formuliert K. Berger als exegetische Arbeitsregel: »Literarkritik im Sinne der Quellenscheidung ist erst möglich, wenn es nicht gelungen ist, ein Textstück auf irgendeine Weise formal oder semantisch dem Kontext zuzuordnen. Literarkritik als Quellenscheidung ist ultima ratio«[17].

Mit den Schritten der Text- und Literarkritik ist die Ausgangsbasis einer »möglichst eindeutigen literarischen Bestimmung«[18] des Textes für eine mit der **Formgeschichte** weiterführenden Fragestellung nach dem angenommenen vorliterarischen Werdegang des Textes gegeben. Vorauszuschicken ist, daß diese sich darauf jedoch nicht prinzipiell eingrenzen läßt.

»*Formgeschichte (bzw. Formkritik) ist die übergreifende Bezeichnung für jene Arbeitsmethode, die aus dem gegebenen Zusammenhang zwischen einer geprägten sprachlichen Einheit und einem bestimmten sozio-kulturellen Kontext Folgerungen zieht hinsichtlich der Herkunft, der Entwicklungsgeschichte und des Aussagegehalts von Texten*«[19].

K. Haacker zieht im Zusammenhang seiner Kritik an der formgeschichtlichen Schule den »neutraleren, in Analogie zu ,Textkritik' und ,Literarkritik' gebildeten Begriff ,Formkritik' vor, wo es um das betreffende Arbeitsgebiet an sich ohne die Bindung an eine bestimmte Schule geht«[20]. »,Kritik' bedeutet in diesem Begriff wie bei anderen Methodenbegriffen: wissenschaftliche Untersuchung (und nicht notwendig: negative Beurteilung)«[21]. Er will mit seiner Unterscheidung auf die Notwendigkeit der formgeschichtlichen Arbeitsweise aufmerksam machen, ohne daß diese notwendig mit den Implikationen der sog. formgeschichtlichen Schule zusammenfällt. Da der Begriff Formgeschichte mittlerweile schon Tradition geworden ist und als fester Terminus in die Forschung eingeführt ist, sollte er beibehalten werden. Den von K. Haacker angesprochenen Sachverhalt treffen K. Berger und R. Riesner, wenn sie von der »klassischen Formgeschichte« sprechen[22]. Die oben angeführte Definition von J. Roloff umspannt den ganzen Arbeitsbereich der formgeschichtlichen Fragestellungen, die von zwei Ansätzen ausgehen, die jeweils unterschiedlich betont werden können.

M. Dibelius geht in seiner 1919 erschienenen Arbeit »Die Formgeschichte des Evangeliums« von den Funktionen des urchristlichen Gemeinschaftslebens aus, d. h. von dem »soziokulturellen Kontext«, und fragt von da aus nach den sprachlich geprägten Einheiten, d. h. den Gattungen. Der grundlegende sozio-kulturelle Kontext im Urchristentum ist für ihn die Predigt. Von daher entwickelt er sein Klassifizierungsschema, das er in Paradigma, Paränese und Novelle unterteilt.

Demgegenüber arbeitet R. Bultmann in seinem zwei Jahre später erschienenen Werk »Die Geschichte der synoptischen Tradition« analytisch, d. h. er fragt von formalen Gesichtspunkten der Texte ausgehend nach den Formen des urchristlichen Gemeinschaftslebens.

»*Wenn M. Dibelius die ‚konstruktive Methode' befolgt, d. h., wenn er von einer Anschauung von der Gemeinde und ihren Bedürfnissen aus die Geschichte der synoptischen Tradition rekonstruiert, und wenn umgekehrt ich von der Analyse der Traditionsstücke ausgehe, so handelt es sich nicht um gegensätzliche, sondern um einander ergänzende und korrigierende Arbeitsweisen*«[23].
Somit entwickelt R. Bultmann ein anderes Klassifizierungsschema. Er unterscheidet zwischen Wort- und Erzählüberlieferung. Der ersteren ordnet er die Apophthegmata (Streit- u. Schulgespräche, biographische Apophthegmata) und Herrenworte (Logien, prophetische und apokalyptische Worte, Gesetzesworte und Gemeinderegeln, Ich-Worte) mit ihrem entsprechenden »Sitz im Leben« zu. Zu der Erzählüberlieferung gehören die Wundergeschichten, die Geschichtserzählung und die Legende.

»*Im Unterschied von M. Dibelius bin ich nun freilich der Meinung, daß die formgeschichtliche Arbeit gerade wegen der Bezogenheit der literarischen Formen auf das Leben und die Geschichte der urchristlichen Gemeinde nicht nur mit ihren literarkritischen Voraussetzungen auch sachkritische Urteile voraussetzt, sondern auch zu sachkritischen Urteilen (über Echtheit eines Wortes, Geschichtlichkeit eines Berichts u. dergl.) führen muß. Deshalb spielt auch in meinen Untersuchungen die Rücksicht auf das eine Hauptproblem des Urchristentums, das Verhältnis des palästinensischen und des hellenistischen Urchristentums, eine wesentliche Rolle*«[24].

Mit diesen beiden möglichen Vorgehensweisen hängt es zusammen, daß es in der Formgeschichte zwei verschiedene klassische Klassifizierungsschemata gibt, so daß das auszuwertende Textmaterial begrifflich unterschiedlich eingeordnet wird.

Die Feststellung der »geprägten sprachlichen Einheit« geschieht in der Gattungsbestimmung. Eine Gattung ist »das überindividuelle (typische) Gepräge selbständiger sprachlicher Einheiten«[25]. In Anlehnung an K. Koch unterscheidet J. Roloff davon die Formeln als Einheiten, »die unterhalb der Satzebene bleiben und nur aus einer knappen geprägten Wortverbindung bestehen«[26]. Zur Feststellung der Gattung wird zuerst die Form des Textes als »die Summe der stilistischen, syntaktischen und strukturellen Merkmale, d. h. seine sprachliche Gestalt«[27] ermittelt und mit formal und inhaltlich vergleichbaren Texten verglichen. Ergeben sich hierin Übereinstimmungen in wesentlichen Zügen, so sind die verglichenen Stücke einer gemeinsamen Gattung zuzuordnen. Hierbei ist es wichtig, nicht einseitige Entscheidungen zu treffen, d. h. entweder allein von der Form bzw. vom Inhalt her oder vom Zusammenhang einer Form mit spezifischem Inhalt her. Nach der Gattungsbestimmung ist weiterzufragen nach der Gattungsgeschichte. Sie »soll den sprachgeschichtlichen Vorgang des Entstehens und Vergehens einer Gattung erhellen und Klarheit darüber schaffen, wo innerhalb dieses Vorgangs die jeweilige konkrete Ausprägung dieser Gattung zu lokalisieren ist«[28].

Der Zusammenhang zwischen Gattung und dem Lebensbereich, in dem diese ihre Verwendung findet, wird mit dem Begriff »Sitz im Leben« ausgedrückt. Der von H. Gunkel eingeführte Begriff besagt, daß die Form von Texten geprägt ist durch die jeweils verschiedenen Lebensbereiche, aus denen sie stammen und für die sie bestimmt sind. D. h. von der Form aus ist es möglich, auf den Lebensbereich, den Sitz im Leben eines Textes, zurückzuschließen, in dem er entstanden ist. Wichtig ist, daß es sich hierbei um institutionalisierte und damit um grundsätzlich wiederholbare Handlungen und Vorgänge innerhalb eines bestimmten gesellschaftlichen Milieus handelt. »Nicht der Redende als Individuum, sondern die Rede- und Hörsituation ist Gegenstand der Frage nach dem ‚Sitz im Leben'«[29]. Nachdem der Zusammenhang von Gattung und »Sitz im Leben« hypothetisch erschlossen ist, fragt die *Überlieferungsgeschichte* weitergehend nach der Vorgeschichte des Textes und seiner

Vorformen. Handelt es sich um »traditionelle Sachgehalte«[30], die keinen Niederschlag in festen Gattungen gefunden haben, so wird die überlieferungsgeschichtliche Fragestellung vertieft durch die *Traditionsgeschichte*. Gegenüber der damit verbundenen Gefahr der Aufsplitterung eines Textes macht K. Berger darauf aufmerksam, daß Traditionsgeschichte nicht nur darauf achtet, »wo der Text Fremdkörper verarbeitet, sondern sie betrachtet den gesamten Text unter dem Aspekt der Vergleichbarkeit mit anderen Texten und der Vorgeschichte«[31].

Hilfreich ist K. Bergers Differenzierung von Traditionsgeschichte und *Religionsgeschichte*. »,*Traditionsgeschichte' betrifft den Bereich von AT, Judentum, NT und früher Kirchen- und Sektengeschichte, Religionsgeschichte betrifft den Vergleich von Texten aus dem eben genannten Bereich mit solchen außerhalb stehender Gruppen. Diese Entscheidung hat außer historischen auch systematische Prämissen, die u. a. in der Weigerung begründet sind, zur Zeit des NT (und darüber hinaus) von Christentum und Judentum als von zwei verschiedenen Religionen zu sprechen«[32].*

Werden hier Fragen der Überlieferungsgeschichte, Traditions- und Religionsgeschichte unter dem Oberbegriff der Formgeschichte behandelt, so hat dies seinen sachlichen Sinn darin, daß die Formgeschichte von dem durch Text-und Literarkritik erstellten Text ausgehend hinter diesen Text zurückfragt nach den dahinterliegenden Entwicklungsprozessen. Die Begriffe werden in den verschiedenen Methodenbüchern im Bereich der Formgeschichte z. T. unterschiedlich verwendet. Die unterschiedliche Terminologie kann v. a. für den Studienanfänger ein Problem sein. Entscheidend ist jedoch, daß die Fragestellungen erfaßt werden, die hinter der Terminologie und den einzelnen Arbeitsschritten stehen. Dazu ist es sinnvoll, sich zuerst einmal auf die Darstellung eines Methodenbuches zu konzentrieren, um zu sehen, wie sich die Methodenschritte aufeinander aufbauend entfalten.

Auf dem Hintergrund der Formgeschichte entwickelte sich als weiterführende differenzierende Fragestellung die **Redaktionsgeschichte.**

Sie ist »*die Geschichte einer sprachlichen Einheit von ihrer ersten Verschriftung bis hin zu ihrer literarischen Endgestalt unter besonderer Berücksichtigung der diese Geschichte bestimmenden äußeren Kräfte und Faktoren*«[33].

Im Gegensatz zu der analytischen Vorgehensweise der Literarkritik und Formgeschichte geht diese nun synthetisch vor, d. h. sie geht davon aus, »daß der Text, so wie er vorliegt, keine zufällige Addition von Fragmenten oder Einzeltraditionen ist, sondern ein komponiertes, geordnetes Ganzes«[34]. Dabei ist es wichtig, zu beachten, »wie der Gesamtstoff organisiert worden ist, welche Gesichtspunkte der Komposition und Gliederung sich ermitteln lassen und welche Funktion die einzelnen Abschnitte darin haben«[35], da bloße Subtraktion von Redaktion und Tradition oft nicht möglich ist und auch als solche noch lange nicht die theologische Intention des »Redaktors« erfassen kann. Nach J. Roloff bedient sich die Redaktionsgeschichte im wesentlichen der vier Kriterien »Auswahl«, »Anordnung«, »Rahmung« und »Abwandlung der Überlieferung«[36].

Damit ist der Ausgangspunkt der Exegese wieder erreicht, der vorliegende Text. An dieser Stelle mündet die Methodik in die Aufgabe der *Interpretation*. So formulieren H. Barth und O. H. Steck als Aufgabe der Interpretation, »wissenschaftlich ausgewiesen zu bestimmen, welcher *historische Aussagewille und Sinn* in der konkreten Gestalt des Textes *innerhalb des geschichtlichen Entstehungsraumes* und in den verschiedenen Stadien seines alttestamentlichen Werdeganges zur Sprache gebracht werden sollte«. Weiter gilt es in der Interpretation zu fragen, »wie sich der erarbeitete *historische Sinn des Textes in Ansehung unserer Gegenwart* darstellt«[37].

Auch P. Stuhlmacher betont, daß die methodische Texterschließung in ihren Einzelanalysen die Gesamtinterpretation vorbereitet. Kritisch vermerkt er, daß »das Fehlen dieser methodologischen Anleitung, die über die Handhabung der analytischen Einzelmethoden hinaus zur eigentlichen theologischen Textauslegung führt«, symptomatisch sein dürfte »für die Unfertigkeit unserer Exegese und zudem für den Schwierigkeitsgrad der Aufgabe, vor der wir stehen«[38]. Dieses Urteil P. Stuhlmachers deutet bereits die Probleme an, die sich im Rahmen historisch-kritischen Arbeitens auftun. Im folgenden sollen nun noch einige Hinweise zur Erarbeitung einer eigenständigen Beurteilung der historisch-kritischen Methoden gegeben werden.

Zuvor aber ist noch darauf hinzuweisen, daß im Rahmen einer wissenschaftlichen Exegese die *Archäologie* ihren festen Platz haben sollte. »Sowenig aber die Archäologie bei der historischen Interpretation ihrer Ergebnisse auf die schriftlichen Quellen verzichten kann, sowenig kommt die Bibelwissenschaft für die Sacherklärung ohne die Heranziehung der Ergebnisse archäologischer Arbeit aus«[39].

Leider findet sich in den durchgesehenen Methodenbüchern keine Bestimmung und Einordnung der Archäologie für das Verstehen der biblischen Texte.

3. Historische Methoden im Dienst theologischer Schriftauslegung. Überlegungen zur historisch-kritischen Methodik

1. Die Berechtigung historischer Arbeit liegt in der durch die Schrift bezeugten *Menschwerdung* Gottes in Jesus Christus. Die historischen Methoden fragen nach den geschichtlichen Zusammenhängen der biblischen Aussagen. Ohne diesen Rückbezug wäre Theologie ein vom geschichtlichen Leben abgehobener Doketismus. Mit dieser grundsätzlichen Berechtigung ist aber zugleich ihre Begrenztheit gesetzt. Als historische Methodik ist sie aufgrund ihrer Eingebundenheit in die dogmatischen Voraussetzungen der Exegeten relativ und darf deswegen in ihrem Anspruch und ihren Ergebnissen nicht absolut gesetzt werden.

2. Durch E. Troeltschs Unterscheidung von historischer und dogmatischer Theologie (vgl. den entspr. Text im vorliegenden Buch) erfuhr das historische Arbeiten jedoch eine entscheidende Absolutsetzung, die die historisch-kritische Exegese bis heute in ihren Voraussetzungen prägt. Infolge dieser Unterscheidung wurden die dogmatischen Voraussetzungen historischen Arbeitens weitgehend vergessen und schlichen sich demzufolge unbesehen in das historische Arbeiten ein. Auf dem Hintergrund eines universalistischen Geschichtsverständnisses setzte das Dogma der Vernunft und der Wissenschaftlichkeit die Methode als solche absolut und bestimmte, was in der Geschichte passieren durfte und was nicht. Neben das reformatorische »sola scriptura« trat die Wissenschaftlichkeit des exegetischen Fachmanns als neues Autoritätsprinzip.

3. Ein Symptom dafür ist, daß in den exegetischen Proseminaren leider nur selten eine Anleitung zum Erschließen der Voraussetzungen historischer Arbeit gegeben wird. Hier ist es lohnend, die in der Regel unbeachtet bleibenden Vorworte und einführenden Kapitel der Methodenbücher sehr aufmerksam zu lesen und nach der in ihnen enthaltenen Dogmatik zu fragen. Die Sprache verrät die versteckte Dogmatik der Exegese. Dazu zwei Beispiele aus den oben dargestellten Methodenbüchern.

a) Immer wieder wird als das Ziel der historisch-kritischen Arbeit das Verstehen der Texte betont. G. Wanke z. B. formuliert, daß historisch-kritische Arbeit die biblischen Schriften »zur Sprache bringen will«[40] und zu einem »neuen und besseren Verstehen«[41] der Texte führen soll. Damit geschieht eine falsche Absolutsetzung der Methodik, denn G. Wankes Formulierung setzt in ihrer Sprache dogma-

tisch voraus, daß die Texte ohne den exegetisch-wissenschaftlich arbeitenden Fachmann sprachlos seien - nachdem dieser sie ganz im historistischen Sinne aufgrund des von ihm postulierten historischen Abstandes sprachlos gemacht hat. Gibt es aber nach E. Troeltsch »auf historischem Gebiet nur Wahrscheinlichkeitsurteile«[42], so kann sich hierauf kein Sprachgewinn gründen. Daß dies faktisch nicht der Fall ist, beweist die unübersehbare Vielzahl der oft einander widersprechenden Ergebnisse der Exegese, die eher zur Verwirrung als zu einem »neuen und besseren Verstehen« beitragen. Dazu kommt, daß sich eigentliches Verstehen der Schrift erst in ihrer Anwendung ereignet, im Lautwerden und Getroffensein von Gesetz und Evangelium. Ein historisches Erschließen der Schrift darf noch nicht den Anspruch des Verstehens erheben.

b) Obwohl nach Conzelmann/Lindemann Methodenfragen »keine Weltanschauungsfragen« sind, beschreiben sie den Ausweis der Richtigkeit einer Methode am Gegenstand als »rational«[43] und verraten damit ihre Dogmatik. Historisches Geschehen wird im Rahmen seiner vernünftigen Erklärbarkeit erfaßt. Die vermeintlich beiseitegeschobenen Voraussetzungen holen den Exegeten im nächsten Moment wieder ein. Wird dann der Beitrag der Exegese »als Klärung dessen, was christlicher Glaube ist«[44] bestimmt, so muß diese Klärung in ihrer Konsequenz letztlich zur rationalen Aufhebung des Glaubens führen. Als Beispiel dafür, wie sich die beiseitegeschobene »Weltanschauung« der Autoren auf die formgeschichtliche Arbeit auswirkt, sei eine Hypothese der Autoren über die biblischen Wundergeschichten angeführt: »Liest man etwa eine Wundergeschichte wie einen Tatsachenbericht, so verfehlt man notwendig deren eigene Intention, weil eine solche Wundergeschichte eben nicht als Tatsachenbericht konzipiert ist, sondern ein literarisches Produkt sui generis darstellt«[45].

An diesen beiden Beispielen wird ganz deutlich, wie in einer falschen Absolutsetzung die Grenze der Methodik überschritten wird.

4. Um falsche Absolutsetzungen der Methodik zu vermeiden, ist es wichtig, den Standort zu bestimmen, von dem aus historisch gearbeitet werden soll. Der Standort des als *Theologen* historisch arbeitenden Exegeten ist konstituiert durch die Schrift als sein Gegenüber, seine Arbeit gründet und vollzieht sich unter dem Anspruch der in die Geschichte eingegangenen und in der Schrift bezeugten Offenbarung in Jesus Christus. Sein Interesse gilt daher einer **theologischen Schriftauslegung,** die unter Einbeziehung der historischen Fragestellungen nach einem gegenwärtigen Verstehen und Anwenden der biblischen Texte fragt.

5. Daher muß das historische Rückfragen des Theologen von größtmöglicher **Offenheit** für die ihm in der Schrift begegnende Wirklichkeit dieser Offenbarung Gottes in Jesus Christus und seinem gegenwärtigen Wirken im Heiligen Geist geprägt sein. Darin erweist sich die **Angemessenheit** historischer Rückfrage gegenüber dem Anspruch ihres »Gegenstandes«, darin gründet in ihrem methodischen Bemühen ihre Wissenschaftlichkeit im Rahmen der von der Theologie zu bedenkenden *umfassenden* Wirklichkeit. Neben diesen beiden Prinzipien der Offenheit und Angemessenheit erfordert die Komplexität geschichtlichen Geschehens und das Geheimnis der göttlichen Offenbarung die **Bescheidenheit** des Theologen. Wir stehen als Bettler vor der Schrift (Luther).

Diese Bemühung um Offenheit, Angemessenheit und Bescheidenheit und die Unterordnung des Erkenntnisinteresses unter diese drei Prinzipien sind die Voraussetzung für eine Methodik theologischer Schriftauslegung, in der die historische Fragestellung dogmatisch eingebettet ist und die sie in ihren Voraussetzungen dogmatisch konstituiert.

Literaturhinweise zur Weiterarbeit:

R. Bohren, Die Krise der Predigt als Frage an die Exegese, EvTh 22 (1962), S. 66 - 92

A. Schlatter, Atheistische Methoden in der Theologie, hrsg. von H. Hempelmann, Wuppertal 1985

P. Stuhlmacher, Schriftauslegung auf dem Wege zur biblischen Theologie, Göttingen 1975

M. Weinrich, Grenzen der Erinnerung, in: »Wenn nicht jetzt, wann dann?« Aufsätze für H.-J. Kraus zum 65. Geburtstag, hrsg. von H.-G. Geyer, J. M. Schmidt u. a., Neukirchen-Vluyn 1983, S. 327 - 338

Anmerkungen

[1] G. Ebeling, Wort und Glaube I, Tübingen [3]1967, S. 1 - 49; vgl. in diesem Buch Text Nr. 24 (erster Text)

[2] W. H. Schmidt, EvTh 45 (1985), S. 469 - 481

[3] G. Maier, Das Ende der historisch-kritischen Methode, Wuppertal [5]1984; vgl. Text Nr. 35a

[4] Exegese des Alten Testaments. Einführung in die Methodik, hrsg. v. G. Fohrer, H. W. Hoffmann u. a., Heidelberg [4]1983

[5] H. Conzelmann, A. Lindemann, Arbeitsbuch zum Neuen Testament, Tübingen [5]1980

[6] K. Haacker, Neutestamentliche Wissenschaft. Eine Einführung in die Fragestellungen und Methoden, Wuppertal [2]1985

[7] K. Berger, Exegese des Neuen Testaments. Neue Wege vom Text zur Auslegung, Heidelberg [2]1984

[8] W. Bauer, Griechisch-Deutsches Wörterbuch zu den Schriften des Neuen Testaments und der übrigen urchristlichen Literatur, Berlin, New York, Nachdr. d. 5. Aufl. 1975

[9] P. Stuhlmacher, Zur Methoden- und Sachproblematik einer interkonfessionellen Auslegung des Neuen Testaments, EKK-Vorarbeiten 4, Zürich/Neukirchen 1972, S. 24

[10] a. a. O., S. 26

[11] E. Schlink, Ökumenische Dogmatik, Göttingen [2]1985, S. 639

[12] H. Barth, O. H. Steck, Exegese des Alten Testaments. Leitfaden der Methodik, Neukirchen-Vluyn [10]1984, S. 23f

[13] H. Zimmermann, Neutestamentliche Methodenlehre. Darstellung der historisch-kritischen Methode. Neubearbeitet von K. Kliesch, Stuttgart [7]1982, S. 79

[14] vgl. dazu R. Riesner, Wie sicher ist die Zwei-Quellen-Theorie, ThBeitr 8 (1977), S. 49 - 73

[15] K. Berger, a. a. O., S. 27

[16] a. a. O., S. 29

[17] a. a. O., S. 31

[18] J. Roloff, Neues Testament, Neukirchen-Vluyn [4]1985, S. 20

[19] a. a. O., S. 14

[20] K. Haacker, Leistung und Grenzen der Formkritik, ThBeitr 12 (1981), S. 53 - 71, S. 55 Anm. 7

[21] ders., Neutestamentliche Wissenschaft, S. 48

[22] R. Riesner, Jesus als Lehrer, WUNT 2/7 [2]1984, § 2; K. Berger, a. a. O., S. 129 u. 133

[23] R. Bultmann, Die Geschichte der synoptischen Tradition. FRLANT NF 12 Göttingen [9]1979, S. 5f

[24] a. a. O., S. 6

[25] K. Koch, Was ist Formgeschichte? Methode der Bibelexegese, Neukirchen-Vluyn [5]1986, S. 6

[26] a. a. O., S. 20

[27] K. Berger, Formgeschichte des Neuen Testaments, Heidelberg 1984, S. 9

[28] J. Roloff, a. a. O., S. 15

[29] ders., a. a. O., S. 23

[30] H. Barth, O. H. Steck, a. a. O., S. 79

[31] K. Berger, Exegese, a. a. O., S. 166

[32] a. a. O., S. 168

[33] J. Roloff, a. a. O., S. 31

[34] K. Berger, Exegese, a. a. O., S. 202

[35] ders., a. a. O., S. 206

[36] J. Roloff, a. a. O., S. 36ff.

[37] H. Barth, O. H. Steck, a. a. O., S. 99

[38] P. Stuhlmacher, a. a. O., S. 39

[39] V. Fritz, TRE Bd. 6, S. 341, 51 - 342, 2

[40] a. a. O., S. 13

[41] a. a. O., S. 14

[42] E. Troeltsch, Über historische und dogmatische Methode in der Theologie, in: Theologie als Wissenschaft, hrsg. v. G. Sauter, TB 43, München 1971, S. 105 - 127, S. 107

[43] a. a. O., S. V

[44] a. a. O., S. V

[45] a. a. O., S. 5

PETER ZIMMERLING,
Biblisch-theologische Exegese innerhalb der Proseminar-Arbeit *)

I. Vorbemerkung zum Thema

Biblisch-theologische Exegese innerhalb der Proseminar-Arbeit – was verbirgt sich hinter diesem Thema? Es ist wohl allgemein bekannt, daß seit einigen Jahren an verschiedenen Universitäten von einzelnen Professoren das Programm einer biblischen Theologie entwickelt wird. Gemeinsam ist all diesen Versuchen ein Erkennen der Krise der exegetischen Fächer unserer theologischen Wissenschaft. Bei aller intensiven, ja subtilen Auslegungsarbeit am biblischen Text mittels der historisch-kritischen Methode in den vergangenen zwei Jahrhunderten mußte man erkennen, daß der Bibeltext nicht etwa näher, sondern im Gegenteil dem Ausleger ferner gerückt ist. Was das für die protestantische Theologie, die sich nicht wie die katholische neben der Schrift auf eine de facto ebenso wichtige und gültige Tradition stützen kann, bedeutet, wird z. B. im Blick auf die Schulrichtungen innerhalb der deutschen protestantischen Theologie seit dem Beginn des vergangenen Jahrhunderts deutlich.

In den letzten Jahren hat darum bei einer Reihe von deutschen Exegeten ein Ringen um die rechte Hermeneutik der Schrift eingesetzt, dessen Ende noch nicht abzusehen ist, auch wenn sich die Wogen im Moment etwas geglättet zu haben scheinen. Es bleibt das Suchen nach einem an der Universität gangbaren Weg der Bibelauslegung, auf dem man durch das Dickicht der Hypothesen zurück zur Aussage des Textes findet, die man ja eigentlich mit den verschiedenen Arbeitsschritten der historisch-kritischen Methode erhellen wollte.

Die Not, in der sich die Exegese heute befindet, wird inzwischen von vielen Forschern gesehen, die Geister scheiden sich dort, wo es darum geht, die Wurzeln dieser Not aufzuzeigen und dann konkrete Wege zu einer neuen Auslegungsarbeit zu beschreiten.

Daher sollen im folgenden zunächst die Prämissen, unter denen die historisch-kritische Methode arbeitet, genannt werden, ehe dann in einem zweiten Durchgang das Programm einer biblisch-theologischen Exegese näher zu entfalten sein wird.

II. Die historisch-kritische Methode und das Programm einer biblisch-theologischen Exegese

Immer noch gilt an den deutschen theologischen Fakultäten die historisch-kritische Methode als die einzige wissenschaftlich ausgewiesene exegetische Arbeitsweise. Diese These wird von so verschieden geprägten Exegeten wie Hartlich, Lohse und Stuhlmacher gleichermaßen vertreten.

Die historisch-kritische Methode ist dabei nur Teil einer ganzen Weltanschauung, die im Gefolge der Aufklärung entstand und die theologische Weltsicht des christlichen Abendlandes ablöste. Nicht mehr Gott, sondern der Mensch ist durch die Ablösung des christlichen Schöpfungsgedankens Subjekt seiner selbst und der ihn umgebenden Schöpfung. Jede Autorität, die ihm als Gegenüber begegnet, gerät unter das Verdikt der Fremdbestimmung; nur was inter-subjektiv einsehbar ist, kann Wahrheit, d. h. Allgemeingültigkeit, beanspruchen. Bestandteil dieser streng anthropozentrischen Weltsicht ist der neuzeitliche Wissenschaftsbegriff, der geradezu als ihr Fundament fungiert, indem er in der rasanten Entwicklung von Naturwissenschaften und Technik den Realitätsgehalt dieser Weltsicht verbürgt hat. Carl Friedrich von Weizsäcker spricht sogar von der Wissenschaft als der herrschenden Religion unserer Zeit.

Ernst Troeltsch (1865-1923) hat dabei in seinem epochemachenden Aufsatz »Über historische und dogmatische Methode in der Theologie« von 1898 der historisch-kritischen Methode für die Bibelauslegung ihre klassische systematisch-theologische Definition gegeben (wieder abgedruckt bei Sauter, Gerhard, Theologie als Wissenschaft, ThB 43, 1971, S. 105-127). Dabei geht es vor allen Dingen, wie in dem Kommentar zu Troeltsch bereits dargelegt wurde, um einen speziellen Geschichtsbegriff, der auf einer evolutionistischen Weltanschauung von der ständigen Weiterentwicklung und Selbstentfaltung des menschlichen Geistes beruht, was zu einer eigenen Beurteilung überkommener Standpunkte führen muß. Damit ist das Verhältnis zu vorgegebenen Traditionen – auch schriftlichen – gegenüber der Zeit vor der Descartes'schen Wende prinzipiell verändert. Die Autorität gegebener Traditionen kann keine »automatische«, unreflektierte mehr sein. Erst auf dem Wege eines Anerkennungsverfahrens ist einem Text aus der Vergangenheit von der Vernunft selbst seine – evtl. postulierte – Autorität neu zuzubilligen.

Die Brisanz von Troeltschs Ansatz liegt dabei darin, daß er seinen Geschichtsgedanken »schonungslos« auch auf die christlich-jüdische Geschichte, insbesondere auf ihre Quellenschriften, also die Bibel, anwendet.

Um die Geschichtsüberlieferungen auf die Übereinstimmung mit seinem Grundpostulat zu überprüfen, bedient Troeltsch sich eines dreifachen Instrumentariums: der Kritik, der Analogie und der Korrelation (= Wechselwirkung). (Zusätzlich zieht er die »schaffende Bedeutung der die großen Lebenskomplexe beherrschenden Persönlichkeiten« heran.)

Kritik an den Überlieferungen ist möglich dank des vorgegebenen Rahmens, innerhalb dessen alles Geschehen sich nur ereignet haben kann und in der Gewißheit, daß ich am Ende eines geschichtlichen Evolutionsprozesses stehe. Dabei ist die menschliche Vernunft die richtende Instanz: Vernünftig ist das, was innerhalb des postulierten Rahmens Platz hat.

Auch das Analogieprinzip ist abgeleitet vom vorgegebenen Grundpostulat, das Geschichte als einen gleichartigen Geschehenszusammenhang definiert. Ein Eingriff einer diesem Geschehen nicht unterworfenen Macht ist undenkbar. So kann es z. B. wohl verschiedenartige Heilungen eines Kranken geben, aber immer muß die Therapie vernünftig einsehbar sein, d. h. sich aus immanenten Gegebenheiten heraus erklären lassen. Eine Heilung durch ein Wunder kann nicht stattgefunden haben, weil sie aus dem prinzipiell gleichartigen Geschehenszusammenhang herausfallen würde.

Das Korrelationsprinzip macht es zur Pflicht, jedes Geschehen aus anderen Geschehnissen ableiten zu können. Unableitbares Geschehen gibt es nicht, da es aus dem Rahmen dessen, was tatsächlich geschehen ist, herausfällt. So ist Prophetie von zukünftigen Geschehnissen nur dann denkbar, wenn es allein aus dem Geschehen und den Bedingungen ihrer Zeit heraus einsehbar gemacht werden kann. Z. B. kann ein Prophet wohl verkündigt haben, daß Jerusalem von den Assyrern erobert werden würde, wenn dies aus den politischen Gegebenheiten heraus wahrscheinlich zu machen war. Kein Prophet konnte aber Jahrhunderte vorher wissen, daß beispielsweise der Messias in Bethlehem geboren werden würde. Das Korrelationskriterium spielt beispielsweise auch bei der Datierung vieler biblischer Bücher eine entscheidende Rolle.

Seine »historische Methode« mit ihrem Ausschließlichkeitsanspruch sieht Troeltsch im Gegensatz zur »dogmatischen Methode« stehen. Erstere läßt nämlich die Bindung des christlichen Glaubens an historische Einzeltatsachen zu einer nur relativen werden, während letztere für bestimmte Geschehnisse eine Autorität postuliert, die gerade dem Gesamtzusammenhang der Geschichte nicht unterworfen ist. Beide Methoden stehen sich nach Troeltsch diametral gegenüber, beiden liegt ein metaphysisches Prinzip zugrunde: einmal die Annahme eines immanent durchschaubaren Gesamtzusammenhangs allen Geschehens, das andere Mal die

Voraussetzungen einer übernatürlichen Autorität, die alles Geschehen lenkt und auch in dieses eingreift (etwa durch Wunder).

Aus dem Gesagten folgt für konsequent historisch-kritisch arbeitende Exegeten die Ablehnung eines Wirkens Gottes durch den Heiligen Geist bei der Entstehung der Bibel (sowohl im Hinblick auf Abfassung als auch Kanonisierung der biblischen Schriften), da diese Vorgänge allein mit immanenten Geschehnissen erklärt werden dürfen.

Da Gottes Handeln als das einer absoluten »Instanz« nur innerhalb der Geschichte, aber nicht mehr von außerhalb der Geschichte gedacht werden kann, muß auch eine vorgegebene Autorität der Schrift (und sei es auch nur, um ihr einen Vertrauensvorschuß einzuräumen) abgelehnt werden. Selbst Stuhlmacher mit seiner Hermeneutik des Einverständnisses mit biblischen Texten spricht nur von einem Dialog, in dem sich »die Überlieferung der Texte und der die Gegenwart vertretende Schriftausleger in Freiheit gegenüber (stehen) und ... autoritäre Diktate ausgeschlossen (sind). Die Textüberlieferung gibt ihr Wahrheitszeugnis zu bedenken, und der Interpret ... kann und braucht es nur zu übernehmen, wenn es ihn überzeugt! In dem mit der Überlieferung anzustrengenden Dialog fallen Entscheidungen und ist natürlich die Freiheit gegeben, im Angesicht der Texte Ja und Nein zu sagen«. (In: Stuhlmacher, Peter, Vom Verstehen des Neuen Testaments, NTD Ergänzungsreihe 6, Göttingen 1979, S. 220 f.)

Da der eine göttliche Geist, der in und durch alle Autoren am Wirken war und somit die Schrift geprägt hat, nicht mehr gedacht werden kann, ist schließlich die Schrift auch nicht als vorgegebene Einheit zu betrachten, sondern vielmehr ein Kanon im Kanon oder eine Kerntradition zu suchen, von der aus an anderen biblischen Schriften Sachkritik geübt werden kann. –

Nach der Darlegung von Grundlagen und Arbeitsweise der historisch-kritischen Methode soll im folgenden eine Hinterfragung ihrer Grundlagen angedeutet werden, an die sich Gedanken zum Programm einer biblisch-theologischen Exegese anschließen.

Gegenüber Troeltschs Geschichtsbegriff ist zunächst zu betonen, daß »Geschichte« immer nur Bericht bzw. Bild eines vergangenen Geschehens ist und nie ein vergangenes Geschehen mit seinem Geschichtsbericht identisch ist. »Historisch« mit »wirklich« bzw. »wahr« gleichzusetzen, ist somit eine grobe erkenntnistheoretische Unschärfe. Geschichte meint von der Grundbedeutung her zunächst nur den subjektiven Bericht von vergangenem Geschehen. Auch die historisch-kritische Methode in der Nachfolge Troeltschs ist daher nur fähig, durch Bilder von Geschichte zu reden. Diese entsprechen zudem, wie wir sahen, dem Wirklichkeits-, Welt- und Selbstverständnis, wie es im 19. Jahrhundert herrschte. (Vgl. hierzu Barth, Karl, Die protestantische Theologie im 19. Jahrhundert, Zürich 1952, S. 40.)

Nie gehe ich vor-urteils-los (im wahrsten Sinne des Wortes) an einen Text heran, auch an keinen biblischen. Mein Verständnis wird bestimmt von zahllosen zeitgenössischen Vorstellungen. Hier hat eine biblische Auslegungsarbeit gerade die Aufgabe, mir dieses Vorverständnis bewußt zu machen und zu kritisieren (von griech. krinein = richten, unterscheiden). Obwohl die historische Kritik gerade mit dem Anspruch aufgetreten ist und noch heute auftritt, der Usurpation des Textes durch den Ausleger zu wehren, hat sie die biblischen Texte nicht davor bewahren können, Spielball exegetischer Willkür und aktueller Interessen zu werden. (So war für Bultmann beispielsweise die Sühnetradition als Randtradition des NT zu entmythologisieren, für Stuhlmacher ist es die zentrale Aussageform der Bedeutung des Todes Jesu.) Schließlich vergaß die historisch-kritische Exegese in den vergangenen Jahrzehnten oft, zu betonen, daß immanente Geschichtsurteile immer nur Wahrscheinlichkeitsurteile sein können. (So geht man in der ntl. Wissenschaft beispielsweise von der Zwei-Quellen-Theorie als opinio communis und damit nicht mehr zu hinterfragenden Grundlage bei weiteren Forschungen aus.)

Kritik im Sinn der Troeltsch'schen Bestimmungen der historisch-kritischen Methode ist an der Bibel nicht zu üben, wenn diese nicht ihre Korrekturfähigkeit verlieren soll. Nicht der Ausleger ist Richter (griech. krites) über die Schrift, vielmehr ist sie Richterin über ihn; und nicht die Geistesgeschichte, sondern die Schrift selbst muß nach den Kriterien für eine angemessene Auslegung befragt werden. Die biblischen Berichte erheben nämlich den Anspruch, Geschehen wahrheits- und wirklichkeitsgetreu wiederzugeben (2. Petr. 1,16). Sie berufen sich dabei auf eine Autorität, die letztlich vom Menschen unabhängig ist, d. h. von seiner Vernunft und ihren wechselnden Prinzipien nicht hinterfragt werden kann (vgl. etwa 2. Tim. 3,16). Diese Autorität ist Gottes Geist, somit Gott selbst, der die biblischen Autoren beauftragt und befähigt hat. Kritik an der Bibel im Sinne von Sachkritik würde einen Standpunkt über der Schrift, eine Autorität über Gott voraussetzen. Diese kann es aber nicht geben. Trotzdem ist eine Beurteilung, d. h. Kritik von Schriftaussagen etwa im Sinne ihrer zeitlichen Gültigkeit nötig. Wie kommt es beispielsweise, daß wir als Christen das Sabbatgebot nicht mehr einhalten? Von einem heilsgeschichtlichen Grundansatz her sind hier Kriterien gegeben, so daß die Ablehnung von Sachkritik nicht zu einer flächigen Vereinerleiung von Schriftaussagen führen muß.

Auch die Kriterien der Analogie und Korrelation geraten durch die biblischen Aussagen nun ihrerseits ins Feuer der Kritik: Die Bibel lebt geradezu davon, analogie- und korrelationsloses Geschehen zu berichten. Der Kern ihrer Botschaft besteht ja im Eingreifen Gottes in den Weltlauf: Inkarnation, Kreuzigung als Sühnetod für die ganze Welt und Auferstehung sind nach den biblischen Aussagen analogie- und korrelationslose Ereignisse (1. Kor. 2,9). Sie haben zudem absolute Bedeutung, insofern sie die gesamte Menschheit, ja den gesamten Kosmos zu allen Zeiten betreffen. Somit besteht das unaufgebbare Fundament des Christentums in Ereignissen, die sich in Raum und Zeit ereignet haben, die aber gleichzeitig Raum und Zeit entschränkende Bedeutung haben. (Vgl. Kierkegaards Begriff der Gleichzeitigkeit!)

Damit ist das Christentum aus dem Zusammenhang mit den anderen Religionen gelöst (mit Karl Barth). Denn es ist keine Idee, die in einem immanenten Geschehenszusammenhang entwickelt wurde, sondern die Kunde vom Handeln eines persönlichen Gottes von außerhalb der Immanenz in der Immanenz, ohne daß dieser deshalb in ihr aufginge. Dieser persönliche Gott begegnet uns bis heute in Christus als dem Auferstandenen und ruft in die Entscheidung für oder gegen ihn. Ein so verstandenes Christentum hat mit dem von Troeltsch geforderten religionsgeschichtlichen Christentum, zu dem seine Methode notwendigerweise führen muß, wenig zu tun. Ein solches Christentum hebt sich letztlich selbst auf, weil es den mit dem Offenbarungsanspruch gegebenen Absolutheitsanspruch aufgibt.

Von welchen Voraussetzungen könnte nun eine biblisch-theologische Exegese ausgehen? Zunächst ist nach dem Selbstverständnis der biblischen Schriften zu fragen. Die Bibel will die geschichtliche Selbstbezeugung des dreieinigen Gottes für die Menschen aller Zeiten sein. Ihr Ziel ist, den Menschen zur Erkenntnis der Wahrheit zu bringen, deren Inhalt Christus selbst ist. Ursprung und Ziel der Schrift liegen somit beschlossen in dem in Christus geoffenbarten dreieinigen Gott. Unterschiede und Spannungen, die beispielsweise im Lauf der Tradierung der biblischen Texte entstanden sein können, verstellen den Blick auf die Gesamtaussage der Schrift nicht. In ihrem eben skizzierten Selbstverständnis hat sich die Schrift in der Geschichte der Kirche bewährt. Von daher muß jede Auslegung auch Sache der Gemeinde sein. Zu diesem Bezug auf die Gemeinde kommt das Hineingestelltsein der Exegese in den weiten Rahmen der Kirchengeschichte. Erst in diesem Beziehungsgefüge, das ihre Korrektur ermöglichen soll, kann verantwortliche Auslegung geschehen. Für einen Ausleger ist es nötig, in diesem Zusammenhang zu denken. Sein Amt übt er aufgrund äußerer Berufung und geistlicher Bevollmächtigung aus. Für den Ausleger kann es also nicht darum gehen, geistliche Erfahrungen, die er mit Gott gemacht hat und die sein Leben evtl. stark umgestaltet haben, bei der Auslegungsarbeit einfach auszublenden. Gerade sein Eingebettetsein in den Zusammenhang der Geschichte Gottes mit seiner Gemeinde, von der ja die Schrift Zeugnis ablegen will, ermöglicht ihm ein besseres Verstehen dieses Zeugnisses. Es ist aber trotzdem fraglich, ob eine theologia regenitorum (= Theologie der Wiedergeborenen) gefordert werden kann. Entscheidend ist, daß ein Exeget bereit ist, sich auf das Selbstverständnis der biblischen Schriften einzulassen.

Von der Gesamtaussage der Schrift her – als der Bezeugung des dreieinigen Gottes in der Geschichte – ist ein historisches Interesse an der Schrift geboten: Christlicher Glaube ruht immer auf Berichten von geschichtlichen Ereignissen, bei deren Preisgabe oder Mißachtung der christliche Glaube sich zu einer Idee zu verflüchtigen droht. Dabei beruht die »Gleichzeitigkeit« der biblischen Schriften darauf, daß sowohl die Ereignisse als auch die biblischen Berichte über sie die Geschichte transzendieren, d. h. Bedeutung für mich hier und heute haben, da Gott durch sie nicht nur gewirkt und geredet hat, sondern noch heute wirken und reden will.

Eine historische Erforschung der Schrift ihrerseits kann nicht aus dem oben skizzierten Gesamtzusammenhang der Auslegung herausgelöst werden, etwa in dem Wahn, in einem vermeintlich nackten, d. h. vorurteilslosen historischen Schriftsinn den eigentlichen gefunden zu haben. Die historisch-kritische Methode ist dabei sowohl im Hinblick auf ihren verengten Geschichtsbegriff als auch ihre von der Geistesgeschichte bestimmten Kriterien für ein Verständnis der Schrift unangemessen.

Biblisch-theologische Auslegung will das geistliche Ziel einer Aussage im damaligen historischen Kontext erfassen und so für die heutige Situation hörbar machen. Dabei ist eine Hauptvoraussetzung, um die geistliche Absicht einer Einzelaussage zu erfassen, die Gesamtzielsetzung der Schrift im Auge zu haben. Gerät die Gesamtabsicht der Schrift aus dem Blickfeld, sind falsche Schlußfolgerungen unvermeidbar.

Zur Verdeutlichung dessen, was eine biblisch-theologische Exegese leisten will, sollen hier einige Gedanken zu 2. Chron. 35,2 f. folgen, wo berichtet wird, daß Josia Leviten eingesetzt hat, um das Volk zu lehren. Der Weg zur geistlichen Absicht dieser Aussage würde wohl folgende Schritte umfassen: Zunächst hätte man sich die geistliche Notsituation der damaligen Zeit zu vergegenwärtigen. (Vgl. hierzu die sogenannte Affektlehre, die zum wirklichen Erfassen eines Textes ein inneres Engagement hinsichtlich des Berichtes erfordert.) Dazu würde gehören, sich über Person und Aufgabe der Leviten im AT Klarheit zu verschaffen und herauszufinden, was unter »lehren« zu verstehen ist, welche Bedeutung und Funktion diesem Lehren im unmittelbaren Kontext und dann auch im Gesamtzusammenhang von AT und NT zukommt. Indem ich mir die damalige geistliche Notsituation vergegenwärtige, drängen sich mir bereits Fragen auf, die eine Aktualisierung des Berichteten bedeuten, beispielsweise die Frage, welche Auswirkungen Lehre heute hat. Immer muß beim Auslegungsvorgang beachtet werden, daß er im letzten nie in der Hand des Exegeten liegt, sondern sein Gelingen Geschenk Gottes durch seinen Heiligen Geist bleibt, der allein die Gleichzeitigkeit der Schrift mit uns heute verbürgt und geben kann, daß ein Schriftwort einen Menschen in seiner persönlichen Situation erreicht.

Nach diesen Ausführungen zum Selbstverständnis der biblisch-theologischen Exegese können wir zusammenfassend sagen:

1. Ein dem Verstehen der Bibel und auch der Wirklichkeit insgesamt angemessener Geschichtsbegriff muß Raum für Gottes Handeln in der Geschichte durch Gesetz und Gnade mit einbeziehen (vgl. Künneth, Walter, Fundamente des Glaubens,

Wuppertal, 4. Aufl. 1980). Mit anderen Worten: Eine biblisch-theologische Exegese muß mit dem antimetaphysischen Vorbehalt moderner Forschung brechen und auch mit einer außerordentlichen Wirkungsmächtigkeit des Gottesgeistes in der Geschichte (beispielsweise durch Wunder) rechnen. *An die Stelle des Vertrauens in die Vernunft als Verbürgungsinstanz für die Gültigkeit von Schriftaussagen muß wieder das Vertrauen in die aktuelle Wirkmächtigkeit des Geistes Gottes durch die Schrift treten.*

2. Die biblischen Verfasser sind zur Abfassung ihrer Werke durch den Heiligen Geist bevollmächtigt worden. Es kann also nicht angehen, die Entstehung und Bedeutung der Schrift unter Außerachtlassung dieser Tatsache zu erklären.

3. Aus dem unter 2. Gesagten folgt, daß wir von einer vorgegebenen Autorität der Schrift ausgehen. Da der Ausleger bei seinen Aussagen über den dreieinigen Gott und dessen Willen für den Menschen allein auf dessen geschichtliche Selbstbezeugung in der Schrift angewiesen ist, kann er keine Sachkritik an ihren Aussagen üben.

4. Die Einheit der Schrift ist in dem sie prägenden Geist Jesu Christi gegeben (Eph. 4). Dabei ist eine solche Einheit keinesfalls mit Uniformität zu verwechseln. Gott hat auf mancherlei Weise (polytropos, Hebr. 1,1) geredet. Der Einheit des Geistes entspringt dabei die Vielheit des geschichtlichen Zeugnisses, denn der eine Geist wirkt zu unterschiedlichen Zeiten an unterschiedlichen Menschen. Man sollte sich die Gesamtaussage aller biblischen Schriften wie das Zusammenklingen eines Orchesters bei einem Bach'schen Konzertwerk vorstellen. (Vgl. hier auch den wohl unumgänglichen hermeneutischen Zirkel, in dem einem erst diese Einheit aufgeht: Erst wenn der Mensch Christus erkannt hat, geht ihm die Einheitlichkeit der Schrift auf. Wir erkennen aber Christus auf der anderen Seite nur durch die Schrift bzw. besser durch die »viva vox evangelii« (Martin Luther) in Bibel und Predigt.

Aus dem Selbstverständnis der biblisch-theologischen Exegese folgt im Hinblick auf ihre Arbeitsweise ein Dreifaches:

Erstens gilt für sie, hierin in gewisser Weise verwandt mit der historisch-kritischen Methode, daß sie methodische Exegese sein will, um ihre Auslegungsergebnisse gegenüber anderen kommunikabel, d. h. verstehbar zu machen, wobei es m. E. unumgänglich ist, daß sich unser Gesprächspartner – wenigstens gedanklich – mit in den oben skizzierten hermeneutischen Zirkel begibt. Erst in der Beziehung zu Christus ist ein Verständnis für die innere Klarheit der Schrift gegeben, aber diese Erkenntnis Christi gibt es andererseits nur durch die Schrift selbst (Luther, De servo arbitrio). An dieser Stelle ist der Kommunikabilität der Ergebnisse biblisch-theologischer Exegese ihre Grenze gesetzt.

Weiter erscheint gerade auf dem Gebiet der Lehre, der Apologetik und Mission eine methodische Auslegung unverzichtbar. Dabei kann mit Methode immer nur eine vorläufige, korrigierbare gemeint sein. Abzulehnen ist die Verabsolutierung und daraus folgende Vergötzung einer Methode, jedoch nicht eine methodische Auslegungsarbeit an sich. Ebenso muß jede Methode auf ihre Angemessenheit gegenüber der Schrift überprüft werden. Eine wesensmäßig atheistische Methode, die anstelle der Anwesenheit Gottes im Raum der Geschichtsbetrachtung von seiner Abwesenheit bzw. der Anwesenheit des Menschen als Geschichtsmittelpunkt ausgeht, kann das in der Bibel Gesagte nicht kongenial erfassen.

Zweitens geht eine biblisch-theologische Exegese, auch hierin sich mit der historisch-kritischen Methode berührend, aus vom historischen Zugang zur Schrift (der christliche Glaube hängt unlösbar an der Geschichte, eben daran, daß etwas passiert ist), widerspricht aber der Verabsolutierung dieses geschichtlichen Zugangs und läßt sich vor allem das, was geschichtlich sein kann, nicht von irgendwelchen philosophischen und weltanschaulichen Denkrastern vorschreiben, sondern will offen sein für eine Korrektur des ihr zugrundeliegenden Geschichtsbildes durch die Schrift selbst.

Drittens versucht sie, das Selbstverständnis der Schrift zu berücksichtigen, indem sie ihr einen Vertrauensvorschuß zubilligt und erwartet, daß sie sich als die geschichtliche Selbstbezeugung des dreieinigen Gottes erweist, von ihrem Selbstverständnis her also eine Hermeneutik verlangt, die den »antimetaphysischen Vorbehalt« moderner Forschung nicht teilt. (Vgl. Maier, Gerhard, Konkrete Alternativen zur historisch-kritischen Methode, in: Cornu [The periodical of »Fides Quadrat Intellectum«, The student body of students from the Theological College of the Reformed Churches in the Netherlands], Second Series 8 [1980] Nr. 3 [Fall 1980]).

III. Zum Verhältnis von biblisch-theologischer Exegese und historisch-kritischer Methode innerhalb der Proseminar-Arbeit

Bei der Frage nach dem Verhältnis von biblisch-theologischer Exegese und historisch-kritischer Methode innerhalb der Proseminararbeit muß zunächst über den, der die Proseminararbeit schreibt, und über die Situation, in der sie zu schreiben ist, nachgedacht werden.

Ein Theologiestudent, der aus einem christlichen Jugendkreis kommt, hat normalerweise, wenn er an die Universität kommt, ein persönliches Verhältnis zu Christus. Er hat irgendwann einmal Jesus als den erkannt, der Schuld vergibt und ein gutes Gewissen vor Gott und Menschen schenkt. Dies geschah durch den Geist Gottes mittels des Wortes der Schrift, das ihm so zum Samen der Wiedergeburt wurde (1. Petr. 1,23). Seitdem wurde ihm die Wirklichkeit Gottes in Christus zur Deutung der Welt und des Menschen. Sein Leben ist nun im Geheimnis einer lebendigen Verbindung mit Christus verankert. In dieser Lebensverbindung erlebt der Christ immer wieder die Wirklichkeit Jesu oder anders gesprochen: macht er Erfahrungen mit Christus. Dabei ist ihm die Bibel sowohl Glaubens- als auch Lebensbuch. Einen Graben zwischen der Situation z. Z. der Abfassung der Schriften und sich selbst empfindet er in der Regel nicht. Vielmehr ist es die geradezu wunderbar zu nennende Erfahrung seiner Bibellektüre, daß sich das gelesene Wort immer wieder als Wort Gottes für seine Situation erweist. Man kann sogar sagen, daß die »Gleichzeitigkeit« der Bibel mit zu seiner entscheidenden Glaubenserfahrung gehört. Der junge Christ ist damit integriert in die Geschichte der Gemeinde Jesu Christi aller Zeiten, nimmt teil an den Glaubenserfahrungen der una sancta ecclesia des 3. Glaubensartikels. Im persönlichen Erleben des Glaubens an Jesus liegt für ihn letztlich sein Verständnis der biblischen Schriften begründet (vgl. Schlatter, Adolf, Der Glaube im Neuen Testament, Stuttgart, 6. Auflage 1982, S. XXII f.). Indem sich seine eigenen Glaubenserfahrungen immer wieder mit den Aussagen der biblischen Autoren decken, erfährt er praktisch, daß es der gleiche Geist ist, der die Worte der Bibel geprägt hat und der auch durch diese Worte sein Leben bestimmen will. Insofern würde dieser junge Christ sicher nicht so sehr von einer abstrakten Inspiration der Schrift sprechen als vielmehr von einem personalen Wirken Gottes durch seinen Heiligen Geist in einer mehrfachen Weise bei der Schriftentstehung, der Schriftauslegung und der Verkündigung.

Aus dem allen ist zumindest eines deutlich: Ein Christ wird die Bibel in anderer Weise lesen als ein Nicht-Christ. Er wird in der Bibel berichtete Dinge für geschehen halten, die die Vernunft des Nicht-Christen einfach übersteigen. So etwa die Volkwerdung Israels in Ägypten, seine Herausführung, die Prophezeiungen des AT, die Wunderberichte des NT bis hin zum größten aller Wunder, der Auferstehung Jesu. Dieses Verständnis hat er deshalb, weil er wunderbare Hilfen Gottes in seinem Leben – etwa als Gebetserhörungen – immer wieder erfahren hat. Gott ist ihm daher nicht eine Idee, ein Produkt seiner Gedanken, sondern ein lebendiges Gegenüber. Im Wort der Bibel will er mit ihm in Verbindung treten. Die Erfahrung der Macht und Gegenwart des Auferstandenen wird den jungen Christen allerdings nicht davor bewahren, auch Unstimmigkeiten in den biblischen Berichten zu entdecken, die er nicht rational »wegerklären« kann. Hier wird er aber im Vertrauen auf die Wahrheit von Gottes Wort die Einheit der Schrift suchen, ohne dabei in einen gewaltsamen Harmonisierungskrampf zu verfallen. Zudem erfährt er auch immer wieder , daß er biblische Aussagen nicht sofort versteht.

Im Proseminar geschieht nun die grundlegende Begegnung zwischen dem jungen Theologiestudenten und der theologischen Fakultät der jeweiligen Universität. Er soll hier teilnehmen an der Vermittlung des christlichen Glaubens mit dem modernen Wahrheits- und Wirklichkeitsbewußtsein. Genau hierin liegt aber auch die Crux der nachaufklärerischen protestantischen Universitätstheologie: Die christliche Wahrheit soll intersubjektiv hergestellt und vermittelt werden. Dieses Ziel hofft man mit Hilfe der historischen Kritik zu erreichen (vgl. die Auseinandersetzung hierüber unter II.). Hierbei wird jedoch nicht ernstgenommen, daß der Mensch von sich aus keinen Zugang zu Gott hat, daß er damit auch zu keiner wahren Deutung seiner Situation coram Deo von sich aus kommen kann. Dieser Zugang zu Gott ist nach biblisch-reformatorischem Verständnis allein durch die Offenbarung Gottes, wie sie uns in der Schrift vorliegt, gegeben. Ist die Konzentration der evangelischen Theologie auf die Schrift unbestritten, so muß es in ihr darum gehen, wie die Schrift in rechter Weise zu verstehen ist. Damit ist die Frage nach der rechten evangelischen Theologie als hermeneutische Frage gestellt.

Da bis heute die historisch-kritische Methode an den deutschen theologischen Fakultäten als die einzig wissenschaftlich ausgewiesene Auslegungsmethode gilt, besteht für alle, die eine exegetische Proseminararbeit schreiben, eine erste Schwierigkeit darin, daß man in einer solchen Arbeit meist gezwungen ist, die Beherrschung des Instrumentariums der historisch-kritischen Methode zur Auslegung von Bibeltexten zu zeigen, d. h., daß man damit umzugehen versteht. (Manche Dozenten gestatten es allerdings auch nach Rücksprache, eine alternative Arbeit unter Absehung des Instrumentariums der historisch-kritischen Methode zu verfassen.) Aufgrund dieser Forderung steht zumindest der Akzent der Auslegungsarbeit in der Proseminararbeit fest: Wir sind auf die historische Erforschung der Bibel gewiesen. Andere, durchaus ebenso berechtigte Zugänge zur Bibel wie der dynamische (der Geist Gottes spricht direkt durch die Schrift ohne wissenschaftlichen Auslegungsapparat zu mir, wenn Gott es will), der dogmatische (die traditionelle Auslegung einer Stelle, wie sie mir z. B. in einer Dogmatik begegnet) und der spirituelle (die typologische und allegorische Auslegungsweise) Weg (vgl. Maier, Gerhard, Wie legen wir die Schrift aus?, Gießen 1978, S. 28f) haben in den Hintergrund zu treten bzw. bleiben normalerweise unberücksichtigt.

Eine zweite Schwierigkeit kommt hinzu: In dem unter I. Gesagten wurde bereits deutlich, daß es nicht einfach genügt, in einer Proseminararbeit die Forderung nach einer biblisch-theologischen Exegese aufzustellen, ohne im einzelnen zu begründen und auszuführen, was man darunter versteht. Der Ruf nach einer biblischen Theologie ist nämlich an verschiedenen deutschen theologischen Fakultäten selbst bereits unüberhörbar, allerdings verknüpft mit durchaus unterschiedlichen Vorstellungen. Eine ausführliche Darlegung dessen, was unter einer biblisch-theologischen Exegese zu verstehen ist, würde allerdings den Rahmen einer Proseminar-Arbeit sprengen. Es ist meist aber gut (bei Arbeiten über den Pentateuch oder die Synoptiker wohl unerläßlich, bzw. es wird vom Dozenten evtl. sogar von sich aus die Möglichkeit eingeräumt), durch ein Nach- oder auch Vorwort deutlich zu machen, warum die Anwendung der üblichen historisch-kritischen Methode Schwierigkeiten macht.

Als ein m. E. gelungener Versuch, in einem Vorwort Angemessenheit und Grenze der bisher üblichen historisch-kritischen Methode deutlich zu machen, kann das nun folgende Vorwort betrachtet werden:

Vorwort

Es ist mir aus vielerlei Gründen nicht möglich, hier alles auszudrücken, was mich in bezug auf diese Arbeit bewegt. Mir bleibt nur übrig, einige Gedanken, Vorstellungen und Zielsetzungen zu nennen. Um bei den wissenschaftlichen Fragen anzufangen, hatte ich an mehreren Stellen, wo ich dies auch vermerkt habe, zuerst einmal Schwierigkeiten mit der Arbeitsmethode an sich, d. h. vielleicht eher noch mit den Hintergründen derselben. Wenn ich recht sehe, reichen die Wurzeln der historisch-kritischen Methode bis in die Aufklärung (J. S. Semler, 1725-1791), die geprägt war a) von der Selbstverabsolutierung der menschlichen Ratio, b) dem Griff vom Menschen her nach Gott und seiner Offenbarung und c) der Umfunktionierung Gottes und seiner Offenbarung nach menschlichen, immanenten Maßstäben (vgl. H. Frey, Die Krise der Theologie, Wuppertal, 2. Aufl. 1972, S. 87 f.). Diese Fakten beunruhigen mich zutiefst und stellen mich und die historisch-kritische Methode in Frage, ob wir nicht genau denselben Fehler machen. M. E. ist es zwar schon von der Apologetik her nicht möglich, hinter die Aufklärung zurückzugehen, aber vor diesen Fehlern sollten wir uns hüten. Besonders dringend sticht dabei ins Auge, wie sicher und selbstverständlich oft über Gegenstände und Umstände geredet und geurteilt wird, obwohl doch gerade auf historischem Gebiet (worum es sich bei solcher Exegese zu einem Großteil ja handelt) so gut wie nie zu wissenschaftlich sicheren Ergebnissen zu kommen ist (s. W. Künneth, Fundamente des Glaubens, Wuppertal, 3. Aufl. 1977, S. 81; weiterhin der ganze zweite Abschnitt S. 50-104; s. a. G. Maier, Das Ende der historisch-kritischen Methode, Wuppertal, 3. Aufl. 1975, S. 45). Dies wird aber schnell vergessen oder zumindest scheint es so, so daß es zu einer Fülle von unterschiedlichen »wissenschaftlichen« Ergebnissen kommt, die doch alle subjektiv, oft von Charakter und persönlicher Biographie abhängig sind und gerade das nicht erreichen, was erreicht werden sollte, als man sich von der Allegorese oder – umfassender – dem vierfachen Schriftsinn und ähnlichem löste, nämlich Eindeutigkeit der Aussagen bzw. Ergebnisse (was sich dann in der Frage der Anwendung noch verstärkt). (S. F. Mildenberger, Grundwissen der Dogmatik. Ein Arbeitsbuch, als Manuskript gedruckt, Erlangen, 3. Aufl. 1978, Abschnitt 3.3.2, S. 107-110). - Dies steht auch interessanterweise in einem merkwürdigen Gegensatz zum biblischen Offenbarungszeugnis, nach dem der Offenbarungsglaube von unbedingter Gewißheit lebt (Röm. 8,38 f; 1. Thess. 1,5; 1. Joh. 5,13); – es erhebt sich die Frage nach der Angemessenheit der Methode. – Hier entsteht und liegt übrigens auch eine der größten Schwierigkeiten einer solchen Arbeit: Wie soll ich als Nicht-Professor über »richtig« oder »falsch« einer Kommentarmeinung entscheiden, wo ich noch viel zu wenig Hintergrundwissen habe, auch meist kaum Kapazität und Zeit, selbständig etwas zu erarbeiten – zumal ja selbst Professoren untereinander oft sehr uneinig sind?

Trotzdem habe ich es an einigen Stellen gewagt zu versuchen, eine eigene Meinung zu begründen, auch wenn sie etwas unkonventionell war, wobei natürlich zur Absicherung etwas mehr Platz nötig war als normal. Diese Meinung kann wiederum nur als subjektiver Diskussionsbeitrag gesehen werden und ist auch keinesfalls je persönlich gemeint, sondern ausschließlich auf die Sache bezogen. Veranlaßt sah ich mich dazu durch die vorne und zur Stelle geäußerten Bedenken, die das vorläufige Ergebnis meiner Überlegungen sind, aber noch weiter durchdacht und vervollständigt werden wollen.

Diese Bedenken erheben sich weiterhin, z. B. auch an folgenden Punkten: allzuoft potenziert sich die Kritik zu unwirklichen Ergebnissen, d. h. zu Resultaten, die am faktischen Geschichtsverlauf und Textwortlaut keinen Anhalt mehr haben (s. P. Stuhlmacher, Hauptprobleme und Chancen kirchlicher Schriftauslegung, TWB 2 [1978], S. 53-69). Stuhlmacher bemängelt weiter, daß die biblische Text-

welt zu rasch als antiquiert betrachtet wird, statt ihren geschichtlichen Eigenwert gelten zu lassen und sie als Herausforderung an unser gegenwärtiges Wirklichkeitsverständnis verständlich zu machen; daraus folgend wird fast generell der die historische Tatsachenfeststellung transzendierende Wahrheits- und Wirklichkeitsgehalt der biblischen Texte ausgeblendet, wodurch diese nur als Lebenszeugnis einer fernen Vergangenheit erscheinen. Dabei ist mir fraglich, ob und inwieweit nach einer hinter den Texten stehenden »Überwahrheit« gesucht werden kann und darf, die erst aus dem zeitbedingten Wirklichkeitsverständnis herausgeschält werden muß, wenn wir schon davon ausgehen, daß Gott sich uns in der Bibel offenbart, und wie wollten wir entscheiden, an welcher Stelle ja und an welcher Stelle nicht? (s. G. Maier, a. a. O., S. 19). Stuhlmachers Beobachtung zeigt jedoch davon abgesehen in eine richtige Richtung (s. u.). Außerdem wird noch zu stark unreflektiert den von E. Troeltsch herausgearbeiteten inneren Urteilsgesetzen der historisch-kritischen Methode gefolgt (E. Troeltsch, Über historische und dogmatische Methode in der Theologie (1898) in: Theologie als Wissenschaft, hrsg. von G. Sauter, ThB 43, München 1971, S. 105-127. Vgl. dazu auch W. Künneth, a. a. O., S. 78 ff.).

Positiv argumentiert sei mir erlaubt, mich der Meinung von K. A. Kitchen anzuschließen, daß zwar nicht bloße Rechtgläubigkeit der Wahrheit vorzuziehen ist, daß es aber ebenso unrichtig ist zu leugnen, daß konservative Auffassungen zutreffen können (s. K. A. Kitchen, Alter Orient und Altes Testament, Wuppertal 1965).

I. H. Marshall fügt hinzu, daß auch Harmonisierung legitim ist, solange dafür keine unwahrscheinlichere Hypothese nötig ist als bei der Annahme der Unhistorizität einer oder mehrerer der Quellen (I. H. Marshall, Historical Criticism, in: ders., New Testament Interpretation, Essays in Principles and Methods, Exeter 1977, S. 133). Im Zusammenhang damit möchte ich auch mit D. Guthrie u. a. (s. D. Guthrie, New Testament Introduction, Downers Grove, 3. Aufl. 1970, besonders S. 231ff.; W. Künneth, a. a. O., besonders S. 94 ff.) betonen, daß es methodisch angemessen und wichtig ist, bei einer Exegese die Inspiration und Aufschließung des Wortes (Offenbarungszeugnis) durch den Heiligen Geist mit zu berücksichtigen (s. 2. Tim. 3,16; 2. Petr. 1,21; 1. Kor. 2,15; Joh. 16,13; 14,26 u. a. m.).

Persönlich muß ich gestehen, daß diese Arbeit bei mir ein in gewisser Weise unzufriedenes Gefühl hinterläßt, obwohl ich mit größtmöglichem Einsatz daran gearbeitet habe. Stuhlmachers zweiter und dritter Einwand sind nämlich hier teilweise zutreffend, und der Vergleich der Arbeit mit der Sezierung eines toten Körpers wird nahegerückt. Der Blick für die Lebendigkeit des Wortes (Hebr. 4,12 f.) wurde zurückgedrängt zugunsten einer (für mich) mehr kalten Art, »Texte« zu untersuchen. Diese betont wissenschaftliche Seite ist natürlich auch wichtig und muß sein, so daß ich mich dazu verpflichtet sah, wobei mir aber allein die gewissenhafte Diskussion dieser Seite anhand des methodischen Schemas des Proseminars zuviel Zeit und Raum kostete, als daß noch etwas für mehr praktische, auf die Gegenwart bezogene Überlegungen mit mehr existentiellem Bezug zum Text übrig geblieben wäre (auch Anwendung, um derretwillen ja Auslegung letztlich immer geschieht). Die Bemühung um Gewissenhaftigkeit der Diskussion ist ein zweiter Grund für die Länge der Arbeit, die ich von daher zu entschuldigen bitte; mir widerstrebt es zutiefst, Halbheiten zu machen oder pauschal und nicht exakt zu arbeiten und zu urteilen.

Nichtsdestotrotz habe ich mich so gut wie möglich darum bemüht, das Ziel einer Proseminararbeit zu erreichen, nämlich das Verständnis der im Proseminar erlernten Methode in der Anwendung derselben zu zeigen, wenn auch in teils modifizierter Form.

Aus einem späteren Nachwort des Verfassers zu seiner Arbeit:

Zum Vorwort:

Hier sei nur angemerkt, daß ich mittlerweile einen Unterschied sehe zwischen »unbedingter Gewißheit« und Sicherheit, besonders historischer Art. Naturwissenschaftlich-experimentelle Sicherheit gibt es – wie ad loc. bemerkt – auf historischem Gebiet überhaupt nicht. Folglich kann auch keine Methode, die sich mit historischen Gegebenheiten beschäftigt, diese erreichen. Dies ist aber auch gar nicht ihre Aufgabe bezüglich des Offenbarungsglaubens. Sie soll und kann nur im Rahmen ihrer Möglichkeiten den historischen Niederschlag der Offenbarung untersuchen, um zum Verständnis dieser Offenbarung beizutragen. Die unbedingte Gewißheit des Offenbarungsglaubens entsteht unabhängig von der historisch bestmöglichen »Sicherung« seiner Grundlagen. Der Erweis der Historizität der Auferstehung z. B. – selbst wenn möglich – schafft noch keinen heilbringenden gewissen Glauben. Insoweit erhebt sich die Frage nach der Angemessenheit der Methode an diesem Punkt also doch nicht.

Das angeführte Vorwort zeigt, daß eine engagierte sachliche Auseinandersetzung mit Prämissen und Ergebnissen der historischen Kritik in Proseminararbeiten – nicht nur in Form des Vorwortes – möglich ist.

IV. Ansatzmöglichkeiten zu einer biblisch-theologischen Exegese innerhalb der Proseminar-Arbeit

Entscheidend für die Auslegung eines biblischen Textes sind weniger die einzelnen Arbeitsschritte als vielmehr die Voraussetzungen, unter denen diese Schritte eingesetzt werden. Um ein Bild zu gebrauchen: Nicht die einzelnen Schienenstücke bestimmen das Ziel einer Bahnlinie, sondern die Art und Weise, d. h. die Richtung, in der sie verlegt werden. Im Vergleich mit J. A. Bengel und überhaupt der vorkritischen exegetischen Methode ist überraschenderweise zu beobachten, daß die Schritte, die für den äußeren Vorgang der Exegese vollzogen werden, im wesentlichen dieselben sind wie bei der historisch-kritischen Methode. Lediglich die Literarkritik und Formgeschichte sind seit der Aufklärung hinzugekommen, wobei sich Spuren der Formgeschichte auch schon im 18. Jahrhundert unabhängig von der Aufklärung finden (vgl. Maier, Gerhard, Wie legen wir die Schrift aus?, Gießen 1978, S. 23 f.). **Daher streitet die biblisch-theologische Exegese nicht gegen die einzelnen methodischen Schritte überhaupt, sondern gegen die Prämissen, denen sie unterworfen sind und die so ihre Resultate mitbestimmen.**

Thema dieses Aufsatzes ist nun nicht aufzuzeigen, wie eine Durchführung der einzelnen Schritte der historisch-kritischen Methode in einer Proseminararbeit aussehen sollte. Deshalb folgen hierzu nur ein paar kurze Hinweise. Kritische Einwände zur historisch-kritischen Methode sollten jeweils in der Sachdiskussion innerhalb der einzelnen Schritte angebracht werden, evtl. kann auch zu einzelnen Schritten ein kritisches Nach- oder Vorwort verfaßt werden, um in diesem die persönlichen Anfragen hinsichtlich der Angemessenheit des jeweiligen methodischen Schrittes darzustellen. An dieser Stelle wäre auch Raum für theologie- oder forschungsgeschichtliche Exkurse (vgl. im Hinblick auf einen solchen forschungsgeschichtlichen Exkurs V.).

Wie wir aus dem unter III. abgedruckten Vorwort bereits sahen, kann in einer Proseminararbeit tatsächlich Raum für eine offene Diskussion sein. Dabei sollte es sich aber um eine Sachdiskussion handeln. – Auf den folgenden Seiten werden nun einige Beispiele dafür aufgeführt, wie eine solche Sachdiskussion zu einzelnen

Arbeitsschritten der historisch-kritischen Methode innerhalb der Arbeit aussehen könnte. Ob sie im einzelnen immer gelungen sind, sei dahingestellt. Sie sollen besonders das vorher Gesagte veranschaulichen helfen.

Zunächst sei ein Teil einer *literarkritischen Untersuchung* innerhalb einer Arbeit zu Ex. 2,1-10 wiedergegeben:

Literarkritik

I. In Ex. 2,1 wird eine Eheschließung berichtet. Gegenüber Ex. 1, wo es um das Ergehen des ganzen Volkes geht, erfolgt damit ein deutlicher Einschnitt. Im folgenden wird die Geburt und Errettung eines Kindes erzählt, die mit V. 10 abgeschlossen ist. V. 11 handelt bereits vom erwachsenen Mose. Die abzugrenzende Texteinheit umfaßt also Ex. 2,1-10.

Bei dieser Abgrenzung tritt aber insofern eine Schwierigkeit auf, als zum Verständnis von Ex. 2,1-10 Ex. 1 nötig ist und das Geschilderte in Ex. 2,11 ff. vorausgesetzt wird. Die Texteinheit gehört in den größeren Rahmen von Ex. 1 und 2. Eine Eingrenzung auf Ex. 2,1-10 ist aber aus praktischen Gründen sinnvoll.

II. Die Untersuchung der Texteinheit läßt – je nach Fragestellung und Wertung der Beobachtungen – verschiedene Schlüsse auf die ursprüngliche literarische Gestalt zu. Es kann sowohl Einheitlichkeit als auch Uneinheitlichkeit angenommen werden.

a) Am Text lassen sich zunächst folgende Beobachtungen machen:

1. In V. 4 taucht – da in V. 1 nicht erwähnt – völlig unerwartet eine ältere Schwester auf, die nach V. 8 im heiratsfähigen Alter ist.

2. In V. 5 benennen die Ausdrücke »n'rh« und »'mh« beide Dienerinnen der Pharaonentochter.

3. Ebenso wird das Nilufer einmal als »spt«, dann als »jd« bezeichnet.

4. In V. 6 tritt mit dem Suffix »-hw«, mit »'t-hjld« und dem anschließenden Nominalsatz eine Objekthäufung mit »jld« und »n'r« als unterschiedliche Bezeichnung für den Säugling auf.

5. Mit V. 7 folgt ein Bruch im Handlungsablauf, indem die Schwester auftritt, ohne daß überleitend ihr Herannahen beschrieben wird.

6. Die Schwester wird unterschiedlich bezeichnet – einmal in V. 4 und 7 als »htw«, dann in V. 8 als »'lmh«. Da in V. 8 aus dem Zusammenhang deutlich ist, daß die Schwester handelt, fällt die Formulierung »'t-'m-hjld« auf.

7. Die Namensgebung erfolgt in V. 10 recht spät.

b) Folgende Erklärungsmöglichkeiten lassen den Schluß auf einen einheitlichen Textzusammenhang zu:

Zu 1. In V. 1 und 2 muß nicht zwingend die Geburt des ersten Kindes gemeint sein. Dies Verständnis legt sich zwar von der parallelen Verbfolge in Hos. 1,3 her nahe, im Unterschied zu der Befehlsausführung in Hos. 1,3 ist aber die Verbfolge in Ex. 2,1 und 2 durch die Versaufteilung durchbrochen, und es wird eine Ausgangssituation geschildert, die bereits in V. 1 als gegeben angesehen werden kann. V. 2 berichtet dann mit der üblichen Wendung lediglich die Geburt eines Kindes, wobei Existenz und Alter von Geschwistern im Dunkeln bleiben.

Zu 2. Die hebräischen Ausdrücke können einmal für Dienerinnen im allgemeinen stehen, zum anderen im speziellen Sinn für Leibmagd.

Zu 3. »spt« benennt in seiner Bedeutung »Rand« umfassend sowohl von der Was-
ser- wie auch von der Landseite aus. »jd« dagegen weist die Bedeutung »Seite«
auf und meint hier präzisierend das Ufer auf der Landseite.

Zu 4. Der hebräische Ausdruck »n'r« »Knabe« kann als Präzisierung zu »jld«
»Kind« verstanden werden, wobei »hnh« als Interjektion die konkrete Beobach-
tung einleitet. »'t-hjld« bringt als Permutativ eine Verdeutlichung zum Suffix
»hw«.

Zu 5. Die fehlende Überleitung entspricht dem knappen Erzählstil.

Zu 6. In V. 8 kann durch den Ausdruckswechsel bewußt das ungefähre Alter
angedeutet sein. Da das Kind im Mittelpunkt steht, wird jeweils von ihm aus
geschildert.

Zu 7. Die Namensgebung kann mit der Adoption verbunden sein, die auch im
jetzigen Kontext unmittelbar zuvor erfolgt. Es kann bei der Geburt oder im
Zusammenhang mit V. 9 schon einmal eine Namensgebung erfolgt sein, die aber
nicht berichtet wird, weil nur der Name interessiert, unter dem der Träger bekannt
war.

Sind die obigen Ausführungen richtig, enthält die Perikope keine Probleme, die
sich nicht sachlich oder stilistisch klären lassen. Somit bestünde weder Anlaß zur
literarkritischen noch zur überlieferungskritischen Trennung.

c) In den Kommentaren wird weitgehend auf derartige Erklärungsversuche ver-
zichtet, oder sie werden anders gewertet. Nach der historisch-kritischen Methode
sind die unter a) aufgeführten Beobachtungen Hinweise auf literarische Unein-
heitlichkeiten der Perikope. Von der neueren Urkundenhypothese her ist es
außerdem folgerichtig, bei Existenz mehrerer Quellenschichten im Pentateuch
diese auch hier anzunehmen.

Im folgenden soll von den oben gemachten Erklärungsversuchen zur Einheitlich-
keit des Textes abgesehen werden und seine Problematik – in Anlehnung an die
Kommentare – durch eine den Beobachtungen gemäße literarkritische Schei-
dung zu lösen versucht werden.

In der Arbeit folgt jetzt noch eine Bearbeitung des Problems analog zu den von der
historisch-kritischen Methode zur Verfügung gestellten Methodenwerkzeugen.
Der Verfasser hat in seiner literarkritischen Untersuchung versucht, abweichend
von sämtlichen wissenschaftlichen Kommentaren Gründe für eine Einheitlichkeit
des zu exegesierenden Textes anzuführen. An diesen Versuch schließt sich, wohl um
die Fähigkeit nachzuweisen, mit dem historisch-kritischen Instrumentarium umzugehen, dann noch die literarkritische Bearbeitung der Einheit in konventioneller
Art an.

Als nächstes sei ein Teil einer *redaktionsgeschichtlichen Untersuchung* innerhalb
einer Proseminararbeit über Mt. 8,5-13 wiedergegeben. Der Verfasser trägt zunächst
seine Bedenken gegenüber dem redaktionsgeschichtlichen Arbeitsschritt vor und
diskutiert dann die einzelnen Ergebnisse der Ausleger als »Vermutungen«, ohne
sich auf eine von ihnen festzulegen:

Abwandlung der Überlieferung
Angesichts der großen Unsicherheit in der Literarkritik läßt sich hier natürlich
noch weniger Sicheres sagen; zudem kann ich mich den Ausführungen von
J. Roloff nur anschließen, der speziell bei diesem Abschnitt vor vorschnellen Fol-
gerungen warnt (J. Roloff, NT, Neukirchener Arbeitsbücher, Neukirchen 1977,
S. 38). Einige Vermutungen seien jedoch vorgetragen. Ob auch bei diesem Text

eine Neigung des Matthäus zur Kürzung von Erzählungsstoff feststellbar ist, hängt von der vertretenen Entstehungshypothese ab. Wird – grob gesehen – der Dialog aus Q als ursprünglich angesehen, könnte man ihm eher noch (wie auch Lukas) die redaktionelle Erfindung des erzählerischen Rahmens zuschreiben, obwohl W. Grundmann pauschal meint, daß auch bei einer Herkunft aus Q »angesichts des Befundes der Aufnahme anderer Wundererzählungen bei Matthäus, bei dem der Vergleich mit Markus und Lukas möglich ist, damit gerechnet werden (muß), daß Matthäus auch hier Erzählungspartien gekürzt und eine starke Konzentration auf das Gespräch vorgenommen hat.« (W. Grundmann, Das Evangelium nach Matthäus, Th HK 1, Berlin 1968, S. 249). Konkrete Indizien lassen sich dann aber kaum finden; meist hat ja die Lukas-Fassung eher eine Erweiterung aufzuweisen.

Wird allerdings die Lk-Fassung als ursprünglich angesehen, ob nun aus Q (kaum bearbeitet) oder aus unterschiedlicher mündlicher oder sonstiger Überlieferung stammend, läßt sich hier besonders gut die Tendenz des Mt zur Kürzung feststellen, allerdings ja nur, wenn ihm wirklich ausschließlich die Lk-Fassung bekannt war, sonst geschah die Kürzung schon auf einer früheren Stufe. Er hätte »unter Verzicht auf anschauliche Details« »nur das theologisch Zentrale« festgehalten (J. Roloff, a. a. O., S. 39). Dies ist es auch, was im direkten Vergleich der beiden Fassungen auffällt: »Matthew is short and on the point, Luke, on the other hand, is more leisurely and colourful in his telling of the story, including extra detail . . .« Mt will besonders den Glauben des heidnischen Hauptmanns betonen, und dazu sind die Botschafter irrelevant; Lk dagegen will seine Demut zeigen, und für diesen Zweck sind sie bedeutsam. »His (Matthew's) deliberate abbreviation is a valid device to throw the emphasis clearly onto the central theme of the story, the centurion's faith.« (R. T. France, Exegesis in Practice: Two Samples, in: New Testament Interpretation, hrsg. von I. H. Marshall, Exeter 1977, S. 254) R. T. France führt als weiteren möglichen Grund für eine Kürzung durch Mt an, daß dieser evtl. vermeiden wollte, den scharfen Juden-Heiden-Konflikt zu verwischen, der ein hervorstechender Zug dieser Version ist (a. a. O., S. 255), was besonders in V. 11 f. zum Ausdruck kommt (dazu mehr s. u.). Auch J. H. Held (Matthäus als Interpret der Wundergeschichten, in: Überlieferung und Auslegung im Matthäusevangelium, hrsg. von G. Bornkamm, Neukirchen 1961, S. 183) weist an verschiedenen Punkten das Thema des Glaubens nach. Das Thema war gegeben anhand des sicher in der (wie auch immer ausschauenden) Urform enthaltenen Kerns: der Dialog (Mt 8,8b-10). Der Schlußvers ist bei Mt, anders als bei Lk, auch »vom Thema des Glaubens her gestaltet«, denn er paßt sehr gut zum Vorhergehenden, da Jesus dem Hauptmann eine Antwort gibt und den Gesprächsgang abschließt. Ob er darum unbedingt von Mt »gestaltet« worden sein muß (und nicht von Jesus selbst), ist die Frage.

Auch die Einleitung ist entsprechend gestaltet. Schon die nur erwähnte Bitte (Mt 8,6) ist ein Beweis des Glaubens. Indem er die Antwort Jesu in V. 7 als verwunderte oder entrüstete Frage auffaßt, zeigt sich der diesem Hindernis trotzende Glaube besonders stark, und es fällt klar die Parallele zu Mt 15,21-28 auf, wo der Glaube der Frau von Jesus als groß bezeichnet wird (15,28), während sich hier Jesus über den des Hauptmanns wundert (8,10). Welche Fassung nun auch ursprünglich sein mag, die des Mt (». . . bei keinem in Israel. . . .«) geht ganz scharf in die Richtung der Verwerfung Israels als des auserwählten Volkes, was ja in den Versen danach noch verstärkt wird.

Wenn die Verse 11 f. als von Mt aus anderem Kontext eingeschoben angesehen werden, was sehr verlockend und nicht unmöglich ist (so daß es denn die meisten auch tun), so lassen sie sich als ein Musterbeispiel redaktioneller Arbeit des Mt darstellen. Er interpretiert dann damit das Wort Jesu über den Glauben des Hauptmanns und versteht Glauben hier nicht lediglich als das Vertrauen zu einem Wundertäter (wie es sich nach der Meinung mehrerer sonst aus der Geschichte ergibt, wobei allerdings schon dies mit Recht zu bezweifeln ist). »Denn dieser Glaube erlangt nicht nur das erbetene Wunder (Mt 8,13), sondern gewinnt Anteil am Reich Gottes. Die Verweigerung dieses Glaubens bedeutet dagegen den Ausschluß vom Heil.« (H. J. Held, a. a. O., S. 185). Weithin entfaltet er das Wort Jesu in V. 10 dadurch, daß er diese beiden Pole auf Juden und Heiden bezieht. »Thus Matthew sees faith as the means of entry to the kingdom, and race as irrelevant.« (R. T. France, a. a. O., S. 261). Held zieht die Linie noch weiter und hält es für merkwürdig, wenn Jesus sich mit diesen Worten in V. 11 nicht – außer an die Begleiter, die ganz sicher Juden waren, (die »Nachfolgenden«) – im Sinne des Evangelisten »auch an die ,nachfolgende' Kirche des Matthäus gewandt hat«. Er weist dazu darauf hin, daß Mt anders als Lk (7,9) und auch Mt 8,1 hier die Angeredeten nicht als »Menge« bezeichnet. »So gewinnt Matthäus durch seine Erweiterung der Rede Jesu nicht nur eine sachliche Interpretation des Glaubens, sondern auch eine Anrede an die ,Nachfolgenden'.« (H. J. Held, a. a. O., S. 185 f.).

Alle diese Vermutungen sind wie gesagt sehr verlockend und auch teils sehr einleuchtend, aber es gilt, vorsichtig zu bleiben und das Fragezeichen vom Anfang im Kopf zu behalten.-

Schließlich noch einige Auszüge aus einer alttestamentlichen Proseminararbeit über Gen. 15,1-6.

Der Verfasser führt die einzelnen Arbeitsschritte der historisch-kritischen Methode in einem Dreischritt von persönlichen Beobachtungen am Text, einer Darstellung der Bewertung der jeweiligen Beobachtungen durch die historisch-kritische Methode und einem Anmerkungsteil mit persönlichen Anfragen hinsichtlich der Angemessenheit des jeweiligen methodischen Schrittes durch. Im folgenden wird die Inhaltsübersicht der Arbeit und daran anschließend jeweils ein Auszug aus dem formorientierten und dem traditionsorientierten Arbeitsschritt wiedergegeben.

...

4.3. Anmerkungen zur formgeschichtlichen Wertung und Zuordnung

In der formgeschichtlichen Forschung wurden, wie oben gezeigt, die formalen Beobachtungen sogleich religionsgeschichtlich ausgewertet und mit formal ähnlichen heidnischen Texten verglichen. Dies führte zur Bezeichnung als »Heilsorakel«, durch die der Bibeltext letztlich auf die gleiche Stufe mit heidnischen Texten gestellt wird. Selbst wenn die Bibeltexte, auch Gottesoffenbarungen/Verheißungen, bestimmte Strukturmerkmale aufweisen, die vielleicht denen heidnischer Texte ähnlich sind, da sich Gott auch in die Formen menschlicher Sprache erniedrigt, können diese nicht aus heidnischen und somit der menschlichen Imagination entsprungenen »Parallelen« hergeleitet werden, wie es bei der Einordnung als »Heilsorakel« geschieht. Bei einer solchen Einordnung und Ableitung sind die Verheißungen nicht mehr Verheißungen Gottes, sondern Machwerk der Menschen, und auf die ganze Bibel bezogen, gerät die Einzigartigkeit der Heiligen Schrift als der souveränen Offenbarung Gottes aus dem Blickfeld, man betrachtet sie vielmehr »durch die Brille eines fremden Geistes« (Frey, Hellmuth, Die Krise der Theologie, Wuppertal 1971, S. 15). So kann dieser Bezeichnung als »Heilsorakel« hier nicht zugestimmt werden, zumal es noch nicht einmal ein im eigentlichen deskriptiver Begriff ist, sondern diese Bezeichnung aus dem Sitz im Leben der Gattung im Heidentum hergeleitet wurde.

Anders ist es bei der Bezeichnung als Verheißungserzählung, die von ihrer eigentlichen Wortbedeutung rein deskriptiv ist und den Sachverhalt trifft; ihr könnte also zugestimmt werden.

Allerdings kann ihre Füllung als sekundär in eine Erzählung gefaßte Verheißung hier nicht akzeptiert werden. Sie basiert auf den in 3.3. abgelehnten Prinzipien der Quellenscheidung und leugnet dadurch, daß sie nur die Verheißung als ursprünglich stehen läßt, die Historizität des Textes als Ganzes (letztlich eine Folge der Gleichstellung mit religionsgeschichtlichen »Parallelen«).

Der Text kann also als Erzählung (oder wegen des knappen Stils besser als Bericht) einer Verheißung eingestuft werden, die wichtige formale Parallelen zu anderen Verheißungsberichten (besonders der Sohnesverheißung) aufweist (vgl. 4.1.2.) und wahrscheinlich im Zusammenhang mit ihnen von den direkten Nachkommen Abrahams als Gottes Reden und Handeln in Verheißung und Erfüllung weitergegeben wurde (vgl. 6.1.).

. . .

5.2.2. Zeitgeschichtliche Einordnung (Historischer Ort)

Die oben wiedergegebenen form- und traditionsgeschichtlichen Annahmen zielen hin auf eine historische Lokalisierung in der Zeit des Exils (eine genaue Charakterisierung der Exilszeit scheint hier nicht notwendig zu sein). Es sei nicht denkbar, daß Gn 15,1-6 in der Frühzeit Israels abgefaßt ist, die Prophetie werde vorausgesetzt, und es gibt nach Rendtorff (Genesis 15 im Rahmen der theologischen Bearbeitung der Vätergeschichten, in: Werden und Wirken des Alten Testaments (FS für C. Westermann), Hrsg. R. Abertz, Göttingen 1980, S. 74-81) verschiedene Aspekte, die eine Entstehung in exilischer Zeit nahezulegen scheinen. Für ihn, wie auch für Westermann (Genesis, II. Teilband [Gn 12-36], Neukirchen 1981, S. 256) ist sie wahrscheinlich, da in dieser Zeit der Fortbestand des Volkes Israel und die Wiederinbesitznahme des Landes zweifelhaft geworden waren und sich die Frage stellte, wer das Land besitzen werde. Die Antwort darauf habe man sich durch die Bildung des Verheißungstextes im direkten Bezug auf sich selbst gegeben.

. . .

5.3. Anmerkungen zur traditions- und zeitgeschichtlichen Wertung und Einordnung

Auch die in 5.2. wiedergegebene traditionsgeschichtliche Forschung zu Gn 15,1-6 ist fast ausschließlich an der historischen Standortbestimmung interessiert und orientiert, ohne dabei letztlich Hilfen für die Exegese des Textes in seiner vorliegenden Gestaltung und Einordnung in den Kontext zu geben. Wie auch die anderen Schritte wird sie bestimmt von den Prämissen der Quellenscheidung und der religionsgeschichtlichen Entwicklungstheorie. Eine traditionsgeschichtliche Einordnung, wie Rendtorff (a. a. O.) sie bringt, wäre mindestens ebensogut möglich bezogen auf die Zeit Abrahams (ja, sie ist der »historische Ort« des Textes), wäre nicht durch die in dem formgeschichtlichen Abschnitt gesetzten Prämissen der Weg weg von einer Deutung im historischen Kontext, den der Text selbst bietet, beschritten worden. (Außerdem ist die Vorstellung, gleicher Themenkreis oder gleicher Wortgebrauch bedeute gleiche Bearbeitungsschicht, höchst zweifelhaft.)

So aber kommt man zu der fatalen, Feuerbach Recht gebenden Schlußfolgerung Rendtorffs, die Abraham von Gott gegebene Verheißung sei eigentlich nichts anderes als eine Projektion des menschlichen Geistes in der Exilszeit angesichts seiner existenziellen Bedürfnisse. (Ähnlich auch Westermann, a. a. O., S. 263, der selbst den Terminus »Projektion« auf diesen Sachverhalt anwendet.) Dies ist die letzte Auswirkung einer Denk- und Arbeitsweise, die die Aussagen über den geschichtlichen Rahmen in der Heiligen Schrift nicht ernst nimmt, ihre »Historizität« anzweifelt und meint, die Berichte in einen neuen Zusammenhang stellen zu müssen, in dem sie nach den Prinzipien der Analogie und Korrelation immanent erklärbar sind. Aber erst wenn der Anspruch der Bibel (einschließlich der Aussage, daß im letzten Gott ihr Urheber ist) wirklich ernst genommen wird, wird man der Schrift gerecht.

Soweit die Beispiele zu einzelnen Arbeitsschritten innerhalb der Proseminararbeit, die alle auf ihre je eigene Art versuchen, Anfragen an die historisch-kritische Methode in ihre Bearbeitung aufzunehmen, entweder durch den Versuch, alternative Ergebnisse einsichtig zu machen oder durch Diskussion von Forschungsergebnissen, um ihren vorläufigen Charakter aufzuzeigen, oder durch den Aufweis der besonderen geistesgeschichtlichen Bedingtheit der historisch-kritischen Auslegungsergebnisse.

Entscheidend bei der Auslegung ist, daß auch das Ziel erreicht wird, auf das hin die gesamte Arbeit des Exegeten ausgerichtet ist, den **Skopus** des Textes, das geistliche Ziel seiner Aussage zu erfassen und dieses für die gegenwärtige Situation transparent zu machen. Gerade dieses Ziel ist es, das mit der herkömmlichen historisch-kritischen Auslegungsmethode nur unzulänglich bzw. überhaupt nicht erreicht wurde (vgl. Punkt I).

Im folgenden wollen wir uns drei methodische Wege historischer Auslegung der Bibel anschauen und prüfen, inwieweit mit ihnen dieses Ziel der sachgemäßen Interpretation des biblischen Textes erreicht werden kann.

G. Maier

I.   Text
   1. Übersetzung
   2. Textfindung
II. Historische Untersuchung
   1. Philologische Untersuchung
   2. Aufbau
   3. Zusammenhang
   4. Formbestimmung
   5. Literarische Untersuchung
   6. Traditionsgeschichtliche Untersuchung
   7. Biblischer Vergleich
   8. Religionsgeschichtlicher Vergleich
   9. Zeitgeschichtlicher Vergleich
   10. Exkurse
III. Interpretation
   1. Kirchengeschichtlich
   2. Systematisch
   3. Skopus

P. Stuhlmacher (früher)

I.   Text
   1. Übersetzung
   2. Textkritik
II. Analyse
   1. Aufbau
   2. Zusammenhang
   3. Liturgische und formgeschichtliche Fragen
   4. Religionsgeschichtliche Fragen
   5. Begriffexegesen
   6. Exkurse
III. Theologische Interpretation
   1. Historisch-theologische Interpretation
   2. Systematisch-theologische Interpretation
   3. Skopus

U. Mack (früher Assistent bei Stuhlmacher)

Es fällt auf, daß der Raum, den die eigentlich theologische Auslegung letztendlich einnimmt, im Vergleich zur übrigen Arbeit recht gering ist. Bei allen Tübinger Neutestamentlern ist aber wenigstens der Versuch unternommen, die Wirkungsgeschichte des Textes und seine Relevanz für den Hörer heute in einem Punkt, etwa der systematisch-theologischen Interpretation, zur Sprache kommen zu lassen. Allerdings kann in dieser Scheidung in historisch-theologische und systematisch-theologische Interpretation ein bestimmtes hermeneutisches Vorverständnis zum Tragen kommen, nämlich daß, um mit Lessing zu sprechen, der tiefe Graben zwischen dem Text damals und uns heute erst durch die Auslegungskunst des Interpreten überbrückt werden müßte. Dies ist ja genau die Crux der historisch-kritischen Methode, daß sie nur Bilder von Vergangenheit herzustellen vermag, damit den Graben aufreißend, über den dann geklagt wird.

Dieser Eindruck sollte nun in einer biblisch-theologischen Auslegung aber gerade nicht aufkommen. Denn wenn wir als Christen den Heiligen Geist haben, befinden wir uns in einer Gleichzeitigkeit mit dem antiken Text der Bibel, durch den derselbe Geist auch heute noch zu uns redet, ohne daß wir zuerst den »garstigen Graben der Geschichte« (Lessing) zu überbrücken hätten (etwa mit Hilfe der historisch-kritischen Methode). Von daher kann ein Interpretationsteil, der die Interpretation des Textes im Verlauf der Kirchengeschichte zum Thema hat, zeigen, daß Gottes Geist durch den gleichen Text immer wieder neu zu Menschen aller Jahrhunderte geredet und so seine Kirche gebaut hat (vgl. den Auslegungsweg Maiers!). Der historisch-theologische Teil der Exegese ist dann auch nie historisch in dem Sinn, daß der Text uns nicht mehr direkt etwas zu sagen hätte; er soll nur möglichst exakt erheben, was der Schreiber zur Abfassungszeit sagen wollte, um uns so den Text für unsere Situation heute bestmöglich verständlich zu machen und der Usurpation des Textes durch den Ausleger zu wehren. Eine historische Auslegung um ihrer selbst willen ist streng genommen für die Theologie irrelevant. Alleiniges Ziel der Auslegung muß die Sache der Schrift, Jesus Christus selbst, sein.

An den historisch-theologischen Teil der Exegese anknüpfend bzw. die Auslegung zusammenfassend, ist schließlich noch der Skopus des zu exegesierenden Textes zu erheben. Unter Skopus versteht man die spezifische Aussage des jeweiligen Textes, seinen geistlichen Aussagegehalt, also das, was für ihn charakteristisch ist (im Rahmen des Gesamtzeugnisses der Schrift).

V. Ausblick: Einige Thesen zu Möglichkeiten und Gefahren der Proseminar-Arbeit

1. Da wir es beim theologischen Arbeiten, d. h. bei einer Arbeit, die zum Reden von Gott und vom Verhältnis dieses Gottes zum Menschen führen soll, mit einer geistlichen Arbeit zu tun haben, sind wir in ihr von vornherein in einen Geisteskampf hineingestellt: »Denn wir haben nicht mit Fleisch und Blut zu kämpfen, sondern mit Mächtigen und Gewaltigen, nämlich mit den Herren der Welt, die in dieser Finsternis herrschen, mit den bösen Geistern unter dem Himmel« (Eph. 6,12). Dies gilt für jeden Menschen, der die Bibel auslegen will – egal, ob er es weiß oder nicht.

2. Wenn es stimmt, daß die Bibel Gottes Wort ist – oder zumindest enthält – so gilt, daß durch sie Gottes Licht in die Finsternis der Welt leuchtet und daß der in 1. Kor. 2,14 geschilderte Zustand des Menschen überwunden werden muß, sei es schon vor dem Beginn der eigenen Auslegungsarbeit oder erst in ihrem Verlauf: »Der natürliche Mensch aber vernimmt nichts vom Geiste Gottes; es ist ihm eine Torheit, und er kann es nicht erkennen; denn es muß geistlich verstanden sein.« Dieser gehörlose natürliche Mensch, der tot ist in seinen Übertretungen (Eph. 2,1), muß ein Gehör verliehen bekommen, wenn er das Wort Gottes richtig hören und verstehen soll.

3. Auch in der Proseminararbeit soll die Intention der Schrift als an uns heute gerichtetes Wort Gottes gefunden werden. Diese ist dann mit dem Denken der Gegenwart ins Gespräch zu bringen, ohne daß dieses dabei heimlich zur zweiten Autorität neben der Bibel wird.

4. Die positive Intention der historisch-kritischen Methode, den Text davor zu bewahren, ein Spielball exegetischer Willkür und aktueller Interessen zu werden, muß gesehen werden. Nur durch Überbietung ihrer Stärken kann sie von Grund auf überwunden werden.

5. Der Forscher, der noch ungebrochen mit der historisch-kritischen Methode arbeitet, ist dabei nicht unser Feind, sondern ebenso wie wir der von Christus geliebte Mensch. Dabei will diese Einsicht keineswegs eine sachliche, auch strenge Kritik an seinen Forschungsergebnissen und ihren Prämissen ausschließen, sondern macht vielmehr frei von aller falschen Emotionsgeladenheit.

6. Die Verantwortung für unsere Arbeit haben wir gegenüber Gott. Auch unsere Proseminararbeit schreiben wir als Christen. Den Dualismus zwischen dem »heidnischen Kopf und dem frommen Herz« (Schlatter, Adolf, Atheistische Methoden in der Theologie, wieder abgedruckt in Luck, Ulrich [Hrsg.], Adolf Schlatter, Zur Theologie des Neuen Testaments und zur Dogmatik. Kleine Schriften, München 1969, S. 135) darf es für uns nicht geben. Es gilt deshalb auch bei unserem wissenschaftlichen Arbeiten, ohne Falsch wie die Tauben zu sein. Ehrlichkeit, also auch nur das zu schreiben, was wir vor Gott mit unserem Gewissen vertreten können, ist die Voraussetzung für das Gelingen einer Arbeit. Man enthalte sich daher aller Aussagen, wenn man nicht hinter ihnen stehen kann.

7. Jesus fordert uns ebenso auf, klug wie die Schlangen zu sein. Ich meine dies auch im wörtlichen Sinne. Einer, der seine Proseminararbeit einfach analog zu den im Seminar erlernten Arbeitsschritten schreibt, hat weniger als die Hälfte der Arbeit zu bewältigen, die einem bevorsteht, wenn man versucht, in der Arbeit neue Ansätze darzustellen. Vielleicht kann dies noch an einem Beispiel klargemacht werden: Für den gewöhnlichen deutschen Neutestamentler ist die Zwei-Quellen-Theorie Fundament seiner Auslegung der Synoptiker. Dies braucht nicht mehr hinterfragt zu

werden. Will jemand in seiner Arbeit nun meinetwegen die Matthäus-Priorität vertreten, so muß er zunächst sowohl die Zwei-Quellen-Theorie darstellen, um dann anhand dieser Darstellungen seine Einwände zugunsten einer Matthäus-Priorität vertreten zu können. Oder anders ausgedrückt: Für jeden Mathematiker ist Axiom, daß $1^o = 1$. Wollte nun jemand behaupten, daß $1^o = 0$, so müßte er zuerst die Gründe dafür nennen, wieso es zu dem erstgenannten Axiom kam und danach anhand von diesen Gründen zeigen, wieso seine Lösung richtiger bzw. mindestens ebenso einleuchtend sei. Was im NT für die Synoptiker gilt, trifft im AT entsprechend für den Pentateuch mit seiner Drei-Quellen-Theorie zu. Ähnliches gilt für die meisten Verfasserfragen in AT und NT, wo auf Seiten der kritischen Forschung opinio communis besteht, daß der Verfasser, der in der Schrift bzw. in der Tradition genannt wird, nicht der wirkliche Verfasser gewesen ist (vgl. Deutero-Jesaja, die Pastoralbriefe etc.). Dinge, die für die kritische Forschung selbstverständlich sind, müssen also von dem, der sie hinterfragen und ablehnen will, zunächst dargestellt werden. (Dabei geht es nicht etwa um einen vollständigen theologie- bzw. forschungsgeschichtlichen Überblick. Es braucht nur das aufgeführt zu werden, was in den Gedankenduktus gehört und dann auch etwas in der Beweisführung austrägt). Zu all dem ist eigentlich ein Überblickswissen nötig, das man schwerlich am Ende des ersten Semesters besitzt. Wem daher die Arbeit an einem synoptischen oder Pentateuch-Text am Beginn des Studiums zu schwierig erscheint, sollte sich ruhig die Freiheit nehmen, wenn möglich, auf Brief- oder Prophetentexte auszuweichen. Aufgeschoben heißt hier natürlich ebensowenig wie im Sprichwort, daß die Auseinandersetzung damit aufgehoben ist.

*) *Gegenüber der 1. Auflage des vorliegenden Buchs (»Arbeitsbuch Hermeneutik«, Krelingen 1983) erscheint dieser Aufsatz in leicht überarbeiteter Fassung.*

VII.
Schriftauslegung im Dienst der Gemeinde

CHARLES HADDON SPURGEON,
Es steht geschrieben.

Predigt über Matth. 4,1 – 11, aus: Es steht geschrieben. Die Bibel im Kampf des Glaubens, Oncken Verlag Wuppertal und Kassel ⁴1987, S. 73ff.

Denkende Menschen suchen nach einer festen Glaubensgrundlage. Es ist kein Vergnügen, immer auf dem Meer zu sein. Irgendwann möchten wir gerne an Land gehen und festen Boden unter den Füßen haben. Aber wo finden wir das? Wir haben einen Fels der Wahrheit, der nicht wankt, auf den wir bauen und trauen können. Unsere unfehlbare Grundlage ist das: »Es steht geschrieben.« Die Bibel, die ganze Bibel und nichts als die Bibel ist unser Bekenntnis. Sie allein ist unser Maßstab.

Man sagt, die Bibel sei schwer zu verstehen, aber das trifft nicht zu für die, welche die Leitung des Geistes Gottes suchen. In ihr sind große Wahrheiten zu finden, die über unser Fassungsvermögen hinausgehen und uns zeigen, wie flach unsere begrenzte Vernunft ist. Aber in den Haupt- und Fundamentalaussagen ist die Bibel nicht schwer zu verstehen. Und sie eignet sich auch nicht zur Entschuldigung für alle möglichen Spekulationen, von welchen die Menschen behaupten, daß sie der Bibel entnommen seien. Ein Anfänger in der Gnade, der von Gottes Geist unterwiesen ist, kann den Willen des Herrn in bezug auf seine Seligkeit wissen und seinen Weg zum Himmel finden – allein vom Wort geleitet. Aber ob tief oder einfach, das ist nicht die Frage; es ist das Wort Gottes und damit die reine, irrtumslose Wahrheit. Dieses großartige, unfehlbare Buch ist unser einziges Appellationsgericht.

Ganz besonders möchte ich mich an die Neubekehrten wenden, die in der letzten Zeit den Heiland gefunden haben, denn sie müssen dieses Buch als das Schwert des Geistes benutzen in den geistlichen Kämpfen, die ihnen bevorstehen. Ich möchte sie inständig bitten, diesen Teil der ganzen Waffenrüstung Gottes zu ergreifen, damit sie in der Lage sind, dem Feind ihrer Seele zu widerstehen.

»Es steht geschrieben«. Ich werde diese Waffe, die uns nie im Stich läßt, dem Gebrauch unserer jungen Streiter empfehlen, indem ich sie auf drei Dinge aufmerksam mache. Zuerst will ich daran erinnern, daß sie *die Waffe unseres Vorkämpfers Jesus Christus* selbst ist. Zweitens gilt es zu beachten, *wozu er diese Waffe benutzte;* und drittens wollen wir darauf achten, *wie er sie handhabte . . .*

1. Die Bibel – die Waffe unseres Herrn

Ich empfehle jedem Christen den beständigen Gebrauch des unfehlbaren Wortes, weil unser Vorkämpfer diese Waffe wählte, als er vom Satan in der Wüste angegriffen wurde. Er hatte eine große Auswahl von Waffen, mit denen er gegen Satan kämpfen konnte, aber *er nahm keine andere Waffe als dieses Schwert des Geistes: »Es steht geschrieben«.*

Unser Herr hätte den Satan durch Engelmächte besiegen können. Er brauchte nur seinen Vater zu bitten, und sein Vater würde ihm zwölf Legionen Engel gesandt haben, gegen deren mächtigen Angriff der Erzfeind keinen Augenblick hätte bestehen können. Und wenn der Herr nur die Macht seiner Gottheit gebraucht hätte, so würde ein einziges Wort den Versucher in die Hölle zurückgeschickt haben. Aber anstatt göttlicher Macht benutzte er das: »Es steht geschrieben« und lehrte so seine Gemeinde, daß sie niemals die Hilfe der Gewalt herbeirufen oder fleischliche Waffen gebrauchen soll, sondern nur der Macht zu vertrauen hat, die in dem Wort Gottes liegt. Dies ist unser Streitaxt und unsere Kriegswaffe. Die Schirmherrschaft oder die Macht der Staatsgewalt sind nicht für uns geeignet; ebensowenig dürfen wir Bestechungen oder Drohungen gebrauchen, um Menschen zu Christen zu machen. Ein geistliches Reich muß allein durch geistliche Macht aufgerichtet und erhalten werden. Unser Herr hätte den Versucher niederwerfen können, indem er seine eigene Herrlichkeit enthüllt hätte. Der Glanz der göttlichen Majestät war verborgen in der Niedrigkeit seiner Menschheit; wenn er den Schleier einen Augenblick gelüftet hätte, so wäre der Feind in eine solche Verwirrung geraten wie die Eulen und Fledermäuse, wenn die Sonne in ihr Gesicht scheint. Aber der Herr Jesus ließ sich herab, seine hohe Majestät zu verbergen und sich nur mit dem »Es steht geschrieben« zu verteidigen.

Unser Meister hätte auch Satan mit Rhetorik und Logik angreifen können. Warum argumentierte er nicht mit ihm über die vorgebrachten Sachen? Hier waren drei Vorschläge zu erörtern, aber unser Herr beschränkte sich auf das eine Argument: »Es steht geschrieben«.

Nun, ihr lieben Brüder, wenn unser Herr und Meister, bei all der Auswahl von Waffen, die er hätte benutzen können, doch dieses Schwert seines Gottes wählte, so laßt uns keinen Augenblick zögern, diese eine, einzige Waffe der Heiligen aller Zeiten zu ergreifen und festzuhalten. Werft das hölzerne Schwert menschlicher Vernunftsschlüsse weg. Vertraut nicht auf menschliche Beredsamkeit, sondern bewaffnet euch mit den verläßlichen Aussprüchen Gottes, der nicht lügen kann. Dann braucht ihr den Satan und alle seine Heere nicht zu fürchten. Jesus, darauf können wir uns verlassen, wählte die beste Waffe. Was für ihn am besten war, wird auch für uns am besten sein.

Es ist wichtig zu beachten, daß unser Herr diese Waffe *am Anfang seines Weges* benutzte. Er war noch nicht in die Öffentlichkeit getreten. Aber wenn ich den Ausdruck gebrauchen darf, als seine junge Hand noch ungeübt im öffentlichen Kampf war, ergriff er sogleich die Waffe, die für ihn geschmiedet und bereit war, und sagte kühn: »Es steht geschrieben.«

Ihr jungbekehrten Christen seid wahrscheinlich schon versucht worden oder werdet kurz davorstehen. Ich erinnere mich, daß ich schon in der ersten Woche, nachdem ich den Heiland gefunden hatte, einer sehr grimmigen geistlichen Versuchung ausgesetzt war, und es sollte mich nicht wundern, wenn euch das gleiche begegnet. Nun, ich bitte euch, tut, was Jesus tat, und ergreift fest das: »Es steht geschrieben«. Es ist ebensosehr die Waffe des Kindes wie die Verteidigung des starken Mannes. Wenn ein Gläubiger so groß wie Goliath ist, braucht er kein besseres Schwert als dieses, und wenn er nur ein Pygmäe in göttlichen Dingen ist, wird dieses Schwert ebensogut für seine Hand passen. Und es ist für die Defensive wie für die Offensive gleich wirksam.

Welche Gnade ist es für dich, junger Christ, daß du nicht zu beweisen und zu erfinden, sondern zu glauben und anzunehmen hast. Du hast nur in deiner Bibel nachzuschlagen, ein Wort zu finden und dieses auf den Satan zu schleudern wie einen Stein aus Davids Schleuder, und du wirst das Feld behalten. »Es steht geschrieben«, und was geschrieben steht, verfehlt nicht sein Ziel. Darin liegt die Stärke unserer Beweisführung. »Es steht geschrieben«, Gott hat es gesagt, und das ist genug. Oh, gesegnetes Schwert und gesegneter Schild, die ein kleines Kind schon gebrauchen kann, die auch die Ungelehrten und Einfältigen ergreifen können und die den Verzagten Kraft und den Schwachen Sieg geben.

Beachtet weiter, daß Christus diese Waffe aus allen anderen auswählte und in seinem ersten Kampf gebrauchte, als *kein Mensch zugegen* war. Die Heilige Schrift ist nicht nur im öffentlichen Lehren oder im Kämpfen für die Wahrheit wertvoll, ihre sanfte, leise Stimme ist ebenso mächtig, wenn der Knecht des Herrn persönliche Anfechtungen in der einsamen Wüste erduldet. Die schwersten Kämpfe eines wahren Christen sind gewöhnlich nur ihm selbst bekannt. Nicht im häuslichen Kreis begegnen uns die schärfsten Versuchungen, sondern im Kämmerlein. Nicht so sehr in der Fabrik als in der Abgeschiedenheit unseres Geistes kämpfen wir »mit Fürsten und Gewaltigen«. Für diese furchtbaren Zweikämpfe ist das beste Schwert und der beste Schild: »Es steht geschrieben«. Die Schrift ist gut, um einen anderen damit zu überführen, aber die Schrift ist am notwendigsten, um unsere eigene Seele zu trösten, zu verteidigen und zu heiligen. Ihr müßt geübt sein, die Bibel in der Einsamkeit zu gebrauchen und damit den schlauesten aller Feinde zurückzuschlagen, denn der Teufel ist wirklich eine persönliche Realität. Das wissen die meisten Christen aus Erfahrung, weil sie ihm gegenübergestanden haben und seine spitzfindigen Eingebungen, schrecklichen Einflüsterungen, lästerlichen Behauptungen und teuflischen Anklagen kennen. Wir sind von Gedanken verfolgt worden, die aus einem kräftigeren, erfahreneren und listigeren Geist kommen als aus unserem eigenen, und gegen diesen gibt es nur eine Verteidigung – dieses unfehlbare »Es steht geschrieben«.

Kämpfe haben oft stattgefunden zwischen den Knechten Gottes und dem Satan, die in den unveröffentlichten Annalen der heiligen Geschichte, welche Gott aufzeichnet, denkwürdiger sind als die tapfersten Taten alter Helden, die die Menschen in ihren Nationalhymnen preisen. Wer mit dem Schall der Trompeten begrüßt wird, wessen Status auf öffentlichen Plätzen steht, ist nicht der einzige Sieger. Es gibt Überwinder, die gegen Engel gekämpft und gesiegt haben, deren Tapferkeit der Teufel selbst anerkennen muß. Sie alle schreiben ihre Siege der Gnade zu, die sie schulte, das unfehlbare Wort Gottes zu gebrauchen.

Lieber Freund, du mußt das »Es steht geschrieben« immer zur Hand haben. Einige laufen, sobald ein geistlicher Kampf beginnt, zu einem Freund, um Hilfe zu suchen. Ich möchte das nicht verurteilen, aber es würde weit besser sein, wenn sie sich zu dem Herrn und seinen Verheißungen wenden würden. Einige geben schon beim ersten Angriff alle Hoffnung auf. Handelt nicht so feige, sucht Gnade, um wie ein Mann zu widerstehen. Ihr müßt streiten, wenn ihr zum Himmel eingehen wollt. Schaut euch eure Waffe an, sie kann nicht verbiegen oder stumpf werden, schwingt sie mutig und stoßt zu. »Es steht geschrieben« wird durch Seele und Geist dringen und selbst den alten Drachen verwunden.

Beachtet, daß unser Herr diese Waffe *unter den schwierigsten Umständen* gebrauchte. Er war allein. Kein Jünger war da, der an seiner Not teilnahm. Aber das Wort war die Hilfe seiner rechten Hand, die Schrift verband sich mit ihm. Er war hungrig, denn er hatte vierzig Tage und Nächte gefastet. Hunger ist ein nagender Schmerz und oft sinkt der Geist ab, wenn es dem Körper an Nahrung mangelt. Doch das »Es steht geschrieben« hielt den Hunger in Schranken; das Wort nährte den Kämpfer mit einer Speise, die nicht bloß alle Schwäche vertrieb, sondern ihn stark im Geiste machte.

Sein Gegner hatte ihn in eine sehr gefährliche Stellung gebracht, auf die Zinne des Tempels. Doch er stand da und brauchte keinen anderen Standort für seine Füße als den, welchen ihm die Verheißungen Gottes boten. »Es steht geschrieben«, das machte ihn fähig, von der schwindelnden Höhe hinabzublicken und die Pläne des Versuchers zu vereiteln. Er wurde dort hingestellt, wo die Reiche der Welt zu seinen Füßen ausgebreitet lagen, ein unvergleichliches Panorama, das oft genug die Augen großer Männer geblendet und sie ins Verderben getrieben hat. Aber das »Es steht geschrieben« warf alle Schlingen des Ehrgeizes beiseite und lachte über das Blendwerk der Macht. Ob in der Wüste, ob auf dem Tempel, ob auf hohem Berge, keine Veränderung seiner Kampfmethode war nötig; das nie versagende »Es steht geschrieben« half in jeder Lage, in der er sich befand, und so wird es auch bei uns sein.

Mit ganzem Ernst möchte ich denen das Wort Gottes empfehlen, die erst kürzlich unter das Banner meines Gottes eingereiht wurden. Wie David von dem Schwert

Goliaths sagte: »Seinesgleichen gibt es nicht«, so möchte ich von der Heiligen Schrift reden. Unser Herr wurde in allen Dingen versucht, in gleicher Weise wie wir, und hierin hat er Mitleid mit uns, aber er widerstand den Versuchungen, und darin ist er unser Vorbild. Wir müssen ihm folgen, wenn wir seine Siege mit ihm teilen wollen.

Denkt auch daran, daß unser Heiland *dabei blieb*, dieses eine Verteidigungsmittel zu gebrauchen, obwohl sein Gegner häufig seine Taktik änderte. Der Irrtum hat viele Gesichter, die Wahrheit aber nur eins. Der Teufel versuchte ihn, indem er Mißtrauen wecken wollte gegen den Vater im Himmel. Aber der Pfeil wurde abgewehrt mit dem Schild des »Es steht geschrieben«: »Der Mensch lebt nicht vom Brot allein, sondern von jedem Worte, das aus dem Mund Gottes kommt« (5. Mose 8,3). Der Feind versuchte einen Stoß gegen ihn zu führen von der Seite der Vermessenheit, indem er ihn versuchte, sich von der Tempelzinne hinabzuwerfen. Aber wie furchtbar fiel jenes zweischneidige Schwert auf das Haupt des bösen Geistes: »Es steht geschrieben: Du sollst den Herrn, deinen Gott, nicht versuchen« (5. Mose 6,16). Der letzte unverschämte Hieb wurde auf unseren Herrn gerichtet mit der Absicht, ihn auf seine Knie zu bringen: »... wenn du niederfällst und mich anbetest.« Aber er wurde mit zermalmender Kraft zurückgeschlagen durch das Wort: »Es steht geschrieben: Du sollst den Herrn, deinen Gott, anbeten und ihm allein dienen« (5. Mose 6,13). Das traf den Bösen ins Herz. Diese Waffe ist überall gut; gut für die Verteidigung und für den Angriff, unsere ganze Persönlichkeit zu schützen oder auch den Gegner im Kern zu treffen. Ihr könnt euch in keiner Lage befinden, für die das Wort Gottes nicht im voraus gesorgt hätte. Es hat so viele Gestalten und Augen wie die Vorsehung selbst. Auf das Wort Gottes ist Verlaß zu allen Zeiten in eurem Leben, in allen Umständen, in allen Prüfungen und unter allen Schwierigkeiten. Wäre es unvollkommen, so würde es im Ernstfall nutzlos sein, aber seine unfehlbare Wahrheit macht es für die Streiter des Kreuzes überaus wertvoll.

Ich empfehle euch also, Gottes Wort in eurem Herzen zu behalten und es in euren Seelen zu bewegen. »Laßt das Wort Christi reichlich unter euch wohnen ... in aller Weisheit« (Kol. 3,16). Seid gewurzelt und gegründet und befestigt in seiner Lehre und durchtränkt mit seinem Geist. Für mich ist es eine große Freude, fleißig in dem Buch der Gnade zu forschen. Sie wird dadurch täglich stärker in mir. Dieses Buch wurde in alten Zeiten auf die Eingebung des Geistes hin geschrieben, aber ich habe erfahren, während ich meine Nahrung aus dem Wort Gottes schöpfte, daß es nicht nur inspiriert *war*, als es geschrieben wurde, sondern es immer noch ist. Es ist nicht nur ein geschichtliches Dokument, es ist ein Brief an mich, frisch aus der Feder Gottes. Es ist nicht eine Predigt, einst gehalten und nun beendet; es redet noch heute. Es ist nicht eine Blume, die getrocknet im Herbarium aufbewahrt wird, deren Schönheit vergangen und deren Duft verflogen ist. Nein, es ist eine frischblühende Blume im Garten Gottes, ebenso duftend wie zur Zeit, als er sie pflanzte. Ich sehe die Schrift nicht wie eine Harfe an, die früher von geschickten Fingern gespielt wurde und nun als ein Erinnerungsstück an der Wand hängt. Nein, sie ist ein Instrument mit zehn Saiten, das sich noch in den Händen des Sängers befindet und den Tempel des Herrn mit göttlicher Musik erfüllt. Die Heilige Schrift ist eine Aeolsharfe, durch welche der segenbringende Wind des Geistes beständig weht und geheimnisvolle Musik erzeugt, wie sie anderswo kein Ohr des Menschen vernimmt und sie auch hier nicht einmal vernimmt, wenn nicht sein Ohr durch das Anrühren des großen Arztes geöffnet ist. Der Heilige Geist ist in dem Wort, und es ist daher lebendige Wahrheit. O ihr Christen, seid davon überzeugt und laßt deshalb das Wort eure auserlesene Kriegswaffe sein.

2. Die Bibel – *wozu sie gebraucht wird*

Unser Herr Jesus Christus lehrt uns, wozu wir dieses »Es steht geschrieben« gebrauchen sollen. Achtet darauf, daß er es benutzte, um seine Gottessohnschaft zu *vertei-*

digen. Der Feind sagte: »Wenn du Gottes Sohn bist«, und Jesus erwiderte: »Es steht geschrieben«. Das war seine einzige Antwort. Er brachte keine Beweise vor, um seine Sohnschaft zu belegen; er erwähnte nicht einmal jene Stimme aus der Herrlichkeit, die sprach: »Dies ist mein geliebter Sohn«. Nein, sondern: »Es steht geschrieben«.

Nun, mein lieber junger Bruder, ich zweifle nicht, daß du schon unter diesem verführerischen »Wenn« zu leiden gehabt hast. Oh, wie glatt kommt es von den Lippen des Satans. Es ist sein Lieblingswort, der beste Pfeil in seinem Köcher. Er ist der Fürst der Skeptiker, und diese beten ihn an, während er sich über sie ins Fäustchen lacht, denn er selbst glaubt und zittert (Jak. 2,19). Eins seiner verderblichsten Werke ist, daß er die Menschen zum Zweifeln bringt. »Wenn« – mit welch boshaftem Lächeln flüstert er dieses Wort schon in das Ohr des Neubekehrten. »Wenn«, sagt er. »Du sagst, dir sei vergeben, du seiest gerechtfertigt und angenommen; aber wenn! Könntest du dich nicht doch getäuscht haben?« Nun, liebe Freunde, ich bitte euch, laßt Satan euch niemals von dem festen Grund des Wortes Gottes abbringen. Wenn er euch erst dahin bringt, zu denken, nur durch das, was ihr in euch selber feststellen könnt, wäre es möglich zu beweisen, daß Christus der Heiland der Sünder ist, so werdet ihr bald verzweifeln. Die Grundlage meines Glaubens liegt in Jesus und nicht in mir. Es ist töricht zu sagen: »Ich glaube an den Herrn Jesus, weil ich mich so glücklich fühle«, denn in einer halben Stunde kann ich mich elend fühlen. Sondern ich glaube an meine Errettung durch Christus, weil geschrieben steht: »Glaube an den Herrn Jesus Christus, so wirst du gerettet werden« (Apg. 16,31). Ich glaube an das Heil in Christus, nicht weil es mit meiner Vernunft übereinstimmt und meinen Gefühlen zusagt, sondern weil geschrieben steht: »Wer an ihn glaubt, der wird nicht gerichtet. Wahrlich, wahrlich ich sage euch: Wer mein Wort hört und dem glaubt, der mich gesandt hat, der hat das ewige Leben« (Joh. 3,18; 5,24). Nichts kann diese Wahrheit ändern, sie steht fest und wird immer stehen. Bruder, bleibe dabei, komme, was wolle.

Der Satan wird euch sagen: »Ihr wißt, es gibt viele Beweise, könnt ihr die widerlegen?« Sagt ihm, er soll sich um seine eigenen Angelegenheiten kümmern. Er wird dir sagen: »Du weißt, wie unvollkommen du gewesen bist, selbst nach deiner Bekehrung.« Antworte ihm, daß er nicht so überaus vollkommen ist, daß er dich zu tadeln braucht. Wenn er sagt: »Wenn du wirklich ein anderer Mensch geworden wärest, würdest du nicht solche Gedanken und Empfindungen haben«, disputiere nicht mit ihm, sondern bleibe dabei, daß geschrieben steht: »Christus Jesus ist in die Welt gekommen, um Sünder zu erretten« (1. Tim. 1,15) und »alle, die an ihn glauben, werden nicht verlorengehen, sondern das ewige Leben haben« (Joh. 3,16). Wenn du an ihn glaubst, kannst du nicht verlorengehen, sondern hast das ewige Leben, denn so steht es geschrieben. »Es steht geschrieben«, darauf verlasse dich und du kannst nicht überwunden werden.

Auf der anderen Seite, wenn du das »Es steht geschrieben« verläßt –, Satan versteht das Disputieren besser als du, er ist sehr viel älter, hat die menschliche Natur sehr gründlich studiert und kennt alle unsere wunden Punkte, deshalb wird der Kampf ungleich sein. Streite dich nicht mit ihm, sondern schwinge vor seinen Augen mutig das Banner »Es steht geschrieben«. Der Satan kann die unfehlbare Wahrheit nicht ertragen, denn sie ist der Tod der Falschheit, deren Vater er ist. Solange Gottes Wort wahr ist, ist der Gläubige sicher; wenn das umgestürzt ist, so ist unsere Hoffnung verloren. Aber, Gott sei gedankt, nicht eher. Ihr, die ihr versucht werdet, flieht in eure feste Burg.

Unser Herr gebrauchte dann auch die Schrift, um *die Versuchung zu besiegen.* Er wurde zum Mißtrauen versucht. Da lagen Steine zu seinen Füßen, die in den Augen der Welt dem Brot glichen; es war kein Brot da und er war hungrig und das Mißtrauen sagte: »Gott hat dich verlassen, du wirst vor Hunger sterben; deshalb höre auf, ein Diener zu sein, werde Herr und befiehl, daß diese Steine Brot werden.« Doch Jesus trat dieser Versuchung, sich selbst zu versorgen, entgegen, indem er sagte: »Es steht geschrieben.«

Nun ihr jungen Christen, die Vorsehung mag euch an einen Ort gestellt haben, wo ihr befürchtet, Mangel zu leiden. Und wenn ihr dann bange seid, daß Gott nicht für euch sorgen wird, so wird die dunkle Eingebung aufsteigen: »Ich will es wie die Ungläubigen machen und mir auf andere Weise Wohlstand verschaffen.« Es ist wahr, die Tat würde unrecht sein, aber viele würden sie begehen, und deshalb flüstert Satan: »Not hat kein Gebot. Ergreife die Gelegenheit, die sich dir bietet.« In einer solchen Stunde schlagt den Feind ab mit: »Es steht geschrieben: Du sollst nicht stehlen«. Es ist uns befohlen, niemals nach Fremdem zu greifen oder unseren Nächsten zu betrügen. Es steht geschrieben: »Hoffe auf den Herrn und tue Gutes, bleibe im Lande und nähre dich redlich. Habe deine Lust an dem Herrn, der wird dir geben, was dein Herz wünscht« (Ps. 37,3 f).

Darauf versuchte Satan den Herrn zur Vermessenheit: »Wenn du Gottes Sohn bist, so wirf dich hinab.« Aber Christus hatte ein Schriftwort bereit, um den Stoß zu parieren.

Viele kommen in Versuchung, vermessen zu werden. »Du bist einer von Gottes Auserwählten, du kannst nicht umkommen; du kannst deshalb sündigen, du brauchst nicht so sehr sorgfältig zu sein, da du nicht endgültig fallen und verderben kannst«, so flüstert Satan, und nicht immer kann der unerfahrene Gläubige auf diese dummen Sophistereien antworten. Wenn wir irgendwann versucht sind, einem derartigen Nachsinnen nachzugeben, laßt uns daran denken, daß geschrieben steht: »Wachet und betet, damit ihr nicht in Anfechtung fallt« (Mt. 26,41). Es steht geschrieben: »Behüte dein Herz mit allem Fleiß, denn daraus quillt das Leben« (Spr. 4,23). Es steht geschrieben: »Ihr sollt heilig sein, denn ich bin heilig« (3. Mose 11,45). »Darum sollt ihr vollkommen sein, sowie euer Vater im Himmel vollkommen ist« (Mt. 5,48). Weg mit dir, Satan, wir dürfen nicht auf Gnade sündigen, das wäre eine diabolische Vergeltung auf Gottes Güte; wir verabscheuen mit Paulus die Idee zu sündigen, »damit die Gnade um so mächtiger werde« (Röm. 6,1).

Danach wird Satan uns anfechten mit der Versuchung, Gott zu verraten und andere Götter anzubeten. »Bete mich an«, spricht er, »und wenn du dies tust, wird dein Lohn groß sein.« Er stellt uns irgendeinen irdischen Gegenstand vor die Augen, den wir zum Abgott machen, irgendeinen selbstsüchtigen Zweck, den wir verfolgen sollen. Zu einer solchen Zeit ist das Wort Gottes unsere einzige Verteidigung: »Es steht geschrieben: Du sollst Gott, deinen Herrn lieben von ganzem Herzen, von ganzer Seele, mit allen Kräften und von ganzem Gemüte« (Lk. 10,27). »Ihr gehört nicht euch selbst, denn ihr seid teuer erkauft« (1. Kor. 6,19 f). »Gebt eure Leiber hin als ein Opfer, das lebendig, heilig und Gott wohlgefällig ist. Das sei für euch der wahre Gottesdienst« (Röm. 12, 1). »Kinder, hütet euch vor den falschen Göttern« (1. Joh. 5,21). Wenn wir Worte wie diese mit unserem ganzen Herzen anführen, werden wir nicht fallen. Ihr Lieben, wir müssen uns von der Sünde freihalten. Wenn Christus uns wirklich von der Sünde erlöst hat, können wir nicht den Gedanken ertragen, in Sünde zu fallen. Wer Freude an der Sünde finden kann, der ist kein Kind Gottes. Wenn ihr Kinder Gottes seid, so werdet ihr die Sünde vollkommen hassen lernen, und eure Seele wird sich vor ihr ekeln. Um euch von der Sünde freizuhalten, bewaffnet euch mit diesem heiligen und reinen Wort Gottes. Es wird euren Wandel reinigen und euer Herz der Stimme des dreimal heiligen Gottes gehorsam machen.

Ferner gebrauchte unser Herr das Wort als *Richtschnur für seinen Weg.* Das ist ein sehr wichtiger Punkt. Zu viele richten ihren Weg nach dem ein, was sie Fügungen nennen. Sie tun Unrechtes und sagen: »Es schien mir eine Fügung zu sein.« Ich möchte wissen, ob Jona, als er nach Japho hinabkam, um nach Tarsis zu fliehen, es als eine Fügung betrachtete, daß gerade ein Schiff nach Tarsis abging. Wenn es so war, dann gleicht er nur zu vielen heutzutage. Sie versuchen, ihre Schuld auf Gott zu schieben. Sie erklären, sie hätten sich verpflichtet gesehen, so zu handeln, wie sie es taten, weil die Fügung ihnen den Gedanken dazu eingab. Unser Herr ließ sich nicht durch die Umstände in seinem Verhalten leiten. Wohl jeder andere außer unserem Herrn würde dem Versucher gehorcht und dann gesagt haben: »Ich war sehr hungrig und saß in der Wüste, und es schien mir eine solche Fügung zu sein, daß ein Geist mich dort ausfindig machte und mir höflichst gerade das vorschlug, was ich brauchte, d. h. die Steine in Brot zu verwandeln.« Es war Fügung, aber es war eine prüfende Fügung. Wenn ihr versucht werdet, Böses zu tun, um eurer Not abzuhelfen, so sprecht zu euch selbst: »Diese Fügung stellt mich auf die Probe, aber sie zeigt mir keineswegs, was ich tun soll, denn meine Regel ist: 'Es steht geschrieben'.« Wenn ihr scheinbare Fügungen zu eurem Führer macht, so werdet ihr tausendmal irren, aber wenn ihr dem »Es steht geschrieben«, folgt, so wird »euer Schritt fest sein in seinem Wort« (nach Ps. 119,133).

Ebenso wenig sollen wir unsere besonderen Gaben und besonderen Vorrechte zu unseren Führern machen. Christus war auf der Zinne des Tempels und hätte die Möglichkeit gehabt, sich herabfallen zu lassen. Aber er gebrauchte seine besonderen Vorrechte nicht als einen Vorwand zur Vermessenheit. Es ist wahr, daß die Heiligen bewahrt bleiben sollen. Ich bin überzeugt davon, daß die Schrift unzweifelhaft lehrt, daß uns die Gnade bis ans Ende bewahrt. Aber ich soll nicht auf einen Lehrsatz hin vermessen handeln, sondern Gottes Wort gehorchen. Wenn jemand sagt: »Ich bin ein Kind Gottes, ich bin sicher, mir kann nichts passieren, deshalb lebe ich wie es mir gefällt«, so beweist er damit, daß er kein Kind Gottes ist, denn die Kinder Gottes verdrehen die Gnade Gottes nicht in Zügellosigkeit. Es würde der Logik des Teufels entsprechen, wenn man sagt: »Ich bin mehr als andere begnadigt, deshalb darf ich den Herrn mehr als andere erzürnen.« Es steht geschrieben: »Laßt uns ihn lieben, denn er hat uns zuerst geliebt« (Joh. 4,19) und »das ist die Liebe zu Gott, daß wir seine Gebote halten und seine Gebote sind nicht schwer« (1. Joh. 5,3).

Darauf versuchte Satan, den persönlichen Vorteil zum Führer unseres Herrn zu machen. »Dies alles will ich dir geben«, sprach er; aber Christus richtete sich in seinem Verhalten nicht nach seinem persönlichen Vorteil, sondern antwortete: »Es steht geschrieben.« Wie oft habe ich Leute sagen hören: »Ich bleibe nicht gerne in diesem Kreis, mit dem ich nicht übereinstimme, aber mit meinem nützlichen Wirken wäre es ganz vorbei, wenn ich aus ihm austräte.« Nach diesem System hätte unser Herr, wenn er bloß Mensch gewesen wäre, sagen können: »Wenn ich niederfalle und dieses kleine Ritual vollziehe, werde ich eine noble Sphäre für meine Wirksamkeit haben. Alle Reiche der Welt werden mein sein! Da sind diese armen, unterdrückten Sklaven: ich könnte sie in Freiheit setzen. Die Hungrigen und die Durstigen, wie könnte ich sie mit dem Nötigen versorgen; die Erde würde glücklich sein, wenn ich ihr König wäre. Dies ist in der Tat gerade das, wofür ich zu sterben gekommen bin. Und wenn es so leicht erreicht werden kann, in einem Nu, dadurch daß ich meine Knie vor dieser Person beuge, warum sollte ich es nicht tun?« Unser Herr war weit entfernt von diesem bösen Geist des Kompromisses. Ach, zu viele sagen jetzt: »Wir müssen in kleinen Punkten nachgeben. Es hilft nichts, allein zu stehen und sich in seine eigenen Ideen zu verrennen. Es geht nichts über das Nachgeben in Kleinigkeiten, um in größeren Dingen unseren Willen durchzusetzen.« So schwätzen heute viele, aber unser Herr sprach nicht so. »Es steht geschrieben« war sein Führer, nicht eine vordergründig nützliche Wirksamkeit oder sein persönlicher Vorteil. Mein lieber Bruder, es wird manchmal vorkommen, daß es dir sehr schrecklich erscheint, das Richtige zu tun. Dein Können wird Schiffbruch leiden, du wirst in Not geraten, aber ich bitte dich inständig, tue das Richtige, was es auch koste. Anstatt geehrt und geachtet zu sein und als ein Führer in der christlichen Kirche betrachtet zu werden, wirst du als einseitig und kleinlich angesehen werden, wenn du das Wort Gottes kompromißlos vorbringst. Aber sprich es offen aus, unbekümmert um das, was danach kommt. Wir haben nichts damit zu tun, was aus uns wird oder aus unserem Ruf, oder was aus der Welt wird. Unsere alleinige Aufgabe ist es, den Willen unseres Vaters zu tun. »Es steht geschrieben« soll unsere Richtschnur sein, und mit Hartnäckigkeit, wie die Menschen es nennen, mit entschlossener Hingabe, wie es in Gottes Augen ist, laßt uns unserem Herrn und seinem unfehlbaren Wort folgen, durch Schlamm und Sumpf, durch Fluten und durch Flammen. Folgt dem geschriebenen Wort völlig und setzt niemals die Ganzheitlichkeit eures Gehorsams aufs Spiel, um eurer nützlichen Wirksamkeit willen oder wegen irgendeiner anderen Ausrede, die Satan euch in den Weg legt.

Beachtet außerdem, daß unser Herr das »Es steht geschrieben« gebrauchte, um *seine innere Gelassenheit zu bewahren.* Ich denke gern an die Ruhe Christi. Er ist nicht im Geringsten aus der Fassung gebracht worden. Er ist hungrig und ihm wird vorgeschlagen, Brot zu erschaffen, und er antwortet: »Es steht geschrieben«. Er wird auf die Spitze des Tempels gehoben, aber er spricht: »Es steht geschrieben« – gerade so ruhig, wie wir es vielleicht sagen würden, wenn wir in einem Lehnstuhl sitzen. Da steht er, die ganze Welt zu seinen Füßen, auf ihre Herrlichkeit blickend, aber er ist nicht geblendet. »Es steht geschrieben« ist auch da seine ruhige Antwort. Nichts gibt einem Menschen soviel Selbstbeherrschung, macht ihn so kühl und gelassen in allen Ereignissen, als wenn er immer wieder auf das unfehlbare Buch zurückkommt und sich der Aussprüche Gottes erinnert, der nicht lügen kann. Handelt so!

Der letzte Gedanke über diesen Punkt ist: Unser Herr lehrt uns die Schrift gebrauchen, um *den Feind zu besiegen und zu vertreiben.* »Weg mit dir«, sagt er zu dem bösen Geist, »denn es steht geschrieben«. Auch ihr werdet die Versuchung verjagen, wenn ihr fest daran haltet: »Gott hat es gesagt, Gott hat es verheißen; Gott kann nicht lügen.«

3. Die Bibel – wie sie zu gebrauchen ist

Ebenso wie unser Herr die Waffe auswählte und uns ihren Nutzen sichtbar machte, so zeigt er uns auch, *wie sie zu handhaben ist.* Wie sollen wir dieses Schwert »Es steht geschrieben« gebrauchen? Vor allem: *mit tiefster Ehrfurcht.* Laßt jedes Wort, das Gott gesprochen hat, Gesetz und Evangelium, Verpflichtung und Verheißung für euch sein. Spiele nie damit; versuche nie, seiner Stärke auszuweichen oder seine Meinung zu ändern. Gott spricht zu euch in diesem Buch ebenso, als wenn er wieder auf den Gipfel des Sinai herabkäme und seine Stimme im Donner erhöbe. Ich öffne gerne die Bibel und bete: »Herr, laß die Worte von dem Blatt in meine Seele hinüberspringen, mache Du sie selber lebendig, belebend, mächtig und frisch in meinem Herzen.« Unser Herr selber fühlte die Macht des Wortes. Es war weniger der Teufel, welcher die Macht des »Es steht geschrieben« fühlte, als Christus selbst. »Nein«, sprach er, »ich will nicht den Steinen befehlen, daß sie Brot werden, ich traue auf Gott, der mich ohne Brot erhalten kann. Ich will mich nicht vom Tempel herablassen, ich will nicht den Herrn, meinen Gott versuchen. Ich will nicht den Satan anbeten, denn Gott allein ist Gott.« Jesus Christus fühlte eine heilige Ehrfurcht vor dem Wort Gottes, und so wurde es eine Macht für ihn. Die Schrift geringschätzen heißt: sich ihres Beistandes berauben. Ehrt sie, ich bitte euch, und blickt mit andächtiger Dankbarkeit auf zu Gott, daß er sie uns gab.

Als nächstes: *Haltet sie immer bereit.* Unser Herr Jesus Christus hatte seine Antwort bereit, sobald er angegriffen wurde. – »Es steht geschrieben«. Ein schneller Rechner ist sehr wertvoll in einem Unternehmen, und ein bibelfester Christ ist sehr nützlich im Hause Gottes. Ihr müßt Schriftworte an den Fingern herzählen können; mehr noch, ihr müßt sie in euren Herzen haben. Es ist gut, im Gedächtnis viele Stellen des Wortes Gottes möglichst genau aufzuspeichern. Ein Christ sollte ebensowenig einen Fehler machen, wenn er ein Schriftwort zitiert, wie ein Philologe, wenn er Vergil oder Homer zitiert. Unser Herr wußte so vieles aus der Schrift, daß er aus einem einzigen Buch, dem 5. Buch Mose, alle Stellen entnehmen konnte, womit er den Kampf in der Wüste bestritt. Er hatte eine viel weitere Kenntnis, denn das ganze Alte Testament stand ihm zur Verfügung, aber er hielt sich an ein Buch, als wenn er Satan wissen lassen wollte, daß es ihm nicht an Munition mangeln würde. Wäre es dem Teufel in den Sinn gekommen, die Versuchung fortzusetzen, so hätte der Herr noch reiche Verteidigungsmittel in Reserve gehabt.»Es steht geschrieben« ist eine Waffenkammer, in welcher tausend Schilde hängen.

Die Bibel hat Worte jeder Art, die bei allen möglichen Ereignissen unsere Hilfe sind, stark genug, um auch jede Art von Angriff abzuschlagen. Brüder, studiert das Wort Gottes gründlich und habt es jederzeit parat. Wie nutzlos, es mit der Bibel zu machen wie jener Narr mit seinem Anker, den er zu Hause gelassen hatte, als er in einen Sturm geriet. Habt den unfehlbaren Zeugen stets zur Seite, wenn sich der Vater der Lüge euch nähert.

Bemüht euch auch, *die Bedeutung des Wortes zu verstehen* und so zu verstehen, daß ihr zwischen seiner Bedeutung und seiner Verdrehung unterscheiden könnt. Die Hälfte alles Unheils in der Welt und vielleicht mehr wird nicht durch eine offensichtliche Lüge angerichtet, sondern durch eine verdrehte Wahrheit. Der Teufel, der das weiß, nimmt einen Spruch der Bibel, beschneidet ihn, fügt etwas hinzu und greift Christus damit an. Aber unser Herr verachtet nicht die Schrift, weil der Teufel selbst sie zitieren kann, sondern antwortet ihm mit einem flammenden Text gerade ins Angesicht. Er sagt nicht:»Das andere steht nicht geschrieben, du hast es geändert«, sondern er gab ihm zu fühlen, was»Es steht geschrieben« hier wirklich hieß, und brachte ihn so in Verwirrung. Tut dasselbe. Forscht in dem Wort, sucht das rechte Verständnis zu gewinnen, achtet auf den Zusammenhang, und eignet euch Unterscheidungsvermögen an. So lernt ihr Fehler vermeiden, wenn ihr sagt:»Es steht geschrieben«. Es gibt einige, die irrtümlicherweise ihr Glaubensbekenntnis für eine der Schrift entsprechende Waffe halten, doch das kann es nicht sein. Auch Bibelzitate, aus dem Zusammenhang gerissen, verdreht und verfälscht, sind kein:»Es steht geschrieben.« Die klare Bedeutung des Wortes sollte man kennen und verstehen. Oh, lest das Wort und betet um die Salbung des Heiligen Geistes, damit ihr die Bedeutung des Wortes lernt, denn dann werdet ihr gegen den Feind mächtig sein.

Brüder, lernt auch, *die Schrift auf euch selber anzuwenden.* Einen der Verse, den unser Herr anführte, ändert er ein wenig.»Du sollst den Herrn, deinen Gott, nicht versuchen.« Im Original heißt es:»Ihr sollt den Herrn, euren Gott, nicht versuchen« (5.Mose 6,16). Aber der Singular liegt in dem Plural, und es ist immer ein Segen, wenn wir ihn darin finden. Lernt die Schrift so zu gebrauchen, daß ihr alle ihre Anweisungen, alle ihre Vorschriften, alle ihre Verheißungen, alle ihre Lehren auf euch selbst bezieht; denn das Brot, das auf dem Tisch liegen bleibt, ernährt nicht; nur das Brot, das ihr eßt, wird euch wirklich sättigen und kräftigen. Wenn ihr euch die Worte angeeignet habt, so *steht zu den Worten,* was immer es auch kosten mag. Wenn das Aufgeben nur eines Verses euch fähig macht, Steine in Brot zu verwandeln, so gebt ihn *nicht* auf; wenn das Verwerfen einer Vorschrift euch fähig macht, durch die Luft zu fliegen wie ein Seraph, so verwerft sie *nicht.* Wenn ein Handeln gegen das Wort Gottes euch zum Kaiser der ganzen Welt machen würde, nehmt das angebotene Geschenk *nicht* an. Sei ein Mann der Bibel. Geh so weit, wie die Bibel geht, aber nicht einen Zoll darüber hinaus. Ob Luther oder Calvin euch winken sollten und ihr sie schätzt, oder Wesley winken sollte und ihr ihn schätzt: haltet euch an die Schrift, an die Schrift allein. Wenn euer Prediger irregehen sollte, betet, daß er wieder zurückgebracht werde, aber folgt ihm nicht. Wenn nun wir oder ein Engel vom Himmel ein anderes Evangelium predigen würde, als dieses Buch euch lehrt, dann schenkt uns, ich bitte euch, keine Aufmerksamkeit – nein, keinen einzigen Augenblick lang. Haltet euch an das Zeugnis des Heiligen Geistes in diesem Buch.

Denkt zuletzt noch daran, daß unser Herr seinerzeit *voll Geistes* war.»Jesus aber, voll Heiligen Geistes, kehrte vom Jordan zurück und wurde vom Geist in die Wüste geführt« (Lk. 4,1). Das Wort Gottes ohne den Heiligen Geist wird euch von keinem Nutzen sein. Wenn ihr ein Buch nicht versteht, kennt ihr den besten Weg, seinen Inhalt zu begreifen? Schreibt an den Verfasser und fragt ihn, was er meint. Wenn ihr ein Buch zu lesen habt und der Verfasser für euch stets zugänglich ist, braucht ihr nicht zu klagen, daß ihr es nicht verstehen könnt. Der Heilige Geist ist gekommen, um immer bei uns zu bleiben. Forscht in der Schrift, aber bittet um das Licht des Geistes und lebt unter seinem Einfluß. So stritt Jesus, voll Geistes, mit dem Teufel. Er schlug ihn mit dieser Waffe des Wortes Gottes, weil der Geist Gottes in ihm war. Geht, mit dem Wort Gottes als einem zweischneidigen Schwert in eurer Hand. Aber ehe ihr den Kampfplatz betretet, bittet um den Heiligen Geist, daß er euch erfülle. Dann werdet ihr alle Gegner überwinden und Sieger bleiben. – Möge Gott euch segnen um Jesu Willen. Amen.

ERICH SCHNEPEL,
Der normale Christ, in: Der feste Grund Nr. 2/1982, Evangelische Monatsschrift, herausgegeben von der Evangelischen Gesellschaft für Deutschland – Neukirchener Mission, Wuppertal, S. 31f.

Ein merkwürdiges Thema! Aber es ist mir seit Monaten nicht aus dem Sinn gekommen. In diesem Brief darf ich mir manches vom Herzen schreiben, wie man es in einem Brief an Freunde tut.

Der »normale« Christ ist ein Mensch, der sein Leben auf Christus gründet und auf sonst nichts. Darum nannte man die ersten Christen »Christen«. Jesus war für sie der Weg, die Wahrheit, das Leben. Es war schlechterdings unmöglich, noch ein anderes Fundament für die neue Gotteskindschaft zu legen außer dem einen Fundament, das Gott selbst gelegt hatte: Jesus selbst.

Darum ist es das Normale, daß ein Christ in Jesus zu Hause ist und aus ihm und für ihn lebt. Er ist bekümmert, wenn ihm noch vieles andere außer Jesus als absolut heils- und lebensnotwendig auferlegt werden soll:

– eine absolute Lehre über die Gemeinde Jesu und ihre Lebensordnungen,
– eine absolute Lehre über die Nachfolge Jesu und den Dienst für ihn,
– eine absolute Lehre über den Umgang mit Jesus im Gebet und die Geistesgaben,
– eine absolute Lehre über die Bibel und ihre Entstehung,
– eine absolute Lehre über die Taufe und das Abendmahl,
– eine absolute Lehre über die Endgeschichte der Gemeinde Jesu und das tausendjährige Reich,
– eine absolute Lehre über die Entrückung, die erste und zweite Auferstehung.

So könnte man fortfahren und noch viele Wahrheiten aus der Schrift nennen, die mir persönlich sehr wichtig sind. Aber meine Rettung im Gericht sind nicht diese meine Glaubensüberzeugungen, sondern Jesus allein, der mich mit seinem Blut von meinen Sünden reingewaschen hat und mich vor Gott als mein Hoherpriester vertritt.

Ihr kennt mich gut genug, um zu wissen, wie ich seit Jahrzehnten eine gründliche, exakte Arbeit an der Heiligen Schrift liebe. Sie ist die Freude meines Lebens. Ich möchte gern jeden Christen für ein echtes Bibelstudium gewinnen. Aber ich kann nicht vergessen, daß alle Erkenntnis Stückwerk ist (1. Kor. 13,9).

Jesus Christus ist kein Stückwerk. Er ist die totale, absolute, alles umschließende Gabe Gottes. Er ist immer größer als unsere Gedanken über ihn. Das macht den Theologen bescheiden. Was der reifste Christ über Jesus aussagt, erfaßt immer nur einen Bruchteil der Herrlichkeit Jesu, in dem die ganze Majestät Gottes lebt. Jesus ist auch größer als die Gesamtschau seiner Gemeinde von ihm.

Aber wir sind froh, daß uns Gott die Bibel gegeben hat. Sie gibt uns die große Schau von Jesus, seiner Gemeinde und dem Leben mit ihm. Mit der Bibel sind Kräfte Gottes verbunden wie mit keinem anderen Buch. Dieses Geheimnis der Bibel können wir nicht enträtseln. Es geht über unsere Gedanken hinaus.

Wir suchen die Entstehungsgeschichte der Bibel kennenzulernen, weil die Bibel uns soviel bedeutet. Wir durchforschen ihre Zusammenhänge, weil wir sie recht verstehen möchten. Wir können gar nicht gründlich genug an ihr arbeiten. Sie ist ein einzigartiges Kapital, das uns gegeben ist. Sie leitet uns zu Jesus. Sie schließt uns seine Bedeutung in immer neuer Weise auf. Wir empfangen durch die Schrift Kräfte Gottes zum Leben mit Christus. Darum möchten wir uns immer neu in sie versenken und sie gründlich durchforschen. Dennoch werden wir nie enträtseln können, warum sie in solch einmaliger Weise Gottes Wort an uns ist.

Es gibt auch keine Möglichkeit, eine Theorie darüber aufzustellen. Dazu sind wir nicht in der Lage. Erst recht können wir dieses einzigartige Wesen der Bibel nicht durch eine Theorie sicherstellen, die verstandesmäßig einleuchtet. Dann wären wir Rationalisten wie die Gegner der Bibel. Dem, der aus der Wahrheit ist, bezeugt sich die Bibel in ihrer Einzigartigkeit und führt ihn ins Leben mit Jesus und erhält ihn darin. Vor der Bibel wird man dankbar, ehrfürchtig und bescheiden, weil wir in ihr dem lebendigen Gott und Jesus Christus begegnen und ihre Stimme hören. Darum treiben wir fröhlich Theologie als »Laie« und als Theologe und setzen mit Freuden all unsere geistigen Fähigkeiten ein, um sie zu durchforschen und wirkliche Klarheiten zu gewinnen. Aber wir wissen bei all unserer Erkenntnisarbeit, daß Jesus selbst immer größer ist als unser Denken über ihn. Wir sind froh, daß nicht unsere Gedanken über ihn, sondern Jesus, unser Herr, das Letzte ist, aus dem wir leben.

OTTO RIECKER,
Universitäts-Theologie und Gemeinde-Frömmigkeit, Neuhausen-Stuttgart 1984,
S. 41 ff.

Die gleiche Ebene

Die im deutschsprachigen Raum dominierende »historisch-kritische Methode« ist ein Kind des Aufklärungszeitalters. Sie entspringt seiner Denkweise. Man glaubt, alles ließe sich erklären, auf seine Ursachen zurückführen, in einen geschichtlichen, allgemein-menschlichen Rahmen stellen; die autonome, aus sich selbst erkennende Vernunft sei letztlich die zuständige Instanz zur Beurteilung aller geschichtlichen Erscheinungen. Alles ließe sich auf Einfacheres, Naiveres, Urtümlicheres zurückführen, und alles habe seine entsprechenden Parallelen in anderen früheren oder jetzigen Geschehnissen der Menschheitsgeschichte. Es gäbe allgemeine, für jeden stimmende Gesetze. Nichts sei absolut, alles relativ, also nichts aus sich selbst gültig, sondern alles auf anderes bezogen. Auch die Geschichte sei nur ein Prozeß, und die »religiösen Heroen« wären in sie auf *gleicher Ebene* einbezogen. Gott sei im Grunde aus diesem »Prozeß« auszuklammern, letzterer entwickle sich nach eigenen Gesetzen einem positiven und glücklichen Ziele zu. Von der letztgenannten Annahme ist man inzwischen durch teilweise schlimme Erfahrungen wieder abgekommen. Aber die Grundanschauung bleibt: Der Mensch vermag das Universum zu überschauen, es in seinen Linien zu deuten und allem seinen Platz zu geben. Irgendein Optimismus, eine Zuversicht, daß alles deutbar sei und die wissenschaftliche Schau das letzte Wort sprechen könne, wohnt bis heute in dieser Gesamtschau des Lebens, die vom natürlichen, unwiedergeborenen Menschengeist kommt . . .

Aus diesem rationalistischen Gesamtdenken erschloß sich dann vielfach eine naive *Wissenschaftsgläubigkeit.* Es wurde der erwähnten falschen Annahme stattgegeben, es gäbe unabhängiges, »wissenschaftliches« Denken, dessen Methode exakt, in sich geschlossen, weithin in seinen Ergebnissen übereinstimmend und von weittragender Gültigkeit sei.

Die historisch-kritische Methode

Dieser vorwiegend »nur-wissenschaftlichen«, rationalistischen Denkweise entspricht die in den evangelisch-theologischen Fakultäten des deutschsprachigen Raumes herrschende *historisch-kritische Methode* der Forschung und Ausbildung. Sie hat eine lange Geschichte, die hier nicht dargestellt werden kann. Dem Rationalismus entsprach später der Liberalismus und dann der Existentialismus. Die historisch-kritische Methode will nicht von der Glaubensvoraussetzung und -denkweise, sondern von einer »unabhängigen«, vorbehaltlosen Sachlichkeit an die zu erschließenden Erscheinungen herangehen. Sie werden vor allem nach ihrer *historischen* Herkunft und Einrahmung befragt und *kritisch* durchleuchtet.

Gewiß war es ein Fortschritt, daß die theologische Arbeit außer der bloß-dogmatischen Sicht auch die historische Perspektive in den Blick bekam. Hatte man vorher die biblischen Bücher und deren Berichte mehr von der grundsätzlichen Heilssubstanz aus betrachtet, so wurden nun diese Geschehnisse in ihrem geschichtlichen Charakter und Ablauf ins Auge gefaßt. Da ja Gott in der Geschichte wirkt, die biblische Religion gerade eine geschichtliche und nicht ideenmäßig-freischwebende ist, trug dieser Schritt wesentlich zur Realitätserfassung der Dinge bei.

Aber nun wurde die geschichtliche Auffassung zur ausschließlich geschichtlichen Auffassung, zum *Historismus.* Das Koordinatensystem, das Raster, in das die geschichtlichen Erscheinungen eingeordnet wurden, lag ganz vorwiegend in der rein diesseitigen Ebene, und die himmlische, die geistliche Dimension fehlte mehr oder weniger. Das Göttliche wurde nicht zu dem Zeitlichen in Beziehung gesetzt, sondern es verfiel dem Zeitlichen. Das war eine große Verflachung und durchaus unsachgemäß.

Ähnlich war es mit dem *Kritischen*. Das prüfende und vergleichende Nachdenken hat durchaus seinen Platz. Es gibt Richtiges und Falsches, Dunkles und Aufklärungsbedürftiges. Es ist aber etwas anderes, wenn aus der prüfenden Betrachtung ein *Kritizismus* wird, wenn der Ausgangs- und Ansatzpunkt im ganzen Denken kritisch ist.

Einer überwiegend kritischen Anhörung verschließt sich aber ein personaler Vorgang. Die gesamte Denkweise, das Grundschema des Vorgehens wird, wenn sie kritisch bestimmt ist, dem Leben und vor allem der göttlichen und biblischen Wirklichkeit nicht gerecht. Sie stört das Vermögen zu Vertrauen und Liebe, ist tot und kalt und »erkältet« selbst den, der auf diese Weise denkt. Jesus, die Apostel, die Urkirche und die darauffolgende Geschichte des geistlichen Lebens von einem kritizistischen Ausgangspunkt her zu betrachten, verschließt den Zugang zu ihnen. Das Urteil wird unsachlich, einseitig und tritt sogar dem Gegenstand feindlich gegenüber, denn die göttliche Welt ist dem Geist der Kritik nicht nur nicht erschließbar, sondern dieser mißversteht sie letztlich feindlich und ablehnend, wie auch sie sich ihm widersetzt. Das ganze Verhalten ist *nicht sachentsprechend*. Es muß notwendig an der Wirklichkeit vorbeigehen, sie falsch verstehen, ihren eigentlichen *Sinn entstellen*, falsche Erkenntnisse weitertragen und mehr zerstörend als aufbauend wirken. In einer gewissen Weise ist dies der autonome »*griechische Geist*«, der stets fragt und vor dem nichts besteht, was nicht seine »allerhöchste« Zustimmung gefunden hat; der christliche Geist dagegen ist ein solcher des Vertrauens, der Liebe, der Wahrhaftigkeit und auch der Ehrlichkeit gegen sich selbst. Denn die Kritik hinsichtlich der eigenen Person und Meinung ist häufig bei den prinzipiellen »Kritikern« nicht gerade ausgeprägt vorhanden. Gerne verallgemeinern sie und setzen ihre höchst einsame Erkenntnis absolut und allgemeingültig. Besonders dem »Buch der Bücher« gegenüber ist der Geist der Kritik das unsachgemäße Verhalten. Gewiß soll man dieses bei der theologischen Arbeit auch sachlich, also auf die Umwelt bezogen und unter Vergleich mit nahestehenden Schriften lesen. Aber die darin enthaltene Lebenswirklichkeit entzieht sich in bestimmter Weise dem »autonomen«, nur aus sich selbst bestimmten forscherischen Verhalten. Man kann es im Grunde nur demütig, betend und auch auf den eigenen Glauben bezogen lesen und theologisch in Arbeit nehmen. Dann erschließt es sich als das kostbarste Gut der Geschichte, nämlich als Heil in der Geschichte, die bis zu uns reicht und uns betrifft. Wer es aber »voraussetzungslos« oder gleich einem anderen historischen Dokument, etwa dem Nibelungenlied oder Homers Ilias, angeht, zu dem wird dieses Buch in seiner wirklich sachgemäßen Weise nicht sprechen. Seine erstaunlichen Inhalte werden vor einem »kritischen« Auge nur noch als zeitgeschichtlich bedingte, vielleicht damals und heute noch bedeutungsvolle Äußerungen religiöser Art erscheinen, aber nicht in ihrer einzigartigen Realität. Sachlich geht also der so Arbeitende gerade am eigentlichen Gehalt der Urkunden vorbei; er kann diesem nicht gerecht werden und auch das daraus Gefolgerte nur in einer irrtümlichen Richtung weitergeben.

Die unsachgemäße »Wissenschaft«

Aus dem allem ergibt sich, daß die aus dem Rationalismus stammende, an den deutschsprachigen evangelischen Fakultäten weithin dominierende, formwissenschaftlich-theologische Arbeit keineswegs sachgemäß ist. Auch die theologische »Wissenschaft« des Liberalismus, des Existentialismus und der neueren, zeitbedingten sozialpolitischen Formen, Theologie zu betreiben, können den Anspruch auf Sachgemäßheit nicht erheben. Um so erstaunlicher ist es, daß gerade diese Art kritischer, diesseitsbezogener und von nichtbiblischen Philosophien und Zeitströmungen ausgehenden theologischen Arbeits- und Äußerungsweisen den Anspruch erheben, »*Wissenschaft*« zu sein. Wissenschaft muß dem von ihr bearbeiteten *Gegenstand gemäß* sein.

Sie muß in einer seinen eigenen Prinzipien und Realitätsgrundlagen entsprechenden Weise vorgehen und darf keine fremden theoretischen Gesichtspunkte so an ihn herantragen, daß diese das Gesamtergebnis von vornherein in eine entsprechende Richtung lenken. Im Grunde ist dies keine »Wissenschaft«, sondern eine bloße geistig distanzierte Beschäftigung von einem selbstgewählten Standpunkt aus. Sie hat auch dementsprechend höchst fragwürdige, subjektive Ergebnisse. So kommen auch die genannten und andere »Schulen« keineswegs zu Ergebnissen, die den Quellen in ihrem eigentlichen Sinn und Inhalt gerecht werden; es ist oft, als ob eine völlig andere literarische Grundlage, mit neuem, subjektivem Inhalt gefüllt, behandelt würde. »*Wissenschaftliche*« *Behandlung wird einem Gegenstand gerecht;* diese Art tut es nicht. Sie ist also *unsachlich* und kann nicht den Anspruch erheben, im eigentlichen Sinne »Wissenschaft«, Erfassung und Erläuterung des Gegenstandes zu sein ...

Die Stellung zur Bibel

Der Geist der Kritik hat seine besonderen Auswirkungen in der Art, wie er mit der *Bibel* umgeht. In dieser kommt uns ja die Erlösung, die rettende Gnade Gottes nahe. Sie ist das Zeugnis von ihr. Dieses Zeugnis ist untrennbar gebunden an die Glaubwürdigkeit der Menschen, die es uns überliefert haben. Wenn die Verfasserschaft des Johannes, dieses Apostels Jesu, für seine Schriften, entgegen ihrer klaren, eigenen Bekundung abgelehnt wird und diese erleuchteten Schriften einem späteren Urheber, etwa aus der Zeit der Gnostik, zugeschrieben werden, so ist das keineswegs eine bloße literargeschichtliche Angelegenheit. Wenn die von Johannes berichteten Abschiedsreden und das letzte, hohepriesterliche Gebet Jesu ein Inbegriff von sich zurückerinnernder Inspiration, die Projektion eines späteren Unbekannten zur Vergrößerung und Verherrlichung eines ursprünglich schlichten Jesus sein sollen, was haben sie uns dann noch zu sagen? Wenn der Missionsbefehl »Geht hin in alle Welt« (Mt 28) wegen der darin enthaltenen Weisung, auf den Namen des Vaters, des Sohnes und des Heiligen Geistes zu taufen, eine Erfindung der späteren Gemeinde sein soll, wie kann man dann noch auf diesen Namen taufen und in alle Welt gehen?

Wenn die Bergpredigt oder andere Abschnitte der Evangelien ein Gemisch von irgendwelchen Äußerungen des Lehrers Jesus und von Gemeindeerfindungen, von einem Redaktor, nicht vom Augenzeugen Matthäus zusammengestellt, sein soll, wie kann sie dann noch verpflichtend sein? Wenn die Anbeter der Krippe eine schöne Legende sind, warum nicht auch vieles andere? Wenn der einheitlich bezeugte Sühnetod Jesu für die Sünder ein Beweis seiner Berufstreue bzw. der Märtyrertod eines von seiner Lehre Überzeugten ist, was soll uns dann noch erretten? Wenn seine Auferstehung angeblich sehr unterschiedlich und widersprüchlich bezeugt ist und die Berichte darüber kaum glaubwürdig sein sollen, wie kann man dann noch an Jesu leibliche und an die persönliche, eigene Auferstehung glauben? Hier werden Fundamente der Kirche angegriffen.

Die Glaubwürdigkeit der Bibel ist entscheidend für den Glauben. Die Bibel ist Offenbarung, nicht menschliches Produkt, wenn auch von Menschen geschrieben. Wenn sich der kritische Geist ihrer bemächtigt und sie zerpflückt – alles im Namen der Redlichkeit und der Wahrheit –, geschieht etwas sehr Weittragendes: Der Geist des Zweifels und nicht des Glaubens zieht ein. In dieser Weise ist es schon vielen Studenten ergangen. Welche Verantwortung für die so Lehrenden!

Gewiß wird die religiöse Qualität der biblischen Schriften von denen, die sie in der beschriebenen Art behandeln, mehr oder weniger anerkannt. Wo ist da aber ein fester Punkt, wo ein Verlaß? Die Erschütterung des Glaubens ist die notwendige Folge der Erschütterung der Glaubwürdigkeit der Bibel. Denn sie ist Gottes inspiriertes Wort, zu unserer Rettung gegeben, und sie verdient demütige Beugung unter diese ihre Wahrheit, die in gerade diesem Wortlaut gegeben ist. Nur der Geist der Demut kann sie richtig lesen. Wenn wir uns zum Meister über sie erheben, verschwindet diese Wahrheit – nicht aus der Bibel, aber aus unseren Augen. Es ist deshalb ein großes Geschenk, »*bibeltreu*« zu sein, die Bibel so zu lassen, wie sie redet. Es erfordert ein grundsätzliches Ja zu ihr, geradezu einen Entschluß zu diesem Ja. Dann wird ihre Wahrheit uns tragen. Eine bekrittelte Wahrheit kann uns nicht tragen, aber eine geglaubte. Hier geht es um unsere Gesamteinstellung zur Bibel; diese wird in der einen oder anderen Weise deutlich. Auch diese Aussage ist zwar eine der Wahrheit entsprechende Feststellung, kann aber in ihrer Richtigkeit nicht zwingend »bewiesen« werden. Sie wird aber aus innerem Wissen und aus Erfahrung bestätigt.

Andere nennen dieses enge Verhältnis zur Bibel »*Fundamentalismus*«. Es gibt für alles eine Bezeichnung, eine theologische Kategorie, irgendeine Etikette auf einer Schublade, in die eine – meist unbequeme – Wahrheit geschoben und damit persönlich außer Wirksamkeit gesetzt wird. Wir meinen hier aber einen Fundamentalismus, der besser mit »*Bibeltreue*« übersetzt wird, ein herzliches Ja zur Bibel als Ganzes und als Gottes Wort; es bewährt sich besonders in der missionarischen Arbeit als ein Sich-Gründen auf der unverbrüchlichen Wahrheit eben dieses Gotteswortes. Selbst wo »nur« eine »*gemäßigt kritische*« Stellung zur Bibel eingehalten wird, ist das Vertrauen auf die Zuverlässigkeit des Wortes Gottes eingeschränkt. Die prophetische, eindringliche, unumschränkte Verkündigung des vollen Heils in Jesus, die Erwecklichkeit und die im Gewissen treffende Macht der Kundgabe des Heils hat *eine* sehr weittragende Grundlage: das unverbrüchliche Beharren auf der ganzen Bibel, diesem großartigen Buch Gottes. Man kann hier geradezu von einem *missionarischen Fundamentalismus* sprechen. Auf der Straße, angesichts Kritischer und Kirchenferner zeigt sich, ob man etwas zu sagen hat oder nicht. Dort wird das Fundament getestet, unsere wirkliche Überzeugung. Dort und im Dienst an Menschen zeigt sich auch die Kraft der verkündigten Torheit des Kreuzes, die dynamische Kraft des Wortes Gottes. Menschen werden gerettet, finden zum Frieden, erfahren Korrektur, Heilung und Veränderung ihres Lebens (2 Tim 3,15.16). Durch die Erfahrung geistlicher Realitäten ergibt und bestätigt sich dann die theologische Erkenntnis von der göttlichen Eingebung und Herkunft dieser ganz großen und heiligen Schrift mehr als etwa nur durch bloße *orthodoxe* Zustimmung zu einer Inspirationslehre, abgesehen davon, daß auch eine innere Einsicht, wie jetzt zu zeigen ist, zu einem Entschluß für die Göttlichkeit der Bibel führen kann.

Die Bekehrung zur Bibel

Bei der Wichtigkeit einer richtigen Stellung zur Schrift sei hier noch näher ausgeführt, daß in vielen Fällen eine grundsätzliche und lebenslange *Entscheidung* für ihre Richtigkeit und umfassende Gültigkeit als Gottes Wort nötig ist; ja, man könnte diese Entscheidung geradezu eine *Bekehrung* zur Bibel nennen. Damit ist angedeutet, daß es sich hier um mehr als um intellektuelle Einsicht in Gründe und Schlußfolgerungen handelt, sondern um eine tiefgreifende Veränderung der ganzen Haltung zur Schrift, sogar zu Gott, wie sich zeigen wird. Geistlich gesehen gibt es zwar keine echte Entsprechung zur Bekehrung vom Unglauben zum Glauben, also zur Umkehr und Wiedergeburt. Diese ist einmalig und einzigartig.

Aber es »*wiederholt*« sich in gewisser Weise diese Abkehr vom bösen zum geheiligten Leben in immer neuen, daraus folgenden täglichen Entschlüssen und Vollzügen aufgrund des Todes Jesu hin zu seinem Willen. In jedem Fall wird das neue Leben uns durch die Bibel im Heiligen Geist grundsätzlich vermittelt und immer wieder erneuert. Deshalb ist die Hinwendung zu Gottes Wort und dessen Bejahung als solches ein tiefgreifender Akt. Dieses Wort ist in einer einzigartigen Weise mit unserem Heil verbunden. Es ist göttlicher Art, Herkunft und Wirkung und reicht uns Jesus, das Brot des Lebens, dar. Dieser selbst nennt sich »Gottes Wort« (Offb 19,13) und »Brot des Lebens« (Joh 6,35), ist also irgendwie mit dem Wort identisch in einer geistlichen, sehr realen Entsprechung und Zusammengehörigkeit.

Beide lassen sich nicht trennen, ohne daß die Botschaft von beiden Not leidet. Das sind geistliche Zusammenhänge.

Wenn man der Grundlinie einer echten Bekehrung entlanggeht, zeigt sich, daß diese sich in irgendeiner Weise auch in der Bekehrung zur Bibel vollzieht:

Buße und Beugung über Besserwisserei, Superklugheit, Anmaßung und Stolz, Eigenmächtigkeit und respektlosem, ja entwürdigendem Umgang mit diesem ewiggültigen Wort, über seine sinnentstellende, geistlich unfruchtbare und irreführende Behandlung in Lehre und Leben. Diese Sünden werden vorher als solche gar nicht so sehr erkannt, treten nun vor der Hoheit Gottes deutlich hervor;

Bekenntnis dieser Sünden vor Gott und tunlichst einem Bruder mit eigenen Worten und Anerkennung der Schuld;
Glaube, daß Jesus am Kreuz auch für diese Schuld und die damit verbundene pharisäische Selbstgerechtigkeit und Selbstrechtfertigung sein sühnendes und zurechtbringendes Blut vergossen hat und Dank dafür;
Annahme einer neuen, glaubenden und liebenden Stellung zum Heilswort und einer neuen Bezeugung dieses Wortes;
Absage an den Geist der Kritik, ja an die dämonischen Mächte, die diese gesamtkritische Stellung zur Schrift überschatten und zu keiner Gewißheit und eindeutigen Aussage kommen ließen; Erfahrung der Freiheit zu neuer Verkündigung.

Die Wirklichkeit lehrt, daß dieser Weg gangbar und sachentsprechend ist, und alles Bezweifeln tut dieser Erfahrung keinen Abbruch.

Der ganze Vorgang kann sich auch einfacher und mit einem bloßen, tiefen Entschluß vollziehen und soll hier nur als seelsorgerlicher Rat in obiger Weise aufgeführt werden.

1. Wenn Gott Mensch wurde, um dem Menschen verständlich zu werden, muß auch Sein Schrift gewordenes Wort dem ehrfürchtig fragenden und forschenden Menschen ohne theologische Fachausbildung zugänglich und verständlich sein.

2. Was die Speise für den Leib, das ist das Wort Gottes für den inwendigen Menschen. Der Mensch lebt eben nicht vom Brot allein, sondern von einem jeglichen Wort, das durch den Mund Gottes geht (vgl. Mt. 4,4). Jesus ist das Brot des Lebens (Joh. 6,35). Seine Worte »sind Geist und sind Leben« (Joh. 6,63).

3. Dem Heiligen Geist als *Mit-Verfasser* (nach 2. Petr. 1,21 besser: Primärverfasser) der Heiligen Schriften muß auch als *Mit-Ausleger* bei der Interpretation der biblischen Texte gebührend Raum gegeben werden, wollen wir wirklich sachgerecht und sachgetreu interpretieren.

4. Die Mitverfasserschaft und die Mitauslegerschaft des Heiligen Geistes begründen das Erstgeburtsrecht der biblischen gegenüber den säkularen Interpretationsbemühungen: Derselbe Geist, der die biblischen Schreiber inspirierte, steht uns beim Verstehensvorgang bei und überbrückt den »garstigen Graben«, unter dem G. E. Lessing seufzte. Für den vom Geist wiedergeborenen (Joh. 3,3 + 5) und geleiteten (Röm. 8,14 – 16) Menschen wird die Bibel in ihrer geistlichen Aussage *gleichzeitig*.

5. Nach der Ent-dämonisierung unseres gefallenen Denkens (vgl. vom gleichen Verfasser: Fremdes Feuer auf Gottes Altären, Neuhausen-Stuttgart 1981) in bußfertiger metanoia und Umkehr des Denkens vor dem Kreuz Christi darf es zur Erneuerung, Erleuchtung und Inspiration unseres Denkens kommen, das ein prophetisches Verstehen der Schrift ermöglicht.

6. Unter prophetischer Auslegung der Schrift verstehen wir die vom Geist geleitete, aktualisierende Interpretation der Heiligen Schriften, die in den Problemen und Sachbezügen von gestern die Probleme von heute erkennt und das »tua res agitur« — es geht um dich! — erfaßt. (In diesem Zusammenhang verglich Pfr. W. Busch das betende Mühen um den Text mit dem Abklopfen einer Walnuß mit einem Hämmerchen, bis diese beim Aufspringen ihren wahren Reichtum zeigt.) Persönliches Engagiertsein in Seelsorge und Zeugnis stellt dabei ein absolut notwendiges »feed-back« des Erkenntnisvorganges dar.

7. Prophetische Auslegung forscht nicht hinter, sondern in dem biblischen Text. Es handelt sich hier um ein Zusammenspiel zwischen historisch-philologischer und geistlicher Verständnisbemühung in der Verantwortung vor dem erhöhten Herrn (als Vergleich wäre an Luk. 1,1 – 4 zu denken!). Hier hat eine theologische Wissenschaft ihren legitimen Platz, sofern sie die philologisch-historische Erkenntniserhellung betend »unter dem Gehorsam Christi« (2. Kor. 10,5) und unter der Leitung und Inspiration seines Geistes betreibt und somit nicht mehr den biblischen Tatbestand nivellieren und gar verdrehen kann. Nach wie vor gilt: »Alles, was nicht aus dem Glauben geht, das ist Sünde« (Röm. 14,23).

8. Weil der Weg vom Buchstaben und geschriebenen Wort hin zur geistlichen Anwendung und zum prophetischen Durch- und Weitblick führt, bedürfen wir des Dienstes gläubiger, theologischer Lehrer und ihrer Hand- und Hilfsbücher. Wegen ihres verantwortungsvollen Dienstes, der immer vom Verführer bedroht ist, bedürfen sie der besonderen Fürbitte der gläubigen Gemeinde und werden ein »strengeres Urteil empfangen« (vgl. Jak. 3,1). Die Inanspruchnahme theologischer und biblischer Literatur sollte aber immer in einem gesunden Verhältnis zum eigenen Lesen und Studieren in der Schrift stehen. Das geistliche Quellwasser finden wir in ihr. Deswegen: ad fontes!

9. So kann rechte Theologie nur glaubend und betend betrieben werden, kann in Wahrheit nur eine theologia regenitorum sein (Theologie der Wiedergeborenen). Theologisch richtige und wertvolle Einzelbeobachtungen und Erkenntnisse von nicht-wiedergeborenen Forschern reichen nicht zur Begründung und Rechtfertigung einer Lehraussage aus. Satan argumentiert auch mit richtigen Beobachtungen und verweist sogar auf Schriftaussagen (vgl. Mt. 4,6).

10. Den geistlich Armen, den auf den Geist Angewiesenen, verheißt Jesus das Himmelreich (Mt. 5,3). Dazu gehört auch das beglückende Licht prophetischer Schrifterkenntnis. Den Schlüssel der Schrifterkenntnis (vgl. Luk. 11,52) zum Öffnen des Himmelreiches (Mt. 16,19) für gottesferne und Heimkehr suchende Menschen hat er denen anvertraut, die »vor seinem Worte zittern« (Jes. 66,2) und die sich durch sein erneuerndes und schöpferisches Schaffen die geöffneten Ohren eines Jüngers haben schenken lassen (vgl. Jes. 50,4 – 5 mit 3. Mos. 8,24).

11. Jeden Morgen möchte uns Gott das Ohr wecken und uns seine Stimme im Wort hören lassen (Jes. 50,4). Nur mit dieser Vorbereitung können wir mit den Müdgewordenen zur rechten Zeit und seelsorgerlich hilfreich reden, weil Gottes Rede durch uns fließt. Nur wenn Christi Wort *reichlich* in uns wohnt (vgl. Kol. 3,16), kann der Geist Christi uns »lehren« und »erinnern« an alles, was Er uns gesagt hat (Joh. 14,26). (Ich kenne einen indonesischen theologischen Lehrer und Evangelisten, der in den vergangenen 13 Jahren seine Bibel über 20mal durchgelesen hat.)

12. Bei Paulus ist die Ermahnung in Eph. 5,18 »Werdet voll Geistes!« identisch mit der Parallelaufforderung in Kol. 3,16 »Lasset das Wort Christi reichlich in euch wohnen!« In beiden Schriftstellen ist der Lobpreis Gottes im dankbaren Lied und durch einen neugeordneten Lebenswandel die segensreiche Auswirkung einer intensiven Beschäftigung mit Gottes Wort.

Die Bibel ist das Buch der Bücher. Wenn man sie liest, muß eine Voraussetzung geschenkt sein, die bei keiner anderen Lektüre notwendig ist. Nur in der Bibel gibt es eine zureichende Antwort auf unsere Lebensfrage. Nur wer aus der Selbsttäuschung erweckt wurde, nimmt sich selbst und Gott ernst. Er muß ehrlicherweise zugeben, daß die Tragik und das Elend des Menschentums in den Fragen liegen, die uns in der Schöpfungsordnung mitgegeben sind und uns vom Tier unterscheiden: woher, wozu, wohin! Diese von Gott uns gegebene Mitgift macht die Denknot zur Existenznot. Wer immer sich in dieser Begrenzung erkennt, hat die Bescheidenheit gefunden, die ihn befähigt, die Bibel mit einer Voraussetzung zu lesen, die sich in einer ehrfürchtigen Erwartung bekundet.

Meine Lebensführung ging über das Piaristenkonvikt und Bundesgymnasium in Krems an der Donau. Ich habe dort Abitur gemacht. Als ich nach dem letzten Kriege, aus einem gewissen Heimweh in Erinnerung an vergangene Tage, diese Stätte in der Wachau wieder aufsuchte, berichtete mir der Direktor, daß er in jungen Jahren einmal die Lüneburger Heide durchwandert habe. Als er sich in der Heide verlaufen hatte, fand er abends einen Bauernhof. Man saß gerade mit dem Gesinde bei der Abendmahlzeit. Gastlich wurde er zu Tisch geladen. Nach dem Essen ließ sich der Bauer die alte Familienbibel geben. Er schlug ein Kapitel auf und las es mit einer solchen Ehrfurcht, mit einer in sich selbst überzeugenden Innerlichkeit, daß diese Bibellese ihm zu einem unvergeßlichen Erlebnis wurde. Der Direktor sagte mir, daß er in jenem Augenblick begriffen habe, was evangelische Dogmatik sei: nichts anderes, als die gelebte Unmittelbarkeit unter dem Kreuz Christi. Wer hier den Maßstab für Gott und Mensch gefunden hat, wer hier seinem Gott begegnet ist, begreift die Bibel nur in ehrfürchtigem Staunen.

In der Bibel sucht der heilige Gott in unfaßbarer Liebe eine Begegnung mit den Menschen. Der ganz andere besucht den ganz anderen, der Heilige den Sünder. Die Bibel ist nach den Worten des Apostels Paulus ein Schatz in irdenen Gefäßen. Es ist das Wagnis Gottes, daß er sein Wort auch durch das irdene Gefäß, auch durch die menschliche Fehlsamkeit hindurch, bezeugt. Es ist das unerhörte Hinabsteigen Gottes in die Veränderlichkeit unserer Weltbilder, die Wirklichkeitsdeutung suchen, aber ohne Gottes Erbarmen nie finden. Wer sich nur dem jeweiligen Weltbild anvertraut, erkennt seine menschliche Begrenzung nicht.

Wenn wir die Bibel lesen, sucht sie schon im Alten Testament – nach Luther – eine Wirklichkeitsmitte, die darin liegt, daß sie Jesus Christus treibt und bezeugt. In dem absoluten Paradox, wie Kierkegaard sagt, in seiner Person als Gott und Mensch zugleich, wurde Er die Antwort auf unsere Lebensfrage. Jesus sagt nach Johannes: »Suchet in der Schrift, denn ihr meint, ihr habt das ewige Leben darin, und sie ist es, die von mir zeuget.« Das Wort ward Fleisch, oder wie die Augustana sagt, Gottes Wort ist Gottes Sohn selber.

Als ich vor einiger Zeit einen Vortrag vor Studenten hielt und diese Wirklichkeitsmitte in Jesus bezeugte, rief mir ein junger Professor zu: »Kann man nicht auch über andere Ideologien und Religionen Gott finden?« Ich gab die Antwort: »Jesus hat nie gesagt, daß er uns eine neue Ideologie bringen will oder eine neue Gottesvorstellung. Wohl aber hat er sich in seiner Erlösungsmitte so begriffen, daß er sagte: Ich bin der Weg, die Wahrheit und das Leben; niemand kommt zum Vater denn durch mich! Er hat gesagt: Wer mich sieht, der sieht den Vater! – Wenn Sie Begegnung mit dem Vater suchen, hat er die Brücke für uns alle nur über Jesus Christus gebaut.«

Ist es nicht das anbetungswürdige Wunder, daß der Vater den verlorenen Sohn auch im Gesicht behielt, als er noch ferne von dannen war? Diese Entfernung kann man nicht nach Kilometersteinen oder Lichtjahren messen. Es ist die unheimliche Entfernung, das unendliche Weh, das im Verlust unserer ewigkeitlichen Mitte ohne Jesus Christus liegt; es ist das Entgegenkommen Gottes, sein Selbstopfer, daß er eine Begegnung suchte mit dem verlorenen Sohn, indem er selbst unsere Sünde wurde, damit wir würden Gerechtigkeit Gottes. Die Wahlentscheidung, die das Kreuz Christi fordert für jeden, der sie ernst nimmt in seiner Lebensfrage, ist die Krisis zwischen Selbsterfassung und Ewigkeitserfassung in Jesus Christus. Es geht unserem Wunschtraum schwer ein, daß nicht die Satten und die, die von der Selbstverwirklichung träumen, die Verheißung zum ewigen Leben haben, sondern die Bettler im Geist, die Bankrotteure, die aus ihrer Lebensfrage erwacht sind, die Abgehetzten und die Verwahrlosten, die Heimwehkranken, die in der Wüste verhungern. Wer das ewige Leben sucht, sucht das erfüllte Leben. Wer es in der Begegnung mit Jesus zureichend gefunden hat, sollte in der Unmittelbarkeit der Nachfolge so stark sein, daß er jede Anfechtung des Zeitgeistes durchstehen kann.

Mit dem menschlichen Intellekt kann man alles erklären, alles beweisen, alles entschuldigen – besonders, wenn er dämonisiert ist, das heißt, sich in der Verdoppelung der Existenz bewegt. Im Sinne der Wirklichkeitsdeutung ist jede Wahrheitsdialektik Lüge, wenn sie sich absolut setzt. Hermann Bezzel sagt deshalb: »Alles ist Lüge außer Jesus!«

Diese Voraussetzung klammert nicht aus, daß man nicht auch mit den Methoden menschlicher Wissenschaft den Schatz in irdenen Gefäßen kritisch untersuchen kann. Wem ist nicht einsichtig, daß das Gotteswort, wenn man es nur nach Maßstäben der Vernunft untersucht, nicht ein angefochtenes Wort ist, und diese Anfechtung darf dem jungen Theologen nicht erspart bleiben, denn nur der angefochtene Glaube bewährt sich in der gelebten Wirklichkeit. Wer aber die Vernunft zum Maßstab über Gottes Wort erhebt, vermißt sich, auch wenn er das in vermeintlicher intellektueller Redlichkeit tut.

Es ist die Gefahr, daß man mit den Methoden kritischer Theologie dem Heiligen Geist den Wind aus den Segeln nimmt. Wer die Einfalt und Ehrfurcht vor dem Gotteswort verloren hat, erhält in seiner Lebensfrage im fixierten Wort keine Stimme noch Antwort. Es ist mit dem Gotteswort wie mit einer Perlmuschel, die unter einer harten Schale einen Schatz verbirgt. Nun findet man diese Perle nur im Ende der Selbsterfassung. Wir entdecken dann, daß in unserem Ende Gottes Anfang liegt. Man kann in Sekundenschnelle wissen, daß die Bibel Gottes Wort ist. In der Zeit seines Erdenlebens haben die Verlorensten in der Begegnung mit Jesus im geschenkten Augenblick erfahren, daß er Gottes Sohn war. So war es bei der Samariterin, bei Zachäus, Nathanael, dem Zöllner Levi, dem Schächer und vielen anderen.

Die gleiche Erfahrung durfte ich bei Evangelisationen mit Erweckungen machen. Gott ruft im schöpferischen Wort das Nichtseiende, daß es sei. Wo der Augenblick Begegnung mit Christus wird, wird »die Neuigkeit des Erdentages der Ewigkeit Anfang in Jesus«, wie Kierkegaard sagt. Die Vertrauensfrage hat Gott in Jesus Christus so gestellt, daß wir ihn nur finden in der Preisgabe des personhaften Geheimnisses von Schuld und Sünde. Bonhoeffer hat recht, wenn er sagt: »Es hat Ihn das Leben gekostet, es kostet auch uns das Leben!« Die Bereitschaft, die eigene Ehre zu begraben, und die schöpferische Wandlung, die in der vollmächtigen Verkündigung die Begegnung mit dem Wort der Bibel schenkt, sind mir bei allen Erweckungen zu einem erfahrbaren Beweis für die Echtheit der Bibel geworden.

Den Russen entlaufen, lag ich nach dem letzten Krieg in den Wäldern der Tschechoslowakei. Mit wunden Füßen, verlaust und in wolkenbruchartigem Regen war ich verzweifelt wie selten. Da griff ich, wie unter einem geheimen Zwang, in meine durchnäßte Tasche. Im Dunkeln schlug ich die Bibel auf. Es funkte ein Streichholz. Ich las: »Fürchte dich nicht, ich habe dich erlöst, ich habe dich bei deinem Namen gerufen, du bist mein!« Natürlich wußte ich um den historischen Bezug dieses Wortes, aber es gefiel dem Heiligen Geist, mich im Augenblick so anzusprechen, daß ich Paulus im Kerker in Rom begriff: »Ich vergesse, was dahinten ist!« Die Freude der Erlösten packte mich. Im Verlust liegt immer Gewinn, wenn man – wie Hiob – das Tor findet, über dem steht: »Ich weiß, daß mein Erlöser lebt!«

Es ist eine gute Sache, wenn man eine regelmäßige Bibellese hat. Aber die Länge der Bibellese tut es nicht, sondern das Geheimnis der Begegnung. Ein Lastkraftwagenfahrer, der bei uns zum Glauben kam, sagte mir neulich: »Es kann sein, daß ich morgens die Zeit zu einer längeren Bibellese mit meiner Frau nicht finde, aber ohne die Losung komme ich nicht aus, ich habe sie den ganzen Tag in der Tasche.«

Worauf kommt es beim Bibellesen an? Nun, ich meine, daß man hört, wie ein Jünger hört. »Sprich du ein Wort, und mein Knecht wird gesund«, sagte der Hauptmann von Kapernaum. Im Wort wird uns der Herr so groß, daß man am hellen Tage, wie Petrus, auf See hinausfährt, um einen Fischfang zu tun. Wir sollten darauf achten, daß wir die Bibel immer als Beschenkte lesen. Das gehörte Wort muß absinken ins Herz, dann erfahren wir mitten im Getriebe des Alltags: »Dein Wort bewegt des Herzens Grund, dein Wort macht Leib und Seel gesund.« Wenn man täglich erfährt, daß der ewigkeitliche Bezug unseres Lebens nur im Gotteswort, das in Jesus Christus Person wurde, Erfüllung und Frucht wird, wird die Einsamkeit Gemeinsamkeit mit dem Auferstandenen.

Wer die Bibel recht liest, der läßt sich nicht beirren »von dem Eselsgeschrei des Modernismus«, wie Ludwig Harms es nannte. Wer die Bibel recht liest, kann ohne den Liebesgruß seines Herrn nicht leben. Kürzlich fragte ich jemanden nach einer Freizeit: »Haben diese Tage Ihnen etwas eingebracht?« Er sagte: »O ja, in der Bibel höre ich wieder die Stimme meines Herrn. Er ist mir begegnet, und ich lebe mit Ihm verbindlich. Die Freizeit ist unbezahlbar, denn jetzt weiß ich, daß in der Bibel verborgen liegen alle Schätze der Weisheit und der Erkenntnis.« Herr, dein Wort ist meines Fußes Leuchte und ein Licht auf meinem Wege!

Quellennachweis

Quellennachweis:

517

Vandenhoeck & Ruprecht, Göttingen: 274 – 279
Verlag der Evangelisch-Lutherischen Mission, Erlangen: 209 – 216
Verlagswerk der Diakonie, Stuttgart: 424 – 433